미래도시
보 고 서

| 부록 |

변화의 물결, 2050 미래도시 서울

미래세대 일상생활과 가치체계 조사 결과

미래도시 보고서

미래세대 일상생활과 가치체계 조사 결과

변화의 물결, 2050 미래도시 서울 | 부록 |

연구책임 변미리

연구진 김묵한, 황민섭, 김해란, 박은현

외부연구진 김승겸, 이호영, 오수길

초판 1쇄 인쇄 2024년 10월 28일

초판 1쇄 발행 2024년 11월 7일

펴낸이 오균

펴낸곳 서울연구원

편집 전말숙, 송도숙, 양지선

디자인 박진범

인쇄 · 제본 민언프린텍

주소 서울시 서초구 남부순환로 340길 57

전화 02-2149-1234

팩스 02-2149-1019

홈페이지 www.si.re.kr

미래도시
보고서

| 부록 |

변화의 물결, 2050 미래도시 서울

미래세대 일상생활과 가치체계 조사 결과

변미리 외 지음

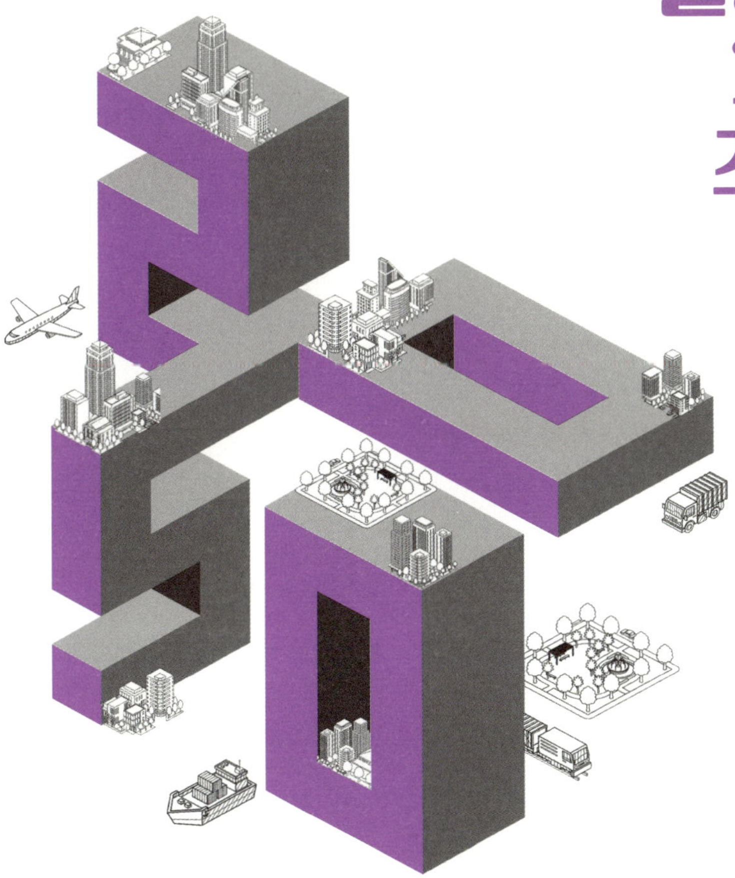

서울연구원
The Seoul Institute

❖ 목차

01

조사 개요

1 조사 배경과 목적

미래세대의 특징적인 가치관과 생활양식의 변화 양상을 비교·분석하고 앞으로의 정책 수요와 정책 방향을 제안하고자 기획됨

2 조사 방법

조사대상은 서울시민 1,500명(20~30대 1,000명, 40~50대 500명)이고 조사 기간은 2022년 6월 27일부터 7월 5일까지 진행되었고 패널을 활용한 온라인 서베이 방식으로 진행되었음

구분	내용
조사대상	서울 거주 만 20세 이상 남녀
표본크기	20~30대 : 1,000명 / 40~50대 : 500명
표본오차	20~30대 : 95% 신뢰수준에서 ±3.1%point 40~50대 : 95% 신뢰수준에서 ±4.4%point
조사방법	온라인 조사
표본추출	지역/성/연령별 인구 비례에 따른 할당 추출법
조사기간	2022년 6월 27일(월) ~ 7월 5일(화)
조사기관	케이스탯리서치

3 조사 내용

응답자 특성	성별 거주지역(구)	출생연도
개인 생활	삶에 대한 만족도 행복 정도(현재, 2050년) 행복하기 위해 가장 중요한 것 전반적 스트레스 체감도 자살 충동 경험 여부 및 이유 미래 결정 요인 선택의 자율성 삶에서 가장 중요하게 생각하는 것	본인이 하는 일의 가치 있는 정도 사회적 가치 결혼에 대한 태도 2050년 예상 결혼, 이혼, 출산 가능성 배우자 선택에 있어서 가장 중요한 것 남녀역할에 대한 태도 청년세대에 대한 의견 다른 세대와의 관계에서 어려운 정도
경제사회적 특성	소비 생활 만족도 직업 선택 시 중요 고려 요인 2050년 예상 고용안정성 2050년 예상 근로자 복지혜택 직업에 대한 의견(현재, 2050년) 일과 여가를 대하는 태도 노후에 대한 불안 정도 부모 부양에 대한 견해 30년 후 노인들의 은퇴 준비 정도	서울시민의 노후를 위해 서울시가 관심을 가져야 하는 것 사회 보장 정책의 방향성 내 생활수준 대비 주위 사람들의 생활수준 내 나이 때 부모님의 생활수준 대비 내 생활수준 사회경제적 지위 상승 가능성 현재 세대 대비 자녀 세대의 사회경제적 지위 상승 가능성 경제적 양극화 심각 정도
문화자본 측면	한국 사람, 서울시민으로서의 자부심 옆집 이웃이 되는 것에 대한 견해	포용성(현재, 2050년) '교양 있는 시민'이 되기 위한 요소 및 중요성
사회자본 측면	우리 사회에 대한 신뢰 정도 신뢰 정도 도움을 받을 수 있는 사람 사회적 교류 사회적 우려 사항 사회적 참여 중요도	청년세대 의견 반영이 과소 대표된다는 것에 대한 견해 공정성(현재, 2050년) 차별 경험 및 종류 집단 사이의 갈등 정도(현재, 2050년)
환경 및 소비자본 측면	글로벌 기후 변화 대처 관심 정도 2050년까지 예상되는 전반적 환경 상태	환경보호활동 참여 경험 소비 가치관
미래도시 측면	디지털 기술에 대한 견해 메타버스 이용 경험, 목적, 장점	서울시 메타버스 공간에서 활용하고 싶은 기능 30년 후 미래도시 비전
배경 문항	가구원 수 부모 동거 여부 10년 후 예상 부모 동거 여부 10년 후 서울 거주 예상 정도 학력 졸업 상태 직업	고용상태 10년 후 예상 직업 혼인상태 월 평균 가구소득 사회 경제적 지위 이념성향

4 결과 처리

조사된 표본을 목표 표본수에 맞게 성·연령·지역(구)별 가중값 부여(셀 가중)

[표 1-1] 표본의 크기 – 20~30대

(단위: 명, %)

구분		조사 완료(가중 전)		목표할당(가중 후)	
전체		사례 수	비율(%)	사례 수	비율(%)
		1,000	100.0	1,000	100.0
성별	여성	490	49.0	490	49.0
	남성	510	51.0	510	51.0
연령	20대	498	49.8	498	49.8
	30대	502	50.2	502	50.2
지역	종로구	15	1.5	14	1.4
	중구	13	1.3	12	1.2
	용산구	24	2.4	24	2.4
	성동구	29	2.9	31	3.1
	광진구	42	4.2	42	4.2
	동대문구	37	3.7	37	3.7
	중랑구	39	3.9	39	3.9
	성북구	44	4.4	44	4.4
	강북구	27	2.7	27	2.7
	도봉구	28	2.8	28	2.8
	노원구	47	4.7	47	4.7
	은평구	46	4.6	46	4.6
	서대문구	32	3.2	33	3.3
	마포구	45	4.5	44	4.4
	양천구	40	4.0	40	4.0
	강서구	64	6.4	64	6.4
	구로구	40	4.0	40	4.0
	금천구	27	2.7	26	2.6
	영등포구	46	4.6	45	4.5
	동작구	45	4.5	45	4.5
	관악구	67	6.7	69	6.9
	서초구	39	3.9	38	3.8
	강남구	50	5.0	51	5.1
	송파구	69	6.9	69	6.9
	강동구	45	4.5	45	4.5

[표 1-2] 표본의 크기 – 40~50대

(단위: 명, %)

구분		조사 완료(가중 전)		목표할당(가중 후)	
전체		사례 수	비율(%)	사례 수	비율(%)
		500	100.0	500	100.0
성별	여성	247	49.4	247	49.4
	남성	253	50.6	253	50.6
연령	40대	248	49.6	248	49.6
	50대	252	50.4	252	50.4
지역	종로구	8	1.6	8	1.6
	중구	6	1.2	6	1.2
	용산구	11	2.2	11	2.2
	성동구	15	3.0	15	3.0
	광진구	17	3.4	17	3.4
	동대문구	17	3.4	17	3.4
	중랑구	21	4.2	21	4.2
	성북구	23	4.6	23	4.6
	강북구	16	3.2	16	3.2
	도봉구	17	3.4	17	3.4
	노원구	29	5.8	29	5.8
	은평구	25	5.0	25	5.0
	서대문구	16	3.2	16	3.2
	마포구	19	3.8	19	3.8
	양천구	25	5.0	25	5.0
	강서구	29	5.8	29	5.8
	구로구	21	4.2	21	4.2
	금천구	11	2.2	11	2.2
	영등포구	20	4.0	20	4.0
	동작구	20	4.0	20	4.0
	관악구	23	4.6	23	4.6
	서초구	23	4.6	23	4.6
	강남구	30	6.0	30	6.0
	송파구	34	6.8	34	6.8
	강동구	24	4.8	24	4.8

5 응답자 특성

[표 1-3] 응답자 특성 – 20~30대

(단위: 명, %)

구분		사례 수	비율
전체		1,000	100.0
성별	남성	490	49.0
	여성	510	51.0
연령	20대	498	49.8
	30대	502	50.2
학력	고졸 이하	97	9.7
	대재(전문대/대학교)	127	12.7
	대졸(전문대/대학교 졸업)	677	67.7
	대학원 이상	99	9.9
가구 소득	200만 원 미만	102	10.2
	200만 원 이상~300만 원 미만	148	14.8
	300만 원 이상~500만 원 미만	287	28.7
	500만 원 이상~700만 원 미만	196	19.6
	700만 원 이상	267	26.7
혼인상태	기혼	220	22.0
	미혼	745	74.5
	동거/사별/이혼/별거	35	3.5
가구원 수	1인	218	21.8
	2인	159	15.9
	3인	290	29.0
	4인 이상	333	33.3
이념 성향	진보	231	23.1
	중도	429	42.9
	보수	341	34.1
직업	화이트칼라	644	64.4
	블루칼라	141	14.1
	학생	106	10.6
	주부/무직/기타	109	10.9
고용형태	상용직 임금근로자	620	80.0
	임시/일용/특수직 근로자	97	12.6
	자영업자/무급가족종사자	58	7.5

[표 1-3] 응답자 특성 – 20~30대(계속)

(단위: 명, %)

구분		사례 수	비율
전체		1,000	100.0
권역	도심권	50	5.0
	동북권	295	29.5
	서북권	123	12.3
	서남권	329	32.9
	동남권	203	20.3
지역	종로구	14	1.4
	중구	12	1.2
	용산구	24	2.4
	성동구	31	3.1
	광진구	42	4.2
	동대문구	37	3.7
	중랑구	39	3.9
	성북구	44	4.4
	강북구	27	2.7
	도봉구	28	2.8
	노원구	47	4.7
	은평구	46	4.6
	서대문구	33	3.3
	마포구	44	4.4
	양천구	40	4.0
	강서구	64	6.4
	구로구	40	4.0
	금천구	26	2.6
	영등포구	45	4.5
	동작구	45	4.5
	관악구	69	6.9
	서초구	38	3.8
	강남구	51	5.1
	송파구	69	6.9
	강동구	45	4.5

[표 1-3] 응답자 특성 – 40~50대

(단위: 명, %)

구분		사례 수	비율
전체		500	100.0
성별	남성	247	49.4
	여성	253	50.6
연령	40대	248	49.6
	50대	252	50.4
학력	고졸 이하	61	12.2
	대재(전문대/대학교)	16	3.2
	대졸(전문대/대학교 졸업)	365	73.0
	대학원 이상	58	11.6
가구 소득	200만 원 미만	45	9.0
	200만 원 이상~300만 원 미만	41	8.2
	300만 원 이상~500만 원 미만	125	25.0
	500만 원 이상~700만 원 미만	129	25.8
	700만 원 이상	160	32.0
혼인상태	기혼	340	68.0
	미혼	127	25.4
	동거/사별/이혼/별거	33	6.6
가구원 수	1인	64	12.8
	2인	68	13.6
	3인	175	35.0
	4인 이상	193	38.6
이념 성향	진보	126	25.2
	중도	218	43.6
	보수	156	31.2
직업	화이트칼라	328	65.6
	블루칼라	61	12.2
	주부/무직/기타	111	22.2
고용형태	상용직 임금근로자	314	81.8
	임시/일용/특수직 근로자	39	10.2
	자영업자/무급가족종사자	31	8.1

[표 1-3] 응답자 특성 – 40~50대(계속)

(단위: 명, %)

구분		사례 수	비율
전체		500	100.0
권역	도심권	25	5.0
	동북권	155	31.0
	서북권	60	12.0
	서남권	149	29.8
	동남권	111	22.2
지역	종로구	8	1.6
	중구	6	1.2
	용산구	11	2.2
	성동구	15	3.0
	광진구	17	3.4
	동대문구	17	3.4
	중랑구	21	4.2
	성북구	23	4.6
	강북구	16	3.2
	도봉구	17	3.4
	노원구	29	5.8
	은평구	25	5.0
	서대문구	16	3.2
	마포구	19	3.8
	양천구	25	5.0
	강서구	29	5.8
	구로구	21	4.2
	금천구	11	2.2
	영등포구	20	4.0
	동작구	20	4.0
	관악구	23	4.6
	서초구	23	4.6
	강남구	30	6.0
	송파구	34	6.8
	강동구	24	4.8

02

조사 결과

1 개인 생활

1) 행복

삶에 대한 만족도

◈ 20~30대

20~30대의 현재 삶에 대한 전반적인 만족도를 살펴보면, '만족한다'라고 응답한 비율은 57.0%, '만족하지 않는다'라고 응답한 비율은 17.8%로 나타남. 10점 만점 기준으로는 5.95점으로 나타남

[그림 2-1] 삶에 대한 만족도 – 20~30대

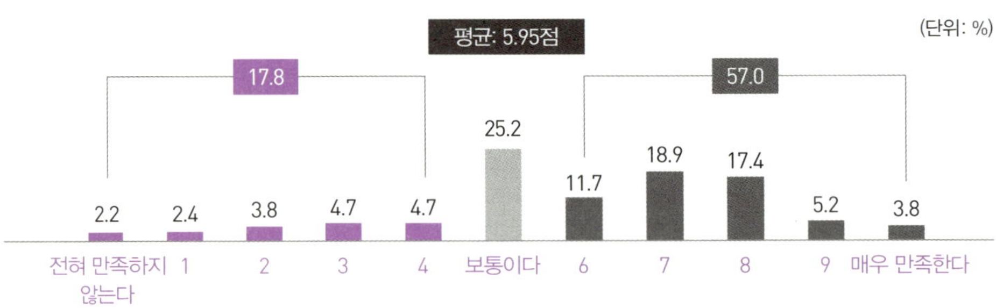

10점 평균을 상세분석한 결과, 성별로는 여성(6.01점)에서 높게 나타났고 연령별로는 20대(6.01점), 학력별로는 대학원 이상(6.35점), 가구 소득별로는 700만 원 이상(6.43점), 500만 원 이상~700만 원 미만(6.38점), 혼인상태별로는 기혼(6.70점), 가구원

수별로는 3인(6.05점), 4인 이상(5.98점), 이념 성향별로는 보수(6.43점), 직업별로는 화이트칼라(6.14점), 학생(6.14점), 고용형태별로는 자영업자/무급가족종사자(6.55점), 권역별로는 동남권(6.29점), 도심권(6.02점), 서남권(6.02)에서 높게 나타남

◈ 40~50대

40~50대의 경우, '만족한다'라고 응답한 비율은 52.4%, '만족하지 않는다'라고 응답한 비율은 21.6%로 나타남. 10점 만점 기준으로는 5.70점으로 나타남

[그림 2-2] 삶에 대한 만족도 – 40~50대

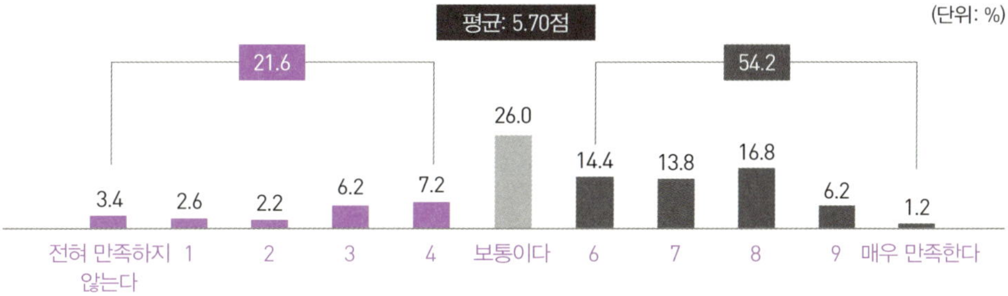

10점 평균을 상세분석한 결과, 성별로는 여성(5.75점)에서 높게 나타났고 연령별로는 40대(5.71점), 학력별로는 대학원 이상(6.53점), 대재(전문대/대학교)(6.38점), 가구 소득별로는 700만 원 이상(6.64점), 혼인상태별로는 기혼(6.18점), 가구원 수별로는 4인 이상(6.18점), 이념 성향별로는 보수(6.26점), 직업별로는 화이트칼라(6.06점), 고용형태별로는 상용직 임금근로자(5.98점), 자영업자/무급가족종사자(5.77점), 권역별로는 도심권(6.44점)에서 높게 나타남

[표 2-1] 삶에 대한 만족도 - 20~30대

구분		사례 수	⓪ 전혀 만족하지 않는다	①	②	③	④	⑤ 보통이다	⑥	⑦	⑧	⑨	⑩ 매우 만족한다	[평균]
전체		(1,000)	2.2	2.4	3.8	4.7	4.7	25.2	11.7	18.9	17.4	5.2	3.8	5.95
성별	남성	(490)	2.5	2.9	3.7	5.3	5.7	22.3	13.9	18.9	15.3	5.3	4.2	5.89
	여성	(510)	2.0	2.0	3.9	4.1	3.7	28.0	9.6	18.8	19.4	5.1	3.3	6.01
연령	20대	(498)	1.8	1.4	4.2	4.2	4.8	26.5	11.9	20.6	13.9	5.4	5.2	6.01
	30대	(502)	2.6	3.4	3.4	5.2	4.6	23.9	11.6	17.1	20.9	5.0	2.4	5.89
학력	고졸 이하	(97)	6.3	6.5	3.1	7.1	6.2	32.4	9.3	15.7	4.1	3.1	6.2	5.09
	대재	(127)	0.8	3.0	3.2	2.4	7.1	20.2	18.6	22.2	14.9	5.5	2.2	6.03
	대졸	(677)	1.8	2.1	4.4	4.4	4.0	25.7	10.9	19.1	19.2	5.2	3.2	6.00
	대학원 이상	(99)	3.0	0.0	1.0	7.0	4.9	21.1	10.9	16.2	21.7	7.0	7.0	6.35
가구 소득	200만 원 미만	(102)	3.9	4.9	7.9	8.8	5.9	28.7	9.6	14.7	6.8	3.9	4.9	5.13
	200~300만 원 미만	(148)	0.7	6.6	4.0	5.4	4.7	34.8	15.0	16.2	7.4	2.6	2.5	5.35
	300~500만 원 미만	(287)	2.1	2.9	3.1	5.2	5.2	26.5	12.9	19.8	15.9	2.8	3.5	5.81
	500~700만 원 미만	(196)	1.5	0.5	3.1	3.0	5.1	23.7	9.8	16.7	25.3	7.7	3.6	6.38
	700만 원 이상	(267)	3.0	0.0	3.4	3.4	3.3	18.3	10.9	22.5	22.8	7.9	4.5	6.43
혼인 상태	기혼	(220)	0.5	0.9	1.8	2.3	4.4	17.2	10.8	24.0	25.8	7.3	5.0	6.70
	미혼	(745)	2.8	2.7	4.4	5.1	5.0	28.1	11.0	17.3	15.6	4.4	3.4	5.74
	동거/사별/이혼/별거	(35)	0.0	5.2	2.9	11.5	0.0	14.1	31.9	20.1	2.9	8.6	2.9	5.77

[표 2-1] 삶에 대한 만족도 – 20~30대(계속)

구분		사례 수	⓪ 전혀 만족하지 않는다	①	②	③	④	⑤ 보통이다	⑥	⑦	⑧	⑨	⑩ 매우 만족한다	[평균]
전체		(1,000)	2.2	2.4	3.8	4.7	4.7	25.2	11.7	18.9	17.4	5.2	3.8	5.95
가구원 수	1인	(218)	1.8	3.1	3.7	4.2	5.5	29.5	10.2	21.5	13.6	2.8	4.1	5.79
	2인	(159)	0.6	3.8	4.4	6.3	3.8	21.2	16.7	19.4	12.5	8.2	3.1	5.94
	3인	(290)	2.1	1.4	3.1	3.8	5.6	25.1	10.7	20.3	21.4	4.4	2.1	6.05
	4인 이상	(333)	3.3	2.2	4.2	5.0	3.8	24.5	11.1	15.6	18.8	6.0	5.3	5.98
이념 성향	진보	(231)	3.0	2.6	6.9	3.9	3.9	21.2	7.8	19.1	22.8	6.5	2.2	5.93
	중도	(429)	2.8	3.3	3.1	6.0	4.9	32.3	12.6	15.0	13.4	3.3	3.2	5.58
	보수	(341)	0.9	1.1	2.6	3.6	5.0	19.0	13.2	23.5	18.8	6.7	5.6	6.43
직업	화이트칼라	(644)	1.7	1.4	3.3	4.2	4.6	25.0	11.2	19.5	19.5	5.3	4.2	6.14
	블루칼라	(141)	2.1	2.8	4.2	5.7	5.0	29.4	13.2	15.6	12.1	6.3	3.5	5.72
	학생	(106)	2.0	1.9	3.8	3.8	4.7	18.8	11.9	25.4	20.3	5.6	1.8	6.14
	주부/무직/기타	(109)	5.5	8.4	6.3	7.2	4.6	27.3	12.4	12.8	9.2	2.7	3.7	4.96
고용 형태	상용직 임금근로자	(620)	1.5	1.5	3.4	4.2	4.5	26.1	11.1	19.1	19.8	6.5	2.4	6.10
	임시/일용/특수직 근로자	(97)	5.1	2.9	4.2	8.3	6.3	26.2	13.2	11.3	12.3	3.0	7.2	5.48
	자영업자/무급가족종사자	(58)	0.0	1.7	1.7	1.7	5.2	20.6	15.6	27.6	12.1	0.0	13.8	6.55
권역	도심권	(50)	2.0	3.6	2.0	4.0	3.6	30.0	16.0	10.0	14.8	6.0	8.0	6.02
	동북권	(295)	2.0	3.7	5.8	5.8	5.4	25.9	12.8	15.9	14.6	4.4	3.7	5.65
	서북권	(123)	2.6	3.5	2.6	5.6	4.9	25.7	9.2	20.1	16.2	6.4	3.3	5.90
	서남권	(329)	1.8	0.9	3.9	4.6	5.2	23.8	13.1	21.5	18.5	4.0	2.7	6.02
	동남권	(203)	3.0	2.0	2.0	3.0	3.0	25.1	8.3	20.3	21.1	7.4	4.9	6.29

[표 2-2] 삶에 대한 만족도 – 40~50대

구분		사례 수	⓪ 전혀 만족하지 않는다	①	②	③	④	⑤ 보통이다	⑥	⑦	⑧	⑨	⑩ 매우 만족한다	[평균]
전체		(500)	3.4	2.6	2.2	6.2	7.2	26.0	14.4	13.8	16.8	6.2	1.2	5.70
성별	남성	(247)	4.0	0.8	2.4	6.9	7.7	27.1	15.8	14.2	13.4	6.1	1.6	5.64
	여성	(253)	2.8	4.3	2.0	5.5	6.7	24.9	13.0	13.4	20.2	6.3	0.8	5.75
연령	40대	(248)	2.8	1.6	2.4	8.5	7.7	24.2	13.3	16.1	17.3	4.4	1.6	5.71
	50대	(252)	4.0	3.6	2.0	4.0	6.7	27.8	15.5	11.5	16.3	7.9	0.8	5.68
학력	고졸 이하	(61)	11.5	4.9	0.0	6.6	9.8	39.3	4.9	8.2	11.5	3.3	0.0	4.69
	대재	(16)	0.0	0.0	0.0	0.0	18.8	25.0	6.3	18.8	18.8	6.3	6.3	6.38
	대졸	(365)	2.7	2.5	3.0	6.8	6.6	24.1	16.2	14.8	16.7	5.8	0.8	5.70
	대학원 이상	(58)	0.0	1.7	0.0	3.4	5.2	24.1	15.5	12.1	22.4	12.1	3.4	6.53
가구 소득	200만 원 미만	(45)	15.6	15.6	2.2	11.1	8.9	33.3	2.2	2.2	4.4	2.2	2.2	3.62
	200~300만 원 미만	(41)	7.3	2.4	7.3	4.9	9.8	31.7	7.3	14.6	14.6	0.0	0.0	4.93
	300~500만 원 미만	(125)	3.2	3.2	2.4	4.0	11.2	32.0	18.4	10.4	11.2	4.0	0.0	5.34
	500~700만 원 미만	(129)	0.8	0.8	1.6	10.9	7.0	24.8	16.3	16.3	12.4	8.5	0.8	5.84
	700만 원 이상	(160)	1.3	0.0	1.3	3.1	3.1	18.8	15.0	17.5	28.8	8.8	2.5	6.64
혼인 상태	기혼	(340)	1.2	1.2	1.2	6.2	5.3	23.2	16.2	15.3	19.7	9.1	1.5	6.18
	미혼	(127)	9.4	4.7	3.9	7.1	9.4	33.1	10.2	10.2	11.8	0.0	0.0	4.65
	동거/사별/이혼/별거	(33)	3.0	9.1	6.1	3.0	18.2	27.3	12.1	12.1	6.1	0.0	3.0	4.76

[표 2-2] 삶에 대한 만족도 – 40~50대(계속)

구분		사례수	ⓞ 전혀 만족하지 않는다	①	②	③	④	⑤ 보통이다	⑥	⑦	⑧	⑨	⑩ 매우 만족한다	[평균]
전체		(500)	3.4	2.6	2.2	6.2	7.2	26.0	14.4	13.8	16.8	6.2	1.2	5.70
가구원수	1인	(64)	12.5	3.1	4.7	6.3	14.1	25.0	15.6	9.4	9.4	0.0	0.0	4.47
	2인	(68)	2.9	5.9	2.9	4.4	11.8	36.8	8.8	14.7	8.8	1.5	1.5	5.10
	3인	(175)	2.9	3.4	1.7	6.9	6.3	22.3	14.3	13.1	21.1	6.3	1.7	5.85
	4인 이상	(193)	1.0	0.5	1.6	6.2	4.1	25.9	16.1	15.5	18.1	9.8	1.0	6.18
이념성향	진보	(126)	6.3	2.4	3.2	9.5	4.8	19.8	9.5	21.4	15.9	6.3	0.8	5.55
	중도	(218)	2.3	4.1	2.3	5.5	8.7	36.2	13.8	8.3	14.2	3.2	1.4	5.38
	보수	(156)	2.6	0.6	1.3	4.5	7.1	16.7	19.2	15.4	21.2	10.3	1.3	6.26
직업	화이트칼라	(328)	1.2	0.3	2.4	5.2	7.6	23.8	17.1	15.2	18.6	7.3	1.2	6.06
	블루칼라	(61)	6.6	4.9	3.3	8.2	11.5	39.3	6.6	4.9	8.2	3.3	3.3	4.80
	주부/무직/기타	(111)	8.1	8.1	0.9	8.1	3.6	25.2	10.8	14.4	16.2	4.5	0.0	5.11
고용형태	상용직 임금근로자	(314)	1.9	0.6	2.5	5.1	7.0	24.8	16.9	14.6	17.8	7.3	1.3	5.98
	임시/일용/특수직 근로자	(39)	2.6	2.6	2.6	7.7	15.4	41.0	7.7	10.3	7.7	0.0	2.6	5.03
	자영업자/무급가족종사자	(31)	3.2	3.2	3.2	9.7	6.5	22.6	9.7	9.7	19.4	9.7	3.2	5.77
권역	도심권	(25)	0.0	4.0	0.0	0.0	4.0	28.0	16.0	8.0	32.0	4.0	4.0	6.44
	동북권	(155)	6.5	2.6	3.9	6.5	6.5	24.5	14.2	11.6	14.2	9.0	0.6	5.46
	서북권	(60)	1.7	1.7	3.3	3.3	6.7	33.3	10.0	20.0	15.0	3.3	1.7	5.78
	서남권	(149)	2.0	4.0	1.3	8.1	8.7	26.8	15.4	12.1	16.1	3.4	2.0	5.56
	동남권	(111)	2.7	0.9	0.9	6.3	7.2	22.5	15.3	17.1	18.9	8.1	0.0	5.99

행복 정도

◈ 20~30대

20~30대가 생각하는 현재와 30년 후 미래의 행복 정도에 대해서 7점 만점 기준으로는 '2050년의 나'가 4.73점으로 '현재의 나'(4.38점)보다 다소 높게 나타남

[그림 2-3] 행복 정도 – 20~30대

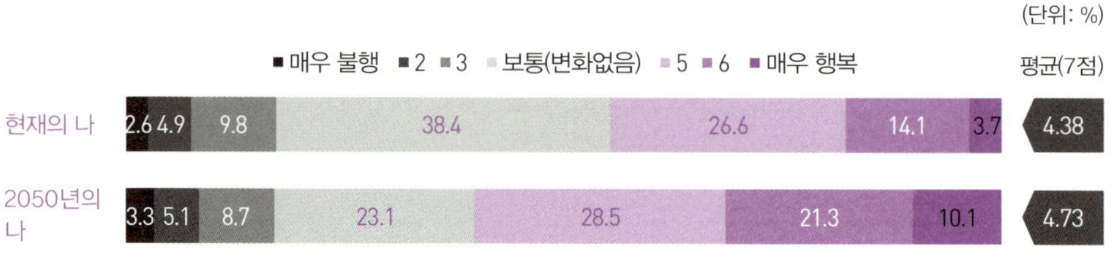

7점 평균을 상세분석한 결과, '현재의 나'는 성별로 여성(4.41점)에서 높게 나타났고 연령별로는 20대(4.40점), 학력별로는 대학원 이상(4.75점), 가구 소득별로는 700만 원 이상(4.64점), 500~700만 원 미만(4.53점), 혼인상태별로는 기혼(4.75점), 가구원 수별로는 4인 이상(4.46점), 3인(4.45점), 이념 성향별로는 보수(4.57점), 진보(4.40점), 직업별로는 화이트칼라(4.51점), 고용형태별로는 자영업자/무급가족종사자(4.78점), 권역별로는 서남권(4.52점), 동남권(4.46점)에서 높게 나타남

'2050년의 나'는 성별로 여성(4.74점)에서 높게 나타났고 연령별로는 20대(4.85점), 학력별로는 대학원 이상(5.07점), 가구 소득별로는 700만 원 이상(4.97점), 500~700만 원 미만(4.80점), 혼인상태별로는 기혼(4.99점), 동거/사별/이혼/별거(4.79점), 가구원 수별로는 4인 이상(4.87점), 3인(4.73점), 이념 성향별로는 보수(4.91점), 직업별로는 학생(4.94점), 화이트칼라(4.78점), 고용형태별로는 자영업자/무급가족종사자(5.04점), 권역별로는 동남권(4.80점), 도심권(4.78점)에서 높게 나타남

◈ 40~50대

40~50대의 경우, 7점 만점 기준으로는 '2050년의 나'가 4.43점으로 '현재의 나'(4.33점)보다 다소 높게 나타남

[그림 2-4] 행복 정도 – 40~50대

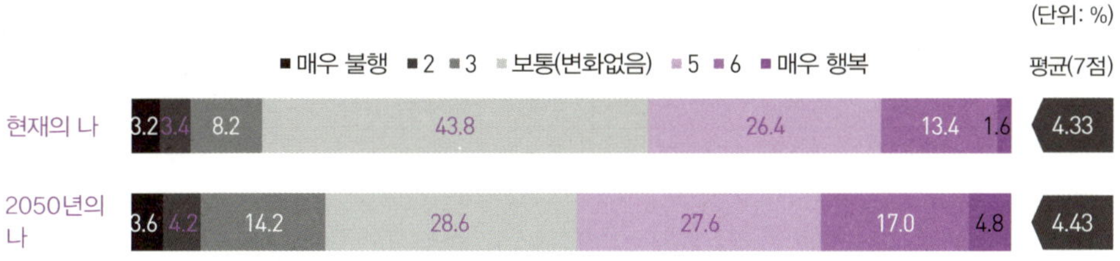

7점 평균을 상세분석한 결과, '현재의 나'는 성별로 여성(4.38점)에서 높게 나타났고 연령별로는 40대(4.34점), 학력별로는 대학원 이상(4.78점), 대재(전문대/대학교)(4.56점), 가구 소득별로는 700만 원 이상(4.79점), 혼인상태별로는 기혼(4.59점), 가구원 수별로는 4인 이상(4.58점), 3인(4.42점), 이념 성향별로는 보수(4.62점), 직업별로는 화이트칼라(4.47점), 고용형태별로는 상용직 임금근로자(4.46점), 권역별로는 도심권(4.60점), 동남권(4.44점)에서 높게 나타남

'2050년의 나'는 성별로 남성(4.48점)에서 높게 나타났고 연령별로는 40대(4.50점), 학력별로는 대학원 이상(4.91점), 가구 소득별로는 700만 원 이상(4.82점), 혼인상태별로는 기혼(4.57점), 가구원 수별로는 4인 이상(4.55점), 3인(4.48점), 이념 성향별로는 보수(4.67점), 직업별로는 화이트칼라(4.57점), 고용형태별로는 상용직 임금근로자(4.52점), 권역별로는 동북권(4.56점), 서남권(4.48점)에서 높게 나타남

[표 2-3] 행복 정도(현재의 나) - 20~30대

구분		사례 수	① 매우 불행	②	③	④ 보통 (변화 없음)	⑤	⑥	⑦ 매우 행복	종합			[평균]
										불행	보통 (변화 없음)	행복	
전체		(1,000)	2.6	4.9	9.8	38.4	26.6	14.1	3.7	17.3	38.4	44.4	4.38
성별	남성	(490)	2.9	5.0	11.1	37.7	24.8	14.4	4.0	19.1	37.7	43.2	4.36
	여성	(510)	2.4	4.7	8.4	39.0	28.2	13.9	3.3	15.5	39.0	45.5	4.41
연령	20대	(498)	2.1	4.8	9.0	41.3	26.2	11.1	5.6	15.8	41.3	42.9	4.40
	30대	(502)	3.2	5.0	10.6	35.5	26.9	17.1	1.8	18.7	35.5	45.8	4.36
학력	고졸 이하	(97)	6.5	8.2	12.2	44.0	16.7	5.2	7.2	26.9	44.0	29.1	4.01
	대재	(127)	2.4	6.2	10.4	41.8	25.2	13.3	0.7	18.9	41.8	39.2	4.24
	대졸	(677)	2.2	4.9	9.0	38.1	28.3	14.5	3.1	16.0	38.1	45.8	4.41
	대학원 이상	(99)	2.0	0.0	12.1	30.0	26.4	21.7	7.9	14.1	30.0	55.9	4.75
가구 소득	200만 원 미만	(102)	4.9	11.7	17.3	39.2	14.8	6.3	5.9	33.9	39.2	26.9	3.89
	200~300만 원 미만	(148)	3.5	5.9	11.4	48.1	20.6	7.9	2.6	20.8	48.1	31.1	4.11
	300~500만 원 미만	(287)	1.8	5.2	11.8	37.0	28.2	11.7	4.1	18.9	37.0	44.1	4.36
	500~700만 원 미만	(196)	1.5	2.0	10.2	38.5	25.9	19.8	2.0	13.7	38.5	47.8	4.53
	700만 원 이상	(267)	3.0	3.4	3.4	34.0	33.1	19.1	4.1	9.8	34.0	56.3	4.64
혼인 상태	기혼	(220)	1.4	2.3	7.3	28.5	33.6	23.5	3.6	10.9	28.5	60.6	4.75
	미혼	(745)	3.1	5.5	10.4	41.3	24.5	11.4	3.7	19.1	41.3	39.6	4.28
	동거/사별/이혼/별거	(35)	0.0	8.0	11.2	37.3	26.4	14.1	2.9	19.3	37.3	43.4	4.36

[표 2-3] 행복 정도(현재의 나) – 20~30대(계속)

구분		사례 수	① 매우 불행	②	③	④ 보통(변화 없음)	⑤	⑥	⑦ 매우 행복	종합			[평균]
										불행	보통(변화 없음)	행복	
전체		(1,000)	2.6	4.9	9.8	38.4	26.6	14.1	3.7	17.3	38.4	44.4	4.38
가구원 수	1인	(218)	3.7	5.4	11.1	42.6	23.9	11.0	2.3	20.3	42.6	37.2	4.20
	2인	(159)	0.0	7.5	9.4	42.3	24.1	13.0	3.7	16.9	42.3	40.8	4.37
	3인	(290)	2.8	3.1	9.3	36.2	31.4	14.1	3.1	15.2	36.2	48.7	4.45
	4인 이상	(333)	3.1	4.8	9.5	35.6	25.3	16.7	5.1	17.3	35.6	47.1	4.46
이념 성향	진보	(231)	2.2	6.9	10.4	31.6	29.9	16.0	3.0	19.5	31.6	48.9	4.40
	중도	(429)	3.8	4.6	9.2	46.6	22.7	8.9	4.1	17.7	46.6	35.8	4.23
	보수	(341)	1.5	3.8	10.0	32.6	29.2	19.4	3.5	15.3	32.6	52.1	4.57
직업	화이트칼라	(644)	1.9	3.5	8.2	37.8	28.4	16.8	3.4	13.6	37.8	48.6	4.51
	블루칼라	(141)	2.8	4.2	9.9	47.1	19.8	12.7	3.5	16.9	47.1	36.0	4.29
	학생	(106)	2.0	6.6	13.2	34.6	31.3	8.6	3.7	21.8	34.6	43.6	4.27
	주부/무직/기타	(109)	7.5	11.9	15.5	34.0	20.1	5.5	5.5	34.9	34.0	31.1	3.86
고용 형태	상용직 임금근로자	(620)	2.1	3.9	7.7	38.7	28.9	16.7	2.1	13.6	38.7	47.7	4.47
	임시/일용/특수직 근로자	(97)	3.1	2.9	11.3	50.1	16.3	12.2	4.1	17.3	50.1	32.6	4.27
	자영업자/무급가족종사자	(58)	0.0	3.5	12.1	32.5	21.1	17.1	13.8	15.5	32.5	52.0	4.78
권역	도심권	(50)	2.0	5.6	11.0	36.6	28.0	12.8	4.0	18.6	36.6	44.8	4.37
	동북권	(295)	2.4	7.5	9.5	44.9	18.3	13.0	4.4	19.3	44.9	35.7	4.26
	서북권	(123)	5.1	3.3	13.1	38.6	28.5	9.8	1.6	21.5	38.6	39.9	4.18
	서남권	(329)	1.9	3.6	8.8	33.8	32.9	15.7	3.3	14.3	33.8	51.9	4.52
	동남권	(203)	3.0	3.9	9.3	36.4	26.8	16.2	4.4	16.2	36.4	47.4	4.46

[표 2-4] 행복 정도(2050년의 나) – 20~30대

구분		사례 수	① 매우 불행	②	③	④ 보통 (변화 없음)	⑤	⑥	⑦ 매우 행복	종합			[평균]
										불행	보통 (변화 없음)	행복	
전체		(1,000)	3.3	5.1	8.7	23.1	28.5	21.3	10.1	17.1	23.1	59.9	4.73
성별	남성	(490)	3.3	6.3	9.0	21.6	26.5	23.8	9.6	18.5	21.6	59.9	4.72
	여성	(510)	3.3	3.9	8.4	24.5	30.4	18.8	10.6	15.7	24.5	59.8	4.74
연령	20대	(498)	2.8	3.3	7.3	25.0	28.9	20.0	12.7	13.4	25.0	61.6	4.85
	30대	(502)	3.8	6.8	10.2	21.1	28.1	22.5	7.6	20.7	21.1	58.2	4.61
학력	고졸 이하	(97)	6.5	8.2	12.3	21.6	28.0	9.0	14.3	27.0	21.6	51.4	4.41
	대재	(127)	2.4	2.2	6.3	29.7	39.9	14.0	5.6	10.9	29.7	59.4	4.67
	대졸	(677)	3.3	5.0	8.7	23.6	26.1	23.7	9.5	17.1	23.6	59.3	4.73
	대학원 이상	(99)	1.0	6.0	8.1	12.2	30.8	25.6	16.2	15.2	12.2	72.6	5.07
가구 소득	200만 원 미만	(102)	6.6	8.6	9.0	30.5	24.2	8.2	12.8	24.2	30.5	45.3	4.33
	200~300만 원 미만	(148)	2.0	6.6	8.6	26.8	26.6	20.1	9.4	17.2	26.8	56.0	4.67
	300~500만 원 미만	(287)	3.6	5.6	9.8	23.8	29.3	19.6	8.4	19.0	23.8	57.2	4.62
	500~700만 원 미만	(196)	3.0	2.6	11.7	20.8	28.1	23.6	10.2	17.3	20.8	61.9	4.80
	700만 원 이상	(267)	2.6	4.1	5.3	19.0	30.6	27.0	11.2	12.1	19.0	68.9	4.97
혼인 상태	기혼	(220)	1.8	3.2	9.5	16.8	27.0	31.7	10.0	14.5	16.8	68.7	4.99
	미혼	(745)	3.9	5.5	8.9	25.1	27.7	18.6	10.3	18.3	25.1	56.7	4.64
	동거/사별/이혼/별거	(35)	0.0	8.0	0.0	19.8	55.2	11.2	5.7	8.0	19.8	72.1	4.79

[표 2-4] 행복 정도(2050년의 나) – 20~30대(계속)

구분		사례 수	① 매우 불행	②	③	④ 보통 (변화 없음)	⑤	⑥	⑦ 매우 행복	종합			[평균]
										불행	보통 (변화 없음)	행복	
전체		(1,000)	3.3	5.1	8.7	23.1	28.5	21.3	10.1	17.1	23.1	59.9	4.73
가구원 수	1인	(218)	3.7	7.3	10.6	24.2	28.3	15.3	10.6	21.5	24.2	54.3	4.55
	2인	(159)	2.5	5.1	11.9	23.5	27.2	21.7	8.2	19.5	23.5	57.0	4.65
	3인	(290)	2.8	3.8	8.6	24.8	29.7	22.8	7.6	15.2	24.8	60.1	4.73
	4인 이상	(333)	3.9	4.7	6.1	20.6	28.1	23.6	12.9	14.7	20.6	64.7	4.87
이념 성향	진보	(231)	3.9	6.9	10.4	21.2	22.6	26.3	8.7	21.3	21.2	57.6	4.65
	중도	(429)	4.2	5.3	10.0	26.2	25.5	17.2	11.6	19.5	26.2	54.3	4.62
	보수	(341)	1.8	3.5	6.0	20.4	36.3	23.0	9.1	11.2	20.4	68.4	4.91
직업	화이트칼라	(644)	2.7	4.8	9.2	22.1	26.9	24.7	9.6	16.7	22.1	61.2	4.78
	블루칼라	(141)	2.8	8.5	8.5	28.0	30.5	11.8	9.8	19.8	28.0	52.1	4.50
	학생	(106)	3.0	0.9	9.4	19.0	32.8	23.3	11.5	13.4	19.0	67.6	4.94
	주부/무직/기타	(109)	7.5	6.4	5.5	26.3	31.1	11.4	11.9	19.4	26.3	54.4	4.49
고용 형태	상용직 임금근로자	(620)	3.0	5.1	9.7	21.2	27.2	25.3	8.5	17.8	21.2	61.0	4.74
	임시/일용/ 특수직 근로자	(97)	3.1	8.0	10.5	31.3	27.7	11.2	8.2	21.6	31.3	47.1	4.39
	자영업자/ 무급가족종사자	(58)	0.0	5.2	1.7	27.3	34.9	11.9	19.0	6.9	27.3	65.8	5.04
권역	도심권	(50)	5.5	5.1	5.6	19.1	31.6	21.1	12.0	16.2	19.1	64.7	4.78
	동북권	(295)	3.4	5.8	7.5	26.6	24.7	21.3	10.8	16.6	26.6	56.8	4.71
	서북권	(123)	3.5	5.7	6.5	28.2	31.7	15.4	9.1	15.7	28.2	56.2	4.61
	서남권	(329)	3.3	5.5	9.5	19.6	30.5	22.0	9.7	18.3	19.6	62.2	4.73
	동남권	(203)	2.5	3.0	11.5	21.5	28.1	23.6	9.8	16.9	21.5	61.6	4.80

[표 2-5] 행복 정도(현재의 나) - 40~50대

구분		사례 수	① 매우 불행	②	③	④ 보통 (변화 없음)	⑤	⑥	⑦ 매우 행복	종합			[평균]
										불행	보통 (변화 없음)	행복	
전체		(500)	3.2	3.4	8.2	43.8	26.4	13.4	1.6	14.8	43.8	41.4	4.33
성별	남성	(247)	3.6	2.8	9.7	42.5	29.1	10.5	1.6	16.2	42.5	41.3	4.29
	여성	(253)	2.8	4.0	6.7	45.1	23.7	16.2	1.6	13.4	45.1	41.5	4.38
연령	40대	(248)	1.6	3.2	9.7	45.6	26.2	12.1	1.6	14.5	45.6	39.9	4.34
	50대	(252)	4.8	3.6	6.7	42.1	26.6	14.7	1.6	15.1	42.1	42.9	4.33
학력	고졸 이하	(61)	8.2	6.6	8.2	41.0	24.6	9.8	1.6	23.0	41.0	36.1	4.03
	대재	(16)	0.0	0.0	12.5	43.8	25.0	12.5	6.3	12.5	43.8	43.8	4.56
	대졸	(365)	3.0	3.3	8.5	45.8	25.5	12.9	1.1	14.8	45.8	39.5	4.30
	대학원 이상	(58)	0.0	1.7	5.2	34.5	34.5	20.7	3.4	6.9	34.5	58.6	4.78
가구 소득	200만 원 미만	(45)	11.1	15.6	13.3	40.0	17.8	0.0	2.2	40.0	40.0	20.0	3.47
	200~300만 원 미만	(41)	2.4	7.3	14.6	58.5	9.8	7.3	0.0	24.4	58.5	17.1	3.88
	300~500만 원 미만	(125)	4.8	2.4	8.0	55.2	24.0	5.6	0.0	15.2	55.2	29.6	4.08
	500~700만 원 미만	(129)	0.0	1.6	10.1	45.7	26.4	15.5	0.8	11.6	45.7	42.6	4.47
	700만 원 이상	(160)	2.5	1.3	3.8	30.6	35.0	23.1	3.8	7.5	30.6	61.9	4.79
혼인 상태	기혼	(340)	1.8	1.8	6.8	37.4	32.4	17.6	2.4	10.3	37.4	52.4	4.59
	미혼	(127)	6.3	7.1	10.2	59.1	13.4	3.9	0.0	23.6	59.1	17.3	3.78
	동거/사별/이혼/별거	(33)	6.1	6.1	15.2	51.5	15.2	6.1	0.0	27.3	51.5	21.2	3.82

[표 2-5] 행복 정도(현재의 나) – 40~50대(계속)

구분		사례 수	① 매우 불행	②	③	④ 보통 (변화 없음)	⑤	⑥	⑦ 매우 행복	종합			[평균]
										불행	보통 (변화 없음)	행복	
전체		(500)	3.2	3.4	8.2	43.8	26.4	13.4	1.6	14.8	43.8	41.4	4.33
가구원 수	1인	(64)	12.5	7.8	12.5	50.0	14.1	3.1	0.0	32.8	50.0	17.2	3.55
	2인	(68)	0.0	4.4	13.2	57.4	14.7	8.8	1.5	17.6	57.4	25.0	4.15
	3인	(175)	2.3	3.4	6.9	41.7	29.7	14.9	1.1	12.6	41.7	45.7	4.42
	4인 이상	(193)	2.1	1.6	6.2	38.9	31.6	17.1	2.6	9.8	38.9	51.3	4.58
이념 성향	진보	(126)	5.6	4.0	8.7	38.9	29.4	11.1	2.4	18.3	38.9	42.9	4.25
	중도	(218)	2.8	3.7	8.7	55.0	18.3	10.6	0.9	15.1	55.0	29.8	4.18
	보수	(156)	1.9	2.6	7.1	32.1	35.3	19.2	1.9	11.5	32.1	56.4	4.62
직업	화이트칼라	(328)	1.5	1.8	7.6	44.2	28.7	14.3	1.8	11.0	44.2	44.8	4.47
	블루칼라	(61)	6.6	4.9	13.1	50.8	16.4	6.6	1.6	24.6	50.8	24.6	3.92
	주부/무직/기타	(111)	6.3	7.2	7.2	38.7	25.2	14.4	0.9	20.7	38.7	40.5	4.16
고용 형태	상용직 임금근로자	(314)	2.2	1.3	8.3	43.6	28.0	14.6	1.9	11.8	43.6	44.6	4.46
	임시/일용/ 특수직 근로자	(39)	2.6	5.1	12.8	59.0	17.9	2.6	0.0	20.5	59.0	20.5	3.92
	자영업자/ 무급가족종사자	(31)	3.2	9.7	3.2	48.4	19.4	12.9	3.2	16.1	48.4	35.5	4.23
권역	도심권	(25)	0.0	4.0	4.0	44.0	28.0	16.0	4.0	8.0	44.0	48.0	4.60
	동북권	(155)	3.9	3.9	7.7	45.8	23.9	12.9	1.9	15.5	45.8	38.7	4.28
	서북권	(60)	5.0	5.0	10.0	43.3	25.0	10.0	1.7	20.0	43.3	36.7	4.15
	서남권	(149)	3.4	3.4	9.4	43.0	23.5	16.1	1.3	16.1	43.0	40.9	4.34
	동남권	(111)	1.8	1.8	7.2	42.3	34.2	11.7	0.9	10.8	42.3	46.8	4.44

[표 2-6] 행복 정도(2050년의 나) – 40~50대

구분		사례 수	① 매우 불행	②	③	④ 보통 (변화 없음)	⑤	⑥	⑦ 매우 행복	종합			[평균]
										불행	보통 (변화 없음)	행복	
전체		(500)	3.6	4.2	14.2	28.6	27.6	17.0	4.8	22.0	28.6	49.4	4.43
성별	남성	(247)	2.8	3.6	15.8	27.5	25.5	19.8	4.9	22.3	27.5	50.2	4.48
	여성	(253)	4.3	4.7	12.6	29.6	29.6	14.2	4.7	21.7	29.6	48.6	4.37
연령	40대	(248)	3.6	4.0	10.1	31.9	27.4	16.9	6.0	17.7	31.9	50.4	4.50
	50대	(252)	3.6	4.4	18.3	25.4	27.8	17.1	3.6	26.2	25.4	48.4	4.35
학력	고졸 이하	(61)	13.1	3.3	16.4	31.1	21.3	9.8	4.9	32.8	31.1	36.1	3.93
	대재	(16)	0.0	6.3	12.5	25.0	43.8	0.0	12.5	18.8	25.0	56.3	4.56
	대졸	(365)	2.7	4.7	13.7	29.3	29.3	16.4	3.8	21.1	29.3	49.6	4.42
	대학원 이상	(58)	0.0	1.7	15.5	22.4	19.0	32.8	8.6	17.2	22.4	60.3	4.91
가구 소득	200만 원 미만	(45)	13.3	11.1	8.9	31.1	22.2	6.7	6.7	33.3	31.1	35.6	3.84
	200~300만 원 미만	(41)	4.9	7.3	14.6	41.5	17.1	2.4	12.2	26.8	41.5	31.7	4.15
	300~500만 원 미만	(125)	4.0	5.6	16.0	28.0	24.8	17.6	4.0	25.6	28.0	46.4	4.33
	500~700만 원 미만	(129)	3.1	4.7	17.1	27.1	29.5	17.1	1.6	24.8	27.1	48.1	4.33
	700만 원 이상	(160)	0.6	0.0	11.9	26.3	32.5	23.1	5.6	12.5	26.3	61.3	4.82
혼인 상태	기혼	(340)	2.6	2.9	13.8	24.7	31.2	20.6	4.1	19.4	24.7	55.9	4.57
	미혼	(127)	6.3	6.3	14.2	39.4	19.7	9.4	4.7	26.8	39.4	33.9	4.07
	동거/사별/이혼/별거	(33)	3.0	9.1	18.2	27.3	21.2	9.1	12.1	30.3	27.3	42.4	4.30

[표 2-6] 행복 정도(2050년의 나) – 40~50대 (계속)

구분		사례 수	① 매우 불행	②	③	④ 보통 (변화 없음)	⑤	⑥	⑦ 매우 행복	종합			[평균]
										불행	보통 (변화 없음)	행복	
전체		(500)	3.6	4.2	14.2	28.6	27.6	17.0	4.8	22.0	28.6	49.4	4.43
가구원 수	1인	(64)	7.8	9.4	12.5	31.3	29.7	4.7	4.7	29.7	31.3	39.1	3.98
	2인	(68)	2.9	2.9	17.6	38.2	16.2	14.7	7.4	23.5	38.2	38.2	4.35
	3인	(175)	4.6	3.4	12.6	28.6	25.1	21.1	4.6	20.6	28.6	50.9	4.48
	4인 이상	(193)	1.6	3.6	15.0	24.4	33.2	18.1	4.1	20.2	24.4	55.4	4.55
이념 성향	진보	(126)	4.8	7.1	12.7	28.6	23.8	17.5	5.6	24.6	28.6	46.8	4.34
	중도	(218)	3.2	3.2	17.0	33.5	26.6	13.3	3.2	23.4	33.5	43.1	4.30
	보수	(156)	3.2	3.2	11.5	21.8	32.1	21.8	6.4	17.9	21.8	60.3	4.67
직업	화이트칼라	(328)	1.5	3.4	14.9	26.5	28.7	20.7	4.3	19.8	26.5	53.7	4.57
	블루칼라	(61)	9.8	4.9	9.8	44.3	14.8	9.8	6.6	24.6	44.3	31.1	4.05
	주부/무직/기타	(111)	6.3	6.3	14.4	26.1	31.5	9.9	5.4	27.0	26.1	46.8	4.22
고용 형태	상용직 임금근로자	(314)	2.2	3.5	14.3	29.0	26.4	19.7	4.8	20.1	29.0	51.0	4.52
	임시/일용/ 특수직 근로자	(39)	7.7	5.1	10.3	30.8	28.2	15.4	2.6	23.1	30.8	46.2	4.23
	자영업자/ 무급가족종사자	(31)	3.2	3.2	19.4	29.0	29.0	12.9	3.2	25.8	29.0	45.2	4.29
권역	도심권	(25)	0.0	8.0	16.0	36.0	20.0	20.0	0.0	24.0	36.0	40.0	4.28
	동북권	(155)	4.5	3.2	9.0	26.5	33.5	18.1	5.2	16.8	26.5	56.8	4.56
	서북권	(60)	6.7	8.3	10.0	30.0	33.3	10.0	1.7	25.0	30.0	45.0	4.12
	서남권	(149)	2.7	3.4	15.4	32.2	21.5	18.1	6.7	21.5	32.2	46.3	4.48
	동남권	(111)	2.7	3.6	21.6	24.3	26.1	17.1	4.5	27.9	24.3	47.7	4.37

행복하기 위해 가장 중요한 것

◈ 20~30대

20~30대가 생각하는 자신이 행복하기 위해 가장 중요한 것으로는 '돈을 많이 버는 것' 응답이 36.6%로 가장 높고, 그다음으로는 '몸이 건강한 것'(28.6%), '화목한 가족을 갖는 것'(17.0%) 순으로 나타남

[그림 2-5] 행복하기 위해 가장 중요한 것 – 20~30대

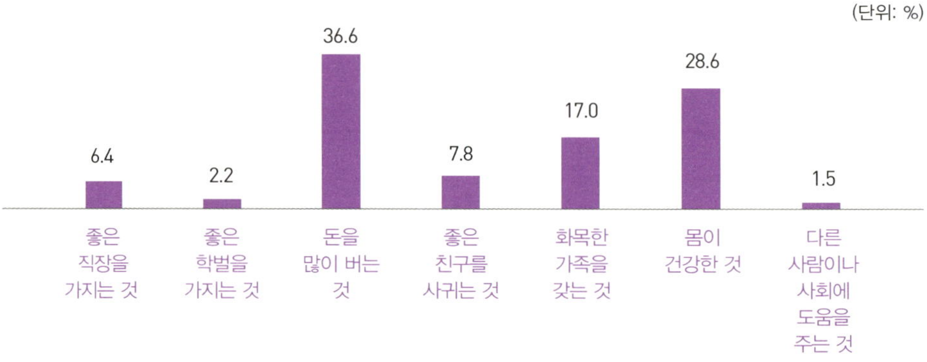

'돈을 많이 버는 것'에 대한 상세분석 결과, 성별로는 남성(38.1%)에서 높게 나타났고 연령별로는 30대(36.9%), 학력별로는 대졸(전문대/대학교 졸업)(38.7%), 고졸 이하(37.1%), 가구 소득별로는 200만 원 이상~300만 원 미만(42.9%), 혼인상태별로는 미혼(38.1%), 가구원 수별로는 1인(41.1%), 4인 이상(39.8%), 이념 성향별로는 중도(41.6%), 직업별로는 블루칼라(38.8%), 주부/무직/기타(38.5%), 고용형태별로는 상용직 임금근로자(38.0%), 권역별로는 도심권(49.3%)에서 높게 나타남

◈ 40~50대

40~50대는 '몸이 건강한 것' 응답이 44.4%로 가장 높고, 그다음으로는 '화목한 가족을 갖는 것'(24.6%), '돈을 많이 버는 것'(24.4%) 순으로 나타남

[그림 2-6] 행복하기 위해 가장 중요한 것 – 40~50대

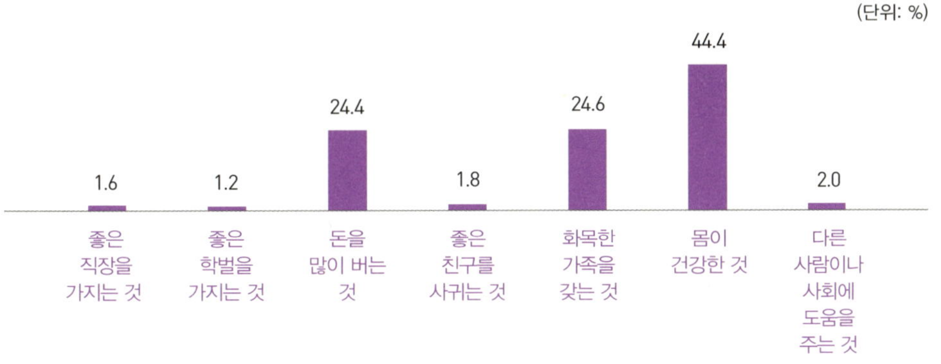

'몸이 건강한 것'에 대한 상세분석 결과, 성별로는 여성(49.8%)에서 높게 나타났고 연령별로는 50대(46.8%), 학력별로는 대재(전문대/대학교)(56.3%), 고졸 이하(55.7%), 가구 소득별로는 200만 원 미만(64.4%), 혼인상태별로는 미혼(49.6%), 가구원 수별로는 1인(56.3%), 이념 성향별로는 중도(46.8%), 직업별로는 주부/무직/기타(59.5%), 고용형태별로는 임시/일용/특수직 근로자(48.7%), 권역별로는 도심권(56.0%)에서 높게 나타남

[표 2-7] 행복하기 위해 가장 중요한 것 – 20~30대

구분		사례 수	좋은 직장을 가지는 것	좋은 학벌을 가지는 것	돈을 많이 버는 것	좋은 친구를 사귀는 것	화목한 가족을 갖는 것	몸이 건강한 것	다른 사람이나 사회에 도움을 주는 것	계
전체		(1,000)	6.4	2.2	36.6	7.8	17.0	28.6	1.5	100.0
성별	남성	(490)	7.4	2.8	38.1	10.0	15.1	24.4	2.2	100.0
	여성	(510)	5.5	1.6	35.1	5.7	18.8	32.5	0.8	100.0
연령	20대	(498)	8.9	3.2	36.3	7.6	17.4	25.4	1.2	100.0
	30대	(502)	4.0	1.2	36.9	8.0	16.5	31.7	1.8	100.0
학력	고졸 이하	(97)	8.4	4.1	37.1	2.0	18.2	29.2	1.0	100.0
	대재	(127)	11.0	4.0	31.9	10.1	11.7	29.7	1.6	100.0
	대졸	(677)	4.9	1.8	38.7	8.3	17.2	27.5	1.6	100.0
	대학원 이상	(99)	9.5	1.0	27.2	6.8	20.6	34.0	0.9	100.0
가구 소득	200만 원 미만	(102)	2.9	3.9	37.6	11.1	13.7	26.8	4.0	100.0
	200~300만 원 미만	(148)	9.5	1.3	42.9	6.6	15.9	23.0	0.7	100.0
	300~500만 원 미만	(287)	9.1	2.4	37.8	8.0	14.2	27.5	1.0	100.0
	500~700만 원 미만	(196)	5.1	4.1	37.3	8.7	13.2	29.1	2.5	100.0
	700만 원 이상	(267)	4.2	0.4	30.8	6.3	24.6	33.0	0.7	100.0
혼인 상태	기혼	(220)	3.2	4.5	32.7	11.2	24.8	21.7	1.8	100.0
	미혼	(745)	7.4	1.6	38.1	5.8	14.9	30.7	1.5	100.0
	동거/사별/이혼/별거	(35)	5.5	0.0	27.9	28.7	11.8	26.1	0.0	100.0

[표 2-7] 행복하기 위해 가장 중요한 것 – 20~30대(계속)

구분		사례 수	좋은 직장을 가지는 것	좋은 학벌을 가지는 것	돈을 많이 버는 것	좋은 친구를 사귀는 것	화목한 가족을 갖는 것	몸이 건강한 것	다른 사람이나 사회에 도움을 주는 것	계
전체		(1,000)	6.4	2.2	36.6	7.8	17.0	28.6	1.5	100.0
가구원 수	1인	(218)	7.4	2.3	41.1	11.8	9.2	25.4	2.8	100.0
	2인	(159)	7.6	2.5	28.3	8.3	19.2	31.5	2.5	100.0
	3인	(290)	4.5	2.4	33.9	8.3	20.9	29.9	0.0	100.0
	4인 이상	(333)	6.9	1.8	39.8	4.5	17.6	28.0	1.4	100.0
이념 성향	진보	(231)	6.1	0.9	33.3	8.2	18.5	32.0	0.9	100.0
	중도	(429)	6.1	0.7	41.6	6.3	17.0	27.3	1.1	100.0
	보수	(341)	7.1	5.0	32.4	9.4	16.0	27.8	2.4	100.0
직업	화이트칼라	(644)	4.7	2.2	37.1	8.0	18.0	28.6	1.4	100.0
	블루칼라	(141)	5.5	2.8	38.8	12.0	14.0	25.5	1.4	100.0
	학생	(106)	19.3	3.7	28.1	3.6	14.0	28.5	2.8	100.0
	주부/무직/기타	(109)	5.5	0.0	38.5	4.9	18.0	32.2	0.9	100.0
고용 형태	상용직 임금근로자	(620)	5.2	1.8	38.0	6.7	19.1	28.4	0.8	100.0
	임시/일용/ 특수직 근로자	(97)	5.2	3.1	33.4	19.4	11.2	23.5	4.1	100.0
	자영업자/ 무급가족종사자	(58)	1.6	5.2	36.3	13.8	8.6	31.1	3.5	100.0
권역	도심권	(50)	4.0	2.0	49.3	6.0	17.1	21.6	0.0	100.0
	동북권	(295)	8.1	2.7	38.1	9.2	14.2	26.2	1.4	100.0
	서북권	(123)	2.6	0.8	43.4	9.6	15.4	25.6	2.6	100.0
	서남권	(329)	5.5	2.1	32.9	7.3	21.1	30.3	0.9	100.0
	동남권	(203)	8.5	2.5	33.0	5.9	15.2	32.6	2.4	100.0

[표 2-8] 행복하기 위해 가장 중요한 것 – 40~50대

구분		사례 수	좋은 직장을 가지는 것	좋은 학벌을 가지는 것	돈을 많이 버는 것	좋은 친구를 사귀는 것	화목한 가족을 갖는 것	몸이 건강한 것	다른 사람이나 사회에 도움을 주는 것	계
전체		(500)	1.6	1.2	24.4	1.8	24.6	44.4	2.0	100.0
성별	남성	(247)	1.2	2.0	26.7	0.8	27.9	38.9	2.4	100.0
	여성	(253)	2.0	0.4	22.1	2.8	21.3	49.8	1.6	100.0
연령	40대	(248)	2.0	0.8	29.0	2.0	22.6	41.9	1.6	100.0
	50대	(252)	1.2	1.6	19.8	1.6	26.6	46.8	2.4	100.0
학력	고졸 이하	(61)	1.6	0.0	26.2	3.3	13.1	55.7	0.0	100.0
	대재	(16)	0.0	6.3	6.3	6.3	25.0	56.3	0.0	100.0
	대졸	(365)	1.9	1.1	26.3	1.4	25.8	41.9	1.6	100.0
	대학원 이상	(58)	0.0	1.7	15.5	1.7	29.3	44.8	6.9	100.0
가구 소득	200만 원 미만	(45)	2.2	0.0	24.4	0.0	8.9	64.4	0.0	100.0
	200~300만 원 미만	(41)	0.0	2.4	39.0	0.0	17.1	41.5	0.0	100.0
	300~500만 원 미만	(125)	0.8	1.6	35.2	0.8	20.8	39.2	1.6	100.0
	500~700만 원 미만	(129)	2.3	0.8	17.1	3.1	31.0	41.9	3.9	100.0
	700만 원 이상	(160)	1.9	1.3	18.1	2.5	28.8	45.6	1.9	100.0
혼인 상태	기혼	(340)	2.1	0.9	20.9	2.6	28.8	42.4	2.4	100.0
	미혼	(127)	0.8	2.4	35.4	0.0	10.2	49.6	1.6	100.0
	동거/사별/이혼/별거	(33)	0.0	0.0	18.2	0.0	36.4	45.5	0.0	100.0

[표 2-8] 행복하기 위해 가장 중요한 것 – 40~50대(계속)

구분		사례 수	좋은 직장을 가지는 것	좋은 학벌을 가지는 것	돈을 많이 버는 것	좋은 친구를 사귀는 것	화목한 가족을 갖는 것	몸이 건강한 것	다른 사람이나 사회에 도움을 주는 것	계
전체		(500)	1.6	1.2	24.4	1.8	24.6	44.4	2.0	100.0
가구원 수	1인	(64)	1.6	0.0	32.8	0.0	7.8	56.3	1.6	100.0
	2인	(68)	1.5	1.5	29.4	2.9	25.0	39.7	0.0	100.0
	3인	(175)	1.7	2.3	18.9	2.9	27.4	43.4	3.4	100.0
	4인 이상	(193)	1.6	0.5	24.9	1.0	27.5	43.0	1.6	100.0
이념 성향	진보	(126)	2.4	2.4	22.2	1.6	23.8	42.9	4.8	100.0
	중도	(218)	1.8	1.4	25.7	1.4	22.0	46.8	0.9	100.0
	보수	(156)	0.6	0.0	24.4	2.6	28.8	42.3	1.3	100.0
직업	화이트칼라	(328)	1.8	1.2	25.3	1.5	26.5	40.9	2.7	100.0
	블루칼라	(61)	0.0	3.3	34.4	1.6	23.0	36.1	1.6	100.0
	주부/무직/기타	(111)	1.8	0.0	16.2	2.7	19.8	59.5	0.0	100.0
고용 형태	상용직 임금근로자	(314)	1.6	1.3	27.1	1.6	27.4	38.5	2.5	100.0
	임시/일용/특수직 근로자	(39)	2.6	5.1	25.6	0.0	17.9	48.7	0.0	100.0
	자영업자/무급가족종사자	(31)	0.0	0.0	22.6	3.2	22.6	45.2	6.5	100.0
권역	도심권	(25)	8.0	0.0	12.0	4.0	16.0	56.0	4.0	100.0
	동북권	(155)	1.3	1.9	21.9	0.6	24.5	47.1	2.6	100.0
	서북권	(60)	1.7	1.7	28.3	1.7	15.0	48.3	3.3	100.0
	서남권	(149)	0.7	0.7	30.2	3.4	28.2	36.9	0.0	100.0
	동남권	(111)	1.8	0.9	20.7	0.9	27.0	45.9	2.7	100.0

2) 건강

전반적 스트레스 체감도

◈ 20~30대

20~30대가 일상생활에서 전반적으로 스트레스를 '느꼈다(매우 많이 느꼈다+느낀 편이다)'라고 응답한 비율은 62.4%, '느끼지 않았다(전혀 느끼지 않았다+느끼지 않은 편이다)'라고 응답한 비율은 7.3%로 나타남. 5점 만점 기준으로는 3.69점으로 나타남

[그림 2-7] 전반적 스트레스 체감도 – 20~30대

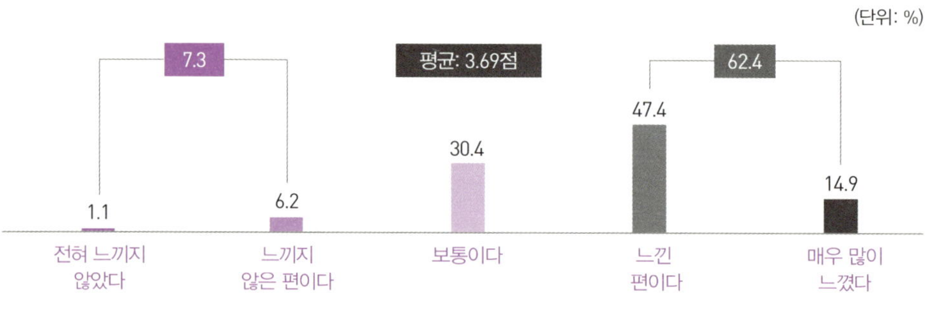

5점 평균을 상세분석한 결과, 성별로는 여성(3.70점)에서 높게 나타났고 연령별로는 30대(3.73점), 학력별로는 고졸 이하(3.84점), 대학원 이상(3.71점), 가구 소득별로는 300~500만 원 미만(3.76점), 700만 원 이상(3.70점), 혼인상태별로는 미혼(3.70점), 가구원 수별로는 4인 이상(3.75점), 1인(3.71점), 이념 성향별로는 보수(3.73점), 직업별로는 주부/무직/기타(3.75점), 화이트칼라(3.71점), 고용형태별로는 상용직 임금근로자(3.72점), 권역별로는 서북권(3.72점), 도심권(3.71점)에서 높게 나타남

◈ 40~50대

40~50대는 스트레스를 '느꼈다(매우 많이 느꼈다+느낀 편이다)'라고 응답한 비율은 53.8%, '느끼지 않았다(전혀 느끼지 않았다+느끼지 않은 편이다)'라고 응답한 비율은 11.8%로 나타남. 5점 만점 기준으로는 3.50점으로 나타남

[그림 2-8] 전반적 스트레스 체감도 - 40~50대

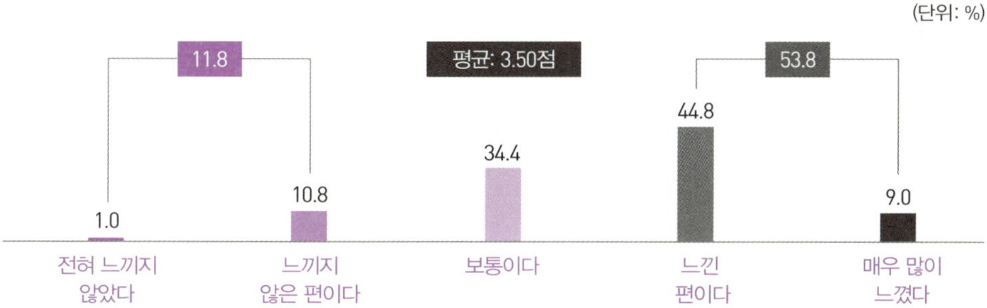

5점 평균을 상세분석한 결과, 성별로는 여성(3.53점)에서 높게 나타났고 연령별로는 40대(3.62점), 학력별로는 고졸 이하(3.57점), 대재(전문대/대학교)(3.56점), 가구 소득별로는 200만 원 미만(3.64점), 200~300만 원 미만(3.59점), 300~500만 원 미만(3.59점), 혼인상태별로는 동거/사별/이혼/별거(3.67점), 미혼(3.59점), 가구원 수별로는 2인(3.57점), 1인(3.55점), 이념 성향별로는 보수(3.54점), 중도(3.53점), 직업별로는 블루칼라(3.70점), 고용형태별로는 자영업자/무급가족종사자(3.68점), 임시/일용/특수직 근로자(3.64점), 권역별로는 서북권(3.58점), 도심권(3.56점)에서 높게 나타남

[표 2-9] 전반적 스트레스 체감도 – 20~30대

구분		사례 수	① 전혀 느끼지 않았다	② 느끼지 않은 편이다	③ 보통이다	④ 느낀 편이다	⑤ 매우 많이 느꼈다	종합			[평균]
								느끼지 않았다	보통이다	느꼈다	
전체		(1,000)	1.1	6.2	30.4	47.4	14.9	7.3	30.4	62.4	3.69
성별	남성	(490)	1.4	6.1	30.5	47.6	14.3	7.5	30.5	62.0	3.67
	여성	(510)	0.8	6.3	30.2	47.3	15.5	7.1	30.2	62.7	3.70
연령	20대	(498)	1.0	7.0	32.2	45.7	14.1	8.0	32.2	59.8	3.65
	30대	(502)	1.2	5.4	28.5	49.2	15.7	6.6	28.5	64.9	3.73
학력	고졸 이하	(97)	0.0	5.2	29.7	40.9	24.3	5.2	29.7	65.1	3.84
	대재	(127)	2.4	4.0	38.8	45.6	9.3	6.3	38.8	54.9	3.56
	대졸	(677)	1.2	6.5	28.5	50.0	13.9	7.7	28.5	63.8	3.69
	대학원 이상	(99)	0.0	7.9	32.9	38.9	20.2	7.9	32.9	59.2	3.71
가구 소득	200만 원 미만	(102)	2.0	5.9	42.6	32.1	17.5	7.8	42.6	49.6	3.57
	200~300만 원 미만	(148)	1.3	3.9	36.3	45.1	13.4	5.2	36.3	58.5	3.65
	300~500만 원 미만	(287)	0.7	4.9	25.0	56.4	13.0	5.6	25.0	69.4	3.76
	500~700만 원 미만	(196)	1.0	6.6	31.1	48.1	13.2	7.7	31.1	61.3	3.66
	700만 원 이상	(267)	1.1	8.7	27.5	44.5	18.1	9.8	27.5	62.6	3.70
혼인 상태	기혼	(220)	0.0	7.7	29.4	49.8	13.2	7.7	29.4	62.9	3.68
	미혼	(745)	1.2	5.5	30.3	47.6	15.4	6.7	30.3	63.0	3.70
	동거/사별/이혼/별거	(35)	5.7	11.5	37.4	28.7	16.7	17.2	37.4	45.4	3.39

[표 2-9] 전반적 스트레스 체감도 - 20~30대(계속)

구분		사례 수	① 전혀 느끼지 않았다	② 느끼지 않은 편이다	③ 보통 이다	④ 느낀 편이다	⑤ 매우 많이 느꼈다	종합			[평균]
								느끼지 않았다	보통 이다	느꼈다	
전체		(1,000)	1.1	6.2	30.4	47.4	14.9	7.3	30.4	62.4	3.69
가구원 수	1인	(218)	1.8	4.1	30.3	48.7	15.1	5.9	30.3	63.8	3.71
	2인	(159)	0.6	9.3	33.6	44.5	11.9	10.0	33.6	56.5	3.58
	3인	(290)	1.4	5.2	31.3	50.3	11.8	6.6	31.3	62.1	3.66
	4인 이상	(333)	0.6	7.0	28.0	45.5	18.9	7.6	28.0	64.5	3.75
이념 성향	진보	(231)	1.7	9.5	26.7	45.0	17.0	11.3	26.7	62.0	3.66
	중도	(429)	0.9	5.8	34.1	43.6	15.6	6.7	34.1	59.2	3.67
	보수	(341)	0.9	4.4	28.1	53.9	12.6	5.3	28.1	66.5	3.73
직업	화이트칼라	(644)	1.1	5.9	28.5	49.4	15.0	7.0	28.5	64.5	3.71
	블루칼라	(141)	2.1	7.8	34.3	45.2	10.7	9.8	34.3	55.9	3.55
	학생	(106)	0.0	8.5	32.3	43.9	15.2	8.5	32.3	59.2	3.66
	주부/무직/기타	(109)	0.9	3.7	34.1	42.0	19.4	4.6	34.1	61.3	3.75
고용 형태	상용직 임금근로자	(620)	1.0	6.3	27.2	50.7	14.8	7.2	27.2	65.6	3.72
	임시/일용/특수직 근로자	(97)	2.1	5.0	35.5	42.1	15.3	7.1	35.5	57.4	3.64
	자영업자/무급가족종사자	(58)	3.5	6.9	41.1	41.7	6.9	10.4	41.1	48.6	3.42
권역	도심권	(50)	2.0	8.0	22.3	52.6	15.1	10.0	22.3	67.7	3.71
	동북권	(295)	1.0	6.4	32.7	41.8	18.0	7.5	32.7	59.8	3.69
	서북권	(123)	0.0	8.1	28.3	47.0	16.6	8.1	28.3	63.6	3.72
	서남권	(329)	1.2	4.5	32.3	50.4	11.6	5.7	32.3	61.9	3.67
	동남권	(203)	1.5	7.0	26.8	49.8	14.9	8.5	26.8	64.7	3.70

[표 2-10] 전반적 스트레스 체감도 – 40~50대

구분		사례 수	① 전혀 느끼지 않았다	② 느끼지 않은 편이다	③ 보통 이다	④ 느낀 편이다	⑤ 매우 많이 느꼈다	종합			[평균]
								느끼지 않았다	보통 이다	느꼈다	
전체		(500)	1.0	10.8	34.4	44.8	9.0	11.8	34.4	53.8	3.50
성별	남성	(247)	0.4	11.7	37.2	41.3	9.3	12.1	37.2	50.6	3.47
	여성	(253)	1.6	9.9	31.6	48.2	8.7	11.5	31.6	56.9	3.53
연령	40대	(248)	0.4	8.1	31.5	49.2	10.9	8.5	31.5	60.1	3.62
	50대	(252)	1.6	13.5	37.3	40.5	7.1	15.1	37.3	47.6	3.38
학력	고졸 이하	(61)	0.0	16.4	26.2	41.0	16.4	16.4	26.2	57.4	3.57
	대재	(16)	0.0	12.5	25.0	56.3	6.3	12.5	25.0	62.5	3.56
	대졸	(365)	1.4	9.9	34.2	45.5	9.0	11.2	34.2	54.5	3.51
	대학원 이상	(58)	0.0	10.3	46.6	41.4	1.7	10.3	46.6	43.1	3.34
가구 소득	200만 원 미만	(45)	0.0	15.6	26.7	35.6	22.2	15.6	26.7	57.8	3.64
	200~300만 원 미만	(41)	0.0	17.1	26.8	36.6	19.5	17.1	26.8	56.1	3.59
	300~500만 원 미만	(125)	0.8	5.6	36.8	47.2	9.6	6.4	36.8	56.8	3.59
	500~700만 원 미만	(129)	1.6	11.6	34.9	45.7	6.2	13.2	34.9	51.9	3.43
	700만 원 이상	(160)	1.3	11.3	36.3	46.9	4.4	12.5	36.3	51.3	3.42
혼인 상태	기혼	(340)	1.2	10.9	35.6	46.5	5.9	12.1	35.6	52.4	3.45
	미혼	(127)	0.8	8.7	35.4	40.9	14.2	9.4	35.4	55.1	3.59
	동거/사별/이혼/별거	(33)	0.0	18.2	18.2	42.4	21.2	18.2	18.2	63.6	3.67

[표 2-10] 전반적 스트레스 체감도 – 40~50대(계속)

구분		사례 수	① 전혀 느끼지 않았다	② 느끼지 않은 편이다	③ 보통 이다	④ 느낀 편이다	⑤ 매우 많이 느꼈다	종합			[평균]
								느끼지 않았다	보통 이다	느꼈다	
전체		(500)	1.0	10.8	34.4	44.8	9.0	11.8	34.4	53.8	3.50
가구원 수	1인	(64)	0.0	12.5	31.3	45.3	10.9	12.5	31.3	56.3	3.55
	2인	(68)	2.9	5.9	35.3	42.6	13.2	8.8	35.3	55.9	3.57
	3인	(175)	1.1	12.6	31.4	44.0	10.9	13.7	31.4	54.9	3.51
	4인 이상	(193)	0.5	10.4	37.8	46.1	5.2	10.9	37.8	51.3	3.45
이념 성향	진보	(126)	1.6	14.3	35.7	38.9	9.5	15.9	35.7	48.4	3.40
	중도	(218)	0.0	9.6	36.2	45.9	8.3	9.6	36.2	54.1	3.53
	보수	(156)	1.9	9.6	30.8	48.1	9.6	11.5	30.8	57.7	3.54
직업	화이트칼라	(328)	0.9	11.9	34.8	45.4	7.0	12.8	34.8	52.4	3.46
	블루칼라	(61)	0.0	6.6	29.5	50.8	13.1	6.6	29.5	63.9	3.70
	주부/무직/기타	(111)	1.8	9.9	36.0	39.6	12.6	11.7	36.0	52.3	3.51
고용 형태	상용직 임금근로자	(314)	1.0	12.1	34.4	45.2	7.3	13.1	34.4	52.5	3.46
	임시/일용/ 특수직 근로자	(39)	0.0	5.1	30.8	59.0	5.1	5.1	30.8	64.1	3.64
	자영업자/ 무급가족종사자	(31)	0.0	6.5	38.7	35.5	19.4	6.5	38.7	54.8	3.68
권역	도심권	(25)	0.0	4.0	44.0	44.0	8.0	4.0	44.0	52.0	3.56
	동북권	(155)	1.3	11.6	32.9	41.3	12.9	12.9	32.9	54.2	3.53
	서북권	(60)	0.0	6.7	38.3	45.0	10.0	6.7	38.3	55.0	3.58
	서남권	(149)	2.0	15.4	28.2	46.3	8.1	17.4	28.2	54.4	3.43
	동남권	(111)	0.0	7.2	40.5	47.7	4.5	7.2	40.5	52.3	3.50

자살 충동 경험 여부 및 이유

◈ 20~30대

20~30대가 1년 동안 한 번이라도 자살하고 싶다는 생각을 해본 적이 '있다'라고 응답한 비율은 28.3%로 나타남. 자살 충동 경험이 있는 경우 자살 충동 경험 이유는 '경제적 어려움 때문에' 응답이 32.5%로 가장 높고, 그다음으로는 '직장 문제 때문에'(21.5%), '외로움, 고독 때문에'(15.1%) 순으로 나타남

[그림 2-9] 자살 충동 경험 여부 및 이유 – 20~30대

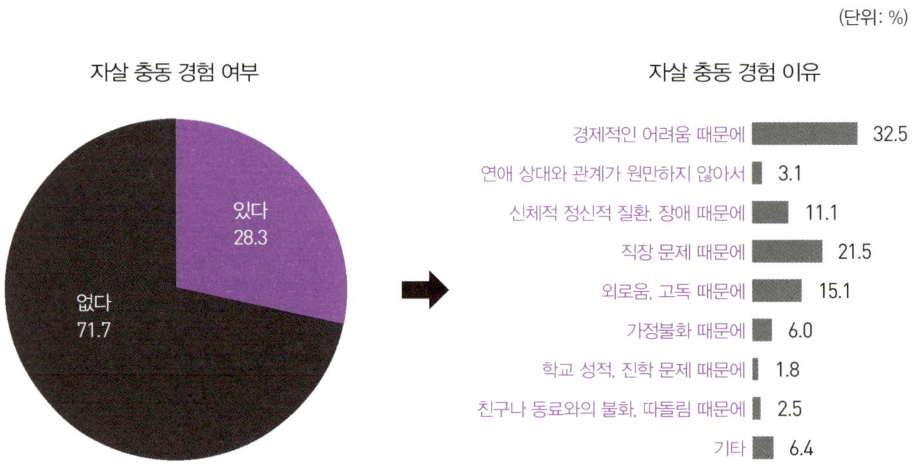

'자살 충동 경험이 있다'에 대해 상세분석한 결과, 성별로는 여성(30.2%)에서 높게 나타났고 연령별로는 30대(28.5%), 학력별로는 고졸 이하(34.9%), 가구 소득별로는 200만 원 미만(35.0%), 혼인상태별로는 동거/사별/이혼/별거(30.8%), 가구원 수별로는 4인 이상(32.0%), 1인(31.7%), 이념 성향별로는 보수(29.6%), 진보(29.4%), 직업별로는 주부/무직/기타(38.3%), 고용형태별로는 임시/일용/특수직 근로자(38.9%), 권역별로는 도심권(37.1%)에서 높게 나타남

‘경제적 어려움 때문에’에 대해 상세분석한 결과, 성별로는 남성(37.3%)에서 높게 나타났고 연령별로는 30대(37.1%), 학력별로는 대졸(전문대/대학교 졸업)(35.3%), 가구 소득별로는 200만 원 미만(38.4%), 혼인상태별로는 기혼(33.4%), 미혼(33.0%), 가구원수별로는 3인(42.9%), 이념 성향별로는 중도(34.0%), 진보(32.6%), 직업별로는 화이트칼라(35.2%), 고용형태별로는 자영업자/무급가족종사자(41.6%), 권역별로는 서북권(39.8%)에서 높게 나타남

◈ 40~50대

40~50대는 자살 충동 경험률이 17.8%로 나타났으며, 자살 충동 경험 이유는 '경제적 어려움 때문에' 응답이 22.5%로 가장 높고, 그다음으로는 '외로움, 고독 때문에'(20.2%), '신체적, 정신적 질환, 장애 때문에'(14.6%), '직장 문제 때문에'(14.6%) 순으로 나타남

[그림 2-10] 자살 충동 경험 여부 및 이유 – 40~50대

(단위: %)

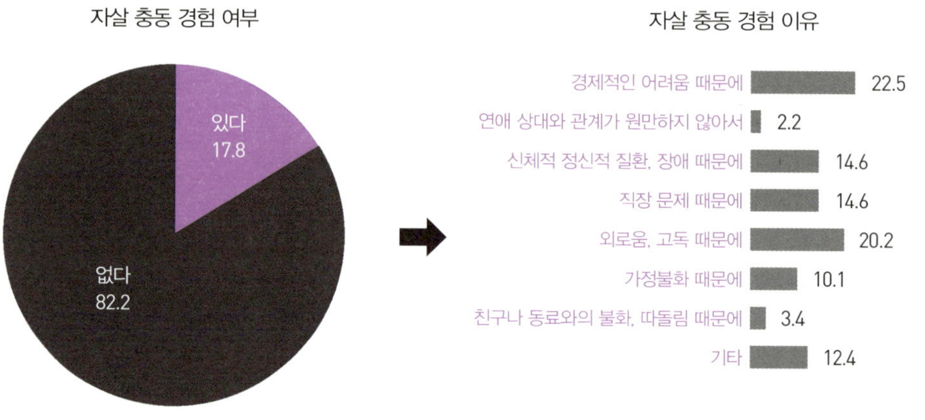

'있다'에 대한 상세분석 결과, 성별로는 여성(20.9%)에서 높게 나타났고 연령별로는 40대(20.6%), 학력별로는 대재(전문대/대학교)(31.3%), 가구 소득별로는 200만 원 미만(22.2%), 혼인상태별로는 동거/사별/이혼/별거(27.3%), 가구원 수별로는 3인(21.1%), 이념 성향별로는 중도(19.7%), 직업별로는 주부/무직/기타(23.4%), 고용형태별로는 임시/일용/특수직 근로자(25.6%), 권역별로는 도심권(24.0%)에서 높게 나타남

‘경제적 어려움 때문에’에 대한 상세분석 결과, 성별로는 여성(24.5%)에서 높게 나타났고 연령별로는 50대(26.3%), 학력별로는 고졸 이하(30.8%), 가구 소득별로는 200만원 미만(40.0%), 혼인상태별로는 동거/사별/이혼/별거(33.3%), 가구원 수별로는 2인(27.3%), 3인(27.0%), 이념 성향별로는 중도(27.9%), 직업별로는 블루칼라(25.0%), 고용형태별로는 임시/일용/특수직 근로자(40.0%), 권역별로는 서북권(30.8%)에서 높게 나타남

[표 2-11] 자살 충동 경험 여부 – 20~30대

구분		사례 수	있다	없다	계
전체		(1,000)	28.3	71.7	100.0
성별	남성	(490)	26.4	73.6	100.0
	여성	(510)	30.2	69.8	100.0
연령	20대	(498)	28.2	71.8	100.0
	30대	(502)	28.5	71.5	100.0
학력	고졸 이하	(97)	34.9	65.1	100.0
	대재	(127)	26.4	73.6	100.0
	대졸	(677)	28.5	71.5	100.0
	대학원 이상	(99)	23.2	76.8	100.0
가구 소득	200만 원 미만	(102)	35.0	65.0	100.0
	200~300만 원 미만	(148)	30.2	69.8	100.0
	300~500만 원 미만	(287)	27.5	72.5	100.0
	500~700만 원 미만	(196)	29.9	70.1	100.0
	700만 원 이상	(267)	24.5	75.5	100.0
혼인 상태	기혼	(220)	27.2	72.8	100.0
	미혼	(745)	28.6	71.4	100.0
	동거/사별/이혼/별거	(35)	30.8	69.2	100.0

[표 2-11] 자살 충동 경험 여부 – 20~30대(계속)

구분		사례 수	있다	없다	계
전체		(1,000)	28.3	71.7	100.0
가구원 수	1인	(218)	31.7	68.3	100.0
	2인	(159)	23.9	76.1	100.0
	3인	(290)	24.0	76.0	100.0
	4인 이상	(333)	32.0	68.0	100.0
이념 성향	진보	(231)	29.4	70.6	100.0
	중도	(429)	26.7	73.3	100.0
	보수	(341)	29.6	70.4	100.0
직업	화이트칼라	(644)	27.1	72.9	100.0
	블루칼라	(141)	30.8	69.2	100.0
	학생	(106)	22.4	77.6	100.0
	주부/무직/기타	(109)	38.3	61.7	100.0
고용 형태	상용직 임금근로자	(620)	26.3	73.7	100.0
	임시/일용/ 특수직 근로자	(97)	38.9	61.1	100.0
	자영업자/ 무급가족종사자	(58)	29.0	71.0	100.0
권역	도심권	(50)	37.1	62.9	100.0
	동북권	(295)	29.2	70.8	100.0
	서북권	(123)	26.5	73.5	100.0
	서남권	(329)	24.9	75.1	100.0
	동남권	(203)	31.6	68.4	100.0

[표 2-12] 자살 충동 이유 - 20~30대

구분		사례 수	경제적 어려움 때문에	연애 상대와 관계가 원만하지 않아서	신체적, 정신적 질환, 장애 때문에	직장 문제 때문에	외로움, 고독 때문에	가정 불화 때문에	학교 성적, 진학 문제 때문에	친구나 동료와의 불화나 따돌림 때문에	기타	계
전체		(283)	32.5	3.1	11.1	21.5	15.1	6.0	1.8	2.5	6.4	100.0
성별	남성	(129)	37.3	3.8	9.7	20.1	17.7	2.2	1.5	0.8	7.0	100.0
	여성	(154)	28.6	2.6	12.3	22.7	13.0	9.1	1.9	3.9	5.8	100.0
연령	20대	(140)	27.9	2.7	13.2	21.4	17.7	4.9	2.1	2.1	7.8	100.0
	30대	(143)	37.1	3.5	9.1	21.7	12.6	7.0	1.4	2.8	4.9	100.0
학력	고졸 이하	(34)	23.4	0.0	23.1	20.4	23.9	3.0	0.0	0.0	6.3	100.0
	대재	(33)	27.0	6.0	17.1	12.0	20.3	5.7	0.0	3.0	9.0	100.0
	대졸	(193)	35.3	3.6	7.8	22.8	13.5	6.7	2.1	2.6	5.6	100.0
	대학원 이상	(23)	30.7	0.0	13.0	26.0	8.7	4.3	4.3	4.3	8.7	100.0
가구 소득	200만 원 미만	(36)	38.4	0.0	16.8	19.6	14.3	2.5	2.8	0.0	5.6	100.0
	200~300만 원 미만	(45)	34.1	8.6	12.7	19.9	8.7	2.2	2.2	4.5	7.0	100.0
	300~500만 원 미만	(79)	34.2	3.8	11.3	25.3	10.1	6.3	1.3	3.8	3.8	100.0
	500~700만 원 미만	(59)	27.3	1.7	13.5	15.4	30.5	3.4	0.0	0.0	8.1	100.0
	700만 원 이상	(65)	30.9	1.5	4.6	24.6	12.2	12.2	3.1	3.1	7.8	100.0
혼인 상태	기혼	(60)	33.4	3.3	18.2	15.0	13.4	8.3	0.0	0.0	8.3	100.0
	미혼	(213)	33.0	2.3	8.9	23.1	15.9	5.6	2.4	3.3	5.6	100.0
	동거/사별/이혼/별거	(11)	18.6	18.6	15.8	27.1	9.3	0.0	0.0	0.0	10.4	100.0

[표 2-12] 자살 충동 이유 – 20~30대(계속)

구분		사례수	경제적 어려움 때문에	연애 상대와 관계가 원만하지 않아서	신체적, 정신적 질환, 장애 때문에	직장 문제 때문에	외로움, 고독 때문에	가정 불화 때문에	학교 성적, 진학 문제 때문에	친구나 동료와의 불화나 따돌림 때문에	기타	계
전체		(283)	32.5	3.1	11.1	21.5	15.1	6.0	1.8	2.5	6.4	100.0
가구원수	1인	(69)	33.7	1.5	12.8	27.6	10.1	1.5	0.0	8.7	4.4	100.0
	2인	(38)	24.3	7.9	12.9	15.5	23.3	5.3	0.0	0.0	10.8	100.0
	3인	(70)	42.9	0.0	9.9	17.4	11.5	9.9	1.4	0.0	7.0	100.0
	4인 이상	(107)	28.0	4.6	10.2	22.5	17.9	6.6	3.7	0.9	5.6	100.0
이념성향	진보	(68)	32.6	1.5	5.9	13.3	17.7	11.7	5.9	4.4	7.2	100.0
	중도	(115)	34.0	2.6	12.0	19.9	17.5	3.5	0.9	2.6	7.0	100.0
	보수	(101)	30.9	4.8	13.6	28.9	10.8	5.0	0.0	1.0	5.1	100.0
직업	화이트칼라	(174)	35.2	3.4	10.8	21.9	12.1	6.9	0.6	3.4	5.7	100.0
	블루칼라	(44)	31.9	4.6	6.4	27.4	20.7	6.7	0.0	0.0	2.3	100.0
	학생	(24)	16.9	0.0	16.5	12.3	29.0	4.2	4.2	0.0	16.9	100.0
	주부/무직/기타	(42)	31.1	2.0	14.3	19.1	14.3	2.4	7.2	2.4	7.2	100.0
고용형태	상용직 임금근로자	(163)	36.3	3.1	8.0	23.9	11.6	8.0	0.6	3.7	4.9	100.0
	임시/일용/특수직 근로자	(38)	23.8	7.9	12.4	29.4	21.2	0.0	0.0	0.0	5.3	100.0
	자영업자/무급가족종사자	(17)	41.6	0.0	23.2	0.0	17.8	11.4	0.0	0.0	5.9	100.0
권역	도심권	(19)	25.6	5.4	15.1	37.7	5.4	0.0	0.0	5.4	5.4	100.0
	동북권	(86)	27.9	3.5	7.0	20.9	17.4	10.5	2.3	5.8	4.7	100.0
	서북권	(33)	39.8	3.1	18.4	18.1	14.8	2.8	0.0	0.0	3.1	100.0
	서남권	(82)	32.0	1.0	8.4	23.2	20.7	3.7	2.4	0.0	8.5	100.0
	동남권	(64)	37.7	4.7	15.3	17.3	7.9	6.2	1.6	1.6	7.8	100.0

[표 2-13] 자살 충동 경험 여부 – 40~50대

구분		사례 수	있다	없다	계
전체		(500)	17.8	82.2	100.0
성별	남성	(247)	14.6	85.4	100.0
	여성	(253)	20.9	79.1	100.0
연령	40대	(248)	20.6	79.4	100.0
	50대	(252)	15.1	84.9	100.0
학력	고졸 이하	(61)	21.3	78.7	100.0
	대재	(16)	31.3	68.8	100.0
	대졸	(365)	17.5	82.5	100.0
	대학원 이상	(58)	12.1	87.9	100.0
가구 소득	200만 원 미만	(45)	22.2	77.8	100.0
	200~300만 원 미만	(41)	14.6	85.4	100.0
	300~500만 원 미만	(125)	19.2	80.8	100.0
	500~700만 원 미만	(129)	18.6	81.4	100.0
	700만 원 이상	(160)	15.6	84.4	100.0
혼인 상태	기혼	(340)	15.9	84.1	100.0
	미혼	(127)	20.5	79.5	100.0
	동거/사별/이혼/별거	(33)	27.3	72.7	100.0

[표 2-13] 자살 충동 경험 여부 – 40~50대(계속)

구분		사례 수	있다	없다	계
전체		(500)	17.8	82.2	100.0
가구원 수	1인	(64)	17.2	82.8	100.0
	2인	(68)	16.2	83.8	100.0
	3인	(175)	21.1	78.9	100.0
	4인 이상	(193)	15.5	84.5	100.0
이념 성향	진보	(126)	16.7	83.3	100.0
	중도	(218)	19.7	80.3	100.0
	보수	(156)	16.0	84.0	100.0
직업	화이트칼라	(328)	15.5	84.5	100.0
	블루칼라	(61)	19.7	80.3	100.0
	주부/무직/기타	(111)	23.4	76.6	100.0
고용 형태	상용직 임금근로자	(314)	15.6	84.4	100.0
	임시/일용/특수직 근로자	(39)	25.6	74.4	100.0
	자영업자/무급가족종사자	(31)	12.9	87.1	100.0
권역	도심권	(25)	24.0	76.0	100.0
	동북권	(155)	18.7	81.3	100.0
	서북권	(60)	21.7	78.3	100.0
	서남권	(149)	15.4	84.6	100.0
	동남권	(111)	16.2	83.8	100.0

[표 2-14] 자살 충동 이유 – 40~50대

구분		사례 수	경제적 어려움 때문에	연애 상대와 관계가 원만하지 않아서	신체적, 정신적 질환, 장애 때문에	직장 문제 때문에	외로움, 고독 때문에	가정불화 때문에	친구나 동료와의 불화나 따돌림 때문에	기타	계
전체		(89)	22.5	2.2	14.6	14.6	20.2	10.1	3.4	12.4	100.0
성별	남성	(36)	19.4	2.8	16.7	11.1	19.4	11.1	8.3	11.1	100.0
	여성	(53)	24.5	1.9	13.2	17.0	20.8	9.4	0.0	13.2	100.0
연령	40대	(51)	19.6	0.0	11.8	19.6	21.6	11.8	2.0	13.7	100.0
	50대	(38)	26.3	5.3	18.4	7.9	18.4	7.9	5.3	10.5	100.0
학력	고졸 이하	(13)	30.8	0.0	23.1	15.4	7.7	15.4	0.0	7.7	100.0
	대재	(5)	0.0	20.0	20.0	40.0	20.0	0.0	0.0	0.0	100.0
	대졸	(64)	23.4	1.6	14.1	12.5	20.3	10.9	3.1	14.1	100.0
	대학원 이상	(7)	14.3	0.0	0.0	14.3	42.9	0.0	14.3	14.3	100.0
가구 소득	200만 원 미만	(10)	40.0	0.0	20.0	10.0	10.0	0.0	10.0	10.0	100.0
	200~300만 원 미만	(6)	33.3	0.0	0.0	33.3	16.7	16.7	0.0	0.0	100.0
	300~500만 원 미만	(24)	20.8	0.0	20.8	16.7	12.5	12.5	0.0	16.7	100.0
	500~700만 원 미만	(24)	25.0	4.2	16.7	12.5	20.8	8.3	0.0	12.5	100.0
	700만 원 이상	(25)	12.0	4.0	8.0	12.0	32.0	12.0	8.0	12.0	100.0
혼인 상태	기혼	(54)	20.4	3.7	18.5	13.0	18.5	13.0	1.9	11.1	100.0
	미혼	(26)	23.1	0.0	11.5	15.4	26.9	3.8	7.7	11.5	100.0
	동거/사별/이혼/별거	(9)	33.3	0.0	0.0	22.2	11.1	11.1	0.0	22.2	100.0

[표 2-14] 자살 충동 이유 – 40~50대(계속)

구분		사례 수	경제적 어려움 때문에	연애 상대와 관계가 원만하지 않아서	신체적, 정신적 질환, 장애 때문에	직장 문제 때문에	외로움, 고독 때문에	가정불화 때문에	친구나 동료와의 불화나 따돌림 때문에	기타	계
전체		(89)	22.5	2.2	14.6	14.6	20.2	10.1	3.4	12.4	100.0
가구원 수	1인	(11)	18.2	0.0	27.3	0.0	36.4	9.1	9.1	0.0	100.0
	2인	(11)	27.3	0.0	18.2	36.4	9.1	0.0	0.0	9.1	100.0
	3인	(37)	27.0	5.4	10.8	13.5	13.5	10.8	0.0	18.9	100.0
	4인 이상	(30)	16.7	0.0	13.3	13.3	26.7	13.3	6.7	10.0	100.0
이념 성향	진보	(21)	9.5	0.0	23.8	4.8	19.0	19.0	4.8	19.0	100.0
	중도	(43)	27.9	4.7	11.6	14.0	16.3	11.6	2.3	11.6	100.0
	보수	(25)	24.0	0.0	12.0	24.0	28.0	0.0	4.0	8.0	100.0
직업	화이트칼라	(51)	21.6	3.9	11.8	13.7	25.5	9.8	3.9	9.8	100.0
	블루칼라	(12)	25.0	0.0	16.7	33.3	25.0	0.0	0.0	0.0	100.0
	주부/무직/기타	(26)	23.1	0.0	19.2	7.7	7.7	15.4	3.8	23.1	100.0
고용 형태	상용직 임금근로자	(49)	18.4	4.1	12.2	14.3	30.6	10.2	4.1	6.1	100.0
	임시/일용/특수직 근로자	(10)	40.0	0.0	10.0	30.0	10.0	0.0	0.0	10.0	100.0
	자영업자/무급가족종사자	(4)	25.0	0.0	25.0	25.0	0.0	0.0	0.0	25.0	100.0
권역	도심권	(6)	0.0	0.0	0.0	33.3	16.7	0.0	33.3	16.7	100.0
	동북권	(29)	20.7	3.4	20.7	13.8	13.8	6.9	3.4	17.2	100.0
	서북권	(13)	30.8	0.0	0.0	23.1	23.1	7.7	0.0	15.4	100.0
	서남권	(23)	26.1	0.0	17.4	17.4	17.4	17.4	0.0	4.3	100.0
	동남권	(18)	22.2	5.6	16.7	0.0	33.3	11.1	0.0	11.1	100.0

3) 사회적 가치, 선택의 자유

미래 결정 요인

◈ 20~30대

20~30대가 나의 미래 결정 요인에 대해서 '외부환경 변화의 영향이 더 중요(5+6+7)'라고 응답한 비율은 40.1%, '개인의 노력이나 선택이 더 중요(1+2+3)'라고 응답한 비율은 34.0%로 나타남

[그림 2-11] 미래 결정 요인 – 20~30대

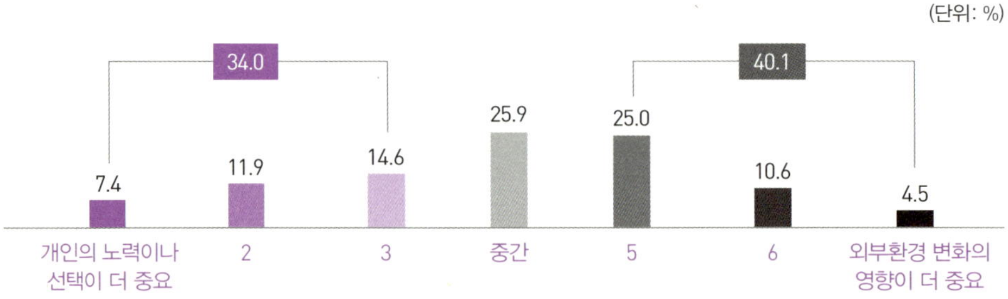

'외부환경 변화의 영향이 더 중요한 편'에 대한 상세분석 결과, 성별로는 남성(40.1%)에서 높게 나타났고 연령별로는 30대(42.2%), 학력별로는 대졸(전문대/대학교 졸업)(40.5%), 대재(전문대/대학교)(40.2%), 가구 소득별로는 500~700만 원 미만(47.0%), 혼인상태별로는 기혼(43.9%), 동거/사별/이혼/별거(42.5%), 가구원 수별로는 4인 이상(44.1%), 이념 성향별로는 보수(46.7%), 직업별로는 화이트칼라(43.2%), 고용형태별로는 상용직 임금근로자(43.5%), 권역별로는 도심권(43.8%), 서남권(42.3%)에서 높게 나타남

◈ 40~50대

40~50대는 '외부환경 변화의 영향이 더 중요(5+6+7)'라고 응답한 비율은 34.8%, '개인의 노력이나 선택이 더 중요(1+2+3)'라고 응답한 비율은 34.2%로 나타남

[그림 2-12] 미래 결정 요인 – 40~50대

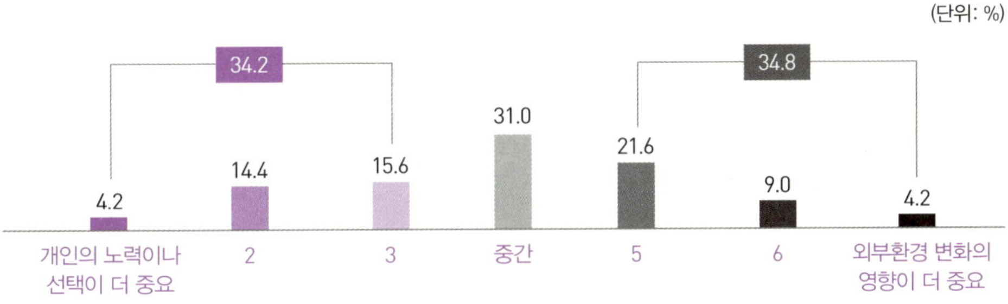

'외부환경 변화의 영향이 더 중요한 편'에 대한 상세분석 결과, 성별로는 남성(34.8%)에서 높게 나타났고 연령별로는 40대(35.9%), 학력별로는 대재(전문대/대학교)(43.8%), 가구 소득별로는 200만 원 미만(40.0%), 300~500만 원 미만(39.2%), 혼인상태별로는 동거/사별/이혼/별거(45.5%), 가구원 수별로는 2인(38.2%), 4인 이상(36.8%), 이념 성향별로는 보수(41.7%), 직업별로는 주부/무직/기타(41.4%), 고용형태별로는 임시/일용/특수직 근로자(38.5%), 권역별로는 도심권(52.0%)에서 높게 나타남

[표 2-15] 미래 결정 요인 – 20~30대

구분		사례 수	① 개인의 노력이나 선택이 더 중요	②	③	④ 중간	⑤	⑥	⑦ 외부 환경 변화의 영향이 더 중요	종합		
										개인의 노력이나 선택이 더 중요한 편	중간	외부 환경 변화의 영향이 더 중요한 편
전체		(1,000)	7.4	11.9	14.6	25.9	25.0	10.6	4.5	34.0	25.9	40.1
성별	남성	(490)	7.9	13.3	14.5	24.2	25.1	10.6	4.5	35.7	24.2	40.1
	여성	(510)	7.1	10.6	14.7	27.6	24.9	10.6	4.5	32.4	27.6	40.0
연령	20대	(498)	7.7	12.5	14.7	27.2	24.9	9.4	3.6	34.9	27.2	37.9
	30대	(502)	7.2	11.4	14.5	24.7	25.1	11.8	5.4	33.1	24.7	42.2
학력	고졸 이하	(97)	11.5	11.3	11.5	28.9	22.4	8.2	6.2	34.3	28.9	36.8
	대재	(127)	10.2	8.5	12.2	28.9	28.6	10.2	1.4	30.9	28.9	40.2
	대졸	(677)	6.1	12.3	15.3	25.8	24.6	10.8	5.2	33.7	25.8	40.5
	대학원 이상	(99)	9.1	14.3	16.2	20.5	25.8	12.1	2.0	39.6	20.5	39.9
가구 소득	200만 원 미만	(102)	14.7	10.8	11.5	30.7	18.5	6.8	7.0	37.0	30.7	32.3
	200~300만 원 미만	(148)	9.9	12.3	14.2	32.0	16.3	11.3	3.9	36.4	32.0	31.6
	300~500만 원 미만	(287)	2.8	10.8	16.4	27.8	26.1	10.1	5.9	30.0	27.8	42.2
	500~700만 원 미만	(196)	5.1	11.3	13.3	23.5	31.2	13.7	2.0	29.6	23.5	47.0
	700만 원 이상	(267)	10.1	13.9	15.1	20.5	26.5	9.8	4.1	39.1	20.5	40.4
혼인 상태	기혼	(220)	6.4	12.8	16.3	20.7	27.5	11.8	4.5	35.5	20.7	43.9
	미혼	(745)	8.1	12.1	14.1	26.8	24.5	9.8	4.6	34.3	26.8	38.8
	동거/사별/이혼/별거	(35)	0.0	2.9	14.4	40.3	20.1	20.1	2.3	17.2	40.3	42.5

[표 2-15] 미래 결정 요인 – 20~30대(계속)

구분		사례 수	① 개인의 노력이나 선택이 더 중요	②	③	④ 중간	⑤	⑥	⑦ 외부 환경 변화의 영향이 더 중요	종합		
										개인의 노력이나 선택이 더 중요한 편	중간	외부 환경 변화의 영향이 더 중요한 편
전체		(1,000)	7.4	11.9	14.6	25.9	25.0	10.6	4.5	34.0	25.9	40.1
가구원 수	1인	(218)	7.8	16.6	12.1	26.8	20.7	10.0	5.9	36.6	26.8	36.6
	2인	(159)	5.6	15.1	14.7	23.9	27.6	10.7	2.5	35.3	23.9	40.8
	3인	(290)	7.6	10.0	17.0	27.8	23.2	10.0	4.5	34.6	27.8	37.6
	4인 이상	(333)	7.9	9.1	14.1	24.8	28.2	11.4	4.5	31.1	24.8	44.1
이념 성향	진보	(231)	6.5	11.7	16.9	24.1	28.1	8.7	3.9	35.1	24.1	40.7
	중도	(429)	7.5	13.1	13.1	31.9	20.5	9.3	4.7	33.7	31.9	34.4
	보수	(341)	8.0	10.6	14.9	19.7	28.6	13.5	4.6	33.6	19.7	46.7
직업	화이트칼라	(644)	6.6	12.2	13.4	24.7	27.3	11.2	4.6	32.2	24.7	43.2
	블루칼라	(141)	7.1	12.7	16.3	28.7	20.4	10.6	4.2	36.1	28.7	35.2
	학생	(106)	10.4	15.1	12.7	26.7	22.9	11.2	0.9	38.2	26.7	35.1
	주부/무직/기타	(109)	10.1	6.4	21.4	29.3	19.1	6.4	7.3	37.8	29.3	32.9
고용 형태	상용직 임금근로자	(620)	5.7	13.4	13.7	23.6	28.1	11.3	4.2	32.8	23.6	43.5
	임시/일용/특수직 근로자	(97)	10.3	6.2	12.4	31.3	19.4	12.3	8.1	28.8	31.3	39.9
	자영업자/무급가족종사자	(58)	8.6	8.6	19.0	31.1	20.6	8.6	3.5	36.2	31.1	32.6
권역	도심권	(50)	7.5	12.0	12.0	24.7	20.6	11.6	11.6	31.5	24.7	43.8
	동북권	(295)	7.1	12.2	17.2	25.2	24.7	8.8	4.7	36.5	25.2	38.2
	서북권	(123)	6.6	10.7	15.5	25.8	26.9	12.1	2.4	32.8	25.8	41.4
	서남권	(329)	8.1	13.4	12.5	23.7	29.2	8.8	4.3	34.0	23.7	42.3
	동남권	(203)	7.3	9.9	14.3	31.0	18.7	14.8	3.9	31.6	31.0	37.4

[표 2-16] 미래 결정 요인 – 40~50대

구분		사례수	① 개인의 노력이나 선택이 더 중요	②	③	④ 중간	⑤	⑥	⑦ 외부 환경 변화의 영향이 더 중요	종합		
										개인의 노력이나 선택이 더 중요한 편	중간	외부 환경 변화의 영향이 더 중요한 편
전체		(500)	4.2	14.4	15.6	31.0	21.6	9.0	4.2	34.2	31.0	34.8
성별	남성	(247)	5.7	17.8	13.8	27.9	21.5	8.5	4.9	37.2	27.9	34.8
	여성	(253)	2.8	11.1	17.4	34.0	21.7	9.5	3.6	31.2	34.0	34.8
연령	40대	(248)	3.2	14.5	17.7	28.6	22.6	7.7	5.6	35.5	28.6	35.9
	50대	(252)	5.2	14.3	13.5	33.3	20.6	10.3	2.8	32.9	33.3	33.7
학력	고졸 이하	(61)	8.2	14.8	9.8	37.7	16.4	4.9	8.2	32.8	37.7	29.5
	대재	(16)	6.3	12.5	6.3	31.3	37.5	6.3	0.0	25.0	31.3	43.8
	대졸	(365)	3.0	13.7	16.2	31.5	21.4	10.4	3.8	32.9	31.5	35.6
	대학원 이상	(58)	6.9	19.0	20.7	20.7	24.1	5.2	3.4	46.6	20.7	32.8
가구소득	200만 원 미만	(45)	6.7	11.1	2.2	40.0	22.2	6.7	11.1	20.0	40.0	40.0
	200~300만 원 미만	(41)	7.3	9.8	14.6	43.9	9.8	9.8	4.9	31.7	43.9	24.4
	300~500만 원 미만	(125)	3.2	13.6	11.2	32.8	24.8	8.8	5.6	28.0	32.8	39.2
	500~700만 원 미만	(129)	1.6	14.7	20.9	28.7	23.3	9.3	1.6	37.2	28.7	34.1
	700만 원 이상	(160)	5.6	16.9	18.8	25.6	20.6	9.4	3.1	41.3	25.6	33.1
혼인상태	기혼	(340)	4.7	16.5	16.2	27.1	22.9	10.0	2.6	37.4	27.1	35.6
	미혼	(127)	2.4	11.0	13.4	43.3	16.5	5.5	7.9	26.8	43.3	29.9
	동거/사별/이혼/별거	(33)	6.1	6.1	18.2	24.2	27.3	12.1	6.1	30.3	24.2	45.5

[표 2-16] 미래 결정 요인 - 40~50대(계속)

구분		사례수	① 개인의 노력이나 선택이 더 중요	②	③	④ 중간	⑤	⑥	⑦ 외부 환경 변화의 영향이 더 중요	종합: 개인의 노력이나 선택이 더 중요한 편	종합: 중간	종합: 외부 환경 변화의 영향이 더 중요한 편
전체		(500)	4.2	14.4	15.6	31.0	21.6	9.0	4.2	34.2	31.0	34.8
가구원수	1인	(64)	1.6	14.1	14.1	43.8	15.6	4.7	6.3	29.7	43.8	26.6
	2인	(68)	5.9	10.3	13.2	32.4	26.5	7.4	4.4	29.4	32.4	38.2
	3인	(175)	4.0	14.9	16.0	30.9	19.4	10.9	4.0	34.9	30.9	34.3
	4인 이상	(193)	4.7	15.5	16.6	26.4	23.8	9.3	3.6	36.8	26.4	36.8
이념성향	진보	(126)	2.4	15.1	16.7	33.3	22.2	4.8	5.6	34.1	33.3	32.5
	중도	(218)	6.4	9.6	14.7	38.1	19.3	7.8	4.1	30.7	38.1	31.2
	보수	(156)	2.6	20.5	16.0	19.2	24.4	14.1	3.2	39.1	19.2	41.7
직업	화이트칼라	(328)	3.7	15.9	16.2	30.2	21.0	9.8	3.4	35.7	30.2	34.1
	블루칼라	(61)	8.2	14.8	11.5	39.3	16.4	3.3	6.6	34.4	39.3	26.2
	주부/무직/기타	(111)	3.6	9.9	16.2	28.8	26.1	9.9	5.4	29.7	28.8	41.4
고용형태	상용직 임금근로자	(314)	4.5	15.9	15.6	30.6	19.7	9.9	3.8	36.0	30.6	33.4
	임시/일용/특수직 근로자	(39)	0.0	10.3	12.8	38.5	30.8	2.6	5.1	23.1	38.5	38.5
	자영업자/무급가족종사자	(31)	3.2	22.6	16.1	35.5	12.9	6.5	3.2	41.9	35.5	22.6
권역	도심권	(25)	4.0	8.0	4.0	32.0	40.0	8.0	4.0	16.0	32.0	52.0
	동북권	(155)	5.8	17.4	15.5	25.8	23.9	7.1	4.5	38.7	25.8	35.5
	서북권	(60)	1.7	8.3	13.3	30.0	25.0	15.0	6.7	23.3	30.0	46.7
	서남권	(149)	5.4	12.8	15.4	32.2	18.8	11.4	4.0	33.6	32.2	34.2
	동남권	(111)	1.8	17.1	19.8	36.9	16.2	5.4	2.7	38.7	36.9	24.3

선택의 자율성

◈ 20~30대

20~30대가 본인의 삶에 자율성을 가졌는지에 대해 '그렇다(매우 그렇다+그렇다)'라고 응답한 비율은 61.5%, '그렇지 않다(전혀 그렇지 않다+그렇지 않다)'라고 응답한 비율은 7.3%로 나타남. 5점 만점 기준으로는 3.63점으로 나타남

[그림 2-13] 선택의 자율성 - 20~30대

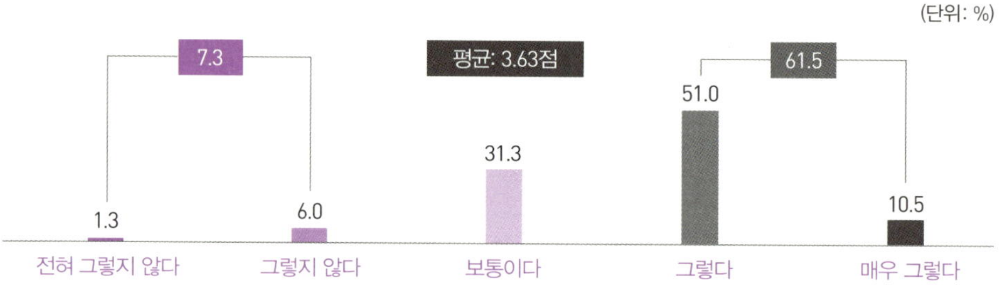

5점 평균을 상세분석한 결과, 성별로는 여성(3.67점)에서 높게 나타났고 연령별로는 30대(3.64점), 학력별로는 대학원 이상(3.69점), 대졸(전문대/대학교 졸업)(3.66점), 가구소득별로는 700만 원 이상(3.79점), 500~700만 원 미만(3.74점), 혼인상태별로는 기혼(3.74점), 가구원 수별로는 3인(3.69점), 2인(3.66점), 이념 성향별로는 보수(3.68점), 진보(3.67점), 직업별로는 학생(3.70점), 화이트칼라(3.66점), 블루칼라(3.66점), 고용형태별로는 상용직 임금근로자(3.69점), 자영업자/무급가족종사자(3.64점), 권역별로는 동북권(3.66점), 서북권(3.65점), 서남권(3.65점)에서 높게 나타남

◈ 40~50대

40~50대가 삶에 자율성을 가졌는지에 대해 '그렇다(매우 그렇다+그렇다)'라고 응답한 비율은 63.8%, '그렇지 않다(전혀 그렇지 않다+그렇지 않다)'라고 응답한 비율은 9.0%로 나타남. 5점 만점 기준으로는 3.61점으로 나타남

[그림 2-14] 선택의 자율성 – 40~50대

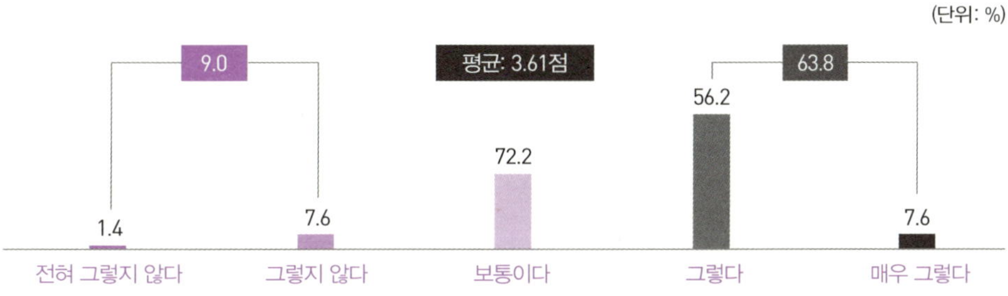

5점 평균을 상세분석한 결과, 성별로는 여성(3.64점)에서 높게 나타났고 연령별로는 50대(3.65점), 학력별로는 대학원 이상(3.69점), 대재(전문대/대학교)(3.69점), 가구 소득별로는 700만 원 이상(3.79점), 500~700만 원 미만(3.72점), 혼인상태별로는 기혼(3.66점), 가구원 수별로는 4인 이상(3.68점), 1인(3.67점), 이념 성향별로는 보수(3.73점), 진보(3.66점), 직업별로는 화이트칼라(3.67점), 고용형태별로는 자영업자/무급가족종사자(3.71점), 상용직 임금근로자(3.68점), 권역별로는 동남권(3.73점), 도심권(3.68점)에서 높게 나타남

[표 2-17] 선택의 자율성 – 20~30대

구분		사례 수	① 전혀 그렇지 않다	② 그렇지 않다	③ 보통 이다	④ 그렇다	⑤ 매우 그렇다	종합			[평균]
								그렇지 않다	보통이다	그렇다	
전체		(1,000)	1.3	6.0	31.3	51.0	10.5	7.3	31.3	61.5	3.63
성별	남성	(490)	1.9	6.9	31.6	49.7	10.0	8.7	31.6	59.7	3.59
	여성	(510)	0.8	5.1	31.0	52.2	11.0	5.9	31.0	63.1	3.67
연령	20대	(498)	1.2	5.2	33.3	50.1	10.2	6.4	33.3	60.3	3.63
	30대	(502)	1.4	6.8	29.3	51.8	10.8	8.2	29.3	62.5	3.64
학력	고졸 이하	(97)	2.1	9.3	36.0	43.4	9.3	11.3	36.0	52.7	3.49
	대재	(127)	1.6	6.2	34.7	51.1	6.4	7.8	34.7	57.4	3.54
	대졸	(677)	1.0	5.4	30.6	52.0	10.9	6.5	30.6	62.9	3.66
	대학원 이상	(99)	2.1	6.0	26.7	51.0	14.2	8.1	26.7	65.2	3.69
가구 소득	200만 원 미만	(102)	2.0	13.4	39.8	36.0	8.9	15.3	39.8	44.9	3.37
	200~300만 원 미만	(148)	0.7	6.7	34.1	51.2	7.3	7.4	34.1	58.5	3.58
	300~500만 원 미만	(287)	2.4	5.6	33.8	51.6	6.6	8.0	33.8	58.2	3.54
	500~700만 원 미만	(196)	0.5	4.6	28.0	54.2	12.7	5.1	28.0	66.9	3.74
	700만 원 이상	(267)	0.8	4.1	26.2	53.6	15.4	4.9	26.2	68.9	3.79
혼인 상태	기혼	(220)	1.4	3.2	25.6	59.4	10.4	4.5	25.6	69.9	3.74
	미혼	(745)	1.4	6.1	32.5	49.2	10.7	7.5	32.5	60.0	3.62
	동거/사별/이혼/별거	(35)	0.0	20.1	39.9	34.2	5.7	20.1	39.9	40.0	3.26

[표 2-17] 선택의 자율성 - 20~30대(계속)

구분		사례 수	① 전혀 그렇지 않다	② 그렇지 않다	③ 보통이다	④ 그렇다	⑤ 매우 그렇다	종합			[평균]
								그렇지 않다	보통이다	그렇다	
전체		(1,000)	1.3	6.0	31.3	51.0	10.5	7.3	31.3	61.5	3.63
가구원 수	1인	(218)	1.4	6.0	35.0	46.1	11.5	7.4	35.0	57.6	3.60
	2인	(159)	0.6	7.5	28.4	52.2	11.2	8.2	28.4	63.5	3.66
	3인	(290)	1.1	5.1	27.0	56.8	10.0	6.2	27.0	66.8	3.69
	4인 이상	(333)	1.8	5.9	33.9	48.4	9.9	7.7	33.9	58.3	3.59
이념 성향	진보	(231)	0.9	10.4	22.6	53.6	12.5	11.2	22.6	66.2	3.67
	중도	(429)	1.6	5.5	36.0	47.1	9.8	7.2	36.0	56.9	3.58
	보수	(341)	1.2	3.5	31.2	54.0	10.0	4.7	31.2	64.0	3.68
직업	화이트칼라	(644)	1.4	5.4	29.5	52.9	10.9	6.8	29.5	63.7	3.66
	블루칼라	(141)	0.0	6.3	30.9	53.0	9.8	6.3	30.9	62.8	3.66
	학생	(106)	0.0	4.8	30.5	54.2	10.5	4.8	30.5	64.7	3.70
	주부/무직/기타	(109)	3.7	10.0	43.2	34.0	9.2	13.6	43.2	43.2	3.35
고용 형태	상용직 임금근로자	(620)	0.8	5.4	28.0	55.4	10.4	6.2	28.0	65.8	3.69
	임시/일용/특수직 근로자	(97)	3.2	5.3	37.6	43.7	10.3	8.4	37.6	54.0	3.53
	자영업자/무급가족종사자	(58)	1.7	6.7	31.1	46.6	13.8	8.5	31.1	60.4	3.64
권역	도심권	(50)	0.0	3.5	44.2	44.3	8.0	3.5	44.2	52.3	3.57
	동북권	(295)	1.7	5.4	31.1	48.9	12.9	7.1	31.1	61.8	3.66
	서북권	(123)	0.8	6.4	29.9	53.0	9.9	7.2	29.9	62.9	3.65
	서남권	(329)	0.6	6.7	28.9	55.1	8.7	7.3	28.9	63.8	3.65
	동남권	(203)	2.5	6.0	32.9	47.8	10.9	8.5	32.9	58.6	3.59

[표 2-18] 선택의 자율성 – 40~50대

구분		사례 수	① 전혀 그렇지 않다	② 그렇지 않다	③ 보통이다	④ 그렇다	⑤ 매우 그렇다	종합			[평균]
								그렇지 않다	보통이다	그렇다	
전체		(500)	1.4	7.6	27.2	56.2	7.6	9.0	27.2	63.8	3.61
성별	남성	(247)	1.2	7.7	27.9	57.9	5.3	8.9	27.9	63.2	3.58
	여성	(253)	1.6	7.5	26.5	54.5	9.9	9.1	26.5	64.4	3.64
연령	40대	(248)	1.6	7.7	31.9	50.0	8.9	9.3	31.9	58.9	3.57
	50대	(252)	1.2	7.5	22.6	62.3	6.3	8.7	22.6	68.7	3.65
학력	고졸 이하	(61)	3.3	9.8	32.8	47.5	6.6	13.1	32.8	54.1	3.44
	대재	(16)	0.0	6.3	18.8	75.0	0.0	6.3	18.8	75.0	3.69
	대졸	(365)	1.1	7.7	26.8	56.7	7.7	8.8	26.8	64.4	3.62
	대학원 이상	(58)	1.7	5.2	25.9	56.9	10.3	6.9	25.9	67.2	3.69
가구 소득	200만 원 미만	(45)	6.7	8.9	46.7	31.1	6.7	15.6	46.7	37.8	3.22
	200~300만 원 미만	(41)	0.0	12.2	34.1	41.5	12.2	12.2	34.1	53.7	3.54
	300~500만 원 미만	(125)	3.2	8.0	35.2	49.6	4.0	11.2	35.2	53.6	3.43
	500~700만 원 미만	(129)	0.0	8.5	20.2	62.0	9.3	8.5	20.2	71.3	3.72
	700만 원 이상	(160)	0.0	5.0	19.4	67.5	8.1	5.0	19.4	75.6	3.79
혼인 상태	기혼	(340)	0.3	7.6	24.1	61.2	6.8	7.9	24.1	67.9	3.66
	미혼	(127)	3.9	7.1	34.6	44.9	9.4	11.0	34.6	54.3	3.49
	동거/사별/이혼/별거	(33)	3.0	9.1	30.3	48.5	9.1	12.1	30.3	57.6	3.52

[표 2-18] 선택의 자율성 – 40~50대(계속)

구분		사례 수	① 전혀 그렇지 않다	② 그렇지 않다	③ 보통이다	④ 그렇다	⑤ 매우 그렇다	종합			[평균]
								그렇지 않다	보통이다	그렇다	
전체		(500)	1.4	7.6	27.2	56.2	7.6	9.0	27.2	63.8	3.61
가구원 수	1인	(64)	1.6	9.4	26.6	45.3	17.2	10.9	26.6	62.5	3.67
	2인	(68)	0.0	13.2	36.8	38.2	11.8	13.2	36.8	50.0	3.49
	3인	(175)	2.3	8.0	26.3	58.9	4.6	10.3	26.3	63.4	3.55
	4인 이상	(193)	1.0	4.7	24.9	63.7	5.7	5.7	24.9	69.4	3.68
이념 성향	진보	(126)	1.6	9.5	20.6	57.9	10.3	11.1	20.6	68.3	3.66
	중도	(218)	1.4	7.8	35.8	50.0	5.0	9.2	35.8	55.0	3.50
	보수	(156)	1.3	5.8	20.5	63.5	9.0	7.1	20.5	72.4	3.73
직업	화이트칼라	(328)	0.9	6.7	25.9	57.6	8.8	7.6	25.9	66.5	3.67
	블루칼라	(61)	0.0	6.6	36.1	54.1	3.3	6.6	36.1	57.4	3.54
	주부/무직/기타	(111)	3.6	10.8	26.1	53.2	6.3	14.4	26.1	59.5	3.48
고용 형태	상용직 임금근로자	(314)	0.6	5.7	27.4	58.0	8.3	6.4	27.4	66.2	3.68
	임시/일용/특수직 근로자	(39)	0.0	15.4	35.9	46.2	2.6	15.4	35.9	48.7	3.36
	자영업자/무급가족종사자	(31)	3.2	6.5	19.4	58.1	12.9	9.7	19.4	71.0	3.71
권역	도심권	(25)	0.0	8.0	28.0	52.0	12.0	8.0	28.0	64.0	3.68
	동북권	(155)	1.3	9.0	20.6	61.3	7.7	10.3	20.6	69.0	3.65
	서북권	(60)	3.3	10.0	41.7	43.3	1.7	13.3	41.7	45.0	3.30
	서남권	(149)	1.3	6.7	30.9	53.7	7.4	8.1	30.9	61.1	3.59
	동남권	(111)	0.9	5.4	23.4	60.4	9.9	6.3	23.4	70.3	3.73

삶에서 가장 중요하게 생각하는 것

◈ 20~30대

20~30대가 삶에서 가장 중요하게 생각하는 것(1순위)으로는 조사 결과 '경제적 풍요' 응답이 28.0%로 가장 높고, 그다음으로는 '건강'(25.0%), '행복한 가정'(13.3%) 순으로 나타남

[그림 2-15] 삶에서 가장 중요하게 생각하는 것 - 20~30대

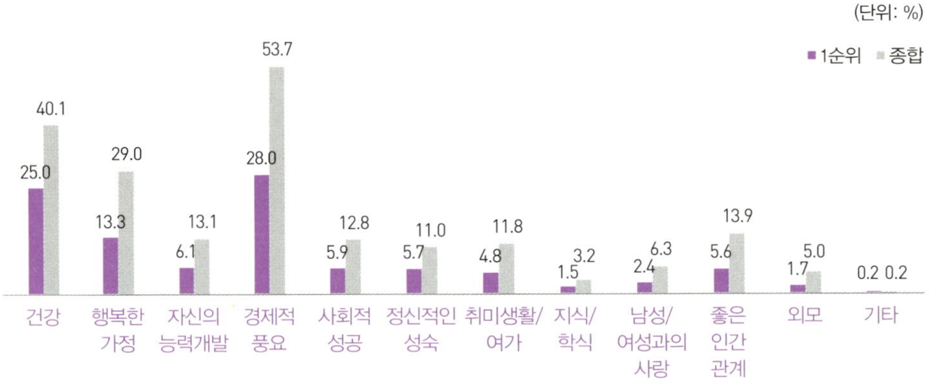

'경제적 풍요'에 대한 상세분석 결과(1순위), 성별로는 남성(28.5%)에서 높게 나타났고 연령별로는 30대(29.5%), 학력별로는 고졸 이하(29.8%), 대졸(전문대/대학교 졸업)(28.7%), 가구 소득별로는 200~300만 원 미만(31.8%), 300~500만 원 미만(31.1%), 혼인상태별로는 미혼(29.9%), 가구원 수별로는 1인(31.3%), 이념 성향별로는 중도(30.8%), 직업별로는 주부/무직/기타(32.0%), 고용형태별로는 상용직 임금근로자(28.6%), 권역별로는 도심권(39.1%)에서 높게 나타남

◈ 40~50대

40~50대의 경우 삶에서 가장 중요하게 생각하는 것(1순위)으로 '건강' 응답이 40.6%로 가장 높고, 그다음으로는 '경제적 풍요'(23.2%), '행복한 가정'(19.6%) 순으로 나타남

[그림 2-16] 삶에서 가장 중요하게 생각하는 것 – 40~50대

(단위: %)

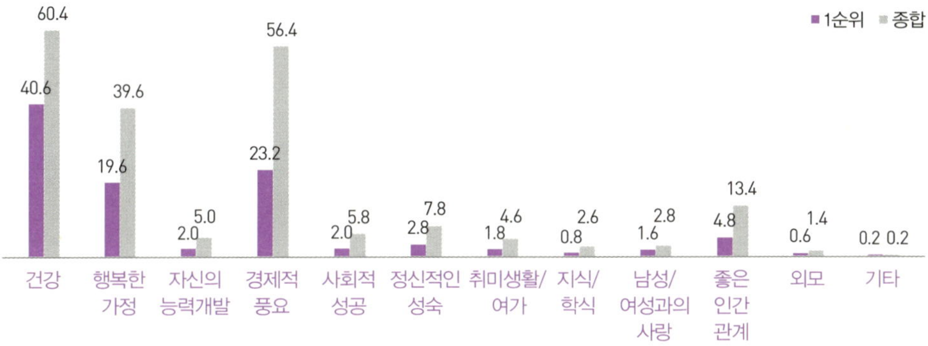

'건강'에 대한 상세분석 결과(1순위), 성별로는 여성(43.1%)에서 높게 나타났고 연령별로는 50대(42.9%), 학력별로는 대재(전문대/대학교)(43.8%), 고졸 이하(42.6%), 가구 소득별로는 200만 원 미만(46.7%), 혼인상태별로는 미혼(46.5%), 가구원 수별로는 2인(41.2%), 4인 이상(40.9%), 이념 성향별로는 보수(43.6%), 직업별로는 주부/무직/기타(53.2%), 고용형태별로는 상용직 임금근로자(38.5%), 권역별로는 서북권(50.0%)에서 높게 나타남

[표 2-19] 삶에서 가장 중요하게 생각하는 것(종합) – 20~30대

구분		사례 수	건강	행복한 가정	자신의 능력 개발	경제적 풍요	사회적 성공	정신적인 성숙	취미 생활/여가	지식/학식	남성/여성과의 사랑	좋은 인간관계	외모	기타
전체		(1,000)	40.1	29.0	13.1	53.7	12.8	11.0	11.8	3.2	6.3	13.9	5.0	0.2
성별	남성	(490)	35.2	27.4	13.6	53.2	15.8	11.5	13.0	4.1	8.0	13.7	4.2	0.2
	여성	(510)	44.7	30.6	12.5	54.1	9.8	10.6	10.6	2.4	4.7	14.1	5.7	0.2
연령	20대	(498)	32.7	27.9	15.6	52.5	13.8	12.1	12.2	4.2	7.7	13.9	7.2	0.2
	30대	(502)	47.4	30.1	10.6	54.8	11.8	10.0	11.4	2.2	5.0	13.9	2.8	0.2
학력	고졸 이하	(97)	39.7	27.5	11.3	59.9	13.3	7.1	8.4	2.1	9.2	10.2	11.3	0.0
	대재	(127)	28.2	26.3	21.5	45.4	14.7	12.9	16.9	8.6	5.5	15.3	4.0	0.8
	대졸	(677)	41.0	30.3	11.8	54.6	11.7	11.8	11.6	1.9	6.4	14.0	4.7	0.1
	대학원 이상	(99)	48.9	25.4	12.8	51.4	17.0	7.0	10.1	6.0	4.1	15.2	2.0	0.0
가구 소득	200만 원 미만	(102)	35.3	23.3	19.5	50.6	12.6	11.7	11.9	5.9	5.9	16.5	5.9	1.0
	200~300만 원 미만	(148)	34.5	23.7	13.9	51.9	18.3	13.3	11.9	4.0	6.7	17.4	3.8	0.7
	300~500만 원 미만	(287)	40.6	26.3	12.5	54.5	12.1	12.1	13.3	2.1	7.4	14.0	5.2	0.0
	500~700만 원 미만	(196)	38.3	27.5	16.3	51.5	12.1	13.2	12.2	3.1	6.3	12.8	6.6	0.0
	700만 원 이상	(267)	45.6	38.2	8.5	56.5	10.9	6.7	9.8	3.0	5.2	11.7	3.8	0.0
혼인 상태	기혼	(220)	46.6	40.2	12.6	48.0	9.0	9.5	9.1	2.7	6.4	13.2	2.7	0.0
	미혼	(745)	39.2	24.5	13.1	56.2	13.9	11.2	12.7	2.9	6.6	14.0	5.4	0.3
	동거/사별/이혼/별거	(35)	17.5	54.6	16.4	34.2	11.5	16.9	9.0	13.8	0.0	17.2	8.9	0.0

[표 2-19] 삶에서 가장 중요하게 생각하는 것(종합) - 20~30대(계속)

구분		사례 수	건강	행복한 가정	자신의 능력 개발	경제적 풍요	사회적 성공	정신적인 성숙	취미 생활/여가	지식/학식	남성/여성과의 사랑	좋은 인간관계	외모	기타
전체		(1,000)	40.1	29.0	13.1	53.7	12.8	11.0	11.8	3.2	6.3	13.9	5.0	0.2
가구원 수	1인	(218)	37.3	20.1	14.6	54.6	14.1	16.0	10.6	3.1	6.0	16.5	7.2	0.0
	2인	(159)	40.8	37.6	11.1	49.7	10.3	10.1	9.5	5.2	7.5	14.5	3.8	0.0
	3인	(290)	42.7	29.2	11.6	54.6	12.5	11.0	14.1	2.4	7.0	12.1	2.4	0.3
	4인 이상	(333)	39.2	30.5	14.3	54.2	13.3	8.3	11.6	3.0	5.5	13.5	6.3	0.3
이념 성향	진보	(231)	44.1	31.6	12.9	51.1	7.8	11.3	15.2	3.9	3.9	13.5	4.3	0.4
	중도	(429)	39.8	27.6	11.9	60.8	13.8	11.1	8.5	1.7	5.5	14.9	4.1	0.2
	보수	(341)	37.6	29.0	14.6	46.4	14.8	10.8	13.7	4.7	9.1	12.9	6.4	0.0
직업	화이트칼라	(644)	40.7	29.8	10.6	54.7	11.9	10.7	11.5	2.7	7.1	14.8	5.4	0.2
	블루칼라	(141)	39.7	31.0	14.7	45.1	12.6	13.2	11.1	5.0	5.6	14.8	6.4	0.7
	학생	(106)	34.0	20.0	23.5	52.7	21.1	10.8	12.3	6.6	3.9	13.1	1.9	0.0
	주부/무직/기타	(109)	42.4	30.4	15.5	59.5	10.1	10.3	13.6	0.9	5.5	8.2	3.7	0.0
고용 형태	상용직 임금근로자	(620)	42.0	31.9	10.1	54.4	12.8	10.4	11.3	1.6	6.4	14.1	4.8	0.3
	임시/일용/특수직 근로자	(97)	33.8	24.6	17.9	45.2	11.4	14.4	11.0	8.0	9.1	16.5	8.1	0.0
	자영업자/무급가족종사자	(58)	36.2	20.7	15.4	50.3	3.5	13.5	11.9	10.6	6.7	20.7	10.5	0.0
권역	도심권	(50)	37.2	27.1	11.1	61.3	17.0	10.0	13.1	5.6	2.0	6.0	9.6	0.0
	동북권	(295)	37.3	30.1	13.9	56.7	12.0	10.8	8.9	4.4	7.3	14.5	4.1	0.0
	서북권	(123)	37.4	26.8	14.4	55.7	9.1	13.9	12.1	2.6	5.7	15.3	7.2	0.0
	서남권	(329)	44.0	29.4	12.4	47.4	14.2	11.7	13.7	1.9	6.4	15.3	3.6	0.0
	동남권	(203)	40.0	28.6	12.6	56.2	12.8	8.8	12.4	3.4	6.4	11.9	6.0	1.0

[표 2-20] 삶에서 가장 중요하게 생각하는 것(1순위) – 20~30대

구분		사례 수	건강	행복한 가정	자신의 능력 개발	경제적 풍요	사회적 성공	정신적인 성숙	취미 생활/여가	지식/학식	남성/여성과의 사랑	좋은 인간관계	외모	기타
전체		(1,000)	25.0	13.3	6.1	28.0	5.9	5.7	4.8	1.5	2.4	5.6	1.7	0.2
성별	남성	(490)	21.1	14.4	7.5	28.5	5.4	5.6	5.7	2.1	3.0	5.0	1.4	0.2
	여성	(510)	28.8	12.2	4.7	27.5	6.3	5.7	3.9	1.0	1.8	6.1	2.0	0.2
연령	20대	(498)	20.3	14.4	7.0	26.4	8.1	5.5	6.0	2.2	2.2	5.0	2.6	0.2
	30대	(502)	29.7	12.2	5.2	29.5	3.6	5.8	3.6	0.8	2.6	6.2	0.8	0.2
학력	고졸 이하	(97)	25.0	15.3	6.3	29.8	6.1	2.1	3.1	1.0	3.0	4.0	4.2	0.0
	대재	(127)	19.6	13.6	8.9	23.7	5.6	8.3	7.7	4.7	1.5	4.7	0.8	0.8
	대졸	(677)	25.5	13.3	5.3	28.7	5.8	5.6	5.0	0.8	2.5	5.7	1.6	0.1
	대학원 이상	(99)	29.1	10.6	7.8	26.3	6.0	6.0	1.0	3.0	2.0	7.0	1.0	0.0
가구소득	200만 원 미만	(102)	20.8	11.1	3.9	30.1	6.6	9.7	3.7	2.9	2.0	6.3	2.0	1.0
	200~300만 원 미만	(148)	19.5	9.5	7.7	31.8	7.5	8.0	4.6	2.8	2.0	5.4	0.6	0.7
	300~500만 원 미만	(287)	25.6	10.6	5.9	31.1	4.9	4.8	6.0	0.3	2.4	6.3	2.1	0.0
	500~700만 원 미만	(196)	23.5	13.7	8.6	25.3	7.0	5.6	5.1	1.5	2.6	5.1	2.0	0.0
	700만 원 이상	(267)	30.3	18.6	4.4	23.7	4.9	3.7	3.7	1.5	2.6	5.0	1.5	0.0
혼인상태	기혼	(220)	28.5	15.3	6.8	22.2	4.5	6.8	4.1	0.9	3.6	5.9	1.4	0.0
	미혼	(745)	24.6	12.0	5.9	29.9	6.3	5.1	5.2	1.5	2.1	5.5	1.6	0.3
	동거/사별/이혼/별거	(35)	11.5	26.2	5.2	22.7	5.7	11.2	0.0	5.7	0.0	5.7	6.0	0.0

[표 2-20] 삶에서 가장 중요하게 생각하는 것(1순위) - 20~30대(계속)

구분		사례 수	건강	행복한 가정	자신의 능력 개발	경제적 풍요	사회적 성공	정신적인 성숙	취미 생활/여가	지식/학식	남성/여성과의 사랑	좋은 인간 관계	외모	기타
전체		(1,000)	25.0	13.3	6.1	28.0	5.9	5.7	4.8	1.5	2.4	5.6	1.7	0.2
가구원 수	1인	(218)	20.2	11.1	4.9	31.3	6.8	9.1	4.0	1.4	2.7	5.7	2.7	0.0
	2인	(159)	24.5	16.4	6.8	25.9	3.8	8.1	2.5	2.0	1.8	6.4	1.9	0.0
	3인	(290)	27.6	13.0	5.1	28.1	6.3	5.2	5.1	1.4	2.8	4.5	0.7	0.3
	4인 이상	(333)	26.2	13.4	7.4	26.7	5.9	2.6	6.0	1.5	2.1	6.0	1.8	0.3
이념 성향	진보	(231)	23.8	14.3	4.7	27.8	4.8	6.9	7.8	1.3	2.2	4.3	1.7	0.4
	중도	(429)	27.2	11.6	5.9	30.8	6.2	5.3	3.7	1.2	1.6	4.9	1.4	0.2
	보수	(341)	23.1	14.7	7.2	24.5	6.2	5.3	4.1	2.1	3.5	7.2	2.1	0.0
직업	화이트칼라	(644)	24.7	14.2	5.5	28.1	5.7	5.1	4.5	1.1	2.6	6.4	1.8	0.2
	블루칼라	(141)	25.4	10.6	4.8	27.5	2.8	7.7	6.4	2.8	3.5	4.2	3.6	0.7
	학생	(106)	21.7	11.6	13.2	23.6	10.3	6.1	5.5	2.8	0.9	4.2	0.0	0.0
	주부/무직/기타	(109)	29.5	12.6	4.4	32.0	6.4	5.9	3.6	0.9	0.9	3.7	0.0	0.0
고용 형태	상용직 임금근로자	(620)	25.1	14.6	5.3	28.6	5.9	4.6	4.7	1.0	2.6	5.7	1.6	0.3
	임시/일용/특수직 근로자	(97)	24.6	11.3	5.6	23.6	3.2	9.2	4.1	3.1	4.0	7.2	4.1	0.0
	자영업자/무급가족종사자	(58)	22.4	6.9	6.9	26.1	0.0	10.2	6.7	3.5	3.3	8.6	5.3	0.0
권역	도심권	(50)	19.6	13.1	9.1	39.1	3.5	4.0	5.6	0.0	2.0	2.0	2.0	0.0
	동북권	(295)	23.4	14.0	5.1	32.7	5.4	5.0	3.4	2.7	2.4	5.6	0.3	0.0
	서북권	(123)	21.9	12.1	4.8	29.4	5.0	9.1	4.8	0.8	3.3	5.7	3.2	0.0
	서남권	(329)	28.1	11.8	6.6	24.8	6.3	6.0	5.5	1.3	1.8	6.2	1.8	0.0
	동남권	(203)	25.7	15.3	6.8	22.7	6.8	4.4	5.4	1.0	3.0	5.4	2.5	1.0

[표 2-21] 삶에서 가장 중요하게 생각하는 것(종합) - 40~50대

구분		사례수	건강	행복한 가정	자신의 능력 개발	경제적 풍요	사회적 성공	정신적인 성숙	취미생활/여가	지식/학식	남성/여성과의 사랑	좋은 인간관계	외모	기타
전체		(500)	60.4	39.6	5.0	56.4	5.8	7.8	4.6	2.6	2.8	13.4	1.4	0.2
성별	남성	(247)	57.5	39.7	5.3	53.4	8.5	8.9	5.7	2.8	3.2	13.4	1.6	0.0
	여성	(253)	63.2	39.5	4.7	59.3	3.2	6.7	3.6	2.4	2.4	13.4	1.2	0.4
연령	40대	(248)	57.3	39.5	4.8	56.0	5.6	7.3	6.0	2.4	4.0	14.5	2.0	0.4
	50대	(252)	63.5	39.7	5.2	56.7	6.0	8.3	3.2	2.8	1.6	12.3	0.8	0.0
학력	고졸 이하	(61)	62.3	34.4	6.6	59.0	6.6	6.6	1.6	1.6	3.3	16.4	1.6	0.0
	대재	(16)	56.3	31.3	0.0	43.8	0.0	12.5	6.3	6.3	12.5	25.0	6.3	0.0
	대졸	(365)	61.1	40.3	4.4	57.0	5.5	7.4	4.7	3.0	2.2	13.4	1.1	0.0
	대학원 이상	(58)	55.2	43.1	8.6	53.4	8.6	10.3	6.9	0.0	3.4	6.9	1.7	1.7
가구소득	200만 원 미만	(45)	64.4	15.6	8.9	55.6	6.7	11.1	6.7	2.2	6.7	20.0	2.2	0.0
	200~300만 원 미만	(41)	63.4	26.8	4.9	70.7	7.3	2.4	4.9	0.0	0.0	14.6	4.9	0.0
	300~500만 원 미만	(125)	62.4	32.0	5.6	64.0	4.0	7.2	5.6	3.2	0.8	13.6	1.6	0.0
	500~700만 원 미만	(129)	54.3	46.5	4.7	51.9	7.0	9.3	3.1	3.9	3.1	14.7	0.8	0.8
	700만 원 이상	(160)	61.9	50.0	3.8	50.6	5.6	7.5	4.4	1.9	3.8	10.0	0.6	0.0
혼인상태	기혼	(340)	57.6	50.3	4.7	52.6	7.4	7.4	3.5	1.8	2.9	10.9	0.6	0.3
	미혼	(127)	67.7	13.4	6.3	63.0	3.1	11.0	7.9	3.9	1.6	18.1	3.9	0.0
	동거/사별/이혼/별거	(33)	60.6	30.3	3.0	69.7	0.0	0.0	3.0	6.1	6.1	21.2	0.0	0.0

[표 2-21] 삶에서 가장 중요하게 생각하는 것(종합) - 40~50대(계속)

구분		사례수	건강	행복한 가정	자신의 능력 개발	경제적 풍요	사회적 성공	정신적인 성숙	취미생활/여가	지식/학식	남성/여성과의 사랑	좋은 인간관계	외모	기타
전체		(500)	60.4	39.6	5.0	56.4	5.8	7.8	4.6	2.6	2.8	13.4	1.4	0.2
가구원수	1인	(64)	65.6	15.6	7.8	57.8	1.6	14.1	6.3	4.7	3.1	20.3	3.1	0.0
	2인	(68)	55.9	32.4	4.4	63.2	7.4	7.4	2.9	1.5	5.9	16.2	1.5	1.5
	3인	(175)	59.4	37.1	4.6	57.1	7.4	9.1	5.7	3.4	1.7	13.1	1.1	0.0
	4인 이상	(193)	61.1	52.3	4.7	52.8	5.2	4.7	3.6	1.6	2.6	10.4	1.0	0.0
이념성향	진보	(126)	57.1	41.3	4.8	54.8	4.0	14.3	5.6	1.6	2.4	11.9	2.4	0.0
	중도	(218)	61.5	35.3	5.0	61.5	6.4	6.4	3.7	3.2	1.4	14.2	1.4	0.0
	보수	(156)	61.5	44.2	5.1	50.6	6.4	4.5	5.1	2.6	5.1	13.5	0.6	0.6
직업	화이트칼라	(328)	57.6	41.5	5.5	55.2	6.4	9.5	4.6	2.7	3.4	12.5	0.9	0.3
	블루칼라	(61)	50.8	31.1	4.9	60.7	8.2	4.9	6.6	3.3	1.6	24.6	3.3	0.0
	주부/무직/기타	(111)	73.9	38.7	3.6	57.7	2.7	4.5	3.6	1.8	1.8	9.9	1.8	0.0
고용형태	상용직 임금근로자	(314)	57.3	42.0	3.8	56.4	7.0	8.9	4.1	2.2	3.2	13.7	1.0	0.3
	임시/일용/특수직 근로자	(39)	61.5	23.1	2.6	56.4	5.1	10.3	10.3	2.6	2.6	20.5	5.1	0.0
	자영업자/무급가족종사자	(31)	45.2	38.7	22.6	51.6	3.2	6.5	6.5	6.5	3.2	16.1	0.0	0.0
권역	도심권	(25)	64.0	28.0	0.0	36.0	4.0	8.0	12.0	16.0	12.0	20.0	0.0	0.0
	동북권	(155)	60.0	39.4	5.2	56.8	5.8	9.7	4.5	1.9	3.9	11.6	1.3	0.0
	서북권	(60)	71.7	33.3	1.7	65.0	1.7	6.7	6.7	1.7	0.0	10.0	1.7	0.0
	서남권	(149)	53.7	40.9	4.7	64.4	6.7	6.7	1.3	3.4	2.7	12.1	2.7	0.7
	동남권	(111)	63.1	44.1	8.1	45.0	7.2	7.2	6.3	0.0	0.9	18.0	0.0	0.0

[표 2-22] 삶에서 가장 중요하게 생각하는 것(1순위) - 40~50대

구분		사례수	건강	행복한 가정	자신의 능력 개발	경제적 풍요	사회적 성공	정신적인 성숙	취미생활/여가	지식/학식	남성/여성과의 사랑	좋은 인간관계	외모	기타
전체		(500)	40.6	19.6	2.0	23.2	2.0	2.8	1.8	0.8	1.6	4.8	0.6	0.2
성별	남성	(247)	38.1	20.6	2.4	21.9	2.4	4.5	1.2	0.4	2.0	5.7	0.8	0.0
	여성	(253)	43.1	18.6	1.6	24.5	1.6	1.2	2.4	1.2	1.2	4.0	0.4	0.4
연령	40대	(248)	38.3	17.3	2.4	25.0	2.0	3.6	2.4	0.4	2.4	4.8	0.8	0.4
	50대	(252)	42.9	21.8	1.6	21.4	2.0	2.0	1.2	1.2	0.8	4.8	0.4	0.0
학력	고졸 이하	(61)	42.6	19.7	1.6	26.2	1.6	4.9	0.0	0.0	1.6	0.0	1.6	0.0
	대재	(16)	43.8	6.3	0.0	18.8	0.0	6.3	0.0	0.0	6.3	12.5	6.3	0.0
	대졸	(365)	41.9	18.9	2.2	23.3	1.6	1.9	1.9	1.1	1.4	5.5	0.3	0.0
	대학원 이상	(58)	29.3	27.6	1.7	20.7	5.2	5.2	3.4	0.0	1.7	3.4	0.0	1.7
가구소득	200만 원 미만	(45)	46.7	6.7	4.4	20.0	2.2	6.7	0.0	0.0	6.7	4.4	2.2	0.0
	200~300만 원 미만	(41)	41.5	14.6	2.4	29.3	2.4	2.4	0.0	0.0	0.0	4.9	2.4	0.0
	300~500만 원 미만	(125)	41.6	12.8	2.4	32.8	0.8	2.4	1.6	2.4	0.0	3.2	0.0	0.0
	500~700만 원 미만	(129)	38.8	24.8	1.6	18.6	3.1	3.1	1.6	0.8	0.8	6.2	0.0	0.8
	700만 원 이상	(160)	39.4	25.6	1.3	18.8	1.9	1.9	3.1	0.0	2.5	5.0	0.6	0.0
혼인상태	기혼	(340)	38.5	25.6	1.5	20.6	2.4	2.4	1.5	0.6	1.5	5.0	0.3	0.3
	미혼	(127)	46.5	4.7	3.1	29.1	1.6	4.7	3.1	0.8	1.6	3.1	1.6	0.0
	동거/사별/이혼/별거	(33)	39.4	15.2	3.0	27.3	0.0	0.0	0.0	3.0	3.0	9.1	0.0	0.0

[표 2-22] 삶에서 가장 중요하게 생각하는 것(1순위) - 40~50대(계속)

구분		사례수	건강	행복한 가정	자신의 능력 개발	경제적 풍요	사회적 성공	정신적인 성숙	취미 생활/여가	지식/학식	남성/여성과의 사랑	좋은 인간관계	외모	기타
전체		(500)	40.6	19.6	2.0	23.2	2.0	2.8	1.8	0.8	1.6	4.8	0.6	0.2
가구원수	1인	(64)	40.6	9.4	3.1	23.4	0.0	7.8	3.1	0.0	1.6	9.4	1.6	0.0
	2인	(68)	41.2	16.2	2.9	22.1	1.5	1.5	1.5	0.0	4.4	5.9	1.5	1.5
	3인	(175)	40.0	17.1	1.1	26.3	4.0	4.0	1.1	1.1	1.1	4.0	0.0	0.0
	4인 이상	(193)	40.9	26.4	2.1	20.7	1.0	0.5	2.1	1.0	1.0	3.6	0.5	0.0
이념성향	진보	(126)	35.7	23.8	1.6	20.6	3.2	5.6	3.2	0.0	1.6	3.2	1.6	0.0
	중도	(218)	41.3	17.4	2.3	26.6	1.8	1.8	1.4	0.9	0.5	6.0	0.0	0.0
	보수	(156)	43.6	19.2	1.9	20.5	1.3	1.9	1.3	1.3	3.2	4.5	0.6	0.6
직업	화이트칼라	(328)	38.7	21.0	1.8	22.6	1.8	3.0	2.1	0.9	2.1	5.2	0.3	0.3
	블루칼라	(61)	27.9	19.7	0.0	32.8	4.9	3.3	1.6	1.6	0.0	6.6	1.6	0.0
	주부/무직/기타	(111)	53.2	15.3	3.6	19.8	0.9	1.8	0.9	0.0	0.9	2.7	0.9	0.0
고용형태	상용직 임금근로자	(314)	38.5	21.7	1.6	22.3	2.5	2.9	1.9	1.3	1.9	4.5	0.6	0.3
	임시/일용/특수직 근로자	(39)	30.8	15.4	0.0	35.9	2.6	2.6	5.1	0.0	2.6	5.1	0.0	0.0
	자영업자/무급가족종사자	(31)	32.3	16.1	0.0	29.0	0.0	6.5	0.0	0.0	0.0	16.1	0.0	0.0
권역	도심권	(25)	44.0	16.0	0.0	12.0	0.0	0.0	4.0	4.0	8.0	12.0	0.0	0.0
	동북권	(155)	42.6	21.3	2.6	19.4	1.3	5.2	0.6	1.3	1.3	3.2	1.3	0.0
	서북권	(60)	50.0	13.3	1.7	21.7	0.0	1.7	5.0	0.0	0.0	5.0	1.7	0.0
	서남권	(149)	34.9	19.5	2.0	30.2	2.7	1.3	0.7	0.7	2.7	4.7	0.0	0.7
	동남권	(111)	39.6	21.6	1.8	22.5	3.6	2.7	2.7	0.0	0.0	5.4	0.0	0.0

본인이 하는 일의 가치 있는 정도

◈ 20~30대

20~30대가 본인이 하는 일이 '가치 있다'라고 응답한 비율은 62.4%, '가치 있지 않다'라고 응답한 비율은 13.0%로 나타남. 10점 만점 기준으로는 6.16점으로 나타남

[그림 2-17] 본인이 하는 일의 가치 있는 정도 – 20~30대

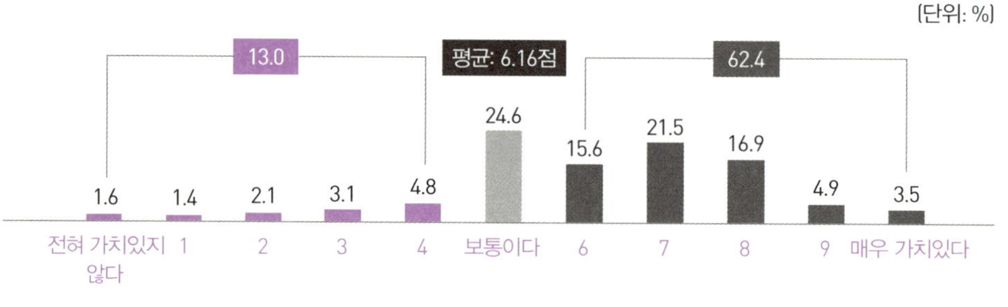

10점 평균을 상세분석한 결과, 성별로는 남성(6.20점)에서 높게 나타났고 연령별로는 20대(6.18점), 학력별로는 대학원 이상(6.95점), 가구 소득별로는 700만 원 이상(6.68점), 혼인상태별로는 기혼(6.68점), 가구원 수별로는 4인 이상(6.27점), 3인(6.19점), 이념 성향별로는 보수(6.68점), 직업별로는 학생(6.44점), 화이트칼라(6.28점), 고용형태별로는 자영업자/무급가족종사자(6.59점), 권역별로는 동남권(6.37점), 서남권(6.36점)에서 높게 나타남

◈ 40~50대

40~50대의 경우 본인이 하는 일이 '가치 있다'라고 응답한 비율은 62.2%, '가치 있지 않다'라고 응답한 비율은 9.6%로 나타남. 10점 만점 기준으로는 6.19점으로 나타남

[그림 2-18] 본인이 하는 일의 가치 있는 정도 – 40~50대

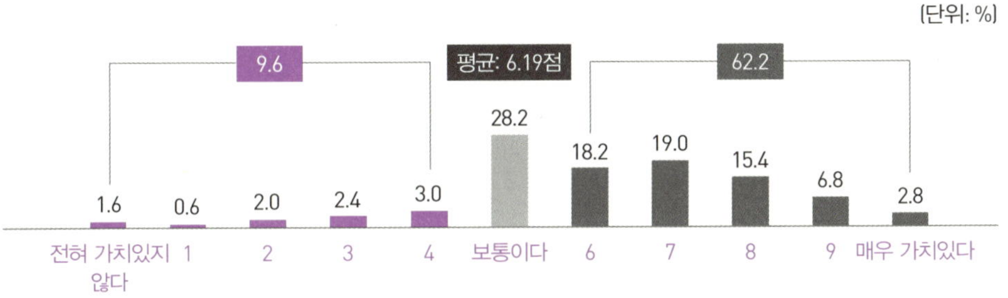

10점 평균을 상세분석한 결과, 성별로는 남성(6.21점)에서 높게 나타났고 연령별로는 50대(6.35점), 학력별로는 대학원 이상(6.88점), 가구 소득별로는 700만 원 이상(6.71점), 혼인상태별로는 기혼(6.49점), 가구원 수별로는 4인 이상(6.53점), 이념 성향별로는 보수(6.60점), 직업별로는 화이트칼라(6.41점), 고용형태별로는 자영업자/무급가족종사자(6.77점), 권역별로는 동남권(6.37점), 동북권(6.28점)에서 높게 나타남

[표 2-23] 본인이 하는 일의 가치 있는 정도 - 20~30대

구분		사례 수	⓪ 전혀 가치 있지 않다	①	②	③	④	⑤ 보통이다	⑥	⑦	⑧	⑨	⑩ 매우 가치 있다	[평균]
전체		(1,000)	1.6	1.4	2.1	3.1	4.8	24.6	15.6	21.5	16.9	4.9	3.5	6.16
성별	남성	(490)	1.4	2.0	2.8	2.6	4.5	22.3	16.7	20.8	16.2	6.3	4.3	6.20
	여성	(510)	1.8	0.8	1.4	3.5	5.1	26.9	14.5	22.2	17.6	3.5	2.7	6.11
연령	20대	(498)	0.6	1.4	1.2	3.8	4.8	26.4	15.8	23.1	15.0	4.4	3.6	6.18
	30대	(502)	2.6	1.4	3.0	2.4	4.8	22.9	15.3	19.9	18.9	5.4	3.4	6.13
학력	고졸 이하	(97)	5.2	0.0	4.1	4.2	5.2	34.7	15.0	20.2	5.3	2.1	4.1	5.48
	대재	(127)	0.0	1.6	1.6	1.6	1.5	20.3	25.7	22.5	19.9	2.3	3.1	6.39
	대졸	(677)	1.6	1.8	2.2	3.4	5.5	24.9	13.4	22.4	17.2	5.0	2.7	6.09
	대학원 이상	(99)	0.0	0.0	0.0	2.0	3.9	19.0	18.0	15.0	22.9	10.0	9.1	6.95
가구소득	200만 원 미만	(102)	2.0	5.6	4.6	4.9	3.9	35.1	12.1	14.5	12.4	2.9	2.0	5.40
	200~300만 원 미만	(148)	0.7	2.8	2.0	6.1	4.0	30.1	16.8	19.3	12.1	4.0	2.0	5.81
	300~500만 원 미만	(287)	2.1	0.3	2.1	2.8	5.2	25.4	18.6	22.6	13.6	4.5	2.8	6.08
	500~700만 원 미만	(196)	1.0	0.5	2.6	3.5	5.1	22.1	16.8	21.3	20.4	4.6	2.0	6.22
	700만 원 이상	(267)	1.9	0.7	0.7	0.7	4.9	18.6	12.0	24.3	22.4	6.7	6.8	6.68
혼인상태	기혼	(220)	0.9	0.9	0.9	1.8	3.6	15.3	15.4	27.6	23.7	5.4	4.5	6.68
	미혼	(745)	1.7	1.6	2.5	3.5	5.4	27.4	14.9	19.9	14.9	4.8	3.4	6.01
	동거/사별/이혼/별거	(35)	2.9	0.0	0.0	3.2	0.0	25.3	31.3	17.2	17.2	2.9	0.0	6.08

[표 2-23] 본인이 하는 일의 가치 있는 정도 – 20~30대(계속)

구분		사례 수	⓪ 전혀 가치 있지 않다	①	②	③	④	⑤ 보통이다	⑥	⑦	⑧	⑨	⑩ 매우 가치 있다	[평균]
전체		(1,000)	1.6	1.4	2.1	3.1	4.8	24.6	15.6	21.5	16.9	4.9	3.5	6.16
가구원 수	1인	(218)	1.8	0.5	1.8	5.5	4.6	29.9	15.6	20.2	13.9	3.3	2.8	5.93
	2인	(159)	0.0	1.9	4.4	2.6	3.1	21.8	20.9	22.1	15.2	5.5	2.5	6.16
	3인	(290)	3.1	1.0	1.4	2.1	4.8	23.3	14.5	22.3	20.3	4.5	2.8	6.19
	4인 이상	(333)	0.9	2.1	1.7	2.7	5.7	23.8	14.0	21.3	16.8	6.0	5.1	6.27
이념 성향	진보	(231)	3.0	2.6	2.2	4.3	6.5	19.5	13.9	17.3	21.1	7.4	2.2	6.05
	중도	(429)	1.9	0.6	3.2	3.5	4.9	33.8	16.9	17.8	12.3	1.9	3.3	5.80
	보수	(341)	0.3	1.5	0.6	1.8	3.6	16.6	15.1	28.9	19.9	7.0	4.7	6.68
직업	화이트칼라	(644)	1.4	1.1	1.5	3.4	4.9	21.5	15.4	23.7	18.8	5.3	3.1	6.28
	블루칼라	(141)	2.1	0.7	2.8	2.8	5.6	32.1	18.4	14.7	12.9	3.5	4.2	5.89
	학생	(106)	0.0	1.9	0.9	0.9	2.7	24.7	15.8	26.1	19.3	4.7	2.8	6.44
	주부/무직/기타	(109)	3.7	3.7	5.5	3.7	5.5	33.6	12.5	12.8	9.2	4.4	5.5	5.49
고용 형태	상용직 임금근로자	(620)	1.5	0.9	2.2	3.1	5.0	21.8	15.2	24.4	18.5	5.2	2.3	6.23
	임시/일용/특수직 근로자	(97)	3.1	0.0	0.0	5.0	5.3	34.7	17.2	12.2	14.3	4.1	4.1	5.91
	자영업자/무급가족종사자	(58)	0.0	1.7	0.0	3.5	5.0	18.6	24.6	15.5	13.8	5.2	12.1	6.59
권역	도심권	(50)	0.0	1.5	5.5	0.0	6.0	23.1	29.2	9.5	13.2	10.0	2.0	6.09
	동북권	(295)	2.0	1.7	2.7	4.4	4.4	29.3	13.7	19.3	15.4	3.7	3.4	5.92
	서북권	(123)	2.4	0.9	4.1	1.6	5.6	25.1	21.4	20.2	14.7	2.4	1.6	5.87
	서남권	(329)	1.2	0.3	1.2	4.0	4.9	19.4	15.9	26.3	18.3	6.0	2.4	6.36
	동남권	(203)	1.5	3.0	0.5	1.5	4.4	26.5	10.9	20.6	19.3	5.0	6.9	6.37

[표 2-24] 본인이 하는 일의 가치 있는 정도 – 40~50대

구분		사례 수	⓪ 전혀 가치 있지 않다	①	②	③	④	⑤ 보통이다	⑥	⑦	⑧	⑨	⑩ 매우 가치 있다	[평균]
전체		(500)	1.6	0.6	2.0	2.4	3.0	28.2	18.2	19.0	15.4	6.8	2.8	6.19
성별	남성	(247)	1.6	0.8	2.0	3.2	3.2	23.9	19.8	20.2	15.4	6.9	2.8	6.21
	여성	(253)	1.6	0.4	2.0	1.6	2.8	32.4	16.6	17.8	15.4	6.7	2.8	6.18
연령	40대	(248)	2.0	0.4	2.0	2.0	2.4	32.7	16.5	22.2	13.3	4.8	1.6	6.04
	50대	(252)	1.2	0.8	2.0	2.8	3.6	23.8	19.8	15.9	17.5	8.7	4.0	6.35
학력	고졸 이하	(61)	3.3	1.6	1.6	3.3	1.6	42.6	11.5	9.8	16.4	4.9	3.3	5.80
	대재	(16)	0.0	0.0	0.0	0.0	0.0	25.0	37.5	18.8	6.3	6.3	6.3	6.50
	대졸	(365)	1.6	0.5	2.5	2.7	3.6	26.3	17.8	21.1	16.7	5.2	1.9	6.14
	대학원 이상	(58)	0.0	0.0	0.0	0.0	1.7	25.9	22.4	15.5	8.6	19.0	6.9	6.88
가구 소득	200만 원 미만	(45)	8.9	0.0	2.2	2.2	4.4	51.1	8.9	6.7	4.4	4.4	6.7	5.27
	200~300만 원 미만	(41)	2.4	0.0	4.9	2.4	2.4	39.0	22.0	17.1	7.3	0.0	2.4	5.56
	300~500만 원 미만	(125)	1.6	0.0	4.0	4.0	3.2	28.0	17.6	20.0	16.8	3.2	1.6	5.98
	500~700만 원 미만	(129)	0.0	1.6	0.0	2.3	3.9	25.6	24.0	22.5	10.1	6.2	3.9	6.29
	700만 원 이상	(160)	0.6	0.6	1.3	1.3	1.9	21.3	15.6	19.4	23.8	12.5	1.9	6.71
혼인 상태	기혼	(340)	0.6	0.3	1.8	2.4	2.4	22.9	18.5	20.6	19.1	8.8	2.6	6.49
	미혼	(127)	3.9	0.8	3.1	3.1	5.5	39.4	14.2	15.7	7.9	2.4	3.9	5.54
	동거/사별/이혼/별거	(33)	3.0	3.0	0.0	0.0	0.0	39.4	30.3	15.2	6.1	3.0	0.0	5.64

[표 2-24] 본인이 하는 일의 가치 있는 정도 – 40~50대(계속)

구분		사례수	⓪ 전혀 가치 있지 않다	①	②	③	④	⑤ 보통이다	⑥	⑦	⑧	⑨	⑩ 매우 가치 있다	[평균]
전체		(500)	1.6	0.6	2.0	2.4	3.0	28.2	18.2	19.0	15.4	6.8	2.8	6.19
가구원수	1인	(64)	3.1	1.6	6.3	1.6	4.7	37.5	15.6	18.8	6.3	1.6	3.1	5.45
	2인	(68)	1.5	0.0	0.0	2.9	4.4	36.8	19.1	20.6	8.8	5.9	0.0	5.93
	3인	(175)	1.7	1.1	1.7	3.4	2.9	28.0	17.7	13.7	20.6	4.6	4.6	6.20
	4인 이상	(193)	1.0	0.0	1.6	1.6	2.1	22.3	19.2	23.3	16.1	10.9	2.1	6.53
이념성향	진보	(126)	1.6	1.6	1.6	3.2	3.2	25.4	18.3	25.4	11.9	5.6	2.4	6.10
	중도	(218)	1.8	0.5	2.3	2.8	1.8	38.5	15.6	14.2	16.1	3.7	2.8	5.95
	보수	(156)	1.3	0.0	1.9	1.3	4.5	16.0	21.8	20.5	17.3	12.2	3.2	6.60
직업	화이트칼라	(328)	0.9	0.3	1.5	1.2	3.0	25.3	19.5	21.0	16.8	7.3	3.0	6.41
	블루칼라	(61)	0.0	0.0	6.6	6.6	3.3	39.3	19.7	13.1	6.6	3.3	1.6	5.51
	주부/무직/기타	(111)	4.5	1.8	0.9	3.6	2.7	30.6	13.5	16.2	16.2	7.2	2.7	5.95
고용형태	상용직 임금근로자	(314)	1.0	0.3	1.9	2.2	3.5	26.4	19.4	20.4	15.6	6.7	2.5	6.27
	임시/일용/특수직 근로자	(39)	0.0	0.0	5.1	2.6	2.6	41.0	20.5	20.5	0.0	5.1	2.6	5.72
	자영업자/무급가족종사자	(31)	0.0	0.0	3.2	0.0	0.0	22.6	22.6	12.9	22.6	9.7	6.5	6.77
권역	도심권	(25)	4.0	0.0	0.0	4.0	0.0	24.0	40.0	8.0	8.0	8.0	4.0	6.04
	동북권	(155)	1.3	0.0	2.6	1.9	5.8	29.0	12.3	18.1	16.8	7.7	4.5	6.28
	서북권	(60)	1.7	0.0	1.7	3.3	1.7	35.0	20.0	25.0	6.7	3.3	1.7	5.90
	서남권	(149)	2.0	1.3	2.0	3.4	2.0	26.2	18.1	22.1	14.1	6.7	2.0	6.11
	동남권	(111)	0.9	0.9	1.8	0.9	1.8	27.0	20.7	15.3	21.6	7.2	1.8	6.37

사회적 가치

◈ 20~30대

20~30대의 사회적 가치에 대한 인식을 살펴보면, 5점 만점 기준으로는 '노력하는 만큼 소득에 차이가 더 나야 한다'가 3.78점으로 가장 높았고, 그다음으로는 '경쟁은 사회를 발전시킨다'(3.54점), '사회보다 개인이 각자의 생계에 더 책임을 져야 한다'(3.47점) 순으로 나타남. 한편, '사회적 성취에 있어 부모의 경제·사회적 지위보다 내 노력이 중요하다'가 3.26점으로 가장 낮게 나타남

[그림 2-19] 사회적 가치 – 20~30대

(단위: %)

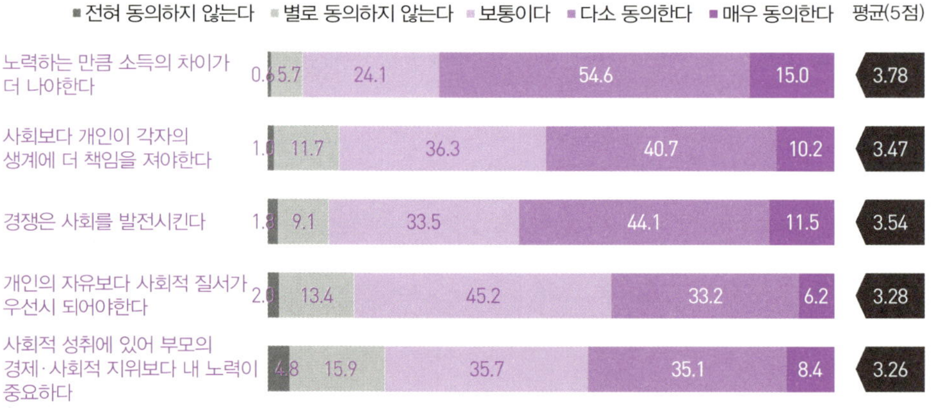

'노력하는 만큼 소득에 차이가 더 나야 한다'에 대한 상세분석 결과, 성별로는 남성(3.79점)에서 높게 나타났고 연령별로는 20~30대가 동일하게 3.78점, 학력별로는 대학원 이상(3.86점), 고졸 이하(3.84점), 가구 소득별로는 700만 원 이상(3.90점), 혼인상태별로는 미혼(3.81점), 가구원 수별로는 3인(3.80점), 4인 이상(3.79점), 이념 성향별로는 보수(3.82점), 진보(3.82점), 직업별로는 학생(3.91점), 화이트칼라(3.79점), 고용형태별로는 상용직 임금근로자(3.80점), 권역별로는 동남권(3.87점), 서남권(3.78점)에서 높게 나타남

◈ 40~50대

40~50대의 사회적 가치에 대한 인식은 '노력하는 만큼 소득에 차이가 더 나야 한다'가 3.80점으로 가장 높았고, 그다음으로는 '경쟁은 사회를 발전시킨다'(3.59점), '사회보다 개인이 각자의 생계에 더 책임을 져야 한다'(3.48점) 순으로 나타남. 한편 '개인의 자유보다 사회적 질서가 우선시 되어야 한다'가 3.28점으로 가장 낮게 나타남

[그림 2-20] 사회적 가치 – 40~50대

(단위: %)

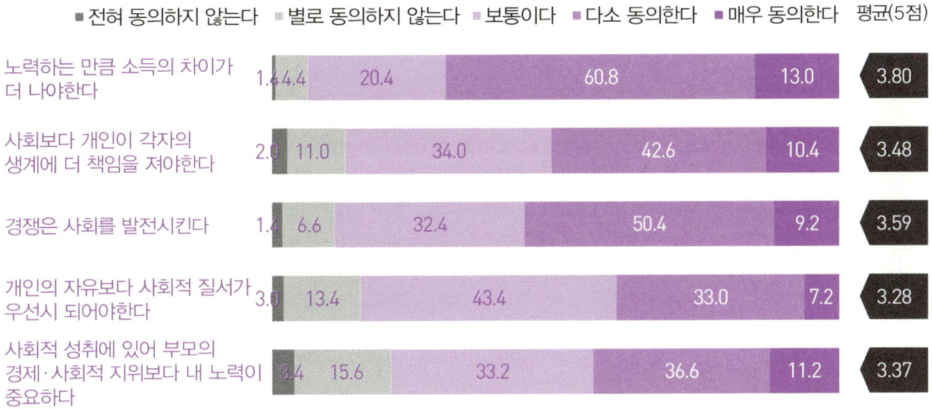

'노력하는 만큼 소득에 차이가 더 나야 한다'에 대한 상세분석 결과, 성별로는 여성(3.84점)에서 높게 나타났고 연령별로는 50대(3.82점), 학력별로는 대학원 이상(3.93점), 고졸 이하(3.89점), 가구 소득별로는 200~300만 원 미만(3.95점), 700만 원 이상(3.87점), 혼인상태별로는 동거/사별/이혼/별거(3.85점), 기혼(3.82점), 가구원 수별로는 3인(3.86점), 4인 이상(3.85점), 이념 성향별로는 보수(3.94점), 직업별로는 화이트칼라(3.83점), 고용형태별로는 임시/일용/특수직 근로자(3.85점), 상용직 임금근로자(3.81점), 권역별로는 서북권(3.87점), 동북권(3.81점)에서 높게 나타남

[표 2-25] 사회적 가치(평균요약표) - 20~30대

구분		사례 수	노력하는 만큼 소득에 차이가 더 나야 한다	사회보다 개인이 각자의 생계에 더 책임을 져야 한다	경쟁은 사회를 발전시킨다	개인의 자유보다 사회적 질서가 우선시 되어야 한다	사회적 성취에 있어 부모의 경제·사회적 지위보다 내 노력이 중요하다
전체		(1,000)	3.78	3.47	3.54	3.28	3.26
성별	남성	(490)	3.79	3.55	3.68	3.28	3.32
	여성	(510)	3.76	3.40	3.41	3.28	3.21
연령	20대	(498)	3.78	3.51	3.58	3.27	3.27
	30대	(502)	3.78	3.44	3.51	3.29	3.25
학력	고졸 이하	(97)	3.84	3.40	3.45	3.24	3.27
	대재	(127)	3.64	3.35	3.57	3.26	3.27
	대졸	(677)	3.78	3.50	3.54	3.30	3.26
	대학원 이상	(99)	3.86	3.56	3.63	3.18	3.27
가구 소득	200만 원 미만	(102)	3.75	3.45	3.36	3.19	3.06
	200~300만 원 미만	(148)	3.67	3.36	3.43	3.23	3.25
	300~500만 원 미만	(287)	3.75	3.42	3.49	3.32	3.26
	500~700만 원 미만	(196)	3.75	3.51	3.65	3.39	3.31
	700만 원 이상	(267)	3.90	3.58	3.66	3.23	3.32
혼인 상태	기혼	(220)	3.77	3.61	3.68	3.36	3.41
	미혼	(745)	3.81	3.45	3.51	3.26	3.23
	동거/사별/이혼/별거	(35)	3.17	3.06	3.49	3.14	3.12

[표 2-25] 사회적 가치(평균요약표) - 20~30대(계속)

구분		사례 수	노력하는 만큼 소득에 차이가 더 나야 한다	사회보다 개인이 각자의 생계에 더 책임을 져야 한다	경쟁은 사회를 발전시킨다	개인의 자유보다 사회적 질서가 우선시 되어야 한다	사회적 성취에 있어 부모의 경제·사회적 지위보다 내 노력이 중요하다
전체		(1,000)	3.78	3.47	3.54	3.28	3.26
가구원 수	1인	(218)	3.76	3.42	3.51	3.22	3.22
	2인	(159)	3.74	3.59	3.58	3.27	3.27
	3인	(290)	3.80	3.47	3.54	3.29	3.23
	4인 이상	(333)	3.79	3.46	3.55	3.31	3.32
이념 성향	진보	(231)	3.82	3.30	3.45	3.19	3.08
	중도	(429)	3.72	3.43	3.49	3.23	3.20
	보수	(341)	3.82	3.64	3.67	3.40	3.46
직업	화이트칼라	(644)	3.79	3.51	3.59	3.33	3.30
	블루칼라	(141)	3.63	3.40	3.45	3.22	3.27
	학생	(106)	3.91	3.55	3.67	3.20	3.27
	주부/무직/기타	(109)	3.76	3.27	3.29	3.18	3.03
고용 형태	상용직 임금근로자	(620)	3.80	3.51	3.60	3.30	3.28
	임시/일용/특수직 근로자	(97)	3.68	3.43	3.35	3.33	3.24
	자영업자/무급가족종사자	(58)	3.43	3.35	3.54	3.24	3.55
권역	도심권	(50)	3.54	3.46	3.52	3.22	3.20
	동북권	(295)	3.76	3.52	3.56	3.22	3.23
	서북권	(123)	3.77	3.36	3.60	3.20	3.19
	서남권	(329)	3.78	3.46	3.47	3.35	3.31
	동남권	(203)	3.87	3.50	3.61	3.31	3.29

[표 2-26] 사회적 가치(평균요약표) – 40~50대

구분		사례 수	노력하는 만큼 소득에 차이가 더 나야 한다	사회보다 개인이 각자의 생계에 더 책임을 져야 한다	경쟁은 사회를 발전시킨다	개인의 자유보다 사회적 질서가 우선시 되어야 한다	사회적 성취에 있어 부모의 경제·사회적 지위보다 내 노력이 중요하다
전체		(500)	3.80	3.48	3.59	3.28	3.37
성별	남성	(247)	3.75	3.47	3.61	3.24	3.47
	여성	(253)	3.84	3.50	3.58	3.32	3.26
연령	40대	(248)	3.77	3.40	3.56	3.25	3.34
	50대	(252)	3.82	3.56	3.62	3.31	3.39
학력	고졸 이하	(61)	3.89	3.43	3.43	3.28	3.44
	대재	(16)	3.50	3.63	3.63	3.31	3.38
	대졸	(365)	3.77	3.47	3.61	3.28	3.32
	대학원 이상	(58)	3.93	3.57	3.67	3.28	3.55
가구 소득	200만 원 미만	(45)	3.71	3.18	3.33	3.38	3.29
	200~300만 원 미만	(41)	3.95	3.59	3.59	3.17	3.15
	300~500만 원 미만	(125)	3.70	3.45	3.62	3.36	3.34
	500~700만 원 미만	(129)	3.78	3.46	3.60	3.21	3.36
	700만 원 이상	(160)	3.87	3.59	3.65	3.28	3.46
혼인 상태	기혼	(340)	3.82	3.57	3.62	3.30	3.46
	미혼	(127)	3.71	3.31	3.52	3.28	3.15
	동거/사별/이혼/별거	(33)	3.85	3.27	3.61	3.09	3.24

[표 2-26] 사회적 가치(평균요약표) – 40~50대(계속)

구분		사례 수	노력하는 만큼 소득에 차이가 더 나야 한다	사회보다 개인이 각자의 생계에 더 책임을 져야 한다	경쟁은 사회를 발전시킨다	개인의 자유보다 사회적 질서가 우선시 되어야 한다	사회적 성취에 있어 부모의 경제·사회적 지위보다 내 노력이 중요하다
전체		(500)	3.80	3.48	3.59	3.28	3.37
가구원 수	1인	(64)	3.66	3.20	3.53	3.38	3.20
	2인	(68)	3.62	3.38	3.56	3.07	3.31
	3인	(175)	3.86	3.55	3.61	3.35	3.32
	4인 이상	(193)	3.85	3.55	3.62	3.25	3.48
이념 성향	진보	(126)	3.63	3.18	3.36	3.03	3.27
	중도	(218)	3.79	3.47	3.63	3.30	3.33
	보수	(156)	3.94	3.74	3.73	3.45	3.49
직업	화이트칼라	(328)	3.83	3.54	3.64	3.28	3.42
	블루칼라	(61)	3.70	3.41	3.44	3.30	3.33
	주부/무직/기타	(111)	3.75	3.36	3.53	3.28	3.23
고용 형태	상용직 임금근로자	(314)	3.81	3.50	3.62	3.27	3.42
	임시/일용/특수직 근로자	(39)	3.85	3.59	3.56	3.15	3.31
	자영업자/무급가족종사자	(31)	3.68	3.58	3.45	3.42	3.32
권역	도심권	(25)	3.60	3.04	3.40	3.20	3.60
	동북권	(155)	3.81	3.46	3.65	3.32	3.34
	서북권	(60)	3.87	3.57	3.75	3.43	3.38
	서남권	(149)	3.78	3.39	3.52	3.30	3.22
	동남권	(111)	3.80	3.69	3.58	3.14	3.53

4) 가족관계에 대한 태도

결혼에 대한 태도

◈ 20~30대

20~30대의 결혼에 대한 다양한 의견에 대한 태도는 5점 만점 기준으로는 '외국인과 결혼해도 상관없다'가 3.92점으로 가장 높았고, 다음으로는 '부부사이의 문제를 해결할 수 없다면 이혼하는 것도 해결책이다'(3.88점), '결혼하지 않고도 자녀를 가질 수 있다'(3.28점) 순으로 나타남. 한편, '결혼은 반드시 해야 한다'와 '자녀는 반드시 있어야 한다'가 각각 2.56점으로 가장 낮게 나타남

[그림 2-21] 결혼에 대한 태도 - 20~30대 (단위: %)

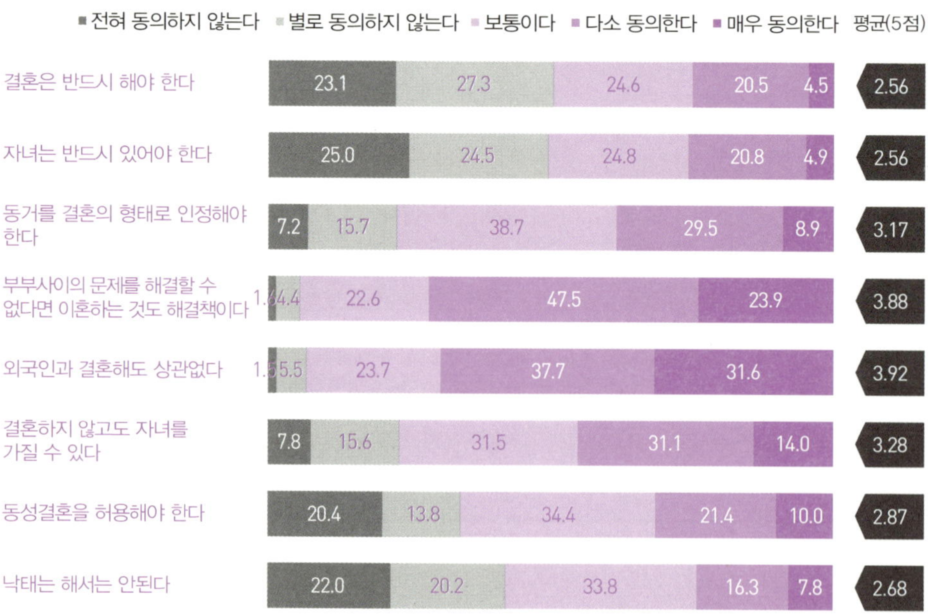

‘외국인과 결혼해도 상관없다’에 대한 상세분석 결과, 성별로는 여성(4.04점)에서 높게 나타났고 연령별로는 30대(3.95점), 학력별로는 대졸(전문대/대학교 졸업)(3.97점), 가구 소득별로는 500~700만 원 미만(3.97점), 200~300만 원 미만(3.96점), 700만 원 이상(3.96점), 혼인상태별로는 미혼(3.93점), 가구원 수별로는 2인(4.01점), 1인(3.97점), 이념 성향별로는 진보(4.12점), 직업별로는 주부/무직/기타(3.97점), 화이트칼라(3.97점), 고용형태별로는 상용직 임금근로자(3.97점), 권역별로는 서북권(3.99점), 동북권(3.95점), 서남권(3.95점)에서 높게 나타남

◈ 40~50대

40~50대는 '외국인과 결혼해도 상관없다'(3.84점), '부부사이의 문제를 해결할 수 없다면 이혼하는 것도 해결책이다'(3.81점) 등이 높았음. 한편 '동성결혼을 허용해야 한다'가 2.45점으로 가장 낮게 나타남

[그림 2-22] 결혼에 대한 태도 – 40~50대

(단위: %)

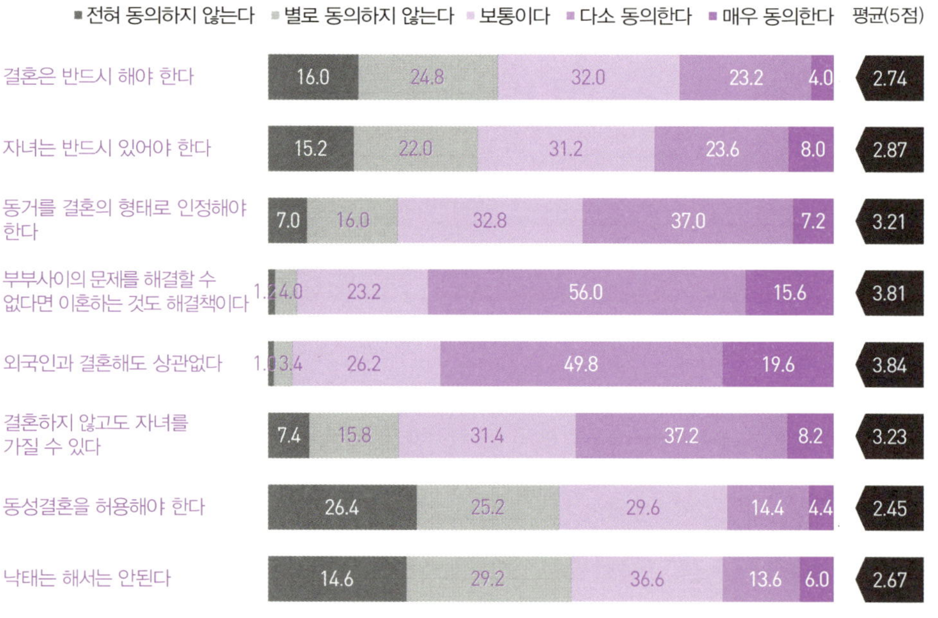

‘외국인과 결혼해도 상관없다’에 대한 상세분석 결과, 성별로는 남성(3.85점)에서 높게 나타났고 연령별로는 40대(3.89점), 학력별로는 대학원 이상(4.00점), 가구 소득별로는 700만 원 이상(3.90점), 혼인상태별로는 미혼(3.94점), 가구원 수별로는 2인(3.99점), 1인(3.98점), 이념 성향별로는 진보(3.92점), 중도(3.84점), 직업별로는 화이트칼라(3.91점), 블루칼라(3.87점), 고용형태별로는 상용직 임금근로자(3.93점), 임시/일용/특수직 근로자(3.90점), 권역별로는 도심권(4.12점)에서 높게 나타남

[표 2-27] 결혼에 대한 태도(평균요약표) - 20~30대

구분		사례 수	결혼은 반드시 해야 한다	자녀는 반드시 있어야 한다	동거를 결혼의 형태로 인정해야 한다	부부사이의 문제를 해결할 수 없다면 이혼하는 것도 해결책이다	외국인과 결혼해도 상관없다	결혼하지 않고도 자녀를 가질 수 있다	동성 결혼을 허용해야 한다	낙태는 해서는 안된다
전체		(1,000)	2.56	2.56	3.17	3.88	3.92	3.28	2.87	2.68
성별	남성	(490)	2.88	2.89	3.26	3.73	3.81	3.16	2.65	3.01
	여성	(510)	2.25	2.25	3.09	4.02	4.04	3.39	3.07	2.36
연령	20대	(498)	2.59	2.52	3.15	3.89	3.90	3.25	2.95	2.72
	30대	(502)	2.53	2.60	3.19	3.87	3.95	3.31	2.79	2.63
학력	고졸 이하	(97)	2.55	2.55	2.87	3.77	3.78	2.95	2.75	2.87
	대재	(127)	2.64	2.66	3.18	3.72	3.86	3.27	2.96	2.91
	대졸	(677)	2.52	2.53	3.22	3.93	3.97	3.33	2.88	2.60
	대학원 이상	(99)	2.75	2.68	3.12	3.81	3.84	3.27	2.78	2.67
가구 소득	200만 원 미만	(102)	2.28	2.40	2.93	3.72	3.87	3.10	2.66	2.79
	200~300만 원 미만	(148)	2.45	2.38	3.24	3.91	3.96	3.26	2.95	2.69
	300~500만 원 미만	(287)	2.52	2.52	3.20	3.82	3.85	3.33	2.96	2.62
	500~700만 원 미만	(196)	2.75	2.76	3.16	3.92	3.97	3.33	2.89	2.83
	700만 원 이상	(267)	2.62	2.62	3.20	3.94	3.96	3.27	2.79	2.57
혼인 상태	기혼	(220)	2.96	2.97	3.27	3.83	3.91	3.38	2.81	2.73
	미혼	(745)	2.44	2.41	3.13	3.90	3.93	3.23	2.88	2.65
	동거/사별/이혼/별거	(35)	2.69	3.12	3.46	3.75	3.80	3.66	2.91	3.01

[표 2-27] 결혼에 대한 태도(평균요약표) – 20~30대(계속)

구분		사례 수	결혼은 반드시 해야 한다	자녀는 반드시 있어야 한다	동거를 결혼의 형태로 인정해야 한다	부부사이의 문제를 해결할 수 없다면 이혼하는 것도 해결책이다	외국인과 결혼해도 상관없다	결혼하지 않고도 자녀를 가질 수 있다	동성 결혼을 허용해야 한다	낙태는 해서는 안된다
전체		(1,000)	2.56	2.56	3.17	3.88	3.92	3.28	2.87	2.68
가구원 수	1인	(218)	2.36	2.35	3.27	3.92	3.97	3.34	2.96	2.55
	2인	(159)	2.54	2.54	3.23	3.93	4.01	3.46	3.00	2.61
	3인	(290)	2.64	2.60	3.17	3.84	3.89	3.19	2.77	2.69
	4인 이상	(333)	2.64	2.67	3.09	3.85	3.88	3.23	2.83	2.78
이념 성향	진보	(231)	2.26	2.32	3.37	4.05	4.12	3.54	3.25	2.21
	중도	(429)	2.47	2.47	3.04	3.79	3.84	3.13	2.72	2.69
	보수	(341)	2.88	2.84	3.20	3.87	3.90	3.29	2.80	2.98
직업	화이트칼라	(644)	2.61	2.61	3.23	3.90	3.97	3.32	2.86	2.60
	블루칼라	(141)	2.70	2.71	3.14	3.68	3.74	3.26	2.86	3.06
	학생	(106)	2.44	2.45	3.09	3.98	3.84	3.21	2.96	2.75
	주부/무직/기타	(109)	2.19	2.16	2.95	3.92	3.97	3.12	2.85	2.54
고용 형태	상용직 임금근로자	(620)	2.62	2.61	3.23	3.90	3.97	3.32	2.86	2.60
	임시/일용/특수직 근로자	(97)	2.58	2.58	3.06	3.70	3.86	3.36	2.89	3.02
	자영업자/무급가족종사자	(58)	2.66	2.83	3.42	3.82	3.66	3.23	2.85	3.04
권역	도심권	(50)	2.58	2.65	3.24	3.83	3.92	3.32	2.75	2.76
	동북권	(295)	2.45	2.51	3.16	3.98	3.95	3.27	2.87	2.66
	서북권	(123)	2.60	2.62	3.03	3.83	3.99	3.29	2.81	2.61
	서남권	(329)	2.55	2.55	3.21	3.88	3.95	3.34	2.94	2.63
	동남권	(203)	2.70	2.59	3.20	3.77	3.81	3.19	2.81	2.79

[표 2-28] 결혼에 대한 태도(평균요약표) - 40~50대

구분		사례 수	결혼은 반드시 해야 한다	자녀는 반드시 있어야 한다	동거를 결혼의 형태로 인정해야 한다	부부사이의 문제를 해결할 수 없다면 이혼하는 것도 해결책이다	외국인과 결혼해도 상관없다	결혼하지 않고도 자녀를 가질 수 있다	동성 결혼을 허용해야 한다	낙태는 해서는 안된다
전체		(500)	2.74	2.87	3.21	3.81	3.84	3.23	2.45	2.67
성별	남성	(247)	3.00	3.09	3.29	3.69	3.85	3.21	2.23	2.81
	여성	(253)	2.50	2.66	3.14	3.92	3.82	3.25	2.66	2.54
연령	40대	(248)	2.57	2.60	3.29	3.87	3.89	3.39	2.57	2.60
	50대	(252)	2.92	3.13	3.13	3.75	3.78	3.08	2.34	2.74
학력	고졸 이하	(61)	2.43	2.80	3.13	3.84	3.80	3.00	2.49	2.93
	대재	(16)	2.94	3.19	3.50	3.69	3.81	3.31	2.88	3.13
	대졸	(365)	2.78	2.88	3.25	3.84	3.82	3.27	2.45	2.63
	대학원 이상	(58)	2.78	2.83	3.02	3.64	4.00	3.22	2.33	2.55
가구 소득	200만 원 미만	(45)	2.29	2.56	3.09	3.62	3.82	3.29	2.76	2.71
	200~300만 원 미만	(41)	2.32	2.46	3.12	3.90	3.83	3.29	2.32	2.63
	300~500만 원 미만	(125)	2.74	2.82	3.22	3.78	3.78	3.24	2.38	2.69
	500~700만 원 미만	(129)	2.78	2.92	3.21	3.84	3.82	3.13	2.50	2.60
	700만 원 이상	(160)	2.95	3.06	3.27	3.83	3.90	3.27	2.42	2.71
혼인 상태	기혼	(340)	2.97	3.09	3.21	3.79	3.80	3.16	2.40	2.69
	미혼	(127)	2.20	2.35	3.17	3.80	3.94	3.39	2.52	2.61
	동거/사별/이혼/별거	(33)	2.52	2.67	3.36	4.00	3.79	3.39	2.73	2.70

[표 2-28] 결혼에 대한 태도(평균요약표) – 40~50대(계속)

구분		사례 수	결혼은 반드시 해야 한다	자녀는 반드시 있어야 한다	동거를 결혼의 형태로 인정해야 한다	부부사이의 문제를 해결할 수 없다면 이혼하는 것도 해결책이다	외국인과 결혼해도 상관없다	결혼하지 않고도 자녀를 가질 수 있다	동성 결혼을 허용해야 한다	낙태는 해서는 안된다
전체		(500)	2.74	2.87	3.21	3.81	3.84	3.23	2.45	2.67
가구원 수	1인	(64)	2.19	2.34	3.17	3.83	3.98	3.28	2.53	2.61
	2인	(68)	2.41	2.49	3.26	4.04	3.99	3.56	2.69	2.51
	3인	(175)	2.75	2.89	3.22	3.73	3.76	3.14	2.41	2.56
	4인 이상	(193)	3.04	3.17	3.21	3.79	3.80	3.18	2.38	2.85
이념 성향	진보	(126)	2.53	2.74	3.43	3.80	3.92	3.37	2.67	2.44
	중도	(218)	2.65	2.71	3.13	3.89	3.84	3.19	2.44	2.66
	보수	(156)	3.05	3.21	3.15	3.71	3.76	3.17	2.29	2.88
직업	화이트칼라	(328)	2.82	2.89	3.25	3.83	3.91	3.30	2.42	2.69
	블루칼라	(61)	2.52	2.79	3.26	3.74	3.87	3.25	2.30	2.85
	주부/무직/기타	(111)	2.64	2.86	3.09	3.77	3.60	3.02	2.63	2.53
고용 형태	상용직 임금근로자	(314)	2.80	2.87	3.27	3.84	3.93	3.33	2.45	2.66
	임시/일용/특수직 근로자	(39)	2.44	2.67	3.03	3.77	3.90	3.15	2.31	2.90
	자영업자/무급가족종사자	(31)	2.97	3.16	3.26	3.68	3.65	2.94	2.06	3.00
권역	도심권	(25)	2.56	2.56	3.84	3.92	4.12	3.84	3.12	2.48
	동북권	(155)	2.79	2.98	3.17	3.78	3.79	3.10	2.52	2.75
	서북권	(60)	2.78	2.93	3.33	3.85	3.87	3.02	2.25	2.80
	서남권	(149)	2.68	2.74	3.15	3.85	3.76	3.35	2.37	2.59
	동남권	(111)	2.77	2.94	3.16	3.74	3.92	3.23	2.43	2.64

2050년 예상 결혼 가능성

◈ 20~30대

20~30대가 생각하는 2050년의 결혼 가능성은 '지금보다 더 많이 결혼할 것이다'가 62.3%로 가장 높았고, 그다음으로는 '지금보다 더 적게 결혼할 것이다'(34.2%), '지금과 비슷할 것이다'(3.5%) 순으로 나타남

[그림 2-23] 2050년 예상 결혼 가능성 – 20~30대

(단위: %)

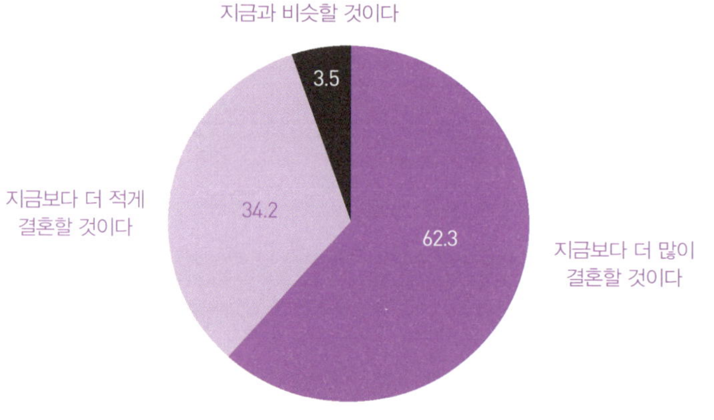

'지금보다 더 많이 결혼할 것이다'에 대한 상세분석 결과, 성별로는 여성(68.6%)에서 높게 나타났고 연령별로는 30대(62.9%), 학력별로는 대졸(전문대/대학교 졸업)(64.7%), 가구 소득별로는 300~500만 원 미만(65.3%), 700만 원 이상(64.1%), 혼인상태별로는 미혼(63.7%), 기혼(62.6%), 가구원 수별로는 1인(65.8%), 3인(64.0%), 이념 성향별로는 진보(71.0%), 직업별로는 주부/무직/기타(69.6%), 고용형태별로는 상용직 임금근로자(64.8%), 권역별로는 서남권(66.3%)에서 높게 나타남

◈ 40~50대

40~50대는 '지금보다 더 많이 결혼할 것이다'가 66.4%로 가장 높았고, 그다음으로는 '지금보다 더 적게 결혼할 것이다'(30.2%), '지금과 비슷할 것이다'(3.4%) 순으로 나타남

[그림 2-24] 2050년 예상 결혼 가능성 – 40~50대

(단위: %)

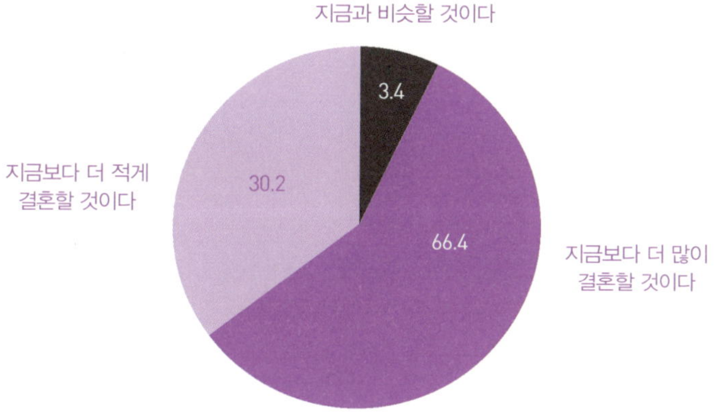

'지금보다 더 많이 결혼할 것이다'에 대한 상세분석 결과, 성별로는 여성(71.5%)에서 높게 나타났고 연령별로는 40대(67.7%), 학력별로는 대학원 이상(74.1%), 가구 소득별로는 200~300만 원 미만(73.2%), 혼인상태별로는 기혼(68.2%), 가구원 수별로는 2인(67.6%), 1인(67.2%), 이념 성향별로는 진보(72.2%), 직업별로는 주부/무직/기타(67.6%), 화이트칼라(67.1%), 고용형태별로는 상용직 임금근로자(67.8%), 권역별로는 동남권(69.4%), 동북권(69.0%)에서 높게 나타남

[표 2-29] 2050년 예상 결혼 가능성 – 20~30대

구분		사례 수	지금보다 더 많이 결혼할 것이다	지금보다 더 적게 결혼할 것이다	지금과 비슷할 것이다	계
전체		(1,000)	62.3	34.2	3.5	100.0
성별	남성	(490)	55.8	40.1	4.1	100.0
	여성	(510)	68.6	28.4	2.9	100.0
연령	20대	(498)	61.7	34.5	3.8	100.0
	30대	(502)	62.9	33.9	3.2	100.0
학력	고졸 이하	(97)	57.8	40.1	2.1	100.0
	대재	(127)	55.2	39.3	5.5	100.0
	대졸	(677)	64.7	32.1	3.2	100.0
	대학원 이상	(99)	59.3	35.9	4.8	100.0
가구 소득	200만 원 미만	(102)	63.3	34.8	2.0	100.0
	200~300만 원 미만	(148)	60.7	36.6	2.7	100.0
	300~500만 원 미만	(287)	65.3	32.0	2.8	100.0
	500~700만 원 미만	(196)	56.3	38.4	5.3	100.0
	700만 원 이상	(267)	64.1	31.8	4.0	100.0
혼인 상태	기혼	(220)	62.6	34.3	3.1	100.0
	미혼	(745)	63.7	33.3	3.0	100.0
	동거/사별/이혼/별거	(35)	31.7	51.4	16.9	100.0

[표 2-29] 2050년 예상 결혼 가능성 - 20~30대(계속)

구분		사례 수	지금보다 더 많이 결혼할 것이다	지금보다 더 적게 결혼할 것이다	지금과 비슷할 것이다	계
전체		(1,000)	62.3	34.2	3.5	100.0
가구원 수	1인	(218)	65.8	31.0	3.2	100.0
	2인	(159)	61.3	35.6	3.1	100.0
	3인	(290)	64.0	32.4	3.6	100.0
	4인 이상	(333)	59.1	37.1	3.8	100.0
이념 성향	진보	(231)	71.0	26.9	2.2	100.0
	중도	(429)	63.8	34.3	1.9	100.0
	보수	(341)	54.7	38.9	6.4	100.0
직업	화이트칼라	(644)	63.1	32.8	4.1	100.0
	블루칼라	(141)	52.1	43.7	4.2	100.0
	학생	(106)	63.5	35.6	0.9	100.0
	주부/무직/기타	(109)	69.6	28.6	1.8	100.0
고용 형태	상용직 임금근로자	(620)	64.8	31.9	3.3	100.0
	임시/일용/특수직 근로자	(97)	49.3	45.6	5.1	100.0
	자영업자/무급가족종사자	(58)	44.7	45.1	10.2	100.0
권역	도심권	(50)	60.2	32.2	7.6	100.0
	동북권	(295)	62.0	35.5	2.5	100.0
	서북권	(123)	59.5	38.1	2.4	100.0
	서남권	(329)	66.3	29.8	4.0	100.0
	동남권	(203)	58.7	37.4	3.9	100.0

[표 2-30] 2050년 예상 결혼 가능성 – 40~50대

구분		사례 수	지금보다 더 많이 결혼할 것이다	지금보다 더 적게 결혼할 것이다	지금과 비슷할 것이다	계
전체		(500)	66.4	30.2	3.4	100.0
성별	남성	(247)	61.1	33.6	5.3	100.0
	여성	(253)	71.5	26.9	1.6	100.0
연령	40대	(248)	67.7	29.4	2.8	100.0
	50대	(252)	65.1	31.0	4.0	100.0
학력	고졸 이하	(61)	67.2	31.1	1.6	100.0
	대재	(16)	37.5	43.8	18.8	100.0
	대졸	(365)	66.3	31.0	2.7	100.0
	대학원 이상	(58)	74.1	20.7	5.2	100.0
가구 소득	200만 원 미만	(45)	68.9	26.7	4.4	100.0
	200~300만 원 미만	(41)	73.2	26.8	0.0	100.0
	300~500만 원 미만	(125)	64.0	30.4	5.6	100.0
	500~700만 원 미만	(129)	63.6	34.1	2.3	100.0
	700만 원 이상	(160)	68.1	28.8	3.1	100.0
혼인 상태	기혼	(340)	68.2	28.8	2.9	100.0
	미혼	(127)	62.2	35.4	2.4	100.0
	동거/사별/이혼/별거	(33)	63.6	24.2	12.1	100.0

[표 2-30] 2050년 예상 결혼 가능성 – 40~50대(계속)

구분		사례 수	지금보다 더 많이 결혼할 것이다	지금보다 더 적게 결혼할 것이다	지금과 비슷할 것이다	계
전체		(500)	66.4	30.2	3.4	100.0
가구원 수	1인	(64)	67.2	29.7	3.1	100.0
	2인	(68)	67.6	26.5	5.9	100.0
	3인	(175)	66.9	29.7	3.4	100.0
	4인 이상	(193)	65.3	32.1	2.6	100.0
이념 성향	진보	(126)	72.2	25.4	2.4	100.0
	중도	(218)	66.1	31.7	2.3	100.0
	보수	(156)	62.2	32.1	5.8	100.0
직업	화이트칼라	(328)	67.1	29.3	3.7	100.0
	블루칼라	(61)	60.7	34.4	4.9	100.0
	주부/무직/기타	(111)	67.6	30.6	1.8	100.0
고용 형태	상용직 임금근로자	(314)	67.8	29.3	2.9	100.0
	임시/일용/특수직 근로자	(39)	64.1	28.2	7.7	100.0
	자영업자/무급가족종사자	(31)	54.8	38.7	6.5	100.0
권역	도심권	(25)	60.0	28.0	12.0	100.0
	동북권	(155)	69.0	29.7	1.3	100.0
	서북권	(60)	65.0	31.7	3.3	100.0
	서남권	(149)	63.1	30.9	6.0	100.0
	동남권	(111)	69.4	29.7	0.9	100.0

2050년 예상 이혼 가능성

◈ 20~30대

20~30대가 생각하는 2050년의 이혼 가능성은 '지금과 비슷할 것이다'가 49.8%로 가장 높았고, 그다음으로는 '지금보다 더 적게 이혼할 것이다'(43.7%), '지금보다 더 많이 이혼할 것이다'(6.5%) 순으로 나타남

[그림 2-25] 2050년 예상 이혼 가능성 – 20~30대

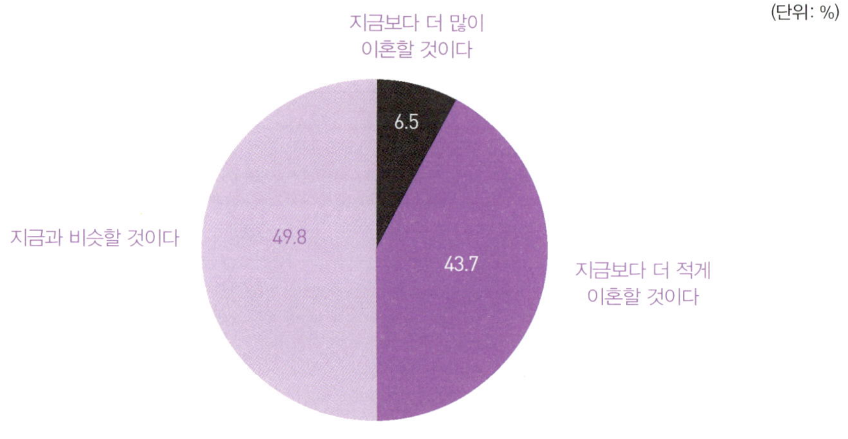

'지금과 비슷할 것이다'에 대한 상세분석 결과, 성별로는 여성(53.9%)에서 높게 나타났고 연령별로는 30대(52.0%), 학력별로는 대학원 이상(61.1%), 가구 소득별로는 700만 원 이상(56.1%), 혼인상태별로는 기혼(50.8%), 미혼(49.8%), 가구원 수별로는 2인(53.8%), 1인(51.9%), 이념 성향별로는 진보(51.9%), 보수(51.4%), 직업별로는 화이트칼라(51.7%), 학생(51.7%), 고용형태별로는 상용직 임금근로자(51.8%), 권역별로는 도심권(57.8%)에서 높게 나타남

◈ 40~50대

40~50대는 '지금과 비슷할 것이다'가 52.4%로 가장 높았고, 그다음으로는 '지금보다 더 적게 이혼할 것이다'(42.2%), '지금보다 더 많이 이혼할 것이다'(5.4%) 순으로 나타남

[그림 2-26] 2050년 예상 이혼 가능성 – 40~50대

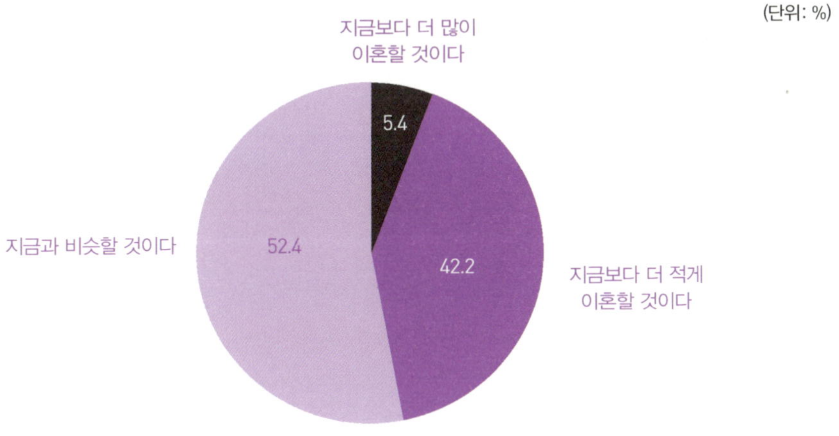

'지금과 비슷할 것이다'에 대한 상세분석 결과, 성별로는 여성(56.1%)에서 높게 나타났고 연령별로는 50대(53.6%), 학력별로는 대학원 이상(62.1%), 가구 소득별로는 500~700만 원 미만(55.8%), 200만 원 미만(55.6%), 혼인상태별로는 동거/사별/이혼/별거(60.6%), 가구원 수별로는 2인(57.4%), 1인(56.3%), 이념 성향별로는 진보(53.2%), 직업별로는 화이트칼라(54.0%), 고용형태별로는 상용직 임금근로자(53.8%), 권역별로는 도심권(60.0%)에서 높게 나타남

[표 2-31] 2050년 예상 이혼 가능성 - 20~30대

구분		사례 수	지금보다 더 많이 이혼할 것이다	지금보다 더 적게 이혼할 것이다	지금과 비슷할 것이다	계
전체		(1,000)	6.5	43.7	49.8	100.0
성별	남성	(490)	7.6	47.0	45.4	100.0
	여성	(510)	5.5	40.6	53.9	100.0
연령	20대	(498)	8.3	44.2	47.5	100.0
	30대	(502)	4.8	43.2	52.0	100.0
학력	고졸 이하	(97)	11.5	54.8	33.7	100.0
	대재	(127)	11.9	45.3	42.8	100.0
	대졸	(677)	5.3	43.0	51.7	100.0
	대학원 이상	(99)	3.1	35.8	61.1	100.0
가구 소득	200만 원 미만	(102)	10.8	38.8	50.4	100.0
	200~300만 원 미만	(148)	4.0	42.9	53.1	100.0
	300~500만 원 미만	(287)	8.4	47.3	44.3	100.0
	500~700만 원 미만	(196)	7.1	46.6	46.2	100.0
	700만 원 이상	(267)	3.8	40.1	56.1	100.0
혼인 상태	기혼	(220)	6.4	42.9	50.8	100.0
	미혼	(745)	6.5	43.7	49.8	100.0
	동거/사별/이혼/별거	(35)	8.6	48.6	42.8	100.0

[표 2-31] 2050년 예상 이혼 가능성 - 20~30대(계속)

구분		사례 수	지금보다 더 많이 이혼할 것이다	지금보다 더 적게 이혼할 것이다	지금과 비슷할 것이다	계
전체		(1,000)	6.5	43.7	49.8	100.0
가구원 수	1인	(218)	6.4	41.7	51.9	100.0
	2인	(159)	4.4	41.8	53.8	100.0
	3인	(290)	6.5	43.5	49.9	100.0
	4인 이상	(333)	7.6	46.1	46.3	100.0
이념 성향	진보	(231)	5.6	42.5	51.9	100.0
	중도	(429)	5.9	46.8	47.3	100.0
	보수	(341)	7.9	40.8	51.4	100.0
직업	화이트칼라	(644)	6.5	41.8	51.7	100.0
	블루칼라	(141)	7.0	52.8	40.2	100.0
	학생	(106)	6.7	41.6	51.7	100.0
	주부/무직/기타	(109)	5.5	45.7	48.8	100.0
고용 형태	상용직 임금근로자	(620)	6.4	41.8	51.8	100.0
	임시/일용/특수직 근로자	(97)	7.2	52.7	40.2	100.0
	자영업자/무급가족종사자	(58)	6.9	49.9	43.2	100.0
권역	도심권	(50)	8.0	34.2	57.8	100.0
	동북권	(295)	6.8	39.1	54.1	100.0
	서북권	(123)	5.0	50.2	44.8	100.0
	서남권	(329)	5.1	47.8	47.1	100.0
	동남권	(203)	8.9	42.3	48.8	100.0

[표 2-32] 2050년 예상 이혼 가능성 - 40~50대

구분		사례 수	지금보다 더 많이 이혼할 것이다	지금보다 더 적게 이혼할 것이다	지금과 비슷할 것이다	계
전체		(500)	5.4	42.2	52.4	100.0
성별	남성	(247)	5.7	45.7	48.6	100.0
	여성	(253)	5.1	38.7	56.1	100.0
연령	40대	(248)	5.2	43.5	51.2	100.0
	50대	(252)	5.6	40.9	53.6	100.0
학력	고졸 이하	(61)	6.6	50.8	42.6	100.0
	대재	(16)	6.3	43.8	50.0	100.0
	대졸	(365)	5.2	42.2	52.6	100.0
	대학원 이상	(58)	5.2	32.8	62.1	100.0
가구 소득	200만 원 미만	(45)	8.9	35.6	55.6	100.0
	200~300만 원 미만	(41)	2.4	51.2	46.3	100.0
	300~500만 원 미만	(125)	4.0	41.6	54.4	100.0
	500~700만 원 미만	(129)	3.9	40.3	55.8	100.0
	700만 원 이상	(160)	7.5	43.8	48.8	100.0
혼인 상태	기혼	(340)	5.9	42.9	51.2	100.0
	미혼	(127)	3.9	42.5	53.5	100.0
	동거/사별/이혼/별거	(33)	6.1	33.3	60.6	100.0

[표 2-32] 2050년 예상 이혼 가능성 – 40~50대(계속)

구분		사례 수	지금보다 더 많이 이혼할 것이다	지금보다 더 적게 이혼할 것이다	지금과 비슷할 것이다	계
전체		(500)	5.4	42.2	52.4	100.0
가구원 수	1인	(64)	9.4	34.4	56.3	100.0
	2인	(68)	8.8	33.8	57.4	100.0
	3인	(175)	2.3	42.3	55.4	100.0
	4인 이상	(193)	5.7	47.7	46.6	100.0
이념 성향	진보	(126)	7.9	38.9	53.2	100.0
	중도	(218)	3.7	44.0	52.3	100.0
	보수	(156)	5.8	42.3	51.9	100.0
직업	화이트칼라	(328)	4.3	41.8	54.0	100.0
	블루칼라	(61)	9.8	44.3	45.9	100.0
	주부/무직/기타	(111)	6.3	42.3	51.4	100.0
고용 형태	상용직 임금근로자	(314)	5.1	41.1	53.8	100.0
	임시/일용/특수직 근로지	(39)	2.6	46.2	51.3	100.0
	자영업자/ 무급가족종사자	(31)	9.7	51.6	38.7	100.0
권역	도심권	(25)	0.0	40.0	60.0	100.0
	동북권	(155)	5.8	38.1	56.1	100.0
	서북권	(60)	5.0	40.0	55.0	100.0
	서남권	(149)	6.7	40.3	53.0	100.0
	동남권	(111)	4.5	52.3	43.2	100.0

2050년 예상 출산 가능성

◈ 20~30대

20~30대가 생각하는 2050년의 출산 가능성은 '지금보다 더 많이 아이를 낳을 것이다'가 63.1%로 가장 높았고, 그다음으로는 '지금보다 더 적게 아이를 낳을 것이다'(32.3%), '지금과 비슷할 것이다'(4.6%) 순으로 나타남

[그림 2-27] 2050년 예상 출산 가능성 - 20~30대

(단위: %)

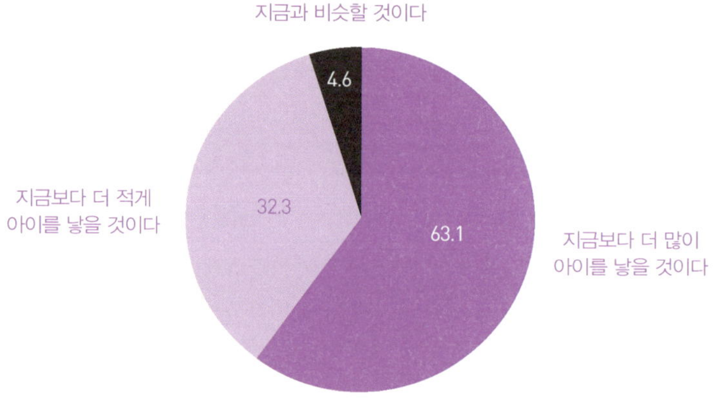

'지금보다 더 많이 아이를 낳을 것이다'에 대한 상세분석 결과, 성별로는 여성(69.8%)에서 높게 나타났고 연령별로는 20대(63.8%), 학력별로는 대졸(전문대/대학교 졸업)(65.4%), 가구 소득별로는 700만 원 이상(67.9%), 혼인상태별로는 미혼(64.6%), 가구원 수별로는 1인(64.6%), 3인(63.9%), 이념 성향별로는 진보(68.8%), 중도(66.6%), 직업별로는 화이트칼라(64.6%), 주부/무직/기타(63.6%), 고용형태별로는 상용직 임금근로자(66.6%), 권역별로는 동북권(64.8%)에서 높게 나타남

◈ 40~50대

40~50대는 '지금보다 더 많이 아이를 낳을 것이다'가 66.0%로 가장 높았고, 그다음으로는 '지금보다 더 적게 아이를 낳을 것이다'(30.0%), '지금과 비슷할 것이다'(4.0%) 순으로 나타남

[그림 2-28] 2050년 예상 출산 가능성 – 40~50대

(단위: %)

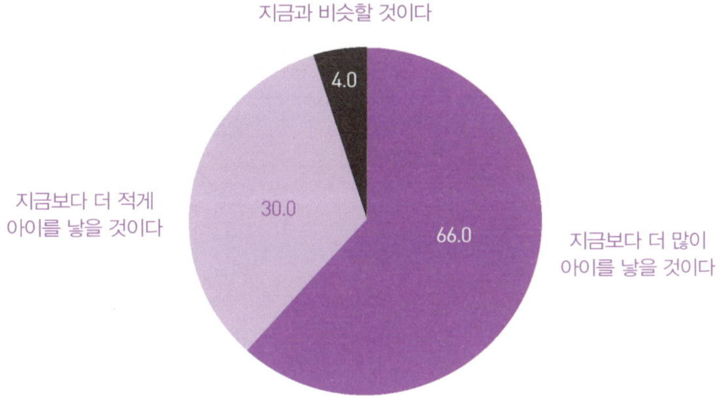

'지금보다 더 많이 아이를 낳을 것이다'에 대한 상세분석 결과, 성별로는 여성(69.6%)에서 높게 나타났고 연령별로는 50대(68.3%), 학력별로는 고졸 이하(75.4%), 가구 소득별로는 200~300만 원 미만(70.7%), 200만 원 미만(68.9%), 혼인상태별로는 미혼(66.9%), 기혼(66.8%), 가구원 수별로는 2인(67.6%), 4인 이상(67.4%), 이념 성향별로는 진보(69.8%), 중도(67.0%), 직업별로는 주부/무직/기타(70.3%), 고용형태별로는 상용직 임금근로자(66.9%), 권역별로는 서북권(71.7%), 동북권(69.0%)에서 높게 나타남

[표 2-33] 2050년 예상 출산 가능성 - 20~30대

구분		사례 수	지금보다 더 많이 아이를 낳을 것이다	지금보다 더 적게 아이를 낳을 것이다	지금과 비슷할 것이다	계
전체		(1,000)	63.1	32.3	4.6	100.0
성별	남성	(490)	56.2	37.1	6.6	100.0
	여성	(510)	69.8	27.6	2.5	100.0
연령	20대	(498)	63.8	32.3	3.9	100.0
	30대	(502)	62.5	32.3	5.2	100.0
학력	고졸 이하	(97)	62.0	35.9	2.1	100.0
	대재	(127)	55.0	34.0	11.0	100.0
	대졸	(677)	65.4	30.6	4.0	100.0
	대학원 이상	(99)	59.3	37.9	2.8	100.0
가구 소득	200만 원 미만	(102)	58.5	36.7	4.9	100.0
	200~300만 원 미만	(148)	59.3	34.1	6.6	100.0
	300~500만 원 미만	(287)	64.3	31.6	4.2	100.0
	500~700만 원 미만	(196)	60.5	36.4	3.1	100.0
	700만 원 이상	(267)	67.9	27.4	4.8	100.0
혼인 상태	기혼	(220)	62.2	31.5	6.3	100.0
	미혼	(745)	64.6	32.2	3.2	100.0
	동거/사별/이혼/별거	(35)	37.6	39.7	22.7	100.0

[표 2-33] 2050년 예상 출산 가능성 – 20~30대(계속)

구분		사례 수	지금보다 더 많이 아이를 낳을 것이다	지금보다 더 적게 아이를 낳을 것이다	지금과 비슷할 것이다	계
전체		(1,000)	63.1	32.3	4.6	100.0
가구원 수	1인	(218)	64.6	31.3	4.1	100.0
	2인	(159)	60.1	36.2	3.8	100.0
	3인	(290)	63.9	30.6	5.5	100.0
	4인 이상	(333)	63.0	32.6	4.4	100.0
이념 성향	진보	(231)	68.8	27.3	3.9	100.0
	중도	(429)	66.6	30.4	3.0	100.0
	보수	(341)	55.0	38.0	7.0	100.0
직업	화이트칼라	(644)	64.6	31.2	4.1	100.0
	블루칼라	(141)	55.9	33.6	10.5	100.0
	학생	(106)	63.3	35.7	0.9	100.0
	주부/무직/기타	(109)	63.6	33.6	2.7	100.0
고용 형태	상용직 임금근로자	(620)	66.6	29.9	3.5	100.0
	임시/일용/특수직 근로자	(97)	49.5	38.3	12.2	100.0
	자영업자/무급가족종사자	(58)	48.7	37.6	13.6	100.0
권역	도심권	(50)	57.7	28.7	13.6	100.0
	동북권	(295)	64.8	30.4	4.7	100.0
	서북권	(123)	62.1	33.9	4.0	100.0
	서남권	(329)	63.1	33.8	3.0	100.0
	동남권	(203)	62.8	32.4	4.8	100.0

[표 2-34] 2050년 예상 출산 가능성 - 40~50대

구분		사례 수	지금보다 더 많이 아이를 낳을 것이다	지금보다 더 적게 아이를 낳을 것이다	지금과 비슷할 것이다	계
전체		(500)	66.0	30.0	4.0	100.0
성별	남성	(247)	62.3	32.0	5.7	100.0
	여성	(253)	69.6	28.1	2.4	100.0
연령	40대	(248)	63.7	33.1	3.2	100.0
	50대	(252)	68.3	27.0	4.8	100.0
학력	고졸 이하	(61)	75.4	21.3	3.3	100.0
	대재	(16)	43.8	37.5	18.8	100.0
	대졸	(365)	65.8	31.5	2.7	100.0
	대학원 이상	(58)	63.8	27.6	8.6	100.0
가구 소득	200만 원 미만	(45)	68.9	26.7	4.4	100.0
	200~300만 원 미만	(41)	70.7	26.8	2.4	100.0
	300~500만 원 미만	(125)	65.6	29.6	4.8	100.0
	500~700만 원 미만	(129)	68.2	30.2	1.6	100.0
	700만 원 이상	(160)	62.5	31.9	5.6	100.0
혼인 상태	기혼	(340)	66.8	29.4	3.8	100.0
	미혼	(127)	66.9	29.9	3.1	100.0
	동거/사별/이혼/별거	(33)	54.5	36.4	9.1	100.0

[표 2-34] 2050년 예상 출산 가능성 - 40~50대(계속)

구분		사례 수	지금보다 더 많이 아이를 낳을 것이다	지금보다 더 적게 아이를 낳을 것이다	지금과 비슷할 것이다	계
전체		(500)	66.0	30.0	4.0	100.0
가구원 수	1인	(64)	67.2	29.7	3.1	100.0
	2인	(68)	67.6	27.9	4.4	100.0
	3인	(175)	63.4	31.4	5.1	100.0
	4인 이상	(193)	67.4	29.5	3.1	100.0
이념 성향	진보	(126)	69.8	27.0	3.2	100.0
	중도	(218)	67.0	30.3	2.8	100.0
	보수	(156)	61.5	32.1	6.4	100.0
직업	화이트칼라	(328)	66.2	29.9	4.0	100.0
	블루칼라	(61)	57.4	36.1	6.6	100.0
	주부/무직/기타	(111)	70.3	27.0	2.7	100.0
고용 형태	상용직 임금근로자	(314)	66.9	29.6	3.5	100.0
	임시/일용/특수직 근로자	(39)	53.8	35.9	10.3	100.0
	자영업자/무급가족종사자	(31)	54.8	38.7	6.5	100.0
권역	도심권	(25)	48.0	36.0	16.0	100.0
	동북권	(155)	69.0	29.0	1.9	100.0
	서북권	(60)	71.7	26.7	1.7	100.0
	서남권	(149)	64.4	30.2	5.4	100.0
	동남권	(111)	64.9	31.5	3.6	100.0

배우자 선택에 있어서 가장 중요한 것

◈ 20~30대대

20~30대의 배우자 선택에 있어 가장 중요한 것(1순위)으로는 '성격'이 51.1%로 가장 높고, 그다음으로는 '재산(경제력)'(14.8%), '가정환경'(11.3%) 순으로 나타남

[그림 2-29] 배우자 선택에 있어서 가장 중요한 것 – 20~30대

(단위: %)

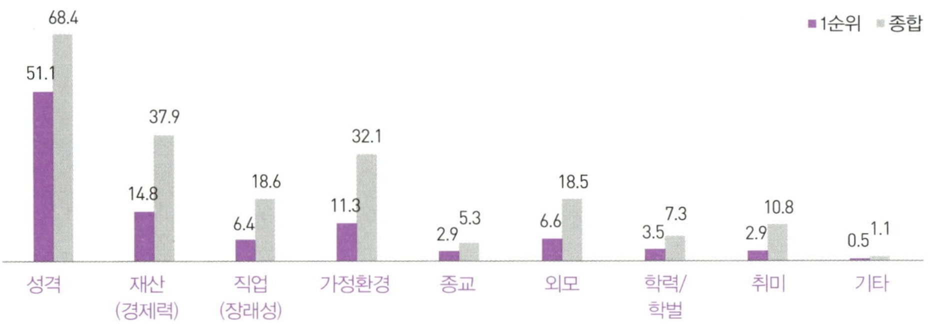

'성격'에 대한 상세분석 결과(1순위), 성별로는 여성(51.8%)에서 높게 나타났고 연령별로는 20대(52.3%), 학력별로는 대졸(전문대/대학교 졸업)(51.7%), 대학원 이상(51.2%), 가구 소득별로는 700만 원 이상(54.7%), 200~300만 원 미만(54.3%), 혼인상태별로는 미혼(52.7%), 가구원 수별로는 2인(57.9%), 이념 성향별로는 진보(59.7%), 직업별로는 주부/무직/기타(60.7%), 학생(58.9%), 고용형태별로는 상용직 임금근로자(50.8%), 권역별로는 동북권(55.8%), 서북권(53.5%)에서 높게 나타남

◈ 40~50대

40~50대는 배우자 선택에 있어 가장 중요한 것(1순위)으로 '성격'이 61.4%로 가장 높고, 그다음으로는 '재산(경제력)'(10.8%), '가정환경'(9.6%) 순으로 나타남

[그림 2-30] 배우자 선택에 있어서 가장 중요한 것 - 40~50대

(단위: %)

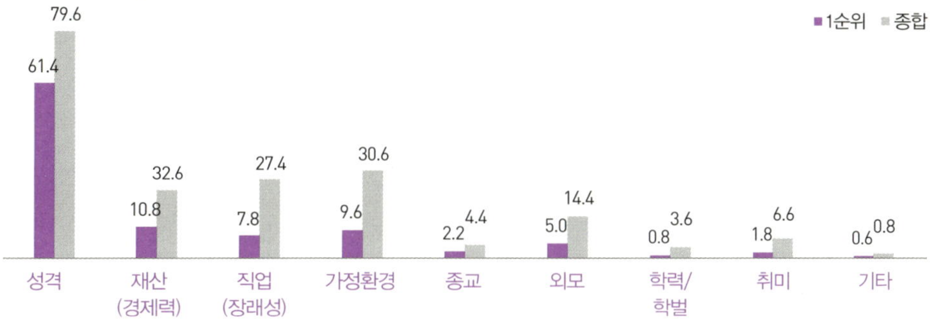

'성격'에 대한 상세분석 결과(1순위), 성별로는 남성(64.8%)에서 높게 나타났고 연령별로는 40대(62.5%), 학력별로는 대학원 이상(77.6%), 가구 소득별로는 700만 원 이상(67.5%), 혼인상태별로는 기혼(64.1%), 가구원 수별로는 2인(64.7%), 3인(63.4%), 이념 성향별로는 진보(65.1%), 직업별로는 화이트칼라(62.8%), 고용형태별로는 상용직 임금근로자(63.7%), 권역별로는 서남권(65.1%), 동북권(63.2%)에서 높게 나타남

[표 2-35] 배우자 선택에 있어서 가장 중요한 것(종합) – 20~30대

구분		사례 수	성격	재산(경제력)	직업(장래성)	가정 환경	종교	외모	학력/학벌	취미	기타
전체		(1,000)	68.4	37.9	18.6	32.1	5.3	18.5	7.3	10.8	1.1
성별	남성	(490)	68.3	28.5	16.8	30.3	5.1	27.6	8.7	14.0	0.6
	여성	(510)	68.4	46.9	20.4	33.7	5.5	9.8	5.9	7.8	1.6
연령	20대	(498)	67.4	39.1	18.5	29.9	5.8	16.9	9.2	12.5	0.6
	30대	(502)	69.3	36.7	18.7	34.3	4.8	20.1	5.4	9.2	1.6
학력	고졸 이하	(97)	69.2	42.2	14.8	32.0	7.1	14.4	4.2	15.2	1.0
	대재	(127)	62.9	35.6	15.9	26.4	8.9	24.5	10.8	14.2	0.8
	대졸	(677)	69.0	38.7	19.2	33.5	4.4	17.9	6.2	10.1	1.0
	대학원 이상	(99)	70.4	31.0	21.8	29.8	5.1	19.2	13.0	7.6	2.0
가구 소득	200만 원 미만	(102)	67.0	41.5	14.2	33.1	4.9	14.8	2.9	18.6	2.9
	200~300만 원 미만	(148)	71.7	35.8	16.3	30.8	5.3	17.6	7.3	12.5	2.7
	300~500만 원 미만	(287)	67.3	35.9	21.3	30.2	5.6	20.9	7.7	10.8	0.3
	500~700만 원 미만	(196)	63.3	40.3	16.7	35.6	6.3	20.3	8.7	8.7	0.0
	700만 원 이상	(267)	71.9	37.9	20.2	31.8	4.5	16.6	7.5	8.5	1.1
혼인 상태	기혼	(220)	61.7	38.1	18.4	37.5	5.0	20.0	8.5	9.9	0.9
	미혼	(745)	71.2	38.0	19.3	30.6	5.1	17.5	6.5	10.7	1.2
	동거/사별/이혼/별거	(35)	51.5	34.5	6.0	29.1	11.5	30.8	16.6	20.1	0.0

[표 2-35] 배우자 선택에 있어서 가장 중요한 것(종합) – 20~30대(계속)

구분		사례 수	성격	재산(경제력)	직업(장래성)	가정 환경	종교	외모	학력/학벌	취미	기타
전체		(1,000)	68.4	37.9	18.6	32.1	5.3	18.5	7.3	10.8	1.1
가구원 수	1인	(218)	72.6	36.9	18.4	30.1	4.6	18.8	5.8	11.7	0.9
	2인	(159)	72.4	29.5	15.2	30.5	7.6	24.6	7.0	11.9	1.3
	3인	(290)	66.5	39.1	19.6	34.1	5.9	20.4	4.8	8.6	1.0
	4인 이상	(333)	65.3	41.4	19.5	32.4	4.1	13.8	10.5	11.7	1.2
이념 성향	진보	(231)	73.1	35.5	20.3	29.5	3.5	21.3	5.2	10.3	1.3
	중도	(429)	71.4	41.5	18.0	33.1	4.3	16.5	5.3	9.0	0.9
	보수	(341)	61.4	34.9	18.3	32.5	7.9	19.1	11.1	13.6	1.2
직업	화이트칼라	(644)	66.9	40.5	19.7	30.5	4.7	19.3	7.4	10.2	0.8
	블루칼라	(141)	66.1	30.3	16.9	33.7	9.3	20.6	9.2	12.5	1.4
	학생	(106)	73.5	28.7	19.4	34.4	1.9	20.0	10.5	11.5	0.0
	주부/무직/기타	(109)	75.4	40.6	13.7	36.6	7.1	10.1	0.9	11.8	3.7
고용 형태	상용직 임금근로자	(620)	68.7	39.3	19.1	31.0	4.9	19.1	6.9	9.9	1.1
	임시/일용/특수직 근로자	(97)	64.2	42.1	16.6	30.8	6.1	19.2	9.0	12.0	0.0
	자영업자/무급가족종사자	(58)	55.1	24.0	22.3	34.3	12.3	20.7	15.5	15.8	0.0
권역	도심권	(50)	61.7	35.1	23.6	30.6	4.0	23.6	10.8	10.6	0.0
	동북권	(295)	71.2	37.7	14.4	34.9	5.1	16.9	6.1	13.0	0.7
	서북권	(123)	71.5	41.5	17.9	26.1	5.7	21.1	5.7	8.8	1.6
	서남권	(329)	70.5	33.4	19.2	34.1	5.5	18.0	6.8	11.0	1.5
	동남권	(203)	60.7	43.8	23.1	28.6	5.4	18.8	9.8	8.8	1.0

[표 2-36] 배우자 선택에 있어서 가장 중요한 것(1순위) – 20~30대

구분		사례 수	성격	재산(경제력)	직업(장래성)	가정 환경	종교	외모	학력/학벌	취미	기타
전체		(1,000)	51.1	14.8	6.4	11.3	2.9	6.6	3.5	2.9	0.5
성별	남성	(490)	50.5	11.8	6.4	8.7	3.0	10.2	4.4	4.4	0.6
	여성	(510)	51.8	17.6	6.5	13.7	2.7	3.1	2.5	1.6	0.4
연령	20대	(498)	52.3	14.1	5.6	10.3	3.6	6.3	4.5	3.1	0.2
	30대	(502)	50.0	15.5	7.2	12.2	2.2	7.0	2.4	2.8	0.8
학력	고졸 이하	(97)	49.4	20.6	4.2	12.4	4.0	5.2	0.0	4.1	0.0
	대재	(127)	49.1	12.0	7.0	6.2	4.8	11.0	2.3	7.5	0.0
	대졸	(677)	51.7	14.9	6.4	12.2	2.2	6.1	3.8	2.2	0.4
	대학원 이상	(99)	51.2	12.0	8.1	9.8	4.1	6.1	5.8	0.9	2.0
가구 소득	200만 원 미만	(102)	49.7	14.7	4.9	13.4	2.0	6.1	1.0	6.3	2.0
	200~300만 원 미만	(148)	54.3	12.2	7.5	10.1	3.3	6.6	2.6	3.4	0.0
	300~500만 원 미만	(287)	48.8	17.4	7.7	10.1	3.5	6.3	4.9	1.4	0.0
	500~700만 원 미만	(196)	48.0	16.3	5.1	12.8	2.6	8.6	3.1	3.6	0.0
	700만 원 이상	(267)	54.7	12.4	6.0	11.2	2.6	5.7	3.7	2.6	1.1
혼인 상태	기혼	(220)	48.6	15.4	6.8	13.9	2.3	4.1	4.4	4.0	0.5
	미혼	(745)	52.7	14.8	6.3	10.6	2.8	7.0	3.1	2.2	0.5
	동거/사별/이혼/별거	(35)	34.5	11.5	6.0	8.6	8.6	13.8	5.5	11.5	0.0

[표 2-36] 배우자 선택에 있어서 가장 중요한 것(1순위) – 20~30대(계속)

구분		사례 수	성격	재산 (경제력)	직업 (장래성)	가정 환경	종교	외모	학력/ 학벌	취미	기타
전체		(1,000)	51.1	14.8	6.4	11.3	2.9	6.6	3.5	2.9	0.5
가구원 수	1인	(218)	49.4	16.5	7.4	7.3	2.3	11.1	2.7	3.4	0.0
	2인	(159)	57.9	8.8	4.5	9.2	5.0	7.0	4.4	2.5	0.6
	3인	(290)	52.1	16.9	5.8	12.1	2.1	5.5	2.1	3.1	0.3
	4인 이상	(333)	48.2	14.7	7.2	14.1	2.9	4.5	4.7	2.7	0.9
이념 성향	진보	(231)	59.7	13.4	4.3	9.1	0.4	6.6	2.2	3.5	0.9
	중도	(429)	52.5	16.4	6.3	11.4	2.4	5.6	3.0	2.4	0.2
	보수	(341)	43.6	13.8	8.0	12.6	5.2	8.0	4.9	3.3	0.6
직업	화이트칼라	(644)	49.2	16.1	6.5	11.4	2.3	6.7	3.8	3.3	0.6
	블루칼라	(141)	46.9	9.9	7.8	13.3	7.2	7.9	4.2	2.8	0.0
	학생	(106)	58.9	13.3	5.7	7.6	0.9	6.7	3.8	3.1	0.0
	주부/무직/기타	(109)	60.7	14.6	4.6	11.1	2.6	4.6	0.0	0.9	0.9
고용 형태	상용직 임금근로자	(620)	50.8	15.5	5.8	11.1	2.8	6.8	3.8	2.9	0.6
	임시/일용/특수직 근로자	(97)	45.9	14.4	10.4	14.3	2.0	6.0	3.1	4.1	0.0
	자영업자/ 무급가족종사자	(58)	36.2	8.6	8.6	15.4	10.4	8.6	6.7	5.4	0.0
권역	도심권	(50)	39.7	16.0	12.0	11.5	2.0	7.6	7.2	4.0	0.0
	동북권	(295)	55.8	12.9	5.4	11.9	1.7	5.1	2.7	4.2	0.3
	서북권	(123)	53.5	18.0	4.0	10.7	3.2	5.7	1.6	2.5	0.8
	서남권	(329)	52.9	12.7	7.3	11.4	4.0	6.8	3.7	0.6	0.6
	동남권	(203)	42.9	18.7	6.4	10.3	2.9	8.9	4.4	4.9	0.5

[표 2-37] 배우자 선택에 있어서 가장 중요한 것(종합) – 40~50대

구분		사례 수	성격	재산(경제력)	직업(장래성)	가정환경	종교	외모	학력/학벌	취미	기타
전체		(500)	79.6	32.6	27.4	30.6	4.4	14.4	3.6	6.6	0.8
성별	남성	(247)	81.8	22.3	17.0	32.8	4.9	26.7	4.0	9.7	0.8
	여성	(253)	77.5	42.7	37.5	28.5	4.0	2.4	3.2	3.6	0.8
연령	40대	(248)	79.4	33.1	25.8	26.6	4.8	18.1	3.2	7.7	1.2
	50대	(252)	79.8	32.1	29.0	34.5	4.0	10.7	4.0	5.6	0.4
학력	고졸 이하	(61)	73.8	52.5	27.9	29.5	3.3	4.9	1.6	4.9	1.6
	대재	(16)	62.5	18.8	31.3	37.5	18.8	18.8	12.5	0.0	0.0
	대졸	(365)	79.7	31.0	27.7	31.0	4.1	15.3	3.6	7.1	0.5
	대학원 이상	(58)	89.7	25.9	24.1	27.6	3.4	17.2	3.4	6.9	1.7
가구소득	200만 원 미만	(45)	64.4	37.8	24.4	31.1	6.7	13.3	6.7	11.1	4.4
	200~300만 원 미만	(41)	73.2	43.9	29.3	26.8	9.8	14.6	0.0	2.4	0.0
	300~500만 원 미만	(125)	82.4	36.8	27.2	32.0	1.6	10.4	4.0	5.6	0.0
	500~700만 원 미만	(129)	81.4	27.9	28.7	27.1	7.8	13.2	4.7	7.8	1.6
	700만 원 이상	(160)	81.9	28.8	26.9	33.1	1.9	18.8	2.5	6.3	0.0
혼인상태	기혼	(340)	81.2	30.9	30.3	30.3	4.1	12.6	3.5	6.5	0.6
	미혼	(127)	74.8	37.8	19.7	30.7	4.7	18.9	3.1	8.7	1.6
	동거/사별/이혼/별거	(33)	81.8	30.3	27.3	33.3	6.1	15.2	6.1	0.0	0.0

[표 2-37] 배우자 선택에 있어서 가장 중요한 것(종합) - 40~50대(계속)

구분		사례 수	성격	재산(경제력)	직업(장래성)	가정 환경	종교	외모	학력/학벌	취미	기타
전체		(500)	79.6	32.6	27.4	30.6	4.4	14.4	3.6	6.6	0.8
가구원 수	1인	(64)	79.7	39.1	20.3	21.9	4.7	18.8	6.3	7.8	1.6
	2인	(68)	79.4	38.2	14.7	27.9	2.9	23.5	4.4	5.9	2.9
	3인	(175)	78.9	30.3	34.3	32.0	4.6	10.3	2.9	6.3	0.6
	4인 이상	(193)	80.3	30.6	28.0	33.2	4.7	13.5	3.1	6.7	0.0
이념 성향	진보	(126)	83.3	27.0	23.8	36.5	3.2	18.3	2.4	4.8	0.8
	중도	(218)	78.9	35.3	32.6	28.4	1.4	12.4	3.2	6.9	0.9
	보수	(156)	77.6	33.3	23.1	28.8	9.6	14.1	5.1	7.7	0.6
직업	화이트칼라	(328)	81.7	30.5	24.4	29.9	4.3	17.4	4.3	7.3	0.3
	블루칼라	(61)	77.0	39.3	19.7	29.5	8.2	13.1	1.6	11.5	0.0
	주부/무직/기타	(111)	74.8	35.1	40.5	33.3	2.7	6.3	2.7	1.8	2.7
고용 형태	상용직 임금근로자	(314)	82.5	29.9	24.5	30.9	3.8	17.8	3.2	7.0	0.3
	임시/일용/특수직 근로자	(39)	71.8	46.2	25.6	23.1	12.8	0.0	10.3	10.3	0.0
	자영업자/ 무급가족종사자	(31)	74.2	32.3	16.1	25.8	6.5	29.0	3.2	12.9	0.0
권역	도심권	(25)	76.0	20.0	24.0	32.0	8.0	20.0	4.0	16.0	0.0
	동북권	(155)	79.4	36.1	21.9	31.6	5.8	12.3	3.2	8.4	1.3
	서북권	(60)	70.0	31.7	35.0	31.7	1.7	11.7	10.0	8.3	0.0
	서남권	(149)	81.9	30.9	28.9	30.2	4.0	16.1	2.7	4.0	1.3
	동남권	(111)	82.9	33.3	29.7	28.8	3.6	15.3	1.8	4.5	0.0

[표 2-38] 배우자 선택에 있어서 가장 중요한 것(1순위) – 40~50대

구분		사례 수	성격	재산(경제력)	직업(장래성)	가정 환경	종교	외모	학력/학벌	취미	기타
전체		(500)	61.4	10.8	7.8	9.6	2.2	5.0	0.8	1.8	0.6
성별	남성	(247)	64.8	8.1	4.9	8.1	1.6	8.9	1.2	1.6	0.8
	여성	(253)	58.1	13.4	10.7	11.1	2.8	1.2	0.4	2.0	0.4
연령	40대	(248)	62.5	10.9	6.5	7.3	2.0	6.9	1.2	2.0	0.8
	50대	(252)	60.3	10.7	9.1	11.9	2.4	3.2	0.4	1.6	0.4
학력	고졸 이하	(61)	50.8	18.0	8.2	11.5	3.3	3.3	0.0	3.3	1.6
	대재	(16)	37.5	12.5	6.3	12.5	6.3	12.5	12.5	0.0	0.0
	대졸	(365)	61.6	10.7	8.2	10.4	1.6	4.7	0.5	1.9	0.3
	대학원 이상	(58)	77.6	3.4	5.2	1.7	3.4	6.9	0.0	0.0	1.7
가구 소득	200만 원 미만	(45)	46.7	22.2	2.2	4.4	4.4	6.7	2.2	6.7	4.4
	200~300만 원 미만	(41)	63.4	7.3	4.9	12.2	4.9	7.3	0.0	0.0	0.0
	300~500만 원 미만	(125)	58.4	16.0	8.0	11.2	0.0	2.4	1.6	2.4	0.0
	500~700만 원 미만	(129)	61.2	13.2	5.4	8.5	5.4	3.9	0.0	1.6	0.8
	700만 원 이상	(160)	67.5	2.5	11.9	10.0	0.0	6.9	0.6	0.6	0.0
혼인 상태	기혼	(340)	64.1	9.7	9.7	9.1	1.5	3.5	0.3	1.8	0.3
	미혼	(127)	54.3	14.2	3.1	11.0	3.9	8.7	0.8	2.4	1.6
	동거/사별/이혼/별거	(33)	60.6	9.1	6.1	9.1	3.0	6.1	6.1	0.0	0.0

[표 2-38] 배우자 선택에 있어서 가장 중요한 것(1순위) – 40~50대(계속)

구분		사례 수	성격	재산(경제력)	직업(장래성)	가정환경	종교	외모	학력/학벌	취미	기타
전체		(500)	61.4	10.8	7.8	9.6	2.2	5.0	0.8	1.8	0.6
가구원 수	1인	(64)	54.7	12.5	4.7	4.7	4.7	10.9	1.6	4.7	1.6
	2인	(68)	64.7	11.8	2.9	7.4	0.0	8.8	2.9	0.0	1.5
	3인	(175)	63.4	9.7	8.6	11.4	2.9	2.3	0.0	1.1	0.6
	4인 이상	(193)	60.6	10.9	9.8	10.4	1.6	4.1	0.5	2.1	0.0
이념 성향	진보	(126)	65.1	7.9	5.6	10.3	2.4	7.9	0.0	0.0	0.8
	중도	(218)	61.9	12.8	8.7	8.7	0.5	4.1	0.9	1.8	0.5
	보수	(156)	57.7	10.3	8.3	10.3	4.5	3.8	1.3	3.2	0.6
직업	화이트칼라	(328)	62.8	8.8	9.1	7.9	1.8	5.8	1.2	2.1	0.3
	블루칼라	(61)	59.0	14.8	3.3	8.2	4.9	6.6	0.0	3.3	0.0
	주부/무직/기타	(111)	58.6	14.4	6.3	15.3	1.8	1.8	0.0	0.0	1.8
고용 형태	상용직 임금근로자	(314)	63.7	8.3	9.6	8.3	1.6	6.1	0.6	1.6	0.3
	임시/일용/특수직 근로자	(39)	59.0	17.9	0.0	2.6	7.7	0.0	5.1	7.7	0.0
	자영업자/무급가족종사자	(31)	51.6	12.9	6.5	12.9	3.2	12.9	0.0	0.0	0.0
권역	도심권	(25)	56.0	16.0	4.0	8.0	0.0	8.0	4.0	4.0	0.0
	동북권	(155)	63.2	8.4	7.1	9.7	3.2	3.9	0.6	3.2	0.6
	서북권	(60)	50.0	13.3	10.0	13.3	1.7	6.7	0.0	5.0	0.0
	서남권	(149)	65.1	10.7	8.7	6.7	1.3	4.7	1.3	0.0	1.3
	동남권	(111)	61.3	11.7	7.2	11.7	2.7	5.4	0.0	0.0	0.0

5) 남녀역할에 대한 태도

◈ 20~30대

20~30대의 남녀역할에 대한 태도는 7점 만점 기준으로 '가정을 돌보는 일은 성별에 상관없이 모두 해야 한다'와 '맞벌이 부부의 경우 집안일을 같이 하는 것은 당연하다'가 각각 5.88점으로 가장 높았고, 그다음으로는 '성별에 상관없이 취직 기회가 주어져야 한다'(5.72점), '돈을 버는 일은 성별에 상관없이 모두 해야 한다'(5.63점) 순으로 나타남. 한편, '성별에 상관없이 사회적 성공보다 좋은 배우자를 만나는 것이 더 중요하다'가 4.61점으로 가장 낮게 나타남

[그림 2-31] 남녀역할에 대한 태도 – 20~30대 (단위: %)

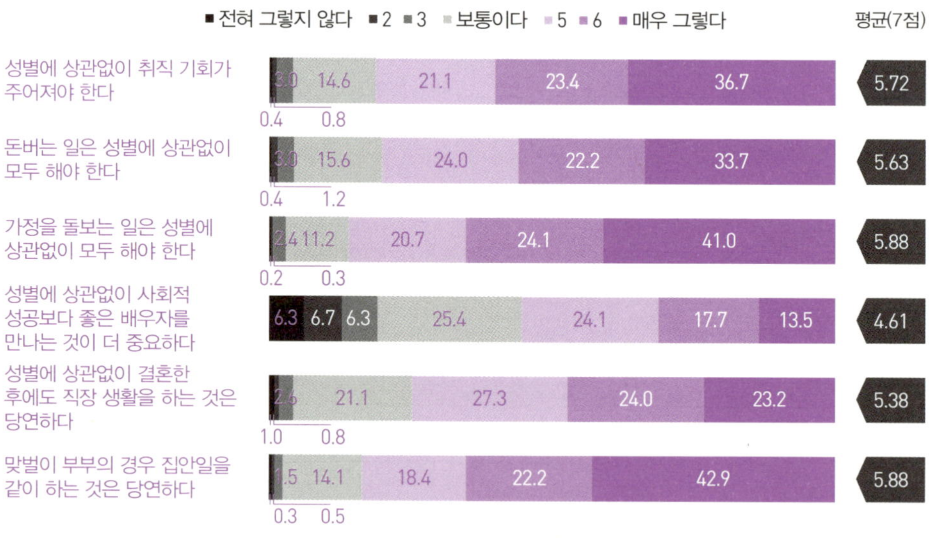

‘가정을 돌보는 일은 성별에 상관없이 모두 해야 한다’에 대한 상세분석 결과, 성별로는 여성(6.05점)에서 높게 나타났고 연령별로는 30대(5.89점), 학력별로는 대졸(전문대/대학교 졸업)(5.95점), 고졸 이하(5.92점), 가구 소득별로는 700만 원 이상(6.16점), 혼인상태별로는 미혼(5.95점), 가구원 수별로는 4인 이상(5.94점), 1인(5.90점), 이념 성향별로는 진보(6.15점), 중도(5.89점), 직업별로는 화이트칼라(5.93점), 학생(5.89점), 고용형태별로는 상용직 임금근로자(5.96점), 권역별로는 동북권(5.93점), 서북권(5.91점)에서 높게 나타남

‘맞벌이 부부의 경우 집안일을 같이 하는 것은 당연하다’에 대한 상세분석 결과, 성별로는 여성(6.10점)에서 높게 나타났고 연령별로는 30대(5.94점), 학력별로는 대졸(전문대/대학교 졸업)(5.96점), 고졸 이하(5.92점), 가구 소득별로는 700만 원 이상(6.10점), 혼인상태별로는 미혼(5.96점), 가구원 수별로는 3인(5.94점), 2인(5.92점), 이념 성향별로는 진보(6.22점), 직업별로는 화이트칼라(5.92점), 학생(5.89점), 고용형태별로는 상용직 임금근로자(5.94점), 권역별로는 동북권(5.93점), 서남권(5.89점)에서 높게 나타남

◈ 40~50대

40~50대는 '맞벌이 부부의 경우 집안일을 같이 하는 것은 당연하다'가 5.88점으로 가장 높았고, 그다음으로는 '가정을 돌보는 일은 성별에 상관없이 모두 해야 한다'(5.82점)가 높았음. 한편, '성별에 상관없이 사회적 성공보다 좋은 배우자를 만나는 것이 더 중요하다'가 4.77점으로 가장 낮게 나타남

[그림 2-32] 남녀역할에 대한 태도 – 40~50대 (단위: %)

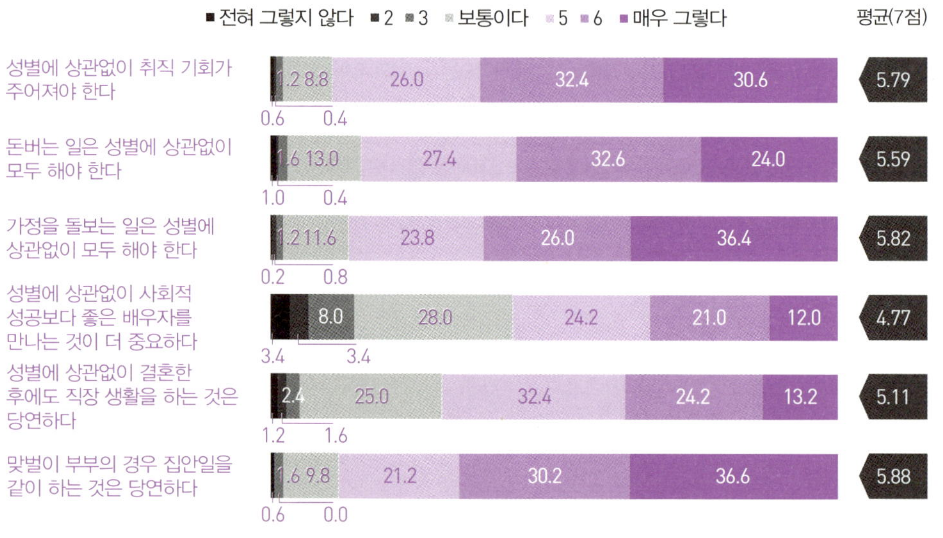

'맞벌이 부부의 경우 집안일을 같이 하는 것은 당연하다'에 대한 상세분석 결과, 성별로는 여성(6.10점)에서 높게 나타났고 연령별로는 40대(5.89점), 학력별로는 고졸 이하(5.92점), 대학원 이상(5.91점), 가구 소득별로는 200~300만 원 미만(6.20점), 700만 원 이상(5.96점), 혼인상태별로는 동거/사별/이혼/별거(6.00점), 가구원 수별로는 2인(5.97점), 3인(5.92점), 이념 성향별로는 진보(6.01점), 중도(5.91점), 직업별로는 화이트칼라(5.90점), 주부/무직/기타(5.89점), 고용형태별로는 임시/일용/특수직 근로자(6.26점), 권역별로는 동남권(5.96점), 도심권과 서남권(각각 5.88점)에서 높게 나타남

[표 2-39] 남녀역할에 대한 태도(평균요약표) - 20~30대

구분		사례 수	성별에 상관없이 취직 기회가 주어져야 한다	돈을 버는 일은 성별에 상관없이 모두 해야 한다	가정을 돌보는 일은 성별에 상관없이 모두 해야 한다	성별에 상관없이 사회적 성공보다 좋은 배우자를 만나는 것이 더 중요하다	성별에 상관없이 결혼한 후에도 직장 생활을 하는 것은 당연하다	맞벌이 부부의 경우 집안일을 같이 하는 것은 당연하다
전체		(1,000)	5.72	5.63	5.88	4.61	5.38	5.88
성별	남성	(490)	5.49	5.42	5.71	4.88	5.30	5.65
	여성	(510)	5.95	5.83	6.05	4.35	5.45	6.10
연령	20대	(498)	5.72	5.64	5.88	4.65	5.45	5.83
	30대	(502)	5.72	5.62	5.89	4.57	5.30	5.94
학력	고졸 이하	(97)	5.80	5.76	5.92	4.59	5.54	5.92
	대재	(127)	5.27	5.21	5.48	4.30	5.19	5.49
	대졸	(677)	5.78	5.69	5.95	4.63	5.38	5.96
	대학원 이상	(99)	5.84	5.61	5.90	4.92	5.44	5.84
가구 소득	200만 원 미만	(102)	5.52	5.40	5.69	4.66	5.14	5.76
	200~300만 원 미만	(148)	5.58	5.57	5.77	4.53	5.32	5.86
	300~500만 원 미만	(287)	5.66	5.56	5.85	4.62	5.37	5.82
	500~700만 원 미만	(196)	5.62	5.56	5.74	4.56	5.29	5.77
	700만 원 이상	(267)	6.02	5.89	6.16	4.67	5.57	6.10
혼인 상태	기혼	(220)	5.62	5.52	5.74	4.79	5.23	5.75
	미혼	(745)	5.80	5.70	5.95	4.57	5.44	5.96
	동거/사별/이혼/별거	(35)	4.67	4.84	5.41	4.52	4.93	5.16

[표 2-39] 남녀역할에 대한 태도(평균요약표) – 20~30대(계속)

구분		사례 수	성별에 상관없이 취직 기회가 주어져야 한다	돈을 버는 일은 성별에 상관없이 모두 해야 한다	가정을 돌보는 일은 성별에 상관없이 모두 해야 한다	성별에 상관없이 사회적 성공보다 좋은 배우자를 만나는 것이 더 중요하다	성별에 상관없이 결혼한 후에도 직장 생활을 하는 것은 당연하다	맞벌이 부부의 경우 집안일을 같이 하는 것은 당연하다
전체		(1,000)	5.72	5.63	5.88	4.61	5.38	5.88
가구원 수	1인	(218)	5.62	5.59	5.90	4.50	5.30	5.88
	2인	(159)	5.70	5.60	5.80	4.87	5.39	5.92
	3인	(290)	5.70	5.61	5.85	4.53	5.30	5.94
	4인 이상	(333)	5.82	5.69	5.94	4.63	5.48	5.81
이념 성향	진보	(231)	6.08	5.90	6.15	4.42	5.59	6.22
	중도	(429)	5.69	5.58	5.89	4.50	5.33	5.82
	보수	(341)	5.52	5.51	5.69	4.89	5.29	5.74
직업	화이트칼라	(644)	5.73	5.65	5.93	4.65	5.43	5.92
	블루칼라	(141)	5.43	5.42	5.75	4.73	5.22	5.73
	학생	(106)	5.93	5.71	5.89	4.53	5.56	5.89
	주부/무직/기타	(109)	5.84	5.72	5.77	4.31	5.07	5.86
고용 형태	상용직 임금근로자	(620)	5.75	5.68	5.96	4.67	5.43	5.94
	임시/일용/특수직 근로자	(97)	5.42	5.30	5.68	4.67	5.20	5.66
	자영업자/무급가족종사자	(58)	5.24	5.21	5.57	4.61	5.30	5.67
권역	도심권	(50)	5.64	5.49	5.73	4.24	5.42	5.83
	동북권	(295)	5.73	5.65	5.93	4.66	5.41	5.93
	서북권	(123)	5.63	5.47	5.91	4.56	5.20	5.87
	서남권	(329)	5.79	5.70	5.90	4.67	5.48	5.89
	동남권	(203)	5.69	5.61	5.82	4.57	5.26	5.82

[표 2-40] 남녀역할에 대한 태도(평균요약표) - 40~50대

구분		사례 수	성별에 상관없이 취직 기회가 주어져야 한다	돈을 버는 일은 성별에 상관없이 모두 해야 한다	가정을 돌보는 일은 성별에 상관없이 모두 해야 한다	성별에 상관없이 사회적 성공보다 좋은 배우자를 만나는 것이 더 중요하다	성별에 상관없이 결혼한 후에도 직장 생활을 하는 것은 당연하다	맞벌이 부부의 경우 집안일을 같이 하는 것은 당연하다
전체		(500)	5.79	5.59	5.82	4.77	5.11	5.88
성별	남성	(247)	5.67	5.46	5.61	4.81	5.13	5.66
	여성	(253)	5.90	5.72	6.02	4.74	5.09	6.10
연령	40대	(248)	5.79	5.58	5.82	4.63	5.04	5.89
	50대	(252)	5.79	5.60	5.81	4.92	5.18	5.87
학력	고졸 이하	(61)	5.97	5.48	5.97	4.93	5.30	5.92
	대재	(16)	5.56	5.69	5.69	5.63	5.06	5.81
	대졸	(365)	5.75	5.58	5.78	4.76	5.08	5.87
	대학원 이상	(58)	5.90	5.78	5.93	4.43	5.14	5.91
가구 소득	200만 원 미만	(45)	5.76	5.31	5.82	4.67	5.09	5.62
	200~300만 원 미만	(41)	6.17	5.98	6.20	5.00	4.98	6.20
	300~500만 원 미만	(125)	5.58	5.47	5.70	4.91	4.90	5.70
	500~700만 원 미만	(129)	5.81	5.61	5.78	4.64	5.21	5.95
	700만 원 이상	(160)	5.84	5.65	5.84	4.74	5.24	5.96
혼인 상태	기혼	(340)	5.78	5.60	5.76	4.82	5.14	5.87
	미혼	(127)	5.78	5.57	5.91	4.60	5.08	5.87
	동거/사별/이혼/별거	(33)	5.91	5.55	6.03	4.97	4.91	6.00

[표 2-40] 남녀역할에 대한 태도(평균요약표) – 40~50대(계속)

구분		사례 수	성별에 상관없이 취직 기회가 주어져야 한다	돈을 버는 일은 성별에 상관없이 모두 해야 한다	가정을 돌보는 일은 성별에 상관없이 모두 해야 한다	성별에 상관없이 사회적 성공보다 좋은 배우자를 만나는 것이 더 중요하다	성별에 상관없이 결혼한 후에도 직장 생활을 하는 것은 당연하다	맞벌이 부부의 경우 집안일을 같이 하는 것은 당연하다
전체		(500)	5.79	5.59	5.82	4.77	5.11	5.88
가구원 수	1인	(64)	5.83	5.47	5.92	4.50	4.98	5.69
	2인	(68)	5.84	5.75	6.03	4.75	5.03	5.97
	3인	(175)	5.91	5.66	5.82	4.77	5.10	5.92
	4인 이상	(193)	5.65	5.51	5.70	4.88	5.19	5.88
이념 성향	진보	(126)	6.03	5.74	5.97	4.72	5.17	6.01
	중도	(218)	5.74	5.58	5.91	4.88	5.13	5.91
	보수	(156)	5.65	5.49	5.56	4.66	5.04	5.73
직업	화이트칼라	(328)	5.77	5.62	5.82	4.78	5.20	5.90
	블루칼라	(61)	5.77	5.70	5.77	4.93	4.89	5.75
	주부/무직/기타	(111)	5.86	5.44	5.82	4.65	4.98	5.89
고용 형태	상용직 임금근로자	(314)	5.76	5.61	5.81	4.78	5.18	5.86
	임시/일용/특수직 근로자	(39)	6.03	5.77	6.15	4.82	5.10	6.26
	자영업자/무급가족종사자	(31)	5.45	5.61	5.42	5.03	4.90	5.55
권역	도심권	(25)	5.48	5.60	5.52	4.88	5.44	5.88
	동북권	(155)	5.94	5.61	5.82	4.66	5.14	5.87
	서북권	(60)	5.77	5.55	5.87	4.73	5.15	5.75
	서남권	(149)	5.73	5.57	5.82	4.93	5.03	5.88
	동남권	(111)	5.74	5.62	5.85	4.70	5.09	5.96

6) 세대에 대한 태도

청년세대에 대한 의견

◈ 20~30대

20~30대의 청년세대에 대한 의견을 살펴보면, 5점 만점 기준으로는 '청년세대는 우리 사회로부터 충분한 관심과 지원을 받고 있다'가 3.03점으로 '40~50대와 비교했을 때 청년세대가 사회·경제적으로 기회가 더 많다'(2.91점)보다 다소 높게 나타남

[그림 2-33] 청년세대에 대한 의견 – 20~30대

(단위: %)

'청년세대는 우리 사회로부터 충분한 관심과 지원을 받고 있다'에 대한 상세분석 결과, 성별로는 여성(3.04점)에서 높게 나타났고 연령별로는 30대(3.08점), 학력별로는 고졸 이하(3.17점), 대졸(전문대/대학교 졸업)(3.04점), 대학원 이상(3.04점), 가구 소득별로는 300~500만 원 미만(3.12점), 500~700만 원 미만(3.09점), 혼인상태별로는 기혼(3.31점), 가구원 수별로는 3인(3.10점), 4인 이상(3.05점), 이념 성향별로는 보수(3.23점), 직업별로는 화이트칼라(3.10점), 고용형태별로는 임시/일용/특수직 근로자(3.14점), 상용직 임금근로자(3.07점), 권역별로는 동남권(3.12점), 도심권(3.08점)에서 높게 나타남

◈ 40~50대

40~50대는 ‘청년세대는 우리 사회로부터 충분한 관심과 지원을 받고 있다’가 3.44점으로 ‘40~50대와 비교했을 때 청년세대가 사회·경제적으로 기회가 더 많다’(3.33점)보다 다소 높게 나타남

[그림 2-34] 청년세대에 대한 의견 – 40~50대 (단위: %)

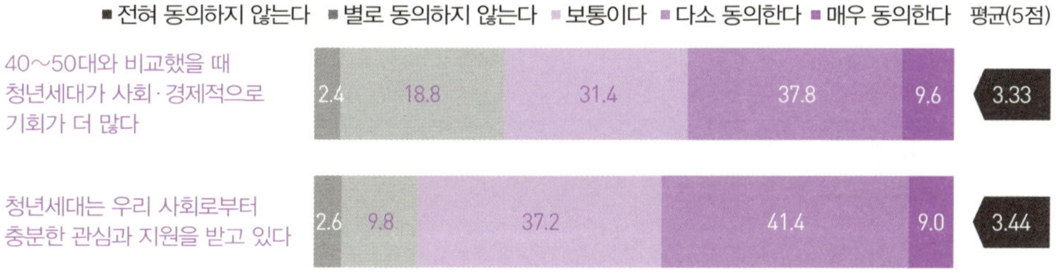

‘청년세대는 우리 사회로부터 충분한 관심과 지원을 받고 있다’에 대한 상세분석 결과, 성별로는 여성(3.58점)에서 높게 나타났고 연령별로는 40대(3.46점), 학력별로는 고졸 이하(3.48점), 대졸(전문대/대학교 졸업)(3.45점), 가구 소득별로는 300~500만 원 미만(3.50점), 200만 원 미만(3.49점), 200~300만 원 미만(3.49점), 혼인상태별로는 기혼(3.48점), 미혼(3.46점), 가구원 수별로는 1인(3.53점), 3인(3.50점), 이념 성향별로는 보수(3.47점), 중도(3.45점), 직업별로는 화이트칼라(3.45점), 주부/무직/기타(3.45점), 고용형태별로는 임시/일용/특수직 근로자(3.72점), 권역별로는 동북권(3.54점), 서북권(3.48점)에서 높게 나타남

[표 2-41] 청년세대에 대한 의견(평균요약표) – 20~30대

구분		사례 수	40~50대와 비교했을 때 청년세대가 사회·경제적으로 기회가 더 많다	청년세대는 우리 사회로부터 충분한 관심과 지원을 받고 있다
전체		(1,000)	2.91	3.03
성별	남성	(490)	2.84	3.03
	여성	(510)	2.99	3.04
연령	20대	(498)	2.91	2.99
	30대	(502)	2.92	3.08
학력	고졸 이하	(97)	3.08	3.17
	대재	(127)	2.98	2.91
	대졸	(677)	2.89	3.04
	대학원 이상	(99)	2.86	3.04
가구 소득	200만 원 미만	(102)	2.84	2.95
	200~300만 원 미만	(148)	2.86	2.85
	300~500만 원 미만	(287)	2.88	3.12
	500~700만 원 미만	(196)	3.15	3.09
	700만 원 이상	(267)	2.84	3.04
혼인 상태	기혼	(220)	3.05	3.31
	미혼	(745)	2.87	2.95
	동거/사별/이혼/별거	(35)	3.03	3.09

[표 2-41] 청년세대에 대한 의견(평균요약표) – 20~30대(계속)

구분		사례 수	40~50대와 비교했을 때 청년세대가 사회·경제적으로 기회가 더 많다	청년세대는 우리 사회로부터 충분한 관심과 지원을 받고 있다
전체		(1,000)	2.91	3.03
가구원 수	1인	(218)	2.81	2.99
	2인	(159)	2.78	2.93
	3인	(290)	2.99	3.10
	4인 이상	(333)	2.98	3.05
이념 성향	진보	(231)	2.69	2.86
	중도	(429)	2.88	2.97
	보수	(341)	3.11	3.23
직업	화이트칼라	(644)	2.98	3.10
	블루칼라	(141)	2.86	2.96
	학생	(106)	2.90	2.85
	주부/무직/기타	(109)	2.61	2.90
고용 형태	상용직 임금근로자	(620)	2.95	3.07
	임시/일용/특수직 근로자	(97)	3.01	3.14
	자영업자/ 무급가족종사자	(58)	2.92	3.01
권역	도심권	(50)	2.85	3.08
	동북권	(295)	2.85	3.01
	서북권	(123)	2.94	3.02
	서남권	(329)	2.93	3.00
	동남권	(203)	2.98	3.12

[표 2-42] 청년세대에 대한 의견(평균요약표) – 40~50대

구분		사례 수	40~50대와 비교했을 때 청년세대가 사회·경제적으로 기회가 더 많다	청년세대는 우리 사회로부터 충분한 관심과 지원을 받고 있다
전체		(500)	3.33	3.44
성별	남성	(247)	3.28	3.31
	여성	(253)	3.38	3.58
연령	40대	(248)	3.32	3.46
	50대	(252)	3.35	3.43
학력	고졸 이하	(61)	3.49	3.48
	대재	(16)	3.50	3.31
	대졸	(365)	3.31	3.45
	대학원 이상	(58)	3.28	3.43
가구 소득	200만 원 미만	(45)	3.47	3.49
	200~300만 원 미만	(41)	3.46	3.49
	300~500만 원 미만	(125)	3.48	3.50
	500~700만 원 미만	(129)	3.22	3.46
	700만 원 이상	(160)	3.24	3.37
혼인 상태	기혼	(340)	3.32	3.48
	미혼	(127)	3.36	3.46
	동거/사별/이혼/별거	(33)	3.39	3.00

[표 2-42] 청년세대에 대한 의견(평균요약표) – 40~50대(계속)

구분		사례 수	40~50대와 비교했을 때 청년세대가 사회·경제적으로 기회가 더 많다	청년세대는 우리 사회로부터 충분한 관심과 지원을 받고 있다
전체		(500)	3.33	3.44
가구원 수	1인	(64)	3.36	3.53
	2인	(68)	3.47	3.40
	3인	(175)	3.29	3.50
	4인 이상	(193)	3.32	3.38
이념 성향	진보	(126)	3.20	3.40
	중도	(218)	3.38	3.45
	보수	(156)	3.38	3.47
직업	화이트칼라	(328)	3.36	3.45
	블루칼라	(61)	3.36	3.41
	주부/무직/기타	(111)	3.24	3.45
고용 형태	상용직 임금근로자	(314)	3.35	3.42
	임시/일용/특수직 근로자	(39)	3.62	3.72
	자영업자/ 무급가족종사자	(31)	3.16	3.26
권역	도심권	(25)	3.16	3.20
	동북권	(155)	3.32	3.54
	서북권	(60)	3.37	3.48
	서남권	(149)	3.36	3.40
	동남권	(111)	3.35	3.41

다른 세대와의 관계에서 어려운 정도

◈ 20~30대대

20~30대의 다른 세대와의 관계에 대해서 '어렵다'라는 응답은 '나보다 나이든 세대의 생각을 이해하기'가 59.9%로 가장 높았고, 그다음으로는 '나보다 나이든 세대와의 대화'(54.7%), '나보다 젊은 세대의 생각을 이해하기'(43.9%) 순으로 나타남. 한편 '나보다 젊은 세대와의 대화'가 43.0%로 가장 낮게 나타남

[그림 2-35] 다른 세대와의 관계에서 어려운 정도 – 20~30대 (단위: %)

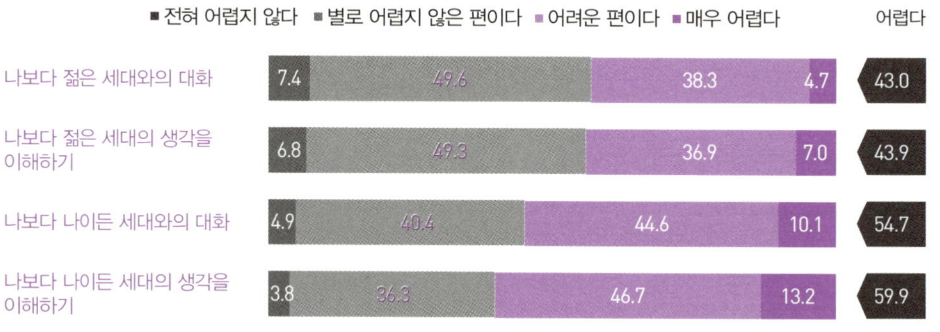

'나보다 나이든 세대의 생각을 이해하기'에 대해 '어렵다'라는 응답의 상세분석 결과, 성별로는 여성(62.9%)에서 높게 나타났고 연령별로는 20대(61.0%), 학력별로는 대재(전문대/대학교)(71.2%), 가구 소득별로는 300~500만 원 미만(65.1%), 200~300만 원 미만(64.4%), 혼인상태별로는 동거/사별/이혼/별거(71.2%), 가구원 수별로는 4인 이상(61.7%), 3인(61.0%), 이념 성향별로는 중도(61.1%), 직업별로는 블루칼라(62.1%), 학생(61.3%), 고용형태별로는 임시/일용/특수직 근로자(67.2%), 권역별로는 도심권(69.7%)에서 높게 나타남

◈ 40~50대

40~50대는 다른 세대와의 관계에서 '어렵다'라는 응답이 '나보다 젊은 세대의 생각을 이해하기'가 50.8%로 가장 높았고, 그다음으로는 '나보다 나이든 세대의 생각을 이해하기'(47.4%), '나보다 젊은 세대와의 대화'(45%) 순으로 나타남. 한편, '나보다 나이든 세대와의 대화'가 42.0%로 가장 낮게 나타남

[그림 2-36] 다른 세대와의 관계에서 어려운 정도 – 40~50대 (단위: %)

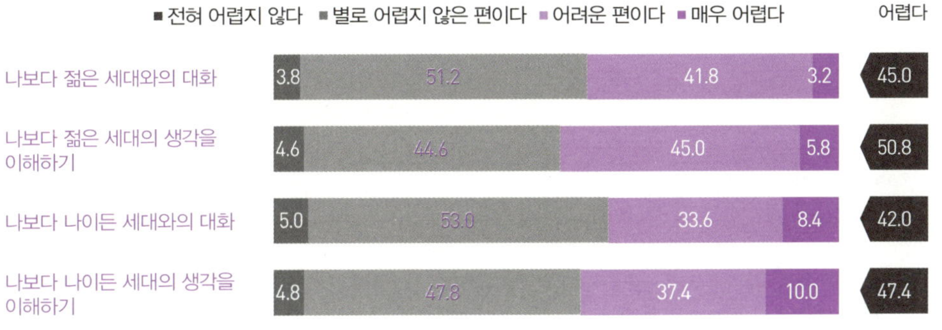

'나보다 젊은 세대의 생각을 이해하기'에 대해 '어렵다'라는 응답의 상세분석 결과, 성별로는 남성(54.7%)에서 높게 나타났고 연령별로는 50대(57.1%), 학력별로는 대재(전문대/대학교)(56.3%), 가구 소득별로는 200만 원 미만(64.4%), 혼인상태별로는 동거/사별/이혼/별거(63.6%), 가구원 수별로는 3인(52.0%), 1인(51.6%), 이념 성향별로는 보수(60.3%), 직업별로는 화이트칼라(51.8%), 고용형태별로는 임시/일용/특수직 근로자(56.4%), 권역별로는 서북권(55.0%)에서 높게 나타남

[표 2-43] 다른 세대와의 관계에서 어려운 정도(요약표-어렵다) - 20~30대

구분		사례 수	나보다 젊은 세대와의 대화	나보다 젊은 세대의 생각을 이해하기	나보다 나이든 세대와의 대화	나보다 나이든 세대의 생각을 이해하기
전체		(1,000)	43.0	43.9	54.7	59.9
성별	남성	(490)	43.1	44.6	54.1	56.7
	여성	(510)	42.9	43.3	55.3	62.9
연령	20대	(498)	39.8	40.4	55.7	61.0
	30대	(502)	46.2	47.4	53.8	58.8
학력	고졸 이하	(97)	31.8	31.7	50.5	58.4
	대재	(127)	51.2	47.1	58.2	71.2
	대졸	(677)	43.1	45.4	54.3	58.3
	대학원 이상	(99)	42.8	41.9	57.1	58.1
가구 소득	200만 원 미만	(102)	43.4	42.3	60.6	54.9
	200~300만 원 미만	(148)	46.6	49.4	56.6	64.4
	300~500만 원 미만	(287)	46.0	46.0	58.2	65.1
	500~700만 원 미만	(196)	49.0	49.5	53.3	60.1
	700만 원 이상	(267)	33.3	35.3	48.7	53.6
혼인 상태	기혼	(220)	52.0	52.9	57.5	58.8
	미혼	(745)	39.2	40.8	53.8	59.7
	동거/사별/이혼/별거	(35)	68.4	53.7	57.2	71.2

[표 2-43] 다른 세대와의 관계에서 어려운 정도(요약표-어렵다) - 20~30대(계속)

구분		사례 수	나보다 젊은 세대와의 대화	나보다 젊은 세대의 생각을 이해하기	나보다 나이든 세대와의 대화	나보다 나이든 세대의 생각을 이해하기
전체		(1,000)	43.0	43.9	54.7	59.9
가구원 수	1인	(218)	43.8	49.6	54.9	56.1
	2인	(159)	45.2	44.1	53.5	59.4
	3인	(290)	42.9	40.4	53.8	61.0
	4인 이상	(333)	41.6	43.3	55.9	61.7
이념 성향	진보	(231)	44.6	42.9	51.5	58.9
	중도	(429)	40.3	41.6	53.6	61.1
	보수	(341)	45.4	47.5	58.2	59.1
직업	화이트칼라	(644)	44.6	45.3	54.7	59.6
	블루칼라	(141)	43.0	47.9	52.0	62.1
	학생	(106)	35.6	33.2	57.6	61.3
	주부/무직/기타	(109)	41.1	41.2	55.6	57.6
고용 형태	상용직 임금근로자	(620)	43.9	44.3	52.7	60.1
	임시/일용/특수직 근로자	(97)	49.6	57.0	61.3	67.2
	자영업자/무급가족종사자	(58)	37.8	46.7	56.6	49.9
권역	도심권	(50)	50.2	45.8	64.6	69.7
	동북권	(295)	43.1	42.5	56.3	60.9
	서북권	(123)	41.3	37.4	52.6	58.9
	서남권	(329)	39.8	45.9	55.1	59.9
	동남권	(203)	47.3	46.3	50.7	56.6

[표 2-44] 다른 세대와의 관계에서 어려운 정도(요약표-어렵다) - 40~50대

구분		사례 수	나보다 젊은 세대와의 대화	나보다 젊은 세대의 생각을 이해하기	나보다 나이든 세대와의 대화	나보다 나이든 세대의 생각을 이해하기
전체		(500)	45.0	50.8	42.0	47.4
성별	남성	(247)	47.4	54.7	43.3	47.4
	여성	(253)	42.7	47.0	40.7	47.4
연령	40대	(248)	40.7	44.4	44.0	52.4
	50대	(252)	49.2	57.1	40.1	42.5
학력	고졸 이하	(61)	37.7	45.9	37.7	31.1
	대재	(16)	43.8	56.3	37.5	43.8
	대졸	(365)	46.0	51.2	42.5	50.4
	대학원 이상	(58)	46.6	51.7	44.8	46.6
가구 소득	200만 원 미만	(45)	51.1	64.4	57.8	51.1
	200~300만 원 미만	(41)	36.6	43.9	41.5	51.2
	300~500만 원 미만	(125)	43.2	50.4	39.2	44.8
	500~700만 원 미만	(129)	42.6	46.5	43.4	49.6
	700만 원 이상	(160)	48.8	52.5	38.8	45.6
혼인 상태	기혼	(340)	48.5	52.1	41.2	46.2
	미혼	(127)	38.6	44.1	44.1	49.6
	동거/사별/이혼/별거	(33)	33.3	63.6	42.4	51.5

[표 2-44] 다른 세대와의 관계에서 어려운 정도(요약표-어렵다) - 40~50대(계속)

구분		사례 수	나보다 젊은 세대와의 대화	나보다 젊은 세대의 생각을 이해하기	나보다 나이든 세대와의 대화	나보다 나이든 세대의 생각을 이해하기
전체		(500)	45.0	50.8	42.0	47.4
가구원 수	1인	(64)	42.2	51.6	40.6	54.7
	2인	(68)	36.8	48.5	38.2	48.5
	3인	(175)	48.0	52.0	46.3	45.1
	4인 이상	(193)	46.1	50.3	39.9	46.6
이념 성향	진보	(126)	39.7	49.2	41.3	46.8
	중도	(218)	37.2	45.0	41.7	47.7
	보수	(156)	60.3	60.3	42.9	47.4
직업	화이트칼라	(328)	44.2	51.8	41.2	47.9
	블루칼라	(61)	47.5	49.2	44.3	47.5
	주부/무직/기타	(111)	45.9	48.6	43.2	45.9
고용 형태	상용직 임금근로자	(314)	45.9	50.6	43.3	49.7
	임시/일용/특수직 근로자	(39)	43.6	56.4	35.9	43.6
	자영업자/무급가족종사자	(31)	35.5	48.4	29.0	35.5
권역	도심권	(25)	40.0	52.0	48.0	60.0
	동북권	(155)	47.7	50.3	39.4	45.2
	서북권	(60)	56.7	55.0	48.3	50.0
	서남권	(149)	38.9	49.0	39.6	47.0
	동남권	(111)	44.1	51.4	44.1	46.8

2 경제사회적 특성

1) 소득과 소비

소비생활 만족도

◈ 20~30대

20~30대가 현재 전반적인 소비 생활에 '만족한다(매우 만족한다+약간 만족한다)'라고 응답한 비율은 48.4%, '불만족 한다(매우 불만족한다+약간 불만족한다)'라고 응답한 비율은 18.0%로 나타남. 5점 만점 기준으로는 3.31점으로 나타남

[그림 2-37] 소비생활 만족도 – 20~30대

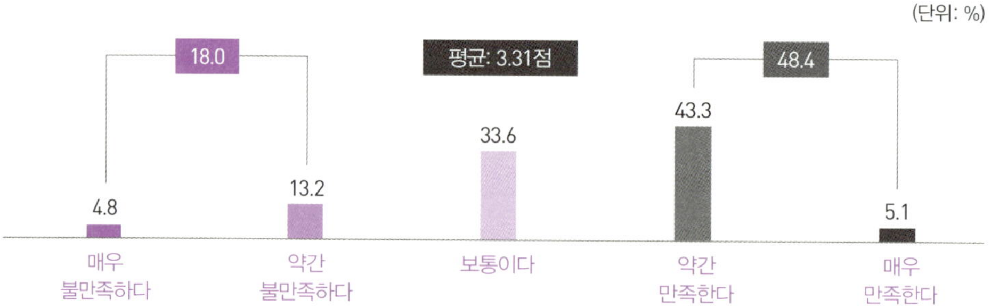

5점 평균을 상세분석한 결과, 성별로는 남성(3.33점)에서 높게 나타났고 연령별로는 20대(3.33점), 학력별로는 대재(전문대/대학교)(3.48점), 대학원 이상(3.45점), 가구 소득별로는 500~700만 원 미만(3.54점), 700만 원 이상(3.47점), 혼인상태별로는 동거/사별/이혼/별거(3.60점), 기혼(3.58점), 가구원수별로는 2인(3.38점), 3인(3.36점), 이

념 성향별로는 보수(3.54점), 직업별로는 화이트칼라(3.38점), 학생(3.33점), 고용형태별로는 자영업자/무급가족종사자(3.74점), 권역별로는 동남권(3.49점), 도심권(3.40점)에서 높게 나타남

◈ 40~50대

40~50대는 '만족한다(매우 만족한다+약간 만족한다)'라고 응답한 비율은 42.2%, '불만족 한다(매우 불만족한다+약간 불만족한다)'라고 응답한 비율은 17.8%로 나타남. 5점 만점 기준으로는 3.24점으로 나타남

[그림 2-38] 소비생활 만족도 – 40~50대

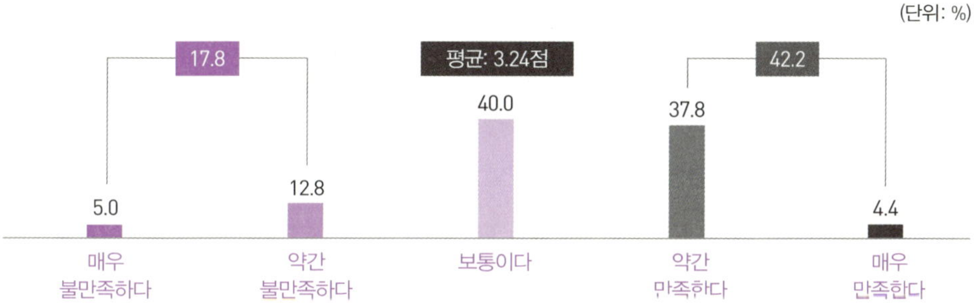

5점 평균을 상세분석한 결과, 성별로는 남성(3.30점)에서 높게 나타났고 연령별로는 40대(3.25점), 학력별로는 대재(전문대/대학교)(3.50점), 대학원 이상(3.47점), 가구 소득별로는 700만 원 이상(3.54점), 혼인상태별로는 기혼(3.36점), 가구원 수별로는 4인 이상(3.39점), 3인(3.26점), 이념 성향별로는 보수(3.53점), 직업별로는 화이트칼라(3.36점), 고용형태별로는 상용직 임금근로자(3.32점), 자영업자/무급가족종사자(3.29점), 권역별로는 도심권(3.60점)에서 높게 나타남

[표 2-45] 소비생활 만족도 – 20~30대

구분		사례 수	① 매우 불만족 한다	② 약간 불만족 한다	③ 보통 이다	④ 약간 만족 한다	⑤ 매우 만족 한다	종합			[평균]
								불만족 한다	보통 이다	만족 한다	
전체		(1,000)	4.8	13.2	33.6	43.3	5.1	18.0	33.6	48.4	3.31
성별	남성	(490)	5.5	11.7	33.3	43.7	5.9	17.2	33.3	49.6	3.33
	여성	(510)	4.1	14.7	33.9	42.9	4.3	18.8	33.9	47.3	3.29
연령	20대	(498)	3.4	13.5	35.3	42.8	5.0	16.9	35.3	47.8	3.33
	30대	(502)	6.2	12.9	31.9	43.8	5.2	19.1	31.9	49.0	3.29
학력	고졸 이하	(97)	7.5	17.7	37.9	34.8	2.1	25.2	37.9	36.9	3.06
	대재	(127)	4.0	7.1	35.2	44.4	9.4	11.1	35.2	53.8	3.48
	대졸	(677)	5.0	13.4	34.0	43.0	4.6	18.4	34.0	47.6	3.29
	대학원 이상	(99)	2.0	15.1	24.5	52.4	6.0	17.1	24.5	58.4	3.45
가구 소득	200만 원 미만	(102)	10.4	18.5	36.9	28.4	5.9	28.9	36.9	34.3	3.01
	200~300만 원 미만	(148)	5.4	19.5	43.3	27.0	4.7	24.9	43.3	31.8	3.06
	300~500만 원 미만	(287)	5.3	15.4	33.5	42.3	3.5	20.8	33.5	45.7	3.23
	500~700만 원 미만	(196)	2.0	8.2	30.0	53.1	6.6	10.2	30.0	59.8	3.54
	700만 원 이상	(267)	3.7	9.0	29.7	51.9	5.6	12.8	29.7	57.5	3.47
혼인 상태	기혼	(220)	3.2	7.7	22.7	60.5	5.9	10.9	22.7	66.4	3.58
	미혼	(745)	5.5	14.7	37.2	38.5	4.2	20.1	37.2	42.6	3.21
	동거/사별/이혼/별거	(35)	0.0	17.3	25.0	37.6	20.1	17.3	25.0	57.7	3.60

[표 2-45] 소비생활 만족도 - 20~30대(계속)

구분		사례 수	① 매우 불만족 한다	② 약간 불만족 한다	③ 보통 이다	④ 약간 만족 한다	⑤ 매우 만족 한다	종합			[평균]
								불만족 한다	보통 이다	만족 한다	
전체		(1,000)	4.8	13.2	33.6	43.3	5.1	18.0	33.6	48.4	3.31
가구원 수	1인	(218)	6.0	16.5	38.9	36.3	2.3	22.5	38.9	38.6	3.12
	2인	(159)	4.4	12.6	30.7	45.4	6.9	17.0	30.7	52.3	3.38
	3인	(290)	4.5	13.2	28.6	49.3	4.5	17.6	28.6	53.8	3.36
	4인 이상	(333)	4.4	11.4	35.9	41.6	6.6	15.9	35.9	48.2	3.35
이념 성향	진보	(231)	8.2	14.3	25.6	47.5	4.3	22.5	25.6	51.9	3.25
	중도	(429)	5.3	15.0	41.9	34.8	3.0	20.3	41.9	37.8	3.15
	보수	(341)	1.8	10.3	28.6	51.2	8.2	12.1	28.6	59.4	3.54
직업	화이트칼라	(644)	3.7	12.8	31.1	47.0	5.5	16.5	31.1	52.5	3.38
	블루칼라	(141)	5.0	11.9	36.4	42.5	4.2	16.9	36.4	46.8	3.29
	학생	(106)	4.9	11.3	36.7	40.6	6.5	16.2	36.7	47.1	3.33
	주부/무직/기타	(109)	11.0	19.2	42.0	25.1	2.7	30.2	42.0	27.8	2.89
고용 형태	상용직 임금근로자	(620)	3.3	13.4	32.4	47.0	3.9	16.7	32.4	50.9	3.35
	임시/일용/특수직 근로자	(97)	8.3	13.3	34.2	36.0	8.2	21.6	34.2	44.2	3.22
	자영업자/ 무급가족종사자	(58)	3.5	3.5	22.3	57.0	13.8	6.9	22.3	70.8	3.74
권역	도심권	(50)	3.0	16.0	29.1	41.9	10.0	19.0	29.1	51.9	3.40
	동북권	(295)	6.8	12.5	35.2	41.4	4.1	19.3	35.2	45.5	3.23
	서북권	(123)	6.7	16.4	36.2	36.6	4.1	23.2	36.2	40.7	3.15
	서남권	(329)	3.1	14.9	34.1	44.3	3.6	18.0	34.1	47.9	3.31
	동남권	(203)	3.9	8.9	30.0	48.8	8.4	12.8	30.0	57.2	3.49

[표 2-46] 소비생활 만족도 – 40~50대

구분		사례 수	① 매우 불만족 한다	② 약간 불만족 한다	③ 보통 이다	④ 약간 만족 한다	⑤ 매우 만족 한다	종합			[평균]
								불만족 한다	보통 이다	만족 한다	
전체		(500)	5.0	12.8	40.0	37.8	4.4	17.8	40.0	42.2	3.24
성별	남성	(247)	2.4	12.6	41.7	38.9	4.5	15.0	41.7	43.3	3.30
	여성	(253)	7.5	13.0	38.3	36.8	4.3	20.6	38.3	41.1	3.17
연령	40대	(248)	3.6	13.3	40.7	39.5	2.8	16.9	40.7	42.3	3.25
	50대	(252)	6.3	12.3	39.3	36.1	6.0	18.7	39.3	42.1	3.23
학력	고졸 이하	(61)	14.8	16.4	37.7	27.9	3.3	31.1	37.7	31.1	2.89
	대재	(16)	0.0	0.0	56.3	37.5	6.3	0.0	56.3	43.8	3.50
	대졸	(365)	4.1	12.9	40.8	38.4	3.8	17.0	40.8	42.2	3.25
	대학원 이상	(58)	1.7	12.1	32.8	44.8	8.6	13.8	32.8	53.4	3.47
가구 소득	200만 원 미만	(45)	15.6	37.8	33.3	11.1	2.2	53.3	33.3	13.3	2.47
	200~300만 원 미만	(41)	9.8	12.2	43.9	31.7	2.4	22.0	43.9	34.1	3.05
	300~500만 원 미만	(125)	7.2	9.6	46.4	36.8	0.0	16.8	46.4	36.8	3.13
	500~700만 원 미만	(129)	2.3	14.0	41.1	37.2	5.4	16.3	41.1	42.6	3.29
	700만 원 이상	(160)	1.3	7.5	35.0	48.1	8.1	8.8	35.0	56.3	3.54
혼인 상태	기혼	(340)	4.1	8.8	40.0	40.9	6.2	12.9	40.0	47.1	3.36
	미혼	(127)	7.1	18.9	42.5	30.7	0.8	26.0	42.5	31.5	2.99
	동거/사별/이혼/별거	(33)	6.1	30.3	30.3	33.3	0.0	36.4	30.3	33.3	2.91

[표 2-46] 소비생활 만족도 – 40~50대(계속)

구분		사례 수	① 매우 불만족 한다	② 약간 불만족 한다	③ 보통 이다	④ 약간 만족 한다	⑤ 매우 만족 한다	종합			[평균]
								불만족 한다	보통 이다	만족 한다	
전체		(500)	5.0	12.8	40.0	37.8	4.4	17.8	40.0	42.2	3.24
가구원 수	1인	(64)	4.7	28.1	32.8	32.8	1.6	32.8	32.8	34.4	2.98
	2인	(68)	11.8	16.2	33.8	36.8	1.5	27.9	33.8	38.2	3.00
	3인	(175)	4.6	10.9	42.9	37.7	4.0	15.4	42.9	41.7	3.26
	4인 이상	(193)	3.1	8.3	42.0	39.9	6.7	11.4	42.0	46.6	3.39
이념 성향	진보	(126)	4.8	19.8	31.7	38.1	5.6	24.6	31.7	43.7	3.20
	중도	(218)	6.4	12.4	52.3	27.1	1.8	18.8	52.3	28.9	3.06
	보수	(156)	3.2	7.7	29.5	52.6	7.1	10.9	29.5	59.6	3.53
직업	화이트칼라	(328)	1.8	11.6	40.2	41.5	4.9	13.4	40.2	46.3	3.36
	블루칼라	(61)	11.5	18.0	47.5	21.3	1.6	29.5	47.5	23.0	2.84
	주부/무직/기타	(111)	10.8	13.5	35.1	36.0	4.5	24.3	35.1	40.5	3.10
고용 형태	상용직 임금근로자	(314)	2.2	11.5	42.7	38.9	4.8	13.7	42.7	43.6	3.32
	임시/일용/특수직 근로자	(39)	10.3	25.6	35.9	28.2	0.0	35.9	35.9	28.2	2.82
	자영업자/ 무급가족종사자	(31)	6.5	9.7	38.7	38.7	6.5	16.1	38.7	45.2	3.29
권역	도심권	(25)	0.0	4.0	36.0	56.0	4.0	4.0	36.0	60.0	3.60
	동북권	(155)	5.2	14.8	37.4	36.8	5.8	20.0	37.4	42.6	3.23
	서북권	(60)	8.3	10.0	41.7	38.3	1.7	18.3	41.7	40.0	3.15
	서남권	(149)	6.0	12.8	38.9	36.9	5.4	18.8	38.9	42.3	3.23
	동남권	(111)	2.7	13.5	45.0	36.0	2.7	16.2	45.0	38.7	3.23

2) 일과 여가

직업 선택 시 중요 고려 요인

◈ 20~30대

20~30대가 직업을 선택할 때 가장 중요하게 고려하는 요인(1순위)으로는 '수입'이 26.4%로 가장 높고, 그다음으로는 '근무 환경'(23.8%), '적성·흥미'(16.4%) 순으로 나타남

[그림 2-39] 직업 선택 시 중요 고려 요인 – 20~30대

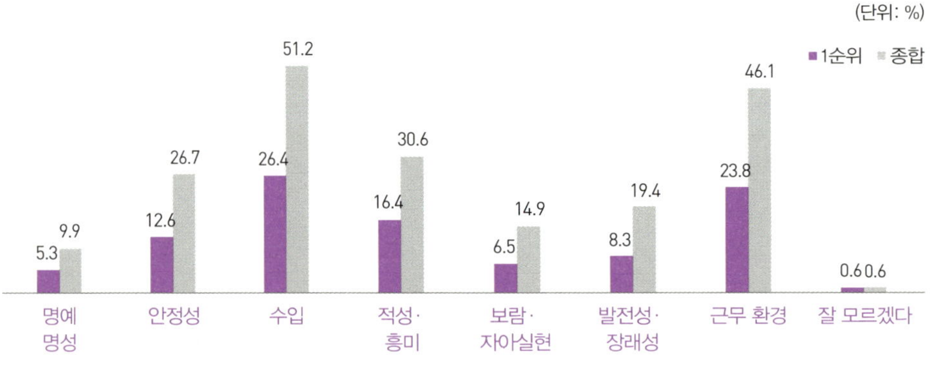

'수입'에 대한 상세분석 결과(1순위), 성별로는 남성(30.0%)에서 높게 나타났고 연령별로는 30대(29.1%), 학력별로는 고졸 이하(33.1%), 가구 소득별로는 700만 원 이상(30.0%), 500~700만 원 미만(29.6%), 혼인상태별로는 동거/사별/이혼/별거(34.5%), 가구원 수별로는 3인(29.8%), 이념 성향별로는 중도(28.6%), 진보(28.1%), 직업별로는 화이트칼라(27.7%), 학생(27.4%), 고용형태별로는 자영업자/무급가족종사자(31.1%), 권역별로는 서북권(29.5%), 동북권(28.6%)에서 높게 나타남

◈ **40~50대**

40~50대가 직업 선택 시 가장 중요하게 고려하는 요인(1순위)으로 '수입' 응답이 26.8%로 가장 높고, 그다음으로는 '안정성'(20.4%), '근무 환경'(17.4%) 순으로 나타남

[그림 2-40] 직업 선택 시 중요 고려 요인 – 40~50대

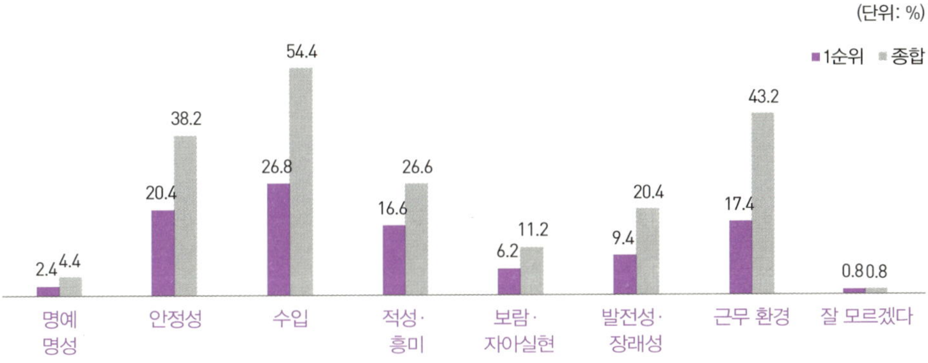

'수입'에 대한 상세분석 결과(1순위), 성별로는 남성(32.0%)에서 높게 나타났고 연령별로는 40대(30.2%), 학력별로는 대졸(전문대/대학교 졸업)(29.6%), 가구 소득별로는 200~300만 원 미만(34.1%), 혼인상태별로는 미혼(33.9%), 가구원 수별로는 2인(32.4%), 이념 성향별로는 보수(27.6%), 직업별로는 블루칼라(36.1%), 고용형태별로는 임시/일용/특수직 근로자(30.8%), 권역별로는 동남권(35.1%)에서 높게 나타남

[표 2-47] 직업 선택 시 중요 고려 요인(종합) – 20~30대

구분		사례 수	명예·명성	안정성	수입	적성·흥미	보람·자아실현	발전성·장래성	근무 환경(근무시간, 노동 강도 등)	잘 모르겠다
전체		(1,000)	9.9	26.7	51.2	30.6	14.9	19.4	46.1	0.6
성별	남성	(490)	10.6	26.7	52.7	30.3	16.4	21.6	41.0	0.4
	여성	(510)	9.2	26.7	49.8	31.0	13.5	17.3	51.0	0.8
연령	20대	(498)	12.0	27.7	45.8	34.4	16.1	20.2	42.9	0.4
	30대	(502)	7.8	25.7	56.6	26.9	13.7	18.5	49.2	0.8
학력	고졸 이하	(97)	6.2	22.7	54.9	28.7	14.4	17.5	53.5	1.0
	대재	(127)	12.6	29.6	44.4	26.7	20.8	25.8	40.0	0.0
	대졸	(677)	9.2	27.5	51.5	31.2	13.1	18.6	47.4	0.7
	대학원 이상	(99)	15.0	21.1	54.2	33.7	20.1	18.0	37.9	0.0
가구 소득	200만 원 미만	(102)	6.1	26.2	41.3	38.8	13.7	21.4	44.6	3.9
	200~300만 원 미만	(148)	8.1	25.8	47.7	32.1	18.1	22.0	44.9	0.7
	300~500만 원 미만	(287)	10.1	28.6	54.2	27.4	15.3	16.4	48.0	0.0
	500~700만 원 미만	(196)	12.8	24.4	50.5	31.0	19.3	17.9	44.2	0.0
	700만 원 이상	(267)	10.0	27.0	54.3	29.9	10.1	21.4	46.6	0.4
혼인 상태	기혼	(220)	14.4	26.7	51.7	27.6	13.5	17.2	48.0	0.5
	미혼	(745)	8.6	26.7	51.2	32.6	15.1	19.4	45.0	0.7
	동거/사별/이혼/별거	(35)	8.0	25.8	48.6	8.0	20.4	31.6	57.5	0.0

[표 2-47] 직업 선택 시 중요 고려 요인(종합) – 20~30대(계속)

구분		사례 수	명예·명성	안정성	수입	적성·흥미	보람·자아실현	발전성·장래성	근무 환경(근무시간, 노동 강도 등)	잘 모르겠다
전체		(1,000)	9.9	26.7	51.2	30.6	14.9	19.4	46.1	0.6
가구원 수	1인	(218)	13.0	25.7	53.6	30.9	17.0	16.2	41.8	0.9
	2인	(159)	5.7	21.3	49.1	33.2	16.1	22.9	50.4	0.6
	3인	(290)	8.6	25.1	53.2	30.6	13.4	17.6	51.5	0.0
	4인 이상	(333)	11.0	31.3	48.9	29.3	14.4	21.3	42.1	0.9
이념 성향	진보	(231)	6.9	25.1	48.3	33.3	14.3	14.8	55.6	0.9
	중도	(429)	6.7	28.5	54.8	31.3	14.4	18.4	45.1	0.5
	보수	(341)	16.0	25.5	48.6	28.1	16.1	23.7	40.9	0.6
직업	화이트칼라	(644)	10.5	25.7	53.1	28.1	14.0	20.7	47.3	0.3
	블루칼라	(141)	6.5	26.0	46.6	31.7	16.9	24.6	47.9	0.0
	학생	(106)	14.6	32.2	48.7	33.5	22.3	20.4	28.4	0.0
	주부/무직/기타	(109)	6.4	27.9	48.6	41.3	10.9	3.7	53.9	3.7
고용 형태	상용직 임금근로자	(620)	9.5	26.5	55.2	27.4	12.1	20.0	48.7	0.3
	임시/일용/특수직 근로자	(97)	10.1	23.4	36.8	36.0	21.6	23.4	48.7	0.0
	자영업자/무급가족종사자	(58)	13.8	24.2	41.4	30.7	27.4	32.9	29.6	0.0
권역	도심권	(50)	16.7	21.5	52.7	25.4	12.0	21.6	50.1	0.0
	동북권	(295)	8.3	27.1	52.5	32.5	13.9	20.9	44.2	0.3
	서북권	(123)	8.9	26.9	53.8	30.8	13.6	21.5	44.6	0.0
	서남권	(329)	9.5	28.0	49.2	33.2	13.5	16.4	47.7	1.2
	동남권	(203)	11.8	25.1	50.7	25.1	20.2	20.1	46.0	0.5

[표 2-48] 직업 선택 시 중요 고려 요인(1순위) - 20~30대

구분		사례 수	명예·명성	안정성	수입	적성·흥미	보람·자아실현	발전성·장래성	근무 환경(근무시간, 노동 강도 등)	잘 모르겠다
전체		(1,000)	5.3	12.6	26.4	16.4	6.5	8.3	23.8	0.6
성별	남성	(490)	5.1	13.1	30.0	15.6	8.0	8.8	18.8	0.4
	여성	(510)	5.5	12.2	22.9	17.1	5.1	7.8	28.6	0.8
연령	20대	(498)	6.4	13.9	23.7	19.4	6.7	9.5	19.9	0.4
	30대	(502)	4.2	11.4	29.1	13.3	6.4	7.2	27.7	0.8
학력	고졸 이하	(97)	4.1	9.4	33.1	14.2	5.1	5.1	28.0	1.0
	대재	(127)	9.4	11.1	29.2	13.6	9.1	10.6	17.0	0.0
	대졸	(677)	4.0	13.8	24.8	16.7	5.9	8.6	25.5	0.7
	대학원 이상	(99)	10.2	9.9	27.3	19.9	9.0	6.9	16.8	0.0
가구 소득	200만 원 미만	(102)	2.9	16.4	16.4	22.0	5.9	11.3	21.2	3.9
	200~300만 원 미만	(148)	5.4	13.8	19.6	18.1	8.7	8.6	25.2	0.7
	300~500만 원 미만	(287)	4.5	12.2	28.1	13.5	5.8	6.6	29.3	0.0
	500~700만 원 미만	(196)	7.2	12.8	29.6	16.2	8.0	7.3	19.0	0.0
	700만 원 이상	(267)	5.6	10.9	30.0	16.5	5.3	9.7	21.7	0.4
혼인 상태	기혼	(220)	7.3	9.9	28.6	13.2	5.3	6.8	28.4	0.5
	미혼	(745)	4.7	13.9	25.4	17.9	6.5	8.8	22.1	0.7
	동거/사별/이혼/별거	(35)	5.2	2.9	34.5	2.9	14.6	8.3	31.7	0.0

[표 2-48] 직업 선택 시 중요 고려 요인(1순위) – 20~30대(계속)

구분		사례 수	명예·명성	안정성	수입	적성·흥미	보람·자아실현	발전성·장래성	근무 환경(근무시간, 노동 강도 등)	잘 모르겠다
전체		(1,000)	5.3	12.6	26.4	16.4	6.5	8.3	23.8	0.6
가구원 수	1인	(218)	5.9	15.1	25.7	15.7	7.3	7.9	21.5	0.9
	2인	(159)	3.8	8.1	25.7	15.8	8.5	9.1	28.3	0.6
	3인	(290)	6.2	12.4	29.8	16.1	4.1	5.9	25.5	0.0
	4인 이상	(333)	4.8	13.3	24.3	17.3	7.2	10.4	21.8	0.9
이념 성향	진보	(231)	4.3	11.3	28.1	20.3	6.5	4.8	23.9	0.9
	중도	(429)	3.5	12.9	28.6	15.5	5.4	8.8	25.0	0.5
	보수	(341)	8.3	13.2	22.6	14.8	8.1	10.2	22.3	0.6
직업	화이트칼라	(644)	5.1	12.2	27.7	14.9	6.5	9.2	24.2	0.3
	블루칼라	(141)	6.5	11.3	24.0	16.2	6.9	7.7	27.3	0.0
	학생	(106)	7.7	18.3	27.4	20.1	10.2	9.7	6.6	0.0
	주부/무직/기타	(109)	2.7	11.5	21.1	21.8	2.7	2.7	33.9	3.7
고용 형태	상용직 임금근로자	(620)	4.5	12.8	28.4	13.5	5.5	9.0	26.0	0.3
	임시/일용/특수식 근로자	(97)	7.9	9.2	14.5	25.8	10.3	9.1	23.2	0.0
	자영업자/무급가족종사자	(58)	10.4	8.6	31.1	15.5	11.9	8.7	13.8	0.0
권역	도심권	(50)	7.6	8.0	21.5	10.3	8.0	10.0	34.6	0.0
	동북권	(295)	3.4	13.2	28.6	18.4	5.8	8.9	21.4	0.3
	서북권	(123)	4.8	12.4	29.5	16.2	6.4	10.7	20.1	0.0
	서남권	(329)	5.9	15.5	23.9	15.9	6.3	5.8	25.5	1.2
	동남권	(203)	6.8	8.4	26.6	15.8	7.9	9.7	24.3	0.5

[표 2-49] 직업 선택 시 중요 고려 요인(종합) – 40~50대

구분		사례 수	명예·명성	안정성	수입	적성·흥미	보람·자아실현	발전성·장래성	근무 환경(근무시간, 노동 강도 등)	잘 모르겠다
전체		(500)	4.4	38.2	54.4	26.6	11.2	20.4	43.2	0.8
성별	남성	(247)	6.1	38.5	55.9	23.9	12.6	25.1	38.1	0.0
	여성	(253)	2.8	37.9	53.0	29.2	9.9	15.8	48.2	1.6
연령	40대	(248)	6.0	35.1	56.5	25.0	11.7	19.0	44.4	1.2
	50대	(252)	2.8	41.3	52.4	28.2	10.7	21.8	42.1	0.4
학력	고졸 이하	(61)	0.0	42.6	57.4	23.0	6.6	18.0	52.5	0.0
	대재	(16)	12.5	37.5	43.8	18.8	12.5	37.5	37.5	0.0
	대졸	(365)	5.2	38.1	55.1	27.4	11.2	20.3	41.1	0.8
	대학원 이상	(58)	1.7	34.5	50.0	27.6	15.5	19.0	48.3	1.7
가구 소득	200만 원 미만	(45)	2.2	40.0	44.4	17.8	13.3	22.2	55.6	2.2
	200~300만 원 미만	(41)	2.4	36.6	65.9	29.3	7.3	12.2	46.3	0.0
	300~500만 원 미만	(125)	0.8	40.0	54.4	24.8	10.4	21.6	48.0	0.0
	500~700만 원 미만	(129)	4.7	40.3	48.8	29.5	11.6	18.6	41.9	2.3
	700만 원 이상	(160)	8.1	35.0	58.8	27.5	11.9	22.5	36.3	0.0
혼인 상태	기혼	(340)	4.7	40.6	52.4	28.2	10.3	21.8	40.3	0.9
	미혼	(127)	3.9	35.4	58.3	24.4	13.4	17.3	45.7	0.8
	동거/사별/이혼/별거	(33)	3.0	24.2	60.6	18.2	12.1	18.2	63.6	0.0

[표 2-49] 직업 선택 시 중요 고려 요인(종합) – 40~50대(계속)

구분		사례 수	명예·명성	안정성	수입	적성·흥미	보람·자아실현	발전성·장래성	근무 환경(근무시간, 노동 강도 등)	잘 모르겠다
전체		(500)	4.4	38.2	54.4	26.6	11.2	20.4	43.2	0.8
가구원 수	1인	(64)	1.6	32.8	50.0	26.6	14.1	18.8	53.1	1.6
	2인	(68)	7.4	35.3	63.2	26.5	14.7	11.8	41.2	0.0
	3인	(175)	3.4	39.4	52.6	30.3	10.3	18.9	45.1	0.0
	4인 이상	(193)	5.2	39.9	54.4	23.3	9.8	25.4	38.9	1.6
이념 성향	진보	(126)	4.0	30.2	57.1	28.6	11.1	19.0	46.8	1.6
	중도	(218)	3.2	43.1	54.1	26.1	10.6	19.3	43.6	0.0
	보수	(156)	6.4	37.8	52.6	25.6	12.2	23.1	39.7	1.3
직업	화이트칼라	(328)	5.5	39.3	56.7	25.3	12.5	21.3	38.7	0.3
	블루칼라	(61)	1.6	26.2	63.9	26.2	8.2	21.3	52.5	0.0
	주부/무직/기타	(111)	2.7	41.4	42.3	30.6	9.0	17.1	51.4	2.7
고용 형태	상용직 임금근로자	(314)	5.1	38.9	56.7	23.9	11.5	21.3	42.0	0.3
	임시/일용/특수직 근로자	(39)	2.6	25.6	64.1	30.8	12.8	17.9	46.2	0.0
	자영업자/무급가족종사자	(31)	6.5	35.5	61.3	35.5	9.7	29.0	22.6	0.0
권역	도심권	(25)	8.0	36.0	32.0	16.0	20.0	36.0	52.0	0.0
	동북권	(155)	3.9	44.5	51.0	24.5	11.0	19.4	45.8	0.0
	서북권	(60)	1.7	41.7	63.3	20.0	6.7	33.3	33.3	0.0
	서남권	(149)	6.0	32.2	54.4	30.2	10.1	16.1	48.3	1.3
	동남권	(111)	3.6	36.0	59.5	30.6	13.5	17.1	36.0	1.8

[표 2-50] 직업 선택 시 중요 고려 요인(1순위) – 40~50대

구분		사례 수	명예·명성	안정성	수입	적성·흥미	보람·자아실현	발전성·장래성	근무 환경(근무시간, 노동 강도 등)	잘 모르겠다
전체		(500)	2.4	20.4	26.8	16.6	6.2	9.4	17.4	0.8
성별	남성	(247)	3.6	19.4	32.0	12.6	7.7	10.9	13.8	0.0
	여성	(253)	1.2	21.3	21.7	20.6	4.7	7.9	20.9	1.6
연령	40대	(248)	3.2	15.7	30.2	14.9	6.5	9.7	18.5	1.2
	50대	(252)	1.6	25.0	23.4	18.3	6.0	9.1	16.3	0.4
학력	고졸 이하	(61)	0.0	23.0	24.6	14.8	6.6	8.2	23.0	0.0
	대재	(16)	6.3	31.3	6.3	6.3	12.5	18.8	18.8	0.0
	대졸	(365)	2.7	20.0	29.6	16.7	5.2	9.0	15.9	0.8
	대학원 이상	(58)	1.7	17.2	17.2	20.7	10.3	10.3	20.7	1.7
가구 소득	200만 원 미만	(45)	0.0	20.0	22.2	11.1	8.9	8.9	26.7	2.2
	200~300만 원 미만	(41)	2.4	17.1	34.1	17.1	2.4	4.9	22.0	0.0
	300~500만 원 미만	(125)	0.0	22.4	27.2	13.6	7.2	11.2	18.4	0.0
	500~700만 원 미만	(129)	2.3	19.4	26.4	17.8	6.2	10.1	15.5	2.3
	700만 원 이상	(160)	5.0	20.6	26.3	19.4	5.6	8.8	14.4	0.0
혼인 상태	기혼	(340)	2.6	22.9	24.4	18.2	5.6	10.6	14.7	0.9
	미혼	(127)	2.4	16.5	33.9	12.6	7.9	5.5	20.5	0.8
	동거/사별/이혼/별거	(33)	0.0	9.1	24.2	15.2	6.1	12.1	33.3	0.0

[표 2-50] 직업 선택 시 중요 고려 요인(1순위) – 40~50대(계속)

구분		사례 수	명예·명성	안정성	수입	적성·흥미	보람·자아실현	발전성·장래성	근무 환경(근무시간, 노동 강도 등)	잘 모르겠다
전체		(500)	2.4	20.4	26.8	16.6	6.2	9.4	17.4	0.8
가구원 수	1인	(64)	1.6	17.2	28.1	15.6	7.8	9.4	18.8	1.6
	2인	(68)	4.4	14.7	32.4	16.2	11.8	7.4	13.2	0.0
	3인	(175)	1.7	20.0	25.1	18.3	6.3	9.1	19.4	0.0
	4인 이상	(193)	2.6	23.8	25.9	15.5	3.6	10.4	16.6	1.6
이념 성향	진보	(126)	3.2	17.5	26.2	15.9	7.1	9.5	19.0	1.6
	중도	(218)	1.8	23.9	26.6	16.1	6.4	7.3	17.9	0.0
	보수	(156)	2.6	17.9	27.6	17.9	5.1	12.2	15.4	1.3
직업	화이트칼라	(328)	3.4	19.2	28.0	17.4	6.4	8.8	16.5	0.3
	블루칼라	(61)	1.6	16.4	36.1	8.2	6.6	14.8	16.4	0.0
	주부/무직/기타	(111)	0.0	26.1	18.0	18.9	5.4	8.1	20.7	2.7
고용 형태	상용직 임금근로자	(314)	3.5	19.1	29.3	15.6	5.7	9.9	16.6	0.3
	임시/일용/특수직 근로자	(39)	0.0	15.4	30.8	20.5	10.3	7.7	15.4	0.0
	자영업자/무급가족종사자	(31)	3.2	19.4	29.0	12.9	9.7	12.9	12.9	0.0
권역	도심권	(25)	8.0	16.0	4.0	8.0	20.0	20.0	24.0	0.0
	동북권	(155)	2.6	22.6	21.9	16.8	5.2	7.7	23.2	0.0
	서북권	(60)	0.0	26.7	21.7	10.0	3.3	21.7	16.7	0.0
	서남권	(149)	2.0	16.1	31.5	20.8	5.4	6.7	16.1	1.3
	동남권	(111)	2.7	20.7	35.1	16.2	7.2	6.3	9.9	1.8

2050년 예상 고용안정성

◈ 20~30대

20~30대가 생각하는 2050년 예상 고용안정성은 '근로자들의 고용안정성은 지금과 같을 것이다'가 44.4%로 가장 높았고, 그다음으로는 '근로자들의 고용안정성은 나빠질 것이다'(40.3%) '근로자들의 고용안정성은 개선될 것이다'(15.4%) 순으로 나타남

[그림 2-41] 2050년 예상 고용안정성 – 20~30대

(단위: %)

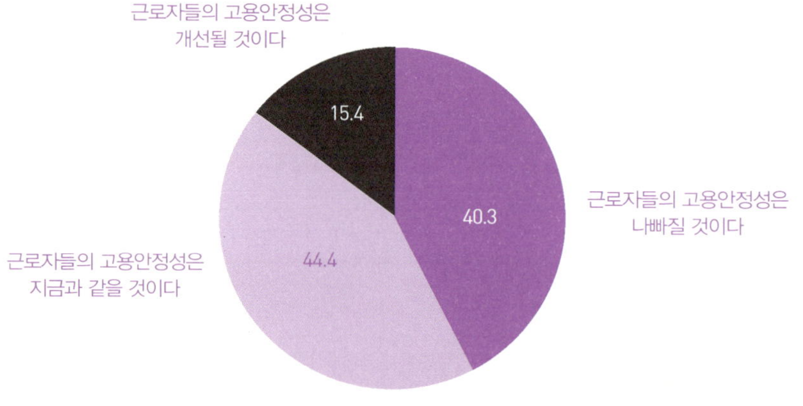

'근로자들의 고용안정성은 지금과 같을 것이다'에 대한 상세분석 결과, 성별로는 남성(46.8%)에서 높게 나타났고 연령별로는 20대(47.3%), 학력별로는 대졸(전문대/대학교 졸업)(45.8%), 대재(전문대/대학교)(45.8%), 가구 소득별로는 500~700만 원 미만(47.6%), 300~500만 원 미만(46.9%), 혼인상태별로는 기혼(50.6%), 동거/사별/이혼/별거(48.5%), 가구원 수별로는 2인(46.0%), 4인 이상(45.0%), 이념 성향별로는 보수(51.1%), 직업별로는 블루칼라(50.8%), 고용형태별로는 자영업자/무급가족종사자(55.5%), 권역별로는 서북권(46.9%), 서남권(45.1%)에서 높게 나타남

◈ 40~50대

40~50대는 '근로자들의 고용안정성은 나빠질 것이다'가 40.4%로 가장 높았고, 그 다음으로는 '근로자들의 고용안정성은 지금과 같을 것이다'(38.2%), '근로자들의 고용안정성은 개선될 것이다'(21.4%) 순으로 나타남

[그림 2-42] 2050년 예상 고용안정성 – 40~50대

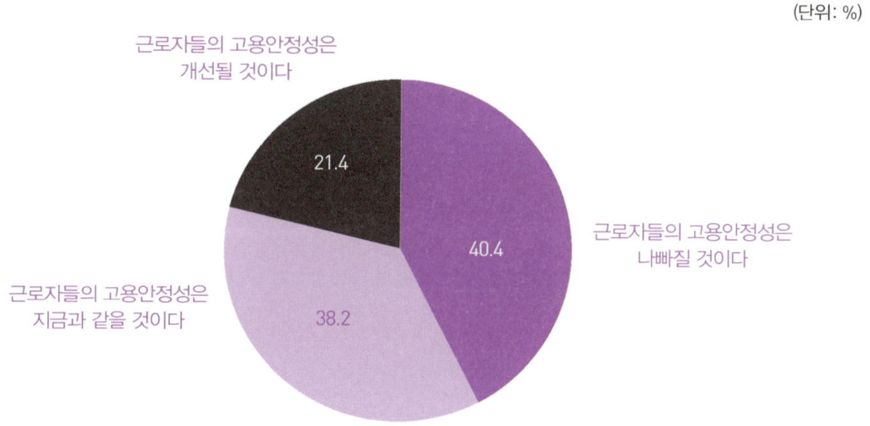

'근로자들의 고용안정성은 지금과 같을 것이다'에 대한 상세분석 결과, 성별로는 남성(43.3%)에서 높게 나타났고 연령별로는 50대(40.9%), 학력별로는 대졸(전문대/대학교 졸업)(42.2%), 가구 소득별로는 200~300만 원 미만(46.3%), 500~700만 원 미만(44.2%), 혼인상태별로는 기혼(41.5%), 가구원 수별로는 3인(45.1%), 이념 성향별로는 진보(42.1%), 중도(41.7%), 직업별로는 화이트칼라(42.4%), 고용형태별로는 임시/일용/특수직 근로자(43.6%), 자영업자/무급가족종사자(41.9%), 권역별로는 동북권(43.9%), 서북권(43.3%)에서 높게 나타남

[표 2-51] 2050년 예상 고용안정성 – 20~30대

구분		사례 수	근로자들의 고용안정성은 나빠질 것이다	근로자들의 고용안정성은 지금과 같을 것이다	근로자들의 고용안정성은 개선될 것이다	계
전체		(1,000)	40.3	44.4	15.4	100.0
성별	남성	(490)	37.7	46.8	15.5	100.0
	여성	(510)	42.7	42.0	15.3	100.0
연령	20대	(498)	36.1	47.3	16.6	100.0
	30대	(502)	44.4	41.4	14.1	100.0
학력	고졸 이하	(97)	37.5	45.2	17.3	100.0
	대재	(127)	36.2	45.8	18.1	100.0
	대졸	(677)	40.5	45.8	13.7	100.0
	대학원 이상	(99)	46.2	31.9	21.9	100.0
가구 소득	200만 원 미만	(102)	44.9	42.2	12.8	100.0
	200~300만 원 미만	(148)	42.3	44.2	13.5	100.0
	300~500만 원 미만	(287)	40.6	46.9	12.5	100.0
	500~700만 원 미만	(196)	33.9	47.6	18.5	100.0
	700만 원 이상	(267)	41.6	40.1	18.3	100.0
혼인 상태	기혼	(220)	34.0	50.6	15.3	100.0
	미혼	(745)	42.6	42.3	15.1	100.0
	동거/사별/이혼/별거	(35)	28.8	48.5	22.7	100.0

[표 2-51] 2050년 예상 고용안정성 – 20~30대(계속)

구분		사례 수	근로자들의 고용안정성은 나빠질 것이다	근로자들의 고용안정성은 지금과 같을 것이다	근로자들의 고용안정성은 개선될 것이다	계
전체		(1,000)	40.3	44.4	15.4	100.0
가구원 수	1인	(218)	45.2	44.4	10.5	100.0
	2인	(159)	38.3	46.0	15.7	100.0
	3인	(290)	40.3	42.7	17.0	100.0
	4인 이상	(333)	37.9	45.0	17.0	100.0
이념 성향	진보	(231)	46.2	35.1	18.6	100.0
	중도	(429)	41.3	43.9	14.7	100.0
	보수	(341)	34.9	51.1	14.0	100.0
직업	화이트칼라	(644)	40.1	44.5	15.4	100.0
	블루칼라	(141)	35.9	50.8	13.4	100.0
	학생	(106)	37.7	44.4	17.9	100.0
	주부/무직/기타	(109)	49.4	35.0	15.6	100.0
고용 형태	상용직 임금근로자	(620)	40.4	44.5	15.1	100.0
	임시/일용/특수직 근로자	(97)	39.9	47.6	12.4	100.0
	자영업자/무급가족종사자	(58)	24.0	55.5	20.5	100.0
권역	도심권	(50)	40.2	42.7	17.1	100.0
	동북권	(295)	40.8	44.8	14.4	100.0
	서북권	(123)	42.4	46.9	10.6	100.0
	서남권	(329)	37.6	45.1	17.3	100.0
	동남권	(203)	42.4	41.3	16.2	100.0

[표 2-52] 2050년 예상 고용안정성 – 40~50대

구분		사례 수	근로자들의 고용안정성은 나빠질 것이다	근로자들의 고용안정성은 지금과 같을 것이다	근로자들의 고용안정성은 개선될 것이다	계
전체		(500)	40.4	38.2	21.4	100.0
성별	남성	(247)	43.3	36.0	20.6	100.0
	여성	(253)	37.5	40.3	22.1	100.0
연령	40대	(248)	39.9	41.9	18.1	100.0
	50대	(252)	40.9	34.5	24.6	100.0
학력	고졸 이하	(61)	36.1	39.3	24.6	100.0
	대재	(16)	18.8	62.5	18.8	100.0
	대졸	(365)	42.2	37.5	20.3	100.0
	대학원 이상	(58)	39.7	34.5	25.9	100.0
가구 소득	200만 원 미만	(45)	37.8	37.8	24.4	100.0
	200~300만 원 미만	(41)	46.3	34.1	19.5	100.0
	300~500만 원 미만	(125)	34.4	42.4	23.2	100.0
	500~700만 원 미만	(129)	44.2	36.4	19.4	100.0
	700만 원 이상	(160)	41.3	37.5	21.3	100.0
혼인 상태	기혼	(340)	41.5	39.7	18.8	100.0
	미혼	(127)	38.6	39.4	22.0	100.0
	동거/사별/이혼/별거	(33)	36.4	18.2	45.5	100.0

[표 2-52] 2050년 예상 고용안정성 - 40~50대(계속)

구분		사례 수	근로자들의 고용안정성은 나빠질 것이다	근로자들의 고용안정성은 지금과 같을 것이다	근로자들의 고용안정성은 개선될 것이다	계
전체		(500)	40.4	38.2	21.4	100.0
가구원 수	1인	(64)	34.4	32.8	32.8	100.0
	2인	(68)	42.6	33.8	23.5	100.0
	3인	(175)	45.1	34.9	20.0	100.0
	4인 이상	(193)	37.3	44.6	18.1	100.0
이념 성향	진보	(126)	42.1	38.1	19.8	100.0
	중도	(218)	41.7	38.5	19.7	100.0
	보수	(156)	37.2	37.8	25.0	100.0
직업	화이트칼라	(328)	42.4	36.9	20.7	100.0
	블루칼라	(61)	37.7	44.3	18.0	100.0
	주부/무직/기타	(111)	36.0	38.7	25.2	100.0
고용 형태	상용직 임금근로자	(314)	41.7	39.2	19.1	100.0
	임시/일용/특수직 근로자	(39)	43.6	30.8	25.6	100.0
	자영업자/무급가족종사자	(31)	41.9	35.5	22.6	100.0
권역	도심권	(25)	32.0	52.0	16.0	100.0
	동북권	(155)	43.9	40.0	16.1	100.0
	서북권	(60)	43.3	35.0	21.7	100.0
	서남권	(149)	38.9	35.6	25.5	100.0
	동남권	(111)	37.8	37.8	24.3	100.0

2050년 예상 근로자 복지혜택

◈ 20~30대

20~30대가 생각하는 2050년 예상 근로자 복지혜택은 '지금과 거의 같을 것이다'가 45.7%로 가장 높았고, 그다음으로는 '지금보다 좋지 않을 것이다'(27.1%)와 '지금보다 나아질 것이다'(27.1%)가 동일하게 나타남

[그림 2-43] 2050년 예상 근로자 복지혜택 – 20~30대

(단위: %)

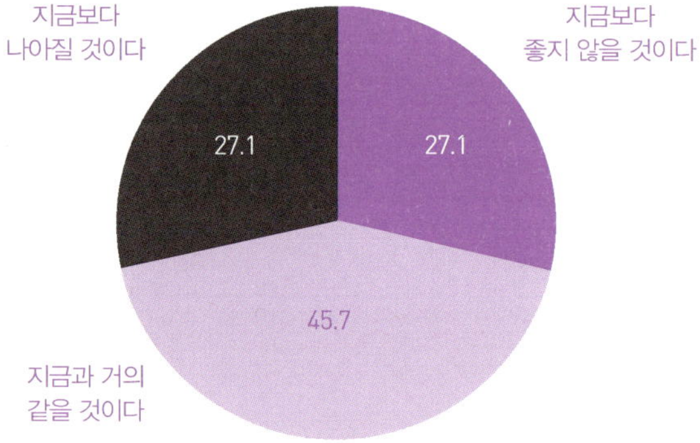

'지금과 거의 같을 것이다'에 대한 상세분석 결과, 성별로는 남성(46.0%)에서 높게 나타났고 연령별로는 20대(47.9%), 학력별로는 대재(전문대/대학교)(50.9%), 가구 소득별로는 200만 원 미만(50.2%), 200~300만 원 미만(49.2%), 혼인상태별로는 동거/사별/이혼/별거(54.3%), 가구원 수별로는 1인(50.2%), 2인(48.4%), 이념 성향별로는 중도(48.1%), 보수(47.4%), 직업별로는 학생(48.8%), 블루칼라(48.6%), 고용형태별로는 임시/일용/특수직 근로자(54.9%), 자영업자/무급가족종사자(53.3%), 권역별로는 도심권(57.9%)에서 높게 나타남

◈ 40~50대

40~50대는 '지금보다 나아질 것이다'가 38.8%로 가장 높았고, 그다음으로는 '지금과 거의 같을 것이다'(38.6%), '지금보다 좋지 않을 것이다'(22.6%) 순으로 나타남

[그림 2-44] 2050년 예상 근로자 복지혜택 – 40~50대

(단위: %)

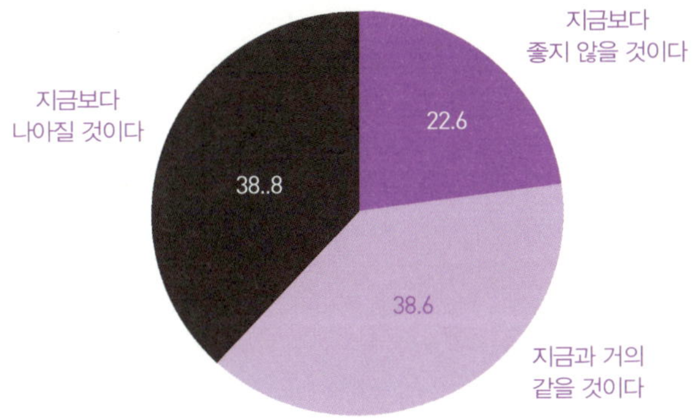

'지금과 거의 같을 것이다'에 대한 상세분석 결과, 성별로는 여성(40.7%)에서 높게 나타났고 연령별로는 50대(42.9%), 학력별로는 대학원 이상(50.0%), 가구 소득별로는 700만 원 이상(42.5%), 300~500만 원 미만(40.8%), 혼인상태별로는 동거/사별/이혼/별거(48.5%), 가구원 수별로는 1인(46.9%), 이념 성향별로는 보수(41.7%), 진보(41.3%), 직업별로는 주부/무직/기타(43.2%), 고용형태별로는 자영업자/무급가족종사자(41.9%), 권역별로는 서남권(45.0%)에서 높게 나타남

[표 2-53] 2050년 예상 근로자 복지혜택 – 20~30대

구분		사례 수	지금보다 좋지 않을 것이다	지금과 거의 같을 것이다	지금보다 나아질 것이다	계
전체		(1,000)	27.1	45.7	27.1	100.0
성별	남성	(490)	27.8	46.0	26.2	100.0
	여성	(510)	26.5	45.5	28.0	100.0
연령	20대	(498)	28.2	47.9	23.9	100.0
	30대	(502)	26.1	43.6	30.3	100.0
학력	고졸 이하	(97)	33.3	43.3	23.4	100.0
	대재	(127)	28.3	50.9	20.8	100.0
	대졸	(677)	26.8	46.0	27.2	100.0
	대학원 이상	(99)	22.1	39.8	38.0	100.0
가구 소득	200만 원 미만	(102)	29.3	50.2	20.5	100.0
	200~300만 원 미만	(148)	30.1	49.2	20.8	100.0
	300~500만 원 미만	(287)	30.1	46.9	22.9	100.0
	500~700만 원 미만	(196)	22.6	47.9	29.5	100.0
	700만 원 이상	(267)	24.8	39.3	35.9	100.0
혼인 상태	기혼	(220)	24.1	46.9	29.1	100.0
	미혼	(745)	28.4	45.0	26.6	100.0
	동거/사별/이혼/별거	(35)	20.1	54.3	25.6	100.0

[표 2-53] 2050년 예상 근로자 복지혜택 – 20~30대(계속)

구분		사례 수	지금보다 좋지 않을 것이다	지금과 거의 같을 것이다	지금보다 나아질 것이다	계
전체		(1,000)	27.1	45.7	27.1	100.0
가구원 수	1인	(218)	30.1	50.2	19.7	100.0
	2인	(159)	21.5	48.4	30.0	100.0
	3인	(290)	27.9	42.2	30.0	100.0
	4인 이상	(333)	27.2	44.7	28.1	100.0
이념 성향	진보	(231)	25.1	39.0	35.9	100.0
	중도	(429)	28.3	48.1	23.7	100.0
	보수	(341)	27.1	47.4	25.6	100.0
직업	화이트칼라	(644)	27.1	45.7	27.2	100.0
	블루칼라	(141)	27.4	48.6	24.0	100.0
	학생	(106)	23.4	48.8	27.8	100.0
	주부/무직/기타	(109)	30.4	39.4	30.2	100.0
고용 형태	상용직 임금근로자	(620)	27.9	44.4	27.7	100.0
	임시/일용/특수직 근로자	(97)	25.6	54.9	19.5	100.0
	자영업자/무급가족종사자	(58)	19.2	53.3	27.4	100.0
권역	도심권	(50)	17.0	57.9	25.1	100.0
	동북권	(295)	28.4	44.5	27.1	100.0
	서북권	(123)	29.4	45.7	24.9	100.0
	서남권	(329)	26.7	45.3	27.9	100.0
	동남권	(203)	27.0	45.3	27.7	100.0

[표 2-54] 2050년 예상 근로자 복지혜택 - 40~50대

구분		사례 수	지금보다 좋지 않을 것이다	지금과 거의 같을 것이다	지금보다 나아질 것이다	계
전체		(500)	22.6	38.6	38.8	100.0
성별	남성	(247)	23.1	40.1	36.8	100.0
	여성	(253)	22.1	37.2	40.7	100.0
연령	40대	(248)	21.8	43.5	34.7	100.0
	50대	(252)	23.4	33.7	42.9	100.0
학력	고졸 이하	(61)	26.2	36.1	37.7	100.0
	대재	(16)	18.8	43.8	37.5	100.0
	대졸	(365)	22.7	40.0	37.3	100.0
	대학원 이상	(58)	19.0	31.0	50.0	100.0
가구 소득	200만 원 미만	(45)	26.7	33.3	40.0	100.0
	200~300만 원 미만	(41)	29.3	41.5	29.3	100.0
	300~500만 원 미만	(125)	23.2	36.0	40.8	100.0
	500~700만 원 미만	(129)	24.8	40.3	34.9	100.0
	700만 원 이상	(160)	17.5	40.0	42.5	100.0
혼인 상태	기혼	(340)	22.1	40.0	37.9	100.0
	미혼	(127)	22.0	39.4	38.6	100.0
	동거/사별/이혼/별거	(33)	30.3	21.2	48.5	100.0

[표 2-54] 2050년 예상 근로자 복지혜택 - 40~50대(계속)

구분		사례 수	지금보다 좋지 않을 것이다	지금과 거의 같을 것이다	지금보다 나아질 것이다	계
전체		(500)	22.6	38.6	38.8	100.0
가구원 수	1인	(64)	21.9	31.3	46.9	100.0
	2인	(68)	23.5	39.7	36.8	100.0
	3인	(175)	22.9	35.4	41.7	100.0
	4인 이상	(193)	22.3	43.5	34.2	100.0
이념 성향	진보	(126)	23.8	34.9	41.3	100.0
	중도	(218)	24.3	40.4	35.3	100.0
	보수	(156)	19.2	39.1	41.7	100.0
직업	화이트칼라	(328)	20.1	40.5	39.3	100.0
	블루칼라	(61)	29.5	42.6	27.9	100.0
	주부/무직/기타	(111)	26.1	30.6	43.2	100.0
고용 형태	상용직 임금근로자	(314)	19.4	43.3	37.3	100.0
	임시/일용/특수직 근로자	(39)	33.3	30.8	35.9	100.0
	자영업자/ 무급가족종사자	(31)	29.0	29.0	41.9	100.0
권역	도심권	(25)	28.0	36.0	36.0	100.0
	동북권	(155)	20.0	47.1	32.9	100.0
	서북권	(60)	26.7	35.0	38.3	100.0
	서남권	(149)	20.8	34.2	45.0	100.0
	동남권	(111)	25.2	35.1	39.6	100.0

직업에 대한 의견

① 모든 직업이 동등하게 존중받는다

◈ 20~30대

20~30대의 직업에 대한 의견 중 '내가 생각하기에 현재는 모든 직업이 동등하게 존중받는다'는 7점 만점 기준으로 3.44점인 반면, '내가 생각하기에 미래 2050년에는 모든 직업이 동등하게 존중받는다'는 3.49점으로 나타남

[그림 2-45] 모든 직업이 동등하게 존중받는다 - 20~30대 (단위: %)

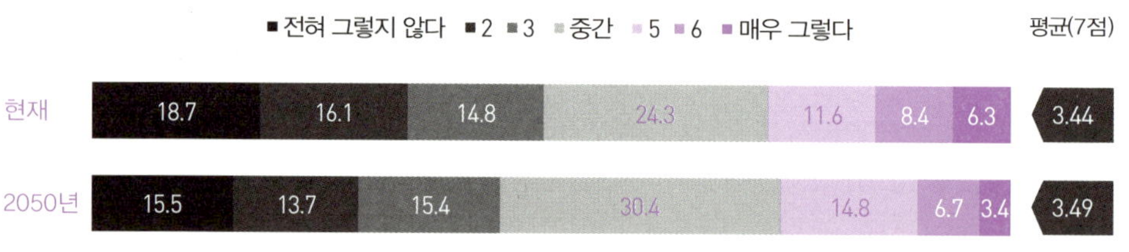

7점 평균을 상세분석한 결과, '내가 생각하기에 현재는 모든 직업이 동등하게 존중받는다'는 성별로 남성(3.65점)에서 높게 나타났고 연령별로는 20대(3.56점), 학력별로는 대재(전문대/대학교)(3.86점), 가구 소득별로는 500~700만 원 미만(3.71점), 혼인상태별로는 동거/사별/이혼/별거(4.14점), 가구원 수별로는 4인 이상(3.50점), 3인(3.47점), 이념 성향별로는 보수(3.78점), 직업별로는 블루칼라(3.61점), 화이트칼라(3.53점), 고용형태별로는 자영업자/무급가족종사자(4.26점), 권역별로는 도심권(3.56점), 동남권(3.53점)에서 높게 나타남

'내가 생각하기에 미래 2050년에는 모든 직업이 동등하게 존중받는다'는 성별로 남성(3.62점)에서 높게 나타났고 연령별로는 20대(3.56점), 학력별로는 대학원 이상(3.70점), 고졸 이하(3.56점), 가구 소득별로는 500~700만 원 미만(3.85점), 혼인상태별로는 기혼(3.87점), 가구원 수별로는 4인 이상(3.63점), 3인(3.58점), 이념 성향별로는 보수(3.66점), 직업별로는 화이트칼라(3.53점), 학생(3.52점), 고용형태별로는 상용직 임금근로자(3.54점), 권역별로는 도심권(3.57점), 동남권(3.50점)에서 높게 나타남

◈ 40~50대

40~50대는 '내가 생각하기에 현재는 모든 직업이 동등하게 존중받는다'가 7점 만점 기준으로 3.00점인 반면, '내가 생각하기에 미래 2050년에는 모든 직업이 동등하게 존중받는다'는 3.66점으로 나타남

[그림 2-46] 모든 직업이 동등하게 존중받는다 – 40~50대 (단위: %)

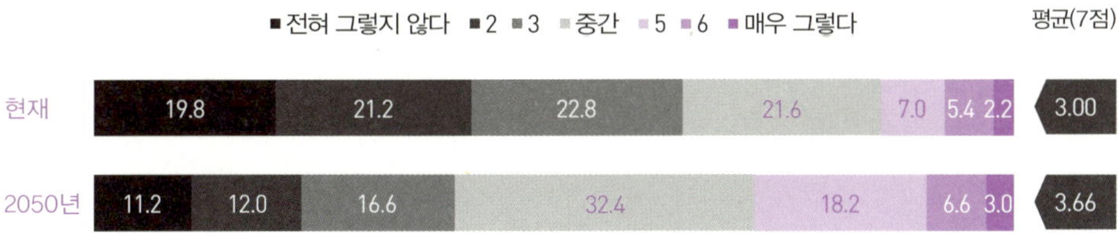

7점 평균을 상세분석한 결과, '내가 생각하기에 현재는 모든 직업이 동등하게 존중받는다'는 성별로 남성(3.09점)에서 높게 나타났고 연령별로는 50대(3.02점), 학력별로는 대재(전문대/대학교)(3.50점), 가구 소득별로는 300~500만 원 미만(3.22점), 혼인상태별로는 기혼(3.10점), 가구원 수별로는 4인 이상(3.13점), 이념 성향별로는 보수(3.26점), 직업별로는 화이트칼라(3.06점), 고용형태별로는 자영업자/무급가족종사자

(3.19점), 상용직 임금근로자(3.04점), 권역별로는 도심권(3.32점)에서 높게 나타남

‘내가 생각하기에 미래 2050년에는 모든 직업이 동등하게 존중받는다’는 성별로 여성(3.68점)에서 높게 나타났고 연령별로는 50대(3.81점), 학력별로는 대재(전문대/대학교)(4.06점), 가구 소득별로는 700만 원 이상(3.82점), 300~500만 원 미만(3.74점), 혼인상태별로는 기혼(3.79점), 가구원 수별로는 4인 이상(3.75점), 이념 성향별로는 보수(3.87점), 직업별로는 주부/무직/기타(3.76점), 블루칼라(3.74점), 고용형태별로는 자영업자/무급가족종사자(3.74점), 권역별로는 동남권(3.87점)에서 높게 나타남

[표 2-55] 모든 직업이 동등하게 존중받는다(현재) - 20~30대

구분		사례 수	① 전혀 그렇지 않다	②	③	④ 중간	⑤	⑥	⑦ 매우 그렇다	종합			[평균]
										그렇지 않다	중간	그렇다	
전체		(1,000)	18.7	16.1	14.8	24.3	11.6	8.4	6.3	49.5	24.3	26.2	3.44
성별	남성	(490)	14.8	16.5	13.0	25.0	13.5	9.9	7.3	44.3	25.0	30.7	3.65
	여성	(510)	22.4	15.7	16.5	23.5	9.8	6.9	5.3	54.5	23.5	22.0	3.25
연령	20대	(498)	15.4	15.4	14.8	28.4	11.3	8.2	6.6	45.6	28.4	26.0	3.56
	30대	(502)	21.9	16.7	14.7	20.1	12.0	8.6	6.0	53.4	20.1	26.5	3.33
학력	고졸 이하	(97)	26.5	9.5	13.3	23.7	13.4	6.1	7.4	49.3	23.7	27.0	3.36
	대재	(127)	9.4	15.5	13.3	27.6	16.6	11.4	6.2	38.1	27.6	34.3	3.86
	대졸	(677)	19.5	17.6	15.2	22.9	10.5	8.4	5.9	52.3	22.9	24.8	3.36
	대학원 이상	(99)	17.2	12.8	15.1	29.8	11.1	6.0	8.0	45.1	29.8	25.1	3.55
가구 소득	200만 원 미만	(102)	19.1	11.8	18.5	24.8	11.7	7.1	7.0	49.4	24.8	25.8	3.48
	200~300만 원 미만	(148)	21.5	16.1	12.8	26.1	10.1	6.1	7.3	50.4	26.1	23.5	3.35
	300~500만 원 미만	(287)	21.5	16.4	10.5	24.0	13.0	9.8	4.9	48.4	24.0	27.6	3.39
	500~700만 원 미만	(196)	14.0	11.6	17.7	25.9	14.3	9.3	7.1	43.3	25.9	30.7	3.71
	700만 원 이상	(267)	17.2	20.5	16.9	22.1	9.0	7.9	6.4	54.7	22.1	23.2	3.34
혼인 상태	기혼	(220)	14.1	11.3	13.2	24.7	16.3	12.3	8.1	38.6	24.7	36.6	3.87
	미혼	(745)	20.1	17.8	15.7	24.2	10.0	6.9	5.4	53.5	24.2	22.3	3.28
	동거/사별/이혼/별거	(35)	17.2	9.0	5.5	22.4	17.2	14.4	14.3	31.7	22.4	45.9	4.14

[표 2-55] 모든 직업이 동등하게 존중받는다(현재) - 20~30대(계속)

구분		사례 수	① 전혀 그렇지 않다	②	③	④ 중간	⑤	⑥	⑦ 매우 그렇다	종합			[평균]
										그렇지 않다	중간	그렇다	
전체		(1,000)	18.7	16.1	14.8	24.3	11.6	8.4	6.3	49.5	24.3	26.2	3.44
가구원 수	1인	(218)	22.1	15.5	13.3	23.4	11.9	8.3	5.4	51.0	23.4	25.6	3.34
	2인	(159)	19.4	17.6	13.2	20.5	14.5	11.1	3.8	50.2	20.5	29.3	3.41
	3인	(290)	18.0	13.8	16.8	25.8	11.7	7.6	6.3	48.6	25.8	25.6	3.47
	4인 이상	(333)	16.6	17.6	14.7	25.3	9.9	7.8	8.1	48.9	25.3	25.8	3.50
이념 성향	진보	(231)	26.0	19.5	15.5	15.6	8.2	9.5	5.6	61.0	15.6	23.4	3.12
	중도	(429)	20.2	14.2	14.2	30.0	10.0	6.1	5.3	48.5	30.0	21.4	3.35
	보수	(341)	11.7	16.2	15.0	22.9	15.9	10.4	8.0	42.9	22.9	34.2	3.78
직업	화이트칼라	(644)	18.0	15.1	14.5	23.9	12.3	9.4	6.9	47.5	23.9	28.6	3.53
	블루칼라	(141)	16.3	14.8	16.8	20.3	14.8	9.2	7.8	47.9	20.3	31.8	3.61
	학생	(106)	19.0	22.3	15.1	28.1	9.6	4.1	2.0	56.3	28.1	15.6	3.07
	주부/무직/기타	(109)	25.5	17.2	13.7	28.0	5.5	5.5	4.6	56.4	28.0	15.6	3.06
고용 형태	상용직 임금근로자	(620)	18.9	15.3	15.1	23.7	11.9	8.6	6.4	49.4	23.7	26.9	3.46
	임시/일용/특수직 근로자	(97)	15.4	14.5	17.3	20.3	18.3	9.1	5.1	47.2	20.3	32.6	3.60
	자영업자/무급가족종사자	(58)	8.6	13.8	8.6	24.0	13.8	19.1	12.1	31.1	24.0	44.9	4.26
권역	도심권	(50)	26.5	7.2	12.0	21.1	16.0	6.0	11.2	45.7	21.1	33.2	3.56
	동북권	(295)	19.8	15.6	14.6	24.1	12.9	8.6	4.4	50.0	24.1	25.9	3.38
	서북권	(123)	22.1	15.3	13.6	25.4	9.8	8.9	4.9	51.0	25.4	23.6	3.32
	서남권	(329)	16.6	18.9	14.6	22.4	13.1	6.5	7.9	50.1	22.4	27.5	3.47
	동남권	(203)	16.3	14.8	16.7	27.6	7.4	11.3	6.0	47.8	27.6	24.7	3.53

[표 2-56] 모든 직업이 동등하게 존중받는다(미래) – 20~30대

구분		사례 수	① 전혀 그렇지 않다	②	③	④ 중간	⑤	⑥	⑦ 매우 그렇다	종합			[평균]
										그렇지 않다	중간	그렇다	
전체		(1,000)	15.5	13.7	15.4	30.4	14.8	6.7	3.4	44.6	30.4	24.9	3.49
성별	남성	(490)	14.9	13.3	14.1	26.8	18.4	8.2	4.3	42.3	26.8	30.9	3.62
	여성	(510)	16.1	14.1	16.7	33.9	11.4	5.3	2.5	46.9	33.9	19.2	3.36
연령	20대	(498)	14.6	13.3	13.7	32.6	15.9	5.4	4.4	41.7	32.6	25.8	3.56
	30대	(502)	16.3	14.1	17.1	28.3	13.7	8.0	2.4	47.6	28.3	24.1	3.42
학력	고졸 이하	(97)	16.5	13.5	15.2	26.8	15.5	5.2	7.3	45.2	26.8	28.0	3.56
	대재	(127)	16.3	17.6	17.6	28.3	12.4	4.0	3.8	51.6	28.3	20.1	3.30
	대졸	(677)	15.5	13.5	15.3	31.1	14.5	7.7	2.5	44.3	31.1	24.7	3.49
	대학원 이상	(99)	13.2	10.9	13.9	32.3	19.6	5.0	5.2	37.9	32.3	29.8	3.70
가구 소득	200만 원 미만	(102)	21.1	13.6	14.5	27.8	13.1	2.9	7.0	49.2	27.8	23.0	3.35
	200~300만 원 미만	(148)	15.3	14.0	14.2	36.8	11.7	3.4	4.6	43.5	36.8	19.7	3.44
	300~500만 원 미만	(287)	17.5	14.7	17.4	27.3	13.5	8.4	1.4	49.5	27.3	23.3	3.35
	500~700만 원 미만	(196)	10.4	10.6	16.3	29.1	18.3	10.7	4.5	37.3	29.1	33.6	3.85
	700만 원 이상	(267)	15.0	14.9	13.8	32.3	16.1	5.2	2.6	43.7	32.3	24.0	3.46
혼인 상태	기혼	(220)	9.1	11.3	13.1	33.5	19.8	9.5	3.6	33.5	33.5	32.9	3.87
	미혼	(745)	16.9	14.2	16.0	30.2	13.5	5.7	3.5	47.1	30.2	22.7	3.40
	동거/사별/이혼/별거	(35)	25.6	19.8	17.2	14.4	11.5	11.5	0.0	62.6	14.4	23.0	3.01

[표 2-56] 모든 직업이 동등하게 존중받는다(미래) - 20~30대(계속)

구분		사례 수	① 전혀 그렇지 않다	②	③	④ 중간	⑤	⑥	⑦ 매우 그렇다	종합			[평균]
										그렇지 않다	중간	그렇다	
전체		(1,000)	15.5	13.7	15.4	30.4	14.8	6.7	3.4	44.6	30.4	24.9	3.49
가구원 수	1인	(218)	21.6	12.7	15.4	31.5	10.7	5.1	3.1	49.6	31.5	18.9	3.25
	2인	(159)	16.3	18.9	13.4	25.2	16.8	8.2	1.3	48.6	25.2	26.2	3.37
	3인	(290)	10.8	15.5	15.8	35.1	12.4	6.9	3.5	42.1	35.1	22.8	3.58
	4인 이상	(333)	15.2	10.4	16.1	28.2	18.6	6.9	4.5	41.8	28.2	30.0	3.63
이념 성향	진보	(231)	18.2	15.5	15.2	22.9	16.5	6.9	4.8	48.9	22.9	28.2	3.44
	중도	(429)	18.6	11.6	13.7	36.5	11.2	5.6	2.9	43.8	36.5	19.7	3.39
	보수	(341)	9.8	15.2	17.8	27.9	18.3	8.0	3.0	42.8	27.9	29.3	3.66
직업	화이트칼라	(644)	16.0	12.6	15.3	29.3	15.3	8.2	3.2	43.9	29.3	26.8	3.53
	블루칼라	(141)	16.0	17.7	14.1	29.4	14.2	6.4	2.1	47.8	29.4	22.8	3.36
	학생	(106)	13.3	16.6	14.6	30.5	16.5	1.9	6.5	44.6	30.5	25.0	3.52
	주부/무직/기타	(109)	13.7	12.7	18.7	38.4	11.0	2.7	2.7	45.1	38.4	16.5	3.39
고용 형태	상용직 임금근로자	(620)	15.4	12.7	14.9	29.0	17.1	8.4	2.4	43.1	29.0	27.9	3.54
	임시/일용/특수직 근로자	(97)	19.5	15.2	16.3	32.5	8.2	5.1	3.1	51.1	32.5	16.4	3.22
	자영업자/ 무급가족종사자	(58)	15.2	17.3	17.3	29.6	8.6	6.9	5.2	49.7	29.6	20.7	3.41
권역	도심권	(50)	15.0	12.8	21.1	27.5	10.0	2.0	11.6	48.9	27.5	23.6	3.57
	동북권	(295)	17.1	14.6	13.2	27.3	16.1	9.5	2.4	44.8	27.3	27.9	3.49
	서북권	(123)	15.5	15.2	14.6	31.7	13.2	5.7	4.0	45.3	31.7	22.9	3.45
	서남권	(329)	13.7	13.1	17.6	31.7	16.4	5.2	2.5	44.3	31.7	24.0	3.49
	동남권	(203)	16.2	12.9	14.4	32.9	12.8	6.9	3.9	43.4	32.9	23.6	3.50

[표 2-57] 모든 직업이 동등하게 존중받는다(현재) – 40~50대

구분		사례 수	① 전혀 그렇지 않다	②	③	④ 중간	⑤	⑥	⑦ 매우 그렇다	종합			[평균]
										그렇지 않다	중간	그렇다	
전체		(500)	19.8	21.2	22.8	21.6	7.0	5.4	2.2	63.8	21.6	14.6	3.00
성별	남성	(247)	19.0	20.6	20.6	22.3	9.7	4.9	2.8	60.3	22.3	17.4	3.09
	여성	(253)	20.6	21.7	24.9	20.9	4.3	5.9	1.6	67.2	20.9	11.9	2.91
연령	40대	(248)	22.6	19.8	22.2	19.0	8.5	5.2	2.8	64.5	19.0	16.5	2.98
	50대	(252)	17.1	22.6	23.4	24.2	5.6	5.6	1.6	63.1	24.2	12.7	3.02
학력	고졸 이하	(61)	23.0	26.2	19.7	21.3	3.3	4.9	1.6	68.9	21.3	9.8	2.77
	대재	(16)	12.5	12.5	25.0	31.3	6.3	6.3	6.3	50.0	31.3	18.8	3.50
	대졸	(365)	18.9	20.5	24.4	20.8	7.4	6.0	1.9	63.8	20.8	15.3	3.03
	대학원 이상	(58)	24.1	22.4	15.5	24.1	8.6	1.7	3.4	62.1	24.1	13.8	2.90
가구 소득	200만 원 미만	(45)	24.4	17.8	22.2	24.4	2.2	2.2	6.7	64.4	24.4	11.1	2.96
	200~300만 원 미만	(41)	34.1	17.1	22.0	9.8	7.3	9.8	0.0	73.2	9.8	17.1	2.68
	300~500만 원 미만	(125)	18.4	12.8	24.0	27.2	8.8	8.0	0.8	55.2	27.2	17.6	3.22
	500~700만 원 미만	(129)	18.6	26.4	21.7	21.7	5.4	5.4	0.8	66.7	21.7	11.6	2.88
	700만 원 이상	(160)	16.9	25.6	23.1	19.4	8.1	3.1	3.8	65.6	19.4	15.0	3.01
혼인 상태	기혼	(340)	17.6	20.0	23.5	22.9	7.6	5.9	2.4	61.2	22.9	15.9	3.10
	미혼	(127)	24.4	22.8	22.0	18.1	6.3	4.7	1.6	69.3	18.1	12.6	2.80
	동거/사별/이혼/별거	(33)	24.2	27.3	18.2	21.2	3.0	3.0	3.0	69.7	21.2	9.1	2.73

[표 2-57] 모든 직업이 동등하게 존중받는다(현재) – 40~50대(계속)

구분		사례 수	① 전혀 그렇지 않다	②	③	④ 중간	⑤	⑥	⑦ 매우 그렇다	종합			[평균]
										그렇지 않다	중간	그렇다	
전체		(500)	19.8	21.2	22.8	21.6	7.0	5.4	2.2	63.8	21.6	14.6	3.00
가구원 수	1인	(64)	21.9	20.3	21.9	23.4	6.3	6.3	0.0	64.1	23.4	12.5	2.91
	2인	(68)	20.6	20.6	32.4	8.8	10.3	4.4	2.9	73.5	8.8	17.6	2.93
	3인	(175)	22.9	22.9	18.3	21.7	6.9	5.7	1.7	64.0	21.7	14.3	2.91
	4인 이상	(193)	16.1	20.2	23.8	25.4	6.2	5.2	3.1	60.1	25.4	14.5	3.13
이념 성향	진보	(126)	24.6	21.4	23.0	14.3	9.5	4.8	2.4	69.0	14.3	16.7	2.87
	중도	(218)	22.0	19.7	22.5	25.7	4.6	4.1	1.4	64.2	25.7	10.1	2.89
	보수	(156)	12.8	23.1	23.1	21.8	8.3	7.7	3.2	59.0	21.8	19.2	3.26
직업	화이트칼라	(328)	17.4	22.9	22.6	21.0	8.2	5.2	2.7	62.8	21.0	16.2	3.06
	블루칼라	(61)	26.2	18.0	23.0	21.3	3.3	8.2	0.0	67.2	21.3	11.5	2.82
	주부/무직/기타	(111)	23.4	18.0	23.4	23.4	5.4	4.5	1.8	64.9	23.4	11.7	2.90
고용 형태	상용직 임금근로자	(314)	17.2	22.6	23.2	22.0	7.6	5.1	2.2	63.1	22.0	15.0	3.04
	임시/일용/특수직 근로자	(39)	33.3	17.9	20.5	17.9	0.0	7.7	2.6	71.8	17.9	10.3	2.67
	자영업자/무급가족종사자	(31)	19.4	22.6	16.1	16.1	16.1	6.5	3.2	58.1	16.1	25.8	3.19
권역	도심권	(25)	16.0	16.0	32.0	16.0	4.0	8.0	8.0	64.0	16.0	20.0	3.32
	동북권	(155)	18.1	23.2	23.2	16.8	7.7	9.0	1.9	64.5	16.8	18.7	3.08
	서북권	(60)	25.0	15.0	23.3	23.3	11.7	1.7	0.0	63.3	23.3	13.3	2.87
	서남권	(149)	23.5	22.1	19.5	21.5	5.4	4.7	3.4	65.1	21.5	13.4	2.91
	동남권	(111)	15.3	21.6	24.3	28.8	6.3	2.7	0.9	61.3	28.8	9.9	3.01

[표 2-58] 모든 직업이 동등하게 존중받는다(미래) – 40~50대

구분		사례 수	① 전혀 그렇지 않다	②	③	④ 중간	⑤	⑥	⑦ 매우 그렇다	종합			[평균]
										그렇지 않다	중간	그렇다	
전체		(500)	11.2	12.0	16.6	32.4	18.2	6.6	3.0	39.8	32.4	27.8	3.66
성별	남성	(247)	11.7	13.0	17.4	29.6	18.2	6.1	4.0	42.1	29.6	28.3	3.64
	여성	(253)	10.7	11.1	15.8	35.2	18.2	7.1	2.0	37.5	35.2	27.3	3.68
연령	40대	(248)	12.9	13.7	18.1	30.6	16.5	4.8	3.2	44.8	30.6	24.6	3.52
	50대	(252)	9.5	10.3	15.1	34.1	19.8	8.3	2.8	34.9	34.1	31.0	3.81
학력	고졸 이하	(61)	16.4	4.9	14.8	31.1	19.7	9.8	3.3	36.1	31.1	32.8	3.75
	대재	(16)	0.0	0.0	25.0	50.0	18.8	6.3	0.0	25.0	50.0	25.0	4.06
	대졸	(365)	9.9	14.2	18.1	32.3	17.5	5.5	2.5	42.2	32.3	25.5	3.60
	대학원 이상	(58)	17.2	8.6	6.9	29.3	20.7	10.3	6.9	32.8	29.3	37.9	3.86
가구 소득	200만 원 미만	(45)	17.8	6.7	20.0	31.1	17.8	2.2	4.4	44.4	31.1	24.4	3.49
	200~300만 원 미만	(41)	19.5	17.1	14.6	24.4	17.1	7.3	0.0	51.2	24.4	24.4	3.24
	300~500만 원 미만	(125)	9.6	12.0	13.6	37.6	16.8	7.2	3.2	35.2	37.6	27.2	3.74
	500~700만 원 미만	(129)	9.3	14.0	19.4	31.0	20.9	3.9	1.6	42.6	31.0	26.4	3.58
	700만 원 이상	(160)	10.0	10.6	16.3	31.9	17.5	9.4	4.4	36.9	31.9	31.3	3.82
혼인 상태	기혼	(340)	10.6	9.1	16.2	33.2	19.7	7.9	3.2	35.9	33.2	30.9	3.79
	미혼	(127)	14.2	17.3	17.3	29.9	15.0	3.9	2.4	48.8	29.9	21.3	3.35
	동거/사별/이혼/별거	(33)	6.1	21.2	18.2	33.3	15.2	3.0	3.0	45.5	33.3	21.2	3.52

[표 2-58] 모든 직업이 동등하게 존중받는다(미래) - 40~50대(계속)

구분		사례 수	① 전혀 그렇지 않다	②	③	④ 중간	⑤	⑥	⑦ 매우 그렇다	종합			[평균]
										그렇지 않다	중간	그렇다	
전체		(500)	11.2	12.0	16.6	32.4	18.2	6.6	3.0	39.8	32.4	27.8	3.66
가구원 수	1인	(64)	14.1	14.1	14.1	29.7	15.6	7.8	4.7	42.2	29.7	28.1	3.61
	2인	(68)	11.8	10.3	26.5	26.5	16.2	5.9	2.9	48.5	26.5	25.0	3.54
	3인	(175)	10.3	15.4	12.0	34.9	20.0	5.7	1.7	37.7	34.9	27.4	3.63
	4인 이상	(193)	10.9	8.8	18.1	33.2	18.1	7.3	3.6	37.8	33.2	29.0	3.75
이념 성향	진보	(126)	11.9	13.5	18.3	27.0	17.5	7.1	4.8	43.7	27.0	29.4	3.65
	중도	(218)	12.8	13.3	15.1	35.8	15.6	5.5	1.8	41.3	35.8	22.9	3.52
	보수	(156)	8.3	9.0	17.3	32.1	22.4	7.7	3.2	34.6	32.1	33.3	3.87
직업	화이트칼라	(328)	10.7	13.7	16.8	32.9	16.8	6.4	2.7	41.2	32.9	25.9	3.62
	블루칼라	(61)	13.1	8.2	16.4	34.4	13.1	11.5	3.3	37.7	34.4	27.9	3.74
	주부/무직/기타	(111)	11.7	9.0	16.2	29.7	25.2	4.5	3.6	36.9	29.7	33.3	3.76
고용 형태	상용직 임금근로자	(314)	9.9	13.4	18.2	33.1	15.6	6.7	3.2	41.4	33.1	25.5	3.64
	임시/일용/특수직 근로자	(39)	23.1	10.3	7.7	35.9	17.9	5.1	0.0	41.0	35.9	23.1	3.31
	자영업자/무급가족종사자	(31)	9.7	12.9	16.1	29.0	19.4	12.9	0.0	38.7	29.0	32.3	3.74
권역	도심권	(25)	12.0	12.0	20.0	44.0	4.0	4.0	4.0	44.0	44.0	12.0	3.44
	동북권	(155)	12.9	7.7	21.3	31.0	17.4	7.7	1.9	41.9	31.0	27.1	3.63
	서북권	(60)	21.7	8.3	3.3	41.7	15.0	8.3	1.7	33.3	41.7	25.0	3.52
	서남권	(149)	9.4	14.1	18.1	32.2	18.8	3.4	4.0	41.6	32.2	26.2	3.63
	동남권	(111)	5.4	17.1	14.4	27.0	23.4	9.0	3.6	36.9	27.0	36.0	3.87

② 직업은 반드시 가져야 한다

◈ 20~30대

20~30대의 직업에 대한 의견 중 '내가 생각하기에 현재는 직업은 반드시 가져야 한다'는 7점 만점 기준으로 5.11점인 반면, '내가 생각하기에 미래 2050년에는 직업은 반드시 가져야 한다'는 4.59점으로 나타남

[그림 2-47] 직업은 반드시 가져야 한다 – 20~30대 (단위: %)

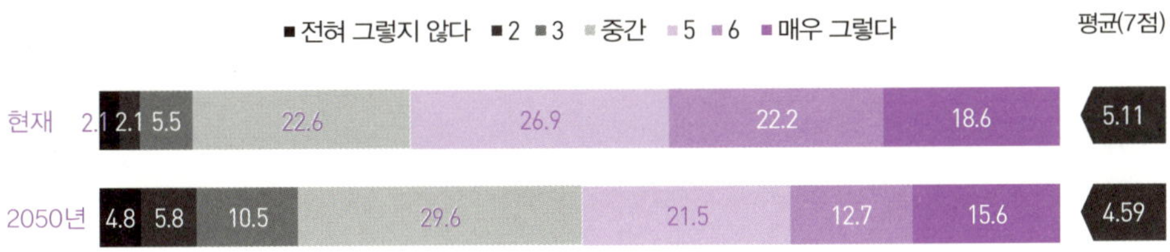

7점 평균을 상세분석한 결과, '내가 생각하기에 현재는 직업은 반드시 가져야 한다'는 성별로 남성(5.16점)에서 높게 나타났고 연령별로는 30대(5.12점), 학력별로는 대학원 이상(5.27점), 고졸 이하(5.22점), 가구 소득별로는 700만 원 이상(5.23점), 300~500만 원 미만(5.15점), 혼인상태별로는 미혼(5.14점), 가구원 수별로는 3인(5.21점), 4인 이상(5.19점), 이념 성향별로는 진보(5.20점), 중도(5.15점), 직업별로는 화이트칼라(5.14점), 블루칼라(5.13점), 학생(5.13점), 고용형태별로는 상용직 임금근로자(5.14점), 임시/일용/특수직 근로자(5.12점), 권역별로는 동남권(5.19점), 동북권(5.15점)에서 높게 나타남

'내가 생각하기에 미래 2050년에는 직업은 반드시 가져야 한다'는 성별로 남성(4.66점)에서 높게 나타났고 연령별로는 30대(4.61점), 학력별로는 대학원 이상(4.78점), 고졸 이하(4.77점), 가구 소득별로는 300~500만 원 미만(4.66점), 700만 원 이상(4.65점), 혼인상태별로는 미혼(4.62점), 기혼(4.60점), 가구원 수별로는 4인 이상(4.69점), 3인(4.60점), 이념 성향별로는 중도(4.72점), 진보(4.66점), 직업별로는 학생(4.89점), 고용형태별로는 상용직 임금근로자(4.62점), 권역별로는 동북권(4.70점), 동남권(4.69점)에서 높게 나타남

◈ 40~50대

40~50대는 '내가 생각하기에 현재는 직업은 반드시 가져야 한다'는 7점 만점 기준으로 5.18점인 반면, '내가 생각하기에 미래 2050년에는 직업은 반드시 가져야 한다'는 4.89점으로 나타남

[그림 2-48] 직업은 반드시 가져야 한다 – 40~50대

(단위: %)

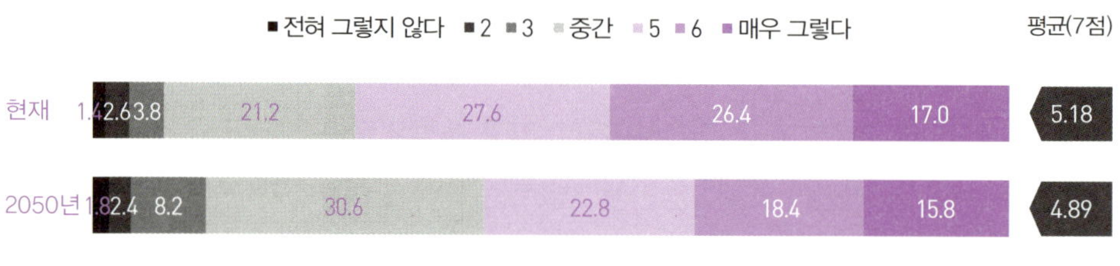

7점 평균을 상세분석한 결과, '내가 생각하기에 현재는 직업은 반드시 가져야 한다'는 성별로 남성(5.27점)에서 높게 나타났고 연령별로는 50대(5.23점), 학력별로는 대학원 이상(5.31점), 대졸(전문대/대학교 졸업)(5.19점), 가구 소득별로는 200~300만 원 미만(5.41점), 700만 원 이상(5.27점), 혼인상태별로는 기혼(5.21점), 가구원 수별로는 3인(5.24점), 1인(5.20점), 이념 성향별로는 진보(5.27점), 중도(5.23점), 직업별로는 화

이트칼라(5.30점), 고용형태별로는 상용직 임금근로자(5.31점), 권역별로는 서북권(5.37점), 동남권(5.29점)에서 높게 나타남

'내가 생각하기에 미래 2050년에는 직업은 반드시 가져야 한다'는 성별로 여성(4.98점)에서 높게 나타났고 연령별로는 50대(5.00점), 학력별로는 고졸 이하(4.95점), 대학원 이상(4.90점), 가구 소득별로는 300~500만 원 미만(4.98점), 500~700만 원 미만(4.94점), 혼인상태별로는 기혼(5.02점), 가구원 수별로는 3인(5.01점), 4인 이상(4.93점), 이념 성향별로는 진보(4.93점), 중도(4.92점), 직업별로는 화이트칼라(4.93점), 고용형태별로는 임시/일용/특수직 근로자(4.90점), 상용직 임금근로자(4.89점), 권역별로는 서북권(5.38점)에서 높게 나타남

[표 2-59] 직업은 반드시 가져야 한다(현재) – 20~30대

구분		사례 수	① 전혀 그렇지 않다	②	③	④ 중간	⑤	⑥	⑦ 매우 그렇다	종합			[평균]
										그렇지 않다	중간	그렇다	
전체		(1,000)	2.1	2.1	5.5	22.6	26.9	22.2	18.6	9.7	22.6	67.7	5.11
성별	남성	(490)	1.5	1.7	6.5	23.1	24.5	21.8	20.8	9.8	23.1	67.1	5.16
	여성	(510)	2.5	2.5	4.5	22.2	29.2	22.5	16.5	9.6	22.2	68.2	5.06
연령	20대	(498)	1.5	2.5	5.6	22.9	28.1	20.9	18.5	9.6	22.9	67.5	5.10
	30대	(502)	2.6	1.8	5.4	22.3	25.7	23.5	18.7	9.8	22.3	67.9	5.12
학력	고졸 이하	(97)	2.1	3.0	5.3	20.2	22.1	24.7	22.7	10.3	20.2	69.5	5.22
	대재	(127)	1.6	2.7	5.5	26.4	22.4	13.3	28.2	9.7	26.4	63.9	5.18
	대졸	(677)	2.4	1.9	5.3	23.1	28.0	23.3	16.0	9.7	23.1	67.3	5.06
	대학원 이상	(99)	0.0	2.0	7.0	17.0	30.0	23.8	20.0	9.1	17.0	73.9	5.27
가구 소득	200만 원 미만	(102)	1.5	5.2	10.6	25.3	26.8	18.8	11.9	17.2	25.3	57.4	4.75
	200~300만 원 미만	(148)	1.3	2.7	6.2	22.6	25.7	23.3	18.3	10.2	22.6	67.2	5.12
	300~500만 원 미만	(287)	2.1	1.4	4.9	23.2	27.7	21.2	19.5	8.4	23.2	68.4	5.15
	500~700만 원 미만	(196)	1.0	2.1	5.1	25.5	28.6	20.2	17.4	8.2	25.5	66.2	5.09
	700만 원 이상	(267)	3.4	1.5	4.1	18.8	25.5	25.4	21.3	9.0	18.8	72.2	5.23
혼인 상태	기혼	(220)	2.7	2.3	7.7	20.3	24.0	25.9	17.2	12.7	20.3	67.0	5.07
	미혼	(745)	1.7	1.9	4.6	23.6	28.2	20.9	19.1	8.2	23.6	68.2	5.14
	동거/사별/이혼/별거	(35)	5.7	5.5	11.8	16.7	17.2	26.1	16.9	23.1	16.7	60.3	4.80

[표 2-59] 직업은 반드시 가져야 한다(현재) – 20~30대(계속)

구분		사례 수	① 전혀 그렇지 않다	②	③	④ 중간	⑤	⑥	⑦ 매우 그렇다	종합 그렇지 않다	종합 중간	종합 그렇다	[평균]
전체		(1,000)	2.1	2.1	5.5	22.6	26.9	22.2	18.6	9.7	22.6	67.7	5.11
가구원 수	1인	(218)	1.4	2.9	5.5	26.5	28.0	21.3	14.4	9.8	26.5	63.7	4.98
	2인	(159)	2.5	3.7	8.2	20.6	24.7	26.4	13.9	14.5	20.6	65.0	4.96
	3인	(290)	1.7	1.4	5.5	21.0	28.6	20.0	21.8	8.6	21.0	70.4	5.21
	4인 이상	(333)	2.6	1.5	4.2	22.4	25.7	22.7	20.8	8.3	22.4	69.2	5.19
이념 성향	진보	(231)	2.2	2.2	6.0	18.7	26.4	23.3	21.2	10.4	18.7	70.9	5.20
	중도	(429)	1.1	1.6	5.2	26.3	25.6	19.7	20.5	7.9	26.3	65.8	5.15
	보수	(341)	3.2	2.8	5.5	20.5	28.9	24.7	14.4	11.5	20.5	68.0	5.01
직업	화이트칼라	(644)	1.8	1.9	4.9	22.3	27.9	23.4	17.9	8.5	22.3	69.2	5.14
	블루칼라	(141)	4.2	2.1	4.9	22.4	19.8	24.8	21.8	11.2	22.4	66.4	5.13
	학생	(106)	1.9	3.2	6.0	19.7	28.7	18.7	21.7	11.1	19.7	69.1	5.13
	주부/무직/기타	(109)	.9	2.9	9.5	27.4	28.5	15.3	15.6	13.3	27.4	59.3	4.88
고용 형태	상용직 임금근로자	(620)	2.3	1.6	4.9	21.9	28.0	22.8	18.6	8.8	21.9	69.3	5.14
	임시/일용/특수직 근로자	(97)	1.0	2.0	3.2	28.1	22.6	29.8	13.3	6.2	28.1	65.7	5.12
	자영업자/무급가족종사자	(58)	3.5	5.2	8.5	19.0	15.8	24.3	23.8	17.1	19.0	63.9	5.07
권역	도심권	(50)	5.0	4.0	0.0	22.6	32.0	24.8	11.6	9.0	22.6	68.4	4.93
	동북권	(295)	2.4	2.5	7.4	18.6	26.2	20.7	22.2	12.3	18.6	69.1	5.15
	서북권	(123)	.8	2.4	4.8	31.6	26.4	14.6	19.5	8.0	31.6	60.4	5.02
	서남권	(329)	2.4	.9	5.3	22.4	28.8	25.2	14.9	8.7	22.4	69.0	5.10
	동남권	(203)	1.0	3.0	4.9	23.3	23.8	23.5	20.6	8.9	23.3	67.9	5.19

[표 2-60] 직업은 반드시 가져야 한다(미래) - 20~30대

구분		사례 수	① 전혀 그렇지 않다	②	③	④ 중간	⑤	⑥	⑦ 매우 그렇다	종합			[평균]
										그렇지 않다	중간	그렇다	
전체		(1,000)	4.3	5.8	10.5	29.6	21.5	12.7	15.6	20.6	29.6	49.8	4.59
성별	남성	(490)	3.8	4.5	9.2	31.5	22.6	12.1	16.3	17.4	31.5	51.0	4.66
	여성	(510)	4.9	7.1	11.8	27.6	20.4	13.3	14.9	23.7	27.6	48.6	4.51
연령	20대	(498)	4.5	5.8	9.6	29.8	24.4	10.3	15.5	20.0	29.8	50.2	4.57
	30대	(502)	4.2	5.8	11.4	29.3	18.5	15.1	15.7	21.3	29.3	49.4	4.61
학력	고졸 이하	(97)	4.2	4.1	10.4	27.8	20.5	11.3	21.6	18.8	27.8	53.5	4.77
	대재	(127)	2.3	6.2	16.4	30.0	16.6	9.7	18.8	24.9	30.0	45.1	4.57
	대졸	(677)	4.2	6.7	10.2	30.2	21.4	13.3	13.9	21.1	30.2	48.7	4.54
	대학원 이상	(99)	8.1	0.8	5.0	26.1	28.9	13.9	17.2	13.9	26.1	60.0	4.78
가구 소득	200만 원 미만	(102)	2.4	7.9	13.8	33.9	19.9	13.1	8.9	24.2	33.9	42.0	4.36
	200~300만 원 미만	(148)	6.1	5.5	4.7	37.4	20.1	8.9	17.4	16.2	37.4	46.4	4.56
	300~500만 원 미만	(287)	3.8	5.2	9.4	27.9	25.4	13.3	15.0	18.5	27.9	53.7	4.66
	500~700만 원 미만	(196)	4.1	3.5	13.7	31.9	21.2	11.2	14.4	21.3	31.9	46.8	4.54
	700만 원 이상	(267)	4.9	7.4	11.3	23.7	18.8	15.2	18.7	23.6	23.7	52.8	4.65
혼인 상태	기혼	(220)	5.4	4.4	10.9	29.4	18.9	15.9	15.0	20.8	29.4	49.8	4.60
	미혼	(745)	3.8	5.8	10.1	29.7	22.7	11.8	16.1	19.7	29.7	50.7	4.62
	동거/사별/이혼/별거	(35)	8.7	14.4	17.5	27.9	11.5	11.5	8.6	40.5	27.9	31.6	3.88

[표 2-60] 직업은 반드시 가져야 한다(미래) – 20~30대(계속)

구분		사례 수	① 전혀 그렇지 않다	②	③	④ 중간	⑤	⑥	⑦ 매우 그렇다	종합			[평균]
										그렇지 않다	중간	그렇다	
전체		(1,000)	4.3	5.8	10.5	29.6	21.5	12.7	15.6	20.6	29.6	49.8	4.59
가구원 수	1인	(218)	3.6	7.9	11.9	34.4	18.0	11.7	12.5	23.4	34.4	42.2	4.40
	2인	(159)	6.4	4.3	10.7	25.4	24.3	14.5	14.4	21.3	25.4	53.3	4.58
	3인	(290)	4.1	5.5	9.4	32.1	20.6	12.4	15.9	19.0	32.1	48.9	4.60
	4인 이상	(333)	4.0	5.4	10.5	26.2	23.2	12.9	17.9	19.9	26.2	53.9	4.69
이념 성향	진보	(231)	5.2	6.5	11.3	21.7	20.8	18.9	15.6	23.0	21.7	55.4	4.66
	중도	(429)	3.6	4.7	7.6	33.0	21.2	11.2	18.7	15.9	33.0	51.1	4.72
	보수	(341)	4.7	6.7	13.6	30.6	22.2	10.4	11.8	25.0	30.6	44.4	4.37
직업	화이트칼라	(644)	5.4	6.2	10.4	28.5	19.7	14.4	15.4	22.0	28.5	49.5	4.56
	블루칼라	(141)	4.9	5.7	10.7	31.6	19.7	9.9	17.6	21.2	31.6	47.2	4.56
	학생	(106)	0.9	2.7	14.0	21.4	29.3	12.7	19.0	17.6	21.4	60.9	4.89
	주부/무직/기타	(109)	0.9	6.4	7.3	41.2	26.7	6.4	11.0	14.6	41.2	44.1	4.50
고용 형태	상용직 임금근로자	(620)	5.1	6.1	9.4	28.1	20.4	14.0	16.9	20.6	28.1	51.3	4.62
	임시/일용/특수직 근로자	(97)	4.0	4.2	16.5	31.3	23.5	11.3	9.2	24.7	31.3	44.0	4.37
	자영업자/ 무급가족종사자	(58)	10.2	8.6	12.2	32.7	6.9	15.5	13.8	31.0	32.7	36.2	4.19
권역	도심권	(50)	5.0	15.6	5.6	31.1	17.1	15.6	10.0	26.2	31.1	42.7	4.27
	동북권	(295)	4.4	4.4	10.5	27.7	21.8	12.7	18.4	19.3	27.7	52.9	4.70
	서북권	(123)	4.0	5.0	12.0	37.1	22.3	8.1	11.4	21.0	37.1	41.8	4.39
	서남권	(329)	5.2	6.4	11.3	26.0	23.0	13.4	14.8	22.9	26.0	51.2	4.54
	동남권	(203)	2.9	4.9	9.4	33.1	19.1	13.8	16.7	17.3	33.1	49.6	4.69

[표 2-61] 직업은 반드시 가져야 한다(현재) – 40~50대

구분		사례 수	① 전혀 그렇지 않다	②	③	④ 중간	⑤	⑥	⑦ 매우 그렇다	종합			[평균]
										그렇지 않다	중간	그렇다	
전체		(500)	1.4	2.6	3.8	21.2	27.6	26.4	17.0	7.8	21.2	71.0	5.18
성별	남성	(247)	1.6	2.8	2.0	18.2	29.1	27.9	18.2	6.5	18.2	75.3	5.27
	여성	(253)	1.2	2.4	5.5	24.1	26.1	24.9	15.8	9.1	24.1	66.8	5.09
연령	40대	(248)	2.0	2.8	3.2	23.8	25.0	26.6	16.5	8.1	23.8	68.1	5.13
	50대	(252)	0.8	2.4	4.4	18.7	30.2	26.2	17.5	7.5	18.7	73.8	5.23
학력	고졸 이하	(61)	3.3	4.9	3.3	19.7	24.6	24.6	19.7	11.5	19.7	68.9	5.10
	대재	(16)	0.0	6.3	0.0	31.3	31.3	18.8	12.5	6.3	31.3	62.5	4.94
	대졸	(365)	1.4	1.6	4.4	21.1	27.9	28.2	15.3	7.4	21.1	71.5	5.19
	대학원 이상	(58)	0.0	5.2	1.7	20.7	27.6	19.0	25.9	6.9	20.7	72.4	5.31
가구 소득	200만 원 미만	(45)	2.2	4.4	4.4	37.8	17.8	15.6	17.8	11.1	37.8	51.1	4.82
	200~300만 원 미만	(41)	0.0	2.4	0.0	24.4	22.0	29.3	22.0	2.4	24.4	73.2	5.41
	300~500만 원 미만	(125)	2.4	1.6	3.2	19.2	35.2	20.8	17.6	7.2	19.2	73.6	5.16
	500~700만 원 미만	(129)	0.8	2.3	5.4	22.5	25.6	28.7	14.7	8.5	22.5	69.0	5.15
	700만 원 이상	(160)	1.3	3.1	3.8	16.3	27.5	31.3	16.9	8.1	16.3	75.6	5.27
혼인 상태	기혼	(340)	1.2	2.6	4.7	17.6	29.4	27.6	16.8	8.5	17.6	73.8	5.21
	미혼	(127)	2.4	2.4	1.6	30.7	19.7	23.6	19.7	6.3	30.7	63.0	5.13
	동거/사별/이혼/별거	(33)	0.0	3.0	3.0	21.2	39.4	24.2	9.1	6.1	21.2	72.7	5.06

[표 2-61] 직업은 반드시 가져야 한다(현재) – 40~50대(계속)

구분		사례 수	① 전혀 그렇지 않다	②	③	④ 중간	⑤	⑥	⑦ 매우 그렇다	종합			[평균]
										그렇지 않다	중간	그렇다	
전체		(500)	1.4	2.6	3.8	21.2	27.6	26.4	17.0	7.8	21.2	71.0	5.18
가구원 수	1인	(64)	1.6	1.6	1.6	25.0	31.3	18.8	20.3	4.7	25.0	70.3	5.20
	2인	(68)	1.5	0.0	2.9	32.4	25.0	20.6	17.6	4.4	32.4	63.2	5.12
	3인	(175)	1.7	3.4	1.7	20.6	23.4	33.1	16.0	6.9	20.6	72.6	5.24
	4인 이상	(193)	1.0	3.1	6.7	16.6	31.1	24.9	16.6	10.9	16.6	72.5	5.15
이념 성향	진보	(126)	0.8	3.2	4.0	19.0	26.2	27.0	19.8	7.9	19.0	73.0	5.27
	중도	(218)	1.4	0.5	2.8	24.8	27.1	26.6	17.0	4.6	24.8	70.6	5.23
	보수	(156)	1.9	5.1	5.1	17.9	29.5	25.6	14.7	12.2	17.9	69.9	5.04
직업	화이트칼라	(328)	1.2	2.1	2.4	19.2	27.7	29.0	18.3	5.8	19.2	75.0	5.30
	블루칼라	(61)	1.6	3.3	6.6	23.0	18.0	27.9	19.7	11.5	23.0	65.6	5.15
	주부/무직/기타	(111)	1.8	3.6	6.3	26.1	32.4	18.0	11.7	11.7	26.1	62.2	4.85
고용 형태	상용직 임금근로자	(314)	1.3	1.9	3.2	18.5	26.8	29.9	18.5	6.4	18.5	75.2	5.31
	임시/일용/특수직 근로자	(39)	2.6	2.6	2.6	28.2	17.9	23.1	23.1	7.7	28.2	64.1	5.18
	자영업자/ 무급가족종사자	(31)	0.0	6.5	3.2	25.8	25.8	25.8	12.9	9.7	25.8	64.5	5.00
권역	도심권	(25)	0.0	4.0	4.0	24.0	28.0	28.0	12.0	8.0	24.0	68.0	5.08
	동북권	(155)	2.6	1.3	3.2	23.9	29.0	23.2	16.8	7.1	23.9	69.0	5.12
	서북권	(60)	1.7	3.3	1.7	18.3	23.3	28.3	23.3	6.7	18.3	75.0	5.37
	서남권	(149)	1.3	4.0	4.7	19.5	30.2	23.5	16.8	10.1	19.5	70.5	5.11
	동남권	(111)	0.0	1.8	4.5	20.7	24.3	33.3	15.3	6.3	20.7	73.0	5.29

[표 2-62] 직업은 반드시 가져야 한다(미래) – 40~50대

구분		사례 수	① 전혀 그렇지 않다	②	③	④ 중간	⑤	⑥	⑦ 매우 그렇다	종합: 그렇지 않다	종합: 중간	종합: 그렇다	[평균]
전체		(500)	1.8	2.4	8.2	30.6	22.8	18.4	15.8	12.4	30.6	57.0	4.89
성별	남성	(247)	2.4	2.0	8.5	32.8	23.9	16.6	13.8	13.0	32.8	54.3	4.79
	여성	(253)	1.2	2.8	7.9	28.5	21.7	20.2	17.8	11.9	28.5	59.7	4.98
연령	40대	(248)	2.4	2.4	10.1	30.6	23.4	16.9	14.1	14.9	30.6	54.4	4.77
	50대	(252)	1.2	2.4	6.3	30.6	22.2	19.8	17.5	9.9	30.6	59.5	5.00
학력	고졸 이하	(61)	3.3	3.3	4.9	27.9	21.3	23.0	16.4	11.5	27.9	60.7	4.95
	대재	(16)	0.0	0.0	18.8	31.3	18.8	18.8	12.5	18.8	31.3	50.0	4.75
	대졸	(365)	1.6	2.5	8.2	31.0	23.3	17.5	15.9	12.3	31.0	56.7	4.88
	대학원 이상	(58)	1.7	1.7	8.6	31.0	22.4	19.0	15.5	12.1	31.0	56.9	4.90
가구 소득	200만 원 미만	(45)	2.2	4.4	11.1	42.2	17.8	13.3	8.9	17.8	42.2	40.0	4.44
	200~300만 원 미만	(41)	2.4	2.4	7.3	34.1	17.1	19.5	17.1	12.2	34.1	53.7	4.88
	300~500만 원 미만	(125)	2.4	1.6	4.8	29.6	28.0	15.2	18.4	8.8	29.6	61.6	4.98
	500~700만 원 미만	(129)	0.8	3.1	7.8	26.4	27.1	21.7	13.2	11.6	26.4	62.0	4.94
	700만 원 이상	(160)	1.9	1.9	10.6	30.6	18.1	19.4	17.5	14.4	30.6	55.0	4.89
혼인 상태	기혼	(340)	1.5	1.2	6.5	29.1	25.0	20.3	16.5	9.1	29.1	61.8	5.02
	미혼	(127)	3.1	5.5	11.8	33.9	16.5	12.6	16.5	20.5	33.9	45.7	4.59
	동거/사별/이혼/별거	(33)	0.0	3.0	12.1	33.3	24.2	21.2	6.1	15.2	33.3	51.5	4.67

[표 2-62] 직업은 반드시 가져야 한다(미래) – 40~50대(계속)

구분		사례 수	① 전혀 그렇지 않다	②	③	④ 중간	⑤	⑥	⑦ 매우 그렇다	종합			[평균]
										그렇지 않다	중간	그렇다	
전체		(500)	1.8	2.4	8.2	30.6	22.8	18.4	15.8	12.4	30.6	57.0	4.89
가구원 수	1인	(64)	1.6	4.7	15.6	35.9	15.6	14.1	12.5	21.9	35.9	42.2	4.52
	2인	(68)	1.5	0.0	10.3	35.3	23.5	17.6	11.8	11.8	35.3	52.9	4.79
	3인	(175)	1.7	1.7	6.3	30.9	22.3	18.3	18.9	9.7	30.9	59.4	5.01
	4인 이상	(193)	2.1	3.1	6.7	26.9	25.4	20.2	15.5	11.9	26.9	61.1	4.93
이념 성향	진보	(126)	0.8	2.4	8.7	30.2	23.8	17.5	16.7	11.9	30.2	57.9	4.93
	중도	(218)	2.3	1.8	8.3	29.4	22.5	18.8	17.0	12.4	29.4	58.3	4.92
	보수	(156)	1.9	3.2	7.7	32.7	22.4	18.6	13.5	12.8	32.7	54.5	4.80
직업	화이트칼라	(328)	1.5	1.8	8.5	31.4	20.1	20.1	16.5	11.9	31.4	56.7	4.93
	블루칼라	(61)	1.6	8.2	13.1	23.0	21.3	18.0	14.8	23.0	23.0	54.1	4.67
	주부/무직/기타	(111)	2.7	0.9	4.5	32.4	31.5	13.5	14.4	8.1	32.4	59.5	4.87
고용 형태	상용직 임금근로자	(314)	1.6	2.5	9.6	29.0	22.0	19.4	15.9	13.7	29.0	57.3	4.89
	임시/일용/특수직 근로자	(39)	2.6	5.1	7.7	28.2	17.9	17.9	20.5	15.4	28.2	56.4	4.90
	자영업자/ 무급가족종사자	(31)	0.0	3.2	9.7	41.9	9.7	22.6	12.9	12.9	41.9	45.2	4.77
권역	도심권	(25)	0.0	4.0	20.0	32.0	20.0	8.0	16.0	24.0	32.0	44.0	4.56
	동북권	(155)	1.3	0.6	9.0	38.1	20.0	16.8	14.2	11.0	38.1	51.0	4.82
	서북권	(60)	1.7	3.3	0.0	20.0	28.3	18.3	28.3	5.0	20.0	75.0	5.38
	서남권	(149)	2.0	1.3	10.1	29.5	20.8	22.8	13.4	13.4	29.5	57.0	4.88
	동남권	(111)	2.7	5.4	6.3	27.0	27.0	17.1	14.4	14.4	27.0	58.6	4.79

③ 남들처럼 출퇴근하는 직업을 가져야 한다

◈ 20~30대

20~30대의 직업에 대한 의견 중 '내가 생각하기에 현재는 남들처럼 출퇴근하는 직업을 가져야 한다'는 7점 만점 기준으로 4.06점인 반면, '내가 생각하기에 미래 2050년에는 남들처럼 출퇴근하는 직업을 가져야 한다'는 3.29점으로 나타남

[그림 2-49] 남들처럼 출퇴근하는 직업을 가져야 한다 – 20~30대 (단위: %)

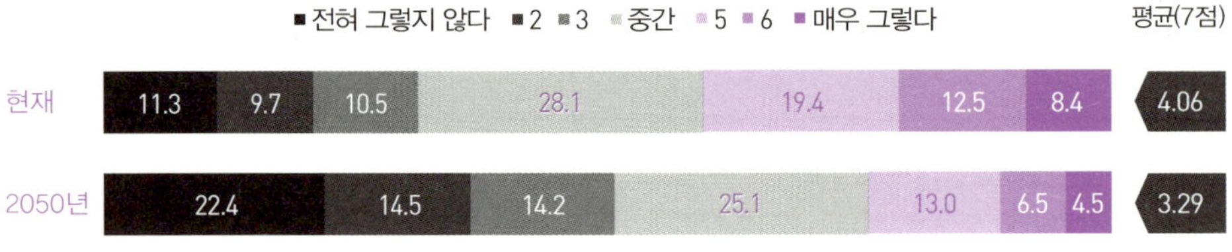

7점 평균을 상세분석한 결과, '내가 생각하기에 현재는 남들처럼 출퇴근하는 직업을 가져야 한다'는 성별로 남성(4.37점)에서 높게 나타났고 연령별로는 20대(4.08점), 학력별로는 대재(전문대/대학교) (4.24점), 가구 소득별로는 500~700만 원 미만(4.15점), 300~500만 원 미만(4.12점), 혼인상태별로는 동거/사별/이혼/별거(4.28점), 기혼(4.07점), 가구원 수별로는 4인 이상(4.20점), 3인(4.07점), 이념 성향별로는 보수(4.29점), 직업별로는 블루칼라(4.24점), 화이트칼라(4.12점), 고용형태별로는 상용직 임금근로자(4.14점), 자영업자/무급가족종사자(4.13점), 권역별로는 동남권(4.15점), 동북권(4.13점)에서 높게 나타남

'내가 생각하기에 미래 2050년에는 남들처럼 출퇴근하는 직업을 가져야 한다'는 성별로 남성(3.60점)에서 높게 나타났고 연령별로는 30대(3.34점), 학력별로는 고졸 이하(3.56점), 가구 소득별로는 500~700만 원 미만(3.47점), 200만 원 미만(3.46점), 혼인상태별로는 기혼(3.51점), 동거/사별/이혼/별거(3.48점), 가구원 수별로는 3인(3.47점), 4인 이상(3.35점), 이념 성향별로는 보수(3.39점), 중도(3.38점), 직업별로는 블루칼라(3.63점), 고용형태별로는 임시/일용/특수직 근로자(3.38점), 상용직 임금근로자(3.29점), 권역별로는 동남권(3.42점), 동북권(3.40점)에서 높게 나타남

◈ 40~50대

40~50대는 '내가 생각하기에 현재는 남들처럼 출퇴근하는 직업을 가져야 한다'는 7점 만점 기준으로 4.02점인 반면, '내가 생각하기에 미래 2050년에는 남들처럼 출퇴근하는 직업을 가져야 한다'는 3.39점으로 나타남

[그림 2-50] 남들처럼 출퇴근하는 직업을 가져야 한다 – 40~50대 (단위: %)

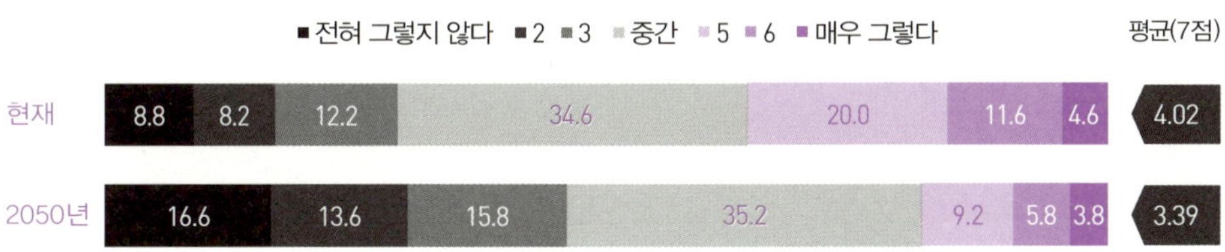

7점 평균을 상세분석한 결과, '내가 생각하기에 현재는 남들처럼 출퇴근하는 직업을 가져야 한다'는 성별로 남성(4.21점)에서 높게 나타났고 연령별로는 50대(4.10점), 학력별로는 대졸(전문대/대학교 졸업)(4.09점), 가구 소득별로는 700만 원 이상(4.14점), 200~300만 원 미만(4.12점), 혼인상태별로는 기혼(4.16점), 가구원 수별로는 4인 이상(4.26점), 이념 성향별로는 보수(4.29점), 직업별로는 블루칼라(4.21점), 화이트칼라

(4.11점), 고용형태별로는 자영업자/무급가족종사자(4.32점), 상용직 임금근로자(4.16점), 권역별로는 서북권(4.33점)에서 높게 나타남

'내가 생각하기에 현재는 남들처럼 출퇴근하는 직업을 가져야 한다'는 성별로 남성(3.51점)에서 높게 나타났고 연령별로는 50대(3.49점), 학력별로는 고졸 이하(3.51점), 대재(전문대/대학교) (3.50점), 가구 소득별로는 300~500만 원 미만(3.63점), 200~300만 원 미만(3.54점), 혼인상태별로는 기혼(3.50점), 가구원 수별로는 4인 이상(3.65점), 이념 성향별로는 보수(3.56점), 중도(3.44점), 직업별로는 블루칼라(3.57점), 화이트칼라(3.43점), 고용형태별로는 자영업자/무급가족종사자(3.81점), 권역별로는 서북권(3.97점)에서 높게 나타남

[표 2-63] 남들처럼 출퇴근하는 직업을 가져야 한다(현재) – 20~30대

구분		사례 수	① 전혀 그렇지 않다	②	③	④ 중간	⑤	⑥	⑦ 매우 그렇다	종합			[평균]
										그렇지 않다	중간	그렇다	
전체		(1,000)	11.3	9.7	10.5	28.1	19.4	12.5	8.4	31.6	28.1	40.3	4.06
성별	남성	(490)	6.4	8.0	11.3	27.0	21.4	16.2	9.9	25.6	27.0	47.4	4.37
	여성	(510)	16.1	11.4	9.8	29.2	17.5	9.0	7.1	37.3	29.2	33.5	3.76
연령	20대	(498)	11.5	9.3	11.1	26.1	21.4	11.3	9.3	31.9	26.1	42.0	4.08
	30대	(502)	11.2	10.2	10.0	30.1	17.3	13.7	7.6	31.3	30.1	38.6	4.04
학력	고졸 이하	(97)	12.1	9.2	15.3	25.0	17.8	9.3	11.3	36.6	25.0	38.4	4.00
	대재	(127)	7.1	8.5	13.0	26.3	24.6	11.2	9.4	28.5	26.3	45.1	4.24
	대졸	(677)	11.6	10.3	9.0	29.5	19.0	13.0	7.6	30.9	29.5	39.6	4.04
	대학원 이상	(99)	14.0	8.1	13.1	24.1	16.8	14.1	9.9	35.1	24.1	40.8	4.03
가구 소득	200만 원 미만	(102)	9.6	12.7	11.9	30.7	18.8	9.4	6.8	34.3	30.7	35.0	3.92
	200~300만 원 미만	(148)	13.3	8.2	10.8	29.6	16.9	12.0	9.2	32.3	29.6	38.1	4.01
	300~500만 원 미만	(287)	10.7	8.4	10.5	28.3	21.9	11.5	8.7	29.6	28.3	42.2	4.12
	500~700만 원 미만	(196)	10.1	7.6	10.8	26.7	24.6	13.7	6.6	28.5	26.7	44.8	4.15
	700만 원 이상	(267)	12.3	12.4	9.8	27.2	14.3	14.2	9.7	34.5	27.2	38.3	4.00
혼인 상태	기혼	(220)	10.0	10.4	9.0	31.3	18.5	13.6	7.2	29.4	31.3	39.3	4.07
	미혼	(745)	11.8	9.4	10.8	27.6	19.7	12.2	8.4	32.0	27.6	40.4	4.04
	동거/사별/이혼/별거	(35)	8.6	11.5	14.7	19.5	17.2	11.5	16.9	34.8	19.5	45.7	4.28

[표 2-63] 남들처럼 출퇴근하는 직업을 가져야 한다(현재) – 20~30대(계속)

구분		사례 수	① 전혀 그렇지 않다	②	③	④ 중간	⑤	⑥	⑦ 매우 그렇다	종합			[평균]
										그렇지 않다	중간	그렇다	
전체		(1,000)	11.3	9.7	10.5	28.1	19.4	12.5	8.4	31.6	28.1	40.3	4.06
가구원 수	1인	(218)	12.0	10.1	9.2	29.9	21.3	12.1	5.4	31.3	29.9	38.8	3.96
	2인	(159)	13.8	11.3	10.8	27.1	20.1	9.3	7.5	35.9	27.1	37.0	3.87
	3인	(290)	12.6	8.2	9.6	29.8	17.0	14.1	8.6	30.5	29.8	39.7	4.07
	4인 이상	(333)	8.5	10.0	12.0	26.0	19.8	12.9	10.7	30.6	26.0	43.5	4.20
이념 성향	진보	(231)	18.1	11.7	8.2	23.4	20.4	12.5	5.7	38.1	23.4	38.6	3.76
	중도	(429)	11.3	9.1	11.5	31.5	16.0	11.1	9.4	31.9	31.5	36.6	4.03
	보수	(341)	6.7	9.2	10.9	27.1	22.9	14.2	9.0	26.8	27.1	46.1	4.29
직업	화이트칼라	(644)	10.5	9.4	9.9	28.2	20.0	13.5	8.5	29.8	28.2	42.0	4.12
	블루칼라	(141)	9.8	7.7	9.8	28.1	21.3	12.1	11.1	27.4	28.1	44.5	4.24
	학생	(106)	13.3	10.2	12.8	23.9	21.8	12.4	5.7	36.3	23.9	39.8	3.90
	주부/무직/기타	(109)	16.3	13.7	12.8	31.9	10.6	7.3	7.3	42.9	31.9	25.2	3.58
고용 형태	상용직 임금근로자	(620)	10.3	9.2	9.7	28.2	20.6	13.4	8.6	29.2	28.2	42.6	4.14
	임시/일용/특수직 근로자	(97)	11.3	9.1	12.1	24.2	22.7	10.3	10.3	32.6	24.2	43.2	4.10
	자영업자/ 무급가족종사자	(58)	10.4	6.9	10.5	36.1	12.3	15.4	8.5	27.8	36.1	36.2	4.13
권역	도심권	(50)	16.6	11.6	4.0	41.1	17.5	6.0	3.2	32.2	41.1	26.7	3.62
	동북권	(295)	10.5	9.2	10.3	28.7	17.4	15.4	8.5	30.0	28.7	41.3	4.13
	서북권	(123)	9.8	13.1	12.8	30.8	17.4	11.3	4.9	35.7	30.8	33.6	3.86
	서남권	(329)	12.1	9.1	12.5	21.7	24.0	11.5	9.0	33.7	21.7	44.6	4.07
	동남권	(203)	10.8	9.0	7.9	32.8	16.3	12.3	10.9	27.7	32.8	39.4	4.15

[표 2-64] 남들처럼 출퇴근하는 직업을 가져야 한다(미래) – 20~30대

구분		사례 수	① 전혀 그렇지 않다	②	③	④ 중간	⑤	⑥	⑦ 매우 그렇다	종합			[평균]
										그렇지 않다	중간	그렇다	
전체		(1,000)	22.4	14.5	14.2	25.1	13.0	6.5	4.5	51.0	25.1	23.9	3.29
성별	남성	(490)	15.4	13.0	15.5	26.5	16.0	8.5	5.0	43.9	26.5	29.6	3.60
	여성	(510)	29.0	15.9	12.9	23.7	10.0	4.5	3.9	57.8	23.7	18.4	2.99
연령	20대	(498)	22.6	14.4	15.2	25.3	12.6	6.0	3.9	52.2	25.3	22.5	3.24
	30대	(502)	22.1	14.5	13.1	24.9	13.3	7.0	5.0	49.8	24.9	25.3	3.34
학력	고졸 이하	(97)	17.4	9.3	13.4	34.0	16.7	4.1	5.2	40.1	34.0	26.0	3.56
	대재	(127)	19.1	14.9	13.4	31.3	11.2	6.2	4.0	47.4	31.3	21.3	3.35
	대졸	(677)	23.5	15.4	14.2	22.7	13.2	6.5	4.7	53.0	22.7	24.3	3.25
	대학원 이상	(99)	23.8	13.0	16.0	25.2	9.9	9.1	3.0	52.8	25.2	22.0	3.24
가구 소득	200만 원 미만	(102)	14.5	14.6	12.8	33.8	18.5	3.8	2.0	41.9	33.8	24.3	3.46
	200~300만 원 미만	(148)	26.3	10.2	14.2	27.9	11.7	4.7	5.1	50.6	27.9	21.4	3.23
	300~500만 원 미만	(287)	20.4	13.9	12.5	26.9	14.8	6.6	4.9	46.9	26.9	26.3	3.41
	500~700만 원 미만	(196)	18.1	17.4	14.8	19.7	14.2	10.7	5.1	50.3	19.7	30.0	3.47
	700만 원 이상	(267)	28.4	15.3	16.0	22.2	8.7	5.2	4.2	59.7	22.2	18.1	3.00
혼인 상태	기혼	(220)	19.9	15.9	9.9	23.9	14.5	9.5	6.4	45.7	23.9	30.3	3.51
	미혼	(745)	23.2	14.2	15.6	25.0	12.6	5.7	3.7	52.9	25.0	22.0	3.22
	동거/사별/이혼/별거	(35)	20.2	11.5	11.5	33.9	11.5	2.9	8.6	43.1	33.9	23.0	3.48

[표 2-64] 남들처럼 출퇴근하는 직업을 가져야 한다(미래) – 20~30대(계속)

구분		사례 수	① 전혀 그렇지 않다	②	③	④ 중간	⑤	⑥	⑦ 매우 그렇다	종합			[평균]
										그렇지 않다	중간	그렇다	
전체		(1,000)	22.4	14.5	14.2	25.1	13.0	6.5	4.5	51.0	25.1	23.9	3.29
가구원 수	1인	(218)	27.5	11.5	18.0	25.5	10.9	5.0	1.7	56.9	25.5	17.6	3.02
	2인	(159)	23.8	14.6	13.0	25.9	13.3	6.3	3.1	51.4	25.9	22.7	3.22
	3인	(290)	20.2	13.0	14.5	24.3	13.9	8.6	5.5	47.8	24.3	28.0	3.47
	4인 이상	(333)	20.2	17.6	11.9	25.2	13.3	5.7	6.0	49.8	25.2	25.0	3.35
이념 성향	진보	(231)	29.8	16.0	13.0	20.4	12.6	5.2	3.0	58.8	20.4	20.8	2.98
	중도	(429)	21.1	12.5	14.2	29.0	11.5	6.5	5.3	47.7	29.0	23.2	3.38
	보수	(341)	19.0	15.9	15.0	23.4	15.1	7.3	4.4	49.8	23.4	26.8	3.39
직업	화이트칼라	(644)	23.8	15.7	13.8	22.6	13.1	6.8	4.2	53.3	22.6	24.1	3.23
	블루칼라	(141)	16.1	9.2	15.6	33.1	13.6	6.2	6.2	40.9	33.1	26.1	3.63
	학생	(106)	22.4	15.0	14.2	21.6	14.7	8.3	3.8	51.6	21.6	26.8	3.31
	주부/무직/기타	(109)	22.0	13.5	14.5	33.1	9.7	2.7	4.6	50.0	33.1	17.0	3.21
고용 형태	상용직 임금근로자	(620)	22.7	15.5	13.4	23.0	13.8	7.1	4.6	51.6	23.0	25.5	3.29
	임시/일용/특수직 근로자	(97)	19.5	8.2	21.6	28.2	13.3	6.2	3.1	49.3	28.2	22.5	3.38
	자영업자/무급가족종사자	(58)	23.8	17.3	8.6	36.6	3.5	5.0	5.2	49.7	36.6	13.6	3.14
권역	도심권	(50)	31.8	8.0	6.0	36.6	16.0	0.0	1.6	45.8	36.6	17.6	3.03
	동북권	(295)	21.7	13.2	12.5	26.2	13.8	7.8	4.7	47.5	26.2	26.4	3.40
	서북권	(123)	23.6	15.3	13.6	27.8	13.3	5.6	0.8	52.5	27.8	19.7	3.12
	서남권	(329)	22.1	17.3	16.2	22.5	10.5	5.4	6.0	55.6	22.5	21.9	3.22
	동남권	(203)	20.6	12.8	15.6	23.3	14.8	8.4	4.5	49.0	23.3	27.6	3.42

[표 2-65] 남들처럼 출퇴근하는 직업을 가져야 한다(현재) – 40~50대

구분		사례 수	① 전혀 그렇지 않다	②	③	④ 중간	⑤	⑥	⑦ 매우 그렇다	종합			[평균]
										그렇지 않다	중간	그렇다	
전체		(500)	8.8	8.2	12.2	34.6	20.0	11.6	4.6	29.2	34.6	36.2	4.02
성별	남성	(247)	8.5	6.9	7.3	35.2	22.7	13.8	5.7	22.7	35.2	42.1	4.21
	여성	(253)	9.1	9.5	17.0	34.0	17.4	9.5	3.6	35.6	34.0	30.4	3.84
연령	40대	(248)	10.5	8.5	12.9	33.1	19.8	10.9	4.4	31.9	33.1	35.1	3.94
	50대	(252)	7.1	7.9	11.5	36.1	20.2	12.3	4.8	26.6	36.1	37.3	4.10
학력	고졸 이하	(61)	9.8	8.2	11.5	39.3	18.0	6.6	6.6	29.5	39.3	31.1	3.93
	대재	(16)	12.5	0.0	12.5	43.8	12.5	18.8	0.0	25.0	43.8	31.3	4.00
	대졸	(365)	7.4	8.8	12.6	32.3	21.4	12.9	4.7	28.8	32.3	38.9	4.09
	대학원 이상	(58)	15.5	6.9	10.3	41.4	15.5	6.9	3.4	32.8	41.4	25.9	3.69
가구 소득	200만 원 미만	(45)	11.1	4.4	22.2	33.3	20.0	2.2	6.7	37.8	33.3	28.9	3.80
	200~300만 원 미만	(41)	7.3	12.2	2.4	41.5	17.1	14.6	4.9	22.0	41.5	36.6	4.12
	300~500만 원 미만	(125)	12.0	5.6	10.4	36.8	19.2	12.0	4.0	28.0	36.8	35.2	3.98
	500~700만 원 미만	(129)	7.0	12.4	13.2	31.8	19.4	14.0	2.3	32.6	31.8	35.7	3.95
	700만 원 이상	(160)	7.5	6.9	12.5	33.8	21.9	11.3	6.3	26.9	33.8	39.4	4.14
혼인 상태	기혼	(340)	6.2	7.9	11.8	34.7	21.2	13.5	4.7	25.9	34.7	39.4	4.16
	미혼	(127)	14.2	7.9	15.7	33.1	17.3	7.9	3.9	37.8	33.1	29.1	3.71
	동거/사별/이혼/별거	(33)	15.2	12.1	3.0	39.4	18.2	6.1	6.1	30.3	39.4	30.3	3.76

[표 2-65] 남들처럼 출퇴근하는 직업을 가져야 한다(현재) – 40~50대(계속)

구분		사례 수	① 전혀 그렇지 않다	②	③	④ 중간	⑤	⑥	⑦ 매우 그렇다	종합			[평균]
										그렇지 않다	중간	그렇다	
전체		(500)	8.8	8.2	12.2	34.6	20.0	11.6	4.6	29.2	34.6	36.2	4.02
가구원 수	1인	(64)	10.9	10.9	14.1	31.3	18.8	9.4	4.7	35.9	31.3	32.8	3.83
	2인	(68)	11.8	5.9	17.6	45.6	11.8	5.9	1.5	35.3	45.6	19.1	3.63
	3인	(175)	9.7	8.0	10.9	36.0	20.6	11.4	3.4	28.6	36.0	35.4	3.98
	4인 이상	(193)	6.2	8.3	10.9	30.6	22.8	14.5	6.7	25.4	30.6	44.0	4.26
이념 성향	진보	(126)	11.9	9.5	11.1	41.3	11.9	10.3	4.0	32.5	41.3	26.2	3.79
	중도	(218)	10.1	9.2	11.9	33.0	20.2	10.1	5.5	31.2	33.0	35.8	3.96
	보수	(156)	4.5	5.8	13.5	31.4	26.3	14.7	3.8	23.7	31.4	44.9	4.29
직업	화이트칼라	(328)	7.9	8.5	10.7	33.8	21.0	12.2	5.8	27.1	33.8	39.0	4.11
	블루칼라	(61)	8.2	4.9	6.6	41.0	21.3	13.1	4.9	19.7	41.0	39.3	4.21
	주부/무직/기타	(111)	11.7	9.0	19.8	33.3	16.2	9.0	0.9	40.5	33.3	26.1	3.64
고용 형태	상용직 임금근로자	(314)	6.1	9.2	10.8	33.4	22.0	13.7	4.8	26.1	33.4	40.4	4.16
	임시/일용/특수직 근로자	(39)	23.1	2.6	7.7	41.0	15.4	2.6	7.7	33.3	41.0	25.6	3.62
	자영업자/무급가족종사자	(31)	9.7	3.2	6.5	38.7	19.4	12.9	9.7	19.4	38.7	41.9	4.32
권역	도심권	(25)	20.0	0.0	24.0	12.0	16.0	20.0	8.0	44.0	12.0	44.0	3.96
	동북권	(155)	8.4	10.3	15.5	34.8	16.8	12.9	1.3	34.2	34.8	31.0	3.85
	서북권	(60)	5.0	5.0	10.0	38.3	23.3	10.0	8.3	20.0	38.3	41.7	4.33
	서남권	(149)	10.7	7.4	10.1	36.2	19.5	10.1	6.0	28.2	36.2	35.6	4.01
	동남권	(111)	6.3	9.9	9.0	35.1	24.3	10.8	4.5	25.2	35.1	39.6	4.12

[표 2-66] 남들처럼 출퇴근하는 직업을 가져야 한다(미래) – 40~50대

구분		사례 수	① 전혀 그렇지 않다	②	③	④ 중간	⑤	⑥	⑦ 매우 그렇다	종합			[평균]
										그렇지 않다	중간	그렇다	
전체		(500)	16.6	13.6	15.8	35.2	9.2	5.8	3.8	46.0	35.2	18.8	3.39
성별	남성	(247)	15.0	12.6	13.4	38.9	10.1	5.7	4.5	40.9	38.9	20.2	3.51
	여성	(253)	18.2	14.6	18.2	31.6	8.3	5.9	3.2	51.0	31.6	17.4	3.28
연령	40대	(248)	17.7	15.7	18.5	28.6	9.3	6.5	3.6	52.0	28.6	19.4	3.30
	50대	(252)	15.5	11.5	13.1	41.7	9.1	5.2	4.0	40.1	41.7	18.3	3.49
학력	고졸 이하	(61)	23.0	1.6	11.5	44.3	9.8	4.9	4.9	36.1	44.3	19.7	3.51
	대재	(16)	12.5	12.5	25.0	25.0	12.5	12.5	0.0	50.0	25.0	25.0	3.50
	대졸	(365)	14.8	15.1	15.9	34.8	9.3	6.3	3.8	45.8	34.8	19.5	3.43
	대학원 이상	(58)	22.4	17.2	17.2	31.0	6.9	1.7	3.4	56.9	31.0	12.1	3.02
가구 소득	200만 원 미만	(45)	20.0	6.7	13.3	42.2	8.9	4.4	4.4	40.0	42.2	17.8	3.44
	200~300만 원 미만	(41)	19.5	4.9	14.6	41.5	7.3	7.3	4.9	39.0	41.5	19.5	3.54
	300~500만 원 미만	(125)	14.4	10.4	15.2	36.0	11.2	7.2	5.6	40.0	36.0	24.0	3.63
	500~700만 원 미만	(129)	18.6	15.5	19.4	29.5	10.1	6.2	0.8	53.5	29.5	17.1	3.19
	700만 원 이상	(160)	15.0	18.8	14.4	35.6	7.5	4.4	4.4	48.1	35.6	16.3	3.33
혼인 상태	기혼	(340)	13.8	13.5	17.1	35.6	8.8	7.1	4.1	44.4	35.6	20.0	3.50
	미혼	(127)	23.6	13.4	12.6	34.6	10.2	3.1	2.4	49.6	34.6	15.7	3.13
	동거/사별/이혼/별거	(33)	18.2	15.2	15.2	33.3	9.1	3.0	6.1	48.5	33.3	18.2	3.33

[표 2-66] 남들처럼 출퇴근하는 직업을 가져야 한다(미래) – 40~50대(계속)

구분		사례 수	① 전혀 그렇지 않다	②	③	④ 중간	⑤	⑥	⑦ 매우 그렇다	종합			[평균]
										그렇지 않다	중간	그렇다	
전체		(500)	16.6	13.6	15.8	35.2	9.2	5.8	3.8	46.0	35.2	18.8	3.39
가구원 수	1인	(64)	23.4	15.6	10.9	28.1	12.5	7.8	1.6	50.0	28.1	21.9	3.20
	2인	(68)	20.6	11.8	23.5	29.4	10.3	2.9	1.5	55.9	29.4	14.7	3.12
	3인	(175)	18.3	13.7	14.3	40.0	5.7	4.6	3.4	46.3	40.0	13.7	3.29
	4인 이상	(193)	11.4	13.5	16.1	35.2	10.9	7.3	5.7	40.9	35.2	23.8	3.65
이념 성향	진보	(126)	24.6	10.3	17.5	35.7	4.0	4.8	3.2	52.4	35.7	11.9	3.11
	중도	(218)	17.4	11.9	15.1	36.2	8.7	5.0	5.5	44.5	36.2	19.3	3.44
	보수	(156)	9.0	18.6	15.4	33.3	14.1	7.7	1.9	42.9	33.3	23.7	3.56
직업	화이트칼라	(328)	15.9	14.3	16.8	33.5	8.2	6.1	5.2	47.0	33.5	19.5	3.43
	블루칼라	(61)	16.4	11.5	9.8	41.0	6.6	11.5	3.3	37.7	41.0	21.3	3.57
	주부/무직/기타	(111)	18.9	12.6	16.2	36.9	13.5	1.8	0.0	47.7	36.9	15.3	3.19
고용 형태	상용직 임금근로자	(314)	15.3	15.0	16.9	34.1	7.6	6.7	4.5	47.1	34.1	18.8	3.42
	임시/일용/특수직 근로자	(39)	25.6	10.3	10.3	33.3	7.7	5.1	7.7	46.2	33.3	20.5	3.33
	자영업자/ 무급가족종사자	(31)	12.9	9.7	9.7	41.9	9.7	9.7	6.5	32.3	41.9	25.8	3.81
권역	도심권	(25)	24.0	12.0	28.0	20.0	8.0	4.0	4.0	64.0	20.0	16.0	3.04
	동북권	(155)	14.2	14.8	22.6	32.3	8.4	5.8	1.9	51.6	32.3	16.1	3.31
	서북권	(60)	10.0	8.3	16.7	35.0	8.3	13.3	8.3	35.0	35.0	30.0	3.97
	서남권	(149)	19.5	15.4	10.7	38.9	7.4	3.4	4.7	45.6	38.9	15.4	3.28
	동남권	(111)	18.0	12.6	9.9	37.8	13.5	5.4	2.7	40.5	37.8	21.6	3.43

④ 투 잡이 아닌, 1개의 직업만 가지는 것으로 충분하다

◈ 20~30대

20~30대의 직업에 대한 의견 중 '내가 생각하기에 현재는 투 잡이 아닌, 1개의 직업만 가지는 것으로 충분하다'는 7점 만점 기준으로 3.92점인 반면, '내가 생각하기에 미래 2050년에는 투 잡이 아닌, 1개의 직업만 가지는 것으로 충분하다'는 3.55점으로 나타남

[그림 2-51] 투 잡이 아닌, 1개의 직업만 가지는 것으로 충분하다 – 20~30대 (단위: %)

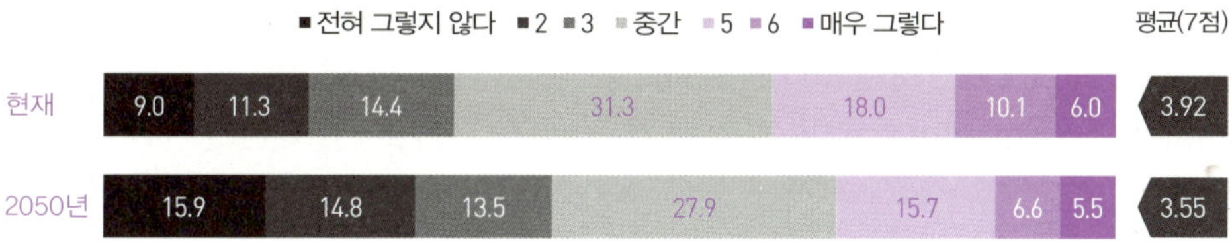

7점 평균을 상세분석한 결과, '내가 생각하기에 현재는 투 잡이 아닌, 1개의 직업만 가지는 것으로 충분하다'는 성별로 남성(4.05점)에서 높게 나타났고 연령별로는 20대(3.93점), 학력별로는 대학원 이상(4.06점), 대재(전문대/대학교)(4.03점), 가구 소득별로는 500~700만 원 미만(4.05점), 700만 원 이상(3.97점), 혼인상태별로는 기혼(4.14점), 동거/사별/이혼/별거(4.06점), 가구원 수별로는 4인 이상(4.05점), 3인(3.96점), 이념 성향별로는 보수(4.24점), 직업별로는 블루칼라(3.95점), 학생(3.93점), 고용형태별로는 자영업자/무급가족종사자(4.42점), 권역별로는 동남권(4.05점), 서남권(3.96점)에서 높게 나타남

'내가 생각하기에 미래 2050년에는 투 잡이 아닌, 1개의 직업만 가지는 것으로 충분하다'는 성별로 남성(3.76점)에서 높게 나타났고 연령별로는 30대(3.56점), 학력별로는 고졸 이하(3.69점), 대재(전문대/대학교) (3.63점), 가구 소득별로는 500~700만 원 미만(3.72점), 300~500만 원 미만(3.61점), 혼인상태별로는 동거/사별/이혼/별거(3.83점), 기혼(3.71점), 가구원 수별로는 3인(3.74점), 4인 이상(3.63점), 이념 성향별로는 보수(3.80점), 직업별로는 블루칼라(3.68점), 학생(3.64점), 고용형태별로는 임시/일용/특수직 근로자(3.66점), 자영업자/무급가족종사자(3.64점), 권역별로는 동남권(3.70점), 동북권(3.64점)에서 높게 나타남

◈ 40~50대

40~50대는 '내가 생각하기에 현재는 투 잡이 아닌, 1개의 직업만 가지는 것으로 충분하다'는 7점 만점 기준으로 3.90점인 반면, '내가 생각하기에 미래 2050년에는 투 잡이 아닌, 1개의 직업만 가지는 것으로 충분하다'는 3.72점으로 나타남

[그림 2-52] 투 잡이 아닌, 1개의 직업만 가지는 것으로 충분하다 – 40~50대 (단위: %)

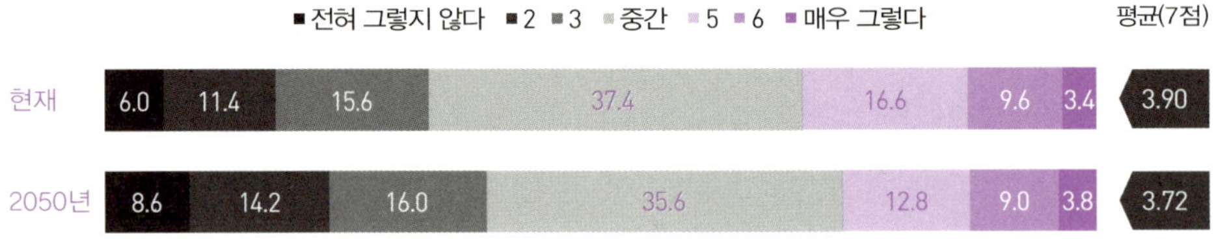

7점 평균을 상세분석한 결과, '내가 생각하기에 현재는 투 잡이 아닌, 1개의 직업만 가지는 것으로 충분하다'는 성별로 남성(4.01점)에서 높게 나타났고 연령별로는 50대(3.99점), 학력별로는 대학원 이상(4.17점), 대재(전문대/대학교)(4.13점), 가구 소득별로는 700만 원 이상(4.24점), 혼인상태별로는 기혼(4.03점), 가구원 수별로는 4인 이상

(3.99점), 3인(3.92점), 이념 성향별로는 보수(4.29점), 직업별로는 화이트칼라(3.95점), 주부/무직/기타(3.90점), 고용형태별로는 자영업자/무급가족종사자(4.13점), 상용직 임금근로자(3.94점), 권역별로는 동남권(4.18점)에서 높게 나타남

'내가 생각하기에 미래 2050년에는 투 잡이 아닌, 1개의 직업만 가지는 것으로 충분하다'는 성별로 남성(3.83점)에서 높게 나타났고 연령별로는 50대(3.90점), 학력별로는 대재(전문대/대학교)(4.06점), 고졸 이하(3.97점), 가구 소득별로는 200만 원 미만(3.91점), 700만 원 이상(3.81점), 혼인상태별로는 미혼(3.78점), 가구원 수별로는 4인 이상(3.78점), 2인(3.76점), 이념 성향별로는 보수(3.99점), 직업별로는 블루칼라(3.85점), 주부/무직/기타(3.78점), 고용형태별로는 자영업자/무급가족종사자(4.03점), 권역별로는 동남권(3.86점), 서남권(3.77점)에서 높게 나타남

[표 2-67] 투 잡이 아닌, 1개의 직업만 가지는 것으로 충분하다(현재) – 20~30대

구분		사례 수	① 전혀 그렇지 않다	②	③	④ 중간	⑤	⑥	⑦ 매우 그렇다	종합			[평균]
										그렇지 않다	중간	그렇다	
전체		(1,000)	9.0	11.3	14.4	31.3	18.0	10.1	6.0	34.7	31.3	34.0	3.92
성별	남성	(490)	7.0	10.4	14.8	30.8	18.9	11.0	7.1	32.2	30.8	37.0	4.05
	여성	(510)	11.0	12.2	13.9	31.8	17.1	9.2	4.9	37.1	31.8	31.2	3.79
연령	20대	(498)	10.1	10.8	15.0	28.7	17.2	11.4	6.7	35.9	28.7	35.4	3.93
	30대	(502)	8.0	11.8	13.7	33.9	18.7	8.8	5.2	33.5	33.9	32.7	3.91
학력	고졸 이하	(97)	13.1	13.3	12.4	27.8	18.8	5.2	9.3	38.8	27.8	33.4	3.79
	대재	(127)	7.0	12.0	16.1	28.6	14.5	15.6	6.2	35.1	28.6	36.3	4.03
	대졸	(677)	9.3	10.9	14.1	32.9	17.8	9.6	5.5	34.2	32.9	32.9	3.90
	대학원 이상	(99)	6.1	11.1	15.9	27.2	22.9	10.9	5.8	33.1	27.2	39.7	4.06
가구 소득	200만 원 미만	(102)	8.6	20.1	8.9	31.6	14.2	11.6	5.0	37.6	31.6	30.9	3.78
	200~300만 원 미만	(148)	14.8	12.1	15.4	28.8	12.9	8.8	7.3	42.3	28.8	28.9	3.68
	300~500만 원 미만	(287)	8.3	9.8	15.4	31.7	19.9	8.7	6.2	33.5	31.7	34.9	3.96
	500~700만 원 미만	(196)	7.7	10.7	13.8	30.1	17.8	14.2	5.6	32.2	30.1	37.7	4.05
	700만 원 이상	(267)	7.9	9.4	15.3	33.0	20.3	8.7	5.5	32.5	33.0	34.5	3.97
혼인 상태	기혼	(220)	5.9	10.4	12.7	31.6	21.3	10.4	7.6	29.1	31.6	39.3	4.14
	미혼	(745)	10.3	11.1	15.0	31.3	17.0	9.9	5.4	36.4	31.3	32.3	3.85
	동거/사별/이혼/별거	(35)	2.9	19.8	11.5	28.5	17.2	11.7	8.3	34.2	28.5	37.3	4.06

[표 2-67] 투 잡이 아닌, 1개의 직업만 가지는 것으로 충분하다(현재) – 20~30대(계속)

구분		사례 수	① 전혀 그렇지 않다	②	③	④ 중간	⑤	⑥	⑦ 매우 그렇다	종합			[평균]
										그렇지 않다	중간	그렇다	
전체		(1,000)	9.0	11.3	14.4	31.3	18.0	10.1	6.0	34.7	31.3	34.0	3.92
가구원 수	1인	(218)	12.0	14.5	13.7	31.9	16.1	8.2	3.7	40.1	31.9	28.0	3.65
	2인	(159)	6.8	11.2	12.6	35.1	22.4	8.1	3.8	30.6	35.1	34.3	3.94
	3인	(290)	8.5	11.8	12.9	32.3	16.9	11.7	5.9	33.2	32.3	34.5	3.96
	4인 이상	(333)	8.6	8.7	17.0	28.2	18.0	10.9	8.6	34.4	28.2	37.5	4.05
이념 성향	진보	(231)	10.4	14.3	13.8	32.9	17.8	7.3	3.5	38.6	32.9	28.6	3.69
	중도	(429)	11.1	11.2	16.0	31.5	16.2	7.6	6.3	38.3	31.5	30.2	3.79
	보수	(341)	5.5	9.3	12.7	29.9	20.3	15.0	7.2	27.5	29.9	42.6	4.24
직업	화이트칼라	(644)	8.9	12.4	13.7	30.4	18.9	9.2	6.4	35.1	30.4	34.5	3.91
	블루칼라	(141)	6.4	12.1	16.2	32.2	16.2	12.1	4.8	34.7	32.2	33.2	3.95
	학생	(106)	10.4	7.7	16.6	29.8	17.9	14.9	2.7	34.6	29.8	35.5	3.93
	주부/무직/기타	(109)	11.9	6.9	13.6	36.6	14.6	8.2	8.1	32.4	36.6	31.0	3.92
고용 형태	상용직 임금근로자	(620)	9.3	11.8	14.5	31.1	18.7	9.4	5.3	35.6	31.1	33.3	3.87
	임시/일용/특수직 근로자	(97)	7.2	15.2	17.6	31.3	14.3	9.2	5.3	40.0	31.3	28.8	3.79
	자영업자/ 무급가족종사자	(58)	3.5	12.1	5.2	31.3	24.0	13.8	10.2	20.7	31.3	48.0	4.42
권역	도심권	(50)	13.0	12.0	5.2	41.1	17.1	6.0	5.6	30.2	41.1	28.7	3.78
	동북권	(295)	10.8	11.0	15.4	29.6	17.6	8.8	6.8	37.2	29.6	33.2	3.86
	서북권	(123)	10.5	10.5	16.2	30.3	18.9	8.8	4.9	37.2	30.3	32.5	3.82
	서남권	(329)	7.0	12.6	15.8	29.4	18.3	11.8	5.1	35.3	29.4	35.2	3.96
	동남권	(203)	7.9	9.9	11.8	34.9	17.7	10.9	6.8	29.6	34.9	35.5	4.05

[표 2-68] 투 잡이 아닌, 1개의 직업만 가지는 것으로 충분하다(미래) – 20~30대

구분		사례 수	① 전혀 그렇지 않다	②	③	④ 중간	⑤	⑥	⑦ 매우 그렇다	종합			[평균]
										그렇지 않다	중간	그렇다	
전체		(1,000)	15.9	14.8	13.5	27.9	15.7	6.6	5.5	44.2	27.9	27.9	3.55
성별	남성	(490)	12.7	13.0	12.3	30.0	18.0	7.7	6.2	38.0	30.0	31.9	3.76
	여성	(510)	19.0	16.5	14.7	25.9	13.5	5.5	4.9	50.2	25.9	23.9	3.35
연령	20대	(498)	17.5	15.0	14.2	23.7	15.9	7.0	6.7	46.7	23.7	29.6	3.53
	30대	(502)	14.3	14.5	12.9	32.1	15.5	6.2	4.4	41.8	32.1	26.1	3.56
학력	고졸 이하	(97)	15.3	7.2	15.5	36.0	14.5	4.2	7.2	38.0	36.0	25.9	3.69
	대재	(127)	13.7	12.8	12.7	31.9	19.3	6.3	3.3	39.2	31.9	28.9	3.63
	대졸	(677)	16.3	16.8	12.9	26.3	14.8	6.8	6.2	45.9	26.3	27.8	3.52
	대학원 이상	(99)	17.0	11.0	17.1	26.0	19.0	8.0	2.0	45.1	26.0	28.9	3.51
가구 소득	200만 원 미만	(102)	15.5	16.8	14.6	26.9	13.1	3.9	9.2	46.8	26.9	26.2	3.54
	200~300만 원 미만	(148)	20.2	17.7	12.0	23.7	15.0	6.7	4.6	50.0	23.7	26.3	3.34
	300~500만 원 미만	(287)	13.8	13.3	14.3	29.2	20.7	3.5	5.3	41.4	29.2	29.4	3.61
	500~700만 원 미만	(196)	14.1	17.0	9.1	26.4	14.9	12.8	5.6	40.3	26.4	33.3	3.72
	700만 원 이상	(267)	17.3	12.3	16.4	30.4	12.4	6.4	4.9	46.0	30.4	23.6	3.47
혼인 상태	기혼	(220)	12.6	15.0	11.8	29.3	17.6	7.7	5.9	39.4	29.3	31.3	3.71
	미혼	(745)	17.0	15.0	14.2	27.3	15.0	6.2	5.4	46.1	27.3	26.5	3.48
	동거/사별/이혼/별거	(35)	14.4	8.6	11.5	31.0	20.1	8.6	5.7	34.5	31.0	34.5	3.83

[표 2-68] 투 잡이 아닌, 1개의 직업만 가지는 것으로 충분하다(미래) - 20~30대(계속)

구분		사례 수	① 전혀 그렇지 않다	②	③	④ 중간	⑤	⑥	⑦ 매우 그렇다	종합			[평균]
										그렇지 않다	중간	그렇다	
전체		(1,000)	15.9	14.8	13.5	27.9	15.7	6.6	5.5	44.2	27.9	27.9	3.55
가구원 수	1인	(218)	22.6	15.8	16.6	24.5	14.0	2.3	4.3	55.0	24.5	20.5	3.15
	2인	(159)	15.7	15.8	10.3	30.4	15.9	6.9	5.0	41.7	30.4	27.9	3.56
	3인	(290)	12.7	14.9	12.4	29.3	14.9	8.3	7.6	40.0	29.3	30.7	3.74
	4인 이상	(333)	14.6	13.4	14.1	27.8	17.5	7.8	4.8	42.0	27.8	30.2	3.63
이념 성향	진보	(231)	16.2	18.1	13.8	29.0	13.9	5.2	3.9	48.1	29.0	22.9	3.37
	중도	(429)	18.7	14.6	12.5	29.4	13.4	5.8	5.6	45.9	29.4	24.8	3.44
	보수	(341)	12.2	12.7	14.6	25.4	20.0	8.5	6.5	39.6	25.4	35.1	3.80
직업	화이트칼라	(644)	16.7	15.8	13.4	26.7	15.2	7.1	5.2	45.9	26.7	27.5	3.50
	블루칼라	(141)	11.3	15.5	12.1	33.7	16.3	5.0	6.2	38.9	33.7	27.4	3.68
	학생	(106)	15.7	13.5	18.1	15.9	22.4	9.4	5.0	47.3	15.9	36.8	3.64
	주부/무직/기타	(109)	17.4	9.0	12.2	39.4	11.9	2.7	7.3	38.6	39.4	22.0	3.57
고용 형태	상용직 임금근로자	(620)	16.2	16.7	13.6	25.6	15.7	6.9	5.3	46.5	25.6	28.0	3.50
	임시/일용/특수직 근로자	(97)	14.5	11.2	10.1	37.5	14.3	9.2	3.2	35.8	37.5	26.7	3.66
	자영업자/ 무급가족종사자	(58)	13.6	10.4	13.8	38.0	15.8	1.7	6.7	37.8	38.0	24.3	3.64
권역	도심권	(50)	22.2	15.6	6.0	38.2	16.0	2.0	0.0	43.8	38.2	18.0	3.16
	동북권	(295)	16.6	13.4	14.8	22.7	17.1	7.8	7.6	44.8	22.7	32.5	3.64
	서북권	(123)	16.2	17.3	14.3	21.8	20.0	4.8	5.6	47.8	21.8	30.4	3.49
	서남권	(329)	15.2	17.1	14.1	29.5	14.4	4.9	4.9	46.4	29.5	24.1	3.45
	동남권	(203)	14.4	11.3	12.2	34.0	13.3	9.8	4.9	37.9	34.0	28.1	3.70

[표 2-69] 투 잡이 아닌, 1개의 직업만 가지는 것으로 충분하다(현재) – 40~50대

구분		사례 수	① 전혀 그렇지 않다	②	③	④ 중간	⑤	⑥	⑦ 매우 그렇다	종합			[평균]
										그렇지 않다	중간	그렇다	
전체		(500)	6.0	11.4	15.6	37.4	16.6	9.6	3.4	33.0	37.4	29.6	3.90
성별	남성	(247)	4.0	10.5	16.6	37.7	15.8	10.9	4.5	31.2	37.7	31.2	4.01
	여성	(253)	7.9	12.3	14.6	37.2	17.4	8.3	2.4	34.8	37.2	28.1	3.78
연령	40대	(248)	8.1	12.1	12.9	39.9	16.1	7.3	3.6	33.1	39.9	27.0	3.80
	50대	(252)	4.0	10.7	18.3	34.9	17.1	11.9	3.2	32.9	34.9	32.1	3.99
학력	고졸 이하	(61)	8.2	9.8	19.7	39.3	9.8	8.2	4.9	37.7	39.3	23.0	3.77
	대재	(16)	0.0	18.8	18.8	25.0	12.5	18.8	6.3	37.5	25.0	37.5	4.13
	대졸	(365)	5.8	12.1	16.4	35.9	18.1	9.3	2.5	34.2	35.9	29.9	3.86
	대학원 이상	(58)	6.9	6.9	5.2	48.3	15.5	10.3	6.9	19.0	48.3	32.8	4.17
가구 소득	200만 원 미만	(45)	13.3	4.4	17.8	37.8	11.1	8.9	6.7	35.6	37.8	26.7	3.82
	200~300만 원 미만	(41)	9.8	17.1	12.2	51.2	9.8	0.0	0.0	39.0	51.2	9.8	3.34
	300~500만 원 미만	(125)	5.6	14.4	21.6	34.4	14.4	7.2	2.4	41.6	34.4	24.0	3.69
	500~700만 원 미만	(129)	3.9	15.5	14.7	35.7	17.8	10.9	1.6	34.1	35.7	30.2	3.87
	700만 원 이상	(160)	5.0	6.3	11.9	37.5	20.6	13.1	5.6	23.1	37.5	39.4	4.24
혼인 상태	기혼	(340)	4.4	11.8	14.4	35.0	18.8	11.8	3.8	30.6	35.0	34.4	4.03
	미혼	(127)	8.7	9.4	15.0	45.7	13.4	4.7	3.1	33.1	45.7	21.3	3.72
	동거/사별/이혼/별거	(33)	12.1	15.2	30.3	30.3	6.1	6.1	0.0	57.6	30.3	12.1	3.21

[표 2-69] 투 잡이 아닌, 1개의 직업만 가지는 것으로 충분하다(현재) – 40~50대(계속)

구분		사례 수	① 전혀 그렇지 않다	②	③	④ 중간	⑤	⑥	⑦ 매우 그렇다	종합			[평균]
										그렇지 않다	중간	그렇다	
전체		(500)	6.0	11.4	15.6	37.4	16.6	9.6	3.4	33.0	37.4	29.6	3.90
가구원 수	1인	(64)	9.4	10.9	15.6	45.3	7.8	9.4	1.6	35.9	45.3	18.8	3.66
	2인	(68)	7.4	5.9	17.6	45.6	16.2	7.4	0.0	30.9	45.6	23.5	3.79
	3인	(175)	5.7	13.1	14.9	35.4	16.0	10.3	4.6	33.7	35.4	30.9	3.92
	4인 이상	(193)	4.7	11.9	15.5	33.7	20.2	9.8	4.1	32.1	33.7	34.2	3.99
이념 성향	진보	(126)	7.1	14.3	19.0	34.9	12.7	7.9	4.0	40.5	34.9	24.6	3.71
	중도	(218)	7.8	12.8	18.8	33.9	17.4	5.0	4.1	39.4	33.9	26.6	3.72
	보수	(156)	2.6	7.1	8.3	44.2	18.6	17.3	1.9	17.9	44.2	37.8	4.29
직업	화이트칼라	(328)	5.2	10.7	15.5	37.8	17.7	9.1	4.0	31.4	37.8	30.8	3.95
	블루칼라	(61)	6.6	18.0	19.7	34.4	11.5	8.2	1.6	44.3	34.4	21.3	3.57
	주부/무직/기타	(111)	8.1	9.9	13.5	37.8	16.2	11.7	2.7	31.5	37.8	30.6	3.90
고용 형태	상용직 임금근로자	(314)	4.8	11.5	15.9	37.3	17.8	8.6	4.1	32.2	37.3	30.6	3.94
	임시/일용/특수직 근로자	(39)	15.4	15.4	20.5	30.8	10.3	7.7	0.0	51.3	30.8	17.9	3.28
	자영업자/ 무급가족종사자	(31)	0.0	12.9	12.9	41.9	16.1	12.9	3.2	25.8	41.9	32.3	4.13
권역	도심권	(25)	12.0	4.0	20.0	24.0	24.0	16.0	0.0	36.0	24.0	40.0	3.92
	동북권	(155)	6.5	11.6	20.0	34.8	13.5	10.3	3.2	38.1	34.8	27.1	3.81
	서북권	(60)	8.3	10.0	20.0	38.3	10.0	10.0	3.3	38.3	38.3	23.3	3.75
	서남권	(149)	4.7	14.8	14.8	38.9	16.1	7.4	3.4	34.2	38.9	26.8	3.83
	동남권	(111)	4.5	9.0	7.2	41.4	23.4	9.9	4.5	20.7	41.4	37.8	4.18

[표 2-70] 투 잡이 아닌, 1개의 직업만 가지는 것으로 충분하다(미래) – 40~50대

구분		사례 수	① 전혀 그렇지 않다	②	③	④ 중간	⑤	⑥	⑦ 매우 그렇다	종합			[평균]
										그렇지 않다	중간	그렇다	
전체		(500)	8.6	14.2	16.0	35.6	12.8	9.0	3.8	38.8	35.6	25.6	3.72
성별	남성	(247)	5.7	12.6	17.0	40.1	12.6	7.3	4.9	35.2	40.1	24.7	3.83
	여성	(253)	11.5	15.8	15.0	31.2	13.0	10.7	2.8	42.3	31.2	26.5	3.62
연령	40대	(248)	9.7	15.7	16.5	38.7	10.9	5.2	3.2	41.9	38.7	19.4	3.54
	50대	(252)	7.5	12.7	15.5	32.5	14.7	12.7	4.4	35.7	32.5	31.7	3.90
학력	고졸 이하	(61)	3.3	13.1	14.8	42.6	11.5	8.2	6.6	31.1	42.6	26.2	3.97
	대재	(16)	0.0	12.5	31.3	25.0	6.3	18.8	6.3	43.8	25.0	31.3	4.06
	대졸	(365)	8.8	15.9	14.8	35.3	13.7	8.5	3.0	39.5	35.3	25.2	3.67
	대학원 이상	(58)	15.5	5.2	20.7	32.8	10.3	10.3	5.2	41.4	32.8	25.9	3.69
가구 소득	200만 원 미만	(45)	6.7	8.9	24.4	31.1	11.1	11.1	6.7	40.0	31.1	28.9	3.91
	200~300만 원 미만	(41)	7.3	22.0	7.3	46.3	9.8	4.9	2.4	36.6	46.3	17.1	3.54
	300~500만 원 미만	(125)	7.2	18.4	16.0	32.0	13.6	10.4	2.4	41.6	32.0	26.4	3.67
	500~700만 원 미만	(129)	12.4	9.3	19.4	35.7	9.3	11.6	2.3	41.1	35.7	23.3	3.64
	700만 원 이상	(160)	7.5	14.4	13.1	36.9	16.3	6.3	5.6	35.0	36.9	28.1	3.81
혼인 상태	기혼	(340)	9.4	13.5	16.8	33.8	13.2	9.1	4.1	39.7	33.8	26.5	3.72
	미혼	(127)	6.3	14.2	14.2	41.7	11.0	9.4	3.1	34.6	41.7	23.6	3.78
	동거/사별/이혼/별거	(33)	9.1	21.2	15.2	30.3	15.2	6.1	3.0	45.5	30.3	24.2	3.52

[표 2-70] 투 잡이 아닌, 1개의 직업만 가지는 것으로 충분하다(미래) – 40~50대(계속)

구분		사례 수	① 전혀 그렇지 않다	②	③	④ 중간	⑤	⑥	⑦ 매우 그렇다	종합			[평균]
										그렇지 않다	중간	그렇다	
전체		(500)	8.6	14.2	16.0	35.6	12.8	9.0	3.8	38.8	35.6	25.6	3.72
가구원 수	1인	(64)	6.3	18.8	18.8	32.8	7.8	10.9	4.7	43.8	32.8	23.4	3.69
	2인	(68)	7.4	4.4	22.1	44.1	14.7	7.4	0.0	33.8	44.1	22.1	3.76
	3인	(175)	12.0	13.7	15.4	31.4	13.7	10.9	2.9	41.1	31.4	27.4	3.65
	4인 이상	(193)	6.7	16.6	13.5	37.3	13.0	7.3	5.7	36.8	37.3	25.9	3.78
이념 성향	진보	(126)	8.7	14.3	23.0	34.1	9.5	7.9	2.4	46.0	34.1	19.8	3.55
	중도	(218)	10.6	15.6	13.3	37.2	12.4	6.4	4.6	39.4	37.2	23.4	3.63
	보수	(156)	5.8	12.2	14.1	34.6	16.0	13.5	3.8	32.1	34.6	33.3	3.99
직업	화이트칼라	(328)	8.5	15.9	15.2	36.9	11.6	7.3	4.6	39.6	36.9	23.5	3.67
	블루칼라	(61)	4.9	11.5	18.0	39.3	13.1	11.5	1.6	34.4	39.3	26.2	3.85
	주부/무직/기타	(111)	10.8	10.8	17.1	29.7	16.2	12.6	2.7	38.7	29.7	31.5	3.78
고용 형태	상용직 임금근로자	(314)	8.3	15.9	16.2	36.6	12.1	6.1	4.8	40.4	36.6	22.9	3.66
	임시/일용/특수직 근로자	(39)	12.8	10.3	15.4	30.8	15.4	15.4	0.0	38.5	30.8	30.8	3.72
	자영업자/무급가족종사자	(31)	0.0	16.1	9.7	51.6	3.2	16.1	3.2	25.8	51.6	22.6	4.03
권역	도심권	(25)	12.0	20.0	20.0	28.0	12.0	4.0	4.0	52.0	28.0	20.0	3.36
	동북권	(155)	9.0	14.2	20.0	32.3	13.5	7.7	3.2	43.2	32.3	24.5	3.63
	서북권	(60)	6.7	11.7	15.0	50.0	6.7	8.3	1.7	33.3	50.0	16.7	3.70
	서남권	(149)	8.1	14.8	17.4	29.5	16.1	10.1	4.0	40.3	29.5	30.2	3.77
	동남권	(111)	9.0	13.5	8.1	42.3	10.8	10.8	5.4	30.6	42.3	27.0	3.86

⑤ 생계만 해결된다면 아르바이트도 직업이다

◈ 20~30대

20~30대의 직업에 대한 의견 중 '내가 생각하기에 현재는 생계만 해결된다면 아르바이트도 직업이다'는 7점 만점 기준으로 4.78점인 반면, '내가 생각하기에 미래 2050년에는 생계만 해결된다면 아르바이트도 직업이다'는 4.90점으로 나타남

[그림 2-53] 생계만 해결된다면 아르바이트도 직업이다 – 20~30대 (단위: %)

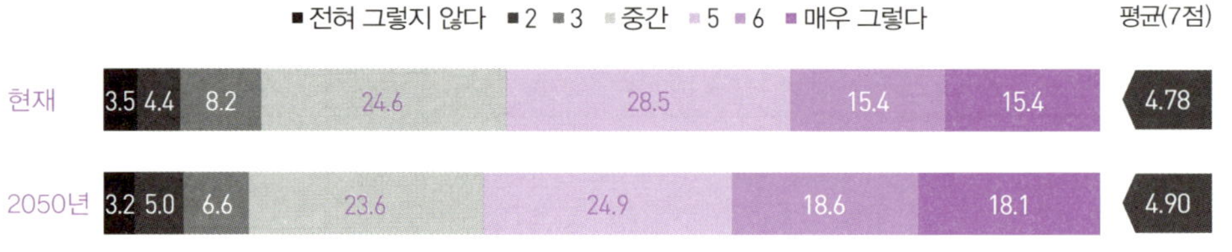

7점 평균을 상세분석한 결과, '내가 생각하기에 현재는 생계만 해결된다면 아르바이트도 직업이다'는 성별로 여성(4.94점)에서 높게 나타났고 연령별로는 30대(4.80점), 학력별로는 고졸 이하(4.91점), 대졸(전문대/대학교 졸업)(4.81점), 가구 소득별로는 700만 원 이상(4.81점), 200~300만 원 미만(4.79점), 300~500만 원 미만(4.79점), 혼인상태별로는 기혼(4.84점), 가구원 수별로는 2인(5.01점), 1인(4.81점), 이념 성향별로는 진보(4.97점), 직업별로는 화이트칼라(4.85점), 주부/무직/기타(4.83점), 고용형태별로는 자영업자/무급가족종사자(4.91점), 임시/일용/특수직 근로자(4.83점), 권역별로는 서남권(4.83점), 동북권(4.82점)에서 높게 나타남

'내가 생각하기에 미래 2050년에는 생계만 해결된다면 아르바이트도 직업이다'는 성별로 여성(5.05점)에서 높게 나타났고 연령별로는 30대(5.03점), 학력별로는 대졸(전문대/대학교 졸업)(5.01점), 고졸 이하(4.90점), 가구 소득별로는 700만 원 이상(4.97점), 300~500만 원 미만(4.92점), 혼인상태별로는 기혼(5.03점), 가구원 수별로는 2인(5.00점), 1인(4.94점), 이념 성향별로는 진보(5.29점), 직업별로는 화이트칼라(4.98점), 주부/무직/기타(4.93점), 고용형태별로는 상용직 임금근로자(5.03점), 권역별로는 동북권(5.05점), 서남권(4.96점)에서 높게 나타남

◈ 40~50대

40~50대는 '내가 생각하기에 현재는 생계만 해결된다면 아르바이트도 직업이다'는 7점 만점 기준으로 4.94점인 반면, '내가 생각하기에 미래 2050년에는 생계만 해결된다면 아르바이트도 직업이다'는 5.11점으로 나타남

[그림 2-54] 생계만 해결된다면 아르바이트도 직업이다 – 40~50대 (단위: %)

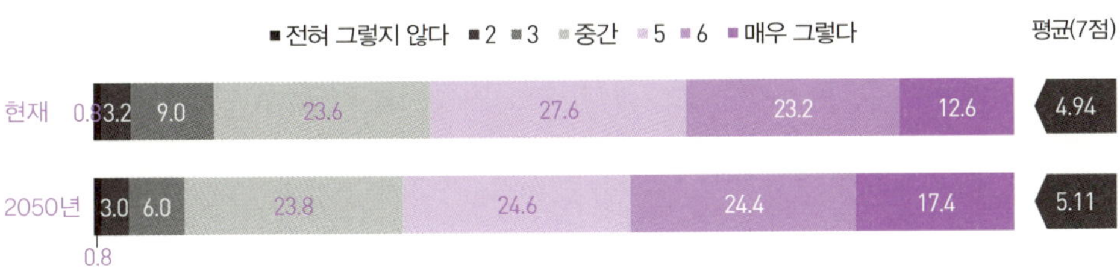

7점 평균을 상세분석한 결과, '내가 생각하기에 현재는 생계만 해결된다면 아르바이트도 직업이다'는 성별로 남성(4.98점)에서 높게 나타났고 연령별로는 40대(5.06점), 학력별로는 대재(전문대/대학교) (5.50점), 가구 소득별로는 200~300만 원 미만(5.27점), 200만 원 미만(5.22점), 혼인상태별로는 미혼(5.17점), 동거/사별/이혼/별거(5.09점), 가구원 수별로는 2인(5.28점), 이념 성향별로는 진보(5.13점), 중도(4.97점), 직업

별로는 블루칼라(5.07점), 화이트칼라(4.94점), 고용형태별로는 임시/일용/특수직 근로자(5.28점), 권역별로는 도심권(5.36점)에서 높게 나타남

'내가 생각하기에 미래 2050년에는 생계만 해결된다면 아르바이트도 직업이다'는 성별로 남성(5.14점)에서 높게 나타났고 연령별로는 40대(5.23점), 학력별로는 대학원 이상(5.43점), 대재(전문대/대학교) (5.38점), 가구 소득별로는 200~300만 원 미만(5.34점), 300~500만 원 미만(5.18점), 혼인상태별로는 미혼(5.29점), 가구원 수별로는 2인(5.28점), 3인(5.23점), 이념 성향별로는 진보(5.36점), 직업별로는 화이트칼라(5.19점), 고용형태별로는 임시/일용/특수직 근로자(5.28점), 상용직 임금근로자(5.18점), 권역별로는 동북권(5.18점), 도심권(5.12점)에서 높게 나타남

[표 2-71] 생계만 해결된다면 아르바이트도 직업이다(현재) – 20~30대

구분		사례 수	① 전혀 그렇지 않다	②	③	④ 중간	⑤	⑥	⑦ 매우 그렇다	종합			[평균]
										그렇지 않다	중간	그렇다	
전체		(1,000)	3.5	4.4	8.2	24.6	28.5	15.4	15.4	16.1	24.6	59.4	4.78
성별	남성	(490)	4.1	5.7	9.5	25.8	28.8	12.1	13.9	19.3	25.8	54.9	4.62
	여성	(510)	2.9	3.1	6.9	23.3	28.2	18.6	16.9	12.9	23.3	63.7	4.94
연령	20대	(498)	3.8	4.0	7.4	26.0	29.8	13.5	15.5	15.2	26.0	58.8	4.77
	30대	(502)	3.2	4.8	9.0	23.1	27.3	17.3	15.3	16.9	23.1	60.0	4.80
학력	고졸 이하	(97)	3.1	5.1	3.2	30.2	26.5	9.3	22.7	11.3	30.2	58.5	4.91
	대재	(127)	5.6	7.8	13.1	20.2	21.0	18.3	14.0	26.5	20.2	53.3	4.54
	대졸	(677)	3.3	3.5	7.9	24.6	30.3	15.5	14.9	14.6	24.6	60.7	4.81
	대학원 이상	(99)	3.0	5.0	8.9	24.0	28.1	17.1	13.8	17.0	24.0	59.0	4.76
가구 소득	200만 원 미만	(102)	4.8	2.8	7.8	25.3	29.4	13.2	16.6	15.4	25.3	59.2	4.78
	200~300만 원 미만	(148)	4.0	1.4	8.2	30.9	26.0	12.9	16.7	13.6	30.9	55.6	4.79
	300~500만 원 미만	(287)	1.7	5.9	8.0	27.1	26.2	15.0	16.0	15.6	27.1	57.3	4.79
	500~700만 원 미만	(196)	4.8	3.6	9.1	21.4	31.7	16.8	12.6	17.4	21.4	61.2	4.73
	700만 원 이상	(267)	3.7	5.5	7.8	20.3	29.7	17.2	15.7	17.1	20.3	62.5	4.81
혼인 상태	기혼	(220)	2.7	4.6	9.0	21.7	28.5	18.2	15.3	16.3	21.7	62.0	4.84
	미혼	(745)	3.8	4.1	7.6	25.4	28.8	15.0	15.4	15.5	25.4	59.1	4.78
	동거/사별/이혼/별거	(35)	2.9	8.4	14.4	25.6	23.2	8.6	16.9	25.6	25.6	48.8	4.52

[표 2-71] 생계만 해결된다면 아르바이트도 직업이다(현재) - 20~30대(계속)

구분		사례 수	① 전혀 그렇지 않다	②	③	④ 중간	⑤	⑥	⑦ 매우 그렇다	종합			[평균]
										그렇지 않다	중간	그렇다	
전체		(1,000)	3.5	4.4	8.2	24.6	28.5	15.4	15.4	16.1	24.6	59.4	4.78
가구원 수	1인	(218)	4.2	4.1	9.0	22.7	24.8	19.1	16.0	17.4	22.7	59.9	4.81
	2인	(159)	1.9	3.2	6.8	23.2	27.2	20.9	16.9	11.9	23.2	64.9	5.01
	3인	(290)	3.6	4.4	6.9	26.9	32.7	11.7	13.8	14.9	26.9	58.2	4.71
	4인 이상	(333)	3.8	5.1	9.4	24.3	27.9	13.7	15.8	18.2	24.3	57.4	4.72
이념 성향	진보	(231)	3.1	4.3	6.5	18.2	32.4	17.3	18.2	13.9	18.2	67.9	4.97
	중도	(429)	3.5	4.6	6.7	30.0	25.9	13.3	16.0	14.8	30.0	55.2	4.74
	보수	(341)	3.8	4.1	11.2	22.0	29.2	16.9	12.8	19.1	22.0	58.9	4.71
직업	화이트칼라	(644)	3.1	3.7	8.3	23.4	29.0	16.2	16.2	15.1	23.4	61.5	4.85
	블루칼라	(141)	2.8	4.9	7.8	27.5	30.3	11.3	15.4	15.5	27.5	57.0	4.73
	학생	(106)	7.6	7.6	10.0	26.0	22.1	15.4	11.2	25.2	26.0	48.8	4.39
	주부/무직/기타	(109)	2.6	4.6	6.4	26.0	29.2	16.5	14.6	13.6	26.0	60.4	4.83
고용 형태	상용직 임금근로자	(620)	3.1	4.2	7.6	24.3	30.1	15.8	14.9	14.8	24.3	60.8	4.81
	임시/일용/특수직 근로자	(97)	4.1	0.9	11.3	23.2	27.6	17.6	15.3	16.3	23.2	60.5	4.83
	자영업자/ 무급가족종사자	(58)	0.0	6.9	8.6	25.7	27.9	6.9	24.0	15.5	25.7	58.8	4.91
권역	도심권	(50)	3.5	2.0	7.6	26.6	33.5	16.0	10.8	13.1	26.6	60.3	4.76
	동북권	(295)	4.5	4.7	6.8	23.3	25.9	18.1	16.6	16.1	23.3	60.6	4.82
	서북권	(123)	4.9	3.2	8.1	36.0	21.9	5.7	20.3	16.2	36.0	47.8	4.65
	서남권	(329)	2.4	4.6	8.8	21.3	32.6	16.1	14.2	15.7	21.3	63.0	4.83
	동남권	(203)	3.0	4.9	9.4	24.2	28.6	16.2	13.8	17.2	24.2	58.6	4.74

[표 2-72] 생계만 해결된다면 아르바이트도 직업이다(미래) – 20~30대

구분		사례 수	① 전혀 그렇지 않다	②	③	④ 중간	⑤	⑥	⑦ 매우 그렇다	종합			[평균]
										그렇지 않다	중간	그렇다	
전체		(1,000)	3.2	5.0	6.6	23.6	24.9	18.6	18.1	14.8	23.6	61.6	4.90
성별	남성	(490)	3.7	4.9	7.3	27.2	25.3	17.3	14.3	16.0	27.2	56.9	4.74
	여성	(510)	2.7	5.1	5.9	20.2	24.5	19.8	21.8	13.7	20.2	66.1	5.05
연령	20대	(498)	4.5	5.4	6.8	25.7	23.5	17.2	16.9	16.7	25.7	57.5	4.77
	30대	(502)	2.0	4.6	6.4	21.5	26.3	19.9	19.3	12.9	21.5	65.5	5.03
학력	고졸 이하	(97)	3.1	6.1	4.1	32.8	15.5	14.6	23.7	13.3	32.8	53.9	4.90
	대재	(127)	7.7	9.3	7.9	24.2	25.7	12.0	13.2	24.9	24.2	50.9	4.40
	대졸	(677)	2.5	4.1	6.6	22.0	25.6	20.4	18.8	13.2	22.0	64.9	5.01
	대학원 이상	(99)	2.9	5.0	6.9	25.1	28.1	18.0	14.0	14.8	25.1	60.1	4.80
가구 소득	200만 원 미만	(102)	5.8	3.9	7.8	22.1	25.6	14.2	20.6	17.5	22.1	60.4	4.83
	200~300만 원 미만	(148)	3.3	4.1	8.9	30.5	17.0	15.8	20.5	16.2	30.5	53.2	4.83
	300~500만 원 미만	(287)	2.4	5.2	5.2	25.4	26.3	17.7	17.8	12.8	25.4	61.8	4.92
	500~700만 원 미만	(196)	3.5	5.8	5.6	22.6	26.1	21.8	14.7	14.9	22.6	62.6	4.86
	700만 원 이상	(267)	2.9	5.2	7.1	19.2	26.6	20.3	18.7	15.2	19.2	65.6	4.97
혼인 상태	기혼	(220)	2.2	4.5	6.3	23.5	21.3	23.1	19.1	13.0	23.5	63.4	5.03
	미혼	(745)	3.3	5.4	6.3	23.6	25.9	17.2	18.3	15.0	23.6	61.4	4.88
	동거/사별/이혼/별거	(35)	8.3	0.0	14.4	25.3	25.6	17.8	8.6	22.7	25.3	52.0	4.48

[표 2-72] 생계만 해결된다면 아르바이트도 직업이다(미래) – 20~30대(계속)

구분		사례 수	① 전혀 그렇지 않다	②	③	④ 중간	⑤	⑥	⑦ 매우 그렇다	종합			[평균]
										그렇지 않다	중간	그렇다	
전체		(1,000)	3.2	5.0	6.6	23.6	24.9	18.6	18.1	14.8	23.6	61.6	4.90
가구원 수	1인	(218)	5.5	2.3	7.8	22.8	21.8	18.4	21.5	15.5	22.8	61.7	4.94
	2인	(159)	0.6	5.0	9.4	24.5	18.1	24.2	18.1	15.1	24.5	60.4	5.00
	3인	(290)	1.7	6.3	6.1	23.7	27.0	17.9	17.2	14.2	23.7	62.1	4.91
	4인 이상	(333)	4.3	5.7	4.8	23.7	28.3	16.4	16.7	14.8	23.7	61.5	4.82
이념 성향	진보	(231)	2.2	2.2	3.4	18.2	28.7	21.6	23.7	7.8	18.2	74.0	5.29
	중도	(429)	2.7	5.6	6.7	27.4	24.5	14.9	18.1	15.0	27.4	57.5	4.83
	보수	(341)	4.6	6.1	8.5	22.6	22.7	21.1	14.3	19.3	22.6	58.1	4.73
직업	화이트칼라	(644)	3.0	4.4	7.3	21.4	23.4	21.5	19.0	14.7	21.4	63.9	4.98
	블루칼라	(141)	3.5	6.3	6.4	29.5	26.9	10.6	16.8	16.1	29.5	54.3	4.69
	학생	(106)	5.6	7.4	3.8	25.7	29.0	14.4	14.1	16.8	25.7	57.5	4.65
	주부/무직/기타	(109)	1.7	4.6	5.5	27.2	27.3	15.5	18.3	11.8	27.2	61.1	4.93
고용 형태	상용직 임금근로자	(620)	2.3	3.9	6.7	21.9	24.6	22.0	18.6	13.0	21.9	65.1	5.03
	임시/일용/특수직 근로자	(97)	4.1	8.1	7.1	27.3	25.6	10.4	17.5	19.3	27.3	53.4	4.63
	자영업자/무급가족종사자	(58)	10.2	5.2	8.6	27.5	19.0	10.5	19.0	24.0	27.5	48.5	4.47
권역	도심권	(50)	8.7	2.0	10.0	38.1	20.0	10.0	11.2	20.7	38.1	41.2	4.34
	동북권	(295)	2.0	5.2	4.1	23.3	25.2	20.1	20.0	11.3	23.3	65.4	5.05
	서북권	(123)	6.5	5.5	6.5	28.7	22.0	9.7	21.1	18.6	28.7	52.8	4.67
	서남권	(329)	2.7	4.5	7.9	20.7	25.3	20.4	18.5	15.1	20.7	64.2	4.96
	동남권	(203)	2.5	5.9	7.3	22.2	26.7	20.7	14.8	15.7	22.2	62.1	4.86

[표 2-73] 생계만 해결된다면 아르바이트도 직업이다(현재) – 40~50대

구분		사례 수	① 전혀 그렇지 않다	②	③	④ 중간	⑤	⑥	⑦ 매우 그렇다	종합			[평균]
										그렇지 않다	중간	그렇다	
전체		(500)	0.8	3.2	9.0	23.6	27.6	23.2	12.6	13.0	23.6	63.4	4.94
성별	남성	(247)	0.4	4.0	10.1	21.9	24.3	24.7	14.6	14.6	21.9	63.6	4.98
	여성	(253)	1.2	2.4	7.9	25.3	30.8	21.7	10.7	11.5	25.3	63.2	4.90
연령	40대	(248)	0.4	3.6	7.7	22.2	25.4	25.0	15.7	11.7	22.2	66.1	5.06
	50대	(252)	1.2	2.8	10.3	25.0	29.8	21.4	9.5	14.3	25.0	60.7	4.82
학력	고졸 이하	(61)	1.6	0.0	4.9	29.5	29.5	19.7	14.8	6.6	29.5	63.9	5.03
	대재	(16)	0.0	0.0	12.5	6.3	31.3	18.8	31.3	12.5	6.3	81.3	5.50
	대졸	(365)	0.5	4.1	9.6	23.8	26.3	23.8	11.8	14.2	23.8	61.9	4.90
	대학원 이상	(58)	1.7	1.7	8.6	20.7	32.8	24.1	10.3	12.1	20.7	67.2	4.95
가구 소득	200만 원 미만	(45)	0.0	0.0	2.2	26.7	28.9	31.1	11.1	2.2	26.7	71.1	5.22
	200~300만 원 미만	(41)	0.0	4.9	9.8	17.1	19.5	19.5	29.3	14.6	17.1	68.3	5.27
	300~500만 원 미만	(125)	0.8	2.4	8.8	20.8	33.6	18.4	15.2	12.0	20.8	67.2	5.00
	500~700만 원 미만	(129)	0.0	2.3	7.8	27.1	24.0	31.0	7.8	10.1	27.1	62.8	4.97
	700만 원 이상	(160)	1.9	5.0	11.9	23.8	27.5	19.4	10.6	18.8	23.8	57.5	4.71
혼인 상태	기혼	(340)	1.2	3.8	9.1	23.8	29.7	22.6	9.7	14.1	23.8	62.1	4.84
	미혼	(127)	0.0	1.6	8.7	22.8	22.8	26.0	18.1	10.2	22.8	66.9	5.17
	동거/사별/이혼/별거	(33)	0.0	3.0	9.1	24.2	24.2	18.2	21.2	12.1	24.2	63.6	5.09

[표 2-73] 생계만 해결된다면 아르바이트도 직업이다(현재) – 40~50대(계속)

구분		사례 수	① 전혀 그렇지 않다	②	③	④ 중간	⑤	⑥	⑦ 매우 그렇다	종합			[평균]
										그렇지 않다	중간	그렇다	
전체		(500)	0.8	3.2	9.0	23.6	27.6	23.2	12.6	13.0	23.6	63.4	4.94
가구원 수	1인	(64)	0.0	3.1	12.5	26.6	20.3	21.9	15.6	15.6	26.6	57.8	4.92
	2인	(68)	0.0	1.5	2.9	19.1	36.8	22.1	17.6	4.4	19.1	76.5	5.28
	3인	(175)	0.6	1.1	11.4	25.1	22.9	25.7	13.1	13.1	25.1	61.7	4.98
	4인 이상	(193)	1.6	5.7	7.8	22.8	31.1	21.8	9.3	15.0	22.8	62.2	4.79
이념 성향	진보	(126)	0.0	2.4	8.7	20.6	26.2	26.2	15.9	11.1	20.6	68.3	5.13
	중도	(218)	0.5	3.7	7.8	26.1	26.6	19.3	16.1	11.9	26.1	61.9	4.97
	보수	(156)	1.9	3.2	10.9	22.4	30.1	26.3	5.1	16.0	22.4	61.5	4.75
직업	화이트칼라	(328)	0.9	3.7	9.5	21.6	27.7	23.8	12.8	14.0	21.6	64.3	4.94
	블루칼라	(61)	0.0	3.3	6.6	29.5	18.0	26.2	16.4	9.8	29.5	60.7	5.07
	주부/무직/기타	(111)	0.9	1.8	9.0	26.1	32.4	19.8	9.9	11.7	26.1	62.2	4.86
고용 형태	상용직 임금근로자	(314)	0.6	4.1	8.9	23.9	26.1	24.2	12.1	13.7	23.9	62.4	4.92
	임시/일용/특수직 근로자	(39)	0.0	0.0	10.3	20.5	23.1	23.1	23.1	10.3	20.5	69.2	5.28
	자영업자/ 무급가족종사자	(31)	3.2	3.2	9.7	19.4	32.3	25.8	6.5	16.1	19.4	64.5	4.77
권역	도심권	(25)	0.0	0.0	4.0	16.0	32.0	36.0	12.0	4.0	16.0	80.0	5.36
	동북권	(155)	0.0	3.2	9.7	25.8	27.1	21.3	12.9	12.9	25.8	61.3	4.92
	서북권	(60)	1.7	1.7	11.7	20.0	33.3	15.0	16.7	15.0	20.0	65.0	4.93
	서남권	(149)	0.0	5.4	10.7	25.5	23.5	21.5	13.4	16.1	25.5	58.4	4.85
	동남권	(111)	2.7	1.8	5.4	21.6	29.7	29.7	9.0	9.9	21.6	68.5	4.99

[표 2-74] 생계만 해결된다면 아르바이트도 직업이다(미래) – 40~50대

구분		사례 수	① 전혀 그렇지 않다	②	③	④ 중간	⑤	⑥	⑦ 매우 그렇다	종합			[평균]
										그렇지 않다	중간	그렇다	
전체		(500)	0.8	3.0	6.0	23.8	24.6	24.4	17.4	9.8	23.8	66.4	5.11
성별	남성	(247)	0.8	3.6	4.9	24.7	21.9	25.5	18.6	9.3	24.7	66.0	5.14
	여성	(253)	0.8	2.4	7.1	22.9	27.3	23.3	16.2	10.3	22.9	66.8	5.08
연령	40대	(248)	0.4	2.8	4.8	21.4	25.8	25.4	19.4	8.1	21.4	70.6	5.23
	50대	(252)	1.2	3.2	7.1	26.2	23.4	23.4	15.5	11.5	26.2	62.3	5.00
학력	고졸 이하	(61)	1.6	1.6	9.8	24.6	24.6	19.7	18.0	13.1	24.6	62.3	5.00
	대재	(16)	0.0	6.3	6.3	6.3	31.3	25.0	25.0	12.5	6.3	81.3	5.38
	대졸	(365)	0.8	3.6	5.2	25.5	24.7	23.8	16.4	9.6	25.5	64.9	5.07
	대학원 이상	(58)	0.0	0.0	6.9	17.2	22.4	32.8	20.7	6.9	17.2	75.9	5.43
가구 소득	200만 원 미만	(45)	0.0	0.0	15.6	22.2	24.4	17.8	20.0	15.6	22.2	62.2	5.04
	200~300만 원 미만	(41)	2.4	2.4	2.4	22.0	19.5	24.4	26.8	7.3	22.0	70.7	5.34
	300~500만 원 미만	(125)	1.6	1.6	3.2	24.8	27.2	22.4	19.2	6.4	24.8	68.8	5.18
	500~700만 원 미만	(129)	0.0	3.9	9.3	21.7	24.0	30.2	10.9	13.2	21.7	65.1	5.00
	700만 원 이상	(160)	0.6	4.4	3.8	25.6	24.4	23.1	18.1	8.8	25.6	65.6	5.11
혼인 상태	기혼	(340)	0.9	3.5	5.3	25.0	25.6	24.4	15.3	9.7	25.0	65.3	5.05
	미혼	(127)	0.8	1.6	7.1	20.5	21.3	26.0	22.8	9.4	20.5	70.1	5.29
	동거/사별/이혼/별거	(33)	0.0	3.0	9.1	24.2	27.3	18.2	18.2	12.1	24.2	63.6	5.03

[표 2-74] 생계만 해결된다면 아르바이트도 직업이다(미래) – 40~50대(계속)

구분		사례 수	① 전혀 그렇지 않다	②	③	④ 중간	⑤	⑥	⑦ 매우 그렇다	종합			[평균]
										그렇지 않다	중간	그렇다	
전체		(500)	0.8	3.0	6.0	23.8	24.6	24.4	17.4	9.8	23.8	66.4	5.11
가구원 수	1인	(64)	1.6	4.7	6.3	21.9	25.0	21.9	18.8	12.5	21.9	65.6	5.05
	2인	(68)	1.5	0.0	7.4	20.6	22.1	27.9	20.6	8.8	20.6	70.6	5.28
	3인	(175)	0.6	1.1	6.9	22.3	25.7	21.7	21.7	8.6	22.3	69.1	5.23
	4인 이상	(193)	0.5	5.2	4.7	26.9	24.4	26.4	11.9	10.4	26.9	62.7	4.96
이념 성향	진보	(126)	0.0	2.4	6.3	16.7	25.4	26.2	23.0	8.7	16.7	74.6	5.36
	중도	(218)	0.9	3.2	4.1	28.0	22.9	21.6	19.3	8.3	28.0	63.8	5.11
	보수	(156)	1.3	3.2	8.3	23.7	26.3	26.9	10.3	12.8	23.7	63.5	4.92
직업	화이트칼라	(328)	0.9	1.8	5.5	23.8	24.1	25.0	18.9	8.2	23.8	68.0	5.19
	블루칼라	(61)	1.6	8.2	1.6	26.2	19.7	24.6	18.0	11.5	26.2	62.3	5.00
	주부/무직/기타	(111)	0.0	3.6	9.9	22.5	28.8	22.5	12.6	13.5	22.5	64.0	4.95
고용 형태	상용직 임금근로자	(314)	1.0	2.2	4.8	24.2	24.5	24.8	18.5	8.0	24.2	67.8	5.18
	임시/일용/특수직 근로자	(39)	0.0	2.6	7.7	23.1	17.9	23.1	25.6	10.3	23.1	66.7	5.28
	자영업자/무급가족종사자	(31)	3.2	9.7	3.2	29.0	19.4	25.8	9.7	16.1	29.0	54.8	4.68
권역	도심권	(25)	0.0	4.0	8.0	16.0	28.0	32.0	12.0	12.0	16.0	72.0	5.12
	동북권	(155)	0.0	2.6	3.2	27.1	25.2	24.5	17.4	5.8	27.1	67.1	5.18
	서북권	(60)	1.7	0.0	6.7	28.3	25.0	18.3	20.0	8.3	28.3	63.3	5.10
	서남권	(149)	0.7	4.7	8.7	20.8	22.8	22.1	20.1	14.1	20.8	65.1	5.07
	동남권	(111)	1.8	2.7	5.4	22.5	25.2	28.8	13.5	9.9	22.5	67.6	5.07

⑥ 직장을 선택할 때 현재 거주지에서 출퇴근 가능한 것이 중요하다

◈ 20~30대

20~30대의 직업에 대한 의견 중 '내가 생각하기에 현재는 직장을 선택할 때 현재 거주지에서 출퇴근 가능한 것이 중요하다'는 7점 만점 기준으로 5.23점인 반면, '내가 생각하기에 미래 2050년에는 직장을 선택할 때 미래 2050년에 거주지에서 출퇴근 가능한 것이 중요하다'는 4.54점으로 나타남

[그림 2-55] 직장을 선택할 때 현재 거주지에서 출퇴근 가능한 것이 중요하다 – 20~30대

(단위: %)

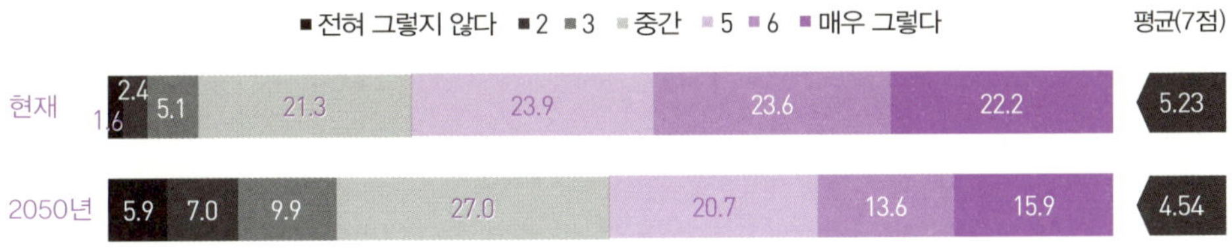

7점 평균을 상세분석한 결과, '내가 생각하기에 현재는 직장을 선택할 때 현재 거주지에서 출퇴근 가능한 것이 중요하다'는 성별로 여성(5.27점)에서 높게 나타났고 연령별로는 30대(5.32점), 학력별로는 고졸 이하(5.38점), 대졸(전문대/대학교 졸업)(5.26점), 가구 소득별로는 200~300만 원 미만(5.34점), 300~500만 원 미만(5.27점), 혼인상태별로는 미혼(5.25점), 가구원 수별로는 4인 이상(5.31점), 2인(5.25점), 이념성향별로는 진보(5.34점), 중도(5.30점), 직업별로는 화이트칼라(5.28점), 주부/무직/기타(5.28점), 고용형태별로는 임시/일용/특수직 근로자(5.29점), 상용직 임금근로자(5.28점), 권역별로는 서북권(5.31점), 서남권(5.30점)에서 높게 나타남

'내가 생각하기에 현재는 직장을 선택할 때 미래 2050년에는 거주지에서 출퇴근 가능한 것이 중요하다'는 성별로 남성(4.56점)에서 높게 나타났고 연령별로는 30대(4.65점), 학력별로는 고졸 이하(4.85점), 가구 소득별로는 200만 원 미만(4.74점), 300~500만 원 미만(4.67점), 혼인상태별로는 기혼(4.64점), 가구원 수별로는 3인(4.68점), 2인(4.58점), 이념 성향별로는 중도(4.63점), 직업별로는 주부/무직/기타(4.82점), 블루칼라(4.72점), 고용형태별로는 임시/일용/특수직 근로자(4.68점), 상용직 임금근로자(4.55점), 권역별로는 동북권(4.64점), 서남권(4.56점)에서 높게 나타남

◈ 40~50대

40~50대는 '내가 생각하기에 현재는 직장을 선택할 때 현재 거주지에서 출퇴근 가능한 것이 중요하다'는 7점 만점 기준으로 5.23점인 반면, '내가 생각하기에 미래 2050년에는 직장을 선택할 때 미래 2050년에 거주지에서 출퇴근 가능한 것이 중요하다'는 4.67점으로 나타남

[그림 2-56] 직장을 선택할 때 현재 거주지에서 출퇴근 가능한 것이 중요하다 – 40~50대

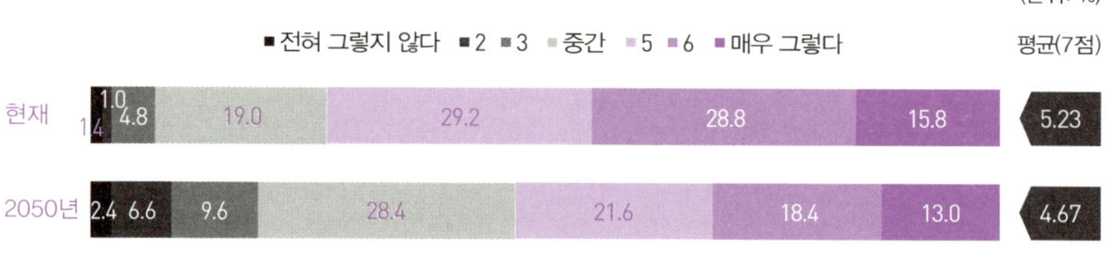

7점 평균을 상세분석한 결과, '내가 생각하기에 현재는 직장을 선택할 때 현재 거주지에서 출퇴근 가능한 것이 중요하다'는 성별로 여성(5.28점)에서 높게 나타났고 연령별로는 40대(5.29점), 학력별로는 고졸 이하(5.49점), 대학원 이상(5.36점), 가구 소득별로는 200~300만 원 미만(5.54점), 혼인상태별로는 동거/사별/이혼/별거(5.33

점), 미혼(5.31점), 가구원 수별로는 2인(5.43점), 1인(5.34점), 이념 성향별로는 중도(5.32점), 직업별로는 블루칼라(5.30점), 고용형태별로는 임시/일용/특수직 근로자(5.38점), 상용직 임금근로자(5.24점), 권역별로는 동남권(5.32점), 서남권(5.28점)에서 높게 나타남

'내가 생각하기에 미래 2050년에는 직장을 선택할 때 현재 거주지에서 출퇴근 가능한 것이 중요하다'는 성별로 여성(4.72점)에서 높게 나타났고 연령별로는 50대(4.69점), 학력별로는 고졸 이하(5.21점), 가구 소득별로는 200~300만 원 미만(5.12점), 혼인상태별로는 동거/사별/이혼/별거(4.76점), 기혼(4.68점), 가구원 수별로는 2인(4.87점), 3인(4.77점), 이념 성향별로는 중도(4.73점), 직업별로는 주부/무직/기타(4.76점), 화이트칼라(4.68점), 고용형태별로는 상용직 임금근로자(4.68점), 권역별로는 서남권(4.87점)에서 높게 나타남

[표 2-75] 직장을 선택할 때 현재 거주지에서 출퇴근 가능한 것이 중요하다(현재) - 20~30대

구분		사례 수	① 전혀 그렇지 않다	②	③	④ 중간	⑤	⑥	⑦ 매우 그렇다	종합			[평균]
										그렇지 않다	중간	그렇다	
전체		(1,000)	1.6	2.4	5.1	21.3	23.9	23.6	22.2	9.1	21.3	69.6	5.23
성별	남성	(490)	1.4	2.3	5.7	23.4	22.8	23.5	21.0	9.3	23.4	67.2	5.18
	여성	(510)	1.8	2.5	4.5	19.2	24.9	23.7	23.3	8.8	19.2	72.0	5.27
연령	20대	(498)	1.6	2.6	5.8	23.4	23.4	23.3	19.9	10.0	23.4	66.6	5.14
	30대	(502)	1.6	2.2	4.4	19.1	24.3	23.9	24.5	8.2	19.1	72.7	5.32
학력	고졸 이하	(97)	1.0	1.1	6.1	23.6	18.8	17.2	32.2	8.2	23.6	68.2	5.38
	대재	(127)	1.6	2.4	5.8	25.1	27.0	21.8	16.4	9.8	25.1	65.1	5.04
	대졸	(677)	1.7	2.5	4.6	20.0	23.7	25.3	22.3	8.8	20.0	71.2	5.26
	대학원 이상	(99)	1.0	3.0	6.8	23.1	26.0	20.8	19.1	10.9	23.1	66.0	5.09
가구 소득	200만 원 미만	(102)	2.7	2.0	10.0	26.6	20.4	18.7	19.7	14.6	26.6	58.8	4.95
	200~300만 원 미만	(148)	.7	2.0	5.4	18.6	23.7	27.3	22.3	8.0	18.6	73.3	5.34
	300~500만 원 미만	(287)	1.4	2.8	4.5	20.2	23.8	23.9	23.3	8.7	20.2	71.0	5.27
	500~700만 원 미만	(196)	1.0	2.0	4.6	24.0	23.5	25.4	19.4	7.7	24.0	68.3	5.21
	700만 원 이상	(267)	2.2	2.7	4.0	19.8	25.5	21.8	24.0	9.0	19.8	71.3	5.25
혼인 상태	기혼	(220)	2.3	3.2	5.5	20.4	22.6	22.1	24.0	10.9	20.4	68.7	5.20
	미혼	(745)	1.2	2.2	5.0	21.6	24.0	24.5	21.6	8.3	21.6	70.1	5.25
	동거/사별/이혼/별거	(35)	5.7	3.1	5.7	19.3	28.7	14.4	23.0	14.6	19.3	66.1	4.97

[표 2-75] 직장을 선택할 때 현재 거주지에서 출퇴근 가능한 것이 중요하다(현재) - 20~30대(계속)

구분		사례 수	① 전혀 그렇지 않다	②	③	④ 중간	⑤	⑥	⑦ 매우 그렇다	종합			[평균]
										그렇지 않다	중간	그렇다	
전체		(1,000)	1.6	2.4	5.1	21.3	23.9	23.6	22.2	9.1	21.3	69.6	5.23
가구원 수	1인	(218)	.9	3.2	5.9	20.3	26.2	24.7	18.8	10.0	20.3	69.7	5.17
	2인	(159)	1.3	.6	6.5	20.9	25.0	25.5	20.2	8.4	20.9	70.7	5.25
	3인	(290)	3.5	2.4	4.1	22.4	21.8	22.7	23.1	10.0	22.4	67.6	5.17
	4인 이상	(333)	.5	2.8	4.7	21.1	23.5	22.7	24.6	8.0	21.1	70.8	5.31
이념 성향	진보	(231)	1.7	3.0	4.2	16.0	27.3	21.2	26.5	9.0	16.0	75.0	5.34
	중도	(429)	1.3	1.9	4.2	23.2	22.3	22.2	25.0	7.4	23.2	69.4	5.30
	보수	(341)	1.8	2.7	6.8	22.5	23.5	27.0	15.8	11.2	22.5	66.3	5.07
직업	화이트칼라	(644)	1.4	2.5	4.9	18.8	24.5	26.0	21.9	8.8	18.8	72.4	5.28
	블루칼라	(141)	2.8	1.5	3.5	24.5	24.1	16.9	26.7	7.8	24.5	67.7	5.23
	학생	(106)	1.9	2.8	9.4	24.7	29.3	18.6	13.3	14.1	24.7	61.2	4.86
	주부/무직/기타	(109)	.9	2.7	4.0	28.4	14.6	22.8	26.6	7.7	28.4	63.9	5.28
고용 형태	상용직 임금근로자	(620)	1.6	2.7	4.5	18.7	24.7	25.1	22.7	8.8	18.7	72.5	5.28
	임시/일용/특수직 근로자	(97)	1.0	0.0	5.0	23.2	25.8	23.4	21.6	6.1	23.2	70.7	5.29
	자영업자/무급가족종사자	(58)	3.5	1.9	6.9	29.2	21.0	17.3	20.4	12.2	29.2	58.6	4.96
권역	도심권	(50)	5.5	2.0	7.6	26.2	24.0	11.1	23.6	15.1	26.2	58.7	4.89
	동북권	(295)	2.0	1.7	5.5	23.2	21.7	23.9	22.0	9.2	23.2	67.6	5.21
	서북권	(123)	0.0	.7	3.2	23.3	28.8	25.3	18.6	3.9	23.3	72.8	5.31
	서남권	(329)	.9	2.8	4.6	18.4	26.5	24.0	22.9	8.2	18.4	73.4	5.30
	동남권	(203)	2.0	4.0	5.9	20.7	19.7	24.6	23.1	11.9	20.7	67.4	5.18

[표 2-76] 직장을 선택할 때 현재 거주지에서 출퇴근 가능한 것이 중요하다(미래) - 20~30대

구분		사례 수	① 전혀 그렇지 않다	②	③	④ 중간	⑤	⑥	⑦ 매우 그렇다	종합			[평균]
										그렇지 않다	중간	그렇다	
전체		(1,000)	5.9	7.0	9.9	27.0	20.7	13.6	15.9	22.8	27.0	50.2	4.54
성별	남성	(490)	5.3	5.1	9.9	29.0	24.0	12.0	14.7	20.4	29.0	50.7	4.56
	여성	(510)	6.5	8.8	9.8	25.1	17.6	15.1	17.1	25.1	25.1	49.8	4.52
연령	20대	(498)	6.6	8.6	10.2	26.1	20.6	13.8	14.1	25.5	26.1	48.5	4.43
	30대	(502)	5.2	5.4	9.6	27.9	20.9	13.3	17.7	20.1	27.9	52.0	4.65
학력	고졸 이하	(97)	5.2	3.2	10.3	27.4	16.7	11.3	25.9	18.7	27.4	54.0	4.85
	대재	(127)	7.4	4.7	9.2	32.1	23.0	14.1	9.5	21.4	32.1	46.5	4.39
	대졸	(677)	5.4	7.9	8.9	26.6	20.6	14.0	16.7	22.2	26.6	51.3	4.58
	대학원 이상	(99)	7.9	7.9	17.1	23.1	22.8	12.1	9.3	32.8	23.1	44.1	4.18
가구 소득	200만 원 미만	(102)	3.7	4.9	6.8	30.6	22.6	15.6	15.9	15.3	30.6	54.1	4.74
	200~300만 원 미만	(148)	5.4	6.1	13.4	27.4	20.8	10.8	16.1	24.9	27.4	47.7	4.49
	300~500만 원 미만	(287)	4.1	7.3	9.4	25.8	20.3	16.4	16.7	20.8	25.8	53.4	4.67
	500~700만 원 미만	(196)	5.9	7.3	6.6	27.1	19.5	15.2	18.4	19.8	27.1	53.1	4.66
	700만 원 이상	(267)	8.9	7.8	12.0	26.6	21.4	10.1	13.2	28.7	26.6	44.7	4.27
혼인 상태	기혼	(220)	5.8	5.5	8.1	27.6	22.6	13.6	16.8	19.4	27.6	53.0	4.64
	미혼	(745)	6.0	7.6	10.2	26.6	20.2	13.7	15.7	23.8	26.6	49.6	4.51
	동거/사별/이혼/별거	(35)	5.5	3.1	14.4	31.0	20.1	11.5	14.4	23.0	31.0	46.0	4.49

[표 2-76] 직장을 선택할 때 현재 거주지에서 출퇴근 가능한 것이 중요하다(미래) - 20~30대(계속)

구분		사례 수	① 전혀 그렇지 않다	②	③	④ 중간	⑤	⑥	⑦ 매우 그렇다	종합			[평균]
										그렇지 않다	중간	그렇다	
전체		(1,000)	5.9	7.0	9.9	27.0	20.7	13.6	15.9	22.8	27.0	50.2	4.54
가구원 수	1인	(218)	5.4	10.1	11.0	34.2	16.8	8.7	13.8	26.4	34.2	39.3	4.28
	2인	(159)	5.6	6.4	11.2	23.3	24.0	13.8	15.7	23.1	23.3	53.5	4.58
	3인	(290)	6.9	6.3	8.3	22.9	21.8	13.5	20.4	21.5	22.9	55.6	4.68
	4인 이상	(333)	5.6	6.0	9.8	27.6	20.8	16.7	13.5	21.4	27.6	51.1	4.56
이념 성향	진보	(231)	5.6	10.6	10.9	18.6	22.5	16.0	15.6	27.2	18.6	54.2	4.52
	중도	(429)	5.2	6.1	8.1	30.2	20.1	11.6	18.6	19.5	30.2	50.3	4.63
	보수	(341)	6.9	5.6	11.4	28.6	20.3	14.4	12.7	24.0	28.6	47.4	4.44
직업	화이트칼라	(644)	6.2	7.7	10.4	26.2	21.6	12.9	14.9	24.3	26.2	49.4	4.48
	블루칼라	(141)	6.9	4.3	8.4	26.7	19.8	12.0	21.8	19.6	26.7	53.7	4.72
	학생	(106)	7.1	7.7	10.2	27.3	19.3	17.8	10.6	25.0	27.3	47.6	4.40
	주부/무직/기타	(109)	1.8	5.5	8.1	31.5	18.2	15.6	19.2	15.5	31.5	53.0	4.82
고용 형태	상용직 임금근로자	(620)	6.4	7.4	9.0	25.8	21.8	13.0	16.6	22.8	25.8	51.4	4.55
	임시/일용/특수직 근로자	(97)	2.1	3.0	17.4	25.2	22.5	14.4	15.5	22.4	25.2	52.4	4.68
	자영업자/무급가족종사자	(58)	11.7	10.5	10.4	32.9	15.5	8.6	10.4	32.6	32.9	34.5	3.97
권역	도심권	(50)	12.7	5.6	10.0	40.1	15.6	2.0	14.0	28.3	40.1	31.6	4.02
	동북권	(295)	5.1	6.9	9.2	25.2	21.4	15.9	16.3	21.2	25.2	53.6	4.64
	서북권	(123)	4.8	7.2	7.1	32.6	22.3	9.7	16.3	19.1	32.6	48.2	4.54
	서남권	(329)	5.8	7.3	9.7	26.2	20.7	14.3	16.1	22.8	26.2	51.1	4.56
	동남권	(203)	6.3	6.9	12.8	24.2	20.2	14.2	15.4	26.0	24.2	49.8	4.49

[표 2-77] 직장을 선택할 때 현재 거주지에서 출퇴근 가능한 것이 중요하다(현재) - 40~50대

구분		사례 수	① 전혀 그렇지 않다	②	③	④ 중간	⑤	⑥	⑦ 매우 그렇다	종합			[평균]
										그렇지 않다	중간	그렇다	
전체		(500)	1.4	1.0	4.8	19.0	29.2	28.8	15.8	7.2	19.0	73.8	5.23
성별	남성	(247)	1.2	1.2	4.9	20.6	28.7	29.6	13.8	7.3	20.6	72.1	5.18
	여성	(253)	1.6	0.8	4.7	17.4	29.6	28.1	17.8	7.1	17.4	75.5	5.28
연령	40대	(248)	1.6	1.2	4.8	16.9	29.0	27.4	19.0	7.7	16.9	75.4	5.29
	50대	(252)	1.2	0.8	4.8	21.0	29.4	30.2	12.7	6.7	21.0	72.2	5.18
학력	고졸 이하	(61)	1.6	0.0	3.3	16.4	23.0	32.8	23.0	4.9	16.4	78.7	5.49
	대재	(16)	0.0	0.0	6.3	18.8	37.5	18.8	18.8	6.3	18.8	75.0	5.25
	대졸	(365)	1.6	1.1	4.9	19.5	30.4	29.0	13.4	7.7	19.5	72.9	5.17
	대학원 이상	(58)	0.0	1.7	5.2	19.0	25.9	25.9	22.4	6.9	19.0	74.1	5.36
가구 소득	200만 원 미만	(45)	0.0	0.0	4.4	22.2	35.6	22.2	15.6	4.4	22.2	73.3	5.22
	200~300만 원 미만	(41)	2.4	0.0	4.9	12.2	19.5	36.6	24.4	7.3	12.2	80.5	5.54
	300~500만 원 미만	(125)	1.6	2.4	3.2	20.0	25.6	32.8	14.4	7.2	20.0	72.8	5.22
	500~700만 원 미만	(129)	0.8	0.8	6.2	17.8	34.1	24.0	16.3	7.8	17.8	74.4	5.21
	700만 원 이상	(160)	1.9	0.6	5.0	20.0	28.8	29.4	14.4	7.5	20.0	72.5	5.19
혼인 상태	기혼	(340)	1.5	1.2	5.3	19.7	28.5	28.8	15.0	7.9	19.7	72.4	5.19
	미혼	(127)	1.6	0.8	4.7	16.5	29.1	28.3	18.9	7.1	16.5	76.4	5.31
	동거/사별/이혼/별거	(33)	0.0	0.0	0.0	21.2	36.4	30.3	12.1	0.0	21.2	78.8	5.33

[표 2-77] 직장을 선택할 때 현재 거주지에서 출퇴근 가능한 것이 중요하다(현재) - 40~50대(계속)

구분		사례 수	① 전혀 그렇지 않다	②	③	④ 중간	⑤	⑥	⑦ 매우 그렇다	종합			[평균]
										그렇지 않다	중간	그렇다	
전체		(500)	1.4	1.0	4.8	19.0	29.2	28.8	15.8	7.2	19.0	73.8	5.23
가구원 수	1인	(64)	0.0	1.6	1.6	21.9	28.1	29.7	17.2	3.1	21.9	75.0	5.34
	2인	(68)	0.0	1.5	4.4	13.2	32.4	27.9	20.6	5.9	13.2	80.9	5.43
	3인	(175)	2.3	0.6	3.4	20.6	25.1	34.3	13.7	6.3	20.6	73.1	5.23
	4인 이상	(193)	1.6	1.0	7.3	18.7	32.1	23.8	15.5	9.8	18.7	71.5	5.12
이념 성향	진보	(126)	0.8	1.6	6.3	20.6	24.6	30.2	15.9	8.7	20.6	70.6	5.21
	중도	(218)	2.3	0.5	3.2	19.3	27.5	26.1	21.1	6.0	19.3	74.8	5.32
	보수	(156)	0.6	1.3	5.8	17.3	35.3	31.4	8.3	7.7	17.3	75.0	5.13
직업	화이트칼라	(328)	1.5	1.2	4.3	19.2	29.0	29.0	15.9	7.0	19.2	73.8	5.23
	블루칼라	(61)	1.6	0.0	3.3	21.3	26.2	31.1	16.4	4.9	21.3	73.8	5.30
	주부/무직/기타	(111)	0.9	0.9	7.2	17.1	31.5	27.0	15.3	9.0	17.1	73.9	5.20
고용 형태	상용직 임금근로자	(314)	1.3	1.3	4.8	18.8	28.0	30.3	15.6	7.3	18.8	73.9	5.24
	임시/일용/특수직 근로자	(39)	2.6	0.0	0.0	25.6	20.5	28.2	23.1	2.6	25.6	71.8	5.38
	자영업자/무급가족종사자	(31)	3.2	0.0	3.2	22.6	48.4	12.9	9.7	6.5	22.6	71.0	4.90
권역	도심권	(25)	0.0	0.0	8.0	16.0	44.0	24.0	8.0	8.0	16.0	76.0	5.08
	동북권	(155)	1.3	1.3	5.8	17.4	31.0	28.4	14.8	8.4	17.4	74.2	5.20
	서북권	(60)	3.3	1.7	5.0	18.3	28.3	28.3	15.0	10.0	18.3	71.7	5.12
	서남권	(149)	1.3	0.0	4.7	21.5	26.2	28.9	17.4	6.0	21.5	72.5	5.28
	동남권	(111)	0.9	1.8	2.7	18.9	27.9	30.6	17.1	5.4	18.9	75.7	5.32

[표 2-78] 직장을 선택할 때 현재 거주지에서 출퇴근 가능한 것이 중요하다(미래) – 40~50대

구분		사례 수	① 전혀 그렇지 않다	②	③	④ 중간	⑤	⑥	⑦ 매우 그렇다	종합			[평균]
										그렇지 않다	중간	그렇다	
전체		(500)	2.4	6.6	9.6	28.4	21.6	18.4	13.0	18.6	28.4	53.0	4.67
성별	남성	(247)	2.0	7.7	10.5	28.7	20.6	17.4	13.0	20.2	28.7	51.0	4.62
	여성	(253)	2.8	5.5	8.7	28.1	22.5	19.4	13.0	17.0	28.1	54.9	4.72
연령	40대	(248)	2.8	8.5	9.3	25.8	21.8	16.9	14.9	20.6	25.8	53.6	4.66
	50대	(252)	2.0	4.8	9.9	31.0	21.4	19.8	11.1	16.7	31.0	52.4	4.69
학력	고졸 이하	(61)	1.6	1.6	4.9	23.0	24.6	23.0	21.3	8.2	23.0	68.9	5.21
	대재	(16)	0.0	12.5	12.5	25.0	18.8	12.5	18.8	25.0	25.0	50.0	4.63
	대졸	(365)	2.7	6.8	10.4	29.6	20.8	18.6	11.0	20.0	29.6	50.4	4.59
	대학원 이상	(58)	1.7	8.6	8.6	27.6	24.1	13.8	15.5	19.0	27.6	53.4	4.67
가구 소득	200만 원 미만	(45)	0.0	4.4	8.9	31.1	24.4	15.6	15.6	13.3	31.1	55.6	4.84
	200~300만 원 미만	(41)	4.9	0.0	9.8	19.5	19.5	22.0	24.4	14.6	19.5	65.9	5.12
	300~500만 원 미만	(125)	1.6	7.2	7.2	24.0	26.4	21.6	12.0	16.0	24.0	60.0	4.79
	500~700만 원 미만	(129)	1.6	7.8	12.4	27.9	18.6	19.4	12.4	21.7	27.9	50.4	4.62
	700만 원 이상	(160)	3.8	7.5	9.4	33.8	20.0	15.0	10.6	20.6	33.8	45.6	4.46
혼인 상태	기혼	(340)	2.4	6.5	9.4	28.8	21.5	18.8	12.6	18.2	28.8	52.9	4.68
	미혼	(127)	2.4	7.9	9.4	29.9	18.9	16.5	15.0	19.7	29.9	50.4	4.65
	동거/사별/이혼/별거	(33)	3.0	3.0	12.1	18.2	33.3	21.2	9.1	18.2	18.2	63.6	4.76

[표 2-78] 직장을 선택할 때 현재 거주지에서 출퇴근 가능한 것이 중요하다(미래) – 40~50대(계속)

구분		사례 수	① 전혀 그렇지 않다	②	③	④ 중간	⑤	⑥	⑦ 매우 그렇다	종합			[평균]
										그렇지 않다	중간	그렇다	
전체		(500)	2.4	6.6	9.6	28.4	21.6	18.4	13.0	18.6	28.4	53.0	4.67
가구원 수	1인	(64)	3.1	9.4	9.4	29.7	20.3	12.5	15.6	21.9	29.7	48.4	4.55
	2인	(68)	0.0	5.9	14.7	19.1	25.0	17.6	17.6	20.6	19.1	60.3	4.87
	3인	(175)	3.4	4.6	9.7	25.1	20.6	24.0	12.6	17.7	25.1	57.1	4.77
	4인 이상	(193)	2.1	7.8	7.8	34.2	21.8	15.5	10.9	17.6	34.2	48.2	4.56
이념 성향	진보	(126)	2.4	8.7	8.7	27.0	20.6	19.8	12.7	19.8	27.0	53.2	4.65
	중도	(218)	3.7	4.6	7.8	29.4	22.5	17.4	14.7	16.1	29.4	54.6	4.73
	보수	(156)	0.6	7.7	12.8	28.2	21.2	18.6	10.9	21.2	28.2	50.6	4.61
직업	화이트칼라	(328)	1.8	6.7	10.4	28.0	21.3	19.2	12.5	18.9	28.0	53.0	4.68
	블루칼라	(61)	4.9	9.8	11.5	23.0	19.7	18.0	13.1	26.2	23.0	50.8	4.49
	주부/무직/기타	(111)	2.7	4.5	6.3	32.4	23.4	16.2	14.4	13.5	32.4	54.1	4.76
고용 형태	상용직 임금근로자	(314)	1.9	6.7	11.1	27.1	20.7	20.1	12.4	19.7	27.1	53.2	4.68
	임시/일용/특수직 근로자	(39)	5.1	7.7	7.7	28.2	20.5	15.4	15.4	20.5	28.2	51.3	4.59
	자영업자/무급가족종사자	(31)	3.2	12.9	9.7	25.8	29.0	12.9	6.5	25.8	25.8	48.4	4.29
권역	도심권	(25)	0.0	4.0	12.0	44.0	16.0	16.0	8.0	16.0	44.0	40.0	4.52
	동북권	(155)	2.6	4.5	13.5	31.6	20.6	16.1	11.0	20.6	31.6	47.7	4.55
	서북권	(60)	5.0	6.7	8.3	21.7	25.0	25.0	8.3	20.0	21.7	58.3	4.63
	서남권	(149)	1.3	8.7	7.4	24.8	17.4	22.8	17.4	17.4	24.8	57.7	4.87
	동남권	(111)	2.7	7.2	7.2	28.8	27.9	12.6	13.5	17.1	28.8	54.1	4.64

⑦ 직장을 선택할 때 수도권에서 근무하는지가 중요하다

◈ 20~30대

20~30대의 직업에 대한 의견 중 '내가 생각하기에 현재는 직장을 선택할 때 수도권에서 근무하는지가 중요하다'는 7점 만점 기준으로 4.65점인 반면, '내가 생각하기에 미래 2050년에는 직장을 선택할 때 수도권에서 근무하는지가 중요하다'는 4.00점으로 나타남

[그림 2-57] 직장을 선택할 때 수도권에서 근무하는지가 중요하다 – 20~30대

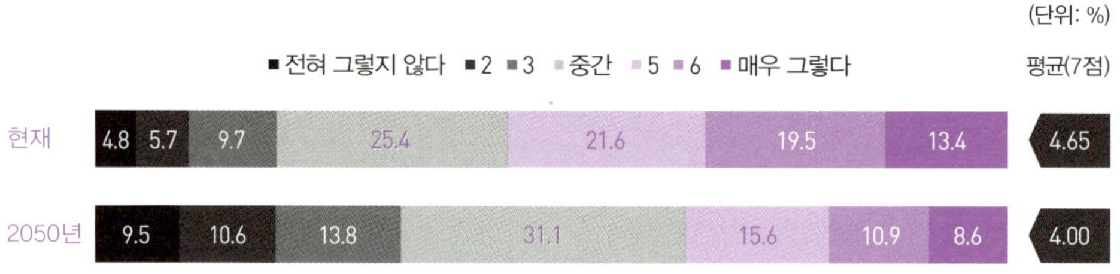

7점 평균을 상세분석한 결과, '내가 생각하기에 현재는 직장을 선택할 때 수도권에서 근무하는지가 중요하다'는 성별로 남성(4.77점)에서 높게 나타났고 연령별로는 20대(4.73점), 학력별로는 고졸 이하(4.73점), 대학원 이상(4.69점), 가구 소득별로는 700만 원 이상(4.87점), 혼인상태별로는 미혼(4.73점), 가구원 수별로는 3인(4.71점), 4인 이상(4.70점), 이념 성향별로는 진보(4.78점), 보수(4.74점), 직업별로는 화이트칼라(4.80점), 고용형태별로는 상용직 임금근로자(4.77점), 권역별로는 동남권(4.74점), 서남권(4.70점)에서 높게 나타남

'내가 생각하기에 미래 2050년에는 직장을 선택할 때 수도권에서 근무하는지가 중요하다'는 성별로 남성(4.17점)에서 높게 나타났고 연령별로는 20대(4.07점), 학력별로는 고졸 이하(4.27점), 가구 소득별로는 500~700만 원 미만(4.09점), 700만 원 이상(4.06점), 혼인상태별로는 미혼(4.04점), 가구원 수별로는 3인(4.13점), 4인 이상(4.05점), 이념 성향별로는 보수(4.08점), 직업별로는 학생(4.15점), 화이트칼라(4.01점), 고용형태별로는 상용직 임금근로자(4.06점), 권역별로는 동남권(4.14점), 동북권(4.01점), 서북권(4.01점)에서 높게 나타남

◈ 40~50대

40~50대는 '내가 생각하기에 현재는 직장을 선택할 때 수도권에서 근무하는지가 중요하다'는 7점 만점 기준으로 4.47점인 반면, '내가 생각하기에 미래 2050년에는 직장을 선택할 때 수도권에서 근무하는지가 중요하다'는 3.79점으로 나타남

[그림 2-58] 직장을 선택할 때 수도권에서 근무하는지가 중요하다 – 40~50대

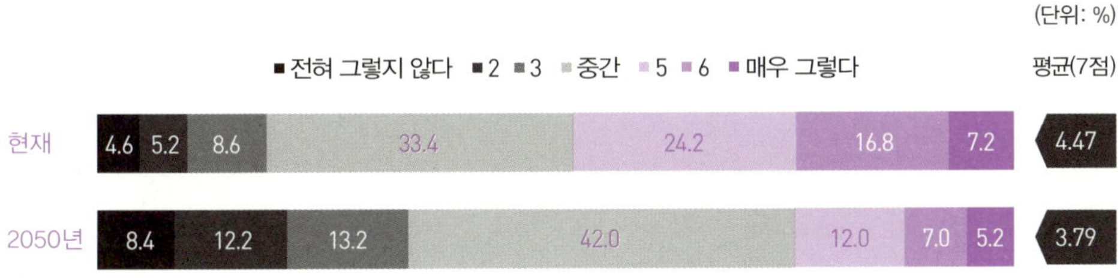

7점 평균을 상세분석한 결과, '내가 생각하기에 현재는 직장을 선택할 때 수도권에서 근무하는지가 중요하다'는 성별로 여성(4.52점)에서 높게 나타났고 연령별로는 40대(4.47점), 학력별로는 대재(전문대/대학교)(4.69점), 대학원 이상(4.62점), 가구 소득별로는 200만 원 미만(4.69점), 700만 원 이상(4.56점), 혼인상태별로는 기혼(4.56점), 가구원 수별로는 4인 이상(4.54점), 이념 성향별로는 보수(4.60점), 직업별로는 블루칼

라(4.62점), 주부/무직/기타(4.48점), 고용형태별로는 자영업자/무급가족종사자(4.58점), 상용직 임금근로자(4.48점), 권역별로는 서북권(4.65점), 도심권(4.52점)에서 높게 나타남

'내가 생각하기에 미래 2050년에는 직장을 선택할 때 수도권에서 근무하는지가 중요하다'는 성별로 여성(3.81점)에서 높게 나타났고 연령별로는 40대(3.81점), 학력별로는 대재(전문대/대학교)(4.13점), 고졸 이하(4.00점), 가구 소득별로는 200만 원 미만(4.07점), 300~500만 원 미만(3.88점), 혼인상태별로는 기혼(3.89점), 가구원 수별로는 4인 이상(3.87점), 3인(3.85점), 이념 성향별로는 보수(3.97점), 중도(3.82점), 직업별로는 주부/무직/기타(3.93점), 고용형태별로는 자영업자/무급가족종사자(3.81점), 권역별로는 서북권(3.85점), 동북권(3.82점)에서 높게 나타남

[표 2-79] 직장을 선택할 때 수도권에서 근무하는지가 중요하다(현재) – 20~30대

구분		사례 수	① 전혀 그렇지 않다	②	③	④ 중간	⑤	⑥	⑦ 매우 그렇다	종합			[평균]
										그렇지 않다	중간	그렇다	
전체		(1,000)	4.8	5.7	9.7	25.4	21.6	19.5	13.4	20.1	25.4	54.5	4.65
성별	남성	(490)	3.9	4.2	8.1	26.9	21.9	22.0	13.1	16.1	26.9	56.9	4.77
	여성	(510)	5.7	7.1	11.2	23.9	21.4	17.1	13.7	23.9	23.9	52.2	4.54
연령	20대	(498)	4.0	4.3	9.0	26.5	22.9	20.2	13.1	17.3	26.5	56.2	4.73
	30대	(502)	5.6	7.0	10.4	24.3	20.3	18.7	13.7	22.9	24.3	52.8	4.58
학력	고졸 이하	(97)	8.0	4.0	7.0	23.9	19.7	19.7	17.6	19.0	23.9	57.1	4.73
	대재	(127)	1.6	7.9	11.9	28.2	19.0	19.9	11.6	21.3	28.2	50.5	4.61
	대졸	(677)	5.3	4.8	9.9	25.1	22.8	18.8	13.3	20.0	25.1	54.8	4.65
	대학원 이상	(99)	2.0	10.1	8.0	25.1	18.9	23.1	12.8	20.0	25.1	54.8	4.69
가구 소득	200만 원 미만	(102)	7.9	9.4	8.6	23.2	19.9	20.1	10.9	25.9	23.2	50.9	4.42
	200~300만 원 미만	(148)	4.0	3.4	13.4	28.6	20.5	16.9	13.3	20.8	28.6	50.6	4.62
	300~500만 원 미만	(287)	4.8	5.9	10.1	26.9	22.4	16.7	13.2	20.8	26.9	52.3	4.59
	500~700만 원 미만	(196)	3.6	6.6	10.8	23.4	25.0	21.1	9.6	21.0	23.4	55.6	4.61
	700만 원 이상	(267)	4.9	4.5	6.7	24.3	19.6	22.4	17.6	16.1	24.3	59.6	4.87
혼인 상태	기혼	(220)	5.0	8.6	9.0	26.2	24.0	15.9	11.3	22.7	26.2	51.1	4.48
	미혼	(745)	4.7	4.5	9.8	25.3	20.4	21.0	14.3	19.0	25.3	55.8	4.73
	동거/사별/이혼/별거	(35)	5.7	11.2	11.5	22.4	31.9	8.9	8.3	28.5	22.4	49.1	4.23

[표 2-79] 직장을 선택할 때 수도권에서 근무하는지가 중요하다(현재) - 20~30대(계속)

구분		사례 수	① 전혀 그렇지 않다	②	③	④ 중간	⑤	⑥	⑦ 매우 그렇다	종합			[평균]
										그렇지 않다	중간	그렇다	
전체		(1000)	4.8	5.7	9.7	25.4	21.6	19.5	13.4	20.1	25.4	54.5	4.65
가구원 수	1인	(218)	5.6	6.0	10.1	28.8	18.2	21.4	10.0	21.6	28.8	49.6	4.52
	2인	(159)	4.4	6.8	7.5	26.5	25.3	15.6	13.8	18.7	26.5	54.7	4.64
	3인	(290)	5.1	4.8	9.0	24.1	23.5	18.6	14.8	18.9	24.1	57.0	4.71
	4인 이상	(333)	4.2	5.6	11.0	23.7	20.4	20.7	14.3	20.8	23.7	55.4	4.70
이념 성향	진보	(231)	6.5	5.2	10.4	17.3	20.0	23.4	17.2	22.1	17.3	60.6	4.78
	중도	(429)	5.3	6.7	9.3	30.2	19.6	16.0	13.0	21.3	30.2	48.5	4.52
	보수	(341)	2.9	4.7	9.6	24.8	25.3	21.2	11.4	17.3	24.8	57.9	4.74
직업	화이트칼라	(644)	4.2	5.2	8.5	22.5	23.4	20.6	15.6	17.9	22.5	59.6	4.80
	블루칼라	(141)	4.2	7.7	11.3	30.0	20.6	16.3	9.9	23.2	30.0	46.8	4.43
	학생	(106)	4.7	6.6	9.4	27.8	18.1	23.9	9.4	20.7	27.8	51.5	4.58
	주부/무직/기타	(109)	9.2	4.6	14.8	33.9	15.8	12.6	9.2	28.5	33.9	37.6	4.17
고용 형태	상용직 임금근로자	(620)	4.0	5.0	8.2	24.5	23.8	20.2	14.4	17.1	24.5	58.4	4.77
	임시/일용/특수직 근로자	(97)	3.2	9.1	13.2	23.0	16.5	21.7	13.3	25.5	23.0	51.5	4.59
	자영업자/ 무급가족종사자	(58)	8.6	8.6	10.4	22.4	24.4	10.4	15.2	27.6	22.4	50.0	4.37
권역	도심권	(50)	5.5	5.5	13.5	28.7	22.0	14.0	10.8	24.5	28.7	46.8	4.41
	동북권	(295)	5.1	6.1	8.8	25.7	20.1	21.6	12.5	20.0	25.7	54.3	4.65
	서북권	(123)	6.5	8.1	12.9	21.2	16.6	21.0	13.7	27.5	21.2	51.3	4.51
	서남권	(329)	4.9	4.0	9.7	24.5	25.9	16.7	14.3	18.6	24.5	56.9	4.70
	동남권	(203)	3.0	6.4	7.8	28.0	19.8	21.2	13.8	17.2	28.0	54.8	4.74

[표 2-80] 직장을 선택할 때 수도권에서 근무하는지가 중요하다(미래) - 20~30대

구분		사례 수	① 전혀 그렇지 않다	②	③	④ 중간	⑤	⑥	⑦ 매우 그렇다	종합			[평균]
										그렇지 않다	중간	그렇다	
전체		(1,000)	9.5	10.6	13.8	31.1	15.6	10.9	8.6	33.9	31.1	35.0	4.00
성별	남성	(490)	7.1	8.2	13.3	32.8	18.0	11.7	8.9	28.6	32.8	38.7	4.17
	여성	(510)	11.8	12.9	14.3	29.4	13.3	10.0	8.2	39.0	29.4	31.6	3.83
연령	20대	(498)	8.8	10.1	12.7	30.4	18.3	11.4	8.4	31.5	30.4	38.0	4.07
	30대	(502)	10.2	11.2	14.9	31.7	12.9	10.4	8.8	36.3	31.7	32.1	3.92
학력	고졸 이하	(97)	11.1	5.2	11.5	32.8	11.5	13.4	14.6	27.8	32.8	39.5	4.27
	대재	(127)	9.9	9.2	14.1	31.0	16.5	12.3	7.0	33.2	31.0	35.8	4.00
	대졸	(677)	9.1	11.4	14.1	30.8	16.4	10.1	8.1	34.6	30.8	34.6	3.97
	대학원 이상	(99)	9.9	12.1	13.9	31.3	12.9	12.0	7.9	35.9	31.3	32.9	3.93
가구 소득	200만 원 미만	(102)	10.6	14.2	10.7	32.2	10.3	10.2	11.8	35.5	32.2	32.3	3.95
	200~300만 원 미만	(148)	7.4	10.6	16.3	35.3	19.6	6.8	3.9	34.4	35.3	30.4	3.85
	300~500만 원 미만	(287)	9.6	10.8	14.9	29.7	16.1	11.5	7.3	35.4	29.7	34.9	3.96
	500~700만 원 미만	(196)	9.6	10.5	13.3	27.7	15.4	13.3	10.2	33.5	27.7	38.9	4.09
	700만 원 이상	(267)	10.0	9.0	12.8	32.2	15.1	10.9	10.1	31.8	32.2	36.0	4.06
혼인 상태	기혼	(220)	11.7	12.3	14.0	28.0	13.6	11.3	9.1	38.0	28.0	34.0	3.90
	미혼	(745)	8.8	10.2	13.4	31.8	16.1	11.2	8.4	32.4	31.8	35.7	4.04
	동거/사별/이혼/별거	(35)	11.2	8.6	20.4	33.6	17.6	0.0	8.6	40.2	33.6	26.2	3.72

[표 2-80] 직장을 선택할 때 수도권에서 근무하는지가 중요하다(미래) – 20~30대(계속)

구분		사례 수	① 전혀 그렇지 않다	②	③	④ 중간	⑤	⑥	⑦ 매우 그렇다	종합			[평균]
										그렇지 않다	중간	그렇다	
전체		(1,000)	9.5	10.6	13.8	31.1	15.6	10.9	8.6	33.9	31.1	35.0	4.00
가구원 수	1인	(218)	9.7	14.8	14.7	33.1	14.9	5.5	7.3	39.2	33.1	27.7	3.75
	2인	(159)	12.5	8.8	13.7	28.1	16.6	12.9	7.5	35.0	28.1	37.0	3.96
	3인	(290)	8.9	8.9	11.4	32.8	15.6	13.8	8.7	29.2	32.8	38.1	4.13
	4인 이상	(333)	8.5	10.2	15.4	29.6	15.7	10.8	9.8	34.1	29.6	36.3	4.05
이념 성향	진보	(231)	10.4	15.1	15.1	23.4	13.9	12.6	9.5	40.6	23.4	36.0	3.91
	중도	(429)	10.1	10.2	13.2	34.9	12.0	9.3	10.2	33.6	34.9	31.6	3.97
	보수	(341)	8.1	8.1	13.6	31.4	21.3	11.6	5.9	29.8	31.4	38.8	4.08
직업	화이트칼라	(644)	8.9	11.2	14.5	29.4	16.3	10.8	9.0	34.5	29.4	36.1	4.01
	블루칼라	(141)	10.5	7.8	15.6	33.4	14.2	10.0	8.6	33.9	33.4	32.7	3.97
	학생	(106)	9.2	8.3	10.4	31.2	20.7	11.6	8.5	27.9	31.2	40.9	4.15
	주부/무직/기타	(109)	11.9	13.2	11.0	37.6	8.2	11.8	6.3	36.1	37.6	26.3	3.78
고용 형태	상용직 임금근로자	(620)	8.4	10.6	13.8	29.7	17.6	11.0	8.8	32.9	29.7	37.4	4.06
	임시/일용/특수직 근로자	(97)	6.3	14.4	17.5	35.3	8.1	10.3	8.2	38.1	35.3	26.6	3.88
	자영업자/ 무급가족종사자	(58)	22.1	3.5	17.3	31.1	12.3	6.9	6.9	42.8	31.1	26.1	3.56
권역	도심권	(50)	14.6	7.6	14.0	30.6	10.0	10.0	13.2	36.2	30.6	33.2	3.97
	동북권	(295)	10.2	8.9	12.9	34.5	13.4	11.7	8.5	32.0	34.5	33.5	4.01
	서북권	(123)	11.3	11.3	13.7	26.0	15.0	12.2	10.5	36.3	26.0	37.7	4.01
	서남권	(329)	8.5	12.4	16.4	29.7	17.0	8.3	7.6	37.4	29.7	32.9	3.90
	동남권	(203)	7.8	10.3	10.9	31.4	18.4	13.2	7.9	29.1	31.4	39.5	4.14

[표 2-81] 직장을 선택할 때 수도권에서 근무하는지가 중요하다(현재) - 40~50대

구분		사례 수	① 전혀 그렇지 않다	②	③	④ 중간	⑤	⑥	⑦ 매우 그렇다	종합			[평균]
										그렇지 않다	중간	그렇다	
전체		(500)	4.6	5.2	8.6	33.4	24.2	16.8	7.2	18.4	33.4	48.2	4.47
성별	남성	(247)	4.9	5.7	8.1	34.8	24.3	15.8	6.5	18.6	34.8	46.6	4.41
	여성	(253)	4.3	4.7	9.1	32.0	24.1	17.8	7.9	18.2	32.0	49.8	4.52
연령	40대	(248)	5.6	4.8	6.9	33.9	25.0	16.1	7.7	17.3	33.9	48.8	4.47
	50대	(252)	3.6	5.6	10.3	32.9	23.4	17.5	6.7	19.4	32.9	47.6	4.46
학력	고졸 이하	(61)	4.9	3.3	6.6	42.6	21.3	13.1	8.2	14.8	42.6	42.6	4.44
	대재	(16)	12.5	0.0	6.3	25.0	18.8	18.8	18.8	18.8	25.0	56.3	4.69
	대졸	(365)	4.7	5.2	9.3	32.6	25.5	16.4	6.3	19.2	32.6	48.2	4.44
	대학원 이상	(58)	1.7	8.6	6.9	31.0	20.7	22.4	8.6	17.2	31.0	51.7	4.62
가구 소득	200만 원 미만	(45)	0.0	4.4	11.1	37.8	22.2	6.7	17.8	15.6	37.8	46.7	4.69
	200~300만 원 미만	(41)	14.6	2.4	17.1	29.3	14.6	14.6	7.3	34.1	29.3	36.6	4.00
	300~500만 원 미만	(125)	4.0	4.8	6.4	34.4	27.2	20.8	2.4	15.2	34.4	50.4	4.48
	500~700만 원 미만	(129)	5.4	3.9	10.9	32.6	26.4	13.2	7.8	20.2	32.6	47.3	4.41
	700만 원 이상	(160)	3.1	7.5	5.6	33.1	23.1	20.0	7.5	16.3	33.1	50.6	4.56
혼인 상태	기혼	(340)	4.1	5.6	6.2	32.6	24.7	19.4	7.4	15.9	32.6	51.5	4.56
	미혼	(127)	5.5	4.7	13.4	33.9	23.6	12.6	6.3	23.6	33.9	42.5	4.28
	동거/사별/이혼/별거	(33)	6.1	3.0	15.2	39.4	21.2	6.1	9.1	24.2	39.4	36.4	4.21

[표 2-81] 직장을 선택할 때 수도권에서 근무하는지가 중요하다(현재) – 40~50대(계속)

구분		사례 수	① 전혀 그렇지 않다	②	③	④ 중간	⑤	⑥	⑦ 매우 그렇다	종합			[평균]
										그렇지 않다	중간	그렇다	
전체		(500)	4.6	5.2	8.6	33.4	24.2	16.8	7.2	18.4	33.4	48.2	4.47
가구원 수	1인	(64)	6.3	4.7	10.9	29.7	26.6	14.1	7.8	21.9	29.7	48.4	4.39
	2인	(68)	4.4	1.5	10.3	41.2	22.1	11.8	8.8	16.2	41.2	42.6	4.46
	3인	(175)	4.0	7.4	8.6	33.1	22.3	18.9	5.7	20.0	33.1	46.9	4.42
	4인 이상	(193)	4.7	4.7	7.3	32.1	25.9	17.6	7.8	16.6	32.1	51.3	4.54
이념 성향	진보	(126)	4.0	5.6	12.7	32.5	19.8	15.9	9.5	22.2	32.5	45.2	4.44
	중도	(218)	6.4	4.1	7.8	35.8	24.8	14.2	6.9	18.3	35.8	45.9	4.39
	보수	(156)	2.6	6.4	6.4	30.8	26.9	21.2	5.8	15.4	30.8	53.8	4.60
직업	화이트칼라	(328)	4.9	5.5	7.3	36.0	23.2	16.5	6.7	17.7	36.0	46.3	4.43
	블루칼라	(61)	6.6	3.3	11.5	23.0	21.3	24.6	9.8	21.3	23.0	55.7	4.62
	주부/무직/기타	(111)	2.7	5.4	10.8	31.5	28.8	13.5	7.2	18.9	31.5	49.5	4.48
고용 형태	상용직 임금근로자	(314)	4.5	5.4	7.0	35.4	23.2	17.8	6.7	16.9	35.4	47.8	4.48
	임시/일용/특수직 근로자	(39)	10.3	5.1	7.7	28.2	25.6	12.8	10.3	23.1	28.2	48.7	4.33
	자영업자/무급가족종사자	(31)	3.2	3.2	16.1	25.8	19.4	25.8	6.5	22.6	25.8	51.6	4.58
권역	도심권	(25)	4.0	4.0	20.0	16.0	32.0	12.0	12.0	28.0	16.0	56.0	4.52
	동북권	(155)	7.1	5.2	8.4	30.3	24.5	16.8	7.7	20.6	30.3	49.0	4.41
	서북권	(60)	3.3	5.0	3.3	36.7	23.3	20.0	8.3	11.7	36.7	51.7	4.65
	서남권	(149)	3.4	4.7	10.1	38.9	20.8	16.8	5.4	18.1	38.9	43.0	4.41
	동남권	(111)	3.6	6.3	7.2	32.4	27.0	16.2	7.2	17.1	32.4	50.5	4.50

[표 2-82] 직장을 선택할 때 수도권에서 근무하는지가 중요하다(미래) – 40~50대

구분		사례 수	① 전혀 그렇지 않다	②	③	④ 중간	⑤	⑥	⑦ 매우 그렇다	종합			[평균]
										그렇지 않다	중간	그렇다	
전체		(500)	8.4	12.2	13.2	42.0	12.0	7.0	5.2	33.8	42.0	24.2	3.79
성별	남성	(247)	9.3	11.7	14.2	41.3	10.5	6.9	6.1	35.2	41.3	23.5	3.77
	여성	(253)	7.5	12.6	12.3	42.7	13.4	7.1	4.3	32.4	42.7	24.9	3.81
연령	40대	(248)	10.1	10.5	13.3	39.9	12.5	8.1	5.6	33.9	39.9	26.2	3.81
	50대	(252)	6.7	13.9	13.1	44.0	11.5	6.0	4.8	33.7	44.0	22.2	3.77
학력	고졸 이하	(61)	9.8	6.6	9.8	45.9	11.5	8.2	8.2	26.2	45.9	27.9	4.00
	대재	(16)	12.5	6.3	0.0	50.0	6.3	18.8	6.3	18.8	50.0	31.3	4.13
	대졸	(365)	7.9	11.8	15.1	42.2	12.9	5.5	4.7	34.8	42.2	23.0	3.75
	대학원 이상	(58)	8.6	22.4	8.6	34.5	8.6	12.1	5.2	39.7	34.5	25.9	3.69
가구 소득	200만 원 미만	(45)	0.0	15.6	13.3	51.1	2.2	4.4	13.3	28.9	51.1	20.0	4.07
	200~300만 원 미만	(41)	17.1	4.9	22.0	31.7	12.2	4.9	7.3	43.9	31.7	24.4	3.61
	300~500만 원 미만	(125)	11.2	6.4	8.8	46.4	15.2	8.0	4.0	26.4	46.4	27.2	3.88
	500~700만 원 미만	(129)	7.0	14.0	15.5	40.3	12.4	6.2	4.7	36.4	40.3	23.3	3.74
	700만 원 이상	(160)	7.5	16.3	12.5	40.0	11.9	8.1	3.8	36.3	40.0	23.8	3.72
혼인 상태	기혼	(340)	6.8	12.4	11.8	42.1	14.1	7.6	5.3	30.9	42.1	27.1	3.89
	미혼	(127)	12.6	13.4	15.0	39.4	8.7	4.7	6.3	40.9	39.4	19.7	3.57
	동거/사별/이혼/별거	(33)	9.1	6.1	21.2	51.5	3.0	9.1	0.0	36.4	51.5	12.1	3.61

[표 2-82] 직장을 선택할 때 수도권에서 근무하는지가 중요하다(미래) – 40~50대(계속)

구분		사례 수	① 전혀 그렇지 않다	②	③	④ 중간	⑤	⑥	⑦ 매우 그렇다	종합			[평균]
										그렇지 않다	중간	그렇다	
전체		(500)	8.4	12.2	13.2	42.0	12.0	7.0	5.2	33.8	42.0	24.2	3.79
가구원 수	1인	(64)	14.1	12.5	12.5	43.8	4.7	7.8	4.7	39.1	43.8	17.2	3.55
	2인	(68)	11.8	7.4	14.7	51.5	5.9	4.4	4.4	33.8	51.5	14.7	3.63
	3인	(175)	8.0	11.4	14.9	37.1	16.6	6.3	5.7	34.3	37.1	28.6	3.85
	4인 이상	(193)	5.7	14.5	11.4	42.5	12.4	8.3	5.2	31.6	42.5	25.9	3.87
이념 성향	진보	(126)	11.9	13.5	18.3	39.7	7.1	4.8	4.8	43.7	39.7	16.7	3.50
	중도	(218)	10.1	10.1	10.1	43.6	14.7	6.4	5.0	30.3	43.6	26.1	3.82
	보수	(156)	3.2	14.1	13.5	41.7	12.2	9.6	5.8	30.8	41.7	27.6	3.97
직업	화이트칼라	(328)	9.1	12.8	12.5	43.0	10.1	7.6	4.9	34.5	43.0	22.6	3.74
	블루칼라	(61)	11.5	8.2	16.4	39.3	11.5	6.6	6.6	36.1	39.3	24.6	3.77
	주부/무직/기타	(111)	4.5	12.6	13.5	40.5	18.0	5.4	5.4	30.6	40.5	28.8	3.93
고용 형태	상용직 임금근로자	(314)	9.2	13.1	12.7	41.7	11.5	6.4	5.4	35.0	41.7	23.2	3.74
	임시/일용/특수직 근로자	(39)	15.4	5.1	15.4	43.6	2.6	12.8	5.1	35.9	43.6	20.5	3.72
	자영업자/ 무급가족종사자	(31)	3.2	12.9	12.9	51.6	9.7	9.7	0.0	29.0	51.6	19.4	3.81
권역	도심권	(25)	16.0	4.0	24.0	40.0	12.0	4.0	0.0	44.0	40.0	16.0	3.40
	동북권	(155)	9.0	11.6	13.5	40.6	11.0	7.7	6.5	34.2	40.6	25.2	3.82
	서북권	(60)	8.3	13.3	6.7	48.3	10.0	6.7	6.7	28.3	48.3	23.3	3.85
	서남권	(149)	5.4	15.4	14.1	42.3	10.7	7.4	4.7	34.9	42.3	22.8	3.79
	동남권	(111)	9.9	9.9	12.6	40.5	16.2	6.3	4.5	32.4	40.5	27.0	3.80

⑧ 해외에서 정착하여 일하는 것도 가능하다

◈ 20~30대

20~30대의 직업에 대한 의견 중 '내가 생각하기에 현재는 해외에서 정착하여 일하는 것도 가능하다'는 7점 만점 기준으로 5.01점인 반면, '내가 생각하기에 미래 2050년에는 해외에서 정착하여 일하는 것도 가능하다'는 5.16점으로 나타남

[그림 2-59] 해외에서 정착하여 일하는 것도 가능하다 – 20~30대 (단위: %)

7점 평균을 상세분석한 결과, '내가 생각하기에 현재는 해외에서 정착하여 일하는 것도 가능하다'는 성별로 여성(5.16점)에서 높게 나타났고 연령별로는 20대(5.08점), 학력별로는 대재(전문대/대학교) (5.06점), 대졸(전문대/대학교 졸업)(5.02점), 가구 소득별로는 700만 원 이상(5.21점), 혼인상태별로는 미혼(5.05점), 가구원 수별로는 1인(5.13점), 3인(5.04점), 이념 성향별로는 진보(5.26점), 직업별로는 학생(5.15점), 화이트칼라(5.09점), 고용형태별로는 자영업자/무급가족종사자(5.06점), 상용직 임금근로자(5.06점), 권역별로는 동북권(5.11점), 동남권(5.01점)에서 높게 나타남

'내가 생각하기에 미래 2050년에는 해외에서 정착하여 일하는 것도 가능하다'는 성별로 여성(5.38점)에서 높게 나타났고 연령별로는 30대(5.19점), 학력별로는 대졸(전문대/대학교 졸업)(5.25점), 가구 소득별로는 700만 원 이상(5.38점), 혼인상태별로는 미혼(5.21점), 가구원 수별로는 1인(5.28점), 이념 성향별로는 진보(5.42점), 직업별로는 학생(5.39점), 주부/무직/기타(5.25점), 고용형태별로는 상용직 임금근로자(5.24점), 권역별로는 동북권(5.28점), 서남권(5.16점)에서 높게 나타남

◈ 40~50대

40~50대는 '내가 생각하기에 현재는 해외에서 정착하여 일하는 것도 가능하다'는 7점 만점 기준으로 4.88점인 반면, '내가 생각하기에 미래 2050년에는 해외에서 정착하여 일하는 것도 가능하다'는 5.29점으로 나타남

[그림 2-60] 해외에서 정착하여 일하는 것도 가능하다 – 40~50대 (단위: %)

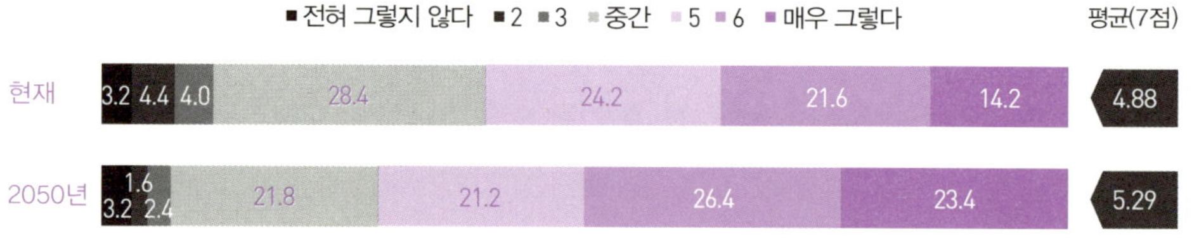

7점 평균을 상세분석한 결과, '내가 생각하기에 현재는 해외에서 정착하여 일하는 것도 가능하다'는 성별로 여성(4.92점)에서 높게 나타났고 연령별로는 40대(5.01점), 학력별로는 대학원 이상(5.48점), 가구 소득별로는 700만 원 이상(5.07점), 300~500만 원 미만(4.96점), 혼인상태별로는 기혼(4.97점), 가구원 수별로는 3인(5.05점), 이념 성향별로는 중도(5.01점), 직업별로는 화이트칼라(4.92점), 고용형태별로는 임시/일용/특수직 근로자(4.92점), 자영업자/무급가족종사자(4.90점), 권역별로

는 도심권(5.52점)에서 높게 나타남'내가 생각하기에 미래 2050년에는 해외에서 정착하여 일하는 것도 가능하다'는 성별로 여성(5.31점)에서 높게 나타났고 연령별로는 40대(5.44점), 학력별로는 대학원 이상(6.09점), 가구 소득별로는 700만 원 이상(5.58점), 300~500만 원 미만(5.37점), 혼인상태별로는 기혼(5.41점), 가구원 수별로는 3인(5.42점), 이념 성향별로는 중도(5.34점), 직업별로는 화이트칼라(5.35점), 고용형태별로는 상용직 임금근로자(5.34점), 권역별로는 도심권(5.64점)에서 높게 나타남

'내가 생각하기에 미래 2050년에는 해외에서 정착하여 일하는 것도 가능하다'는 성별로 여성(5.31점)에서 높게 나타났고 연령별로는 40대(5.44점), 학력별로는 대학원 이상(6.09점), 가구 소득별로는 700만 원 이상(5.58점), 300~500만 원 미만(5.37점), 혼인상태별로는 기혼(5.41점), 가구원 수별로는 3인(5.42점), 이념 성향별로는 중도(5.34점), 직업별로는 화이트칼라(5.35점), 고용형태별로는 상용직 임금근로자(5.34점), 권역별로는 도심권(5.64점)에서 높게 나타남

[표 2-83] 해외에서 정착하여 일하는 것도 가능하다(현재) - 20~30대

구분		사례 수	① 전혀 그렇지 않다	②	③	④ 중간	⑤	⑥	⑦ 매우 그렇다	종합			[평균]
										그렇지 않다	중간	그렇다	
전체		(1,000)	2.7	3.7	6.9	23.0	23.8	20.3	19.7	13.3	23.0	63.7	5.01
성별	남성	(490)	3.2	4.0	8.8	24.5	22.8	20.3	16.2	16.0	24.5	59.4	4.86
	여성	(510)	2.2	3.3	5.1	21.6	24.7	20.2	22.9	10.6	21.6	67.8	5.16
연령	20대	(498)	2.4	3.0	7.2	21.1	24.5	21.2	20.6	12.6	21.1	66.3	5.08
	30대	(502)	3.0	4.4	6.6	24.9	23.1	19.3	18.7	13.9	24.9	61.2	4.94
학력	고졸 이하	(97)	4.1	2.0	8.2	20.5	29.2	17.2	18.8	14.3	20.5	65.2	4.95
	대재	(127)	0.8	3.2	7.8	25.8	22.1	20.6	19.7	11.8	25.8	62.4	5.06
	대졸	(677)	3.2	3.7	5.8	22.9	23.6	21.0	19.9	12.7	22.9	64.4	5.02
	대학원 이상	(99)	0.0	6.0	12.0	22.9	22.1	18.1	18.9	18.0	22.9	59.1	4.91
가구 소득	200만 원 미만	(102)	4.6	3.9	7.8	20.5	22.3	19.8	21.0	16.4	20.5	63.1	4.95
	200~300만 원 미만	(148)	1.4	5.3	7.4	26.0	22.2	16.7	21.0	14.1	26.0	59.9	4.96
	300~500만 원 미만	(287)	3.8	3.1	7.0	24.7	26.6	17.4	17.4	14.0	24.7	61.4	4.89
	500~700만 원 미만	(196)	2.5	3.1	7.7	25.0	21.9	22.8	17.1	13.3	25.0	61.7	4.97
	700만 원 이상	(267)	1.5	3.7	5.6	19.1	23.7	23.7	22.7	10.9	19.1	70.0	5.21
혼인 상태	기혼	(220)	2.7	4.5	6.4	28.9	21.3	18.6	17.6	13.6	28.9	57.5	4.88
	미혼	(745)	2.8	3.5	6.9	21.3	23.9	21.3	20.4	13.1	21.3	65.6	5.05
	동거/사별/이혼/별거	(35)	0.0	2.9	11.5	22.7	37.0	8.6	17.3	14.4	22.7	62.9	4.89

[표 2-83] 해외에서 정착하여 일하는 것도 가능하다(현재) – 20~30대(계속)

구분		사례 수	① 전혀 그렇지 않다	②	③	④ 중간	⑤	⑥	⑦ 매우 그렇다	종합			[평균]
										그렇지 않다	중간	그렇다	
전체		(1,000)	2.7	3.7	6.9	23.0	23.8	20.3	19.7	13.3	23.0	63.7	5.01
가구원 수	1인	(218)	1.8	2.7	8.2	18.9	25.6	21.7	21.0	12.8	18.9	68.3	5.13
	2인	(159)	1.9	5.0	5.7	30.1	23.1	18.0	16.4	12.5	30.1	57.4	4.87
	3인	(290)	3.1	4.5	4.5	23.4	23.9	19.5	21.2	12.0	23.4	64.5	5.04
	4인 이상	(333)	3.3	3.0	8.7	22.0	22.9	21.1	19.0	15.0	22.0	63.0	4.98
이념 성향	진보	(231)	1.2	4.3	4.8	16.9	25.5	24.3	22.9	10.3	16.9	72.7	5.26
	중도	(429)	3.2	3.0	8.2	27.5	22.2	17.1	18.8	14.4	27.5	58.1	4.89
	보수	(341)	3.0	4.1	6.7	21.5	24.6	21.6	18.5	13.8	21.5	64.7	5.00
직업	화이트칼라	(644)	2.4	3.1	6.8	21.8	23.4	21.3	21.1	12.4	21.8	65.8	5.09
	블루칼라	(141)	5.0	4.9	6.4	29.3	22.0	18.4	14.1	16.2	29.3	54.5	4.70
	학생	(106)	0.9	1.9	6.5	20.2	29.7	23.5	17.2	9.4	20.2	70.5	5.15
	주부/무직/기타	(109)	2.7	7.3	8.3	24.6	22.5	13.6	20.9	18.4	24.6	56.9	4.81
고용 형태	상용직 임금근로자	(620)	2.7	2.7	6.8	23.4	21.8	23.2	19.4	12.2	23.4	64.4	5.06
	임시/일용/특수직 근로자	(97)	5.1	6.1	6.1	26.2	27.6	10.3	18.6	17.3	26.2	56.5	4.70
	자영업자/무급가족종사자	(58)	0.0	6.9	8.6	19.1	27.8	11.9	25.7	15.5	19.1	65.4	5.06
권역	도심권	(50)	3.5	2.0	8.0	25.0	29.6	16.7	15.2	13.5	25.0	61.5	4.86
	동북권	(295)	2.4	3.1	6.4	21.5	23.7	21.5	21.5	11.9	21.5	66.6	5.11
	서북권	(123)	4.2	4.0	9.6	25.3	17.2	20.1	19.6	17.8	25.3	57.0	4.86
	서남권	(329)	3.3	3.3	5.5	23.2	26.5	19.8	18.4	12.2	23.2	64.7	4.99
	동남권	(203)	1.0	5.4	7.9	23.1	22.2	20.3	20.1	14.3	23.1	62.6	5.01

[표 2-84] 해외에서 정착하여 일하는 것도 가능하다(미래) – 20~30대

구분		사례 수	① 전혀 그렇지 않다	②	③	④ 중간	⑤	⑥	⑦ 매우 그렇다	종합			[평균]
										그렇지 않다	중간	그렇다	
전체		(1,000)	2.8	3.0	7.1	21.5	20.0	19.6	26.1	12.9	21.5	65.6	5.16
성별	남성	(490)	2.9	3.8	8.3	24.0	23.6	17.6	19.7	15.1	24.0	60.9	4.93
	여성	(510)	2.7	2.2	5.9	19.0	16.5	21.6	32.2	10.8	19.0	70.2	5.38
연령	20대	(498)	3.5	3.0	7.3	21.7	20.0	17.1	27.4	13.8	21.7	64.5	5.13
	30대	(502)	2.2	3.0	6.8	21.3	19.9	22.1	24.7	12.0	21.3	66.7	5.19
학력	고졸 이하	(97)	2.1	3.1	9.4	26.5	23.6	12.4	22.9	14.5	26.5	58.9	4.95
	대재	(127)	1.5	4.6	13.1	24.1	21.4	14.7	20.4	19.3	24.1	56.6	4.85
	대졸	(677)	3.4	2.5	5.5	20.4	18.9	21.6	27.8	11.3	20.4	68.3	5.25
	대학원 이상	(99)	1.8	4.0	7.9	20.8	22.1	19.1	24.2	13.7	20.8	65.4	5.11
가구 소득	200만 원 미만	(102)	5.6	2.0	8.7	19.4	18.5	19.0	26.9	16.3	19.4	64.4	5.08
	200~300만 원 미만	(148)	1.4	5.3	8.6	23.9	18.4	15.3	27.0	15.3	23.9	60.8	5.07
	300~500만 원 미만	(287)	3.1	1.4	5.9	24.3	22.0	20.9	22.3	10.4	24.3	65.3	5.13
	500~700만 원 미만	(196)	2.5	4.5	8.2	22.9	20.0	19.7	22.1	15.2	22.9	61.9	5.01
	700만 원 이상	(267)	2.5	2.6	6.0	16.9	19.1	20.7	32.1	11.2	16.9	71.9	5.38
혼인 상태	기혼	(220)	2.2	3.6	7.2	22.9	19.1	21.8	23.2	13.0	22.9	64.1	5.11
	미혼	(745)	3.1	2.5	6.3	20.7	20.4	19.7	27.3	11.9	20.7	67.4	5.21
	동거/사별/이혼/별거	(35)	2.6	8.6	22.7	28.5	17.2	2.9	17.6	33.9	28.5	37.7	4.28

[표 2-84] 해외에서 정착하여 일하는 것도 가능하다(미래) – 20~30대(계속)

구분		사례 수	① 전혀 그렇지 않다	②	③	④ 중간	⑤	⑥	⑦ 매우 그렇다	종합			[평균]
										그렇지 않다	중간	그렇다	
전체		(1,000)	2.8	3.0	7.1	21.5	20.0	19.6	26.1	12.9	21.5	65.6	5.16
가구원 수	1인	(218)	2.8	1.3	8.1	19.2	17.8	23.4	27.4	12.2	19.2	68.6	5.28
	2인	(159)	1.9	3.1	4.9	29.2	22.6	18.1	20.2	10.0	29.2	60.8	5.02
	3인	(290)	4.1	2.8	6.2	22.0	17.9	20.8	26.3	13.0	22.0	65.0	5.14
	4인 이상	(333)	2.3	4.2	8.2	18.8	21.9	16.9	27.8	14.6	18.8	66.6	5.16
이념 성향	진보	(231)	2.5	3.5	5.2	17.3	14.3	23.9	33.3	11.2	17.3	71.5	5.42
	중도	(429)	3.2	2.1	6.7	22.9	21.9	17.2	26.0	12.0	22.9	65.1	5.14
	보수	(341)	2.6	3.8	8.7	22.6	21.3	19.8	21.2	15.2	22.6	62.3	5.00
직업	화이트칼라	(644)	2.7	2.8	5.8	20.8	19.9	20.5	27.5	11.3	20.8	67.9	5.24
	블루칼라	(141)	5.6	3.5	14.2	27.8	19.3	14.8	14.8	23.3	27.8	48.9	4.55
	학생	(106)	0.9	3.8	2.7	19.5	23.2	20.5	29.4	7.5	19.5	73.0	5.39
	주부/무직/기타	(109)	1.8	2.7	9.3	19.1	18.3	19.6	29.1	13.8	19.1	67.0	5.25
고용 형태	상용직 임금근로자	(620)	2.6	2.5	5.6	21.1	20.2	21.0	27.0	10.8	21.1	68.1	5.24
	임시/일용/특수직 근로자	(97)	4.1	3.1	16.1	26.3	18.4	14.4	17.6	23.3	26.3	50.4	4.65
	자영업자/ 무급가족종사자	(58)	6.7	6.9	12.1	24.0	19.2	13.8	17.3	25.7	24.0	50.3	4.53
권역	도심권	(50)	3.1	4.0	7.6	25.5	21.0	19.2	19.6	14.7	25.5	59.8	4.93
	동북권	(295)	1.7	2.4	7.8	18.3	22.1	20.1	27.6	11.9	18.3	69.8	5.28
	서북권	(123)	5.0	2.4	5.5	26.7	21.4	15.4	23.5	12.9	26.7	60.4	4.98
	서남권	(329)	3.6	2.7	6.7	20.5	19.3	22.5	24.8	12.9	20.5	66.6	5.16
	동남권	(203)	1.9	4.4	7.4	23.6	16.9	16.8	29.0	13.8	23.6	62.6	5.15

[표 2-85] 해외에서 정착하여 일하는 것도 가능하다(현재) - 40~50대

구분		사례 수	① 전혀 그렇지 않다	②	③	④ 중간	⑤	⑥	⑦ 매우 그렇다	종합			[평균]
										그렇지 않다	중간	그렇다	
전체		(500)	3.2	4.4	4.0	28.4	24.2	21.6	14.2	11.6	28.4	60.0	4.88
성별	남성	(247)	2.4	4.0	5.3	28.7	27.1	20.2	12.1	11.7	28.7	59.5	4.83
	여성	(253)	4.0	4.7	2.8	28.1	21.3	22.9	16.2	11.5	28.1	60.5	4.92
연령	40대	(248)	1.2	4.4	2.4	28.6	25.0	23.8	14.5	8.1	28.6	63.3	5.01
	50대	(252)	5.2	4.4	5.6	28.2	23.4	19.4	13.9	15.1	28.2	56.7	4.74
학력	고졸 이하	(61)	11.5	8.2	4.9	29.5	16.4	23.0	6.6	24.6	29.5	45.9	4.26
	대재	(16)	6.3	6.3	6.3	25.0	12.5	25.0	18.8	18.8	25.0	56.3	4.81
	대졸	(365)	1.9	4.4	4.4	29.3	25.8	21.1	13.2	10.7	29.3	60.0	4.88
	대학원 이상	(58)	1.7	0.0	0.0	22.4	25.9	22.4	27.6	1.7	22.4	75.9	5.48
가구 소득	200만 원 미만	(45)	4.4	13.3	6.7	26.7	15.6	24.4	8.9	24.4	26.7	48.9	4.44
	200~300만 원 미만	(41)	9.8	4.9	4.9	39.0	12.2	17.1	12.2	19.5	39.0	41.5	4.39
	300~500만 원 미만	(125)	0.8	4.0	1.6	31.2	28.8	21.6	12.0	6.4	31.2	62.4	4.96
	500~700만 원 미만	(129)	4.7	2.3	6.2	27.1	24.8	18.6	16.3	13.2	27.1	59.7	4.86
	700만 원 이상	(160)	1.9	3.8	3.1	25.0	25.6	24.4	16.3	8.8	25.0	66.3	5.07
혼인 상태	기혼	(340)	2.9	3.5	3.5	26.5	26.2	21.8	15.6	10.0	26.5	63.5	4.97
	미혼	(127)	3.1	5.5	2.4	35.4	19.7	22.8	11.0	11.0	35.4	53.5	4.76
	동거/사별/이혼/별거	(33)	6.1	9.1	15.2	21.2	21.2	15.2	12.1	30.3	21.2	48.5	4.36

[표 2-85] 해외에서 정착하여 일하는 것도 가능하다(현재) - 40~50대(계속)

구분		사례 수	① 전혀 그렇지 않다	②	③	④ 중간	⑤	⑥	⑦ 매우 그렇다	종합			[평균]
										그렇지 않다	중간	그렇다	
전체		(500)	3.2	4.4	4.0	28.4	24.2	21.6	14.2	11.6	28.4	60.0	4.88
가구원 수	1인	(64)	3.1	6.3	3.1	39.1	12.5	26.6	9.4	12.5	39.1	48.4	4.69
	2인	(68)	2.9	5.9	4.4	30.9	23.5	20.6	11.8	13.2	30.9	55.9	4.75
	3인	(175)	2.9	4.0	3.4	23.4	26.3	21.7	18.3	10.3	23.4	66.3	5.05
	4인 이상	(193)	3.6	3.6	4.7	28.5	26.4	20.2	13.0	11.9	28.5	59.6	4.83
이념 성향	진보	(126)	4.0	6.3	4.8	33.3	18.3	15.9	17.5	15.1	33.3	51.6	4.73
	중도	(218)	1.8	4.6	2.8	27.5	23.9	23.4	16.1	9.2	27.5	63.3	5.01
	보수	(156)	4.5	2.6	5.1	25.6	29.5	23.7	9.0	12.2	25.6	62.2	4.80
직업	화이트칼라	(328)	2.4	4.0	4.6	29.0	22.9	22.6	14.6	11.0	29.0	60.1	4.92
	블루칼라	(61)	4.9	4.9	4.9	29.5	26.2	14.8	14.8	14.8	29.5	55.7	4.70
	주부/무직/기타	(111)	4.5	5.4	1.8	26.1	27.0	22.5	12.6	11.7	26.1	62.2	4.84
고용 형태	상용직 임금근로자	(314)	3.2	3.8	5.1	28.7	23.6	21.0	14.6	12.1	28.7	59.2	4.87
	임시/일용/특수직 근로자	(39)	2.6	7.7	5.1	25.6	17.9	20.5	20.5	15.4	25.6	59.0	4.92
	자영업자/ 무급가족종사자	(31)	0.0	3.2	0.0	35.5	32.3	22.6	6.5	3.2	35.5	61.3	4.90
권역	도심권	(25)	0.0	0.0	0.0	24.0	28.0	20.0	28.0	0.0	24.0	76.0	5.52
	동북권	(155)	3.9	3.9	4.5	29.7	20.0	23.9	14.2	12.3	29.7	58.1	4.86
	서북권	(60)	1.7	8.3	5.0	31.7	26.7	15.0	11.7	15.0	31.7	53.3	4.65
	서남권	(149)	3.4	4.0	4.0	25.5	28.2	20.8	14.1	11.4	25.5	63.1	4.90
	동남권	(111)	3.6	4.5	3.6	29.7	22.5	23.4	12.6	11.7	29.7	58.6	4.84

[표 2-86] 해외에서 정착하여 일하는 것도 가능하다(미래) - 40~50대

구분		사례 수	① 전혀 그렇지 않다	②	③	④ 중간	⑤	⑥	⑦ 매우 그렇다	종합			[평균]
										그렇지 않다	중간	그렇다	
전체		(500)	3.2	1.6	2.4	21.8	21.2	26.4	23.4	7.2	21.8	71.0	5.29
성별	남성	(247)	2.8	2.0	1.6	21.5	22.3	30.4	19.4	6.5	21.5	72.1	5.27
	여성	(253)	3.6	1.2	3.2	22.1	20.2	22.5	27.3	7.9	22.1	70.0	5.31
연령	40대	(248)	1.2	1.2	1.6	22.2	21.0	27.8	25.0	4.0	22.2	73.8	5.44
	50대	(252)	5.2	2.0	3.2	21.4	21.4	25.0	21.8	10.3	21.4	68.3	5.14
학력	고졸 이하	(61)	4.9	3.3	4.9	27.9	23.0	23.0	13.1	13.1	27.9	59.0	4.82
	대재	(16)	6.3	0.0	0.0	25.0	31.3	12.5	25.0	6.3	25.0	68.8	5.13
	대졸	(365)	3.3	1.6	2.5	22.2	21.4	27.9	21.1	7.4	22.2	70.4	5.25
	대학원 이상	(58)	0.0	0.0	0.0	12.1	15.5	24.1	48.3	0.0	12.1	87.9	6.09
가구 소득	200만 원 미만	(45)	4.4	6.7	6.7	33.3	13.3	8.9	26.7	17.8	33.3	48.9	4.78
	200~300만 원 미만	(41)	9.8	2.4	4.9	36.6	12.2	14.6	19.5	17.1	36.6	46.3	4.61
	300~500만 원 미만	(125)	1.6	0.0	0.8	21.6	28.8	28.0	19.2	2.4	21.6	76.0	5.37
	500~700만 원 미만	(129)	3.9	1.6	3.1	21.7	19.4	27.9	22.5	8.5	21.7	69.8	5.25
	700만 원 이상	(160)	1.9	1.3	1.3	15.0	21.3	31.9	27.5	4.4	15.0	80.6	5.58
혼인 상태	기혼	(340)	2.6	0.9	2.1	18.8	22.4	29.4	23.8	5.6	18.8	75.6	5.41
	미혼	(127)	3.1	2.4	2.4	29.1	15.7	22.0	25.2	7.9	29.1	63.0	5.19
	동거/사별/이혼/별거	(33)	9.1	6.1	6.1	24.2	30.3	12.1	12.1	21.2	24.2	54.5	4.45

[표 2-86] 해외에서 정착하여 일하는 것도 가능하다(미래) – 40~50대(계속)

구분		사례 수	① 전혀 그렇지 않다	②	③	④ 중간	⑤	⑥	⑦ 매우 그렇다	종합			[평균]
										그렇지 않다	중간	그렇다	
전체		(500)	3.2	1.6	2.4	21.8	21.2	26.4	23.4	7.2	21.8	71.0	5.29
가구원 수	1인	(64)	4.7	1.6	0.0	35.9	12.5	20.3	25.0	6.3	35.9	57.8	5.11
	2인	(68)	2.9	2.9	2.9	20.6	29.4	20.6	20.6	8.8	20.6	70.6	5.15
	3인	(175)	2.9	0.6	3.4	20.6	17.1	28.0	27.4	6.9	20.6	72.6	5.42
	4인 이상	(193)	3.1	2.1	2.1	18.7	24.9	29.0	20.2	7.3	18.7	74.1	5.28
이념 성향	진보	(126)	4.8	1.6	3.2	23.8	15.9	22.2	28.6	9.5	23.8	66.7	5.25
	중도	(218)	2.3	2.3	2.3	19.7	22.0	28.0	23.4	6.9	19.7	73.4	5.34
	보수	(156)	3.2	0.6	1.9	23.1	24.4	27.6	19.2	5.8	23.1	71.2	5.24
직업	화이트칼라	(328)	3.0	1.2	0.9	21.3	22.9	27.1	23.5	5.2	21.3	73.5	5.35
	블루칼라	(61)	4.9	3.3	4.9	24.6	9.8	29.5	23.0	13.1	24.6	62.3	5.11
	주부/무직/기타	(111)	2.7	1.8	5.4	21.6	22.5	22.5	23.4	9.9	21.6	68.5	5.21
고용 형태	상용직 임금근로자	(314)	3.8	1.0	1.3	20.4	21.3	29.3	22.9	6.1	20.4	73.6	5.34
	임시/일용/특수직 근로자	(39)	2.6	5.1	5.1	23.1	15.4	10.3	38.5	12.8	23.1	64.1	5.28
	자영업자/ 무급가족종사자	(31)	0.0	3.2	0.0	35.5	19.4	32.3	9.7	3.2	35.5	61.3	5.06
권역	도심권	(25)	0.0	0.0	0.0	24.0	24.0	16.0	36.0	0.0	24.0	76.0	5.64
	동북권	(155)	3.9	1.9	3.2	19.4	22.6	24.5	24.5	9.0	19.4	71.6	5.26
	서북권	(60)	3.3	3.3	1.7	21.7	18.3	31.7	20.0	8.3	21.7	70.0	5.23
	서남권	(149)	2.7	1.3	2.7	21.5	18.1	30.9	22.8	6.7	21.5	71.8	5.35
	동남권	(111)	3.6	0.9	1.8	25.2	24.3	22.5	21.6	6.3	25.2	68.5	5.20

일과 여가를 대하는 태도

◈ 20~30대

20~30대의 일과 여가를 대하는 태도는 조사 결과 '일과 여가를 비슷한 비중으로 두고 싶다' 응답이 39.4%로 가장 높고, 그다음으로는 '일은 가급적 빨리 정리하고, 여가를 더 즐기고 싶다'(33.6%), '일이 중심이고, 여유가 날 때 여가를 즐기고 싶다'(16.3%) 순으로 나타남

[그림 2-61] 일과 여가를 대하는 태도 – 20~30대

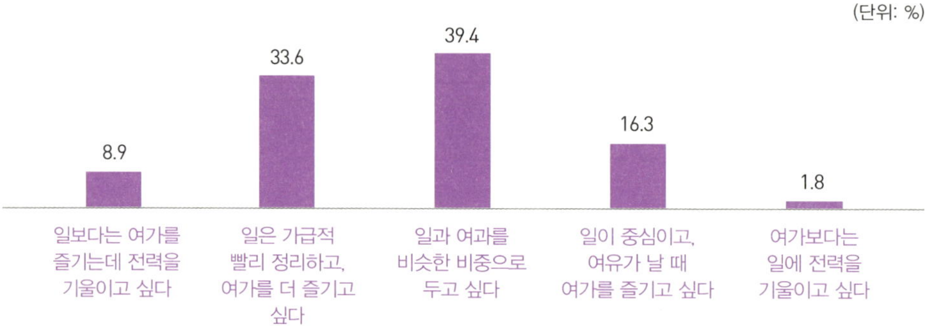

'일과 여가를 비슷한 비중으로 두고 싶다'에 대한 상세분석 결과, 성별로는 남성(39.7%)에서 높게 나타났고 연령별로는 20대(40.0%), 학력별로는 대재(전문대/대학교)(45.0%), 가구 소득별로는 200만 원 미만(45.1%), 혼인상태별로는 미혼(39.9%), 가구원 수별로는 2인(46.0%), 이념 성향별로는 중도(42.8%), 직업별로는 학생(46.9%), 고용형태별로는 자영업자/무급가족종사자(41.6%), 권역별로는 도심권(42.7%), 동남권(42.6%)에서 높게 나타남

◈ 40~50대

40~50대는 '일과 여가를 비슷한 비중으로 두고 싶다' 응답이 48.0%로 가장 높고, 그다음으로는 '일은 가급적 빨리 정리하고, 여가를 더 즐기고 싶다'(27.2%), '일이 중심이고, 여유가 날 때 여가를 즐기고 싶다'(16.6%) 순으로 나타남

[그림 2-62] 일과 여가를 대하는 태도 - 40~50대

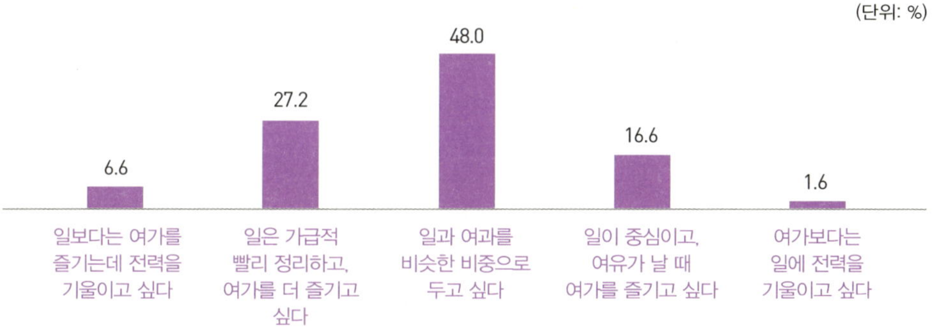

'일과 여가를 비슷한 비중으로 두고 싶다'에 대한 상세분석 결과, 성별로는 남성(48.6%)에서 높게 나타났고 연령별로는 50대(53.2%), 학력별로는 고졸 이하(57.4%), 가구 소득별로는 500~700만 원 미만(51.9%), 700만 원 이상(51.3%), 혼인상태별로는 기혼(50.6%), 가구원 수별로는 4인 이상(50.8%), 3인(49.7%), 이념 성향별로는 진보(50.8%), 중도(48.6%), 직업별로는 주부/무직/기타(54.1%), 고용형태별로는 자영업자/무급가족종사자(48.4%), 권역별로는 서북권(56.7%)에서 높게 나타남

[표 2-87] 일과 여가를 대하는 태도 – 20~30대

구분		사례 수	일보다는 여가를 즐기는데 전력을 기울이고 싶다	일은 가급적 빨리 정리하고, 여가를 더 즐기고 싶다	일과 여가를 비슷한 비중으로 두고 싶다	일이 중심이고, 여유가 날 때 여가를 즐기고 싶다	여가보다는 일에 전력을 기울이고 싶다	계
전체		(1,000)	8.9	33.6	39.4	16.3	1.8	100.0
성별	남성	(490)	8.6	30.8	39.7	18.7	2.2	100.0
	여성	(510)	9.2	36.3	39.2	13.9	1.4	100.0
연령	20대	(498)	9.5	31.3	40.0	17.2	2.0	100.0
	30대	(502)	8.4	35.9	38.8	15.3	1.6	100.0
학력	고졸 이하	(97)	9.2	35.5	37.8	13.4	4.1	100.0
	대재	(127)	6.3	25.0	45.0	22.1	1.6	100.0
	대졸	(677)	9.0	36.9	38.3	14.6	1.2	100.0
	대학원 이상	(99)	11.3	20.1	41.9	22.7	4.0	100.0
가구 소득	200만 원 미만	(102)	9.7	22.7	45.1	14.9	7.7	100.0
	200~300만 원 미만	(148)	4.7	35.7	40.8	17.4	1.3	100.0
	300~500만 원 미만	(287)	9.1	38.8	35.5	15.6	1.0	100.0
	500~700만 원 미만	(196)	11.2	30.4	39.8	18.1	0.5	100.0
	700만 원 이상	(267)	9.1	33.4	40.5	15.5	1.5	100.0
혼인 상태	기혼	(220)	8.6	33.6	38.9	17.1	1.8	100.0
	미혼	(745)	9.3	34.1	39.9	15.2	1.6	100.0
	동거/사별/이혼/별거	(35)	2.9	23.3	33.9	34.2	5.7	100.0

[표 2-87] 일과 여가를 대하는 태도 - 20~30대(계속)

구분		사례 수	일보다는 여가를 즐기는데 전력을 기울이고 싶다	일은 가급적 빨리 정리하고, 여가를 더 즐기고 싶다	일과 여가를 비슷한 비중으로 두고 싶다	일이 중심이고, 여유가 날 때 여가를 즐기고 싶다	여가보다는 일에 전력을 기울이고 싶다	계
전체		(1,000)	8.9	33.6	39.4	16.3	1.8	100.0
가구원 수	1인	(218)	7.3	32.5	40.2	18.2	1.9	100.0
	2인	(159)	7.0	30.8	46.0	13.7	2.5	100.0
	3인	(290)	10.4	40.3	34.8	13.2	1.4	100.0
	4인 이상	(333)	9.6	29.9	39.9	18.9	1.7	100.0
이념 성향	진보	(231)	13.4	37.2	35.6	12.9	0.9	100.0
	중도	(429)	6.5	34.8	42.8	14.4	1.6	100.0
	보수	(341)	8.9	29.7	37.9	20.9	2.7	100.0
직업	화이트칼라	(644)	9.1	36.5	38.2	14.5	1.7	100.0
	블루칼라	(141)	9.1	32.5	35.9	21.1	1.4	100.0
	학생	(106)	7.6	22.4	46.9	22.2	0.9	100.0
	주부/무직/기타	(109)	9.1	28.5	44.3	14.4	3.7	100.0
고용 형태	상용직 임금근로자	(620)	10.2	37.4	37.7	13.5	1.2	100.0
	임시/일용/특수직 근로자	(97)	7.3	37.0	35.1	19.5	1.1	100.0
	자영업자/ 무급가족종사자	(58)	1.7	17.3	41.6	32.5	6.9	100.0
권역	도심권	(50)	10.0	26.7	42.7	15.1	5.5	100.0
	동북권	(295)	7.8	30.2	40.1	20.9	1.0	100.0
	서북권	(123)	8.1	41.2	35.4	15.4	0.0	100.0
	서남권	(329)	11.6	35.9	38.0	12.4	2.2	100.0
	동남권	(203)	6.5	31.9	42.6	16.5	2.5	100.0

[표 2-88] 일과 여가를 대하는 태도 – 40~50대

구분		사례 수	일보다는 여가를 즐기는데 전력을 기울이고 싶다	일은 가급적 빨리 정리하고, 여가를 더 즐기고 싶다	일과 여가를 비슷한 비중으로 두고 싶다	일이 중심이고, 여유가 날 때 여가를 즐기고 싶다	여가보다는 일에 전력을 기울이고 싶다	계
전체		(500)	6.6	27.2	48.0	16.6	1.6	100.0
성별	남성	(247)	4.5	27.1	48.6	18.2	1.6	100.0
	여성	(253)	8.7	27.3	47.4	15.0	1.6	100.0
연령	40대	(248)	8.1	33.1	42.7	14.5	1.6	100.0
	50대	(252)	5.2	21.4	53.2	18.7	1.6	100.0
학력	고졸 이하	(61)	3.3	23.0	57.4	16.4	0.0	100.0
	대재	(16)	12.5	31.3	37.5	6.3	12.5	100.0
	대졸	(365)	6.8	28.8	47.1	16.2	1.1	100.0
	대학원 이상	(58)	6.9	20.7	46.6	22.4	3.4	100.0
가구 소득	200만 원 미만	(45)	13.3	22.2	44.4	17.8	2.2	100.0
	200~300만 원 미만	(41)	4.9	39.0	36.6	19.5	0.0	100.0
	300~500만 원 미만	(125)	8.8	32.0	44.8	12.8	1.6	100.0
	500~700만 원 미만	(129)	7.0	21.7	51.9	17.1	2.3	100.0
	700만 원 이상	(160)	3.1	26.3	51.3	18.1	1.3	100.0
혼인 상태	기혼	(340)	7.4	24.4	50.6	16.2	1.5	100.0
	미혼	(127)	4.7	34.6	44.9	15.7	0.0	100.0
	동거/사별/이혼/별거	(33)	6.1	27.3	33.3	24.2	9.1	100.0

[표 2-88] 일과 여가를 대하는 태도 – 40~50대(계속)

구분		사례 수	일보다는 여가를 즐기는데 전력을 기울이고 싶다	일은 가급적 빨리 정리하고, 여가를 더 즐기고 싶다	일과 여가를 비슷한 비중으로 두고 싶다	일이 중심이고, 여유가 날 때 여가를 즐기고 싶다	여가보다는 일에 전력을 기울이고 싶다	계
전체		(500)	6.6	27.2	48.0	16.6	1.6	100.0
가구원 수	1인	(64)	7.8	29.7	42.2	17.2	3.1	100.0
	2인	(68)	7.4	36.8	41.2	11.8	2.9	100.0
	3인	(175)	5.7	24.6	49.7	18.3	1.7	100.0
	4인 이상	(193)	6.7	25.4	50.8	16.6	0.5	100.0
이념 성향	진보	(126)	4.0	34.1	50.8	10.3	0.8	100.0
	중도	(218)	8.7	25.7	48.6	15.1	1.8	100.0
	보수	(156)	5.8	23.7	44.9	23.7	1.9	100.0
직업	화이트칼라	(328)	5.8	29.6	46.6	15.9	2.1	100.0
	블루칼라	(61)	4.9	26.2	44.3	23.0	1.6	100.0
	주부/무직/기타	(111)	9.9	20.7	54.1	15.3	0.0	100.0
고용 형태	상용직 임금근로자	(314)	5.7	30.6	47.5	15.0	1.3	100.0
	임시/일용/특수직 근로자	(39)	10.3	23.1	38.5	25.6	2.6	100.0
	자영업자/ 무급가족종사자	(31)	0.0	22.6	48.4	22.6	6.5	100.0
권역	도심권	(25)	4.0	28.0	48.0	12.0	8.0	100.0
	동북권	(155)	5.8	29.7	49.7	14.8	0.0	100.0
	서북권	(60)	8.3	16.7	56.7	18.3	0.0	100.0
	서남권	(149)	4.0	28.2	45.0	20.8	2.0	100.0
	동남권	(111)	10.8	27.9	45.0	13.5	2.7	100.0

3) 노후준비

노후에 대한 불안 정도

◈ 20~30대

20~30대는 노후에 대해 막연히 혹은 실질적으로 '불안하다(매우 불안하다+약간 불안한 편이다)'라고 응답한 비율은 63.6%, '불안하지 않다(전혀 불안하지 않다+별로 불안하지 않은 편이다)'라고 응답한 비율은 10.0%로 나타남. 5점 만점 기준으로는 3.68점으로 나타남

[그림 2-63] 노후에 대한 불안 정도 – 20~30대

(단위: %)

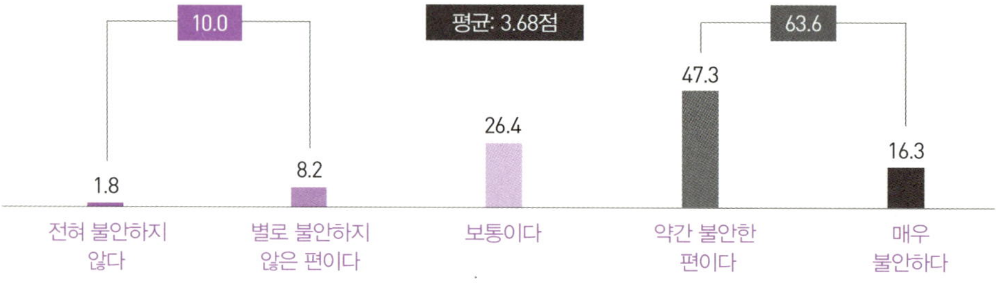

5점 평균을 상세분석한 결과, 성별로는 여성(3.72점)에서 높게 나타났고 연령별로는 30대(3.76점), 학력별로는 대졸(전문대/대학교 졸업)(3.73점), 고졸 이하(3.71점), 가구 소득별로는 200~300만 원 미만(3.77점), 300~500만 원 미만(3.75점), 혼인상태별로는 미혼(3.69점), 가구원 수별로는 1인(3.74점), 이념 성향별로는 진보(3.75점), 중도(3.71점), 직업별로는 주부/무직/기타(3.84점), 블루칼라(3.71점), 고용형태별로는 임시/일용/특수직 근로자(3.73점), 상용직 임금근로자(3.70점), 권역별로는 서남권(3.73점), 동북권(3.69점)에서 높게 나타남

◈ 40~50대

40~50대는 '불안하다(매우 불안하다+약간 불안한 편이다)'라고 응답한 비율은 65.2%, '불안하지 않다(전혀 불안하지 않다+별로 불안하지 않은 편이다)'라고 응답한 비율은 5.8%로 나타남. 5점 만점 기준으로는 3.77점으로 나타남

[그림 2-64] 노후에 대한 불안 정도 – 40~50대

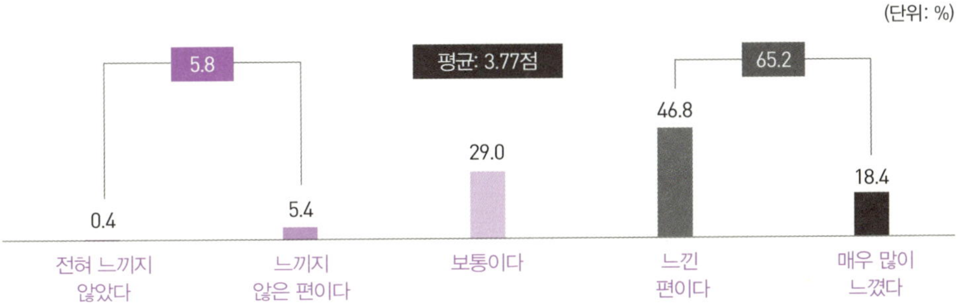

5점 평균을 상세분석한 결과, 성별로는 여성(3.83점)에서 높게 나타났고 연령별로는 40대(3.81점), 학력별로는 고졸 이하(3.95점), 대졸(전문대/대학교 졸업)(3.79점), 가구 소득별로는 200만 원 미만(3.98점), 300~500만 원 미만(3.90점), 혼인상태별로는 동거/사별/이혼/별거(3.97점), 미혼(3.91점), 가구원 수별로는 1인(3.94점), 2인(3.93점), 이념 성향별로는 중도(3.79점), 진보(3.78점), 직업별로는 블루칼라(3.89점), 주부/무직/기타(3.78점), 고용형태별로는 임시/일용/특수직 근로자(4.21점), 권역별로는 서북권(3.88점), 동남권(3.84점)에서 높게 나타남

[표 2-89] 노후에 대한 불안 정도 - 20~30대

구분		사례 수	① 전혀 불안 하지 않다	② 별로 불안 하지 않은 편이다	③ 보통 이다	④ 약간 불안한 편이다	⑤ 매우 불안 하다	종합			[평균]
								불안 하지 않다	보통 이다	불안 하다	
전체		(1,000)	1.8	8.2	26.4	47.3	16.3	10.0	26.4	63.6	3.68
성별	남성	(490)	1.7	8.9	27.8	47.4	14.3	10.6	27.8	61.7	3.64
	여성	(510)	2.0	7.5	25.1	47.3	18.2	9.4	25.1	65.5	3.72
연령	20대	(498)	1.8	8.3	29.9	47.2	12.7	10.2	29.9	59.9	3.61
	30대	(502)	1.8	8.0	22.9	47.4	19.9	9.8	22.9	67.3	3.76
학력	고졸 이하	(97)	2.1	7.2	21.6	55.7	13.5	9.3	21.6	69.2	3.71
	대재	(127)	1.7	7.6	39.2	39.6	11.9	9.3	39.2	51.5	3.52
	대졸	(677)	1.6	7.2	25.1	48.5	17.6	8.8	25.1	66.1	3.73
	대학원 이상	(99)	3.0	16.2	23.7	41.1	16.0	19.2	23.7	57.1	3.51
가구 소득	200만 원 미만	(102)	4.0	9.5	23.3	46.7	16.5	13.6	23.3	63.1	3.62
	200~300만 원 미만	(148)	0.7	5.3	31.4	41.6	21.0	6.0	31.4	62.6	3.77
	300~500만 원 미만	(287)	1.4	7.0	23.2	51.7	16.8	8.4	23.2	68.4	3.75
	500~700만 원 미만	(196)	2.0	4.6	25.6	52.8	14.8	6.7	25.6	67.7	3.74
	700만 원 이상	(267)	1.9	13.1	28.8	42.0	14.3	15.0	28.8	56.2	3.54
혼인 상태	기혼	(220)	1.4	8.2	25.1	53.5	11.8	9.6	25.1	65.3	3.66
	미혼	(745)	1.9	8.4	26.2	45.9	17.6	10.3	26.2	63.6	3.69
	동거/사별/이혼/별거	(35)	2.9	2.9	39.6	37.4	17.2	5.7	39.6	54.6	3.63

[표 2-89] 노후에 대한 불안 정도 – 20~30대(계속)

구분		사례 수	① 전혀 불안하지 않다	② 별로 불안하지 않은 편이다	③ 보통이다	④ 약간 불안한 편이다	⑤ 매우 불안하다	종합			[평균]
								불안하지 않다	보통이다	불안하다	
전체		(1,000)	1.8	8.2	26.4	47.3	16.3	10.0	26.4	63.6	3.68
가구원 수	1인	(218)	2.8	6.0	24.7	47.6	18.9	8.8	24.7	66.4	3.74
	2인	(159)	3.1	6.4	29.9	46.7	13.9	9.5	29.9	60.6	3.62
	3인	(290)	1.0	9.0	24.4	52.1	13.5	10.0	24.4	65.6	3.68
	4인 이상	(333)	1.2	9.7	27.5	43.2	18.3	10.9	27.5	61.5	3.68
이념 성향	진보	(231)	0.4	10.0	22.5	48.4	18.7	10.4	22.5	67.1	3.75
	중도	(429)	1.6	5.7	31.4	42.9	18.4	7.4	31.4	61.3	3.71
	보수	(341)	3.0	10.0	22.8	52.1	12.1	13.0	22.8	64.2	3.60
직업	화이트칼라	(644)	1.7	8.8	25.5	48.5	15.4	10.5	25.5	63.9	3.67
	블루칼라	(141)	1.4	5.0	30.2	48.6	14.9	6.4	30.2	63.5	3.71
	학생	(106)	2.0	12.2	25.6	48.9	11.3	14.2	25.6	60.2	3.55
	주부/무직/기타	(109)	2.7	4.4	27.4	37.0	28.4	7.2	27.4	65.4	3.84
고용 형태	상용직 임금근로자	(620)	1.5	7.7	24.9	51.4	14.5	9.1	24.9	65.9	3.70
	임시/일용/특수직 근로자	(97)	1.0	7.3	31.1	38.9	21.7	8.3	31.1	60.6	3.73
	자영업자/무급가족종사자	(58)	5.2	13.8	31.1	36.1	13.8	19.0	31.1	49.9	3.40
권역	도심권	(50)	4.0	9.5	20.7	46.3	19.5	13.5	20.7	65.8	3.68
	동북권	(295)	2.0	8.8	26.1	44.4	18.6	10.8	26.1	63.1	3.69
	서북권	(123)	2.6	7.2	23.4	52.9	13.9	9.7	23.4	66.8	3.68
	서남권	(329)	0.6	6.3	27.3	51.1	14.7	6.9	27.3	65.8	3.73
	동남권	(203)	2.5	10.4	28.6	42.3	16.3	12.9	28.6	58.5	3.59

[표 2-90] 노후에 대한 불안 정도 – 40~50대

구분		사례 수	① 전혀 불안하지 않다	② 별로 불안하지 않은 편이다	③ 보통이다	④ 약간 불안한 편이다	⑤ 매우 불안하다	종합			[평균]
								불안하지 않다	보통이다	불안하다	
전체		(500)	0.4	5.4	29.0	46.8	18.4	5.8	29.0	65.2	3.77
성별	남성	(247)	0.4	5.3	31.6	48.2	14.6	5.7	31.6	62.8	3.71
	여성	(253)	0.4	5.5	26.5	45.5	22.1	5.9	26.5	67.6	3.83
연령	40대	(248)	0.0	3.2	31.0	47.6	18.1	3.2	31.0	65.7	3.81
	50대	(252)	0.8	7.5	27.0	46.0	18.7	8.3	27.0	64.7	3.74
학력	고졸 이하	(61)	0.0	1.6	31.1	37.7	29.5	1.6	31.1	67.2	3.95
	대재	(16)	0.0	6.3	37.5	43.8	12.5	6.3	37.5	56.3	3.63
	대졸	(365)	0.3	5.2	27.9	48.5	18.1	5.5	27.9	66.6	3.79
	대학원 이상	(58)	1.7	10.3	31.0	46.6	10.3	12.1	31.0	56.9	3.53
가구 소득	200만 원 미만	(45)	0.0	4.4	28.9	31.1	35.6	4.4	28.9	66.7	3.98
	200~300만 원 미만	(41)	2.4	4.9	29.3	29.3	34.1	7.3	29.3	63.4	3.88
	300~500만 원 미만	(125)	0.0	0.0	31.2	48.0	20.8	0.0	31.2	68.8	3.90
	500~700만 원 미만	(129)	0.0	7.8	24.0	51.2	17.1	7.8	24.0	68.2	3.78
	700만 원 이상	(160)	0.6	8.1	31.3	51.3	8.8	8.8	31.3	60.0	3.59
혼인 상태	기혼	(340)	0.3	6.8	29.1	50.0	13.8	7.1	29.1	63.8	3.70
	미혼	(127)	0.8	2.4	28.3	41.7	26.8	3.1	28.3	68.5	3.91
	동거/사별/이혼/별거	(33)	0.0	3.0	30.3	33.3	33.3	3.0	30.3	66.7	3.97

[표 2-90] 노후에 대한 불안 정도 – 40~50대(계속)

구분		사례 수	① 전혀 불안 하지 않다	② 별로 불안 하지 않은 편이다	③ 보통 이다	④ 약간 불안한 편이다	⑤ 매우 불안 하다	종합			[평균]
								불안 하지 않다	보통 이다	불안 하다	
전체		(500)	0.4	5.4	29.0	46.8	18.4	5.8	29.0	65.2	3.77
가구원 수	1인	(64)	0.0	0.0	28.1	50.0	21.9	0.0	28.1	71.9	3.94
	2인	(68)	1.5	5.9	22.1	39.7	30.9	7.4	22.1	70.6	3.93
	3인	(175)	0.0	6.3	27.4	47.4	18.9	6.3	27.4	66.3	3.79
	4인 이상	(193)	0.5	6.2	33.2	47.7	12.4	6.7	33.2	60.1	3.65
이념 성향	진보	(126)	0.0	7.9	27.8	42.9	21.4	7.9	27.8	64.3	3.78
	중도	(218)	0.9	3.7	31.2	43.6	20.6	4.6	31.2	64.2	3.79
	보수	(156)	0.0	5.8	26.9	54.5	12.8	5.8	26.9	67.3	3.74
직업	화이트칼라	(328)	0.6	4.3	28.7	52.4	14.0	4.9	28.7	66.5	3.75
	블루칼라	(61)	0.0	6.6	29.5	32.8	31.1	6.6	29.5	63.9	3.89
	주부/무직/기타	(111)	0.0	8.1	29.7	37.8	24.3	8.1	29.7	62.2	3.78
고용 형태	상용직 임금근로자	(314)	0.6	5.1	30.3	50.6	13.4	5.7	30.3	64.0	3.71
	임시/일용/특수지 근로자	(39)	0.0	2.6	17.9	35.9	43.6	2.6	17.9	79.5	4.21
	자영업자/ 무급가족종사자	(31)	0.0	3.2	29.0	48.4	19.4	3.2	29.0	67.7	3.84
권역	도심권	(25)	0.0	12.0	40.0	36.0	12.0	12.0	40.0	48.0	3.48
	동북권	(155)	0.0	7.7	26.5	47.1	18.7	7.7	26.5	65.8	3.77
	서북권	(60)	1.7	0.0	33.3	38.3	26.7	1.7	33.3	65.0	3.88
	서남권	(149)	0.7	6.0	29.5	46.3	17.4	6.7	29.5	63.8	3.74
	동남권	(111)	0.0	2.7	27.0	54.1	16.2	2.7	27.0	70.3	3.84

부모 부양에 대한 견해

◈ 20~30대

20~30대는 부모 부양에 대한 조사 결과 '가족, 정부, 사회가 함께' 돌보아야 한다는 응답이 56.6%로 가장 높고, 그다음으로는 '가족'(24.4%), '부모님 스스로 해결'(14.6%) 순으로 나타남

[그림 2-65] 부모 부양에 대한 견해 – 20~30대

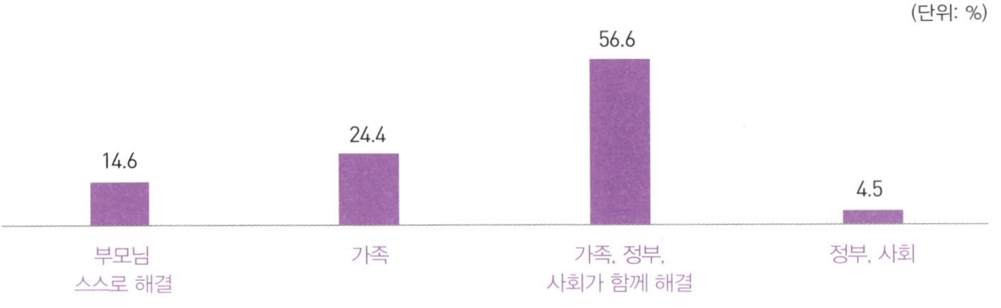

'가족, 정부, 사회가 함께'에 대한 상세분석 결과, 성별로는 여성(59.6%)에서 높게 나타났고 연령별로는 20대(59.0%), 학력별로는 대재(전문대/대학교)(65.2%), 가구 소득별로는 500~700만 원 미만(66.7%), 혼인상태별로는 동거/사별/이혼/별거(79.9%), 가구원 수별로는 2인(61.7%), 4인 이상(58.8%), 이념 성향별로는 진보(61.9%), 직업별로는 블루칼라(61.1%), 주부/무직/기타(60.1%), 고용형태별로는 임시/일용/특수직 근로자(60.8%), 권역별로는 동북권(59.9%), 도심권(57.4%)에서 높게 나타남

◈ 40~50대

40~50대는 '가족, 정부, 사회가 함께' 응답이 55.4%로 가장 높고, 그다음으로는 '가족'(20.0%), '부모님 스스로 해결'(18.8%) 순으로 나타남

[그림 2-66] 부모 부양에 대한 견해 - 40~50대

(단위: %)

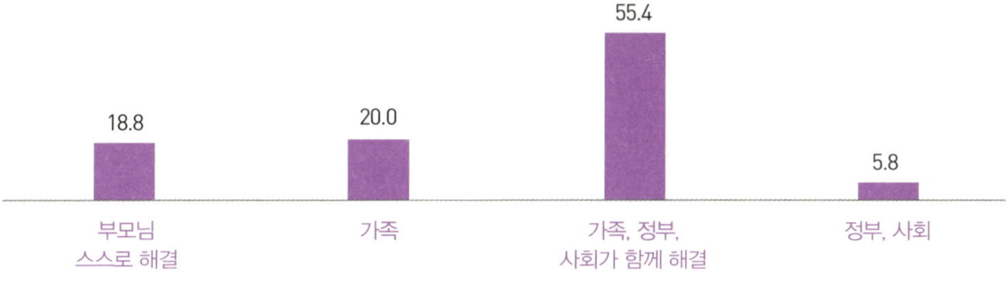

'가족, 정부, 사회가 함께'에 대한 상세분석 결과, 성별로는 남성(56.7%)에서 높게 나타났고 연령별로는 40대(56.0%), 학력별로는 대졸(전문대/대학교 졸업)(57.0%), 고졸 이하(55.7%), 가구 소득별로는 200만 원 미만(60.0%), 500~700만 원 미만(57.4%), 혼인상태별로는 미혼(63.8%), 가구원 수별로는 1인(60.9%), 3인(59.4%), 이념 성향별로는 진보(65.1%), 직업별로는 화이트칼라(56.4%), 고용형태별로는 임시/일용/특수직 근로자(61.5%), 권역별로는 동북권(58.7%), 서남권(56.4%)에서 높게 나타남

[표 2-91] 부모 부양에 대한 견해 – 20~30대

구분		사례 수	부모님 스스로 해결	가족	가족, 정부, 사회가 함께	정부, 사회	계
전체		(1,000)	14.6	24.4	56.6	4.5	100.0
성별	남성	(490)	13.4	28.7	53.4	4.5	100.0
	여성	(510)	15.7	20.2	59.6	4.5	100.0
연령	20대	(498)	13.6	23.4	59.0	4.0	100.0
	30대	(502)	15.5	25.3	54.2	5.0	100.0
학력	고졸 이하	(97)	10.7	25.4	58.7	5.2	100.0
	대재	(127)	9.5	22.1	65.2	3.2	100.0
	대졸	(677)	15.8	24.0	56.0	4.3	100.0
	대학원 이상	(99)	16.3	29.0	47.6	7.1	100.0
가구 소득	200만 원 미만	(102)	11.7	32.2	49.3	6.8	100.0
	200~300만 원 미만	(148)	16.2	24.3	55.5	4.0	100.0
	300~500만 원 미만	(287)	13.1	26.0	56.4	4.5	100.0
	500~700만 원 미만	(196)	10.7	20.5	66.7	2.0	100.0
	700만 원 이상	(267)	19.2	22.5	52.7	5.7	100.0
혼인 상태	기혼	(220)	19.5	28.0	47.5	5.0	100.0
	미혼	(745)	13.6	23.7	58.2	4.4	100.0
	동거/사별/이혼/별거	(35)	2.9	14.4	79.9	2.9	100.0

[표 2-91] 부모 부양에 대한 견해 – 20~30대 (계속)

구분		사례 수	부모님 스스로 해결	가족	가족, 정부, 사회가 함께	정부, 사회	계
전체		(1,000)	14.6	24.4	56.6	4.5	100.0
가구원 수	1인	(218)	17.2	23.7	53.2	5.9	100.0
	2인	(159)	7.6	26.3	61.7	4.4	100.0
	3인	(290)	16.9	25.6	53.7	3.8	100.0
	4인 이상	(333)	14.1	22.8	58.8	4.2	100.0
이념 성향	진보	(231)	11.7	19.5	61.9	6.9	100.0
	중도	(429)	16.1	24.4	56.0	3.5	100.0
	보수	(341)	14.5	27.7	53.7	4.1	100.0
직업	화이트칼라	(644)	16.7	24.3	54.5	4.5	100.0
	블루칼라	(141)	7.0	27.6	61.1	4.2	100.0
	학생	(106)	14.4	22.2	59.5	3.8	100.0
	주부/무직/기타	(109)	12.0	22.3	60.1	5.5	100.0
고용 형태	상용직 임금근로자	(620)	16.0	25.7	54.7	3.5	100.0
	임시/일용/특수직 근로자	(97)	11.4	19.5	60.8	8.2	100.0
	자영업자/ 무급가족종사자	(58)	10.4	24.2	56.9	8.6	100.0
권역	도심권	(50)	21.5	19.1	57.4	2.0	100.0
	동북권	(295)	10.8	24.5	59.9	4.7	100.0
	서북권	(123)	18.3	20.3	56.7	4.8	100.0
	서남권	(329)	14.6	26.1	54.4	4.9	100.0
	동남권	(203)	15.9	25.2	55.0	4.0	100.0

[표 2-92] 부모 부양에 대한 견해 – 40~50대

구분		사례 수	부모님 스스로 해결	가족	가족, 정부, 사회가 함께	정부, 사회	계
전체		(500)	18.8	20.0	55.4	5.8	100.0
성별	남성	(247)	13.0	24.3	56.7	6.1	100.0
	여성	(253)	24.5	15.8	54.2	5.5	100.0
연령	40대	(248)	18.5	19.8	56.0	5.6	100.0
	50대	(252)	19.0	20.2	54.8	6.0	100.0
학력	고졸 이하	(61)	23.0	13.1	55.7	8.2	100.0
	대재	(16)	12.5	25.0	43.8	18.8	100.0
	대졸	(365)	17.3	21.4	57.0	4.4	100.0
	대학원 이상	(58)	25.9	17.2	48.3	8.6	100.0
가구 소득	200만 원 미만	(45)	15.6	15.6	60.0	8.9	100.0
	200~300만 원 미만	(41)	14.6	26.8	56.1	2.4	100.0
	300~500만 원 미만	(125)	16.8	24.0	51.2	8.0	100.0
	500~700만 원 미만	(129)	14.0	20.9	57.4	7.8	100.0
	700만 원 이상	(160)	26.3	15.6	55.6	2.5	100.0
혼인 상태	기혼	(340)	20.9	20.9	52.4	5.9	100.0
	미혼	(127)	15.0	17.3	63.8	3.9	100.0
	동거/사별/이혼/별거	(33)	12.1	21.2	54.5	12.1	100.0

[표 2-92] 부모 부양에 대한 견해 – 40~50대(계속)

구분		사례 수	부모님 스스로 해결	가족	가족, 정부, 사회가 함께	정부, 사회	계
전체		(500)	18.8	20.0	55.4	5.8	100.0
가구원 수	1인	(64)	12.5	18.8	60.9	7.8	100.0
	2인	(68)	16.2	25.0	52.9	5.9	100.0
	3인	(175)	17.7	15.4	59.4	7.4	100.0
	4인 이상	(193)	22.8	22.8	50.8	3.6	100.0
이념 성향	진보	(126)	11.9	18.3	65.1	4.8	100.0
	중도	(218)	18.3	21.1	55.0	5.5	100.0
	보수	(156)	25.0	19.9	48.1	7.1	100.0
직업	화이트칼라	(328)	18.0	20.4	56.4	5.2	100.0
	블루칼라	(61)	13.1	26.2	50.8	9.8	100.0
	주부/무직/기타	(111)	24.3	15.3	55.0	5.4	100.0
고용 형태	상용직 임금근로자	(314)	17.2	21.7	55.7	5.4	100.0
	임시/일용/특수직 근로자	(39)	17.9	10.3	61.5	10.3	100.0
	자영업자/무급가족종사자	(31)	19.4	29.0	45.2	6.5	100.0
권역	도심권	(25)	20.0	20.0	48.0	12.0	100.0
	동북권	(155)	18.1	18.1	58.7	5.2	100.0
	서북권	(60)	25.0	20.0	48.3	6.7	100.0
	서남권	(149)	16.8	20.8	56.4	6.0	100.0
	동남권	(111)	18.9	21.6	55.0	4.5	100.0

30년 후 노인들의 은퇴 준비 정도

◈ 20~30대

20~30대가 생각하는 30년 후 노인들의 은퇴 준비 정도는 '지금의 노인들보다 은퇴를 위한 재정적 준비가 더 잘 되어 있을 것이다'가 58.8%로 '지금의 노인들보다 은퇴를 위한 재정적 준비가 덜 되어 있을 것이다'(41.2%)보다 높게 나타남

[그림 2-67] 30년 후 노인들의 은퇴 준비 정도 - 20~30대

(단위: %)

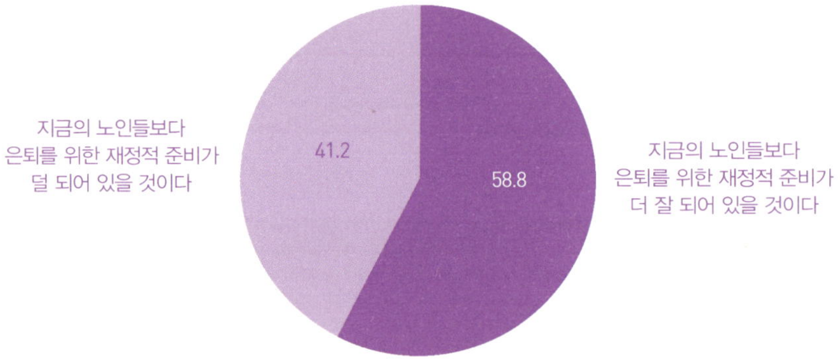

'지금의 노인들보다 은퇴를 위한 재정적 준비가 더 잘 되어 있을 것이다'에 대한 상세분석 결과, 성별로는 여성(60.0%)에서 높게 나타났고 연령별로는 30대(59.6%), 학력별로는 고졸 이하(63.0%), 대졸(전문대/대학교 졸업)(61.2%), 가구 소득별로는 300~500만 원 미만(62.5%), 200~300만 원 미만(61.6%), 혼인상태별로는 미혼(59.6%), 가구원 수별로는 4인 이상(61.7%), 1인(60.5%), 이념 성향별로는 중도(62.6%), 진보(59.8%), 직업별로는 주부/무직/기타(68.9%), 고용형태별로는 임시/일용/특수직 근로자(60.3%), 권역별로는 동북권(63.4%)에서 높게 나타남

◈ 40~50대

40~50대가 생각하는 30년 후 노인들의 은퇴 준비 정도는 '지금의 노인들보다 은퇴를 위한 재정적 준비가 더 잘 되어 있을 것이다'가 52.0%로 '지금의 노인들보다 은퇴를 위한 재정적 준비가 덜 되어 있을 것이다'(48.0%)보다 높게 나타남

[그림 2-68] 30년 후 노인들의 은퇴 준비 정도 - 40~50대

(단위: %)

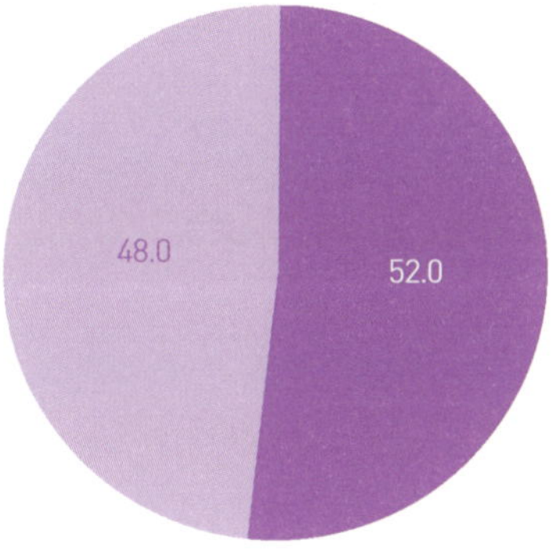

'지금의 노인들보다 은퇴를 위한 재정적 준비가 더 잘 되어 있을 것이다'에 대한 상세분석 결과, 성별로는 남성(55.5%)에서 높게 나타났고 연령별로는 40대(56.9%), 학력별로는 대졸(전문대/대학교 졸업) (54.5%), 가구 소득별로는 200~300만 원 미만(63.4%), 300~500만 원 미만(62.4%), 혼인상태별로는 미혼(59.1%), 가구원 수별로는 2인(60.3%), 이념 성향별로는 중도(55.0%), 직업별로는 블루칼라(54.1%), 화이트칼라(52.7%), 고용형태별로는 임시/일용/특수직 근로자(61.5%), 권역별로는 도심권(56.0%), 동북권(55.5%)에서 높게 나타남

[표 2-93] 30년 후 노인들의 은퇴 준비 정도 – 20~30대

구분		사례 수	지금의 노인들보다 은퇴를 위한 재정적 준비가 더 잘 되어 있을 것이다	지금의 노인들보다 은퇴를 위한 재정적 준비가 덜 되어 있을 것이다	계
전체		(1,000)	58.8	41.2	100.0
성별	남성	(490)	57.5	42.5	100.0
	여성	(510)	60.0	40.0	100.0
연령	20대	(498)	58.0	42.0	100.0
	30대	(502)	59.6	40.4	100.0
학력	고졸 이하	(97)	63.0	37.0	100.0
	대재	(127)	48.9	51.1	100.0
	대졸	(677)	61.2	38.8	100.0
	대학원 이상	(99)	50.5	49.5	100.0
가구소득	200만 원 미만	(102)	56.9	43.1	100.0
	200~300만 원 미만	(148)	61.6	38.4	100.0
	300~500만 원 미만	(287)	62.5	37.5	100.0
	500~700만 원 미만	(196)	56.6	43.4	100.0
	700만 원 이상	(267)	55.5	44.5	100.0
혼인상태	기혼	(220)	57.7	42.3	100.0
	미혼	(745)	59.6	40.4	100.0
	동거/사별/이혼/별거	(35)	49.2	50.8	100.0

[표 2-93] 30년 후 노인들의 은퇴 준비 정도 – 20~30대(계속)

구분		사례 수	지금의 노인들보다 은퇴를 위한 재정적 준비가 더 잘 되어 있을 것이다	지금의 노인들보다 은퇴를 위한 재정적 준비가 덜 되어 있을 것이다	계
전체		(1,000)	58.8	41.2	100.0
가구원 수	1인	(218)	60.5	39.5	100.0
	2인	(159)	53.7	46.3	100.0
	3인	(290)	57.0	43.0	100.0
	4인 이상	(333)	61.7	38.3	100.0
이념 성향	진보	(231)	59.8	40.2	100.0
	중도	(429)	62.6	37.4	100.0
	보수	(341)	53.3	46.7	100.0
직업	화이트칼라	(644)	57.1	42.9	100.0
	블루칼라	(141)	61.2	38.8	100.0
	학생	(106)	55.5	44.5	100.0
	주부/무직/기타	(109)	68.9	31.1	100.0
고용 형태	상용직 임금근로자	(620)	58.7	41.3	100.0
	임시/일용/특수직 근로자	(97)	60.3	39.7	100.0
	자영업자/무급가족종사자	(58)	41.6	58.4	100.0
권역	도심권	(50)	53.2	46.8	100.0
	동북권	(295)	63.4	36.6	100.0
	서북권	(123)	56.9	43.1	100.0
	서남권	(329)	58.8	41.2	100.0
	동남권	(203)	54.7	45.3	100.0

[표 2-94] 30년 후 노인들의 은퇴 준비 정도 – 40~50대

구분		사례 수	지금의 노인들보다 은퇴를 위한 재정적 준비가 더 잘 되어 있을 것이다	지금의 노인들보다 은퇴를 위한 재정적 준비가 덜 되어 있을 것이다	계
전체		(500)	52.0	48.0	100.0
성별	남성	(247)	55.5	44.5	100.0
	여성	(253)	48.6	51.4	100.0
연령	40대	(248)	56.9	43.1	100.0
	50대	(252)	47.2	52.8	100.0
학력	고졸 이하	(61)	49.2	50.8	100.0
	대재	(16)	31.3	68.8	100.0
	대졸	(365)	54.5	45.5	100.0
	대학원 이상	(58)	44.8	55.2	100.0
가구 소득	200만 원 미만	(45)	46.7	53.3	100.0
	200~300만 원 미만	(41)	63.4	36.6	100.0
	300~500만 원 미만	(125)	62.4	37.6	100.0
	500~700만 원 미만	(129)	50.4	49.6	100.0
	700만 원 이상	(160)	43.8	56.3	100.0
혼인 상태	기혼	(340)	49.1	50.9	100.0
	미혼	(127)	59.1	40.9	100.0
	동거/사별/이혼/별거	(33)	54.5	45.5	100.0

[표 2-94] 30년 후 노인들의 은퇴 준비 정도 – 40~50대(계속)

구분		사례 수	지금의 노인들보다 은퇴를 위한 재정적 준비가 더 잘 되어 있을 것이다	지금의 노인들보다 은퇴를 위한 재정적 준비가 덜 되어 있을 것이다	계
전체		(500)	52.0	48.0	100.0
가구원 수	1인	(64)	51.6	48.4	100.0
	2인	(68)	60.3	39.7	100.0
	3인	(175)	49.1	50.9	100.0
	4인 이상	(193)	51.8	48.2	100.0
이념 성향	진보	(126)	46.8	53.2	100.0
	중도	(218)	55.0	45.0	100.0
	보수	(156)	51.9	48.1	100.0
직업	화이트칼라	(328)	52.7	47.3	100.0
	블루칼라	(61)	54.1	45.9	100.0
	주부/무직/기타	(111)	48.6	51.4	100.0
고용 형태	상용직 임금근로자	(314)	52.9	47.1	100.0
	임시/일용/특수직 근로자	(39)	61.5	38.5	100.0
	자영업자/무급가족종사자	(31)	45.2	54.8	100.0
권역	도심권	(25)	56.0	44.0	100.0
	동북권	(155)	55.5	44.5	100.0
	서북권	(60)	53.3	46.7	100.0
	서남권	(149)	48.3	51.7	100.0
	동남권	(111)	50.5	49.5	100.0

서울시민의 노후를 위해 서울시가 관심을 가져야 하는 것

◈ 20~30대

20~30대가 생각하는 서울시민의 노후를 위해 서울시가 관심을 두어야 하는 것(1순위)으로는 조사 결과 '노후소득 지원' 응답이 30.4%로 가장 높고, 그다음으로는 '의료·요양보호 서비스'(22.7%), '노후취업 지원'(20.0%) 순으로 나타남

[그림 2-69] 서울시민의 노후를 위해 서울시가 관심을 가져야 하는 것 – 20~30대

(단위: %)

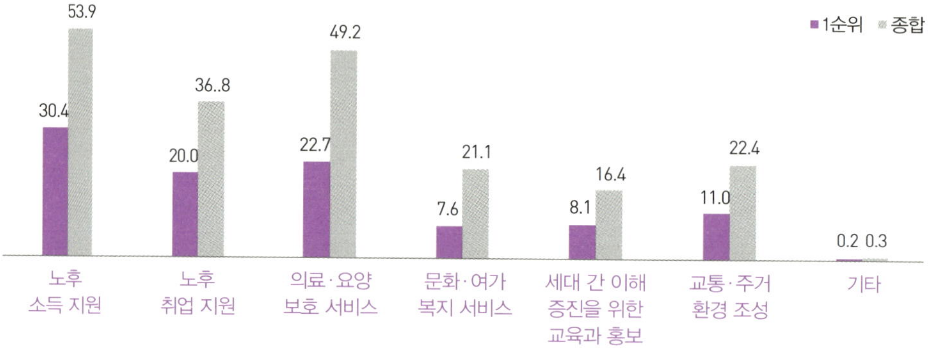

'노후 소득 지원'에 대한 상세분석 결과(1순위), 성별로는 남성(32.5%)에서 높게 나타났고 연령별로는 30대(30.9%), 학력별로는 대학원 이상(35.0%), 가구 소득별로는 500~700만 원 미만(34.2%), 300~500만 원 미만(33.2%), 혼인상태별로는 미혼(32.5%), 가구원 수별로는 3인(34.7%), 이념 성향별로는 중도(34.3%), 직업별로는 화이트칼라(32.2%), 고용형태별로는 상용직 임금근로자(32.6%), 권역별로는 서북권(34.2%), 동남권(33.1%)에서 높게 나타남

◈ 40~50대

40~50대는 서울시민의 노후를 위해 서울시가 관심을 두어야 하는 것(1순위)으로 '의료·요양보호 서비스' 응답이 32.0%로 가장 높고, 그다음으로는 '노후소득 지원'(30.6%), '노후취업 지원'(19.8%) 순으로 나타남

[그림 2-70] 서울시민의 노후를 위해 서울시가 관심을 가져야 하는 것 – 40~50대

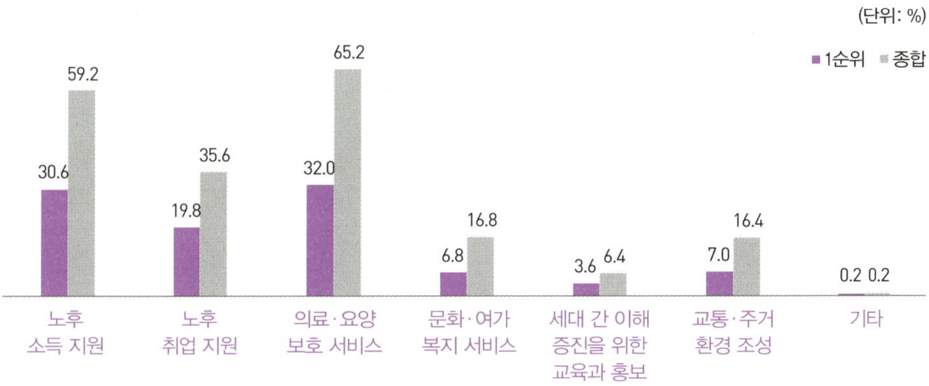

'의료·요양 보호 서비스'에 대한 상세분석 결과(1순위), 성별로는 여성(33.6%)에서 높게 나타났고 연령별로는 50대(36.1%), 학력별로는 대학원 이상(39.7%), 가구 소득별로는 300~500만 원 미만(37.6%), 혼인상태별로는 기혼(33.8%), 가구원 수별로는 1인(39.1%), 이념 성향별로는 보수(35.3%), 직업별로는 화이트칼라(35.1%), 고용형태별로는 상용직 임금근로자(35.0%), 권역별로는 동북권(35.5%)에서 높게 나타남

[표 2-95] 서울시민의 노후를 위해 서울시가 관심을 가져야 하는 것(종합) - 20~30대

구분		사례 수	노후 소득 지원	노후 취업 지원	의료·요양 보호 서비스	문화·여가 복지 서비스	세대 간 이해 증진을 위한 교육과 홍보	교통·주거 환경 조성	기타
전체		(1,000)	53.9	36.8	49.2	21.1	16.4	22.4	0.3
성별	남성	(490)	55.4	33.6	44.4	22.9	19.9	23.4	0.4
	여성	(510)	52.5	39.8	53.7	19.4	12.9	21.4	0.2
연령	20대	(498)	50.1	36.7	47.9	23.8	19.0	22.2	0.4
	30대	(502)	57.8	36.9	50.4	18.5	13.7	22.5	0.2
학력	고졸 이하	(97)	55.7	29.1	39.2	24.5	21.7	29.8	0.0
	대재	(127)	49.7	34.1	47.8	23.4	22.4	22.5	0.0
	대졸	(677)	53.6	38.8	50.8	20.4	14.2	21.7	0.4
	대학원 이상	(99)	60.0	33.9	49.1	20.0	17.9	19.1	0.0
가구 소득	200만 원 미만	(102)	43.3	39.5	40.6	32.5	24.4	18.7	1.0
	200~300만 원 미만	(148)	54.6	36.8	44.3	20.0	14.7	28.9	0.7
	300~500만 원 미만	(287)	54.0	36.4	48.8	18.7	16.4	25.7	0.0
	500~700만 원 미만	(196)	56.1	33.0	50.3	22.9	17.4	20.4	0.0
	700만 원 이상	(267)	55.9	38.9	54.7	18.8	13.5	17.9	0.4
혼인 상태	기혼	(220)	51.1	39.4	45.4	22.1	18.9	23.0	0.0
	미혼	(745)	55.2	36.7	51.0	20.6	15.0	21.1	0.4
	동거/사별/이혼/별거	(35)	43.7	22.1	34.2	25.8	29.0	45.2	0.0

[표 2-95] 서울시민의 노후를 위해 서울시가 관심을 가져야 하는 것(종합) - 20~30대(계속)

구분		사례 수	노후 소득 지원	노후 취업 지원	의료·요양 보호 서비스	문화·여가 복지 서비스	세대 간 이해 증진을 위한 교육과 홍보	교통·주거 환경 조성	기타
전체		(1,000)	53.9	36.8	49.2	21.1	16.4	22.4	0.3
가구원 수	1인	(218)	49.8	37.3	47.7	23.0	16.5	25.7	0.0
	2인	(159)	53.7	37.5	43.3	21.9	19.1	24.6	0.0
	3인	(290)	53.9	40.6	54.9	19.6	12.6	18.2	0.0
	4인 이상	(333)	56.7	32.7	47.9	20.9	18.2	22.7	0.9
이념 성향	진보	(231)	59.4	35.4	53.6	19.1	11.7	20.4	0.4
	중도	(429)	56.4	39.5	49.9	19.1	15.2	19.7	0.2
	보수	(341)	47.2	34.3	45.2	25.1	21.0	27.0	0.3
직업	화이트칼라	(644)	56.3	37.0	48.4	20.3	14.9	23.0	0.2
	블루칼라	(141)	46.8	31.7	41.5	30.9	21.9	26.6	0.7
	학생	(106)	48.2	38.0	52.9	22.5	21.3	17.0	0.0
	주부/무직/기타	(109)	54.8	40.4	60.1	12.3	13.2	18.2	0.9
고용 형태	상용직 임금근로자	(620)	55.0	36.4	48.8	22.3	14.3	23.0	0.2
	임시/일용/특수직 근로자	(97)	54.5	34.6	44.0	21.6	23.3	22.0	0.0
	자영업자/무급가족종사자	(58)	52.2	39.3	34.4	18.8	22.4	31.1	1.7
권역	도심권	(50)	58.3	26.7	41.1	22.7	22.6	28.6	0.0
	동북권	(295)	54.8	37.1	50.2	19.8	17.4	20.3	0.3
	서북권	(123)	54.6	39.1	43.1	26.7	16.1	20.5	0.0
	서남권	(329)	53.2	38.9	52.2	20.3	14.4	21.1	0.0
	동남권	(203)	52.3	33.9	48.3	20.7	16.7	27.0	1.0

[표 2-96] 서울시민의 노후를 위해 서울시가 관심을 가져야 하는 것(1순위) – 20~30대

구분		사례 수	노후 소득 지원	노후 취업 지원	의료·요양 보호 서비스	문화·여가 복지 서비스	세대 간 이해 증진을 위한 교육과 홍보	교통·주거 환경 조성	기타
전체		(1,000)	30.4	20.0	22.7	7.6	8.1	11.0	0.2
성별	남성	(490)	32.5	17.6	20.3	7.5	10.5	11.4	0.2
	여성	(510)	28.4	22.4	24.9	7.6	5.9	10.6	0.2
연령	20대	(498)	30.0	18.9	21.2	9.4	10.3	9.8	0.4
	30대	(502)	30.9	21.1	24.1	5.8	6.0	12.2	0.0
학력	고졸 이하	(97)	27.7	16.7	19.7	10.2	10.3	15.4	0.0
	대재	(127)	29.0	16.1	21.6	7.9	14.2	11.2	0.0
	대졸	(677)	30.4	21.5	23.2	6.9	7.0	10.6	0.3
	대학원 이상	(99)	35.0	18.0	23.1	9.0	5.9	8.9	0.0
가구 소득	200만 원 미만	(102)	17.5	23.4	21.4	16.9	10.1	9.8	1.0
	200~300만 원 미만	(148)	31.1	24.2	19.4	5.2	8.0	12.1	0.0
	300~500만 원 미만	(287)	33.2	17.1	20.6	6.9	8.7	13.5	0.0
	500~700만 원 미만	(196)	34.2	20.2	21.0	6.6	7.7	10.2	0.0
	700만 원 이상	(267)	29.2	19.4	28.5	6.7	7.1	8.6	0.4
혼인 상태	기혼	(220)	25.4	23.1	20.0	8.6	9.5	13.6	0.0
	미혼	(745)	32.5	19.4	24.0	7.4	6.9	9.5	0.3
	동거/사별/이혼/별거	(35)	17.2	13.5	11.5	5.7	26.1	25.9	0.0

[표 2-96] 서울시민의 노후를 위해 서울시가 관심을 가져야 하는 것(1순위) - 20~30대(계속)

구분		사례 수	노후 소득 지원	노후 취업 지원	의료·요양 보호 서비스	문화·여가 복지 서비스	세대 간 이해 증진을 위한 교육과 홍보	교통·주거 환경 조성	기타
전체		(1,000)	30.4	20.0	22.7	7.6	8.1	11.0	0.2
가구원 수	1인	(218)	27.9	19.2	27.1	8.9	4.6	12.3	0.0
	2인	(159)	26.0	21.8	19.4	8.7	9.7	14.5	0.0
	3인	(290)	34.7	24.8	18.7	6.2	6.8	8.9	0.0
	4인 이상	(333)	30.5	15.6	24.8	7.4	10.8	10.2	0.6
이념 성향	진보	(231)	32.1	22.1	26.4	5.2	5.6	8.2	0.4
	중도	(429)	34.3	19.4	22.4	6.2	6.0	11.9	0.0
	보수	(341)	24.5	19.5	20.5	11.0	12.5	11.7	0.3
직업	화이트칼라	(644)	32.2	19.3	21.8	7.2	7.0	12.2	0.2
	블루칼라	(141)	26.2	16.8	21.2	9.1	14.8	12.0	0.0
	학생	(106)	25.4	22.6	25.2	9.6	10.6	6.6	0.0
	주부/무직/기타	(109)	30.0	25.8	27.4	5.9	3.7	6.4	0.9
고용 형태	상용직 임금근로자	(620)	32.6	19.5	21.4	7.9	6.8	11.6	0.2
	임시/일용/특수직 근로자	(97)	28.8	18.2	23.5	5.3	12.0	12.3	0.0
	자영업자/무급가족종사자	(58)	20.7	16.9	19.0	6.9	17.3	19.2	0.0
권역	도심권	(50)	23.2	15.1	19.6	9.1	17.5	15.5	0.0
	동북권	(295)	30.6	20.0	24.7	8.6	7.9	8.1	0.0
	서북권	(123)	34.2	23.0	13.7	6.5	8.7	13.8	0.0
	서남권	(329)	28.2	21.5	24.3	7.0	7.7	11.2	0.0
	동남권	(203)	33.1	17.1	23.2	7.4	6.4	11.8	1.0

[표 2-97] 서울시민의 노후를 위해 서울시가 관심을 가져야 하는 것(종합) – 40~50대

구분		사례 수	노후 소득 지원	노후 취업 지원	의료·요양 보호 서비스	문화·여가 복지 서비스	세대 간 이해 증진을 위한 교육과 홍보	교통·주거 환경 조성	기타
전체		(500)	59.2	35.6	65.2	16.8	6.4	16.6	0.2
성별	남성	(247)	60.7	35.2	61.1	19.4	5.7	17.8	0.0
	여성	(253)	57.7	36.0	69.2	14.2	7.1	15.4	0.4
연령	40대	(248)	59.3	35.5	62.5	18.1	6.9	17.3	0.4
	50대	(252)	59.1	35.7	67.9	15.5	6.0	15.9	0.0
학력	고졸 이하	(61)	57.4	37.7	63.9	21.3	6.6	13.1	0.0
	대재	(16)	25.0	56.3	62.5	31.3	12.5	12.5	0.0
	대졸	(365)	62.7	35.9	63.0	15.9	6.3	15.9	0.3
	대학원 이상	(58)	48.3	25.9	81.0	13.8	5.2	25.9	0.0
가구 소득	200만 원 미만	(45)	62.2	37.8	60.0	15.6	6.7	17.8	0.0
	200~300만 원 미만	(41)	65.9	31.7	63.4	17.1	7.3	14.6	0.0
	300~500만 원 미만	(125)	63.2	37.6	67.2	16.0	3.2	12.0	0.8
	500~700만 원 미만	(129)	62.0	35.7	66.7	11.6	7.0	17.1	0.0
	700만 원 이상	(160)	51.3	34.4	64.4	21.9	8.1	20.0	0.0
혼인 상태	기혼	(340)	57.1	35.9	64.4	18.2	6.5	17.9	0.0
	미혼	(127)	63.8	35.4	67.7	13.4	6.3	12.6	0.8
	동거/사별/이혼/별거	(33)	63.6	33.3	63.6	15.2	6.1	18.2	0.0

[표 2-97] 서울시민의 노후를 위해 서울시가 관심을 가져야 하는 것(종합) - 40~50대(계속)

구분		사례 수	노후 소득 지원	노후 취업 지원	의료·요양 보호 서비스	문화·여가 복지 서비스	세대 간 이해 증진을 위한 교육과 홍보	교통·주거 환경 조성	기타
전체		(500)	59.2	35.6	65.2	16.8	6.4	16.6	0.2
가구원 수	1인	(64)	59.4	34.4	68.8	15.6	6.3	14.1	1.6
	2인	(68)	60.3	41.2	64.7	14.7	2.9	16.2	0.0
	3인	(175)	60.0	36.0	66.3	14.9	6.3	16.6	0.0
	4인 이상	(193)	58.0	33.7	63.2	19.7	7.8	17.6	0.0
이념 성향	진보	(126)	65.9	28.6	69.0	20.6	3.2	12.7	0.0
	중도	(218)	61.9	37.6	60.6	17.0	6.0	17.0	0.0
	보수	(156)	50.0	38.5	68.6	13.5	9.6	19.2	0.6
직업	화이트칼라	(328)	58.5	34.8	67.7	16.2	6.4	16.2	0.3
	블루칼라	(61)	59.0	41.0	57.4	16.4	6.6	19.7	0.0
	주부/무직/기타	(111)	61.3	35.1	62.2	18.9	6.3	16.2	0.0
고용 형태	상용직 임금근로자	(314)	58.6	33.8	67.8	15.9	6.4	17.2	0.3
	임시/일용/특수직 근로자	(39)	56.4	46.2	64.1	20.5	2.6	10.3	0.0
	자영업자/무급가족종사자	(31)	58.1	38.7	58.1	16.1	12.9	16.1	0.0
권역	도심권	(25)	40.0	52.0	56.0	24.0	12.0	16.0	0.0
	동북권	(155)	54.2	38.1	66.5	18.1	7.7	15.5	0.0
	서북권	(60)	58.3	33.3	71.7	18.3	3.3	15.0	0.0
	서남권	(149)	66.4	32.2	63.1	16.1	5.4	16.8	0.0
	동남권	(111)	61.3	34.2	64.9	13.5	6.3	18.9	0.9

[표 2-98] 서울시민의 노후를 위해 서울시가 관심을 가져야 하는 것(1순위) - 40~50대

구분		사례 수	노후 소득 지원	노후 취업 지원	의료·요양 보호 서비스	문화·여가 복지 서비스	세대 간 이해 증진을 위한 교육과 홍보	교통·주거 환경 조성	기타
전체		(500)	30.6	19.8	32.0	6.8	3.6	7.0	0.2
성별	남성	(247)	33.6	19.0	30.4	7.7	2.8	6.5	0.0
	여성	(253)	27.7	20.6	33.6	5.9	4.3	7.5	0.4
연령	40대	(248)	33.1	17.7	27.8	8.9	4.8	7.3	0.4
	50대	(252)	28.2	21.8	36.1	4.8	2.4	6.7	0.0
학력	고졸 이하	(61)	29.5	29.5	26.2	6.6	3.3	4.9	0.0
	대재	(16)	18.8	18.8	31.3	18.8	6.3	6.3	0.0
	대졸	(365)	32.6	18.9	31.8	6.8	3.3	6.3	0.3
	대학원 이상	(58)	22.4	15.5	39.7	3.4	5.2	13.8	0.0
가구 소득	200만 원 미만	(45)	40.0	26.7	17.8	4.4	4.4	6.7	0.0
	200~300만 원 미만	(41)	39.0	9.8	34.1	2.4	7.3	7.3	0.0
	300~500만 원 미만	(125)	28.8	20.0	37.6	6.4	1.6	4.8	0.8
	500~700만 원 미만	(129)	31.0	23.3	31.0	7.0	2.3	5.4	0.0
	700만 원 이상	(160)	26.9	17.5	31.9	8.8	5.0	10.0	0.0
혼인 상태	기혼	(340)	28.2	18.5	33.8	7.6	3.8	7.9	0.0
	미혼	(127)	33.1	23.6	29.9	4.7	3.1	4.7	0.8
	동거/사별/이혼/별거	(33)	45.5	18.2	21.2	6.1	3.0	6.1	0.0

[표 2-98] 서울시민의 노후를 위해 서울시가 관심을 가져야 하는 것(1순위) - 40~50대(계속)

구분		사례 수	노후 소득 지원	노후 취업 지원	의료·요양 보호 서비스	문화·여가 복지 서비스	세대 간 이해 증진을 위한 교육과 홍보	교통·주거 환경 조성	기타
전체		(500)	30.6	19.8	32.0	6.8	3.6	7.0	0.2
가구원 수	1인	(64)	34.4	17.2	39.1	0.0	3.1	4.7	1.6
	2인	(68)	32.4	25.0	25.0	7.4	2.9	7.4	0.0
	3인	(175)	28.0	21.7	32.6	8.6	1.7	7.4	0.0
	4인 이상	(193)	31.1	17.1	31.6	7.3	5.7	7.3	0.0
이념 성향	진보	(126)	37.3	15.9	32.5	7.9	2.4	4.0	0.0
	중도	(218)	31.2	21.6	29.4	6.9	3.7	7.3	0.0
	보수	(156)	24.4	20.5	35.3	5.8	4.5	9.0	0.6
직업	화이트칼라	(328)	30.2	17.7	35.1	6.1	3.4	7.3	0.3
	블루칼라	(61)	39.3	24.6	18.0	6.6	3.3	8.2	0.0
	주부/무직/기타	(111)	27.0	23.4	30.6	9.0	4.5	5.4	0.0
고용 형태	상용직 임금근로자	(314)	30.6	16.9	35.0	6.1	3.2	8.0	0.3
	임시/일용/특수직 근로자	(39)	33.3	30.8	23.1	7.7	0.0	5.1	0.0
	자영업자/무급가족종사자	(31)	38.7	19.4	19.4	6.5	9.7	6.5	0.0
권역	도심권	(25)	16.0	36.0	24.0	12.0	4.0	8.0	0.0
	동북권	(155)	27.7	21.9	35.5	5.2	3.2	6.5	0.0
	서북권	(60)	30.0	21.7	33.3	5.0	1.7	8.3	0.0
	서남권	(149)	34.9	16.8	29.5	9.4	4.0	5.4	0.0
	동남권	(111)	32.4	16.2	31.5	5.4	4.5	9.0	0.9

30년 후 노인들의 은퇴 준비 정도

◈ 20~30대

20~30대가 생각하는 사회보장 정책의 방향성으로 '미래 퇴직자들의 혜택을 일부 축소할 필요가 있다'는 31.8%, '사회 보장 혜택은 어떤 식으로든 축소되어서는 안된다'는 68.2%로 나타남

[그림 2-71] 사회 보장 정책의 방향성 – 20~30대

(단위: %)

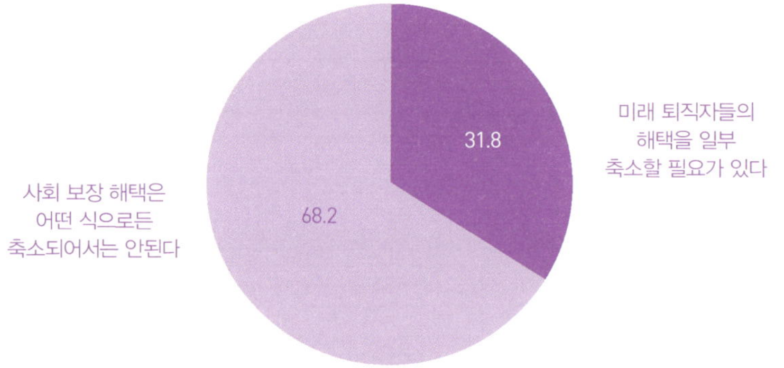

'사회 보장 혜택은 어떤 식으로든 축소되어서는 안 된다'에 대한 상세분석 결과, 성별로는 여성(71.4%)에서 높게 나타났고 연령별로는 30대(69.5%), 학력별로는 대재(전문대/대학교)(72.0%), 고졸 이하(71.5%), 가구 소득별로는 300~500만 원 미만(70.9%), 500~700만 원 미만(69.9%), 혼인상태별로는 동거/사별/이혼/별거(82.5%), 가구원 수별로는 2인(71.7%), 3인(68.9%), 이념 성향별로는 진보(77.0%), 직업별로는 블루칼라(72.5%), 주부/무직/기타(69.1%), 고용형태별로는 자영업자/무급가족종사자(74.0%), 권역별로는 서북권(72.9%), 동북권(72.1%)에서 높게 나타남

◈ 40~50대

40~50대는 '미래 퇴직자들의 혜택을 일부 축소할 필요가 있다'가 28.2%, '사회 보장 혜택은 어떤 식으로든 축소되어서는 안 된다'는 71.8%로 나타남

[그림 2-72] 사회 보장 정책의 방향성 – 40~50대

(단위: %)

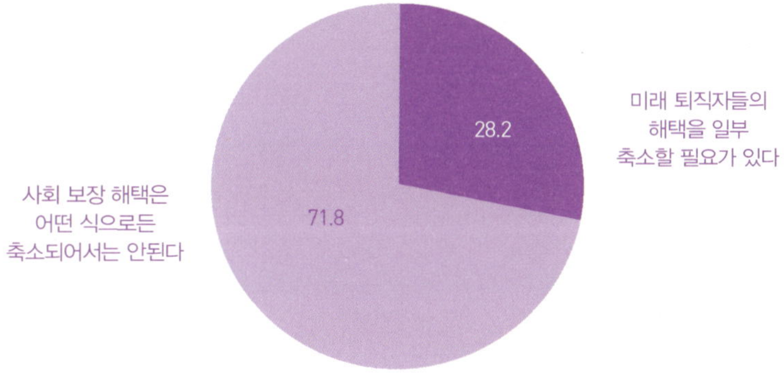

'사회 보장 혜택은 어떤 식으로든 축소되어서는 안 된다'에 대한 상세분석 결과, 성별로는 남성(72.5%)에서 높게 나타났고 연령별로는 50대(72.6%), 학력별로는 대재(전문대/대학교)(87.5%), 가구 소득별로는 300~500만 원 미만(80.0%), 200만 원 미만(77.8%), 혼인상태별로는 동거/사별/이혼/별거(81.8%), 미혼(81.1%), 가구원 수별로는 2인(82.4%), 이념 성향별로는 진보(85.7%), 직업별로는 주부/무직/기타(74.8%), 화이트칼라(72.0%), 고용형태별로는 임시/일용/특수직 근로자(74.4%), 권역별로는 서남권(75.2%), 서북권(73.3%)에서 높게 나타남

[표 2-99] 사회 보장 정책의 방향성 – 20~30대

구분		사례 수	미래 퇴직자들의 혜택을 일부 축소할 필요가 있다	사회 보장 혜택은 어떤 식으로든 축소되어서는 안 된다	계
전체		(1,000)	31.8	68.2	100.0
성별	남성	(490)	35.2	64.8	100.0
	여성	(510)	28.6	71.4	100.0
연령	20대	(498)	33.2	66.8	100.0
	30대	(502)	30.5	69.5	100.0
학력	고졸 이하	(97)	28.5	71.5	100.0
	대재	(127)	28.0	72.0	100.0
	대졸	(677)	32.8	67.2	100.0
	대학원 이상	(99)	33.2	66.8	100.0
가구 소득	200만 원 미만	(102)	33.4	66.6	100.0
	200~300만 원 미만	(148)	32.1	67.9	100.0
	300~500만 원 미만	(287)	29.1	70.9	100.0
	500~700만 원 미만	(196)	30.1	69.9	100.0
	700만 원 이상	(267)	35.3	64.7	100.0
혼인 상태	기혼	(220)	36.8	63.2	100.0
	미혼	(745)	31.1	68.9	100.0
	동거/사별/이혼/별거	(35)	17.5	82.5	100.0

[표 2-99] 사회 보장 정책의 방향성 – 20~30대(계속)

구분		사례 수	미래 퇴직자들의 혜택을 일부 축소할 필요가 있다	사회 보장 혜택은 어떤 식으로든 축소되어서는 안 된다	계
전체		(1,000)	31.8	68.2	100.0
가구원 수	1인	(218)	32.7	67.3	100.0
	2인	(159)	28.3	71.7	100.0
	3인	(290)	31.1	68.9	100.0
	4인 이상	(333)	33.6	66.4	100.0
이념 성향	진보	(231)	23.0	77.0	100.0
	중도	(429)	28.8	71.2	100.0
	보수	(341)	41.6	58.4	100.0
직업	화이트칼라	(644)	32.2	67.8	100.0
	블루칼라	(141)	27.5	72.5	100.0
	학생	(106)	36.5	63.5	100.0
	주부/무직/기타	(109)	30.9	69.1	100.0
고용 형태	상용직 임금근로자	(620)	32.1	67.9	100.0
	임시/일용/특수직 근로자	(97)	29.8	70.2	100.0
	자영업자/무급가족종사자	(58)	26.0	74.0	100.0
권역	도심권	(50)	36.6	63.4	100.0
	동북권	(295)	27.9	72.1	100.0
	서북권	(123)	27.1	72.9	100.0
	서남권	(329)	34.4	65.6	100.0
	동남권	(203)	35.1	64.9	100.0

[표 2-100] 사회 보장 정책의 방향성 – 40~50대

구분		사례 수	미래 퇴직자들의 혜택을 일부 축소할 필요가 있다	사회 보장 혜택은 어떤 식으로든 축소되어서는 안 된다	계
전체		(500)	28.2	71.8	100.0
성별	남성	(247)	27.5	72.5	100.0
	여성	(253)	28.9	71.1	100.0
연령	40대	(248)	29.0	71.0	100.0
	50대	(252)	27.4	72.6	100.0
학력	고졸 이하	(61)	19.7	80.3	100.0
	대재	(16)	12.5	87.5	100.0
	대졸	(365)	28.5	71.5	100.0
	대학원 이상	(58)	39.7	60.3	100.0
가구 소득	200만 원 미만	(45)	22.2	77.8	100.0
	200~300만 원 미만	(41)	31.7	68.3	100.0
	300~500만 원 미만	(125)	20.0	80.0	100.0
	500~700만 원 미만	(129)	27.9	72.1	100.0
	700만 원 이상	(160)	35.6	64.4	100.0
혼인 상태	기혼	(340)	32.6	67.4	100.0
	미혼	(127)	18.9	81.1	100.0
	동거/사별/이혼/별거	(33)	18.2	81.8	100.0

[표 2-100] 사회 보장 정책의 방향성 – 40~50대(계속)

구분		사례 수	미래 퇴직자들의 혜택을 일부 축소할 필요가 있다	사회 보장 혜택은 어떤 식으로든 축소되어서는 안 된다	계
전체		(500)	28.2	71.8	100.0
가구원 수	1인	(64)	21.9	78.1	100.0
	2인	(68)	17.6	82.4	100.0
	3인	(175)	28.0	72.0	100.0
	4인 이상	(193)	34.2	65.8	100.0
이념 성향	진보	(126)	14.3	85.7	100.0
	중도	(218)	27.5	72.5	100.0
	보수	(156)	40.4	59.6	100.0
직업	화이트칼라	(328)	28.0	72.0	100.0
	블루칼라	(61)	34.4	65.6	100.0
	주부/무직/기타	(111)	25.2	74.8	100.0
고용 형태	상용직 임금근로자	(314)	28.7	71.3	100.0
	임시/일용/특수직 근로자	(39)	25.6	74.4	100.0
	자영업자/무급가족종사자	(31)	38.7	61.3	100.0
권역	도심권	(25)	36.0	64.0	100.0
	동북권	(155)	31.0	69.0	100.0
	서북권	(60)	26.7	73.3	100.0
	서남권	(149)	24.8	75.2	100.0
	동남권	(111)	27.9	72.1	100.0

4) 주관적 경제 지위

내 생활수준 대비 주위 사람들의 생활수준

◈ 20~30대

20～30대가 생각하는 내 생활수준 대비 주위 사람들의 생활수준을 살펴보면, '내 생활수준보다 높다(내 생활수준보다 꽤 높다+내 생활수준보다 높다고 할 수 있다)'라고 응답한 비율은 39.6%, '내 생활수준보다 낮다(내 생활수준보다 꽤 낮다+내 생활수준보다 낮다고 볼 수 있다)'라고 응답한 비율은 7.7%로 나타남. 5점 만점 기준으로는 3.35점으로 나타남

[그림 2-73] 내 생활수준 대비 주위 사람들의 생활수준 – 20～30대

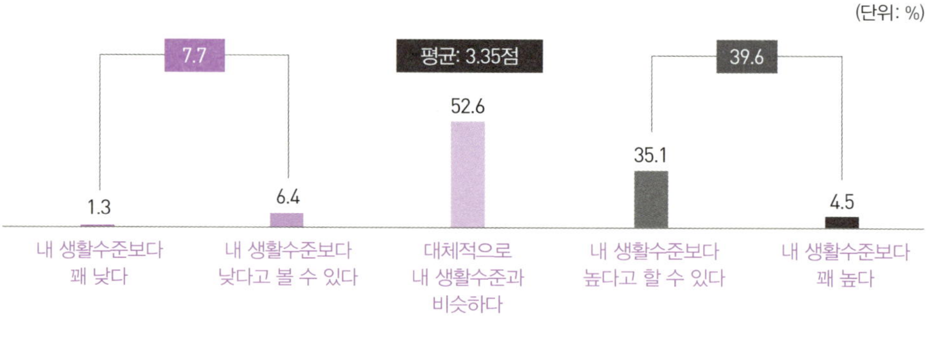

'내 생활수준보다 높다'에 대한 상세분석 결과, 성별로는 여성(40.2%)에서 높게 나타났고 연령별로는 30대(44.0%), 학력별로는 고졸 이하(44.5%), 대학원 이상(43.3%), 가구 소득별로는 200만 원 미만(49.9%), 혼인상태별로는 기혼(40.9%), 미혼(39.6%), 가구원 수별로는 3인(41.7%), 1인(40.8%), 이념 성향별로는 보수(46.3%), 직업별로는 블루칼라(44.0%), 고용형태별로는 자영업자/무급가족종사자(46.4%), 권역별로는 서북권(47.3%)에서 높게 나타남

◈ 40~50대

40~50대의 경우 '내 생활수준보다 높다(내 생활수준보다 꽤 높다+내 생활수준보다 높다고 할 수 있다)'라고 응답한 비율은 35.8%, '내 생활수준보다 낮다(내 생활수준보다 꽤 낮다+내 생활수준보다 낮다고 볼 수 있다)'라고 응답한 비율은 8.2%로 나타남. 5점 만점 기준으로는 3.33점으로 나타남

[그림 2-74] 내 생활수준 대비 주위 사람들의 생활수준 – 40~50대

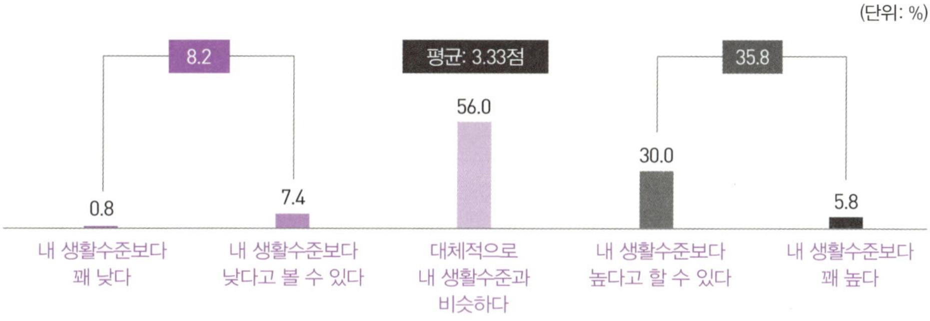

'내 생활수준보다 높다'에 대한 상세분석 결과, 성별로는 여성(38.3%)에서 높게 나타났고 연령별로는 50대 (37.3%), 학력별로는 고졸 이하(49.2%), 가구 소득별로는 200만 원 미만(66.7%), 혼인상태별로는 동거/사별/이혼/별거(54.5%), 가구원 수별로는 1인(45.3%), 2인(44.1%), 이념 성향별로는 진보(40.5%), 직업별로는 블루칼라(45.9%), 고용형태별로는 임시/일용/특수직 근로자(51.3%), 권역별로는 서북권(45.0%)에서 높게 나타남

[표 2-101] 내 생활수준 대비 주위 사람들의 생활수준 – 20~30대

구분		사례 수	① 내 생활수준 보다 꽤 낮다	② 내 생활수준 보다 낮다고 볼 수 있다	③ 대체적으로 내 생활 수준과 비슷하다	④ 내 생활수준 보다 높다고 할 수 있다	⑤ 내 생활수준 보다 꽤 높다	종합		
								내 생활수준 보다 낮다	비슷하다	내 생활수준 보다 높다
전체		(1,000)	1.3	6.4	52.6	35.1	4.5	7.7	52.6	39.6
성별	남성	(490)	1.8	6.0	53.1	33.1	6.0	7.8	53.1	39.1
	여성	(510)	0.8	6.9	52.2	37.1	3.1	7.6	52.2	40.2
연령	20대	(498)	0.8	7.3	56.7	31.2	4.0	8.1	56.7	35.2
	30대	(502)	1.8	5.6	48.6	39.0	5.0	7.4	48.6	44.0
학력	고졸 이하	(97)	0.0	8.3	47.1	33.9	10.6	8.3	47.1	44.5
	대재	(127)	2.4	7.0	57.4	30.2	3.0	9.4	57.4	33.2
	대졸	(677)	1.0	6.3	53.1	35.5	4.1	7.3	53.1	39.6
	대학원 이상	(99)	3.0	5.1	48.6	40.3	3.0	8.1	48.6	43.3
가구 소득	200만 원 미만	(102)	3.7	4.6	41.8	42.0	7.8	8.3	41.8	49.9
	200~300만 원 미만	(148)	1.3	4.6	48.8	38.6	6.7	5.9	48.8	45.3
	300~500만 원 미만	(287)	0.3	5.9	52.1	35.9	5.7	6.3	52.1	41.6
	500~700만 원 미만	(196)	0.5	5.6	54.2	35.7	4.0	6.1	54.2	39.7
	700만 원 이상	(267)	1.9	9.4	58.3	29.3	1.1	11.2	58.3	30.4
혼인 상태	기혼	(220)	0.9	5.4	52.8	36.8	4.1	6.4	52.8	40.9
	미혼	(745)	1.4	6.1	52.8	34.9	4.7	7.6	52.8	39.6
	동거/사별/이혼/별거	(35)	0.0	20.1	48.0	29.1	2.9	20.1	48.0	31.9

[표 2-101] 내 생활수준 대비 주위 사람들의 생활수준 – 20~30대(계속)

구분		사례 수	① 내 생활수준 보다 꽤 낮다	② 내 생활수준 보다 낮다고 볼 수 있다	③ 대체적으로 내 생활 수준과 비슷하다	④ 내 생활수준 보다 높다고 할 수 있다	⑤ 내 생활수준 보다 꽤 높다	종합		
								내 생활수준 보다 낮다	비슷하다	내 생활수준 보다 높다
전체		(1,000)	1.3	6.4	52.6	35.1	4.5	7.7	52.6	39.6
가구원 수	1인	(218)	1.4	5.0	52.8	36.2	4.6	6.3	52.8	40.8
	2인	(159)	1.3	10.0	48.9	32.9	6.8	11.3	48.9	39.8
	3인	(290)	1.0	5.8	51.5	38.6	3.1	6.9	51.5	41.7
	4인 이상	(333)	1.4	6.3	55.3	32.4	4.6	7.7	55.3	37.0
이념 성향	진보	(231)	0.4	9.0	49.4	35.5	5.6	9.5	49.4	41.1
	중도	(429)	1.3	5.5	59.6	29.3	4.2	6.9	59.6	33.5
	보수	(341)	1.8	5.9	46.1	42.2	4.1	7.6	46.1	46.3
직업	화이트칼라	(644)	1.4	6.3	52.6	35.5	4.2	7.7	52.6	39.7
	블루칼라	(141)	0.7	7.6	47.6	37.6	6.4	8.4	47.6	44.0
	학생	(106)	0.9	8.5	57.9	30.0	2.7	9.4	57.9	32.7
	주부/무직/기타	(109)	1.8	3.7	53.9	34.9	5.6	5.5	53.9	40.6
고용 형태	상용직 임금근로자	(620)	1.2	5.7	53.0	36.6	3.4	7.0	53.0	40.1
	임시/일용/특수직 근로자	(97)	1.0	10.4	50.6	28.7	9.2	11.4	50.6	38.0
	자영업자/ 무급가족종사자	(58)	1.7	10.4	41.5	37.8	8.6	12.1	41.5	46.4
권역	도심권	(50)	3.5	3.5	57.5	29.5	6.0	7.0	57.5	35.5
	동북권	(295)	0.7	7.5	52.1	35.7	4.1	8.1	52.1	39.7
	서북권	(123)	0.8	7.2	44.6	40.6	6.7	8.1	44.6	47.3
	서남권	(329)	1.5	6.0	52.7	35.3	4.5	7.5	52.7	39.8
	동남권	(203)	1.5	6.0	56.9	32.2	3.4	7.5	56.9	35.6

[표 2-102] 내 생활수준 대비 주위 사람들의 생활수준 – 40~50대

구분		사례 수	① 내 생활수준 보다 꽤 낮다	② 내 생활수준 보다 낮다고 볼 수 있다	③ 대체적으로 내 생활 수준과 비슷하다	④ 내 생활수준 보다 높다고 할 수 있다	⑤ 내 생활수준 보다 꽤 높다	종합		
								내 생활수준 보다 낮다	비슷하다	내 생활수준 보다 높다
전체		(500)	0.8	7.4	56.0	30.0	5.8	8.2	56.0	35.8
성별	남성	(247)	0.4	8.5	57.9	27.5	5.7	8.9	57.9	33.2
	여성	(253)	1.2	6.3	54.2	32.4	5.9	7.5	54.2	38.3
연령	40대	(248)	0.4	8.5	56.9	28.6	5.6	8.9	56.9	34.3
	50대	(252)	1.2	6.3	55.2	31.3	6.0	7.5	55.2	37.3
학력	고졸 이하	(61)	1.6	4.9	44.3	36.1	13.1	6.6	44.3	49.2
	대재	(16)	0.0	18.8	43.8	37.5	0.0	18.8	43.8	37.5
	대졸	(365)	0.5	7.4	57.3	29.3	5.5	7.9	57.3	34.8
	대학원 이상	(58)	1.7	6.9	63.8	25.9	1.7	8.6	63.8	27.6
가구 소득	200만 원 미만	(45)	0.0	4.4	28.9	42.2	24.4	4.4	28.9	66.7
	200~300만 원 미만	(41)	2.4	7.3	34.1	46.3	9.8	9.8	34.1	56.1
	300~500만 원 미만	(125)	0.8	4.0	55.2	34.4	5.6	4.8	55.2	40.0
	500~700만 원 미만	(129)	0.0	6.2	58.9	31.8	3.1	6.2	58.9	34.9
	700만 원 이상	(160)	1.3	11.9	67.5	17.5	1.9	13.1	67.5	19.4
혼인 상태	기혼	(340)	0.9	7.4	60.3	27.9	3.5	8.2	60.3	31.5
	미혼	(127)	0.8	6.3	50.4	32.3	10.2	7.1	50.4	42.5
	동거/사별/이혼/별거	(33)	0.0	12.1	33.3	42.4	12.1	12.1	33.3	54.5

[표 2-102] 내 생활수준 대비 주위 사람들의 생활수준 – 40~50대(계속)

구분		사례 수	① 내 생활수준 보다 꽤 낮다	② 내 생활수준 보다 낮다고 볼 수 있다	③ 대체적으로 내 생활수준과 비슷하다	④ 내 생활수준 보다 높다고 할 수 있다	⑤ 내 생활수준 보다 꽤 높다	종합: 내 생활수준 보다 낮다	종합: 비슷하다	종합: 내 생활수준 보다 높다
전체		(500)	0.8	7.4	56.0	30.0	5.8	8.2	56.0	35.8
가구원수	1인	(64)	1.6	6.3	46.9	32.8	12.5	7.8	46.9	45.3
	2인	(68)	0.0	10.3	45.6	36.8	7.4	10.3	45.6	44.1
	3인	(175)	0.6	7.4	56.0	30.3	5.7	8.0	56.0	36.0
	4인 이상	(193)	1.0	6.7	62.7	26.4	3.1	7.8	62.7	29.5
이념성향	진보	(126)	0.0	7.1	52.4	34.1	6.3	7.1	52.4	40.5
	중도	(218)	1.8	7.3	59.6	24.8	6.4	9.2	59.6	31.2
	보수	(156)	0.0	7.7	53.8	34.0	4.5	7.7	53.8	38.5
직업	화이트칼라	(328)	0.3	7.3	60.4	28.7	3.4	7.6	60.4	32.0
	블루칼라	(61)	3.3	11.5	39.3	37.7	8.2	14.8	39.3	45.9
	주부/무직/기타	(111)	0.9	5.4	52.3	29.7	11.7	6.3	52.3	41.4
고용형태	상용직 임금근로자	(314)	0.3	8.0	59.9	28.3	3.5	8.3	59.9	31.8
	임시/일용/특수직 근로자	(39)	2.6	2.6	43.6	38.5	12.8	5.1	43.6	51.3
	자영업자/무급가족종사자	(31)	3.2	16.1	54.8	25.8	0.0	19.4	54.8	25.8
권역	도심권	(25)	0.0	12.0	56.0	24.0	8.0	12.0	56.0	32.0
	동북권	(155)	1.3	6.5	51.0	36.1	5.2	7.7	51.0	41.3
	서북권	(60)	1.7	5.0	48.3	40.0	5.0	6.7	48.3	45.0
	서남권	(149)	0.7	6.0	59.7	24.8	8.7	6.7	59.7	33.6
	동남권	(111)	0.0	10.8	62.2	24.3	2.7	10.8	62.2	27.0

내 나이 때 부모님의 생활수준 대비 내 생활수준

◈ 20~30대

20~30대가 생각하는 내 나이 때 부모님의 생활수준 대비 내 생활수준을 살펴보면, '내 생활수준과 비슷하다'가 53.8%로 가장 높았고, 그다음으로는 '내 생활수준이 더 높다'(27.8%), '내 생활수준이 더 낮다'(18.4%) 순으로 나타남

[그림 2-75] 내 나이 때 부모님의 생활수준 대비 내 생활수준 – 20~30대

(단위: %)

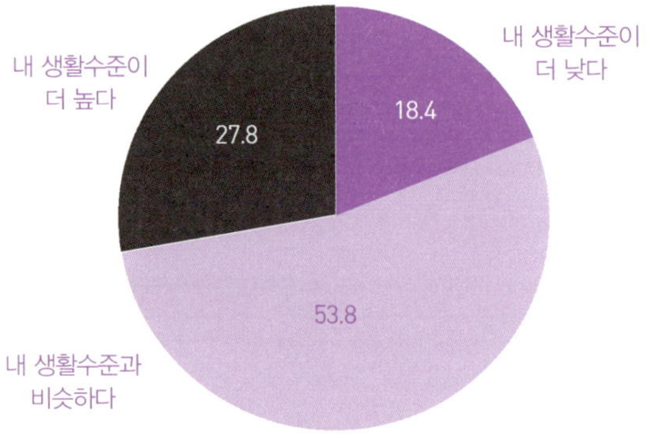

'내 생활수준과 비슷하다'에 대한 상세분석 결과, 성별로는 남성(58.7%)에서 높게 나타났고 연령별로는 20대(56.4%), 학력별로는 대학원 이상(56.9%), 대졸(전문대/대학교 졸업)(54.5%), 가구 소득별로는 500~700만 원 미만(58.2%), 200~300만 원 미만(57.8%), 혼인상태별로는 동거/사별/이혼/별거(65.2%), 가구원 수별로는 1인(56.4%), 4인 이상(55.4%), 이념 성향별로는 보수(56.9%), 중도(55.8%), 직업별로는 블루칼라(61.8%), 고용형태별로는 자영업자/무급가족종사자(62.0%), 권역별로는 동남권(57.2%), 동북권(57.2%)에서 높게 나타남

◈ 40~50대

40~50대는 '내 생활수준과 비슷하다'가 52.6%로 가장 높았고, 그다음으로는 '내 생활수준이 더 높다'(27.4%), '내 생활수준이 더 낮다'(20.0%) 순으로 나타남

[그림 2-76] 내 나이 때 부모님의 생활수준 대비 내 생활수준 – 40~50대

(단위: %)

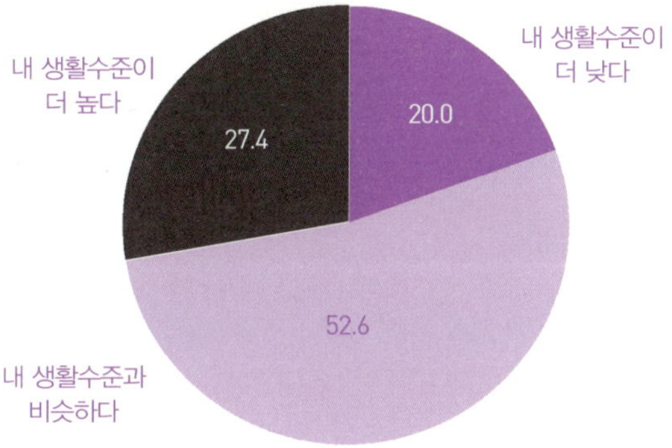

'내 생활수준과 비슷하다'에 대한 상세분석 결과, 성별로는 남성(55.5%)에서 높게 나타났고 연령별로는 50대(52.8%), 학력별로는 고졸 이하(57.4%), 가구 소득별로는 300~500만 원 미만(55.2%), 200~300만 원 미만(53.7%), 혼인상태별로는 기혼(54.4%), 가구원 수별로는 4인 이상(56.0%), 1인(54.7%), 이념 성향별로는 보수(54.5%), 진보(53.2%), 직업별로는 화이트칼라(55.8%), 블루칼라(54.1%), 고용형태별로는 상용직 임금근로자(56.4%), 자영업자/무급가족종사자(54.8%), 권역별로는 서북권(58.3%)에서 높게 나타남

[표 2-103] 내 나이 때 부모님의 생활수준 대비 내 생활수준 – 20~30대

구분		사례 수	내 생활수준이 더 낮다	내 생활수준과 비슷하다	내 생활수준이 더 높다	계
전체		(1,000)	18.4	53.8	27.8	100.0
성별	남성	(490)	16.8	58.7	24.5	100.0
	여성	(510)	20.0	49.0	31.0	100.0
연령	20대	(498)	15.3	56.4	28.3	100.0
	30대	(502)	21.5	51.2	27.3	100.0
학력	고졸 이하	(97)	21.9	45.2	32.9	100.0
	대재	(127)	15.6	53.9	30.5	100.0
	대졸	(677)	19.6	54.5	25.9	100.0
	대학원 이상	(99)	11.1	56.9	32.0	100.0
가구 소득	200만 원 미만	(102)	28.0	49.3	22.7	100.0
	200~300만 원 미만	(148)	19.5	57.8	22.7	100.0
	300~500만 원 미만	(287)	24.2	52.4	23.3	100.0
	500~700만 원 미만	(196)	12.4	58.2	29.3	100.0
	700만 원 이상	(267)	12.4	51.4	36.2	100.0
혼인 상태	기혼	(220)	12.3	56.9	30.9	100.0
	미혼	(745)	20.5	52.3	27.2	100.0
	동거/사별/이혼/별거	(35)	14.4	65.2	20.4	100.0

[표 2-103] 내 나이 때 부모님의 생활수준 대비 내 생활수준 – 20~30대(계속)

구분		사례 수	내 생활수준이 더 낮다	내 생활수준과 비슷하다	내 생활수준이 더 높다	계
전체		(1,000)	18.4	53.8	27.8	100.0
가구원 수	1인	(218)	21.9	56.4	21.7	100.0
	2인	(159)	20.2	52.3	27.5	100.0
	3인	(290)	16.7	50.7	32.6	100.0
	4인 이상	(333)	16.9	55.4	27.7	100.0
이념 성향	진보	(231)	20.4	45.5	34.1	100.0
	중도	(429)	19.2	55.8	25.1	100.0
	보수	(341)	16.2	56.9	26.9	100.0
직업	화이트칼라	(644)	16.7	53.9	29.5	100.0
	블루칼라	(141)	19.8	61.8	18.3	100.0
	학생	(106)	15.9	50.3	33.8	100.0
	주부/무직/기타	(109)	29.5	46.1	24.4	100.0
고용 형태	상용직 임금근로자	(620)	17.5	54.4	28.1	100.0
	임시/일용/특수직 근로자	(97)	20.4	55.8	23.7	100.0
	자영업자/무급가족종사자	(58)	12.1	62.0	25.9	100.0
권역	도심권	(50)	21.1	53.8	25.1	100.0
	동북권	(295)	18.8	57.2	24.1	100.0
	서북권	(123)	30.1	42.2	27.7	100.0
	서남권	(329)	16.8	52.9	30.3	100.0
	동남권	(203)	12.9	57.2	29.9	100.0

[표 2-104] 내 나이 때 부모님의 생활수준 대비 내 생활수준 – 40~50대

구분		사례 수	내 생활수준이 더 낮다	내 생활수준과 비슷하다	내 생활수준이 더 높다	계
전체		(500)	20.0	52.6	27.4	100.0
성별	남성	(247)	20.6	55.5	23.9	100.0
	여성	(253)	19.4	49.8	30.8	100.0
연령	40대	(248)	21.4	52.4	26.2	100.0
	50대	(252)	18.7	52.8	28.6	100.0
학력	고졸 이하	(61)	19.7	57.4	23.0	100.0
	대재	(16)	6.3	50.0	43.8	100.0
	대졸	(365)	20.3	52.6	27.1	100.0
	대학원 이상	(58)	22.4	48.3	29.3	100.0
가구 소득	200만 원 미만	(45)	37.8	46.7	15.6	100.0
	200~300만 원 미만	(41)	29.3	53.7	17.1	100.0
	300~500만 원 미만	(125)	17.6	55.2	27.2	100.0
	500~700만 원 미만	(129)	20.2	51.2	28.7	100.0
	700만 원 이상	(160)	14.4	53.1	32.5	100.0
혼인 상태	기혼	(340)	15.3	54.4	30.3	100.0
	미혼	(127)	27.6	52.0	20.5	100.0
	동거/사별/이혼/별거	(33)	39.4	36.4	24.2	100.0

[표 2-104] 내 나이 때 부모님의 생활수준 대비 내 생활수준 – 40~50대(계속)

구분		사례 수	내 생활수준이 더 낮다	내 생활수준과 비슷하다	내 생활수준이 더 높다	계
전체		(500)	20.0	52.6	27.4	100.0
가구원 수	1인	(64)	28.1	54.7	17.2	100.0
	2인	(68)	27.9	51.5	20.6	100.0
	3인	(175)	21.1	48.6	30.3	100.0
	4인 이상	(193)	13.5	56.0	30.6	100.0
이념 성향	진보	(126)	21.4	53.2	25.4	100.0
	중도	(218)	20.6	50.9	28.4	100.0
	보수	(156)	17.9	54.5	27.6	100.0
직업	화이트칼라	(328)	16.2	55.8	28.0	100.0
	블루칼라	(61)	27.9	54.1	18.0	100.0
	주부/무직/기타	(111)	27.0	42.3	30.6	100.0
고용 형태	상용직 임금근로자	(314)	16.9	56.4	26.8	100.0
	임시/일용/특수직 근로자	(39)	28.2	51.3	20.5	100.0
	자영업자/무급가족종사자	(31)	16.1	54.8	29.0	100.0
권역	도심권	(25)	12.0	52.0	36.0	100.0
	동북권	(155)	22.6	51.6	25.8	100.0
	서북권	(60)	21.7	58.3	20.0	100.0
	서남권	(149)	20.8	50.3	28.9	100.0
	동남권	(111)	16.2	54.1	29.7	100.0

사회경제적 지위 상승 가능성

◈ 20~30대

20~30대가 생각하는 본인의 사회경제적 지위 상승 가능성은 '높다(매우 높다+다소 높다)'라고 응답한 비율은 27.4%, '낮다(매우 낮다+다소 낮다)'라고 응답한 비율은 22.1%로 나타남. 5점 만점 기준으로는 3.03점으로 나타남

[그림 2-77] 사회경제적 지위 상승 가능성 – 20~30대

5점 평균을 상세분석한 결과, 성별로는 남성(3.04점)에서 높게 나타났고 연령별로는 20대(3.16점), 학력별로는 대재(전문대/대학교)(3.21점), 대학원 이상(3.13점), 가구 소득별로는 500~700만 원 미만(3.14점), 700만 원 이상(3.14점), 혼인상태별로는 동거/사별/이혼/별거(3.26점), 가구원 수별로는 4인 이상(3.08점), 3인(3.04점), 이념 성향별로는 보수(3.23점), 직업별로는 학생(3.22점), 고용형태별로는 자영업자/무급가족종사자(3.23점), 권역별로는 서남권(3.12점), 동남권(3.07점)에서 높게 나타남

◈ 40~50대

40~50대의 경우 '높다(매우 높다+다소 높다)'라고 응답한 비율은 15.4%, '낮다(매우 낮다+다소 낮다)'라고 응답한 비율은 28.2%로 나타남. 5점 만점 기준으로는 2.80점으로 나타남

[그림 2-78] 사회경제적 지위 상승 가능성 – 40~50대

5점 평균을 상세분석한 결과, 성별로는 남성(2.86점)에서 높게 나타났고 연령별로는 40대(2.83점), 학력별로는 대재(전문대/대학교)(3.44점), 가구 소득별로는 700만 원 이상(3.06점), 혼인상태별로는 기혼(2.88점), 가구원 수별로는 4인 이상(2.90점), 2인(2.81점), 이념 성향별로는 보수(2.96점), 직업별로는 화이트칼라(2.91점), 고용형태별로는 자영업자/무급가족종사자(2.97점), 상용직 임금근로자(2.88점), 권역별로는 도심권(3.08점)에서 높게 나타남

[표 2-105] 사회경제적 지위 상승 가능성 - 20~30대

구분		사례 수	① 매우 낮다	② 다소 낮다	③ 보통이다	④ 다소 높다	⑤ 매우 높다	종합 낮다	종합 보통이다	종합 높다	[평균]
전체		(1,000)	5.7	16.4	50.5	23.6	3.7	22.1	50.5	27.4	3.03
성별	남성	(490)	6.7	16.8	46.5	25.6	4.4	23.5	46.5	30.0	3.04
	여성	(510)	4.7	16.1	54.3	21.8	3.1	20.8	54.3	24.9	3.03
연령	20대	(498)	3.4	13.3	52.2	26.2	4.9	16.7	52.2	31.1	3.16
	30대	(502)	8.0	19.5	48.8	21.1	2.6	27.5	48.8	23.7	2.91
학력	고졸 이하	(97)	7.1	21.2	49.0	18.6	4.1	28.3	49.0	22.7	2.91
	대재	(127)	3.2	11.7	53.3	24.8	7.1	14.8	53.3	31.9	3.21
	대졸	(677)	6.2	17.2	49.7	24.1	2.9	23.3	49.7	27.0	3.00
	대학원 이상	(99)	4.0	13.1	53.8	24.1	5.0	17.1	53.8	29.1	3.13
가구 소득	200만 원 미만	(102)	8.5	16.6	53.4	18.5	3.1	25.1	53.4	21.6	2.91
	200~300만 원 미만	(148)	6.7	19.6	52.1	16.1	5.5	26.3	52.1	21.5	2.94
	300~500만 원 미만	(287)	8.1	19.3	45.8	23.3	3.5	27.4	45.8	26.8	2.95
	500~700만 원 미만	(196)	4.1	13.8	47.0	34.1	1.1	17.9	47.0	35.1	3.14
	700만 원 이상	(267)	2.6	13.5	56.1	22.5	5.2	16.2	56.1	27.7	3.14
혼인 상태	기혼	(220)	4.5	15.4	56.4	21.8	1.8	20.0	56.4	23.6	3.01
	미혼	(745)	6.0	16.6	49.9	23.4	4.1	22.6	49.9	27.5	3.03
	동거/사별/이혼/별거	(35)	5.7	20.2	25.0	40.5	8.6	25.9	25.0	49.1	3.26

[표 2-105] 사회경제적 지위 상승 가능성 - 20~30대(계속)

구분		사례 수	① 매우 낮다	② 다소 낮다	③ 보통이다	④ 다소 높다	⑤ 매우 높다	종합			[평균]
								낮다	보통이다	높다	
전체		(1,000)	5.7	16.4	50.5	23.6	3.7	22.1	50.5	27.4	3.03
가구원 수	1인	(218)	8.3	14.2	53.1	21.1	3.3	22.5	53.1	24.5	2.97
	2인	(159)	5.1	20.2	47.3	23.6	3.8	25.3	47.3	27.5	3.01
	3인	(290)	4.8	16.2	51.8	24.8	2.4	21.1	51.8	27.2	3.04
	4인 이상	(333)	5.0	16.3	49.2	24.3	5.1	21.3	49.2	29.4	3.08
이념 성향	진보	(231)	8.2	20.0	45.0	24.2	2.6	28.2	45.0	26.8	2.93
	중도	(429)	6.7	16.6	56.0	18.1	2.6	23.3	56.0	20.7	2.93
	보수	(341)	2.7	13.8	47.3	30.2	6.0	16.5	47.3	36.2	3.23
직업	화이트칼라	(644)	5.4	15.7	50.7	24.4	3.8	21.2	50.7	28.2	3.05
	블루칼라	(141)	6.4	15.5	51.8	24.2	2.1	21.9	51.8	26.3	3.00
	학생	(106)	1.9	15.3	47.9	29.3	5.7	17.1	47.9	35.0	3.22
	주부/무직/기타	(109)	10.0	22.9	50.4	13.1	3.7	32.9	50.4	16.7	2.77
고용 형태	상용직 임금근로자	(620)	5.5	16.3	50.9	24.7	2.6	21.8	50.9	27.3	3.03
	임시/일용/특수직 근로자	(97)	7.2	15.3	48.9	25.6	3.1	22.5	48.9	28.6	3.02
	자영업자/무급가족종사자	(58)	5.2	10.2	53.2	19.4	12.1	15.4	53.2	31.5	3.23
권역	도심권	(50)	9.5	12.0	50.5	20.0	8.0	21.5	50.5	28.0	3.05
	동북권	(295)	5.8	20.7	48.9	21.3	3.4	26.4	48.9	24.7	2.96
	서북권	(123)	8.1	19.9	48.5	20.1	3.4	28.0	48.5	23.5	2.91
	서남권	(329)	4.3	14.3	50.1	28.0	3.4	18.6	50.1	31.3	3.12
	동남권	(203)	5.4	12.8	54.8	23.1	4.0	18.2	54.8	27.1	3.07

[표 2-106] 사회경제적 지위 상승 가능성 - 40~50대

구분		사례 수	① 매우 낮다	② 다소 낮다	③ 보통이다	④ 다소 높다	⑤ 매우 높다	종합			[평균]
								낮다	보통이다	높다	
전체		(500)	8.0	20.2	56.4	14.4	1.0	28.2	56.4	15.4	2.80
성별	남성	(247)	6.1	21.1	55.5	15.8	1.6	27.1	55.5	17.4	2.86
	여성	(253)	9.9	19.4	57.3	13.0	0.4	29.2	57.3	13.4	2.75
연령	40대	(248)	7.3	21.0	55.2	14.9	1.6	28.2	55.2	16.5	2.83
	50대	(252)	8.7	19.4	57.5	13.9	0.4	28.2	57.5	14.3	2.78
학력	고졸 이하	(61)	19.7	13.1	52.5	14.8	0.0	32.8	52.5	14.8	2.62
	대재	(16)	0.0	0.0	68.8	18.8	12.5	0.0	68.8	31.3	3.44
	대졸	(365)	6.8	22.7	57.0	12.9	0.5	29.6	57.0	13.4	2.78
	대학원 이상	(58)	5.2	17.2	53.4	22.4	1.7	22.4	53.4	24.1	2.98
가구 소득	200만 원 미만	(45)	31.1	20.0	35.6	13.3	0.0	51.1	35.6	13.3	2.31
	200~300만 원 미만	(41)	19.5	29.3	39.0	12.2	0.0	48.8	39.0	12.2	2.44
	300~500만 원 미만	(125)	8.8	22.4	59.2	8.8	0.8	31.2	59.2	9.6	2.70
	500~700만 원 미만	(129)	3.9	24.8	53.5	17.1	0.8	28.7	53.5	17.8	2.86
	700만 원 이상	(160)	1.3	12.5	66.9	17.5	1.9	13.8	66.9	19.4	3.06
혼인 상태	기혼	(340)	4.7	20.0	58.8	15.6	0.9	24.7	58.8	16.5	2.88
	미혼	(127)	15.0	21.3	51.2	12.6	0.0	36.2	51.2	12.6	2.61
	동거/사별/이혼/별거	(33)	15.2	18.2	51.5	9.1	6.1	33.3	51.5	15.2	2.73

[표 2-106] 사회경제적 지위 상승 가능성 – 40~50대(계속)

구분		사례 수	① 매우 낮다	② 다소 낮다	③ 보통이다	④ 다소 높다	⑤ 매우 높다	종합 낮다	종합 보통이다	종합 높다	[평균]
전체		(500)	8.0	20.2	56.4	14.4	1.0	28.2	56.4	15.4	2.80
가구원 수	1인	(64)	17.2	15.6	60.9	6.3	0.0	32.8	60.9	6.3	2.56
	2인	(68)	7.4	26.5	47.1	16.2	2.9	33.8	47.1	19.1	2.81
	3인	(175)	9.1	20.6	53.7	16.0	0.6	29.7	53.7	16.6	2.78
	4인 이상	(193)	4.1	19.2	60.6	15.0	1.0	23.3	60.6	16.1	2.90
이념 성향	진보	(126)	9.5	27.8	46.0	16.7	0.0	37.3	46.0	16.7	2.70
	중도	(218)	9.2	17.0	64.2	8.7	0.9	26.1	64.2	9.6	2.75
	보수	(156)	5.1	18.6	53.8	20.5	1.9	23.7	53.8	22.4	2.96
직업	화이트칼라	(328)	4.0	20.4	57.3	16.8	1.5	24.4	57.3	18.3	2.91
	블루칼라	(61)	14.8	26.2	49.2	9.8	0.0	41.0	49.2	9.8	2.54
	주부/무직/기타	(111)	16.2	16.2	57.7	9.9	0.0	32.4	57.7	9.9	2.61
고용 형태	상용직 임금근로자	(314)	4.1	22.0	57.0	15.6	1.3	26.1	57.0	16.9	2.88
	임시/일용/특수직 근로자	(39)	17.9	28.2	41.0	10.3	2.6	46.2	41.0	12.8	2.51
	자영업자/무급가족종사자	(31)	6.5	9.7	64.5	19.4	0.0	16.1	64.5	19.4	2.97
권역	도심권	(25)	4.0	16.0	52.0	24.0	4.0	20.0	52.0	28.0	3.08
	동북권	(155)	9.0	23.9	54.8	12.3	0.0	32.9	54.8	12.3	2.70
	서북권	(60)	10.0	20.0	63.3	6.7	0.0	30.0	63.3	6.7	2.67
	서남권	(149)	8.1	20.8	51.7	16.8	2.7	28.9	51.7	19.5	2.85
	동남권	(111)	6.3	15.3	62.2	16.2	0.0	21.6	62.2	16.2	2.88

현재 세대 대비 자녀 세대의 사회경제적 지위 상승 가능성

◈ 20~30대

20~30대가 생각하는 현재 세대 대비 자녀 세대의 사회경제적 지위 상승 가능성은 '높다(매우 높다+다소 높다)'라고 응답한 비율은 29.3%, '낮다(매우 낮다+다소 낮다)'라고 응답한 비율은 21.7%로 나타남. 5점 만점 기준으로는 3.07점으로 나타남

[그림 2-79] 현재 세대 대비 자녀 세대의 사회경제적 지위 상승 가능성 - 20~30대

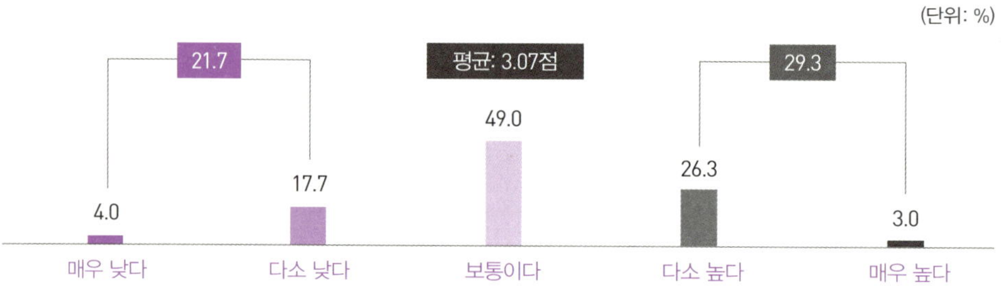

5점 평균을 상세분석한 결과, 성별로는 남성(3.08점)에서 높게 나타났고 연령별로는 20대(3.14점), 학력별로는 대재(전문대/대학교)(3.20점), 고졸 이하(3.10점), 가구 소득별로는 500~700만 원 미만 (3.26점), 700만 원 이상(3.11점), 혼인상태별로는 동거/사별/이혼/별거(3.23점), 기혼(3.14점), 가구원 수별로는 3인(3.15점), 4인 이상(3.09점), 이념 성향별로는 보수(3.26점), 직업별로는 학생(3.14점), 화이트칼라(3.11점), 고용형태별로는 자영업자/무급가족종사자(3.45점), 권역별로는 도심권(3.13점), 동남권(3.07점)에서 높게 나타남

◈ 40~50대

40~50대의 경우 '높다(매우 높다+다소 높다)'라고 응답한 비율은 28.8%, '낮다(매우 낮다+다소 낮다)'라고 응답한 비율은 17.8%로 나타남. 5점 만점 기준으로는 3.08점으로 나타남

[그림 2-80] 현재 세대 대비 자녀 세대의 사회경제적 지위 상승 가능성 – 40~50대

5점 평균을 상세분석한 결과, 성별로는 여성(3.12점)에서 높게 나타났고 연령별로는 40~50대가 동일하게 나타났으며(3.08점), 학력별로는 대재(전문대/대학교)(3.44점), 가구 소득별로는 700만 원 이상(3.24점), 500~700만 원 미만(3.11점), 혼인상태별로는 동거/사별/이혼/별거(3.18점), 기혼(3.15점), 가구원 수별로는 4인 이상 (3.16점), 3인(3.10점), 이념 성향별로는 보수(3.23점), 직업별로는 화이트칼라(3.12점), 고용형태별로는 상용직 임금근로자(3.10점), 자영업자/무급가족종사자(3.10점), 권역별로는 도심권(3.24점), 동남권(3.22점)에서 높게 나타남

[표 2-107] 현재 세대 대비 자녀 세대의 사회경제적 지위 상승 가능성 - 20~30대

구분		사례 수	① 매우 낮다	② 다소 낮다	③ 보통이다	④ 다소 높다	⑤ 매우 높다	종합			[평균]
								낮다	보통이다	높다	
전체		(1,000)	4.0	17.7	49.0	26.3	3.0	21.7	49.0	29.3	3.07
성별	남성	(490)	5.1	15.9	48.2	27.3	3.5	21.0	48.2	30.8	3.08
	여성	(510)	2.9	19.4	49.8	25.3	2.5	22.4	49.8	27.8	3.05
연령	20대	(498)	3.0	16.1	48.9	28.2	3.8	19.1	48.9	32.1	3.14
	30대	(502)	5.0	19.3	49.2	24.3	2.2	24.3	49.2	26.5	2.99
학력	고졸 이하	(97)	3.1	18.9	48.1	24.7	5.2	22.0	48.1	29.8	3.10
	대재	(127)	3.9	12.5	47.8	31.1	4.8	16.4	47.8	35.9	3.20
	대졸	(677)	4.0	18.7	48.4	26.3	2.5	22.7	48.4	28.9	3.05
	대학원 이상	(99)	5.0	16.1	55.7	21.1	2.0	21.1	55.7	23.1	2.99
가구 소득	200만 원 미만	(102)	3.9	17.3	54.2	19.5	5.0	21.3	54.2	24.5	3.04
	200~300만 원 미만	(148)	6.7	14.9	52.8	24.4	1.3	21.5	52.8	25.7	2.99
	300~500만 원 미만	(287)	5.3	21.0	50.0	21.9	1.7	26.3	50.0	23.7	2.94
	500~700만 원 미만	(196)	1.5	14.2	45.2	35.0	4.1	15.8	45.2	39.1	3.26
	700만 원 이상	(267)	3.0	18.4	46.7	28.1	3.7	21.4	46.7	31.9	3.11
혼인 상태	기혼	(220)	2.7	14.5	51.4	29.1	2.3	17.3	51.4	31.4	3.14
	미혼	(745)	4.4	18.7	48.8	25.0	3.1	23.1	48.8	28.2	3.04
	동거/사별/이혼/별거	(35)	2.9	17.2	39.9	34.3	5.7	20.1	39.9	40.0	3.23

[표 2-107] 현재 세대 대비 자녀 세대의 사회경제적 지위 상승 가능성 - 20~30대(계속)

구분		사례 수	① 매우 낮다	② 다소 낮다	③ 보통이다	④ 다소 높다	⑤ 매우 높다	종합			[평균]
								낮다	보통이다	높다	
전체		(1,000)	4.0	17.7	49.0	26.3	3.0	21.7	49.0	29.3	3.07
가구원 수	1인	(218)	6.9	15.9	56.7	17.2	3.3	22.8	56.7	20.5	2.94
	2인	(159)	3.2	20.1	47.5	28.6	0.6	23.3	47.5	29.2	3.03
	3인	(290)	2.7	15.9	47.3	32.0	2.1	18.6	47.3	34.1	3.15
	4인 이상	(333)	3.6	19.3	46.3	26.1	4.8	22.8	46.3	30.9	3.09
이념 성향	진보	(231)	5.7	21.7	46.7	24.6	1.3	27.3	46.7	25.9	2.94
	중도	(429)	4.2	19.3	53.5	20.9	2.1	23.5	53.5	23.0	2.97
	보수	(341)	2.6	13.0	45.0	34.1	5.3	15.6	45.0	39.4	3.26
직업	화이트칼라	(644)	3.0	16.6	50.5	26.6	3.3	19.6	50.5	29.9	3.11
	블루칼라	(141)	5.7	18.4	45.4	29.1	1.4	24.1	45.4	30.5	3.02
	학생	(106)	2.7	17.0	47.7	28.7	3.8	19.8	47.7	32.5	3.14
	주부/무직/기타	(109)	9.0	23.6	46.3	18.3	2.7	32.6	46.3	21.1	2.82
고용 형태	상용직 임금근로자	(620)	2.9	18.5	49.6	27.4	1.5	21.5	49.6	28.9	3.06
	임시/일용/특수직 근로자	(97)	7.2	12.3	55.8	19.5	5.1	19.5	55.8	24.7	3.03
	자영업자/무급가족종사자	(58)	3.5	8.6	41.5	32.6	13.8	12.1	41.5	46.4	3.45
권역	도심권	(50)	4.0	15.1	50.9	24.0	6.0	19.1	50.9	30.0	3.13
	동북권	(295)	4.1	18.3	48.2	26.4	3.1	22.4	48.2	29.4	3.06
	서북권	(123)	4.0	19.8	47.1	25.0	4.2	23.8	47.1	29.2	3.06
	서남권	(329)	3.3	17.7	50.6	26.2	2.1	21.0	50.6	28.3	3.06
	동남권	(203)	5.0	16.2	48.3	27.5	3.0	21.2	48.3	30.5	3.07

[표 2-108] 현재 세대 대비 자녀 세대의 사회경제적 지위 상승 가능성 – 40~50대

구분		사례 수	① 매우 낮다	② 다소 낮다	③ 보통이다	④ 다소 높다	⑤ 매우 높다	종합			[평균]
								낮다	보통이다	높다	
전체		(500)	4.0	13.8	53.4	27.4	1.4	17.8	53.4	28.8	3.08
성별	남성	(247)	4.5	14.2	55.1	25.1	1.2	18.6	55.1	26.3	3.04
	여성	(253)	3.6	13.4	51.8	29.6	1.6	17.0	51.8	31.2	3.12
연령	40대	(248)	3.6	14.5	52.8	27.8	1.2	18.1	52.8	29.0	3.08
	50대	(252)	4.4	13.1	54.0	27.0	1.6	17.5	54.0	28.6	3.08
학력	고졸 이하	(61)	8.2	11.5	55.7	24.6	0.0	19.7	55.7	24.6	2.97
	대재	(16)	0.0	6.3	50.0	37.5	6.3	6.3	50.0	43.8	3.44
	대졸	(365)	3.3	14.5	54.0	26.8	1.4	17.8	54.0	28.2	3.08
	대학원 이상	(58)	5.2	13.8	48.3	31.0	1.7	19.0	48.3	32.8	3.10
가구 소득	200만 원 미만	(45)	11.1	17.8	48.9	22.2	0.0	28.9	48.9	22.2	2.82
	200~300만 원 미만	(41)	12.2	19.5	41.5	26.8	0.0	31.7	41.5	26.8	2.83
	300~500만 원 미만	(125)	3.2	14.4	59.2	22.4	0.8	17.6	59.2	23.2	3.03
	500~700만 원 미만	(129)	3.1	16.3	48.1	31.8	0.8	19.4	48.1	32.6	3.11
	700만 원 이상	(160)	1.3	8.8	57.5	29.4	3.1	10.0	57.5	32.5	3.24
혼인 상태	기혼	(340)	2.9	12.1	53.8	29.4	1.8	15.0	53.8	31.2	3.15
	미혼	(127)	7.1	17.3	55.9	19.7	0.0	24.4	55.9	19.7	2.88
	동거/사별/이혼/별거	(33)	3.0	18.2	39.4	36.4	3.0	21.2	39.4	39.4	3.18

[표 2-108] 현재 세대 대비 자녀 세대의 사회경제적 지위 상승 가능성 – 40~50대(계속)

구분		사례 수	① 매우 낮다	② 다소 낮다	③ 보통이다	④ 다소 높다	⑤ 매우 높다	종합			[평균]
								낮다	보통이다	높다	
전체		(500)	4.0	13.8	53.4	27.4	1.4	17.8	53.4	28.8	3.08
가구원 수	1인	(64)	7.8	14.1	54.7	21.9	1.6	21.9	54.7	23.4	2.95
	2인	(68)	1.5	26.5	47.1	25.0	0.0	27.9	47.1	25.0	2.96
	3인	(175)	5.1	10.9	52.6	31.4	0.0	16.0	52.6	31.4	3.10
	4인 이상	(193)	2.6	11.9	56.0	26.4	3.1	14.5	56.0	29.5	3.16
이념 성향	진보	(126)	4.8	19.8	47.6	27.0	0.8	24.6	47.6	27.8	2.99
	중도	(218)	4.6	13.3	57.3	23.9	0.9	17.9	57.3	24.8	3.03
	보수	(156)	2.6	9.6	52.6	32.7	2.6	12.2	52.6	35.3	3.23
직업	화이트칼라	(328)	2.7	12.8	55.8	27.1	1.5	15.5	55.8	28.7	3.12
	블루칼라	(61)	11.5	16.4	34.4	36.1	1.6	27.9	34.4	37.7	3.00
	주부/무직/기타	(111)	3.6	15.3	56.8	23.4	0.9	18.9	56.8	24.3	3.03
고용 형태	상용직 임금근로자	(314)	2.9	14.0	55.1	26.4	1.6	16.9	55.1	28.0	3.10
	임시/일용/특수직 근로자	(39)	10.3	15.4	33.3	41.0	0.0	25.6	33.3	41.0	3.05
	자영업자/무급가족종사자	(31)	9.7	6.5	51.6	29.0	3.2	16.1	51.6	32.3	3.10
권역	도심권	(25)	0.0	12.0	60.0	20.0	8.0	12.0	60.0	28.0	3.24
	동북권	(155)	4.5	14.8	53.5	25.8	1.3	19.4	53.5	27.1	3.05
	서북권	(60)	6.7	13.3	56.7	23.3	0.0	20.0	56.7	23.3	2.97
	서남권	(149)	3.4	17.4	51.7	26.2	1.3	20.8	51.7	27.5	3.05
	동남권	(111)	3.6	8.1	52.3	35.1	0.9	11.7	52.3	36.0	3.22

경제적 양극화 심각 정도

◈ 20~30대

20~30대가 생각하는 경제적 양극화 심각 정도는 '심각하다(매우 심각하다+심각한 편이다)'라고 응답한 비율은 89.1%, '심각하지 않다(전혀 심각하지 않다+심각하지 않은 편이다)'라고 응답한 비율은 10.9%로 나타남

[그림 2-81] 경제적 양극화 심각 정도 – 20~30대

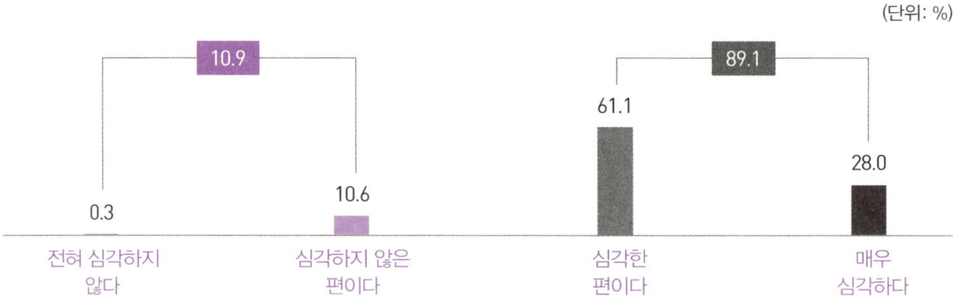

'심각하다'에 대한 상세분석 결과, 성별로는 여성(90.8%)에서 높게 나타났고 연령별로는 30대(91.8%), 학력별로는 고졸 이하(95.9%), 대학원 이상(93.1%), 가구 소득별로는 300~500만 원 미만(91.0%), 700만 원 이상(90.2%), 혼인상태별로는 미혼(89.4%), 가구원 수별로는 3인(90.4%), 1인(90.0%), 이념 성향별로는 중도(90.1%), 진보(90.0%), 직업별로는 블루칼라(90.2%), 주부/무직/기타(89.9%), 고용형태별로는 상용직 임금근로자(90.3%), 임시/일용/특수직 근로자(90.1%), 권역별로는 도심권(90.9%)에서 높게 나타남

◈ 40~50대

40~50대의 경우 '심각하다(매우 심각하다+심각한 편이다)'라고 응답한 비율은 91.2%, '심각하지 않다(전혀 심각하지 않다+심각하지 않은 편이다)'라고 응답한 비율은 8.8%로 나타남

[그림 2-82] 경제적 양극화 심각 정도 – 40~50대

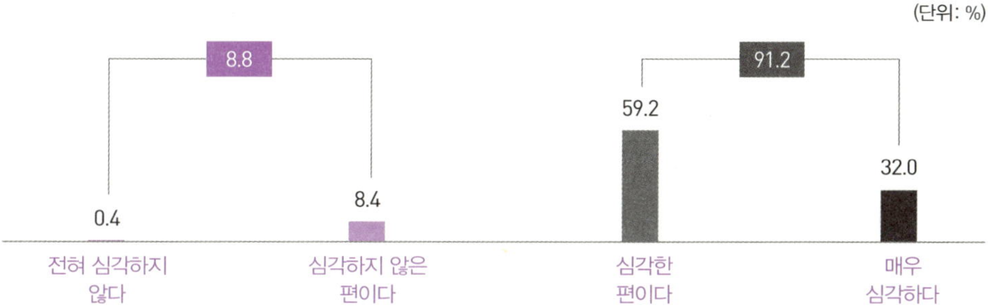

'심각하다'에 대한 상세분석 결과, 성별로는 여성(91.7%)에서 높게 나타났고 연령별로는 50대(93.3%), 학력별로는 대학원 이상(100.0%), 가구 소득별로는 300~500만 원 미만(92.8%), 500~700만 원 미만(92.2%), 혼인상태별로는 동거/사별/이혼/별거(93.9%), 기혼(91.8%), 가구원 수별로는 4인 이상(93.8%), 2인(92.6%), 이념 성향별로는 진보(93.7%), 중도(92.2%), 직업별로는 주부/무직/기타(91.9%), 고용형태별로는 자영업자/무급가족종사자(96.8%), 임시/일용/특수직 근로자(92.3%), 권역별로는 도심권(96.0%), 동북권(93.5%)에서 높게 나타남

[표 2-109] 경제적 양극화 심각 정도 – 20~30대

구분		사례 수	① 전혀 심각하지 않다	② 심각하지 않은 편이다	③ 심각한 편이다	④ 매우 심각하다	종합	
							심각하지 않다	심각하다
전체		(1,000)	0.3	10.6	61.1	28.0	10.9	89.1
성별	남성	(490)	0.4	12.3	62.2	25.1	12.7	87.3
	여성	(510)	0.2	9.0	60.0	30.8	9.2	90.8
연령	20대	(498)	0.4	13.3	61.0	25.3	13.7	86.3
	30대	(502)	0.2	8.0	61.2	30.7	8.2	91.8
학력	고졸 이하	(97)	0.0	4.1	68.1	27.8	4.1	95.9
	대재	(127)	0.0	15.3	62.2	22.5	15.3	84.7
	대졸	(677)	0.3	11.4	59.3	29.0	11.7	88.3
	대학원 이상	(99)	1.0	5.9	65.1	28.0	6.9	93.1
가구 소득	200만 원 미만	(102)	0.0	18.1	53.9	28.0	18.1	81.9
	200~300만 원 미만	(148)	0.7	11.2	58.6	29.5	11.9	88.1
	300~500만 원 미만	(287)	0.0	9.0	61.6	29.4	9.0	91.0
	500~700만 원 미만	(196)	0.0	10.7	62.0	27.3	10.7	89.3
	700만 원 이상	(267)	0.7	9.1	64.1	26.1	9.8	90.2
혼인 상태	기혼	(220)	0.0	11.8	66.4	21.8	11.8	88.2
	미혼	(745)	0.4	10.2	59.7	29.6	10.6	89.4
	동거/사별/이혼/별거	(35)	0.0	11.5	56.9	31.6	11.5	88.5

[표 2-109] 경제적 양극화 심각 정도 - 20~30대(계속)

구분		사례 수	① 전혀 심각하지 않다	② 심각하지 않은 편이다	③ 심각한 편이다	④ 매우 심각하다	종합	
							심각하지 않다	심각하다
전체		(1,000)	0.3	10.6	61.1	28.0	10.9	89.1
가구원 수	1인	(218)	0.5	9.6	59.6	30.3	10.0	90.0
	2인	(159)	0.0	13.4	53.4	33.2	13.4	86.6
	3인	(290)	0.0	9.6	66.0	24.3	9.6	90.4
	4인 이상	(333)	0.6	10.8	61.4	27.1	11.4	88.6
이념 성향	진보	(231)	0.0	10.0	52.0	38.0	10.0	90.0
	중도	(429)	0.5	9.4	61.3	28.7	9.9	90.1
	보수	(341)	0.3	12.5	66.9	20.2	12.8	87.2
직업	화이트칼라	(644)	0.5	9.8	62.1	27.7	10.2	89.8
	블루칼라	(141)	0.0	9.8	61.8	28.4	9.8	90.2
	학생	(106)	0.0	17.5	55.4	27.1	17.5	82.5
	주부/무직/기타	(109)	0.0	10.1	59.8	30.1	10.1	89.9
고용 형태	상용직 임금근로자	(620)	0.2	9.5	62.0	28.4	9.7	90.3
	임시/일용/특수직 근로자	(97)	0.0	9.9	60.2	29.9	9.9	90.1
	자영업자/무급가족종사자	(58)	3.5	8.6	68.9	19.0	12.1	87.9
권역	도심권	(50)	2.0	7.1	54.3	36.6	9.1	90.9
	동북권	(295)	0.3	10.6	59.5	29.5	11.0	89.0
	서북권	(123)	0.8	10.5	62.7	26.0	11.3	88.7
	서남권	(329)	0.0	11.0	63.0	26.0	11.0	89.0
	동남권	(203)	0.0	10.9	60.9	28.2	10.9	89.1

[표 2-110] 경제적 양극화 심각 정도 – 40~50대

구분		사례 수	① 전혀 심각하지 않다	② 심각하지 않은 편이다	③ 심각한 편이다	④ 매우 심각하다	종합	
							심각하지 않다	심각하다
전체		(500)	0.4	8.4	59.2	32.0	8.8	91.2
성별	남성	(247)	0.8	8.5	59.5	31.2	9.3	90.7
	여성	(253)	0.0	8.3	58.9	32.8	8.3	91.7
연령	40대	(248)	0.8	10.1	56.0	33.1	10.9	89.1
	50대	(252)	0.0	6.7	62.3	31.0	6.7	93.3
학력	고졸 이하	(61)	0.0	6.6	65.6	27.9	6.6	93.4
	대재	(16)	0.0	6.3	81.3	12.5	6.3	93.8
	대졸	(365)	0.5	10.1	57.5	31.8	10.7	89.3
	대학원 이상	(58)	0.0	0.0	56.9	43.1	0.0	100.0
가구 소득	200만 원 미만	(45)	0.0	11.1	57.8	31.1	11.1	88.9
	200~300만 원 미만	(41)	0.0	14.6	36.6	48.8	14.6	85.4
	300~500만 원 미만	(125)	0.0	7.2	63.2	29.6	7.2	92.8
	500~700만 원 미만	(129)	0.0	7.8	55.8	36.4	7.8	92.2
	700만 원 이상	(160)	1.3	7.5	65.0	26.3	8.8	91.3
혼인 상태	기혼	(340)	0.6	7.6	61.8	30.0	8.2	91.8
	미혼	(127)	0.0	11.0	57.5	31.5	11.0	89.0
	동거/사별/이혼/별거	(33)	0.0	6.1	39.4	54.5	6.1	93.9

[표 2-110] 경제적 양극화 심각 정도 – 40~50대(계속)

구분		사례 수	① 전혀 심각하지 않다	② 심각하지 않은 편이다	③ 심각한 편이다	④ 매우 심각하다	종합	
							심각하지 않다	심각하다
전체		(500)	0.4	8.4	59.2	32.0	8.8	91.2
가구원 수	1인	(64)	0.0	12.5	53.1	34.4	12.5	87.5
	2인	(68)	0.0	7.4	60.3	32.4	7.4	92.6
	3인	(175)	0.0	10.9	56.6	32.6	10.9	89.1
	4인 이상	(193)	1.0	5.2	63.2	30.6	6.2	93.8
이념 성향	진보	(126)	0.8	5.6	43.7	50.0	6.3	93.7
	중도	(218)	0.5	7.3	62.4	29.8	7.8	92.2
	보수	(156)	0.0	12.2	67.3	20.5	12.2	87.8
직업	화이트칼라	(328)	0.6	8.2	60.1	31.1	8.8	91.2
	블루칼라	(61)	0.0	9.8	62.3	27.9	9.8	90.2
	주부/무직/기타	(111)	0.0	8.1	55.0	36.9	8.1	91.9
고용 형태	상용직 임금근로자	(314)	0.6	9.2	59.6	30.6	9.9	90.1
	임시/일용/특수직 근로자	(39)	0.0	7.7	61.5	30.8	7.7	92.3
	자영업자/무급가족종사자	(31)	0.0	3.2	71.0	25.8	3.2	96.8
권역	도심권	(25)	0.0	4.0	60.0	36.0	4.0	96.0
	동북권	(155)	0.6	5.8	61.9	31.6	6.5	93.5
	서북권	(60)	0.0	11.7	61.7	26.7	11.7	88.3
	서남권	(149)	0.0	10.1	55.0	34.9	10.1	89.9
	동남권	(111)	0.9	9.0	59.5	30.6	9.9	90.1

3 문화자본 측면

1) 정체성

한국사람으로서의 자부심

◈ 20~30대

20~30대가 느끼는 한국사람으로서의 자부심을 살펴보면, '자부심을 느낀다'라고 응답한 비율은 61.1%, '자부심을 느끼지 않는다'라고 응답한 비율은 14.4%로 나타남. 10점 만점 기준으로는 6.01점으로 나타남

[그림 2-83] 한국사람으로서의 자부심 – 20~30대

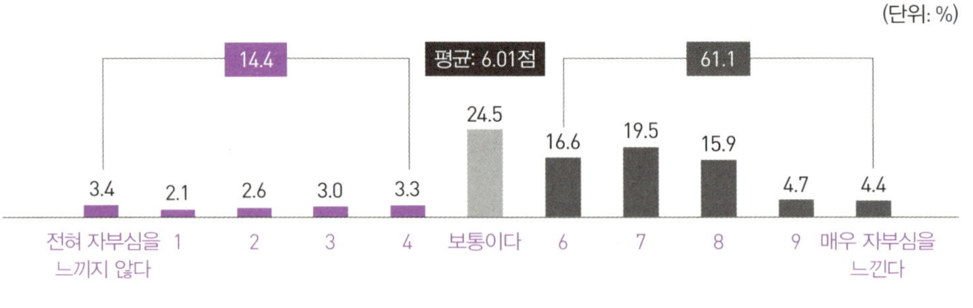

10점 평균을 상세분석한 결과, 성별로는 여성(6.07점)에서 높게 나타났고 연령별로는 20대(6.04점), 학력별로는 대졸(전문대/대학교 졸업)(6.10점), 대학원 이상(6.06점), 가구 소득별로는 500~700만 원 미만(6.16점), 700만 원 이상(6.07점), 혼인상태별로는 기혼(6.36점), 가구원 수별로는 4인 이상(6.24점), 이념 성향별로는 보수(6.27점), 진보

(6.20점), 직업별로는 학생(6.26점), 화이트칼라(6.06점), 고용형태별로는 자영업자/무급가족종사자(6.04점), 상용직 임금근로자(6.03점), 권역별로는 동남권(6.19점), 서남권(6.05점)에서 높게 나타남

◈ 40~50대

40~50대가 '자부심을 느낀다'라고 응답한 비율은 67.6%, '자부심을 느끼지 않는다'라고 응답한 비율은 10.8%로 나타남. 10점 만점 기준으로는 6.36점으로 나타남

[그림 2-84] 한국사람으로서의 자부심 - 40~50대

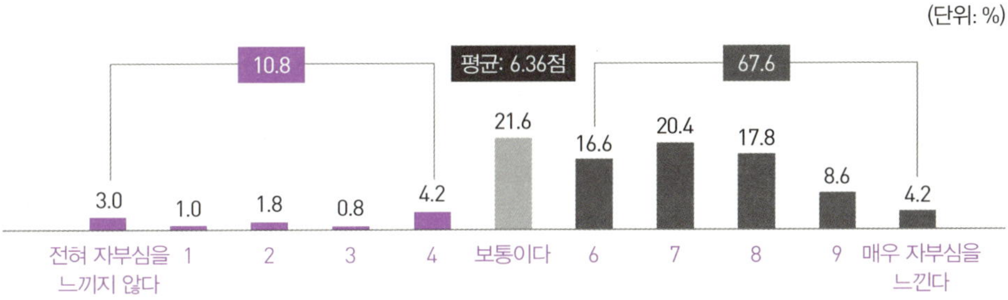

10점 평균을 상세분석한 결과, 성별로는 여성(6.44점)에서 높게 나타났고 연령별로는 50대(6.40점), 학력별로는 대재(전문대/대학교)(6.94점), 대학원 이상(6.71점), 가구 소득별로는 700만 원 이상(6.49점), 500~700만 원 미만(6.45점), 혼인상태별로는 기혼(6.52점), 가구원 수별로는 1인(6.48점), 4인 이상(6.37점), 이념 성향별로는 진보(6.66점), 보수(6.46점), 직업별로는 주부/무직/기타(6.51점), 고용형태별로는 상용직 임금근로자(6.37점), 권역별로는 동남권(6.45점), 도심권(6.44점)에서 높게 나타남

[표 2-111] 한국사람으로서의 자부심 - 20~30대

구분		사례수	⓪ 전혀 자부심을 느끼지 않는다	①	②	③	④	⑤ 보통이다	⑥	⑦	⑧	⑨	⑩ 매우 자부심을 느낀다	[평균]
전체		(1,000)	3.4	2.1	2.6	3.0	3.3	24.5	16.6	19.5	15.9	4.7	4.4	6.01
성별	남성	(490)	3.7	2.6	3.4	3.7	3.4	21.1	19.4	17.9	15.1	4.1	5.7	5.96
	여성	(510)	3.1	1.6	2.0	2.4	3.1	27.8	13.9	21.0	16.7	5.3	3.1	6.07
연령	20대	(498)	2.7	2.7	2.7	3.2	3.0	24.7	15.1	20.6	16.7	3.8	4.8	6.04
	30대	(502)	4.2	1.4	2.6	2.8	3.6	24.3	18.1	18.3	15.1	5.6	4.0	5.99
학력	고졸 이하	(97)	5.2	6.3	4.4	4.0	4.1	23.7	11.2	23.3	10.3	2.1	5.3	5.47
	대재	(127)	0.8	4.7	3.3	1.6	1.5	26.3	20.7	23.2	11.8	2.4	3.9	5.94
	대졸	(677)	3.4	1.1	2.2	3.4	3.2	23.9	17.0	19.1	17.0	5.5	4.0	6.10
	대학원 이상	(99)	5.0	1.0	3.0	1.0	5.0	27.2	13.8	12.9	19.0	4.9	7.0	6.06
가구소득	200만 원 미만	(102)	2.0	6.3	2.1	1.9	2.0	24.5	15.9	23.3	12.1	2.9	7.1	5.99
	200~300만 원 미만	(148)	2.7	1.3	2.0	4.0	4.5	29.5	16.1	19.1	12.1	4.0	4.7	5.93
	300~500만 원 미만	(287)	3.1	2.2	3.2	3.1	3.1	26.7	16.7	18.0	15.7	4.2	3.8	5.92
	500~700만 원 미만	(196)	3.8	2.6	1.5	4.1	1.5	18.8	19.0	19.2	20.3	5.1	4.0	6.16
	700만 원 이상	(267)	4.5	0.4	3.4	1.9	4.5	23.6	15.2	19.9	16.5	6.0	4.1	6.07
혼인상태	기혼	(220)	3.2	0.0	0.0	2.3	2.7	22.5	19.8	22.7	16.8	6.8	3.2	6.36
	미혼	(745)	3.7	2.8	3.3	3.2	3.3	24.9	15.5	18.5	15.7	4.3	4.8	5.92
	동거/사별/이혼/별거	(35)	0.0	0.0	5.7	2.6	5.7	28.5	20.1	20.1	14.4	0.0	2.9	5.90

[표 2-111] 한국사람으로서의 자부심 - 20~30대(계속)

구분		사례수	⓪ 전혀 자부심을 느끼지 않는다	①	②	③	④	⑤ 보통이다	⑥	⑦	⑧	⑨	⑩ 매우 자부심을 느낀다	[평균]
전체		(1,000)	3.4	2.1	2.6	3.0	3.3	24.5	16.6	19.5	15.9	4.7	4.4	6.01
가구원수	1인	(218)	3.7	0.4	3.3	3.3	3.7	31.7	14.7	16.6	16.1	2.3	4.1	5.86
	2인	(159)	4.4	3.2	2.5	1.8	3.1	24.3	18.8	21.1	13.8	3.1	3.8	5.85
	3인	(290)	3.6	2.7	2.8	2.8	2.4	25.2	15.6	21.2	15.9	4.1	3.8	5.96
	4인 이상	(333)	2.7	2.0	2.2	3.6	3.8	19.4	17.7	18.9	16.8	7.5	5.4	6.24
이념성향	진보	(231)	3.4	1.3	3.0	1.8	3.5	19.1	19.9	19.9	16.9	7.8	3.4	6.20
	중도	(429)	3.8	2.5	3.1	4.2	3.7	33.4	14.5	12.1	13.5	4.2	5.1	5.71
	보수	(341)	2.9	2.1	1.8	2.4	2.6	17.0	17.0	28.4	18.4	3.2	4.1	6.27
직업	화이트칼라	(644)	4.4	1.5	1.9	3.0	3.6	23.0	15.6	20.8	17.1	5.1	4.0	6.06
	블루칼라	(141)	2.8	3.4	4.2	4.2	3.5	26.0	16.9	16.2	13.5	4.2	5.0	5.79
	학생	(106)	0.9	1.9	5.0	2.8	1.9	21.5	17.1	19.5	18.2	5.6	5.6	6.26
	주부/무직/기타	(109)	0.9	3.8	2.7	1.8	2.6	34.6	21.4	15.6	10.1	1.8	4.6	5.79
고용형태	상용직 임금근로자	(620)	4.1	1.7	2.3	3.3	3.8	22.6	15.7	20.5	16.9	5.5	3.7	6.03
	임시/일용/특수직 근로자	(97)	5.1	3.1	1.0	4.0	3.1	27.4	18.4	16.3	15.3	2.1	4.2	5.74
	자영업자/무급가족종사자	(58)	3.5	1.6	5.2	1.7	1.7	25.9	13.9	22.4	13.8	3.5	6.9	6.04
권역	도심권	(50)	4.0	5.0	0.0	4.0	4.0	21.1	15.6	15.1	21.2	8.0	2.0	5.99
	동북권	(295)	2.8	2.7	3.1	3.1	2.7	25.8	17.1	21.3	14.0	3.7	3.7	5.92
	서북권	(123)	3.3	2.5	6.0	3.2	0.8	23.5	22.0	14.4	15.4	3.3	5.7	5.87
	서남권	(329)	3.3	1.5	2.1	3.0	4.8	24.6	15.2	19.8	16.2	5.8	3.6	6.05
	동남권	(203)	4.4	1.0	1.5	2.6	3.0	24.1	15.2	20.3	17.2	4.4	6.4	6.19

[표 2-112] 한국사람으로서의 자부심 – 40~50대

구분		사례수	⓪ 전혀 자부심을 느끼지 않는다	①	②	③	④	⑤ 보통이다	⑥	⑦	⑧	⑨	⑩ 매우 자부심을 느낀다	[평균]
전체		(500)	3.0	1.0	1.8	0.8	4.2	21.6	16.6	20.4	17.8	8.6	4.2	6.36
성별	남성	(247)	2.8	1.6	3.2	0.8	3.2	22.7	15.8	19.8	16.6	8.9	4.5	6.28
	여성	(253)	3.2	0.4	0.4	0.8	5.1	20.6	17.4	20.9	19.0	8.3	4.0	6.44
연령	40대	(248)	2.8	1.2	0.8	0.0	4.4	25.4	17.3	20.2	16.5	6.5	4.8	6.31
	50대	(252)	3.2	0.8	2.8	1.6	4.0	17.9	15.9	20.6	19.0	10.7	3.6	6.40
학력	고졸 이하	(61)	6.6	1.6	1.6	1.6	4.9	18.0	14.8	21.3	18.0	8.2	3.3	6.08
	대재	(16)	0.0	0.0	0.0	0.0	6.3	18.8	18.8	18.8	18.8	6.3	12.5	6.94
	대졸	(365)	2.5	1.1	2.2	0.5	4.4	22.2	16.4	20.8	18.9	8.2	2.7	6.33
	대학원 이상	(58)	3.4	0.0	0.0	1.7	1.7	22.4	19.0	17.2	10.3	12.1	12.1	6.71
가구 소득	200만 원 미만	(45)	4.4	0.0	2.2	2.2	8.9	35.6	6.7	15.6	11.1	8.9	4.4	5.87
	200~300만 원 미만	(41)	7.3	0.0	0.0	2.4	7.3	22.0	17.1	14.6	19.5	7.3	2.4	5.98
	300~500만 원 미만	(125)	2.4	0.8	1.6	0.0	1.6	26.4	14.4	24.0	17.6	9.6	1.6	6.40
	500~700만 원 미만	(129)	3.1	0.8	2.3	0.8	6.2	18.6	14.7	19.4	18.6	8.5	7.0	6.45
	700만 원 이상	(160)	1.9	1.9	1.9	0.6	2.5	16.3	22.5	21.3	18.8	8.1	4.4	6.49
혼인 상태	기혼	(340)	1.8	1.5	1.5	0.6	3.8	17.9	18.8	22.4	18.2	10.0	3.5	6.52
	미혼	(127)	5.5	0.0	2.4	0.8	4.7	33.1	11.8	15.0	15.0	6.3	5.5	5.98
	동거/사별/이혼/별거	(33)	6.1	0.0	3.0	3.0	6.1	15.2	12.1	21.2	24.2	3.0	6.1	6.18

[표 2-112] 한국사람으로서의 자부심 - 40~50대(계속)

구분		사례수	⓪ 전혀 자부심을 느끼지 않는다	①	②	③	④	⑤ 보통이다	⑥	⑦	⑧	⑨	⑩ 매우 자부심을 느낀다	[평균]
전체		(500)	3.0	1.0	1.8	0.8	4.2	21.6	16.6	20.4	17.8	8.6	4.2	6.36
가구원 수	1인	(64)	3.1	0.0	1.6	1.6	3.1	23.4	12.5	23.4	17.2	6.3	7.8	6.48
	2인	(68)	2.9	0.0	0.0	2.9	8.8	25.0	13.2	22.1	10.3	10.3	4.4	6.22
	3인	(175)	4.0	0.0	1.7	0.0	5.7	23.4	16.0	15.4	19.4	10.3	4.0	6.35
	4인 이상	(193)	2.1	2.6	2.6	0.5	1.6	18.1	19.7	23.3	19.2	7.3	3.1	6.37
이념 성향	진보	(126)	2.4	1.6	0.8	0.8	6.3	15.9	15.9	19.0	16.7	12.7	7.9	6.66
	중도	(218)	2.3	1.4	2.3	0.9	4.6	27.5	17.0	18.3	17.4	5.0	3.2	6.12
	보수	(156)	4.5	0.0	1.9	0.6	1.9	17.9	16.7	24.4	19.2	10.3	2.6	6.46
직업	화이트칼라	(328)	3.0	1.2	1.8	1.2	3.4	20.4	17.7	21.3	18.3	7.0	4.6	6.35
	블루칼라	(61)	3.3	1.6	3.3	0.0	8.2	23.0	13.1	18.0	13.1	14.8	1.6	6.15
	주부/무직/기타	(111)	2.7	0.0	0.9	0.0	4.5	24.3	15.3	18.9	18.9	9.9	4.5	6.51
고용 형태	상용직 임금근로자	(314)	2.5	1.3	1.9	1.3	3.8	20.1	17.2	22.6	17.5	7.3	4.5	6.37
	임시/일용/특수직 근로자	(39)	10.3	0.0	2.6	0.0	5.1	25.6	15.4	10.3	17.9	10.3	2.6	5.79
	자영업자/무급가족종사자	(31)	0.0	3.2	3.2	0.0	6.5	22.6	19.4	16.1	16.1	9.7	3.2	6.26
권역	도심권	(25)	4.0	0.0	0.0	0.0	4.0	24.0	20.0	20.0	12.0	8.0	8.0	6.44
	동북권	(155)	3.9	0.0	2.6	0.6	5.2	21.3	12.3	18.1	21.3	9.7	5.2	6.43
	서북권	(60)	3.3	0.0	3.3	1.7	0.0	23.3	18.3	23.3	13.3	8.3	5.0	6.33
	서남권	(149)	3.4	1.3	2.0	0.7	6.0	19.5	17.4	23.5	15.4	7.4	3.4	6.21
	동남권	(111)	0.9	2.7	0.0	0.9	2.7	23.4	19.8	18.0	19.8	9.0	2.7	6.45

서울시민으로서의 자부심

◈ 20~30대

20~30대가 느끼는 서울시민으로서의 자부심을 살펴보면, '자부심을 느낀다'라고 응답한 비율은 59.3%, '자부심을 느끼지 않는다'라고 응답한 비율은 15.7%로 나타남. 10점 만점 기준으로는 6.05점으로 나타남

[그림 2-85] 서울시민으로서의 자부심 – 20~30대

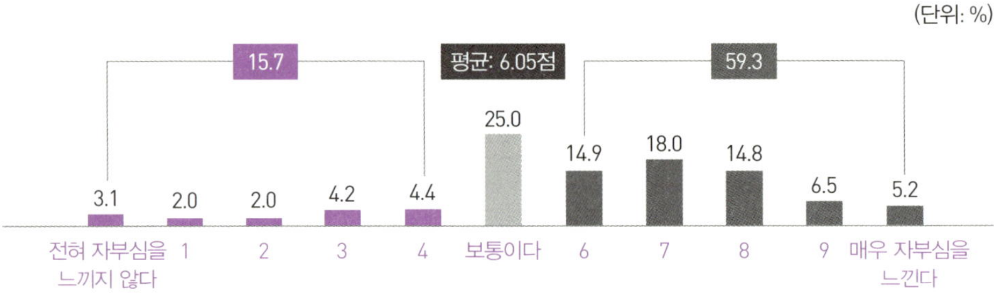

10점 평균을 상세분석한 결과, 성별로는 여성(6.10점)에서 높게 나타났고 연령별로는 20대(6.10점), 학력별로는 대재(전문대/대학교)(6.19점), 대졸(전문대/대학교 졸업)(6.13점), 가구 소득별로는 500~700만 원 미만(6.25점), 700만 원 이상(6.23점), 혼인상태별로는 기혼(6.31점), 가구원 수별로는 3인(6.17점), 4인 이상(6.16점), 이념 성향별로는 보수(6.51점), 직업별로는 학생(6.23점), 화이트칼라(6.10점), 고용형태별로는 상용직 임금근로자(6.11점), 자영업자/무급가족종사자(6.10점), 권역별로는 동남권(6.49점)에서 높게 나타남

◈ 40~50대

40~50대의 경우, '자부심을 느낀다'라고 응답한 비율은 62.0%, '자부심을 느끼지 않는다'라고 응답한 비율은 10.8%로 나타남. 10점 만점 기준으로는 6.25점으로 나타남

[그림 2-86] 서울시민으로서의 자부심 – 40~50대

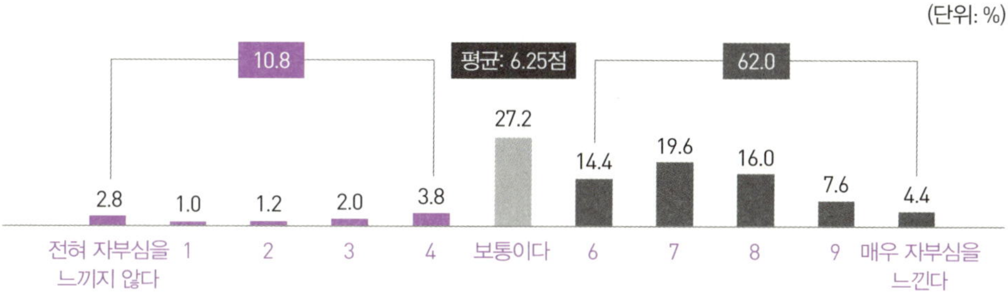

10점 평균을 상세분석한 결과, 성별로는 여성(6.32점)에서 높게 나타났고 연령별로는 50대(6.40점), 학력별로는 대재(전문대/대학교)(6.63점), 대학원 이상(6.59점), 가구 소득별로는 700만 원 이상(6.51점), 500~700만 원 미만(6.38점), 혼인상태별로는 기혼(6.61점), 가구원 수별로는 3인(6.39점), 4인 이상(6.38점), 이념 성향별로는 보수(6.51점), 직업별로는 주부/무직/기타(6.43점), 고용형태별로는 상용직 임금근로자(6.32점), 권역별로는 동남권(6.35점), 동북권(6.25점)에서 높게 나타남

[표 2-113] 서울시민으로서의 자부심 – 20~30대

구분		사례 수	⓪ 전혀 자부심을 느끼지 않는다	①	②	③	④	⑤ 보통이다	⑥	⑦	⑧	⑨	⑩ 매우 자부심을 느낀다	[평균]
전체		(1,000)	3.1	2.0	2.0	4.2	4.4	25.0	14.9	18.0	14.8	6.5	5.2	6.05
성별	남성	(490)	3.8	2.6	2.8	3.5	4.0	22.9	16.5	17.5	15.1	5.7	5.7	5.99
	여성	(510)	2.5	1.4	1.2	4.9	4.7	27.1	13.3	18.4	14.5	7.3	4.7	6.10
연령	20대	(498)	2.5	1.7	2.0	5.0	3.4	25.7	15.2	18.0	14.4	5.8	6.2	6.10
	30대	(502)	3.8	2.2	2.0	3.4	5.4	24.3	14.5	17.9	15.1	7.2	4.2	6.00
학력	고졸 이하	(97)	6.2	9.4	2.4	8.2	4.0	21.7	10.0	14.3	13.4	4.2	6.2	5.31
	대재	(127)	0.8	0.8	1.5	2.4	4.0	28.1	21.8	17.9	13.5	5.4	3.9	6.19
	대졸	(677)	3.2	1.1	2.0	4.0	4.0	25.3	14.4	18.8	14.9	6.8	5.5	6.13
	대학원 이상	(99)	3.0	2.0	2.0	4.0	8.1	22.4	13.8	15.8	16.8	8.1	4.0	6.03
가구 소득	200만 원 미만	(102)	3.0	2.4	2.9	2.8	5.9	24.5	15.8	14.9	12.8	6.0	8.8	6.07
	200~300만 원 미만	(148)	3.3	2.0	5.2	4.0	2.6	36.5	10.2	11.2	14.9	2.6	7.4	5.74
	300~500만 원 미만	(287)	2.4	2.5	1.5	6.3	6.3	24.0	14.5	20.5	12.6	5.2	4.2	5.90
	500~700만 원 미만	(196)	4.3	1.0	1.0	3.6	2.6	19.8	15.2	23.0	19.3	6.6	3.6	6.25
	700만 원 이상	(267)	3.0	1.9	1.1	3.0	4.1	23.7	17.2	16.4	14.6	10.1	4.9	6.23
혼인 상태	기혼	(220)	3.2	0.9	0.0	1.8	5.4	22.2	16.2	21.2	17.3	9.5	2.3	6.31
	미혼	(745)	3.3	2.4	2.5	4.8	4.0	25.8	14.2	16.8	13.9	5.9	6.3	5.98
	동거/사별/이혼/별거	(35)	0.0	0.0	2.9	5.5	5.7	25.9	20.4	22.4	17.2	0.0	0.0	5.92

[표 2-113] 서울시민으로서의 자부심 – 20~30대(계속)

구분		사례수	⓪ 전혀 자부심을 느끼지 않는다	①	②	③	④	⑤ 보통이다	⑥	⑦	⑧	⑨	⑩ 매우 자부심을 느낀다	[평균]
전체		(1,000)	3.1	2.0	2.0	4.2	4.4	25.0	14.9	18.0	14.8	6.5	5.2	6.05
가구원수	1인	(218)	4.1	0.9	3.2	3.7	5.5	31.0	14.3	16.7	10.5	5.1	5.0	5.77
	2인	(159)	4.4	2.5	0.6	3.7	6.3	27.1	12.4	13.4	19.0	4.3	6.3	5.97
	3인	(290)	3.2	1.0	2.0	3.8	2.8	25.5	14.8	19.6	13.8	9.3	4.1	6.17
	4인 이상	(333)	1.8	3.2	1.8	5.1	4.2	19.7	16.5	19.5	16.4	6.0	5.7	6.16
이념성향	진보	(231)	3.5	2.6	2.6	3.9	3.9	24.0	14.3	16.0	16.3	7.8	5.2	6.05
	중도	(429)	3.8	2.3	2.3	5.3	4.6	33.7	14.3	13.1	10.0	4.4	6.0	5.68
	보수	(341)	2.1	1.2	1.2	3.0	4.4	14.7	16.0	25.4	19.8	8.2	4.1	6.51
직업	화이트칼라	(644)	3.7	1.2	2.0	4.1	4.5	23.7	14.7	18.6	16.3	6.2	5.1	6.10
	블루칼라	(141)	3.5	2.8	1.4	4.9	3.5	30.2	9.8	16.8	13.5	10.7	2.8	5.94
	학생	(106)	0.9	3.8	1.1	6.6	0.9	19.8	18.7	21.1	14.2	7.3	5.6	6.23
	주부/무직/기타	(109)	1.8	3.8	3.7	1.8	8.2	30.9	18.7	12.8	8.1	1.8	8.2	5.70
고용형태	상용직 임금근로자	(620)	3.3	1.5	1.9	4.2	4.5	23.4	14.6	18.5	16.4	6.8	4.8	6.11
	임시/일용/특수직 근로자	(97)	7.3	2.1	1.0	3.0	3.9	30.8	11.3	23.3	8.2	5.0	4.1	5.65
	자영업자/무급가족종사자	(58)	1.7	0.0	3.5	6.9	1.7	31.1	11.9	10.4	20.7	10.4	1.7	6.10
권역	도심권	(50)	4.0	5.0	0.0	2.0	2.0	21.5	11.1	21.2	25.2	8.0	0.0	6.15
	동북권	(295)	3.2	3.7	1.4	5.4	6.1	23.4	14.7	19.4	13.2	4.4	5.1	5.84
	서북권	(123)	4.9	0.9	5.1	3.2	7.2	28.4	18.4	12.2	7.5	6.4	5.7	5.63
	서남권	(329)	3.7	0.6	1.7	4.3	4.0	26.3	15.3	15.4	17.3	7.6	3.9	6.10
	동남권	(203)	1.0	1.5	1.9	3.5	1.5	24.2	13.2	22.7	14.8	7.3	8.4	6.49

[표 2-114] 서울시민으로서의 자부심 – 40~50대

구분		사례수	⓪ 전혀 자부심을 느끼지 않는다	①	②	③	④	⑤ 보통이다	⑥	⑦	⑧	⑨	⑩ 매우 자부심을 느낀다	[평균]
전체		(500)	2.8	1.0	1.2	2.0	3.8	27.2	14.4	19.6	16.0	7.6	4.4	6.25
성별	남성	(247)	2.4	1.2	1.6	2.8	1.6	28.7	16.6	20.6	13.8	6.1	4.5	6.17
	여성	(253)	3.2	0.8	0.8	1.2	5.9	25.7	12.3	18.6	18.2	9.1	4.3	6.32
연령	40대	(248)	2.8	0.8	0.4	2.8	3.2	33.1	14.9	18.5	13.3	6.0	4.0	6.09
	50대	(252)	2.8	1.2	2.0	1.2	4.4	21.4	13.9	20.6	18.7	9.1	4.8	6.40
학력	고졸 이하	(61)	4.9	3.3	1.6	1.6	4.9	26.2	23.0	14.8	9.8	4.9	4.9	5.75
	대재	(16)	0.0	0.0	0.0	12.5	6.3	6.3	12.5	18.8	37.5	0.0	6.3	6.63
	대졸	(365)	2.7	0.8	1.1	1.6	3.8	27.4	14.0	20.8	16.4	7.9	3.3	6.26
	대학원 이상	(58)	1.7	0.0	1.7	1.7	1.7	32.8	8.6	17.2	13.8	10.3	10.3	6.59
가구소득	200만 원 미만	(45)	2.2	4.4	2.2	0.0	6.7	40.0	13.3	15.6	4.4	4.4	6.7	5.67
	200~300만 원 미만	(41)	9.8	0.0	0.0	2.4	2.4	29.3	24.4	14.6	7.3	4.9	4.9	5.63
	300~500만 원 미만	(125)	2.4	0.0	1.6	2.4	2.4	29.6	17.6	18.4	16.8	7.2	1.6	6.18
	500~700만 원 미만	(129)	2.3	0.8	1.6	2.3	7.0	24.0	10.1	17.1	20.2	9.3	5.4	6.38
	700만 원 이상	(160)	1.9	1.3	0.6	1.9	1.9	23.8	13.1	25.0	17.5	8.1	5.0	6.51
혼인상태	기혼	(340)	1.8	0.6	0.3	1.5	3.2	22.9	13.2	22.9	19.1	9.4	5.0	6.61
	미혼	(127)	5.5	1.6	3.1	3.1	6.3	36.2	15.7	11.0	8.7	4.7	3.9	5.46
	동거/사별/이혼/별거	(33)	3.0	3.0	3.0	3.0	0.0	36.4	21.2	18.2	12.1	0.0	0.0	5.52

[표 2-114] 서울시민으로서의 자부심 – 40~50대(계속)

구분		사례수	⓪ 전혀 자부심을 느끼지 않는다	①	②	③	④	⑤ 보통이다	⑥	⑦	⑧	⑨	⑩ 매우 자부심을 느낀다	[평균]
전체		(500)	2.8	1.0	1.2	2.0	3.8	27.2	14.4	19.6	16.0	7.6	4.4	6.25
가구원 수	1인	(64)	1.6	1.6	3.1	0.0	7.8	40.6	18.8	14.1	4.7	3.1	4.7	5.66
	2인	(68)	2.9	0.0	0.0	4.4	5.9	32.4	11.8	16.2	16.2	10.3	0.0	6.04
	3인	(175)	2.9	1.1	1.1	1.1	1.7	25.7	14.9	24.0	13.7	7.4	6.3	6.39
	4인 이상	(193)	3.1	1.0	1.0	2.6	3.6	22.3	13.5	18.7	21.8	8.3	4.1	6.38
이념성향	진보	(126)	2.4	0.8	0.8	2.4	4.8	31.7	15.1	18.3	12.7	5.6	5.6	6.13
	중도	(218)	3.7	0.5	1.4	1.8	3.7	28.9	16.5	17.9	14.7	6.9	4.1	6.13
	보수	(156)	1.9	1.9	1.3	1.9	3.2	21.2	10.9	23.1	20.5	10.3	3.8	6.51
직업	화이트칼라	(328)	2.4	0.9	1.2	1.8	3.4	29.3	13.1	21.3	15.2	7.0	4.3	6.24
	블루칼라	(61)	4.9	1.6	1.6	4.9	3.3	26.2	14.8	18.0	14.8	3.3	6.6	5.92
	주부/무직/기타	(111)	2.7	0.9	0.9	0.9	5.4	21.6	18.0	15.3	18.9	11.7	3.6	6.43
고용형태	상용직 임금근로자	(314)	1.9	0.6	1.3	2.2	3.5	27.7	13.1	23.2	14.6	7.0	4.8	6.32
	임시/일용/특수직 근로자	(39)	12.8	2.6	2.6	2.6	2.6	33.3	15.4	10.3	12.8	0.0	5.1	5.10
	자영업자/무급가족종사자	(31)	0.0	3.2	0.0	3.2	3.2	35.5	9.7	12.9	22.6	6.5	3.2	6.23
권역	도심권	(25)	4.0	0.0	0.0	4.0	0.0	28.0	16.0	24.0	16.0	0.0	8.0	6.24
	동북권	(155)	3.2	1.9	0.6	3.2	4.5	26.5	13.5	14.2	16.8	7.7	7.7	6.25
	서북권	(60)	5.0	0.0	3.3	0.0	3.3	28.3	8.3	30.0	11.7	3.3	6.7	6.12
	서남권	(149)	3.4	0.0	2.0	2.0	1.3	25.5	19.5	21.5	14.1	8.7	2.0	6.21
	동남권	(111)	0.0	1.8	0.0	0.9	7.2	29.7	11.7	18.0	19.8	9.9	0.9	6.35

2) 문화다양성과 포용성

옆집 이웃이 되는 것에 대한 견해

◈ 20~30대

20~30대의 옆집 이웃에 대한 견해를 살펴보면, '불편하지 않다' 응답은 '결혼이주민'이 74.7%로 가장 높았고, 그다음으로는 '장애인'(73.7%), '이주노동자'(59.6%) 순으로 나타남. 한편, '난민'이 45.6%로 가장 낮게 나타남

[그림 2-87] 옆집 이웃이 되는 것에 대한 견해 – 20~30대

(단위: %)

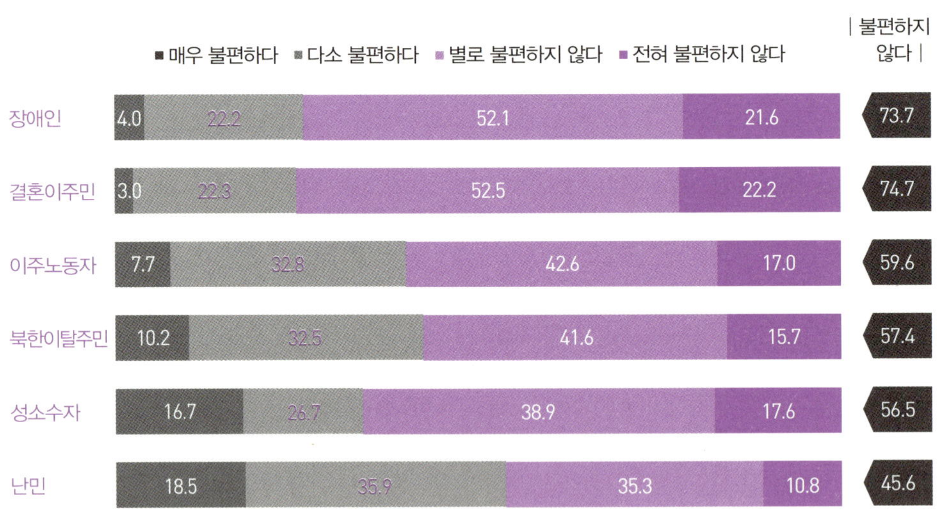

'결혼이주민'에 대한 '불편하지 않다'는 응답의 상세분석 결과, 성별로는 남성(75.0%)에서 높게 나타났고 연령별로는 30대(75.1%), 학력별로는 고졸 이하(80.4%), 가구 소득별로는 200~300만 원 미만(77.8%), 700만 원 이상(76.0%), 혼인상태별로는 기혼(75.2%), 가구원 수별로는 3인(75.8%), 1인(75.0%), 이념 성향별로는 중도(77.2%), 진

보(76.6%), 직업별로는 주부/무직/기타(80.9%), 고용형태별로는 상용직 임금근로자(74.9%), 권역별로는 도심권(83.0%)에서 높게 나타남

◈ 40~50대

40~50대의 경우 '불편하지 않다' 응답은 '결혼이주민'이 79.2%로 가장 높았고, 그 다음으로는 '장애인'(76.2%), '이주노동자'(64.4%) 순으로 나타남. 한편, '성소수자'가 46.2%로 가장 낮게 나타남

[그림 2-88] 옆집 이웃이 되는 것에 대한 견해 – 40~50대

(단위: %)

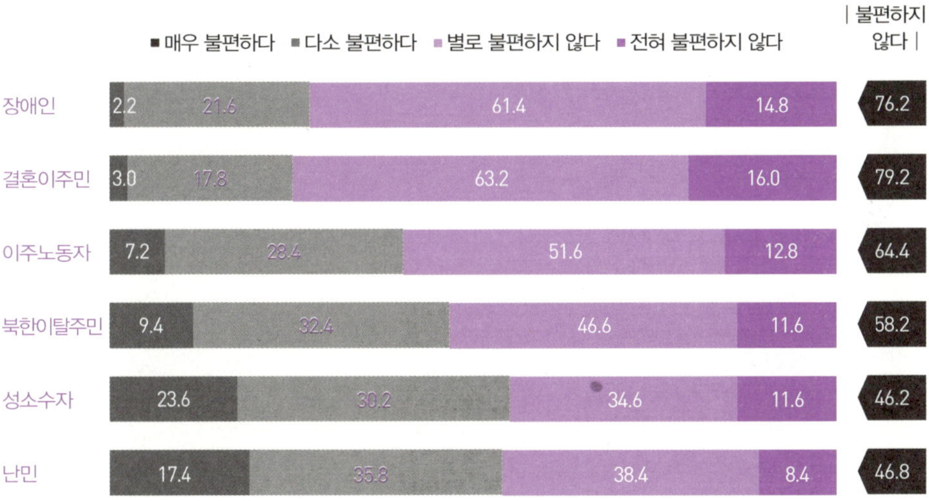

'결혼이주민'에 대해 '불편하지 않다'는 응답의 상세분석 결과, 성별로는 남성(79.8%)에서 높게 나타났고 연령별로는 50대(80.6%), 학력별로는 고졸 이하(82.0%), 대학원 이상(79.3%), 가구 소득별로는 500~700만 원 미만(84.5%), 혼인상태별로는 동거/사별/이혼/별거(84.8%), 가구원 수별로는 2인(82.4%), 4인 이상(80.8%), 이념 성향별로는 진보(87.3%), 직업별로는 주부/무직/기타(81.1%), 고용형태별로는 상용직 임금근로자(79.9%), 권역별로는 도심권(88.0%)에서 높게 나타남

[표 2-115] 옆집 이웃이 되는 것에 대한 견해(요약표-불편하지 않다) - 20~30대

구분		사례 수	장애인	결혼이주민	이주노동자	북한 이탈주민	성소수자	난민
전체		(1,000)	73.7	74.7	59.6	57.4	56.5	45.6
성별	남성	(490)	70.0	75.0	60.0	57.0	46.6	44.9
	여성	(510)	77.3	74.3	59.2	57.6	66.1	46.3
연령	20대	(498)	72.5	74.2	61.6	55.9	57.5	46.8
	30대	(502)	74.9	75.1	57.6	58.8	55.6	44.4
학력	고졸 이하	(97)	69.4	80.4	69.1	66.0	57.7	62.0
	대재	(127)	70.6	69.6	61.5	55.5	57.4	53.1
	대졸	(677)	74.3	75.5	57.5	57.8	56.3	42.1
	대학원 이상	(99)	78.1	69.9	61.8	48.2	55.9	43.6
가구 소득	200만 원 미만	(102)	74.5	70.5	61.1	53.8	57.9	47.9
	200~300만 원 미만	(148)	69.0	77.8	63.0	55.6	50.1	46.8
	300~500만 원 미만	(287)	74.2	74.9	59.7	58.1	56.5	47.5
	500~700만 원 미만	(196)	67.7	72.2	58.8	59.0	54.4	45.1
	700만 원 이상	(267)	79.9	76.0	57.6	57.7	61.2	42.3
혼인 상태	기혼	(220)	74.3	75.2	52.9	53.2	55.6	39.7
	미혼	(745)	74.0	74.5	61.3	58.7	57.0	46.7
	동거/사별/이혼/별거	(35)	62.9	74.4	65.5	54.0	51.4	60.0

[표 2-115] 옆집 이웃이 되는 것에 대한 견해(요약표-불편하지 않다) - 20~30대(계속)

구분		사례 수	장애인	결혼이주민	이주노동자	북한 이탈주민	성소수자	난민
전체		(1,000)	73.7	74.7	59.6	57.4	56.5	45.6
가구원 수	1인	(218)	69.5	75.0	60.0	54.9	59.0	47.0
	2인	(159)	72.1	72.2	61.2	53.1	58.5	49.6
	3인	(290)	74.0	75.8	58.6	57.1	50.2	41.6
	4인 이상	(333)	77.0	74.7	59.4	61.2	59.5	46.2
이념 성향	진보	(231)	79.7	76.6	61.8	65.7	67.1	49.7
	중도	(429)	72.8	77.2	60.7	56.9	55.6	42.8
	보수	(341)	70.8	70.1	56.7	52.3	50.6	46.3
직업	화이트칼라	(644)	74.2	74.5	59.2	56.2	57.3	46.8
	블루칼라	(141)	62.9	71.2	59.2	57.2	47.3	48.0
	학생	(106)	77.3	73.8	59.5	59.9	62.1	42.9
	주부/무직/기타	(109)	81.7	80.9	62.6	61.5	58.9	38.0
고용 형태	상용직 임금근로자	(620)	73.1	74.9	59.1	55.3	55.9	45.7
	임시/일용/특수직 근로자	(97)	67.3	70.1	55.9	60.0	56.9	51.7
	자영업자/무급가족종사자	(58)	72.6	69.2	64.1	60.7	55.4	53.7
권역	도심권	(50)	88.9	83.0	63.0	63.4	57.4	51.0
	동북권	(295)	72.6	76.9	60.9	58.9	60.1	48.7
	서북권	(123)	71.7	74.1	62.1	61.3	58.5	48.2
	서남권	(329)	73.8	77.3	59.7	59.5	52.9	46.3
	동남권	(203)	72.6	65.5	55.1	47.8	55.9	36.9

[표 2-116] 옆집 이웃이 되는 것에 대한 견해(요약표-불편하지 않다) - 40~50대

구분		사례 수	장애인	결혼이주민	이주노동자	북한 이탈주민	성소수자	난민
전체		(500)	76.2	79.2	64.4	58.2	46.2	46.8
성별	남성	(247)	72.9	79.8	64.8	62.3	38.1	48.6
	여성	(253)	79.4	78.7	64.0	54.2	54.2	45.1
연령	40대	(248)	72.6	77.8	62.1	56.9	52.8	45.6
	50대	(252)	79.8	80.6	66.7	59.5	39.7	48.0
학력	고졸 이하	(61)	83.6	82.0	67.2	62.3	50.8	54.1
	대재	(16)	75.0	68.8	81.3	62.5	56.3	50.0
	대졸	(365)	74.5	79.2	63.3	57.8	45.8	45.2
	대학원 이상	(58)	79.3	79.3	63.8	55.2	41.4	48.3
가구 소득	200만 원 미만	(45)	82.2	75.6	64.4	66.7	57.8	60.0
	200~300만 원 미만	(41)	68.3	73.2	56.1	53.7	48.8	41.5
	300~500만 원 미만	(125)	80.0	80.0	72.0	64.8	44.8	44.8
	500~700만 원 미만	(129)	76.0	84.5	62.8	53.5	46.5	45.7
	700만 원 이상	(160)	73.8	76.9	61.9	55.6	43.1	46.9
혼인 상태	기혼	(340)	74.1	79.4	64.1	56.5	42.4	44.4
	미혼	(127)	79.5	77.2	63.0	59.8	54.3	49.6
	동거/사별/이혼/별거	(33)	84.8	84.8	72.7	69.7	54.5	60.6

[표 2-116] 옆집 이웃이 되는 것에 대한 견해(요약표-불편하지 않다) - 40~50대(계속)

구분		사례 수	장애인	결혼이주민	이주노동자	북한 이탈주민	성소수자	난민
전체		(500)	76.2	79.2	64.4	58.2	46.2	46.8
가구원 수	1인	(64)	79.7	76.6	65.6	62.5	51.6	50.0
	2인	(68)	77.9	82.4	72.1	60.3	58.8	50.0
	3인	(175)	74.3	77.1	60.0	53.1	43.4	43.4
	4인 이상	(193)	76.2	80.8	65.3	60.6	42.5	47.7
이념 성향	진보	(126)	88.1	87.3	68.3	62.7	54.0	56.3
	중도	(218)	75.2	78.9	68.3	57.8	48.2	46.8
	보수	(156)	67.9	73.1	55.8	55.1	37.2	39.1
직업	화이트칼라	(328)	74.1	79.0	64.0	55.5	43.0	45.4
	블루칼라	(61)	68.9	77.0	63.9	59.0	50.8	52.5
	주부/무직/기타	(111)	86.5	81.1	65.8	65.8	53.2	47.7
고용 형태	상용직 임금근로자	(314)	74.2	79.9	65.6	57.0	45.2	46.5
	임시/일용/특수직 근로자	(39)	74.4	69.2	56.4	53.8	53.8	48.7
	자영업자/ 무급가족종사자	(31)	61.3	77.4	54.8	51.6	25.8	41.9
권역	도심권	(25)	84.0	88.0	72.0	80.0	72.0	68.0
	동북권	(155)	72.9	79.4	67.1	60.0	52.3	47.7
	서북권	(60)	81.7	80.0	63.3	61.7	35.0	38.3
	서남권	(149)	77.2	79.9	65.1	52.3	41.6	46.3
	동남권	(111)	74.8	75.7	58.6	56.8	44.1	45.9

포용성

① 가치관이나 신념이 다른 사람을 이해한다

◈ 20~30대

20~30대의 포용성에 대한 견해 중, '현재 우리 사회는 가치관이나 신념이 다른 사람을 이해한다'는 7점 만점 기준으로 4.09점인 반면, '미래 2050년에 우리 사회는 가치관이나 신념이 다른 사람을 이해한다'는 7점 만점 기준으로 4.16점으로 나타남

[그림 2-89] 가치관이나 신념이 다른 사람을 이해한다 – 20~30대 (단위: %)

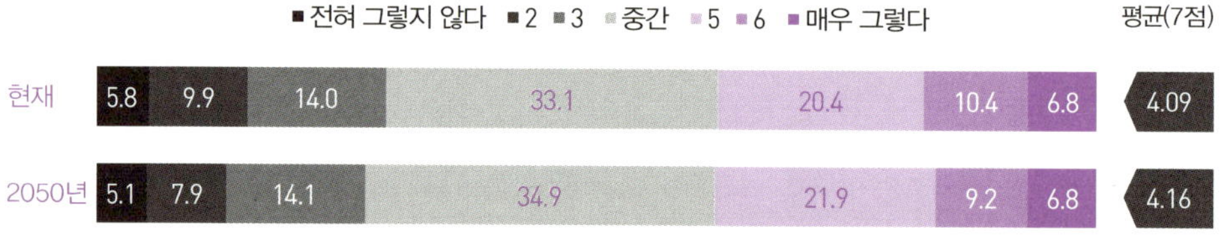

7점 평균을 상세분석한 결과, '현재 우리 사회는 가치관이나 신념이 다른 사람을 이해한다'는 성별로 남성(4.18점)에서 높게 나타났고 연령별로는 20대(4.17점), 학력별로는 대재(전문대/대학교)(4.21점), 고졸 이하(4.10점), 대학원 이상(4.10점), 가구 소득별로는 500~700만 원 미만(4.34점), 300~500만 원 미만(4.17점), 혼인상태별로는 동거/사별/이혼/별거(4.57점), 가구원 수별로는 2인(4.16점), 3인(4.12점), 이념 성향별로는 보수(4.30점), 직업별로는 블루칼라(4.24점), 화이트칼라(4.16점), 고용형태별로는 자영업자/무급가족종사자(4.98점), 권역별로는 동남권(4.22점), 서남권(4.16점)에서 높게 나타남

'미래 2050년에 우리 사회는 가치관이나 신념이 다른 사람을 이해한다'는 성별로 여성(4.19점)에서 높게 나타났고 연령별로는 20대(4.20점), 학력별로는 고졸 이하(4.27점), 대학원 이상(4.23점), 가구 소득별로는 500~700만 원 미만(4.30점), 300~500만 원 미만(4.18점), 혼인상태별로는 기혼(4.30점), 가구원 수별로는 3인(4.29점), 2인(4.28점), 이념 성향별로는 보수(4.17점), 직업별로는 화이트칼라(4.24점), 고용형태별로는 상용직 임금근로자(4.26점), 권역별로는 동남권(4.24점), 동북권(4.18점)에서 높게 나타남

◈ 40~50대

20~30대의 경우, '현재 우리 사회는 가치관이나 신념이 다른 사람을 이해한다'는 7점 만점 기준으로 3.89점인 반면, '미래 2050년에 우리 사회는 가치관이나 신념이 다른 사람을 이해한다'는 7점 만점 기준으로 4.36점으로 나타남

[그림 2-90] 가치관이나 신념이 다른 사람을 이해한다 – 40~50대 (단위: %)

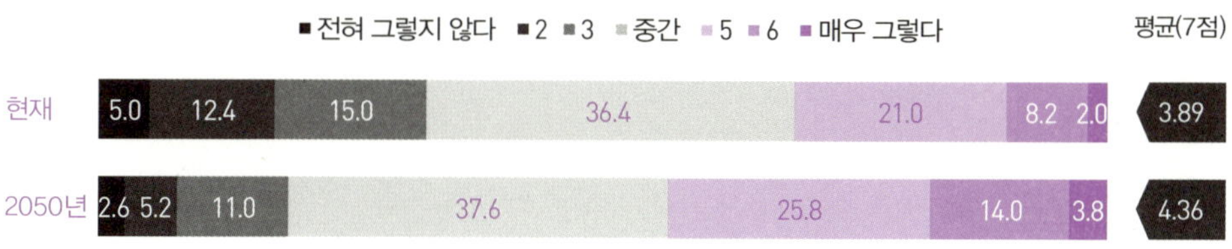

7점 평균을 상세분석한 결과, '현재 우리 사회는 가치관이나 신념이 다른 사람을 이해한다'는 성별로 여성(3.90점)에서 높게 나타났고 연령별로는 50대(3.99점), 학력별로는 고졸 이하(4.02점), 대재(전문대/대학교)(4.00점), 가구 소득별로는 300~500만 원 미만(4.10점), 혼인상태별로는 기혼(4.00점), 가구원 수별로는 4인 이상(4.03점), 이념 성향별로는 보수(3.99점), 중도(3.96점), 직업별로는 주부/무직/기타(3.96점), 고

용형태별로는 임시/일용/특수직 근로자(3.90점), 권역별로는 서북권(4.17점), 도심권(4.08점)에서 높게 나타남

‘미래 2050년에 우리 사회는 가치관이나 신념이 다른 사람을 이해한다’는 성별로 여성(4.42점)에서 높게 나타났고 연령별로는 50대(4.44점), 학력별로는 대학원 이상(4.43점), 대재(전문대/대학교)(4.38점), 가구 소득별로는 300~500만 원 미만(4.56점), 500~700만 원 미만(4.43점), 혼인상태별로는 기혼(4.43점), 가구원 수별로는 4인 이상(4.43점), 3인(4.37점), 이념 성향별로는 보수(4.44점), 중도(4.36점), 직업별로는 주부/무직/기타(4.59점), 블루칼라(4.46점), 고용형태별로는 자영업자/무급가족종사자(4.45점), 권역별로는 서북권(4.57점), 동남권(4.52점)에서 높게 나타남

[표 2-117] 가치관이나 신념이 다른 사람을 이해한다(현재) - 20~30대

구분		사례 수	① 전혀 그렇지 않다	②	③	④ 중간	⑤	⑥	⑦ 매우 그렇다	종합			[평균]
										그렇지 않다	중간	그렇다	
전체		(1,000)	5.8	9.9	14.0	33.1	20.4	10.4	6.3	29.8	33.1	37.1	4.09
성별	남성	(490)	4.8	9.7	15.6	31.8	17.4	12.2	8.6	30.1	31.8	38.1	4.18
	여성	(510)	6.9	10.2	12.5	34.3	23.3	8.6	4.1	29.6	34.3	36.1	3.99
연령	20대	(498)	5.3	9.5	11.7	34.5	21.5	10.0	7.4	26.6	34.5	38.9	4.17
	30대	(502)	6.4	10.4	16.3	31.7	19.3	10.8	5.2	33.1	31.7	35.3	4.00
학력	고졸 이하	(97)	7.2	10.3	14.3	27.5	22.9	9.5	8.2	31.9	27.5	40.6	4.10
	대재	(127)	4.6	9.5	13.2	36.7	15.0	11.6	9.4	27.2	36.7	36.1	4.21
	대졸	(677)	5.9	10.0	14.0	33.4	21.1	10.6	5.0	29.9	33.4	36.8	4.06
	대학원 이상	(99)	6.0	9.9	15.1	32.0	20.0	8.1	8.9	31.0	32.0	37.0	4.10
가구 소득	200만 원 미만	(102)	10.5	9.9	12.2	29.7	22.5	7.1	8.0	32.6	29.7	37.7	3.97
	200~300만 원 미만	(148)	6.1	10.8	16.8	35.4	19.6	6.2	5.2	33.7	35.4	31.0	3.91
	300~500만 원 미만	(287)	4.5	9.8	14.0	33.3	18.5	14.4	5.6	28.3	33.3	38.4	4.17
	500~700만 원 미만	(196)	3.0	8.8	11.7	30.5	27.0	11.7	7.2	23.6	30.5	46.0	4.34
	700만 원 이상	(267)	7.4	10.5	15.0	34.8	17.3	8.6	6.4	32.9	34.8	32.2	3.95
혼인 상태	기혼	(220)	1.8	5.9	16.8	37.1	21.2	8.6	8.5	24.6	37.1	38.4	4.30
	미혼	(745)	7.3	11.1	13.2	32.5	19.9	10.5	5.4	31.6	32.5	35.9	4.00
	동거/사별/이혼/별거	(35)	0.0	11.5	14.1	19.9	25.8	17.5	11.2	25.6	19.9	54.5	4.57

[표 2-117] 가치관이나 신념이 다른 사람을 이해한다(현재) – 20~30대(계속)

구분		사례 수	① 전혀 그렇지 않다	②	③	④ 중간	⑤	⑥	⑦ 매우 그렇다	종합			[평균]
										그렇지 않다	중간	그렇다	
전체		(1,000)	5.8	9.9	14.0	33.1	20.4	10.4	6.3	29.8	33.1	37.1	4.09
가구원 수	1인	(218)	8.7	10.6	12.1	31.7	21.1	7.4	8.2	31.5	31.7	36.8	4.01
	2인	(159)	3.7	9.4	16.0	31.9	21.2	12.6	5.2	29.1	31.9	39.1	4.16
	3인	(290)	3.4	10.5	14.2	34.1	23.4	8.9	5.5	28.1	34.1	37.9	4.12
	4인 이상	(333)	7.1	9.2	14.3	33.7	17.0	12.4	6.2	30.7	33.7	35.6	4.06
이념 성향	진보	(231)	10.4	14.2	16.0	26.5	18.2	10.4	4.4	40.6	26.5	32.9	3.77
	중도	(429)	5.1	8.9	13.4	39.0	18.0	9.3	6.3	27.4	39.0	33.6	4.09
	보수	(341)	3.7	8.3	13.5	30.2	24.9	11.7	7.6	25.6	30.2	44.2	4.30
직업	화이트칼라	(644)	5.4	9.3	13.5	32.7	21.4	10.6	7.2	28.1	32.7	39.2	4.16
	블루칼라	(141)	6.4	6.4	13.4	32.3	21.7	12.2	7.6	26.1	32.3	41.5	4.24
	학생	(106)	7.3	12.3	16.0	36.0	15.4	7.3	5.8	35.7	36.0	28.4	3.85
	주부/무직/기타	(109)	6.4	16.3	16.4	33.7	17.5	9.7	0.0	39.1	33.7	27.2	3.68
고용 형태	상용직 임금근로자	(620)	5.4	9.1	15.0	33.2	21.2	10.7	5.4	29.5	33.2	37.4	4.10
	임시/일용/특수직 근로자	(97)	7.2	9.2	11.2	29.0	23.6	13.3	6.4	27.6	29.0	43.4	4.18
	자영업자/무급가족종사자	(58)	3.5	3.5	3.5	32.8	20.7	10.4	25.8	10.4	32.8	56.9	4.98
권역	도심권	(50)	7.5	9.6	17.5	34.6	18.0	7.6	5.2	34.6	34.6	30.8	3.90
	동북권	(295)	7.8	10.0	14.2	30.0	21.0	11.0	6.1	31.9	30.0	38.1	4.04
	서북권	(123)	8.1	11.5	12.0	38.7	19.7	4.1	5.8	31.6	38.7	29.7	3.86
	서남권	(329)	3.6	9.8	14.9	32.7	22.4	11.3	5.2	28.3	32.7	39.0	4.16
	동남권	(203)	4.9	9.4	12.8	34.5	17.3	12.4	8.9	27.0	34.5	38.5	4.22

[표 2-118] 가치관이나 신념이 다른 사람을 이해한다(미래) - 20~30대

구분		사례 수	① 전혀 그렇지 않다	②	③	④ 중간	⑤	⑥	⑦ 매우 그렇다	종합			[평균]
										그렇지 않다	중간	그렇다	
전체		(1,000)	5.1	7.9	14.1	34.9	21.9	9.2	6.8	27.1	34.9	37.9	4.16
성별	남성	(490)	5.3	9.1	12.7	36.6	20.2	9.2	6.8	27.2	36.6	36.2	4.12
	여성	(510)	4.9	6.7	15.5	33.3	23.5	9.2	6.9	27.1	33.3	39.6	4.19
연령	20대	(498)	5.0	8.2	14.1	32.8	22.3	9.7	7.9	27.4	32.8	39.8	4.20
	30대	(502)	5.2	7.6	14.1	37.1	21.5	8.8	5.8	26.9	37.1	36.1	4.12
학력	고졸 이하	(97)	3.1	3.0	20.7	34.4	21.1	11.6	6.2	26.8	34.4	38.8	4.27
	대재	(127)	5.7	11.6	19.0	31.2	24.7	4.7	3.1	36.3	31.2	32.5	3.84
	대졸	(677)	5.0	8.2	12.7	35.9	20.7	10.2	7.3	25.9	35.9	38.2	4.19
	대학원 이상	(99)	6.8	6.0	11.1	33.7	27.1	6.0	9.1	24.0	33.7	42.3	4.23
가구 소득	200만 원 미만	(102)	8.2	8.8	20.2	27.7	20.9	9.9	4.3	37.2	27.7	35.1	3.91
	200~300만 원 미만	(148)	4.7	6.4	17.5	39.0	18.3	8.2	5.9	28.6	39.0	32.3	4.08
	300~500만 원 미만	(287)	4.8	9.1	12.2	34.0	23.1	10.5	6.3	26.1	34.0	39.9	4.18
	500~700만 원 미만	(196)	3.6	6.7	14.3	33.0	25.0	8.7	8.7	24.6	33.0	42.4	4.30
	700만 원 이상	(267)	5.5	7.9	11.9	37.8	20.6	8.6	7.5	25.4	37.8	36.8	4.16
혼인 상태	기혼	(220)	4.4	3.1	13.6	41.2	20.8	7.7	9.1	21.2	41.2	37.6	4.30
	미혼	(745)	5.3	8.9	14.0	33.7	21.8	9.9	6.5	28.2	33.7	38.2	4.13
	동거/사별/이혼/별거	(35)	5.5	16.7	20.4	22.7	31.6	3.2	0.0	42.5	22.7	34.8	3.68

[표 2-118] 가치관이나 신념이 다른 사람을 이해한다(미래) - 20~30대(계속)

구분		사례 수	① 전혀 그렇지 않다	②	③	④ 중간	⑤	⑥	⑦ 매우 그렇다	종합			[평균]
										그렇지 않다	중간	그렇다	
전체		(1,000)	5.1	7.9	14.1	34.9	21.9	9.2	6.8	27.1	34.9	37.9	4.16
가구원 수	1인	(218)	8.4	9.6	14.8	34.0	15.7	11.5	6.1	32.8	34.0	33.2	3.98
	2인	(159)	3.1	8.1	10.1	40.7	19.6	11.4	7.0	21.4	40.7	38.0	4.28
	3인	(290)	2.4	7.0	13.5	37.1	24.5	7.2	8.3	22.9	37.1	40.0	4.29
	4인 이상	(333)	6.2	7.4	16.2	30.9	24.8	8.4	6.0	29.9	30.9	39.2	4.10
이념 성향	진보	(231)	5.6	8.6	17.3	27.2	23.0	10.8	7.4	31.6	27.2	41.2	4.15
	중도	(429)	5.1	7.5	12.5	38.9	20.8	8.7	6.5	25.1	38.9	36.0	4.15
	보수	(341)	4.8	7.9	14.0	35.2	22.5	8.8	6.9	26.6	35.2	38.2	4.17
직업	화이트칼라	(644)	4.9	6.7	12.3	35.5	23.6	9.8	7.1	23.9	35.5	40.6	4.24
	블루칼라	(141)	5.6	11.9	16.4	36.4	16.3	9.2	4.2	33.9	36.4	29.7	3.90
	학생	(106)	5.1	6.5	19.2	32.7	22.2	6.7	7.6	30.9	32.7	36.5	4.11
	주부/무직/기타	(109)	5.5	10.9	17.2	32.0	18.5	8.2	7.7	33.6	32.0	34.5	4.03
고용 형태	상용직 임금근로자	(620)	4.8	6.5	10.9	37.1	23.7	10.3	6.6	22.3	37.1	40.6	4.26
	임시/일용/특수직 근로자	(97)	6.2	12.1	18.3	31.5	17.5	7.3	7.2	36.6	31.5	31.9	3.93
	자영업자/무급가족종사자	(58)	4.8	13.6	22.8	31.1	17.3	5.2	5.2	41.3	31.1	27.6	3.79
권역	도심권	(50)	7.6	5.6	13.6	35.6	22.0	6.0	9.6	26.8	35.6	37.6	4.15
	동북권	(295)	5.9	8.3	15.1	29.8	22.8	10.2	7.9	29.2	29.8	40.9	4.18
	서북권	(123)	1.6	9.6	19.6	34.7	20.6	7.3	6.5	30.9	34.7	34.4	4.11
	서남권	(329)	5.2	9.7	11.6	35.5	24.3	8.6	5.2	26.4	35.5	38.1	4.10
	동남권	(203)	5.4	3.9	13.7	41.4	17.3	10.9	7.4	23.0	41.4	35.6	4.24

[표 2-119] 가치관이나 신념이 다른 사람을 이해한다(현재) – 40~50대

구분		사례수	① 전혀 그렇지 않다	②	③	④ 중간	⑤	⑥	⑦ 매우 그렇다	종합			[평균]
										그렇지 않다	중간	그렇다	
전체		(500)	5.0	12.4	15.0	36.4	21.0	8.2	2.0	32.4	36.4	31.2	3.89
성별	남성	(247)	6.1	11.3	14.2	36.8	22.3	7.7	1.6	31.6	36.8	31.6	3.87
	여성	(253)	4.0	13.4	15.8	36.0	19.8	8.7	2.4	33.2	36.0	30.8	3.90
연령	40대	(248)	4.8	12.5	19.0	38.7	16.1	6.5	2.4	36.3	38.7	25.0	3.78
	50대	(252)	5.2	12.3	11.1	34.1	25.8	9.9	1.6	28.6	34.1	37.3	3.99
학력	고졸 이하	(61)	3.3	9.8	14.8	41.0	19.7	8.2	3.3	27.9	41.0	31.1	4.02
	대재	(16)	0.0	18.8	12.5	37.5	12.5	18.8	0.0	31.3	37.5	31.3	4.00
	대졸	(365)	4.9	11.0	14.2	37.5	22.2	8.5	1.6	30.1	37.5	32.3	3.93
	대학원 이상	(58)	8.6	22.4	20.7	24.1	17.2	3.4	3.4	51.7	24.1	24.1	3.43
가구 소득	200만 원 미만	(45)	11.1	8.9	17.8	46.7	6.7	4.4	4.4	37.8	46.7	15.6	3.60
	200~300만 원 미만	(41)	7.3	12.2	17.1	39.0	17.1	4.9	2.4	36.6	39.0	24.4	3.71
	300~500만 원 미만	(125)	3.2	7.2	13.6	40.8	24.0	10.4	0.8	24.0	40.8	35.2	4.10
	500~700만 원 미만	(129)	3.9	17.8	14.0	28.7	23.3	10.9	1.6	35.7	28.7	35.7	3.88
	700만 원 이상	(160)	5.0	13.1	15.6	35.6	21.9	6.3	2.5	33.8	35.6	30.6	3.85
혼인 상태	기혼	(340)	4.1	12.1	13.2	34.7	24.1	9.4	2.4	29.4	34.7	35.9	4.00
	미혼	(127)	7.1	11.8	18.9	40.2	14.2	6.3	1.6	37.8	40.2	22.0	3.68
	동거/사별/이혼/별거	(33)	6.1	18.2	18.2	39.4	15.2	3.0	0.0	42.4	39.4	18.2	3.48

[표 2-119] 가치관이나 신념이 다른 사람을 이해한다(현재) – 40~50대(계속)

구분		사례수	① 전혀 그렇지 않다	②	③	④ 중간	⑤	⑥	⑦ 매우 그렇다	종합			[평균]
										그렇지 않다	중간	그렇다	
전체		(500)	5.0	12.4	15.0	36.4	21.0	8.2	2.0	32.4	36.4	31.2	3.89
가구원수	1인	(64)	3.1	14.1	21.9	37.5	10.9	7.8	4.7	39.1	37.5	23.4	3.81
	2인	(68)	5.9	13.2	19.1	39.7	19.1	1.5	1.5	38.2	39.7	22.1	3.63
	3인	(175)	5.7	13.7	12.6	36.6	21.1	9.7	0.6	32.0	36.6	31.4	3.85
	4인 이상	(193)	4.7	10.4	13.5	34.7	24.9	9.3	2.6	28.5	34.7	36.8	4.03
이념성향	진보	(126)	7.1	19.0	16.7	29.4	19.0	6.3	2.4	42.9	29.4	27.8	3.63
	중도	(218)	5.0	9.6	11.9	42.7	20.6	8.3	1.8	26.6	42.7	30.7	3.96
	보수	(156)	3.2	10.9	17.9	33.3	23.1	9.6	1.9	32.1	33.3	34.6	3.99
직업	화이트칼라	(328)	4.6	14.3	14.9	34.8	21.3	8.2	1.8	33.8	34.8	31.4	3.86
	블루칼라	(61)	8.2	8.2	13.1	39.3	21.3	8.2	1.6	29.5	39.3	31.1	3.89
	주부/무직/기타	(111)	4.5	9.0	16.2	39.6	19.8	8.1	2.7	29.7	39.6	30.6	3.96
고용형태	상용직 임금근로자	(314)	4.8	13.4	15.0	34.7	23.6	7.0	1.6	33.1	34.7	32.2	3.86
	임시/일용/특수직 근로자	(39)	10.3	10.3	7.7	46.2	7.7	12.8	5.1	28.2	46.2	25.6	3.90
	자영업자/무급가족종사자	(31)	3.2	19.4	16.1	35.5	16.1	9.7	0.0	38.7	35.5	25.8	3.71
권역	도심권	(25)	8.0	12.0	4.0	36.0	24.0	12.0	4.0	24.0	36.0	40.0	4.08
	동북권	(155)	5.8	11.0	16.1	34.8	21.9	7.1	3.2	32.9	34.8	32.3	3.90
	서북권	(60)	1.7	3.3	18.3	43.3	21.7	10.0	1.7	23.3	43.3	33.3	4.17
	서남권	(149)	6.7	14.8	14.8	36.2	18.8	8.1	0.7	36.2	36.2	27.5	3.72
	동남권	(111)	2.7	16.2	14.4	35.1	21.6	8.1	1.8	33.3	35.1	31.5	3.88

[표 2-120] 가치관이나 신념이 다른 사람을 이해한다(미래) – 40~50대

구분		사례수	① 전혀 그렇지 않다	②	③	④ 중간	⑤	⑥	⑦ 매우 그렇다	종합			[평균]
										그렇지 않다	중간	그렇다	
전체		(500)	2.6	5.2	11.0	37.6	25.8	14.0	3.8	18.8	37.6	43.6	4.36
성별	남성	(247)	3.6	6.1	9.7	38.1	25.5	13.4	3.6	19.4	38.1	42.5	4.30
	여성	(253)	1.6	4.3	12.3	37.2	26.1	14.6	4.0	18.2	37.2	44.7	4.42
연령	40대	(248)	2.0	5.2	14.5	39.9	22.6	11.3	4.4	21.8	39.9	38.3	4.27
	50대	(252)	3.2	5.2	7.5	35.3	29.0	16.7	3.2	15.9	35.3	48.8	4.44
학력	고졸 이하	(61)	3.3	1.6	13.1	49.2	21.3	6.6	4.9	18.0	49.2	32.8	4.23
	대재	(16)	0.0	6.3	12.5	37.5	25.0	18.8	0.0	18.8	37.5	43.8	4.38
	대졸	(365)	2.7	5.2	10.4	36.7	27.4	14.0	3.6	18.4	36.7	44.9	4.37
	대학원 이상	(58)	1.7	8.6	12.1	31.0	20.7	20.7	5.2	22.4	31.0	46.6	4.43
가구 소득	200만 원 미만	(45)	4.4	4.4	15.6	44.4	22.2	2.2	6.7	24.4	44.4	31.1	4.09
	200~300만 원 미만	(41)	4.9	7.3	19.5	46.3	14.6	4.9	2.4	31.7	46.3	22.0	3.83
	300~500만 원 미만	(125)	0.0	3.2	6.4	43.2	29.6	13.6	4.0	9.6	43.2	47.2	4.56
	500~700만 원 미만	(129)	0.8	4.7	13.2	34.9	27.9	15.5	3.1	18.6	34.9	46.5	4.43
	700만 원 이상	(160)	5.0	6.9	9.4	31.3	25.0	18.8	3.8	21.3	31.3	47.5	4.36
혼인 상태	기혼	(340)	3.2	4.7	8.8	35.9	27.4	16.8	3.2	16.8	35.9	47.4	4.43
	미혼	(127)	0.8	5.5	15.0	41.7	22.0	9.4	5.5	21.3	41.7	37.0	4.29
	동거/사별/이혼/별거	(33)	3.0	9.1	18.2	39.4	24.2	3.0	3.0	30.3	39.4	30.3	3.94

[표 2-120] 가치관이나 신념이 다른 사람을 이해한다(미래) - 40~50대(계속)

구분		사례수	① 전혀 그렇지 않다	②	③	④ 중간	⑤	⑥	⑦ 매우 그렇다	종합			[평균]
										그렇지 않다	중간	그렇다	
전체		(500)	2.6	5.2	11.0	37.6	25.8	14.0	3.8	18.8	37.6	43.6	4.36
가구원수	1인	(64)	0.0	6.3	10.9	46.9	25.0	3.1	7.8	17.2	46.9	35.9	4.31
	2인	(68)	2.9	7.4	16.2	33.8	25.0	11.8	2.9	26.5	33.8	39.7	4.18
	3인	(175)	2.9	6.3	9.1	38.9	21.7	17.7	3.4	18.3	38.9	42.9	4.37
	4인 이상	(193)	3.1	3.1	10.9	34.7	30.1	15.0	3.1	17.1	34.7	48.2	4.43
이념성향	진보	(126)	4.0	7.1	14.3	34.1	19.0	16.7	4.8	25.4	34.1	40.5	4.26
	중도	(218)	2.8	5.0	9.2	40.4	25.7	12.8	4.1	17.0	40.4	42.7	4.36
	보수	(156)	1.3	3.8	10.9	36.5	31.4	13.5	2.6	16.0	36.5	47.4	4.44
직업	화이트칼라	(328)	3.4	7.3	11.3	36.3	24.7	13.4	3.7	22.0	36.3	41.8	4.27
	블루칼라	(61)	0.0	1.6	13.1	45.9	18.0	19.7	1.6	14.8	45.9	39.3	4.46
	주부/무직/기타	(111)	1.8	0.9	9.0	36.9	33.3	12.6	5.4	11.7	36.9	51.4	4.59
고용형태	상용직 임금근로자	(314)	3.2	7.0	10.5	38.2	24.2	13.4	3.5	20.7	38.2	41.1	4.27
	임시/일용/특수직 근로자	(39)	2.6	7.7	12.8	41.0	12.8	17.9	5.1	23.1	41.0	35.9	4.28
	자영업자/무급가족종사자	(31)	0.0	0.0	22.6	25.8	35.5	16.1	0.0	22.6	25.8	51.6	4.45
권역	도심권	(25)	8.0	0.0	36.0	32.0	16.0	4.0	4.0	44.0	32.0	24.0	3.76
	동북권	(155)	3.9	5.2	9.7	38.1	27.1	13.5	2.6	18.7	38.1	43.2	4.30
	서북권	(60)	0.0	3.3	8.3	36.7	33.3	16.7	1.7	11.7	36.7	51.7	4.57
	서남권	(149)	2.0	7.4	12.1	37.6	22.8	12.8	5.4	21.5	37.6	40.9	4.32
	동남권	(111)	1.8	4.5	7.2	38.7	26.1	17.1	4.5	13.5	38.7	47.7	4.52

② 사회적 약자, 소수자(장애인, 다문화 가정, 외국인노동자, 성 소수자 등)를 공평하게 대한다

◈ 20~30대

20~30대의 포용성에 대한 견해 중, '현재 우리 사회는 사회적 약자, 소수자(장애인, 다문화 가정, 외국인노동자, 성 소수자 등)를 공평하게 대한다'는 7점 만점 기준으로 3.70점인 반면, '미래 2050년에 우리 사회는 사회적 약자, 소수자(장애인, 다문화 가정, 외국인노동자, 성 소수자 등)를 공평하게 대한다'는 7점 만점 기준으로 4.04점으로 나타남

[그림 2-91] 사회적 약자, 소수자를 공평하게 대한다 – 20~30대 (단위: %)

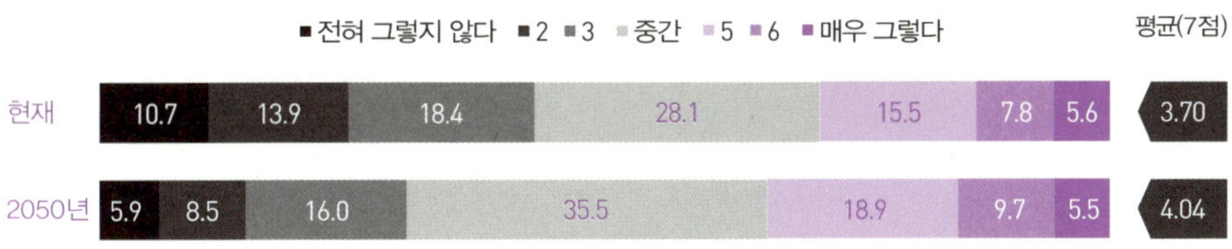

7점 평균을 상세분석한 결과, '현재 우리 사회는 사회적 약자, 소수자(장애인, 다문화 가정, 외국인노동자, 성 소수자 등)를 공평하게 대한다'는 성별로 남성(3.83점)에서 높게 나타났고 연령별로는 20대(3.82점), 학력별로는 고졸 이하(3.89점), 대재(전문대/대학교)(3.85점), 가구 소득별로는 500~700만 원 미만(4.06점), 혼인상태별로는 동거/사별/이혼/별거(4.31점), 가구원 수별로는 2인(3.78점), 4인 이상(3.74점), 이념 성향별로는 보수(3.99점), 직업별로는 블루칼라(4.04점), 고용형태별로는 자영업자/무급가족종사자(4.30점), 권역별로는 도심권(3.86점), 동남권(3.73점)에서 높게 나타남

'미래 2050년에 우리 사회는 사회적 약자, 소수자(장애인, 다문화 가정, 외국인노동자, 성 소수자 등)를 공평하게 대한다'는 성별로 남성(4.05점)에서 높게 나타났고 연령별로는 20대(4.08점), 학력별로는 대졸(전문대/대학교 졸업)(4.10점), 가구 소득별로는 500~700만 원 미만(4.25점), 200~300만 원 미만(4.09점), 혼인상태별로는 기혼(4.19점), 동거/사별/이혼/별거(4.13점), 가구원 수별로는 2인(4.26점), 3인(4.07점), 이념 성향별로는 보수(4.15점), 직업별로는 화이트칼라(4.13점), 학생(4.09점), 고용형태별로는 상용직 임금근로자(4.14점), 권역별로는 도심권(4.21점), 서남권(4.06점)에서 높게 나타남

◈ 40~50대

40~50대의 경우, '현재 우리 사회는 사회적 약자, 소수자(장애인, 다문화 가정, 외국인노동자, 성 소수자 등)를 공평하게 대한다'는 7점 만점 기준으로 3.53점인 반면, '미래 2050년에 우리 사회는 사회적 약자, 소수자(장애인, 다문화 가정, 외국인노동자, 성 소수자 등)를 공평하게 대한다'는 7점 만점 기준으로 4.28점으로 나타남

[그림 2-92] 사회적 약자, 소수자를 공평하게 대한다 – 40~50대 (단위: %)

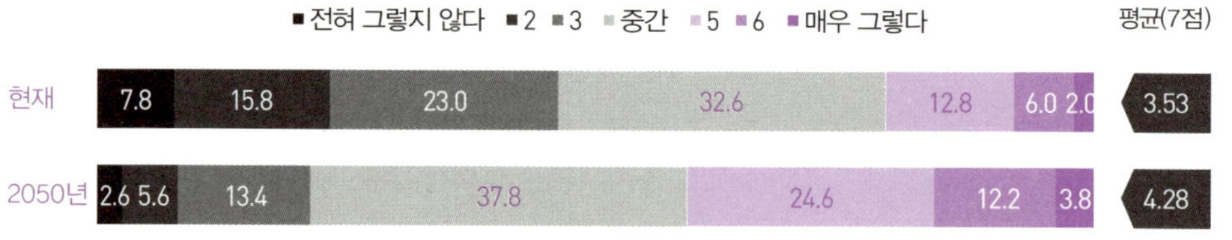

7점 평균을 상세분석한 결과, '현재 우리 사회는 사회적 약자, 소수자(장애인, 다문화 가정, 외국인노동자, 성 소수자 등)를 공평하게 대한다'는 성별로 여성(3.55점)에서 높게 나타났고 연령별로는 50대(3.58점), 학력별로는 대재(전문대/대학교)(3.94점), 가구 소득

별로는 300~500만 원 미만(3.73점), 혼인상태별로는 기혼(3.57점), 가구원 수별로는 4인 이상(3.64점), 1인(3.59점), 이념 성향별로는 보수(3.72점), 중도(3.58점), 직업별로는 주부/무직/기타(3.60점), 고용형태별로는 자영업자/무급가족종사자(3.71점), 권역별로는 서북권(3.90점), 도심권(3.72점)에서 높게 나타남

'미래 2050년에 우리 사회는 사회적 약자, 소수자(장애인, 다문화 가정, 외국인노동자, 성소수자 등)를 공평하게 대한다'는 성별로 여성(4.38점)에서 높게 나타났고 연령별로는 50대(4.36점), 학력별로는 고졸 이하(4.34점), 대학원 이상(4.29점), 가구 소득별로는 300~500만 원 미만(4.43점), 500~700만 원 미만(4.38점), 혼인상태별로는 미혼(4.36점), 기혼(4.31점), 가구원 수별로는 1인(4.45점), 4인 이상(4.30점), 이념 성향별로는 중도(4.31점), 보수(4.29점), 직업별로는 블루칼라(4.36점), 주부/무직/기타(4.32점), 고용형태별로는 상용직 임금근로자(4.26점), 권역별로는 동남권(4.56점), 서북권(4.53점)에서 높게 나타남

[표 2-121] 사회적 약자, 소수자를 공평하게 대한다(현재) – 20~30대

구분		사례 수	① 전혀 그렇지 않다	②	③	④ 중간	⑤	⑥	⑦ 매우 그렇다	종합			[평균]
										그렇지 않다	중간	그렇다	
전체		(1,000)	10.7	13.9	18.4	28.1	15.5	7.8	5.6	43.0	28.1	28.8	3.70
성별	남성	(490)	7.3	13.3	20.2	27.2	17.7	8.5	5.7	40.8	27.2	31.9	3.83
	여성	(510)	13.9	14.5	16.7	29.0	13.3	7.1	5.5	45.1	29.0	25.9	3.56
연령	20대	(498)	9.2	12.7	16.7	30.2	16.6	8.8	5.8	38.6	30.2	31.2	3.82
	30대	(502)	12.2	15.1	20.1	26.1	14.3	6.8	5.4	47.4	26.1	26.5	3.57
학력	고졸 이하	(97)	11.3	7.0	20.3	29.0	15.9	8.1	8.4	38.6	29.0	32.4	3.89
	대재	(127)	6.8	14.7	18.1	28.8	15.4	11.7	4.6	39.6	28.8	31.6	3.85
	대졸	(677)	11.4	13.9	18.4	28.6	15.1	6.9	5.6	43.7	28.6	27.6	3.66
	대학원 이상	(99)	10.2	19.9	16.9	23.1	18.0	8.1	3.9	46.9	23.1	30.0	3.59
가구 소득	200만 원 미만	(102)	12.8	11.3	21.6	27.5	9.0	9.8	8.0	45.7	27.5	26.8	3.70
	200~300만 원 미만	(148)	16.8	14.1	12.7	28.8	13.5	8.7	5.3	43.6	28.8	27.6	3.56
	300~500만 원 미만	(287)	10.5	14.2	20.2	27.1	17.6	5.2	5.2	44.8	27.1	28.0	3.64
	500~700만 원 미만	(196)	5.5	11.2	16.0	30.1	19.9	10.7	6.6	32.7	30.1	37.2	4.06
	700만 원 이상	(267)	10.5	16.5	20.3	27.7	13.5	7.1	4.5	47.3	27.7	25.1	3.56
혼인 상태	기혼	(220)	6.4	13.2	16.8	30.7	20.4	6.4	6.3	36.3	30.7	33.0	3.90
	미혼	(745)	12.5	14.3	19.0	27.4	13.8	7.8	5.4	45.7	27.4	27.0	3.61
	동거/사별/이혼/별거	(35)	0.0	11.5	17.0	28.5	20.4	17.2	5.5	28.5	28.5	43.1	4.31

[표 2-121] 사회적 약자, 소수자를 공평하게 대한다(현재) - 20~30대(계속)

구분		사례 수	① 전혀 그렇지 않다	②	③	④ 중간	⑤	⑥	⑦ 매우 그렇다	종합			[평균]
										그렇지 않다	중간	그렇다	
전체		(1,000)	10.7	13.9	18.4	28.1	15.5	7.8	5.6	43.0	28.1	28.8	3.70
가구원 수	1인	(218)	17.1	11.3	16.2	29.4	11.9	7.7	6.4	44.6	29.4	26.0	3.56
	2인	(159)	8.6	13.2	17.5	26.3	23.5	8.3	2.6	39.3	26.3	34.4	3.78
	3인	(290)	9.6	13.3	20.2	29.0	16.1	5.8	5.9	43.1	29.0	27.9	3.70
	4인 이상	(333)	8.4	16.5	18.8	27.4	13.4	9.3	6.3	43.6	27.4	28.9	3.74
이념 성향	진보	(231)	20.8	16.0	16.9	22.1	13.8	4.8	5.6	53.7	22.1	24.2	3.29
	중도	(429)	9.1	13.9	17.5	33.5	15.2	7.2	3.7	40.5	33.5	26.0	3.68
	보수	(341)	5.8	12.5	20.7	25.5	16.9	10.6	8.0	39.0	25.5	35.6	3.99
직업	화이트칼라	(644)	10.2	13.5	18.7	27.8	15.8	8.1	5.9	42.4	27.8	29.8	3.73
	블루칼라	(141)	9.9	8.4	14.0	32.3	16.4	8.4	10.6	32.3	32.3	35.4	4.04
	학생	(106)	11.2	15.6	22.5	26.6	16.6	6.4	1.1	49.3	26.6	24.1	3.45
	주부/무직/기타	(109)	13.7	21.8	18.7	26.5	11.0	6.4	1.8	54.3	26.5	19.3	3.26
고용 형태	상용직 임금근로자	(620)	10.1	12.7	19.8	28.2	16.1	7.1	6.0	42.7	28.2	29.2	3.73
	임시/일용/특수직 근로자	(97)	12.4	14.3	12.1	30.3	10.3	12.3	8.2	38.8	30.3	30.8	3.82
	자영업자/ 무급가족종사자	(58)	6.9	8.6	8.6	31.3	22.4	12.1	10.0	24.2	31.3	44.5	4.30
권역	도심권	(50)	4.0	23.1	15.5	26.2	12.0	9.6	9.6	42.6	26.2	31.2	3.86
	동북권	(295)	11.2	15.1	20.3	24.2	17.1	8.5	3.7	46.5	24.2	29.3	3.61
	서북권	(123)	11.3	9.2	22.5	27.0	18.8	6.4	4.8	43.0	27.0	30.0	3.71
	서남권	(329)	11.2	13.7	17.3	28.4	14.9	8.2	6.2	42.2	28.4	29.4	3.72
	동남권	(203)	10.3	13.3	15.7	34.6	12.9	6.4	6.9	39.3	34.6	26.1	3.73

[표 2-122] 사회적 약자, 소수자를 공평하게 대한다(미래) – 20~30대

구분		사례 수	① 전혀 그렇지 않다	②	③	④ 중간	⑤	⑥	⑦ 매우 그렇다	종합			[평균]
										그렇지 않다	중간	그렇다	
전체		(1,000)	5.9	8.5	16.0	35.5	18.9	9.7	5.5	30.4	35.5	34.1	4.04
성별	남성	(490)	5.5	8.4	14.4	37.9	18.7	10.9	4.1	28.4	37.9	33.7	4.05
	여성	(510)	6.3	8.6	17.5	33.1	19.0	8.6	6.9	32.4	33.1	34.5	4.03
연령	20대	(498)	6.0	8.3	15.6	34.3	18.8	11.9	5.1	29.9	34.3	35.8	4.08
	30대	(502)	5.8	8.8	16.3	36.7	18.9	7.6	6.0	30.9	36.7	32.5	4.01
학력	고졸 이하	(97)	5.2	7.3	19.1	40.1	16.7	5.3	6.3	31.6	40.1	28.3	3.97
	대재	(127)	6.2	8.0	17.4	33.0	22.6	11.4	1.5	31.5	33.0	35.5	3.98
	대졸	(677)	5.6	8.9	15.0	34.8	18.7	10.5	6.5	29.5	34.8	35.7	4.10
	대학원 이상	(99)	7.9	8.1	17.9	38.9	17.0	7.0	3.1	33.9	38.9	27.2	3.83
가구 소득	200만 원 미만	(102)	7.9	8.9	21.9	32.7	17.3	7.2	4.0	38.8	32.7	28.5	3.80
	200~300만 원 미만	(148)	6.2	10.7	11.2	38.2	15.4	10.2	8.1	28.1	38.2	33.7	4.09
	300~500만 원 미만	(287)	6.6	8.0	16.7	33.8	21.7	8.4	4.9	31.2	33.8	35.0	4.01
	500~700만 원 미만	(196)	2.6	6.1	19.1	35.1	18.3	11.2	7.7	27.7	35.1	37.2	4.25
	700만 원 이상	(267)	6.7	9.5	13.4	37.1	18.7	10.9	3.7	29.5	37.1	33.3	3.99
혼인 상태	기혼	(220)	4.9	5.9	16.3	35.2	19.5	11.8	6.4	27.1	35.2	37.7	4.19
	미혼	(745)	6.3	9.3	16.2	35.1	18.5	9.0	5.5	31.9	35.1	33.0	3.99
	동거/사별/이혼/별거	(35)	2.6	8.9	8.4	45.4	23.0	11.8	0.0	19.8	45.4	34.8	4.13

[표 2-122] 사회적 약자, 소수자를 공평하게 대한다(미래) - 20~30대(계속)

구분		사례 수	① 전혀 그렇지 않다	②	③	④ 중간	⑤	⑥	⑦ 매우 그렇다	종합			[평균]
										그렇지 않다	중간	그렇다	
전체		(1,000)	5.9	8.5	16.0	35.5	18.9	9.7	5.5	30.4	35.5	34.1	4.04
가구원 수	1인	(218)	8.4	9.7	17.6	35.1	18.3	6.7	4.1	35.7	35.1	29.2	3.82
	2인	(159)	2.5	8.1	15.7	34.8	18.2	14.9	5.7	26.3	34.8	38.8	4.26
	3인	(290)	4.8	7.6	18.9	34.5	20.0	7.2	6.9	31.3	34.5	34.2	4.07
	4인 이상	(333)	6.8	8.8	12.5	36.8	18.5	11.4	5.1	28.1	36.8	35.1	4.06
이념 성향	진보	(231)	6.9	11.3	17.7	24.2	23.0	10.0	6.9	35.9	24.2	39.9	4.03
	중도	(429)	6.3	7.7	15.1	40.9	18.1	7.7	4.2	29.1	40.9	30.0	3.97
	보수	(341)	4.6	7.7	15.9	36.3	17.0	12.2	6.3	28.3	36.3	35.5	4.15
직업	화이트칼라	(644)	5.7	7.2	15.2	35.5	19.2	11.3	5.8	28.1	35.5	36.4	4.13
	블루칼라	(141)	7.6	10.0	16.9	37.2	14.8	7.9	5.7	34.5	37.2	28.4	3.88
	학생	(106)	5.8	8.6	15.8	29.0	27.3	8.8	4.7	30.2	29.0	40.8	4.09
	주부/무직/기타	(109)	4.6	14.6	19.5	39.4	13.6	3.7	4.6	38.7	39.4	21.9	3.72
고용 형태	상용직 임금근로자	(620)	5.5	7.9	13.8	35.9	19.3	11.6	6.0	27.2	35.9	36.9	4.14
	임시/일용/특수직 근로자	(97)	7.3	4.1	27.6	33.3	17.5	7.2	3.1	39.0	33.3	27.7	3.83
	자영업자/ 무급가족종사자	(58)	10.0	12.2	15.8	39.5	12.1	5.2	5.2	38.0	39.5	22.4	3.68
권역	도심권	(50)	5.6	2.0	13.1	42.2	23.5	9.6	4.0	20.7	42.2	37.1	4.21
	동북권	(295)	6.8	7.8	16.5	33.8	20.7	8.6	5.8	31.1	33.8	35.1	4.03
	서북권	(123)	4.9	5.8	20.9	31.9	25.3	8.0	3.3	31.6	31.9	36.5	4.04
	서남권	(329)	5.5	8.8	15.2	37.5	16.0	11.1	5.9	29.5	37.5	32.9	4.06
	동남권	(203)	5.8	12.4	14.2	35.0	15.8	10.3	6.4	32.4	35.0	32.5	3.99

[표 2-123] 사회적 약자, 소수자를 공평하게 대한다(현재) - 40~50대

구분		사례수	① 전혀 그렇지 않다	②	③	④ 중간	⑤	⑥	⑦ 매우 그렇다	종합			[평균]
										그렇지 않다	중간	그렇다	
전체		(500)	7.8	15.8	23.0	32.6	12.8	6.0	2.0	46.6	32.6	20.8	3.53
성별	남성	(247)	9.3	15.0	20.6	35.2	12.6	5.7	1.6	44.9	35.2	19.8	3.50
	여성	(253)	6.3	16.6	25.3	30.0	13.0	6.3	2.4	48.2	30.0	21.7	3.55
연령	40대	(248)	8.1	19.0	21.8	29.8	13.7	5.2	2.4	48.8	29.8	21.4	3.48
	50대	(252)	7.5	12.7	24.2	35.3	11.9	6.7	1.6	44.4	35.3	20.2	3.58
학력	고졸 이하	(61)	13.1	18.0	11.5	34.4	11.5	8.2	3.3	42.6	34.4	23.0	3.51
	대재	(16)	12.5	6.3	18.8	31.3	6.3	18.8	6.3	37.5	31.3	31.3	3.94
	대졸	(365)	5.2	15.9	24.9	33.4	13.2	5.5	1.9	46.0	33.4	20.5	3.58
	대학원 이상	(58)	17.2	15.5	24.1	25.9	13.8	3.4	0.0	56.9	25.9	17.2	3.14
가구 소득	200만 원 미만	(45)	13.3	13.3	22.2	35.6	8.9	0.0	6.7	48.9	35.6	15.6	3.40
	200~300만 원 미만	(41)	7.3	31.7	7.3	31.7	9.8	12.2	0.0	46.3	31.7	22.0	3.41
	300~500만 원 미만	(125)	6.4	7.2	22.4	43.2	14.4	4.8	1.6	36.0	43.2	20.8	3.73
	500~700만 원 미만	(129)	6.2	16.3	27.9	31.0	9.3	7.0	2.3	50.4	31.0	18.6	3.51
	700만 원 이상	(160)	8.8	18.8	23.8	25.0	16.3	6.3	1.3	51.3	25.0	23.8	3.45
혼인 상태	기혼	(340)	6.8	14.1	25.3	32.4	13.5	6.2	1.8	46.2	32.4	21.5	3.57
	미혼	(127)	9.4	18.9	16.5	36.2	11.0	5.5	2.4	44.9	36.2	18.9	3.46
	동거/사별/이혼/별거	(33)	12.1	21.2	24.2	21.2	12.1	6.1	3.0	57.6	21.2	21.2	3.30

[표 2-123] 사회적 약자, 소수자를 공평하게 대한다(현재) - 40~50대(계속)

구분		사례수	① 전혀 그렇지 않다	②	③	④ 중간	⑤	⑥	⑦ 매우 그렇다	종합			[평균]
										그렇지 않다	중간	그렇다	
전체		(500)	7.8	15.8	23.0	32.6	12.8	6.0	2.0	46.6	32.6	20.8	3.53
가구원 수	1인	(64)	4.7	23.4	14.1	35.9	14.1	3.1	4.7	42.2	35.9	21.9	3.59
	2인	(68)	7.4	22.1	26.5	27.9	5.9	10.3	0.0	55.9	27.9	16.2	3.34
	3인	(175)	9.7	14.3	21.7	38.3	9.7	4.0	2.3	45.7	38.3	16.0	3.45
	4인 이상	(193)	7.3	12.4	25.9	28.0	17.6	7.3	1.6	45.6	28.0	26.4	3.64
이념 성향	진보	(126)	11.9	23.0	24.6	23.0	10.3	4.8	2.4	59.5	23.0	17.5	3.21
	중도	(218)	7.8	13.8	22.0	35.3	12.8	6.9	1.4	43.6	35.3	21.1	3.58
	보수	(156)	4.5	12.8	23.1	36.5	14.7	5.8	2.6	40.4	36.5	23.1	3.72
직업	화이트칼라	(328)	6.7	17.7	23.2	32.3	12.8	5.8	1.5	47.6	32.3	20.1	3.50
	블루칼라	(61)	11.5	16.4	18.0	31.1	11.5	8.2	3.3	45.9	31.1	23.0	3.52
	주부/무직/기타	(111)	9.0	9.9	25.2	34.2	13.5	5.4	2.7	44.1	34.2	21.6	3.60
고용 형태	상용직 임금근로자	(314)	6.7	17.8	23.2	32.5	13.4	5.1	1.3	47.8	32.5	19.7	3.48
	임시/일용/특수직 근로자	(39)	17.9	15.4	17.9	28.2	5.1	12.8	2.6	51.3	28.2	20.5	3.36
	자영업자/ 무급가족종사자	(31)	3.2	19.4	19.4	32.3	16.1	6.5	3.2	41.9	32.3	25.8	3.71
권역	도심권	(25)	16.0	8.0	16.0	28.0	16.0	12.0	4.0	40.0	28.0	32.0	3.72
	동북권	(155)	7.7	18.7	21.9	37.4	7.1	4.5	2.6	48.4	37.4	14.2	3.41
	서북권	(60)	6.7	5.0	25.0	30.0	23.3	8.3	1.7	36.7	30.0	33.3	3.90
	서남권	(149)	8.1	19.5	26.8	28.2	10.7	5.4	1.3	54.4	28.2	17.4	3.36
	동남권	(111)	6.3	14.4	19.8	34.2	17.1	6.3	1.8	40.5	34.2	25.2	3.68

[표 2-124] 사회적 약자, 소수자를 공평하게 대한다(미래) – 40~50대

구분		사례수	① 전혀 그렇지 않다	②	③	④ 중간	⑤	⑥	⑦ 매우 그렇다	종합			[평균]
										그렇지 않다	중간	그렇다	
전체		(500)	2.6	5.6	13.4	37.8	24.6	12.2	3.8	21.6	37.8	40.6	4.28
성별	남성	(247)	2.4	6.9	12.6	42.1	23.9	8.9	3.2	21.9	42.1	36.0	4.18
	여성	(253)	2.8	4.3	14.2	33.6	25.3	15.4	4.3	21.3	33.6	45.1	4.38
연령	40대	(248)	2.4	7.3	16.1	36.3	22.2	11.3	4.4	25.8	36.3	37.9	4.20
	50대	(252)	2.8	4.0	10.7	39.3	27.0	13.1	3.2	17.5	39.3	43.3	4.36
학력	고졸 이하	(61)	4.9	3.3	14.8	37.7	14.8	18.0	6.6	23.0	37.7	39.3	4.34
	대재	(16)	0.0	12.5	25.0	18.8	31.3	12.5	0.0	37.5	18.8	43.8	4.06
	대졸	(365)	2.5	4.9	12.9	40.3	25.2	10.1	4.1	20.3	40.3	39.5	4.28
	대학원 이상	(58)	1.7	10.3	12.1	27.6	29.3	19.0	0.0	24.1	27.6	48.3	4.29
가구 소득	200만 원 미만	(45)	4.4	6.7	15.6	46.7	11.1	6.7	8.9	26.7	46.7	26.7	4.09
	200~300만 원 미만	(41)	2.4	9.8	17.1	43.9	14.6	12.2	0.0	29.3	43.9	26.8	3.95
	300~500만 원 미만	(125)	1.6	4.0	8.8	42.4	25.6	13.6	4.0	14.4	42.4	43.2	4.43
	500~700만 원 미만	(129)	1.6	3.1	17.1	32.6	30.2	10.9	4.7	21.7	32.6	45.7	4.38
	700만 원 이상	(160)	3.8	7.5	12.5	34.4	25.6	13.8	2.5	23.8	34.4	41.9	4.22
혼인 상태	기혼	(340)	2.9	5.3	11.5	38.5	25.3	13.2	3.2	19.7	38.5	41.8	4.31
	미혼	(127)	0.8	3.9	16.5	38.6	22.8	11.8	5.5	21.3	38.6	40.2	4.36
	동거/사별/이혼/별거	(33)	6.1	15.2	21.2	27.3	24.2	3.0	3.0	42.4	27.3	30.3	3.70

[표 2-124] 사회적 약자, 소수자를 공평하게 대한다(미래) – 40~50대(계속)

구분		사례수	① 전혀 그렇지 않다	②	③	④ 중간	⑤	⑥	⑦ 매우 그렇다	종합			[평균]
										그렇지 않다	중간	그렇다	
전체		(500)	2.6	5.6	13.4	37.8	24.6	12.2	3.8	21.6	37.8	40.6	4.28
가구원 수	1인	(64)	0.0	4.7	14.1	40.6	20.3	12.5	7.8	18.8	40.6	40.6	4.45
	2인	(68)	1.5	8.8	19.1	36.8	22.1	8.8	2.9	29.4	36.8	33.8	4.07
	3인	(175)	2.9	5.7	12.0	38.9	25.1	11.4	4.0	20.6	38.9	40.6	4.28
	4인 이상	(193)	3.6	4.7	12.4	36.3	26.4	14.0	2.6	20.7	36.3	43.0	4.30
이념 성향	진보	(126)	3.2	7.1	11.1	39.7	24.6	11.1	3.2	21.4	39.7	38.9	4.21
	중도	(218)	3.2	5.5	12.4	37.6	21.6	16.5	3.2	21.1	37.6	41.3	4.31
	보수	(156)	1.3	4.5	16.7	36.5	28.8	7.1	5.1	22.4	36.5	41.0	4.29
직업	화이트칼라	(328)	2.4	7.0	13.1	37.5	24.7	11.0	4.3	22.6	37.5	39.9	4.25
	블루칼라	(61)	0.0	1.6	21.3	39.3	18.0	16.4	3.3	23.0	39.3	37.7	4.36
	주부/무직/기타	(111)	4.5	3.6	9.9	37.8	27.9	13.5	2.7	18.0	37.8	44.1	4.32
고용 형태	상용직 임금근로자	(314)	2.2	6.4	14.0	36.3	26.1	11.1	3.8	22.6	36.3	41.1	4.26
	임시/일용/특수직 근로자	(39)	2.6	7.7	15.4	38.5	17.9	10.3	7.7	25.6	38.5	35.9	4.23
	자영업자/ 무급가족종사자	(31)	0.0	3.2	19.4	48.4	9.7	16.1	3.2	22.6	48.4	29.0	4.26
권역	도심권	(25)	4.0	4.0	32.0	32.0	16.0	12.0	0.0	40.0	32.0	28.0	3.88
	동북권	(155)	3.2	3.9	17.4	35.5	26.5	9.0	4.5	24.5	35.5	40.0	4.23
	서북권	(60)	1.7	3.3	5.0	43.3	28.3	13.3	5.0	10.0	43.3	46.7	4.53
	서남권	(149)	3.4	9.4	14.8	37.6	21.5	9.4	4.0	27.5	37.6	34.9	4.09
	동남권	(111)	0.9	4.5	6.3	39.6	26.1	19.8	2.7	11.7	39.6	48.6	4.56

③ 다양성을 인정하는 사회다

◈ 20~30대

20~30대의 포용성에 대한 견해 중, '현재 우리 사회는 다양성을 인정하는 사회다'는 7점 만점 기준으로 3.94점인 반면, '미래 2050년에 우리 사회는 다양성을 인정하는 사회다'는 7점 만점 기준으로 4.35점으로 나타남

[그림 2-93] 다양성을 인정하는 사회다 – 20~30대 (단위: %)

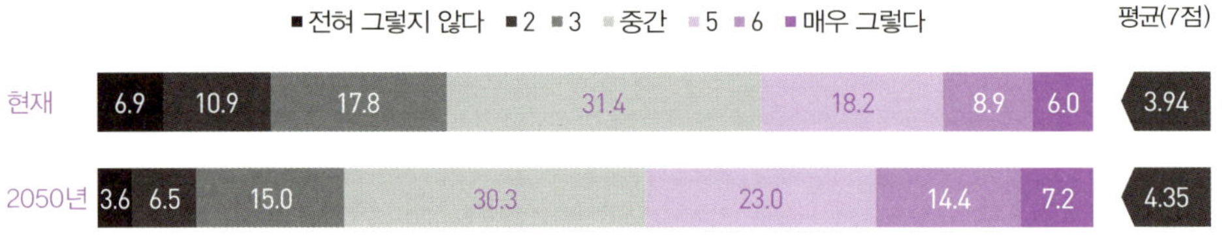

7점 평균을 상세분석한 결과, '현재 우리 사회는 다양성을 인정하는 사회다'는 성별로 남성(3.99점)에서 높게 나타났고 연령별로는 20대(4.07점), 학력별로는 대재(전문대/대학교)(4.07점), 대졸(전문대/대학교 졸업)(3.96점), 가구 소득별로는 500~700만 원 미만(4.17점), 300~500만 원 미만(4.00점), 혼인상태별로는 동거/사별/이혼/별거(4.39점), 가구원 수별로는 3인(4.08점), 이념 성향별로는 보수(4.32점), 직업별로는 블루칼라(4.24점), 고용형태별로는 자영업자/무급가족종사자(4.44점), 권역별로는 동남권(4.06점), 서남권(4.01점)에서 높게 나타남

'미래 2050년에 우리 사회는 다양성을 인정하는 사회다'는 성별로 여성(4.36점)에서 높게 나타났고 연령별로는 20대(4.37점), 학력별로는 대졸(전문대/대학교 졸업)(4.42점), 가구 소득별로는 500~700만 원 미만(4.45점), 200~300만 원 미만(4.40점), 700만 원 이상(4.40점), 혼인상태별로는 동거/사별/이혼/별거(4.41점), 기혼(4.36점), 가구원 수별로는 2인(4.62점), 이념 성향별로는 보수(4.40점), 직업별로는 화이트칼라(4.46점), 고용형태별로는 상용직 임금근로자(4.52점), 권역별로는 도심권(4.46점), 동남권(4.44점)에서 높게 나타남

◈ 40~50대

40~50대의 '현재 우리 사회는 다양성을 인정하는 사회다'는 7점 만점 기준으로 3.88점인 반면, '미래 2050년에 우리 사회는 다양성을 인정하는 사회다'는 7점 만점 기준으로 4.69점으로 나타남

[그림 2-94] 다양성을 인정하는 사회다 – 40~50대

(단위: %)

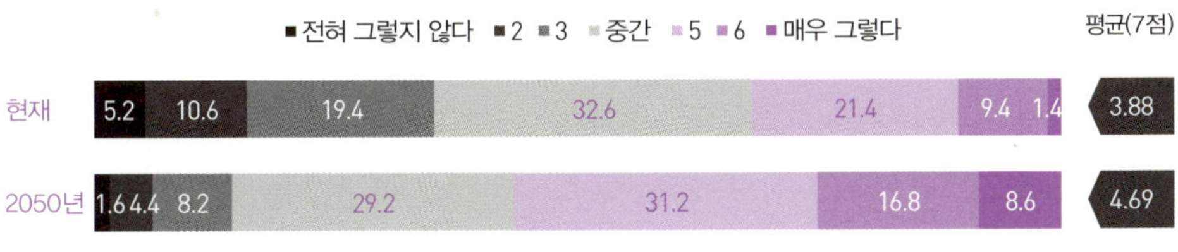

7점 평균을 상세분석한 결과, '현재 우리 사회는 다양성을 인정하는 사회다'는 성별로 여성(3.89점)에서 높게 나타났고 연령별로는 50대(3.97점), 학력별로는 고졸 이하(4.05점), 대졸(전문대/대학교 졸업) (3.95점), 가구 소득별로는 300~500만 원 미만(4.04점), 200~300만 원 미만(3.90점), 혼인상태별로는 기혼(3.97점), 가구원 수별로는 4인 이상(4.03점), 이념 성향별로는 보수(4.01점), 중도(3.97점), 직업별로는 블루칼

라(4.11점), 고용형태별로는 자영업자/무급가족종사자(4.10점), 임시/일용/특수직 근로자(3.92점), 권역별로는 서북권(4.30점)에서 높게 나타남

미래 2050년에 우리 사회는 다양성을 인정하는 사회다'는 성별로 여성(4.73점)에서 높게 나타났고 연령별로는 50대(4.77점), 학력별로는 대졸(전문대/대학교 졸업)(4.72점), 가구 소득별로는 300~500만 원 미만(4.84점), 500~700만 원 미만(4.75점), 혼인상태별로는 기혼(4.76점), 가구원 수별로는 4인 이상(4.70점), 이념 성향별로는 중도(4.75점), 직업별로는 블루칼라(4.79점), 화이트칼라(4.69점), 고용형태별로는 임시/일용/특수직 근로자(4.92점), 권역별로는 동남권(4.91점), 서북권(4.77점)에서 높게 나타남

[표 2-125] 다양성을 인정하는 사회다(현재) - 20~30대

구분		사례 수	① 전혀 그렇지 않다	②	③	④ 중간	⑤	⑥	⑦ 매우 그렇다	종합			[평균]
										그렇지 않다	중간	그렇다	
전체		(1,000)	6.9	10.9	17.8	31.4	18.2	8.9	6.0	35.5	31.4	33.1	3.94
성별	남성	(490)	5.8	9.4	20.7	30.2	17.6	9.7	6.5	36.0	30.2	33.8	3.99
	여성	(510)	7.8	12.4	14.9	32.5	18.8	8.0	5.5	35.1	32.5	32.4	3.88
연령	20대	(498)	5.7	9.3	15.0	34.9	19.1	9.2	6.8	30.0	34.9	35.1	4.07
	30대	(502)	8.0	12.5	20.5	27.9	17.3	8.6	5.2	41.0	27.9	31.1	3.80
학력	고졸 이하	(97)	6.2	8.9	18.5	40.9	13.0	7.2	5.3	33.6	40.9	25.5	3.88
	대재	(127)	5.2	11.1	17.3	28.5	19.3	13.4	5.4	33.5	28.5	38.1	4.07
	대졸	(677)	6.8	10.9	17.3	31.2	19.3	8.1	6.5	34.9	31.2	33.9	3.96
	대학원 이상	(99)	10.1	13.1	20.9	27.2	14.9	9.9	3.9	44.1	27.2	28.7	3.69
가구 소득	200만 원 미만	(102)	7.9	16.5	18.2	25.1	19.4	8.8	4.0	42.7	25.1	32.2	3.74
	200~300만 원 미만	(148)	9.4	10.8	20.2	27.6	13.3	10.8	8.0	40.4	27.6	32.0	3.89
	300~500만 원 미만	(287)	6.3	9.7	16.8	32.8	20.6	6.9	6.9	32.8	32.8	34.4	4.00
	500~700만 원 미만	(196)	4.5	10.4	12.1	33.1	21.4	13.3	5.1	27.0	33.1	39.8	4.17
	700만 원 이상	(267)	7.4	10.5	21.4	33.1	15.7	6.7	5.2	39.3	33.1	27.6	3.80
혼인 상태	기혼	(220)	4.5	8.6	18.7	30.8	18.9	10.4	8.1	31.8	30.8	37.4	4.14
	미혼	(745)	7.9	11.6	17.2	32.1	18.1	8.1	5.1	36.7	32.1	31.3	3.86
	동거/사별/이혼/별거	(35)	0.0	11.2	23.0	20.7	17.2	16.7	11.2	34.2	20.7	45.1	4.39

[표 2-125] 다양성을 인정하는 사회다(현재) – 20~30대(계속)

구분		사례 수	① 전혀 그렇지 않다	②	③	④ 중간	⑤	⑥	⑦ 매우 그렇다	종합			[평균]
										그렇지 않다	중간	그렇다	
전체		(1,000)	6.9	10.9	17.8	31.4	18.2	8.9	6.0	35.5	31.4	33.1	3.94
가구원 수	1인	(218)	8.8	10.6	16.1	30.5	18.7	8.0	7.2	35.5	30.5	34.0	3.93
	2인	(159)	4.3	14.4	22.7	26.6	18.0	9.6	4.5	41.4	26.6	32.0	3.86
	3인	(290)	5.5	11.1	14.2	32.0	20.6	9.3	7.3	30.7	32.0	37.3	4.08
	4인 이상	(333)	8.0	9.3	19.6	33.7	15.9	8.7	4.7	36.9	33.7	29.3	3.85
이념 성향	진보	(231)	11.7	17.3	20.4	25.1	16.0	5.2	4.3	49.4	25.1	25.6	3.49
	중도	(429)	6.5	9.3	19.0	36.4	17.2	7.6	3.9	34.9	36.4	28.7	3.87
	보수	(341)	4.0	8.5	14.4	29.3	21.0	12.9	9.7	27.0	29.3	43.7	4.32
직업	화이트칼라	(644)	7.0	9.8	18.4	29.9	18.8	9.6	6.5	35.2	29.9	34.9	3.98
	블루칼라	(141)	5.7	9.9	12.0	30.8	21.1	10.0	10.5	27.6	30.8	41.6	4.24
	학생	(106)	10.1	11.3	21.7	34.6	13.9	6.4	2.0	43.1	34.6	22.3	3.58
	주부/무직/기타	(109)	4.6	18.3	17.3	38.0	15.5	5.5	0.9	40.2	38.0	21.9	3.62
고용 형태	상용직 임금근로자	(620)	6.2	10.0	18.4	30.8	19.3	9.0	6.2	34.6	30.8	34.6	3.99
	임시/일용/특수직 근로자	(97)	10.4	11.2	15.3	26.4	19.5	10.0	7.2	36.9	26.4	36.7	3.92
	자영업자/ 무급가족종사자	(58)	6.9	6.9	10.4	31.1	15.5	14.1	15.2	24.2	31.1	44.8	4.44
권역	도심권	(50)	6.0	15.5	18.2	31.5	14.0	9.6	5.2	39.7	31.5	28.8	3.82
	동북권	(295)	7.8	10.3	21.4	27.4	18.2	9.2	5.8	39.5	27.4	33.2	3.88
	서북권	(123)	10.4	8.1	18.7	36.9	17.0	6.5	2.4	37.1	36.9	26.0	3.71
	서남권	(329)	6.3	12.2	15.6	29.1	20.6	9.1	7.1	34.1	29.1	36.8	4.01
	동남권	(203)	4.4	10.3	15.4	37.6	16.2	9.3	6.8	30.1	37.6	32.4	4.06

[표 2-126] 다양성을 인정하는 사회다(미래) – 20~30대

구분		사례 수	① 전혀 그렇지 않다	②	③	④ 중간	⑤	⑥	⑦ 매우 그렇다	종합			[평균]
										그렇지 않다	중간	그렇다	
전체		(1,000)	3.6	6.5	15.0	30.3	23.0	14.4	7.2	25.0	30.3	44.7	4.35
성별	남성	(490)	3.8	5.5	14.4	32.4	24.0	12.9	6.9	23.8	32.4	43.8	4.34
	여성	(510)	3.3	7.5	15.5	28.2	22.2	15.9	7.5	26.3	28.2	45.5	4.36
연령	20대	(498)	3.5	6.7	14.0	31.9	22.0	13.1	8.8	24.2	31.9	43.9	4.37
	30대	(502)	3.6	6.4	15.9	28.7	24.1	15.7	5.6	25.9	28.7	45.4	4.33
학력	고졸 이하	(97)	2.1	5.2	19.3	40.4	17.3	5.3	10.4	26.5	40.4	33.0	4.23
	대재	(127)	1.4	11.7	17.2	34.4	21.2	10.9	3.1	30.4	34.4	35.2	4.07
	대졸	(677)	3.8	6.0	14.2	28.1	23.9	16.1	7.8	24.0	28.1	47.9	4.42
	대학원 이상	(99)	5.8	5.0	13.1	30.0	24.8	16.1	5.2	24.0	30.0	46.0	4.32
가구 소득	200만 원 미만	(102)	7.9	6.8	13.7	35.0	25.7	6.8	4.0	28.5	35.0	36.6	4.00
	200~300만 원 미만	(148)	3.4	7.4	14.2	28.9	25.1	9.8	11.3	24.9	28.9	46.2	4.40
	300~500만 원 미만	(287)	3.1	7.3	16.0	29.7	21.2	16.0	6.7	26.4	29.7	43.8	4.33
	500~700만 원 미만	(196)	1.5	6.7	16.2	27.1	24.5	17.3	6.6	24.5	27.1	48.4	4.45
	700만 원 이상	(267)	4.0	4.9	13.9	32.3	21.8	16.1	7.1	22.8	32.3	45.0	4.40
혼인 상태	기혼	(220)	3.5	5.9	16.3	26.7	26.2	15.0	6.4	25.8	26.7	47.5	4.36
	미혼	(745)	3.6	6.7	14.7	30.9	22.5	14.0	7.5	25.1	30.9	44.0	4.34
	동거/사별/이혼/별거	(35)	2.6	5.7	11.5	40.2	13.8	20.4	5.7	19.8	40.2	40.0	4.41

[표 2-126] 다양성을 인정하는 사회다(미래) – 20~30대(계속)

구분		사례 수	① 전혀 그렇지 않다	②	③	④ 중간	⑤	⑥	⑦ 매우 그렇다	종합			[평균]
										그렇지 않다	중간	그렇다	
전체		(1,000)	3.6	6.5	15.0	30.3	23.0	14.4	7.2	25.0	30.3	44.7	4.35
가구원 수	1인	(218)	4.1	9.1	15.6	24.2	25.4	14.2	7.3	28.8	24.2	46.9	4.29
	2인	(159)	2.5	3.8	16.3	26.5	18.7	22.2	10.1	22.6	26.5	50.9	4.62
	3인	(290)	2.4	7.0	16.1	32.4	23.0	11.4	7.6	25.5	32.4	42.1	4.31
	4인 이상	(333)	4.7	5.7	12.9	34.2	23.6	13.5	5.4	23.3	34.2	42.4	4.28
이념 성향	진보	(231)	4.7	7.4	16.9	26.0	19.9	18.7	6.5	29.0	26.0	45.1	4.31
	중도	(429)	3.0	5.4	14.9	35.0	22.0	13.8	6.0	23.3	35.0	41.7	4.33
	보수	(341)	3.5	7.3	13.8	27.4	26.5	12.4	9.2	24.6	27.4	48.1	4.40
직업	화이트칼라	(644)	3.2	5.8	14.4	26.5	25.1	18.0	7.0	23.5	26.5	50.0	4.46
	블루칼라	(141)	4.8	8.5	18.5	37.2	11.2	8.5	11.3	31.8	37.2	31.0	4.12
	학생	(106)	4.7	8.3	10.2	39.1	23.7	7.3	6.6	23.3	39.1	37.6	4.17
	주부/무직/기타	(109)	2.7	6.4	18.2	35.0	25.8	8.1	3.7	27.3	35.0	37.6	4.14
고용 형태	상용직 임금근로자	(620)	2.5	5.9	13.7	27.3	24.4	18.3	7.9	22.1	27.3	50.6	4.52
	임시/일용/특수직 근로자	(97)	7.3	6.1	21.6	33.5	17.2	8.2	6.2	34.9	33.5	31.5	3.96
	자영업자/ 무급가족종사자	(58)	8.3	12.1	19.0	33.0	12.1	8.6	6.9	39.3	33.0	27.6	3.82
권역	도심권	(50)	5.6	4.0	17.1	22.6	23.1	18.0	9.6	26.7	22.6	50.7	4.46
	동북권	(295)	4.4	6.6	17.3	29.2	23.9	11.5	7.1	28.3	29.2	42.5	4.25
	서북권	(123)	2.4	6.3	17.9	34.5	20.2	15.4	3.3	26.6	34.5	38.9	4.23
	서남권	(329)	3.4	6.7	12.8	30.6	23.6	15.0	7.9	22.9	30.6	46.5	4.41
	동남권	(203)	2.8	6.9	12.9	30.7	22.6	16.3	7.9	22.6	30.7	46.8	4.44

[표 2-127] 다양성을 인정하는 사회다(현재) - 40~50대

구분		사례수	① 전혀 그렇지 않다	②	③	④ 중간	⑤	⑥	⑦ 매우 그렇다	종합			[평균]
										그렇지 않다	중간	그렇다	
전체		(500)	5.2	10.6	19.4	32.6	21.4	9.4	1.4	35.2	32.6	32.2	3.88
성별	남성	(247)	6.5	9.7	17.8	33.2	23.1	8.1	1.6	34.0	33.2	32.8	3.87
	여성	(253)	4.0	11.5	20.9	32.0	19.8	10.7	1.2	36.4	32.0	31.6	3.89
연령	40대	(248)	5.2	11.7	21.8	32.7	18.1	9.3	1.2	38.7	32.7	28.6	3.79
	50대	(252)	5.2	9.5	17.1	32.5	24.6	9.5	1.6	31.7	32.5	35.7	3.97
학력	고졸 이하	(61)	11.5	3.3	13.1	31.1	26.2	11.5	3.3	27.9	31.1	41.0	4.05
	대재	(16)	6.3	12.5	25.0	25.0	18.8	12.5	0.0	43.8	25.0	31.3	3.75
	대졸	(365)	2.7	10.4	20.5	34.2	21.1	9.6	1.4	33.7	34.2	32.1	3.95
	대학원 이상	(58)	13.8	19.0	17.2	25.9	19.0	5.2	0.0	50.0	25.9	24.1	3.33
가구 소득	200만 원 미만	(45)	15.6	6.7	13.3	35.6	17.8	8.9	2.2	35.6	35.6	28.9	3.69
	200~300만 원 미만	(41)	7.3	12.2	14.6	29.3	24.4	9.8	2.4	34.1	29.3	36.6	3.90
	300~500만 원 미만	(125)	2.4	7.2	20.0	37.6	22.4	8.0	2.4	29.6	37.6	32.8	4.04
	500~700만 원 미만	(129)	1.6	14.0	23.3	31.0	17.8	10.9	1.6	38.8	31.0	30.2	3.88
	700만 원 이상	(160)	6.9	11.3	18.8	30.0	23.8	9.4	0.0	36.9	30.0	33.1	3.81
혼인 상태	기혼	(340)	4.1	10.0	17.1	34.4	23.2	10.0	1.2	31.2	34.4	34.4	3.97
	미혼	(127)	8.7	9.4	26.0	28.3	18.1	7.1	2.4	44.1	28.3	27.6	3.69
	동거/사별/이혼/별거	(33)	3.0	21.2	18.2	30.3	15.2	12.1	0.0	42.4	30.3	27.3	3.70

[표 2-127] 다양성을 인정하는 사회다(현재) – 40~50대(계속)

구분		사례수	① 전혀 그렇지 않다	②	③	④ 중간	⑤	⑥	⑦ 매우 그렇다	종합			[평균]
										그렇지 않다	중간	그렇다	
전체		(500)	5.2	10.6	19.4	32.6	21.4	9.4	1.4	35.2	32.6	32.2	3.88
가구원수	1인	(64)	4.7	9.4	23.4	32.8	21.9	4.7	3.1	37.5	32.8	29.7	3.84
	2인	(68)	8.8	8.8	23.5	36.8	8.8	13.2	0.0	41.2	36.8	22.1	3.68
	3인	(175)	4.6	13.1	20.0	33.7	18.3	8.0	2.3	37.7	33.7	28.6	3.81
	4인 이상	(193)	4.7	9.3	16.1	30.1	28.5	10.9	0.5	30.1	30.1	39.9	4.03
이념성향	진보	(126)	8.7	15.9	23.8	23.8	17.5	9.5	0.8	48.4	23.8	27.8	3.57
	중도	(218)	4.1	8.7	17.9	36.2	22.0	10.1	0.9	30.7	36.2	33.0	3.97
	보수	(156)	3.8	9.0	17.9	34.6	23.7	8.3	2.6	30.8	34.6	34.6	4.01
직업	화이트칼라	(328)	4.0	11.9	21.6	32.9	19.5	9.5	0.6	37.5	32.9	29.6	3.83
	블루칼라	(61)	8.2	6.6	19.7	23.0	23.0	13.1	6.6	34.4	23.0	42.6	4.11
	주부/무직/기타	(111)	7.2	9.0	12.6	36.9	26.1	7.2	0.9	28.8	36.9	34.2	3.91
고용형태	상용직 임금근로자	(314)	4.8	11.5	22.0	31.2	20.7	8.3	1.6	38.2	31.2	30.6	3.83
	임시/일용/특수직 근로자	(39)	5.1	10.3	20.5	33.3	15.4	12.8	2.6	35.9	33.3	30.8	3.92
	자영업자/무급가족종사자	(31)	3.2	9.7	16.1	35.5	16.1	19.4	0.0	29.0	35.5	35.5	4.10
권역	도심권	(25)	12.0	8.0	20.0	24.0	16.0	20.0	0.0	40.0	24.0	36.0	3.84
	동북권	(155)	7.1	9.0	19.4	36.8	20.6	7.1	0.0	35.5	36.8	27.7	3.76
	서북권	(60)	1.7	5.0	16.7	38.3	20.0	13.3	5.0	23.3	38.3	38.3	4.30
	서남권	(149)	4.0	14.1	24.2	30.9	14.8	10.7	1.3	42.3	30.9	26.8	3.76
	동남권	(111)	4.5	11.7	14.4	27.9	33.3	6.3	1.8	30.6	27.9	41.4	4.00

[표 2-128] 다양성을 인정하는 사회다(미래) - 40~50대

구분		사례수	① 전혀 그렇지 않다	②	③	④ 중간	⑤	⑥	⑦ 매우 그렇다	종합			[평균]
										그렇지 않다	중간	그렇다	
전체		(500)	1.6	4.4	8.2	29.2	31.2	16.8	8.6	14.2	29.2	56.6	4.69
성별	남성	(247)	1.6	5.3	8.9	27.5	32.0	17.0	7.7	15.8	27.5	56.7	4.65
	여성	(253)	1.6	3.6	7.5	30.8	30.4	16.6	9.5	12.6	30.8	56.5	4.73
연령	40대	(248)	1.2	5.6	9.7	28.2	32.3	16.1	6.9	16.5	28.2	55.2	4.60
	50대	(252)	2.0	3.2	6.7	30.2	30.2	17.5	10.3	11.9	30.2	57.9	4.77
학력	고졸 이하	(61)	4.9	3.3	6.6	31.1	29.5	14.8	9.8	14.8	31.1	54.1	4.61
	대재	(16)	0.0	6.3	12.5	43.8	18.8	12.5	6.3	18.8	43.8	37.5	4.38
	대졸	(365)	1.1	4.4	8.5	27.4	32.9	17.3	8.5	14.0	27.4	58.6	4.72
	대학원 이상	(58)	1.7	5.2	6.9	34.5	25.9	17.2	8.6	13.8	34.5	51.7	4.64
가구 소득	200만 원 미만	(45)	2.2	6.7	13.3	42.2	17.8	8.9	8.9	22.2	42.2	35.6	4.29
	200~300만 원 미만	(41)	0.0	9.8	2.4	29.3	36.6	17.1	4.9	12.2	29.3	58.5	4.63
	300~500만 원 미만	(125)	0.0	1.6	9.6	32.8	25.6	20.0	10.4	11.2	32.8	56.0	4.84
	500~700만 원 미만	(129)	1.6	2.3	9.3	25.6	38.0	14.0	9.3	13.2	25.6	61.2	4.75
	700만 원 이상	(160)	3.1	6.3	6.3	25.6	32.5	18.8	7.5	15.6	25.6	58.8	4.64
혼인 상태	기혼	(340)	2.1	3.8	6.8	27.6	32.4	17.9	9.4	12.6	27.6	59.7	4.76
	미혼	(127)	0.0	4.7	12.6	32.3	29.1	13.4	7.9	17.3	32.3	50.4	4.57
	동거/사별/이혼/별거	(33)	3.0	9.1	6.1	33.3	27.3	18.2	3.0	18.2	33.3	48.5	4.39

[표 2-128] 다양성을 인정하는 사회다(미래) – 40~50대(계속)

구분		사례수	① 전혀 그렇지 않다	②	③	④ 중간	⑤	⑥	⑦ 매우 그렇다	종합			[평균]
										그렇지 않다	중간	그렇다	
전체		(500)	1.6	4.4	8.2	29.2	31.2	16.8	8.6	14.2	29.2	56.6	4.69
가구원수	1인	(64)	0.0	3.1	10.9	35.9	26.6	10.9	12.5	14.1	35.9	50.0	4.69
	2인	(68)	1.5	4.4	11.8	25.0	33.8	13.2	10.3	17.6	25.0	57.4	4.66
	3인	(175)	0.6	5.7	8.0	29.7	29.7	19.4	6.9	14.3	29.7	56.0	4.68
	4인 이상	(193)	3.1	3.6	6.2	28.0	33.2	17.6	8.3	13.0	28.0	59.1	4.70
이념성향	진보	(126)	2.4	6.3	9.5	25.4	32.5	15.1	8.7	18.3	25.4	56.3	4.60
	중도	(218)	2.3	2.8	6.0	32.6	29.4	17.4	9.6	11.0	32.6	56.4	4.75
	보수	(156)	0.0	5.1	10.3	27.6	32.7	17.3	7.1	15.4	27.6	57.1	4.68
직업	화이트칼라	(328)	1.2	4.6	9.1	28.0	30.5	19.2	7.3	14.9	28.0	57.0	4.69
	블루칼라	(61)	0.0	1.6	9.8	31.1	32.8	14.8	9.8	11.5	31.1	57.4	4.79
	주부/무직/기타	(111)	3.6	5.4	4.5	31.5	32.4	10.8	11.7	13.5	31.5	55.0	4.63
고용형태	상용직 임금근로자	(314)	1.3	5.1	9.2	25.8	33.4	18.2	7.0	15.6	25.8	58.6	4.68
	임시/일용/특수직 근로자	(39)	0.0	0.0	5.1	43.6	17.9	20.5	12.8	5.1	43.6	51.3	4.92
	자영업자/무급가족종사자	(31)	0.0	0.0	16.1	35.5	25.8	16.1	6.5	16.1	35.5	48.4	4.61
권역	도심권	(25)	8.0	0.0	12.0	24.0	44.0	8.0	4.0	20.0	24.0	56.0	4.36
	동북권	(155)	1.9	4.5	9.7	31.6	33.5	11.6	7.1	16.1	31.6	52.3	4.54
	서북권	(60)	1.7	3.3	8.3	31.7	26.7	15.0	13.3	13.3	31.7	55.0	4.77
	서남권	(149)	0.7	8.1	6.7	28.9	24.8	22.1	8.7	15.4	28.9	55.7	4.70
	동남권	(111)	0.9	0.9	7.2	26.1	36.0	19.8	9.0	9.0	26.1	64.9	4.91

교양있는 시민이 되는 것에 대한 중요성

◈ 20~30대

20~30대가 생각하는 교양있는 시민이 되는 것에 대한 중요성을 살펴보면, '중요하다(매우 중요하다+중요하다)'라고 응답한 비율은 72.0%, '중요하지 않다(전혀 중요하지 않다+중요하지 않다)'라고 응답한 비율은 1.9%로 나타남. 5점 만점 기준으로는 3.89점으로 나타남

[그림 2-95] 교양있는 시민이 되는 것에 대한 중요성 - 20~30대

5점 평균을 상세분석한 결과, 성별로는 여성(3.95점)에서 높게 나타났고 연령별로는 30대(3.91점), 학력별로는 대학원 이상(3.99점), 가구 소득별로는 700만 원 이상(3.98점), 500~700만 원 미만(3.95점), 혼인상태별로는 미혼(3.90점), 가구원 수별로는 4인 이상(3.93점), 3인(3.91점), 이념 성향별로는 진보(4.00점), 보수(3.95점), 직업별로는 학생(4.01점), 주부/무직/기타(3.89점), 고용형태별로는 상용직 임금근로자(3.87점), 권역별로는 동남권(3.96점), 동북권(3.89점)에서 높게 나타남

◈ 40~50대

40~50대의 경우 '중요하다(매우 중요하다+중요하다)'라고 응답한 비율은 74.4%, '중요하지 않다(전혀 중요하지 않다+중요하지 않다)'라고 응답한 비율은 2.2%로 나타남. 5점 만점 기준으로는 3.88점으로 나타남

[그림 2-96] 교양있는 시민이 되는 것에 대한 중요성 – 40~50대

5점 평균을 상세분석한 결과, 성별로는 여성(3.91점)에서 높게 나타났고 연령별로는 50대(3.93점), 학력별로는 대학원 이상(4.19점), 대재(전문대/대학교)(4.06점), 가구 소득별로는 700만 원 이상(4.03점), 혼인상태별로는 기혼(3.95점), 가구원 수별로는 2인(3.96점), 4인 이상(3.89점), 이념 성향별로는 중도(3.91점), 직업별로는 화이트칼라(3.93점), 고용형태별로는 자영업자/무급가족종사자(3.97점), 상용직 임금근로자(3.90점), 권역별로는 도심권(4.00점), 서남권(3.89점)에서 높게 나타남

[표 2-129] 교양있는 시민이 되는 것에 대한 중요성 – 20~30대

구분		사례 수	① 전혀 중요하지 않다	② 중요하지 않다	③ 보통이다	④ 중요하다	⑤ 매우 중요하다	종합			[평균]
								중요하지 않다	보통이다	중요하다	
전체		(1,000)	0.2	1.7	26.1	53.5	18.6	1.9	26.1	72.0	3.89
성별	남성	(490)	0.4	2.0	29.8	50.9	16.9	2.4	29.8	67.8	3.82
	여성	(510)	0.0	1.4	22.5	55.9	20.2	1.4	22.5	76.1	3.95
연령	20대	(498)	0.0	1.7	29.1	50.9	18.2	1.7	29.1	69.2	3.86
	30대	(502)	0.4	1.6	23.1	56.0	18.9	2.0	23.1	74.9	3.91
학력	고졸 이하	(97)	0.0	0.9	30.8	49.6	18.6	0.9	30.8	68.2	3.86
	대재	(127)	0.8	0.8	27.9	54.1	16.4	1.6	27.9	70.5	3.85
	대졸	(677)	0.1	2.0	25.7	53.8	18.3	2.2	25.7	72.1	3.88
	대학원 이상	(99)	0.0	1.0	21.9	53.9	23.1	1.0	21.9	77.1	3.99
가구 소득	200만 원 미만	(102)	0.0	1.7	27.5	55.1	15.6	1.7	27.5	70.8	3.85
	200~300만 원 미만	(148)	0.7	3.3	36.7	45.9	13.5	4.0	36.7	59.4	3.68
	300~500만 원 미만	(287)	0.0	1.0	26.6	56.6	15.7	1.0	26.6	72.3	3.87
	500~700만 원 미만	(196)	0.0	1.0	21.9	58.3	18.8	1.0	21.9	77.0	3.95
	700만 원 이상	(267)	0.4	1.9	22.2	50.1	25.5	2.2	22.2	75.6	3.98
혼인 상태	기혼	(220)	0.0	0.9	25.6	58.0	15.4	0.9	25.6	73.5	3.88
	미혼	(745)	0.3	2.0	25.3	52.6	19.8	2.2	25.3	72.4	3.90
	동거/사별/이혼/별거	(35)	0.0	0.0	45.2	43.3	11.5	0.0	45.2	54.8	3.66

[표 2-129] 교양있는 시민이 되는 것에 대한 중요성 - 20~30대(계속)

구분		사례 수	① 전혀 중요하지 않다	② 중요하지 않다	③ 보통이다	④ 중요하다	⑤ 매우 중요하다	종합			[평균]
								중요하지 않다	보통이다	중요하다	
전체		(1,000)	0.2	1.7	26.1	53.5	18.6	1.9	26.1	72.0	3.89
가구원 수	1인	(218)	0.5	1.8	29.4	54.5	13.8	2.3	29.4	68.3	3.79
	2인	(159)	0.0	1.3	26.8	55.1	16.9	1.3	26.8	72.0	3.88
	3인	(290)	0.3	1.7	24.1	54.5	19.2	2.1	24.1	73.8	3.91
	4인 이상	(333)	0.0	1.7	25.3	51.0	21.9	1.7	25.3	73.0	3.93
이념 성향	진보	(231)	0.4	2.2	19.5	52.7	25.1	2.6	19.5	77.9	4.00
	중도	(429)	0.0	2.0	33.3	49.8	14.9	2.0	33.3	64.7	3.78
	보수	(341)	0.3	0.9	21.5	58.5	18.8	1.1	21.5	77.3	3.95
직업	화이트칼라	(644)	0.2	1.5	28.3	51.2	18.8	1.7	28.3	70.1	3.87
	블루칼라	(141)	0.0	3.5	22.8	58.1	15.5	3.5	22.8	73.6	3.86
	학생	(106)	0.0	0.9	20.4	55.2	23.5	0.9	20.4	78.7	4.01
	주부/무직/기타	(109)	0.9	0.9	22.9	58.8	16.5	1.8	22.9	75.3	3.89
고용 형태	상용직 임금근로자	(620)	0.2	1.4	26.8	54.3	17.4	1.6	26.8	71.7	3.87
	임시/일용/특수직 근로자	(97)	0.0	4.0	31.4	43.1	21.5	4.0	31.4	64.6	3.82
	자영업자/무급가족종사자	(58)	0.0	3.5	27.3	52.0	17.3	3.5	27.3	69.3	3.83
권역	도심권	(50)	0.0	3.5	30.2	52.3	14.0	3.5	30.2	66.3	3.77
	동북권	(295)	0.3	1.0	27.3	51.7	19.7	1.4	27.3	71.4	3.89
	서북권	(123)	0.0	2.4	27.5	53.8	16.4	2.4	27.5	70.2	3.84
	서남권	(329)	0.3	2.4	24.5	55.8	16.9	2.7	24.5	72.7	3.87
	동남권	(203)	0.0	0.5	25.1	52.2	22.2	0.5	25.1	74.4	3.96

[표 2-130] 교양있는 시민이 되는 것에 대한 중요성 - 40~50대

구분		사례 수	① 전혀 중요하지 않다	② 중요하지 않다	③ 보통이다	④ 중요하다	⑤ 매우 중요하다	종합			[평균]
								중요하지 않다	보통이다	중요하다	
전체		(500)	0.6	1.6	23.4	58.2	16.2	2.2	23.4	74.4	3.88
성별	남성	(247)	0.8	1.6	26.7	53.8	17.0	2.4	26.7	70.9	3.85
	여성	(253)	0.4	1.6	20.2	62.5	15.4	2.0	20.2	77.9	3.91
연령	40대	(248)	0.8	2.0	27.4	53.2	16.5	2.8	27.4	69.8	3.83
	50대	(252)	0.4	1.2	19.4	63.1	15.9	1.6	19.4	79.0	3.93
학력	고졸 이하	(61)	1.6	3.3	29.5	60.7	4.9	4.9	29.5	65.6	3.64
	대재	(16)	0.0	0.0	18.8	56.3	25.0	0.0	18.8	81.3	4.06
	대졸	(365)	0.5	1.6	23.8	59.2	14.8	2.2	23.8	74.0	3.86
	대학원 이상	(58)	0.0	0.0	15.5	50.0	34.5	0.0	15.5	84.5	4.19
가구 소득	200만 원 미만	(45)	4.4	4.4	35.6	46.7	8.9	8.9	35.6	55.6	3.51
	200~300만 원 미만	(41)	2.4	0.0	31.7	56.1	9.8	2.4	31.7	65.9	3.71
	300~500만 원 미만	(125)	0.0	1.6	20.0	68.0	10.4	1.6	20.0	78.4	3.87
	500~700만 원 미만	(129)	0.0	1.6	25.6	56.6	16.3	1.6	25.6	72.9	3.88
	700만 원 이상	(160)	0.0	1.3	18.8	55.6	24.4	1.3	18.8	80.0	4.03
혼인 상태	기혼	(340)	0.0	1.2	21.2	59.4	18.2	1.2	21.2	77.6	3.95
	미혼	(127)	1.6	3.1	28.3	54.3	12.6	4.7	28.3	66.9	3.73
	동거/사별/이혼/별거	(33)	3.0	0.0	27.3	60.6	9.1	3.0	27.3	69.7	3.73

[표 2-130] 교양있는 시민이 되는 것에 대한 중요성 - 40~50대(계속)

구분		사례 수	① 전혀 중요하지 않다	② 중요하지 않다	③ 보통이다	④ 중요하다	⑤ 매우 중요하다	종합			[평균]
								중요하지 않다	보통이다	중요하다	
전체		(500)	0.6	1.6	23.4	58.2	16.2	2.2	23.4	74.4	3.88
가구원 수	1인	(64)	0.0	3.1	21.9	59.4	15.6	3.1	21.9	75.0	3.88
	2인	(68)	0.0	0.0	22.1	60.3	17.6	0.0	22.1	77.9	3.96
	3인	(175)	1.1	1.7	23.4	59.4	14.3	2.9	23.4	73.7	3.84
	4인 이상	(193)	0.5	1.6	24.4	56.0	17.6	2.1	24.4	73.6	3.89
이념 성향	진보	(126)	0.0	2.4	27.0	54.0	16.7	2.4	27.0	70.6	3.85
	중도	(218)	0.9	0.0	22.5	60.1	16.5	0.9	22.5	76.6	3.91
	보수	(156)	0.6	3.2	21.8	59.0	15.4	3.8	21.8	74.4	3.85
직업	화이트칼라	(328)	0.3	0.9	22.3	58.2	18.3	1.2	22.3	76.5	3.93
	블루칼라	(61)	0.0	3.3	32.8	52.5	11.5	3.3	32.8	63.9	3.72
	주부/무직/기타	(111)	1.8	2.7	21.6	61.3	12.6	4.5	21.6	73.9	3.80
고용 형태	상용직 임금근로자	(314)	0.0	1.0	23.9	58.9	16.2	1.0	23.9	75.2	3.90
	임시/일용/특수직 근로자	(39)	2.6	2.6	28.2	46.2	20.5	5.1	28.2	66.7	3.79
	자영업자/무급가족종사자	(31)	0.0	3.2	22.6	48.4	25.8	3.2	22.6	74.2	3.97
권역	도심권	(25)	0.0	0.0	24.0	52.0	24.0	0.0	24.0	76.0	4.00
	동북권	(155)	0.6	1.9	21.9	59.4	16.1	2.6	21.9	75.5	3.88
	서북권	(60)	0.0	1.7	25.0	56.7	16.7	1.7	25.0	73.3	3.88
	서남권	(149)	1.3	0.7	25.5	53.0	19.5	2.0	25.5	72.5	3.89
	동남권	(111)	0.0	2.7	21.6	65.8	9.9	2.7	21.6	75.7	3.83

교양있는 시민이 되기 위한 요소

◈ 20~30대

20~30대가 생각하는 교양있는 시민이 되기 위한 요소로는 조사 결과 '부모로부터 받는 교양 교육' 응답이 33.4%로 가장 높고, 그다음으로는 '제도교육에서 받는 교양 교육'(32.8%), '준거집단에서 간접적으로 받는 교양 교육'(21.5%) 순으로 나타남

[그림 2-97] 교양있는 시민이 되기 위한 요소 – 20~30대

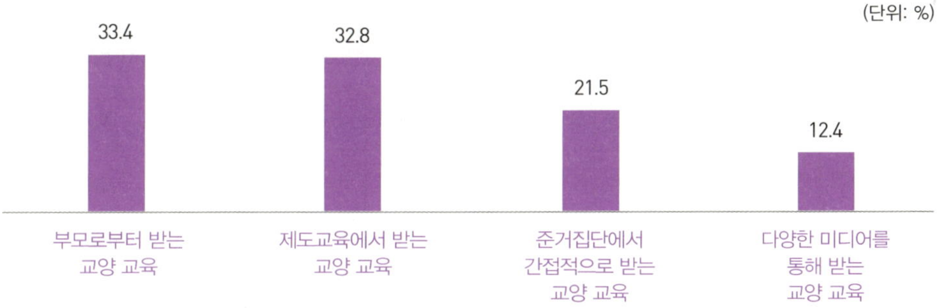

'부모의 교육수준'에 대한 상세분석 결과, 성별로는 여성(36.5%)에서 높게 나타났고 연령별로는 20대(33.6%), 학력별로는 고졸 이하(38.2%), 가구 소득별로는 700만 원 이상(36.4%), 200~300만 원 미만(36.2%), 혼인상태별로는 미혼(34.3%), 가구원 수별로는 4인 이상(35.5%), 3인(34.1%), 이념 성향별로는 중도(37.3%), 직업별로는 주부/무직/기타(46.3%), 고용형태별로는 상용직 임금근로자(33.6%), 권역별로는 동북권(34.8%), 서남권(34.4%)에서 높게 나타남

◈ 40~50대

40~50대는 '제도교육에서 받는 교양 교육' 응답이 38.2%로 가장 높고, 그다음으로는 '부모로부터 받는 교양 교육'(33.0%), '준거집단에서 간접적으로 받는 교양 교육'(14.6%) 순으로 나타남

[그림 2-98] 교양있는 시민이 되기 위한 요소 – 40~50대

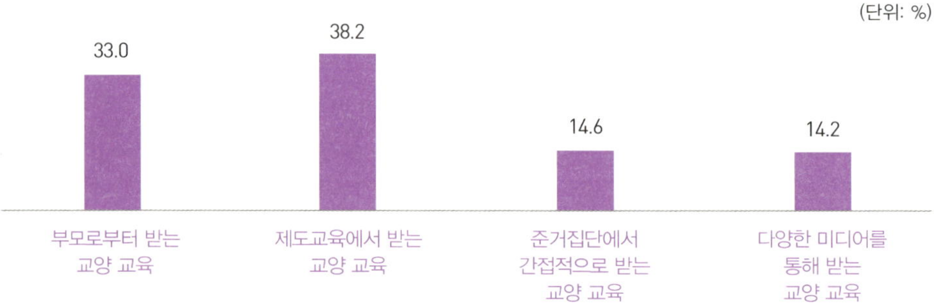

'부모로부터 받는 교양 교육'에 대한 상세분석 결과, 성별로는 여성(39.9%)에서 높게 나타났고 연령별로는 50대(38.9%), 학력별로는 대학원 이상(41.4%), 대졸(전문대/대학교 졸업)(40.5%), 가구 소득별로는 300~500만 원 미만(43.2%), 혼인상태별로는 미혼(39.4%), 기혼(38.8%), 가구원 수별로는 2인(45.6%), 이념 성향별로는 진보(40.5%), 직업별로는 블루칼라(41.0%), 고용형태별로는 자영업자/무급가족종사자(41.9%), 권역별로는 동남권(48.6%)에서 높게 나타남

[표 2-131] 교양있는 시민이 되기 위한 요소 – 20~30대

구분		사례 수	부모로부터 받는 교양 교육	제도교육에서 받는 교양 교육	준거집단에서 간접적으로 받는 교양 교육	다양한 미디어를 통해 받는 교양 교육	계
전체		(1,000)	33.4	32.8	21.5	12.4	100.0
성별	남성	(490)	30.1	35.8	22.5	11.6	100.0
	여성	(510)	36.5	29.8	20.6	13.1	100.0
연령	20대	(498)	33.6	27.2	25.9	13.2	100.0
	30대	(502)	33.1	38.2	17.1	11.6	100.0
학력	고졸 이하	(97)	38.2	30.0	14.3	17.4	100.0
	대재	(127)	26.7	26.2	34.6	12.5	100.0
	대졸	(677)	34.2	34.4	20.4	11.1	100.0
	대학원 이상	(99)	31.1	32.9	19.9	16.1	100.0
가구 소득	200만 원 미만	(102)	25.7	29.7	30.2	14.4	100.0
	200~300만 원 미만	(148)	36.2	27.5	23.4	12.9	100.0
	300~500만 원 미만	(287)	31.1	33.8	22.2	12.9	100.0
	500~700만 원 미만	(196)	34.4	37.2	18.4	10.0	100.0
	700만 원 이상	(267)	36.4	32.5	18.7	12.4	100.0
혼인 상태	기혼	(220)	32.7	40.3	19.7	7.3	100.0
	미혼	(745)	34.3	30.5	21.1	14.2	100.0
	동거/사별/이혼/별거	(35)	17.2	34.2	42.8	5.7	100.0

[표 2-131] 교양있는 시민이 되기 위한 요소 – 20~30대(계속)

구분		사례 수	부모로부터 받는 교양 교육	제도교육에서 받는 교양 교육	준거집단에서 간접적으로 받는 교양 교육	다양한 미디어를 통해 받는 교양 교육	계
전체		(1,000)	33.4	32.8	21.5	12.4	100.0
가구원 수	1인	(218)	32.8	29.3	29.7	8.2	100.0
	2인	(159)	28.3	38.4	21.5	11.8	100.0
	3인	(290)	34.1	33.1	19.0	13.8	100.0
	4인 이상	(333)	35.5	32.0	18.4	14.1	100.0
이념 성향	진보	(231)	32.4	31.6	20.8	15.2	100.0
	중도	(429)	37.3	30.6	19.0	13.0	100.0
	보수	(341)	29.0	36.2	25.1	9.7	100.0
직업	화이트칼라	(644)	31.7	34.9	21.9	11.5	100.0
	블루칼라	(141)	30.3	31.0	23.1	15.6	100.0
	학생	(106)	34.1	33.2	22.5	10.2	100.0
	주부/무직/기타	(109)	46.3	22.0	16.2	15.6	100.0
고용 형태	상용직 임금근로자	(620)	33.6	34.5	20.3	11.6	100.0
	임시/일용/특수직 근로자	(97)	25.8	35.4	26.5	12.3	100.0
	자영업자/무급가족종사자	(58)	15.5	30.9	36.3	17.3	100.0
권역	도심권	(50)	26.6	26.3	29.6	17.5	100.0
	동북권	(295)	34.8	34.0	19.3	11.9	100.0
	서북권	(123)	34.3	30.7	21.1	13.9	100.0
	서남권	(329)	34.4	31.4	24.2	9.9	100.0
	동남권	(203)	30.6	35.9	18.7	14.8	100.0

[표 2-132] 교양있는 시민이 되기 위한 요소 – 40~50대

구분		사례 수	부모로부터 받는 교양 교육	제도교육에서 받는 교양 교육	준거집단에서 간접적으로 받는 교양 교육	다양한 미디어를 통해 받는 교양 교육	계
전체		(500)	33.0	38.2	14.6	14.2	100.0
성별	남성	(247)	29.6	36.4	15.8	18.2	100.0
	여성	(253)	36.4	39.9	13.4	10.3	100.0
연령	40대	(248)	37.1	37.5	14.1	11.3	100.0
	50대	(252)	29.0	38.9	15.1	17.1	100.0
학력	고졸 이하	(61)	44.3	29.5	9.8	16.4	100.0
	대재	(16)	37.5	6.3	31.3	25.0	100.0
	대졸	(365)	32.1	40.5	14.0	13.4	100.0
	대학원 이상	(58)	25.9	41.4	19.0	13.8	100.0
가구 소득	200만 원 미만	(45)	33.3	31.1	15.6	20.0	100.0
	200~300만 원 미만	(41)	41.5	31.7	17.1	9.8	100.0
	300~500만 원 미만	(125)	32.0	43.2	9.6	15.2	100.0
	500~700만 원 미만	(129)	31.8	39.5	16.3	12.4	100.0
	700만 원 이상	(160)	32.5	36.9	16.3	14.4	100.0
혼인 상태	기혼	(340)	32.1	38.8	15.6	13.5	100.0
	미혼	(127)	33.1	39.4	12.6	15.0	100.0
	동거/사별/이혼/별거	(33)	42.4	27.3	12.1	18.2	100.0

[표 2-132] 교양있는 시민이 되기 위한 요소 – 40~50대(계속)

구분		사례 수	부모로부터 받는 교양 교육	제도교육에서 받는 교양 교육	준거집단에서 간접적으로 받는 교양 교육	다양한 미디어를 통해 받는 교양 교육	계
전체		(500)	33.0	38.2	14.6	14.2	100.0
가구원 수	1인	(64)	32.8	35.9	14.1	17.2	100.0
	2인	(68)	27.9	45.6	16.2	10.3	100.0
	3인	(175)	33.1	38.3	13.1	15.4	100.0
	4인 이상	(193)	34.7	36.3	15.5	13.5	100.0
이념 성향	진보	(126)	31.0	40.5	16.7	11.9	100.0
	중도	(218)	34.4	37.2	11.0	17.4	100.0
	보수	(156)	32.7	37.8	17.9	11.5	100.0
직업	화이트칼라	(328)	34.5	37.5	15.2	12.8	100.0
	블루칼라	(61)	27.9	41.0	11.5	19.7	100.0
	주부/무직/기타	(111)	31.5	38.7	14.4	15.3	100.0
고용 형태	상용직 임금근로자	(314)	33.1	38.9	14.6	13.4	100.0
	임시/일용/특수직 근로자	(39)	35.9	30.8	17.9	15.4	100.0
	자영업자/무급가족종사자	(31)	32.3	41.9	12.9	12.9	100.0
권역	도심권	(25)	40.0	32.0	28.0	0.0	100.0
	동북권	(155)	35.5	33.5	11.6	19.4	100.0
	서북권	(60)	28.3	40.0	16.7	15.0	100.0
	서남권	(149)	32.2	35.6	17.4	14.8	100.0
	동남권	(111)	31.5	48.6	10.8	9.0	100.0

4 사회자본 측면

1) 신뢰

우리 사회에 대한 신뢰 정도

◈ 20~30대

20~30대의 우리 사회에 대한 신뢰 정도를 살펴보면, '믿을 수 있다(매우 믿을 수 있다+약간 믿을 수 있다)'라고 응답한 비율은 59.5%, '믿을 수 없다(전혀 믿을 수 없다+별로 믿을 수 없다)'라고 응답한 비율은 40.5%로 나타남

[그림 2-99] 우리 사회에 대한 신뢰 정도 – 20~30대

(단위: %)

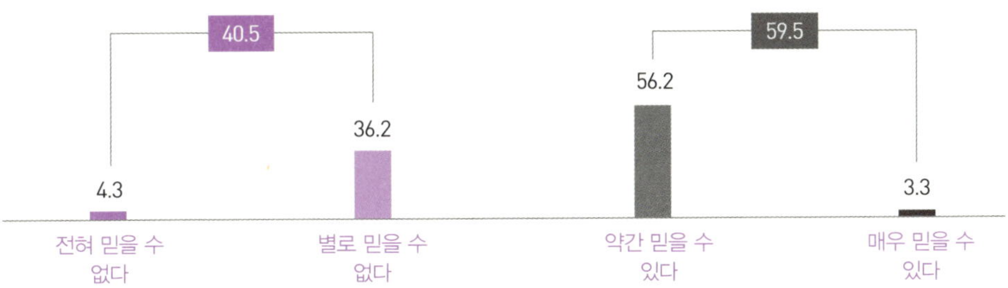

'믿을 수 있다'에 대한 상세분석 결과, 성별로는 여성(60.4%)에서 높게 나타났고 연령별로는 20대(61.0%), 학력별로는 대재(전문대/대학교)(63.4%), 대학원 이상(62.5%), 가구 소득별로는 700만 원 이상(62.9%), 500~700만 원 미만(60.6%), 혼인상태별로는

기혼(64.6%), 가구원 수별로는 3인(61.0%), 1인(60.0%), 이념 성향별로는 보수(70.0%), 직업별로는 화이트칼라(61.3%), 고용형태별로는 임시/일용/특수직 근로자(64.1%), 상용직 임금근로자(61.3%), 권역별로는 서남권(63.4%)에서 높게 나타남

◈ 40~50대

40~50대의 의 경우, '믿을 수 있다(매우 믿을 수 있다+약간 믿을 수 있다)'라고 응답한 비율은 66.8%, '믿을 수 없다(전혀 믿을 수 없다+별로 믿을 수 없다)'라고 응답한 비율은 33.2%로 나타남

[그림 2-100] 우리 사회에 대한 신뢰 정도 – 40~50대

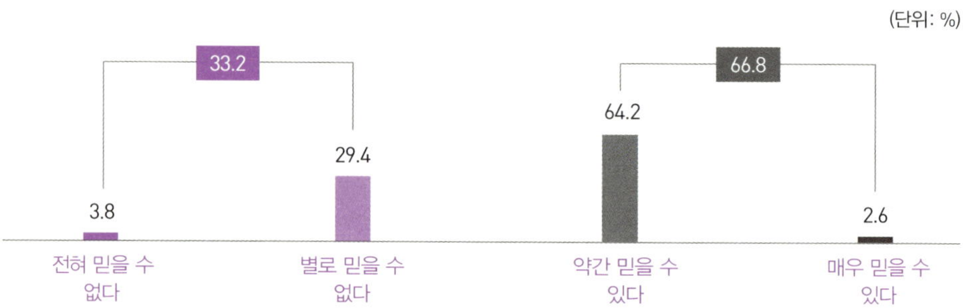

'믿을 수 있다'에 대한 상세분석 결과, 성별로는 여성(68.4%)에서 높게 나타났고 연령별로는 40대(69.8%), 학력별로는 대재(전문대/대학교)(81.3%), 가구 소득별로는 500~700만 원 미만(72.1%), 혼인상태별로는 기혼(69.1%), 가구원 수별로는 4인 이상(69.4%), 1인(67.2%), 이념 성향별로는 보수(73.7%), 직업별로는 주부/무직/기타(69.4%), 고용형태별로는 상용직 임금근로자(66.6%), 권역별로는 도심권(80.0%)에서 높게 나타남

[표 2-133] 우리 사회에 대한 신뢰 정도 – 20~30대

구분		사례 수	① 전혀 믿을 수 없다	② 별로 믿을 수 없다	③ 약간 믿을 수 있다	④ 매우 믿을 수 있다	종합	
							믿을 수 없다	믿을 수 있다
전체		(1,000)	4.3	36.2	56.2	3.3	40.5	59.5
성별	남성	(490)	4.8	36.7	54.3	4.3	41.4	58.6
	여성	(510)	3.9	35.7	58.0	2.4	39.6	60.4
연령	20대	(498)	3.3	35.7	57.6	3.4	39.0	61.0
	30대	(502)	5.4	36.7	54.8	3.2	42.0	58.0
학력	고졸 이하	(97)	5.2	49.8	42.0	3.1	54.9	45.1
	대재	(127)	1.6	35.0	56.4	7.0	36.6	63.4
	대졸	(677)	4.3	35.3	57.9	2.5	39.6	60.4
	대학원 이상	(99)	7.1	30.4	58.5	4.0	37.5	62.5
가구 소득	200만 원 미만	(102)	4.9	38.7	50.6	5.9	43.6	56.4
	200~300만 원 미만	(148)	3.4	37.1	56.8	2.7	40.5	59.5
	300~500만 원 미만	(287)	5.2	38.1	53.2	3.5	43.3	56.7
	500~700만 원 미만	(196)	5.8	33.6	59.1	1.5	39.4	60.6
	700만 원 이상	(267)	2.6	34.5	59.1	3.7	37.1	62.9
혼인 상태	기혼	(220)	3.6	31.8	62.8	1.8	35.4	64.6
	미혼	(745)	4.5	36.6	55.4	3.5	41.1	58.9
	동거/사별/이혼/별거	(35)	5.7	54.9	30.7	8.6	60.7	39.3

[표 2-133] 우리 사회에 대한 신뢰 정도 – 20~30대(계속)

구분		사례 수	① 전혀 믿을 수 없다	② 별로 믿을 수 없다	③ 약간 믿을 수 있다	④ 매우 믿을 수 있다	종합	
							믿을 수 없다	믿을 수 있다
전체		(1,000)	4.3	36.2	56.2	3.3	40.5	59.5
가구원 수	1인	(218)	4.6	35.4	56.3	3.7	40.0	60.0
	2인	(159)	3.8	38.9	54.8	2.5	42.7	57.3
	3인	(290)	3.9	35.1	58.9	2.1	39.0	61.0
	4인 이상	(333)	4.8	36.3	54.4	4.5	41.1	58.9
이념 성향	진보	(231)	6.1	36.4	55.4	2.2	42.4	57.6
	중도	(429)	5.0	42.8	49.2	3.0	47.8	52.2
	보수	(341)	2.3	27.7	65.6	4.4	30.0	70.0
직업	화이트칼라	(644)	4.4	34.3	58.6	2.7	38.7	61.3
	블루칼라	(141)	5.7	36.8	53.3	4.2	42.4	57.6
	학생	(106)	2.0	41.5	51.9	4.6	43.5	56.5
	주부/무직/기타	(109)	4.6	41.1	49.7	4.6	45.7	54.3
고용 형태	상용직 임금근로자	(620)	4.9	33.8	59.5	1.8	38.7	61.3
	임시/일용/특수직 근로자	(97)	4.1	31.8	56.9	7.2	35.9	64.1
	자영업자/ 무급가족종사자	(58)	3.5	46.4	43.2	6.9	49.9	50.1
권역	도심권	(50)	6.0	34.1	51.9	8.0	40.1	59.9
	동북권	(295)	3.9	39.3	54.4	2.4	43.2	56.8
	서북권	(123)	5.7	36.8	53.5	4.1	42.5	57.5
	서남권	(329)	2.7	33.8	60.4	3.0	36.6	63.4
	동남권	(203)	6.4	35.5	54.6	3.4	41.9	58.1

[표 2-134] 우리 사회에 대한 신뢰 정도 – 40~50대

구분		사례 수	① 전혀 믿을 수 없다	② 별로 믿을 수 없다	③ 약간 믿을 수 있다	④ 매우 믿을 수 있다	종합	
							믿을 수 없다	믿을 수 있다
전체		(500)	3.8	29.4	64.2	2.6	33.2	66.8
성별	남성	(247)	3.6	31.2	62.8	2.4	34.8	65.2
	여성	(253)	4.0	27.7	65.6	2.8	31.6	68.4
연령	40대	(248)	4.4	25.8	66.9	2.8	30.2	69.8
	50대	(252)	3.2	32.9	61.5	2.4	36.1	63.9
학력	고졸 이하	(61)	4.9	31.1	62.3	1.6	36.1	63.9
	대재	(16)	0.0	18.8	81.3	0.0	18.8	81.3
	대졸	(365)	4.1	29.6	64.1	2.2	33.7	66.3
	대학원 이상	(58)	1.7	29.3	62.1	6.9	31.0	69.0
가구 소득	200만 원 미만	(45)	4.4	40.0	53.3	2.2	44.4	55.6
	200~300만 원 미만	(41)	7.3	36.6	56.1	0.0	43.9	56.1
	300~500만 원 미만	(125)	3.2	28.8	68.0	0.0	32.0	68.0
	500~700만 원 미만	(129)	3.9	24.0	68.2	3.9	27.9	72.1
	700만 원 이상	(160)	3.1	29.4	63.1	4.4	32.5	67.5
혼인 상태	기혼	(340)	3.2	27.6	65.6	3.5	30.9	69.1
	미혼	(127)	5.5	30.7	63.0	0.8	36.2	63.8
	동거/사별/이혼/별거	(33)	3.0	42.4	54.5	0.0	45.5	54.5

[표 2-134] 우리 사회에 대한 신뢰 정도 - 40~50대(계속)

구분		사례 수	① 전혀 믿을 수 없다	② 별로 믿을 수 없다	③ 약간 믿을 수 있다	④ 매우 믿을 수 있다	종합	
							믿을 수 없다	믿을 수 있다
전체		(500)	3.8	29.4	64.2	2.6	33.2	66.8
가구원 수	1인	(64)	6.3	26.6	67.2	0.0	32.8	67.2
	2인	(68)	2.9	32.4	61.8	2.9	35.3	64.7
	3인	(175)	4.6	30.9	63.4	1.1	35.4	64.6
	4인 이상	(193)	2.6	28.0	64.8	4.7	30.6	69.4
이념 성향	진보	(126)	3.2	27.8	66.7	2.4	31.0	69.0
	중도	(218)	5.0	34.4	58.3	2.3	39.4	60.6
	보수	(156)	2.6	23.7	70.5	3.2	26.3	73.7
직업	화이트칼라	(328)	3.4	29.9	63.4	3.4	33.2	66.8
	블루칼라	(61)	4.9	32.8	60.7	1.6	37.7	62.3
	주부/무직/기타	(111)	4.5	26.1	68.5	0.9	30.6	69.4
고용 형태	상용직 임금근로자	(314)	3.2	30.3	63.7	2.9	33.4	66.6
	임시/일용/특수직 근로자	(39)	5.1	35.9	53.8	5.1	41.0	59.0
	자영업자/무급가족종사자	(31)	6.5	29.0	61.3	3.2	35.5	64.5
권역	도심권	(25)	0.0	20.0	76.0	4.0	20.0	80.0
	동북권	(155)	6.5	31.6	58.7	3.2	38.1	61.9
	서북권	(60)	1.7	30.0	63.3	5.0	31.7	68.3
	서남권	(149)	4.7	32.2	62.4	0.7	36.9	63.1
	동남권	(111)	0.9	24.3	72.1	2.7	25.2	74.8

신뢰 정도

◈ 20~30대

20~30대의 사람 또는 기관에 대한 신뢰 정도를 살펴보면, 5점 만점 기준으로 '가족'이 4.04점으로 가장 높았고, 그다음으로는 '친구'(3.63점), '공공 기관(서울시, 구청 등)'(3.01점) 순으로 나타남. 한편, '처음 만난 낯선 사람'이 2.17점으로 가장 낮게 나타남

[그림 2-101] 신뢰 정도 - 20~30대

(단위: %)

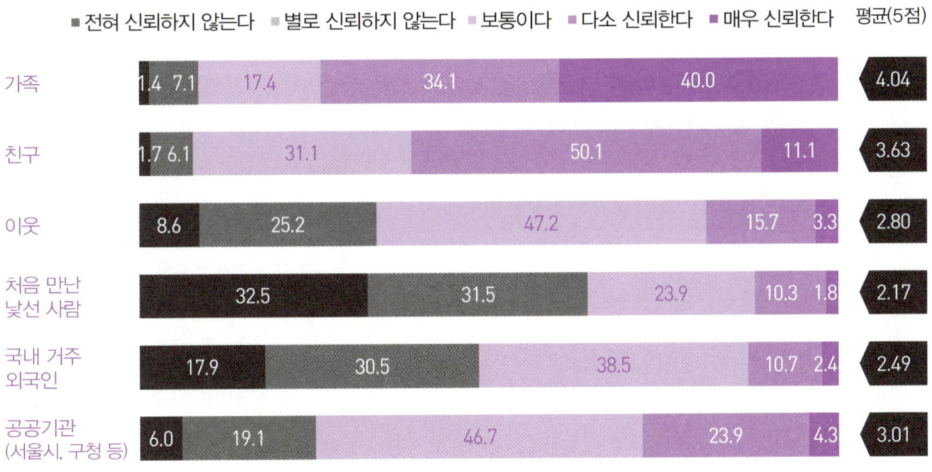

'가족에 대한 신뢰 정도'의 상세분석 결과, 성별로는 여성(4.07점)에서 높게 나타났고 연령별로는 30대(4.07점), 학력별로는 대졸(전문대/대학교 졸업)(4.10점), 대학원 이상(4.07점), 가구 소득별로는 700만 원 이상(4.24점), 500~700만 원 미만(4.10점), 혼인상태별로는 기혼(4.08점), 미혼(4.05점), 가구원 수별로는 2인(4.09점), 4인 이상(4.09점), 이념 성향별로는 진보(4.20점), 직업별로는 학생(4.13점), 화이트칼라(4.07점), 주부/무직/기타/(4.07점), 고용형태별로는 상용직 임금근로자(4.11점), 권역별로는 서남권(4.10점), 동남권(4.05점)에서 높게 나타남

◈ 40~50대

40~50대는 5점 만점 기준으로 '가족'이 4.31점으로 가장 높았고, 그다음으로는 '친구'(3.71점), '공공 기관(서울시, 구청 등)'(3.06점) 순으로 나타남. 한편, '처음 만난 낯선 사람'이 2.15점으로 가장 낮게 나타남

[그림 2-102] 신뢰 정도 - 40~50대

(단위: %)

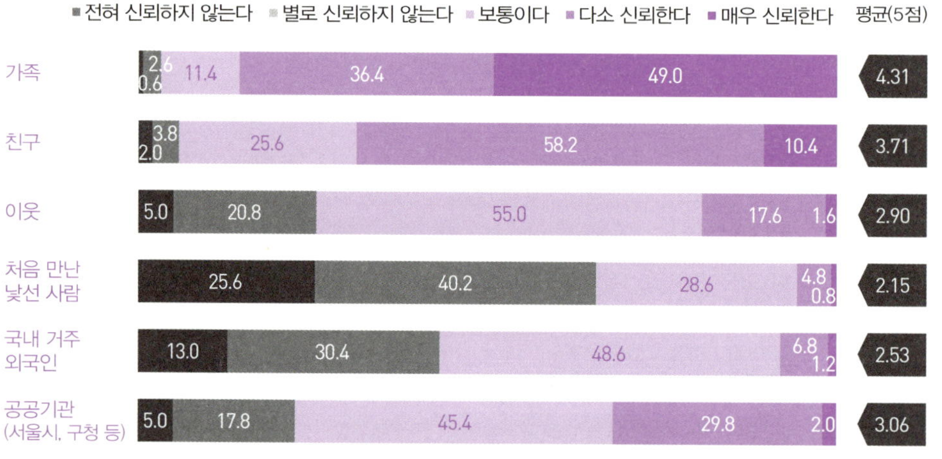

'가족에 대한 신뢰 정도'의 상세분석 결과, 성별로는 남성(4.36점)에서 높게 나타났고 연령별로는 50대(4.40점), 학력별로는 대학원 이상(4.57점), 가구 소득별로는 700만 원 이상(4.53점), 500~700만 원 미만(4.35점), 혼인상태별로는 기혼(4.42점), 가구원 수별로는 4인 이상(4.42점), 3인(4.33점), 이념 성향별로는 진보(4.44점), 직업별로는 화이트칼라(4.39점), 고용형태별로는 상용직 임금근로자(4.41점), 권역별로는 동남권(4.42점)에서 높게 나타남

[표 2-135] 신뢰 정도(평균요약표) – 20~30대

구분		사례 수	가족에 대한 신뢰 정도	친구에 대한 신뢰 정도	이웃에 대한 신뢰 정도	처음 만난 낯선 사람에 대한 신뢰 정도	국내 거주 외국인에 대한 신뢰 정도	공공 기관에 대한 신뢰 정도
전체		(1,000)	4.04	3.63	2.80	2.17	2.49	3.01
성별	남성	(490)	4.01	3.65	2.85	2.27	2.53	3.05
	여성	(510)	4.07	3.61	2.75	2.08	2.45	2.98
연령	20대	(498)	4.01	3.68	2.83	2.20	2.56	3.03
	30대	(502)	4.07	3.57	2.77	2.15	2.42	3.00
학력	고졸 이하	(97)	3.95	3.54	2.68	2.09	2.39	3.02
	대재	(127)	3.77	3.61	2.95	2.40	2.65	2.97
	대졸	(677)	4.10	3.64	2.77	2.14	2.48	3.02
	대학원 이상	(99)	4.07	3.65	2.89	2.19	2.48	3.00
가구 소득	200만 원 미만	(102)	3.81	3.51	2.75	2.19	2.49	2.86
	200~300만 원 미만	(148)	3.91	3.55	2.61	2.13	2.41	2.87
	300~500만 원 미만	(287)	3.97	3.63	2.86	2.20	2.51	3.06
	500~700만 원 미만	(196)	4.10	3.65	2.94	2.34	2.64	3.15
	700만 원 이상	(267)	4.24	3.70	2.75	2.04	2.42	3.00
혼인 상태	기혼	(220)	4.08	3.67	2.98	2.33	2.56	3.07
	미혼	(745)	4.05	3.62	2.76	2.12	2.48	3.00
	동거/사별/이혼/별거	(35)	3.58	3.44	2.57	2.46	2.33	2.97

[표 2-135] 신뢰 정도(평균요약표) - 20~30대(계속)

구분		사례 수	가족에 대한 신뢰 정도	친구에 대한 신뢰 정도	이웃에 대한 신뢰 정도	처음 만난 낯선 사람에 대한 신뢰 정도	국내 거주 외국인에 대한 신뢰 정도	공공 기관에 대한 신뢰 정도
전체		(1,000)	4.04	3.63	2.80	2.17	2.49	3.01
가구원 수	1인	(218)	3.91	3.60	2.71	2.20	2.56	2.98
	2인	(159)	4.09	3.56	2.67	2.10	2.33	3.01
	3인	(290)	4.06	3.60	2.80	2.06	2.44	3.02
	4인 이상	(333)	4.09	3.69	2.92	2.29	2.57	3.04
이념 성향	진보	(231)	4.20	3.68	2.67	2.04	2.42	3.04
	중도	(429)	4.03	3.61	2.75	2.06	2.38	2.92
	보수	(341)	3.95	3.61	2.95	2.42	2.68	3.11
직업	화이트칼라	(644)	4.07	3.66	2.84	2.21	2.50	3.04
	블루칼라	(141)	3.84	3.54	2.83	2.23	2.59	3.03
	학생	(106)	4.13	3.67	2.76	2.11	2.45	3.01
	주부/무직/기타	(109)	4.07	3.51	2.57	1.95	2.38	2.84
고용 형태	상용직 임금근로자	(620)	4.11	3.66	2.79	2.14	2.46	3.04
	임시/일용/특수직 근로자	(97)	3.68	3.47	2.85	2.37	2.71	2.96
	자영업자/무급가족종사자	(58)	3.66	3.63	3.16	2.71	2.75	3.18
권역	도심권	(50)	4.02	3.57	2.92	2.30	2.58	2.95
	동북권	(295)	4.00	3.59	2.75	2.17	2.50	3.02
	서북권	(123)	3.97	3.63	2.93	2.25	2.61	3.06
	서남권	(329)	4.10	3.68	2.77	2.14	2.47	3.01
	동남권	(203)	4.05	3.61	2.82	2.16	2.43	3.00

[표 2-136] 신뢰 정도(평균요약표) – 40~50대

구분		사례 수	가족에 대한 신뢰 정도	친구에 대한 신뢰 정도	이웃에 대한 신뢰 정도	처음 만난 낯선 사람에 대한 신뢰 정도	국내 거주 외국인에 대한 신뢰 정도	공공 기관에 대한 신뢰 정도
전체		(500)	4.31	3.71	2.90	2.15	2.53	3.06
성별	남성	(247)	4.36	3.75	2.91	2.21	2.63	3.04
	여성	(253)	4.25	3.67	2.89	2.09	2.43	3.08
연령	40대	(248)	4.21	3.66	2.79	2.11	2.49	3.00
	50대	(252)	4.40	3.76	3.01	2.19	2.57	3.12
학력	고졸 이하	(61)	4.10	3.61	2.89	2.13	2.48	3.05
	대재	(16)	3.75	3.81	3.06	2.81	3.00	2.88
	대졸	(365)	4.32	3.71	2.90	2.15	2.55	3.07
	대학원 이상	(58)	4.57	3.83	2.86	2.00	2.33	3.07
가구 소득	200만 원 미만	(45)	3.84	3.31	2.60	2.11	2.40	2.89
	200~300만 원 미만	(41)	4.10	3.51	2.56	1.83	2.44	2.83
	300~500만 원 미만	(125)	4.22	3.63	2.86	2.18	2.42	3.06
	500~700만 원 미만	(129)	4.35	3.78	3.02	2.14	2.60	3.16
	700만 원 이상	(160)	4.53	3.88	3.01	2.23	2.62	3.08
혼인 상태	기혼	(340)	4.42	3.79	3.00	2.19	2.55	3.13
	미혼	(127)	4.04	3.60	2.69	2.03	2.44	2.98
	동거/사별/이혼/별거	(33)	4.12	3.33	2.67	2.18	2.67	2.64

[표 2-136] 신뢰 정도(평균요약표) – 40~50대(계속)

구분		사례 수	가족에 대한 신뢰 정도	친구에 대한 신뢰 정도	이웃에 대한 신뢰 정도	처음 만난 낯선 사람에 대한 신뢰 정도	국내 거주 외국인에 대한 신뢰 정도	공공 기관에 대한 신뢰 정도
전체		(500)	4.31	3.71	2.90	2.15	2.53	3.06
가구원 수	1인	(64)	3.95	3.48	2.69	2.20	2.52	3.00
	2인	(68)	4.24	3.78	2.78	2.15	2.50	2.93
	3인	(175)	4.33	3.69	2.90	1.99	2.43	3.04
	4인 이상	(193)	4.42	3.79	3.02	2.27	2.63	3.15
이념 성향	진보	(126)	4.44	3.83	2.90	2.08	2.61	3.11
	중도	(218)	4.25	3.60	2.83	2.13	2.44	2.91
	보수	(156)	4.27	3.78	2.99	2.23	2.58	3.22
직업	화이트칼라	(328)	4.39	3.79	2.91	2.16	2.54	3.09
	블루칼라	(61)	4.10	3.59	2.80	2.15	2.54	2.87
	주부/무직/기타	(111)	4.17	3.55	2.92	2.13	2.48	3.08
고용 형태	상용직 임금근로자	(314)	4.41	3.82	2.93	2.16	2.54	3.08
	임시/일용/특수직 근로자	(39)	4.03	3.44	2.62	2.00	2.38	2.85
	자영업자/무급가족종사자	(31)	4.10	3.65	2.90	2.39	2.74	3.10
권역	도심권	(25)	4.28	3.96	3.24	2.56	3.04	3.12
	동북권	(155)	4.30	3.67	2.94	2.28	2.59	3.04
	서북권	(60)	4.20	3.73	2.97	2.13	2.52	3.20
	서남권	(149)	4.27	3.66	2.79	1.95	2.42	3.06
	동남권	(111)	4.42	3.77	2.88	2.14	2.48	3.00

2) 사회적 지원망·사회적 안전망

도움을 받을 수 있는 사람

◈ 20~30대

20~30대의 '도움을 받을 수 있는 사람이 있다' 응답은 '낙심하거나 우울해서 이야기 상대가 필요한 경우'가 73.8%로 가장 높았고, 그다음으로는 '몸이 아플 때 집안일을 부탁해야 할 경우'(73.0%), '갑자기 큰 돈을 빌려야 할 경우'(58.3%) 순으로 나타남. 한편, '낙심하거나 우울해서 이야기 상대가 필요한 경우' 도움을 받을 수 있는 사람 수는 평균 3.34명인 것으로 나타남

[그림 2-103] 도움을 받을 수 있는 사람 – 20~30대 (단위: %)

'낙심하거나 우울해서 이야기 상대가 필요한 경우'에 대한 상세분석 결과, 성별로는 여성(79.6%)에서 높게 나타났고 연령별로는 20대(78.6%), 학력별로는 대학원 이상(79.8%), 가구 소득별로는 700만 원 이상(79.7%), 혼인상태별로는 미혼(74.6%), 가구원 수별로는 3인(75.7%), 4인 이상(74.5%), 이념 성향별로는 진보(76.7%), 직업별로는 학생(82.0%), 고용형태별로는 상용직 임금근로자(74.5%), 권역별로는 서남권(78.0%)에서 높게 나타남

◈ 40~50대

40~50대의 '도움을 받을 수 있는 사람이 있다' 응답은 '낙심하거나 우울해서 이야기 상대가 필요한 경우'가 74.6%로 가장 높았고, 그다음으로는 '몸이 아플 때 집안일을 부탁해야 할 경우'(69.2%), '갑자기 큰 돈을 빌려야 할 경우'(57.2%) 순으로 나타남. 한편, '낙심하거나 우울해서 이야기 상대가 필요한 경우' 도움을 받을 수 있는 사람 수는 평균 2.93명인 것으로 나타남

[그림 2-104] 도움을 받을 수 있는 사람 – 40~50대 (단위: %)

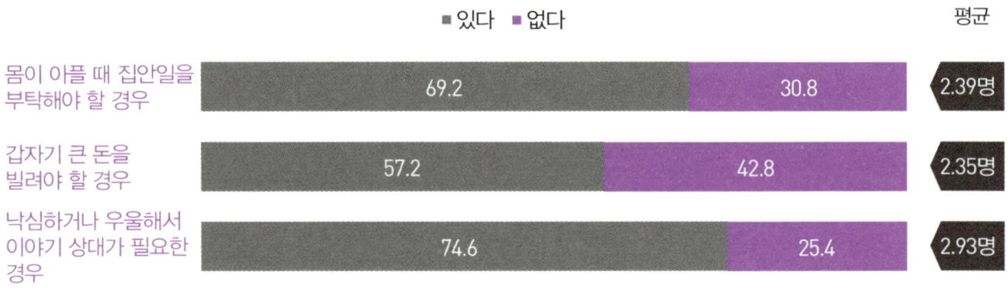

'낙심하거나 우울해서 이야기 상대가 필요한 경우'에 대한 상세분석 결과, 성별로는 여성(74.7%)에서 높게 나타났고 연령별로는 40~50대가 동일하게 74.6%, 학력별로는 대학원 이상(84.5%), 가구 소득별로는 700만 원 이상(82.5%), 혼인상태별로는 기혼(77.6%), 동거/사별/이혼/별거(75.8%), 가구원 수별로는 4인 이상(78.2%), 3인(74.9%), 이념 성향별로는 보수(78.2%), 진보(76.2%), 직업별로는 화이트칼라(78.7%), 고용형태별로는 상용직 임금근로자(78.3%), 권역별로는 동남권(82.9%), 도심권(80.0%)에서 높게 나타남

[표 2-137] 도움을 받을 수 있는 사람(요약표-있다) - 20~30대

구분		사례 수	몸이 아플 때 집안일을 부탁해야 할 경우		갑자기 큰 돈을 빌려야 할 경우		낙심하거나 우울해서 이야기 상대가 필요한 경우	
			있다	없다	있다	없다	있다	없다
전체		(1,000)	73.0	27.0	58.3	41.7	73.8	26.2
성별	남성	(490)	68.5	31.5	51.2	48.8	67.7	32.3
	여성	(510)	77.3	22.7	65.1	34.9	79.6	20.4
연령	20대	(498)	77.0	23.0	60.6	39.4	78.6	21.4
	30대	(502)	68.9	31.1	56.0	44.0	68.9	31.1
학력	고졸 이하	(97)	65.8	34.2	49.0	51.0	67.4	32.6
	대재	(127)	74.0	26.0	51.9	48.1	71.7	28.3
	대졸	(677)	73.1	26.9	60.2	39.8	74.2	25.8
	대학원 이상	(99)	77.9	22.1	62.9	37.1	79.8	20.2
가구 소득	200만 원 미만	(102)	64.0	36.0	39.9	60.1	60.3	39.7
	200~300만 원 미만	(148)	73.7	26.3	56.1	43.9	73.7	26.3
	300~500만 원 미만	(287)	69.2	30.8	56.6	43.4	72.7	27.3
	500~700만 원 미만	(196)	75.0	25.0	60.6	39.4	74.3	25.7
	700만 원 이상	(267)	78.6	21.4	66.7	33.3	79.7	20.3
혼인 상태	기혼	(220)	74.7	25.3	63.4	36.6	73.3	26.7
	미혼	(745)	72.3	27.7	57.5	42.5	74.6	25.4
	동거/사별/이혼/별거	(35)	77.0	23.0	43.4	56.6	59.5	40.5

[표 2-137] 도움을 받을 수 있는 사람(요약표-있다) - 20~30대(계속)

구분		사례 수	몸이 아플 때 집안일을 부탁해야 할 경우		갑자기 큰 돈을 빌려야 할 경우		낙심하거나 우울해서 이야기 상대가 필요한 경우	
			있다	없다	있다	없다	있다	없다
전체		(1,000)	73.0	27.0	58.3	41.7	73.8	26.2
가구원 수	1인	(218)	67.7	32.3	58.7	41.3	69.7	30.3
	2인	(159)	72.4	27.6	56.7	43.3	74.2	25.8
	3인	(290)	74.5	25.5	58.8	41.2	75.7	24.3
	4인 이상	(333)	75.3	24.7	58.3	41.7	74.5	25.5
이념 성향	진보	(231)	72.7	27.3	62.3	37.7	76.7	23.3
	중도	(429)	72.8	27.2	56.9	43.1	72.6	27.4
	보수	(341)	73.4	26.6	57.4	42.6	73.2	26.8
직업	화이트칼라	(644)	74.0	26.0	59.9	40.1	74.3	25.7
	블루칼라	(141)	65.9	34.1	53.4	46.6	68.8	31.2
	학생	(106)	79.3	20.7	58.7	41.3	82.0	18.0
	주부/무직/기타	(109)	69.7	30.3	55.1	44.9	68.7	31.3
고용 형태	상용직 임금근로자	(620)	72.8	27.2	61.6	38.4	74.5	25.5
	임시/일용/특수직 근로자	(97)	73.1	26.9	51.9	48.1	69.1	30.9
	자영업자/무급가족종사자	(58)	68.9	31.1	43.4	56.6	69.1	30.9
권역	도심권	(50)	67.5	32.5	55.8	44.2	65.0	35.0
	동북권	(295)	71.5	28.5	57.6	42.4	73.8	26.2
	서북권	(123)	67.2	32.8	52.9	47.1	70.6	29.4
	서남권	(329)	74.9	25.1	62.4	37.6	78.0	22.0
	동남권	(203)	76.8	23.2	56.7	43.3	70.9	29.1

[표 2-138] 도움을 받을 수 있는 사람(평균요약표) – 20~30대

구분		사례 수	몸이 아플 때 집안일을 부탁해야 할 경우	갑자기 큰 돈을 빌려야 할 경우	낙심하거나 우울해서 이야기 상대가 필요한 경우
전체		(1,000)	2.56	2.60	3.34
성별	남성	(490)	2.71	2.72	3.35
	여성	(510)	2.43	2.52	3.33
연령	20대	(498)	2.67	2.76	3.47
	30대	(502)	2.44	2.44	3.20
학력	고졸 이하	(97)	2.25	2.34	3.58
	대재	(127)	2.60	2.62	3.62
	대졸	(677)	2.48	2.55	3.20
	대학원 이상	(99)	3.30	3.18	3.73
가구 소득	200만 원 미만	(102)	2.26	1.94	2.78
	200~300만 원 미만	(148)	2.37	2.58	3.31
	300~500만 원 미만	(287)	2.43	2.33	2.76
	500~700만 원 미만	(196)	2.30	2.40	3.14
	700만 원 이상	(267)	3.05	3.16	4.23
혼인 상태	기혼	(220)	2.59	2.41	3.29
	미혼	(745)	2.58	2.69	3.40
	동거/사별/이혼/별거	(35)	1.86	2.13	2.26

[표 2-138] 도움을 받을 수 있는 사람(평균요약표) – 20~30대(계속)

구분		사례 수	몸이 아플 때 집안일을 부탁해야 할 경우	갑자기 큰 돈을 빌려야 할 경우	낙심하거나 우울해서 이야기 상대가 필요한 경우
전체		(1,000)	2.56	2.60	3.34
가구원 수	1인	(218)	2.28	2.34	2.92
	2인	(159)	2.39	2.52	3.47
	3인	(290)	2.30	2.40	3.35
	4인 이상	(333)	3.03	3.00	3.54
이념 성향	진보	(231)	2.58	2.61	3.61
	중도	(429)	2.56	2.55	3.16
	보수	(341)	2.54	2.67	3.38
직업	화이트칼라	(644)	2.51	2.52	3.33
	블루칼라	(141)	2.60	3.02	3.51
	학생	(106)	2.82	2.61	3.68
	주부/무직/기타	(109)	2.55	2.65	2.85
고용 형태	상용직 임금근로자	(620)	2.53	2.52	3.29
	임시/일용/특수직 근로자	(97)	2.22	2.32	3.17
	자영업자/ 무급가족종사자	(58)	3.05	4.42	4.27
권역	도심권	(50)	2.40	2.37	2.94
	동북권	(295)	2.49	2.64	3.34
	서북권	(123)	2.60	2.80	3.46
	서남권	(329)	2.51	2.43	3.34
	동남권	(203)	2.75	2.81	3.37

[표 2-139] 도움을 받을 수 있는 사람(요약표-있다) - 40~50대

구분		사례 수	몸이 아플 때 집안일을 부탁해야 할 경우		갑자기 큰 돈을 빌려야 할 경우		낙심하거나 우울해서 이야기 상대가 필요한 경우	
			있다	없다	있다	없다	있다	없다
전체		(500)	69.2	30.8	57.2	42.8	74.6	25.4
성별	남성	(247)	67.6	32.4	57.9	42.1	74.5	25.5
	여성	(253)	70.8	29.2	56.5	43.5	74.7	25.3
연령	40대	(248)	71.0	29.0	60.9	39.1	74.6	25.4
	50대	(252)	67.5	32.5	53.6	46.4	74.6	25.4
학력	고졸 이하	(61)	55.7	44.3	36.1	63.9	57.4	42.6
	대재	(16)	43.8	56.3	50.0	50.0	68.8	31.3
	대졸	(365)	71.2	28.8	57.8	42.2	76.2	23.8
	대학원 이상	(58)	77.6	22.4	77.6	22.4	84.5	15.5
가구 소득	200만 원 미만	(45)	48.9	51.1	31.1	68.9	44.4	55.6
	200~300만 원 미만	(41)	53.7	46.3	43.9	56.1	75.6	24.4
	300~500만 원 미만	(125)	69.6	30.4	56.0	44.0	72.0	28.0
	500~700만 원 미만	(129)	72.9	27.1	55.0	45.0	77.5	22.5
	700만 원 이상	(160)	75.6	24.4	70.6	29.4	82.5	17.5
혼인 상태	기혼	(340)	73.8	26.2	60.6	39.4	77.6	22.4
	미혼	(127)	62.2	37.8	50.4	49.6	66.1	33.9
	동거/사별/이혼/별거	(33)	48.5	51.5	48.5	51.5	75.8	24.2

[표 2-139] 도움을 받을 수 있는 사람(요약표-있다) - 40~50대(계속)

구분		사례 수	몸이 아플 때 집안일을 부탁해야 할 경우		갑자기 큰 돈을 빌려야 할 경우		낙심하거나 우울해서 이야기 상대가 필요한 경우	
			있다	없다	있다	없다	있다	없다
전체		(500)	69.2	30.8	57.2	42.8	74.6	25.4
가구원 수	1인	(64)	53.1	46.9	45.3	54.7	64.1	35.9
	2인	(68)	60.3	39.7	54.4	45.6	73.5	26.5
	3인	(175)	71.4	28.6	58.3	41.7	74.9	25.1
	4인 이상	(193)	75.6	24.4	61.1	38.9	78.2	21.8
이념 성향	진보	(126)	68.3	31.7	57.9	42.1	76.2	23.8
	중도	(218)	65.6	34.4	49.1	50.9	71.1	28.9
	보수	(156)	75.0	25.0	67.9	32.1	78.2	21.8
직업	화이트칼라	(328)	74.7	25.3	64.9	35.1	78.7	21.3
	블루칼라	(61)	50.8	49.2	29.5	70.5	59.0	41.0
	주부/무직/기타	(111)	63.1	36.9	49.5	50.5	71.2	28.8
고용 형태	상용직 임금근로자	(314)	72.9	27.1	62.4	37.6	78.3	21.7
	임시/일용/특수직 근로자	(39)	59.0	41.0	43.6	56.4	61.5	38.5
	자영업자/ 무급가족종사자	(31)	71.0	29.0	54.8	45.2	71.0	29.0
권역	도심권	(25)	72.0	28.0	64.0	36.0	80.0	20.0
	동북권	(155)	67.7	32.3	58.1	41.9	68.4	31.6
	서북권	(60)	58.3	41.7	35.0	65.0	75.0	25.0
	서남권	(149)	66.4	33.6	57.7	42.3	73.8	26.2
	동남권	(111)	80.2	19.8	65.8	34.2	82.9	17.1

[표 2-140] 도움을 받을 수 있는 사람(평균요약표) – 40~50대

구분		사례 수	몸이 아플 때 집안일을 부탁해야 할 경우	갑자기 큰 돈을 빌려야 할 경우	낙심하거나 우울해서 이야기 상대가 필요한 경우
전체		(500)	2.39	2.35	2.93
성별	남성	(247)	2.54	2.47	3.03
	여성	(253)	2.25	2.22	2.84
연령	20대	(248)	2.36	2.29	2.85
	30대	(252)	2.41	2.41	3.01
학력	고졸 이하	(61)	2.24	2.27	2.94
	대재	(16)	5.29	3.63	3.18
	대졸	(365)	2.30	2.24	2.83
	대학원 이상	(58)	2.56	2.67	3.43
가구 소득	200만 원 미만	(45)	1.50	1.43	2.25
	200~300만 원 미만	(41)	1.91	2.00	2.61
	300~500만 원 미만	(125)	2.34	2.34	2.88
	500~700만 원 미만	(129)	2.34	2.59	2.48
	700만 원 이상	(160)	2.70	2.36	3.49
혼인 상태	기혼	(340)	2.46	2.38	3.04
	미혼	(127)	2.15	2.30	2.71
	동거/사별/이혼/별거	(33)	2.44	2.13	2.52

[표 2-140] 도움을 받을 수 있는 사람(평균요약표) - 40~50대(계속)

구분		사례 수	몸이 아플 때 집안일을 부탁해야 할 경우	갑자기 큰 돈을 빌려야 할 경우	낙심하거나 우울해서 이야기 상대가 필요한 경우
전체		(500)	2.39	2.35	2.93
가구원 수	1인	(64)	1.76	1.97	2.59
	2인	(68)	2.93	3.03	3.06
	3인	(175)	2.39	2.31	3.01
	4인 이상	(193)	2.38	2.25	2.92
이념 성향	진보	(126)	2.42	2.22	3.06
	중도	(218)	2.45	2.45	2.92
	보수	(156)	2.28	2.33	2.84
직업	화이트칼라	(328)	2.48	2.39	3.03
	블루칼라	(61)	2.29	2.11	2.56
	주부/무직/기타	(111)	2.11	2.24	2.80
고용 형태	상용직 임금근로자	(314)	2.48	2.44	2.94
	임시/일용/특수직 근로자	(39)	1.70	1.65	2.33
	자영업자/무급가족종사자	(31)	3.00	2.35	3.73
권역	도심권	(25)	3.11	2.56	2.85
	동북권	(155)	2.41	2.23	2.78
	서북권	(60)	1.74	2.14	2.51
	서남권	(149)	2.51	2.40	2.99
	동남권	(111)	2.34	2.44	3.26

사회적 교류

◈ 20~30대

20~30대의 사회적 교류를 살펴보면, '교류한다' 응답은 '가족 또는 친척'이 78.7%, '가족 또는 친척 이외의 사람'이 69.9%로 나타남. 한편, '가족 또는 친척'은 하루 평균 2.81명, '가족 또는 친척 이외의 사람'은 하루 평균 4.03명과 교류를 하는 것으로 나타남

[그림 2-105] 사회적 교류 – 20~30대

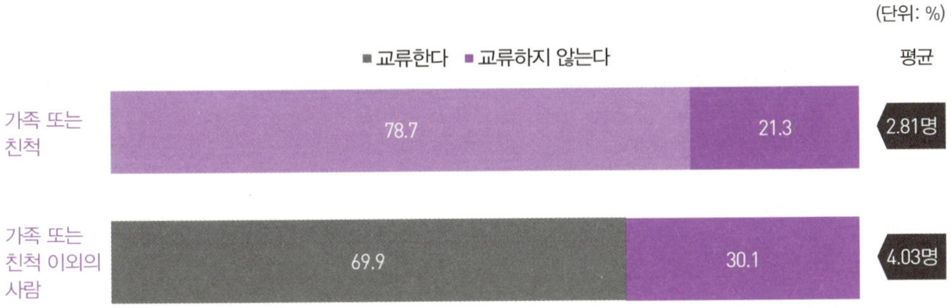

'가족 또는 친척(같이 살고 있는 사람들은 제외)'에 대한 상세분석 결과, 성별로는 여성(79.8%)에서 높게 나타났고 연령별로는 30대(80.1%), 학력별로는 대학원 이상(87.9%), 가구 소득별로는 700만 원 이상(85.3%), 혼인상태별로는 기혼(84.6%), 가구원 수별로는 3인(80.4%), 2인(79.4%), 이념 성향별로는 보수(82.1%), 진보(80.5%), 직업별로는 학생(80.9%), 화이트칼라(80.5%), 고용형태별로는 상용직 임금근로자(81.2%), 권역별로는 동남권(81.3%), 서남권(81.1%)에서 높게 나타남

◈ 40~50대

40~50대의 '교류한다' 응답은 '가족 또는 친척'이 83.2%, '가족 또는 친척 이외의 사람'이 67.0%로 나타남. 한편, '가족 또는 친척'은 하루 평균 3.04명, '가족 또는 친척 이외의 사람'은 하루 평균 4.97명과 교류를 하는 것으로 나타남

[그림 2-106] 사회적 교류 - 40~50대

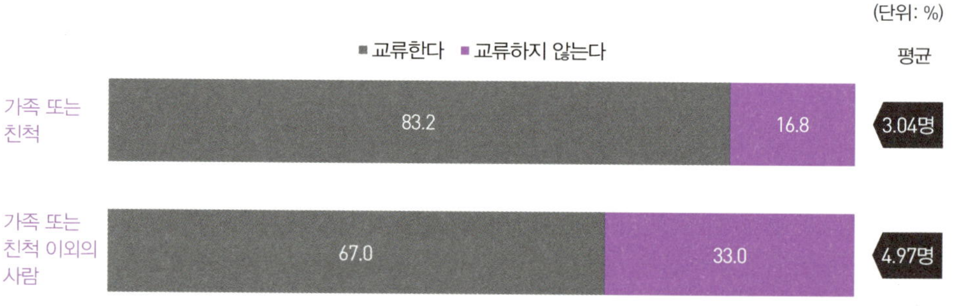

'가족 또는 친척(같이 살고 있는 사람들은 제외)'에 대한 상세분석 결과, 성별로는 여성(84.2%)에서 높게 나타났고 연령별로는 40대(84.7%), 학력별로는 대학원 이상(87.9%), 대졸(전문대/대학교 졸업)(84.7%), 가구 소득별로는 700만 원 이상(88.8%), 300~500만 원 미만(88.0%), 혼인상태별로는 기혼(87.4%), 가구원 수별로는 4인 이상(88.6%), 이념 성향별로는 보수(87.2%), 직업별로는 화이트칼라(88.4%), 고용형태별로는 상용직 임금근로자(88.5%), 권역별로는 동남권(89.2%), 도심권(88.0%)에서 높게 나타남

[표 2-141] 사회적 교류 – 20~30대

구분		사례 수	가족 또는 친척 (같이 살고 있는 사람들은 제외)			가족 또는 친척 이외의 사람 (단순 업무상 관계는 제외)		
			있다	없다	명	있다	없다	명
전체		(1,000)	78.7	21.3	2.81	69.9	30.1	4.03
성별	남성	(490)	77.6	22.4	2.76	68.4	31.6	3.99
	여성	(510)	79.8	20.2	2.86	71.4	28.6	4.06
연령	20대	(498)	77.4	22.6	2.89	72.1	27.9	4.21
	30대	(502)	80.1	19.9	2.74	67.7	32.3	3.84
학력	고졸 이하	(97)	64.8	35.2	2.22	63.9	36.1	2.83
	대재	(127)	67.9	32.1	2.72	63.9	36.1	4.22
	대졸	(677)	81.4	18.6	2.74	71.1	28.9	4.00
	대학원 이상	(99)	87.9	12.1	3.79	75.1	24.9	4.98
가구 소득	200만 원 미만	(102)	71.9	28.1	2.41	53.0	47.0	2.79
	200~300만 원 미만	(148)	77.2	22.8	2.64	67.4	32.6	3.74
	300~500만 원 미만	(287)	77.3	22.7	2.51	67.6	32.4	3.63
	500~700만 원 미만	(196)	76.6	23.4	2.65	69.0	31.0	3.84
	700만 원 이상	(267)	85.3	14.7	3.42	80.9	19.1	4.95
혼인 상태	기혼	(220)	84.6	15.4	3.18	70.6	29.4	3.75
	미혼	(745)	77.7	22.3	2.70	71.2	28.8	4.15
	동거/사별/이혼/별거	(35)	63.5	36.5	2.58	37.6	62.4	2.15

[표 2-141] 사회적 교류 – 20~30대(계속)

구분		사례 수	가족 또는 친척 (같이 살고 있는 사람들은 제외)			가족 또는 친척 이외의 사람 (단순 업무상 관계는 제외)		
			있다	없다	명	있다	없다	명
전체		(1,000)	78.7	21.3	2.81	69.9	30.1	4.0
가구원 수	1인	(218)	78.8	21.2	2.30	62.1	37.9	3.5
	2인	(159)	79.4	20.6	2.57	63.4	36.6	3.6
	3인	(290)	80.4	19.6	2.84	72.7	27.3	3.7
	4인 이상	(333)	77.0	23.0	3.25	75.7	24.3	4.7
이념 성향	진보	(231)	80.5	19.5	2.77	74.9	25.1	3.7
	중도	(429)	75.1	24.9	2.72	67.6	32.4	4.0
	보수	(341)	82.1	17.9	2.94	69.5	30.5	4.2
직업	화이트칼라	(644)	80.5	19.5	2.82	69.7	30.3	4.1
	블루칼라	(141)	71.0	29.0	2.62	69.7	30.3	3.3
	학생	(106)	80.9	19.1	2.90	70.5	29.5	4.5
	주부/무직/기타	(109)	76.2	23.8	2.87	70.7	29.3	4.0
고용 형태	상용직 임금근로자	(620)	81.2	18.8	2.69	72.4	27.6	3.9
	임시/일용/특수직 근로자	(97)	68.3	31.7	2.46	56.1	43.9	3.3
	자영업자/ 무급가족종사자	(58)	74.4	25.6	3.92	66.0	34.0	4.6
권역	도심권	(50)	75.9	24.1	3.33	58.2	41.8	4.6
	동북권	(295)	76.3	23.7	2.68	72.4	27.6	4.0
	서북권	(123)	75.3	24.7	2.55	67.1	32.9	3.7
	서남권	(329)	81.1	18.9	2.77	71.1	28.9	3.9
	동남권	(203)	81.3	18.7	3.09	69.0	31.0	4.5

[표 2-142] 사회적 교류 – 40~50대

구분		사례 수	가족 또는 친척 (같이 살고 있는 사람들은 제외)			가족 또는 친척 이외의 사람 (단순 업무상 관계는 제외)		
			있다	없다	명	있다	없다	명
전체		(500)	83.2	16.8	3.04	67.0	33.0	4.97
성별	남성	(247)	82.2	17.8	3.22	69.6	30.4	5.61
	여성	(253)	84.2	15.8	2.87	64.4	35.6	4.29
연령	40대	(248)	84.7	15.3	2.79	68.1	31.9	5.09
	50대	(252)	81.7	18.3	3.30	65.9	34.1	4.85
학력	고졸 이하	(61)	75.4	24.6	3.65	57.4	42.6	4.63
	대재	(16)	62.5	37.5	2.20	50.0	50.0	4.13
	대졸	(365)	84.7	15.3	2.95	67.1	32.9	5.18
	대학원 이상	(58)	87.9	12.1	3.18	81.0	19.0	4.26
가구 소득	200만 원 미만	(45)	53.3	46.7	2.21	37.8	62.2	2.76
	200~300만 원 미만	(41)	68.3	31.7	2.07	53.7	46.3	2.32
	300~500만 원 미만	(125)	88.0	12.0	3.15	70.4	29.6	4.35
	500~700만 원 미만	(129)	86.8	13.2	2.74	65.9	34.1	4.27
	700만 원 이상	(160)	88.8	11.3	3.52	76.9	23.1	6.67
혼인 상태	기혼	(340)	87.4	12.6	3.29	69.7	30.3	5.33
	미혼	(127)	74.8	25.2	2.33	61.4	38.6	3.88
	동거/사별/이혼/별거	(33)	72.7	27.3	2.75	60.6	39.4	4.90

[표 2-142] 사회적 교류 - 40~50대(계속)

구분		사례 수	가족 또는 친척 (같이 살고 있는 사람들은 제외)			가족 또는 친척 이외의 사람 (단순 업무상 관계는 제외)		
			있다	없다	명	있다	없다	명
전체		(500)	83.2	16.8	3.04	67.0	33.0	4.97
가구원 수	1인	(64)	76.6	23.4	2.06	62.5	37.5	3.53
	2인	(68)	75.0	25.0	2.78	60.3	39.7	4.10
	3인	(175)	82.9	17.1	3.08	70.3	29.7	4.95
	4인 이상	(193)	88.6	11.4	3.37	67.9	32.1	5.70
이념 성향	진보	(126)	80.2	19.8	2.79	68.3	31.7	4.77
	중도	(218)	82.1	17.9	3.10	66.1	33.9	5.24
	보수	(156)	87.2	12.8	3.15	67.3	32.7	4.76
직업	화이트칼라	(328)	88.4	11.6	3.19	74.7	25.3	5.36
	블루칼라	(61)	67.2	32.8	3.00	55.7	44.3	5.47
	주부/무직/기타	(111)	76.6	23.4	2.56	50.5	49.5	2.95
고용 형태	상용직 임금근로자	(314)	88.5	11.5	3.17	73.9	26.1	5.31
	임시/일용/특수직 근로자	(39)	66.7	33.3	2.62	53.8	46.2	5.76
	자영업자/ 무급가족종사자	(31)	74.2	25.8	3.00	77.4	22.6	5.38
권역	도심권	(25)	88.0	12.0	2.68	76.0	24.0	3.47
	동북권	(155)	79.4	20.6	3.22	60.0	40.0	5.24
	서북권	(60)	80.0	20.0	3.02	61.7	38.3	4.38
	서남권	(149)	83.2	16.8	3.06	67.8	32.2	4.92
	동남권	(111)	89.2	10.8	2.88	76.6	23.4	5.33

사회적 우려사항

◈ 20~30대

20~30대의 사회적 우려사항을 살펴보면, '걱정된다' 응답은 '일자리를 잃거나 일자리를 구하지 못하는 것'이 81.3%, '자녀에게 좋은 교육을 시키지 못하는 것'이 70.2% 순으로 나타남

[그림 2-107] 사회적 우려사항 – 20~30대

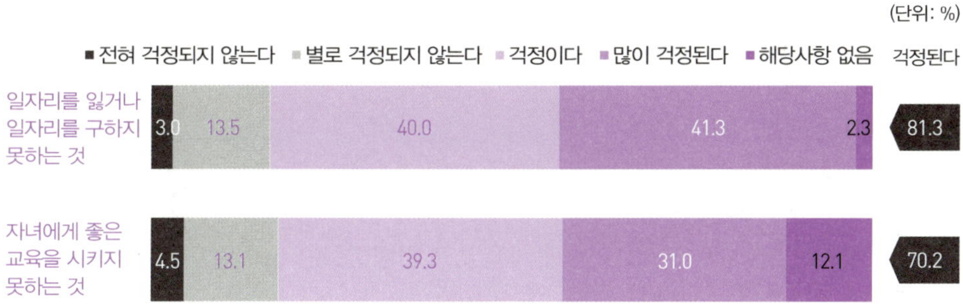

'일자리를 잃거나 일자리를 구하지 못하는 것'에 대해 '걱정된다'는 응답의 상세분석 결과, 성별로는 여성(83.3%)에서 높게 나타났고 연령별로는 20대(82.7%), 학력별로는 고졸 이하(85.7%), 대재(전문대/대학교) (85.5%), 가구 소득별로는 200~300만 원 미만(89.3%), 300~500만 원 미만(85.7%), 혼인상태별로는 동거/사별/이혼/별거(83.0%), 미혼(82.5%), 가구원 수별로는 2인(82.4%), 1인(81.3%), 4인 이상(81.3%), 이념 성향별로는 중도(85.2%), 직업별로는 주부/무직/기타(91.8%), 고용형태별로는 임시/일용/특수직 근로자(88.9%), 권역별로는 서북권(84.6%), 도심권(82.9%)에서 높게 나타남

◈ 40~50대

40~50대의 경우, '걱정된다' 응답은 '일자리를 잃거나 일자리를 구하지 못하는 것'이 77.6%, '자녀에게 좋은 교육을 시키지 못하는 것'이 64.8% 순으로 나타남

[그림 2-108] 사회적 우려사항 – 40~50대

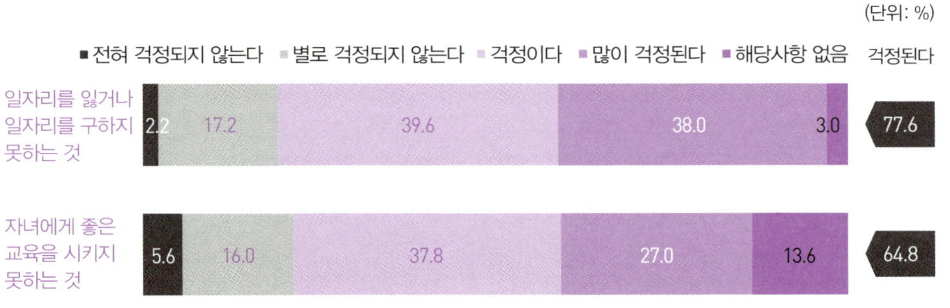

'일자리를 잃거나 일자리를 구하지 못하는 것'에 대해 '걱정된다'는 응답의 상세분석 결과, 성별로는 남성(78.1%)에서 높게 나타났고 연령별로는 50대(77.8%), 학력별로는 대졸(전문대/대학교 졸업)(79.7%), 가구 소득별로는 300~500만 원 미만(85.6%), 200만 원 미만(82.2%), 혼인상태별로는 미혼(85.8%), 가구원 수별로는 2인(83.8%), 1인(81.3%), 이념 성향별로는 중도(81.2%), 보수(78.2%), 직업별로는 블루칼라(83.6%), 고용형태별로는 임시/일용/특수직 근로자(92.3%), 권역별로는 서북권(90.0%)에서 높게 나타남

[표 2-143] 사회적 우려사항(요약표-걱정된다) - 20~30대

구분		사례 수	일자리를 잃거나 일자리를 구하지 못하는 것	자녀에게 좋은 교육을 시키지 못하는 것
전체		(1,000)	81.3	70.2
성별	남성	(490)	79.2	71.7
	여성	(510)	83.3	68.8
연령	20대	(498)	82.7	71.6
	30대	(502)	79.9	68.9
학력	고졸 이하	(97)	85.7	69.2
	대재	(127)	85.5	68.1
	대졸	(677)	82.1	70.3
	대학원 이상	(99)	65.9	73.9
가구 소득	200만 원 미만	(102)	80.3	61.6
	200~300만 원 미만	(148)	89.3	73.4
	300~500만 원 미만	(287)	85.7	75.2
	500~700만 원 미만	(196)	82.7	71.5
	700만 원 이상	(267)	71.5	65.6
혼인 상태	기혼	(220)	76.8	79.1
	미혼	(745)	82.5	66.9
	동거/사별/이혼/별거	(35)	83.0	85.6

[표 2-143] 사회적 우려사항(요약표-걱정된다) - 20~30대(계속)

구분		사례 수	일자리를 잃거나 일자리를 구하지 못하는 것	자녀에게 좋은 교육을 시키지 못하는 것
전체		(1,000)	81.3	70.2
가구원 수	1인	(218)	81.3	67.2
	2인	(159)	82.4	75.0
	3인	(290)	80.7	72.3
	4인 이상	(333)	81.3	68.2
이념 성향	진보	(231)	76.2	63.6
	중도	(429)	85.2	73.1
	보수	(341)	79.8	71.1
직업	화이트칼라	(644)	78.6	71.0
	블루칼라	(141)	86.7	72.5
	학생	(106)	79.5	66.8
	주부/무직/기타	(109)	91.8	66.3
고용 형태	상용직 임금근로자	(620)	79.6	71.0
	임시/일용/특수직 근로자	(97)	88.9	77.5
	자영업자/무급가족종사자	(58)	68.9	62.0
권역	도심권	(50)	82.9	73.3
	동북권	(295)	81.9	66.8
	서북권	(123)	84.6	70.9
	서남권	(329)	81.7	72.5
	동남권	(203)	77.3	70.4

[표 2-144] 사회적 우려사항(요약표-걱정된다) - 40~50대

구분		사례 수	일자리를 잃거나 일자리를 구하지 못하는 것	자녀에게 좋은 교육을 시키지 못하는 것
전체		(500)	77.6	64.8
성별	남성	(247)	78.1	71.3
	여성	(253)	77.1	58.5
연령	40대	(248)	77.4	69.0
	50대	(252)	77.8	60.7
학력	고졸 이하	(61)	77.0	49.2
	대재	(16)	62.5	62.5
	대졸	(365)	79.7	69.0
	대학원 이상	(58)	69.0	55.2
가구 소득	200만 원 미만	(45)	82.2	51.1
	200~300만 원 미만	(41)	78.0	48.8
	300~500만 원 미만	(125)	85.6	69.6
	500~700만 원 미만	(129)	78.3	70.5
	700만 원 이상	(160)	69.4	64.4
혼인 상태	기혼	(340)	75.3	72.6
	미혼	(127)	85.8	43.3
	동거/사별/이혼/별거	(33)	69.7	66.7

[표 2-144] 사회적 우려사항(요약표-걱정된다) - 40~50대(계속)

구분		사례 수	일자리를 잃거나 일자리를 구하지 못하는 것	자녀에게 좋은 교육을 시키지 못하는 것
전체		(500)	77.6	64.8
가구원 수	1인	(64)	81.3	40.6
	2인	(68)	83.8	47.1
	3인	(175)	76.0	66.9
	4인 이상	(193)	75.6	77.2
이념 성향	진보	(126)	70.6	61.1
	중도	(218)	81.2	64.2
	보수	(156)	78.2	68.6
직업	화이트칼라	(328)	78.7	65.5
	블루칼라	(61)	83.6	67.2
	주부/무직/기타	(111)	71.2	61.3
고용 형태	상용직 임금근로자	(314)	79.3	68.5
	임시/일용/특수직 근로자	(39)	92.3	61.5
	자영업자/무급가족종사자	(31)	64.5	45.2
권역	도심권	(25)	68.0	56.0
	동북권	(155)	74.8	65.2
	서북권	(60)	90.0	81.7
	서남권	(149)	79.2	62.4
	동남권	(111)	74.8	60.4

3) 사회적 참여, 소속감

사회적 참여 중요도

◈ 20~30대

20~30대의 사회적 참여 중요도를 살펴보면, 7점 만점 기준으로 '법과 규칙을 준수한다'가 5.71점으로 가장 높았고, 그다음으로는 '선거 시 반드시 투표에 참여한다'(5.57점), '사회 또는 정치 단체에서 적극적으로 활동한다'(4.30점) 순으로 나타남. 한편, '온라인에 나의 의견을 게시하거나 다른 사람의 의견에 댓글을 단다'가 3.94점으로 가장 낮게 나타남

[그림 2-109] 사회적 참여 중요도 – 20~30대

(단위: %)

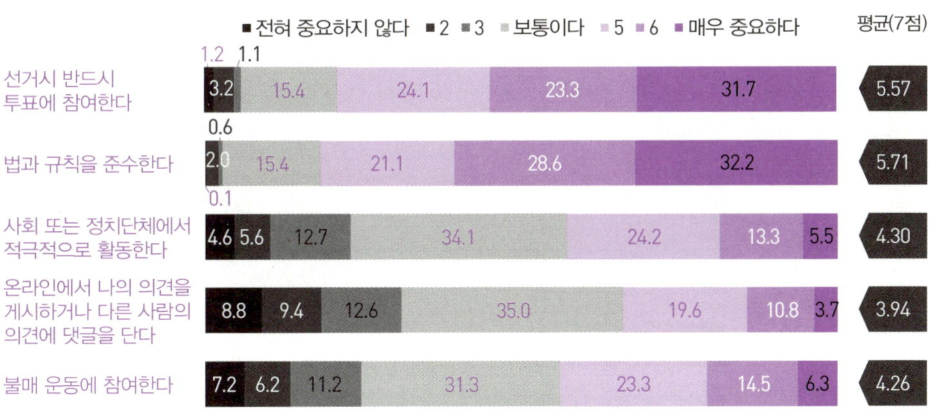

'법과 규칙을 준수한다'에 대한 상세분석 결과, 성별로는 여성(5.83점)에서 높게 나타났고 연령별로는 30대(5.79점), 학력별로는 대학원 이상(5.81점), 대졸(전문대/대학교 졸업)(5.79점), 가구 소득별로는 700만 원 이상(5.90점), 300~500만 원 미만(5.72점), 혼인상태별로는 미혼(5.74점), 가구원 수별로는 4인 이상(5.83점), 이념 성향별로는 진보(6.00점), 직업별로는 주부/무직/기타(5.84점), 화이트칼라(5.74점), 고용형태별로는 상용직 임금근로자(5.75점), 권역별로는 동남권(5.78점), 도심권(5.72점)에서 높게 나타남

◈ 40~50대

40~50대는 7점 만점 기준으로 '법과 규칙을 준수한다'가 5.94점으로 가장 높았고, 그다음으로는 '선거 시 반드시 투표에 참여한다'(5.69점), '불매 운동에 참여한다'(4.35점) 순으로 나타남. 한편, '온라인에 나의 의견을 게시하거나 다른 사람의 의견에 댓글을 단다'가 3.64점으로 가장 낮게 나타남

[그림 2-110] 사회적 참여 중요도 – 40~50대 (단위: %)

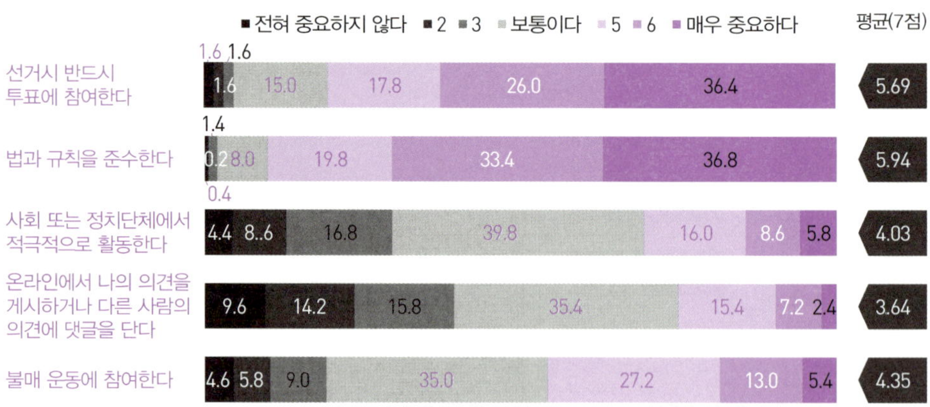

‘법과 규칙을 준수한다’에 대한 상세분석 결과, 성별로는 여성(6.08점)에서 높게 나타났고 연령별로는 50대(6.08점), 학력별로는 대학원 이상(6.28점), 고졸 이하(6.00점), 가구 소득별로는 200~300만 원 미만(6.07점), 700만 원 이상(6.07점), 혼인상태별로는 기혼(5.96점), 가구원 수별로는 3인(6.04점), 1인(5.98점), 이념 성향별로는 중도(5.99점), 직업별로는 화이트칼라(5.96점), 고용형태별로는 상용직 임금근로자(5.97점), 권역별로는 서북권(6.08점), 서남권(5.98점)에서 높게 나타남

[표 2-145] 사회적 참여 중요도(평균요약표) – 20~30대

구분		사례 수	선거 시 반드시 투표에 참여한다	법과 규칙을 준수한다	사회 또는 정치 단체에서 적극적으로 활동한다	온라인에 나의 의견을 게시하거나 다른 사람의 의견에 댓글을 단다	불매 운동에 참여한다
전체		(1,000)	5.57	5.71	4.30	3.94	4.26
성별	남성	(490)	5.44	5.60	4.25	4.01	3.95
	여성	(510)	5.69	5.83	4.35	3.88	4.56
연령	20대	(498)	5.53	5.64	4.43	4.04	4.28
	30대	(502)	5.61	5.79	4.16	3.85	4.24
학력	고졸 이하	(97)	5.26	5.51	4.30	4.01	3.89
	대재	(127)	5.45	5.40	4.31	4.02	4.24
	대졸	(677)	5.65	5.79	4.26	3.92	4.30
	대학원 이상	(99)	5.49	5.81	4.52	3.94	4.36
가구 소득	200만 원 미만	(102)	5.42	5.58	4.18	3.84	3.98
	200~300만 원 미만	(148)	5.40	5.48	4.05	3.83	4.16
	300~500만 원 미만	(287)	5.57	5.72	4.31	4.04	4.33
	500~700만 원 미만	(196)	5.61	5.70	4.46	4.09	4.25
	700만 원 이상	(267)	5.69	5.90	4.35	3.85	4.35
혼인 상태	기혼	(220)	5.48	5.71	4.53	4.15	4.43
	미혼	(745)	5.60	5.74	4.24	3.89	4.21
	동거/사별/이혼/별거	(35)	5.32	5.15	4.06	3.77	4.26

[표 2-145] 사회적 참여 중요도(평균요약표) – 20~30대(계속)

구분		사례 수	선거 시 반드시 투표에 참여한다	법과 규칙을 준수한다	사회 또는 정치 단체에서 적극적으로 활동한다	온라인에 나의 의견을 게시하거나 다른 사람의 의견에 댓글을 단다	불매 운동에 참여한다
전체		(1,000)	5.57	5.71	4.30	3.94	4.26
가구원 수	1인	(218)	5.53	5.60	4.13	3.85	4.27
	2인	(159)	5.40	5.66	4.04	3.80	4.11
	3인	(290)	5.54	5.70	4.36	3.88	4.17
	4인 이상	(333)	5.70	5.83	4.48	4.13	4.40
이념 성향	진보	(231)	6.01	6.00	4.34	3.86	4.64
	중도	(429)	5.35	5.65	4.13	3.85	4.14
	보수	(341)	5.54	5.60	4.48	4.12	4.15
직업	화이트칼라	(644)	5.60	5.74	4.34	3.96	4.34
	블루칼라	(141)	5.26	5.51	4.24	4.08	4.05
	학생	(106)	5.86	5.70	4.36	3.94	4.09
	주부/무직/기타	(109)	5.48	5.84	4.05	3.70	4.24
고용 형태	상용직 임금근로자	(620)	5.58	5.75	4.28	3.91	4.27
	임시/일용/특수직 근로자	(97)	5.39	5.44	4.41	4.12	4.24
	자영업자/무급가족종사자	(58)	5.29	5.45	4.48	4.37	4.54
권역	도심권	(50)	5.63	5.72	4.42	4.20	4.61
	동북권	(295)	5.58	5.71	4.21	3.90	4.07
	서북권	(123)	5.50	5.65	4.31	3.90	4.26
	서남권	(329)	5.60	5.69	4.25	3.93	4.34
	동남권	(203)	5.52	5.78	4.46	4.01	4.31

[표 2-146] 사회적 참여 중요도(평균요약표) – 40~50대

구분		사례 수	선거 시 반드시 투표에 참여한다	법과 규칙을 준수한다	사회 또는 정치 단체에서 적극적으로 활동한다	온라인에 나의 의견을 게시하거나 다른 사람의 의견에 댓글을 단다	불매 운동에 참여한다
전체		(500)	5.69	5.94	4.03	3.64	4.35
성별	남성	(247)	5.64	5.80	3.99	3.63	4.24
	여성	(253)	5.75	6.08	4.08	3.65	4.46
연령	40대	(248)	5.55	5.80	4.08	3.68	4.31
	50대	(252)	5.84	6.08	3.99	3.60	4.38
학력	고졸 이하	(61)	5.84	6.00	4.07	3.43	4.26
	대재	(16)	5.38	5.50	4.19	3.56	4.75
	대졸	(365)	5.64	5.90	4.02	3.67	4.38
	대학원 이상	(58)	6.00	6.28	4.07	3.67	4.16
가구 소득	200만 원 미만	(45)	5.44	5.82	3.91	3.22	4.04
	200~300만 원 미만	(41)	5.66	6.07	3.76	2.90	4.27
	300~500만 원 미만	(125)	5.43	5.95	4.04	3.83	4.31
	500~700만 원 미만	(129)	5.78	5.77	4.21	3.82	4.53
	700만 원 이상	(160)	5.91	6.07	3.99	3.65	4.34
혼인 상태	기혼	(340)	5.76	5.96	4.13	3.78	4.35
	미혼	(127)	5.55	5.91	3.85	3.36	4.29
	동거/사별/이혼/별거	(33)	5.61	5.85	3.76	3.24	4.55

[표 2-146] 사회적 참여 중요도(평균요약표) - 40~50대(계속)

구분		사례 수	선거 시 반드시 투표에 참여한다	법과 규칙을 준수한다	사회 또는 정치 단체에서 적극적으로 활동한다	온라인에 나의 의견을 게시하거나 다른 사람의 의견에 댓글을 단다	불매 운동에 참여한다
전체		(500)	5.69	5.94	4.03	3.64	4.35
가구원 수	1인	(64)	5.84	5.98	3.95	3.50	4.41
	2인	(68)	5.76	5.78	4.04	3.69	4.34
	3인	(175)	5.72	6.04	4.12	3.60	4.31
	4인 이상	(193)	5.60	5.89	3.98	3.70	4.37
이념 성향	진보	(126)	6.09	5.90	4.28	3.57	4.83
	중도	(218)	5.55	5.99	3.86	3.55	4.32
	보수	(156)	5.58	5.90	4.08	3.83	4.01
직업	화이트칼라	(328)	5.81	5.96	4.06	3.71	4.38
	블루칼라	(61)	5.43	5.87	4.21	3.61	4.41
	주부/무직/기타	(111)	5.50	5.93	3.86	3.46	4.22
고용 형태	상용직 임금근로자	(314)	5.75	5.97	4.05	3.63	4.32
	임시/일용/특수직 근로자	(39)	5.67	5.87	4.33	4.00	4.82
	자영업자/무급가족종사자	(31)	5.68	5.71	4.10	3.81	4.45
권역	도심권	(25)	5.76	5.84	3.92	3.28	4.44
	동북권	(155)	5.70	5.95	3.96	3.72	4.34
	서북권	(60)	5.63	6.08	4.03	3.75	4.60
	서남권	(149)	5.73	5.98	4.11	3.59	4.32
	동남권	(111)	5.66	5.81	4.05	3.62	4.25

청년세대의 의견 반영이 과소 대표된다는 것에 대한 견해

◈ 20~30대

20~30대의 청년세대 의견 반영이 과소 대표된다는 것에 대한 견해를 살펴보면, '동의한다(매우 동의한다+어느정도 동의하는 편이다)'라고 응답한 비율은 84.4%, '동의하지 않는다(전혀 동의하지 않는다+별로 동의하지 않는 편이다)'라고 응답한 비율은 15.6%로 나타남

[그림 2-111] 청년세대의 의견 반영이 과소 대표된다는 것에 대한 견해 – 20~30대

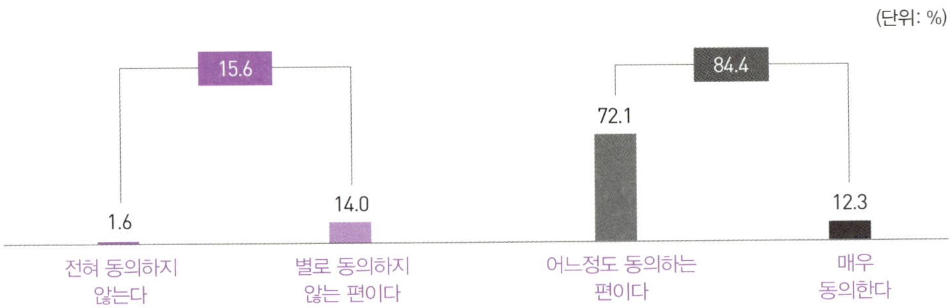

'동의한다'에 대한 상세분석 결과, 성별로는 여성(85.9%)에서 높게 나타났고 연령별로는 20대(88.0%), 학력별로는 고졸 이하(89.7%), 대재(전문대/대학교)(88.8%), 가구 소득별로는 500~700만 원 미만(88.8%), 300~500만 원 미만(86.1%), 혼인상태별로는 동거/사별/이혼/별거(94.3%), 가구원 수별로는 4인 이상(85.5%), 이념 성향별로는 진보(84.8%), 보수(84.7%), 직업별로는 학생(88.4%), 화이트칼라(85.0%), 고용형태별로는 임시/일용/특수직 근로자(85.7%), 상용직 임금근로자(85.0%), 권역별로는 도심권(86.5%), 서남권(85.7%)에서 높게 나타남

◈ 40~50대

40~50대가 '동의한다(매우 동의한다+어느정도 동의하는 편이다)'라고 응답한 비율은 72.0%, '동의하지 않는다(전혀 동의하지 않는다+별로 동의하지 않는 편이다)'라고 응답한 비율은 28.0%로 나타남

[그림 2-112] 청년세대의 의견 반영이 과소 대표된다는 것에 대한 견해 - 40~50대

(단위: %)

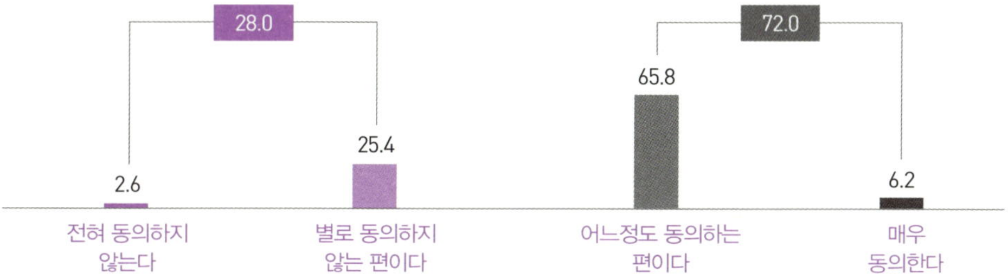

'동의한다'에 대한 상세분석 결과, 성별로는 남성(74.1%)에서 높게 나타났고 연령별로는 40대(72.2%), 학력별로는 대재(전문대/대학교)(75.0%), 대졸(전문대/대학교 졸업)(73.7%), 가구 소득별로는 500~700만 원 미만(78.3%), 혼인상태별로는 기혼(76.2%), 가구원 수별로는 4인 이상(76.7%), 이념 성향별로는 진보(75.4%), 보수(74.4%), 직업별로는 화이트칼라(75.0%), 고용형태별로는 임시/일용/특수직 근로자(79.5%), 권역별로는 서북권(78.3%)에서 높게 나타남

[표 2-147] 청년세대의 의견 반영이 과소 대표된다는 것에 대한 견해 – 20~30대

구분		사례 수	① 전혀 동의하지 않는다	② 별로 동의하지 않는 편이다	③ 어느정도 동의하는 편이다	④ 매우 동의한다	종합	
							동의하지 않는다	동의한다
전체		(1,000)	1.6	14.0	72.1	12.3	15.6	84.4
성별	남성	(490)	1.8	15.3	69.8	13.1	17.1	82.9
	여성	(510)	1.4	12.7	74.3	11.6	14.1	85.9
연령	20대	(498)	0.8	11.2	75.7	12.3	12.0	88.0
	30대	(502)	2.4	16.7	68.5	12.4	19.1	80.9
학력	고졸 이하	(97)	3.1	7.2	80.4	9.3	10.3	89.7
	대재	(127)	1.6	9.6	73.9	14.9	11.2	88.8
	대졸	(677)	1.2	15.3	71.5	12.0	16.4	83.6
	대학원 이상	(99)	3.0	17.3	65.6	14.1	20.3	79.7
가구 소득	200만 원 미만	(102)	2.9	20.4	62.0	14.7	23.4	76.6
	200~300만 원 미만	(148)	2.0	13.6	75.0	9.4	15.6	84.4
	300~500만 원 미만	(287)	1.0	12.9	76.3	9.8	13.9	86.1
	500~700만 원 미만	(196)	1.5	9.7	77.0	11.7	11.2	88.8
	700만 원 이상	(267)	1.5	16.0	66.2	16.2	17.5	82.5
혼인 상태	기혼	(220)	2.3	14.5	74.1	9.1	16.8	83.2
	미혼	(745)	1.5	14.2	71.5	12.8	15.7	84.3
	동거/사별/이혼/별거	(35)	0.0	5.7	71.3	23.0	5.7	94.3

[표 2-147] 청년세대의 의견 반영이 과소 대표된다는 것에 대한 견해 - 20~30대(계속)

구분		사례 수	① 전혀 동의하지 않는다	② 별로 동의하지 않는 편이다	③ 어느정도 동의하는 편이다	④ 매우 동의한다	종합	
							동의하지 않는다	동의한다
전체		(1,000)	1.6	14.0	72.1	12.3	15.6	84.4
가구원 수	1인	(218)	2.3	13.9	69.9	13.9	16.2	83.8
	2인	(159)	3.8	11.9	72.9	11.4	15.7	84.3
	3인	(290)	0.7	15.6	74.5	9.3	16.2	83.8
	4인 이상	(333)	0.9	13.6	71.1	14.4	14.5	85.5
이념 성향	진보	(231)	1.7	13.4	68.4	16.5	15.2	84.8
	중도	(429)	1.6	14.4	76.3	7.7	16.0	84.0
	보수	(341)	1.5	13.8	69.4	15.3	15.3	84.7
직업	화이트칼라	(644)	1.1	13.9	71.8	13.1	15.0	85.0
	블루칼라	(141)	2.1	14.9	71.7	11.3	17.0	83.0
	학생	(106)	0.9	10.7	75.3	13.1	11.6	88.4
	주부/무직/기타	(109)	4.6	16.3	71.0	8.1	20.9	79.1
고용 형태	상용직 임금근로자	(620)	1.0	14.0	73.0	12.0	15.0	85.0
	임시/일용/특수직 근로자	(97)	2.1	12.2	73.3	12.4	14.3	85.7
	자영업자/무급가족종사자	(58)	3.5	19.0	60.5	17.1	22.4	77.6
권역	도심권	(50)	2.0	11.5	74.5	12.0	13.5	86.5
	동북권	(295)	2.7	11.9	76.6	8.8	14.6	85.4
	서북권	(123)	0.8	20.4	66.7	12.0	21.2	78.8
	서남권	(329)	1.5	12.8	72.8	12.9	14.3	85.7
	동남권	(203)	0.5	15.7	67.1	16.8	16.2	83.8

[표 2-148] 청년세대의 의견 반영이 과소 대표된다는 것에 대한 견해 – 40~50대

구분		사례 수	① 전혀 동의하지 않는다	② 별로 동의하지 않는 편이다	③ 어느정도 동의하는 편이다	④ 매우 동의한다	종합	
							동의하지 않는다	동의한다
전체		(500)	2.6	25.4	65.8	6.2	28.0	72.0
성별	남성	(247)	4.0	21.9	66.8	7.3	25.9	74.1
	여성	(253)	1.2	28.9	64.8	5.1	30.0	70.0
연령	40대	(248)	2.4	25.4	66.5	5.6	27.8	72.2
	50대	(252)	2.8	25.4	65.1	6.7	28.2	71.8
학력	고졸 이하	(61)	1.6	32.8	60.7	4.9	34.4	65.6
	대재	(16)	0.0	25.0	56.3	18.8	25.0	75.0
	대졸	(365)	2.7	23.6	67.9	5.8	26.3	73.7
	대학원 이상	(58)	3.4	29.3	60.3	6.9	32.8	67.2
가구 소득	200만 원 미만	(45)	6.7	28.9	57.8	6.7	35.6	64.4
	200~300만 원 미만	(41)	4.9	29.3	65.9	0.0	34.1	65.9
	300~500만 원 미만	(125)	0.8	28.8	63.2	7.2	29.6	70.4
	500~700만 원 미만	(129)	1.6	20.2	72.9	5.4	21.7	78.3
	700만 원 이상	(160)	3.1	25.0	64.4	7.5	28.1	71.9
혼인 상태	기혼	(340)	2.4	21.5	68.8	7.4	23.8	76.2
	미혼	(127)	3.9	33.1	60.6	2.4	37.0	63.0
	동거/사별/이혼/별거	(33)	0.0	36.4	54.5	9.1	36.4	63.6

[표 2-148] 청년세대의 의견 반영이 과소 대표된다는 것에 대한 견해 – 40~50대(계속)

구분		사례 수	① 전혀 동의하지 않는다	② 별로 동의하지 않는 편이다	③ 어느정도 동의하는 편이다	④ 매우 동의한다	종합	
							동의하지 않는다	동의한다
전체		(500)	2.6	25.4	65.8	6.2	28.0	72.0
가구원 수	1인	(64)	0.0	34.4	62.5	3.1	34.4	65.6
	2인	(68)	1.5	26.5	64.7	7.4	27.9	72.1
	3인	(175)	4.6	26.3	62.9	6.3	30.9	69.1
	4인 이상	(193)	2.1	21.2	69.9	6.7	23.3	76.7
이념 성향	진보	(126)	2.4	22.2	66.7	8.7	24.6	75.4
	중도	(218)	3.2	28.4	64.7	3.7	31.7	68.3
	보수	(156)	1.9	23.7	66.7	7.7	25.6	74.4
직업	화이트칼라	(328)	2.7	22.3	68.0	7.0	25.0	75.0
	블루칼라	(61)	0.0	32.8	59.0	8.2	32.8	67.2
	주부/무직/기타	(111)	3.6	30.6	63.1	2.7	34.2	65.8
고용 형태	상용직 임금근로자	(314)	2.2	24.8	66.6	6.4	27.1	72.9
	임시/일용/특수직 근로자	(39)	2.6	17.9	69.2	10.3	20.5	79.5
	자영업자/무급가족종사자	(31)	3.2	25.8	61.3	9.7	29.0	71.0
권역	도심권	(25)	0.0	32.0	52.0	16.0	32.0	68.0
	동북권	(155)	5.2	25.8	63.9	5.2	31.0	69.0
	서북권	(60)	0.0	21.7	71.7	6.7	21.7	78.3
	서남권	(149)	3.4	24.2	65.8	6.7	27.5	72.5
	동남권	(111)	0.0	27.0	68.5	4.5	27.0	73.0

4) 공정성

공정성

① 성공의 기회가 공정하게 주어진다

◈ 20~30대

20~30대의 '현재 우리 사회는 성공의 기회가 공정하게 주어진다'는 인식은 7점 만점 기준으로 3.71점인 반면, '미래 2050년에 우리 사회는 성공의 기회가 공정하게 주어진다'는 인식은 7점 만점 기준으로 3.62점으로 나타남

[그림 2-113] 성공의 기회가 공정하게 주어진다 – 20~30대 (단위: %)

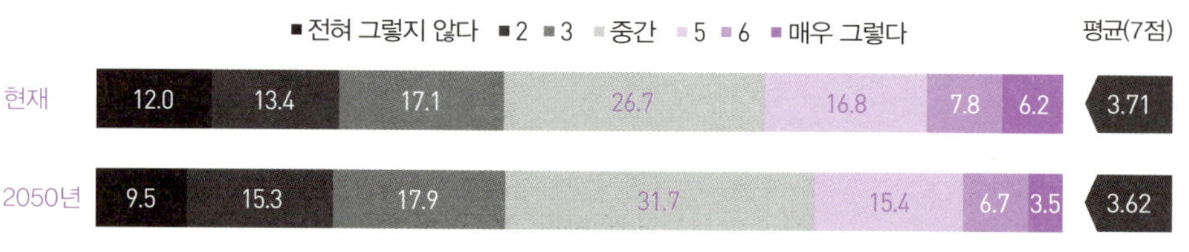

7점 평균을 상세분석한 결과, '현재 우리 사회는 성공의 기회가 공정하게 주어진다'는 성별로 남성(3.95점)에서 높게 나타났고 연령별로는 20대(3.81점), 학력별로는 대재(전문대/대학교)(3.93점), 고졸 이하(3.80점), 가구 소득별로는 500~700만 원 미만(3.82점), 200~300만 원 미만(3.73점), 혼인상태별로는 동거/사별/이혼/별거(4.14점), 기혼(4.07점), 가구원 수별로는 3인(3.77점), 이념 성향별로는 보수(4.25점), 직업별로는 블루칼라(3.84점), 화이트칼라(3.78점), 고용형태별로는 자영업자/무급가족종사자

(4.55점), 권역별로는 도심권(3.75점), 서북권(3.74점)에서 높게 나타남

'미래 2050년에 우리 사회는 성공의 기회가 공정하게 주어진다'는 성별로 남성(3.86점)에서 높게 나타났고 연령별로는 30대(3.63점), 학력별로는 고졸 이하(3.74점), 대재(전문대/대학교)(3.65점), 가구 소득별로는 500~700만 원 미만(3.72점), 300~500만 원 미만(3.68점), 혼인상태별로는 기혼(3.81점), 가구원 수별로는 3인(3.70점), 4인 이상(3.66점), 이념 성향별로는 보수(3.83점), 직업별로는 학생(3.73점), 화이트칼라(3.70점), 고용형태별로는 상용직 임금근로자(3.72점), 자영업자/무급가족종사자(3.65점), 권역별로는 서북권(3.68점), 동남권(3.67점)에서 높게 나타남

◈ 40~50대

40~50대의 '현재 우리 사회는 성공의 기회가 공정하게 주어진다'는 인식은 7점 만점 기준으로 3.28점인 반면, '미래 2050년에 우리 사회는 성공의 기회가 공정하게 주어진다'는 인식은 7점 만점 기준으로 3.82점으로 나타남

[그림 2-114] 성공의 기회가 공정하게 주어진다 – 40~50대 (단위: %)

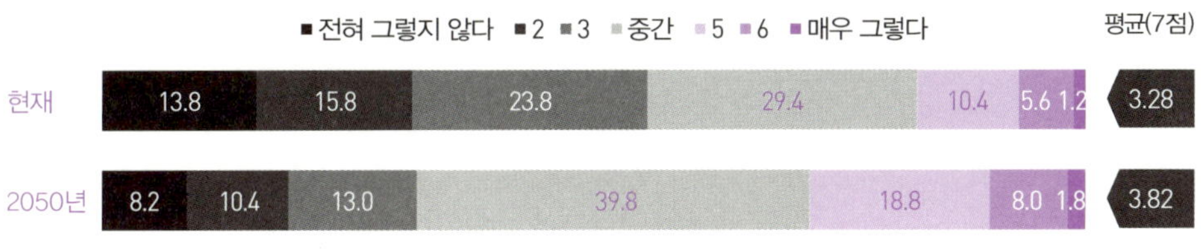

7점 평균을 상세분석한 결과, '현재 우리 사회는 성공의 기회가 공정하게 주어진다'는 성별로 남성(3.33점)에서 높게 나타났고 연령별로는 50대(3.34점), 학력별로는 대재(전문대/대학교)(3.81점), 가구 소득별로는 300~500만 원 미만(3.41점), 700만 원

이상(3.38점), 혼인상태별로는 기혼(3.38점), 가구원 수별로는 4인 이상(3.40점), 이념 성향별로는 보수(3.61점), 직업별로는 화이트칼라(3.34점), 고용형태별로는 상용직 임금근로자(3.37점), 자영업자/무급가족종사자(3.32점), 권역별로는 도심권(3.56점)에서 높게 나타남

'미래 2050년에 우리 사회는 성공의 기회가 공정하게 주어진다'는 성별로 남성(3.89점)에서 높게 나타났고 연령별로는 50대(3.93점), 학력별로는 대재(전문대/대학교)(4.00점), 대졸(전문대/대학교 졸업)(3.87점), 가구 소득별로는 700만 원 이상(3.98점), 300~500만 원 미만(3.90점), 혼인상태별로는 기혼(3.93점), 가구원 수별로는 3인(3.91점), 4인 이상(3.85점), 이념 성향별로는 보수(4.06점), 직업별로는 화이트칼라(3.87점), 고용형태별로는 상용직 임금근로자(3.90점), 자영업자/무급가족종사자(3.84점), 권역별로는 동남권(4.14점)에서 높게 나타남

[표 2-149] 성공의 기회가 공정하게 주어진다(현재) – 20~30대

구분		사례 수	① 전혀 그렇지 않다	②	③	④ 중간	⑤	⑥	⑦ 매우 그렇다	종합			[평균]
										그렇지 않다	중간	그렇다	
전체		(1,000)	12.0	13.4	17.1	26.7	16.8	7.8	6.2	42.5	26.7	30.8	3.71
성별	남성	(490)	10.1	11.3	13.6	29.0	18.4	10.2	7.5	34.9	29.0	36.1	3.95
	여성	(510)	13.9	15.5	20.4	24.5	15.3	5.5	4.9	49.8	24.5	25.7	3.48
연령	20대	(498)	9.3	13.9	17.4	27.3	16.7	9.3	6.1	40.6	27.3	32.1	3.81
	30대	(502)	14.7	12.9	16.7	26.1	16.9	6.4	6.2	44.4	26.1	29.5	3.61
학력	고졸 이하	(97)	12.4	6.2	23.8	23.3	21.8	6.2	6.3	42.4	23.3	34.3	3.80
	대재	(127)	7.6	12.6	16.7	28.8	19.4	6.5	8.5	36.9	28.8	34.4	3.93
	대졸	(677)	12.6	15.0	15.9	27.0	15.8	8.1	5.6	43.5	27.0	29.5	3.65
	대학원 이상	(99)	13.1	11.1	18.9	25.5	15.6	9.0	6.8	43.1	25.5	31.5	3.74
가구 소득	200만 원 미만	(102)	12.8	10.8	20.9	23.7	21.7	6.1	4.0	44.5	23.7	31.8	3.65
	200~300만 원 미만	(148)	11.3	16.2	12.8	29.0	14.7	10.8	5.3	40.3	29.0	30.8	3.73
	300~500만 원 미만	(287)	11.9	15.0	15.4	27.1	16.0	7.6	6.9	42.3	27.1	30.6	3.71
	500~700만 원 미만	(196)	11.9	10.7	17.2	26.0	19.4	7.7	7.1	39.8	26.0	34.2	3.82
	700만 원 이상	(267)	12.3	13.2	19.7	26.7	15.0	7.1	6.0	45.2	26.7	28.1	3.64
혼인 상태	기혼	(220)	10.4	5.9	14.9	29.5	21.7	9.0	8.5	31.3	29.5	39.2	4.07
	미혼	(745)	12.7	15.6	18.0	26.1	15.1	7.7	5.0	46.2	26.1	27.7	3.58
	동거/사별/이혼/별거	(35)	8.6	14.4	11.5	22.5	23.2	2.9	16.9	34.5	22.5	43.1	4.14

[표 2-149] 성공의 기회가 공정하게 주어진다(현재) – 20~30대(계속)

구분		사례 수	① 전혀 그렇지 않다	②	③	④ 중간	⑤	⑥	⑦ 매우 그렇다	종합			[평균]
										그렇지 않다	중간	그렇다	
전체		(1,000)	12.0	13.4	17.1	26.7	16.8	7.8	6.2	42.5	26.7	30.8	3.71
가구원 수	1인	(218)	13.4	11.5	18.5	26.2	14.5	10.1	5.8	43.4	26.2	30.4	3.70
	2인	(159)	14.4	13.8	15.6	26.5	16.4	7.7	5.7	43.8	26.5	29.7	3.62
	3인	(290)	10.8	12.8	15.2	32.2	15.5	5.9	7.6	38.8	32.2	29.0	3.77
	4인 이상	(333)	11.1	15.1	18.5	22.3	19.6	8.1	5.3	44.6	22.3	33.1	3.70
이념 성향	진보	(231)	18.2	17.8	19.0	23.4	11.3	8.2	2.2	54.9	23.4	21.7	3.25
	중도	(429)	12.9	15.4	18.4	29.2	13.2	5.5	5.3	46.7	29.2	24.1	3.52
	보수	(341)	6.7	8.0	14.1	25.8	25.0	10.4	10.0	28.9	25.8	45.4	4.25
직업	화이트칼라	(644)	11.7	13.1	15.7	26.7	17.3	8.9	6.6	40.5	26.7	32.8	3.78
	블루칼라	(141)	14.9	9.9	10.6	32.1	15.7	7.1	9.8	35.3	32.1	32.5	3.84
	학생	(106)	9.2	15.0	22.9	25.6	17.8	9.5	0.0	47.1	25.6	27.3	3.56
	주부/무직/기타	(109)	12.8	18.2	28.2	21.1	14.2	0.9	4.6	59.2	21.1	19.7	3.27
고용 형태	상용직 임금근로자	(620)	12.3	13.9	15.1	27.4	17.2	8.8	5.3	41.4	27.4	31.3	3.71
	임시/일용/특수직 근로자	(97)	16.5	5.1	17.4	31.2	14.3	6.4	9.1	39.0	31.2	29.8	3.77
	자영업자/무급가족종사자	(58)	6.9	8.6	8.6	25.7	19.1	10.6	20.4	24.2	25.7	50.1	4.55
권역	도심권	(50)	16.0	6.0	13.2	35.6	16.0	7.6	5.6	35.2	35.6	29.2	3.75
	동북권	(295)	11.0	15.6	19.8	21.4	18.4	8.5	5.4	46.4	21.4	32.3	3.68
	서북권	(123)	13.7	11.4	19.6	21.0	17.9	10.0	6.4	44.7	21.0	34.3	3.74
	서남권	(329)	12.1	13.1	15.1	30.2	15.1	7.0	7.3	40.4	30.2	29.4	3.73
	동남권	(203)	11.4	13.8	15.7	30.1	16.7	6.9	5.4	40.9	30.1	29.0	3.69

[표 2-150] 성공의 기회가 공정하게 주어진다(미래) - 20~30대

구분		사례 수	① 전혀 그렇지 않다	②	③	④ 중간	⑤	⑥	⑦ 매우 그렇다	종합			[평균]
										그렇지 않다	중간	그렇다	
전체		(1,000)	9.5	15.3	17.9	31.7	15.4	6.7	3.5	42.7	31.7	25.6	3.62
성별	남성	(490)	9.3	11.6	14.6	32.5	17.3	9.4	5.2	35.5	32.5	32.0	3.86
	여성	(510)	9.8	18.8	21.0	31.0	13.5	4.1	1.8	49.6	31.0	19.4	3.39
연령	20대	(498)	8.9	15.5	18.8	32.4	14.7	6.0	3.7	43.2	32.4	24.4	3.61
	30대	(502)	10.2	15.1	16.9	31.1	16.1	7.4	3.2	42.2	31.1	26.7	3.63
학력	고졸 이하	(97)	7.1	10.3	23.9	37.5	8.6	6.2	6.3	41.4	37.5	21.1	3.74
	대재	(127)	7.0	13.6	22.5	33.7	14.6	4.7	3.9	43.1	33.7	23.2	3.65
	대졸	(677)	10.6	17.0	15.1	30.3	16.4	7.5	3.1	42.7	30.3	27.0	3.60
	대학원 이상	(99)	8.1	10.9	24.7	33.5	15.9	4.0	2.9	43.6	33.5	22.9	3.62
가구 소득	200만 원 미만	(102)	12.8	19.1	18.0	30.0	11.1	4.0	5.0	49.9	30.0	20.1	3.40
	200~300만 원 미만	(148)	8.7	14.0	16.7	35.7	15.0	6.7	3.1	39.5	35.7	24.8	3.67
	300~500만 원 미만	(287)	8.0	16.7	18.8	28.8	15.8	7.4	4.5	43.6	28.8	27.6	3.68
	500~700만 원 미만	(196)	9.9	12.7	17.8	30.1	17.4	9.2	3.1	40.3	30.1	29.6	3.72
	700만 원 이상	(267)	10.2	14.9	17.5	34.5	15.4	5.2	2.2	42.6	34.5	22.9	3.55
혼인 상태	기혼	(220)	8.6	11.3	17.6	31.3	19.5	8.2	3.6	37.4	31.3	31.3	3.81
	미혼	(745)	9.9	16.7	17.5	32.0	14.4	6.2	3.4	44.0	32.0	24.0	3.57
	동거/사별/이혼/별거	(35)	8.3	11.5	28.4	28.8	11.5	8.6	2.9	48.2	28.8	23.0	3.61

[표 2-150] 성공의 기회가 공정하게 주어진다(미래) – 20~30대(계속)

구분		사례 수	① 전혀 그렇지 않다	②	③	④ 중간	⑤	⑥	⑦ 매우 그렇다	종합			[평균]
										그렇지 않다	중간	그렇다	
전체		(1,000)	9.5	15.3	17.9	31.7	15.4	6.7	3.5	42.7	31.7	25.6	3.62
가구원 수	1인	(218)	10.1	18.0	18.0	32.0	13.3	5.6	3.0	46.1	32.0	21.9	3.49
	2인	(159)	10.1	16.9	17.4	29.5	16.8	7.4	1.9	44.3	29.5	26.1	3.56
	3인	(290)	8.4	12.4	19.3	35.3	13.1	7.6	3.8	40.2	35.3	24.5	3.70
	4인 이상	(333)	9.9	15.3	16.8	29.4	18.1	6.3	4.2	41.9	29.4	28.6	3.66
이념 성향	진보	(231)	10.9	20.3	21.1	21.7	14.2	8.2	3.5	52.3	21.7	25.9	3.47
	중도	(429)	10.8	14.6	17.0	36.9	12.2	5.1	3.4	42.4	36.9	20.7	3.54
	보수	(341)	7.0	12.7	16.8	32.0	20.2	7.7	3.6	36.6	32.0	31.4	3.83
직업	화이트칼라	(644)	8.8	15.2	17.2	30.1	17.5	7.8	3.5	41.2	30.1	28.8	3.70
	블루칼라	(141)	11.8	12.7	17.1	35.0	12.5	7.2	3.6	41.7	35.0	23.3	3.59
	학생	(106)	6.6	13.4	21.5	33.4	15.8	2.8	6.4	41.5	33.4	25.1	3.73
	주부/무직/기타	(109)	13.6	21.1	19.5	35.6	6.5	3.7	0.0	54.2	35.6	10.2	3.11
고용 형태	상용직 임금근로자	(620)	8.5	16.1	15.1	30.7	17.9	8.6	3.2	39.7	30.7	29.6	3.72
	임시/일용/특수직 근로자	(97)	13.4	7.2	28.5	34.4	11.4	3.1	2.1	49.1	34.4	16.5	3.41
	자영업자/무급가족종사자	(58)	10.0	13.8	20.9	31.1	12.2	5.2	6.9	44.7	31.1	24.3	3.65
권역	도심권	(50)	4.0	17.2	31.2	30.0	12.0	4.0	1.6	52.4	30.0	17.6	3.47
	동북권	(295)	11.0	16.4	16.7	26.9	17.1	7.8	4.1	44.1	26.9	28.9	3.62
	서북권	(123)	9.9	13.7	21.8	27.4	14.1	6.6	6.4	45.5	27.4	27.1	3.68
	서남권	(329)	9.4	15.5	16.3	35.3	14.3	6.7	2.4	41.3	35.3	23.4	3.59
	동남권	(203)	8.8	13.7	16.3	35.9	16.4	5.9	2.9	38.9	35.9	25.2	3.67

[표 2-151] 성공의 기회가 공정하게 주어진다(현재) - 40~50대

구분		사례수	① 전혀 그렇지 않다	②	③	④ 중간	⑤	⑥	⑦ 매우 그렇다	종합			[평균]
										그렇지 않다	중간	그렇다	
전체		(500)	13.8	15.8	23.8	29.4	10.4	5.6	1.2	53.4	29.4	17.2	3.28
성별	남성	(247)	12.1	16.6	22.7	30.8	11.3	5.3	1.2	51.4	30.8	17.8	3.33
	여성	(253)	15.4	15.0	24.9	28.1	9.5	5.9	1.2	55.3	28.1	16.6	3.24
연령	40대	(248)	16.1	14.5	25.8	25.8	10.5	6.0	1.2	56.5	25.8	17.7	3.23
	50대	(252)	11.5	17.1	21.8	32.9	10.3	5.2	1.2	50.4	32.9	16.7	3.34
학력	고졸 이하	(61)	14.8	21.3	18.0	27.9	8.2	8.2	1.6	54.1	27.9	18.0	3.25
	대재	(16)	0.0	18.8	18.8	43.8	0.0	18.8	0.0	37.5	43.8	18.8	3.81
	대졸	(365)	12.3	15.3	25.8	28.8	11.0	5.5	1.4	53.4	28.8	17.8	3.33
	대학원 이상	(58)	25.9	12.1	19.0	31.0	12.1	0.0	0.0	56.9	31.0	12.1	2.91
가구 소득	200만 원 미만	(45)	20.0	22.2	20.0	22.2	6.7	8.9	0.0	62.2	22.2	15.6	3.00
	200~300만 원 미만	(41)	22.0	22.0	24.4	19.5	7.3	0.0	4.9	68.3	19.5	12.2	2.88
	300~500만 원 미만	(125)	12.0	13.6	24.0	32.0	9.6	8.0	0.8	49.6	32.0	18.4	3.41
	500~700만 원 미만	(129)	12.4	18.6	24.8	27.1	8.5	7.8	0.8	55.8	27.1	17.1	3.27
	700만 원 이상	(160)	12.5	11.9	23.8	33.8	14.4	2.5	1.3	48.1	33.8	18.1	3.38
혼인 상태	기혼	(340)	12.9	14.1	22.9	30.6	11.8	6.5	1.2	50.0	30.6	19.4	3.38
	미혼	(127)	16.5	16.5	24.4	29.1	7.9	3.9	1.6	57.5	29.1	13.4	3.13
	동거/사별/이혼/별거	(33)	12.1	30.3	30.3	18.2	6.1	3.0	0.0	72.7	18.2	9.1	2.85

[표 2-151] 성공의 기회가 공정하게 주어진다(현재) – 40~50대 (계속)

구분		사례수	① 전혀 그렇지 않다	②	③	④ 중간	⑤	⑥	⑦ 매우 그렇다	종합			[평균]
										그렇지 않다	중간	그렇다	
전체		(500)	13.8	15.8	23.8	29.4	10.4	5.6	1.2	53.4	29.4	17.2	3.28
가구원수	1인	(64)	12.5	15.6	28.1	28.1	7.8	6.3	1.6	56.3	28.1	15.6	3.28
	2인	(68)	13.2	22.1	25.0	25.0	13.2	1.5	0.0	60.3	25.0	14.7	3.07
	3인	(175)	15.4	14.3	24.6	30.3	9.1	5.1	1.1	54.3	30.3	15.4	3.23
	4인 이상	(193)	13.0	15.0	21.2	30.6	11.4	7.3	1.6	49.2	30.6	20.2	3.40
이념성향	진보	(126)	15.1	20.6	24.6	24.6	11.1	2.4	1.6	60.3	24.6	15.1	3.10
	중도	(218)	17.0	17.0	19.7	31.7	9.2	5.0	0.5	53.7	31.7	14.7	3.16
	보수	(156)	8.3	10.3	28.8	30.1	11.5	9.0	1.9	47.4	30.1	22.4	3.61
직업	화이트칼라	(328)	11.0	17.4	23.8	30.5	11.0	5.2	1.2	52.1	30.5	17.4	3.34
	블루칼라	(61)	23.0	14.8	16.4	21.3	11.5	11.5	1.6	54.1	21.3	24.6	3.25
	주부/무직/기타	(111)	17.1	11.7	27.9	30.6	8.1	3.6	0.9	56.8	30.6	12.6	3.15
고용형태	상용직 임금근로자	(314)	10.8	17.2	23.2	29.9	12.1	5.4	1.3	51.3	29.9	18.8	3.37
	임시/일용/특수직 근로자	(39)	28.2	17.9	10.3	30.8	5.1	7.7	0.0	56.4	30.8	12.8	2.90
	자영업자/무급가족종사자	(31)	16.1	12.9	29.0	19.4	9.7	12.9	0.0	58.1	19.4	22.6	3.32
권역	도심권	(25)	12.0	16.0	20.0	28.0	8.0	12.0	4.0	48.0	28.0	24.0	3.56
	동북권	(155)	11.6	18.1	25.2	25.2	11.0	8.4	0.6	54.8	25.2	20.0	3.34
	서북권	(60)	13.3	11.7	23.3	35.0	11.7	5.0	0.0	48.3	35.0	16.7	3.35
	서남권	(149)	14.8	18.1	25.5	28.2	10.1	3.4	0.0	58.4	28.2	13.4	3.11
	동남권	(111)	16.2	11.7	20.7	34.2	9.9	3.6	3.6	48.6	34.2	17.1	3.35

[표 2-152] 성공의 기회가 공정하게 주어진다(미래) – 40~50대

구분		사례수	① 전혀 그렇지 않다	②	③	④ 중간	⑤	⑥	⑦ 매우 그렇다	종합			[평균]
										그렇지 않다	중간	그렇다	
전체		(500)	8.2	10.4	13.0	39.8	18.8	8.0	1.8	31.6	39.8	28.6	3.82
성별	남성	(247)	7.7	10.1	13.0	38.1	19.8	8.9	2.4	30.8	38.1	31.2	3.89
	여성	(253)	8.7	10.7	13.0	41.5	17.8	7.1	1.2	32.4	41.5	26.1	3.75
연령	40대	(248)	8.5	11.3	17.7	37.9	14.9	7.7	2.0	37.5	37.9	24.6	3.71
	50대	(252)	7.9	9.5	8.3	41.7	22.6	8.3	1.6	25.8	41.7	32.5	3.93
학력	고졸 이하	(61)	9.8	13.1	19.7	37.7	13.1	3.3	3.3	42.6	37.7	19.7	3.54
	대재	(16)	0.0	6.3	18.8	50.0	18.8	6.3	0.0	25.0	50.0	25.0	4.00
	대졸	(365)	7.1	10.1	12.3	40.5	20.3	7.9	1.6	29.6	40.5	29.9	3.87
	대학원 이상	(58)	15.5	10.3	8.6	34.5	15.5	13.8	1.7	34.5	34.5	31.0	3.72
가구 소득	200만 원 미만	(45)	15.6	15.6	15.6	35.6	11.1	2.2	4.4	46.7	35.6	17.8	3.36
	200~300만 원 미만	(41)	9.8	19.5	14.6	36.6	12.2	4.9	2.4	43.9	36.6	19.5	3.46
	300~500만 원 미만	(125)	6.4	8.8	12.0	46.4	15.2	9.6	1.6	27.2	46.4	26.4	3.90
	500~700만 원 미만	(129)	7.0	12.4	11.6	38.8	21.7	8.5	0.0	31.0	38.8	30.2	3.81
	700만 원 이상	(160)	8.1	6.3	13.8	37.5	23.1	8.8	2.5	28.1	37.5	34.4	3.98
혼인 상태	기혼	(340)	7.9	7.9	12.6	38.8	21.5	9.7	1.5	28.5	38.8	32.6	3.93
	미혼	(127)	8.7	15.7	12.6	43.3	11.8	5.5	2.4	37.0	43.3	19.7	3.60
	동거/사별/이혼/별거	(33)	9.1	15.2	18.2	36.4	18.2	0.0	3.0	42.4	36.4	21.2	3.52

[표 2-152] 성공의 기회가 공정하게 주어진다(미래) – 40~50대 (계속)

구분		사례수	① 전혀 그렇지 않다	②	③	④ 중간	⑤	⑥	⑦ 매우 그렇다	종합			[평균]
										그렇지 않다	중간	그렇다	
전체		(500)	8.2	10.4	13.0	39.8	18.8	8.0	1.8	31.6	39.8	28.6	3.82
가구원수	1인	(64)	7.8	18.8	14.1	32.8	15.6	4.7	6.3	40.6	32.8	26.6	3.69
	2인	(68)	10.3	13.2	13.2	38.2	19.1	5.9	0.0	36.8	38.2	25.0	3.60
	3인	(175)	8.6	6.9	10.3	42.9	23.4	6.9	1.1	25.7	42.9	31.4	3.91
	4인 이상	(193)	7.3	9.8	15.0	39.9	15.5	10.9	1.6	32.1	39.9	28.0	3.85
이념성향	진보	(126)	8.7	11.9	13.5	38.1	16.7	8.7	2.4	34.1	38.1	27.8	3.78
	중도	(218)	10.1	10.6	14.7	40.4	17.4	5.5	1.4	35.3	40.4	24.3	3.67
	보수	(156)	5.1	9.0	10.3	40.4	22.4	10.9	1.9	24.4	40.4	35.3	4.06
직업	화이트칼라	(328)	6.7	10.4	14.6	38.7	18.6	9.5	1.5	31.7	38.7	29.6	3.87
	블루칼라	(61)	9.8	13.1	9.8	41.0	18.0	3.3	4.9	32.8	41.0	26.2	3.74
	주부/무직/기타	(111)	11.7	9.0	9.9	42.3	19.8	6.3	0.9	30.6	42.3	27.0	3.72
고용형태	상용직 임금근로자	(314)	6.1	11.5	13.1	38.5	19.7	9.2	1.9	30.6	38.5	30.9	3.90
	임시/일용/특수직 근로자	(39)	20.5	5.1	12.8	46.2	12.8	0.0	2.6	38.5	46.2	15.4	3.36
	자영업자/무급가족종사자	(31)	3.2	12.9	19.4	38.7	12.9	12.9	0.0	35.5	38.7	25.8	3.84
권역	도심권	(25)	8.0	12.0	24.0	40.0	8.0	0.0	8.0	44.0	40.0	16.0	3.60
	동북권	(155)	6.5	12.3	13.5	42.6	16.1	8.4	0.6	32.3	42.6	25.2	3.77
	서북권	(60)	13.3	8.3	16.7	36.7	16.7	5.0	3.3	38.3	36.7	25.0	3.63
	서남권	(149)	8.7	12.1	10.1	43.0	19.5	6.0	0.7	30.9	43.0	26.2	3.73
	동남권	(111)	7.2	6.3	11.7	33.3	25.2	13.5	2.7	25.2	33.3	41.4	4.14

② 잘못된 행위를 법적으로 엄격히 처벌한다

◈ 20~30대

20~30대의 '현재 우리 사회는 잘못된 행위를 법적으로 엄격히 처벌한다'는 인식은 7점 만점 기준으로 3.59점인 반면, '미래 2050년에 우리 사회는 잘못된 행위를 법적으로 엄격히 처벌한다'는 인식은 7점 만점 기준으로 3.82점으로 나타남

[그림 2-115] 잘못된 행위를 법적으로 엄격히 처벌한다 - 20~30대 (단위: %)

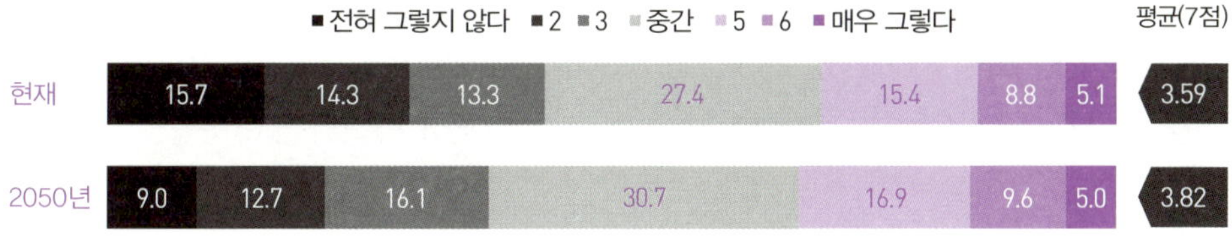

7점 평균을 상세분석한 결과, '현재 우리 사회는 잘못된 행위를 법적으로 엄격히 처벌한다'는 성별로 남성(3.87점)에서 높게 나타났고 연령별로는 20대(3.70점), 학력별로는 대재(전문대/대학교)(3.82점), 고졸 이하(3.80점), 가구 소득별로는 500~700만 원 미만(3.71점), 200만 원 미만(3.68점), 혼인상태별로는 동거/사별/이혼/별거(3.93점), 기혼(3.92점), 가구원 수별로는 4인 이상(3.66점), 3인(3.62점), 이념 성향별로는 보수(4.08점), 직업별로는 블루칼라(3.91점), 고용형태별로는 자영업자/무급가족종사자(4.12점), 권역별로는 도심권(3.77점), 동남권(3.70점)에서 높게 나타남

'미래 2050년에 우리 사회는 잘못된 행위를 법적으로 엄격히 처벌한다'는 성별로 남성(4.02점)에서 높게 나타났고 연령별로는 20대(3.85점), 학력별로는 고졸 이하(3.92점), 대졸(전문대/대학교 졸업)(3.85점), 가구 소득별로는 700만 원 이상(3.89점), 500~700만 원 미만(3.88점), 혼인상태별로는 기혼(4.08점), 가구원 수별로는 4인 이상(3.92점), 3인(3.87점), 이념 성향별로는 보수(4.08점), 직업별로는 학생(3.92점), 화이트칼라(3.87점), 고용형태별로는 자영업자/무급가족종사자(3.90점), 상용직 임금근로자(3.89점), 권역별로는 동남권(3.89점), 동북권(3.86점)에서 높게 나타남

◈ 40~50대

40~50대의 '현재 우리 사회는 잘못된 행위를 법적으로 엄격히 처벌한다'는 인식은 7점 만점 기준으로 3.60점인 반면, '미래 2050년에 우리 사회는 잘못된 행위를 법적으로 엄격히 처벌한다'는 인식은 7점 만점 기준으로 4.19점으로 나타남

[그림 2-116] 잘못된 행위를 법적으로 엄격히 처벌한다 – 40~50대 (단위: %)

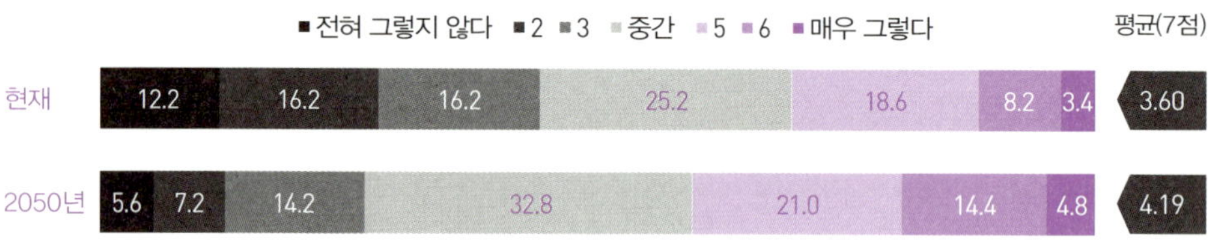

7점 평균을 상세분석한 결과, '현재 우리 사회는 잘못된 행위를 법적으로 엄격히 처벌한다'는 성별로 남성(3.69점)에서 높게 나타났고 연령별로는 50대(3.65점), 학력별로는 대재(전문대/대학교)(4.06점), 가구 소득별로는 200만 원 미만(3.84점), 300~500만 원 미만(3.71점), 혼인상태별로는 기혼(3.68점), 가구원 수별로는 4인 이상(3.70점), 1인(3.61점), 이념 성향별로는 보수(4.08점), 직업별로는 주부/무직/기타(3.69점), 블루

칼라(3.66점), 고용형태별로는 자영업자/무급가족종사자(3.65점), 권역별로는 도심권(4.20점)에서 높게 나타남

‘미래 2050년에 우리 사회는 잘못된 행위를 법적으로 엄격히 처벌한다’는 성별로 남성(4.21점)에서 높게 나타났고 연령별로는 50대(4.35점), 학력별로는 대재(전문대/대학교)(4.31점), 대학원 이상(4.21점), 가구 소득별로는 300~500만 원 미만(4.36점), 700만 원 이상(4.30점), 혼인상태별로는 기혼(4.32점), 가구원 수별로는 4인 이상(4.34점), 3인(4.21점), 이념 성향별로는 보수(4.51점), 직업별로는 주부/무직/기타(4.23점), 화이트칼라(4.20점), 고용형태별로는 상용직 임금근로자(4.23점), 권역별로는 동남권(4.39점), 동북권(4.29점)에서 높게 나타남

[표 2-153] 잘못된 행위를 법적으로 엄격히 처벌한다(현재) - 20~30대

구분		사례 수	① 전혀 그렇지 않다	②	③	④ 중간	⑤	⑥	⑦ 매우 그렇다	종합			[평균]
										그렇지 않다	중간	그렇다	
전체		(1,000)	15.7	14.3	13.3	27.4	15.4	8.8	5.1	43.3	27.4	29.3	3.59
성별	남성	(490)	11.9	13.0	11.1	28.6	17.3	11.9	6.2	36.1	28.6	35.4	3.87
	여성	(510)	19.4	15.5	15.3	26.3	13.5	5.9	4.1	50.2	26.3	23.5	3.33
연령	20대	(498)	14.1	13.6	13.2	27.3	17.0	9.1	5.7	40.9	27.3	31.8	3.70
	30대	(502)	17.3	14.9	13.3	27.5	13.7	8.6	4.6	45.6	27.5	26.9	3.49
학력	고졸 이하	(97)	10.3	16.4	11.3	30.9	14.3	9.5	7.2	38.1	30.9	31.0	3.80
	대재	(127)	10.0	11.7	14.9	32.0	15.8	12.7	3.0	36.6	32.0	31.4	3.82
	대졸	(677)	16.9	14.9	12.8	26.7	15.3	7.8	5.4	44.7	26.7	28.6	3.54
	대학원 이상	(99)	20.1	11.1	15.9	22.8	16.2	10.1	3.8	47.1	22.8	30.1	3.49
가구 소득	200만 원 미만	(102)	12.8	11.7	15.5	30.9	17.2	7.0	4.9	40.1	30.9	29.0	3.68
	200~300만 원 미만	(148)	17.4	12.9	16.8	19.3	17.7	10.7	5.1	47.1	19.3	33.6	3.60
	300~500만 원 미만	(287)	15.4	16.4	11.4	26.8	16.4	7.0	6.6	43.2	26.8	30.0	3.60
	500~700만 원 미만	(196)	13.4	14.8	12.2	30.1	12.7	10.7	6.1	40.3	30.1	29.6	3.71
	700만 원 이상	(267)	18.0	13.5	13.2	29.2	14.2	9.0	3.0	44.6	29.2	26.2	3.47
혼인 상태	기혼	(220)	11.8	14.1	10.9	28.0	14.4	10.0	10.8	36.8	28.0	35.2	3.92
	미혼	(745)	17.1	14.6	13.6	27.6	15.6	7.9	3.6	45.3	27.6	27.1	3.48
	동거/사별/이혼/별거	(35)	11.5	9.0	20.1	19.3	17.2	20.4	2.6	40.5	19.3	40.2	3.93

[표 2-153] 잘못된 행위를 법적으로 엄격히 처벌한다(현재) – 20~30대(계속)

구분		사례 수	① 전혀 그렇지 않다	②	③	④ 중간	⑤	⑥	⑦ 매우 그렇다	종합			[평균]
										그렇지 않다	중간	그렇다	
전체		(1,000)	15.7	14.3	13.3	27.4	15.4	8.8	5.1	43.3	27.4	29.3	3.59
가구원 수	1인	(218)	14.3	14.6	14.2	28.8	14.6	8.6	4.8	43.1	28.8	28.0	3.60
	2인	(159)	18.8	15.1	16.3	21.4	17.0	7.6	3.8	50.2	21.4	28.3	3.41
	3인	(290)	15.3	14.7	13.1	26.5	15.5	9.7	5.2	43.1	26.5	30.4	3.62
	4인 이상	(333)	15.6	13.3	11.3	30.0	15.0	8.8	5.9	40.2	30.0	29.8	3.66
이념 성향	진보	(231)	21.7	18.2	15.1	26.5	10.8	4.3	3.5	54.9	26.5	18.6	3.14
	중도	(429)	18.5	13.5	13.9	28.8	13.3	7.7	4.3	45.9	28.8	25.3	3.45
	보수	(341)	8.2	12.7	11.2	26.3	21.0	13.3	7.3	32.1	26.3	41.6	4.08
직업	화이트칼라	(644)	16.7	14.5	10.8	28.1	15.3	9.2	5.4	42.0	28.1	29.9	3.60
	블루칼라	(141)	12.7	10.6	14.1	25.9	17.0	12.1	7.6	37.4	25.9	36.7	3.91
	학생	(106)	12.1	13.1	18.0	30.5	17.1	7.4	1.9	43.2	30.5	26.4	3.57
	주부/무직/기타	(109)	17.4	19.2	21.8	21.9	12.2	3.8	3.7	58.5	21.9	19.6	3.18
고용 형태	상용직 임금근로자	(620)	16.8	14.2	11.6	28.1	15.0	8.9	5.4	42.6	28.1	29.4	3.59
	임시/일용/특수직 근로자	(97)	15.5	12.2	12.3	29.2	16.4	7.2	7.1	40.1	29.2	30.7	3.69
	자영업자/ 무급가족종사자	(58)	10.4	10.4	10.2	24.4	20.7	19.1	4.8	30.9	24.4	44.7	4.12
권역	도심권	(50)	12.0	11.1	20.0	27.7	10.0	12.0	7.2	43.1	27.7	29.2	3.77
	동북권	(295)	15.1	16.6	12.5	25.8	16.4	7.8	5.8	44.2	25.8	30.0	3.58
	서북권	(123)	17.8	13.1	14.5	27.0	16.2	5.8	5.6	45.4	27.0	27.6	3.50
	서남권	(329)	19.1	11.9	13.0	26.0	15.3	10.7	3.9	44.1	26.0	29.9	3.54
	동남권	(203)	10.8	16.2	12.3	32.1	14.9	8.3	5.4	39.4	32.1	28.5	3.70

[표 2-154] 잘못된 행위를 법적으로 엄격히 처벌한다(미래) – 20~30대

구분		사례 수	① 전혀 그렇지 않다	②	③	④ 중간	⑤	⑥	⑦ 매우 그렇다	종합			[평균]
										그렇지 않다	중간	그렇다	
전체		(1,000)	9.0	12.7	16.1	30.7	16.9	9.6	5.0	37.8	30.7	31.5	3.82
성별	남성	(490)	8.0	9.6	14.1	32.1	19.4	11.2	5.7	31.7	32.1	36.3	4.02
	여성	(510)	10.0	15.7	18.0	29.4	14.5	8.0	4.3	43.7	29.4	26.9	3.64
연령	20대	(498)	8.6	12.2	17.1	30.3	15.8	11.2	4.6	38.0	30.3	31.7	3.85
	30대	(502)	9.4	13.1	15.1	31.1	17.9	8.0	5.4	37.6	31.1	31.3	3.80
학력	고졸 이하	(97)	8.2	12.5	12.1	37.0	13.5	9.4	7.2	32.8	37.0	30.1	3.92
	대재	(127)	8.4	12.6	20.3	31.0	16.9	7.8	3.1	41.2	31.0	27.8	3.71
	대졸	(677)	9.3	12.7	15.5	29.3	18.5	9.6	5.2	37.5	29.3	33.3	3.85
	대학원 이상	(99)	8.9	13.1	19.0	33.8	9.1	12.1	4.0	40.9	33.8	25.3	3.74
가구 소득	200만 원 미만	(102)	11.8	13.7	16.6	26.9	18.1	8.9	3.9	42.2	26.9	30.9	3.68
	200~300만 원 미만	(148)	6.7	15.5	17.5	30.9	12.9	12.5	4.0	39.7	30.9	29.4	3.81
	300~500만 원 미만	(287)	10.1	13.6	15.6	28.5	17.9	9.4	4.9	39.3	28.5	32.2	3.78
	500~700만 원 미만	(196)	7.8	12.2	17.2	29.7	19.4	8.2	5.6	37.2	29.7	33.2	3.88
	700만 원 이상	(267)	9.0	10.1	14.9	35.2	15.8	9.4	5.6	34.0	35.2	30.8	3.89
혼인 상태	기혼	(220)	7.2	11.3	14.0	30.2	17.7	10.4	9.1	32.5	30.2	37.2	4.08
	미혼	(745)	9.3	12.9	17.0	30.6	16.9	9.6	3.7	39.1	30.6	30.3	3.77
	동거/사별/이혼/별거	(35)	14.1	17.5	11.6	36.8	11.5	2.9	5.7	43.1	36.8	20.1	3.46

[표 2-154] 잘못된 행위를 법적으로 엄격히 처벌한다(미래) – 20~30대(계속)

구분		사례 수	① 전혀 그렇지 않다	②	③	④ 중간	⑤	⑥	⑦ 매우 그렇다	종합			[평균]
										그렇지 않다	중간	그렇다	
전체		(1,000)	9.0	12.7	16.1	30.7	16.9	9.6	5.0	37.8	30.7	31.5	3.82
가구원 수	1인	(218)	8.2	14.7	15.1	35.8	15.9	7.2	3.2	38.0	35.8	26.2	3.71
	2인	(159)	10.7	12.6	19.9	27.6	14.8	10.7	3.8	43.2	27.6	29.3	3.70
	3인	(290)	8.1	14.1	14.3	30.4	18.5	8.7	5.9	36.5	30.4	33.1	3.87
	4인 이상	(333)	9.5	10.2	16.5	29.2	17.2	11.4	6.0	36.3	29.2	34.5	3.92
이념 성향	진보	(231)	10.8	14.3	21.2	21.2	19.0	8.2	5.2	46.3	21.2	32.4	3.69
	중도	(429)	11.4	13.0	14.1	34.0	14.9	8.1	4.4	38.6	34.0	27.4	3.70
	보수	(341)	4.7	11.2	15.2	33.0	18.0	12.4	5.6	31.1	33.0	35.9	4.08
직업	화이트칼라	(644)	9.7	11.2	15.0	31.1	17.6	10.4	5.0	35.9	31.1	32.9	3.87
	블루칼라	(141)	8.4	12.8	18.3	30.1	13.5	11.3	5.6	39.5	30.1	30.3	3.84
	학생	(106)	5.5	13.1	19.5	28.2	18.6	9.4	5.6	38.1	28.2	33.6	3.92
	주부/무직/기타	(109)	9.2	20.9	16.5	31.3	15.7	2.7	3.7	46.6	31.3	22.1	3.46
고용 형태	상용직 임금근로자	(620)	8.8	11.9	14.8	31.5	17.6	10.3	5.2	35.5	31.5	33.0	3.89
	임시/일용/특수직 근로자	(97)	12.4	11.3	21.4	27.1	14.5	9.2	4.1	45.1	27.1	27.8	3.64
	자영업자/ 무급가족종사자	(58)	11.7	7.1	15.5	34.8	11.9	13.8	5.2	34.3	34.8	30.9	3.90
권역	도심권	(50)	7.2	16.0	13.5	34.2	15.5	13.6	0.0	36.7	34.2	29.1	3.76
	동북권	(295)	8.6	11.5	17.6	30.1	17.6	8.5	6.1	37.8	30.1	32.1	3.86
	서북권	(123)	7.3	14.7	20.1	29.5	15.4	8.1	4.9	42.1	29.5	28.4	3.75
	서남권	(329)	10.4	13.3	14.2	29.1	18.6	10.3	3.9	38.0	29.1	32.9	3.79
	동남권	(203)	8.8	11.3	15.3	34.0	14.4	9.9	6.4	35.4	34.0	30.6	3.89

[표 2-155] 잘못된 행위를 법적으로 엄격히 처벌한다(현재) – 40~50대

구분		사례수	① 전혀 그렇지 않다	②	③	④ 중간	⑤	⑥	⑦ 매우 그렇다	종합			[평균]
										그렇지 않다	중간	그렇다	
전체		(500)	12.2	16.2	16.2	25.2	18.6	8.2	3.4	44.6	25.2	30.2	3.60
성별	남성	(247)	10.5	16.2	15.4	24.3	21.9	8.9	2.8	42.1	24.3	33.6	3.69
	여성	(253)	13.8	16.2	17.0	26.1	15.4	7.5	4.0	47.0	26.1	26.9	3.51
연령	40대	(248)	12.9	16.9	18.1	23.0	16.9	7.7	4.4	48.0	23.0	29.0	3.55
	50대	(252)	11.5	15.5	14.3	27.4	20.2	8.7	2.4	41.3	27.4	31.3	3.65
학력	고졸 이하	(61)	11.5	19.7	8.2	26.2	16.4	11.5	6.6	39.3	26.2	34.4	3.77
	대재	(16)	25.0	0.0	6.3	25.0	18.8	6.3	18.8	31.3	25.0	43.8	4.06
	대졸	(365)	12.1	15.6	17.3	26.0	18.9	7.9	2.2	44.9	26.0	29.0	3.57
	대학원 이상	(58)	10.3	20.7	20.7	19.0	19.0	6.9	3.4	51.7	19.0	29.3	3.50
가구소득	200만 원 미만	(45)	13.3	15.6	11.1	22.2	17.8	11.1	8.9	40.0	22.2	37.8	3.84
	200~300만 원 미만	(41)	24.4	19.5	12.2	26.8	12.2	2.4	2.4	56.1	26.8	17.1	3.00
	300~500만 원 미만	(125)	8.0	15.2	19.2	26.4	19.2	10.4	1.6	42.4	26.4	31.2	3.71
	500~700만 원 미만	(129)	12.4	18.6	16.3	20.2	19.4	9.3	3.9	47.3	20.2	32.6	3.59
	700만 원 이상	(160)	11.9	14.4	16.3	28.8	19.4	6.3	3.1	42.5	28.8	28.8	3.61
혼인상태	기혼	(340)	11.2	14.7	17.1	25.0	19.4	9.1	3.5	42.9	25.0	32.1	3.68
	미혼	(127)	15.7	17.3	14.2	24.4	18.9	6.3	3.1	47.2	24.4	28.3	3.45
	동거/사별/이혼/별거	(33)	9.1	27.3	15.2	30.3	9.1	6.1	3.0	51.5	30.3	18.2	3.33

[표 2-155] 잘못된 행위를 법적으로 엄격히 처벌한다(현재) – 40~50대(계속)

구분		사례수	① 전혀 그렇지 않다	②	③	④ 중간	⑤	⑥	⑦ 매우 그렇다	종합			[평균]
										그렇지 않다	중간	그렇다	
전체		(500)	12.2	16.2	16.2	25.2	18.6	8.2	3.4	44.6	25.2	30.2	3.60
가구원수	1인	(64)	9.4	20.3	17.2	21.9	18.8	9.4	3.1	46.9	21.9	31.3	3.61
	2인	(68)	13.2	16.2	20.6	26.5	16.2	4.4	2.9	50.0	26.5	23.5	3.41
	3인	(175)	11.4	18.9	13.7	27.4	18.3	7.4	2.9	44.0	27.4	28.6	3.56
	4인 이상	(193)	13.5	12.4	16.6	23.8	19.7	9.8	4.1	42.5	23.8	33.7	3.70
이념성향	진보	(126)	16.7	19.8	15.9	19.0	17.5	7.9	3.2	52.4	19.0	28.6	3.37
	중도	(218)	15.1	15.6	18.8	26.1	15.6	7.3	1.4	49.5	26.1	24.3	3.39
	보수	(156)	4.5	14.1	12.8	28.8	23.7	9.6	6.4	31.4	28.8	39.7	4.08
직업	화이트칼라	(328)	11.9	17.7	16.8	24.4	18.3	7.6	3.4	46.3	24.4	29.3	3.56
	블루칼라	(61)	16.4	14.8	13.1	19.7	19.7	11.5	4.9	44.3	19.7	36.1	3.66
	주부/무직/기타	(111)	10.8	12.6	16.2	30.6	18.9	8.1	2.7	39.6	30.6	29.7	3.69
고용형태	상용직 임금근로자	(314)	12.7	16.6	15.9	24.2	19.4	8.0	3.2	45.2	24.2	30.6	3.58
	임시/일용/특수직 근로자	(39)	15.4	25.6	10.3	15.4	17.9	10.3	5.1	51.3	15.4	33.3	3.46
	자영업자/무급가족종사자	(31)	9.7	16.1	19.4	29.0	12.9	6.5	6.5	45.2	29.0	25.8	3.65
권역	도심권	(25)	4.0	12.0	20.0	28.0	8.0	16.0	12.0	36.0	28.0	36.0	4.20
	동북권	(155)	13.5	17.4	12.9	23.9	18.7	8.4	5.2	43.9	23.9	32.3	3.63
	서북권	(60)	10.0	6.7	21.7	30.0	23.3	6.7	1.7	38.3	30.0	31.7	3.77
	서남권	(149)	14.1	18.8	16.1	22.8	19.5	6.7	2.0	49.0	22.8	28.2	3.43
	동남권	(111)	10.8	17.1	17.1	27.0	17.1	9.0	1.8	45.0	27.0	27.9	3.57

[표 2-156] 잘못된 행위를 법적으로 엄격히 처벌한다(미래) – 40~50대

구분		사례수	① 전혀 그렇지 않다	②	③	④ 중간	⑤	⑥	⑦ 매우 그렇다	종합			[평균]
										그렇지 않다	중간	그렇다	
전체		(500)	5.6	7.2	14.2	32.8	21.0	14.4	4.8	27.0	32.8	40.2	4.19
성별	남성	(247)	5.3	7.7	14.6	31.2	20.2	16.6	4.5	27.5	31.2	41.3	4.21
	여성	(253)	5.9	6.7	13.8	34.4	21.7	12.3	5.1	26.5	34.4	39.1	4.17
연령	40대	(248)	5.2	9.7	18.1	30.2	21.8	10.9	4.0	33.1	30.2	36.7	4.02
	50대	(252)	6.0	4.8	10.3	35.3	20.2	17.9	5.6	21.0	35.3	43.7	4.35
학력	고졸 이하	(61)	3.3	11.5	19.7	31.1	13.1	14.8	6.6	34.4	31.1	34.4	4.10
	대재	(16)	0.0	12.5	6.3	50.0	6.3	18.8	6.3	18.8	50.0	31.3	4.31
	대졸	(365)	6.3	5.5	14.2	32.9	23.0	13.7	4.4	26.0	32.9	41.1	4.19
	대학원 이상	(58)	5.2	12.1	10.3	29.3	20.7	17.2	5.2	27.6	29.3	43.1	4.21
가구 소득	200만 원 미만	(45)	4.4	17.8	13.3	40.0	11.1	8.9	4.4	35.6	40.0	24.4	3.80
	200~300만 원 미만	(41)	12.2	7.3	29.3	31.7	9.8	7.3	2.4	48.8	31.7	19.5	3.51
	300~500만 원 미만	(125)	4.8	3.2	15.2	31.2	22.4	20.0	3.2	23.2	31.2	45.6	4.36
	500~700만 원 미만	(129)	6.2	6.2	12.4	34.9	18.6	17.1	4.7	24.8	34.9	40.3	4.23
	700만 원 이상	(160)	4.4	8.1	11.3	30.6	27.5	11.3	6.9	23.8	30.6	45.6	4.30
혼인 상태	기혼	(340)	5.6	5.3	12.1	32.6	22.9	15.6	5.9	22.9	32.6	44.4	4.32
	미혼	(127)	6.3	11.0	18.9	31.5	18.1	12.6	1.6	36.2	31.5	32.3	3.88
	동거/사별/이혼/별거	(33)	3.0	12.1	18.2	39.4	12.1	9.1	6.1	33.3	39.4	27.3	3.97

[표 2-156] 잘못된 행위를 법적으로 엄격히 처벌한다(미래) – 40~50대(계속)

구분		사례수	① 전혀 그렇지 않다	②	③	④ 중간	⑤	⑥	⑦ 매우 그렇다	종합			[평균]
										그렇지 않다	중간	그렇다	
전체		(500)	5.6	7.2	14.2	32.8	21.0	14.4	4.8	27.0	32.8	40.2	4.19
가구원수	1인	(64)	1.6	14.1	14.1	39.1	15.6	9.4	6.3	29.7	39.1	31.3	4.06
	2인	(68)	8.8	7.4	25.0	25.0	20.6	10.3	2.9	41.2	25.0	33.8	3.84
	3인	(175)	5.7	5.7	13.7	33.1	22.9	16.6	2.3	25.1	33.1	41.7	4.21
	4인 이상	(193)	5.7	6.2	10.9	33.2	21.2	15.5	7.3	22.8	33.2	44.0	4.34
이념성향	진보	(126)	6.3	12.7	17.5	27.0	19.0	12.7	4.8	36.5	27.0	36.5	3.97
	중도	(218)	7.3	7.3	12.4	35.8	20.2	13.8	3.2	27.1	35.8	37.2	4.08
	보수	(156)	2.6	2.6	14.1	33.3	23.7	16.7	7.1	19.2	33.3	47.4	4.51
직업	화이트칼라	(328)	5.5	6.7	14.0	32.6	22.6	14.0	4.6	26.2	32.6	41.2	4.20
	블루칼라	(61)	8.2	6.6	18.0	32.8	14.8	16.4	3.3	32.8	32.8	34.4	4.02
	주부/무직/기타	(111)	4.5	9.0	12.6	33.3	19.8	14.4	6.3	26.1	33.3	40.5	4.23
고용형태	상용직 임금근로자	(314)	5.4	6.7	15.3	29.6	22.6	15.9	4.5	27.4	29.6	43.0	4.23
	임시/일용/특수직 근로자	(39)	10.3	7.7	15.4	41.0	15.4	7.7	2.6	33.3	41.0	25.6	3.77
	자영업자/무급가족종사자	(31)	6.5	6.5	6.5	51.6	19.4	6.5	3.2	19.4	51.6	29.0	4.03
권역	도심권	(25)	8.0	8.0	20.0	44.0	8.0	4.0	8.0	36.0	44.0	20.0	3.80
	동북권	(155)	2.6	7.1	19.4	30.3	19.4	12.9	8.4	29.0	30.3	40.6	4.29
	서북권	(60)	8.3	3.3	10.0	43.3	23.3	11.7	0.0	21.7	43.3	35.0	4.05
	서남권	(149)	7.4	11.4	14.8	25.5	20.1	17.4	3.4	33.6	25.5	40.9	4.05
	동남권	(111)	5.4	3.6	7.2	37.8	26.1	16.2	3.6	16.2	37.8	45.9	4.39

③ 언론은 공정한 태도로 정보를 제공한다

◈ 20~30대

20~30대의 '현재 우리 사회는 언론이 공정한 태도로 정보를 제공한다'는 인식은 7점 만점 기준으로 3.42점인 반면, '미래 2050년에 우리 사회는 언론이 공정한 태도로 정보를 제공한다'는 인식은 7점 만점 기준으로 3.56점으로 나타남

[그림 2-117] 언론은 공정한 태도로 정보를 제공한다 – 20~30대 (단위: %)

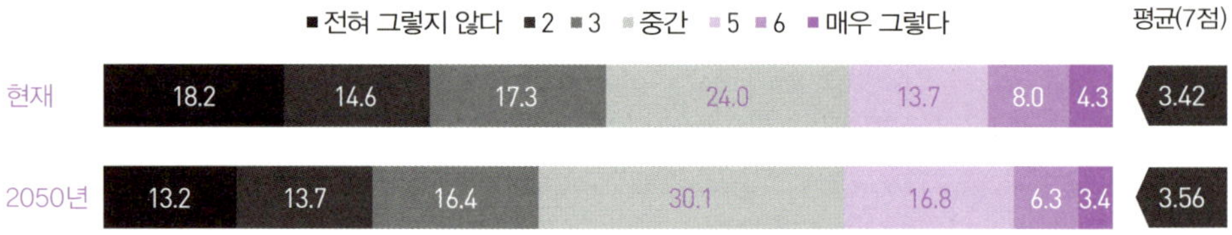

7점 평균을 상세분석한 결과, '현재 우리 사회는 언론이 공정한 태도로 정보를 제공한다'는 성별로 남성(3.60점)에서 높게 나타났고 연령별로는 20대(3.52점), 학력별로는 고졸 이하(3.58점), 대재(전문대/대학교)(3.49점), 가구 소득별로는 500~700만 원 미만(3.61점), 혼인상태별로는 기혼(3.80점), 동거/사별/이혼/별거(3.73점), 가구원 수별로는 4인 이상(3.46점), 2인(3.44점), 이념 성향별로는 보수(3.88점), 직업별로는 블루칼라(3.74점), 고용형태별로는 자영업자/무급가족종사자(3.92점), 권역별로는 동남권(3.54점), 도심권(3.52점)에서 높게 나타남

'미래 2050년에 우리 사회는 언론이 공정한 태도로 정보를 제공한다'는 성별로 남성(3.68점)에서 높게 나타났고 연령별로는 20대(3.59점), 학력별로는 고졸 이하(3.70점), 대졸(전문대/대학교 졸업)(3.60점), 가구 소득별로는 500~700만 원 미만(3.74점), 700

만 원 이상(3.64점), 혼인상태별로는 기혼(3.86점), 가구원 수별로는 2인(3.62점), 3인(3.60점), 이념 성향별로는 보수(3.83점), 직업별로는 블루칼라(3.65점), 학생(3.60점), 고용형태별로는 상용직 임금근로자(3.63점), 자영업자/무급가족종사자(3.59점), 권역별로는 동남권(3.74점), 도심권(3.62점)에서 높게 나타남

◈ 40~50대

40~50대의 '현재 우리 사회는 언론이 공정한 태도로 정보를 제공한다'는 인식은 7점 만점 기준으로 3.12점인 반면, '미래 2050년에 우리 사회는 언론이 공정한 태도로 정보를 제공한다'는 인식은 7점 만점 기준으로 3.75점으로 나타남

[그림 2-118] 언론은 공정한 태도로 정보를 제공한다 - 40~50대 (단위: %)

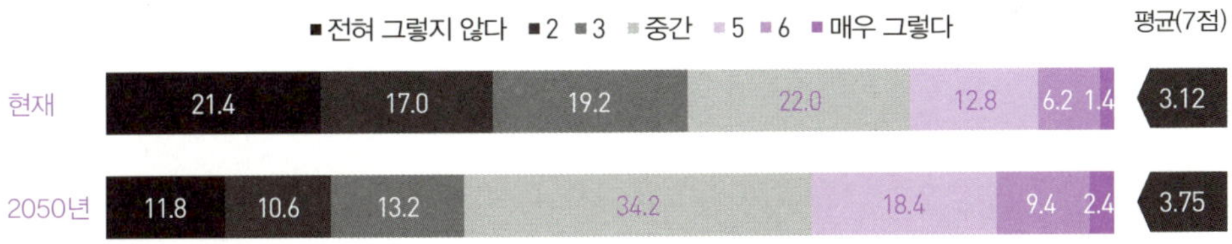

7점 평균을 상세분석한 결과, '현재 우리 사회는 언론이 공정한 태도로 정보를 제공한다'는 성별로 여성(3.21점)에서 높게 나타났고 연령별로는 50대(3.15점), 학력별로는 대재(전문대/대학교)(3.50점), 고졸 이하(3.34점), 가구 소득별로는 300~500만 원 미만(3.40점), 혼인상태별로는 기혼(3.18점), 가구원 수별로는 4인 이상(3.33점), 이념 성향별로는 보수(3.54점), 직업별로는 주부/무직/기타(3.23점), 고용형태별로는 자영업자/무급가족종사자(3.16점), 권역별로는 도심권(3.60점)에서 높게 나타남

'미래 2050년에 우리 사회는 언론이 공정한 태도로 정보를 제공한다'는 성별로 여성(3.81점)에서 높게 나타났고 연령별로는 50대(3.87점), 학력별로는 대재(전문대/대학교)(4.00점), 고졸 이하(3.85점), 가구 소득별로는 300~500만 원 미만(3.98점), 혼인상태별로는 기혼(3.83점), 가구원 수별로는 4인 이상(3.90점), 이념 성향별로는 보수(4.09점), 직업별로는 주부/무직/기타(3.85점), 고용형태별로는 자영업자/무급가족종사자(3.84점), 권역별로는 동남권(3.86점)에서 높게 나타남

[표 2-157] 언론은 공정한 태도로 정보를 제공한다(현재) – 20~30대

구분		사례 수	① 전혀 그렇지 않다	②	③	④ 중간	⑤	⑥	⑦ 매우 그렇다	종합			[평균]
										그렇지 않다	중간	그렇다	
전체		(1,000)	18.2	14.6	17.3	24.0	13.7	8.0	4.3	50.0	24.0	26.0	3.42
성별	남성	(490)	16.3	12.0	15.7	26.3	16.0	9.1	4.6	43.9	26.3	29.8	3.60
	여성	(510)	20.0	17.1	18.8	21.8	11.4	7.1	3.9	55.9	21.8	22.4	3.24
연령	20대	(498)	15.2	15.6	18.0	24.1	12.6	9.3	5.2	48.9	24.1	27.1	3.52
	30대	(502)	21.1	13.5	16.5	23.9	14.7	6.8	3.4	51.2	23.9	24.9	3.31
학력	고졸 이하	(97)	13.5	13.2	19.7	27.4	13.8	6.1	6.2	46.5	27.4	26.1	3.58
	대재	(127)	16.9	15.9	15.6	24.6	10.3	12.9	3.8	48.4	24.6	27.0	3.49
	대졸	(677)	18.8	14.6	17.0	23.4	14.1	8.0	4.0	50.4	23.4	26.1	3.40
	대학원 이상	(99)	19.9	14.0	19.0	23.5	14.7	4.0	4.8	52.9	23.5	23.6	3.31
가구 소득	200만 원 미만	(102)	19.7	13.8	19.0	29.5	8.3	7.7	2.0	52.5	29.5	18.0	3.24
	200~300만 원 미만	(148)	22.3	15.4	13.6	25.2	10.2	7.8	5.4	51.3	25.2	23.5	3.31
	300~500만 원 미만	(287)	18.9	14.5	18.5	19.9	13.9	10.1	4.1	52.0	19.9	28.2	3.42
	500~700만 원 미만	(196)	17.6	11.7	14.5	25.1	16.3	9.2	5.6	43.8	25.1	31.1	3.61
	700만 원 이상	(267)	14.9	16.6	19.4	24.8	15.4	5.2	3.7	50.9	24.8	24.3	3.40
혼인 상태	기혼	(220)	12.7	10.9	17.2	23.1	21.2	8.6	6.3	40.8	23.1	36.1	3.80
	미혼	(745)	19.8	15.8	17.2	24.5	11.7	7.8	3.2	52.8	24.5	22.7	3.29
	동거/사별/이혼/별거	(35)	17.6	11.5	20.1	19.3	8.9	8.6	14.1	49.2	19.3	31.6	3.73

[표 2-157] 언론은 공정한 태도로 정보를 제공한다(현재) – 20~30대(계속)

구분		사례 수	① 전혀 그렇지 않다	②	③	④ 중간	⑤	⑥	⑦ 매우 그렇다	종합			[평균]
										그렇지 않다	중간	그렇다	
전체		(1,000)	18.2	14.6	17.3	24.0	13.7	8.0	4.3	50.0	24.0	26.0	3.42
가구원 수	1인	(218)	19.7	14.8	15.2	27.7	9.3	9.7	3.6	49.7	27.7	22.6	3.36
	2인	(159)	17.0	15.7	19.4	21.3	13.1	7.9	5.7	52.1	21.3	26.6	3.44
	3인	(290)	18.6	12.6	17.7	25.2	15.5	7.6	2.8	49.0	25.2	25.9	3.40
	4인 이상	(333)	17.3	15.6	17.3	21.8	15.2	7.4	5.4	50.2	21.8	28.0	3.46
이념 성향	진보	(231)	31.6	15.6	15.5	18.2	10.8	6.1	2.2	62.7	18.2	19.1	2.88
	중도	(429)	15.3	17.6	18.3	27.2	12.8	5.7	3.0	51.2	27.2	21.5	3.34
	보수	(341)	12.7	10.0	17.2	23.8	16.7	12.3	7.3	39.9	23.8	36.2	3.88
직업	화이트칼라	(644)	18.5	13.8	17.3	23.1	14.4	8.5	4.3	49.6	23.1	27.3	3.44
	블루칼라	(141)	15.6	11.3	14.1	27.9	13.7	9.1	8.4	40.9	27.9	31.2	3.74
	학생	(106)	17.5	18.2	19.7	23.3	12.5	7.8	0.9	55.4	23.3	21.3	3.22
	주부/무직/기타	(109)	20.1	20.0	19.0	24.7	10.2	4.0	1.8	59.2	24.7	16.1	3.04
고용 형태	상용직 임금근로자	(620)	18.2	13.3	17.5	23.6	15.5	7.5	4.3	49.0	23.6	27.4	3.45
	임시/일용/특수직 근로자	(97)	15.5	17.4	17.5	23.0	9.1	12.3	5.1	50.3	23.0	26.6	3.51
	자영업자/ 무급가족종사자	(58)	17.3	8.6	8.5	31.3	8.8	15.5	10.0	34.4	31.3	34.3	3.92
권역	도심권	(50)	19.2	11.5	19.0	23.1	8.0	13.6	5.6	49.7	23.1	27.2	3.52
	동북권	(295)	18.6	14.2	17.1	24.9	12.3	10.1	2.7	50.0	24.9	25.2	3.39
	서북권	(123)	24.4	13.9	17.0	22.7	11.5	4.8	5.7	55.3	22.7	22.0	3.20
	서남권	(329)	17.9	15.2	16.5	23.9	14.6	7.0	4.9	49.6	23.9	26.5	3.43
	동남권	(203)	13.8	15.3	18.6	23.8	16.7	7.3	4.4	47.7	23.8	28.5	3.54

[표 2-158] 언론은 공정한 태도로 정보를 제공한다(미래) – 20~30대

구분		사례 수	① 전혀 그렇지 않다	②	③	④ 중간	⑤	⑥	⑦ 매우 그렇다	종합			[평균]
										그렇지 않다	중간	그렇다	
전체		(1,000)	13.2	13.7	16.4	30.1	16.8	6.3	3.4	43.3	30.1	26.6	3.56
성별	남성	(490)	12.6	10.7	16.0	31.9	18.6	6.8	3.5	39.2	31.9	28.9	3.68
	여성	(510)	13.7	16.7	16.9	28.4	15.1	5.9	3.3	47.3	28.4	24.3	3.45
연령	20대	(498)	12.4	12.5	18.9	29.4	16.9	6.9	3.0	43.8	29.4	26.8	3.59
	30대	(502)	13.9	14.9	13.9	30.9	16.7	5.8	3.8	42.8	30.9	26.3	3.54
학력	고졸 이하	(97)	10.4	12.4	12.3	40.0	16.7	3.1	5.2	35.1	40.0	24.9	3.70
	대재	(127)	11.5	17.3	21.8	27.4	16.6	4.5	0.8	50.7	27.4	22.0	3.37
	대졸	(677)	13.3	13.6	15.9	29.4	16.5	7.2	4.0	42.9	29.4	27.7	3.60
	대학원 이상	(99)	16.7	11.1	17.1	29.0	19.0	6.0	1.0	44.9	29.0	26.1	3.45
가구 소득	200만 원 미만	(102)	15.8	14.6	17.9	30.0	16.0	2.9	2.9	48.2	30.0	21.8	3.36
	200~300만 원 미만	(148)	11.6	16.6	13.5	34.9	13.7	7.1	2.6	41.7	34.9	23.4	3.54
	300~500만 원 미만	(287)	15.3	15.4	14.2	31.6	14.4	4.9	4.2	44.9	31.6	23.5	3.46
	500~700만 원 미만	(196)	12.1	11.1	17.9	25.1	21.5	8.2	4.1	41.1	25.1	33.8	3.74
	700만 원 이상	(267)	11.5	12.0	18.7	29.7	18.0	7.5	2.7	42.2	29.7	28.1	3.64
혼인 상태	기혼	(220)	8.1	13.6	15.9	27.5	21.7	8.2	5.0	37.6	27.5	34.9	3.86
	미혼	(745)	14.5	13.3	17.1	31.0	15.3	6.0	2.8	44.9	31.0	24.1	3.49
	동거/사별/이혼/별거	(35)	17.3	23.0	5.7	28.4	17.0	2.9	5.7	46.0	28.4	25.6	3.36

[표 2-158] 언론은 공정한 태도로 정보를 제공한다(미래) – 20~30대(계속)

구분		사례 수	① 전혀 그렇지 않다	②	③	④ 중간	⑤	⑥	⑦ 매우 그렇다	종합			[평균]
										그렇지 않다	중간	그렇다	
전체		(1,000)	13.2	13.7	16.4	30.1	16.8	6.3	3.4	43.3	30.1	26.6	3.56
가구원 수	1인	(218)	13.7	14.8	15.5	37.2	10.7	5.8	2.3	44.0	37.2	18.8	3.43
	2인	(159)	10.8	15.5	14.7	33.1	15.8	5.7	4.4	41.1	33.1	25.8	3.62
	3인	(290)	12.8	11.7	18.6	28.6	19.0	6.6	2.8	43.1	28.6	28.3	3.60
	4인 이상	(333)	14.3	14.0	15.9	25.4	19.4	6.8	4.2	44.2	25.4	30.4	3.59
이념 성향	진보	(231)	20.8	16.0	14.2	21.7	17.7	5.6	3.9	51.0	21.7	27.3	3.32
	중도	(429)	12.8	14.1	17.3	34.1	13.6	5.9	2.1	44.2	34.1	21.7	3.48
	보수	(341)	8.5	11.7	16.8	30.8	20.2	7.3	4.7	37.0	30.8	32.2	3.83
직업	화이트칼라	(644)	13.4	12.5	17.4	29.6	16.4	6.6	4.1	43.3	29.6	27.0	3.59
	블루칼라	(141)	11.9	15.5	8.5	35.2	19.9	6.9	2.1	35.9	35.2	28.9	3.65
	학생	(106)	10.2	15.0	17.0	30.2	19.1	6.5	1.9	42.3	30.2	27.5	3.60
	주부/무직/기타	(109)	16.5	17.3	20.1	26.5	13.3	3.7	2.7	53.8	26.5	19.7	3.25
고용 형태	상용직 임금근로자	(620)	13.4	12.8	15.2	29.9	17.5	7.2	4.0	41.4	29.9	28.7	3.63
	임시/일용/특수직 근로자	(97)	10.4	15.3	17.5	37.5	13.2	6.2	0.0	43.2	37.5	19.3	3.46
	자영업자/무급가족종사자	(58)	13.5	8.6	20.7	31.5	18.8	1.7	5.2	42.8	31.5	25.7	3.59
권역	도심권	(50)	14.8	11.5	15.5	32.6	10.0	11.6	4.0	41.8	32.6	25.6	3.62
	동북권	(295)	13.6	14.6	16.8	27.8	17.1	6.4	3.7	44.9	27.8	27.3	3.55
	서북권	(123)	18.0	13.9	20.1	26.2	16.2	3.3	2.4	51.9	26.2	21.8	3.28
	서남권	(329)	12.5	13.6	15.9	30.6	19.7	5.7	2.1	42.0	30.6	27.4	3.57
	동남권	(203)	10.3	13.3	14.7	34.6	13.8	7.8	5.5	38.2	34.6	27.2	3.74

[표 2-159] 언론은 공정한 태도로 정보를 제공한다(현재) – 40~50대

구분		사례수	① 전혀 그렇지 않다	②	③	④ 중간	⑤	⑥	⑦ 매우 그렇다	종합			[평균]
										그렇지 않다	중간	그렇다	
전체		(500)	21.4	17.0	19.2	22.0	12.8	6.2	1.4	57.6	22.0	20.4	3.12
성별	남성	(247)	22.3	20.2	16.2	22.7	11.3	6.5	0.8	58.7	22.7	18.6	3.03
	여성	(253)	20.6	13.8	22.1	21.3	14.2	5.9	2.0	56.5	21.3	22.1	3.21
연령	40대	(248)	21.0	19.4	21.4	18.1	10.1	8.5	1.6	61.7	18.1	20.2	3.09
	50대	(252)	21.8	14.7	17.1	25.8	15.5	4.0	1.2	53.6	25.8	20.6	3.15
학력	고졸 이하	(61)	18.0	14.8	16.4	27.9	13.1	8.2	1.6	49.2	27.9	23.0	3.34
	대재	(16)	25.0	6.3	18.8	18.8	12.5	12.5	6.3	50.0	18.8	31.3	3.50
	대졸	(365)	21.6	15.6	20.3	21.1	14.0	6.0	1.4	57.5	21.1	21.4	3.14
	대학원 이상	(58)	22.4	31.0	15.5	22.4	5.2	3.4	0.0	69.0	22.4	8.6	2.67
가구 소득	200만 원 미만	(45)	28.9	15.6	13.3	22.2	11.1	6.7	2.2	57.8	22.2	20.0	3.00
	200~300만 원 미만	(41)	26.8	17.1	14.6	24.4	9.8	7.3	0.0	58.5	24.4	17.1	2.95
	300~500만 원 미만	(125)	16.8	12.8	21.6	24.0	15.2	6.4	3.2	51.2	24.0	24.8	3.40
	500~700만 원 미만	(129)	21.7	17.8	20.9	14.7	17.1	7.8	0.0	60.5	14.7	24.8	3.11
	700만 원 이상	(160)	21.3	20.0	18.8	25.6	8.8	4.4	1.3	60.0	25.6	14.4	2.99
혼인 상태	기혼	(340)	20.3	16.8	20.3	20.3	13.8	6.8	1.8	57.4	20.3	22.4	3.18
	미혼	(127)	25.2	14.2	17.3	28.3	9.4	4.7	0.8	56.7	28.3	15.0	3.00
	동거/사별/이혼/별거	(33)	18.2	30.3	15.2	15.2	15.2	6.1	0.0	63.6	15.2	21.2	2.97

[표 2-159] 언론은 공정한 태도로 정보를 제공한다(현재) – 40~50대(계속)

구분		사례수	① 전혀 그렇지 않다	②	③	④ 중간	⑤	⑥	⑦ 매우 그렇다	종합			[평균]
										그렇지 않다	중간	그렇다	
전체		(500)	21.4	17.0	19.2	22.0	12.8	6.2	1.4	57.6	22.0	20.4	3.12
가구원수	1인	(64)	18.8	18.8	18.8	28.1	9.4	4.7	1.6	56.3	28.1	15.6	3.11
	2인	(68)	23.5	19.1	25.0	16.2	10.3	5.9	0.0	67.6	16.2	16.2	2.88
	3인	(175)	24.0	16.0	19.4	25.1	9.1	5.7	0.6	59.4	25.1	15.4	2.99
	4인 이상	(193)	19.2	16.6	17.1	19.2	18.1	7.3	2.6	52.8	19.2	28.0	3.33
이념성향	진보	(126)	35.7	23.0	11.1	14.3	8.7	6.3	0.8	69.8	14.3	15.9	2.60
	중도	(218)	21.6	13.8	22.0	23.4	13.3	5.0	0.9	57.3	23.4	19.3	3.12
	보수	(156)	9.6	16.7	21.8	26.3	15.4	7.7	2.6	48.1	26.3	25.6	3.54
직업	화이트칼라	(328)	20.4	19.5	18.3	23.8	10.4	6.4	1.2	58.2	23.8	18.0	3.08
	블루칼라	(61)	27.9	14.8	14.8	18.0	11.5	11.5	1.6	57.4	18.0	24.6	3.11
	주부/무직/기타	(111)	20.7	10.8	24.3	18.9	20.7	2.7	1.8	55.9	18.9	25.2	3.23
고용형태	상용직 임금근로자	(314)	21.0	19.7	18.2	22.6	11.1	6.1	1.3	58.9	22.6	18.5	3.06
	임시/일용/특수직 근로자	(39)	28.2	17.9	7.7	25.6	5.1	12.8	2.6	53.8	25.6	20.5	3.10
	자영업자/무급가족종사자	(31)	22.6	12.9	22.6	19.4	12.9	9.7	0.0	58.1	19.4	22.6	3.16
권역	도심권	(25)	20.0	12.0	8.0	28.0	16.0	12.0	4.0	40.0	28.0	32.0	3.60
	동북권	(155)	24.5	16.1	14.2	20.6	16.1	7.7	0.6	54.8	20.6	24.5	3.14
	서북권	(60)	18.3	11.7	28.3	28.3	6.7	3.3	3.3	58.3	28.3	13.3	3.17
	서남권	(149)	21.5	20.1	20.8	20.1	12.1	5.4	0.0	62.4	20.1	17.4	2.97
	동남권	(111)	18.9	18.0	21.6	21.6	11.7	5.4	2.7	58.6	21.6	19.8	3.16

[표 2-160] 언론은 공정한 태도로 정보를 제공한다(미래) – 40~50대

구분		사례수	① 전혀 그렇지 않다	②	③	④ 중간	⑤	⑥	⑦ 매우 그렇다	종합			[평균]
										그렇지 않다	중간	그렇다	
전체		(500)	11.8	10.6	13.2	34.2	18.4	9.4	2.4	35.6	34.2	30.2	3.75
성별	남성	(247)	11.7	12.1	11.7	35.6	19.4	7.7	1.6	35.6	35.6	28.7	3.68
	여성	(253)	11.9	9.1	14.6	32.8	17.4	11.1	3.2	35.6	32.8	31.6	3.81
연령	40대	(248)	12.1	12.5	14.9	34.3	16.5	7.3	2.4	39.5	34.3	26.2	3.62
	50대	(252)	11.5	8.7	11.5	34.1	20.2	11.5	2.4	31.7	34.1	34.1	3.87
학력	고졸 이하	(61)	11.5	11.5	14.8	32.8	6.6	18.0	4.9	37.7	32.8	29.5	3.85
	대재	(16)	6.3	12.5	12.5	37.5	12.5	12.5	6.3	31.3	37.5	31.3	4.00
	대졸	(365)	12.3	9.3	12.1	35.1	21.1	7.9	2.2	33.7	35.1	31.2	3.76
	대학원 이상	(58)	10.3	17.2	19.0	29.3	15.5	8.6	0.0	46.6	29.3	24.1	3.48
가구 소득	200만 원 미만	(45)	17.8	13.3	11.1	35.6	11.1	4.4	6.7	42.2	35.6	22.2	3.49
	200~300만 원 미만	(41)	17.1	14.6	14.6	34.1	12.2	7.3	0.0	46.3	34.1	19.5	3.32
	300~500만 원 미만	(125)	9.6	8.0	12.0	35.2	19.2	12.8	3.2	29.6	35.2	35.2	3.98
	500~700만 원 미만	(129)	9.3	14.0	14.7	30.2	19.4	11.6	0.8	38.0	30.2	31.8	3.74
	700만 원 이상	(160)	12.5	8.1	13.1	36.3	20.6	6.9	2.5	33.8	36.3	30.0	3.75
혼인 상태	기혼	(340)	11.5	8.8	12.4	34.7	20.9	9.1	2.6	32.6	34.7	32.6	3.83
	미혼	(127)	13.4	14.2	13.4	36.2	11.8	9.4	1.6	40.9	36.2	22.8	3.54
	동거/사별/이혼/별거	(33)	9.1	15.2	21.2	21.2	18.2	12.1	3.0	45.5	21.2	33.3	3.73

[표 2-160] 언론은 공정한 태도로 정보를 제공한다(미래) – 40~50대(계속)

구분		사례수	① 전혀 그렇지 않다	②	③	④ 중간	⑤	⑥	⑦ 매우 그렇다	종합			[평균]
										그렇지 않다	중간	그렇다	
전체		(500)	11.8	10.6	13.2	34.2	18.4	9.4	2.4	35.6	34.2	30.2	3.75
가구원수	1인	(64)	9.4	17.2	17.2	34.4	7.8	9.4	4.7	43.8	34.4	21.9	3.61
	2인	(68)	16.2	11.8	16.2	23.5	20.6	11.8	0.0	44.1	23.5	32.4	3.56
	3인	(175)	11.4	10.9	12.6	38.9	16.0	8.6	1.7	34.9	38.9	26.3	3.70
	4인 이상	(193)	11.4	7.8	11.4	33.7	23.3	9.3	3.1	30.6	33.7	35.8	3.90
이념성향	진보	(126)	20.6	14.3	11.9	24.6	17.5	9.5	1.6	46.8	24.6	28.6	3.39
	중도	(218)	11.9	10.6	14.7	33.0	19.3	8.7	1.8	37.2	33.0	29.8	3.71
	보수	(156)	4.5	7.7	12.2	43.6	17.9	10.3	3.8	24.4	43.6	32.1	4.09
직업	화이트칼라	(328)	11.0	10.7	14.6	34.5	18.6	9.5	1.2	36.3	34.5	29.3	3.72
	블루칼라	(61)	13.1	11.5	11.5	41.0	8.2	9.8	4.9	36.1	41.0	23.0	3.69
	주부/무직/기타	(111)	13.5	9.9	9.9	29.7	23.4	9.0	4.5	33.3	29.7	36.9	3.85
고용형태	상용직 임금근로자	(314)	11.5	10.2	14.3	34.1	19.4	8.9	1.6	36.0	34.1	29.9	3.73
	임시/일용/특수직 근로자	(39)	17.9	15.4	10.3	38.5	0.0	15.4	2.6	43.6	38.5	17.9	3.44
	자영업자/무급가족종사자	(31)	3.2	12.9	16.1	41.9	16.1	9.7	0.0	32.3	41.9	25.8	3.84
권역	도심권	(25)	12.0	8.0	16.0	52.0	4.0	4.0	4.0	36.0	52.0	12.0	3.56
	동북권	(155)	11.6	11.0	13.5	31.6	22.6	7.1	2.6	36.1	31.6	32.3	3.74
	서북권	(60)	15.0	8.3	8.3	38.3	21.7	5.0	3.3	31.7	38.3	30.0	3.72
	서남권	(149)	12.1	12.1	16.1	30.2	13.4	14.1	2.0	40.3	30.2	29.5	3.71
	동남권	(111)	9.9	9.9	10.8	36.9	20.7	9.9	1.8	30.6	36.9	32.4	3.86

④ 경제적 부의 분배가 공정하게 이루어진다

◈ 20~30대

20~30대의 '현재 우리 사회는 경제적 부의 분배가 공정하게 이루어진다'라는 인식은 7점 만점 기준으로 3.36점인 반면, '미래 2050년에 우리 사회는 경제적 부의 분배가 공정하게 이루어진다'는 인식은 7점 만점 기준으로 3.40점으로 나타남

[그림 2-119] 경제적 부의 분배가 공정하게 이루어진다 – 20~30대 (단위: %)

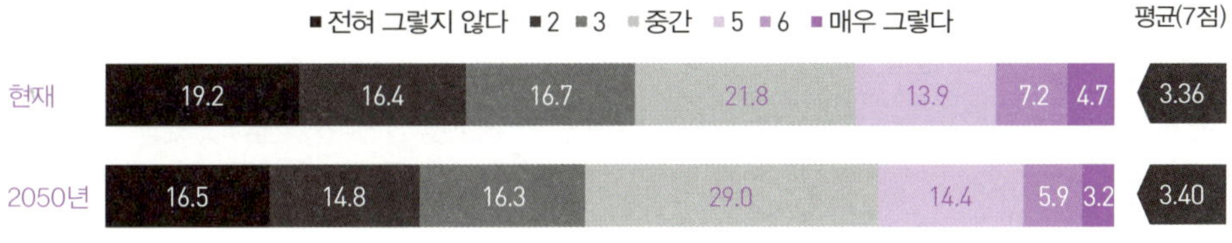

7점 평균을 상세분석한 결과, '현재 우리 사회는 경제적 부의 분배가 공정하게 이루어진다'는 성별로 남성(3.56점)에서 높게 나타났고 연령별로는 20대(3.48점), 학력별로는 대재(전문대/대학교)(3.70점), 가구 소득별로는 500~700만 원 미만(3.44점), 200만 원 미만(3.41점), 200~300만 원 미만(3.41점), 혼인상태별로는 동거/사별/이혼/별거(3.82점), 기혼(3.64점), 가구원 수별로는 1인(3.42점), 3인(3.40점), 4인 이상(3.40점), 이념 성향별로는 보수(3.91점), 직업별로는 블루칼라(3.60점), 고용형태별로는 자영업자/무급가족종사자(4.14점), 권역별로는 도심권(3.58점), 동남권(3.44점)에서 높게 나타남

‘미래 2050년에 우리 사회는 경제적 부의 분배가 공정하게 이루어진다’는 성별로 남성(3.63점)에서 높게 나타났고 연령별로는 20~30대가 동일하게 3.40점, 학력별로는 대학원 이상(3.54점), 고졸 이하(3.51점), 가구 소득별로는 200~300만 원 미만(3.70점), 혼인상태별로는 동거/사별/이혼/별거(3.71점), 기혼(3.64점), 가구원 수별로는 3인(3.46점), 4인 이상(3.44점), 이념 성향별로는 보수(3.76점), 직업별로는 학생(3.55점), 화이트칼라(3.45점), 고용형태별로는 자영업자/무급가족종사자(3.71점), 권역별로는 도심권(3.47점), 서남권(3.44점)에서 높게 나타남

◈ 40~50대

40~50대의 ‘현재 우리 사회는 경제적 부의 분배가 공정하게 이루어진다’라는 인식은 7점 만점 기준으로 2.94점인 반면, ‘미래 2050년에 우리 사회는 경제적 부의 분배가 공정하게 이루어진다’는 인식은 7점 만점 기준으로 3.57점으로 나타남

[그림 2-120] 경제적 부의 분배가 공정하게 이루어진다 – 40~50대 (단위: %)

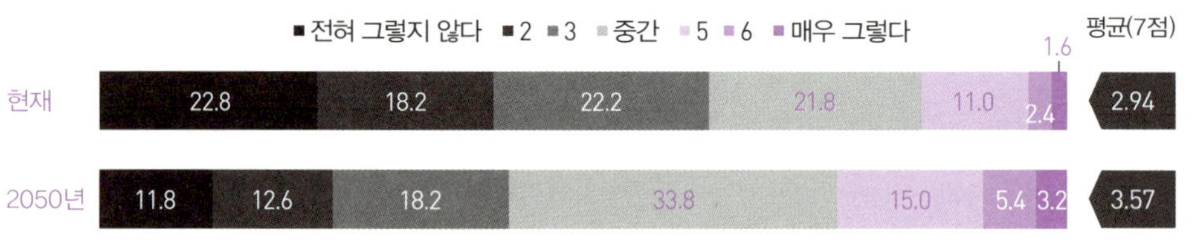

7점 평균을 상세분석한 결과, ‘현재 우리 사회는 경제적 부의 분배가 공정하게 이루어진다’는 성별로 남성(2.96점)에서 높게 나타났고 연령별로는 50대(3.02점), 학력별로는 대재(전문대/대학교)(3.31점), 가구 소득별로는 300~500만 원 미만(3.14점), 700만 원 이상(3.08점), 혼인상태별로는 기혼(3.01점), 가구원 수별로는 4인 이상(3.08점), 1인(3.02점), 이념 성향별로는 보수(3.36점), 직업별로는 화이트칼라(2.97점), 고용

형태별로는 자영업자/무급가족종사자(3.26점), 권역별로는 도심권(3.48점)에서 높게 나타남

‘미래 2050년에 우리 사회는 경제적 부의 분배가 공정하게 이루어진다’는 성별로 남성(3.62점)에서 높게 나타났고 연령별로는 50대(3.69점), 학력별로는 대재(전문대/대학교)(3.63점), 고졸 이하(3.59점), 가구 소득별로는 300~500만 원 미만(3.78점), 700만 원 이상(3.64점), 혼인상태별로는 기혼(3.65점), 가구원 수별로는 4인 이상(3.72점), 1인(3.59점), 이념 성향별로는 보수(4.00점), 직업별로는 블루칼라(3.69점), 화이트칼라(3.59점), 고용형태별로는 자영업자/무급가족종사자(3.90점), 권역별로는 동남권(3.84점), 도심권(3.76점)에서 높게 나타남

[표 2-161] 경제적 부의 분배가 공정하게 이루어진다(현재) – 20~30대

구분		사례 수	① 전혀 그렇지 않다	②	③	④ 중간	⑤	⑥	⑦ 매우 그렇다	종합			[평균]
										그렇지 않다	중간	그렇다	
전체		(1,000)	19.2	16.4	16.7	21.8	13.9	7.2	4.7	52.3	21.8	25.8	3.36
성별	남성	(490)	14.4	15.7	16.2	24.6	15.8	8.4	4.8	46.3	24.6	29.1	3.56
	여성	(510)	23.7	17.1	17.3	19.2	12.0	6.1	4.7	58.0	19.2	22.7	3.16
연령	20대	(498)	16.0	16.3	15.9	26.2	12.2	8.1	5.3	48.2	26.2	25.6	3.48
	30대	(502)	22.3	16.5	17.5	17.5	15.5	6.4	4.2	56.4	17.5	26.1	3.23
학력	고졸 이하	(97)	17.5	17.6	18.5	24.5	9.4	8.4	4.1	53.6	24.5	21.9	3.32
	대재	(127)	12.3	14.1	18.3	22.8	18.3	7.3	6.9	44.8	22.8	32.5	3.70
	대졸	(677)	20.1	16.7	16.3	22.1	13.1	7.3	4.4	53.1	22.1	24.8	3.31
	대학원 이상	(99)	22.9	16.1	16.1	16.3	18.0	5.9	4.7	55.1	16.3	28.6	3.27
가구 소득	200만 원 미만	(102)	19.7	14.3	19.1	19.0	12.1	12.0	3.8	53.1	19.0	27.9	3.41
	200~300만 원 미만	(148)	20.2	13.5	13.7	27.6	12.9	7.4	4.7	47.3	27.6	25.1	3.41
	300~500만 원 미만	(287)	20.3	16.8	14.9	22.4	12.9	6.9	5.8	52.0	22.4	25.6	3.35
	500~700만 원 미만	(196)	18.2	17.4	14.3	17.8	21.0	7.2	4.1	50.0	17.8	32.3	3.44
	700만 원 이상	(267)	17.9	17.7	21.3	22.1	10.9	5.7	4.5	56.9	22.1	21.0	3.25
혼인 상태	기혼	(220)	15.9	14.5	14.5	20.4	19.5	9.5	5.7	44.9	20.4	34.7	3.64
	미혼	(745)	20.1	17.3	17.2	22.9	12.0	6.2	4.1	54.7	22.9	22.4	3.25
	동거/사별/이혼/별거	(35)	20.1	8.4	20.4	8.0	17.5	14.4	11.2	48.9	8.0	43.1	3.82

[표 2-161] 경제적 부의 분배가 공정하게 이루어진다(현재) – 20~30대(계속)

구분		사례 수	① 전혀 그렇지 않다	②	③	④ 중간	⑤	⑥	⑦ 매우 그렇다	종합			[평균]
										그렇지 않다	중간	그렇다	
전체		(1,000)	19.2	16.4	16.7	21.8	13.9	7.2	4.7	52.3	21.8	25.8	3.36
가구원 수	1인	(218)	20.3	15.6	12.7	24.7	12.5	8.3	5.9	48.6	24.7	26.7	3.42
	2인	(159)	25.0	17.5	15.7	19.7	13.4	5.6	3.0	58.2	19.7	22.0	3.08
	3인	(290)	16.2	18.0	19.3	19.2	15.9	5.9	5.5	53.5	19.2	27.3	3.40
	4인 이상	(333)	18.2	15.0	17.7	23.3	13.3	8.4	4.1	50.9	23.3	25.8	3.40
이념 성향	진보	(231)	29.8	18.6	19.1	12.2	10.8	6.1	3.4	67.5	12.2	20.4	2.88
	중도	(429)	19.6	19.1	15.6	26.9	10.7	5.6	2.5	54.3	26.9	18.9	3.17
	보수	(341)	11.4	11.5	16.6	22.1	19.8	10.1	8.4	39.5	22.1	38.4	3.91
직업	화이트칼라	(644)	18.9	16.5	16.7	19.9	15.4	7.6	4.9	52.1	19.9	28.0	3.39
	블루칼라	(141)	19.1	12.7	12.0	25.8	14.2	7.9	8.3	43.8	25.8	30.3	3.60
	학생	(106)	17.7	16.8	18.4	29.1	8.4	7.7	1.9	52.9	29.1	18.0	3.24
	주부/무직/기타	(109)	22.0	20.0	21.8	21.2	9.5	3.7	1.8	63.8	21.2	15.0	2.95
고용 형태	상용직 임금근로자	(620)	19.9	16.7	16.0	20.4	15.0	7.6	4.5	52.6	20.4	27.1	3.35
	임시/일용/특수직 근로자	(97)	19.6	13.3	18.6	20.8	15.4	6.2	6.2	51.5	20.8	27.7	3.42
	자영업자/무급가족종사자	(58)	10.4	10.4	10.4	29.3	15.9	10.4	13.3	31.1	29.3	39.6	4.14
권역	도심권	(50)	17.6	23.1	9.5	20.2	8.0	6.0	15.6	50.2	20.2	29.6	3.58
	동북권	(295)	18.6	16.1	18.1	20.6	16.1	6.4	4.1	52.8	20.6	26.6	3.35
	서북권	(123)	22.7	16.4	16.9	25.1	9.1	5.8	4.0	56.0	25.1	18.9	3.15
	서남권	(329)	19.7	15.8	16.6	21.2	14.9	7.9	3.9	52.1	21.2	26.7	3.35
	동남권	(203)	17.2	16.3	16.7	23.1	13.3	8.4	4.9	50.2	23.1	26.6	3.44

[표 2-162] 경제적 부의 분배가 공정하게 이루어진다(미래) – 20~30대

구분		사례 수	① 전혀 그렇지 않다	②	③	④ 중간	⑤	⑥	⑦ 매우 그렇다	종합			[평균]
										그렇지 않다	중간	그렇다	
전체		(1,000)	16.5	14.8	16.3	29.0	14.4	5.9	3.2	47.6	29.0	23.4	3.40
성별	남성	(490)	13.3	12.8	15.1	30.1	17.9	6.8	4.0	41.2	30.1	28.7	3.63
	여성	(510)	19.6	16.7	17.5	27.8	11.0	5.1	2.4	53.7	27.8	18.4	3.19
연령	20대	(498)	16.9	13.0	17.5	30.4	12.8	6.4	3.0	47.4	30.4	22.2	3.40
	30대	(502)	16.1	16.5	15.1	27.5	15.9	5.4	3.4	47.8	27.5	24.7	3.40
학력	고졸 이하	(97)	15.5	11.5	21.6	26.7	13.3	5.3	6.2	48.5	26.7	24.8	3.51
	대재	(127)	13.4	14.2	16.8	33.6	15.8	5.5	0.7	44.3	33.6	22.0	3.44
	대졸	(677)	17.8	15.0	16.1	28.2	13.4	6.1	3.4	48.9	28.2	22.9	3.36
	대학원 이상	(99)	12.7	17.1	12.1	30.2	20.0	5.8	2.1	41.9	30.2	28.0	3.54
가구 소득	200만 원 미만	(102)	23.0	15.4	14.2	25.9	11.8	7.0	2.8	52.6	25.9	21.6	3.20
	200~300만 원 미만	(148)	11.4	12.2	14.8	36.3	12.6	7.5	5.2	38.4	36.3	25.3	3.70
	300~500만 원 미만	(287)	17.1	15.4	18.8	26.9	13.6	4.8	3.5	51.2	26.9	21.9	3.33
	500~700만 원 미만	(196)	15.9	13.7	15.7	27.6	16.9	7.7	2.6	45.3	27.6	27.1	3.49
	700만 원 이상	(267)	16.7	16.1	15.7	29.3	15.3	4.5	2.3	48.6	29.3	22.1	3.33
혼인 상태	기혼	(220)	12.2	13.6	17.3	27.6	17.7	7.7	4.1	43.0	27.6	29.4	3.64
	미혼	(745)	17.6	15.6	16.1	29.8	12.9	5.1	2.9	49.3	29.8	20.9	3.32
	동거/사별/이혼/별거	(35)	19.8	5.7	15.0	19.5	25.6	11.5	2.9	40.5	19.5	39.9	3.71

[표 2-162] 경제적 부의 분배가 공정하게 이루어진다(미래) – 20~30대(계속)

구분		사례 수	① 전혀 그렇지 않다	②	③	④ 중간	⑤	⑥	⑦ 매우 그렇다	종합			[평균]
										그렇지 않다	중간	그렇다	
전체		(1,000)	16.5	14.8	16.3	29.0	14.4	5.9	3.2	47.6	29.0	23.4	3.40
가구원 수	1인	(218)	16.6	14.8	17.0	31.1	12.9	4.5	3.1	48.4	31.1	20.5	3.35
	2인	(159)	20.1	13.8	19.8	20.6	16.8	7.6	1.3	53.7	20.6	25.7	3.28
	3인	(290)	14.3	17.3	14.0	32.4	11.0	6.6	4.5	45.5	32.4	22.1	3.46
	4인 이상	(333)	16.7	13.1	16.2	28.6	17.0	5.4	3.0	46.0	28.6	25.4	3.44
이념 성향	진보	(231)	21.6	17.8	17.3	23.0	12.6	4.8	3.0	56.7	23.0	20.3	3.13
	중도	(429)	18.9	14.7	15.8	30.8	14.1	3.5	2.3	49.3	30.8	19.8	3.26
	보수	(341)	10.1	12.9	16.3	30.7	15.9	9.8	4.4	39.3	30.7	30.1	3.76
직업	화이트칼라	(644)	16.0	14.9	16.1	27.4	15.6	6.4	3.5	47.1	27.4	25.5	3.45
	블루칼라	(141)	20.4	9.2	17.8	28.7	15.5	6.4	2.0	47.4	28.7	23.9	3.37
	학생	(106)	11.5	13.1	15.3	40.3	11.2	5.6	2.9	40.0	40.3	19.7	3.55
	주부/무직/기타	(109)	19.2	22.7	16.4	27.6	8.6	2.7	2.7	58.3	27.6	14.1	3.03
고용 형태	상용직 임금근로자	(620)	16.9	14.7	16.4	26.6	15.1	6.8	3.5	48.0	26.6	25.3	3.43
	임시/일용/특수직 근로자	(97)	16.5	12.3	22.5	30.3	13.2	5.1	0.0	51.4	30.3	18.3	3.27
	자영업자/ 무급가족종사자	(58)	16.9	8.6	8.8	31.1	26.1	3.5	5.0	34.3	31.1	34.6	3.71
권역	도심권	(50)	14.8	11.5	13.5	39.1	15.5	4.0	1.6	39.8	39.1	21.1	3.47
	동북권	(295)	18.6	14.6	16.7	23.9	14.7	8.1	3.4	49.9	23.9	26.2	3.40
	서북권	(123)	17.1	14.8	22.5	25.5	12.2	3.3	4.7	54.3	25.5	20.1	3.30
	서남권	(329)	14.6	14.9	16.1	30.1	16.3	5.8	2.1	45.7	30.1	24.2	3.44
	동남권	(203)	16.6	15.7	12.8	34.1	11.8	4.9	4.0	45.2	34.1	20.7	3.39

[표 2-163] 경제적 부의 분배가 공정하게 이루어진다(현재) – 40~50대

구분		사례수	① 전혀 그렇지 않다	②	③	④ 중간	⑤	⑥	⑦ 매우 그렇다	종합			[평균]
										그렇지 않다	중간	그렇다	
전체		(500)	22.8	18.2	22.2	21.8	11.0	2.4	1.6	63.2	21.8	15.0	2.94
성별	남성	(247)	21.5	20.6	21.5	20.2	11.3	2.8	2.0	63.6	20.2	16.2	2.96
	여성	(253)	24.1	15.8	22.9	23.3	10.7	2.0	1.2	62.8	23.3	13.8	2.91
연령	40대	(248)	25.4	18.1	22.2	19.8	10.9	1.6	2.0	65.7	19.8	14.5	2.85
	50대	(252)	20.2	18.3	22.2	23.8	11.1	3.2	1.2	60.7	23.8	15.5	3.02
학력	고졸 이하	(61)	23.0	14.8	19.7	23.0	16.4	1.6	1.6	57.4	23.0	19.7	3.07
	대재	(16)	18.8	25.0	6.3	25.0	12.5	6.3	6.3	50.0	25.0	25.0	3.31
	대졸	(365)	21.9	18.6	23.6	21.9	9.9	2.7	1.4	64.1	21.9	14.0	2.93
	대학원 이상	(58)	29.3	17.2	20.7	19.0	12.1	0.0	1.7	67.2	19.0	13.8	2.74
가구 소득	200만 원 미만	(45)	31.1	17.8	22.2	13.3	13.3	2.2	0.0	71.1	13.3	15.6	2.67
	200~300만 원 미만	(41)	36.6	12.2	24.4	17.1	7.3	2.4	0.0	73.2	17.1	9.8	2.54
	300~500만 원 미만	(125)	20.0	17.6	19.2	25.6	11.2	2.4	4.0	56.8	25.6	17.6	3.14
	500~700만 원 미만	(129)	25.6	20.2	20.2	20.2	12.4	0.8	0.8	65.9	20.2	14.0	2.79
	700만 원 이상	(160)	16.9	18.8	25.6	23.8	10.0	3.8	1.3	61.3	23.8	15.0	3.08
혼인 상태	기혼	(340)	20.3	18.5	22.4	22.4	12.6	2.4	1.5	61.2	22.4	16.5	3.01
	미혼	(127)	25.2	16.5	22.0	24.4	7.1	3.1	1.6	63.8	24.4	11.8	2.87
	동거/사별/이혼/별거	(33)	39.4	21.2	21.2	6.1	9.1	0.0	3.0	81.8	6.1	12.1	2.36

[표 2-163] 경제적 부의 분배가 공정하게 이루어진다(현재) - 40~50대(계속)

구분		사례수	① 전혀 그렇지 않다	②	③	④ 중간	⑤	⑥	⑦ 매우 그렇다	종합			[평균]
										그렇지 않다	중간	그렇다	
전체		(500)	22.8	18.2	22.2	21.8	11.0	2.4	1.6	63.2	21.8	15.0	2.94
가구원 수	1인	(64)	25.0	14.1	25.0	17.2	10.9	4.7	3.1	64.1	17.2	18.8	3.02
	2인	(68)	26.5	16.2	23.5	25.0	7.4	1.5	0.0	66.2	25.0	8.8	2.75
	3인	(175)	25.1	20.6	20.0	20.6	10.3	1.7	1.7	65.7	20.6	13.7	2.82
	4인 이상	(193)	18.7	18.1	22.8	23.3	13.0	2.6	1.6	59.6	23.3	17.1	3.08
이념 성향	진보	(126)	34.1	21.4	19.8	10.3	10.3	2.4	1.6	75.4	10.3	14.3	2.55
	중도	(218)	23.9	19.3	20.2	26.1	6.4	2.8	1.4	63.3	26.1	10.6	2.86
	보수	(156)	12.2	14.1	26.9	25.0	17.9	1.9	1.9	53.2	25.0	21.8	3.36
직업	화이트칼라	(328)	20.4	18.3	25.0	21.6	10.7	2.4	1.5	63.7	21.6	14.6	2.97
	블루칼라	(61)	34.4	16.4	13.1	18.0	9.8	4.9	3.3	63.9	18.0	18.0	2.80
	주부/무직/기타	(111)	23.4	18.9	18.9	24.3	12.6	0.9	0.9	61.3	24.3	14.4	2.90
고용 형태	상용직 임금근로자	(314)	21.3	18.5	24.8	20.7	11.1	2.2	1.3	64.6	20.7	14.6	2.94
	임시/일용/특수직 근로자	(39)	38.5	12.8	10.3	25.6	5.1	5.1	2.6	61.5	25.6	12.8	2.72
	자영업자/무급가족종사자	(31)	16.1	22.6	16.1	22.6	12.9	6.5	3.2	54.8	22.6	22.6	3.26
권역	도심권	(25)	16.0	16.0	16.0	24.0	20.0	0.0	8.0	48.0	24.0	28.0	3.48
	동북권	(155)	23.9	17.4	25.2	17.4	13.5	1.9	0.6	66.5	17.4	16.1	2.88
	서북권	(60)	23.3	13.3	30.0	16.7	10.0	5.0	1.7	66.7	16.7	16.7	2.98
	서남권	(149)	24.8	21.5	19.5	22.1	8.7	2.0	1.3	65.8	22.1	12.1	2.80
	동남권	(111)	19.8	18.0	18.9	29.7	9.0	2.7	1.8	56.8	29.7	13.5	3.05

[표 2-164] 경제적 부의 분배가 공정하게 이루어진다(미래) - 40~50대

구분		사례수	① 전혀 그렇지 않다	②	③	④ 중간	⑤	⑥	⑦ 매우 그렇다	종합			[평균]
										그렇지 않다	중간	그렇다	
전체		(500)	11.8	12.6	18.2	33.8	15.0	5.4	3.2	42.6	33.8	23.6	3.57
성별	남성	(247)	10.9	12.1	18.6	33.6	15.0	6.5	3.2	41.7	33.6	24.7	3.62
	여성	(253)	12.6	13.0	17.8	34.0	15.0	4.3	3.2	43.5	34.0	22.5	3.51
연령	40대	(248)	13.3	12.5	21.8	30.6	15.3	3.6	2.8	47.6	30.6	21.8	3.44
	50대	(252)	10.3	12.7	14.7	36.9	14.7	7.1	3.6	37.7	36.9	25.4	3.69
학력	고졸 이하	(61)	13.1	13.1	14.8	34.4	14.8	4.9	4.9	41.0	34.4	24.6	3.59
	대재	(16)	0.0	25.0	12.5	43.8	12.5	6.3	0.0	37.5	43.8	18.8	3.63
	대졸	(365)	11.2	11.8	20.3	33.2	15.3	4.9	3.3	43.3	33.2	23.6	3.58
	대학원 이상	(58)	17.2	13.8	10.3	34.5	13.8	8.6	1.7	41.4	34.5	24.1	3.47
가구소득	200만 원 미만	(45)	20.0	17.8	13.3	31.1	11.1	2.2	4.4	51.1	31.1	17.8	3.20
	200~300만 원 미만	(41)	14.6	26.8	24.4	22.0	2.4	9.8	0.0	65.9	22.0	12.2	3.00
	300~500만 원 미만	(125)	8.0	11.2	16.0	40.8	12.0	7.2	4.8	35.2	40.8	24.0	3.78
	500~700만 원 미만	(129)	13.2	10.9	18.6	30.2	19.4	6.2	1.6	42.6	30.2	27.1	3.57
	700만 원 이상	(160)	10.6	10.0	19.4	35.0	18.1	3.1	3.8	40.0	35.0	25.0	3.64
혼인상태	기혼	(340)	11.2	11.2	17.1	35.0	16.5	5.6	3.5	39.4	35.0	25.6	3.65
	미혼	(127)	13.4	12.6	19.7	34.6	11.8	5.5	2.4	45.7	34.6	19.7	3.45
	동거/사별/이혼/별거	(33)	12.1	27.3	24.2	18.2	12.1	3.0	3.0	63.6	18.2	18.2	3.12

[표 2-164] 경제적 부의 분배가 공정하게 이루어진다(미래) – 40~50대(계속)

구분		사례수	① 전혀 그렇지 않다	②	③	④ 중간	⑤	⑥	⑦ 매우 그렇다	종합			[평균]
										그렇지 않다	중간	그렇다	
전체		(500)	11.8	12.6	18.2	33.8	15.0	5.4	3.2	42.6	33.8	23.6	3.57
가구원수	1인	(64)	10.9	17.2	18.8	28.1	10.9	7.8	6.3	46.9	28.1	25.0	3.59
	2인	(68)	14.7	16.2	25.0	26.5	13.2	4.4	0.0	55.9	26.5	17.6	3.21
	3인	(175)	12.6	10.9	18.3	36.0	15.4	5.7	1.1	41.7	36.0	22.3	3.53
	4인 이상	(193)	10.4	11.4	15.5	36.3	16.6	4.7	5.2	37.3	36.3	26.4	3.72
이념성향	진보	(126)	17.5	17.5	17.5	27.8	11.9	5.6	2.4	52.4	27.8	19.8	3.25
	중도	(218)	12.4	14.7	17.0	37.2	13.3	2.8	2.8	44.0	37.2	18.8	3.44
	보수	(156)	6.4	5.8	20.5	34.0	19.9	9.0	4.5	32.7	34.0	33.3	4.00
직업	화이트칼라	(328)	11.0	12.2	20.4	32.6	14.9	5.2	3.7	43.6	32.6	23.8	3.59
	블루칼라	(61)	11.5	11.5	19.7	27.9	16.4	9.8	3.3	42.6	27.9	29.5	3.69
	주부/무직/기타	(111)	14.4	14.4	10.8	40.5	14.4	3.6	1.8	39.6	40.5	19.8	3.44
고용형태	상용직 임금근로자	(314)	10.8	11.8	21.3	31.8	15.0	5.4	3.8	43.9	31.8	24.2	3.60
	임시/일용/특수직 근로자	(39)	17.9	17.9	15.4	28.2	12.8	5.1	2.6	51.3	28.2	20.5	3.26
	자영업자/무급가족종사자	(31)	6.5	9.7	16.1	35.5	19.4	12.9	0.0	32.3	35.5	32.3	3.90
권역	도심권	(25)	4.0	8.0	28.0	40.0	12.0	4.0	4.0	40.0	40.0	20.0	3.76
	동북권	(155)	10.3	14.8	19.4	32.3	15.5	4.5	3.2	44.5	32.3	23.2	3.54
	서북권	(60)	11.7	16.7	20.0	28.3	10.0	11.7	1.7	48.3	28.3	23.3	3.50
	서남권	(149)	14.8	13.4	20.1	31.5	13.4	4.0	2.7	48.3	31.5	20.1	3.38
	동남권	(111)	11.7	7.2	10.8	40.5	19.8	5.4	4.5	29.7	40.5	29.7	3.84

⑤ 전반적으로 공정한 사회다

◈ 20~30대

20~30대의 '현재 우리 사회는 전반적으로 공정한 사회다'는 인식은 7점 만점 기준으로 3.48점인 반면, '미래 2050년에 우리 사회는 전반적으로 공정한 사회다'는 인식은 7점 만점 기준으로 3.50점으로 나타남

[그림 2-121] 전반적으로 공정한 사회다 – 20~30대 (단위: %)

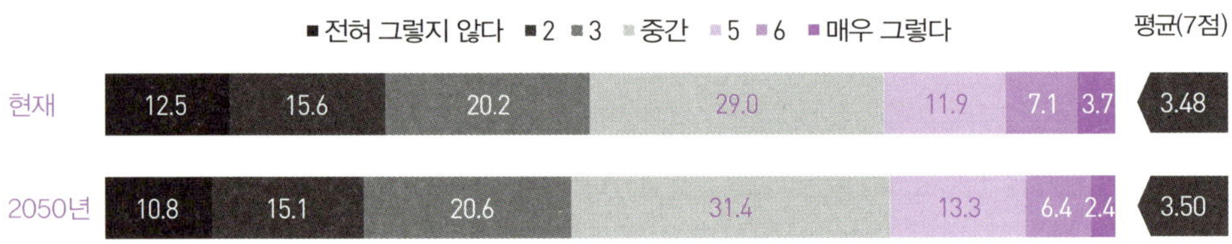

7점 평균을 상세분석한 결과, '현재 우리 사회는 전반적으로 공정한 사회다'는 성별로 남성(3.68점)에서 높게 나타났고 연령별로는 20대(3.58점), 학력별로는 대재(전문대/대학교)(3.84점), 가구 소득별로는 500~700만 원 미만(3.62점), 200~300만 원 미만(3.54점), 혼인상태별로는 동거/사별/이혼/별거(3.91점), 기혼(3.80점), 가구원 수별로는 4인 이상(3.54점), 1인(3.52점), 이념 성향별로는 보수(3.91점), 직업별로는 블루칼라(3.65점), 화이트칼라(3.55점), 고용형태별로는 자영업자/무급가족종사자(4.17점), 권역별로는 동남권(3.59점), 도심권(3.57점)에서 높게 나타남

'미래 2050년에 우리 사회는 전반적으로 공정한 사회다'는 성별로 남성(3.70점)에서 높게 나타났고 연령별로는 30대(3.53점), 학력별로는 대학원 이상(3.56점), 대재(전문대/대학교)(3.54점), 가구 소득별로는 500~700만 원 미만(3.60점), 200~300만 원

미만(3.57점), 혼인상태별로는 기혼(3.70점), 가구원 수별로는 4인 이상(3.57점), 3인(3.51점), 이념 성향별로는 보수(3.76점), 직업별로는 화이트칼라(3.59점), 고용형태별로는 자영업자/무급가족종사자(3.59점), 상용직 임금근로자(3.58점), 권역별로는 동남권(3.63점), 서남권(3.58점)에서 높게 나타남

◈ 40~50대

40~50대의 '현재 우리 사회는 전반적으로 공정한 사회다'는 인식은 7점 만점 기준으로 3.28점인 반면, '미래 2050년에 우리 사회는 전반적으로 공정한 사회다'는 인식은 7점 만점 기준으로 3.77점으로 나타남

[그림 2-122] 전반적으로 공정한 사회다 – 40~50대

(단위: %)

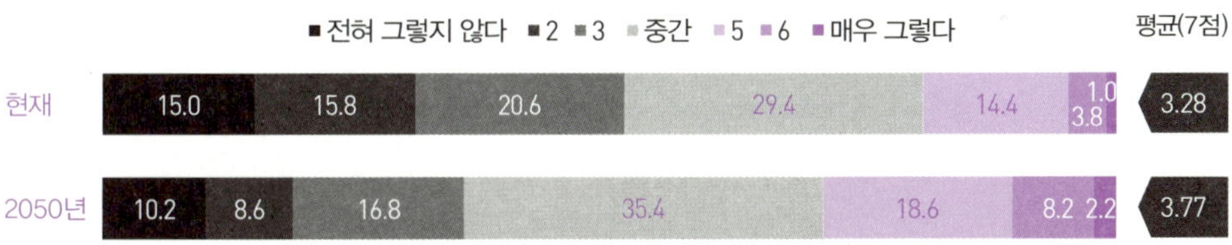

7점 평균을 상세분석한 결과, '현재 우리 사회는 전반적으로 공정한 사회다'는 성별로 여성(3.30점)에서 높게 나타났고 연령별로는 50대(3.36점), 학력별로는 대재(전문대/대학교)(3.94점), 가구 소득별로는 700만 원 이상(3.36점), 200만 원 미만(3.36점), 혼인상태별로는 기혼(3.33점), 가구원 수별로는 4인 이상(3.44점), 이념 성향별로는 보수(3.63점), 직업별로는 주부/무직/기타(3.37점), 고용형태별로는 자영업자/무급가족종사자(3.35점), 상용직 임금근로자(3.28점), 권역별로는 도심권(3.72점)에서 높게 나타남

‘미래 2050년에 우리 사회는 전반적으로 공정한 사회다’는 성별로 남성(3.79점)에서 높게 나타났고 연령별로는 50대(3.92점), 학력별로는 대재(전문대/대학교)(4.31점), 가구 소득별로는 300~500만 원 미만(3.94점), 700만 원 이상(3.89점), 혼인상태별로는 기혼(3.85점), 가구원 수별로는 4인 이상(3.92점), 이념 성향별로는 보수(4.14점), 직업별로는 화이트칼라(3.78점), 주부/무직/기타(3.77점), 고용형태별로는 자영업자/무급 가족종사자(4.03점), 권역별로는 동남권(4.01점)에서 높게 나타남

[표 2-165] 전반적으로 공정한 사회다(현재) - 20~30대

구분		사례 수	① 전혀 그렇지 않다	②	③	④ 중간	⑤	⑥	⑦ 매우 그렇다	종합 그렇지 않다	종합 중간	종합 그렇다	[평균]
전체		(1,000)	12.5	15.6	20.2	29.0	11.9	7.1	3.7	48.3	29.0	22.7	3.48
성별	남성	(490)	9.6	13.6	20.3	29.8	13.3	9.2	4.2	43.4	29.8	26.7	3.68
	여성	(510)	15.3	17.5	20.2	28.2	10.6	5.1	3.1	52.9	28.2	18.8	3.29
연령	20대	(498)	10.6	14.6	19.4	32.0	12.1	7.4	4.0	44.6	32.0	23.5	3.58
	30대	(502)	14.3	16.5	21.1	26.1	11.8	6.8	3.4	52.0	26.1	21.9	3.38
학력	고졸 이하	(97)	10.3	16.3	26.9	23.8	12.4	7.2	3.1	53.5	23.8	22.7	3.46
	대재	(127)	8.4	14.9	16.2	27.2	18.4	7.9	7.0	39.6	27.2	33.3	3.84
	대졸	(677)	13.6	15.8	19.6	30.3	9.9	7.4	3.4	49.0	30.3	20.7	3.43
	대학원 이상	(99)	12.2	14.1	23.0	28.0	16.9	4.0	1.8	49.3	28.0	22.7	3.43
가구 소득	200만 원 미만	(102)	14.8	13.3	28.0	25.2	13.8	3.9	1.0	56.1	25.2	18.7	3.26
	200~300만 원 미만	(148)	13.3	14.8	15.5	32.2	12.9	7.3	4.0	43.6	32.2	24.2	3.54
	300~500만 원 미만	(287)	14.3	15.7	21.2	22.3	13.2	7.7	5.5	51.2	22.3	26.4	3.50
	500~700만 원 미만	(196)	10.1	14.7	16.5	36.2	9.8	10.3	2.6	41.2	36.2	22.6	3.62
	700만 원 이상	(267)	10.9	17.4	21.7	30.7	10.8	5.2	3.3	49.9	30.7	19.4	3.42
혼인 상태	기혼	(220)	8.2	14.5	13.5	34.9	15.3	9.1	4.4	36.2	34.9	28.9	3.80
	미혼	(745)	13.9	15.8	22.5	27.7	10.5	6.2	3.4	52.2	27.7	20.1	3.37
	동거/사별/이혼/별거	(35)	8.6	17.0	14.7	19.8	20.1	14.4	5.5	40.3	19.8	39.9	3.91

[표 2-165] 전반적으로 공정한 사회다(현재) – 20~30대(계속)

구분		사례 수	① 전혀 그렇지 않다	②	③	④ 중간	⑤	⑥	⑦ 매우 그렇다	종합			[평균]
										그렇지 않다	중간	그렇다	
전체		(1,000)	12.5	15.6	20.2	29.0	11.9	7.1	3.7	48.3	29.0	22.7	3.48
가구원 수	1인	(218)	12.0	15.3	22.9	24.7	13.0	7.7	4.5	50.2	24.7	25.2	3.52
	2인	(159)	13.7	16.3	23.1	27.3	12.6	5.1	1.9	53.1	27.3	19.5	3.32
	3인	(290)	11.0	17.1	19.7	31.5	10.0	7.2	3.5	47.8	31.5	20.7	3.48
	4인 이상	(333)	13.4	14.1	17.6	30.6	12.6	7.5	4.2	45.2	30.6	24.3	3.54
이념 성향	진보	(231)	20.4	20.4	22.9	19.4	7.8	6.5	2.6	63.7	19.4	16.9	3.04
	중도	(429)	13.0	15.1	22.1	31.2	10.5	5.3	2.8	50.3	31.2	18.6	3.38
	보수	(341)	6.4	12.9	16.1	32.8	16.5	9.8	5.5	35.4	32.8	31.8	3.91
직업	화이트칼라	(644)	12.4	14.3	19.4	29.4	12.9	7.9	3.7	46.1	29.4	24.5	3.55
	블루칼라	(141)	9.2	16.9	18.9	30.9	10.6	5.7	7.7	45.1	30.9	24.1	3.65
	학생	(106)	11.2	17.9	24.3	24.7	12.6	8.4	0.9	53.4	24.7	21.9	3.39
	주부/무직/기타	(109)	18.3	19.1	22.9	28.7	7.3	2.7	0.9	60.3	28.7	11.0	3.00
고용 형태	상용직 임금근로자	(620)	12.2	15.5	19.7	30.2	11.4	7.9	3.0	47.4	30.2	22.4	3.49
	임시/일용/특수직 근로자	(97)	12.4	14.3	23.4	23.4	11.2	8.1	7.2	50.1	23.4	26.5	3.60
	자영업자/ 무급가족종사자	(58)	8.6	8.6	10.2	32.9	22.7	3.5	13.5	27.5	32.9	39.6	4.17
권역	도심권	(50)	10.0	23.0	11.1	28.7	16.0	5.6	5.6	44.1	28.7	27.2	3.57
	동북권	(295)	13.9	16.3	19.8	29.0	10.8	8.1	2.0	50.0	29.0	21.0	3.39
	서북권	(123)	12.1	17.9	24.9	22.2	10.0	7.2	5.6	54.9	22.2	22.9	3.44
	서남권	(329)	12.4	14.3	20.9	28.6	14.3	6.2	3.3	47.6	28.6	23.8	3.50
	동남권	(203)	11.4	13.4	19.2	34.0	9.8	7.4	4.9	44.0	34.0	22.1	3.59

[표 2-166] 전반적으로 공정한 사회다(미래) - 20~30대

구분		사례 수	① 전혀 그렇지 않다	②	③	④ 중간	⑤	⑥	⑦ 매우 그렇다	종합			[평균]
										그렇지 않다	중간	그렇다	
전체		(1,000)	10.8	15.1	20.6	31.4	13.3	6.4	2.4	46.5	31.4	22.1	3.50
성별	남성	(490)	7.9	12.5	21.0	33.0	14.5	8.1	2.8	41.5	33.0	25.5	3.70
	여성	(510)	13.5	17.6	20.2	29.8	12.2	4.7	2.0	51.4	29.8	18.8	3.31
연령	20대	(498)	10.0	15.6	21.3	33.3	12.5	5.4	2.0	46.8	33.3	19.9	3.47
	30대	(502)	11.6	14.7	19.9	29.5	14.1	7.4	2.8	46.2	29.5	24.3	3.53
학력	고졸 이하	(97)	10.3	11.5	32.9	28.4	9.6	5.2	2.1	54.7	28.4	16.9	3.39
	대재	(127)	6.0	15.7	24.7	33.2	14.3	4.6	1.5	46.3	33.2	20.5	3.54
	대졸	(677)	12.1	15.3	18.0	31.5	13.6	6.9	2.5	45.4	31.5	23.0	3.50
	대학원 이상	(99)	7.9	17.1	21.0	31.1	13.9	6.0	2.9	46.0	31.1	22.9	3.56
가구 소득	200만 원 미만	(102)	15.5	14.8	21.3	31.6	13.0	3.8	0.0	51.6	31.6	16.8	3.23
	200~300만 원 미만	(148)	10.1	14.8	15.5	38.2	13.4	4.7	3.3	40.4	38.2	21.4	3.57
	300~500만 원 미만	(287)	11.8	14.7	23.6	27.6	12.2	7.7	2.4	50.1	27.6	22.3	3.46
	500~700만 원 미만	(196)	7.6	14.9	21.4	33.7	13.3	6.6	2.6	43.8	33.7	22.4	3.60
	700만 원 이상	(267)	10.5	16.2	19.4	29.9	14.6	6.8	2.6	46.1	29.9	24.0	3.53
혼인 상태	기혼	(220)	8.1	14.5	17.6	31.7	17.2	9.1	1.8	40.2	31.7	28.1	3.70
	미혼	(745)	11.5	15.2	21.2	30.9	12.7	5.8	2.7	48.0	30.9	21.1	3.46
	동거/사별/이혼/별거	(35)	11.2	17.2	26.4	39.4	2.9	2.9	0.0	54.9	39.4	5.7	3.14

[표 2-166] 전반적으로 공정한 사회다(미래) – 20~30대(계속)

구분		사례 수	① 전혀 그렇지 않다	②	③	④ 중간	⑤	⑥	⑦ 매우 그렇다	종합			[평균]
										그렇지 않다	중간	그렇다	
전체		(1,000)	10.8	15.1	20.6	31.4	13.3	6.4	2.4	46.5	31.4	22.1	3.50
가구원 수	1인	(218)	10.5	16.6	22.6	27.8	15.6	5.9	0.9	49.8	27.8	22.4	3.43
	2인	(159)	12.0	13.8	22.8	33.3	8.8	7.4	1.9	48.6	33.3	18.1	3.43
	3인	(290)	11.0	14.6	19.5	32.8	13.5	6.2	2.4	45.1	32.8	22.1	3.51
	4인 이상	(333)	10.1	15.3	19.2	31.6	13.9	6.4	3.6	44.6	31.6	23.8	3.57
이념 성향	진보	(231)	13.5	22.5	20.3	22.4	12.2	5.6	3.5	56.4	22.4	21.2	3.28
	중도	(429)	11.5	13.9	21.3	36.7	9.1	5.8	1.6	46.8	36.7	16.5	3.42
	보수	(341)	7.9	11.7	19.9	30.8	19.5	7.6	2.6	39.5	30.8	29.7	3.76
직업	화이트칼라	(644)	10.2	14.9	18.4	31.6	14.6	7.5	2.8	43.5	31.6	24.8	3.59
	블루칼라	(141)	11.2	16.2	25.6	29.9	7.9	7.1	2.1	53.0	29.9	17.0	3.37
	학생	(106)	8.4	15.9	26.6	27.4	16.4	3.6	1.7	50.9	27.4	21.8	3.45
	주부/무직/기타	(109)	15.6	14.5	21.4	35.7	10.1	1.8	0.9	51.5	35.7	12.8	3.19
고용 형태	상용직 임금근로자	(620)	10.4	15.4	18.1	31.3	14.0	7.8	2.9	44.0	31.3	24.6	3.58
	임시/일용/특수직 근로자	(97)	9.4	16.4	27.7	33.1	10.3	3.1	0.0	53.5	33.1	13.3	3.28
	자영업자/ 무급가족종사자	(58)	13.5	10.4	24.3	26.1	10.4	11.9	3.5	48.1	26.1	25.7	3.59
권역	도심권	(50)	10.7	8.0	27.5	34.2	17.6	2.0	0.0	46.2	34.2	19.6	3.46
	동북권	(295)	12.9	17.4	19.3	30.4	13.6	3.7	2.7	49.6	30.4	20.0	3.36
	서북권	(123)	10.6	17.0	25.0	27.0	10.0	8.8	1.6	52.6	27.0	20.4	3.42
	서남권	(329)	8.6	15.3	20.9	32.5	12.5	8.2	2.1	44.8	32.5	22.8	3.58
	동남권	(203)	11.3	12.3	17.8	32.9	15.4	6.9	3.4	41.4	32.9	25.7	3.63

[표 2-167] 전반적으로 공정한 사회다(현재) - 40~50대

구분		사례수	① 전혀 그렇지 않다	②	③	④ 중간	⑤	⑥	⑦ 매우 그렇다	종합			[평균]
										그렇지 않다	중간	그렇다	
전체		(500)	15.0	15.8	20.6	29.4	14.4	3.8	1.0	51.4	29.4	19.2	3.28
성별	남성	(247)	14.6	16.6	22.3	28.3	13.4	3.6	1.2	53.4	28.3	18.2	3.25
	여성	(253)	15.4	15.0	19.0	30.4	15.4	4.0	0.8	49.4	30.4	20.2	3.30
연령	40대	(248)	15.7	16.5	21.0	30.6	12.1	3.2	0.8	53.2	30.6	16.1	3.20
	50대	(252)	14.3	15.1	20.2	28.2	16.7	4.4	1.2	49.6	28.2	22.2	3.36
학력	고졸 이하	(61)	13.1	14.8	24.6	29.5	14.8	1.6	1.6	52.5	29.5	18.0	3.30
	대재	(16)	6.3	12.5	18.8	37.5	6.3	6.3	12.5	37.5	37.5	25.0	3.94
	대졸	(365)	14.8	16.7	20.3	28.5	15.1	4.4	0.3	51.8	28.5	19.7	3.27
	대학원 이상	(58)	20.7	12.1	19.0	32.8	12.1	1.7	1.7	51.7	32.8	15.5	3.16
가구 소득	200만 원 미만	(45)	13.3	15.6	22.2	31.1	11.1	2.2	4.4	51.1	31.1	17.8	3.36
	200~300만 원 미만	(41)	19.5	17.1	19.5	31.7	12.2	0.0	0.0	56.1	31.7	12.2	3.00
	300~500만 원 미만	(125)	12.8	18.4	19.2	29.6	14.4	4.8	0.8	50.4	29.6	20.0	3.32
	500~700만 원 미만	(129)	16.3	17.1	20.9	27.9	12.4	4.7	0.8	54.3	27.9	17.8	3.20
	700만 원 이상	(160)	15.0	12.5	21.3	29.4	17.5	3.8	0.6	48.8	29.4	21.9	3.36
혼인 상태	기혼	(340)	15.3	15.3	18.8	28.8	16.2	4.7	0.9	49.4	28.8	21.8	3.33
	미혼	(127)	15.0	16.5	21.3	33.1	11.8	2.4	0.0	52.8	33.1	14.2	3.17
	동거/사별/이혼/별거	(33)	12.1	18.2	36.4	21.2	6.1	0.0	6.1	66.7	21.2	12.1	3.15

[표 2-167] 전반적으로 공정한 사회다(현재) – 40~50대(계속)

구분		사례수	① 전혀 그렇지 않다	②	③	④ 중간	⑤	⑥	⑦ 매우 그렇다	종합			[평균]
										그렇지 않다	중간	그렇다	
전체		(500)	15.0	15.8	20.6	29.4	14.4	3.8	1.0	51.4	29.4	19.2	3.28
가구원 수	1인	(64)	12.5	17.2	25.0	29.7	12.5	1.6	1.6	54.7	29.7	15.6	3.23
	2인	(68)	14.7	10.3	26.5	35.3	10.3	1.5	1.5	51.5	35.3	13.2	3.26
	3인	(175)	17.1	18.9	19.4	29.7	9.7	4.6	0.6	55.4	29.7	14.9	3.12
	4인 이상	(193)	14.0	14.5	18.1	26.9	20.7	4.7	1.0	46.6	26.9	26.4	3.44
이념 성향	진보	(126)	21.4	21.4	19.8	23.8	10.3	2.4	0.8	62.7	23.8	13.5	2.90
	중도	(218)	14.7	16.1	21.1	31.7	12.4	3.2	0.9	51.8	31.7	16.5	3.24
	보수	(156)	10.3	10.9	20.5	30.8	20.5	5.8	1.3	41.7	30.8	27.6	3.63
직업	화이트칼라	(328)	14.3	14.9	22.6	31.1	12.5	3.7	0.9	51.8	31.1	17.1	3.27
	블루칼라	(61)	21.3	21.3	18.0	13.1	16.4	6.6	3.3	60.7	13.1	26.2	3.15
	주부/무직/기타	(111)	13.5	15.3	16.2	33.3	18.9	2.7	0.0	45.0	33.3	21.6	3.37
고용 형태	상용직 임금근로자	(314)	14.6	15.0	22.0	29.6	14.3	3.8	0.6	51.6	29.6	18.8	3.28
	임시/일용/특수직 근로자	(39)	30.8	15.4	15.4	25.6	5.1	5.1	2.6	61.5	25.6	12.8	2.85
	자영업자/ 무급가족종사자	(31)	6.5	29.0	22.6	19.4	12.9	6.5	3.2	58.1	19.4	22.6	3.35
권역	도심권	(25)	4.0	28.0	8.0	32.0	16.0	4.0	8.0	40.0	32.0	28.0	3.72
	동북권	(155)	12.9	16.8	23.2	25.2	17.4	3.9	0.6	52.9	25.2	21.9	3.32
	서북권	(60)	16.7	10.0	18.3	36.7	13.3	5.0	0.0	45.0	36.7	18.3	3.35
	서남권	(149)	18.1	16.1	22.8	28.9	10.7	2.7	0.7	57.0	28.9	14.1	3.09
	동남권	(111)	15.3	14.4	18.0	31.5	15.3	4.5	0.9	47.7	31.5	20.7	3.34

[표 2-168] 전반적으로 공정한 사회다(미래) – 40~50대

구분		사례수	① 전혀 그렇지 않다	②	③	④ 중간	⑤	⑥	⑦ 매우 그렇다	종합			[평균]
										그렇지 않다	중간	그렇다	
전체		(500)	10.2	8.6	16.8	35.4	18.6	8.2	2.2	35.6	35.4	29.0	3.77
성별	남성	(247)	9.3	8.9	17.0	36.8	16.2	9.3	2.4	35.2	36.8	27.9	3.79
	여성	(253)	11.1	8.3	16.6	34.0	20.9	7.1	2.0	36.0	34.0	30.0	3.75
연령	40대	(248)	11.7	8.9	19.4	35.5	17.7	4.8	2.0	39.9	35.5	24.6	3.61
	50대	(252)	8.7	8.3	14.3	35.3	19.4	11.5	2.4	31.3	35.3	33.3	3.92
학력	고졸 이하	(61)	13.1	4.9	21.3	36.1	14.8	6.6	3.3	39.3	36.1	24.6	3.67
	대재	(16)	6.3	0.0	12.5	37.5	25.0	18.8	0.0	18.8	37.5	43.8	4.31
	대졸	(365)	9.3	9.0	17.5	36.2	18.9	7.1	1.9	35.9	36.2	27.9	3.75
	대학원 이상	(58)	13.8	12.1	8.6	29.3	19.0	13.8	3.4	34.5	29.3	36.2	3.83
가구 소득	200만 원 미만	(45)	11.1	11.1	15.6	40.0	15.6	0.0	6.7	37.8	40.0	22.2	3.64
	200~300만 원 미만	(41)	17.1	12.2	17.1	39.0	12.2	2.4	0.0	46.3	39.0	14.6	3.24
	300~500만 원 미만	(125)	7.2	5.6	17.6	40.0	17.6	9.6	2.4	30.4	40.0	29.6	3.94
	500~700만 원 미만	(129)	9.3	11.6	18.6	31.8	20.2	8.5	0.0	39.5	31.8	28.7	3.67
	700만 원 이상	(160)	11.3	6.9	15.0	32.5	20.6	10.6	3.1	33.1	32.5	34.4	3.89
혼인 상태	기혼	(340)	10.3	7.6	15.9	33.5	20.3	10.3	2.1	33.8	33.5	32.6	3.85
	미혼	(127)	11.0	10.2	16.5	42.5	14.2	3.1	2.4	37.8	42.5	19.7	3.57
	동거/사별/이혼/별거	(33)	6.1	12.1	27.3	27.3	18.2	6.1	3.0	45.5	27.3	27.3	3.70

[표 2-168] 전반적으로 공정한 사회다(미래) – 40~50대(계속)

구분		사례수	① 전혀 그렇지 않다	②	③	④ 중간	⑤	⑥	⑦ 매우 그렇다	종합			[평균]
										그렇지 않다	중간	그렇다	
전체		(500)	10.2	8.6	16.8	35.4	18.6	8.2	2.2	35.6	35.4	29.0	3.77
가구원수	1인	(64)	9.4	10.9	18.8	35.9	15.6	3.1	6.3	39.1	35.9	25.0	3.72
	2인	(68)	13.2	11.8	17.6	33.8	13.2	10.3	0.0	42.6	33.8	23.5	3.53
	3인	(175)	9.1	9.1	17.7	35.4	22.3	5.7	0.6	36.0	35.4	28.6	3.72
	4인 이상	(193)	10.4	6.2	15.0	35.8	18.1	11.4	3.1	31.6	35.8	32.6	3.92
이념성향	진보	(126)	13.5	13.5	19.0	29.4	15.9	6.3	2.4	46.0	29.4	24.6	3.49
	중도	(218)	11.5	7.8	16.5	40.8	16.1	5.0	2.3	35.8	40.8	23.4	3.67
	보수	(156)	5.8	5.8	15.4	32.7	24.4	14.1	1.9	26.9	32.7	40.4	4.14
직업	화이트칼라	(328)	9.8	8.5	18.0	35.7	16.2	9.8	2.1	36.3	35.7	28.0	3.78
	블루칼라	(61)	13.1	8.2	14.8	36.1	18.0	4.9	4.9	36.1	36.1	27.9	3.72
	주부/무직/기타	(111)	9.9	9.0	14.4	34.2	26.1	5.4	0.9	33.3	34.2	32.4	3.77
고용형태	상용직 임금근로자	(314)	10.2	8.9	17.5	35.7	15.0	10.2	2.5	36.6	35.7	27.7	3.77
	임시/일용/특수직 근로자	(39)	20.5	0.0	25.6	30.8	17.9	2.6	2.6	46.2	30.8	23.1	3.44
	자영업자/무급가족종사자	(31)	0.0	16.1	6.5	41.9	29.0	6.5	0.0	22.6	41.9	35.5	4.03
권역	도심권	(25)	8.0	12.0	24.0	32.0	12.0	12.0	0.0	44.0	32.0	24.0	3.64
	동북권	(155)	8.4	9.7	17.4	36.1	18.7	7.7	1.9	35.5	36.1	28.4	3.78
	서북권	(60)	13.3	6.7	18.3	40.0	16.7	0.0	5.0	38.3	40.0	21.7	3.60
	서남권	(149)	12.1	8.7	20.1	32.2	14.1	11.4	1.3	40.9	32.2	26.8	3.67
	동남권	(111)	9.0	7.2	9.0	36.9	27.0	8.1	2.7	25.2	36.9	37.8	4.01

차별 경험 여부 및 경험한 차별의 종류

◈ 20~30대

20~30대의 차별 경험 여부는 '아주 많다'가 9.6%, '약간 있는 편이다'가 57.3%인 것으로 나타난 가운데, 경험한 차별의 종류는 '학력, 소득, 직업 등에 의한 차별' 응답이 48.7%로 가장 높고, 다음으로 '나이, 외모, 출신지역 등에 의한 차별'(45.1%), '성별에 따른 차별'(36.6%) 순으로 나타남

[그림 2-123] 차별 경험 여부 및 경험한 차별의 종류 – 20~30대

(단위: %)

'있다'에 대한 상세분석 결과, 성별로는 여성(96.5%)에서 높게 나타났고 연령별로는 20대(95.6%), 학력별로는 대재(전문대/대학교)(96.2%), 고졸 이하(95.9%), 가구 소득별로는 300~500만 원 미만(97.9%), 200~300만 원 미만(96.0%), 혼인상태별로는 동거/사별/이혼/별거(97.1%), 기혼(95.4%), 가구원 수별로는 4인 이상(96.1%), 3인(95.9%), 이념 성향별로는 진보(96.5%), 중도(95.2%), 직업별로는 블루칼라(95.8%), 화이트칼라(95.2%), 고용형태별로는 임시/일용/특수직 근로자(99.0%), 상용직 임금근로

자(95.5%), 권역별로는 서남권(96.0%), 서북권(95.9%)에서 높게 나타남

한편 응답자들이 가장 많이 경험한 차별의 종류인 '학력, 소득, 직업 등에 의한 차별'에 대한 상세분석 결과, 성별로는 남성(53.1%)에서 높게 나타났고 연령별로는 30대(53.0%), 학력별로는 고졸 이하(60.7%), 가구 소득별로는 200~300만 원 미만(50.6%), 300~500만 원 미만(49.7%), 혼인상태별로는 미혼(50.0%), 가구원 수별로는 3인(51.2%), 4인 이상(50.2%), 이념 성향별로는 진보(59.2%), 직업별로는 주부/무직/기타(54.4%), 고용형태별로는 상용직 임금근로자(50.6%), 권역별로는 동북권(51.3%), 서북권(51.1%)에서 높게 나타남

◈ 40~50대

40~50대의 차별 경험 여부는 '아주 많다'가 9.4%, '약간 있는 편이다'가 51.8%인 것으로 나타난 가운데, 경험한 차별의 종류는 '학력, 소득, 직업 등에 의한 차별' 응답이 58.3%로 가장 높고, 다음으로 '나이, 외모, 출신지역 등에 의한 차별'(41.9%), '성별에 따른 차별'(32.9%) 순으로 나타남

[그림 2-124] 차별 경험 여부 및 경험한 차별의 종류 – 40~50대

(단위: %)

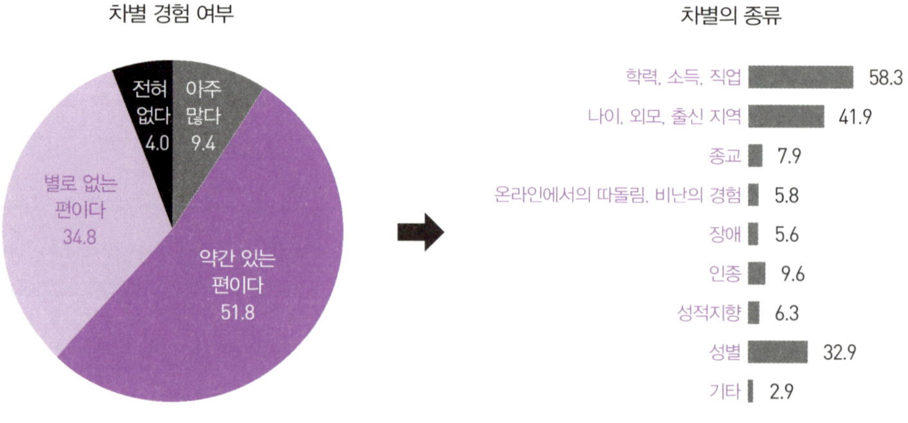

‘있다’에 대한 상세분석 결과, 성별로는 여성(96.4%)에서 높게 나타났고 연령별로는 50대(96.4%), 학력별로는 대재(전문대/대학교)(100.0%), 대학원 이상(100.0%), 가구 소득별로는 300~500만 원 미만(99.2%), 200~300만 원 미만(97.6%), 혼인상태별로는 미혼(96.9%), 가구원 수별로는 2인(98.5%), 3인(97.1%), 이념 성향별로는 중도(98.2%), 직업별로는 화이트칼라(96.6%), 고용형태별로는 상용직 임금근로자(96.5%), 권역별로는 동북권(96.8%), 서북권(96.7%)에서 높게 나타남

한편 응답자들이 가장 많이 경험한 차별의 종류인 ‘학력, 소득, 직업 등에 의한 차별’에 대한 상세분석 결과, 성별로는 남성(65.3%)에서 높게 나타났고 연령별로는 50대(62.6%), 학력별로는 고졸 이하(74.1%), 가구 소득별로는 200~300만 원 미만(70.0%), 200만 원 미만(67.4%), 혼인상태별로는 동거/사별/이혼/별거(64.5%), 미혼(62.6%), 가구원 수별로는 4인 이상(61.5%), 이념 성향별로는 중도(60.3%), 진보(58.3%), 직업별로는 블루칼라(73.7%), 고용형태별로는 임시/일용/특수직 근로자(67.6%), 권역별로는 서북권(65.5%), 동남권(63.8%)에서 높게 나타남

[표 2-169] 차별 경험 여부 및 경험한 차별의 종류 – 20~30대

구분		사례 수	전혀 없다	별로 없는 편이다	약간 있는 편이다	아주 많다	종합	
							없다	있다
전체		(1,000)	5.0	28.1	57.3	9.6	5.0	95.0
성별	남성	(490)	6.5	33.9	54.1	5.5	6.5	93.5
	여성	(510)	3.5	22.5	60.4	13.5	3.5	96.5
연령	20대	(498)	4.4	27.7	58.1	9.8	4.4	95.6
	30대	(502)	5.6	28.5	56.6	9.4	5.6	94.4
학력	고졸 이하	(97)	4.1	26.6	57.0	12.3	4.1	95.9
	대재	(127)	3.8	34.6	53.8	7.8	3.8	96.2
	대졸	(677)	5.3	26.8	58.4	9.5	5.3	94.7
	대학원 이상	(99)	5.0	30.1	54.7	10.2	5.0	95.0
가구 소득	200만 원 미만	(102)	7.8	30.7	51.5	9.9	7.8	92.2
	200~300만 원 미만	(148)	4.0	24.2	60.6	11.2	4.0	96.0
	300~500만 원 미만	(287)	2.1	26.4	60.7	10.9	2.1	97.9
	500~700만 원 미만	(196)	6.5	28.6	58.8	6.1	6.5	93.5
	700만 원 이상	(267)	6.4	30.8	53.0	9.8	6.4	93.6
혼인 상태	기혼	(220)	4.6	27.2	63.2	5.0	4.6	95.4
	미혼	(745)	5.2	28.6	55.2	11.0	5.2	94.8
	동거/사별/이혼/별거	(35)	2.9	22.4	66.1	8.6	2.9	97.1

[표 2-169] 차별 경험 여부 및 경험한 차별의 종류 - 20~30대(계속)

구분		사례 수	전혀 없다	별로 없는 편이다	약간 있는 편이다	아주 많다	종합	
							없다	있다
전체		(1,000)	5.0	28.1	57.3	9.6	5.0	95.0
가구원 수	1인	(218)	5.8	28.9	53.3	12.0	5.8	94.2
	2인	(159)	7.6	24.3	62.4	5.7	7.6	92.4
	3인	(290)	4.1	25.3	63.0	7.6	4.1	95.9
	4인 이상	(333)	3.9	31.8	52.6	11.6	3.9	96.1
이념 성향	진보	(231)	3.5	29.5	54.4	12.6	3.5	96.5
	중도	(429)	4.8	32.3	53.5	9.3	4.8	95.2
	보수	(341)	6.2	21.8	64.1	7.9	6.2	93.8
직업	화이트칼라	(644)	4.8	25.1	59.6	10.5	4.8	95.2
	블루칼라	(141)	4.2	29.5	61.4	4.9	4.2	95.8
	학생	(106)	5.6	42.4	44.5	7.5	5.6	94.4
	주부/무직/기타	(109)	6.3	30.1	50.9	12.7	6.3	93.7
고용 형태	상용직 임금근로자	(620)	4.5	26.5	59.9	9.0	4.5	95.5
	임시/일용/특수직 근로자	(97)	1.0	23.5	61.9	13.6	1.0	99.0
	자영업자/무급가족종사자	(58)	8.6	25.5	57.2	8.6	8.6	91.4
권역	도심권	(50)	7.2	25.0	55.8	12.0	7.2	92.8
	동북권	(295)	5.1	30.2	58.3	6.4	5.1	94.9
	서북권	(123)	4.1	25.1	61.9	8.9	4.1	95.9
	서남권	(329)	4.0	27.6	56.6	11.8	4.0	96.0
	동남권	(203)	6.4	28.5	54.7	10.4	6.4	93.6

[표 2-170] 차별의 종류 – 20~30대

구분		사례 수	학력, 소득, 직업 등에 의한 차별	나이, 외모, 출신 지역 등에 의한 차별	종교 등에 의한 차별	온라인에서의 따돌림, 비난의 경험	장애로 인한 차별	인종에 따른 차별	성적지향에 따른 차별	성별에 따른 차별	기타
전체		(950)	48.7	45.1	10.1	18.9	7.6	17.5	7.2	36.6	2.4
성별	남성	(458)	53.1	39.0	9.9	21.9	8.0	16.6	8.6	21.2	3.0
	여성	(492)	44.7	50.8	10.4	16.1	7.3	18.3	5.9	51.0	1.8
연령	20대	(476)	44.6	44.7	9.9	19.8	7.4	18.3	8.0	37.2	2.3
	30대	(474)	53.0	45.6	10.3	17.9	7.8	16.7	6.3	36.1	2.5
학력	고졸 이하	(93)	60.7	45.1	9.6	22.5	11.8	15.0	7.4	23.7	2.2
	대재	(122)	37.7	50.6	13.1	25.6	11.8	29.7	8.9	30.8	1.6
	대졸	(641)	49.6	44.4	9.6	17.9	5.6	15.1	6.8	39.3	2.6
	대학원 이상	(94)	45.8	43.3	10.4	13.1	11.7	20.0	7.3	39.2	2.1
가구 소득	200만 원 미만	(94)	47.9	40.8	6.8	23.4	17.5	19.5	9.6	32.8	2.1
	200~300만 원 미만	(142)	50.6	45.6	12.4	20.3	2.1	16.0	2.1	33.8	0.6
	300~500만 원 미만	(281)	49.7	48.6	9.6	19.4	7.7	16.0	7.5	34.5	1.8
	500~700만 원 미만	(183)	47.1	41.9	13.1	19.1	9.9	18.0	7.8	34.4	3.8
	700만 원 이상	(250)	48.2	45.0	8.5	15.6	5.2	18.8	8.3	43.7	3.2
혼인 상태	기혼	(210)	45.2	40.4	13.7	20.2	9.0	17.6	6.1	33.8	2.9
	미혼	(706)	50.0	46.6	8.7	17.7	6.9	16.3	7.3	37.7	2.4
	동거/사별/이혼/별거	(34)	44.4	43.8	17.2	35.8	14.8	41.7	11.6	32.3	0.0

[표 2-170] 차별의 종류 – 20~30대(계속)

구분		사례 수	학력, 소득, 직업 등에 의한 차별	나이, 외모, 출신 지역 등에 의한 차별	종교 등에 의한 차별	온라인에서의 따돌림, 비난의 경험	장애로 인한 차별	인종에 따른 차별	성적지향에 따른 차별	성별에 따른 차별	기타
전체		(950)	48.7	45.1	10.1	18.9	7.6	17.5	7.2	36.6	2.4
가구원 수	1인	(205)	43.6	45.1	6.9	20.4	6.3	20.5	5.9	38.5	1.0
	2인	(147)	48.2	48.2	8.8	21.0	7.7	16.5	7.3	37.0	2.8
	3인	(278)	51.2	41.3	11.5	13.6	7.9	16.9	7.3	34.6	2.9
	4인 이상	(320)	50.2	47.1	11.6	21.5	8.2	16.5	7.8	37.1	2.7
이념 성향	진보	(223)	59.2	51.3	10.8	16.6	5.8	13.8	5.3	46.7	0.9
	중도	(408)	47.3	42.8	6.4	18.3	6.0	16.9	7.4	35.9	2.5
	보수	(320)	43.4	43.8	14.4	21.2	10.9	20.8	8.1	30.6	3.4
직업	화이트칼라	(613)	47.4	45.5	10.4	18.9	7.6	18.3	8.1	37.9	2.1
	블루칼라	(135)	50.8	33.8	11.2	22.2	10.6	16.2	3.7	25.8	3.0
	학생	(100)	48.7	51.1	7.4	16.9	6.4	19.3	6.8	41.7	1.0
	주부/무직/기타	(102)	54.4	51.8	9.6	16.5	4.9	12.7	6.8	38.5	4.6
고용 형태	상용직 임금근로자	(592)	50.6	43.2	9.8	17.5	7.8	16.5	7.5	38.2	1.9
	임시/일용/특수직 근로자	(96)	41.5	48.2	14.2	19.8	8.3	20.7	7.3	28.0	3.1
	자영업자/무급가족종사자	(53)	28.3	34.0	11.3	39.9	11.3	30.2	5.7	22.7	3.8
권역	도심권	(46)	36.1	49.7	10.3	16.8	8.1	27.6	4.3	42.6	0.0
	동북권	(280)	51.3	46.2	9.4	16.4	6.2	16.6	8.4	33.6	2.1
	서북권	(118)	51.1	48.1	5.9	15.2	6.8	18.5	6.5	35.5	1.7
	서남권	(316)	48.8	42.5	11.0	18.9	7.7	14.9	6.4	38.7	3.2
	동남권	(190)	46.5	44.9	12.2	25.3	10.0	20.1	7.9	36.9	2.6

[표 2-171] 차별 경험 여부 및 경험한 차별의 종류 – 40~50대

구분		사례 수	전혀 없다	별로 없는 편이다	약간 있는 편이다	아주 많다	종합	
							없다	있다
전체		(500)	4.0	34.8	51.8	9.4	4.0	96.0
성별	남성	(247)	4.5	36.8	51.0	7.7	4.5	95.5
	여성	(253)	3.6	32.8	52.6	11.1	3.6	96.4
연령	40대	(248)	4.4	30.2	54.0	11.3	4.4	95.6
	50대	(252)	3.6	39.3	49.6	7.5	3.6	96.4
학력	고졸 이하	(61)	4.9	31.1	50.8	13.1	4.9	95.1
	대재	(16)	0.0	31.3	50.0	18.8	0.0	100.0
	대졸	(365)	4.7	35.3	51.0	9.0	4.7	95.3
	대학원 이상	(58)	0.0	36.2	58.6	5.2	0.0	100.0
가구 소득	200만 원 미만	(45)	4.4	40.0	40.0	15.6	4.4	95.6
	200~300만 원 미만	(41)	2.4	31.7	48.8	17.1	2.4	97.6
	300~500만 원 미만	(125)	0.8	28.8	56.8	13.6	0.8	99.2
	500~700만 원 미만	(129)	6.2	35.7	51.2	7.0	6.2	93.8
	700만 원 이상	(160)	5.0	38.1	52.5	4.4	5.0	95.0
혼인 상태	기혼	(340)	4.1	35.9	52.9	7.1	4.1	95.9
	미혼	(127)	3.1	33.9	48.8	14.2	3.1	96.9
	동거/사별/이혼/별거	(33)	6.1	27.3	51.5	15.2	6.1	93.9

[표 2-171] 차별 경험 여부 및 경험한 차별의 종류 – 40~50대(계속)

구분		사례 수	전혀 없다	별로 없는 편이다	약간 있는 편이다	아주 많다	종합	
							없다	있다
전체		(500)	4.0	34.8	51.8	9.4	4.0	96.0
가구원 수	1인	(64)	4.7	32.8	48.4	14.1	4.7	95.3
	2인	(68)	1.5	30.9	50.0	17.6	1.5	98.5
	3인	(175)	2.9	36.0	53.7	7.4	2.9	97.1
	4인 이상	(193)	5.7	35.8	51.8	6.7	5.7	94.3
이념 성향	진보	(126)	4.8	38.9	44.4	11.9	4.8	95.2
	중도	(218)	1.8	38.1	49.5	10.6	1.8	98.2
	보수	(156)	6.4	26.9	60.9	5.8	6.4	93.6
직업	화이트칼라	(328)	3.4	33.5	55.2	7.9	3.4	96.6
	블루칼라	(61)	6.6	29.5	49.2	14.8	6.6	93.4
	주부/무직/기타	(111)	4.5	41.4	43.2	10.8	4.5	95.5
고용 형태	상용직 임금근로자	(314)	3.5	34.7	53.5	8.3	3.5	96.5
	임시/일용/특수직 근로자	(39)	5.1	10.3	61.5	23.1	5.1	94.9
	자영업자/무급가족종사자	(31)	6.5	41.9	51.6	0.0	6.5	93.5
권역	도심권	(25)	4.0	24.0	68.0	4.0	4.0	96.0
	동북권	(155)	3.2	36.1	53.5	7.1	3.2	96.8
	서북권	(60)	3.3	33.3	56.7	6.7	3.3	96.7
	서남권	(149)	4.0	35.6	47.0	13.4	4.0	96.0
	동남권	(111)	5.4	35.1	49.5	9.9	5.4	94.6

[표 2-172] 차별의 종류 - 40~50대

구분		사례 수	학력, 소득, 직업 등에 의한 차별	나이, 외모, 출신 지역 등에 의한 차별	종교 등에 의한 차별	온라인에서의 따돌림, 비난의 경험	장애로 인한 차별	인종에 따른 차별	성적지향에 따른 차별	성별에 따른 차별	기타
전체		(480)	58.3	41.9	7.9	5.8	5.6	9.6	6.3	32.9	2.9
성별	남성	(236)	65.3	44.9	8.9	8.1	6.8	11.9	5.1	12.7	2.5
	여성	(244)	51.6	38.9	7.0	3.7	4.5	7.4	7.4	52.5	3.3
연령	40대	(237)	54.0	44.7	9.3	8.9	4.6	11.8	8.0	35.0	3.4
	50대	(243)	62.6	39.1	6.6	2.9	6.6	7.4	4.5	30.9	2.5
학력	고졸 이하	(58)	74.1	36.2	3.4	5.2	13.8	1.7	1.7	39.7	0.0
	대재	(16)	50.0	37.5	6.3	0.0	12.5	6.3	12.5	25.0	18.8
	대졸	(348)	58.6	40.5	9.5	6.9	4.6	10.1	7.2	33.0	3.2
	대학원 이상	(58)	43.1	56.9	3.4	1.7	1.7	15.5	3.4	27.6	0.0
가구 소득	200만 원 미만	(43)	67.4	46.5	9.3	4.7	16.3	4.7	4.7	37.2	2.3
	200~300만 원 미만	(40)	70.0	45.0	5.0	10.0	2.5	0.0	0.0	35.0	0.0
	300~500만 원 미만	(124)	65.3	41.9	8.9	4.0	8.1	7.3	8.1	33.1	3.2
	500~700만 원 미만	(121)	51.2	46.3	7.4	5.8	4.1	10.7	5.8	32.2	3.3
	700만 원 이상	(152)	52.6	36.2	7.9	6.6	2.6	14.5	7.2	31.6	3.3
혼인 상태	기혼	(326)	56.1	39.6	8.9	6.4	4.6	12.6	8.0	32.5	3.7
	미혼	(123)	62.6	46.3	6.5	5.7	6.5	2.4	1.6	32.5	0.8
	동거/사별/이혼/별거	(31)	64.5	48.4	3.2	0.0	12.9	6.5	6.5	38.7	3.2

[표 2-172] 차별의 종류 – 40~50대(계속)

구분		사례 수	학력, 소득, 직업 등에 의한 차별	나이, 외모, 출신 지역 등에 의한 차별	종교 등에 의한 차별	온라인에서의 따돌림, 비난의 경험	장애로 인한 차별	인종에 따른 차별	성적지향에 따른 차별	성별에 따른 차별	기타
전체		(480)	58.3	41.9	7.9	5.8	5.6	9.6	6.3	32.9	2.9
가구원 수	1인	(61)	55.7	49.2	6.6	4.9	6.6	4.9	4.9	34.4	0.0
	2인	(67)	56.7	49.3	4.5	10.4	7.5	9.0	4.5	40.3	4.5
	3인	(170)	56.5	35.3	8.2	5.9	5.9	11.2	7.1	31.8	2.4
	4인 이상	(182)	61.5	42.9	9.3	4.4	4.4	9.9	6.6	30.8	3.8
이념 성향	진보	(120)	58.3	45.8	4.2	7.5	5.0	5.8	5.0	30.8	3.3
	중도	(214)	60.3	42.1	7.0	5.6	6.1	7.9	5.6	36.0	4.2
	보수	(146)	55.5	38.4	12.3	4.8	5.5	15.1	8.2	30.1	0.7
직업	화이트칼라	(317)	56.2	43.8	9.1	6.9	4.4	11.4	6.0	30.0	3.2
	블루칼라	(57)	73.7	45.6	1.8	7.0	7.0	7.0	3.5	28.1	0.0
	주부/무직/기타	(106)	56.6	34.0	7.5	1.9	8.5	5.7	8.5	44.3	3.8
고용 형태	상용직 임금근로자	(303)	58.4	43.2	8.6	7.6	4.6	11.2	5.0	28.1	3.3
	임시/일용/특수직 근로자	(37)	67.6	48.6	5.4	8.1	8.1	5.4	10.8	45.9	0.0
	자영업자/무급가족종사자	(29)	48.3	48.3	6.9	0.0	3.4	13.8	6.9	31.0	0.0
권역	도심권	(24)	54.2	45.8	8.3	12.5	12.5	20.8	8.3	37.5	0.0
	동북권	(150)	52.7	46.0	11.3	9.3	4.0	12.0	8.7	37.3	2.7
	서북권	(58)	65.5	34.5	12.1	1.7	5.2	5.2	3.4	20.7	1.7
	서남권	(143)	58.0	41.3	4.9	4.2	4.2	7.0	5.6	32.2	4.9
	동남권	(105)	63.8	40.0	4.8	3.8	8.6	9.5	4.8	33.3	1.9

5) 공동체적 연대

집단 사이의 갈등 정도

① 기성세대와 젊은 세대

◈ 20~30대

20~30대가 느끼는 '현재 기성세대와 젊은 세대'의 갈등 정도는 '크다' 응답 비율이 86.0%인 반면, '미래 2050년 기성세대와 젊은 세대'의 갈등 정도는 '크다' 응답 비율이 71.7%로 나타남

[그림 2-125] 기성세대와 젊은 세대 – 20~30대 (단위: %)

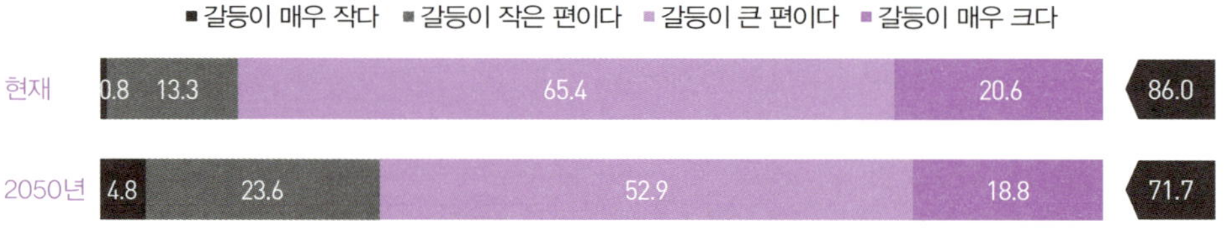

'현재 기성세대와 젊은 세대의 갈등이 크다'에 대한 상세분석 결과, 성별로는 남성(87.7%)에서 높게 나타났고 연령별로는 30대(86.7%), 학력별로는 대학원 이상(88.0%), 대재(전문대/대학교)(86.7%), 가구 소득별로는 300~500만 원 미만(88.7%), 200만 원 미만(86.7%), 혼인상태별로는 동거/사별/이혼/별거(94.5%), 가구원 수별로는 1인(91.0%), 4인 이상(87.8%), 이념 성향별로는 보수(90.1%), 직업별로는 주부/무직/기타(89.0%), 블루칼라(89.0%), 고용형태별로는 임시/일용/특수직 근로자(92.1%), 권역별로는 서남권(88.2%), 동남권(86.8%)에서 높게 나타남

‘미래 2050년 기성세대와 젊은 세대의 갈등이 클 것이다’에 대한 상세분석 결과, 성별로는 여성(73.3%)에서 높게 나타났고 연령별로는 30대(74.5%), 학력별로는 대졸(전문대/대학교 졸업)(75.1%), 대학원 이상(74.2%), 가구 소득별로는 700만 원 이상(76.1%), 혼인상태별로는 기혼(73.9%), 가구원 수별로는 3인(73.3%), 1인(71.9%), 이념 성향별로는 진보(74.9%), 중도(71.8%), 직업별로는 화이트칼라(72.9%), 주부/무직/기타(72.5%), 고용형태별로는 상용직 임금근로자(73.8%), 권역별로는 서남권(73.9%), 동북권(72.3%)에서 높게 나타남

◈ 40~50대

40~50대가 느끼는 ‘현재 기성세대와 젊은 세대’의 갈등 정도는 ‘크다’ 응답 비율이 79.2%인 반면, ‘미래 2050년 기성세대와 젊은 세대’의 갈등 정도는 ‘크다’ 응답 비율이 67.0%로 나타남

[그림 2-126] 기성세대와 젊은 세대 – 40~50대

(단위: %)

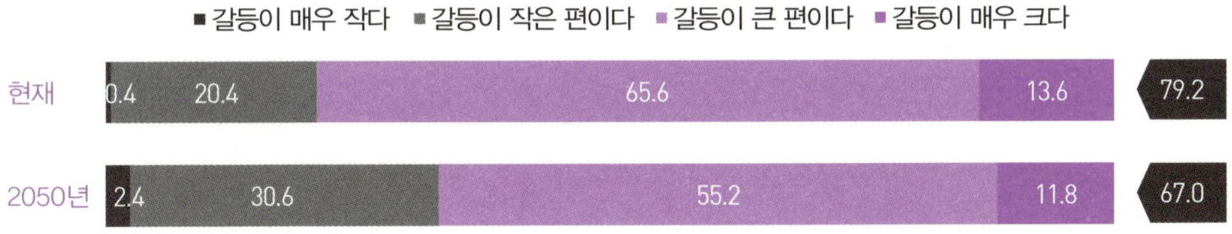

‘현재 기성세대와 젊은 세대의 갈등이 크다’에 대한 상세분석 결과, 성별로는 남성(79.8%)에서 높게 나타났고 연령별로는 40대(82.3%), 학력별로는 대재(전문대/대학교)(87.5%), 대학원 이상(86.2%), 가구 소득별로는 500~700만 원 미만(88.4%), 혼인상태별로는 기혼(81.5%), 가구원 수별로는 4인 이상(82.4%), 2인(79.4%), 이념 성향별로는 보수(82.1%), 직업별로는 화이트칼라(80.8%), 고용형태별로는 임시/일용/특수직 근로자(82.1%), 자영업자/무급가족종사자(80.6%), 권역별로는 도심권(92.0%)에서 높

게 나타남

‘미래 2050년 기성세대와 젊은 세대의 갈등이 클 것이다’에 대한 상세분석 결과, 성별로는 여성(69.6%)에서 높게 나타났고 연령별로는 50대(67.9%), 학력별로는 대학원 이상(77.6%), 가구 소득별로는 200~300만 원 미만(73.2%), 700만 원 이상(70.0%), 혼인상태별로는 미혼(68.5%), 기혼(67.4%), 가구원 수별로는 2인(73.5%), 이념 성향별로는 진보(70.6%), 직업별로는 화이트칼라(68.3%), 주부/무직/기타(67.6%), 고용형태별로는 상용직 임금근로자(68.2%), 권역별로는 도심권(72.0%)에서 높게 나타남

[표 2-173] 기성세대와 젊은 세대(현재) - 20~30대

구분		사례 수	① 갈등이 매우 작다	② 갈등이 작은 편이다	③ 갈등이 큰 편이다	④ 갈등이 매우 크다	종합	
							갈등이 작다	갈등이 크다
전체		(1,000)	0.8	13.3	65.4	20.6	14.0	86.0
성별	남성	(490)	1.0	11.3	66.7	21.0	12.3	87.7
	여성	(510)	0.6	15.1	64.1	20.2	15.7	84.3
연령	20대	(498)	1.0	13.8	64.7	20.6	14.7	85.3
	30대	(502)	0.6	12.7	66.1	20.5	13.3	86.7
학력	고졸 이하	(97)	1.0	18.8	55.4	24.8	19.8	80.2
	대재	(127)	0.0	13.3	65.7	21.0	13.3	86.7
	대졸	(677)	0.7	12.9	66.1	20.3	13.7	86.3
	대학원 이상	(99)	2.0	10.0	70.1	17.9	12.0	88.0
가구 소득	200만 원 미만	(102)	0.0	13.3	59.9	26.7	13.3	86.7
	200~300만 원 미만	(148)	1.2	13.9	63.6	21.3	15.1	84.9
	300~500만 원 미만	(287)	1.0	10.2	66.8	22.0	11.3	88.7
	500~700만 원 미만	(196)	0.5	14.9	65.9	18.8	15.4	84.6
	700만 원 이상	(267)	0.7	14.9	66.7	17.6	15.7	84.3
혼인 상태	기혼	(220)	0.5	12.7	68.4	18.5	13.1	86.9
	미혼	(745)	0.9	13.8	64.5	20.8	14.7	85.3
	동거/사별/이혼/별거	(35)	0.0	5.5	65.8	28.7	5.5	94.5

[표 2-173] 기성세대와 젊은 세대(현재) - 20~30대(계속)

구분		사례 수	① 갈등이 매우 작다	② 갈등이 작은 편이다	③ 갈등이 큰 편이다	④ 갈등이 매우 크다	종합	
							갈등이 작다	갈등이 크다
전체		(1,000)	0.8	13.3	65.4	20.6	14.0	86.0
가구원 수	1인	(218)	0.8	8.2	67.9	23.0	9.0	91.0
	2인	(159)	1.9	12.5	66.8	18.8	14.4	85.6
	3인	(290)	1.0	18.6	59.3	21.1	19.6	80.4
	4인 이상	(333)	0.0	12.2	68.4	19.4	12.2	87.8
이념 성향	진보	(231)	1.3	13.4	61.0	24.3	14.7	85.3
	중도	(429)	0.4	16.5	65.5	17.6	16.9	83.1
	보수	(341)	0.9	9.1	68.3	21.8	9.9	90.1
직업	화이트칼라	(644)	0.9	14.1	65.4	19.6	15.0	85.0
	블루칼라	(141)	0.0	11.0	62.1	26.9	11.0	89.0
	학생	(106)	0.9	14.2	64.4	20.5	15.2	84.8
	주부/무직/기타	(109)	0.9	10.1	70.8	18.2	11.0	89.0
고용 형태	상용직 임금근로자	(620)	0.8	14.3	66.6	18.4	15.1	84.9
	임시/일용/특수직 근로자	(97)	0.0	7.9	64.3	27.9	7.9	92.1
	자영업자/ 무급가족종사자	(58)	1.7	14.1	51.6	32.6	15.8	84.2
권역	도심권	(50)	1.6	13.0	63.8	21.6	14.6	85.4
	동북권	(295)	0.7	13.9	67.5	18.0	14.6	85.4
	서북권	(123)	0.8	19.0	62.5	17.7	19.8	80.2
	서남권	(329)	0.6	11.2	65.7	22.5	11.8	88.2
	동남권	(203)	1.0	12.2	64.1	22.7	13.2	86.8

[표 2-174] 기성세대와 젊은 세대(미래) – 20~30대

구분		사례 수	① 갈등이 매우 작을 것이다	② 갈등이 작을 것이다	③ 갈등이 커질 것이다	④ 갈등이 매우 커질 것이다	종합	
							갈등이 작을 것이다	갈등이 클 것이다
전체		(1,000)	4.8	23.6	52.9	18.8	28.3	71.7
성별	남성	(490)	6.0	24.0	49.3	20.6	30.1	69.9
	여성	(510)	3.5	23.1	56.3	17.1	26.7	73.3
연령	20대	(498)	6.3	24.8	51.5	17.3	31.2	68.8
	30대	(502)	3.2	22.3	54.2	20.3	25.5	74.5
학력	고졸 이하	(97)	5.2	33.2	43.2	18.4	38.3	61.7
	대재	(127)	9.2	31.9	46.4	12.5	41.1	58.9
	대졸	(677)	4.0	20.9	55.0	20.1	24.9	75.1
	대학원 이상	(99)	3.8	22.0	56.0	18.2	25.8	74.2
가구 소득	200만 원 미만	(102)	5.9	25.0	48.5	20.7	30.9	69.1
	200~300만 원 미만	(148)	4.7	23.8	54.3	17.2	28.5	71.5
	300~500만 원 미만	(287)	6.6	22.4	50.7	20.3	29.0	71.0
	500~700만 원 미만	(196)	3.6	28.3	53.8	14.2	32.0	68.0
	700만 원 이상	(267)	3.3	20.6	55.4	20.7	23.9	76.1
혼인 상태	기혼	(220)	3.5	22.6	53.0	20.9	26.1	73.9
	미혼	(745)	4.5	24.3	52.6	18.5	28.8	71.2
	동거/사별/이혼/별거	(35)	16.9	14.4	57.2	11.5	31.3	68.7

[표 2-174] 기성세대와 젊은 세대(미래) – 20~30대(계속)

구분		사례 수	① 갈등이 매우 작을 것이다	② 갈등이 작을 것이다	③ 갈등이 커질 것이다	④ 갈등이 매우 커질 것이다	종합	
							갈등이 작을 것이다	갈등이 클 것이다
전체		(1,000)	4.8	23.6	52.9	18.8	28.3	71.7
가구원 수	1인	(218)	9.2	18.9	52.0	19.9	28.1	71.9
	2인	(159)	3.8	27.6	51.0	17.7	31.3	68.7
	3인	(290)	3.8	22.9	55.4	17.9	26.7	73.3
	4인 이상	(333)	3.2	25.3	52.1	19.4	28.5	71.5
이념 성향	진보	(231)	3.9	21.2	54.1	20.9	25.1	74.9
	중도	(429)	5.3	22.9	51.8	20.0	28.2	71.8
	보수	(341)	4.7	26.0	53.4	16.0	30.7	69.3
직업	화이트칼라	(644)	5.3	21.8	55.3	17.6	27.1	72.9
	블루칼라	(141)	6.1	24.5	49.6	19.8	30.6	69.4
	학생	(106)	2.7	30.9	48.4	17.9	33.6	66.4
	주부/무직/기타	(109)	1.8	25.6	46.8	25.8	27.5	72.5
고용 형태	상용직 임금근로자	(620)	4.2	22.0	55.0	18.8	26.2	73.8
	임시/일용/특수직 근로자	(97)	4.2	25.1	55.3	15.4	29.3	70.7
	자영업자/무급가족종사자	(58)	21.9	22.7	43.3	12.1	44.6	55.4
권역	도심권	(50)	9.6	19.1	47.8	23.5	28.7	71.3
	동북권	(295)	4.4	23.3	52.5	19.8	27.7	72.3
	서북권	(123)	5.6	30.3	51.9	12.2	35.9	64.1
	서남권	(329)	4.9	21.3	56.6	17.2	26.1	73.9
	동남권	(203)	3.3	24.7	49.2	22.7	28.0	72.0

[표 2-175] 기성세대와 젊은 세대(현재) – 40~50대

구분		사례 수	① 갈등이 매우 작다	② 갈등이 작은 편이다	③ 갈등이 큰 편이다	④ 갈등이 매우 크다	종합	
							갈등이 작다	갈등이 크다
전체		(500)	0.4	20.4	65.6	13.6	20.8	79.2
성별	남성	(247)	0.4	19.8	66.8	13.0	20.2	79.8
	여성	(253)	0.4	20.9	64.4	14.2	21.3	78.7
연령	40대	(248)	0.0	17.7	68.5	13.7	17.7	82.3
	50대	(252)	0.8	23.0	62.7	13.5	23.8	76.2
학력	고졸 이하	(61)	1.6	36.1	47.5	14.8	37.7	62.3
	대재	(16)	0.0	12.5	68.8	18.8	12.5	87.5
	대졸	(365)	0.3	19.2	67.7	12.9	19.5	80.5
	대학원 이상	(58)	0.0	13.8	70.7	15.5	13.8	86.2
가구 소득	200만 원 미만	(45)	0.0	33.3	46.7	20.0	33.3	66.7
	200~300만 원 미만	(41)	0.0	34.1	58.5	7.3	34.1	65.9
	300~500만 원 미만	(125)	0.8	20.8	68.8	9.6	21.6	78.4
	500~700만 원 미만	(129)	0.8	10.9	72.1	16.3	11.6	88.4
	700만 원 이상	(160)	0.0	20.6	65.0	14.4	20.6	79.4
혼인 상태	기혼	(340)	0.6	17.9	67.1	14.4	18.5	81.5
	미혼	(127)	0.0	25.2	63.8	11.0	25.2	74.8
	동거/사별/이혼/별거	(33)	0.0	27.3	57.6	15.2	27.3	72.7

[표 2-175] 기성세대와 젊은 세대(현재) – 40~50대(계속)

구분		사례 수	① 갈등이 매우 작다	② 갈등이 작은 편이다	③ 갈등이 큰 편이다	④ 갈등이 매우 크다	종합	
							갈등이 작다	갈등이 크다
전체		(500)	0.4	20.4	65.6	13.6	20.8	79.2
가구원 수	1인	(64)	0.0	29.7	54.7	15.6	29.7	70.3
	2인	(68)	0.0	20.6	67.6	11.8	20.6	79.4
	3인	(175)	0.6	20.6	65.1	13.7	21.1	78.9
	4인 이상	(193)	0.5	17.1	68.9	13.5	17.6	82.4
이념 성향	진보	(126)	0.8	20.6	61.1	17.5	21.4	78.6
	중도	(218)	0.5	22.0	65.1	12.4	22.5	77.5
	보수	(156)	0.0	17.9	69.9	12.2	17.9	82.1
직업	화이트칼라	(328)	0.3	18.9	66.8	14.0	19.2	80.8
	블루칼라	(61)	0.0	24.6	62.3	13.1	24.6	75.4
	주부/무직/기타	(111)	0.9	22.5	64.0	12.6	23.4	76.6
고용 형태	상용직 임금근로자	(314)	0.3	19.7	65.9	14.0	20.1	79.9
	임시/일용/특수직 근로자	(39)	0.0	17.9	69.2	12.8	17.9	82.1
	자영업자/ 무급가족종사자	(31)	0.0	19.4	67.7	12.9	19.4	80.6
권역	도심권	(25)	0.0	8.0	64.0	28.0	8.0	92.0
	동북권	(155)	0.0	25.2	59.4	15.5	25.2	74.8
	서북권	(60)	0.0	28.3	65.0	6.7	28.3	71.7
	서남권	(149)	1.3	18.8	64.4	15.4	20.1	79.9
	동남권	(111)	0.0	14.4	76.6	9.0	14.4	85.6

[표 2-176] 기성세대와 젊은 세대(미래) – 40~50대

구분		사례 수	① 갈등이 매우 작을 것이다	② 갈등이 작을 것이다	③ 갈등이 커질 것이다	④ 갈등이 매우 커질 것이다	종합	
							갈등이 작을 것이다	갈등이 클 것이다
전체		(500)	2.4	30.6	55.2	11.8	33.0	67.0
성별	남성	(247)	3.6	32.0	52.2	12.1	35.6	64.4
	여성	(253)	1.2	29.2	58.1	11.5	30.4	69.6
연령	40대	(248)	2.4	31.5	54.8	11.3	33.9	66.1
	50대	(252)	2.4	29.8	55.6	12.3	32.1	67.9
학력	고졸 이하	(61)	1.6	34.4	49.2	14.8	36.1	63.9
	대재	(16)	12.5	25.0	56.3	6.3	37.5	62.5
	대졸	(365)	1.9	32.1	54.0	12.1	34.0	66.0
	대학원 이상	(58)	3.4	19.0	69.0	8.6	22.4	77.6
가구 소득	200만 원 미만	(45)	2.2	40.0	42.2	15.6	42.2	57.8
	200~300만 원 미만	(41)	0.0	26.8	65.9	7.3	26.8	73.2
	300~500만 원 미만	(125)	1.6	32.8	55.2	10.4	34.4	65.6
	500~700만 원 미만	(129)	2.3	31.8	54.3	11.6	34.1	65.9
	700만 원 이상	(160)	3.8	26.3	56.9	13.1	30.0	70.0
혼인 상태	기혼	(340)	2.6	30.0	54.1	13.2	32.6	67.4
	미혼	(127)	0.8	30.7	63.0	5.5	31.5	68.5
	동거/사별/이혼/별거	(33)	6.1	36.4	36.4	21.2	42.4	57.6

[표 2-176] 기성세대와 젊은 세대(미래) – 40~50대(계속)

구분		사례 수	① 갈등이 매우 작을 것이다	② 갈등이 작을 것이다	③ 갈등이 커질 것이다	④ 갈등이 매우 커질 것이다	종합	
							갈등이 작을 것이다	갈등이 클 것이다
전체		(500)	2.4	30.6	55.2	11.8	33.0	67.0
가구원 수	1인	(64)	1.6	35.9	53.1	9.4	37.5	62.5
	2인	(68)	1.5	25.0	61.8	11.8	26.5	73.5
	3인	(175)	2.9	29.7	56.0	11.4	32.6	67.4
	4인 이상	(193)	2.6	31.6	52.8	13.0	34.2	65.8
이념 성향	진보	(126)	2.4	27.0	61.1	9.5	29.4	70.6
	중도	(218)	2.8	31.2	51.4	14.7	33.9	66.1
	보수	(156)	1.9	32.7	55.8	9.6	34.6	65.4
직업	화이트칼라	(328)	2.7	29.0	55.8	12.5	31.7	68.3
	블루칼라	(61)	1.6	39.3	52.5	6.6	41.0	59.0
	주부/무직/기타	(111)	1.8	30.6	55.0	12.6	32.4	67.6
고용 형태	상용직 임금근로자	(314)	2.5	29.3	56.7	11.5	31.8	68.2
	임시/일용/특수직 근로자	(39)	0.0	33.3	53.8	12.8	33.3	66.7
	자영업자/무급가족종사자	(31)	6.5	41.9	38.7	12.9	48.4	51.6
권역	도심권	(25)	4.0	24.0	52.0	20.0	28.0	72.0
	동북권	(155)	1.9	32.9	52.3	12.9	34.8	65.2
	서북권	(60)	0.0	31.7	58.3	10.0	31.7	68.3
	서남권	(149)	2.7	29.5	53.7	14.1	32.2	67.8
	동남권	(111)	3.6	29.7	60.4	6.3	33.3	66.7

② 수도권과 지방

◈ 20~30대

20~30대가 느끼는 '현재 수도권과 지방'의 갈등 정도는 '크다' 응답 비율이 79.2%인 반면, '미래 2050년 수도권과 지방'의 갈등 정도는 '크다' 응답 비율이 66.6%로 나타남

[그림 2-127] 수도권과 지방 – 20~30대

(단위: %)

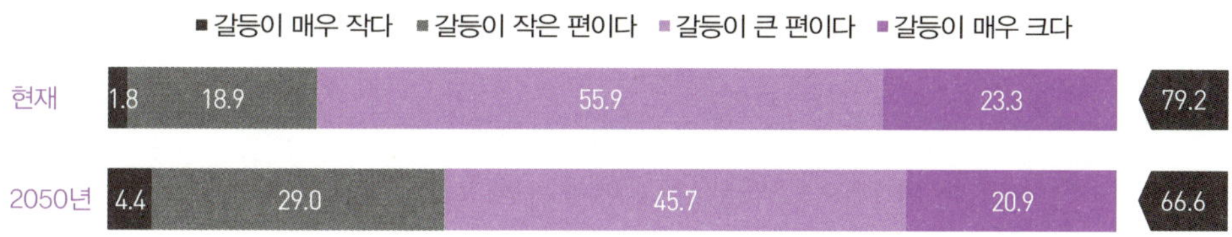

'현재 수도권과 지방의 갈등이 크다'에 대한 상세분석 결과, 성별로는 여성(80.6%)에서 높게 나타났고 연령별로는 20대(79.6%), 학력별로는 고졸 이하(82.4%), 대졸(전문대/대학교 졸업)(79.3%), 가구 소득별로는 200~300만 원 미만(83.4%), 200만 원 미만(82.4%), 혼인상태별로는 동거/사별/이혼/별거(88.5%), 가구원 수별로는 1인(82.4%), 4인 이상(79.7%), 이념 성향별로는 진보(81.4%), 보수(81.2%), 직업별로는 블루칼라(82.7%), 학생(80.8%), 고용형태별로는 임시/일용/특수직 근로자(82.0%), 권역별로는 도심권(83.0%), 서남권(80.8%)에서 높게 나타남

'미래 2050년 수도권과 지방의 갈등이 클 것이다'에 대한 상세분석 결과, 성별로는 여성(67.8%)에서 높게 나타났고 연령별로는 30대(70.3%), 학력별로는 대졸(전문대/대학교 졸업)(69.5%), 가구 소득별로는 300~500만 원 미만(68.6%), 200만 원 미만(67.0%), 혼인상태별로는 미혼(67.9%), 가구원 수별로는 1인(71.3%), 이념 성향별로는 진보(71.5%), 직업별로는 화이트칼라(68.8%), 주부/무직/기타(66.7%), 고용형태별로는 상용직 임금근로자(69.0%), 권역별로는 도심권(74.9%)에서 높게 나타남

◈ 40~50대

40~50대가 느끼는 '현재 수도권과 지방'의 갈등 정도는 '크다' 응답 비율이 78.0%인 반면, '미래 2050년 수도권과 지방'의 갈등 정도는 '크다' 응답 비율이 56.2%로 나타남

[그림 2-128] 수도권과 지방 – 40~50대

(단위: %)

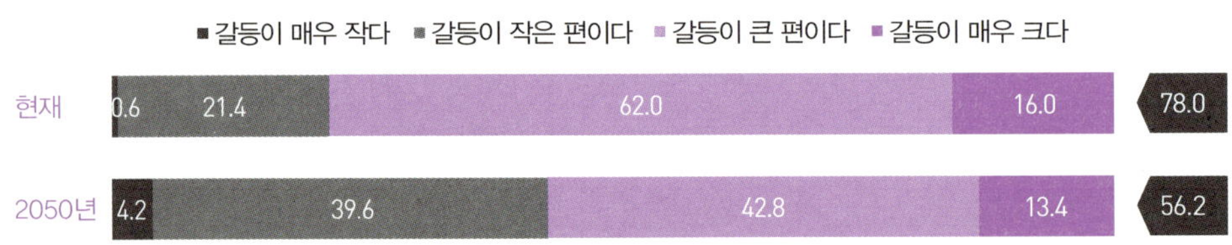

'현재 수도권과 지방의 갈등이 크다'에 대한 상세분석 결과, 성별로는 여성(78.7%)에서 높게 나타났고 연령별로는 40대(79.8%), 학력별로는 대학원 이상(87.9%), 대재(전문대/대학교)(87.5%), 가구 소득별로는 500~700만 원 미만(82.9%), 300~500만 원 미만(79.2%), 혼인상태별로는 기혼(80.6%), 가구원 수별로는 4인 이상(81.3%), 2인(80.9%), 이념 성향별로는 보수(79.5%), 직업별로는 주부/무직/기타(79.3%), 화이트칼라(78.7%), 고용형태별로는 자영업자/무급가족종사자(83.9%), 권역별로는 도심권

(84.0%), 동남권(80.2%)에서 높게 나타남

'미래 2050년 수도권과 지방의 갈등이 클 것이다'에 대한 상세분석 결과, 성별로는 남성(56.3%)에서 높게 나타났고 연령별로는 50대(56.7%), 학력별로는 대학원 이상(63.8%), 대재(전문대/대학교)(62.5%), 가구 소득별로는 700만 원 이상(59.4%), 200~300만 원 미만(58.5%), 혼인상태별로는 기혼(58.8%), 가구원 수별로는 2인(63.2%), 이념 성향별로는 진보(58.7%), 직업별로는 화이트칼라(57.0%), 주부/무직/기타(56.8%), 고용형태별로는 상용직 임금근로자(56.1%), 권역별로는 서북권(65.0%)에서 높게 나타남

[표 2-177] 수도권과 지방(현재) – 20~30대

구분		사례 수	① 갈등이 매우 작다	② 갈등이 작은 편이다	③ 갈등이 큰 편이다	④ 갈등이 매우 크다	종합	
							갈등이 작다	갈등이 크다
전체		(1,000)	1.8	18.9	55.9	23.3	20.8	79.2
성별	남성	(490)	1.9	20.3	53.3	24.5	22.2	77.8
	여성	(510)	1.8	17.6	58.4	22.2	19.4	80.6
연령	20대	(498)	1.6	18.8	56.7	22.9	20.4	79.6
	30대	(502)	2.0	19.1	55.2	23.7	21.1	78.9
학력	고졸 이하	(97)	3.1	14.5	58.4	24.0	17.6	82.4
	대재	(127)	0.0	21.2	62.5	16.3	21.2	78.8
	대졸	(677)	1.8	18.9	54.5	24.9	20.7	79.3
	대학원 이상	(99)	3.0	20.9	55.0	21.0	23.9	76.1
가구 소득	200만 원 미만	(102)	2.0	15.7	59.5	22.8	17.6	82.4
	200~300만 원 미만	(148)	0.7	15.9	55.0	28.4	16.6	83.4
	300~500만 원 미만	(287)	2.1	18.8	55.4	23.7	20.9	79.1
	500~700만 원 미만	(196)	2.6	17.3	56.8	23.3	19.9	80.1
	700만 원 이상	(267)	1.5	23.2	55.0	20.3	24.7	75.3
혼인 상태	기혼	(220)	1.4	24.4	52.1	22.2	25.7	74.3
	미혼	(745)	2.0	17.7	57.3	23.0	19.7	80.3
	동거/사별/이혼/별거	(35)	0.0	11.5	51.1	37.4	11.5	88.5

[표 2-177] 수도권과 지방(현재) - 20~30대(계속)

구분		사례 수	① 갈등이 매우 작다	② 갈등이 작은 편이다	③ 갈등이 큰 편이다	④ 갈등이 매우 크다	종합	
							갈등이 작다	갈등이 크다
전체		(1,000)	1.8	18.9	55.9	23.3	20.8	79.2
가구원 수	1인	(218)	0.9	16.7	52.9	29.5	17.6	82.4
	2인	(159)	1.9	23.1	49.8	25.2	25.0	75.0
	3인	(290)	2.1	19.2	59.7	19.0	21.3	78.7
	4인 이상	(333)	2.1	18.2	57.6	22.1	20.3	79.7
이념 성향	진보	(231)	1.7	16.9	55.8	25.6	18.6	81.4
	중도	(429)	2.1	21.3	55.9	20.7	23.5	76.5
	보수	(341)	1.5	17.3	56.1	25.1	18.8	81.2
직업	화이트칼라	(644)	2.0	19.4	53.4	25.2	21.4	78.6
	블루칼라	(141)	2.1	15.2	59.4	23.2	17.3	82.7
	학생	(106)	0.9	18.3	61.9	18.9	19.2	80.8
	주부/무직/기타	(109)	0.9	22.0	60.8	16.3	22.9	77.1
고용 형태	상용직 임금근로자	(620)	2.3	19.0	55.5	23.2	21.2	78.8
	임시/일용/특수직 근로자	(97)	1.0	17.0	50.0	32.0	18.0	82.0
	자영업자/무급가족종사자	(58)	1.7	20.6	52.2	25.5	22.3	77.7
권역	도심권	(50)	0.0	17.0	61.4	21.6	17.0	83.0
	동북권	(295)	2.4	18.1	59.2	20.3	20.5	79.5
	서북권	(123)	2.4	19.3	57.9	20.3	21.8	78.2
	서남권	(329)	1.3	17.9	54.6	26.2	19.2	80.8
	동남권	(203)	2.0	22.1	50.8	25.2	24.0	76.0

[표 2-178] 수도권과 지방(미래) – 20~30대

구분		사례 수	① 갈등이 매우 작을 것이다	② 갈등이 작을 것이다	③ 갈등이 커질 것이다	④ 갈등이 매우 커질 것이다	종합	
							갈등이 작을 것이다	갈등이 클 것이다
전체		(1,000)	4.4	29.0	45.7	20.9	33.4	66.6
성별	남성	(490)	4.9	29.8	44.5	20.7	34.7	65.3
	여성	(510)	3.9	28.2	46.9	21.0	32.2	67.8
연령	20대	(498)	5.6	31.6	44.2	18.6	37.2	62.8
	30대	(502)	3.2	26.5	47.2	23.1	29.7	70.3
학력	고졸 이하	(97)	4.1	35.1	41.1	19.7	39.2	60.8
	대재	(127)	6.5	37.6	44.2	11.7	44.1	55.9
	대졸	(677)	3.7	26.8	46.2	23.3	30.5	69.5
	대학원 이상	(99)	6.8	27.0	49.0	17.1	33.9	66.1
가구 소득	200만 원 미만	(102)	5.4	27.6	47.6	19.4	33.0	67.0
	200~300만 원 미만	(148)	3.2	30.8	45.1	20.8	34.0	66.0
	300~500만 원 미만	(287)	4.1	27.2	47.3	21.3	31.4	68.6
	500~700만 원 미만	(196)	7.7	27.2	44.9	20.2	34.9	65.1
	700만 원 이상	(267)	2.5	31.9	44.1	21.5	34.4	65.6
혼인 상태	기혼	(220)	4.4	32.1	44.8	18.6	36.6	63.4
	미혼	(745)	4.2	27.8	46.5	21.4	32.1	67.9
	동거/사별/이혼/별거	(35)	8.3	34.5	33.9	23.3	42.8	57.2

[표 2-178] 수도권과 지방(미래) – 20~30대(계속)

구분		사례 수	① 갈등이 매우 작을 것이다	② 갈등이 작을 것이다	③ 갈등이 커질 것이다	④ 갈등이 매우 커질 것이다	종합	
							갈등이 작을 것이다	갈등이 클 것이다
전체		(1,000)	4.4	29.0	45.7	20.9	33.4	66.6
가구원 수	1인	(218)	6.1	22.6	48.8	22.5	28.7	71.3
	2인	(159)	3.1	33.9	43.3	19.6	37.1	62.9
	3인	(290)	3.8	30.3	46.9	19.0	34.1	65.9
	4인 이상	(333)	4.4	29.7	43.8	22.1	34.1	65.9
이념 성향	진보	(231)	3.5	25.1	45.8	25.7	28.5	71.5
	중도	(429)	4.6	29.8	45.9	19.7	34.4	65.6
	보수	(341)	4.8	30.7	45.4	19.1	35.5	64.5
직업	화이트칼라	(644)	4.2	27.1	46.7	22.1	31.2	68.8
	블루칼라	(141)	5.5	38.0	36.8	19.8	43.5	56.5
	학생	(106)	7.0	26.4	53.4	13.2	33.4	66.6
	주부/무직/기타	(109)	1.8	31.5	44.1	22.6	33.3	66.7
고용 형태	상용직 임금근로자	(620)	3.8	27.1	46.5	22.6	31.0	69.0
	임시/일용/특수직 근로자	(97)	5.2	31.2	44.2	19.5	36.3	63.7
	자영업자/ 무급가족종사자	(58)	10.0	46.8	29.3	13.8	56.9	43.1
권역	도심권	(50)	7.6	17.5	53.8	21.1	25.1	74.9
	동북권	(295)	4.5	32.7	43.1	19.7	37.2	62.8
	서북권	(123)	7.2	32.3	40.7	19.7	39.6	60.4
	서남권	(329)	4.3	26.2	47.4	22.1	30.5	69.5
	동남권	(203)	1.9	29.1	47.8	21.2	31.0	69.0

[표 2-179] 수도권과 지방(현재) – 40~50대

구분		사례 수	① 갈등이 매우 작다	② 갈등이 작은 편이다	③ 갈등이 큰 편이다	④ 갈등이 매우 크다	종합	
							갈등이 작다	갈등이 크다
전체		(500)	0.6	21.4	62.0	16.0	22.0	78.0
성별	남성	(247)	0.8	21.9	61.5	15.8	22.7	77.3
	여성	(253)	0.4	20.9	62.5	16.2	21.3	78.7
연령	20대	(248)	0.8	19.4	60.9	19.0	20.2	79.8
	30대	(252)	0.4	23.4	63.1	13.1	23.8	76.2
학력	고졸 이하	(61)	1.6	29.5	52.5	16.4	31.1	68.9
	대재	(16)	0.0	12.5	62.5	25.0	12.5	87.5
	대졸	(365)	0.5	21.9	62.7	14.8	22.5	77.5
	대학원 이상	(58)	0.0	12.1	67.2	20.7	12.1	87.9
가구 소득	200만 원 미만	(45)	2.2	22.2	53.3	22.2	24.4	75.6
	200~300만 원 미만	(41)	0.0	26.8	53.7	19.5	26.8	73.2
	300~500만 원 미만	(125)	0.0	20.8	68.8	10.4	20.8	79.2
	500~700만 원 미만	(129)	0.8	16.3	64.3	18.6	17.1	82.9
	700만 원 이상	(160)	0.6	24.4	59.4	15.6	25.0	75.0
혼인 상태	기혼	(340)	0.6	18.8	65.0	15.6	19.4	80.6
	미혼	(127)	0.8	26.0	59.8	13.4	26.8	73.2
	동거/사별/이혼/별거	(33)	0.0	30.3	39.4	30.3	30.3	69.7

[표 2-179] 수도권과 지방(현재) - 40~50대(계속)

구분		사례 수	① 갈등이 매우 작다	② 갈등이 작은 편이다	③ 갈등이 큰 편이다	④ 갈등이 매우 크다	종합	
							갈등이 작다	갈등이 크다
전체		(500)	0.6	21.4	62.0	16.0	22.0	78.0
가구원 수	1인	(64)	1.6	29.7	46.9	21.9	31.3	68.8
	2인	(68)	0.0	19.1	66.2	14.7	19.1	80.9
	3인	(175)	1.1	22.3	61.1	15.4	23.4	76.6
	4인 이상	(193)	0.0	18.7	66.3	15.0	18.7	81.3
이념 성향	진보	(126)	0.8	23.0	58.7	17.5	23.8	76.2
	중도	(218)	0.5	21.6	64.2	13.8	22.0	78.0
	보수	(156)	0.6	19.9	61.5	17.9	20.5	79.5
직업	화이트칼라	(328)	0.3	21.0	62.2	16.5	21.3	78.7
	블루칼라	(61)	0.0	27.9	54.1	18.0	27.9	72.1
	주부/무직/기타	(111)	1.8	18.9	65.8	13.5	20.7	79.3
고용 형태	상용직 임금근로자	(314)	0.3	22.6	61.5	15.6	22.9	77.1
	임시/일용/특수직 근로자	(39)	0.0	23.1	53.8	23.1	23.1	76.9
	자영업자/무급가족종사자	(31)	0.0	16.1	67.7	16.1	16.1	83.9
권역	도심권	(25)	0.0	16.0	60.0	24.0	16.0	84.0
	동북권	(155)	1.3	22.6	60.0	16.1	23.9	76.1
	서북권	(60)	0.0	20.0	63.3	16.7	20.0	80.0
	서남권	(149)	0.7	22.8	62.4	14.1	23.5	76.5
	동남권	(111)	0.0	19.8	64.0	16.2	19.8	80.2

[표 2-180] 수도권과 지방(미래) – 40~50대

구분		사례 수	① 갈등이 매우 작을 것이다	② 갈등이 작을 것이다	③ 갈등이 커질 것이다	④ 갈등이 매우 커질 것이다	종합	
							갈등이 작을 것이다	갈등이 클 것이다
전체		(500)	4.2	39.6	42.8	13.4	43.8	56.2
성별	남성	(247)	3.6	40.1	44.5	11.7	43.7	56.3
	여성	(253)	4.7	39.1	41.1	15.0	43.9	56.1
연령	20대	(248)	4.0	40.3	42.7	12.9	44.4	55.6
	30대	(252)	4.4	38.9	42.9	13.9	43.3	56.7
학력	고졸 이하	(61)	1.6	42.6	41.0	14.8	44.3	55.7
	대재	(16)	0.0	37.5	62.5	0.0	37.5	62.5
	대졸	(365)	4.9	40.3	41.4	13.4	45.2	54.8
	대학원 이상	(58)	3.4	32.8	48.3	15.5	36.2	63.8
가구 소득	200만 원 미만	(45)	6.7	40.0	37.8	15.6	46.7	53.3
	200~300만 원 미만	(41)	0.0	41.5	46.3	12.2	41.5	58.5
	300~500만 원 미만	(125)	2.4	44.8	40.0	12.8	47.2	52.8
	500~700만 원 미만	(129)	3.1	41.1	42.6	13.2	44.2	55.8
	700만 원 이상	(160)	6.9	33.8	45.6	13.8	40.6	59.4
혼인 상태	기혼	(340)	4.4	36.8	43.2	15.6	41.2	58.8
	미혼	(127)	3.9	43.3	44.9	7.9	47.2	52.8
	동거/사별/이혼/별거	(33)	3.0	54.5	30.3	12.1	57.6	42.4

[표 2-180] 수도권과 지방(미래) – 40~50대(계속)

구분		사례 수	① 갈등이 매우 작을 것이다	② 갈등이 작을 것이다	③ 갈등이 커질 것이다	④ 갈등이 매우 커질 것이다	종합	
							갈등이 작을 것이다	갈등이 클 것이다
전체		(500)	4.2	39.6	42.8	13.4	43.8	56.2
가구원 수	1인	(64)	3.1	50.0	35.9	10.9	53.1	46.9
	2인	(68)	0.0	36.8	51.5	11.8	36.8	63.2
	3인	(175)	7.4	38.3	41.1	13.1	45.7	54.3
	4인 이상	(193)	3.1	38.3	43.5	15.0	41.5	58.5
이념 성향	진보	(126)	2.4	38.9	45.2	13.5	41.3	58.7
	중도	(218)	4.6	39.4	41.7	14.2	44.0	56.0
	보수	(156)	5.1	40.4	42.3	12.2	45.5	54.5
직업	화이트칼라	(328)	4.6	38.4	42.7	14.3	43.0	57.0
	블루칼라	(61)	4.9	44.3	41.0	9.8	49.2	50.8
	주부/무직/기타	(111)	2.7	40.5	44.1	12.6	43.2	56.8
고용 형태	상용직 임금근로자	(314)	4.1	39.8	42.0	14.0	43.9	56.1
	임시/일용/특수직 근로자	(39)	10.3	35.9	41.0	12.8	46.2	53.8
	자영업자/무급가족종사자	(31)	3.2	41.9	45.2	9.7	45.2	54.8
권역	도심권	(25)	0.0	40.0	52.0	8.0	40.0	60.0
	동북권	(155)	1.9	45.2	38.1	14.8	47.1	52.9
	서북권	(60)	3.3	31.7	46.7	18.3	35.0	65.0
	서남권	(149)	6.7	35.6	45.0	12.8	42.3	57.7
	동남권	(111)	5.4	41.4	42.3	10.8	46.8	53.2

③ 남성과 여성

◈ 20~30대

20~30대가 느끼는 '현재 남성과 여성'의 갈등 정도는 '크다' 응답 비율이 85.3%인 반면, '미래 2050년 남성과 여성'의 갈등 정도는 '크다' 응답 비율이 63.3%로 나타남

[그림 2-129] 남성과 여성 - 20~30대

(단위: %)

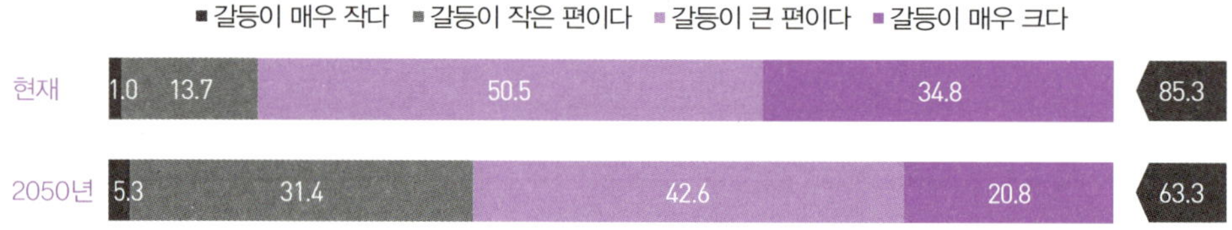

'현재 남성과 여성의 갈등이 크다'에 대한 상세분석 결과, 성별로는 여성(85.5%)에서 높게 나타났고 연령별로는 30대(85.9%), 학력별로는 대졸(전문대/대학교 졸업)(86.3%), 가구 소득별로는 200~300만 원 미만(89.6%), 700만 원 이상(88.8%), 혼인상태별로는 미혼(86.0%), 가구원 수별로는 2인(87.0%), 1인(85.4%), 이념 성향별로는 진보(88.7%), 직업별로는 주부/무직/기타(86.9%), 블루칼라(85.4%), 고용형태별로는 임시/일용/특수직 근로자(88.1%), 권역별로는 도심권(86.9%), 동남권(86.8%)에서 높게 나타남

'미래 2050년 남성과 여성의 갈등이 클 것이다'에 대한 상세분석 결과, 성별로는 여성(63.7%)에서 높게 나타났고 연령별로는 30대(63.5%), 학력별로는 대졸(전문대/대학교 졸업)(64.1%), 대학원 이상(64.0%), 가구 소득별로는 200~300만 원 미만(68.6%), 혼인상태별로는 미혼(64.3%), 가구원 수별로는 1인(66.6%), 4인 이상(65.2%), 이념

성향별로는 중도(66.5%), 직업별로는 주부/무직/기타(66.0%), 블루칼라(65.8%), 고용형태별로는 임시/일용/특수직 근로자(63.5%), 권역별로는 서남권(65.4%), 동북권(63.6%)에서 높게 나타남

◈ 40~50대

40~50대가 느끼는 '현재 남성과 여성'의 갈등 정도는 '크다' 응답 비율이 81.0%인 반면, '미래 2050년 남성과 여성'의 갈등 정도는 '크다' 응답 비율이 49.4%로 나타남

[그림 2-130] 남성과 여성 – 40~50대

(단위: %)

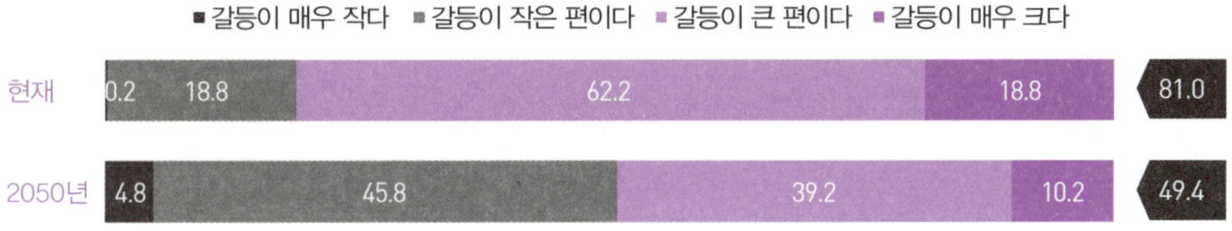

'현재 남성과 여성의 갈등이 크다'에 대한 상세분석 결과, 성별로는 여성(85.4%)에서 높게 나타났고 연령별로는 40대(83.1%), 학력별로는 대재(전문대/대학교)(87.5%), 대학원 이상(86.2%), 가구 소득별로는 500~700만 원 미만(88.4%), 혼인상태별로는 동거/사별/이혼/별거(81.8%), 기혼(81.8%), 가구원 수별로는 3인(82.3%), 이념 성향별로는 진보(83.3%), 중도(83.0%), 직업별로는 주부/무직/기타(87.4%), 고용형태별로는 상용직 임금근로자(80.3%), 권역별로는 도심권(92.0%)에서 높게 나타남

'미래 2050년 남성과 여성의 갈등이 클 것이다'에 대한 상세분석 결과, 성별로는 여성(49.8%)에서 높게 나타났고 연령별로는 40대(50.0%), 학력별로는 대재(전문대/대학교)(56.3%), 가구 소득별로는 200~300만 원 미만(53.7%), 700만 원 이상(51.9%), 혼

인상태별로는 기혼(52.4%), 가구원 수별로는 4인 이상(55.4%), 이념 성향별로는 중도(51.4%), 진보(50.8%), 직업별로는 블루칼라(52.5%), 화이트칼라(50.0%), 고용형태별로는 상용직 임금근로자(52.9%), 권역별로는 동북권(55.5%), 서북권(53.3%)에서 높게 나타남

[표 2-181] 남성과 여성(현재) – 20~30대

구분		사례 수	① 갈등이 매우 작다	② 갈등이 작은 편이다	③ 갈등이 큰 편이다	④ 갈등이 매우 크다	종합	
							갈등이 작다	갈등이 크다
전체		(1,000)	1.0	13.7	50.5	34.8	14.7	85.3
성별	남성	(490)	1.0	13.8	49.5	35.7	14.8	85.2
	여성	(510)	1.0	13.5	51.6	33.9	14.5	85.5
연령	20대	(498)	1.2	14.0	49.3	35.5	15.2	84.8
	30대	(502)	0.8	13.3	51.8	34.1	14.1	85.9
학력	고졸 이하	(97)	3.0	13.7	48.5	34.8	16.7	83.3
	대재	(127)	0.0	15.6	46.1	38.3	15.6	84.4
	대졸	(677)	0.4	13.3	51.4	34.9	13.7	86.3
	대학원 이상	(99)	4.0	13.9	52.2	29.9	17.9	82.1
가구 소득	200만 원 미만	(102)	1.9	16.6	51.1	30.4	18.5	81.5
	200~300만 원 미만	(148)	0.0	10.4	51.3	38.2	10.4	89.6
	300~500만 원 미만	(287)	1.0	13.3	49.5	36.2	14.4	85.6
	500~700만 원 미만	(196)	2.0	19.0	47.6	31.4	21.0	79.0
	700만 원 이상	(267)	0.4	10.8	53.2	35.6	11.2	88.8
혼인 상태	기혼	(220)	1.8	14.4	58.0	25.8	16.2	83.8
	미혼	(745)	0.7	13.3	48.7	37.4	14.0	86.0
	동거/사별/이혼/별거	(35)	2.6	17.2	43.1	37.1	19.8	80.2

[표 2-181] 남성과 여성(현재) – 20~30대(계속)

구분		사례 수	① 갈등이 매우 작다	② 갈등이 작은 편이다	③ 갈등이 큰 편이다	④ 갈등이 매우 크다	종합	
							갈등이 작다	갈등이 크다
전체		(1,000)	1.0	13.7	50.5	34.8	14.7	85.3
가구원 수	1인	(218)	0.0	14.6	46.7	38.7	14.6	85.4
	2인	(159)	1.8	11.1	53.1	33.9	13.0	87.0
	3인	(290)	2.1	12.8	52.8	32.4	14.8	85.2
	4인 이상	(333)	0.3	15.1	49.9	34.8	15.4	84.6
이념 성향	진보	(231)	0.9	10.4	46.3	42.4	11.3	88.7
	중도	(429)	0.9	14.4	52.9	31.8	15.3	84.7
	보수	(341)	1.2	15.0	50.4	33.5	16.2	83.8
직업	화이트칼라	(644)	1.1	13.8	51.8	33.4	14.9	85.1
	블루칼라	(141)	0.6	14.0	45.9	39.5	14.6	85.4
	학생	(106)	0.9	14.2	51.0	33.8	15.2	84.8
	주부/무직/기타	(109)	0.9	12.1	48.8	38.1	13.1	86.9
고용 형태	상용직 임금근로자	(620)	1.1	14.3	51.3	33.3	15.4	84.6
	임시/일용/특수직 근로자	(97)	0.9	10.9	46.8	41.3	11.9	88.1
	자영업자/무급가족종사자	(58)	0.0	15.5	50.3	34.2	15.5	84.5
권역	도심권	(50)	0.0	13.1	42.7	44.2	13.1	86.9
	동북권	(295)	1.0	15.3	49.5	34.2	16.3	83.7
	서북권	(123)	2.4	12.5	60.0	25.1	14.8	85.2
	서남권	(329)	0.3	14.0	49.2	36.5	14.3	85.7
	동남권	(203)	1.5	11.7	50.4	36.4	13.2	86.8

[표 2-182] 남성과 여성(미래) – 20~30대

구분		사례 수	① 갈등이 매우 작다	② 갈등이 작은 편이다	③ 갈등이 큰 편이다	④ 갈등이 매우 크다	종합	
							갈등이 작다	갈등이 크다
전체		(1,000)	5.3	31.4	42.6	20.8	36.7	63.3
성별	남성	(490)	5.6	31.5	42.8	20.1	37.1	62.9
	여성	(510)	4.9	31.4	42.4	21.4	36.3	63.7
연령	20대	(498)	6.1	30.8	44.1	19.0	36.9	63.1
	30대	(502)	4.4	32.1	41.0	22.5	36.5	63.5
학력	고졸 이하	(97)	5.2	31.5	44.9	18.4	36.7	63.3
	대재	(127)	4.5	36.7	38.4	20.4	41.2	58.8
	대졸	(677)	5.3	30.6	42.3	21.7	35.9	64.1
	대학원 이상	(99)	5.8	30.2	47.0	17.0	36.0	64.0
가구 소득	200만 원 미만	(102)	2.0	35.2	41.3	21.6	37.2	62.8
	200~300만 원 미만	(148)	3.3	28.1	45.9	22.7	31.4	68.6
	300~500만 원 미만	(287)	6.6	30.8	41.8	20.9	37.3	62.7
	500~700만 원 미만	(196)	6.7	33.2	41.3	18.8	39.9	60.1
	700만 원 이상	(267)	5.2	31.2	43.0	20.7	36.3	63.7
혼인 상태	기혼	(220)	5.8	32.2	45.6	16.3	38.0	62.0
	미혼	(745)	4.7	31.0	42.2	22.1	35.7	64.3
	동거/사별/이혼/별거	(35)	14.3	34.5	31.1	20.1	48.8	51.2

[표 2-182] 남성과 여성(미래) – 20~30대(계속)

구분		사례 수	① 갈등이 매우 작다	② 갈등이 작은 편이다	③ 갈등이 큰 편이다	④ 갈등이 매우 크다	종합	
							갈등이 작다	갈등이 크다
전체		(1,000)	5.3	31.4	42.6	20.8	36.7	63.3
가구원 수	1인	(218)	6.8	26.6	43.2	23.4	33.4	66.6
	2인	(159)	3.1	32.0	46.3	18.5	35.1	64.9
	3인	(290)	5.2	36.9	40.7	17.2	42.1	57.9
	4인 이상	(333)	5.3	29.5	41.9	23.2	34.8	65.2
이념 성향	진보	(231)	4.3	32.4	41.6	21.7	36.7	63.3
	중도	(429)	4.6	29.0	47.5	18.9	33.5	66.5
	보수	(341)	6.7	33.9	36.9	22.5	40.6	59.4
직업	화이트칼라	(644)	6.2	31.7	40.9	21.2	37.9	62.1
	블루칼라	(141)	6.2	28.0	46.6	19.1	34.2	65.8
	학생	(106)	1.8	33.5	43.8	20.9	35.3	64.7
	주부/무직/기타	(109)	1.8	32.2	46.0	20.0	34.0	66.0
고용 형태	상용직 임금근로자	(620)	5.8	31.0	42.9	20.4	36.7	63.3
	임시/일용/특수직 근로자	(97)	5.1	31.4	37.6	25.9	36.5	63.5
	자영업자/무급가족종사자	(58)	13.6	34.4	36.5	15.5	48.0	52.0
권역	도심권	(50)	5.6	35.1	37.2	22.1	40.7	59.3
	동북권	(295)	5.4	31.0	43.5	20.1	36.4	63.6
	서북권	(123)	4.9	35.2	44.5	15.4	40.1	59.9
	서남권	(329)	3.9	30.7	44.4	21.0	34.6	65.4
	동남권	(203)	7.3	30.0	38.4	24.3	37.4	62.6

[표 2-183] 남성과 여성(현재) – 40~50대

구분		사례 수	① 갈등이 매우 작다	② 갈등이 작은 편이다	③ 갈등이 큰 편이다	④ 갈등이 매우 크다	종합	
							갈등이 작다	갈등이 크다
전체		(500)	0.2	18.8	62.2	18.8	19.0	81.0
성별	남성	(247)	0.0	23.5	61.1	15.4	23.5	76.5
	여성	(253)	0.4	14.2	63.2	22.1	14.6	85.4
연령	20대	(248)	0.0	16.9	61.3	21.8	16.9	83.1
	30대	(252)	0.4	20.6	63.1	15.9	21.0	79.0
학력	고졸 이하	(61)	0.0	23.0	55.7	21.3	23.0	77.0
	대재	(16)	0.0	12.5	62.5	25.0	12.5	87.5
	대졸	(365)	0.3	19.2	62.5	18.1	19.5	80.5
	대학원 이상	(58)	0.0	13.8	67.2	19.0	13.8	86.2
가구 소득	200만 원 미만	(45)	2.2	22.2	46.7	28.9	24.4	75.6
	200~300만 원 미만	(41)	0.0	22.0	53.7	24.4	22.0	78.0
	300~500만 원 미만	(125)	0.0	17.6	68.0	14.4	17.6	82.4
	500~700만 원 미만	(129)	0.0	11.6	69.0	19.4	11.6	88.4
	700만 원 이상	(160)	0.0	23.8	58.8	17.5	23.8	76.3
혼인 상태	기혼	(340)	0.0	18.2	63.5	18.2	18.2	81.8
	미혼	(127)	0.0	21.3	59.1	19.7	21.3	78.7
	동거/사별/이혼/별거	(33)	3.0	15.2	60.6	21.2	18.2	81.8

[표 2-183] 남성과 여성(현재) – 40~50대(계속)

구분		사례 수	① 갈등이 매우 작다	② 갈등이 작은 편이다	③ 갈등이 큰 편이다	④ 갈등이 매우 크다	종합	
							갈등이 작다	갈등이 크다
전체		(500)	0.2	18.8	62.2	18.8	19.0	81.0
가구원 수	1인	(64)	0.0	21.9	51.6	26.6	21.9	78.1
	2인	(68)	0.0	19.1	66.2	14.7	19.1	80.9
	3인	(175)	0.6	17.1	64.6	17.7	17.7	82.3
	4인 이상	(193)	0.0	19.2	62.2	18.7	19.2	80.8
이념 성향	진보	(126)	0.0	16.7	57.1	26.2	16.7	83.3
	중도	(218)	0.5	16.5	67.9	15.1	17.0	83.0
	보수	(156)	0.0	23.7	58.3	17.9	23.7	76.3
직업	화이트칼라	(328)	0.0	19.8	62.2	18.0	19.8	80.2
	블루칼라	(61)	1.6	24.6	47.5	26.2	26.2	73.8
	주부/무직/기타	(111)	0.0	12.6	70.3	17.1	12.6	87.4
고용 형태	상용직 임금근로자	(314)	0.0	19.7	61.1	19.1	19.7	80.3
	임시/일용/특수직 근로자	(39)	2.6	17.9	48.7	30.8	20.5	79.5
	자영업자/무급가족종사자	(31)	0.0	29.0	64.5	6.5	29.0	71.0
권역	도심권	(25)	0.0	8.0	64.0	28.0	8.0	92.0
	동북권	(155)	0.0	14.8	67.1	18.1	14.8	85.2
	서북권	(60)	0.0	21.7	55.0	23.3	21.7	78.3
	서남권	(149)	0.7	23.5	59.1	16.8	24.2	75.8
	동남권	(111)	0.0	18.9	63.1	18.0	18.9	81.1

[표 2-184] 남성과 여성(미래) – 40~50대

구분		사례 수	① 갈등이 매우 작다	② 갈등이 작은 편이다	③ 갈등이 큰 편이다	④ 갈등이 매우 크다	종합	
							갈등이 작다	갈등이 크다
전체		(500)	4.8	45.8	39.2	10.2	50.6	49.4
성별	남성	(247)	6.1	44.9	36.8	12.1	51.0	49.0
	여성	(253)	3.6	46.6	41.5	8.3	50.2	49.8
연령	20대	(248)	4.8	45.2	39.1	10.9	50.0	50.0
	30대	(252)	4.8	46.4	39.3	9.5	51.2	48.8
학력	고졸 이하	(61)	4.9	54.1	26.2	14.8	59.0	41.0
	대재	(16)	12.5	31.3	56.3	0.0	43.8	56.3
	대졸	(365)	4.7	45.2	39.7	10.4	49.9	50.1
	대학원 이상	(58)	3.4	44.8	44.8	6.9	48.3	51.7
가구 소득	200만 원 미만	(45)	0.0	62.2	20.0	17.8	62.2	37.8
	200~300만 원 미만	(41)	4.9	41.5	41.5	12.2	46.3	53.7
	300~500만 원 미만	(125)	6.4	45.6	43.2	4.8	52.0	48.0
	500~700만 원 미만	(129)	5.4	44.2	38.8	11.6	49.6	50.4
	700만 원 이상	(160)	4.4	43.8	41.3	10.6	48.1	51.9
혼인 상태	기혼	(340)	4.4	43.2	41.5	10.9	47.6	52.4
	미혼	(127)	4.7	52.8	35.4	7.1	57.5	42.5
	동거/사별/이혼/별거	(33)	9.1	45.5	30.3	15.2	54.5	45.5

[표 2-184] 남성과 여성(미래) – 40~50대(계속)

구분		사례 수	① 갈등이 매우 작다	② 갈등이 작은 편이다	③ 갈등이 큰 편이다	④ 갈등이 매우 크다	종합	
							갈등이 작다	갈등이 크다
전체		(500)	4.8	45.8	39.2	10.2	50.6	49.4
가구원 수	1인	(64)	7.8	48.4	37.5	6.3	56.3	43.8
	2인	(68)	2.9	52.9	36.8	7.4	55.9	44.1
	3인	(175)	6.3	46.9	36.0	10.9	53.1	46.9
	4인 이상	(193)	3.1	41.5	43.5	11.9	44.6	55.4
이념 성향	진보	(126)	3.2	46.0	40.5	10.3	49.2	50.8
	중도	(218)	5.5	43.1	40.8	10.6	48.6	51.4
	보수	(156)	5.1	49.4	35.9	9.6	54.5	45.5
직업	화이트칼라	(328)	5.5	44.5	39.3	10.7	50.0	50.0
	블루칼라	(61)	4.9	42.6	42.6	9.8	47.5	52.5
	주부/무직/기타	(111)	2.7	51.4	36.9	9.0	54.1	45.9
고용 형태	상용직 임금근로자	(314)	5.1	42.0	41.7	11.1	47.1	52.9
	임시/일용/특수직 근로자	(39)	2.6	53.8	30.8	12.8	56.4	43.6
	자영업자/무급가족종사자	(31)	9.7	61.3	29.0	0.0	71.0	29.0
권역	도심권	(25)	8.0	52.0	32.0	8.0	60.0	40.0
	동북권	(155)	2.6	41.9	41.3	14.2	44.5	55.5
	서북권	(60)	3.3	43.3	41.7	11.7	46.7	53.3
	서남권	(149)	6.0	47.0	36.9	10.1	53.0	47.0
	동남권	(111)	6.3	49.5	39.6	4.5	55.9	44.1

④ 한국인과 외국인

◈ 20~30대

20~30대가 느끼는 '현재 한국인과 외국인'의 갈등 정도는 '크다' 응답 비율이 57.2%인 반면, '미래 2050년 한국인과 외국인'의 갈등 정도는 '크다' 응답 비율이 47.7%로 나타남

[그림 2-131] 남성과 여성 – 20~30대

(단위: %)

'현재 한국인과 외국인의 갈등이 크다'에 대한 상세분석 결과, 성별로는 여성(57.8%)에서 높게 나타났고 연령별로는 20대(57.3%), 학력별로는 대재(전문대/대학교)(61.5%), 대학원 이상(59.2%), 가구 소득별로는 200~300만 원 미만(59.5%), 300~500만 원 미만(59.3%), 혼인상태별로는 동거/사별/이혼/별거(68.1%), 가구원 수별로는 1인(61.2%), 4인 이상(58.8%), 이념 성향별로는 보수(62.1%), 직업별로는 블루칼라(62.7%), 고용형태별로는 자영업자/무급가족종사자(72.0%), 권역별로는 도심권(63.9%), 동남권(62.1%)에서 높게 나타남

'미래 2050년 한국인과 외국인의 갈등이 클 것이다'에 대한 상세분석 결과, 성별로는 남성(48.9%)에서 높게 나타났고 연령별로는 30대(49.0%), 학력별로는 대재(전문대/대학교)(55.2%), 가구 소득별로는 200~300만 원 미만(54.0%), 혼인상태별로는 미

혼(49.1%), 가구원 수별로는 4인 이상(52.5%), 이념 성향별로는 보수(51.2%), 직업별로는 블루칼라(51.6%), 학생(51.0%), 고용형태별로는 임시/일용/특수직 근로자(57.3%), 권역별로는 동남권(55.7%), 도심권(53.9%)에서 높게 나타남

◈ 40~50대

40~50대가 느끼는 '현재 한국인과 외국인'의 갈등 정도는 '크다' 응답 비율이 53.4%인 반면, '미래 2050년 한국인과 외국인'의 갈등 정도는 '크다' 응답 비율이 34.2%로 나타남

[그림 2-132] 남성과 여성 - 40~50대

(단위: %)

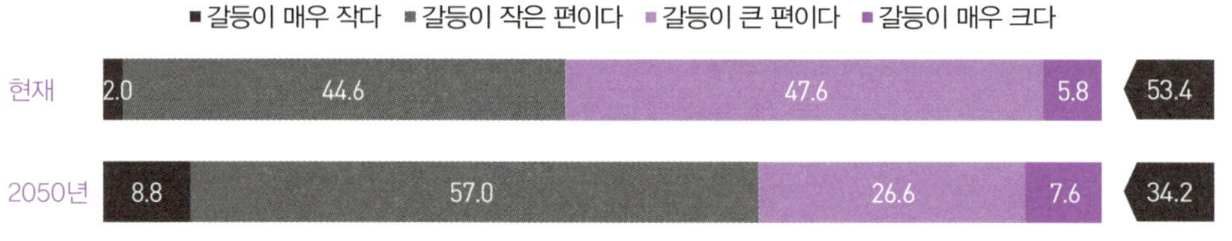

'현재 한국인과 외국인의 갈등이 크다'에 대한 상세분석 결과, 성별로는 여성(53.8%)에서 높게 나타났고 연령별로는 40대(54.4%), 학력별로는 대재(전문대/대학교)(68.8%), 가구 소득별로는 300~500만 원 미만(56.8%), 200~300만 원 미만(56.1%), 혼인 상태별로는 기혼(56.8%), 가구원 수별로는 2인(61.8%), 이념 성향별로는 중도(54.6%), 보수(54.5%), 직업별로는 화이트칼라(56.7%), 고용형태별로는 임시/일용/특수직 근로자(61.5%), 권역별로는 도심권(60.0%), 서북권(60.0%)에서 높게 나타남

'미래 2050년 한국인과 외국인의 갈등이 클 것이다'에 대한 상세분석 결과, 성별로는 남성(36.4%)에서 높게 나타났고 연령별로는 50대(37.3%), 학력별로는 대재(전문대/

대학교)(56.3%), 가구 소득별로는 500~700만 원 미만(38.0%), 200~300만 원 미만(36.6%), 혼인상태별로는 기혼(35.9%), 가구원 수별로는 2인(39.7%), 이념 성향별로는 보수(37.8%), 직업별로는 화이트칼라(35.7%), 고용형태별로는 임시/일용/특수직 근로자(38.5%), 권역별로는 서북권(40.0%)에서 높게 나타남

[표 2-185] 한국인과 외국인(현재) – 20~30대

구분		사례 수	① 갈등이 매우 작다	② 갈등이 작은 편이다	③ 갈등이 큰 편이다	④ 갈등이 매우 크다	종합	
							갈등이 작다	갈등이 크다
전체		(1,000)	3.5	39.2	43.8	13.5	42.8	57.2
성별	남성	(490)	4.1	39.3	41.0	15.6	43.4	56.6
	여성	(510)	2.9	39.2	46.5	11.4	42.2	57.8
연령	20대	(498)	3.9	38.8	41.9	15.4	42.7	57.3
	30대	(502)	3.2	39.6	45.6	11.6	42.8	57.2
학력	고졸 이하	(97)	3.1	47.5	33.9	15.5	50.6	49.4
	대재	(127)	2.4	36.1	47.0	14.6	38.5	61.5
	대졸	(677)	3.4	39.3	44.0	13.3	42.7	57.3
	대학원 이상	(99)	6.0	34.8	48.1	11.1	40.8	59.2
가구 소득	200만 원 미만	(102)	5.9	43.2	41.3	9.7	49.1	50.9
	200~300만 원 미만	(148)	2.0	38.5	42.6	16.9	40.5	59.5
	300~500만 원 미만	(287)	2.8	37.9	45.0	14.3	40.7	59.3
	500~700만 원 미만	(196)	5.3	36.9	46.3	11.6	42.2	57.8
	700만 원 이상	(267)	3.0	41.3	42.3	13.5	44.3	55.7
혼인 상태	기혼	(220)	3.2	38.4	46.7	11.7	41.6	58.4
	미혼	(745)	3.7	40.0	42.7	13.7	43.6	56.4
	동거/사별/이혼/별거	(35)	2.9	29.0	48.0	20.2	31.9	68.1

[표 2-185] 한국인과 외국인(현재) – 20~30대(계속)

구분		사례 수	① 갈등이 매우 작다	② 갈등이 작은 편이다	③ 갈등이 큰 편이다	④ 갈등이 매우 크다	종합	
							갈등이 작다	갈등이 크다
전체		(1,000)	3.5	39.2	43.8	13.5	42.8	57.2
가구원 수	1인	(218)	2.7	36.1	44.1	17.1	38.8	61.2
	2인	(159)	4.4	42.7	41.5	11.4	47.1	52.9
	3인	(290)	5.3	39.9	43.9	11.0	45.2	54.8
	4인 이상	(333)	2.1	39.1	44.6	14.2	41.2	58.8
이념 성향	진보	(231)	3.0	39.5	46.3	11.3	42.4	57.6
	중도	(429)	3.3	43.4	42.1	11.1	46.8	53.2
	보수	(341)	4.1	33.8	44.2	17.9	37.9	62.1
직업	화이트칼라	(644)	4.2	38.6	43.0	14.2	42.8	57.2
	블루칼라	(141)	2.8	34.5	45.3	17.4	37.3	62.7
	학생	(106)	0.9	43.4	45.4	10.3	44.3	55.7
	주부/무직/기타	(109)	2.7	45.3	44.8	7.2	48.0	52.0
고용 형태	상용직 임금근로자	(620)	4.1	39.5	43.2	13.2	43.6	56.4
	임시/일용/특수직 근로자	(97)	3.1	37.5	43.7	15.6	40.6	59.4
	자영업자/무급가족종사자	(58)	5.2	22.8	43.1	28.8	28.0	72.0
권역	도심권	(50)	4.0	32.1	52.8	11.1	36.1	63.9
	동북권	(295)	4.5	42.1	42.5	10.8	46.6	53.4
	서북권	(123)	5.6	42.6	44.6	7.2	48.3	51.7
	서남권	(329)	2.4	38.8	41.4	17.4	41.2	58.8
	동남권	(203)	2.4	35.5	46.8	15.3	37.9	62.1

[표 2-186] 한국인과 외국인(미래) – 20~30대

구분		사례 수	① 갈등이 매우 작다	② 갈등이 작은 편이다	③ 갈등이 큰 편이다	④ 갈등이 매우 크다	종합	
							갈등이 작다	갈등이 크다
전체		(1,000)	7.9	44.4	38.9	8.8	52.3	47.7
성별	남성	(490)	7.6	43.5	38.7	10.2	51.1	48.9
	여성	(510)	8.2	45.3	39.0	7.5	53.5	46.5
연령	20대	(498)	9.3	44.4	37.3	9.1	53.7	46.3
	30대	(502)	6.6	44.4	40.4	8.6	51.0	49.0
학력	고졸 이하	(97)	8.2	50.4	35.1	6.2	58.7	41.3
	대재	(127)	7.1	37.6	48.3	7.0	44.8	55.2
	대졸	(677)	8.3	45.2	36.9	9.6	53.5	46.5
	대학원 이상	(99)	5.8	42.0	43.9	8.3	47.8	52.2
가구 소득	200만 원 미만	(102)	8.2	49.9	33.2	8.7	58.1	41.9
	200~300만 원 미만	(148)	6.7	39.3	45.2	8.9	46.0	54.0
	300~500만 원 미만	(287)	6.9	43.9	39.4	9.8	50.8	49.2
	500~700만 원 미만	(196)	10.5	46.7	36.3	6.5	57.2	42.8
	700만 원 이상	(267)	7.7	44.0	38.8	9.4	51.7	48.3
혼인 상태	기혼	(220)	7.2	48.9	36.2	7.7	56.1	43.9
	미혼	(745)	7.7	43.1	39.7	9.4	50.9	49.1
	동거/사별/이혼/별거	(35)	16.9	43.3	36.8	2.9	60.3	39.7

[표 2-186] 한국인과 외국인(미래) – 20~30대(계속)

구분		사례 수	① 갈등이 매우 작다	② 갈등이 작은 편이다	③ 갈등이 큰 편이다	④ 갈등이 매우 크다	종합	
							갈등이 작다	갈등이 크다
전체		(1,000)	7.9	44.4	38.9	8.8	52.3	47.7
가구원 수	1인	(218)	6.9	45.1	39.8	8.3	52.0	48.0
	2인	(159)	10.9	43.8	38.2	7.1	54.7	45.3
	3인	(290)	9.0	47.8	35.5	7.6	56.9	43.1
	4인 이상	(333)	6.2	41.3	41.4	11.1	47.5	52.5
이념 성향	진보	(231)	9.0	45.1	37.2	8.7	54.1	45.9
	중도	(429)	7.7	46.5	37.7	8.1	54.2	45.8
	보수	(341)	7.4	41.4	41.4	9.8	48.8	51.2
직업	화이트칼라	(644)	8.7	44.7	38.3	8.3	53.4	46.6
	블루칼라	(141)	7.5	40.8	40.4	11.3	48.4	51.6
	학생	(106)	3.1	45.9	39.7	11.3	49.0	51.0
	주부/무직/기타	(109)	8.2	46.0	39.3	6.4	54.3	45.7
고용 형태	상용직 임금근로자	(620)	7.8	46.2	38.0	8.1	53.9	46.1
	임시/일용/특수직 근로자	(97)	7.3	35.4	44.9	12.4	42.7	57.3
	자영업자/무급가족종사자	(58)	16.8	40.1	32.8	10.4	56.9	43.1
권역	도심권	(50)	9.6	36.5	40.8	13.1	46.1	53.9
	동북권	(295)	8.7	44.8	38.3	8.1	53.6	46.4
	서북권	(123)	10.5	47.9	36.7	4.9	58.4	41.6
	서남권	(329)	6.7	48.2	35.9	9.2	54.9	45.1
	동남권	(203)	6.7	37.6	45.3	10.4	44.3	55.7

[표 2-187] 한국인과 외국인(현재) – 40~50대

구분		사례 수	① 갈등이 매우 작다	② 갈등이 작은 편이다	③ 갈등이 큰 편이다	④ 갈등이 매우 크다	종합	
							갈등이 작다	갈등이 크다
전체		(500)	2.0	44.6	47.6	5.8	46.6	53.4
성별	남성	(247)	2.0	44.9	47.4	5.7	47.0	53.0
	여성	(253)	2.0	44.3	47.8	5.9	46.2	53.8
연령	20대	(248)	1.6	44.0	48.8	5.6	45.6	54.4
	30대	(252)	2.4	45.2	46.4	6.0	47.6	52.4
학력	고졸 이하	(61)	6.6	47.5	39.3	6.6	54.1	45.9
	대재	(16)	6.3	25.0	62.5	6.3	31.3	68.8
	대졸	(365)	1.1	46.6	46.8	5.5	47.7	52.3
	대학원 이상	(58)	1.7	34.5	56.9	6.9	36.2	63.8
가구 소득	200만 원 미만	(45)	4.4	51.1	37.8	6.7	55.6	44.4
	200~300만 원 미만	(41)	4.9	39.0	51.2	4.9	43.9	56.1
	300~500만 원 미만	(125)	0.0	43.2	48.8	8.0	43.2	56.8
	500~700만 원 미만	(129)	1.6	42.6	50.4	5.4	44.2	55.8
	700만 원 이상	(160)	2.5	46.9	46.3	4.4	49.4	50.6
혼인 상태	기혼	(340)	1.5	41.8	51.8	5.0	43.2	56.8
	미혼	(127)	2.4	50.4	40.9	6.3	52.8	47.2
	동거/사별/이혼/별거	(33)	6.1	51.5	30.3	12.1	57.6	42.4

[표 2-187] 한국인과 외국인(현재) – 40~50대(계속)

구분		사례 수	① 갈등이 매우 작다	② 갈등이 작은 편이다	③ 갈등이 큰 편이다	④ 갈등이 매우 크다	종합	
							갈등이 작다	갈등이 크다
전체		(500)	2.0	44.6	47.6	5.8	46.6	53.4
가구원 수	1인	(64)	3.1	50.0	39.1	7.8	53.1	46.9
	2인	(68)	2.9	35.3	55.9	5.9	38.2	61.8
	3인	(175)	1.1	46.3	47.4	5.1	47.4	52.6
	4인 이상	(193)	2.1	44.6	47.7	5.7	46.6	53.4
이념 성향	진보	(126)	4.0	46.0	43.7	6.3	50.0	50.0
	중도	(218)	0.9	44.5	49.5	5.0	45.4	54.6
	보수	(156)	1.9	43.6	48.1	6.4	45.5	54.5
직업	화이트칼라	(328)	1.2	42.1	50.3	6.4	43.3	56.7
	블루칼라	(61)	4.9	47.5	42.6	4.9	52.5	47.5
	주부/무직/기타	(111)	2.7	50.5	42.3	4.5	53.2	46.8
고용 형태	상용직 임금근로자	(314)	1.9	43.6	48.4	6.1	45.5	54.5
	임시/일용/특수직 근로자	(39)	2.6	35.9	53.8	7.7	38.5	61.5
	자영업자/무급가족종사자	(31)	0.0	45.2	48.4	6.5	45.2	54.8
권역	도심권	(25)	0.0	40.0	48.0	12.0	40.0	60.0
	동북권	(155)	3.2	52.3	40.0	4.5	55.5	44.5
	서북권	(60)	1.7	38.3	53.3	6.7	40.0	60.0
	서남권	(149)	2.0	39.6	50.3	8.1	41.6	58.4
	동남권	(111)	0.9	45.0	51.4	2.7	45.9	54.1

[표 2-188] 한국인과 외국인(미래) – 40~50대

구분		사례 수	① 갈등이 매우 작다	② 갈등이 작은 편이다	③ 갈등이 큰 편이다	④ 갈등이 매우 크다	종합	
							갈등이 작다	갈등이 크다
전체		(500)	8.8	57.0	26.6	7.6	65.8	34.2
성별	남성	(247)	8.9	54.7	27.1	9.3	63.6	36.4
	여성	(253)	8.7	59.3	26.1	5.9	68.0	32.0
연령	20대	(248)	9.3	59.7	23.8	7.3	69.0	31.0
	30대	(252)	8.3	54.4	29.4	7.9	62.7	37.3
학력	고졸 이하	(61)	11.5	52.5	29.5	6.6	63.9	36.1
	대재	(16)	0.0	43.8	43.8	12.5	43.8	56.3
	대졸	(365)	9.0	58.6	24.9	7.4	67.7	32.3
	대학원 이상	(58)	6.9	55.2	29.3	8.6	62.1	37.9
가구 소득	200만 원 미만	(45)	8.9	64.4	20.0	6.7	73.3	26.7
	200~300만 원 미만	(41)	4.9	58.5	26.8	9.8	63.4	36.6
	300~500만 원 미만	(125)	9.6	56.8	27.2	6.4	66.4	33.6
	500~700만 원 미만	(129)	7.0	55.0	27.9	10.1	62.0	38.0
	700만 원 이상	(160)	10.6	56.3	26.9	6.3	66.9	33.1
혼인 상태	기혼	(340)	7.9	56.2	27.6	8.2	64.1	35.9
	미혼	(127)	11.0	59.1	25.2	4.7	70.1	29.9
	동거/사별/이혼/별거	(33)	9.1	57.6	21.2	12.1	66.7	33.3

[표 2-188] 한국인과 외국인(미래) – 40~50대(계속)

구분		사례 수	① 갈등이 매우 작다	② 갈등이 작은 편이다	③ 갈등이 큰 편이다	④ 갈등이 매우 크다	종합	
							갈등이 작다	갈등이 크다
전체		(500)	8.8	57.0	26.6	7.6	65.8	34.2
가구원 수	1인	(64)	17.2	56.3	20.3	6.3	73.4	26.6
	2인	(68)	2.9	57.4	32.4	7.4	60.3	39.7
	3인	(175)	10.3	57.7	25.1	6.9	68.0	32.0
	4인 이상	(193)	6.7	56.5	28.0	8.8	63.2	36.8
이념 성향	진보	(126)	9.5	59.5	22.2	8.7	69.0	31.0
	중도	(218)	7.3	59.2	27.1	6.4	66.5	33.5
	보수	(156)	10.3	51.9	29.5	8.3	62.2	37.8
직업	화이트칼라	(328)	8.2	56.1	28.4	7.3	64.3	35.7
	블루칼라	(61)	9.8	59.0	18.0	13.1	68.9	31.1
	주부/무직/기타	(111)	9.9	58.6	26.1	5.4	68.5	31.5
고용 형태	상용직 임금근로자	(314)	8.0	58.0	25.5	8.6	65.9	34.1
	임시/일용/특수직 근로자	(39)	10.3	51.3	30.8	7.7	61.5	38.5
	자영업자/ 무급가족종사자	(31)	9.7	54.8	32.3	3.2	64.5	35.5
권역	도심권	(25)	4.0	64.0	28.0	4.0	68.0	32.0
	동북권	(155)	7.7	58.7	26.5	7.1	66.5	33.5
	서북권	(60)	10.0	50.0	31.7	8.3	60.0	40.0
	서남권	(149)	8.1	59.1	23.5	9.4	67.1	32.9
	동남권	(111)	11.7	54.1	27.9	6.3	65.8	34.2

5 환경과 소비자본 측면

1) 환경보호 관련

글로벌 기후 변화 대처 관심 정도

◈ 20~30대

20~30대의 글로벌 기후 변화 대처 관심 정도를 살펴보면, '개인적으로 중요한 관심사 중의 하나이다'가 64.8%로 가장 높았고, 그다음으로는 '개인적으로 중요한 관심사가 아니다'(23.6%), '개인적으로 가장 큰 관심사이다'(11.6%) 순으로 나타남

[그림 2-133] 글로벌 기후 변화 대처 관심 정도 – 20~30대

(단위: %)

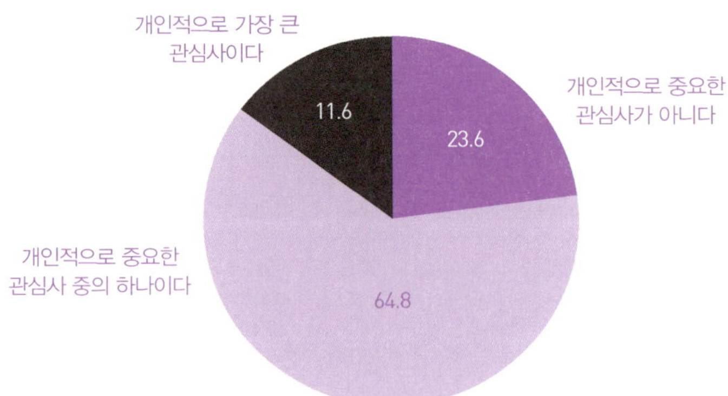

'개인적으로 중요한 관심사 중의 하나이다'에 대한 상세분석 결과, 성별로는 여성

(65.1%)에서 높게 나타났고 연령별로는 20대(65.3%), 학력별로는 대재(전문대/대학교)(70.3%), 대학원 이상(68.7%), 가구 소득별로는 300~500만 원 미만(68.6%), 500~700만 원 미만(66.9%), 혼인상태별로는 기혼(66.4%), 가구원 수별로는 3인(67.6%), 4인 이상(66.0%), 이념 성향별로는 보수(66.7%), 중도(64.9%), 직업별로는 학생(72.8%), 고용형태별로는 상용직 임금근로자(66.5%), 권역별로는 서북권(67.6%), 도심권(65.4%)에서 높게 나타남

◈ 40~50대

40~50대는 '개인적으로 중요한 관심사 중의 하나이다'가 61.6%로 가장 높았고, 그 다음으로는 '개인적으로 중요한 관심사가 아니다'(29.4%), '개인적으로 가장 큰 관심사이다'(9.0%) 순으로 나타남

[그림 2-134] 글로벌 기후 변화 대처 관심 정도 – 40~50대

(단위: %)

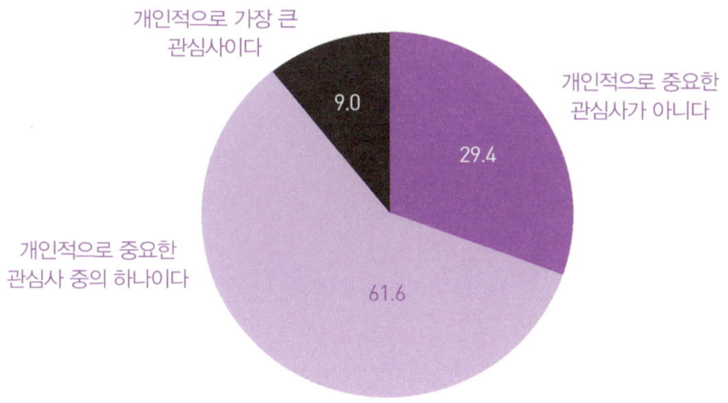

'개인적으로 중요한 관심사 중의 하나이다'에 대한 상세분석 결과, 성별로는 여성(62.5%)에서 높게 나타났고 연령별로는 40대(62.9%), 학력별로는 대졸(전문대/대학교 졸업)(64.1%), 대학원 이상(62.1%), 가구 소득별로는 500~700만 원 미만(66.7%), 700

만 원 이상(66.3%), 혼인상태별로는 기혼(64.7%), 가구원 수별로는 4인 이상(64.2%), 이념 성향별로는 진보(66.7%), 보수(64.1%), 직업별로는 화이트칼라(63.1%), 주부/무직/기타(62.2%), 고용형태별로는 상용직 임금근로자(64.6%), 권역별로는 서북권(68.3%)에서 높게 나타남

[표 2-189] 글로벌 기후 변화 대처 관심 정도 - 20~30대

구분		사례 수	개인적으로 중요한 관심사가 아니다	개인적으로 중요한 관심사 중의 하나이다	개인적으로 가장 큰 관심사이다	계
전체		(1,000)	23.6	64.8	11.6	100.0
성별	남성	(490)	26.2	64.5	9.3	100.0
	여성	(510)	21.2	65.1	13.7	100.0
연령	20대	(498)	23.9	65.3	10.8	100.0
	30대	(502)	23.3	64.3	12.4	100.0
학력	고졸 이하	(97)	32.8	57.9	9.3	100.0
	대재	(127)	17.8	70.3	11.9	100.0
	대졸	(677)	24.2	64.2	11.6	100.0
	대학원 이상	(99)	18.2	68.7	13.1	100.0
가구 소득	200만 원 미만	(102)	29.9	54.1	16.0	100.0
	200~300만 원 미만	(148)	29.5	63.2	7.3	100.0
	300~500만 원 미만	(287)	19.9	68.6	11.5	100.0
	500~700만 원 미만	(196)	22.9	66.9	10.3	100.0
	700만 원 이상	(267)	22.5	64.3	13.1	100.0
혼인 상태	기혼	(220)	21.4	66.4	12.3	100.0
	미혼	(745)	24.6	64.5	11.0	100.0
	동거/사별/이혼/별거	(35)	17.2	62.9	19.8	100.0

[표 2-189] 글로벌 기후 변화 대처 관심 정도 – 20~30대(계속)

구분		사례 수	개인적으로 중요한 관심사가 아니다	개인적으로 중요한 관심사 중의 하나이다	개인적으로 가장 큰 관심사이다	계
전체		(1,000)	23.6	64.8	11.6	100.0
가구원 수	1인	(218)	27.1	64.6	8.3	100.0
	2인	(159)	27.3	57.7	15.0	100.0
	3인	(290)	22.0	67.6	10.4	100.0
	4인 이상	(333)	21.0	66.0	13.1	100.0
이념 성향	진보	(231)	20.8	61.8	17.4	100.0
	중도	(429)	26.3	64.9	8.7	100.0
	보수	(341)	22.2	66.7	11.2	100.0
직업	화이트칼라	(644)	22.4	65.1	12.5	100.0
	블루칼라	(141)	29.0	61.8	9.2	100.0
	학생	(106)	19.5	72.8	7.6	100.0
	주부/무직/기타	(109)	28.1	59.2	12.7	100.0
고용 형태	상용직 임금근로자	(620)	22.5	66.5	10.9	100.0
	임시/일용/특수직 근로자	(97)	30.8	54.9	14.3	100.0
	자영업자/무급가족종사자	(58)	20.7	60.3	19.0	100.0
권역	도심권	(50)	23.6	65.4	11.0	100.0
	동북권	(295)	24.9	64.6	10.5	100.0
	서북권	(123)	21.9	67.6	10.5	100.0
	서남권	(329)	23.4	64.4	12.1	100.0
	동남권	(203)	23.1	63.9	12.9	100.0

[표 2-190] 글로벌 기후 변화 대처 관심 정도 – 40~50대

구분		사례 수	개인적으로 중요한 관심사가 아니다	개인적으로 중요한 관심사 중의 하나이다	개인적으로 가장 큰 관심사이다	계
전체		(500)	29.4	61.6	9.0	100.0
성별	남성	(247)	30.4	60.7	8.9	100.0
	여성	(253)	28.5	62.5	9.1	100.0
연령	40대	(248)	29.8	62.9	7.3	100.0
	50대	(252)	29.0	60.3	10.7	100.0
학력	고졸 이하	(61)	36.1	52.5	11.5	100.0
	대재	(16)	37.5	37.5	25.0	100.0
	대졸	(365)	28.2	64.1	7.7	100.0
	대학원 이상	(58)	27.6	62.1	10.3	100.0
가구 소득	200만 원 미만	(45)	40.0	46.7	13.3	100.0
	200~300만 원 미만	(41)	26.8	65.9	7.3	100.0
	300~500만 원 미만	(125)	34.4	54.4	11.2	100.0
	500~700만 원 미만	(129)	25.6	66.7	7.8	100.0
	700만 원 이상	(160)	26.3	66.3	7.5	100.0
혼인 상태	기혼	(340)	28.5	64.7	6.8	100.0
	미혼	(127)	28.3	58.3	13.4	100.0
	동거/사별/이혼/별거	(33)	42.4	42.4	15.2	100.0

[표 2-190] 글로벌 기후 변화 대처 관심 정도 – 40~50대(계속)

구분		사례 수	개인적으로 중요한 관심사가 아니다	개인적으로 중요한 관심사 중의 하나이다	개인적으로 가장 큰 관심사이다	계
전체		(500)	29.4	61.6	9.0	100.0
가구원 수	1인	(64)	25.0	60.9	14.1	100.0
	2인	(68)	30.9	57.4	11.8	100.0
	3인	(175)	32.0	60.6	7.4	100.0
	4인 이상	(193)	28.0	64.2	7.8	100.0
이념 성향	진보	(126)	22.2	66.7	11.1	100.0
	중도	(218)	33.9	56.9	9.2	100.0
	보수	(156)	28.8	64.1	7.1	100.0
직업	화이트칼라	(328)	27.1	63.1	9.8	100.0
	블루칼라	(61)	39.3	52.5	8.2	100.0
	주부/무직/기타	(111)	30.6	62.2	7.2	100.0
고용 형태	상용직 임금근로자	(314)	27.1	64.6	8.3	100.0
	임시/일용/특수직 근로자	(39)	38.5	46.2	15.4	100.0
	자영업자/무급가족종사자	(31)	32.3	54.8	12.9	100.0
권역	도심권	(25)	20.0	56.0	24.0	100.0
	동북권	(155)	25.8	64.5	9.7	100.0
	서북권	(60)	23.3	68.3	8.3	100.0
	서남권	(149)	32.2	62.4	5.4	100.0
	동남권	(111)	36.0	54.1	9.9	100.0

2050년까지 예상되는 전반적 환경상태

◈ 20~30대

20~30대가 생각하는 2050년까지 예상되는 전반적 환경상태는 '지금보다 더 나빠질 것이다'가 59.8%로 가장 높았고, 그다음으로는 '지금과 별 차이 없다'(32.3%), '지금보다 더 나아질 것이다'(7.9%) 순으로 나타남

[그림 2-135] 2050년까지 예상되는 전반적 환경상태 – 20~30대

(단위: %)

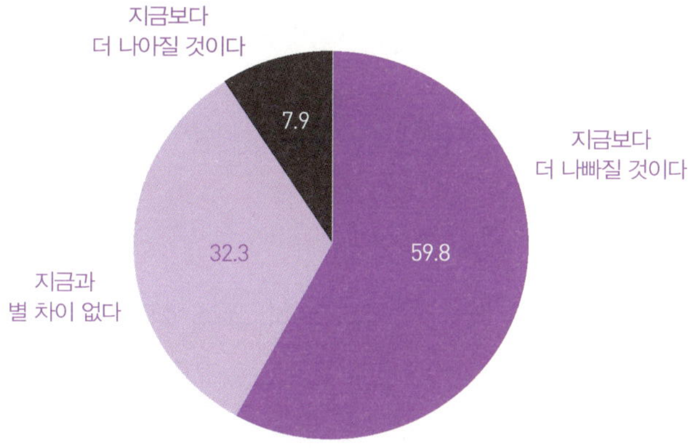

'지금보다 더 나빠질 것이다'에 대한 상세분석 결과, 성별로는 여성(65.7%)에서 높게 나타났고 연령별로는 30대(61.6%), 학력별로는 대졸(전문대/대학교 졸업)(61.3%), 가구 소득별로는 700만 원 이상(64.9%), 200~300만 원 미만(62.0%), 혼인상태별로는 미혼(63.3%), 가구원 수별로는 1인(64.2%), 이념 성향별로는 진보(67.9%), 직업별로는 주부/무직/기타(70.9%), 고용형태별로는 상용직 임금근로자(60.4%), 권역별로는 동남권(64.6%)에서 높게 나타남

◈ 40~50대

40~50대는 '지금보다 더 나빠질 것이다'가 63.0%로 가장 높았고, 그다음으로는 '지금과 별 차이 없다'(26.0%), '지금보다 더 나아질 것이다'(11.0%) 순으로 나타남

[그림 2-136] 2050년까지 예상되는 전반적 환경상태 – 40~50대

(단위: %)

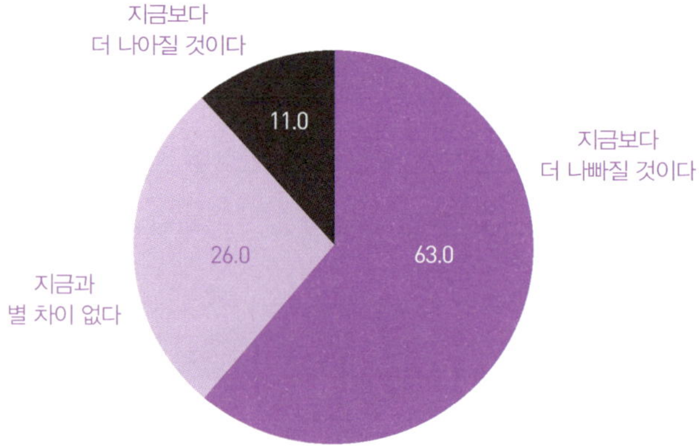

'지금보다 더 나빠질 것이다'에 대한 상세분석 결과, 성별로는 여성(67.6%)에서 높게 나타났고 연령별로는 50대(63.1%), 학력별로는 고졸 이하(68.9%), 가구 소득별로는 200~300만 원 미만(68.3%), 500~700만 원 미만(66.7%), 혼인상태별로는 미혼(65.4%), 가구원 수별로는 2인(66.2%), 3인(64.6%), 이념 성향별로는 진보(65.9%), 직업별로는 주부/무직/기타(64.9%), 화이트칼라(63.1%), 고용형태별로는 상용직 임금근로자(63.7%), 권역별로는 동남권(64.9%), 동북권(64.5%)에서 높게 나타남

[표 2-191] 2050년까지 예상되는 전반적 환경상태 – 20~30대

구분		사례 수	지금보다 더 나빠질 것이다	지금과 별 차이 없다	지금보다 더 나아질 것이다	계
전체		(1,000)	59.8	32.3	7.9	100.0
성별	남성	(490)	53.7	36.7	9.6	100.0
	여성	(510)	65.7	28.0	6.3	100.0
연령	20대	(498)	58.0	34.1	7.9	100.0
	30대	(502)	61.6	30.5	8.0	100.0
학력	고졸 이하	(97)	58.7	33.1	8.2	100.0
	대재	(127)	53.0	41.4	5.6	100.0
	대졸	(677)	61.3	30.3	8.4	100.0
	대학원 이상	(99)	59.3	33.7	7.0	100.0
가구 소득	200만 원 미만	(102)	58.8	35.1	6.1	100.0
	200~300만 원 미만	(148)	62.0	31.4	6.6	100.0
	300~500만 원 미만	(287)	59.3	33.0	7.7	100.0
	500~700만 원 미만	(196)	52.5	36.3	11.2	100.0
	700만 원 이상	(267)	64.9	28.0	7.2	100.0
혼인 상태	기혼	(220)	50.4	38.3	11.3	100.0
	미혼	(745)	63.3	30.1	6.6	100.0
	동거/사별/이혼/별거	(35)	43.3	42.3	14.4	100.0

[표 2-191] 2050년까지 예상되는 전반적 환경상태 – 20~30대(계속)

구분		사례 수	지금보다 더 나빠질 것이다	지금과 별 차이 없다	지금보다 더 나아질 것이다	계
전체		(1,000)	59.8	32.3	7.9	100.0
가구원 수	1인	(218)	64.2	28.9	6.9	100.0
	2인	(159)	58.5	35.9	5.7	100.0
	3인	(290)	59.9	30.1	10.0	100.0
	4인 이상	(333)	57.5	34.7	7.8	100.0
이념 성향	진보	(231)	67.9	22.1	10.0	100.0
	중도	(429)	60.8	31.8	7.4	100.0
	보수	(341)	53.1	39.8	7.1	100.0
직업	화이트칼라	(644)	59.1	33.0	7.9	100.0
	블루칼라	(141)	52.1	36.6	11.3	100.0
	학생	(106)	63.0	33.0	3.9	100.0
	주부/무직/기타	(109)	70.9	21.8	7.3	100.0
고용 형태	상용직 임금근로자	(620)	60.4	31.7	7.9	100.0
	임시/일용/특수직 근로자	(97)	48.2	42.5	9.4	100.0
	자영업자/무급가족종사자	(58)	43.1	43.2	13.6	100.0
권역	도심권	(50)	59.7	34.3	6.0	100.0
	동북권	(295)	59.7	33.5	6.8	100.0
	서북권	(123)	57.7	31.6	10.6	100.0
	서남권	(329)	57.6	34.8	7.6	100.0
	동남권	(203)	64.6	26.4	8.9	100.0

[표 2-192] 2050년까지 예상되는 전반적 환경상태 – 40~50대

구분		사례 수	지금보다 더 나빠질 것이다	지금과 별 차이 없다	지금보다 더 나아질 것이다	계
전체		(500)	63.0	26.0	11.0	100.0
성별	남성	(247)	58.3	30.0	11.7	100.0
	여성	(253)	67.6	22.1	10.3	100.0
연령	40대	(248)	62.9	30.2	6.9	100.0
	50대	(252)	63.1	21.8	15.1	100.0
학력	고졸 이하	(61)	68.9	16.4	14.8	100.0
	대재	(16)	50.0	31.3	18.8	100.0
	대졸	(365)	63.0	27.7	9.3	100.0
	대학원 이상	(58)	60.3	24.1	15.5	100.0
가구소득	200만 원 미만	(45)	60.0	24.4	15.6	100.0
	200~300만 원 미만	(41)	68.3	22.0	9.8	100.0
	300~500만 원 미만	(125)	64.0	24.8	11.2	100.0
	500~700만 원 미만	(129)	66.7	24.0	9.3	100.0
	700만 원 이상	(160)	58.8	30.0	11.3	100.0
혼인상태	기혼	(340)	62.9	27.1	10.0	100.0
	미혼	(127)	65.4	23.6	11.0	100.0
	동거/사별/이혼/별거	(33)	54.5	24.2	21.2	100.0

[표 2-192] 2050년까지 예상되는 전반적 환경상태 – 40~50대(계속)

구분		사례 수	지금보다 더 나빠질 것이다	지금과 별 차이 없다	지금보다 더 나아질 것이다	계
전체		(500)	63.0	26.0	11.0	100.0
가구원 수	1인	(64)	62.5	23.4	14.1	100.0
	2인	(68)	66.2	25.0	8.8	100.0
	3인	(175)	64.6	22.3	13.1	100.0
	4인 이상	(193)	60.6	30.6	8.8	100.0
이념 성향	진보	(126)	65.9	25.4	8.7	100.0
	중도	(218)	62.8	25.2	11.9	100.0
	보수	(156)	60.9	27.6	11.5	100.0
직업	화이트칼라	(328)	63.1	26.2	10.7	100.0
	블루칼라	(61)	59.0	24.6	16.4	100.0
	주부/무직/기타	(111)	64.9	26.1	9.0	100.0
고용 형태	상용직 임금근로자	(314)	63.7	26.8	9.6	100.0
	임시/일용/특수직 근로자	(39)	61.5	15.4	23.1	100.0
	자영업자/ 무급가족종사자	(31)	48.4	32.3	19.4	100.0
권역	도심권	(25)	56.0	24.0	20.0	100.0
	동북권	(155)	64.5	24.5	11.0	100.0
	서북권	(60)	60.0	26.7	13.3	100.0
	서남권	(149)	62.4	27.5	10.1	100.0
	동남권	(111)	64.9	26.1	9.0	100.0

환경보호활동 참여 경험

◈ 20~30대

20~30대의 환경보호활동 참여 경험을 살펴보면, '참석한 경험이 있다' 응답은 '기후변화 대응 단체에 기부'가 19.0%로 가장 높았고, 그다음으로는 '기후변화 대응 정책 활동 참여'(17.5%), '기후변화 대응을 지지하는 시위나 집회 참석'과 '기후변화 해결에 중점을 둔 활동에 자원봉사 참여'(각각 14.8%) 순으로 나타남

[그림 2-137] 환경보호활동 참여 경험 - 20~30대

(단위: %)

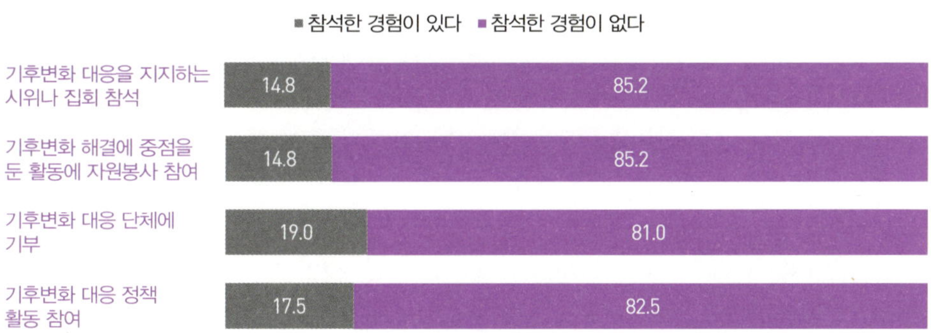

'기후변화 대응 단체에 기부'에 대한 상세분석 결과, 성별로는 여성(21.4%)에서 높게 나타났고 연령별로는 30대(19.3%), 학력별로는 대학원 이상(23.9%), 가구 소득별로는 300~500만 원 미만(22.3%), 700만 원 이상(21.4%), 혼인상태별로는 동거/사별/이혼/별거(36.8%), 가구원 수별로는 1인(22.2%), 4인 이상(21.9%), 이념 성향별로는 진보(21.7%), 보수(21.2%), 직업별로는 화이트칼라(20.7%), 블루칼라(20.4%), 고용형태별로는 임시/일용/특수직 근로자(31.3%), 권역별로는 동북권(21.2%), 도심권(20.8%)에서 높게 나타남

◈ 40~50대

40~50대의 경우, '참석한 경험이 있다' 응답은 '기후변화 대응 단체에 기부'가 14.8%로 가장 높았고, 그다음으로는 '기후변화 대응 정책 활동 참여'(11.4%), '기후변화 해결에 중점을 둔 활동에 자원봉사 참여'(7.2%) 순으로 나타남. 한편, '기후변화 대응을 지지하는 시위나 집회 참석'이 7.0%로 가장 낮게 나타남

[그림 2-138] 환경보호활동 참여 경험 - 40~50대

(단위: %)

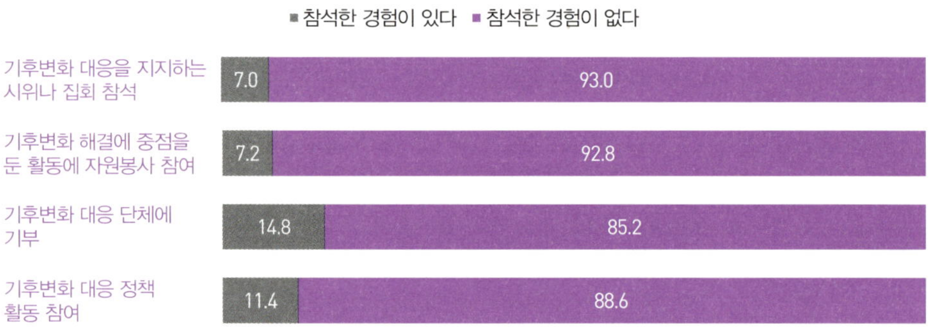

'기후변화 대응 단체에 기부'에 대한 상세분석 결과, 성별로는 남성(15.0%)에서 높게 나타났고 연령별로는 40대(16.9%), 학력별로는 대재(전문대/대학교)(25.0%), 가구 소득별로는 500~700만 원 미만(17.8%), 200~300만 원 미만(17.1%), 혼인상태별로는 기혼(15.6%), 가구원 수별로는 2인(17.6%), 1인(17.2%), 이념 성향별로는 보수(20.5%), 직업별로는 화이트칼라(17.1%), 고용형태별로는 임시/일용/특수직 근로자(17.9%), 권역별로는 도심권(28.0%)에서 높게 나타남

[표 2-193] 환경보호활동 참여 경험(요약표-있다) - 20~30대

구분		사례 수	기후변화 대응을 지지하는 시위나 집회 참석	기후변화 해결에 중점을 둔 활동에 자원봉사 참여	기후변화 대응 단체에 기부	기후변화 대응 정책 활동 참여
전체		(1,000)	14.8	14.8	19.0	17.5
성별	남성	(490)	17.0	15.3	16.6	15.1
	여성	(510)	12.7	14.3	21.4	19.8
연령	20대	(498)	15.5	17.0	18.7	19.7
	30대	(502)	14.1	12.5	19.3	15.3
학력	고졸 이하	(97)	10.2	14.4	18.4	16.3
	대재	(127)	26.7	18.4	22.2	22.1
	대졸	(677)	13.1	13.8	17.8	16.5
	대학원 이상	(99)	16.1	17.1	23.9	19.9
가구 소득	200만 원 미만	(102)	10.7	11.9	11.1	11.1
	200~300만 원 미만	(148)	10.1	10.1	14.2	7.4
	300~500만 원 미만	(287)	19.2	16.4	22.3	20.2
	500~700만 원 미만	(196)	18.4	17.6	18.9	26.0
	700만 원 이상	(267)	11.7	14.6	21.4	16.4
혼인 상태	기혼	(220)	22.1	16.3	18.9	20.8
	미혼	(745)	11.2	13.9	18.2	16.4
	동거/사별/이혼/별거	(35)	45.7	23.2	36.8	19.8

[표 2-193] 환경보호활동 참여 경험(요약표-있다) - 20~30대(계속)

구분		사례 수	기후변화 대응을 지지하는 시위나 집회 참석	기후변화 해결에 중점을 둔 활동에 자원봉사 참여	기후변화 대응 단체에 기부	기후변화 대응 정책 활동 참여
전체		(1,000)	14.8	14.8	19.0	17.5
가구원 수	1인	(218)	14.3	14.8	22.2	17.2
	2인	(159)	16.4	15.9	17.6	15.0
	3인	(290)	11.4	12.5	14.1	16.9
	4인 이상	(333)	17.4	16.2	21.9	19.4
이념 성향	진보	(231)	13.5	16.5	21.7	21.7
	중도	(429)	10.3	10.1	15.9	13.2
	보수	(341)	21.4	19.5	21.2	20.0
직업	화이트칼라	(644)	16.4	15.2	20.7	18.4
	블루칼라	(141)	21.8	17.8	20.4	18.4
	학생	(106)	7.6	16.7	13.6	16.9
	주부/무직/기타	(109)	3.7	6.8	12.8	11.4
고용 형태	상용직 임금근로자	(620)	15.2	14.1	18.6	17.7
	임시/일용/특수직 근로자	(97)	21.3	20.4	31.3	24.5
	자영업자/무급가족종사자	(58)	36.3	24.4	25.9	15.4
권역	도심권	(50)	13.6	12.0	20.8	13.6
	동북권	(295)	16.9	17.2	21.2	20.8
	서북권	(123)	12.2	18.7	20.4	16.0
	서남권	(329)	12.2	11.0	15.6	16.4
	동남권	(203)	17.9	15.8	20.3	16.2

[표 2-194] 환경보호활동 참여 경험(요약표-있다) - 40~50대

구분		사례 수	기후변화 대응을 지지하는 시위나 집회 참석	기후변화 해결에 중점을 둔 활동에 자원봉사 참여	기후변화 대응 단체에 기부	기후변화 대응 정책 활동 참여
전체		(500)	7.0	7.2	14.8	11.4
성별	남성	(247)	8.5	7.3	15.0	10.9
	여성	(253)	5.5	7.1	14.6	11.9
연령	40대	(248)	10.1	9.3	16.9	14.5
	50대	(252)	4.0	5.2	12.7	8.3
학력	고졸 이하	(61)	6.6	6.6	9.8	6.6
	대재	(16)	25.0	25.0	25.0	31.3
	대졸	(365)	7.1	7.4	15.6	9.9
	대학원 이상	(58)	1.7	1.7	12.1	20.7
가구 소득	200만 원 미만	(45)	8.9	6.7	6.7	6.7
	200~300만 원 미만	(41)	7.3	4.9	17.1	9.8
	300~500만 원 미만	(125)	5.6	6.4	12.0	10.4
	500~700만 원 미만	(129)	7.0	7.8	17.8	15.5
	700만 원 이상	(160)	7.5	8.1	16.3	10.6
혼인 상태	기혼	(340)	6.8	8.5	15.6	11.5
	미혼	(127)	7.1	4.7	14.2	11.0
	동거/사별/이혼/별거	(33)	9.1	3.0	9.1	12.1

[표 2-194] 환경보호활동 참여 경험(요약표-있다) - 40~50대(계속)

구분		사례 수	기후변화 대응을 지지하는 시위나 집회 참석	기후변화 해결에 중점을 둔 활동에 자원봉사 참여	기후변화 대응 단체에 기부	기후변화 대응 정책 활동 참여
전체		(500)	7.0	7.2	14.8	11.4
가구원 수	1인	(64)	7.8	4.7	17.2	10.9
	2인	(68)	8.8	5.9	17.6	13.2
	3인	(175)	6.3	6.9	12.0	11.4
	4인 이상	(193)	6.7	8.8	15.5	10.9
이념 성향	진보	(126)	3.2	5.6	14.3	11.1
	중도	(218)	6.0	5.5	11.0	8.7
	보수	(156)	11.5	10.9	20.5	15.4
직업	화이트칼라	(328)	7.3	6.7	17.1	12.2
	블루칼라	(61)	4.9	6.6	9.8	8.2
	주부/무직/기타	(111)	7.2	9.0	10.8	10.8
고용 형태	상용직 임금근로자	(314)	7.0	6.7	16.2	12.4
	임시/일용/특수직 근로자	(39)	7.7	5.1	17.9	5.1
	자영업자/무급가족종사자	(31)	6.5	9.7	12.9	12.9
권역	도심권	(25)	24.0	12.0	28.0	36.0
	동북권	(155)	9.0	9.0	17.4	13.5
	서북권	(60)	5.0	5.0	13.3	10.0
	서남권	(149)	4.7	5.4	9.4	8.1
	동남권	(111)	4.5	7.2	16.2	8.1

2) 소비가치관

소비가치관

◈ 20~30대

20~30대의 소비가치관을 살펴보면, 5점 만점 기준으로 '도덕적이지 않은 기업은 상품이나 서비스의 질이 좋아도 구매하지 않는다'가 3.63점으로 가장 높았고, 그다음으로는 '공유경제를 통해 필요한 물건이나 서비스를 대여해서 사용하는 것이 경제적이다'(3.61점), '환경문제 해결에 도움이 된다면 비싸더라도 친환경 제품을 살 용의가 있다'(3.46점) 순으로 나타남

[그림 2-139] 소비가치관 – 20~30대 (단위: %)

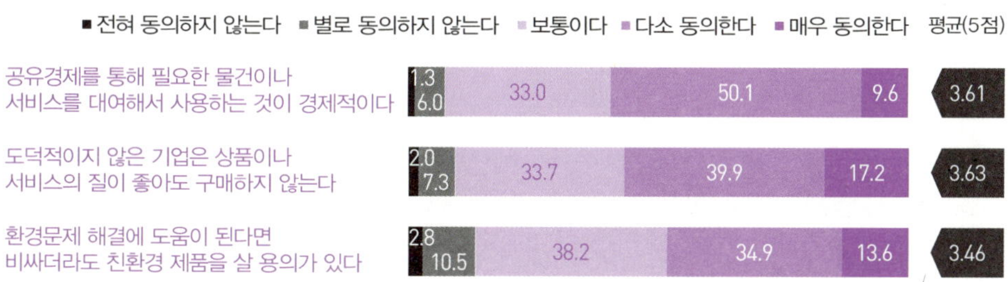

'도덕적이지 않은 기업은 상품이나 서비스의 질이 좋아도 구매하지 않는다'에 대한 상세분석 결과, 성별로는 여성(3.74점)에서 높게 나타났고 연령별로는 30대(3.66점), 학력별로는 대졸(전문대/대학교 졸업)(3.68점), 가구 소득별로는 700만 원 이상(3.76점), 300~500만 원 미만(3.75점), 혼인상태별로는 기혼(3.64점), 미혼(3.64점), 가구원 수별로는 4인 이상(3.66점), 3인(3.65점), 이념 성향별로는 진보(3.99점), 직업별로는 주부/무직/기타(3.72점), 화이트칼라(3.65점), 고용형태별로는 상용직 임금근로자(3.66

점), 권역별로는 동남권(3.71점), 도심권(3.70점)에서 높게 나타남

◈ 40~50대

40~50대는 5점 만점 기준으로 '도덕적이지 않은 기업은 상품이나 서비스의 질이 좋아도 구매하지 않는다'가 3.68점으로 가장 높았고, 그다음으로는 '공유경제를 통해 필요한 물건이나 서비스를 대여해서 사용하는 것이 경제적이다'(3.59점), '환경문제 해결에 도움이 된다면 비싸더라도 친환경 제품을 살 용의가 있다'(3.46점) 순으로 나타남

[그림 2-140] 소비가치관 – 40~50대

(단위: %)

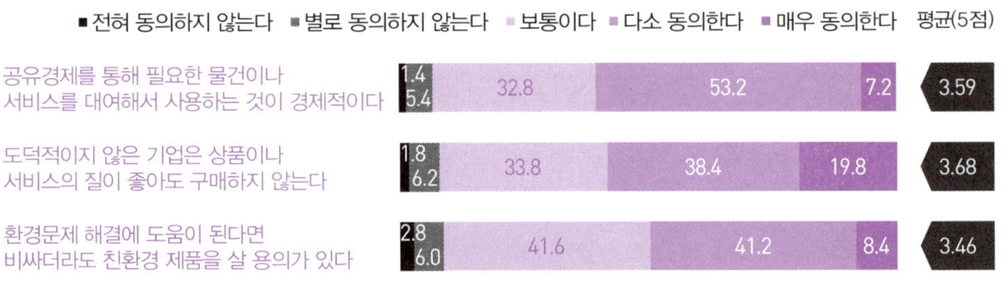

'도덕적이지 않은 기업은 상품이나 서비스의 질이 좋아도 구매하지 않는다'에 대한 상세분석 결과, 성별로는 여성(3.75점)에서 높게 나타났고 연령별로는 40~50대가 동일하게 3.68점, 학력별로는 대학원 이상(3.71점), 고졸 이하(3.69점), 가구 소득별로는 500~700만 원 미만(3.84점), 700만 원 이상(3.71점), 혼인상태별로는 기혼(3.69점), 가구원 수별로는 2인(3.81점), 3인(3.70점), 이념 성향별로는 진보(4.02점), 직업별로는 블루칼라(3.74점), 고용형태별로는 임시/일용/특수직 근로자(3.85점), 상용직 임금근로자(3.68점), 권역별로는 도심권(4.00점)에서 높게 나타남

[표 2-195] 소비가치관(평균요약표) - 20~30대

구분		사례 수	공유경제를 통해 필요한 물건이나 서비스를 대여해서 사용하는 것이 경제적이다	도덕적이지 않은 기업은 상품이나 서비스의 질이 좋아도 구매하지 않는다	환경문제 해결에 도움이 된다면 비싸더라도 친환경 제품을 살 용의가 있다
전체		(1,000)	3.61	3.63	3.46
성별	남성	(490)	3.56	3.52	3.38
	여성	(510)	3.65	3.74	3.54
연령	20대	(498)	3.57	3.60	3.45
	30대	(502)	3.64	3.66	3.47
학력	고졸 이하	(97)	3.57	3.43	3.25
	대재	(127)	3.40	3.50	3.40
	대졸	(677)	3.65	3.68	3.51
	대학원 이상	(99)	3.60	3.62	3.41
가구 소득	200만 원 미만	(102)	3.54	3.25	3.26
	200~300만 원 미만	(148)	3.57	3.52	3.25
	300~500만 원 미만	(287)	3.60	3.75	3.48
	500~700만 원 미만	(196)	3.60	3.56	3.48
	700만 원 이상	(267)	3.67	3.76	3.61
혼인 상태	기혼	(220)	3.63	3.64	3.49
	미혼	(745)	3.61	3.64	3.46
	동거/사별/이혼/별거	(35)	3.32	3.26	3.32

[표 2-195] 소비가치관(평균요약표) – 20~30대(계속)

구분		사례 수	공유경제를 통해 필요한 물건이나 서비스를 대여해서 사용하는 것이 경제적이다	도덕적이지 않은 기업은 상품이나 서비스의 질이 좋아도 구매하지 않는다	환경문제 해결에 도움이 된다면 비싸더라도 친환경 제품을 살 용의가 있다
전체		(1,000)	3.61	3.63	3.46
가구원 수	1인	(218)	3.63	3.58	3.42
	2인	(159)	3.54	3.59	3.39
	3인	(290)	3.62	3.65	3.42
	4인 이상	(333)	3.61	3.66	3.56
이념 성향	진보	(231)	3.77	3.99	3.58
	중도	(429)	3.56	3.54	3.44
	보수	(341)	3.56	3.50	3.41
직업	화이트칼라	(644)	3.62	3.65	3.51
	블루칼라	(141)	3.56	3.50	3.33
	학생	(106)	3.64	3.61	3.48
	주부/무직/기타	(109)	3.55	3.72	3.34
고용 형태	상용직 임금근로자	(620)	3.67	3.66	3.48
	임시/일용/특수직 근로자	(97)	3.37	3.51	3.40
	자영업자/무급가족종사자	(58)	3.43	3.42	3.65
권역	도심권	(50)	3.57	3.70	3.64
	동북권	(295)	3.57	3.60	3.36
	서북권	(123)	3.62	3.69	3.46
	서남권	(329)	3.67	3.57	3.49
	동남권	(203)	3.56	3.71	3.51

[표 2-196] 소비가치관(평균요약표) – 40~50대

구분		사례 수	공유경제를 통해 필요한 물건이나 서비스를 대여해서 사용하는 것이 경제적이다	도덕적이지 않은 기업은 상품이나 서비스의 질이 좋아도 구매하지 않는다	환경문제 해결에 도움이 된다면 비싸더라도 친환경 제품을 살 용의가 있다
전체		(500)	3.59	3.68	3.46
성별	남성	(247)	3.55	3.61	3.44
	여성	(253)	3.64	3.75	3.49
연령	40대	(248)	3.57	3.68	3.42
	50대	(252)	3.62	3.68	3.51
학력	고졸 이하	(61)	3.61	3.69	3.39
	대재	(16)	3.50	3.56	3.31
	대졸	(365)	3.58	3.68	3.48
	대학원 이상	(58)	3.69	3.71	3.45
구 소득	200만 원 미만	(45)	3.47	3.56	3.02
	200~300만 원 미만	(41)	3.56	3.59	3.27
	300~500만 원 미만	(125)	3.62	3.56	3.36
	500~700만 원 미만	(129)	3.63	3.84	3.53
	700만 원 이상	(160)	3.59	3.71	3.66
혼인 상태	기혼	(340)	3.62	3.69	3.54
	미혼	(127)	3.50	3.66	3.32
	동거/사별/이혼/별거	(33)	3.64	3.64	3.21

[표 2-196] 소비가치관(평균요약표) – 40~50대(계속)

구분		사례 수	공유경제를 통해 필요한 물건이나 서비스를 대여해서 사용하는 것이 경제적이다	도덕적이지 않은 기업은 상품이나 서비스의 질이 좋아도 구매하지 않는다	환경문제 해결에 도움이 된다면 비싸더라도 친환경 제품을 살 용의가 있다
전체		(500)	3.59	3.68	3.46
가구원 수	1인	(64)	3.52	3.61	3.45
	2인	(68)	3.59	3.81	3.25
	3인	(175)	3.59	3.70	3.40
	4인 이상	(193)	3.62	3.65	3.60
이념 성향	진보	(126)	3.66	4.02	3.63
	중도	(218)	3.53	3.66	3.37
	보수	(156)	3.63	3.44	3.46
직업	화이트칼라	(328)	3.64	3.68	3.55
	블루칼라	(61)	3.61	3.74	3.38
	주부/무직/기타	(111)	3.44	3.66	3.26
고용 형태	상용직 임금근로자	(314)	3.64	3.68	3.54
	임시/일용/특수직 근로자	(39)	3.67	3.85	3.38
	자영업자/ 무급가족종사자	(31)	3.52	3.55	3.48
권역	도심권	(25)	3.64	4.00	3.72
	동북권	(155)	3.56	3.66	3.48
	서북권	(60)	3.65	3.75	3.52
	서남권	(149)	3.57	3.66	3.36
	동남권	(111)	3.63	3.63	3.50

6 미래도시 측면

1) 기술발달과 사회변화

디지털 기술에 대한 견해

◈ 20~30대

20~30대의 디지털 기술에 대한 견해를 살펴보면, 5점 만점 기준으로 '디지털 기술의 혜택은 모든 사람이 공평하게 누릴 수 있어야 한다'가 3.90점으로 가장 높았고, 그다음으로는 '디지털 기술은 우리의 생활을 너무 빨리 진화시킨다'(3.83점), '디지털

[그림 2-141] 디지털 기술에 대한 견해 – 20~30대 (단위: %)

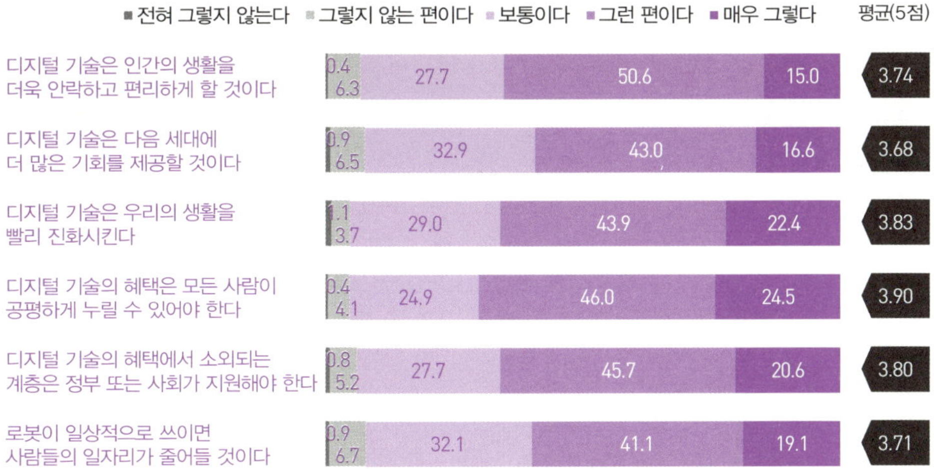

기술의 혜택에서 소외되는 계층은 정부 또는 사회가 지원해야 한다'(3.80점) 순으로 나타남. 한편, '디지털 기술은 다음 세대에 더 많은 기회를 제공할 것이다'가 3.68점으로 가장 낮게 나타남

◈ 40~50대

40~50대는 5점 만점 기준으로 '디지털 기술의 혜택은 모든 사람이 공평하게 누릴 수 있어야 한다'가 3.95점으로 가장 높았고, 그다음으로는 '디지털 기술의 혜택에서 소외되는 계층은 정부 또는 사회가 지원해야 한다'(3.91점), '디지털 기술은 우리의 생활을 너무 빨리 진화시킨다'(3.86점) 순으로 나타남. 한편, '디지털 기술은 다음 세대에 더 많은 기회를 제공할 것이다'가 3.72점으로 가장 낮게 나타남

[그림 2-142] 디지털 기술에 대한 견해 – 40~50대 (단위: %)

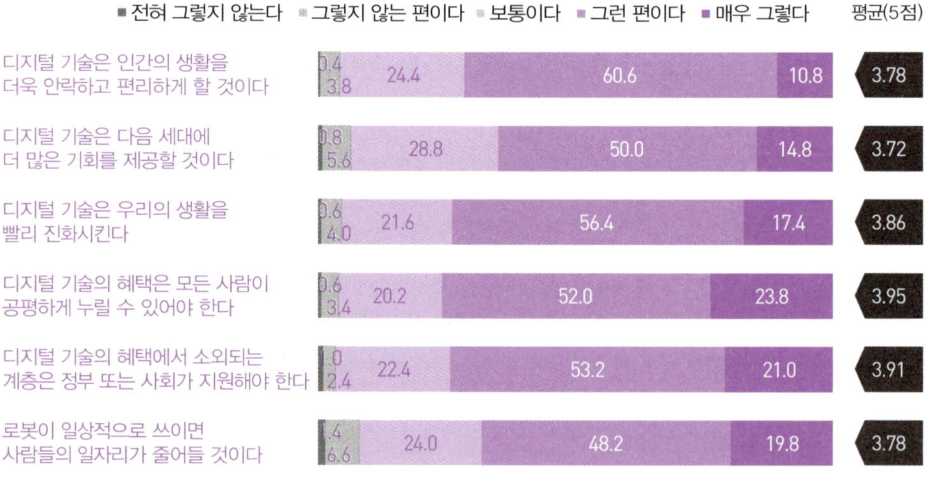

'디지털 기술의 혜택은 모든 사람이 공평하게 누릴 수 있어야 한다'에 대한 상세분석 결과, 성별로는 남성(3.97점)에서 높게 나타났고 연령별로는 50대(3.96점), 학력별로

는 대학원 이상(4.02점), 대졸(전문대/대학교 졸업)(3.98점), 가구 소득별로는 700만 원 이상(4.03점), 혼인상태별로는 동거/사별/이혼/별거(4.09점), 기혼(3.96점), 가구원 수별로는 3인(4.02점), 이념 성향별로는 진보(4.13점), 직업별로는 화이트칼라(4.01점), 고용형태별로는 임시/일용/특수직 근로자(4.08점), 상용직 임금근로자(3.99점), 권역별로는 도심권(4.04점), 동북권(3.98점)에서 높게 나타남

'디지털 기술의 혜택은 모든 사람이 공평하게 누릴 수 있어야 한다'에 대한 상세분석 결과, 성별로는 여성(3.96점)에서 높게 나타났고 연령별로는 30대(3.93점), 학력별로는 대졸(전문대/대학교 졸업)(3.93점), 가구 소득별로는 700만 원 이상(4.02점), 300~500만 원 미만(3.90점), 500~700만 원 미만(3.90점), 혼인상태별로는 미혼(3.92점), 가구원 수별로는 4인 이상(3.98점), 3인(3.93점), 이념 성향별로는 진보(4.16점), 직업별로는 주부/무직/기타(3.95점), 화이트칼라(3.93점), 고용형태별로는 상용직 임금근로자(3.94점), 권역별로는 서남권(3.94점), 도심권(3.93점)에서 높게 나타남

[표 2-197] 디지털 기술에 대한 견해(평균요약표) – 20~30대

구분		사례 수	디지털 기술은 인간의 생활을 더욱 안락하고, 편리하게 할 것이다	디지털 기술은 다음 세대에 더 많은 기회를 제공할 것이다	디지털 기술은 우리의 생활을 너무 빨리 진화시킨다	디지털 기술의 혜택은 모든 사람이 공평하게 누릴 수 있어야 한다	디지털 기술의 혜택에서 소외되는 계층은 정부 또는 사회가 지원해야 한다	로봇이 일상적으로 쓰이면 사람들의 일자리가 줄어들 것이다
전체		(1,000)	3.74	3.68	3.83	3.90	3.80	3.71
성별	남성	(490)	3.77	3.73	3.73	3.84	3.73	3.66
	여성	(510)	3.70	3.63	3.92	3.96	3.86	3.75
연령	20대	(498)	3.73	3.69	3.83	3.87	3.78	3.69
	30대	(502)	3.74	3.66	3.82	3.93	3.82	3.73
학력	고졸 이하	(97)	3.71	3.72	3.81	3.87	3.87	3.81
	대재	(127)	3.58	3.53	3.71	3.78	3.72	3.48
	대졸	(677)	3.75	3.71	3.86	3.93	3.80	3.75
	대학원 이상	(99)	3.84	3.63	3.80	3.89	3.84	3.64
가구 소득	200만 원 미만	(102)	3.67	3.57	3.77	3.77	3.77	3.63
	200~300만 원 미만	(148)	3.62	3.60	3.71	3.79	3.69	3.70
	300~500만 원 미만	(287)	3.72	3.68	3.80	3.90	3.82	3.72
	500~700만 원 미만	(196)	3.71	3.65	3.90	3.90	3.79	3.86
	700만 원 이상	(267)	3.86	3.77	3.90	4.02	3.86	3.63
혼인 상태	기혼	(220)	3.73	3.70	3.80	3.86	3.78	3.75
	미혼	(745)	3.75	3.67	3.84	3.92	3.82	3.70
	동거/사별/이혼/별거	(35)	3.44	3.78	3.75	3.72	3.45	3.72

[표 2-197] 디지털 기술에 대한 견해(평균요약표) - 20~30대(계속)

구분		사례 수	디지털 기술은 인간의 생활을 더욱 안락하고, 편리하게 할 것이다	디지털 기술은 다음 세대에 더 많은 기회를 제공할 것이다	디지털 기술은 우리의 생활을 너무 빨리 진화시킨다	디지털 기술의 혜택은 모든 사람이 공평하게 누릴 수 있어야 한다	디지털 기술의 혜택에서 소외되는 계층은 정부 또는 사회가 지원해야 한다	로봇이 일상적으로 쓰이면 사람들의 일자리가 줄어들 것이다
전체		(1,000)	3.74	3.68	3.83	3.90	3.80	3.71
가구원 수	1인	(218)	3.61	3.62	3.73	3.82	3.68	3.62
	2인	(159)	3.74	3.74	3.79	3.80	3.70	3.69
	3인	(290)	3.70	3.65	3.90	3.93	3.84	3.74
	4인 이상	(333)	3.85	3.71	3.85	3.98	3.89	3.75
이념 성향	진보	(231)	3.87	3.69	3.91	4.16	4.07	3.87
	중도	(429)	3.73	3.70	3.79	3.88	3.78	3.71
	보수	(341)	3.65	3.64	3.82	3.76	3.65	3.60
직업	화이트칼라	(644)	3.74	3.72	3.82	3.93	3.78	3.69
	블루칼라	(141)	3.63	3.59	3.70	3.76	3.76	3.68
	학생	(106)	3.88	3.69	3.90	3.90	3.83	3.75
	주부/무직/기타	(109)	3.69	3.54	3.94	3.95	3.93	3.80
고용 형태	상용직 임금근로자	(620)	3.77	3.74	3.83	3.94	3.79	3.73
	임시/일용/특수직 근로자	(97)	3.56	3.39	3.68	3.73	3.85	3.69
	자영업자/ 무급가족종사자	(58)	3.45	3.69	3.64	3.66	3.51	3.31
권역	도심권	(50)	3.73	3.75	3.76	3.93	3.74	3.81
	동북권	(295)	3.77	3.67	3.82	3.90	3.85	3.77
	서북권	(123)	3.73	3.75	3.74	3.87	3.75	3.69
	서남권	(329)	3.73	3.66	3.86	3.94	3.78	3.67
	동남권	(203)	3.71	3.66	3.86	3.86	3.79	3.67

[표 2-198] 디지털 기술에 대한 견해(평균요약표) – 40~50대

구분		사례 수	디지털 기술은 인간의 생활을 더욱 안락하고, 편리하게 할 것이다	디지털 기술은 다음 세대에 더 많은 기회를 제공할 것이다	디지털 기술은 우리의 생활을 너무 빨리 진화시킨다	디지털 기술의 혜택은 모든 사람이 공평하게 누릴 수 있어야 한다	디지털 기술의 혜택에서 소외되는 계층은 정부 또는 사회가 지원해야 한다	로봇이 일상적으로 쓰이면 사람들의 일자리가 줄어들 것이다
전체		(500)	3.78	3.72	3.86	3.95	3.91	3.78
성별	남성	(247)	3.73	3.75	3.80	3.97	3.88	3.74
	여성	(253)	3.82	3.70	3.92	3.93	3.94	3.83
연령	40대	(248)	3.73	3.67	3.81	3.94	3.89	3.67
	50대	(252)	3.83	3.78	3.91	3.96	3.92	3.90
학력	고졸 이하	(61)	3.70	3.64	3.82	3.74	3.98	4.02
	대재	(16)	3.50	3.19	4.13	3.94	3.81	3.94
	대졸	(365)	3.78	3.74	3.83	3.98	3.87	3.73
	대학원 이상	(58)	3.90	3.84	4.00	4.02	4.10	3.84
가구 소득	200만 원 미만	(45)	3.58	3.71	3.84	3.80	3.96	3.91
	200~300만 원 미만	(41)	3.78	3.68	3.90	3.93	3.85	4.10
	300~500만 원 미만	(125)	3.78	3.71	3.94	3.94	3.90	3.82
	500~700만 원 미만	(129)	3.74	3.67	3.84	3.92	3.95	3.71
	700만 원 이상	(160)	3.86	3.79	3.81	4.03	3.89	3.69
혼인 상태	기혼	(340)	3.79	3.74	3.86	3.96	3.90	3.74
	미혼	(127)	3.72	3.63	3.80	3.87	3.92	3.85
	동거/사별/이혼/별거	(33)	3.85	3.91	4.06	4.09	3.94	3.97

[표 2-198] 디지털 기술에 대한 견해(평균요약표) - 40~50대(계속)

구분		사례 수	디지털 기술은 인간의 생활을 더욱 안락하고, 편리하게 할 것이다	디지털 기술은 다음 세대에 더 많은 기회를 제공할 것이다	디지털 기술은 우리의 생활을 너무 빨리 진화시킨다	디지털 기술의 혜택은 모든 사람이 공평하게 누릴 수 있어야 한다	디지털 기술의 혜택에서 소외되는 계층은 정부 또는 사회가 지원해야 한다	로봇이 일상적으로 쓰이면 사람들의 일자리가 줄어들 것이다
전체		(500)	3.78	3.72	3.86	3.95	3.91	3.78
가구원 수	1인	(64)	3.78	3.66	3.88	3.91	3.89	3.70
	2인	(68)	3.53	3.57	3.82	3.81	3.82	3.72
	3인	(175)	3.88	3.83	3.94	4.02	3.99	3.85
	4인 이상	(193)	3.77	3.70	3.80	3.95	3.87	3.78
이념 성향	진보	(126)	3.77	3.70	3.83	4.13	4.06	3.75
	중도	(218)	3.75	3.69	3.91	3.90	3.89	3.84
	보수	(156)	3.82	3.79	3.81	3.88	3.81	3.72
직업	화이트칼라	(328)	3.81	3.76	3.88	4.01	3.92	3.73
	블루칼라	(61)	3.69	3.82	3.82	3.82	3.95	3.97
	주부/무직/기타	(111)	3.72	3.57	3.81	3.84	3.85	3.83
고용 형태	상용직 임금근로자	(314)	3.79	3.76	3.87	3.99	3.93	3.75
	임시/일용/특수직 근로자	(39)	3.87	4.03	4.03	4.08	4.05	3.97
	자영업자/무급가족종사자	(31)	3.58	3.45	3.68	3.77	3.65	3.61
권역	도심권	(25)	3.60	3.60	3.80	4.04	4.08	3.60
	동북권	(155)	3.74	3.74	3.90	3.98	3.90	3.80
	서북권	(60)	3.85	3.90	3.73	3.93	3.88	3.73
	서남권	(149)	3.79	3.67	3.93	3.95	3.91	3.81
	동남권	(111)	3.80	3.71	3.78	3.89	3.88	3.80

메타버스 이용 경험 여부

◈ 20~30대

20~30대의 메타버스 이용 경험 여부는 '있다'가 28.4%, '없다'가 71.6%로 나타남

[그림 2-143] 메타버스 이용 경험 여부 – 20~30대

(단위: %)

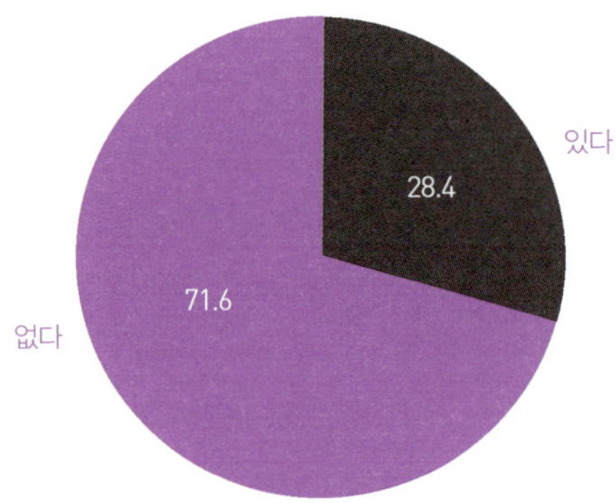

'있다'에 대한 상세분석 결과, 성별로는 남성(32.1%)에서 높게 나타났고 연령별로는 20대(28.8%), 학력별로는 대학원 이상(35.2%), 가구 소득별로는 700만 원 이상(35.7%), 혼인상태별로는 동거/사별/이혼/별거(34.5%), 기혼(33.0%), 가구원 수별로는 4인 이상(32.4%), 이념 성향별로는 보수(34.7%), 직업별로는 학생(33.3%), 고용형태별로는 상용직 임금근로자(30.8%), 권역별로는 도심권(35.1%)에서 높게 나타남

◈ 40~50대

40~50대의 메타버스 이용 경험 여부는 '있다'가 20.0%, '없다'가 80.0%로 나타남

[그림 2-144] 메타버스 이용 경험 여부 – 40~50대

(단위: %)

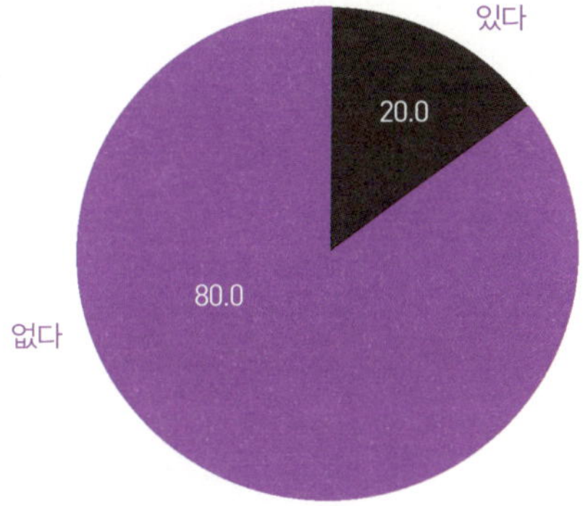

'있다'에 대한 상세분석 결과, 성별로는 여성(20.2%)에서 높게 나타났고 연령별로는 40대(24.2%), 학력별로는 대학원 이상(37.9%), 가구 소득별로는 700만 원 이상(26.9%), 혼인상태별로는 기혼(22.9%), 가구원 수별로는 3인(24.0%), 이념 성향별로는 진보(25.4%), 직업별로는 화이트칼라(23.8%), 고용형태별로는 상용직 임금근로자(22.9%), 권역별로는 동남권(25.2%)에서 높게 나타남

[표 2-199] 메타버스 이용 경험 여부 – 20~30대

구분		사례 수	있다	없다	계
전체		(1,000)	28.4	71.6	100.0
성별	남성	(490)	32.1	67.9	100.0
	여성	(510)	24.9	75.1	100.0
연령	20대	(498)	28.8	71.2	100.0
	30대	(502)	28.1	71.9	100.0
학력	고졸 이하	(97)	23.3	76.7	100.0
	대재	(127)	28.6	71.4	100.0
	대졸	(677)	28.1	71.9	100.0
	대학원 이상	(99)	35.2	64.8	100.0
가구 소득	200만 원 미만	(102)	23.9	76.1	100.0
	200~300만 원 미만	(148)	20.3	79.7	100.0
	300~500만 원 미만	(287)	27.8	72.2	100.0
	500~700만 원 미만	(196)	27.9	72.1	100.0
	700만 원 이상	(267)	35.7	64.3	100.0
혼인 상태	기혼	(220)	33.0	67.0	100.0
	미혼	(745)	26.8	73.2	100.0
	동거/사별/이혼/별거	(35)	34.5	65.5	100.0

[표 2-199] 메타버스 이용 경험 여부 – 20~30대(계속)

구분		사례 수	있다	없다	계
전체		(1,000)	28.4	71.6	100.0
가구원 수	1인	(218)	22.4	77.6	100.0
	2인	(159)	29.4	70.6	100.0
	3인	(290)	27.8	72.2	100.0
	4인 이상	(333)	32.4	67.6	100.0
이념 성향	진보	(231)	30.8	69.2	100.0
	중도	(429)	22.1	77.9	100.0
	보수	(341)	34.7	65.3	100.0
직업	화이트칼라	(644)	29.7	70.3	100.0
	블루칼라	(141)	25.4	74.6	100.0
	학생	(106)	33.3	66.7	100.0
	주부/무직/기타	(109)	20.0	80.0	100.0
고용 형태	상용직 임금근로자	(620)	30.8	69.2	100.0
	임시/일용/특수직 근로자	(97)	20.2	79.8	100.0
	자영업자/ 무급가족종사자	(58)	24.2	75.8	100.0
권역	도심권	(50)	35.1	64.9	100.0
	동북권	(295)	26.9	73.1	100.0
	서북권	(123)	29.2	70.8	100.0
	서남권	(329)	29.7	70.3	100.0
	동남권	(203)	26.4	73.6	100.0

[표 2-200] 메타버스 이용 경험 여부 - 40~50대

구분		사례 수	있다	없다	계
전체		(500)	20.0	80.0	100.0
성별	남성	(247)	19.8	80.2	100.0
	여성	(253)	20.2	79.8	100.0
연령	40대	(248)	24.2	75.8	100.0
	50대	(252)	15.9	84.1	100.0
학력	고졸 이하	(61)	4.9	95.1	100.0
	대재	(16)	18.8	81.3	100.0
	대졸	(365)	19.7	80.3	100.0
	대학원 이상	(58)	37.9	62.1	100.0
가구 소득	200만 원 미만	(45)	4.4	95.6	100.0
	200~300만 원 미만	(41)	9.8	90.2	100.0
	300~500만 원 미만	(125)	16.8	83.2	100.0
	500~700만 원 미만	(129)	23.3	76.7	100.0
	700만 원 이상	(160)	26.9	73.1	100.0
혼인 상태	기혼	(340)	22.9	77.1	100.0
	미혼	(127)	15.0	85.0	100.0
	동거/사별/이혼/별거	(33)	9.1	90.9	100.0

[표 2-200] 메타버스 이용 경험 여부 – 40~50대(계속)

구분		사례 수	있다	없다	계
전체		(500)	20.0	80.0	100.0
가구원 수	1인	(64)	12.5	87.5	100.0
	2인	(68)	13.2	86.8	100.0
	3인	(175)	24.0	76.0	100.0
	4인 이상	(193)	21.2	78.8	100.0
이념 성향	진보	(126)	25.4	74.6	100.0
	중도	(218)	18.3	81.7	100.0
	보수	(156)	17.9	82.1	100.0
직업	화이트칼라	(328)	23.8	76.2	100.0
	블루칼라	(61)	9.8	90.2	100.0
	주부/무직/기타	(111)	14.4	85.6	100.0
고용 형태	상용직 임금근로자	(314)	22.9	77.1	100.0
	임시/일용/특수직 근로자	(39)	17.9	82.1	100.0
	자영업자/ 무급가족종사자	(31)	12.9	87.1	100.0
권역	도심권	(25)	24.0	76.0	100.0
	동북권	(155)	16.8	83.2	100.0
	서북권	(60)	18.3	81.7	100.0
	서남권	(149)	19.5	80.5	100.0
	동남권	(111)	25.2	74.8	100.0

메타버스 이용 목적

◈ 20~30대

20~30대의 메타버스 이용 목적(1순위)은 '업무·직장 관련' 응답이 19.2%로 가장 높고, 그다음으로는 '취미생활'(17.9%), '게임'(16.9%) 순으로 나타남

[그림 2-145] 메타버스 이용 목적 – 20~30대

(단위: %)

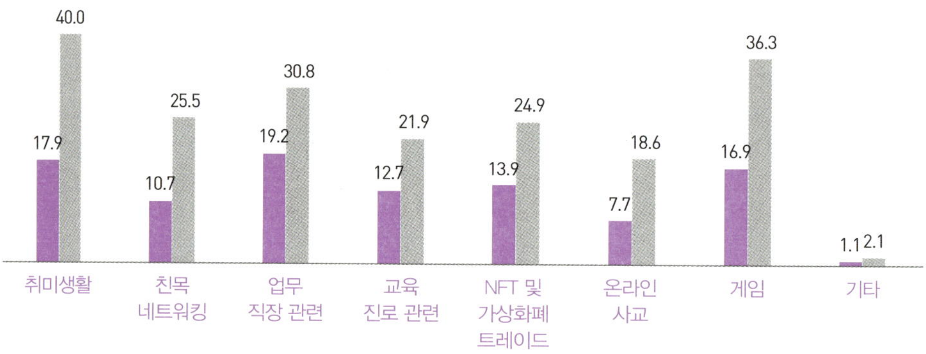

'업무·직장 관련'에 대한 상세분석 결과(1순위), 성별로는 여성(23.6%)에서 높게 나타났고 연령별로는 20대(19.9%), 학력별로는 대학원 이상(34.8%), 가구 소득별로는 700만 원 이상(25.5%), 혼인상태별로는 기혼(20.6%), 가구원 수별로는 4인 이상(19.6%), 2인(19.2%), 이념 성향별로는 보수(25.5%), 직업별로는 화이트칼라(24.2%), 고용형태별로는 자영업자/무급가족종사자(28.6%), 권역별로는 동남권(24.9%)에서 높게 나타남

◈ 40~50대

40~50대는 메타버스 이용 목적(1순위)으로 '게임' 응답이 22.0%로 가장 높고, 그다음으로는 '업무·직장 관련'(20.0%), '취미생활'(20.0%) 순으로 나타남

[그림 2-146] 메타버스 이용 목적 - 40~50대

(단위: %)

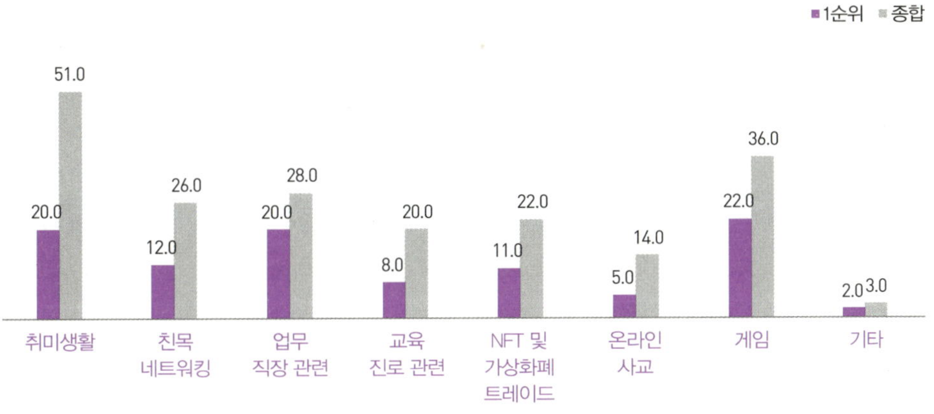

'게임'에 대한 상세분석 결과(1순위), 성별로는 남성(26.5%)에서 높게 나타났고 연령별로는 40대(25.0%), 학력별로는 대재(전문대/대학교)(66.7%), 가구 소득별로는 200만 원 미만(50.0%), 혼인상태별로는 동거/사별/이혼/별거(33.3%), 가구원 수별로는 4인 이상(26.8%), 이념 성향별로는 중도(30.0%), 직업별로는 블루칼라(50.0%), 고용형태별로는 자영업자/무급가족종사자(75.0%), 권역별로는 도심권(50.0%)에서 높게 나타남

[표 2-201] 메타버스 이용 목적(종합) - 20~30대

구분		사례 수	취미생활 (콘서트, 영화, 전시, 아바타 꾸미기 등)	친목·네트워킹	업무·직장 관련	교육·진로 관련	NFT 및 가상화폐 트레이드	온라인 사교	게임	기타
전체		(284)	40.0	25.5	30.8	21.9	24.9	18.6	36.3	2.1
성별	남성	(157)	39.2	24.5	29.6	19.2	27.1	18.4	39.5	2.5
	여성	(127)	40.9	26.8	32.3	25.2	22.0	18.9	32.3	1.6
연령	20대	(143)	35.4	27.5	29.7	26.0	27.0	21.6	31.5	1.4
	30대	(141)	44.7	23.4	31.9	17.7	22.7	15.6	41.1	2.8
학력	고졸 이하	(23)	65.4	21.0	4.4	12.9	44.0	12.8	35.0	4.4
	대재	(36)	38.3	28.3	24.6	27.8	22.1	8.0	48.2	2.8
	대졸	(190)	40.4	27.5	31.2	20.6	23.5	21.6	33.1	2.1
	대학원 이상	(35)	22.9	14.3	52.0	28.8	22.6	17.2	42.3	0.0
가구 소득	200만 원 미만	(24)	45.0	30.3	12.3	33.3	11.9	8.2	50.9	8.2
	200~300만 원 미만	(30)	37.1	20.8	23.3	39.2	16.7	23.0	36.6	3.3
	300~500만 원 미만	(80)	42.3	26.0	26.3	17.6	33.8	23.8	28.8	1.3
	500~700만 원 미만	(55)	47.1	32.6	29.4	9.1	21.7	18.4	37.9	3.7
	700만 원 이상	(95)	33.6	21.2	42.4	24.4	25.1	15.6	37.7	0.0
혼인 상태	기혼	(73)	38.5	24.8	33.0	15.1	23.0	26.0	39.6	0.0
	미혼	(200)	39.4	26.3	29.8	25.7	25.5	17.0	33.3	3.0
	동거/사별/이혼/별거	(12)	59.2	16.6	33.3	0.0	25.2	0.0	65.8	0.0

[표 2-201] 메타버스 이용 목적(종합) – 20~30대(계속)

구분		사례 수	취미생활(콘서트, 영화, 전시, 아바타 꾸미기 등)	친목·네트워킹	업무·직장 관련	교육·진로 관련	NFT 및 가상화폐 트레이드	온라인 사교	게임	기타
전체		(284)	40.0	25.5	30.8	21.9	24.9	18.6	36.3	2.1
가구원 수	1인	(49)	32.8	33.7	33.2	27.2	22.6	26.9	21.6	2.1
	2인	(47)	47.1	19.1	36.2	23.5	21.2	10.4	42.4	0.0
	3인	(81)	44.4	25.8	27.2	13.5	29.6	17.4	37.1	5.0
	4인 이상	(108)	36.8	24.3	30.0	25.0	23.9	19.3	39.6	0.9
이념 성향	진보	(71)	46.5	16.9	32.6	26.9	19.6	15.5	37.8	4.2
	중도	(95)	38.8	31.5	26.5	19.2	29.4	17.8	35.8	1.1
	보수	(118)	37.1	25.8	33.1	21.1	24.3	21.1	35.8	1.7
직업	화이트칼라	(191)	39.1	27.3	37.9	22.6	22.4	17.8	32.4	0.5
	블루칼라	(36)	55.7	19.5	14.2	0.0	44.3	22.0	38.7	5.6
	학생	(35)	30.8	23.5	22.4	34.2	22.7	19.6	43.9	2.8
	주부/무직/기타	(22)	36.6	22.9	9.2	31.4	18.3	18.3	54.2	9.2
고용 형태	상용직 임금근로자	(191)	38.6	27.7	34.8	18.5	27.6	19.9	31.8	1.0
	임시/일용/특수직 근로자	(20)	55.3	10.1	35.5	30.0	24.4	19.8	19.8	5.1
	자영업자/무급가족종사자	(14)	64.3	21.4	28.6	14.3	7.1	0.0	64.3	0.0
권역	도심권	(18)	44.2	27.1	28.5	11.4	21.7	28.5	38.7	0.0
	동북권	(79)	49.1	21.9	22.7	22.7	26.4	21.4	33.2	2.5
	서북권	(36)	47.1	14.3	30.4	22.2	27.6	13.7	42.0	2.8
	서남권	(98)	34.8	28.6	34.9	19.4	21.3	20.4	37.6	3.1
	동남권	(54)	29.8	32.0	36.3	28.5	28.3	11.4	33.7	0.0

[표 2-202] 메타버스 이용 목적(1순위) - 20~30대

구분		사례 수	취미생활 (콘서트, 영화, 전시, 아바타 꾸미기 등)	친목·네트워킹	업무·직장 관련	교육·진로 관련	NFT 및 가상화폐 트레이드	온라인 사교	게임	기타
전체		(284)	17.9	10.7	19.2	12.7	13.9	7.7	16.9	1.1
성별	남성	(157)	15.2	10.4	15.6	12.8	16.2	9.4	19.2	1.3
	여성	(127)	21.3	11.0	23.6	12.6	11.0	5.5	14.2	0.8
연령	20대	(143)	17.4	11.4	19.9	15.4	15.0	6.8	14.1	0.0
	30대	(141)	18.4	9.9	18.4	9.9	12.8	8.5	19.9	2.1
학력	고졸 이하	(23)	26.0	8.9	4.4	12.9	26.2	4.0	17.7	0.0
	대재	(36)	19.3	14.5	13.8	13.6	16.6	2.5	19.7	0.0
	대졸	(190)	18.9	10.6	19.1	12.2	13.0	7.9	16.8	1.6
	대학원 이상	(35)	5.7	8.6	34.8	14.3	8.0	14.3	14.3	0.0
가구 소득	200만 원 미만	(24)	20.4	18.0	4.1	20.4	11.9	0.0	21.0	4.1
	200~300만 원 미만	(30)	20.4	3.7	13.3	26.3	3.3	9.7	23.3	0.0
	300~500만 원 미만	(80)	21.0	13.8	15.2	8.8	18.7	8.8	13.8	0.0
	500~700만 원 미만	(55)	18.3	5.2	23.9	3.7	14.4	11.0	19.9	3.7
	700만 원 이상	(95)	13.6	11.5	25.5	14.9	13.4	6.2	14.8	0.0
혼인 상태	기혼	(73)	17.9	11.0	20.6	9.6	10.7	16.4	13.8	0.0
	미혼	(200)	18.4	10.7	18.8	14.6	14.9	5.0	16.1	1.5
	동거/사별/이혼/별거	(12)	9.3	8.3	16.6	0.0	15.9	0.0	49.9	0.0

[표 2-202] 메타버스 이용 목적(1순위) - 20~30대(계속)

구분		사례 수	취미생활(콘서트, 영화, 전시, 아바타 꾸미기 등)	친목·네트워킹	업무·직장 관련	교육·진로 관련	NFT 및 가상화폐 트레이드	온라인 사교	게임	기타
전체		(284)	17.9	10.7	19.2	12.7	13.9	7.7	16.9	1.1
가구원 수	1인	(49)	14.4	13.1	19.0	14.4	16.2	4.1	16.7	2.1
	2인	(47)	15.2	10.6	19.2	14.9	10.5	10.4	19.2	0.0
	3인	(81)	19.6	12.4	18.6	3.6	20.9	7.5	16.1	1.2
	4인 이상	(108)	19.4	8.3	19.6	17.8	9.1	8.2	16.6	0.9
이념 성향	진보	(71)	18.3	7.0	18.4	19.8	12.5	4.2	18.3	1.4
	중도	(95)	25.2	11.6	11.8	12.7	14.6	9.4	14.7	0.0
	보수	(118)	11.8	12.1	25.5	8.4	14.2	8.4	17.9	1.7
직업	화이트칼라	(191)	17.7	11.6	24.2	13.2	11.3	6.8	14.7	0.5
	블루칼라	(36)	16.7	8.4	11.4	0.0	30.4	13.6	16.7	2.8
	학생	(35)	19.9	6.4	11.6	16.8	13.9	11.1	20.3	0.0
	주부/무직/기타	(22)	18.3	13.7	0.0	22.9	9.2	0.0	31.4	4.6
고용 형태	상용직 임금근로자	(191)	18.7	11.0	21.6	10.6	15.0	8.9	13.6	0.5
	임시/일용/특수직 근로자	(20)	15.2	10.1	25.4	19.8	14.8	4.6	5.1	5.1
	자영업자/무급가족종사자	(14)	7.1	14.3	28.6	7.1	7.1	0.0	35.7	0.0
권역	도심권	(18)	15.7	5.7	22.8	11.4	10.3	22.8	11.4	0.0
	동북권	(79)	22.7	10.6	15.1	11.3	13.9	6.3	18.9	1.3
	서북권	(36)	22.3	5.6	13.9	7.8	22.0	8.1	20.3	0.0
	서남권	(98)	15.5	11.2	20.6	15.5	13.1	7.1	15.1	2.0
	동남권	(54)	13.1	14.9	24.9	13.4	11.2	5.6	16.9	0.0

[표 2-203] 메타버스 이용 목적(종합) - 40~50대

구분		사례 수	취미생활(콘서트, 영화, 전시, 아바타 꾸미기 등)	친목·네트워킹	업무·직장 관련	교육·진로 관련	NFT 및 가상화폐 트레이드	온라인 사교	게임	기타
전체		(100)	51.0	26.0	28.0	20.0	22.0	14.0	36.0	3.0
성별	남성	(49)	49.0	18.4	34.7	10.2	24.5	20.4	38.8	4.1
	여성	(51)	52.9	33.3	21.6	29.4	19.6	7.8	33.3	2.0
연령	40대	(60)	46.7	28.3	28.3	20.0	21.7	13.3	38.3	3.3
	50대	(40)	57.5	22.5	27.5	20.0	22.5	15.0	32.5	2.5
학력	고졸 이하	(3)	66.7	33.3	0.0	0.0	66.7	0.0	33.3	0.0
	대재	(3)	33.3	33.3	33.3	0.0	0.0	0.0	100.0	0.0
	대졸	(72)	51.4	29.2	29.2	20.8	18.1	15.3	33.3	2.8
	대학원 이상	(22)	50.0	13.6	27.3	22.7	31.8	13.6	36.4	4.5
가구 소득	200만 원 미만	(2)	100.0	0.0	0.0	0.0	50.0	0.0	50.0	0.0
	200~300만 원 미만	(4)	25.0	0.0	50.0	75.0	25.0	0.0	25.0	0.0
	300~500만 원 미만	(21)	42.9	38.1	23.8	23.8	19.0	19.0	23.8	9.5
	500~700만 원 미만	(30)	66.7	26.7	23.3	16.7	16.7	10.0	36.7	3.3
	700만 원 이상	(43)	44.2	23.3	32.6	16.3	25.6	16.3	41.9	0.0
혼인 상태	기혼	(78)	46.2	26.9	28.2	21.8	17.9	15.4	39.7	3.8
	미혼	(19)	63.2	26.3	26.3	15.8	42.1	10.5	15.8	0.0
	동거/사별/이혼/별거	(3)	100.0	0.0	33.3	0.0	0.0	0.0	66.7	0.0

[표 2-203] 메타버스 이용 목적(종합) - 40~50대(계속)

구분		사례 수	취미생활(콘서트, 영화, 전시, 아바타 꾸미기 등)	친목·네트워킹	업무·직장 관련	교육·진로 관련	NFT 및 가상화폐 트레이드	온라인 사교	게임	기타
전체		(100)	51.0	26.0	28.0	20.0	22.0	14.0	36.0	3.0
가구원 수	1인	(8)	87.5	25.0	12.5	12.5	25.0	25.0	12.5	0.0
	2인	(9)	11.1	44.4	55.6	22.2	11.1	22.2	33.3	0.0
	3인	(42)	52.4	21.4	31.0	23.8	19.0	2.4	45.2	4.8
	4인 이상	(41)	51.2	26.8	22.0	17.1	26.8	22.0	31.7	2.4
이념 성향	진보	(32)	53.1	21.9	34.4	15.6	28.1	9.4	34.4	3.1
	중도	(40)	47.5	25.0	20.0	20.0	20.0	20.0	42.5	5.0
	보수	(28)	53.6	32.1	32.1	25.0	17.9	10.7	28.6	0.0
직업	화이트칼라	(78)	52.6	23.1	32.1	21.8	21.8	17.9	26.9	3.8
	블루칼라	(6)	16.7	16.7	50.0	16.7	33.3	0.0	66.7	0.0
	주부/무직/기타	(16)	56.3	43.8	0.0	12.5	18.8	0.0	68.8	0.0
고용 형태	상용직 임금근로자	(72)	47.2	22.2	36.1	20.8	22.2	19.4	30.6	1.4
	임시/일용/특수직 근로자	(7)	71.4	28.6	14.3	42.9	28.6	0.0	0.0	14.3
	자영업자/무급가족종사자	(4)	75.0	25.0	0.0	0.0	0.0	0.0	75.0	25.0
권역	도심권	(6)	83.3	0.0	0.0	16.7	16.7	33.3	50.0	0.0
	동북권	(26)	53.8	34.6	23.1	19.2	19.2	7.7	30.8	11.5
	서북권	(11)	45.5	18.2	36.4	27.3	27.3	9.1	36.4	0.0
	서남권	(29)	48.3	24.1	27.6	24.1	24.1	13.8	37.9	0.0
	동남권	(28)	46.4	28.6	35.7	14.3	21.4	17.9	35.7	0.0

[표 2-204] 메타버스 이용 목적(1순위) - 40~50대

구분		사례 수	취미생활(콘서트, 영화, 전시, 아바타 꾸미기 등)	친목·네트워킹	업무·직장 관련	교육·진로 관련	NFT 및 가상화폐 트레이드	온라인 사교	게임	기타
전체		(100)	20.0	12.0	20.0	8.0	11.0	5.0	22.0	2.0
성별	남성	(49)	18.4	8.2	24.5	6.1	8.2	6.1	26.5	2.0
	여성	(51)	21.6	15.7	15.7	9.8	13.7	3.9	17.6	2.0
연령	40대	(60)	18.3	11.7	18.3	10.0	10.0	5.0	25.0	1.7
	50대	(40)	22.5	12.5	22.5	5.0	12.5	5.0	17.5	2.5
학력	고졸 이하	(3)	0.0	0.0	0.0	0.0	66.7	0.0	33.3	0.0
	대재	(3)	0.0	0.0	33.3	0.0	0.0	0.0	66.7	0.0
	대졸	(72)	20.8	15.3	19.4	8.3	6.9	5.6	22.2	1.4
	대학원 이상	(22)	22.7	4.5	22.7	9.1	18.2	4.5	13.6	4.5
가구 소득	200만 원 미만	(2)	0.0	0.0	0.0	0.0	50.0	0.0	50.0	0.0
	200~300만 원 미만	(4)	0.0	0.0	50.0	50.0	0.0	0.0	0.0	0.0
	300~500만 원 미만	(21)	28.6	14.3	14.3	9.5	0.0	9.5	19.0	4.8
	500~700만 원 미만	(30)	23.3	13.3	20.0	3.3	13.3	6.7	16.7	3.3
	700만 원 이상	(43)	16.3	11.6	20.9	7.0	14.0	2.3	27.9	0.0
혼인 상태	기혼	(78)	19.2	10.3	20.5	9.0	10.3	3.8	24.4	2.6
	미혼	(19)	21.1	21.1	15.8	5.3	15.8	10.5	10.5	0.0
	동거/사별/이혼/별거	(3)	33.3	0.0	33.3	0.0	0.0	0.0	33.3	0.0

[표 2-204] 메타버스 이용 목적(1순위) - 40~50대(계속)

구분		사례 수	취미생활(콘서트, 영화, 전시, 아바타 꾸미기 등)	친목·네트워킹	업무·직장 관련	교육·진로 관련	NFT 및 가상화폐 트레이드	온라인 사교	게임	기타
전체		(100)	20.0	12.0	20.0	8.0	11.0	5.0	22.0	2.0
가구원 수	1인	(8)	25.0	12.5	12.5	0.0	12.5	25.0	12.5	0.0
	2인	(9)	11.1	11.1	22.2	11.1	11.1	11.1	22.2	0.0
	3인	(42)	23.8	11.9	23.8	7.1	9.5	0.0	19.0	4.8
	4인 이상	(41)	17.1	12.2	17.1	9.8	12.2	4.9	26.8	0.0
이념 성향	진보	(32)	18.8	6.3	28.1	9.4	15.6	0.0	18.8	3.1
	중도	(40)	20.0	12.5	10.0	5.0	12.5	7.5	30.0	2.5
	보수	(28)	21.4	17.9	25.0	10.7	3.6	7.1	14.3	0.0
직업	화이트칼라	(78)	20.5	11.5	23.1	6.4	11.5	6.4	17.9	2.6
	블루칼라	(6)	0.0	0.0	33.3	16.7	0.0	0.0	50.0	0.0
	주부/무직/기타	(16)	25.0	18.8	0.0	12.5	12.5	0.0	31.3	0.0
고용 형태	상용직 임금근로자	(72)	19.4	11.1	25.0	6.9	9.7	6.9	19.4	1.4
	임시/일용/특수직 근로자	(7)	14.3	14.3	14.3	14.3	28.6	0.0	0.0	14.3
	자영업자/무급가족종사자	(4)	25.0	0.0	0.0	0.0	0.0	0.0	75.0	0.0
권역	도심권	(6)	0.0	0.0	0.0	16.7	16.7	16.7	50.0	0.0
	동북권	(26)	34.6	11.5	11.5	3.8	11.5	3.8	15.4	7.7
	서북권	(11)	9.1	9.1	36.4	9.1	18.2	0.0	18.2	0.0
	서남권	(29)	10.3	17.2	20.7	10.3	10.3	6.9	24.1	0.0
	동남권	(28)	25.0	10.7	25.0	7.1	7.1	3.6	21.4	0.0

메타버스 장점

◈ 20~30대

20~30대의 메타버스 장점(1순위)은 '현실에서 불가능한 일 실현 가능' 응답이 18.2%로 가장 높고, 그다음으로는 '가상공간에서 세계 여행 가능'(14.8%), '어색함 없이 새로운 사람들과의 만남 가능'(11.6%) 순으로 나타남

[그림 2-147] 메타버스 장점 – 20~30대

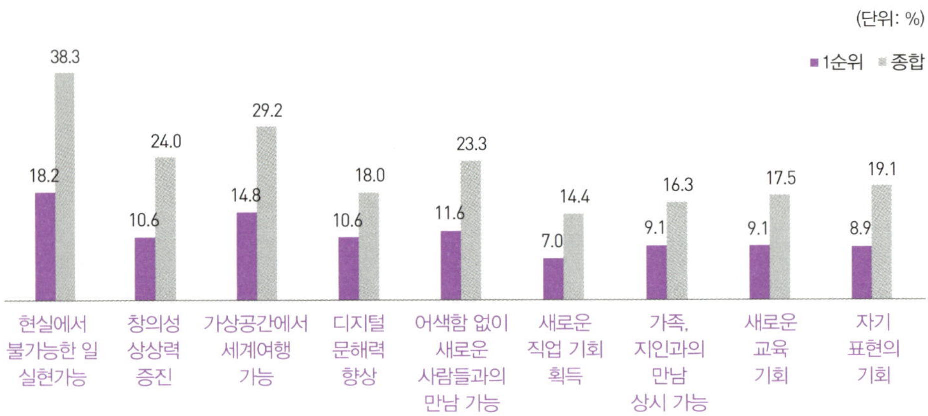

'현실에서 불가능한 일 실현 가능'에 대한 상세분석 결과(1순위), 성별로는 남성(20.1%)에서 높게 나타났고 연령별로는 30대(21.3%), 학력별로는 고졸 이하(31.0%), 가구 소득별로는 700만 원 이상(21.9%), 혼인상태별로는 기혼(19.0%), 가구원 수별로는 3인(24.7%), 이념 성향별로는 중도(20.0%), 직업별로는 블루칼라(27.9%), 고용형태별로는 상용직 임금근로자(21.8%), 자영업자/무급가족종사자(21.4%), 권역별로는 서북권(22.3%), 도심권(21.7%)에서 높게 나타남

◈ 40~50대

40~50대는 메타버스 장점(1순위)으로 '현실에서 불가능한 일 실현 가능' 응답이 26.0%로 가장 높고, 그다음으로는 '창의성, 상상력 증진'(22.0%), '가상공간에서 세계 여행 가능'(12.0%) 순으로 나타남

[그림 2-148] 메타버스 장점 – 40~50대

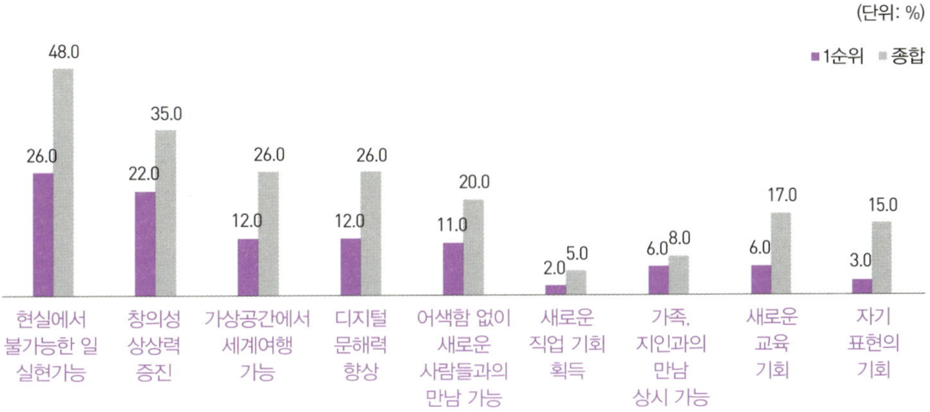

'현실에서 불가능한 일 실현 가능'에 대한 상세분석 결과(1순위), 성별로는 남성(26.5%)에서 높게 나타났고 연령별로는 50대(42.5%), 학력별로는 대학원 이상(45.5%), 가구 소득별로는 200만 원 미만(50.0%), 혼인상태별로는 동거/사별/이혼/별거(100.0%), 가구원 수별로는 3인(31.0%), 이념 성향별로는 보수(32.1%), 진보(31.3%), 직업별로는 주부/무직/기타(31.3%), 고용형태별로는 상용직 임금근로자(25.0%), 권역별로는 도심권(33.3%)에서 높게 나타남

[표 2-205] 메타버스 장점(종합) - 20~30대

구분		사례 수	현실에서 불가능한 일 실현 가능	창의성, 상상력 증진	가상 공간에서 세계 여행 가능	디지털 문해력 (digital literacy) 향상	어색함 없이 새로운 사람들과의 만남 가능	새로운 직업 기회 획득	가족, 지인과의 만남 상시 가능	새로운 교육의 기회	자기 표현의 기회
전체		(284)	38.3	24.0	29.2	18.0	23.3	14.4	16.3	17.5	19.1
성별	남성	(157)	40.0	23.0	29.9	18.6	22.3	18.4	13.6	14.4	19.9
	여성	(127)	36.2	25.2	28.3	17.3	24.4	9.4	19.7	21.3	18.1
연령	20대	(143)	35.5	19.7	28.6	14.1	23.8	14.6	20.5	22.1	21.1
	30대	(141)	41.1	28.4	29.8	22.0	22.7	14.2	12.1	12.8	17.0
학력	고졸 이하	(23)	39.4	17.8	47.2	8.5	26.6	8.4	21.7	7.7	22.7
	대재	(36)	35.9	13.4	39.5	19.3	11.0	16.6	20.4	21.6	22.2
	대졸	(190)	39.4	25.9	23.7	18.5	24.7	15.7	16.3	17.4	18.4
	대학원 이상	(35)	34.0	28.6	36.6	20.3	25.7	8.6	8.8	20.0	17.4
가구 소득	200만 원 미만	(24)	32.9	12.3	34.4	20.1	24.5	16.4	22.1	12.3	25.1
	200~300만 원 미만	(30)	33.3	24.2	46.3	16.6	20.4	9.7	23.0	10.0	16.6
	300~500만 원 미만	(80)	31.4	26.3	26.0	20.2	26.3	16.2	16.3	17.2	20.1
	500~700만 원 미만	(55)	52.5	23.2	29.2	9.1	25.6	16.5	20.1	11.0	12.8
	700만 원 이상	(95)	38.9	25.4	25.1	21.2	19.9	12.7	10.6	25.1	21.1
혼인 상태	기혼	(73)	34.1	23.2	28.6	20.6	26.1	15.0	19.3	17.9	15.1
	미혼	(200)	39.2	24.7	29.1	16.7	22.6	13.5	15.7	17.9	20.6
	동거/사별/이혼/별거	(12)	49.1	17.6	33.3	24.2	16.6	24.9	8.3	8.3	17.6

[표 2-205] 메타버스 장점(종합) - 20~30대(계속)

구분		사례 수	현실에서 불가능한 일 실현 가능	창의성, 상상력 증진	가상 공간에서 세계 여행 가능	디지털 문해력 (digital literacy) 향상	어색함 없이 새로운 사람들과의 만남 가능	새로운 직업 기회 획득	가족, 지인과의 만남 상시 가능	새로운 교육의 기회	자기 표현의 기회
전체		(284)	38.3	24.0	29.2	18.0	23.3	14.4	16.3	17.5	19.1
가구원 수	1인	(49)	37.6	24.6	27.7	22.8	26.7	10.1	23.6	6.0	21.0
	2인	(47)	35.7	32.0	25.6	16.9	17.3	8.3	19.2	23.5	21.6
	3인	(81)	48.3	22.2	30.7	13.7	23.6	14.9	12.4	17.0	17.3
	4인 이상	(108)	32.3	21.6	30.2	19.6	24.0	18.6	14.7	20.5	18.5
이념 성향	진보	(71)	42.3	23.7	23.9	15.7	31.0	14.1	7.0	15.5	26.7
	중도	(95)	41.0	25.5	35.6	13.6	21.1	10.5	21.2	16.4	15.1
	보수	(118)	33.7	22.9	27.2	22.9	20.4	17.7	18.0	19.5	17.7
직업	화이트칼라	(191)	36.5	24.3	30.2	18.9	25.7	13.1	18.3	14.6	18.5
	블루칼라	(36)	38.7	33.1	25.1	19.5	19.5	19.2	13.9	22.5	8.4
	학생	(35)	42.9	16.6	23.6	11.6	17.0	19.6	9.7	33.3	25.7
	주부/무직/기타	(22)	45.8	18.3	35.9	18.3	18.3	9.2	13.7	9.2	31.4
고용 형태	상용직 임금근로자	(191)	39.1	25.2	28.1	18.9	23.6	14.2	16.3	16.7	17.9
	임시/일용/특수직 근로자	(20)	19.8	14.7	35.0	19.8	35.5	9.6	35.0	15.2	15.2
	자영업자/ 무급가족종사자	(14)	28.6	42.9	28.6	21.4	28.6	21.4	14.3	7.1	7.1
권역	도심권	(18)	33.0	34.2	31.6	22.8	11.4	11.4	22.8	15.7	17.1
	동북권	(79)	36.5	15.1	32.0	15.1	26.4	16.4	16.9	17.6	23.9
	서북권	(36)	41.9	19.9	55.6	16.4	19.5	8.4	8.1	16.2	14.1
	서남권	(98)	36.6	25.5	22.3	17.4	27.7	14.1	17.4	21.5	17.5
	동남권	(54)	43.4	33.7	19.2	22.9	16.8	16.9	16.9	11.4	18.8

[표 2-206] 메타버스 장점(1순위) - 20~30대

구분		사례 수	현실에서 불가능한 일 실현 가능	창의성, 상상력 증진	가상 공간에서 세계 여행 가능	디지털 문해력 (digital literacy) 향상	어색함 없이 새로운 사람들과의 만남 가능	새로운 직업 기회 획득	가족, 지인과의 만남 상시 가능	새로운 교육의 기회	자기 표현의 기회
전체		(284)	18.2	10.6	14.8	10.6	11.6	7.0	9.1	9.1	8.9
성별	남성	(157)	20.1	10.9	14.1	11.6	10.8	7.6	8.9	7.5	8.4
	여성	(127)	15.7	10.2	15.7	9.4	12.6	6.3	9.4	11.0	9.4
연령	20대	(143)	15.1	7.1	14.8	7.1	13.3	7.6	12.6	13.1	9.3
	30대	(141)	21.3	14.2	14.9	14.2	9.9	6.4	5.7	5.0	8.5
학력	고졸 이하	(23)	31.0	0.0	12.2	4.0	13.3	4.0	17.3	4.4	13.8
	대재	(36)	5.5	7.9	31.5	11.0	5.5	8.3	8.3	13.3	8.7
	대졸	(190)	20.4	11.2	12.1	10.1	12.1	7.9	8.9	8.9	8.4
	대학원 이상	(35)	10.9	17.2	14.3	17.4	14.3	2.9	6.0	8.6	8.6
가구 소득	200만 원 미만	(24)	12.3	4.1	26.2	7.8	4.1	8.2	16.4	4.1	16.9
	200~300만 원 미만	(30)	13.3	17.5	26.2	3.3	10.0	6.3	13.0	3.3	7.0
	300~500만 원 미만	(80)	16.3	10.0	11.0	12.7	12.5	7.5	8.8	8.7	12.5
	500~700만 원 미만	(55)	19.7	16.2	11.1	7.3	18.3	9.1	11.0	3.7	3.7
	700만 원 이상	(95)	21.9	7.4	13.7	13.8	9.4	5.2	5.3	15.7	7.3
혼인 상태	기혼	(73)	19.0	5.5	12.4	13.8	13.8	9.5	9.6	8.3	8.3
	미혼	(200)	18.0	12.6	15.6	9.2	11.0	6.0	9.0	9.9	8.6
	동거/사별/이혼/별거	(12)	16.6	8.3	16.6	15.9	8.3	8.3	8.3	0.0	17.6

[표 2-206] 메타버스 장점(1순위) - 20~30대(계속)

구분		사례 수	현실에서 불가능한 일 실현 가능	창의성, 상상력 증진	가상 공간에서 세계 여행 가능	디지털 문해력 (digital literacy) 향상	어색함 없이 새로운 사람들과의 만남 가능	새로운 직업 기회 획득	가족, 지인과의 만남 상시 가능	새로운 교육의 기회	자기 표현의 기회
전체		(284)	18.2	10.6	14.8	10.6	11.6	7.0	9.1	9.1	8.9
가구원 수	1인	(49)	12.3	16.4	15.4	10.5	12.3	4.1	14.6	1.8	12.6
	2인	(47)	17.1	14.9	12.8	14.7	6.4	1.9	10.7	6.4	15.2
	3인	(81)	24.7	9.9	14.6	9.9	11.2	7.5	3.7	11.1	7.5
	4인 이상	(108)	16.5	6.7	15.7	9.4	13.9	10.2	10.1	12.0	5.5
이념 성향	진보	(71)	18.1	7.0	16.9	8.7	16.9	8.4	7.0	7.0	9.9
	중도	(95)	20.0	11.7	16.7	9.4	10.5	4.2	13.8	8.2	5.4
	보수	(118)	16.7	11.9	12.1	12.8	9.3	8.4	6.7	11.0	11.1
직업	화이트칼라	(191)	19.2	9.6	15.6	10.5	13.1	6.8	9.4	7.9	7.9
	블루칼라	(36)	27.9	19.5	2.8	13.9	8.4	8.1	11.1	2.8	5.6
	학생	(35)	8.5	8.1	18.2	8.8	5.7	8.5	5.7	21.9	14.6
	주부/무직/기타	(22)	9.2	9.2	22.2	9.2	13.7	4.6	9.2	9.2	13.7
고용 형태	상용직 임금근로자	(191)	21.8	9.5	15.6	11.6	12.0	6.8	7.9	7.9	6.9
	임시/일용/특수직 근로자	(20)	5.1	10.1	5.1	4.6	15.2	9.6	30.0	5.1	15.2
	자영업자/ 무급가족종사자	(14)	21.4	28.6	0.0	14.3	14.3	7.1	7.1	0.0	7.1
권역	도심권	(18)	21.7	11.4	21.4	5.7	0.0	5.7	22.8	5.7	5.7
	동북권	(79)	13.9	5.0	21.9	11.3	10.1	7.6	10.1	8.8	11.3
	서북권	(36)	22.3	8.7	16.7	10.9	13.9	5.6	8.1	7.8	6.0
	서남권	(98)	19.3	10.2	12.1	8.2	16.4	8.1	6.1	11.3	8.3
	동남권	(54)	18.6	20.7	5.9	15.4	7.5	5.6	9.5	7.5	9.3

[표 2-207] 메타버스 장점(종합) - 40~50대

구분		사례 수	현실에서 불가능한 일 실현 가능	창의성, 상상력 증진	가상 공간에서 세계 여행 가능	디지털 문해력 (digital literacy) 향상	어색함 없이 새로운 사람들과의 만남 가능	새로운 직업 기회 획득	가족, 지인과의 만남 상시 가능	새로운 교육의 기회	자기 표현의 기회
전체		(100)	48.0	35.0	26.0	26.0	20.0	5.0	8.0	17.0	15.0
성별	남성	(49)	49.0	28.6	24.5	26.5	30.6	0.0	8.2	18.4	14.3
	여성	(51)	47.1	41.2	27.5	25.5	9.8	9.8	7.8	15.7	15.7
연령	40대	(60)	38.3	31.7	30.0	28.3	23.3	3.3	8.3	18.3	18.3
	50대	(40)	62.5	40.0	20.0	22.5	15.0	7.5	7.5	15.0	10.0
학력	고졸 이하	(3)	33.3	33.3	66.7	33.3	0.0	33.3	0.0	0.0	0.0
	대재	(3)	33.3	66.7	66.7	33.3	0.0	0.0	0.0	0.0	0.0
	대졸	(72)	43.1	34.7	23.6	27.8	20.8	4.2	9.7	18.1	18.1
	대학원 이상	(22)	68.2	31.8	22.7	18.2	22.7	4.5	4.5	18.2	9.1
가구 소득	200만 원 미만	(2)	50.0	50.0	100.0	0.0	0.0	0.0	0.0	0.0	0.0
	200~300만 원 미만	(4)	50.0	25.0	25.0	25.0	50.0	25.0	0.0	0.0	0.0
	300~500만 원 미만	(21)	47.6	28.6	23.8	28.6	23.8	4.8	0.0	23.8	19.0
	500~700만 원 미만	(30)	43.3	43.3	20.0	40.0	10.0	6.7	6.7	16.7	13.3
	700만 원 이상	(43)	51.2	32.6	27.9	16.3	23.3	2.3	14.0	16.3	16.3
혼인 상태	기혼	(78)	44.9	38.5	23.1	28.2	19.2	2.6	10.3	20.5	12.8
	미혼	(19)	52.6	26.3	31.6	21.1	26.3	15.8	0.0	5.3	21.1
	동거/사별/이혼/별거	(3)	100.0	0.0	66.7	0.0	0.0	0.0	0.0	0.0	33.3

[표 2-207] 메타버스 장점(종합) - 40~50대(계속)

구분		사례 수	현실에서 불가능한 일 실현 가능	창의성, 상상력 증진	가상 공간에서 세계 여행 가능	디지털 문해력 (digital literacy) 향상	어색함 없이 새로운 사람들과의 만남 가능	새로운 직업 기회 획득	가족, 지인과의 만남 상시 가능	새로운 교육의 기회	자기 표현의 기회
전체		(100)	48.0	35.0	26.0	26.0	20.0	5.0	8.0	17.0	15.0
가구원 수	1인	(8)	37.5	25.0	37.5	25.0	25.0	12.5	0.0	0.0	37.5
	2인	(9)	33.3	22.2	22.2	22.2	33.3	11.1	11.1	11.1	33.3
	3인	(42)	47.6	40.5	26.2	21.4	19.0	4.8	9.5	21.4	9.5
	4인 이상	(41)	53.7	34.1	24.4	31.7	17.1	2.4	7.3	17.1	12.2
이념 성향	진보	(32)	56.3	46.9	21.9	28.1	18.8	6.3	0.0	15.6	6.3
	중도	(40)	40.0	30.0	30.0	25.0	20.0	5.0	10.0	20.0	20.0
	보수	(28)	50.0	28.6	25.0	25.0	21.4	3.6	14.3	14.3	17.9
직업	화이트칼라	(78)	48.7	32.1	25.6	23.1	24.4	3.8	7.7	17.9	16.7
	블루칼라	(6)	16.7	33.3	16.7	66.7	16.7	0.0	0.0	33.3	16.7
	주부/무직/기타	(16)	56.3	50.0	31.3	25.0	0.0	12.5	12.5	6.3	6.3
고용 형태	상용직 임금근로자	(72)	44.4	27.8	25.0	27.8	23.6	2.8	8.3	22.2	18.1
	임시/일용/특수직 근로자	(7)	42.9	57.1	42.9	14.3	28.6	14.3	0.0	0.0	0.0
	자영업자/ 무급가족종사자	(4)	75.0	50.0	0.0	25.0	25.0	0.0	0.0	0.0	25.0
권역	도심권	(6)	33.3	0.0	83.3	33.3	16.7	0.0	0.0	0.0	33.3
	동북권	(26)	38.5	34.6	30.8	38.5	15.4	0.0	3.8	11.5	26.9
	서북권	(11)	63.6	36.4	18.2	18.2	18.2	9.1	18.2	18.2	0.0
	서남권	(29)	37.9	34.5	13.8	27.6	24.1	10.3	10.3	31.0	10.3
	동남권	(28)	64.3	42.9	25.0	14.3	21.4	3.6	7.1	10.7	10.7

[표 2-208] 메타버스 장점(1순위) - 40~50대

구분		사례 수	현실에서 불가능한 일 실현 가능	창의성, 상상력 증진	가상 공간에서 세계 여행 가능	디지털 문해력 (digital literacy) 향상	어색함 없이 새로운 사람들과의 만남 가능	새로운 직업 기회 획득	가족, 지인과의 만남 상시 가능	새로운 교육의 기회	자기 표현의 기회
전체		(100)	26.0	22.0	12.0	12.0	11.0	2.0	6.0	6.0	3.0
성별	남성	(49)	26.5	20.4	14.3	8.2	16.3	0.0	6.1	6.1	2.0
	여성	(51)	25.5	23.5	9.8	15.7	5.9	3.9	5.9	5.9	3.9
연령	40대	(60)	15.0	21.7	16.7	16.7	13.3	0.0	6.7	5.0	5.0
	50대	(40)	42.5	22.5	5.0	5.0	7.5	5.0	5.0	7.5	0.0
학력	고졸 이하	(3)	33.3	33.3	0.0	0.0	0.0	33.3	0.0	0.0	0.0
	대재	(3)	0.0	33.3	66.7	0.0	0.0	0.0	0.0	0.0	0.0
	대졸	(72)	20.8	25.0	11.1	13.9	11.1	0.0	6.9	6.9	4.2
	대학원 이상	(22)	45.5	9.1	9.1	9.1	13.6	4.5	4.5	4.5	0.0
가구 소득	200만 원 미만	(2)	50.0	50.0	0.0	0.0	0.0	0.0	0.0	0.0	0.0
	200~300만 원 미만	(4)	25.0	25.0	25.0	0.0	25.0	0.0	0.0	0.0	0.0
	300~500만 원 미만	(21)	33.3	14.3	9.5	19.0	14.3	0.0	0.0	0.0	9.5
	500~700만 원 미만	(30)	26.7	23.3	13.3	13.3	3.3	3.3	6.7	6.7	3.3
	700만 원 이상	(43)	20.9	23.3	11.6	9.3	14.0	2.3	9.3	9.3	0.0
혼인 상태	기혼	(78)	21.8	24.4	10.3	12.8	10.3	2.6	7.7	7.7	2.6
	미혼	(19)	31.6	15.8	21.1	10.5	15.8	0.0	0.0	0.0	5.3
	동거/사별/이혼/별거	(3)	100.0	0.0	0.0	0.0	0.0	0.0	0.0	0.0	0.0

[표 2-208] 메타버스 장점(1순위) – 40~50대(계속)

구분		사례 수	현실에서 불가능한 일 실현 가능	창의성, 상상력 증진	가상 공간 에서 세계 여행 가능	디지털 문해력 (digital literacy) 향상	어색함 없이 새로운 사람들 과의 만남 가능	새로운 직업 기회 획득	가족, 지인과의 만남 상시 가능	새로운 교육의 기회	자기 표현의 기회
전체		(100)	26.0	22.0	12.0	12.0	11.0	2.0	6.0	6.0	3.0
가구원 수	1인	(8)	25.0	12.5	25.0	12.5	12.5	0.0	0.0	0.0	12.5
	2인	(9)	22.2	22.2	11.1	11.1	11.1	0.0	11.1	0.0	11.1
	3인	(42)	31.0	21.4	9.5	7.1	9.5	2.4	9.5	7.1	2.4
	4인 이상	(41)	22.0	24.4	12.2	17.1	12.2	2.4	2.4	7.3	0.0
이념 성향	진보	(32)	31.3	28.1	9.4	18.8	6.3	3.1	0.0	3.1	0.0
	중도	(40)	17.5	20.0	12.5	7.5	17.5	0.0	10.0	10.0	5.0
	보수	(28)	32.1	17.9	14.3	10.7	7.1	3.6	7.1	3.6	3.6
직업	화이트칼라	(78)	25.6	20.5	12.8	11.5	12.8	1.3	5.1	6.4	3.8
	블루칼라	(6)	16.7	16.7	16.7	16.7	16.7	0.0	0.0	16.7	0.0
	주부/무직/기타	(16)	31.3	31.3	6.3	12.5	0.0	6.3	12.5	0.0	0.0
고용 형태	상용직 임금근로자	(72)	25.0	16.7	13.9	12.5	12.5	1.4	5.6	8.3	4.2
	임시/일용/특수직 근로자	(7)	14.3	42.9	14.3	14.3	14.3	0.0	0.0	0.0	0.0
	자영업자/ 무급가족종사자	(4)	25.0	50.0	0.0	0.0	25.0	0.0	0.0	0.0	0.0
권역	도심권	(6)	33.3	0.0	33.3	16.7	16.7	0.0	0.0	0.0	0.0
	동북권	(26)	23.1	23.1	11.5	23.1	11.5	0.0	0.0	0.0	7.7
	서북권	(11)	27.3	27.3	9.1	9.1	9.1	0.0	18.2	0.0	0.0
	서남권	(29)	24.1	24.1	6.9	13.8	6.9	3.4	10.3	10.3	0.0
	동남권	(28)	28.6	21.4	14.3	0.0	14.3	3.6	3.6	10.7	3.6

서울시 메타버스 공간에서 활용하고 싶은 기능

◈ 20~30대

20~30대의 서울시 메타버스 공간에서 활용하고 싶은 기능(1순위)은 '교육, 훈련' 응답이 20.9%로 가장 높고, 그다음으로는 '체험 콘텐츠'(18.5%), '민원, 행정'(18.3%) 순으로 나타남

[그림 2-149] 서울시 메타버스 공간에서 활용하고 싶은 기능 – 20~30대

(단위: %)

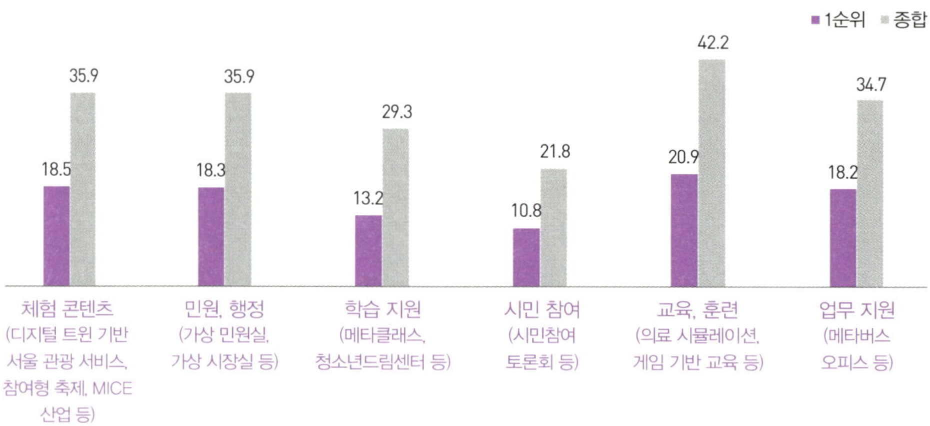

'교육, 훈련(의료 시뮬레이션, 게임 기반 교육 등)'에 대한 상세분석 결과(1순위), 성별로는 여성(22.5%)에서 높게 나타났고 연령별로는 30대(21.7%), 학력별로는 대재(전문대/대학교)(23.2%), 가구 소득별로는 700만 원 이상(24.3%), 혼인상태별로는 기혼(23.2%), 가구원 수별로는 3인(23.4%), 2인(23.2%), 이념 성향별로는 진보(26.0%), 직업별로는 주부/무직/기타(23.8%), 고용형태별로는 임시/일용/특수직 근로자(23.4%), 권역별로는 도심권(27.1%)에서 높게 나타남

◈ 40~50대

40~50대는 서울시 메타버스 공간에서 활용하고 싶은 기능(1순위)으로 '교육, 훈련' 응답이 24.8%로 가장 높고, 그다음으로는 '민원, 행정'(22.2%), '체험 콘텐츠'(21.8%) 순으로 나타남

[그림 2-150] 서울시 메타버스 공간에서 활용하고 싶은 기능 - 40~50대

(단위: %)

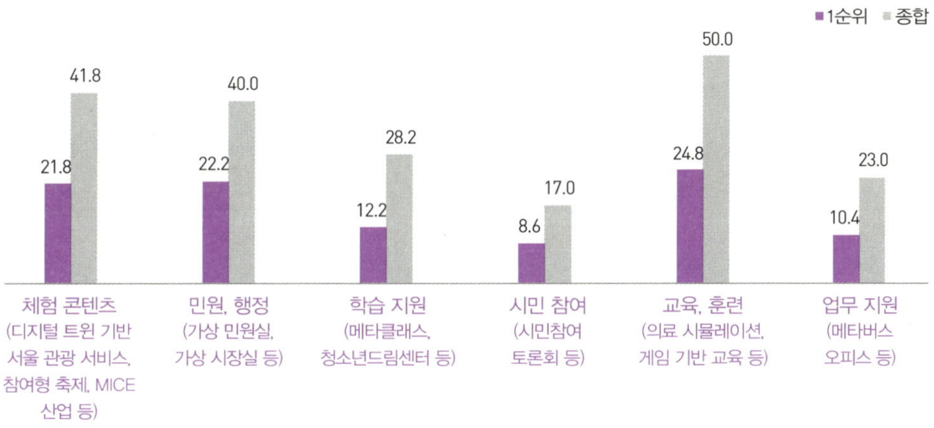

'교육, 훈련(의료 시뮬레이션, 게임 기반 교육 등)'에 대한 상세분석 결과(1순위), 성별로는 여성(28.9%)에서 높게 나타났고 연령별로는 50대(27.4%), 학력별로는 대학원 이상(31.0%), 가구 소득별로는 700만 원 이상(28.1%), 혼인상태별로는 동거/사별/이혼/별거(30.3%), 가구원 수별로는 4인 이상(25.9%), 3인(25.7%), 이념 성향별로는 보수(26.9%), 직업별로는 화이트칼라(25.3%), 고용형태별로는 임시/일용/특수직 근로자(41.0%), 권역별로는 도심권(32.0%), 동북권(31.6%)에서 높게 나타남

[표 2-209] 서울시 메타버스 공간에서 활용하고 싶은 기능(종합) - 20~30대

구분		사례 수	체험 콘텐츠 (디지털 트윈 기반 서울 관광서비스, 참여형 축제, MICE 산업 등)	민원, 행정 (가상민원실, 가상시장실 등)	학습 지원 (메타클래스, 청소년드림 센터 등)	시민 참여 (시민참여 토론회 등)	교육, 훈련 (의료 시뮬레이션, 게임 기반 교육 등)	업무 지원 (메타버스 오피스 등)
전체		(1,000)	35.9	35.9	29.3	21.8	42.2	34.7
성별	남성	(490)	36.8	36.8	29.3	23.5	38.6	35.0
	여성	(510)	35.1	35.1	29.4	20.2	45.7	34.5
연령	20대	(498)	37.0	36.4	30.2	21.5	41.6	33.2
	30대	(502)	34.9	35.5	28.5	22.1	42.8	36.3
학력	고졸 이하	(97)	42.6	34.1	31.6	24.0	38.9	28.8
	대재	(127)	43.4	30.7	32.5	21.2	44.8	27.4
	대졸	(677)	34.1	37.3	29.2	21.4	42.2	35.8
	대학원 이상	(99)	32.7	35.1	23.8	23.1	42.4	43.0
가구 소득	200만 원 미만	(102)	39.2	38.2	33.4	19.6	34.4	35.3
	200~300만 원 미만	(148)	29.6	32.3	31.6	25.8	39.9	40.9
	300~500만 원 미만	(287)	38.1	41.0	26.0	23.4	38.7	32.8
	500~700만 원 미만	(196)	35.4	33.3	28.5	20.9	47.9	34.1
	700만 원 이상	(267)	36.2	33.7	30.7	19.5	46.1	33.8
혼인 상태	기혼	(220)	33.8	33.0	30.4	21.7	44.5	36.5
	미혼	(745)	36.2	37.0	28.6	21.5	42.0	34.5
	동거/사별/이혼/별거	(35)	42.8	31.3	37.6	28.5	31.6	28.1

[표 2-209] 서울시 메타버스 공간에서 활용하고 싶은 기능(종합) – 20~30대(계속)

구분		사례 수	체험 콘텐츠 (디지털 트윈 기반 서울 관광서비스, 참여형 축제, MICE 산업 등)	민원, 행정 (가상민원실, 가상시장실 등)	학습 지원 (메타클래스, 청소년드림 센터 등)	시민 참여 (시민참여 토론회 등)	교육, 훈련 (의료 시뮬레이션, 게임 기반 교육 등)	업무 지원 (메타버스 오피스 등)
전체		(1,000)	35.9	35.9	29.3	21.8	42.2	34.7
가구원 수	1인	(218)	36.5	38.0	26.2	21.2	39.1	39.0
	2인	(159)	35.4	40.2	26.6	21.3	40.8	35.7
	3인	(290)	30.2	38.0	28.5	23.0	41.6	38.6
	4인 이상	(333)	40.8	30.7	33.4	21.4	45.5	28.2
이념 성향	진보	(231)	35.0	33.7	29.8	20.8	45.4	35.2
	중도	(429)	39.0	35.1	29.0	21.0	42.9	33.0
	보수	(341)	32.7	38.5	29.4	23.5	39.2	36.7
직업	화이트칼라	(644)	33.8	34.4	28.5	22.1	43.9	37.2
	블루칼라	(141)	42.4	40.2	28.2	23.8	36.5	28.9
	학생	(106)	37.2	33.4	38.0	21.7	39.8	29.9
	주부/무직/기타	(109)	38.7	42.1	27.4	17.5	41.8	32.4
고용 형태	상용직 임금근로자	(620)	35.0	35.0	27.9	21.9	43.5	36.7
	임시/일용/특수직 근로자	(97)	34.4	33.5	35.0	21.5	43.9	31.8
	자영업자/ 무급가족종사자	(58)	39.8	44.9	22.6	27.3	34.4	31.1
권역	도심권	(50)	37.4	39.1	24.1	12.0	49.1	38.3
	동북권	(295)	37.2	34.5	29.6	24.4	44.5	29.8
	서북권	(123)	39.0	39.1	27.6	27.8	28.9	37.5
	서남권	(329)	32.9	36.5	31.6	17.9	43.1	38.1
	동남권	(203)	36.9	34.4	27.6	23.1	43.9	34.1

[표 2-210] 서울시 메타버스 공간에서 활용하고 싶은 기능(1순위) – 20~30대

구분		사례 수	체험 콘텐츠 (디지털 트윈 기반 서울 관광서비스, 참여형 축제, MICE 산업 등)	민원, 행정 (가상민원실, 가상시장실 등)	학습 지원 (메타클래스, 청소년드림 센터 등)	시민 참여 (시민참여 토론회 등)	교육, 훈련 (의료 시뮬레이션, 게임 기반 교육 등)	업무 지원 (메타버스 오피스 등)
전체		(1,000)	18.5	18.3	13.2	10.8	20.9	18.2
성별	남성	(490)	18.4	19.8	13.5	12.9	19.2	16.2
	여성	(510)	18.6	16.9	12.9	8.8	22.5	20.2
연령	20대	(498)	21.7	17.1	12.7	10.0	20.1	18.3
	30대	(502)	15.3	19.5	13.7	11.6	21.7	18.1
학력	고졸 이하	(97)	25.1	16.3	14.3	11.4	16.5	16.4
	대재	(127)	22.0	14.3	14.8	11.8	23.2	13.9
	대졸	(677)	17.5	18.7	13.3	10.0	21.4	19.2
	대학원 이상	(99)	14.8	23.0	9.9	14.0	19.1	19.2
가구 소득	200만 원 미만	(102)	24.4	18.9	16.2	10.8	15.6	14.1
	200~300만 원 미만	(148)	14.3	18.7	11.9	10.8	18.7	25.6
	300~500만 원 미만	(287)	19.5	20.7	11.1	12.9	20.2	15.7
	500~700만 원 미만	(196)	17.6	16.3	16.4	10.2	21.8	17.7
	700만 원 이상	(267)	18.3	16.8	12.7	9.0	24.3	18.8
혼인 상태	기혼	(220)	14.9	17.6	14.5	10.8	23.2	19.0
	미혼	(745)	19.3	18.9	12.4	10.6	20.3	18.5
	동거/사별/이혼/별거	(35)	23.6	11.2	23.0	14.1	20.1	8.0

[표 2-210] 서울시 메타버스 공간에서 활용하고 싶은 기능(1순위) - 20~30대(계속)

구분		사례 수	체험 콘텐츠 (디지털 트윈 기반 서울 관광서비스, 참여형 축제, MICE 산업 등)	민원, 행정 (가상민원실, 가상시장실 등)	학습 지원 (메타클래스, 청소년드림 센터 등)	시민 참여 (시민참여 토론회 등)	교육, 훈련 (의료 시뮬레이션, 게임 기반 교육 등)	업무 지원 (메타버스 오피스 등)
전체		(1,000)	18.5	18.3	13.2	10.8	20.9	18.2
가구원 수	1인	(218)	17.1	19.4	12.9	11.5	16.9	22.2
	2인	(159)	18.5	18.8	9.4	10.6	23.2	19.5
	3인	(290)	15.7	20.0	11.0	11.0	23.4	18.9
	4인 이상	(333)	21.8	16.0	17.2	10.3	20.3	14.5
이념 성향	진보	(231)	16.8	20.7	10.0	8.6	26.0	17.9
	중도	(429)	21.8	16.3	13.9	10.5	19.4	18.1
	보수	(341)	15.5	19.1	14.6	12.7	19.4	18.6
직업	화이트칼라	(644)	17.4	16.2	13.9	10.0	21.9	20.6
	블루칼라	(141)	24.2	20.4	14.1	16.1	14.6	10.6
	학생	(106)	17.8	23.0	11.1	9.5	20.5	18.1
	주부/무직/기타	(109)	18.2	23.7	10.0	10.1	23.8	14.1
고용 형태	상용직 임금근로자	(620)	18.4	17.7	13.3	10.0	21.1	19.5
	임시/일용/특수직 근로자	(97)	19.5	14.0	18.6	12.3	23.4	12.2
	자영업자/ 무급가족종사자	(58)	19.0	15.8	12.1	18.7	12.1	22.4
권역	도심권	(50)	11.2	26.0	13.0	10.0	27.1	12.7
	동북권	(295)	20.1	14.0	14.6	12.2	22.7	16.4
	서북권	(123)	20.3	20.2	9.8	13.3	12.9	23.7
	서남권	(329)	17.4	17.6	14.0	9.0	22.1	19.8
	동남권	(203)	18.8	22.6	12.2	10.3	19.7	16.4

[표 2-211] 서울시 메타버스 공간에서 활용하고 싶은 기능(종합) - 40~50대

구분		사례 수	체험 콘텐츠 (디지털 트윈 기반 서울 관광서비스, 참여형 축제, MICE 산업 등)	민원, 행정 (가상민원실, 가상시장실 등)	학습 지원 (메타클래스, 청소년드림 센터 등)	시민 참여 (시민참여 토론회 등)	교육, 훈련 (의료 시뮬레이션, 게임 기반 교육 등)	업무 지원 (메타버스 오피스 등)
전체		(500)	41.8	40.0	28.2	17.0	50.0	23.0
성별	남성	(247)	35.6	43.3	24.7	25.1	46.2	25.1
	여성	(253)	47.8	36.8	31.6	9.1	53.8	20.9
연령	40대	(248)	43.5	36.3	27.8	18.1	52.0	22.2
	50대	(252)	40.1	43.7	28.6	15.9	48.0	23.8
학력	고졸 이하	(61)	42.6	49.2	26.2	19.7	49.2	13.1
	대재	(16)	43.8	50.0	18.8	37.5	18.8	31.3
	대졸	(365)	43.6	38.4	27.9	15.1	50.4	24.7
	대학원 이상	(58)	29.3	37.9	34.5	20.7	56.9	20.7
가구 소득	200만 원 미만	(45)	44.4	46.7	26.7	11.1	55.6	15.6
	200~300만 원 미만	(41)	46.3	41.5	24.4	17.1	58.5	12.2
	300~500만 원 미만	(125)	42.4	41.6	23.2	14.4	50.4	28.0
	500~700만 원 미만	(129)	44.2	38.8	29.5	16.3	50.4	20.9
	700만 원 이상	(160)	37.5	37.5	32.5	21.3	45.6	25.6
혼인 상태	기혼	(340)	40.9	39.1	30.6	17.4	48.5	23.5
	미혼	(127)	40.2	44.9	23.6	15.7	52.8	22.8
	동거/사별/이혼/별거	(33)	57.6	30.3	21.2	18.2	54.5	18.2

[표 2-211] 서울시 메타버스 공간에서 활용하고 싶은 기능(종합) – 40~50대(계속)

구분		사례 수	체험 콘텐츠 (디지털 트윈 기반 서울 관광서비스, 참여형 축제, MICE 산업 등)	민원, 행정 (가상민원실, 가상시장실 등)	학습 지원 (메타클래스, 청소년드림 센터 등)	시민 참여 (시민참여 토론회 등)	교육, 훈련 (의료 시뮬레이션, 게임 기반 교육 등)	업무 지원 (메타버스 오피스 등)
전체		(500)	41.8	40.0	28.2	17.0	50.0	23.0
가구원 수	1인	(64)	39.1	39.1	25.0	20.3	57.8	18.8
	2인	(68)	44.1	44.1	22.1	16.2	50.0	23.5
	3인	(175)	45.1	41.7	30.9	12.6	47.4	22.3
	4인 이상	(193)	38.9	37.3	29.0	20.2	49.7	24.9
이념 성향	진보	(126)	40.5	43.7	23.8	18.3	49.2	24.6
	중도	(218)	45.9	38.5	29.8	14.7	50.5	20.6
	보수	(156)	37.2	39.1	29.5	19.2	50.0	25.0
직업	화이트칼라	(328)	39.9	36.6	28.4	20.1	48.8	26.2
	블루칼라	(61)	44.3	44.3	21.3	21.3	54.1	14.8
	주부/무직/기타	(111)	45.9	47.7	31.5	5.4	51.4	18.0
고용 형태	상용직 임금근로자	(314)	39.5	37.9	28.0	20.4	48.4	25.8
	임시/일용/특수직 근로자	(39)	38.5	38.5	28.2	12.8	64.1	17.9
	자영업자/무급가족종사자	(31)	51.6	38.7	22.6	25.8	45.2	16.1
권역	도심권	(25)	44.0	40.0	24.0	20.0	52.0	20.0
	동북권	(155)	38.1	39.4	35.5	16.8	54.8	15.5
	서북권	(60)	50.0	38.3	26.7	16.7	46.7	21.7
	서남권	(149)	43.0	39.6	20.8	18.8	50.3	27.5
	동남권	(111)	40.5	42.3	29.7	14.4	44.1	28.8

[표 2-212] 서울시 메타버스 공간에서 활용하고 싶은 기능(1순위) - 40~50대

구분		사례 수	체험 콘텐츠 (디지털 트윈 기반 서울 관광서비스, 참여형 축제, MICE 산업 등)	민원, 행정 (가상민원실, 가상시장실 등)	학습 지원 (메타클래스, 청소년드림 센터 등)	시민 참여 (시민참여 토론회 등)	교육, 훈련 (의료 시뮬레이션, 게임 기반 교육 등)	업무 지원 (메타버스 오피스 등)
전체		(500)	21.8	22.2	12.2	8.6	24.8	10.4
성별	남성	(247)	17.8	23.5	11.3	14.2	20.6	12.6
	여성	(253)	25.7	20.9	13.0	3.2	28.9	8.3
연령	40대	(248)	25.0	19.8	12.9	8.1	22.2	12.1
	50대	(252)	18.7	24.6	11.5	9.1	27.4	8.7
학력	고졸 이하	(61)	31.1	26.2	13.1	6.6	18.0	4.9
	대재	(16)	25.0	18.8	12.5	18.8	6.3	18.8
	대졸	(365)	21.4	21.9	11.2	8.2	25.8	11.5
	대학원 이상	(58)	13.8	20.7	17.2	10.3	31.0	6.9
가구 소득	200만 원 미만	(45)	31.1	22.2	8.9	6.7	24.4	6.7
	200~300만 원 미만	(41)	26.8	29.3	7.3	9.8	22.0	4.9
	300~500만 원 미만	(125)	23.2	20.8	11.2	6.4	24.8	13.6
	500~700만 원 미만	(129)	21.7	22.5	15.5	7.8	21.7	10.9
	700만 원 이상	(160)	16.9	21.3	12.5	11.3	28.1	10.0
혼인 상태	기혼	(340)	20.9	22.1	13.8	8.2	25.0	10.0
	미혼	(127)	20.5	26.0	9.4	10.2	22.8	11.0
	동거/사별/이혼/별거	(33)	36.4	9.1	6.1	6.1	30.3	12.1

[표 2-212] 서울시 메타버스 공간에서 활용하고 싶은 기능(1순위) – 40~50대(계속)

구분		사례 수	체험 콘텐츠 (디지털 트윈 기반 서울 관광서비스, 참여형 축제, MICE 산업 등)	민원, 행정 (가상민원실, 가상시장실 등)	학습 지원 (메타클래스, 청소년드림 센터 등)	시민 참여 (시민참여 토론회 등)	교육, 훈련 (의료 시뮬레이션, 게임 기반 교육 등)	업무 지원 (메타버스 오피스 등)
전체		(500)	21.8	22.2	12.2	8.6	24.8	10.4
가구원 수	1인	(64)	23.4	23.4	9.4	10.9	21.9	10.9
	2인	(68)	26.5	25.0	7.4	8.8	22.1	10.3
	3인	(175)	22.9	20.6	14.3	6.9	25.7	9.7
	4인 이상	(193)	18.7	22.3	13.0	9.3	25.9	10.9
이념 성향	진보	(126)	19.8	24.6	11.9	10.3	23.0	10.3
	중도	(218)	22.9	22.5	12.4	7.8	24.3	10.1
	보수	(156)	21.8	19.9	12.2	8.3	26.9	10.9
직업	화이트칼라	(328)	21.0	20.1	11.6	10.1	25.3	11.9
	블루칼라	(61)	21.3	29.5	6.6	11.5	24.6	6.6
	주부/무직/기타	(111)	24.3	24.3	17.1	2.7	23.4	8.1
고용 형태	상용직 임금근로자	(314)	21.3	21.7	11.1	9.9	24.2	11.8
	임시/일용/특수직 근로자	(39)	12.8	17.9	15.4	7.7	41.0	5.1
	자영업자/무급가족종사자	(31)	25.8	25.8	3.2	16.1	19.4	9.7
권역	도심권	(25)	20.0	12.0	8.0	16.0	32.0	12.0
	동북권	(155)	16.8	22.6	13.5	7.7	31.6	7.7
	서북권	(60)	25.0	21.7	10.0	8.3	21.7	13.3
	서남권	(149)	27.5	24.8	9.4	8.7	20.1	9.4
	동남권	(111)	19.8	20.7	16.2	8.1	21.6	13.5

2) 미래도시 비전

30년 후 예상되는 변화

◈ 20~30대

20~30대의 30년 후 예상되는 변화를 살펴보면, '긍정적으로 변화' 응답은 '세계에서 서울의 위상'이 68.6%로 가장 높았고, 그다음으로는 '다문화 포용력'(67.3.0%), '아동의 삶의 질'(56.9%) 순으로 나타남. 한편, '빈부 격차'가 29.4%로 가장 낮게 나타남

[그림 2-151] 30년 후 예상되는 변화 – 20~30대 (단위: %)

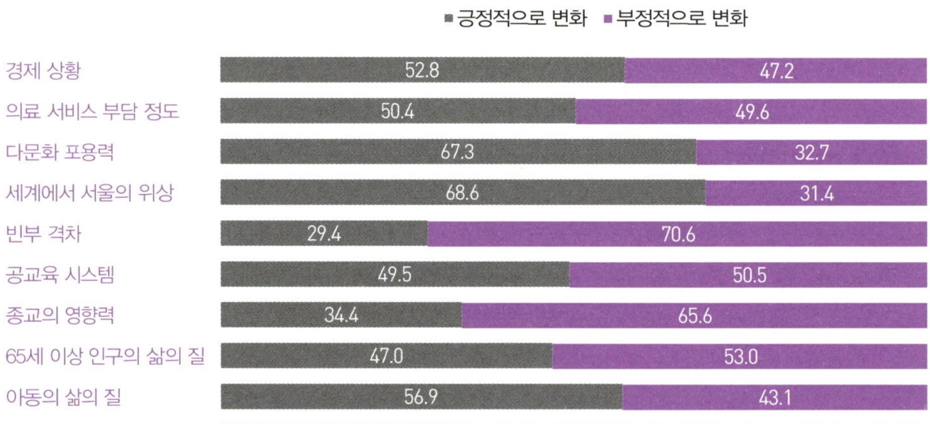

'세계에서 서울의 위상'에 대한 상세분석 결과, 성별로는 여성(70.0%)에서 높게 나타났고 연령별로는 20대(70.4%), 학력별로는 고졸 이하(75.0%), 대학원 이상(73.9%), 가구 소득별로는 700만 원 이상(73.0%), 500~700만 원 미만(69.5%), 혼인상태별로는 미혼(69.0%), 가구원 수별로는 3인(72.0%), 2인(69.7%), 이념 성향별로는 진보(73.5%), 직업별로는 학생(74.1%), 고용형태별로는 상용직 임금근로자(68.4%), 권역별로는 서

남권(69.5%), 동남권(69.5%)에서 높게 나타남

◈ 40~50대

40~50대의 경우, '긍정적으로 변화' 응답은 '다문화 포용력'이 82.4%로 가장 높았고, 그다음으로는 '세계에서 서울의 위상'(81.2.0%), '아동의 삶의 질'(73.2%) 순으로 나타남. 한편, '빈부 격차'가 34.8%로 가장 낮게 나타남

[그림 2-152] 30년 후 예상되는 변화 – 40~50대

(단위: %)

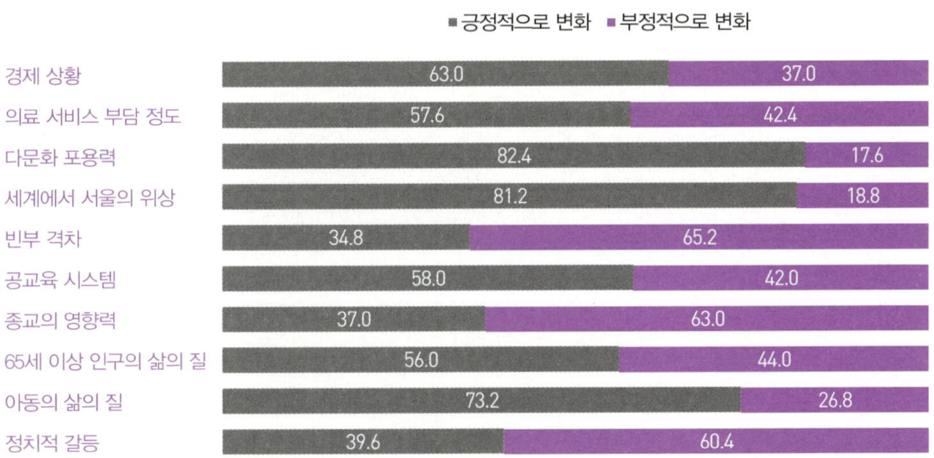

'다문화 포용력'에 대한 상세분석 결과, 성별로는 남성(83.0%)에서 높게 나타났고 연령별로는 50대(83.7%), 학력별로는 대학원 이상(86.2%), 대졸(전문대/대학교 졸업)(82.7%), 가구 소득별로는 700만 원 이상(90.6%), 300~500만 원 미만(87.2%), 혼인 상태별로는 기혼(83.2%), 미혼(82.7%), 가구원 수별로는 1인(85.9%), 3인(83.4%), 이념 성향별로는 진보(84.1%), 중도(83.0%), 직업별로는 주부/무직/기타(86.5%), 화이트칼라(83.2%), 고용형태별로는 상용직 임금근로자(83.1%), 권역별로는 서북권(88.3%), 동남권(84.7%)에서 높게 나타남

[표 2-213] 30년 후 예상되는 변화(요약표-긍정적으로 변화) - 20~30대

구분		사례 수	경제 상황	의료 서비스 부담 정도	다문화 포용력	세계에서 서울의 위상	빈부 격차	공교육 시스템	종교의 영향력	65세 이상 인구의 삶의 질	아동의 삶의 질	정치적 갈등
전체		(1,000)	52.8	50.4	67.3	68.6	29.4	49.5	34.4	47.0	56.9	33.6
성별	남성	(490)	57.4	51.6	64.6	67.0	33.9	50.1	33.3	49.9	59.9	36.0
	여성	(510)	48.4	49.2	70.0	70.0	25.1	48.8	35.5	44.3	53.9	31.4
연령	20대	(498)	54.7	52.0	68.8	70.4	32.0	50.5	38.0	49.1	56.6	35.0
	30대	(502)	51.0	48.8	65.9	66.7	26.9	48.4	30.9	45.0	57.2	32.3
학력	고졸 이하	(97)	54.6	58.7	70.9	75.0	36.9	54.7	47.1	51.7	55.7	38.2
	대재	(127)	58.3	48.8	55.9	56.3	29.3	41.5	33.0	51.3	59.4	37.2
	대졸	(677)	51.9	48.7	68.6	69.1	27.9	49.4	32.8	44.0	55.0	32.4
	대학원 이상	(99)	50.8	55.7	70.0	73.9	32.8	54.8	34.7	58.0	67.3	32.8
가구 소득	200만 원 미만	(102)	47.3	43.5	63.9	69.4	27.7	43.8	29.3	46.0	54.0	33.4
	200~300만 원 미만	(148)	47.0	44.7	62.1	63.7	26.9	46.0	30.0	38.2	46.8	28.8
	300~500만 원 미만	(287)	52.4	45.8	61.8	66.0	26.8	48.8	37.2	43.3	56.1	32.4
	500~700만 원 미만	(196)	57.3	56.6	70.0	69.5	34.6	52.7	37.3	50.0	60.4	40.1
	700만 원 이상	(267)	55.4	56.5	75.6	73.0	30.5	52.0	33.7	54.2	61.7	32.9
혼인 상태	기혼	(220)	60.6	57.3	68.4	68.4	37.5	55.1	40.6	50.8	62.6	37.9
	미혼	(745)	50.5	49.0	67.9	69.0	26.7	48.1	32.5	46.1	55.4	31.9
	동거/사별/이혼/별거	(35)	54.3	37.6	48.9	60.7	36.8	42.8	37.1	43.3	51.2	43.3

[표 2-213] 30년 후 예상되는 변화(요약표-긍정적으로 변화) - 20~30대(계속)

구분		사례 수	경제 상황	의료 서비스 부담 정도	다문화 포용력	세계 에서 서울의 위상	빈부 격차	공교육 시스템	종교의 영향력	65세 이상 인구의 삶의 질	아동의 삶의 질	정치적 갈등
전체		(1,000)	52.8	50.4	67.3	68.6	29.4	49.5	34.4	47.0	56.9	33.6
가구원 수	1인	(218)	46.6	41.0	65.0	65.9	27.0	38.7	28.9	39.3	49.5	29.3
	2인	(159)	52.2	46.6	71.3	69.7	28.3	53.2	33.8	41.6	57.5	37.0
	3인	(290)	56.0	55.8	70.0	72.0	29.4	53.2	39.7	50.0	61.1	33.9
	4인 이상	(333)	54.5	53.6	64.7	66.8	31.5	51.5	33.8	52.1	57.7	34.6
이념 성향	진보	(231)	49.8	46.4	74.0	73.5	21.3	47.5	29.9	49.4	62.6	31.6
	중도	(429)	49.9	47.8	65.9	65.8	27.7	48.9	34.4	41.6	52.6	29.2
	보수	(341)	58.6	56.4	64.7	68.6	37.0	51.5	37.5	52.2	58.3	40.5
직업	화이트칼라	(644)	52.4	51.2	69.8	68.9	29.4	49.3	35.0	46.9	57.9	33.4
	블루칼라	(141)	53.5	50.6	55.8	61.5	29.6	49.9	42.1	42.3	47.9	33.3
	학생	(106)	54.4	52.1	64.9	74.1	31.4	49.8	32.8	53.1	60.2	35.8
	주부/무직/기타	(109)	53.4	43.9	70.5	70.1	27.4	49.5	22.8	48.1	58.9	33.0
고용 형태	상용직 임금근로자	(620)	52.2	51.8	68.8	68.4	27.4	50.6	34.2	44.3	55.6	32.4
	임시/일용/특수직 근로자	(97)	44.8	40.5	61.5	64.6	32.6	36.3	39.4	41.8	48.8	36.8
	자영업자/ 무급가족종사자	(58)	67.4	57.2	58.5	60.2	43.3	53.7	52.0	67.7	69.1	38.4
권역	도심권	(50)	48.7	42.7	66.7	64.7	33.2	49.9	29.1	50.3	57.4	37.6
	동북권	(295)	52.4	52.3	64.6	67.2	30.6	48.2	31.9	49.1	59.2	32.7
	서북권	(123)	51.0	54.9	68.2	69.3	26.7	51.9	37.2	43.8	55.2	34.1
	서남권	(329)	53.1	49.1	70.1	69.5	29.1	50.0	36.7	46.6	54.7	34.9
	동남권	(203)	55.2	48.9	66.6	69.5	28.8	48.8	34.1	45.9	57.9	31.7

[표 2-214] 30년 후 예상되는 변화(요약표-긍정적으로 변화) - 40~50대

구분		사례 수	경제 상황	의료 서비스 부담 정도	다문화 포용력	세계에서 서울의 위상	빈부 격차	공교육 시스템	종교의 영향력	65세 이상 인구의 삶의 질	아동의 삶의 질	정치적 갈등
전체		(500)	63.0	57.6	82.4	81.2	34.8	58.0	37.0	56.0	73.2	39.6
성별	남성	(247)	66.8	57.9	83.0	82.2	33.2	55.1	35.6	52.2	72.5	37.2
	여성	(253)	59.3	57.3	81.8	80.2	36.4	60.9	38.3	59.7	73.9	41.9
연령	40대	(248)	61.7	53.6	81.0	81.0	32.3	56.0	37.9	53.2	71.8	38.3
	50대	(252)	64.3	61.5	83.7	81.3	37.3	59.9	36.1	58.7	74.6	40.9
학력	고졸 이하	(61)	55.7	63.9	80.3	82.0	32.8	59.0	37.7	52.5	70.5	32.8
	대재	(16)	62.5	50.0	68.8	50.0	18.8	43.8	50.0	31.3	50.0	25.0
	대졸	(365)	64.1	57.3	82.7	82.2	35.6	58.4	35.6	58.1	74.5	40.5
	대학원 이상	(58)	63.8	55.2	86.2	82.8	36.2	58.6	41.4	53.4	74.1	44.8
가구 소득	200만 원 미만	(45)	62.2	60.0	80.0	80.0	37.8	60.0	33.3	55.6	71.1	35.6
	200~300만 원 미만	(41)	48.8	63.4	73.2	78.0	26.8	58.5	39.0	48.8	75.6	26.8
	300~500만 원 미만	(125)	59.2	60.0	87.2	82.4	32.8	59.2	40.0	56.0	78.4	43.2
	500~700만 원 미만	(129)	60.5	45.7	71.3	76.7	35.7	54.3	34.9	52.7	65.1	41.1
	700만 원 이상	(160)	71.9	63.1	90.6	85.0	36.9	59.4	36.9	60.6	75.6	40.0
혼인 상태	기혼	(340)	65.3	58.5	83.2	81.5	36.5	57.9	37.9	57.1	74.1	42.4
	미혼	(127)	56.7	53.5	82.7	82.7	31.5	58.3	33.1	56.7	71.7	33.1
	동거/사별/이혼/별거	(33)	63.6	63.6	72.7	72.7	30.3	57.6	42.4	42.4	69.7	36.4

[표 2-214] 30년 후 예상되는 변화(요약표-긍정적으로 변화) - 40~50대(계속)

구분		사례수	경제 상황	의료 서비스 부담 정도	다문화 포용력	세계에서 서울의 위상	빈부 격차	공교육 시스템	종교의 영향력	65세 이상 인구의 삶의 질	아동의 삶의 질	정치적 갈등
전체		(500)	63.0	57.6	82.4	81.2	34.8	58.0	37.0	56.0	73.2	39.6
가구원수	1인	(64)	59.4	59.4	85.9	87.5	37.5	62.5	35.9	65.6	75.0	39.1
	2인	(68)	52.9	52.9	80.9	72.1	26.5	54.4	36.8	48.5	70.6	36.8
	3인	(175)	66.3	58.3	83.4	82.9	36.6	59.4	38.3	57.1	77.7	40.6
	4인 이상	(193)	64.8	58.0	80.8	80.8	35.2	56.5	36.3	54.4	69.4	39.9
이념성향	진보	(126)	62.7	60.3	84.1	84.1	28.6	60.3	32.5	57.1	74.6	35.7
	중도	(218)	60.1	58.3	83.0	77.1	33.5	56.4	33.5	52.8	72.5	36.7
	보수	(156)	67.3	54.5	80.1	84.6	41.7	58.3	45.5	59.6	73.1	46.8
직업	화이트칼라	(328)	64.9	56.1	83.2	82.0	34.5	59.8	38.4	55.2	72.0	39.3
	블루칼라	(61)	54.1	57.4	70.5	78.7	31.1	54.1	36.1	49.2	72.1	34.4
	주부/무직/기타	(111)	62.2	62.2	86.5	80.2	37.8	55.0	33.3	62.2	77.5	43.2
고용형태	상용직 임금근로자	(314)	63.4	56.4	83.1	83.8	35.4	60.2	38.5	55.1	72.6	38.5
	임시/일용/특수직 근로자	(39)	56.4	56.4	66.7	69.2	30.8	51.3	33.3	48.7	69.2	35.9
	자영업자/무급가족종사자	(31)	64.5	51.6	77.4	74.2	25.8	51.6	38.7	51.6	64.5	48.4
권역	도심권	(25)	68.0	40.0	80.0	64.0	40.0	48.0	24.0	40.0	60.0	36.0
	동북권	(155)	56.8	53.5	80.0	80.0	31.6	54.2	32.9	57.4	70.3	34.8
	서북권	(60)	53.3	63.3	88.3	86.7	31.7	60.0	33.3	53.3	73.3	38.3
	서남권	(149)	71.1	65.1	81.2	83.2	33.6	60.4	40.9	59.1	79.9	40.9
	동남권	(111)	64.9	54.1	84.7	81.1	41.4	61.3	42.3	55.0	71.2	45.9

30년 후 예상되는 변화 서울의 미래

◈ 20~30대

20~30대가 생각하는 30년 후 예상되는 서울의 미래는 '긍정적으로 변화'가 69.0%, '부정적으로 변화'가 31.0%로 나타남

[그림 2-153] 30년 후 예상되는 변화 (서울의 미래) – 20~30대 (단위: %)

'긍정적으로 변화'에 대한 상세분석 결과, 성별로는 여성(69.6%)에서 높게 나타났고 연령별로는 20대(70.8%), 학력별로는 고졸 이하(70.7%), 대졸(전문대/대학교 졸업)(69.1%), 가구 소득별로는 700만 원 이상(75.9%), 혼인상태별로는 기혼(70.7%), 가구원 수별로는 3인(76.2%), 이념 성향별로는 보수(71.1%), 진보(70.9%), 직업별로는 학생(71.9%), 화이트칼라(69.3%), 고용형태별로는 자영업자/무급가족종사자(76.0%), 권역별로는 도심권(74.3%), 동남권(71.4%)에서 높게 나타남

◈ 40~50대

40~50대의 경우, 30년 후 예상되는 서울의 미래는 '긍정적으로 변화'가 77.2%, '부정적으로 변화'가 22.8%로 나타남

[그림 2-154] 30년 후 예상되는 변화 (서울의 미래) – 40~50대 (단위: %)

'긍정적으로 변화'에 대한 상세분석 결과, 성별로는 여성(77.9%)에서 높게 나타났고 연령별로는 50대(78.2%), 학력별로는 대학원 이상(82.8%), 가구 소득별로는 700만 원 이상(83.1%), 혼인상태별로는 기혼(78.8%), 가구원 수별로는 4인 이상(81.9%), 이념 성향별로는 보수(81.4%), 직업별로는 주부/무직/기타(79.3%), 고용형태별로는 상용직 임금근로자(79.3%), 권역별로는 서남권(80.5%), 서북권(80.0%)에서 높게 나타남

[표 2-215] 30년 후 예상되는 변화(서울의 미래) – 20~30대

구분		사례 수	긍정적으로 변화	부정적으로 변화	계
전체		(1,000)	69.0	31.0	100.0
성별	남성	(490)	68.4	31.6	100.0
	여성	(510)	69.6	30.4	100.0
연령	20대	(498)	70.8	29.2	100.0
	30대	(502)	67.3	32.7	100.0
학력	고졸 이하	(97)	70.7	29.3	100.0
	대재	(127)	67.9	32.1	100.0
	대졸	(677)	69.1	30.9	100.0
	대학원 이상	(99)	68.1	31.9	100.0
가구 소득	200만 원 미만	(102)	60.1	39.9	100.0
	200~300만 원 미만	(148)	63.2	36.8	100.0
	300~500만 원 미만	(287)	67.1	32.9	100.0
	500~700만 원 미만	(196)	71.5	28.5	100.0
	700만 원 이상	(267)	75.9	24.1	100.0
혼인 상태	기혼	(220)	70.7	29.3	100.0
	미혼	(745)	68.7	31.3	100.0
	동거/사별/이혼/별거	(35)	66.1	33.9	100.0

[표 2-215] 30년 후 예상되는 변화(서울의 미래) – 20~30대(계속)

구분		사례 수	긍정적으로 변화	부정적으로 변화	계
전체		(1,000)	69.0	31.0	100.0
가구원 수	1인	(218)	60.6	39.4	100.0
	2인	(159)	67.5	32.5	100.0
	3인	(290)	76.2	23.8	100.0
	4인 이상	(333)	69.1	30.9	100.0
이념 성향	진보	(231)	70.9	29.1	100.0
	중도	(429)	66.4	33.6	100.0
	보수	(341)	71.1	28.9	100.0
직업	화이트칼라	(644)	69.3	30.7	100.0
	블루칼라	(141)	67.0	33.0	100.0
	학생	(106)	71.9	28.1	100.0
	주부/무직/기타	(109)	67.4	32.6	100.0
고용 형태	상용직 임금근로자	(620)	68.6	31.4	100.0
	임시/일용/특수직 근로자	(97)	65.5	34.5	100.0
	자영업자/무급가족종사자	(58)	76.0	24.0	100.0
권역	도심권	(50)	74.3	25.7	100.0
	동북권	(295)	67.7	32.3	100.0
	서북권	(123)	67.9	32.1	100.0
	서남권	(329)	68.4	31.6	100.0
	동남권	(203)	71.4	28.6	100.0

[표 2-216] 30년 후 예상되는 변화(서울의 미래) – 40~50대

구분		사례 수	긍정적으로 변화	부정적으로 변화	계
전체		(500)	77.2	22.8	100.0
성별	남성	(247)	76.5	23.5	100.0
	여성	(253)	77.9	22.1	100.0
연령	40대	(248)	76.2	23.8	100.0
	50대	(252)	78.2	21.8	100.0
학력	고졸 이하	(61)	73.8	26.2	100.0
	대재	(16)	75.0	25.0	100.0
	대졸	(365)	77.0	23.0	100.0
	대학원 이상	(58)	82.8	17.2	100.0
가구 소득	200만 원 미만	(45)	68.9	31.1	100.0
	200~300만 원 미만	(41)	68.3	31.7	100.0
	300~500만 원 미만	(125)	77.6	22.4	100.0
	500~700만 원 미만	(129)	75.2	24.8	100.0
	700만 원 이상	(160)	83.1	16.9	100.0
혼인 상태	기혼	(340)	78.8	21.2	100.0
	미혼	(127)	74.0	26.0	100.0
	동거/사별/이혼/별거	(33)	72.7	27.3	100.0

[표 2-216] 30년 후 예상되는 변화(서울의 미래) – 40~50대(계속)

구분		사례 수	긍정적으로 변화	부정적으로 변화	계
전체		(500)	77.2	22.8	100.0
가구원 수	1인	(64)	76.6	23.4	100.0
	2인	(68)	64.7	35.3	100.0
	3인	(175)	77.1	22.9	100.0
	4인 이상	(193)	81.9	18.1	100.0
이념 성향	진보	(126)	77.0	23.0	100.0
	중도	(218)	74.3	25.7	100.0
	보수	(156)	81.4	18.6	100.0
직업	화이트칼라	(328)	77.1	22.9	100.0
	블루칼라	(61)	73.8	26.2	100.0
	주부/무직/기타	(111)	79.3	20.7	100.0
고용 형태	상용직 임금근로자	(314)	79.3	20.7	100.0
	임시/일용/특수직 근로자	(39)	61.5	38.5	100.0
	자영업자/무급가족종사자	(31)	67.7	32.3	100.0
권역	도심권	(25)	72.0	28.0	100.0
	동북권	(155)	75.5	24.5	100.0
	서북권	(60)	80.0	20.0	100.0
	서남권	(149)	80.5	19.5	100.0
	동남권	(111)	74.8	25.2	100.0

7 배경문항

1) 가구원 수

◈ 20~30대

20~30대의 가구원 수 조사 결과 '4인 이상' 응답이 33.3%로 가장 높고, 그다음으로는 '3인'(29.0%), '1인'(21.8%) 순으로 나타남

[그림 2-155] 가구원 수 – 20~30대

(단위: %)

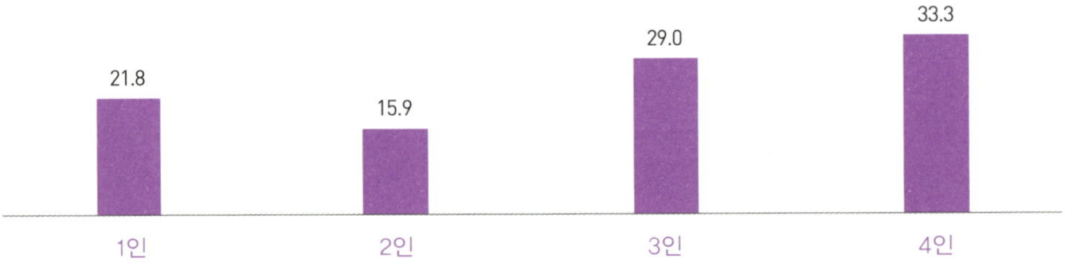

'4인 이상'에 대한 상세분석 결과, 성별로는 남성(33.7%)에서 높게 나타났고 연령별로는 20대(40.0%), 학력별로는 대재(전문대/대학교)(41.4%), 가구 소득별로는 700만 원 이상(49.4%), 혼인상태별로는 미혼(35.5%), 가구원 수별로는 4인 이상(100.0%), 이념성향별로는 중도(35.6%), 직업별로는 학생(49.0%), 고용형태별로는 상용직 임금근로자(31.1%), 권역별로는 도심권(41.7%), 동남권(40.9%)에서 높게 나타남

◈ 40~50대

40~50대는 '4인 이상' 응답이 38.6%로 가장 높고, 그다음으로는 '3인'(35.0%), '2인'(13.6%) 순으로 나타남

[그림 2-156] 가구원 수 - 40~50대 (단위: %)

'4인 이상'에 대한 상세분석 결과, 성별로는 남성(41.3%)에서 높게 나타났고 연령별로는 50대(42.5%), 학력별로는 대졸(전문대/대학교 졸업)(42.2%), 가구 소득별로는 700만원 이상(56.9%), 혼인상태별로는 기혼(52.4%), 가구원 수별로는 4인 이상(100.0%), 이념 성향별로는 보수(44.9%), 직업별로는 주부/무직/기타(41.4%), 화이트칼라(40.2%), 고용형태별로는 상용직 임금근로자(41.7%), 권역별로는 도심권(48.0%), 서북권(46.7%)에서 높게 나타남

[표 2-217] 가구원 수 – 20~30대

구분		사례 수	1인	2인	3인	4인 이상	[평균]
전체		(1,000)	21.8	15.9	29.0	33.3	2.83
성별	남성	(490)	22.2	16.8	27.3	33.7	2.79
	여성	(510)	21.4	15.1	30.6	32.9	2.86
연령	20대	(498)	21.4	13.5	25.0	40.0	2.95
	30대	(502)	22.1	18.3	32.9	26.7	2.71
학력	고졸 이하	(97)	15.5	18.5	30.6	35.5	2.91
	대재	(127)	21.3	12.2	25.2	41.4	2.98
	대졸	(677)	22.8	16.2	29.3	31.8	2.79
	대학원 이상	(99)	21.4	16.6	30.3	31.7	2.84
가구 소득	200만 원 미만	(102)	45.5	18.9	19.6	16.0	2.14
	200~300만 원 미만	(148)	41.4	19.8	21.6	17.2	2.21
	300~500만 원 미만	(287)	26.1	18.7	25.7	29.5	2.65
	500~700만 원 미만	(196)	10.1	12.8	38.9	38.3	3.15
	700만 원 이상	(267)	5.7	12.0	32.9	49.4	3.40
혼인 상태	기혼	(220)	1.4	29.7	41.3	27.6	3.01
	미혼	(745)	27.9	10.6	26.0	35.5	2.78
	동거/사별/이혼/별거	(35)	19.5	43.2	14.4	23.0	2.71

[표 2-217] 가구원 수 – 20~30대(계속)

구분		사례 수	1인	2인	3인	4인 이상	[평균]
전체		(1,000)	21.8	15.9	29.0	33.3	2.83
가구원 수	1인	(218)	100.0	0.0	0.0	0.0	1.00
	2인	(159)	0.0	100.0	0.0	0.0	2.00
	3인	(290)	0.0	0.0	100.0	0.0	3.00
	4인 이상	(333)	0.0	0.0	0.0	100.0	4.27
이념 성향	진보	(231)	22.6	16.9	29.8	30.7	2.76
	중도	(429)	22.2	16.1	26.1	35.6	2.83
	보수	(341)	20.6	15.1	32.0	32.3	2.87
직업	화이트칼라	(644)	24.1	16.5	28.3	31.2	2.76
	블루칼라	(141)	21.0	21.1	28.9	29.0	2.77
	학생	(106)	18.7	7.9	24.4	49.0	3.08
	주부/무직/기타	(109)	12.3	13.7	37.5	36.5	3.05
고용 형태	상용직 임금근로자	(620)	23.0	17.4	28.5	31.1	2.76
	임시/일용/특수직 근로자	(97)	28.7	17.3	25.7	28.4	2.61
	자영업자/ 무급가족종사자	(58)	24.0	17.5	27.5	31.0	2.94
권역	도심권	(50)	34.8	12.0	11.5	41.7	2.74
	동북권	(295)	20.4	17.8	27.9	33.9	2.83
	서북권	(123)	25.9	16.3	31.6	26.2	2.65
	서남권	(329)	22.8	18.8	28.8	29.5	2.71
	동남권	(203)	16.4	9.3	33.4	40.9	3.14

[표 2-218] 가구원 수 – 40~50대

구분		사례 수	1인	2인	3인	4인 이상	[평균]
전체		(500)	12.8	13.6	35.0	38.6	3.05
성별	남성	(247)	10.5	13.0	35.2	41.3	3.13
	여성	(253)	15.0	14.2	34.8	36.0	2.96
연령	40대	(248)	14.1	17.3	33.9	34.7	2.94
	50대	(252)	11.5	9.9	36.1	42.5	3.15
학력	고졸 이하	(61)	26.2	18.0	31.1	24.6	2.54
	대재	(16)	6.3	31.3	37.5	25.0	3.00
	대졸	(365)	11.5	12.1	34.2	42.2	3.13
	대학원 이상	(58)	8.6	13.8	43.1	34.5	3.05
가구 소득	200만 원 미만	(45)	42.2	20.0	31.1	6.7	2.02
	200~300만 원 미만	(41)	31.7	26.8	22.0	19.5	2.32
	300~500만 원 미만	(125)	16.0	16.0	40.0	28.0	2.83
	500~700만 원 미만	(129)	6.2	14.0	36.4	43.4	3.23
	700만 원 이상	(160)	2.5	6.3	34.4	56.9	3.54
혼인 상태	기혼	(340)	.6	9.4	37.6	52.4	3.49
	미혼	(127)	40.9	22.0	30.7	6.3	2.02
	동거/사별/이혼/별거	(33)	30.3	24.2	24.2	21.2	2.42

[표 2-218] 가구원 수 – 40~50대(계속)

구분		사례 수	1인	2인	3인	4인 이상	[평균]
전체		(500)	12.8	13.6	35.0	38.6	3.05
가구원 수	1인	(64)	100.0	0.0	0.0	0.0	1.00
	2인	(68)	0.0	100.0	0.0	0.0	2.00
	3인	(175)	0.0	0.0	100.0	0.0	3.00
	4인 이상	(193)	0.0	0.0	0.0	100.0	4.13
이념 성향	진보	(126)	14.3	16.7	35.7	33.3	2.92
	중도	(218)	13.8	16.5	32.6	37.2	2.98
	보수	(156)	10.3	7.1	37.8	44.9	3.24
직업	화이트칼라	(328)	12.8	13.7	33.2	40.2	3.06
	블루칼라	(61)	16.4	19.7	39.3	24.6	2.79
	주부/무직/기타	(111)	10.8	9.9	37.8	41.4	3.14
고용 형태	상용직 임금근로자	(314)	11.8	13.1	33.4	41.7	3.11
	임시/일용/특수직 근로자	(39)	15.4	28.2	43.6	12.8	2.54
	자영업자/무급가족종사자	(31)	22.6	12.9	32.3	32.3	2.81
권역	도심권	(25)	12.0	16.0	24.0	48.0	3.20
	동북권	(155)	15.5	12.9	34.8	36.8	2.98
	서북권	(60)	16.7	8.3	28.3	46.7	3.07
	서남권	(149)	9.4	17.4	40.9	32.2	3.00
	동남권	(111)	11.7	11.7	33.3	43.2	3.15

2) 부모 동거 여부

◈ 20~30대

20~30대의 부모와 동거 중인 비율은 65.0%로 나타남

[그림 2-157] 부모 동거 여부 - 20~30대

(단위: %)

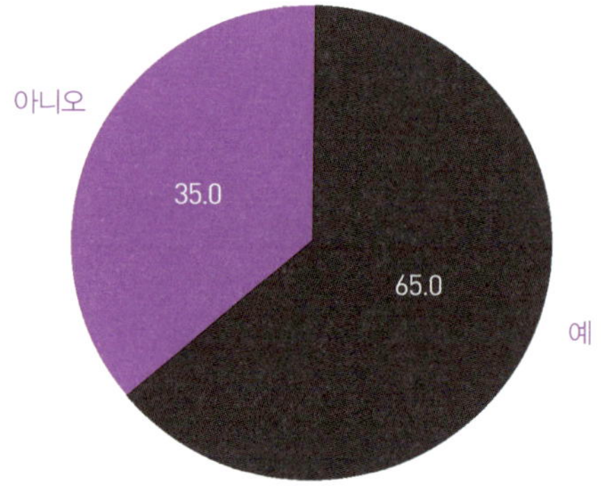

'예'에 대한 상세분석 결과, 성별로는 여성(65.1%)에서 높게 나타났고 연령별로는 20대(79.7%), 학력별로는 고졸 이하(78.0%), 가구 소득별로는 200만 원 미만(83.5%), 혼인상태별로는 미혼(86.2%), 가구원 수별로는 4인 이상(82.9%), 이념 성향별로는 중도(66.7%), 직업별로는 학생(87.6%), 고용형태별로는 임시/일용/특수직 근로자(71.4%), 권역별로는 동북권(71.3%)에서 높게 나타남

◈ 40~50대

40~50대의 부모와 동거 중인 비율은 23.4%로 나타남

[그림 2-158] 부모 동거 여부 - 40~50대

(단위: %)

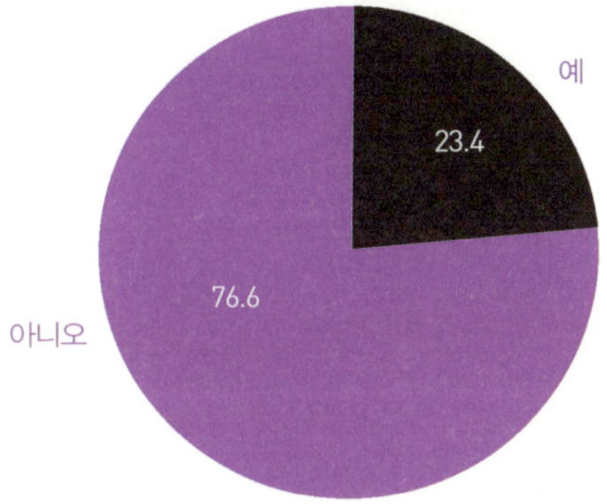

'예'에 대한 상세분석 결과, 성별로는 남성(27.1%)에서 높게 나타났고 연령별로는 40대(27.2%), 학력별로는 고졸 이하(33.3%), 대재(전문대/대학교)(33.3%), 가구 소득별로는 200만 원 미만(65.4%), 혼인상태별로는 미혼(78.7%), 가구원 수별로는 3인(26.9%), 2인(26.5%), 이념 성향별로는 중도(25.0%), 진보(24.1%), 직업별로는 블루칼라(33.3%), 고용형태별로는 임시/일용/특수직 근로자(30.3%), 권역별로는 서남권(25.9%), 동북권(25.2%)에서 높게 나타남

[표 2-219] 부모 동거 여부 – 20~30대

구분		사례 수	예	아니오	계
전체		(782)	65.0	35.0	100.0
성별	남성	(381)	65.0	35.0	100.0
	여성	(401)	65.1	34.9	100.0
연령	20대	(391)	79.7	20.3	100.0
	30대	(391)	50.4	49.6	100.0
학력	고졸 이하	(82)	78.0	22.0	100.0
	대재	(100)	73.4	26.6	100.0
	대졸	(523)	62.4	37.6	100.0
	대학원 이상	(78)	58.3	41.7	100.0
가구 소득	200만 원 미만	(56)	83.5	16.5	100.0
	200~300만 원 미만	(87)	65.0	35.0	100.0
	300~500만 원 미만	(212)	61.5	38.5	100.0
	500~700만 원 미만	(176)	63.6	36.4	100.0
	700만 원 이상	(252)	65.0	35.0	100.0
혼인 상태	기혼	(217)	16.5	83.5	100.0
	미혼	(537)	86.2	13.8	100.0
	동거/사별/이혼/별거	(28)	35.7	64.3	100.0

[표 2-219] 부모 동거 여부 – 20~30대(계속)

구분		사례 수	예	아니오	계
전체		(782)	65.0	35.0	100.0
가구원 수	2인	(159)	25.7	74.3	100.0
	3인	(290)	66.1	33.9	100.0
	4인 이상	(333)	82.9	17.1	100.0
이념 성향	진보	(179)	63.6	36.4	100.0
	중도	(333)	66.7	33.3	100.0
	보수	(271)	63.9	36.1	100.0
직업	화이트칼라	(489)	60.1	39.9	100.0
	블루칼라	(112)	61.7	38.3	100.0
	학생	(86)	87.6	12.4	100.0
	주부/무직/기타	(96)	73.9	26.1	100.0
고용 형태	상용직 임금근로자	(478)	59.0	41.0	100.0
	임시/일용/특수직 근로자	(69)	71.4	28.6	100.0
	자영업자/ 무급가족종사자	(44)	54.5	45.5	100.0
권역	도심권	(33)	60.1	39.9	100.0
	동북권	(235)	71.3	28.7	100.0
	서북권	(91)	65.9	34.1	100.0
	서남권	(254)	61.1	38.9	100.0
	동남권	(170)	62.8	37.2	100.0

[표 2-220] 부모 동거 여부 – 40~50대

구분		사례 수	예	아니오	계
전체		(436)	23.4	76.6	100.0
성별	남성	(221)	27.1	72.9	100.0
	여성	(215)	19.5	80.5	100.0
연령	40대	(213)	27.2	72.8	100.0
	50대	(223)	19.7	80.3	100.0
학력	고졸 이하	(45)	33.3	66.7	100.0
	대재	(15)	33.3	66.7	100.0
	대졸	(323)	22.6	77.4	100.0
	대학원 이상	(53)	17.0	83.0	100.0
가구 소득	200만 원 미만	(26)	65.4	34.6	100.0
	200~300만 원 미만	(28)	53.6	46.4	100.0
	300~500만 원 미만	(105)	28.6	71.4	100.0
	500~700만 원 미만	(121)	21.5	78.5	100.0
	700만 원 이상	(156)	9.0	91.0	100.0
혼인 상태	기혼	(338)	9.2	90.8	100.0
	미혼	(75)	78.7	21.3	100.0
	동거/사별/이혼/별거	(23)	52.2	47.8	100.0

[표 2-220] 부모 동거 여부 – 40~50대(계속)

구분		사례 수	예	아니오	계
전체		(436)	23.4	76.6	100.0
가구원 수	2인	(68)	26.5	73.5	100.0
	3인	(175)	26.9	73.1	100.0
	4인 이상	(193)	19.2	80.8	100.0
이념 성향	진보	(108)	24.1	75.9	100.0
	중도	(188)	25.0	75.0	100.0
	보수	(140)	20.7	79.3	100.0
직업	화이트칼라	(286)	21.3	78.7	100.0
	블루칼라	(51)	33.3	66.7	100.0
	주부/무직/기타	(99)	24.2	75.8	100.0
고용 형태	상용직 임금근로자	(277)	22.4	77.6	100.0
	임시/일용/특수직 근로자	(33)	30.3	69.7	100.0
	자영업자/무급가족종사자	(24)	25.0	75.0	100.0
권역	도심권	(22)	22.7	77.3	100.0
	동북권	(131)	25.2	74.8	100.0
	서북권	(50)	18.0	82.0	100.0
	서남권	(135)	25.9	74.1	100.0
	동남권	(98)	20.4	79.6	100.0

3) 10년 후 예상 부모 동거 여부

◈ 20~30대

20~30대의 10년 후 예상 부모 동거 비율은 28.8%로 나타남

[그림 2-159] 10년 후 예상 부모 동거 여부 - 20~30대

(단위: %)

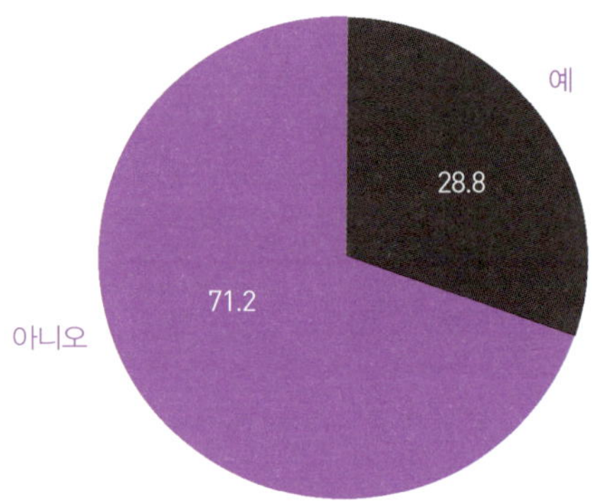

'예'에 대한 상세분석 결과, 성별로는 여성(29.6%)에서 높게 나타났고 연령별로는 20대(31.7%), 학력별로는 고졸 이하(37.1%), 대재(전문대/대학교)(36.2%), 가구 소득별로는 200만 원 미만(37.6%), 혼인상태별로는 미혼(32.2%), 가구원 수별로는 4인 이상(36.9%), 이념 성향별로는 보수(29.4%), 직업별로는 주부/무직/기타(40.4%), 고용형태별로는 임시/일용/특수직 근로자(34.5%), 권역별로는 도심권(36.6%)에서 높게 나타남

◈ 40~50대

40~50대의 10년 후 예상 부모 동거 비율이 28.8%로 나타남

[그림 2-160] 10년 후 예상 부모 동거 여부 – 40~50대

(단위: %)

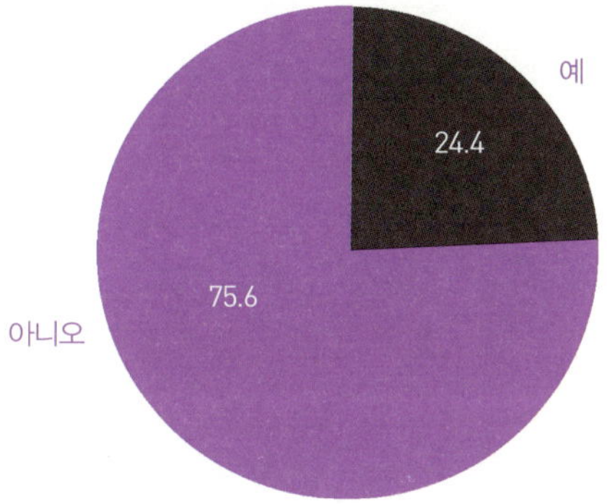

'예'에 대한 상세분석 결과, 성별로는 남성(28.3%)에서 높게 나타났고 연령별로는 40대(29.8%), 학력별로는 고졸 이하(29.5%), 가구 소득별로는 200~300만 원 미만(39.0%), 혼인상태별로는 미혼(40.9%), 가구원 수별로는 2인(29.4%), 이념 성향별로는 진보(27.8%), 직업별로는 블루칼라(27.9%), 고용형태별로는 임시/일용/특수직 근로자(30.8%), 권역별로는 서남권(27.5%)에서 높게 나타남

[표 2-221] 10년 후 예상 부모 동거 여부 – 20~30대

구분		사례 수	예	아니오	계
전체		(1,000)	28.8	71.2	100.0
성별	남성	(490)	28.0	72.0	100.0
	여성	(510)	29.6	70.4	100.0
연령	20대	(498)	31.7	68.3	100.0
	30대	(502)	25.9	74.1	100.0
학력	고졸 이하	(97)	37.1	62.9	100.0
	대재	(127)	36.2	63.8	100.0
	대졸	(677)	26.1	73.9	100.0
	대학원 이상	(99)	29.9	70.1	100.0
가구 소득	200만 원 미만	(102)	37.6	62.4	100.0
	200~300만 원 미만	(148)	26.9	73.1	100.0
	300~500만 원 미만	(287)	31.1	68.9	100.0
	500~700만 원 미만	(196)	30.6	69.4	100.0
	700만 원 이상	(267)	22.7	77.3	100.0
혼인 상태	기혼	(220)	17.9	82.1	100.0
	미혼	(745)	32.2	67.8	100.0
	동거/사별/이혼/별거	(35)	25.8	74.2	100.0

[표 2-221] 10년 후 예상 부모 동거 여부 - 20~30대(계속)

구분		사례 수	예	아니오	계
전체		(1,000)	28.8	71.2	100.0
가구원 수	1인	(218)	13.6	86.4	100.0
	2인	(159)	27.5	72.5	100.0
	3인	(290)	31.6	68.4	100.0
	4인 이상	(333)	36.9	63.1	100.0
이념 성향	진보	(231)	28.6	71.4	100.0
	중도	(429)	28.4	71.6	100.0
	보수	(341)	29.4	70.6	100.0
직업	화이트칼라	(644)	24.7	75.3	100.0
	블루칼라	(141)	33.8	66.2	100.0
	학생	(106)	35.3	64.7	100.0
	주부/무직/기타	(109)	40.4	59.6	100.0
고용 형태	상용직 임금근로자	(620)	24.8	75.2	100.0
	임시/일용/특수직 근로자	(97)	34.5	65.5	100.0
	자영업자/무급가족종사자	(58)	24.2	75.8	100.0
권역	도심권	(50)	36.6	63.4	100.0
	동북권	(295)	30.6	69.4	100.0
	서북권	(123)	30.9	69.1	100.0
	서남권	(329)	26.2	73.8	100.0
	동남권	(203)	27.2	72.8	100.0

[표 2-222] 10년 후 예상 부모 동거 여부 – 40~50대

구분		사례 수	예	아니오	계
전체		(500)	24.4	75.6	100.0
성별	남성	(247)	28.3	71.7	100.0
	여성	(253)	20.6	79.4	100.0
연령	40대	(248)	29.8	70.2	100.0
	50대	(252)	19.0	81.0	100.0
학력	고졸 이하	(61)	29.5	70.5	100.0
	대재	(16)	25.0	75.0	100.0
	대졸	(365)	23.6	76.4	100.0
	대학원 이상	(58)	24.1	75.9	100.0
가구 소득	200만 원 미만	(45)	31.1	68.9	100.0
	200~300만 원 미만	(41)	39.0	61.0	100.0
	300~500만 원 미만	(125)	29.6	70.4	100.0
	500~700만 원 미만	(129)	22.5	77.5	100.0
	700만 원 이상	(160)	16.3	83.8	100.0
혼인 상태	기혼	(340)	17.6	82.4	100.0
	미혼	(127)	40.9	59.1	100.0
	동거/사별/이혼/별거	(33)	30.3	69.7	100.0

[표 2-222] 10년 후 예상 부모 동거 여부 – 40~50대(계속)

구분		사례 수	예	아니오	계
전체		(500)	24.4	75.6	100.0
가구원 수	1인	(64)	15.6	84.4	100.0
	2인	(68)	29.4	70.6	100.0
	3인	(175)	25.1	74.9	100.0
	4인 이상	(193)	24.9	75.1	100.0
이념 성향	진보	(126)	27.8	72.2	100.0
	중도	(218)	22.9	77.1	100.0
	보수	(156)	23.7	76.3	100.0
직업	화이트칼라	(328)	25.0	75.0	100.0
	블루칼라	(61)	27.9	72.1	100.0
	주부/무직/기타	(111)	20.7	79.3	100.0
고용 형태	상용직 임금근로자	(314)	25.2	74.8	100.0
	임시/일용/특수직 근로자	(39)	30.8	69.2	100.0
	자영업자/ 무급가족종사자	(31)	22.6	77.4	100.0
권역	도심권	(25)	24.0	76.0	100.0
	동북권	(155)	25.2	74.8	100.0
	서북권	(60)	15.0	85.0	100.0
	서남권	(149)	27.5	72.5	100.0
	동남권	(111)	24.3	75.7	100.0

4) 10년 후 서울 거주 예상 정도

◈ 20~30대

20~30대의 10년 후 서울 거주 예상 정도를 살펴보면, '그렇다(매우 그렇다+어느정도 그렇다)'라고 응답한 비율은 65.2%, '그렇지 않다(전혀 그렇지 않다+그렇지 않은 편이다)'라고 응답한 비율은 10.8%로 나타남. 5점 만점 기준으로는 3.75점으로 나타남

[그림 2-161] 10년 후 서울 거주 예상 정도 – 20~30대

(단위: %)

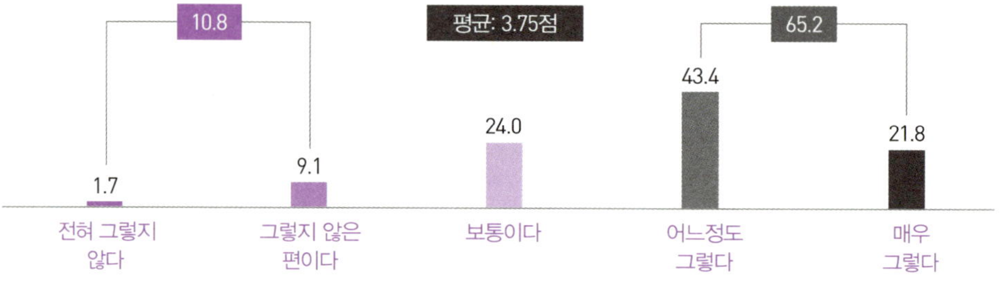

5점 평균을 상세분석한 결과, 성별로는 여성(3.80점)에서 높게 나타났고 연령별로는 30대(3.81점), 학력별로는 대학원 이상(3.92점), 대졸(전문대/대학교 졸업)(3.77점), 가구소득별로는 700만 원 이상(4.01점), 500~700만 원 미만(3.85점), 혼인상태별로는 기혼(3.85점), 가구원 수별로는 4인 이상(3.85점), 3인(3.79점), 이념 성향별로는 보수(3.84점), 직업별로는 화이트칼라(3.82점), 학생(3.77점), 고용형태별로는 상용직 임금근로자(3.82점), 권역별로는 동남권(3.97점)에서 높게 나타남

◈ 40~50대

40~50대가 '그렇다(매우 그렇다+어느정도 그렇다)'라고 응답한 비율은 71.2%, '그렇지 않다(전혀 그렇지 않다+그렇지 않은 편이다)'라고 응답한 비율은 9.2%로 나타남. 5점 만점 기준으로는 3.83점으로 나타남

[그림 2-162] 10년 후 서울 거주 예상 정도 – 40~50대

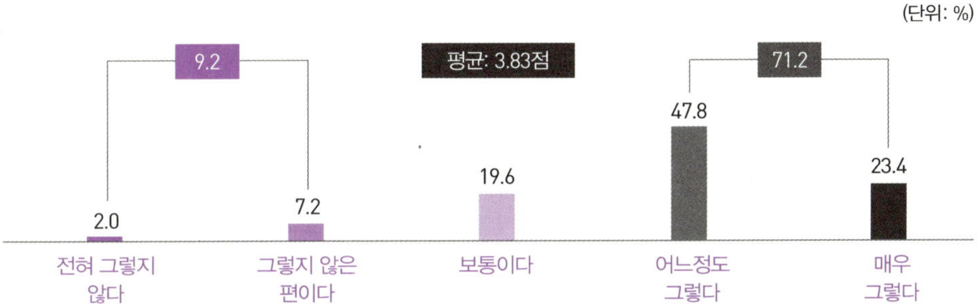

5점 평균을 상세분석한 결과, 성별로는 여성(3.89점)에서 높게 나타났고 연령별로는 40대(3.85점), 학력별로는 대학원 이상(4.07점), 가구 소득별로는 700만 원 이상(4.03점), 혼인상태별로는 기혼(3.89점), 가구원 수별로는 3인(3.96점), 4인 이상(3.86점), 이념 성향별로는 보수(3.88점), 중도(3.86점), 직업별로는 화이트칼라(3.87점), 주부/무직/기타(3.85점), 고용형태별로는 자영업자/무급가족종사자(3.90점), 임시/일용/특수직 근로자(3.85점), 권역별로는 서북권(3.93점), 동남권(3.91점)에서 높게 나타남

[표 2-223] 10년 후 서울 거주 예상 정도 – 20~30대

구분		사례 수	① 전혀 그렇지 않다	② 그렇지 않은 편이다	③ 보통이다	④ 어느 정도 그렇다	⑤ 매우 그렇다	종합			[평균]
								그렇지 않다	보통이다	그렇다	
전체		(1,000)	1.7	9.1	24.0	43.4	21.8	10.8	24.0	65.2	3.75
성별	남성	(490)	1.9	9.3	26.7	42.5	19.6	11.2	26.7	62.1	3.69
	여성	(510)	1.6	8.8	21.4	44.3	23.9	10.4	21.4	68.2	3.80
연령	20대	(498)	1.6	10.4	25.8	42.4	19.7	12.0	25.8	62.1	3.68
	30대	(502)	1.8	7.8	22.1	44.4	23.9	9.6	22.1	68.3	3.81
학력	고졸 이하	(97)	6.2	10.3	27.9	40.0	15.6	16.5	27.9	55.6	3.48
	대재	(127)	0.0	8.8	34.3	34.8	22.0	8.8	34.3	56.8	3.70
	대졸	(677)	1.3	9.7	22.3	44.4	22.3	11.0	22.3	66.7	3.77
	대학원 이상	(99)	2.0	4.0	18.6	51.1	24.2	6.0	18.6	75.4	3.92
가구 소득	200만 원 미만	(102)	3.0	15.9	25.0	37.2	18.8	18.9	25.0	56.1	3.53
	200~300만 원 미만	(148)	2.7	11.8	27.6	41.7	16.1	14.5	27.6	57.8	3.57
	300~500만 원 미만	(287)	1.7	10.5	28.9	44.2	14.7	12.2	28.9	58.9	3.60
	500~700만 원 미만	(196)	1.0	6.1	23.8	44.6	24.5	7.1	23.8	69.1	3.85
	700만 원 이상	(267)	1.1	5.6	16.4	45.0	31.8	6.7	16.4	76.8	4.01
혼인 상태	기혼	(220)	1.8	3.6	26.6	43.5	24.5	5.4	26.6	68.0	3.85
	미혼	(745)	1.6	10.3	22.5	44.5	21.1	11.9	22.5	65.6	3.73
	동거/사별/이혼/별거	(35)	2.9	17.2	39.9	19.9	20.1	20.1	39.9	40.0	3.37

[표 2-223] 10년 후 서울 거주 예상 정도 – 20~30대(계속)

구분		사례 수	① 전혀 그렇지 않다	② 그렇지 않은 편이다	③ 보통 이다	④ 어느 정도 그렇다	⑤ 매우 그렇다	종합			[평균]
								그렇지 않다	보통 이다	그렇다	
전체		(1,000)	1.7	9.1	24.0	43.4	21.8	10.8	24.0	65.2	3.75
가구원 수	1인	(218)	2.8	13.7	22.8	43.7	17.1	16.5	22.8	60.8	3.59
	2인	(159)	2.5	9.0	29.4	38.2	20.8	11.6	29.4	59.0	3.66
	3인	(290)	1.7	7.9	23.0	43.9	23.5	9.7	23.0	67.4	3.79
	4인 이상	(333)	0.6	7.1	23.0	45.4	23.9	7.7	23.0	69.3	3.85
이념 성향	진보	(231)	1.7	14.7	17.3	42.3	23.9	16.5	17.3	66.3	3.72
	중도	(429)	1.2	8.7	31.6	37.2	21.4	9.9	31.6	58.5	3.69
	보수	(341)	2.3	5.7	19.0	52.0	21.0	8.0	19.0	73.0	3.84
직업	화이트칼라	(644)	1.7	7.2	21.5	46.8	22.7	9.0	21.5	69.5	3.82
	블루칼라	(141)	0.7	12.7	32.8	33.2	20.6	13.4	32.8	53.8	3.60
	학생	(106)	1.9	6.9	26.5	42.2	22.5	8.8	26.5	64.7	3.77
	주부/무직/기타	(109)	2.7	17.4	24.6	37.8	17.4	20.1	24.6	55.2	3.50
고용 형태	상용직 임금근로자	(620)	1.5	7.9	21.0	46.7	22.9	9.4	21.0	69.6	3.82
	임시/일용/특수직 근로자	(97)	2.2	9.4	33.4	40.6	14.5	11.5	33.4	55.0	3.56
	자영업자/ 무급가족종사자	(58)	1.7	10.4	34.4	27.6	25.9	12.1	34.4	53.5	3.66
권역	도심권	(50)	2.0	7.1	32.2	42.7	16.0	9.1	32.2	58.7	3.64
	동북권	(295)	3.1	9.3	25.1	41.9	20.7	12.3	25.1	62.6	3.68
	서북권	(123)	0.8	12.9	26.2	40.6	19.5	13.7	26.2	60.1	3.65
	서남권	(329)	1.9	9.1	24.2	45.1	19.8	10.9	24.2	64.9	3.72
	동남권	(203)	0.0	6.9	18.7	44.8	29.6	6.9	18.7	74.5	3.97

[표 2-224] 10년 후 서울 거주 예상 정도 – 40~50대

구분		사례 수	① 전혀 그렇지 않다	② 그렇지 않은 편이다	③ 보통 이다	④ 어느 정도 그렇다	⑤ 매우 그렇다	종합			[평균]
								그렇지 않다	보통 이다	그렇다	
전체		(500)	2.0	7.2	19.6	47.8	23.4	9.2	19.6	71.2	3.83
성별	남성	(247)	1.6	8.5	20.6	48.6	20.6	10.1	20.6	69.2	3.78
	여성	(253)	2.4	5.9	18.6	47.0	26.1	8.3	18.6	73.1	3.89
연령	40대	(248)	0.8	7.7	20.6	47.6	23.4	8.5	20.6	71.0	3.85
	50대	(252)	3.2	6.7	18.7	48.0	23.4	9.9	18.7	71.4	3.82
학력	고졸 이하	(61)	4.9	8.2	24.6	41.0	21.3	13.1	24.6	62.3	3.66
	대재	(16)	0.0	6.3	43.8	31.3	18.8	6.3	43.8	50.0	3.63
	대졸	(365)	1.9	7.1	19.2	49.0	22.7	9.0	19.2	71.8	3.84
	대학원 이상	(58)	0.0	6.9	10.3	51.7	31.0	6.9	10.3	82.8	4.07
가구 소득	200만 원 미만	(45)	2.2	11.1	35.6	33.3	17.8	13.3	35.6	51.1	3.53
	200~300만 원 미만	(41)	2.4	7.3	19.5	51.2	19.5	9.8	19.5	70.7	3.78
	300~500만 원 미만	(125)	2.4	5.6	20.0	53.6	18.4	8.0	20.0	72.0	3.80
	500~700만 원 미만	(129)	2.3	8.5	21.7	46.5	20.9	10.9	21.7	67.4	3.75
	700만 원 이상	(160)	1.3	6.3	13.1	47.5	31.9	7.5	13.1	79.4	4.03
혼인 상태	기혼	(340)	2.1	6.8	15.9	50.9	24.4	8.8	15.9	75.3	3.89
	미혼	(127)	1.6	6.3	29.9	39.4	22.8	7.9	29.9	62.2	3.76
	동거/사별/이혼/별거	(33)	3.0	15.2	18.2	48.5	15.2	18.2	18.2	63.6	3.58

[표 2-224] 10년 후 서울 거주 예상 정도 – 40~50대(계속)

구분		사례 수	① 전혀 그렇지 않다	② 그렇지 않은 편이다	③ 보통 이다	④ 어느 정도 그렇다	⑤ 매우 그렇다	종합			[평균]
								그렇지 않다	보통 이다	그렇다	
전체		(500)	2.0	7.2	19.6	47.8	23.4	9.2	19.6	71.2	3.83
가구원 수	1인	(64)	1.6	7.8	31.3	39.1	20.3	9.4	31.3	59.4	3.69
	2인	(68)	4.4	14.7	17.6	45.6	17.6	19.1	17.6	63.2	3.57
	3인	(175)	1.7	5.1	17.1	47.4	28.6	6.9	17.1	76.0	3.96
	4인 이상	(193)	1.6	6.2	18.7	51.8	21.8	7.8	18.7	73.6	3.86
이념 성향	진보	(126)	1.6	11.9	18.3	48.4	19.8	13.5	18.3	68.3	3.73
	중도	(218)	1.8	4.1	25.2	44.0	24.8	6.0	25.2	68.8	3.86
	보수	(156)	2.6	7.7	12.8	52.6	24.4	10.3	12.8	76.9	3.88
직업	화이트칼라	(328)	2.1	6.1	17.7	50.6	23.5	8.2	17.7	74.1	3.87
	블루칼라	(61)	0.0	18.0	24.6	36.1	21.3	18.0	24.6	57.4	3.61
	주부/무직/기타	(111)	2.7	4.5	22.5	45.9	24.3	7.2	22.5	70.3	3.85
고용 형태	상용직 임금근로자	(314)	2.2	7.6	17.5	49.7	22.9	9.9	17.5	72.6	3.83
	임시/일용/특수직 근로자	(39)	0.0	10.3	20.5	43.6	25.6	10.3	20.5	69.2	3.85
	자영업자/ 무급가족종사자	(31)	0.0	3.2	29.0	41.9	25.8	3.2	29.0	67.7	3.90
권역	도심권	(25)	0.0	8.0	32.0	32.0	28.0	8.0	32.0	60.0	3.80
	동북권	(155)	2.6	6.5	18.7	48.4	23.9	9.0	18.7	72.3	3.85
	서북권	(60)	0.0	6.7	18.3	50.0	25.0	6.7	18.3	75.0	3.93
	서남권	(149)	2.0	11.4	19.5	45.6	21.5	13.4	19.5	67.1	3.73
	동남권	(111)	2.7	2.7	18.9	52.3	23.4	5.4	18.9	75.7	3.91

5) 학력

◈ 20~30대

20~30대의 학력 조사 결과는 '대졸(전문대/대학교 졸업)' 응답이 67.7%로 가장 높고, 그다음으로는 '대재(전문대/대학교)'(12.7%), '대학원 이상'(9.9%) 순으로 나타남

[그림 2-163] 학력 – 20~30대 (단위: %)

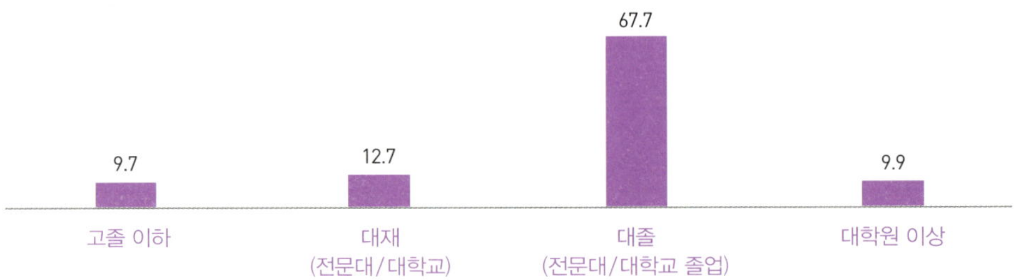

'대졸(전문대/대학교 졸업)'에 대한 상세분석 결과, 성별로는 여성(73.1%)에서 높게 나타났고 연령별로는 30대(76.5%), 학력별로는 대졸(전문대/대학교 졸업)(100.0%), 가구 소득별로는 200~300만 원 미만(72.7%), 500~700만 원 미만(70.5%), 혼인상태별로는 기혼(75.9%), 가구원 수별로는 1인(70.9%), 2인(68.7%), 이념 성향별로는 진보(73.6%), 직업별로는 화이트칼라(77.0%), 고용형태별로는 상용직 임금근로자(80.2%), 권역별로는 서남권(74.9%)에서 높게 나타남

◈ 40~50대

40~50대의 학력 조사 결과는 '대졸(전문대/대학교 졸업)' 응답이 73.0%로 가장 높고, 그다음으로는 '고졸 이하'(12.2%), '대학원 이상'(11.6%) 순으로 나타남

[그림 2-164] 학력 – 40~50대 (단위: %)

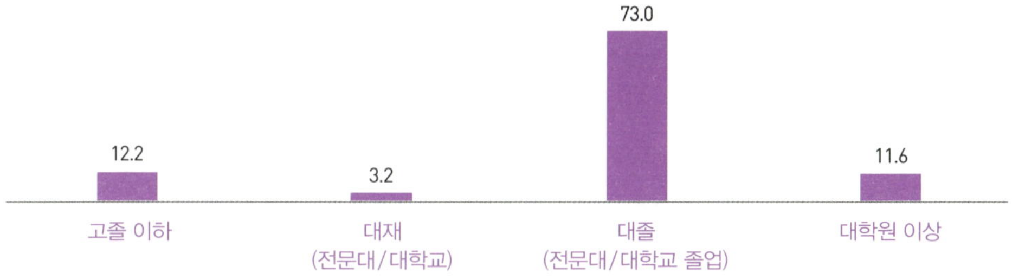

'대졸(전문대/대학교 졸업)'에 대한 상세분석 결과, 성별로는 남성(74.9%)에서 높게 나타났고 연령별로는 40대(76.6%), 학력별로는 대졸(전문대/대학교 졸업)(100.0%), 가구 소득별로는 500~700만 원 미만(80.6%), 혼인상태별로는 기혼(77.1%), 가구원 수별로는 4인 이상(79.8%), 이념 성향별로는 중도(73.4%), 보수(73.1%), 직업별로는 화이트칼라(75.6%), 고용형태별로는 자영업자/무급가족종사자(77.4%), 상용직 임금근로자(76.1%), 권역별로는 서남권(75.8%), 동남권(73.9%)에서 높게 나타남

[표 2-225] 학력 – 20~30대

구분		사례 수	고졸 이하	대재	대졸	대학원 이상	계
전체		(1,000)	9.7	12.7	67.7	9.9	100.0
성별	남성	(490)	10.8	15.0	62.1	12.1	100.0
	여성	(510)	8.6	10.4	73.1	7.8	100.0
연령	20대	(498)	15.9	18.6	58.8	6.7	100.0
	30대	(502)	3.6	6.8	76.5	13.1	100.0
학력	고졸 이하	(97)	100.0	0.0	0.0	0.0	100.0
	대재	(127)	0.0	100.0	0.0	0.0	100.0
	대졸	(677)	0.0	0.0	100.0	0.0	100.0
	대학원 이상	(99)	0.0	0.0	0.0	100.0	100.0
가구 소득	200만 원 미만	(102)	21.4	20.4	53.3	4.9	100.0
	200~300만 원 미만	(148)	10.0	12.5	72.7	4.8	100.0
	300~500만 원 미만	(287)	11.2	11.8	68.8	8.2	100.0
	500~700만 원 미만	(196)	7.6	15.2	70.5	6.6	100.0
	700만 원 이상	(267)	4.9	8.8	67.2	19.0	100.0
혼인 상태	기혼	(220)	4.9	4.1	75.9	15.1	100.0
	미혼	(745)	10.7	13.7	66.7	8.9	100.0
	동거/사별/이혼/별거	(35)	17.6	45.1	37.3	0.0	100.0

[표 2-225] 학력 - 20~30대(계속)

구분		사례 수	고졸 이하	대재	대졸	대학원 이상	계
전체		(1,000)	9.7	12.7	67.7	9.9	100.0
가구원 수	1인	(218)	6.9	12.4	70.9	9.8	100.0
	2인	(159)	11.3	9.7	68.7	10.3	100.0
	3인	(290)	10.2	11.0	68.4	10.4	100.0
	4인 이상	(333)	10.3	15.7	64.5	9.5	100.0
이념 성향	진보	(231)	6.1	10.4	73.6	9.9	100.0
	중도	(429)	13.1	11.9	65.5	9.5	100.0
	보수	(341)	7.9	15.1	66.5	10.5	100.0
직업	화이트칼라	(644)	5.4	6.3	77.0	11.2	100.0
	블루칼라	(141)	16.9	19.5	60.0	3.5	100.0
	학생	(106)	20.9	50.2	16.5	12.4	100.0
	주부/무직/기타	(109)	14.7	4.6	72.5	8.2	100.0
고용 형태	상용직 임금근로자	(620)	5.6	4.2	80.2	10.0	100.0
	임시/일용/특수직 근로자	(97)	14.1	24.2	56.5	5.2	100.0
	자영업자/ 무급가족종사자	(58)	10.5	30.8	41.4	17.3	100.0
권역	도심권	(50)	11.5	16.7	62.6	9.2	100.0
	동북권	(295)	12.9	15.2	65.2	6.8	100.0
	서북권	(123)	11.5	15.4	62.5	10.6	100.0
	서남권	(329)	6.4	8.4	74.9	10.2	100.0
	동남권	(203)	8.9	13.2	64.1	13.8	100.0

[표 2-226] 학력 – 40~50대

구분		사례 수	고졸 이하	대재	대졸	대학원 이상	계
전체		(500)	12.2	3.2	73.0	11.6	100.0
성별	남성	(247)	8.1	2.8	74.9	14.2	100.0
	여성	(253)	16.2	3.6	71.1	9.1	100.0
연령	40대	(248)	6.9	4.0	76.6	12.5	100.0
	50대	(252)	17.5	2.4	69.4	10.7	100.0
학력	고졸 이하	(61)	100.0	0.0	0.0	0.0	100.0
	대재	(16)	0.0	100.0	0.0	0.0	100.0
	대졸	(365)	0.0	0.0	100.0	0.0	100.0
	대학원 이상	(58)	0.0	0.0	0.0	100.0	100.0
가구 소득	200만 원 미만	(45)	51.1	2.2	40.0	6.7	100.0
	200~300만 원 미만	(41)	22.0	2.4	75.6	0.0	100.0
	300~500만 원 미만	(125)	14.4	4.8	73.6	7.2	100.0
	500~700만 원 미만	(129)	3.9	3.9	80.6	11.6	100.0
	700만 원 이상	(160)	3.8	1.9	75.0	19.4	100.0
혼인 상태	기혼	(340)	7.1	2.6	77.1	13.2	100.0
	미혼	(127)	23.6	1.6	66.1	8.7	100.0
	동거/사별/이혼/별거	(33)	21.2	15.2	57.6	6.1	100.0

[표 2-226] 학력 - 40~50대(계속)

구분		사례 수	고졸 이하	대재	대졸	대학원 이상	계
전체		(500)	12.2	3.2	73.0	11.6	100.0
가구원 수	1인	(64)	25.0	1.6	65.6	7.8	100.0
	2인	(68)	16.2	7.4	64.7	11.8	100.0
	3인	(175)	10.9	3.4	71.4	14.3	100.0
	4인 이상	(193)	7.8	2.1	79.8	10.4	100.0
이념 성향	진보	(126)	11.9	2.4	72.2	13.5	100.0
	중도	(218)	15.1	4.1	73.4	7.3	100.0
	보수	(156)	8.3	2.6	73.1	16.0	100.0
직업	화이트칼라	(328)	6.7	2.4	75.6	15.2	100.0
	블루칼라	(61)	26.2	6.6	67.2	0.0	100.0
	주부/무직/기타	(111)	20.7	3.6	68.5	7.2	100.0
고용 형태	상용직 임금근로자	(314)	7.6	2.2	76.1	14.0	100.0
	임시/일용/특수직 근로자	(39)	25.6	5.1	59.0	10.3	100.0
	자영업자/무급가족종사자	(31)	6.5	9.7	77.4	6.5	100.0
권역	도심권	(25)	4.0	16.0	68.0	12.0	100.0
	동북권	(155)	16.1	2.6	71.0	10.3	100.0
	서북권	(60)	16.7	1.7	71.7	10.0	100.0
	서남권	(149)	10.7	2.7	75.8	10.7	100.0
	동남권	(111)	8.1	2.7	73.9	15.3	100.0

6) 직업

◈ 20~30대

20~30대의 직업 조사 결과는 '화이트칼라' 응답이 64.4%로 가장 높고, 그다음으로는 '블루칼라' (14.1%), '주부/무직/기타'(10.9%) 순으로 나타남

[그림 2-165] 직업 – 20~30대 (단위: %)

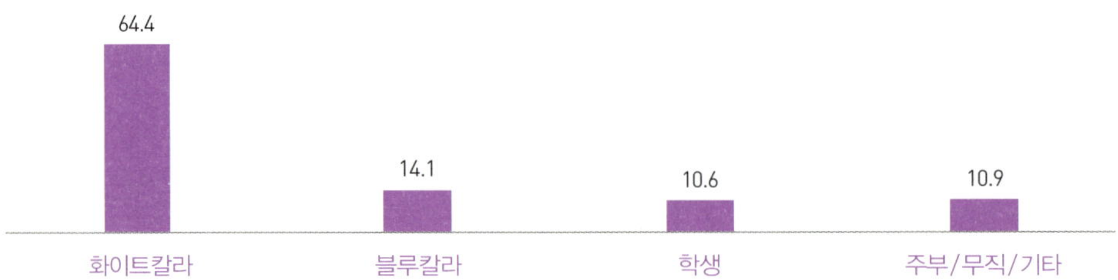

'화이트칼라'에 대한 상세분석 결과, 성별로는 여성(67.3%)에서 높게 나타났고 연령별로는 30대(74.5%), 학력별로는 대졸(전문대/대학교 졸업)(73.2%), 대학원 이상(72.7%), 가구 소득별로는 700만 원 이상(75.8%), 혼인상태별로는 기혼(78.7%), 가구원 수별로는 1인(71.2%), 이념 성향별로는 진보(65.3%), 보수(65.0%), 직업별로는 화이트칼라(100.0%), 고용형태별로는 상용직 임금근로자(89.6%), 권역별로는 동남권(69.2%), 서북권(67.5%)에서 높게 나타남

◈ 40~50대

40~50대의 직업 조사 결과는 '화이트칼라' 응답이 65.6%로 가장 높고, 그다음으로는 '주부/무직/기타' (22.2%), '블루칼라'(12.2%) 순으로 나타남

[그림 2-166] 직업 - 40~50대

(단위: %)

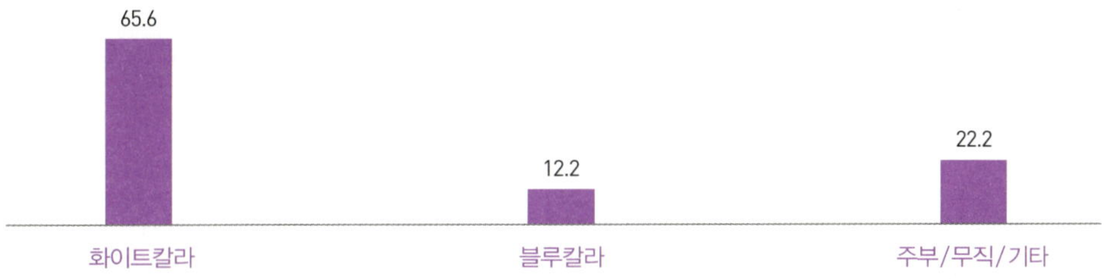

'화이트칼라'에 대한 상세분석 결과, 성별로는 남성(76.9%)에서 높게 나타났고 연령별로는 40대(71.0%), 학력별로는 대학원 이상(86.2%), 가구 소득별로는 700만 원 이상(83.8%), 혼인상태별로는 기혼(67.6%), 가구원 수별로는 4인 이상(68.4%), 2인(66.2%), 이념 성향별로는 보수(70.5%), 진보(67.5%), 직업별로는 화이트칼라(100.0%), 고용형태별로는 상용직 임금근로자(91.1%), 권역별로는 동남권(72.1%)에서 높게 나타남

[표 2-227] 직업 – 20~30대

구분		사례 수	화이트칼라	블루칼라	학생	주부/무직/기타
전체		(1,000)	64.4	14.1	10.6	10.9
성별	남성	(490)	61.4	18.8	12.8	7.0
	여성	(510)	67.3	9.6	8.4	14.7
연령	20대	(498)	54.2	15.1	20.2	10.5
	30대	(502)	74.5	13.1	1.0	11.4
학력	고졸 이하	(97)	36.0	24.7	22.8	16.5
	대재	(127)	32.2	21.8	42.0	4.0
	대졸	(677)	73.2	12.5	2.6	11.7
	대학원 이상	(99)	72.7	5.0	13.2	9.1
가구 소득	200만 원 미만	(102)	33.9	17.5	18.9	29.6
	200~300만 원 미만	(148)	60.6	18.3	8.4	12.7
	300~500만 원 미만	(287)	62.3	17.4	8.7	11.6
	500~700만 원 미만	(196)	70.6	13.8	11.0	4.7
	700만 원 이상	(267)	75.8	7.2	10.4	6.7
혼인 상태	기혼	(220)	78.7	11.3	1.4	8.6
	미혼	(745)	61.0	13.3	13.8	11.8
	동거/사별/이혼/별거	(35)	45.7	48.5	0.0	5.7

[표 2-227] 직업 – 20~30대(계속)

구분		사례 수	화이트칼라	블루칼라	학생	주부/무직/기타
전체		(1,000)	64.4	14.1	10.6	10.9
가구원 수	1인	(218)	71.2	13.6	9.1	6.2
	2인	(159)	66.6	18.7	5.3	9.4
	3인	(290)	62.8	14.1	8.9	14.2
	4인 이상	(333)	60.2	12.3	15.6	11.9
이념 성향	진보	(231)	65.3	12.1	10.9	11.7
	중도	(429)	63.4	14.5	10.6	11.5
	보수	(341)	65.0	15.0	10.4	9.7
직업	화이트칼라	(644)	100.0	0.0	0.0	0.0
	블루칼라	(141)	0.0	100.0	0.0	0.0
	학생	(106)	0.0	0.0	100.0	0.0
	주부/무직/기타	(109)	0.0	0.0	0.0	100.0
고용 형태	상용직 임금근로자	(620)	89.6	10.4	0.0	0.0
	임시/일용/특수직 근로자	(97)	56.4	43.6	0.0	0.0
	자영업자/ 무급가족종사자	(58)	45.1	54.9	0.0	0.0
권역	도심권	(50)	64.9	17.5	11.6	6.0
	동북권	(295)	56.4	16.3	15.3	12.0
	서북권	(123)	67.5	13.7	9.8	9.0
	서남권	(329)	67.3	14.5	6.7	11.5
	동남권	(203)	69.2	9.8	10.3	10.7

[표 2-228] 직업 – 40~50대

구분		사례 수	화이트칼라	블루칼라	주부/무직/기타
전체		(500)	65.6	12.2	22.2
성별	남성	(247)	76.9	14.6	8.5
	여성	(253)	54.5	9.9	35.6
연령	40대	(248)	71.0	11.3	17.7
	50대	(252)	60.3	13.1	26.6
학력	고졸 이하	(61)	36.1	26.2	37.7
	대재	(16)	50.0	25.0	25.0
	대졸	(365)	67.9	11.2	20.8
	대학원 이상	(58)	86.2	0.0	13.8
가구 소득	200만 원 미만	(45)	17.8	20.0	62.2
	200~300만 원 미만	(41)	61.0	31.7	7.3
	300~500만 원 미만	(125)	64.8	13.6	21.6
	500~700만 원 미만	(129)	62.0	11.6	26.4
	700만 원 이상	(160)	83.8	4.4	11.9
혼인 상태	기혼	(340)	67.6	10.0	22.4
	미혼	(127)	61.4	15.7	22.8
	동거/사별/이혼/별거	(33)	60.6	21.2	18.2

[표 2-228] 직업 – 40~50대(계속)

구분		사례 수	화이트칼라	블루칼라	주부/무직/기타
전체		(500)	65.6	12.2	22.2
가구원 수	1인	(64)	65.6	15.6	18.8
	2인	(68)	66.2	17.6	16.2
	3인	(175)	62.3	13.7	24.0
	4인 이상	(193)	68.4	7.8	23.8
이념 성향	진보	(126)	67.5	11.9	20.6
	중도	(218)	61.0	13.3	25.7
	보수	(156)	70.5	10.9	18.6
직업	화이트칼라	(328)	100.0	0.0	0.0
	블루칼라	(61)	0.0	100.0	0.0
	주부/무직/기타	(111)	0.0	0.0	100.0
고용 형태	상용직 임금근로자	(314)	91.1	8.9	0.0
	임시/일용/특수직 근로자	(39)	51.3	48.7	0.0
	자영업자/무급가족종사자	(31)	61.3	38.7	0.0
권역	도심권	(25)	64.0	20.0	16.0
	동북권	(155)	66.5	11.0	22.6
	서북권	(60)	60.0	18.3	21.7
	서남권	(149)	62.4	12.8	24.8
	동남권	(111)	72.1	8.1	19.8

7) 고용상태

◈ 20~30대

20~30대의 고용상태 조사 결과는 '상용직 임금근로자' 응답이 80.0%로 가장 높고, 그다음으로는 '임시/일용/특수직 근로자'(12.6%), '자영업자/무급가족 종사자'(7.5%) 순으로 나타남

[그림 2-167] 고용상태 – 20~30대 (단위: %)

'상용직 임금근로자'에 대한 상세분석 결과, 성별로는 여성(80.5%)에서 높게 나타났고 연령별로는 30대(83.6%), 학력별로는 대졸(전문대/대학교 졸업)(86.3%), 가구 소득별로는 700만 원 이상(85.4%), 500~700만 원 미만(85.2%), 혼인상태별로는 기혼(84.8%), 가구원 수별로는 3인(81.2%), 4인 이상(80.9%), 이념 성향별로는 중도(82.9%), 진보(81.9%), 직업별로는 화이트칼라(87.3%), 고용형태별로는 상용직 임금근로자(100.0%), 권역별로는 서남권(85.6%)에서 높게 나타남

◈ 40~50대

40~50대의 고용상태 조사 결과는 '상용직 임금근로자' 응답이 81.8%로 가장 높고, 그다음으로는 '임시/일용/특수직 근로자'(10.2%), '자영업자/무급가족 종사자'(8.1%) 순으로 나타남

[그림 2-168] 고용상태 - 40~50대 (단위: %)

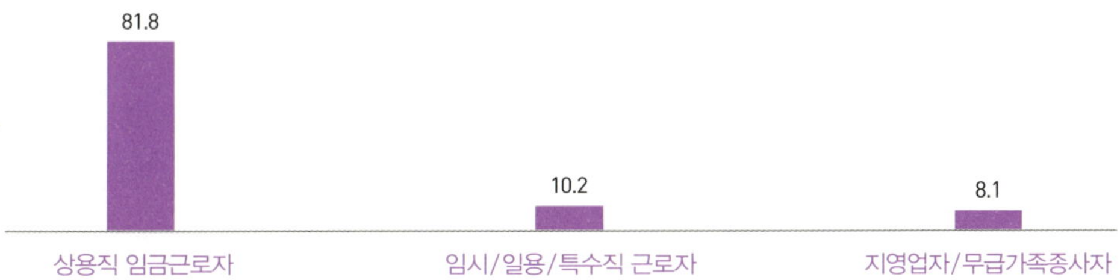

'상용직 임금근로자'에 대한 상세분석 결과, 성별로는 남성(85.5%)에서 높게 나타났고 연령별로는 40대(83.3%), 학력별로는 대학원 이상(88.0%), 가구 소득별로는 700만 원 이상(91.4%), 혼인상태별로는 기혼(87.4%), 가구원 수별로는 4인 이상(89.7%), 이념 성향별로는 진보(87.8%), 직업별로는 화이트칼라(88.0%), 고용형태별로는 상용직 임금근로자(100.0%), 권역별로는 동북권(83.1%), 동남권(83.0%)에서 높게 나타남

[표 2-229] 고용상태 – 20~30대

구분		사례 수	상용직 임금근로자	임시/일용/특수직 근로자	자영업자/무급가족종사자
전체		(776)	80.0	12.6	7.5
성별	남성	(386)	79.4	11.8	8.8
	여성	(390)	80.5	13.3	6.2
연령	20대	(338)	75.3	16.1	8.6
	30대	(438)	83.6	9.8	6.6
학력	고졸 이하	(55)	63.8	25.1	11.1
	대재	(67)	38.6	35.0	26.5
	대졸	(576)	86.3	9.6	4.2
	대학원 이상	(77)	80.5	6.6	12.9
가구 소득	200만 원 미만	(50)	43.4	40.7	16.0
	200~300만 원 미만	(115)	75.5	17.6	7.0
	300~500만 원 미만	(227)	81.2	11.0	7.8
	500~700만 원 미만	(163)	85.2	9.8	5.0
	700만 원 이상	(220)	85.4	7.3	7.3
혼인 상태	기혼	(197)	84.8	6.0	9.1
	미혼	(546)	80.4	14.1	5.5
	동거/사별/이혼/별거	(33)	43.0	26.5	30.4

[표 2-229] 고용상태 - 20~30대(계속)

구분		사례 수	상용직 임금근로자	임시/일용/특수직 근로자	자영업자/무급가족종사자
전체		(776)	80.0	12.6	7.5
가구원 수	1인	(185)	77.3	15.1	7.5
	2인	(135)	80.0	12.5	7.5
	3인	(218)	81.2	11.5	7.3
	4인 이상	(238)	80.9	11.6	7.5
이념 성향	진보	(177)	81.9	12.5	5.6
	중도	(331)	82.9	10.2	6.9
	보수	(268)	75.1	15.6	9.4
직업	화이트칼라	(637)	87.3	8.6	4.1
	블루칼라	(139)	46.6	30.5	22.9
고용 형태	상용직 임금근로자	(620)	100.0	0.0	0.0
	임시/일용/특수직 근로자	(97)	0.0	100.0	0.0
	자영업자/무급가족종사자	(58)	0.0	0.0	100.0
권역	도심권	(40)	68.8	18.8	12.4
	동북권	(212)	77.9	16.0	6.1
	서북권	(99)	74.9	13.9	11.2
	서남권	(265)	85.6	9.1	5.3
	동남권	(159)	79.4	11.3	9.3

[표 2-230] 고용상태 – 40~50대

구분		사례 수	상용직 임금근로자	임시/일용/특수직 근로자	자영업자/무급가족종사자
전체		(384)	81.8	10.2	8.1
성별	남성	(221)	85.5	5.4	9.0
	여성	(163)	76.7	16.6	6.7
연령	40대	(204)	83.3	10.8	5.9
	50대	(180)	80.0	9.4	10.6
학력	고졸 이하	(36)	66.7	27.8	5.6
	대재	(12)	58.3	16.7	25.0
	대졸	(286)	83.6	8.0	8.4
	대학원 이상	(50)	88.0	8.0	4.0
가구소득	200만 원 미만	(17)	41.2	52.9	5.9
	200~300만 원 미만	(37)	75.7	21.6	2.7
	300~500만 원 미만	(95)	80.0	10.5	9.5
	500~700만 원 미만	(95)	78.9	8.4	12.6
	700만 원 이상	(140)	91.4	2.9	5.7
혼인상태	기혼	(261)	87.4	5.7	6.9
	미혼	(97)	70.1	17.5	12.4
	동거/사별/이혼/별거	(26)	69.2	26.9	3.8

[표 2-230] 고용상태 - 40~50대(계속)

구분		사례 수	상용직 임금근로자	임시/일용/특수직 근로자	자영업자/ 무급가족종사자
전체		(384)	81.8	10.2	8.1
가구원 수	1인	(50)	74.0	12.0	14.0
	2인	(56)	73.2	19.6	7.1
	3인	(132)	79.5	12.9	7.6
	4인 이상	(146)	89.7	3.4	6.8
이념 성향	진보	(98)	87.8	7.1	5.1
	중도	(160)	77.5	13.8	8.8
	보수	(126)	82.5	7.9	9.5
직업	화이트칼라	(325)	88.0	6.2	5.8
	블루칼라	(59)	47.5	32.2	20.3
고용 형태	상용직 임금근로자	(314)	100.0	0.0	0.0
	임시/일용/특수직 근로자	(39)	0.0	100.0	0.0
	자영업자/ 무급가족종사자	(31)	0.0	0.0	100.0
권역	도심권	(21)	76.2	9.5	14.3
	동북권	(118)	83.1	9.3	7.6
	서북권	(47)	76.6	19.1	4.3
	서남권	(110)	82.7	10.0	7.3
	동남권	(88)	83.0	6.8	10.2

8) 10년 후 예상 직업

◈ 20~30대

20~30대의 10년 후 예상 직업 조사 결과는 '사무 종사자' 응답이 39.5%로 가장 높고, 그다음으로는 '전문가 및 관련 종사자'(21.1%), '관리자'(13.1%) 순으로 나타남

[그림 2-169] 10년 후 예상 직업 – 20~30대 (단위: %)

'사무 종사자'에 대한 상세분석 결과, 성별로는 여성(42.7%)에서 높게 나타났고 연령별로는 30대(44.4%), 학력별로는 대졸(전문대/대학교 졸업)(47.5%), 가구 소득별로는 500~700만 원 미만(46.0%), 700만 원 이상(45.1%), 혼인상태별로는 기혼(51.2%), 가구원 수별로는 2인(40.9%), 3인(40.2%), 이념 성향별로는 진보(41.6%), 중도(41.1%), 직업별로는 화이트칼라(50.7%), 고용형태별로는 상용직 임금근로자(52.0%), 권역별로는 서남권(41.2%), 동남권(41.0%)에서 높게 나타남

◈ 40~50대

40~50대의 10년 후 예상 직업 조사 결과는 '사무 종사자' 응답이 23.6%로 가장 높고, 그다음으로는 '주부'(15.8%), '무직'(14.6%) 순으로 나타남

[그림 2-170] 10년 후 예상 직업 - 40~50대 (단위: %)

'사무 종사자'에 대한 상세분석 결과, 성별로는 여성(28.1%)에서 높게 나타났고 연령별로는 40대(32.3%), 학력별로는 대졸(전문대/대학교 졸업)(28.2%), 가구 소득별로는 200~300만 원 미만(36.6%), 혼인상태별로는 미혼(25.2%), 기혼(24.1%), 가구원 수별로는 2인(27.9%), 이념 성향별로는 중도(27.1%), 직업별로는 화이트칼라(34.5%), 고용형태별로는 상용직 임금근로자(34.4%), 권역별로는 도심권(36.0%)에서 높게 나타남

[표 2-231] 10년 후 예상 직업 - 20~30대

구분		사례 수	관리자	전문가 및 관련 종사자	사무 종사자	서비스 종사자	판매 종사자	농림 어업 종사자	기능원 및 관련 기능 종사자	장치, 기계 조작 및 조립 종사자	단순 노무 종사자	학생	주부	무직	기타	계
전체		(1,000)	13.1	21.1	39.5	6.4	4.0	1.3	2.6	1.9	1.9	1.9	1.8	3.4	1.1	100.0
성별	남성	(490)	15.1	21.6	36.1	7.1	3.5	2.0	4.0	2.7	2.3	1.3	0.0	3.3	1.0	100.0
	여성	(510)	11.2	20.6	42.7	5.7	4.5	0.6	1.2	1.2	1.6	2.5	3.5	3.5	1.2	100.0
연령	20대	(498)	10.9	26.5	34.6	6.4	3.6	1.4	3.3	2.6	1.7	3.5	1.0	3.6	1.0	100.0
	30대	(502)	15.3	15.7	44.4	6.4	4.4	1.2	1.8	1.2	2.2	0.4	2.6	3.2	1.2	100.0
학력	고졸 이하	(97)	6.5	15.3	21.6	11.2	6.2	2.0	5.2	4.2	6.5	5.2	4.1	10.1	2.1	100.0
	대재	(127)	3.3	30.8	26.5	5.5	7.1	7.0	4.6	5.4	0.8	5.8	0.8	0.7	1.6	100.0
	대졸	(677)	14.9	17.3	47.5	6.3	2.8	0.3	1.9	1.2	1.6	0.6	1.8	3.0	0.7	100.0
	대학원 이상	(99)	19.8	40.2	18.9	3.0	6.0	0.0	2.0	0.0	1.0	3.0	1.0	3.0	2.0	100.0
가구 소득	200만 원 미만	(102)	5.9	16.6	23.3	12.7	5.9	3.9	1.0	1.0	6.0	4.3	1.0	14.7	3.9	100.0
	200~300만 원 미만	(148)	12.8	19.6	38.4	7.2	6.1	2.0	4.4	0.7	2.7	3.4	2.0	0.0	0.7	100.0
	300~500만 원 미만	(287)	13.7	20.8	36.2	8.7	3.8	1.0	3.8	2.8	1.8	1.0	2.1	3.1	1.0	100.0
	500~700만 원 미만	(196)	9.1	22.5	46.0	3.1	4.1	1.5	3.1	3.0	0.5	1.5	1.5	2.5	1.5	100.0
	700만 원 이상	(267)	18.4	23.0	45.1	3.4	2.2	0.0	0.4	1.2	1.1	1.5	1.9	1.9	0.0	100.0
혼인 상태	기혼	(220)	12.6	14.5	51.2	2.2	5.0	1.4	1.8	1.8	1.4	0.0	5.0	1.8	1.4	100.0
	미혼	(745)	13.7	23.5	36.9	7.1	3.6	0.6	2.6	1.3	2.0	2.5	0.9	4.0	1.1	100.0
	동거/사별/이혼/별거	(35)	2.9	11.5	22.1	17.2	6.1	14.4	5.7	14.3	2.9	2.9	0.0	0.0	0.0	100.0

[표 2-231] 10년 후 예상 직업 – 20~30대(계속)

구분		사례수	관리자	전문가 및 관련 종사자	사무 종사자	서비스 종사자	판매 종사자	농림어업 종사자	기능원 및 관련 기능 종사자	장치, 기계 조작 및 조립 종사자	단순노무 종사자	학생	주부	무직	기타	계
전체		(1,000)	13.1	21.1	39.5	6.4	4.0	1.3	2.6	1.9	1.9	1.9	1.8	3.4	1.1	100.0
가구원 수	1인	(218)	13.3	19.4	39.9	10.1	3.2	2.3	2.2	0.4	2.8	0.9	0.0	4.7	0.9	100.0
	2인	(159)	9.9	21.3	40.9	7.5	5.1	0.0	3.1	2.5	0.6	2.8	1.3	3.1	1.9	100.0
	3인	(290)	13.8	19.9	40.2	3.8	4.8	1.0	4.1	1.4	2.1	0.7	2.8	4.1	1.4	100.0
	4인 이상	(333)	13.9	23.2	38.0	5.7	3.3	1.5	1.2	3.0	1.8	3.3	2.4	2.1	0.6	100.0
이념 성향	진보	(231)	12.5	25.0	41.6	6.9	3.5	0.9	0.0	1.3	1.7	1.7	1.3	2.6	0.9	100.0
	중도	(429)	13.9	18.5	41.1	6.5	3.1	1.1	3.0	1.6	2.6	1.9	1.6	3.7	1.4	100.0
	보수	(341)	12.5	21.7	36.0	5.8	5.5	1.7	3.8	2.7	1.2	2.2	2.3	3.6	0.9	100.0
직업	화이트칼라	(644)	17.2	20.7	50.7	2.5	1.9	0.8	0.8	0.6	0.9	0.3	0.8	2.7	0.2	100.0
	블루칼라	(141)	3.5	9.2	11.3	23.2	14.8	5.6	11.8	8.6	4.3	1.4	1.4	2.8	2.1	100.0
	학생	(106)	5.9	42.0	28.3	3.8	0.0	0.0	0.9	2.7	0.9	12.7	0.0	1.8	0.9	100.0
	주부/무직/기타	(109)	8.2	18.4	21.2	10.1	6.4	0.0	2.7	0.0	5.6	1.8	10.1	10.0	5.5	100.0
고용 형태	상용직 임금근로자	(620)	16.9	16.8	52.0	4.2	2.4	0.3	2.4	1.0	1.0	0.0	0.8	1.8	0.5	100.0
	임시/일용/ 특수직 근로자	(97)	4.1	28.7	17.2	16.2	6.2	5.0	2.8	4.1	5.1	2.1	1.0	6.4	1.0	100.0
	자영업자/ 무급가족종사자	(58)	8.6	19.2	3.5	10.4	20.7	10.2	6.9	10.3	0.0	3.5	1.7	5.0	0.0	100.0
권역	도심권	(50)	17.6	13.1	37.8	8.0	4.0	6.0	1.5	4.0	2.0	2.0	2.0	2.0	0.0	100.0
	동북권	(295)	8.1	24.3	37.2	6.4	5.8	1.0	3.1	2.0	1.4	3.9	1.7	3.1	2.0	100.0
	서북권	(123)	12.5	22.9	38.7	4.9	2.4	1.6	4.1	0.7	1.7	1.6	2.4	4.7	1.6	100.0
	서남권	(329)	13.3	20.5	41.2	7.2	4.0	0.9	2.7	0.9	2.8	0.6	1.5	3.4	0.9	100.0
	동남권	(203)	19.3	18.2	41.0	5.4	2.5	0.9	1.0	3.5	1.5	1.5	2.0	3.4	0.0	100.0

[표 2-232] 10년 후 예상 직업 – 40~50대

구분		사례수	관리자	전문가 및 관련 종사자	사무 종사자	서비스 종사자	판매 종사자	농림 어업 종사자	기능원 및 관련 기능 종사자	장치, 기계 조작 및 조립 종사자	단순 노무 종사자	학생	주부	무직	기타	계
전체		(500)	14.2	12.8	23.6	7.4	1.6	0.6	2.6	0.4	6.0	0.2	15.8	14.6	0.2	100.0
성별	남성	(247)	20.2	16.2	19.0	8.5	1.6	0.8	4.0	0.8	7.7	0.4	0.0	20.2	0.4	100.0
	여성	(253)	8.3	9.5	28.1	6.3	1.6	0.4	1.2	0.0	4.3	0.0	31.2	9.1	0.0	100.0
연령	40대	(248)	18.5	12.1	32.3	8.5	2.4	0.4	2.4	0.4	6.0	0.4	10.9	5.6	0.0	100.0
	50대	(252)	9.9	13.5	15.1	6.3	0.8	0.8	2.8	0.4	6.0	0.0	20.6	23.4	0.4	100.0
학력	고졸 이하	(61)	4.9	14.8	9.8	8.2	1.6	1.6	9.8	1.6	13.1	0.0	19.7	14.8	0.0	100.0
	대재	(16)	6.3	12.5	18.8	6.3	18.8	0.0	6.3	0.0	0.0	6.3	25.0	0.0	0.0	100.0
	대졸	(365)	14.8	9.0	28.2	7.7	1.1	0.5	1.4	0.3	5.8	0.0	15.6	15.3	0.3	100.0
	대학원 이상	(58)	22.4	34.5	10.3	5.2	0.0	0.0	1.7	0.0	1.7	0.0	10.3	13.8	0.0	100.0
가구 소득	200만 원 미만	(45)	8.9	11.1	4.4	8.9	2.2	0.0	4.4	2.2	20.0	0.0	13.3	24.4	0.0	100.0
	200~300만 원 미만	(41)	4.9	9.8	36.6	12.2	0.0	0.0	9.8	0.0	7.3	0.0	4.9	14.6	0.0	100.0
	300~500만 원 미만	(125)	9.6	12.8	24.0	8.0	2.4	0.8	1.6	0.0	9.6	0.0	18.4	12.8	0.0	100.0
	500~700만 원 미만	(129)	10.9	10.9	27.1	6.2	2.3	0.8	3.1	0.8	2.3	0.8	19.4	15.5	0.0	100.0
	700만 원 이상	(160)	24.4	15.6	22.5	6.3	0.6	0.6	0.6	0.0	1.9	0.0	14.4	12.5	0.6	100.0
혼인 상태	기혼	(340)	16.5	11.5	24.1	6.5	1.5	0.9	1.5	0.0	4.4	0.0	20.9	12.1	0.3	100.0
	미혼	(127)	11.0	17.3	25.2	8.7	0.0	0.0	3.9	1.6	8.7	0.0	2.4	21.3	0.0	100.0
	동거/사별/이혼/별거	(33)	3.0	9.1	12.1	12.1	9.1	0.0	9.1	0.0	12.1	3.0	15.2	15.2	0.0	100.0

[표 2-232] 10년 후 예상 직업 - 40~50대(계속)

구분		사례수	관리자	전문가 및 관련 종사자	사무 종사자	서비스 종사자	판매 종사자	농림 어업 종사자	기능원 및 관련 기능 종사자	장치, 기계 조작 및 조립 종사자	단순 노무 종사자	학생	주부	무직	기타	계
전체		(500)	14.2	12.8	23.6	7.4	1.6	0.6	2.6	0.4	6.0	0.2	15.8	14.6	0.2	100.0
가구원수	1인	(64)	15.6	14.1	21.9	7.8	3.1	0.0	4.7	0.0	6.3	1.6	4.7	20.3	0.0	100.0
	2인	(68)	7.4	14.7	27.9	8.8	2.9	1.5	4.4	1.5	7.4	0.0	5.9	17.6	0.0	100.0
	3인	(175)	10.3	14.3	24.6	5.7	2.3	0.6	1.7	0.6	4.0	0.0	18.9	17.1	0.0	100.0
	4인 이상	(193)	19.7	10.4	21.8	8.3	0.0	0.5	2.1	0.0	7.3	0.0	20.2	9.3	0.5	100.0
이념성향	진보	(126)	14.3	15.9	15.9	9.5	0.0	0.8	4.8	0.8	5.6	0.0	11.1	20.6	0.8	100.0
	중도	(218)	11.5	9.6	27.1	9.6	1.4	0.5	1.8	0.5	7.3	0.5	18.8	11.5	0.0	100.0
	보수	(156)	17.9	14.7	25.0	2.6	3.2	0.6	1.9	0.0	4.5	0.0	15.4	14.1	0.0	100.0
직업	화이트칼라	(328)	19.8	17.7	34.5	4.6	0.9	0.6	0.6	0.3	3.0	0.0	3.0	14.6	0.3	100.0
	블루칼라	(61)	4.9	1.6	6.6	24.6	4.9	0.0	13.1	0.0	18.0	1.6	11.5	13.1	0.0	100.0
	주부/무직/기타	(111)	2.7	4.5	0.9	6.3	1.8	0.9	2.7	0.9	8.1	0.0	55.9	15.3	0.0	100.0
고용형태	상용직 임금근로자	(314)	19.7	13.7	34.4	6.1	0.3	0.6	2.9	0.0	4.1	0.0	4.1	13.7	0.3	100.0
	임시/일용/특수직 근로자	(39)	2.6	12.8	17.9	15.4	7.7	0.0	2.6	0.0	17.9	0.0	7.7	15.4	0.0	100.0
	자영업자/무급가족종사자	(31)	16.1	32.3	6.5	16.1	6.5	0.0	0.0	3.2	0.0	3.2	3.2	12.9	0.0	100.0
권역	도심권	(25)	8.0	4.0	36.0	8.0	4.0	0.0	0.0	4.0	8.0	4.0	16.0	8.0	0.0	100.0
	동북권	(155)	14.2	12.3	25.8	9.7	1.3	1.9	2.6	0.0	4.5	0.0	11.6	15.5	0.6	100.0
	서북권	(60)	11.7	8.3	23.3	11.7	0.0	0.0	1.7	0.0	11.7	0.0	15.0	16.7	0.0	100.0
	서남권	(149)	11.4	15.4	22.1	6.0	2.7	0.0	4.0	0.7	4.7	0.0	17.4	15.4	0.0	100.0
	동남권	(111)	20.7	14.4	19.8	3.6	0.9	0.0	1.8	0.0	6.3	0.0	19.8	12.6	0.0	100.0

9) 혼인상태

◈ 20~30대

20~30대의 혼인상태 조사 결과는 '미혼' 응답이 74.5%로 가장 높고, 그다음으로는 '기혼'(22.0%), '별거'(1.2%) 순으로 나타남

[그림 2-171] 혼인상태 - 20~30대 (단위: %)

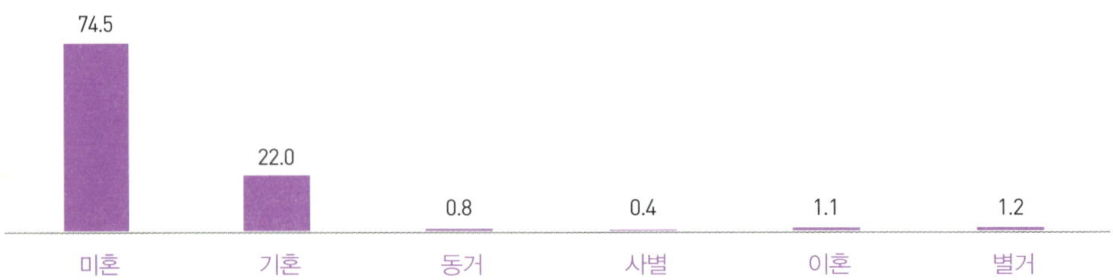

'미혼'에 대한 상세분석 결과, 성별로는 여성(75.9%)에서 높게 나타났고 연령별로는 20대(88.9%), 학력별로는 고졸 이하(82.5%), 대재(전문대/대학교)(80.5%), 가구 소득별로는 200만 원 미만(88.4%), 200~300만 원 미만(85.9%), 혼인상태별로는 미혼(100.0%), 가구원 수별로는 1인(95.5%), 이념 성향별로는 중도(76.5%), 직업별로는 학생(97.1%), 고용형태별로는 임시/일용/특수직 근로자(78.8%), 권역별로는 동북권(76.6%), 서북권(75.7%)에서 높게 나타남

◈ 40~50대

40~50대의 혼인상태 조사 결과는 '기혼' 응답이 68.0%로 가장 높고, 그다음으로는 '미혼'(25.4%), '이혼'(4.4%) 순으로 나타남

[그림 2-172] 혼인상태 – 40~50대

(단위: %)

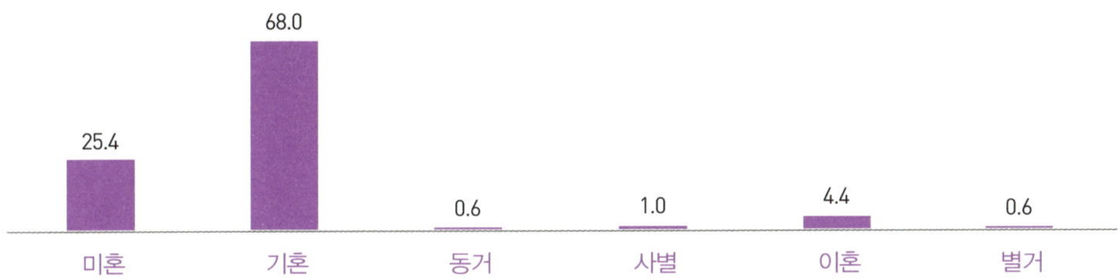

'기혼'에 대한 상세분석 결과, 성별로는 남성(69.6%)에서 높게 나타났고 연령별로는 50대(73.0%), 학력별로는 대학원 이상(77.6%), 가구 소득별로는 700만 원 이상(91.3%), 혼인상태별로는 기혼(100.0%), 가구원 수별로는 4인 이상(92.2%), 이념 성향별로는 보수(76.9%), 직업별로는 화이트칼라(70.1%), 주부/무직/기타(68.5%), 고용형태별로는 상용직 임금근로자(72.6%), 권역별로는 동남권(72.1%)에서 높게 나타남

[표 2-233] 혼인상태 – 20~30대

구분		사례 수	미혼	기혼	동거	사별	이혼	별거	계
전체		(1,000)	74.5	22.0	0.8	0.4	1.1	1.2	100.0
성별	남성	(490)	73.0	21.9	1.2	0.6	1.7	1.6	100.0
	여성	(510)	75.9	22.2	0.4	0.2	0.6	0.8	100.0
연령	20대	(498)	88.9	7.7	0.4	0.4	0.8	1.8	100.0
	30대	(502)	60.2	36.3	1.2	0.4	1.4	0.6	100.0
학력	고졸 이하	(97)	82.5	11.2	1.0	0.9	3.3	1.0	100.0
	대재	(127)	80.5	7.1	1.6	1.6	2.3	7.0	100.0
	대졸	(677)	73.4	24.7	0.7	0.1	0.7	0.3	100.0
	대학원 이상	(99)	66.5	33.5	0.0	0.0	0.0	0.0	100.0
가구 소득	200만 원 미만	(102)	88.4	4.9	0.0	0.9	1.0	4.9	100.0
	200~300만 원 미만	(148)	85.9	8.8	0.7	1.3	1.4	1.9	100.0
	300~500만 원 미만	(287)	76.5	20.1	0.7	0.3	1.4	1.0	100.0
	500~700만 원 미만	(196)	65.3	31.6	1.5	0.0	1.5	0.0	100.0
	700만 원 이상	(267)	67.5	31.0	0.7	0.0	0.4	0.4	100.0
혼인 상태	기혼	(220)	0.0	100.0	0.0	0.0	0.0	0.0	100.0
	미혼	(745)	100.0	0.0	0.0	0.0	0.0	0.0	100.0
	동거/사별/이혼/별거	(35)	0.0	0.0	23.0	11.2	31.9	33.9	100.0

[표 2-233] 혼인상태 – 20~30대(계속)

구분		사례 수	미혼	기혼	동거	사별	이혼	별거	계
전체		(1,000)	74.5	22.0	0.8	0.4	1.1	1.2	100.0
가구원 수	1인	(218)	95.5	1.4	0.0	0.5	0.9	1.7	100.0
	2인	(159)	49.5	41.1	4.4	1.2	1.3	2.5	100.0
	3인	(290)	66.9	31.4	0.0	0.0	1.0	0.7	100.0
	4인 이상	(333)	79.4	18.2	0.3	0.3	1.2	0.6	100.0
이념 성향	진보	(231)	74.0	23.4	0.9	0.0	1.3	0.4	100.0
	중도	(429)	76.5	20.2	0.5	0.7	1.6	0.5	100.0
	보수	(341)	72.3	23.4	1.2	0.3	0.3	2.6	100.0
직업	화이트칼라	(644)	70.6	26.9	1.1	0.2	0.6	0.6	100.0
	블루칼라	(141)	70.4	17.6	0.7	2.1	3.5	5.7	100.0
	학생	(106)	97.1	2.9	0.0	0.0	0.0	0.0	100.0
	주부/무직/기타	(109)	80.8	17.4	0.0	0.0	1.8	0.0	100.0
고용 형태	상용직 임금근로자	(620)	70.8	27.0	1.3	0.2	0.7	0.2	100.0
	임시/일용/특수직 근로자	(97)	78.8	12.2	0.0	2.0	2.1	4.9	100.0
	자영업자/ 무급가족종사자	(58)	51.7	31.1	0.0	1.7	5.2	10.4	100.0
권역	도심권	(50)	66.8	21.6	0.0	4.0	2.0	5.6	100.0
	동북권	(295)	76.6	20.0	0.3	0.3	1.0	1.7	100.0
	서북권	(123)	75.7	20.3	2.4	0.7	0.8	0.0	100.0
	서남권	(329)	75.5	22.4	0.6	0.0	0.6	0.9	100.0
	동남권	(203)	71.0	25.6	1.0	0.0	2.0	0.5	100.0

[표 2-234] 혼인상태 – 40~50대

구분		사례 수	미혼	기혼	동거	사별	이혼	별거	계
전체		(500)	25.4	68.0	0.6	1.0	4.4	0.6	100.0
성별	남성	(247)	24.3	69.6	0.8	1.2	3.2	0.8	100.0
	여성	(253)	26.5	66.4	0.4	0.8	5.5	0.4	100.0
연령	40대	(248)	31.0	62.9	0.8	1.2	3.2	0.8	100.0
	50대	(252)	19.8	73.0	0.4	0.8	5.6	0.4	100.0
학력	고졸 이하	(61)	49.2	39.3	1.6	0.0	9.8	0.0	100.0
	대재	(16)	12.5	56.3	6.3	6.3	6.3	12.5	100.0
	대졸	(365)	23.0	71.8	0.0	1.1	3.8	0.3	100.0
	대학원 이상	(58)	19.0	77.6	1.7	0.0	1.7	0.0	100.0
가구 소득	200만 원 미만	(45)	73.3	8.9	2.2	0.0	13.3	2.2	100.0
	200~300만 원 미만	(41)	56.1	22.0	0.0	9.8	12.2	0.0	100.0
	300~500만 원 미만	(125)	33.6	60.0	1.6	0.0	4.0	0.8	100.0
	500~700만 원 미만	(129)	14.0	82.2	0.0	0.8	2.3	0.8	100.0
	700만 원 이상	(160)	6.9	91.3	0.0	0.0	1.9	0.0	100.0
혼인 상태	기혼	(340)	0.0	100.0	0.0	0.0	0.0	0.0	100.0
	미혼	(127)	100.0	0.0	0.0	0.0	0.0	0.0	100.0
	동거/사별/이혼/별거	(33)	0.0	0.0	9.1	15.2	66.7	9.1	100.0

[표 2-234] 혼인상태 - 40~50대(계속)

구분		사례 수	미혼	기혼	동거	사별	이혼	별거	계
전체		(500)	25.4	68.0	0.6	1.0	4.4	0.6	100.0
가구원 수	1인	(64)	81.3	3.1	0.0	1.6	12.5	1.6	100.0
	2인	(68)	41.2	47.1	1.5	2.9	4.4	2.9	100.0
	3인	(175)	22.3	73.1	0.6	0.0	4.0	0.0	100.0
	4인 이상	(193)	4.1	92.2	0.5	1.0	2.1	0.0	100.0
이념 성향	진보	(126)	27.8	64.3	0.0	3.2	4.8	0.0	100.0
	중도	(218)	28.4	63.8	1.4	0.5	5.5	0.5	100.0
	보수	(156)	19.2	76.9	0.0	0.0	2.6	1.3	100.0
직업	화이트칼라	(328)	23.8	70.1	0.0	0.6	4.6	0.9	100.0
	블루칼라	(61)	32.8	55.7	0.0	4.9	6.6	0.0	100.0
	주부/무직/기타	(111)	26.1	68.5	2.7	0.0	2.7	0.0	100.0
고용 형태	상용직 임금근로자	(314)	21.7	72.6	0.0	0.6	4.8	0.3	100.0
	임시/일용/특수직 근로자	(39)	43.6	38.5	0.0	5.1	10.3	2.6	100.0
	자영업자/ 무급가족종사자	(31)	38.7	58.1	0.0	3.2	0.0	0.0	100.0
권역	도심권	(25)	28.0	56.0	0.0	4.0	8.0	4.0	100.0
	동북권	(155)	27.1	68.4	0.6	1.3	2.6	0.0	100.0
	서북권	(60)	25.0	68.3	1.7	0.0	5.0	0.0	100.0
	서남권	(149)	23.5	66.4	0.7	1.3	6.7	1.3	100.0
	동남권	(111)	25.2	72.1	0.0	0.0	2.7	0.0	100.0

10) 월 평균 가구소득

◈ 20~30대

20~30대의 월 평균 가구소득 조사 결과는 '300만 원 이상~400만 원 미만' 응답이 16.3%로 가장 높고, 그다음으로는 '200만 원 이상~300만 원 미만'(14.8%), '400만 원 이상~500만 원 미만'(12.4%) 순으로 나타남

[그림 2-173] 월 평균 가구소득 – 20~30대 (단위: %)

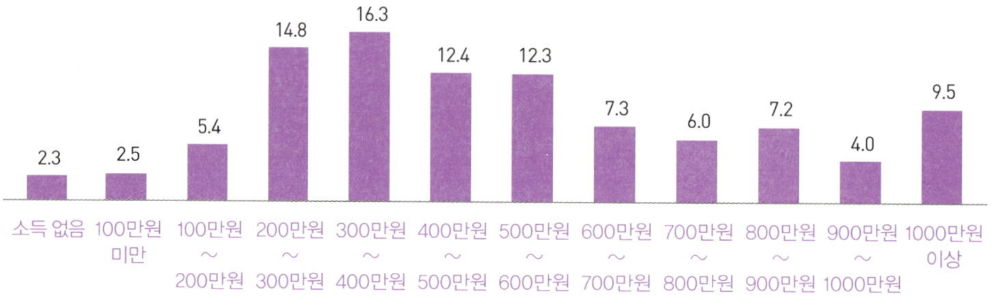

'300만 원 이상~400만 원 미만'에 대한 상세분석 결과, 성별로는 남성(18.3%)에서 높게 나타났고 연령별로는 30대(17.7%), 학력별로는 대졸(전문대/대학교 졸업)(17.7%), 가구 소득별로는 300만 원 이상~500만 원 미만(56.8%), 혼인상태별로는 미혼(18.1%), 가구원 수별로는 1인(23.8%), 이념 성향별로는 진보(18.2%), 직업별로는 블루칼라(21.3%), 고용형태별로는 상용직 임금근로자(17.9%), 권역별로는 동북권(18.0%), 서북권(17.8%)에서 높게 나타남

◈ 40~50대

40~50대의 월 평균 가구소득 조사 결과는 조사 결과 '500만 원 이상~600만 원 미만' 응답이 15.0%로 가장 높고, 그다음으로는 '400만 원 이상~500만 원 미만'(13.8%), '1,000만 원 이상'(12.4%) 순으로 나타남

[그림 2-174] 월 평균 가구소득 - 40~50대 (단위: %)

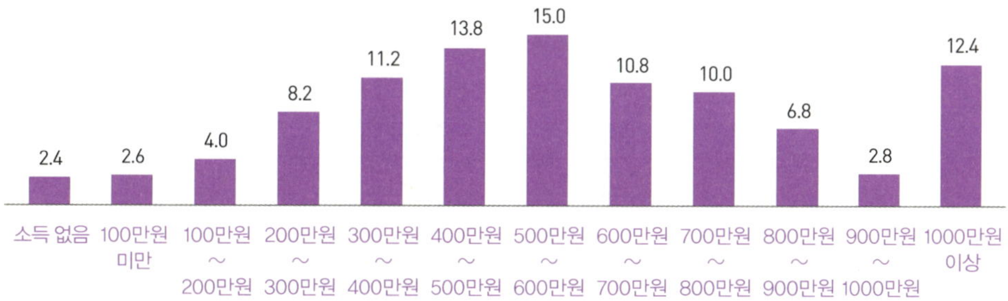

'500만 원 이상~600만 원 미만'에 대한 상세분석 결과, 성별로는 여성(15.8%)에서 높게 나타났고 연령별로는 40대(16.5%), 학력별로는 대졸(전문대/대학교 졸업)(16.7%), 가구 소득별로는 500만 원 이상~700만 원 미만(58.1%), 혼인상태별로는 기혼(18.2%), 가구원 수별로는 4인 이상(17.6%), 이념 성향별로는 진보(19.0%), 직업별로는 주부/무직/기타(18.0%), 고용형태별로는 자영업자/무급가족종사자(19.4%), 권역별로는 서남권(16.8%), 동북권(16.8%)에서 높게 나타남

[표 2-235] 월평균 가구소득 – 20~30대

구분		사례 수	소득 없음	100 만 원 미만	100 만 원 이상 ~ 200 만 원 미만	200 만 원 이상 ~ 300 만 원 미만	300 만 원 이상 ~ 400 만 원 미만	400 만 원 이상 ~ 500 만 원 미만	500 만 원 이상 ~ 600 만 원 미만	600 만 원 이상 ~ 700 만 원 미만	700 만 원 이상 ~ 800 만 원 미만	800 만 원 이상 ~ 900 만 원 미만	900 만 원 이상 ~ 1,000 만 원 미만	1,000 만 원 이상
전체		(1,000)	2.3	2.5	5.4	14.8	16.3	12.4	12.3	7.3	6.0	7.2	4.0	9.5
성별	남성	(490)	1.4	2.5	5.9	15.6	18.3	10.6	13.7	6.3	6.1	6.3	3.3	10.0
	여성	(510)	3.1	2.5	4.9	14.1	14.3	14.1	11.0	8.2	5.9	8.0	4.7	9.0
연령	20대	(498)	3.6	4.3	6.0	16.7	14.8	11.4	12.4	6.2	5.8	6.8	2.4	9.4
	30대	(502)	1.0	0.8	4.8	12.9	17.7	13.3	12.2	8.4	6.2	7.6	5.6	9.6
학력	고졸 이하	(97)	6.2	9.3	7.1	15.3	15.2	18.0	12.4	3.1	2.1	5.2	2.1	4.1
	대재	(127)	4.7	4.9	7.0	14.7	11.9	14.9	15.9	7.6	3.2	5.5	3.2	6.8
	대졸	(677)	1.5	1.3	5.2	15.9	17.7	11.4	12.1	8.3	6.8	6.9	3.1	9.7
	대학원 이상	(99)	1.0	1.0	3.0	7.2	13.0	10.6	9.1	4.0	8.1	12.9	13.2	17.0
가구 소득	200만 원 미만	(102)	22.5	24.6	52.9	0.0	0.0	0.0	0.0	0.0	0.0	0.0	0.0	0.0
	200~300만 원 미만	(148)	0.0	0.0	0.0	100.0	0.0	0.0	0.0	0.0	0.0	0.0	0.0	0.0
	300~500만 원 미만	(287)	0.0	0.0	0.0	0.0	56.8	43.2	0.0	0.0	0.0	0.0	0.0	0.0
	500~700만 원 미만	(196)	0.0	0.0	0.0	0.0	0.0	0.0	62.7	37.3	0.0	0.0	0.0	0.0
	700만 원 이상	(267)	0.0	0.0	0.0	0.0	0.0	0.0	0.0	0.0	22.5	26.9	15.1	35.6
혼인 상태	기혼	(220)	0.0	0.0	2.3	5.9	10.9	15.2	17.3	10.9	9.1	12.2	5.9	10.4
	미혼	(745)	2.8	3.0	6.3	17.1	18.1	11.3	11.0	6.2	5.2	5.7	3.6	9.5
	동거/사별/이혼/별거	(35)	5.7	8.6	5.5	22.7	11.5	16.9	8.6	8.6	2.9	6.0	0.0	2.9

[표 2-235] 월평균 가구소득 – 20~30대(계속)

구분		사례 수	소득 없음	100만 원 미만	100만 원 이상 ~ 200만 원 미만	200만 원 이상 ~ 300만 원 미만	300만 원 이상 ~ 400만 원 미만	400만 원 이상 ~ 500만 원 미만	500만 원 이상 ~ 600만 원 미만	600만 원 이상 ~ 700만 원 미만	700만 원 이상 ~ 800만 원 미만	800만 원 이상 ~ 900만 원 미만	900만 원 이상 ~ 1,000만 원 미만	1,000만 원 이상
전체		(1,000)	2.3	2.5	5.4	14.8	16.3	12.4	12.3	7.3	6.0	7.2	4.0	9.5
가구원 수	1인	(218)	5.1	5.6	10.7	28.2	23.8	10.5	5.0	4.1	1.8	0.5	1.4	3.3
	2인	(159)	1.3	1.9	9.0	18.4	15.8	17.9	8.9	6.8	5.7	5.0	4.4	5.0
	3인	(290)	2.0	2.1	2.8	11.0	16.1	9.3	17.9	8.4	8.9	9.0	3.8	8.6
	4인 이상	(333)	1.2	1.2	2.6	7.7	11.7	13.6	13.9	8.7	6.3	11.0	5.7	16.5
이념 성향	진보	(231)	4.3	1.3	4.3	10.8	18.2	16.9	11.6	6.9	5.2	7.4	4.4	8.7
	중도	(429)	1.4	3.5	4.8	16.6	15.5	13.5	12.1	7.3	6.3	6.1	4.2	8.6
	보수	(341)	2.1	2.1	6.9	15.2	15.9	7.9	12.9	7.6	6.2	8.4	3.5	11.2
직업	화이트칼라	(644)	.3	1.4	3.7	14.0	15.8	11.9	13.5	8.0	7.5	7.9	4.5	11.6
	블루칼라	(141)	1.4	5.0	6.3	19.2	21.3	14.0	12.8	6.4	1.4	6.4	4.2	1.4
	학생	(106)	6.6	4.9	6.8	11.7	10.2	13.4	13.1	7.1	5.7	5.7	2.9	11.9
	주부/무직/기타	(109)	11.0	3.6	13.2	17.3	18.3	12.0	3.8	4.6	3.7	5.3	1.8	5.5
고용 형태	상용직 임금근로자	(620)	0.2	0.8	2.5	14.0	17.9	11.9	14.3	8.1	7.3	7.9	4.5	10.7
	임시/일용/특수직 근로자	(97)	2.2	6.2	12.3	20.7	14.4	11.3	8.2	8.2	2.1	6.2	2.1	6.3
	자영업자/ 무급가족종사자	(58)	1.6	5.2	6.9	13.8	10.4	20.4	12.3	1.7	5.2	8.8	6.9	6.9
권역	도심권	(50)	2.0	8.0	5.0	20.7	15.5	22.0	8.0	5.6	0.0	7.6	0.0	5.6
	동북권	(295)	2.0	2.4	7.0	12.5	18.0	13.9	14.6	8.9	4.4	6.8	3.1	6.4
	서북권	(123)	2.4	4.1	7.2	16.3	17.8	13.4	12.2	5.6	4.9	4.9	1.6	9.6
	서남권	(329)	3.1	2.2	4.9	18.2	17.1	11.1	8.8	6.3	6.7	7.9	4.9	8.9
	동남권	(203)	1.5	1.0	3.0	10.3	11.8	9.3	15.8	7.9	9.3	7.8	6.5	15.9

[표 2-236] 월평균 가구소득 – 40~50대

구분		사례수	소득 없음	100만 원 미만	100만 원 이상 ~ 200만 원 미만	200만 원 이상 ~ 300만 원 미만	300만 원 이상 ~ 400만 원 미만	400만 원 이상 ~ 500만 원 미만	500만 원 이상 ~ 600만 원 미만	600만 원 이상 ~ 700만 원 미만	700만 원 이상 ~ 800만 원 미만	800만 원 이상 ~ 900만 원 미만	900만 원 이상 ~ 1,000만 원 미만	1,000만 원 이상
전체		(500)	2.4	2.6	4.0	8.2	11.2	13.8	15.0	10.8	10.0	6.8	2.8	12.4
성별	남성	(247)	2.0	2.0	4.0	6.5	11.7	14.2	14.2	9.7	10.9	6.9	4.0	13.8
	여성	(253)	2.8	3.2	4.0	9.9	10.7	13.4	15.8	11.9	9.1	6.7	1.6	11.1
연령	20대	(248)	1.2	1.2	5.2	10.9	11.3	13.7	16.5	10.5	9.3	6.9	2.8	10.5
	30대	(252)	3.6	4.0	2.8	5.6	11.1	13.9	13.5	11.1	10.7	6.7	2.8	14.3
학력	고졸 이하	(61)	11.5	8.2	18.0	14.8	14.8	14.8	6.6	1.6	3.3	1.6	1.6	3.3
	대재	(16)	6.3	0.0	0.0	6.3	12.5	25.0	12.5	18.8	6.3	0.0	0.0	12.5
	대졸	(365)	1.1	1.9	1.9	8.5	11.5	13.7	16.7	11.8	11.2	7.7	2.7	11.2
	대학원 이상	(58)	0.0	1.7	3.4	0.0	5.2	10.3	13.8	12.1	10.3	8.6	5.2	29.3
가구소득	200만 원 미만	(45)	26.7	28.9	44.4	0.0	0.0	0.0	0.0	0.0	0.0	0.0	0.0	0.0
	200~300만 원 미만	(41)	0.0	0.0	0.0	100.0	0.0	0.0	0.0	0.0	0.0	0.0	0.0	0.0
	300~500만 원 미만	(125)	0.0	0.0	0.0	0.0	44.8	55.2	0.0	0.0	0.0	0.0	0.0	0.0
	500~700만 원 미만	(129)	0.0	0.0	0.0	0.0	0.0	0.0	58.1	41.9	0.0	0.0	0.0	0.0
	700만 원 이상	(160)	0.0	0.0	0.0	0.0	0.0	0.0	0.0	0.0	31.3	21.3	8.8	38.8
혼인상태	기혼	(340)	0.6	0.0	0.6	2.6	8.5	13.5	18.2	12.9	12.9	9.7	3.5	16.8
	미혼	(127)	7.1	8.7	10.2	18.1	18.9	14.2	9.4	4.7	3.1	0.8	0.8	3.9
	동거/사별/이혼/별거	(33)	3.0	6.1	15.2	27.3	9.1	15.2	3.0	12.1	6.1	0.0	3.0	0.0

[표 2-236] 월평균 가구소득 - 40~50대(계속)

구분		사례수	소득없음	100만 원 미만	100만 원 이상 ~ 200만 원 미만	200만 원 이상 ~ 300만 원 미만	300만 원 이상 ~ 400만 원 미만	400만 원 이상 ~ 500만 원 미만	500만 원 이상 ~ 600만 원 미만	600만 원 이상 ~ 700만 원 미만	700만 원 이상 ~ 800만 원 미만	800만 원 이상 ~ 900만 원 미만	900만 원 이상 ~ 1,000만 원 미만	1,000만 원 이상
전체		(500)	2.4	2.6	4.0	8.2	11.2	13.8	15.0	10.8	10.0	6.8	2.8	12.4
가구원수	1인	(64)	6.3	10.9	12.5	20.3	25.0	6.3	7.8	4.7	3.1	1.6	1.6	0.0
	2인	(68)	5.9	0.0	7.4	16.2	14.7	14.7	14.7	11.8	7.4	1.5	1.5	4.4
	3인	(175)	1.1	3.4	3.4	5.1	9.1	19.4	14.9	12.0	9.1	6.3	1.7	14.3
	4인 이상	(193)	1.0	0.0	0.5	4.1	7.3	10.9	17.6	11.4	14.0	10.9	4.7	17.6
이념성향	진보	(126)	4.0	3.2	2.4	9.5	7.9	8.7	19.0	12.7	14.3	4.8	3.2	10.3
	중도	(218)	1.4	2.3	6.4	9.2	14.2	17.0	11.5	9.2	7.8	8.7	2.8	9.6
	보수	(156)	2.6	2.6	1.9	5.8	9.6	13.5	16.7	11.5	9.6	5.8	2.6	17.9
직업	화이트칼라	(328)	0.6	0.3	1.5	7.6	11.0	13.7	13.7	10.7	12.5	9.1	4.0	15.2
	블루칼라	(61)	0.0	1.6	13.1	21.3	19.7	8.2	16.4	8.2	3.3	3.3	1.6	3.3
	주부/무직/기타	(111)	9.0	9.9	6.3	2.7	7.2	17.1	18.0	12.6	6.3	1.8	0.0	9.0
고용형태	상용직 임금근로자	(314)	0.3	0.0	1.9	8.9	10.8	13.4	13.7	10.2	12.4	9.2	4.5	14.6
	임시/일용/특수직 근로자	(39)	2.6	2.6	17.9	20.5	17.9	7.7	15.4	5.1	0.0	0.0	0.0	10.3
	자영업자/무급가족종사자	(31)	0.0	3.2	0.0	3.2	19.4	9.7	19.4	19.4	9.7	9.7	0.0	6.5
권역	도심권	(25)	4.0	4.0	4.0	0.0	16.0	4.0	16.0	8.0	12.0	4.0	8.0	20.0
	동북권	(155)	3.2	3.9	5.8	8.4	12.9	10.3	16.8	11.6	7.7	4.5	1.9	12.9
	서북권	(60)	0.0	0.0	8.3	13.3	13.3	20.0	10.0	10.0	10.0	1.7	1.7	11.7
	서남권	(149)	3.4	3.4	2.0	8.7	9.4	17.4	16.8	6.7	12.8	8.7	3.4	7.4
	동남권	(111)	0.9	0.9	1.8	6.3	9.0	12.6	12.6	16.2	9.0	10.8	2.7	17.1

11) 사회 경제적 지위

◈ 20~30대

20~30대의 사회 경제적 지위 조사 결과 '중-하' 응답이 42.6%로 가장 높고, 그다음으로는 '중-상'(25.9%), '하-상'(17.0%) 순으로 나타남

[그림 2-175] 사회 경제적 지위 – 20~30대 (단위: %)

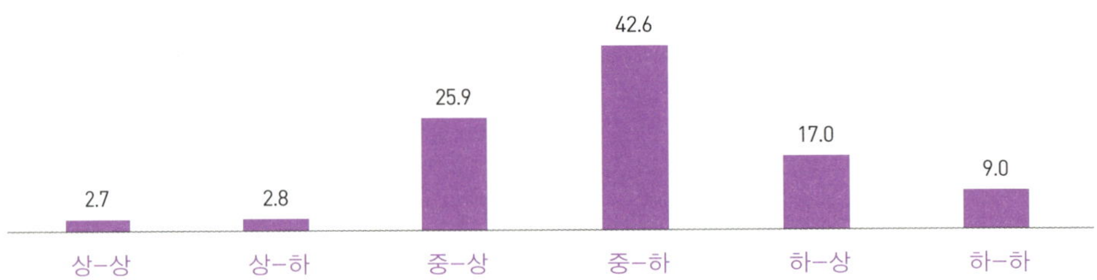

'중-하'에 대한 상세분석 결과, 성별로는 남성(44.1%)에서 높게 나타났고 연령별로는 20대(45.8%), 학력별로는 대재(전문대/대학교)(49.1%), 가구 소득별로는 500~700만 원 미만(48.2%), 300~500만 원 미만(47.5%), 혼인상태별로는 동거/사별/이혼/별거(50.8%), 가구원 수별로는 2인(48.4%), 이념 성향별로는 보수(44.7%), 중도(43.7%), 직업별로는 블루칼라(49.0%), 고용형태별로는 자영업자/무급가족종사자(46.3%), 임시/일용/특수직 근로자(44.6%), 권역별로는 서남권(47.0%)에서 높게 나타남

◈ 40~50대

40~50대의 사회 경제적 지위 조사 결과 '중–하' 응답이 40.8%로 가장 높고, 그다음으로는 '중–상'(26.4%), '하–상'(17.2%) 순으로 나타남

[그림 2-176] 사회 경제적 지위 – 40~50대

(단위: %)

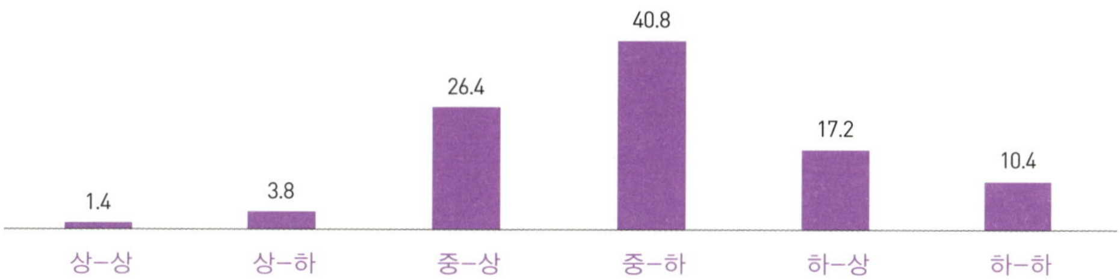

'중–하'에 대한 상세분석 결과, 성별로는 남성(42.1%)에서 높게 나타났고 연령별로는 40대(44.0%), 학력별로는 대재(전문대/대학교)(50.0%), 가구 소득별로는 300~500만원 미만(56.0%), 혼인상태별로는 기혼(44.7%), 가구원 수별로는 4인 이상(48.2%), 이념 성향별로는 중도(45.9%), 직업별로는 화이트칼라(43.9%), 블루칼라(42.6%), 고용형태별로는 상용직 임금근로자(45.9%), 권역별로는 도심권(52.0%), 서북권(50.0%)에서 높게 나타남

[표 2-237] 사회 경제적 지위 – 20~30대

구분		사례 수	상-상	상-하	중-상	중-하	하-상	하-하	계
전체		(1,000)	2.7	2.8	25.9	42.6	17.0	9.0	100.0
성별	남성	(490)	4.1	2.6	23.7	44.1	15.3	10.3	100.0
	여성	(510)	1.4	2.9	28.0	41.2	18.6	7.8	100.0
연령	20대	(498)	2.8	3.6	26.1	45.8	13.2	8.5	100.0
	30대	(502)	2.6	2.0	25.7	39.4	20.7	9.6	100.0
학력	고졸 이하	(97)	2.1	0.9	10.5	36.7	24.7	25.1	100.0
	대재	(127)	3.0	3.9	24.3	49.1	12.6	7.0	100.0
	대졸	(677)	1.6	2.5	26.8	44.1	17.7	7.2	100.0
	대학원 이상	(99)	10.2	4.9	37.0	29.9	10.1	8.1	100.0
가구 소득	200만 원 미만	(102)	1.0	4.0	16.1	34.9	16.6	27.3	100.0
	200~300만 원 미만	(148)	1.3	0.6	11.0	42.0	30.3	14.8	100.0
	300~500만 원 미만	(287)	0.7	1.4	20.5	47.5	22.0	7.9	100.0
	500~700만 원 미만	(196)	1.5	2.4	29.0	48.2	11.7	7.1	100.0
	700만 원 이상	(267)	7.1	5.2	41.4	36.5	8.2	1.5	100.0
혼인 상태	기혼	(220)	3.2	2.7	30.8	43.8	15.9	3.6	100.0
	미혼	(745)	2.7	2.8	24.9	41.9	17.3	10.5	100.0
	동거/사별/이혼/별거	(35)	0.0	2.9	17.5	50.8	17.3	11.5	100.0

[표 2-237] 사회 경제적 지위 – 20~30대(계속)

구분		사례 수	상-상	상-하	중-상	중-하	하-상	하-하	계
전체		(1,000)	2.7	2.8	25.9	42.6	17.0	9.0	100.0
가구원 수	1인	(218)	2.3	2.3	16.3	41.5	23.4	14.2	100.0
	2인	(159)	1.9	1.9	21.4	48.4	16.3	10.1	100.0
	3인	(290)	1.7	2.1	27.9	43.5	17.2	7.6	100.0
	4인 이상	(333)	4.2	4.1	32.6	39.8	12.9	6.4	100.0
이념 성향	진보	(231)	1.3	1.6	32.5	37.7	19.9	6.9	100.0
	중도	(429)	2.8	2.1	21.4	43.7	17.2	12.9	100.0
	보수	(341)	3.5	4.4	27.1	44.7	14.7	5.6	100.0
직업	화이트칼라	(644)	3.4	3.1	26.7	42.7	17.4	6.7	100.0
	블루칼라	(141)	0.0	1.4	19.3	49.0	14.7	15.6	100.0
	학생	(106)	2.7	2.8	37.9	37.7	14.2	4.8	100.0
	주부/무직/기타	(109)	1.8	2.7	18.1	38.8	20.1	18.4	100.0
고용 형태	상용직 임금근로자	(620)	2.3	1.9	27.2	43.6	17.4	7.6	100.0
	임시/일용/특수직 근로자	(97)	2.1	6.2	14.4	44.6	18.4	14.4	100.0
	자영업자/무급가족종사자	(58)	8.6	6.9	20.9	46.3	10.4	6.9	100.0
권역	도심권	(50)	2.0	9.2	21.6	37.2	16.0	14.0	100.0
	동북권	(295)	2.4	2.0	24.5	40.9	20.7	9.5	100.0
	서북권	(123)	3.2	4.1	18.6	39.2	21.7	13.2	100.0
	서남권	(329)	0.9	1.8	26.2	47.0	16.1	7.9	100.0
	동남권	(203)	6.0	3.0	32.9	41.4	10.3	6.4	100.0

[표 2-238] 사회 경제적 지위 – 40~50대

구분		사례 수	상-상	상-하	중-상	중-하	하-상	하-하	계
전체		(500)	1.4	3.8	26.4	40.8	17.2	10.4	100.0
성별	남성	(247)	2.0	5.7	25.9	42.1	13.8	10.5	100.0
	여성	(253)	0.8	2.0	26.9	39.5	20.6	10.3	100.0
연령	40대	(248)	0.8	3.6	24.2	44.0	14.1	13.3	100.0
	50대	(252)	2.0	4.0	28.6	37.7	20.2	7.5	100.0
학력	고졸 이하	(61)	0.0	0.0	8.2	37.7	32.8	21.3	100.0
	대재	(16)	0.0	0.0	25.0	50.0	6.3	18.8	100.0
	대졸	(365)	1.1	3.6	26.8	42.2	17.3	9.0	100.0
	대학원 이상	(58)	5.2	10.3	43.1	32.8	3.4	5.2	100.0
가구 소득	200만 원 미만	(45)	0.0	0.0	4.4	20.0	35.6	40.0	100.0
	200~300만 원 미만	(41)	0.0	2.4	7.3	24.4	39.0	26.8	100.0
	300~500만 원 미만	(125)	0.8	0.8	11.2	56.0	20.8	10.4	100.0
	500~700만 원 미만	(129)	0.0	2.3	26.4	50.4	14.7	6.2	100.0
	700만 원 이상	(160)	3.8	8.8	49.4	31.3	5.6	1.3	100.0
혼인 상태	기혼	(340)	1.8	5.0	30.6	44.7	13.5	4.4	100.0
	미혼	(127)	0.8	1.6	18.9	33.9	22.8	22.0	100.0
	동거/사별/이혼/별거	(33)	0.0	0.0	12.1	27.3	33.3	27.3	100.0

[표 2-238] 사회 경제적 지위 - 40~50대(계속)

구분		사례 수	상-상	상-하	중-상	중-하	하-상	하-하	계
전체		(500)	1.4	3.8	26.4	40.8	17.2	10.4	100.0
가구원 수	1인	(64)	1.6	0.0	17.2	32.8	23.4	25.0	100.0
	2인	(68)	0.0	1.5	20.6	42.6	19.1	16.2	100.0
	3인	(175)	1.7	4.6	28.6	34.9	21.1	9.1	100.0
	4인 이상	(193)	1.6	5.2	29.5	48.2	10.9	4.7	100.0
이념 성향	진보	(126)	0.0	6.3	28.6	32.5	19.8	12.7	100.0
	중도	(218)	0.9	1.4	21.1	45.9	17.9	12.8	100.0
	보수	(156)	3.2	5.1	32.1	40.4	14.1	5.1	100.0
직업	화이트칼라	(328)	2.1	4.6	30.5	43.9	14.0	4.9	100.0
	블루칼라	(61)	0.0	1.6	4.9	42.6	31.1	19.7	100.0
	주부/무직/기타	(111)	0.0	2.7	26.1	30.6	18.9	21.6	100.0
고용 형태	상용직 임금근로자	(314)	1.3	4.8	29.3	45.9	14.3	4.5	100.0
	임시/일용/특수직 근로자	(39)	2.6	0.0	10.3	30.8	33.3	23.1	100.0
	자영업자/무급가족종사자	(31)	6.5	3.2	22.6	38.7	12.9	16.1	100.0
권역	도심권	(25)	4.0	12.0	12.0	52.0	8.0	12.0	100.0
	동북권	(155)	0.6	1.3	23.9	43.2	19.4	11.6	100.0
	서북권	(60)	0.0	6.7	20.0	50.0	11.7	11.7	100.0
	서남권	(149)	1.3	2.7	28.2	34.2	20.8	12.8	100.0
	동남권	(111)	2.7	5.4	34.2	38.7	14.4	4.5	100.0

12) 이념성향

◈ 20~30대

20~30대의 이념성향 조사 결과는 '보수'라고 응답한 비율은 34.1%, '진보'라고 응답한 비율은 23.1%로 나타남

[그림 2-177] 이념성향 – 20~30대

(단위: %)

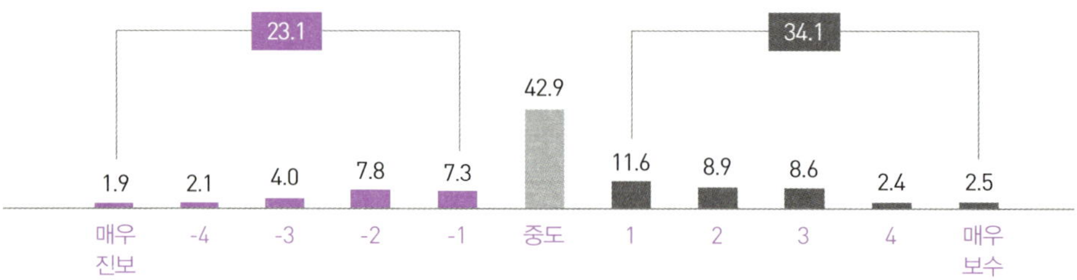

'중도'에 대한 상세분석 결과, 성별로는 여성(43.5%)에서 높게 나타났고 연령별로는 20대(45.3%), 학력별로는 고졸 이하(57.7%), 가구 소득별로는 200~300만 원 미만(48.1%), 혼인상태별로는 미혼(44.0%), 가구원 수별로는 4인 이상(45.7%), 1인(43.8%), 이념 성향별로는 중도(100.0%), 직업별로는 주부/무직/기타(45.0%), 블루칼라(44.1%), 고용형태별로는 상용직 임금근로자(44.2%), 권역별로는 서북권(51.3%)에서 높게 나타남

◈ 40~50대

40~50대의 이념성향 조사 결과는 '보수'라고 응답한 비율은 31.2%, '진보'라고 응답한 비율은 25.2%로 나타남

[그림 2-178] 이념성향 - 40~50대

(단위: %)

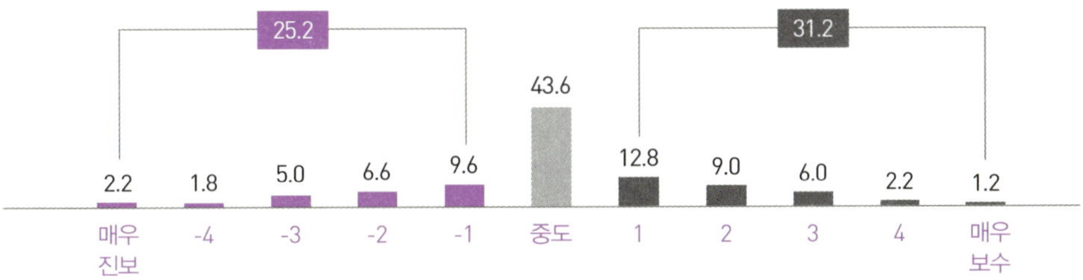

'중도'에 대한 상세분석 결과, 성별로는 여성(49.4%)에서 높게 나타났고 연령별로는 40대(46.4%), 학력별로는 대재(전문대/대학교)(56.3%), 고졸 이하(54.1%), 가구 소득별로는 300~500만 원 미만(54.4%), 혼인상태별로는 동거/사별/이혼/별거(51.5%), 가구원 수별로는 2인(52.9%), 이념 성향별로는 중도(100.0%), 직업별로는 주부/무직/기타(50.5%), 고용형태별로는 임시/일용/특수직 근로자(56.4%), 권역별로는 도심권(48.0%), 서북권(46.7%)에서 높게 나타남

[표 2-239] 이념성향 – 20~30대

구분		사례 수	매우 진보	-4	-3	-2	-1	중도	1	2	3	4	매우 보수	계
전체		(1,000)	1.9	2.1	4.0	7.8	7.3	42.9	11.6	8.9	8.6	2.4	2.5	100.0
성별	남성	(490)	2.1	1.8	2.6	7.1	6.5	42.1	12.5	9.2	10.4	2.7	2.9	100.0
	여성	(510)	1.8	2.4	5.3	8.4	8.0	43.5	10.8	8.6	6.9	2.2	2.2	100.0
연령	20대	(498)	1.6	1.2	3.4	6.0	6.8	45.3	13.9	9.9	8.9	1.4	1.6	100.0
	30대	(502)	2.2	3.0	4.6	9.6	7.8	40.4	9.4	8.0	8.4	3.4	3.4	100.0
학력	고졸 이하	(97)	3.1	2.1	2.1	4.1	3.1	57.7	8.3	7.2	9.2	3.1	0.0	100.0
	대재	(127)	1.6	0.8	3.1	6.3	7.1	40.4	16.4	7.2	10.8	1.6	4.7	100.0
	대졸	(677)	2.1	2.2	4.3	8.7	7.8	41.5	11.8	9.6	7.8	2.1	2.2	100.0
	대학원 이상	(99)	0.0	3.0	4.8	7.1	8.1	41.0	7.7	8.2	11.0	5.0	4.0	100.0
가구 소득	200만 원 미만	(102)	4.9	2.9	4.8	3.9	5.9	40.5	14.0	11.4	6.8	0.0	4.9	100.0
	200~300만 원 미만	(148)	0.7	0.7	2.7	8.1	4.7	48.1	10.1	13.9	7.1	2.0	2.0	100.0
	300~500만 원 미만	(287)	2.1	3.5	4.9	8.7	9.1	43.4	9.4	8.8	5.2	2.8	2.1	100.0
	500~700만 원 미만	(196)	0.5	1.5	4.6	8.6	6.6	42.4	13.3	5.6	11.2	4.1	1.5	100.0
	700만 원 이상	(267)	2.3	1.5	2.9	7.5	7.9	40.5	12.7	7.9	11.9	1.9	3.0	100.0
혼인 상태	기혼	(220)	2.7	1.4	2.7	8.2	9.5	39.4	9.9	9.1	11.7	3.2	2.3	100.0
	미혼	(745)	1.8	2.3	4.5	7.6	6.7	44.0	12.0	8.6	7.7	2.3	2.4	100.0
	동거/사별/이혼/별거	(35)	0.0	2.9	0.0	8.6	5.7	40.0	14.6	14.4	8.0	0.0	5.7	100.0

[표 2-239] 이념성향 – 20~30대(계속)

구분		사례 수	매우 진보	-4	-3	-2	-1	중도	1	2	3	4	매우 보수	계
전체		(1,000)	1.9	2.1	4.0	7.8	7.3	42.9	11.6	8.9	8.6	2.4	2.5	100.0
가구원 수	1인	(218)	3.3	2.3	3.2	6.0	9.2	43.8	13.2	10.9	4.9	1.8	1.4	100.0
	2인	(159)	1.3	3.1	3.8	10.7	5.7	43.2	7.7	11.0	9.8	1.3	2.5	100.0
	3인	(290)	1.7	2.4	3.1	8.6	7.9	38.7	13.5	9.3	10.0	3.1	1.7	100.0
	4인 이상	(333)	1.5	1.2	5.3	6.9	6.3	45.7	10.8	6.3	9.3	2.7	3.9	100.0
이념 성향	진보	(231)	8.3	9.1	17.2	33.8	31.6	0.0	0.0	0.0	0.0	0.0	0.0	100.0
	중도	(429)	0.0	0.0	0.0	0.0	0.0	100.0	0.0	0.0	0.0	0.0	0.0	100.0
	보수	(341)	0.0	0.0	0.0	0.0	0.0	0.0	34.1	26.2	25.3	7.0	7.4	100.0
직업	화이트칼라	(644)	1.7	2.0	3.9	8.7	7.1	42.2	12.0	9.4	8.5	2.3	2.2	100.0
	블루칼라	(141)	0.7	1.4	4.2	4.2	9.2	44.1	11.3	8.5	8.4	2.8	5.0	100.0
	학생	(106)	1.9	2.8	5.7	6.7	6.6	42.9	12.0	8.3	9.3	0.9	2.8	100.0
	주부/무직/기타	(109)	4.6	2.7	2.7	8.2	6.4	45.0	9.5	7.3	8.8	3.7	0.9	100.0
고용 형태	상용직 임금근로자	(620)	1.1	1.9	4.5	8.4	7.4	44.2	11.7	8.3	8.7	1.6	2.1	100.0
	임시/일용/특수직 근로자	(97)	2.1	3.1	2.1	7.2	8.2	34.6	14.5	11.1	11.1	4.1	2.1	100.0
	자영업자/무급가족종사자	(58)	5.2	0.0	1.6	1.7	8.6	39.6	10.5	13.8	3.5	5.2	10.4	100.0
권역	도심권	(50)	4.0	2.0	5.6	4.0	8.0	47.2	9.6	10.0	3.6	4.0	2.0	100.0
	동북권	(295)	0.7	3.4	4.4	8.5	6.8	40.8	15.3	8.9	6.8	2.4	2.0	100.0
	서북권	(123)	2.4	1.6	4.8	3.3	6.5	51.3	8.9	9.1	8.9	1.6	1.6	100.0
	서남권	(329)	1.2	1.8	4.0	10.9	7.3	39.1	12.5	10.9	8.3	2.7	1.2	100.0
	동남권	(203)	4.0	1.0	2.5	5.5	8.4	45.7	6.9	5.4	12.8	2.0	6.0	100.0

[표 2-240] 이념성향 – 40~50대

구분		사례수	매우 진보	-4	-3	-2	-1	중도	1	2	3	4	매우 보수	계
전체		(500)	2.2	1.8	5.0	6.6	9.6	43.6	12.8	9.0	6.0	2.2	1.2	100.0
성별	남성	(247)	2.0	2.0	5.3	8.1	12.6	37.7	13.0	9.7	6.5	2.0	1.2	100.0
	여성	(253)	2.4	1.6	4.7	5.1	6.7	49.4	12.6	8.3	5.5	2.4	1.2	100.0
연령	40대	(248)	0.4	2.4	4.4	6.5	12.5	46.4	12.1	8.1	5.2	1.6	0.4	100.0
	50대	(252)	4.0	1.2	5.6	6.7	6.7	40.9	13.5	9.9	6.7	2.8	2.0	100.0
학력	고졸 이하	(61)	4.9	1.6	3.3	3.3	11.5	54.1	8.2	4.9	3.3	1.6	3.3	100.0
	대재	(16)	0.0	0.0	0.0	6.3	12.5	56.3	6.3	6.3	12.5	0.0	0.0	100.0
	대졸	(365)	1.4	1.6	5.8	6.6	9.6	43.8	12.6	8.5	6.6	2.5	1.1	100.0
	대학원 이상	(58)	5.2	3.4	3.4	10.3	6.9	27.6	20.7	17.2	3.4	1.7	0.0	100.0
가구 소득	200만 원 미만	(45)	2.2	0.0	4.4	4.4	15.6	48.9	8.9	4.4	6.7	0.0	4.4	100.0
	200~300만 원 미만	(41)	2.4	0.0	7.3	2.4	17.1	48.8	9.8	2.4	7.3	2.4	0.0	100.0
	300~500만 원 미만	(125)	0.0	0.8	3.2	5.6	7.2	54.4	12.8	7.2	7.2	0.8	0.8	100.0
	500~700만 원 미만	(129)	3.1	4.7	7.8	8.5	7.0	34.9	14.0	11.6	5.4	1.6	1.6	100.0
	700만 원 이상	(160)	3.1	1.3	3.8	7.5	10.0	39.4	13.8	11.3	5.0	4.4	0.6	100.0
혼인 상태	기혼	(340)	2.1	2.4	4.7	7.1	7.6	40.9	14.4	11.5	5.6	2.9	0.9	100.0
	미혼	(127)	2.4	0.8	3.9	6.3	14.2	48.8	9.4	4.7	6.3	0.8	2.4	100.0
	동거/사별/이혼/별거	(33)	3.0	0.0	12.1	3.0	12.1	51.5	9.1	0.0	9.1	0.0	0.0	100.0

[표 2-240] 이념성향 – 40~50대(계속)

구분		사례수	매우 진보	-4	-3	-2	-1	중도	1	2	3	4	매우 보수	계
전체		(500)	2.2	1.8	5.0	6.6	9.6	43.6	12.8	9.0	6.0	2.2	1.2	100.0
가구원수	1인	(64)	1.6	0.0	10.9	3.1	12.5	46.9	9.4	4.7	7.8	0.0	3.1	100.0
	2인	(68)	5.9	0.0	2.9	8.8	13.2	52.9	7.4	2.9	5.9	0.0	0.0	100.0
	3인	(175)	1.7	1.7	5.7	8.0	8.6	40.6	17.1	8.0	4.0	3.4	1.1	100.0
	4인 이상	(193)	1.6	3.1	3.1	5.7	8.3	42.0	11.9	13.5	7.3	2.6	1.0	100.0
이념성향	진보	(126)	8.7	7.1	19.8	26.2	38.1	0.0	0.0	0.0	0.0	0.0	0.0	100.0
	중도	(218)	0.0	0.0	0.0	0.0	0.0	100.0	0.0	0.0	0.0	0.0	0.0	100.0
	보수	(156)	0.0	0.0	0.0	0.0	0.0	0.0	41.0	28.8	19.2	7.1	3.8	100.0
직업	화이트칼라	(328)	2.1	2.1	4.9	7.0	9.8	40.5	12.5	11.6	5.5	2.7	1.2	100.0
	블루칼라	(61)	1.6	0.0	6.6	4.9	11.5	47.5	11.5	4.9	9.8	1.6	0.0	100.0
	주부/무직/기타	(111)	2.7	1.8	4.5	6.3	8.1	50.5	14.4	3.6	5.4	0.9	1.8	100.0
고용형태	상용직 임금근로자	(314)	1.9	1.9	5.4	7.3	10.8	39.5	13.1	11.5	5.4	2.5	0.6	100.0
	임시/일용/특수직 근로자	(39)	2.6	0.0	5.1	5.1	5.1	56.4	10.3	7.7	7.7	0.0	0.0	100.0
	자영업자/무급가족종사자	(31)	3.2	3.2	0.0	3.2	6.5	45.2	9.7	6.5	9.7	6.5	6.5	100.0
권역	도심권	(25)	8.0	0.0	4.0	0.0	0.0	48.0	8.0	12.0	16.0	4.0	0.0	100.0
	동북권	(155)	2.6	0.6	5.2	5.2	8.4	42.6	11.6	12.9	6.5	1.9	2.6	100.0
	서북권	(60)	3.3	0.0	0.0	3.3	13.3	46.7	15.0	8.3	6.7	3.3	0.0	100.0
	서남권	(149)	2.0	0.7	5.4	10.7	11.4	43.6	13.4	5.4	4.7	2.0	0.7	100.0
	동남권	(111)	0.0	6.3	7.2	6.3	9.0	42.3	13.5	8.1	4.5	1.8	0.9	100.0

03

조사표

「미래세대 일상생활과 가치체계 조사」

안녕하십니까?

서울연구원에서는 2050 미래도시 서울의 변화와 정책 의제를 발굴하기 위해 '미래세대 일상생활과 가치체계 조사'를 실시하고 있습니다.

본 조사의 결과는 향후 서울시의 정책 수립을 위한 기초자료로 활용될 것입니다.

본 질문에는 맞고 틀리는 답이 있는 것이 아니기 때문에 평소의 생각대로 대답해주시면 되며, 응답해 주신 내용은 "응답자의 몇 %가 이렇게 응답했다"라는 식으로 활용됩니다.

귀하께서 응답하신 내용은 통계법 제33조 및 제34조에 의해 비밀이 보장되며, 모든 자료는 연구 목적으로만 사용될 것을 약속드립니다.

바쁘시겠지만, 잠시만 시간을 내어 조사에 참여하여 주시길 부탁드립니다.

2022년 6월
서울연구원

조사주관	서울연구원 도시모니터링센터	조사기관	(주)케이스탯리서치

A. 응답자 특성

A1. 귀하의 성별은 무엇입니까?

1. 남성 2. 여성

A2. 귀하의 출생연도는 어떻게 되십니까?

____________ 년

A3. 귀하께서 현재 거주하고 계신 지역은 어디입니까?

1. 서울 → A3-1로 이동
2. 서울 이외 → 조사중단

A3-1. 귀하께서 현재 거주하고 계신 구는 어디입니까?

1. 종로구	2. 중구	3. 용산구	4. 성동구	5. 광진구
6. 동대문구	7. 중랑구	8. 성북구	9. 강북구	10. 도봉구
11. 노원구	12. 은평구	13. 서대문구	14. 마포구	15. 양천구
16. 강서구	17. 구로구	18. 금천구	19. 영등포구	20. 동작구
21. 관악구	22. 서초구	23. 강남구	24. 송파구	25. 강동구

B. 개인 생활

행복

B1. 귀하는 전반적으로 현재의 삶에 대해 얼마나 만족하십니까?

전혀 만족하지 않는다					보통이다					매우 만족 한다
0	1	2	3	4	5	6	7	8	9	10

B2. 현재와 비교하여 30년 후 미래가 어떨 것이라고 생각하십니까?

항목	매우 불행			보통 (변화 없음)			매우 행복
	1	2	3	4	5	6	7
1. 현재의 나							
2. 2050년의 나							

B3. 자신이 행복하기 위해 다음 중 무엇이 가장 중요하다고 생각하십니까?

1. 좋은 직장을 가지는 것
2. 좋은 학벌을 가지는 것
3. 돈을 많이 버는 것
4. 좋은 친구를 사귀는 것
5. 화목한 가족을 갖는 것
6. 몸이 건강한 것
7. 다른 사람이나 사회에 도움을 주는 것

건강

B1. 귀하는 지난 2주일 동안 일상생활에서 전반적으로 스트레스를 어느 정도 느꼈습니까?

전혀 느끼지 않았다	느끼지 않는 편이다	보통이다	느낀 편이다	매우 많이 느꼈다
1	2	3	4	5

B5. 귀하는 지난 1년 동안 한 번이라도 자살하고 싶다는 생각을 해 본 적이 있습니까?

1. 있다 → B5-1로 이동　　2. 없다 → B6으로 이동

B5-1. 자살하고 싶다는 생각을 한 주된 이유는 무엇입니까?

1. 경제적 어려움 때문에
2. 연애 상대와 관계가 원만하지 않아서(실연, 파혼, 폭력, 주위의 부정적 시선 등)
3. 신체적, 정신적 질환, 장애 때문에
4. 직장 문제 때문에(실직, 미취업 등)
5. 외로움, 고독 때문에
6. 가정불화 때문에
7. 학교 성적, 진학 문제 때문에
8. 친구나 동료와의 불화나 따돌림 때문에
9. 기타(구체적으로: 　　　　　　　　　　　　　　　　　　　　)

사회적 가치, 선택의 자유

B6. 나의 미래는 무엇에 의해 결정된다고 생각하십니까?

개인의 노력이나 선택이 더 중요			중간			외부환경 변화의 영향이 더 중요
1	2	3	4	5	6	7

B7. 귀하는 본인이 삶을 선택하고 결정하는 데에서 자율성을 가지고 있다고 생각하십니까?(※ 자율성이란 삶의 중요한 상황을 스스로 선택하고 결정하는 것을 말합니다.(예: 학교, 직업, 결혼 등))

전혀 그렇지 않다	그렇지 않다	보통이다	그렇다	매우 그렇다
1	2	3	4	5

B8. 귀하가 삶에서 가장 중요하게 생각하시는 것은 무엇입니까? 순서대로 2가지만 응답해주세요.(1순위:), (2순위:)

1. 건강
2. 행복한 가정
3. 자신의 능력개발
4. 경제적 풍요
5. 사회적 성공
6. 정신적인 성숙
7. 취미생활/여가
8. 지식/학식
9. 남성/여성과의 사랑
10. 좋은 인간관계
11. 외모
12. 기타(구체적으로:)

B9. 귀하는 귀하가 하시는 일들이 얼마나 가치 있다고 생각하십니까?

전혀 가치있지 않다					보통이다					매우 가치 있다
0	1	2	3	4	5	6	7	8	9	10

B10. 귀하는 다음에 제시된 의견들에 대해 어떻게 생각하십니까?

항목	전혀 동의하지 않는다	별로 동의하지 않는다	보통이다	다소 동의한다	매우 동의한다
	1	2	3	4	5
1. 노력하는 만큼 소득에 차이가 더 나야 한다					
2. 사회보다 개인이 각자의 생계에 더 책임을 져야 한다					
3. 경쟁은 사회를 발전시킨다					
4. 개인의 자유보다 사회적 질서가 우선시 되어야 한다					
5. 사회적 성취에 있어 부모의 경제·사회적 지위보다 내 노력이 중요하다					

가족관계에 대한 태도

B11. 다음은 결혼에 관한 다양한 의견입니다. 귀하는 다음의 각 의견에 대해 어느 정도 동의하십니까?

항목	전혀 동의하지 않는다	별로 동의하지 않는다	보통이다	다소 동의한다	매우 동의한다
	1	2	3	4	5
1. 결혼은 반드시 해야 한다					
2. 자녀는 반드시 있어야 한다					
3. 동거를 결혼의 형태로 인정해야 한다					
4. 부부사이의 문제를 해결할 수 없다면 이혼하는 것도 해결책이다					
5. 외국인과 결혼해도 상관없다					
6. 결혼하지 않고도 자녀를 가질 수 있다					
7. 동성결혼을 허용해야 한다					
8. 낙태는 해서는 안 된다					

B12. 귀하가 생각하시기에 2050년에 예상되는 결혼 가능성은 어떠하다고 보십니까?

1. 지금보다 더 적게 결혼할 것이다
2. 지금과 비슷할 것이다
3. 지금보다 더 많이 결혼할 것이다

B13. 귀하가 생각하시기에 2050년에 예상되는 이혼 가능성은 어떠하다고 보십니까?

1. 지금보다 더 적게 이혼할 것이다
2. 지금과 비슷할 것이다
3. 지금보다 더 많이 이혼할 것이다

B14. 귀하가 생각하시기에 2050년에 예상되는 출산 가능성은 어떠하다고 보십니까?

1. 지금보다 더 적게 아이를 낳을 것이다
2. 지금과 비슷할 것이다
3. 지금보다 더 많이 아이를 낳을 것이다

B15. 귀하가 생각하시기에 배우자 선택에 있어서 가장 중요한 것은 무엇이라고 보십니까? 순서대로 2가지만 응답해주세요.

(1순위:), (2순위:)

1. 성격
2. 재산(경제력)
3. 직업(장래성)
4. 가정환경
5. 종교
6. 외모
7. 학력/학벌
8. 취미
9. 기타(구체적으로:)

남녀역할에 대한 태도

B16. 다음을 읽고 각 항목별로 귀하의 생각과 일치하는 곳을 선택해 주십시오.

항목	전혀 그렇지 않다			보통이다			매우 그렇다
	1	2	3	4	5	6	7
1. 성별에 상관없이 취직 기회가 주어져야 한다							
2. 돈을 버는 일은 성별에 상관없이 모두 해야 한다							
3. 가정을 돌보는 일은 성별에 상관없이 모두 해야 한다							
4. 성별에 상관없이 사회적 성공보다 좋은 배우자를 만나는 것이 더 중요하다							
5. 성별에 상관없이 결혼한 후에도 직장 생활을 하는 것은 당연하다							
6. 맞벌이 부부의 경우 집안일을 같이 하는 것은 당연하다							

세대에 대한 태도

B17. 귀하는 다음의 사항들에 대해 어느 정도 동의하십니까?

항목	전혀 동의하지 않는다	별로 동의하지 않는다	보통이다	다소 동의한다	매우 동의한다
	1	2	3	4	5
1. 40~50대와 비교했을 때 청년세대가 사회·경제적으로 기회가 더 많다					
2. 청년세대는 우리 사회로부터 충분한 관심과 지원을 받고 있다					

B18. 귀하는 귀하와 다른 세대와의 관계를 설명한 다음 진술들에 대해 어떻게 생각하십니까?

항목	전혀 어렵지 않다	별로 어렵지 않은 편이다	어려운 편이다	매우 어렵다
	1	2	3	4
1. 나보다 젊은 세대와의 대화				
2. 나보다 젊은 세대의 생각을 이해하기				
3. 나보다 나이든 세대와의 대화				
4. 나보다 나이든 세대의 생각을 이해하기				

C. 경제사회적 특성

소득과 소비

C1. 귀하는 현재 전반적인 소비 생활(의식주, 여가와 취미 생활 등에 대한 소비)에 어느 정도 만족하십니까?

매우 불만족한다	약간 불만족한다	보통이다	약간 만족한다	매우 만족한다
1	2	3	4	5

일과 여가

C2. 귀하가 직업을 선택할 때 가장 중요하게 고려하는 요인은 무엇입니까? 순서대로 2가지만 응답해주세요.(1순위:), (2순위:)

1. 명예·명성
2. 안정성
3. 수입
4. 적성·흥미
5. 보람·자아실현
6. 발전성·장래성
7. 근무 환경(근무시간, 노동 강도 등)
8. 기타(구체적으로:)
9. 잘 모르겠다

C3. 귀하는 2050년에 근로자들의 고용안정성은 어떠할 것이라 생각하십니까?

1. 근로자들의 고용안정성은 나빠질 것이다
2. 근로자들의 고용안정성은 지금과 같을 것이다
3. 근로자들의 고용안정성은 개선될 것이다

C4. 귀하는 2050년에 근로자들의 복지혜택(건강보험, 유급 휴가, 퇴직금 등)은 어떠할 것이라 생각하십니까?

1. 지금보다 좋지 않을 것이다
2. 지금과 거의 같을 것이다
3. 지금보다 나아질 것이다

C5. 다음을 읽고 각 항목별로 귀하의 생각과 일치하는 곳을 선택해 주십시오.

항목	내가 생각하기에 현재는							내가 생각하기에 미래 2050년에는						
	전혀 그렇지 않다			보통이다			매우 그렇다	전혀 그렇지 않다			보통이다			매우 그렇다
	1	2	3	4	5	6	7	1	2	3	4	5	6	7
1. 모든 직업이 동등하게 존중 받는다														
2. 직업은 반드시 가져야 한다														
3. 남들처럼 출근하는 직업을 가져야 한다														
4. 투 잡이 아닌, 1개의 직업만 가지는 것으로 충분하다														
5. 생계만 해결된다면 아르바이트도 직업이다														
6. 직장을 선택할 때 현재 거주지에서 출퇴근 가능한 것이 중요하다														
7. 직장을 선택할 때 수도권에서 근무하는지가 중요하다														
8. 해외에서 정착하여 일하는 것도 가능하다														

C6. 귀하의 일과 여가를 대하는 태도와 가장 가까운 것을 하나만 선택해 주십시오.

1. 일보다는 여가를 즐기는데 전력을 기울이고 싶다
2. 일은 가급적 빨리 정리하고, 여가를 더 즐기고 싶다
3. 일과 여가를 비슷한 비중으로 두고 싶다
4. 일이 중심이고, 여유가 날 때 여가를 즐기고 싶다
5. 여가보다는 일에 전력을 기울이고 싶다

노후준비

C7. 귀하는 노후에 대한 막연한 혹은 실질적인 불안감을 어느 정도 느끼십니까?

전혀 불안하지 않다	별로 불안하지 않은 편이다	보통이다	약간 불안한 편이다	매우 불안하다
1	2	3	4	5

C8. 귀하는 부모님의 노후를 주로 누가 돌보아야 한다고 생각하십니까?
(※ 사회 구성원으로서 부모 부양에 대한 일반적인 생각을 표시해 주십시오.)

1. 부모님 스스로 해결
2. 가족
3. 가족, 정부, 사회가 함께
4. 정부, 사회
5. 기타(구체적으로:)

C9. 귀하는 30년 후, 60세 이상 노인들의 은퇴 준비가 어떠할 것으로 생각하십니까?

1. 지금의 노인들보다 은퇴를 위한 재정적 준비가 덜 되어 있을 것이다
2. 지금의 노인들보다 은퇴를 위한 재정적 준비가 더 잘 되어 있을 것이다

C10. 서울시민의 노후 생활을 위하여 서울시가 주로 무엇에 관심을 두어야 한다고 생각하십니까? 순서대로 2가지만 응답해주세요.(1순위:), (2순위:)

1. 노후 소득 지원
2. 노후 취업 지원
3. 의료·요양 보호 서비스
4. 문화·여가 복지 서비스
5. 세대 간 이해 증진을 위한 교육과 홍보
6. 교통·주거 환경 조성
7. 기타(구체적으로:)

C11. 귀하는 장기적인 관점에서, 사회 보장 정책의 방향은 어떠해야 한다고 생각하십니까?

1. 미래 퇴직자들의 혜택을 일부 축소할 필요가 있다
2. 사회 보장 혜택은 어떤 식으로든 축소되어서는 안 된다

주관적 경제지위

C12. 귀하는 귀하 주위 사람들의 생활수준이 귀하의 생활수준보다 어떠하다고 생각하십니까?

내 생활수준보다 꽤 낮다	내 생활수준보다 낮다고 볼 수 있다	대체적으로 내 생활수준과 비슷하다	생활수준보다 높다고 할 수 있다	내 생활수준보다 꽤 높다
1	2	3	4	5

C13. 귀하의 부모님이 귀하의 나이였을 때 생활수준과 비교해보면, 귀하의 생활수준은 어떠하다고 생각합니까?

내 생활수준보다 더 낮다	내 생활수준과 비슷하다	내 생활수준이 더 높다
1	2	3

C14. 귀하는 우리사회에서 나의 사회경제적 지위가 높아질 가능성이 어느 정도 높다고 또는 낮다고 생각하십니까?

매우 낮다	다소 낮다	보통이다	다소 높다	매우 높다
1	2	3	4	5

C15. 귀하는 우리 사회에서 현재 자신의 세대보다 자식 세대의 사회경제적 지위가 높아질 가능성은 어느 정도라고 생각하십니까?

매우 낮다	다소 낮다	보통이다	다소 높다	매우 높다
1	2	3	4	5

C16. 귀하는 우리 사회의 경제적 양극화에 대해 어떻게 생각하십니까?

전혀 심각하지 않다	심각하지 않은 편이다	심각한 편이다	매우 심각하다
1	2	3	4

D. 문화자본 측면

정체성

D1. 귀하는 한국사람이라는데 얼마나 자부심을 느끼시는지요?

전혀 자부심을 느끼지 않는다					보통이다					매우 자부심을 느낀다
0	1	2	3	4	5	6	7	8	9	10

D1-1. 그렇다면 서울시민이라는데에는 얼마나 자부심을 느끼시는지요?

전혀 자부심을 느끼지 않는다					보통이다					매우 자부심을 느낀다
0	1	2	3	4	5	6	7	8	9	10

문화다양성과 포용성

D2. 귀하는 다음 사람들과 옆집의 이웃이 되는 것에 대해 어떻게 생각하시는지 응답해주십시오.

항목	매우 불편하다	다소 불편하다	별로 불편하지 않다	전혀 불편하지 않다
	1	2	3	4
1. 장애인				
2. 결혼이주민				
3. 이주노동자				
4. 북한이탈주민				
5. 성소수자				
6. 난민				

D3. 다음을 읽고 각 항목별로 본인의 생각과 일치하는 곳을 선택해 주십시오.

항목	내가 생각하기에 현재 우리 사회는							내가 생각하기에 미래 2050년 우리 사회는						
	전혀 그렇지 않다			중간			매우 그렇다	전혀 그렇지 않다			중단			매우 그렇다
	1	2	3	4	5	6	7	1	2	3	4	5	6	7
1. 가치관이나 신념이 다른 사람을 이해한다														
2. 사회적 약자, 소수자(장애인, 다문화 가정, 외국인노동자, 성 소수자 등)를 공평하게 대한다														
3. 다양성을 인정하는 사회다														

D4. 귀하는 우리사회에서 '교양있는 시민'이 되는 것이 얼마나 중요하다고 생각하시는지요?

전혀 중요하지 않다	중요하지 않다	보통이다	중요하다	매우 중요하다
1	2	3	4	5

D4-1. 귀하는 우리사회에서 '교양있는 시민'이 되기 위해 가장 중요한 요소가 무엇이라고 생각하십니까?

1. 부모로부터 받는 교양 교육
2. 제도교육에서 받는 교양 교육
3. 준거집단에서 간접적으로 받는 교양 교육
4. 다양한 미디어를 통해 받는 교양 교육

E. 사회자본 측면

신뢰

E1. 귀하는 우리사회가 어느 정도 믿을 수 있는 사회라고 생각하십니까?

전혀 믿을 수 없다	별로 믿을 수 없다	약간 믿을 수 있다	매우 믿을 수 있다
1	2	3	4

E2. 귀하는 다음 각 사람 또는 기관을 얼마나 신뢰하십니까?

항목	전혀 신뢰하지 않는다	별로 신뢰하지 않는다	보통이다	다소 신뢰한다	매우 신뢰한다
	1	2	3	4	5
1. 가족					
2. 친구					
3. 이웃					
4. 처음 만난 낯선 사람					
5. 국내 거주 외국인					
6. 공공 기관(서울시, 구청 등)					

사회적 지원망/사회적 안전망

E3. 귀하는 다음과 같은 상황에서, 도움을 받을 수 있는 사람이 몇 명 있습니까?(함께 살지 않는 가족, 친척, 친구, 이웃, 직장 동료 등)

항목	있다	없다
1. 몸이 아파 집안일을 부탁해야 할 경우	(　　)명	
2. 갑자기 큰 돈을 빌려야 할 경우	(　　)명	
3. 낙심하거나 우울해서 이야기 상대가 필요한 경우	(　　)명	

E4. 귀하는 평소에 대면, 인터넷(SNS 등), 전화 등으로 사람들과 교류하십니까? 교류한다면 하루 평균 몇 명의 사람과 교류하십니까?

항목	교류한다	교류하지 않는다
1. 가족 또는 친척 (같이 살고 있는 사람들은 제외)	(　　)명	
2. 가족 또는 친척 이외의 사람 (단순 업무상 관계는 제외)	(　　)명	

E5. 귀하는 다음의 상황들에 대해 얼마나 걱정하고 있습니까?

항목	전혀 걱정되지 않는다	별로 걱정되지 않는다	걱정된다	많이 걱정된다	해당사항 없음
	1	2	3	4	9
1. 일자리를 잃거나 일자리를 구하지 못하는 것					
2. 자녀에게 좋은 교육을 시키지 못하는 것					

사회적 참여, 소속감

E6. 귀하는 다음의 각 항목이 어느 정도 중요하다고 생각하십니까?

구분	전혀 중요하지 않다			보통이다			매우 중요
	1	2	3	4	5	6	7
1. 선거 시 반드시 투표에 참여한다							
2. 법과 규칙을 준수한다							
3. 사회 또는 정치 단체에서 적극적으로 활동한다							
4. 온라인에 나의 의견을 게시하거나 다른 사람의 의견에 댓글을 단다(포털, 블로그, 소셜미디어 등)							
5. 불매 운동에 참여한다							

E7. 귀하는 '인구구조의 고령화에 따라 청년세대의 의견이 과소 대표(Under-representation)되고 있다'라는 진술에 대해 어떻게 생각하십니까?

전혀 동의하지 않는다	별로 동의하지 않는 편이다	어느정도 동의하는 편이다	매우 동의한다
1	2	3	4

공정성

E8. 다음을 읽고 각 항목별로 본인의 생각과 일치하는 곳을 선택해 주십시오.

항목	내가 생각하기에 현재 우리 사회는							내가 생각하기에 미래 2050년 우리 사회는						
	전혀 그렇지 않다			중간			매우 그렇다	전혀 그렇지 않다			중단			매우 그렇다
	1	2	3	4	5	6	7	1	2	3	4	5	6	7
1. 성공의 기회가 공정하게 주어진다														
2. 잘못된 행위를 법적으로 엄격히 처벌한다														
3. 언론은 공정한 태도로 정보를 제공한다														
4. 경제적 부의 분배가 공정하게 이루어진다														
5. 전반적으로 공정한 사회다														

E9. 귀하는 지금까지 살아오면서 어떠한 형태의 차별을 경험한 적이 있으신지요?

전혀 없다	별로 없는 편이다	약간 있는 편이다	아주 많다
1	2	3	4
→ E10으로 이동	→ E9-1으로 이동	→ E9-1으로 이동	→ E9-1으로 이동

E9-1. 그렇다면 귀하가 경험한 차별은 어떤 종류의 차별이었는지요? 경험이 있는 경우 모두 선택해 주세요.

1. 학력, 소득, 직업 등에 의한 차별
2. 나이, 외모, 출신지역 등에 의한 차별
3. 종교 등에 의한 차별
4. 온라인에서의 따돌림, 비난의 경험
5. 장애로 인한 차별
6. 인종에 따른 차별
7. 성적지향에 따른 차별
8. 성별에 따른 차별
9. 기타(구체적으로)

공동체적 연대

E10. 귀하는 다음에 제시된 두 집단 사이의 갈등이 현재 얼마나 크고, 미래에는 얼마나 커질 것이라고 생각하십니까?

항목	내가 생각하기에 현재 우리 사회는				내가 생각하기에 미래 2050년 우리 사회는			
	갈등이 매우 작다	갈등이 작은 편이다	갈등이 큰 편이다	갈등이 매우 크다	갈등이 매우 작을 것이다	갈등이 작을 것이다	갈등이 커 질 것이다	갈등이 매우 커 질 것이다
	1	2	3	4	1	2	3	4
1. 기성세대와 젊은 세대								
2. 수도권과 지방								
3. 남성과 여성								
4. 한국인과 외국인								

F. 환경 및 소비자본 측면

환경보호 관련

F1. 귀하는 글로벌 기후 변화 대처에 얼마나 관심이 있습니까?

1. 개인적으로 중요한 관심사가 아니다
2. 개인적으로 중요한 관심사 중의 하나이다
3. 개인적으로 가장 큰 관심사이다

F2. 귀하는 2050년까지 전반적인 환경상태가 어떠할 것이라고 생각하십니까?

1. 지금보다 더 나빠질 것이다
2. 지금과 별 차이 없다
3. 지금보다 더 나아질 것이다

F3. 귀하는 지난 1년간 환경보호와 관련하여 다음의 사회활동에 참여한 경험이 있습니까?

항목	참석한 경험이 있다	참석한 경험이 없다
1. 기후변화 대응을 지지하는 시위나 집회 참석		
2. 기후변화 해결에 중점을 둔 활동에 자원봉사 참여		
3. 기후변화 대응 단체에 기부		
4. 기후변화 대응 정책 활동 참여		

소비가치관

F4. 아래 각 항목은 소비에 대한 가치관을 나타낸 것입니다. 귀하는 각 항목에 어느 정도 동의하십니까?

항목	전혀 동의하지 않는다	별로 동의하지 않는다	보통이다	다소 동의한다	매우 동의한다
	1	2	3	4	5
1. 공유경제를 통해 필요한 물건이나 서비스를 대여해서 사용하는 것이 경제적이다					
2. 도덕적이지 않은 기업은 상품이나 서비스의 질이 좋아도 구매하지 않는다					
3. 환경문제 해결에 도움이 된다면 비싸더라도 친환경 제품을 살 용의가 있다					

G. 미래도시 측면

기술발달과 사회변화

G1. 다음을 읽고 각 항목별로 본인의 생각과 일치하는 곳을 선택해 주십시오.

항목	전혀 그렇지 않다	그렇지 않은 편이다	보통이다	그런 편이다	매우 그렇다
	1	2	3	4	5
1. 디지털 기술은 인간의 생활을 더욱 안락하고, 편리하게 할 것이다					
2. 디지털 기술은 다음 세대에 더 많은 기회를 제공할 것이다					
3. 디지털 기술은 우리의 생활을 너무 빨리 진화시킨다					
4. 디지털 기술의 혜택은 모든 사람이 공평하게 누릴 수 있어야 한다					
5. 디지털 기술의 혜택에서 소외되는 계층은 정부 또는 사회가 지원해야 한다					
6. 로봇이 일상적으로 쓰이면 사람들의 일자리가 줄어들 것이다					

G2. 최근 디지털 전환과 관련해서 가상현실 공간인 메타버스가 부상하고 있습니다. 귀하는 메타버스를 이용한 경험이 있으신지요?

1. 있다 → G2-1로 이동
2. 없다 → G3으로 이동

G2-1. 귀하가 메타버스를 이용한 목적은 무엇인가요? 주요 이유를 순서대로 2가지만 골라주십시오.(1순위:), (2순위:)

1. 취미생활(콘서트, 영화, 전시, 아바타 꾸미기 등)
2. 친목·네트워킹
3. 업무·직장 관련
4. 교육·진로 관련
5. NFT 및 가상화폐 트레이드
6. 온라인 사교
7. 게임
8. 기타(구체적으로)

G2-2. 귀하가 메타버스를 이용할 때 장점은 무엇이라고 생각하시는지요? 주요 이유를 순서대로 2가지만 골라주십시오.(1순위:), (2순위:)

1. 현실에서 불가능한 일 실현 가능
2. 창의성, 상상력 증진
3. 가상공간에서 세계 여행 가능
4. 디지털 문해력(digital literacy) 향상
5. 어색함 없이 새로운 사람들과의 만남 가능
6. 새로운 직업 기회 획득
7. 가족, 지인과의 만남 상시 가능
8. 새로운 교육의 기회
9. 자기표현의 기회

G3. 서울시가 메타버스 공간을 만든다면 가장 활용하고 싶은 기능은 무엇입니까? 순서대로 2가지만 응답해주세요.(1순위:), (2순위:)

1. 체험 콘텐츠(디지털 트윈 기반 서울 관광서비스, 참여형 축제, MICE 산업 등)
2. 민원, 행정(가상 민원실, 가상 시장실 등)
3. 학습 지원(메타클래스, 청소년드림센터 등)
4. 시민 참여(시민참여 토론회 등)
5. 교육, 훈련(의료 시뮬레이션, 게임 기반 교육 등)
6. 업무 지원(메타버스 오피스 등)

미래도시 비전

G4. 30년 후, 다음의 상황들이 어떻게 변화할 것으로 생각합니까?

항목	긍정적으로 변화	부정적으로 변화
1. 경제 상황		
2. 의료 서비스 부담 정도		
3. 다문화 포용력		
4. 세계에서 서울의 위상		
5. 빈부 격차		
6. 공교육 시스템		
7. 종교의 영향력		
8. 65세 이상 인구의 삶의 질		
9. 아동의 삶의 질		
10. 정치적 갈등		

G5. 그럼 30년 후, 서울의 미래가 어떨 것이라고 생각하십니까?

항목	긍정적으로 변화	부정적으로 변화
서울의 미래		

배경문항

배문1. 귀댁의 가구원은 본인을 포함하여 모두 몇 명입니까? 전체 가구원 수: 명

※ 가구원이란, 1인 또는 2인 이상이 모여서 생계를 같이 하는 사람을 말합니다. 다만, 주민등록이 함께 되어 있어도 군복무, 취업, 교육 때문에 같이 살고 있지 않으면 가구원에서 제외하며, 가족이 아니더라도 같이 살고 있는 친척, 친구, 종업원 등이 있다면 가구원에 포함됩니다.
※ 직장 때문에 따로 사는 가장, 학생, 기타 이유로 일시적으로 같이 살지 않는 가족 또한 가구원에 포함하여 주십시오.

배문2. 귀하는 현재 부모와 함께 살고 있습니까?

1. 예　　　　2. 아니오

배문2-1. 귀하는 10년 후 부모와 함께 살 예정이십니까?

1. 예　　　　2. 아니오

배문3. 귀하는 10년 후에도 서울에 계속 거주하고 있을 것으로 생각하십니까?

전혀 그렇지 않다	그렇지 않다	보통이다	그렇다	매우 그렇다
1	2	3	4	5

배문4. 귀하는 학교를 어디까지 다니셨습니까?

1. 안 받았음 →배문5로 이동
2. 초등학교 →배문4-1로 이동
3. 중학교 →배문4-1로 이동
4. 고등학교 →배문4-1로 이동
5. 전문대 →배문4-1로 이동
6. 대학교 →배문4-1로 이동
7. 대학원 →배문4-1로 이동

배문4-1. 귀하는 위 학교를 졸업하셨습니까?

1. 졸업
2. 중퇴
3. 재학
4. 휴학
5. 수료

배문5. 현재 귀하의 직업은 무엇입니까? 사업체가 아니라 본인이 하는 일 기준으로 응답해 주십시오.

※ 예시1: 화장품 가게 사장 자영업자(X), 판매 종사자(O) ※ 예시2: 필라테스 강사 프리랜서(X), 전문가 및 관련 종사자(O)

1. 관리자 →배문5-1로 이동
2. 전문가 및 관련 종사자 →배문5-1로 이동
3. 사무 종사자 →배문5-1로 이동
4. 서비스 종사자 →배문5-1로 이동
5. 판매 종사자 →배문5-1로 이동
6. 농림어업 종사자 →배문5-1로 이동
7. 기능원 및 관련 기능 종사자 →배문5-1로 이동
8. 장치, 기계조작 및 조립 종사자 →배문5-1로 이동
9. 단순노무 종사자 →배문5-1로 이동
10. 학생 →배문5-2로 이동
11. 주부 →배문5-2로 이동
12. 무직 →배문5-2로 이동
13. 기타(구체적으로:) →배문5-2로 이동

배문5-1. 귀하의 고용상태는 어떤 형태입니까?

1. 상용직 임금근로자
2. 임시직 임금근로자
3. 일용직 임금근로자
4. 특수고용종사자
5. 고용원이 있는 자영업자
6. 고용원이 없는 자영업자
7. 무급가족종사자

배문5-2. 10년 후 귀하의 직업은 어떠할 것으로 생각하십니까?

1. 관리자
2. 전문가 및 관련 종사자
3. 사무 종사자
4. 서비스 종사자
5. 판매 종사자
6. 농림어업 종사자
7. 기능원 및 관련 기능 종사자
8. 장치, 기계조작 및 조립 종사자
9. 단순노무 종사자
10. 학생
11. 주부
12. 무직
13. 기타(구체적으로:)

배문6. 귀하의 혼인상태는 어떠합니까?

1. 미혼
2. 기혼
3. 동거
4. 사별
5. 이혼
6. 별거

배문7. 귀 댁의 지난 1년 동안 세금납부(공제) 전의 월평균 총 가구소득은 얼마입니까?

※ 연간 총소득을 월 평균으로 환산하여 응답해 주십시오.

※ 가구소득은 전 가구원의 근로소득, 사업소득, 재산소득 및 이전소득 등의 합계입니다.

1. 소득 없음
2. 100만 원 미만
3. 100만 원 이상 ~ 200만 원 미만
4. 200만 원 이상 ~ 300만 원 미만
5. 300만 원 이상 ~ 400만 원 미만
6. 400만 원 이상 ~ 500만 원 미만
7. 500만 원 이상 ~ 600만 원 미만
8. 600만 원 이상 ~ 700만 원 미만
9. 700만 원 이상 ~ 800만 원 미만
10. 800만 원 이상 ~ 900만 원 미만
11. 900만 원 이상 ~ 1,000만 원 미만
12. 1,000만 원 이상

배문8. 귀하의 사회 경제적 지위(소득, 직업, 교육, 재산 등을 고려)는 어디에 속한다고 생각하십니까?

1. 상 →배문8. 1번 응답의 1), 2)로 이동　　1) 상–상　　2) 상–하
2. 중 →배문8. 2번 응답의 1), 2)로 이동　　1) 중–상　　2) 중–하
3. 하 →배문8. 3번 응답의 1), 2)로 이동　　1) 하–상　　2) 하–하

배문9. 귀하는 평소 자신의 이념성향이 어떤 편이라고 생각하십니까?

매우 진보					중도					매우 보수
5	4	3	2	1	0	1	2	3	4	5

— 조사에 응답해 주셔서 감사합니다. —

❖ 목차

2050년 미래서울을 위해 우리는 지금 무엇을 준비해야 하는가?

이 책은 서울연구원이 개원 30주년을 맞아 기획한 미래도시 연구의 결과물이다. 기획 당시의 문제의식은 한 세대 동안 도시의 성장과 발전, 변화를 경험하며 서른 살의 생일을 맞이한 도시 연구원으로서 한 세대 앞인 2050년 서울이 어떻게 발전해야 하는지에 대한 비전을 제시해야 한다는 의무감에서 비롯되었다. 서울을 포함한 글로벌 도시가 마주하는 불확실성의 증가라는 현실 앞에서 우리는 변화의 방향성을 진단하고 앞으로의 미래도시에서 어떤 준비가 필요한지 목소리를 내야 한다는 사명감 같은 것이었다.

도시의 현재와 미래의 변화를 이끄는 중요 요소가 새로운 인구구조의 출현과 디지털전환이라는 점은 우리가 이미 인지하는 현실이다. 인구감소와 가구구조의 축소에 따른 초개인주의화를 심화시키고 일상 속으로 들어온 기술은 사람들의 규범이나 가치를 전면적으로 변화시킬 것이다. 이러한 환경에서 살고 있고 앞으로 살아갈 사람들과 그들의 도시공간은 어떤 준비와 정책적 노력을 해야 하는지에 대한 통찰력을 내놓은 것이 이 책의 발간 의도이다.

이 책은 환경분석을 위한 첫 단계로 빅데이터 분석을 통한 미래사회 트렌드를 분석하였다. 10년 치 소셜네트워크 데이터를 분석하여 서울의 미래를 '이미 온 미래', '앞으로 가속화될 미래', '확산될 미래', '불확실한 미래'라는 4가지 영역으로 구분하여 분석하였다. '가족 가치'와 '개인주의의 변형' 등은 이미 우리 사회에 정착한 사회변화로 이미 도래한 미래인 셈이다. 앞으로 가속화될 미래도시는 '갈등이 지속적으로 증가'하고 '차별이 심화'될 수 있다. 현재 나타나는 다양한 갈등현상이 사회의 분화와 다양성의 증가에 따라 더욱 가속화될 것으로 분석된다. '확산될 미래'는 '관계'의 질적 분화가 자리 잡고 있다. 공동체가 유지되기 위해 필수적인 '연결성' 부분과 관련하여 '극단적 개인주의화 현상' 또는 '비연속적 관계성'이 단초적으로 보이며 이 현상은 앞으로 더 일반화될 것으로 분석되었다. 마지막으로 '불확실한 미래' 영역은 기술과 인간의 상호관계에 의한 새로운 개념, 인간성의 문제, 죽음의 문제 등이 이슈로 제기되고 있다.

이러한 미래사회 트렌드 도출을 통해 본 30년 후의 미래도시 서울을 지배할 키워드는 '탈관계화된 축소사회', '다층적 격차사회', '방어적 개인주의와 단속(斷續)사회'로 이런 형상들이 드러나고 있다. 가족 형성이 지체되고, 고령자들이 다수가 되어 살아가는 사회, 인종의 다양성과 구조화된 차별이 공존하는 서울, 그러면서 개인들은 공동체적 관계 형성보다는 '일회성' 관계 맺음이 일상화되는 도시이다.

우리는 이러한 미래도시의 사회적 특성에 주목하면서 현재 서울의 미래세대는 어떤 생각과 가치를 갖고 있는지 파악하였다. 왜냐하면 현재의 미래세대가 향후 미래도시의 중심세대이기 때문이다. 현재 서울의 미래세대의 남녀는 결혼에 대해 부정적이고, 성역할의 변화는 당연한 것으로 받아들였다. 다만 '반드시 결혼을 해야 한다', '반드시 아이가 있어야 한다' 식의 가족 중심 가치에서는 남성이 여성보다 좀 더 높은 가족 중심성을 보이고 있다. 우리 사회의 차

별 정도를 보여주는 사회적 거리 척도를 보면, 흥미롭게도 미래세대는 중장년 세대와 비교해서 큰 차이를 보이지 않았다. 신뢰 척도를 보면 이웃의 신뢰나 낯선 사람에 대한 신뢰가 아주 낮게 나타났다. 기성세대와 차이를 보이는 항목은 성소수자 수용성 항목으로, 미래세대에서 성소수자 수용성 정도는 50퍼센트를 넘었다.

현재 서울의 도시환경은 미래세대에게 우호적이지 않은 것으로 분석되었다. 서울 미래세대 중 자살 충동을 생각해 본 적이 있다는 응답이 30퍼센트 가까이 나타났으며, 이는 주로 경제적인 이유와 고립감에 기인한 것이다. 도시공동체는 개인의 힘으로 좀 더 나은 미래를 만들 수 있는 환경이 되어야 하지만, 서울의 미래세대는 미래를 결정짓는 요소가 개인의 역량보다 외부환경, 특히 부모의 사회경제적 지위로부터 받는 영향이 크다고 인식하고 있다. 이러한 요소로 인해 미래세대는 좌절하면서 자신의 영역을 방어하는 개인주의 경향을 심화시키고 있는 것으로 나타났다. 흥미로운 점은, 지금은 행복하지는 않지만 앞으로의 사회에서 좀 더 행복해질 것이라는 희망을 미래세대들은 품고 있다는 점이다. 미래세대의 60퍼센트가 미래의 삶이 좀 더 나아지고 행복할 것이라고 생각하고 있다. 이들 미래세대의 행복에 가장 크게 영향을 주는 요소는 '자신이 하는 일에 대한 가치'이다. 미래세대는 경쟁주의와 물질적 가치를 갖고 있지만, 동시에 일이 주는 가치나 의미를 중요하게 생각하고 있다.

우리는 현재를 살아가는 서울 미래세대의 가치 체계를 분석한 이후, 이들 미래세대를 하나의 틀로 묶을 수 있는지 여부에 대해 탐색했다. 이른바 미래세대 유형화 분석을 시도한 것이다. 미래세대 내부에는 3가지 그룹의 유형이 공존하고 있음을 발견했다. 기존의 가치를 고수하는 밀레니얼 집단, 사회부족(Social Tribe)으로 명명할 수 있는 탈가족지향의 자유주의 집단, 불안정하고 개별화가 강제된 소수 집단의 3유형이다. 기존의 가치를 고수하는 밀레니얼

집단은 남성이 주도하고, 상대적으로 고소득자들이며 보수적인 경향을 보였다. 사회부족 집단은 중간 소득의 싱글, 여성, 자유주의적 가치를 가진 집단이며, 강제된 소수 집단은 저소득층, 1인가구, 중도적 지향을 지니고 있었다. 이들 세 집단은 세대 간 갈등과 젠더 갈등이 우리 사회에서 심각하다는 점에는 모두 동의하였다. 그러나 이들 세 집단 중 기존의 가치를 고수하는 밀레니얼 집단과 사회부족 집단은 경쟁주의적 가치는 공유하지만, 가족 가치에서는 대립적이었다. 또한 사회부족 집단과 강제된 소수 집단은 탈가족 가치를 공유하고 있지만, 경쟁주의 가치에서는 서로 다른 의견을 가졌다.

미래세대의 분화된 집단들은 라이프 스타일과 가치관에서도 뚜렷한 차이를 보였다. 기존의 가치를 고수하는 밀레니얼 집단은 청년세대의 의견은 언제나 과소대표된다고 강하게 믿고 있기 때문에 가장 적극적으로 온라인에 참여하는 집단이다. 이들은 집단의 이해와 관련된 의사를 적극적으로 표명하면서, 물질주의에 기반한 디지털 기술이 가져올 긍정적 변화를 신뢰한다. 사회부족으로 명명된 신인류집단은 공유경제와 착한소비의 주체이며, 글로벌 기후변화에 대한 민감성도 있으며, 사회에서 교양시민의 양성이 중요하다고 생각한다. 이들은 물론 물질주의적 지향도 크게 갖고 있으며, 디지털전환이 가져올 사회변화에서 공공이 주요한 역할을 적극적으로 수행해야 한다고 생각한다. 불안정하고 개별화가 강제된 소수 집단은 무기력한 비참여 집단이다. 이들은 자신들에게 기후변화는 별 관계가 없고, 경제적 문제가 삶의 모든 것을 지배하며, 공유경제나 친환경기업 소비는 도덕이나 규범이 아닌 경제적 차원에서 결정되어야 한다고 생각하는 것으로 나타났다.

우리는 이 연구를 통해 2050년 미래서울의 사회적 특성과 이 환경에서 살아갈 중심세대의 현재 가치를 분석하였다. 미래서울에서 살아갈 미래세대들은 때로는 동질적이지만, 많은 부분에서는 이질적이고 대립적인 가치체계를 가지

고 살고 있을 것으로 예측된다. 서울의 지속가능성을 위해서는 이러한 다양성이 공존할 수 있는 환경을 만들어 나가는 노력이 필요하다. 2024년 서울은 다양성이 공존하고 차별이 완화된 도시를 위한 '포용도시' 지향의 정책을 발굴하려고 애쓰는 중이다. 격차를 완화하기 위한 사회적 약자 지원 정책들을 개발하고, 글로벌 도시로 나아가기 위한 매력적인 도시를 만드는 정책을 발굴하고 있다. 서울의 미래세대들이 서로의 다름을 인정하고 공존할 수 있는 공동체를 만드는 것이 2050년 미래서울을 준비하기 위한 지금 우리 앞에 주어진 중요한 도전이다.

필자들을 대표하여

변미리

01

서론

연구 배경과 목적

한국의 수도 서울은 그 어느 때보다 변화의 한가운데 놓여 있다. 한국 사회를 이끌어 가던 힘 있는 행위 주체로서 서울의 역할이 약화된 것처럼 보이지만, 서울은 글로벌 도시로 한발 더 도약하기 위해 다양한 임무를 그 어느 때보다 열심히 하고 있다. 민선 8기를 시작하면서 서울은 '약자와의 동행'과 '매력 도시 서울'을 향한 다양한 노력을 기울이고 있다. 서울을 둘러싼 환경 변화는 세계적인 변화 흐름의 한가운데 있으며, 더욱이 이러한 변화의 속도와 폭이 크고 불확실성도 커져 변화의 흐름과 방향성에 대한 분석적 대응이 필요하다. 이와 동시에 감염병 시대의 도래와 함께 최근 논의되는 '탈세계화, 탈도시화' 현상, 재택근무, 원격의료, 온라인 관계망 등의 변화가 서울의 현재와 미래 시점에 어떤 영역에서 어떤 변화를 일으킬지 연구할 필요성이 높아졌다. 따라서 한 세대의 변화를 의미하는 향후 30년 동안의 서울, 서울 사람, 서울 공동체의 변화를 분석하여 변화하는 미래 환경에서 서울시의 정책 준비도를 높일 방안을 찾기 위해 노력해야 한다.

이 연구는 2050년 미래 서울의 변화를 사람과 공동체를 중심으로 변화

의 동인, 변화의 결과로 도시사회 현상 도출, 변화에 조응하는 정책 방향을 제시하여 미래 서울의 변화상을 구체화하고 정책 방향을 제안하는 데 목적이 있다.

연구 내용과 방법

◈ 연구 내용의 구성

이 책에서 살펴볼 연구 내용은 다음과 같다. 첫째, 미래 도시와 사회를 둘러싼 주요 이슈는 무엇인지 살펴보고자 한다. 이를 위해 기존 문헌 연구를 통해 미래 사회의 이머징 이슈, 국제기구, EU 등 국제사회의 최근 미래 연구 동향과 함의, 기술 발전과 도시 변화, 그리고 우리의 과제 등을 검토하였다. 둘째, 미래 서울의 도시 구조와 정책 환경에 영향을 미치는 동인은 무엇인지 살펴보고자 한다. 이를 위해 인구 사회구조의 변화를 각종 통계 데이터를 활용해 분석하고, 전문가 조사와 포사이트(Foresight)를 통해 미래 서울의 정책 환경을 예측하고자 한다. 또 빅데이터를 분석하여 미래 서울의 사회상은 어떠한지 파악하고자 한다. 셋째, 미래 서울의 생활양식 변화와 변화의 동인은 무엇인지 분석하고자 한다. 이를 위해 미래세대를 대상으로 일상생활과 가치체계를 조사하고, 그 결과를 통해 미래 서울의 생활양식 변화가 어떤 형태로 나타날지를 살펴보고자 한다. 마지막으로 연구 결과를 종합 검토하여 미래 서울의 생활양식

변화에 따른 정책 의제와 정책 대응 방향을 살펴보고자 한다.

◈ – 연구 방법

문헌과 현황 연구

이 책에서는 국내외 메가트렌드 분석 자료를 리뷰하고, 글로벌 미래 연구소들의 팬데믹 영향과 미래 전망을 분석하였다.

⊙ 인구통계 데이터 분석

⊙ 메가트렌드 분석

⊙ 글로벌 미래 연구 동향 분석

전문가 협업

이 책에서는 미래 연구자와 도시 연구자 전문가의 자문회의 개최, 사회 변화 흐름과 경향 자료를 근거로 한 포사이트, KAIST와 고려사이버대학교 협력 네트워크를 통해 미래 서울의 정책 이슈를 도출하였다.

빅데이터 분석

미래 서울의 인구 감소와 가구 구조 변화, 그리고 사회 경제의 진화와 맞물려 미래도시의 메가트렌드가 서울에서 어떻게 구체적인 사회현상으로 나타날지 판단하기 위해 빅데이터 분석에 근거하여 미래 사회 트렌드를 분석하였다. 빅데이터 분석을 위해 미래 사회를 다루는 SF 작품(영화, 드라마, 애니메이션, 소설, 게임 콘텐츠)을 코딩하여 6개 주요 환경 영역과 16개 행위 행태를 도출하였

다. 그리고 16개 행위 행태와 연관된 검색 키워드를 정의한 후, 최근 10년간 (2012~2022년) 도시(서울) 생활 관련 주요 뉴스를 수집하여 텍스트마이닝 기법으로 분석하였다.

미래세대 일상생활과 가치관 조사

미래세대 가치관 조사는 서울의 미래세대 생활양식과 가치관 변화의 다양한 측면을 파악하기 위해 기획하였다. 이를 위해 서울시에 거주하는 미래세대 20~30대 1,000명과 비교분석을 위한 40~50대 500명을 대상으로 패널을 활용한 온라인 조사를 시행하였다. 조사는 2022년 6월 27일부터 7월 5일까지 진행하였다. 미래세대의 '인구 코호트적 · 경제사회적 · 문화자본 · 사회자본 · 소비자본 특성'을 조사하였으며, 조사 결과를 통해 미래세대의 유형화, 기성세대와의 동일성과 차별성 분석, 미래도시 변화와 미래세대의 영향력 관계를 분석하여 미래세대의 가치관과 변화 양상을 고찰하였다.

02

미래 사회의 이머징 이슈와 글로벌 트렌드

디지털 메가트렌드와 도시 발전*

메가트렌드는 긍정적이거나 부정적인, 혹은 진보적이거나 보수적인 어느 특정한 방향과는 무관하게 우리 삶 전체에 영향을 미치는 글로벌한 경향과 관련 있다. 메가트렌드는 주어진 사회의 선호를 반영하기보다 그 사회가 처한 조건을 가리킨다. 지난 20년간 세계경제는 디지털경제라는 큰 방향으로 움직였다. 디지털경제로의 이행이 직접적인 원인을 제공한 것은 아니지만 그 과정에서 경제적 불평등 확대, 미중 갈등이 상징하는 경제 안보화, 정치 양극화, 거대도시의 부상, 테크 기업의 시장독점 등 난제가 발생했고, 이 문제들은 더 이상 일국의 행정부가 해결할 수 없는 크기까지 확대되었다.

2022년 코로나19는 기존 메가트렌드의 궤도를 수정하는 변화를 가져왔으며 디지털전환을 가속화했다. 개별 정부가 위기관리에 최선을 다했다고는 하나 코로나19는 그동안 세계가 품고 있었지만 드러나지 않았던 문제를 한꺼번에 쏟아 냈다. 일단 팬데믹 위기는 규모와 영향력 면에서 전무한 것이었다. 그

* 디지털 메가트렌드와 도시 발전은 KISDI의 이호영 박사의 원고를 근거로 작성하였다.

동안 특정 국가나 지역에 의존하는 공급망은 상시적이고 항구적으로 연결된다는 가정이 있었지만 팬데믹은 그것을 단번에 파괴하였다. 미국 같은 선진국의 대도시에서도 공공의료시설과 인력 부족으로 제때 치료받지 못한 감염자의 사망 사례가 늘어났다. 예기치 않았던 비대면 상황은 생산뿐만 아니라 소비를 위축시켰고, 이는 다시 고용 축소라는 악순환으로 이어졌다. 전쟁 중에도 멈춘 적이 없다던 학교 전체가 문을 닫고 학교에 가지 못하는 아이들을 돌보기 위해 여성들이 애써 얻은 일자리를 포기해야 했다. 하지만 코로나19는 디지털 연결성(Digital Connectivity)이 위기 상황에서 경제활동을 지속하는 데 중요한 요소임을 전 세계에 각인시켰다(Abidi, Sakha & Herradi, 2022).

2022년 러시아의 우크라이나 침공으로 고조된 신냉전 분위기는 러시아 가스관에 의존하던 서유럽 경제의 지정학적 리스크를 그대로 드러냈다. 러시아나 중국 스타일의 권위주의적 체제가 내부로부터 취약성을 가진다면 서유럽 시장만능주의의 취약성은 외부로부터 왔다.

초연결 사회라는 미래상을 향해 총력을 기울여 온 한국은 디지털 역량의 상대적 우위를 바탕으로 팬데믹을 잘 이겨 낸 편이지만, 미중 갈등처럼 우리에게 익숙한 세계의 붕괴와 신국제 질서 수립이라는 위기에서 선택을 강요받고 있다. 연결의 방향성보다는 연결의 밀도와 속도가 중요했던 사회에 제기된 질문 앞에서 메가트렌드를 되짚어 보는 것은 의미가 있다. 거의 전적으로 네트워크에 의존하는 사회의 내부와 외부는 어디일까? 그 내부에서 새롭게 정의되는 타자는 또 누구일까? 이 글에서는 이러한 도전에 노출된 현재를 성찰하면서 이미 제기된 글로벌 메가트렌드를 분석하고 도시 관련 이슈를 함께 제기해 보고자 한다.

향후 10년 정도의 기간에 디지털경제로 대표되는 경제 패러다임의 전환은 물론이고 일과 노동, 돌봄에 이르는 사회체제의 변화가 예고되는 가운데 결국 미래를 재설계(Redesign)하기 위해서는 현재 주어진 조건을 검토해야 한다. 이 글에서 메가트렌드는 그 조건의 일부로 다루게 될 것이다. 또한 디지털 혁신이

사회경제적 기회를 확대할 것이라는 기대가 구현되는 장소가 도시이므로 이 맥락에서 기존 도시문제가 디지털전환과 어떻게 연결되는지를 살펴본다.

◈ 메가트렌드 연구 동향

디지털전환 관련 메가트렌드 리뷰

① EU 개방형 전략 자율성(Open Strategic Autonomy)과 메가트렌드

EU 집행위원회(European Commission)는 EU의 개방형 전략 자율성 보장을 위해 2040년 이후 영향을 줄 것으로 예상되는 트렌드와 이슈를 분석하고 다섯 가지 트렌드와 개방형 전략적 자율성의 관계를 제시하였다.* 전략적 자율성은 애초에 프랑스의 국가안보 전략의 자율성을 의미하는 개념이었으나 점차 EU 차원의 논의와 통상정책으로 확대되었다. EU 신통상정책의 키워드로 자주 등장하는 '개방형 전략적 자율성' 개념은 위기 상황에서도 EU가 타국에 의지하지 않고 주체적으로 행동할 수 있는 역량을 의미한다(박성준, 2021).

우선 지정학(Geopolitics)적 트렌드로 글로벌 가치사슬의 불확실성이 커지는 것을 들고 있다. 보고서는 이에 대응하기 위해서 EU의 다자 외교와 규제 기준의 영향력을 활용해야 한다고 진단한다. 둘째, 기술적 트렌드로 기술 주권(Technological Sovereignty)을 들고 있다. 기술 주권은 EU가 디지털 공간에서 독

* EU 차원에서 '전략적 자율성' 개념은 2013년 12월 'EU 외교이사회(Foreign Affairs Council of the European Union)'가 최초로 사용했다고 알려져 있다. '2016 EU 글로벌전략(EU Global Strategy for Foreign and Security Policy)'에도 이 용어에 대한 언급이 있지만 명확히 정의되지는 않았고 EU의 광범위한 전략적 야심을 보여 주는 것에 그쳤다. 2016년 11월 'EU 외교이사회'는 이 용어를 "필요할 때 자율적으로 운영할 수 있는 동시에 가능한 한 국제 및 지역 파트너와 행동하고 협력할 수 있는 능력"으로 다소 느슨한 형태로 정의하고 있다(한승완, 2021).

립적으로 행동할 수 있는 역량을 의미하며, 전통적인 연구개발의 강점을 활용하여 디지털 기술의 기준과 규칙을 설정할 것을 과제로 제시한다. 셋째, 경제적 트렌드로 팬데믹 이후 EU의 높은 경제적 상호 관계성으로 인해 장기적 경제 위협이 커진다는 점을 지적한다. 넷째, 환경 트렌드로 기후 위기에 대응하기 위해 공공과 민간 정책과 전략적 연합이 중요하다는 점을 꼽는다. 다섯째, 사회적 트렌드로 민주주의의 쇠퇴와 인구 불균형으로 인한 사회시스템 유지의 어려움을 들고 있다. 이를 해결하는 방법으로 시민참여와 디지털정부의 서비스를 확대할 것을 제안한다.

② 캐나다 ICTC(Information and Communications Technology Council, 캐나다 정보통신기술위원회)의 팬데믹 이후 미래 전망

코로나19 위기는 캐나다의 디지털경제에도 기회였다. 팬데믹은 많은 캐나다인에게 다양한 디지털 도구와 서비스를 처음으로 소개했으며, 캐나다 ICTC는 이러한 디지털전환이 팬데믹이 끝난 이후에도 사라지지 않고 정착되도록 하였다. ICTC는 글로벌 경제에서 캐나다의 디지털 역량을 강화하기 위해 연구와 실용적인 정책 제언을 목적으로 보고서를 작성하였다고 밝힌다. 이 보고서에서 ICTC는 미래 전망을 다음과 같이 제시하였다(Ivus & Kotak, 2021).

⊙ 백신 개발과 경제 재개: 팬데믹으로 위축된 경제가 백신 개발 이후로 활기를 되찾고, 경제 교류가 활발해질 것으로 예상

⊙ 가계 저축과 펜트업(Pent-up) 수요 증가: 록다운으로 실직이 증가했으나, 캐나다 정부의 정책 프로그램으로 캐나다인의 평균 가처분소득은 증가할 것으로 예상

⊙ 공급망 붕괴: 최근 공급망 혼란으로 특히 글로벌 반도체 시장에서 공급 부족이 예상되며, 이에 따라 소비자 가격 압박 예상

⊙ 상품 가격과 인플레이션: 공급망 문제로 상품 가격 역시 증가할 것으로

예상

⊙ 통화와 재정정책: 지속적인 인플레이션이 예상되는 만큼 정부 차원에서 통화와 재정정책 보완이 시급

이와 관련하여 ICTC가 제시한 여섯 가지 핵심 혁신 부문은 다음과 같다.

⊙ 친환경 기술(Cleantech): 친환경 기술 사업은 환경친화적 상품과 서비스의 광범위한 개발과 판매를 가능하게 하며, 기술을 통한 효율성 개선과 환경 영향의 최소화에 집중하고 있다.

⊙ 친환경 자원: 친환경 자원 부문은 천연자원과 친환경 기술 부문의 통합을 의미하며, 천연자원을 환경친화적이고 탄소중립적으로 추출하고 사용하는 미래를 의미한다.

⊙ 건강과 바이오 기술: 빅데이터 분석, AI, 3D 프린팅, 로보틱스, 나노 기술을 활용하여 의료기기와 약학 부문에서 혁신에 성공하게 될 것이다.

⊙ 제조 기술 발전: 로보틱스, 3D 프린팅과 같은 기술개발로 제조 기술이 발전하여 효율적이고 저렴하게 상품을 제조할 수 있게 될 것이다.

⊙ 농업-음식(Agri-Food)과 기술: 농업기술 관련 회사들이 생산자들을 도울 수 있는 지속 가능하고 저렴한 기술을 개발하고 있다.

⊙ 상호작용 디지털 미디어: 상호작용 디지털 미디어는 혁신적이고 창조적인 방식으로 데이터나 정보를 전시하는 산업을 의미하며, 마케팅과 광고에 활용할 수 있다.

③ 딜로이트 그룹 「기술 동향 2022」

딜로이트 그룹에서는 연례 기술 동향 보고서인 「기술 동향 2022」에서 기업이 지속 가능한 성장과 회복력을 갖추기 위해 필요한 7대 기술 트렌드를 선정하였다. 자동화, 블록체인, 데이터 공유와 기타 영역의 새로운 기회를 포함하

[표 2-1] **지속 가능한 성장과 회복력을 갖추기 위한 7대 기술 트렌드**

7대 기술	세부 내용
쉬운 데이터공유 Data-Sharing Made Easy	새로운 기술은 개인정보를 보호하면서 조직 전체와 조직 간의 데이터 공유 메커니즘을 단순화하여 혁신적인 비즈니스 모델과 제품을 탄생
클라우드 수직화 Cloud goes vertical	클라우드와 소프트웨어 공급업체는 이제 레거시 프로세스를 현대화하고 혁신을 시작하는 수직별 솔루션을 제공. 이를 배포하는 것은 조립 프로세스이므로 조직이 경쟁력 있는 차별화에 리소스를 집중할 수 있음
블록체인: 사업 준비 Blockchain: Ready for Business	블록체인과 분산된 계좌 정보기술 플랫폼은 조직 경계를 넘어 비즈니스 수행의 본질을 근본적으로 변화시키고 있으며, 많은 기업이 유형과 디지털 자산을 만들고 관리하는 방법을 재구상하고 있음
IT, 파괴적 혁신: 대규모 자동화 IT, Disrupt Thyself: Automating at scale	미래지향적인 IT 조직은 'IT 백 오피스'를 현대화하여, 업무 발생 후 사후적 조치에서 셀프서비스와 엔지니어링 자동화의 사전 예방적 모델로 이동
사이버 AI: 실제 방어 Cyber AI: Real Defense	조직이 보안 침해로 어려움을 겪을 때 사이버 AI는 힘을 배가할 수 있어 보안 팀이 사이버 공격자가 움직일 수 있는 것보다 더 빠르게 대응할 수 있을 뿐만 아니라 이러한 움직임을 예측하고 사전에 행동 가능
기술 스택이 물리적으로 이동 The Tech Stack goes Physical	스마트 장치의 폭발적인 증가와 물리적 작업의 자동화 증가는 네트워크에 연결된 스마트 공장 장비, 산업용 로봇, 드론, 센서 내장 장치 및 기타 수많은 비즈니스 크리티컬 자산을 포함하도록 IT 권한을 확장
미래에서 온 현장 노트 Field Notes from the Future	양자학, 기하급수적인 지능, 주변 환경 등 차세대 거시적 요소가 현실에 반영된 현황을 읽을 수 있는 능력 필요

여 향후 18개월에서 24개월 내 기업 활동에 영향을 끼칠 가능성이 큰 기술 트렌드를 설명하였다. 이를 메가트렌드로 보기는 어려우나 디지털전환과 관련하여 시사점을 주기에 소개한다.

도시 관련 메가트렌드

① 세계경제포럼: 도시경쟁력 보고서

세계경제포럼(World Economic Forum, WEF)의 도시경쟁력 보고서(The Competitiveness of Cities)는 2014년 미래에 도시의 퍼포먼스를 결정할 수 있는 여섯 가지 글로벌 메가트렌드를 식별한 바 있다. 여기서는 이 메가트렌드를 정리하고 현재 시점에서 디지털전환의 연관성을 좀 더 살펴보았다.

— 도시화, 인구통계와 신흥 중산층

역사 속에서 도시로의 이주는 수천 년간 이루어졌지만 오늘날과 같은 속도와 규모로 도시 공간이 성장한 적은 없었다. UN은 2050년까지 24억 명이 추가로 도시에 거주하게 되어 도시 거주자가 전 세계 인구의 67퍼센트인 63억 명에 이를 것으로 전망한다. WEF에 따르면 근미래에 급속한 도시화는 거의 전적으로 비서구적 문제가 될 것이다. WEF는 향후 수십 년 동안 도시로 이주하는 사람들의 약 94퍼센트가 개발도상국에서 발생할 것으로 예상한다.

각각의 도시와 지역은 매우 다른 속도로 성장하고 있다. 일자리가 많고 젊은 노동계급, 특히 고학력, 고숙련 노동자가 일하기를 원하는 도시는 급성장하는 반면, 일자리가 감소하고 젊은 노동계급이 살려고 하지 않는 도시는 쇠퇴한다. 이는 숙련편향적기술발전에 따른 결과로 거의 대부분의 선진 경제에서 공통으로 나타나는 현상이다.

경제의 플랫폼화는 우리가 알던 도시화와는 다른 종류의 도시화를 촉진할 것이다. 현재도 이른바 남반구의 자원이 부족한 도시에서는 거주자들이 비공식

섹터에서 일할 때가 많다. 노동에 있어 비공식성(Informality)의 증가는 정부가 파악하지 못하는 경제활동으로 이어지고 있다. 빠르게 성장하는 도시에서 비공식 고용은 만연하게 되고 이는 비공식적 서비스로 연결된다.

플랫폼화는 이러한 경향을 촉진해 많은 사람이 웹 기반의 플랫폼노동, 즉 크라우드소싱 같은 형식의 디지털 일터에서 일하게 되거나 지역 기반의 플랫폼노동, 즉 온콜(On-Call) 노동에 종사하게 될 것이다. 전자는 직업적인 사유만 봤을 때 도시에 살 필요가 없지만, 도시가 제공하는 서비스인 교육, 위생, 에너지 등을 이유로 도시에 살게 된다. 후자는 로컬에 기반한 서비스 제공자이기 때문에 오히려 높은 주거비에도 불구하고 대도시에 몰려 살며 낮은 주거의 질을 감수하게 된다. 이때 핵심 도시 서비스(좋은 품질의 주택, 운송, 물, 위생과 에너지)를 제공하는 것은 도시 서비스 격차를 좁히는 데 기여할 수 있다.

디지털 노동 플랫폼은 전 세계적으로 모든 국가의 여러 관할 구역에서 운영할 수 있도록 도와주는 디지털경제의 고유한 특성, 즉 자산 경량화, 네트워크 효과, 데이터화와 이동성 등을 레버리지로 활용한다. 이러한 특성은 고객, 근로자, 소비자가 어디에 있는지 관계없이 작동한다. 또한 저렴한 비용으로 이용할 수 있는 클라우드 인프라 서비스와 손쉬운 벤처캐피탈 펀딩은 디지털경제의 성격과 조직의 진입장벽을 낮추고 디지털플랫폼이 급속히 성장하는 데 기여했다. 사실 온라인 웹 기반 플랫폼은 2000년대부터 존재했지만 2008~2009년 세계 경기침체로 저렴한 가격으로 서비스에 접근할 수 있게 되었고, 또 해당 지역에 일자리를 제공할 수 있었던 까닭에 위치기반서비스(Local-Based Service)인 택시와 배달 플랫폼의 성장을 견인하였다. 이러한 플랫폼은 도시에서 특히 인기를 얻었으며 2012년 이후 빠르게 성장하였다.

전 세계 디지털 노동 플랫폼 수는 지난 10년 동안 128개에서 611개로 증가해 5배의 성장세를 보였다. 이는 전체 플랫폼의 79퍼센트를 차지한다. G20 국가에서 플랫폼은 주로 미국에 집중되어 있는데(37퍼센트), EU(22퍼센트), 인도(10퍼센트), 영국(6퍼센트)이 그 뒤를 이었다. 부문별로 보면 G20 회원국에

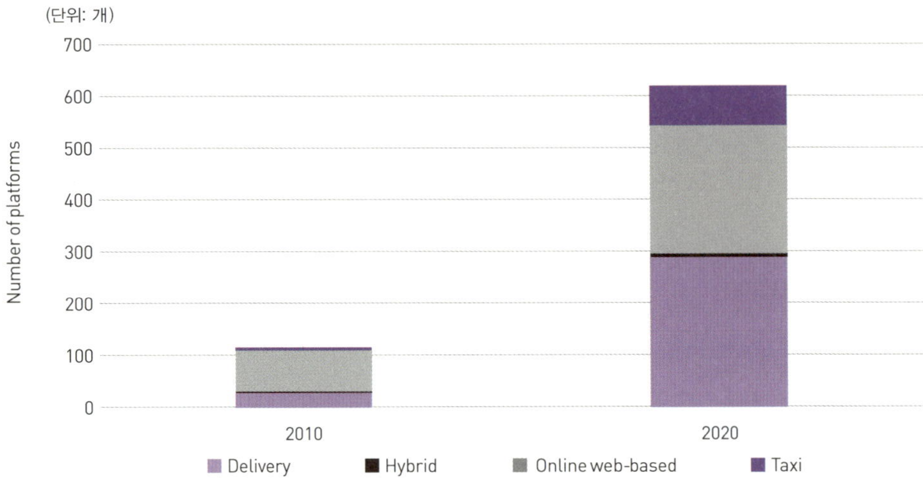

[그림 2-1] G20 국가의 온라인 웹 기반 및 위치 기반 플랫폼 수 추정(2010, 2020)
자료: ILO(2021: 6)

서 플랫폼 수는 배송 부문(281건)이 가장 많고, 온라인 웹 기반 플랫폼(251건), 택시 부문(76건)이 뒤를 잇는다. G20 국가에는 다양한 유형의 서비스를 제공하는 3개의 하이브리드 플랫폼이 있다.

— 양극화

불평등은 일반적으로 소득격차를 분석하여 측정하지만, 그것은 다양한 차원 중의 하나일 뿐이다. 때로는 필수 인프라와 서비스 접근성의 차이가 삶에 훨씬 더 큰 영향을 미칠 수 있다. 평등한 도시(Equal City)는 도시 서비스와 기회, 모두를 위한 도시 번영과 더 나은 환경 품질을 모두 포함하는 개념이다.

도시는 증가하는 불평등의 영향을 받으며 어떤 때는 불평등을 유발하기도 한다. 개발도상국의 급속한 도시화는 필연적으로 도시와 소도시·농촌 간의 격차를 증가시킨다. 오늘날 개발도상국은 '도시에 기반을 둔 세계경제가 비도시 배후지를 "끌어올" 것인가, 아니면 도시가 소외된 오지로 둘러싸인 부유한 거주지가 될 것인가'라는 중요한 문제에 직면하고 있다.

과거에는 도시화가 진전될수록 중산층도 증가했지만 지금 이것은 디커플링되고 있다. 경제 호황기에 기업은 도시문제를 해결하는 데 필요한 자금 투자를 도왔지만, 오늘날 그 연결 고리는 많은 부분에서 약하거나 끊겼다. 저소득 국가나 중간 소득 국가에서 고속 성장하는 도시는 문제를 처리할 자원의 제약 때문에 종종 곤경에 처한다. 침체된 경제, 취약한 제도, 낮은 생산 능력은 문제를 더 악화시킨다. 심지어 선진국에서조차 도시에 더 나은 인프라를 구축하는 데 필요한 세수가 부족해서 인프라가 개선되지 않고 있다.

디지털전환은 이 문제를 더욱 악화시키는 측면이 있다. 테크 기업이 집중된 거대 도시와 달리 중소 도시에서 모이는 데이터는 훨씬 신뢰하기 어렵기 때문에, 데이터 기반의 의사결정 자체가 현실을 왜곡하고 불평등을 훨씬 완화한 것으로 보이게 하는 착시 효과를 가져온다.

— 지속가능성

지속가능성은 가용한 천연자원과 자연환경 보전을 동반하는 장기적 경제 개발로 정의될 수 있다. 인구와 소득 증가는 자원과 환경의 압박을 동시에 증가시키기 때문이다. 전 세계적으로 1인당 에너지소비량은 1950년 이후 두 배 이상 증가했고, 2030년까지 최대 50퍼센트까지 증가할 것으로 예상된다. 신재생 에너지를 개발하려는 노력에도 불구하고 중국을 포함한 개도국의 성장은 불가피하게 화석연료 사용량과 이산화탄소 배출량을 동시에 증가시킬 것이다. 사람과 경제의 집중도를 감안할 때 도시는 특히 에너지와 식량, 수자원을 많이 사용하며 전 세계 온실가스 배출량의 절반 이상을 차지한다. 결국 도시는 기술과 시장을 융합하여 가용 자원을 훨씬 더 효율적으로 사용하는 도전 과제를 안고 있다.

— 기술 변화

와해적 기술은 이주(Migration)를 야기한다. 자동화와 지구화로 많은 제조업과 제조업 관련 일자리가 개발도상국으로 이동했다. 오프쇼어링은 현재 많은

서비스산업의 사무직에서도 일어나는 현상이다. 도시는 세계 시장에 접근하고, 교육·훈련 분야에서 새로운 기회를 발견하고, 의료 서비스를 개선하고, 빅데이터를 저장하고 사용하는 등 많은 것을 가능하게 하는 점진적이고 파괴적인 기술 변화를 활용하기에 가장 좋은 위치에 있다.

— 클러스터와 글로벌 가치사슬

다국적기업은 글로벌 가치사슬의 '시스템 통합자'다. 도시는 글로벌 본부 운영, 지역 HQ 운영과 해외 자회사 같은 기업을 유치하기 위해 경쟁한다. 앞으로 더 많은 차세대 대기업이 도시에 본사와 자회사를 설립할 예정이다. 그중 다수는 중국과 기타 신흥 시장에서 나올 것이며 도시가 글로벌 가치사슬에서 더 중요해질 기회를 제공할 것이다.

— 거버넌스

역동적인 경제적, 사회적, 기술적 힘과는 극명하게 대조적으로 정치와 거버넌스의 세계는 정적인 것처럼 보인다. 거의 5세기가 지난 지금도 베스트팔렌 조약에 기초한 민족국가 체계가 우세하다. 도시의 글로벌 거버넌스는 여전히 취약하지만, 이러한 현실은 지방정부와 시정부가 부상할 수 있는 기회를 만들 것이다.

WEF의 도시경쟁력 보고서는 이와 같은 메가트렌드를 활용하여 불평등 증가, 천연자원과 환경에 대한 압박, 공공기관에 대한 신뢰 감소와 같은 부정적인 요인을 완화하는 것을 도시 정부의 주된 과제로 제시한다.

② Aspen Institute: The City as a Platform_How Digital Networks are Changing Urban Life and Governance

2016년에 출간된 Aspen Institute의 보고서를 읽어 보면 어떻게 도시가 플랫폼이라는 조직 원리를 수용하고 스스로 플랫폼이 되어 가는가를 이해하기

쉽다(Bollier, 2016). 도시 거주자들이 실시간 정보, 지능형 디바이스, 원격 접속과 크라우드소싱을 통해 자신의 현재 위치와 관계없이 시민으로서의 삶을 기획하고 누리며, 공동체의 의사결정에 참여하는 과정은 도시가 디지털경제의 핵심 장소로 변화하는 것과 동시에 이루어졌다. 후자의 주체가 기업이라면 전자의 주체는 도시 정부와 시민사회로 상정되나, 이 둘 사이에는 간극이 존재한다.

③ 미국회계감사원: Trends Affecting Government and Society

미국회계감사원(Government Accountability Office, GAO)이 도출한 국내, 그리고 국제적으로 영향을 줄 것이라고 예상되는 주요 트렌드 12개를 보면 국가안보, 재정 지속가능성과 부채, 재앙적인 바이오 사고 대비, 인종과 민족 간 격차, 과학기술과 혁신 경제, 디지털 세상의 안보, 업무 방식과 장소 변화, 글로벌 공급망의 미래, 온라인 학습과 교육 관련 기술, 건강 관련 기술, 지속가능한 발전, 진화하는 우주 환경이다. 이 중에서 도시 관련 내용을 살펴보면 재앙적인 바이오 사고를 들 수 있다. 보고서는 글로벌화, 기후 변화, 도시화로 재앙적인 바이오 사고의 발생 가능성이 증가했다고 진단한다.

◈ 도시의 디지털전환과 팬데믹이 불러온 메가트렌드의 변곡

미래 사회에 영향을 미칠 메가트렌드는 글로벌 스케일을 갖는다. 그중 디지털화는 가장 중요한 메가트렌드라 할 수 있다. 우선 디지털 기반의 플랫폼은 산업 전체의 가치사슬에서 핵심 지위를 획득할 것이다. 플랫폼은 거대화되고 소수의 플랫폼으로 경제력이 집중되면서 생태계의 확장 속도는 더욱 빨라질 것으로 예상된다. 나아가 플랫폼은 산업 영역에 국한되지 않고 우리 사회 전반, 특히 도시의 플랫폼화를 빠르게 진전시킬 것이다.

기술 발전과 도시의 불균형한 팽창

메가트렌드와 관련하여 부인할 수 없는 흐름은 기술혁신과 관련되어 있다. 특히 디지털 기술은 사회의 모습과 사람들의 일상을 근본적으로 바꾸어 놓는다는 점에서 이 혁신의 중심에 있다고 말할 수 있다. 디지털전환이 포용적이고 지속가능한성장과 사회적 웰빙으로 가는 길을 열어 줄 것인가? 분명한 것은 디지털전환이 현재 시장에서 독자적으로 해결할 수 없는 외부성이 큰 사회에 도전과제를 던진다는 점이다.

예컨대 디지털화가 경계를 희미하게 만든다는 많은 주장이 존재했는데 그중 가장 중요한 것이 일과 여가의 경계, 공간의 경계에 관한 것이었다. 일과 여가의 경계가 사라지면 직주근접의 필요성이 축소되어 사람들은 더 이상 도시에 살지 않아도 될 것으로 예상하였다. 하지만 어떤 의미에서 도시는 확장되고 그 경계는 더욱 두드러지게 되었다. 거대 도시의 확장과 지속적인 번영은 많은 부

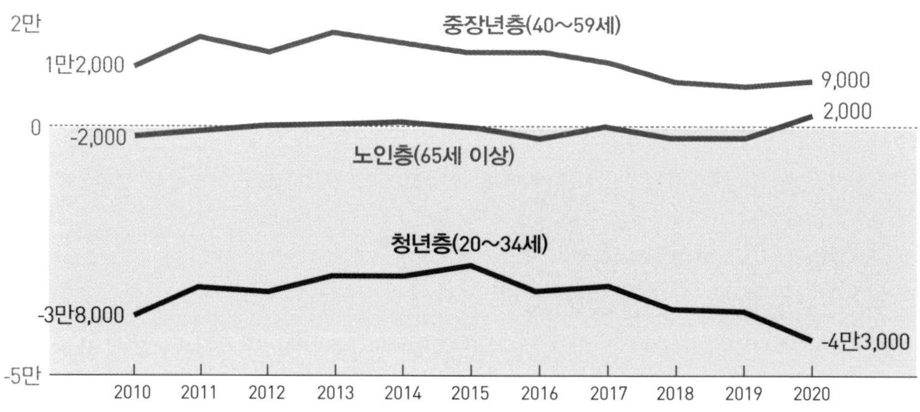

[그림 2-2] **89개 인구 감소 지역의 2010~2020년 연령대별 순이동자 수**

자료: 1) 국토연구원 · 통계청 인구 추이
2) 경향신문, "지방 청년층 '수도권 이동' 심화…정부, 균형발전 · 공급 확대 '딜레마'", 2022년 11월 29일 접속(2022년 5월 29일 작성), https://m.khan.co.kr/economy/real_estate/article/202205292206005

분 그곳에 사는 사람들에 의한 것이다. UN의 세계 도시인구 추계 결과에 따르면 2050년에는 세계 인구의 68퍼센트가 도시에 거주할 것으로 전망된다.

한국은 이미 2019년에 인구의 92퍼센트가 도시에 거주하는 것으로 집계됐는데, 이는 국토 전체 면적의 16.7퍼센트에 대다수가 살고 있음을 의미한다. 특히 이러한 도시인구 집중은 지방 청년층이 수도권으로 이동하면서 발생했고, '지방 소멸'은 이러한 현상을 드라마틱하게 표현한 것이다. 인구 유출 지역을 떠난 청년 10명 중 3명 이상이 수도권으로 유입됐다. 2016~2020년 사이 인구 유출 지역에서 전출한 청년층 중 14.8퍼센트는 경기도로, 14.7퍼센트는 서울로 향했다.

팬데믹이 불러온 도시 메가트렌드의 변곡

디지털 불균형으로 인한 불평등, 국가 간 혹은 국가 내부의 비대칭 문제는 이전부터 존재해 왔다. UNCTAD는 이러한 디지털 격차가 팬데믹으로 악화되었으며, 지속가능한개발(SDG) 목표를 향한 진전을 방해할 수 있다는 점에 우려를 표했다.

팬데믹 기간 디지털전환의 가속화에 대한 사회적 필요에 따라 글로벌 디지털 기업이 큰 반사이익을 얻었는데, 이는 산업의 불균형은 물론 사회적 조건의 불균등을 드러냈다. 디지털플랫폼 기업의 주가 상승은 디지털경제와 실물경제 간 극명한 단절을 드러냈으며, 거대 플랫폼 기업은 위기에 탄력적으로 대응할 수 있었을 뿐 아니라, 비대면 경제하에서 디지털 서비스에 대한 강력한 수요와 결합된 비즈니스 모델과 지배력으로 더 높은 수익 증가율을 달성하였다.

GAFAM(구글, 아마존, 페이스북, 애플, 마이크로소프트)의 2020년 1~9월 실적을 2021년 9월 실적과 비교했을 때, 페이스북과 구글의 모회사인 알파벳(Alphabet)은 매출이 전년 대비 45퍼센트포인트 증가한 842억 달러를 달성했다. 마이크로소프트는 클라우드서비스가 수익 성장의 원동력이 되었다. 2019

년 35퍼센트에서 2020년 27퍼센트로 성장률이 감소한 아마존이 유일하게 전년 대비 성장률이 감소한 기업인데, 이는 공급망 중단의 결과로 인한 것이다.

유니콘기업 역시 도시에 집중되었다. 샌프란시스코가 선두를 차지했고, 최근 EU에 쏟아진 벤처캐피털 덕에 유럽의 도시들도 이름을 올렸다. 하지만 플랫폼에 의한 직접 고용은 미미한 수준이었다. 빅테크 기업은 인도의 노동자들에게 대규모 클라우드 워크를 발주하였다.

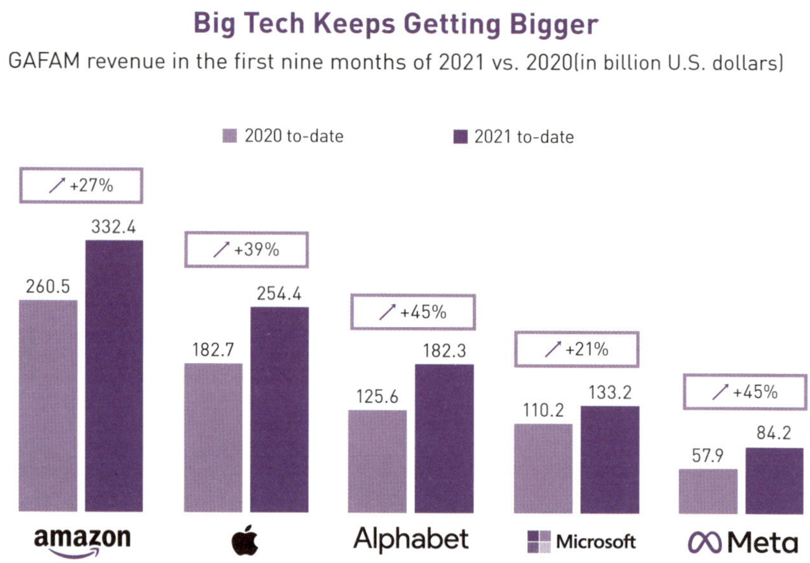

[그림 2-3] 팬데믹 기간 빅테크 GAFAM의 성장

자료: Statista, 2022, "Is Big Tech Growth Losing Steam?" 참고하여 재정리, 2022년 11월 29일 접속(2022년 11월 10일 작성), https://www.statista.com/chart/21584/gafam-revenue-growth/

2022년 6월 말을 기준으로 한국의 벤처와 스타트업의 전체 고용 인원은 76만 1,082명에 달해 전년 동기보다 약 6만 7,605명 증가한 것으로 집계되었다. 증가율로 보면 약 9.6퍼센트로 한국의 전체 고용보험 가입자 증가율인 3.3퍼센트 대비 약 3배 높은 수준이었다. 늘어난 고용의 42.2퍼센트(2만 9천 명)는 여성이었고, 청년은 22퍼센트(1만 4천 명)를 차지했다. 벤처 투자 상위 지역

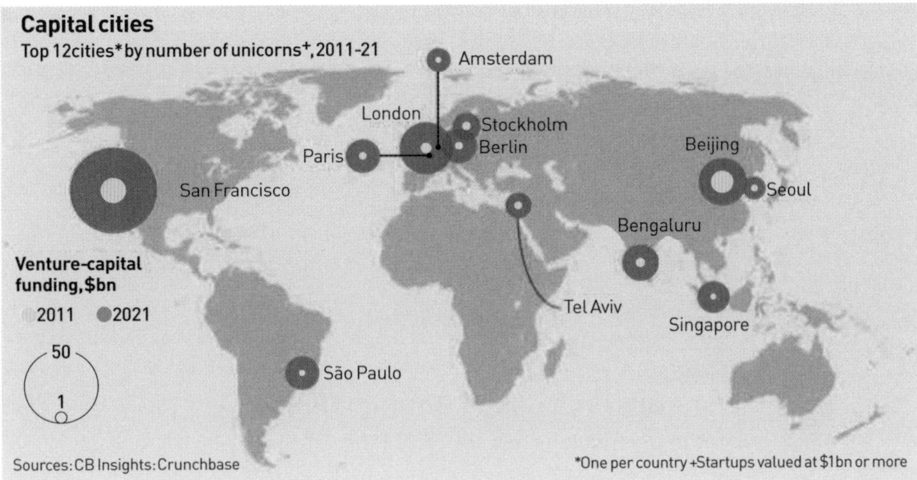

[그림 2-4] 유니콘기업 집중 상위 12개 도시

자료: Economist, 2022, "Can Silicon Valley still dominate global innovation?", 2022년 11월29일 접속(2022년 4월 16일 작성), https://www.economist.com/business/can-siliconvalley-still-dominate-global-innovation/21808708.

은 서울(2조 356억 원), 경기(7,372억 원) 순으로 나타났으며, 벤처 투자를 받은 기업의 고용 증가 상위 2개 지역도 서울(+5,905명), 경기(+922명) 순인 것으로 조사되었다. 지역별 벤처 투자를 받은 기업의 고용 증가 순위는 벤처 투자 규모 순위와 유사해, 벤처로 투자된 자금이 고용 증가로 이어진 것으로 해석된다(중기벤처부, 2022). 즉 서울과 경기도에서 압도적인 벤처 투자와 고용 증가가 이루어졌는데, 이는 팬데믹 기간에 가속화된 디지털전환의 수혜가 주로 수도권에 집중되었음을 보여 준다.

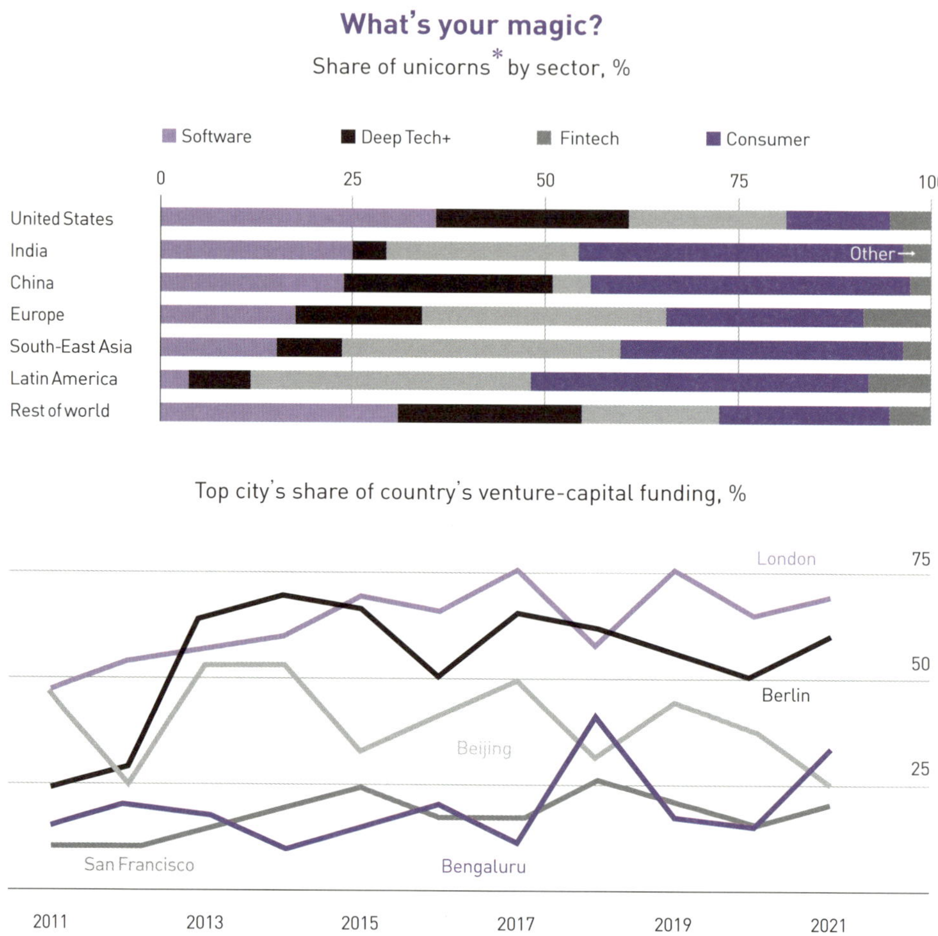

[그림 2-5] 부문별 유니콘기업 점유율과 벤처캐피털 펀딩 비중

자료: Economist, 2022, "Can Silicon Valley still dominate global innovation?", 2022년 11월 29일 접속(2022년 4월 16일 작성), https://www.economist.com/business/can-silicon-valley-still-dominate-global-innovation/21808708, 재가공

* https://www.worldbank.org/en/programs/futureofgovernment/overview(2022년 8월 6일 검색).

도시의 플랫폼화

도시의 확장은 단순히 물리적 팽창을 의미하지 않으며 일종의 네트워크, 나아가 도시 프로세스의 확장으로 이해해야 할 것이다. 도시에 존재하는 창의적이고 생성적인 조합에는 단순히 기반 시설의 집적으로 환원될 수 없는 수많은 이질적 요인의 흐름이 존재하기 때문이다. 이러한 경향은 도시의 관리와 행정이 디지털과 결합하면서, 또 플랫폼으로서 도시(City as a Platform, CaaP) 프로젝트가 진행되면서 더욱 강화되었다.

도시를 장소가 아닌 플랫폼으로 생각하기 시작하면서 등장한 '플랫폼으로서 도시의 비전'은 2015년 6월 샌프란시스코시에서 주최한 City Innovate Summit의 주요 회의 주제였다. 역사적으로 도시는 18~19세기를 거치면서 만들어진 시민 조직과 사회 규범으로 통치되었으며, 엄격한 공식 절차와 규칙에 근거하여 전문가가 감독하는 대의적 거버넌스와 중앙집중식 관료제를 중심으로 의사결정이 이루어졌다. 하지만 도시를 플랫폼으로 간주하는 것은 도시에 대한 새로운 세계관이 형성되었음을 보여 준다. 예를 들어 오픈 플랫폼으로 도시를 운영하는 것은 오픈소스 소프트웨어 스타일의 자체 조직과 상향식 참여를 존중하는 것을 의미하며 결과적으로 기존의 엄격하고 복잡한 규칙과 불투명성을 성가신 장애로 간주하게 된다.

먼저 알고리즘에 의해 매개되는 자동화에 대해 살펴보자. 이는 우선 도시에 관한 의사결정에서 데이터와 밀접하게 연관될 것이다. 대도시는 이제 각자의 인공지능 정책과 데이터 정책을 만들고 있다.

스웨덴의 CaaP 프로젝트는 센서와 사물인터넷이 생산하는 데이터를 이용하여 도시의 혜택을 지원하기 위한 플랫폼으로 기획되었다. 이는 단순히 이미 존재하는 프로세스의 능률을 향상시키는 것을 넘어서 한눈에 볼 수 있는 스마트한 공간 정보체계를 갖추는 것, 나아가 더 나은 의사결정과 시민이 누리는 공공서비스의 질적 개선 등을 이루기 위한 행보였다. 각각의 도시는 서로 다른 모

습이지만 이러한 플랫폼의 공동개발과 기술과 데이터 공유는 모든 사람에게 호혜적인 것으로 보였다. 핀란드에서는 청년층에서 사회적 배제와 관련된 위험지수를 자동화했는데, 이 도구를 설계한 기업은 일본의 후지쯔(Fujitsu)다. 이때 사기업이 시민들의 정보를 독점할 우려뿐만 아니라, 알고리즘을 통해 시민의 행동을 제어할 위험마저 갖게 된다. 이를 통제하고 감시하는 것은 시민사회와 도시 정부의 새로운 역할이 될 것이다.

◈ – 정의로운 이행과 도시의 미래

산업혁명 이후 우리가 살아가는 생활 공간은 용도와 목적에 따라 명확하게 정의되었다. 일터와 가정은 물론 종교 활동, 학습, 쇼핑, 사교를 위한 공간이 제각기 분리되고 이 사이에 유동성(Fluidity)은 거의 존재하지 않았다. 어떤 의미로 18세기 이후 약 3세기에 걸쳐 존재했던 도시계획은 이러한 개별 공간의 합목적성을 강조하거나, 기껏해야 다목적 공간의 효율성을 강조했을 뿐이라고 할 수 있다. 유동적인 생활 공간이라는 관념은 건축이 그것을 반영하기 전에 전자적 연결성(Connectivity) 증대라는 개념으로 도시사회학자들에 의해 더 먼저 포착되었다. 이른바 초연결성은 공간으로 인한 편익을 증진할 뿐 아니라 공간 자체를 바꾸어 놓았다. 이러한 경향은 당연히 도시계획과 건축에도 반영되고 있다. 그리고 팬데믹은 이러한 경향을 가속화했다. 원격근무의 증가는 도시 공간의 유동성을 끌어올리고 일하는 사람들을 위한 도시가 어떠해야 하는지 새로운 합의를 요청하고 있다.

지속적인 도전에도 불구하고 세계경제는 혁신 지향 산업과 인재 확보를 통해 코로나19 이후 회복을 도모하고자 한다. 여기서 도시, 특히 대도시의 역할은 중요해질 전망이다. 혁신 지리학(Innovation Geographies)에 해당하는 연구는 혁신과 인재 생태계, 부동산 사이의 강력한 연관성을 보여 준다.

코로나19 이후 직장과 라이프 스타일 선호도의 변화, 디지털경제의 핵심 역할, 지속 가능하고 회복력(Resilient) 있는 커뮤니티 인프라의 중요성이 강조되었다. 도시의 생산 기능은 물론 소비와 휴식 기능에 이르기까지 디지털 연결성이 필요하며, 이 디지털 연결성은 관리되어야 한다는 사실을 깨닫게 되었다. 향후 도시 인프라는 센서로 '계측'된 데이터를 정보 처리하여 물질 공간으로 확산하는 기술과 결합하게 될 것이다. 도시의 공공부문 정보(Public Sector Information, PSI)와 공공 도시 데이터는 점점 더 전략적이며 잠재적으로 수익을 창출할 수 있을 것이다. 21세기 정부는 시민들의 기대에 부응하고 디지털 시대의 약속을 이행해야 하는데, 데이터 기반 접근 방식은 이러한 기대를 충족하고 정부와 시민이 상호작용하는 방식을 재고하는 데 특히 효과적이다.

도시가 데이터화되는 과정에서 도시에 존재하는 수많은 센서와 로지스틱스에 필요한 애플리케이션, 그리고 시민들이 이동하면서 남기는 디지털 빵 부스러기 등이 도시를 유지하고 운영하고자 하는 사람들에게 중요한 통치의 영역으로 등장하였다. 디지털화는 데이터와 관련 있다. 데이터의 집적이 고도화되고 처리 속도가 빨라지며 활용 범위가 점차 늘어나면서 시스템 실패를 막고 데이터를 통한 의사결정의 합리성을 높이는 것이 도시의 새로운 경쟁력이 될 전망이다. 도시는 시스템으로 유지되지만 시스템은 유동성에 대응하기 쉽지 않다.

문화적으로 보면 스마트폰 카메라를 통해 찍히고 유통되는 도시의 이미지는 특정 세대의 취향을 반영하는 것으로 보인다. 다른 사람들의 경험에 지대한 관심과 경험 간의 경쟁이 소셜 미디어를 통해서 가속화되고 있다. 미처 대중매체를 통해 조명되지 못한 도시의 '타자'들이 관심을 받기도 했고, 잊힌 공간이 소셜 미디어를 통해 새로운 발굴 대상으로 떠오르는 것은 의미 있는 일이지만 이 역시 위험을 내포한다. 전시 가능한(Presentable) 현재를 과도하게 강조하는 것은 미래 가치에 대한 전망을 제약하며 공존 대신 승자독식을 도시 경관의 잠재적 세계관으로 주입하기 때문이다.

1990년대부터 지속된 글로벌라이제이션의 흐름은 국적을 막론하고 젊은 인재들이 대도시로 이동하는 것과 결합하였다. 금융, 테크, 이른바 고소득 직종의 일자리가 글로벌 도시에 집중되었다. 21세기 골드러시라고 부르는 이 현상은 축적, 경쟁과 거버넌스의 핵심 공간(Sassen)으로 도시를 자리매김하며, 네트워크화된 자본주의 사회에서 대도시를 지구화의 접점으로 자리 잡게 하고 있다. 하지만 이 사실은 도시가 유력한 재생산 공간이기도 하다는 사실을 은폐한다. 예를 들어 점점 더 대도시로 집중되는 치료와 돌봄 시설은 사람들이 어디서 살아갈지를 결정할 때 매우 중요한 요소이다. 기본적으로 서비스 공급자들은 도시에서 비즈니스를 하는 것이 유리하고, 이론적으로 이러한 도시 집중이 소비자들을 위해서도 효율적이라고 할 수 있다. 그러나 도시로 모든 자원이 집중되는 것이 과연 지속 가능한지는 좀 더 거시적 시각으로 보아야 한다.

결국 디지털전환에서 정의로운 이행은 보폭이나 속도의 문제일뿐 아니라, 데이터 집적의 고도와 활용 범위 증가, 그리고 데이터 처리 속도가 빨라지면서 문제일 것이다. 팬데믹은 디지털전환을 앞당겼을 뿐 아니라 디지털전환이 누구에게 유리한지를 분명히 보여 주었다. 도시의 크기가 커질수록 위험은 기하급수적으로 증가한다. 이 광범위한 위험에 공동 대응하고 도시 정부와 비정부 요소는 통합적으로 역량, 역할, 책임 등을 정의하여 시스템 목표를 설정해야 한다. 또한 공평한 결과와 책임을 보장하기 위한 메커니즘을 수립해야 할 것이다. 그것은 무엇보다도 디지털 연결성이 만들어 내는 미래가 상호 의존성에 기초한 것이고, 연결성의 질을 높이는 것이야말로 향후 디지털전환과 포스트 팬데믹 시대의 사회 경제적 과제임을 깨닫는 것으로부터 출발해야 한다.

국제사회의 미래 연구 동향과 함의*

◈—EU의 '쌍둥이 미래 전환' 연구

개요

EU는 2022년 합동연구센터(JRC)의 정책을 위한 과학 보고서(Science for Policy Report)인 『녹색과 디지털 미래를 향하여: EU의 성공적인 쌍둥이 전환을 위한 핵심 요건(Towards A Green & Digital Future: Key Requirements for Successful Twin Transitions in the European Union)』을 발간하였다. 이 보고서는 '환경적으로 지속 가능한 생활양식과 경제를 향한 신속하고 포용적인 전환'을 통해 살 만한 지구를 만드는 한편 경제적 기회를 포착하겠다는 목표를 설정하고 있다.

JRC는 EU 집행위원회(European Commission)의 과학·기술 서비스를 담당

* 국제사회의 미래 연구 동향과 함의는 고려사이버대학교의 오수길 교수의 원고를 받아 작성하였다.

하는 곳으로 EU 정책 과정에서 증거 기반의 과학적 근거를 제공하는 기관이다. 여기에서는 JRC의 보고서를 요약, 정리하기로 한다. 이 연구는 쌍둥이 전환이라는 목표를 출발점으로 하여 이를 위해 개발되고 결합할 수 있는 기술을 조사하고, 그 과정에서 제기될 수 있는 장애에 주목한다. 미래 예측 과정은 문헌 검토, 전문가들의 논의와 워크숍을 거쳤고, 그 결과물은 200명이 넘는 학계, 시민사회, 행정, 산업계의 광범위한 이해 당사자의 워크숍과 콘퍼런스를 통해 확정되었다.

녹색 전환은 지속가능성을 달성하고 기후 변화와 환경 악화에 대응하는 데 목표를 둔다. 그리고 디지털 기술의 중요성이 커지면서 사회와 경제가 전환되고 있어 지속가능성과 번영을 위해 디지털 기술을 적극적으로 활용하고 시민과 기업에 동력을 부여하고자 한다. 그런 의미에서 녹색 전환과 디지털전환을 '쌍둥이' 전환이라고 부르며, 이 두 전환을 지속 가능하고 공정하며 경쟁력 있는 미래로 나아가기 위한 초석으로 보는 것이다. JRC는 "그 잠재력을 발휘하고 부정적인 영향을 방지하기 위해 녹색 전환과 디지털전환은 선도적이고 통합으로 관리해야 한다"고 주장한다.

방법론

이 연구의 예측 과정은 철저한 문헌 검토와 전문가 참여로 이뤄졌다. EU는 지속 가능한 유럽을 위해 2050년까지 기후(탄소) 중립을 달성할 목적으로 오염, 에너지 효율성, 생물다양성, 식량 생산 등의 영역에서 유럽 그린딜(European Green Deal)이라는 야심 찬 목표와 척도를 제시하는데, 이 연구는 이 목표와 시간 지평을 맞추고 있다. 또한 경제와 가장 관련성이 높은 부문 중 농업, 건물과 건축, 에너지, 에너지 집약 산업, 교통과 모빌리티 등 가장 관련성이 큰 다섯 가지 오염 부문에 초점을 맞췄다.

쌍둥이 전환에 요구되는 기술 솔루션을 이행하는 데는 EU의 맥락적 요인

이 중요할 것이고, 이들 요인이 녹색-디지털 솔루션 활용에 어떤 영향을 끼칠지를 조사해야 한다. 이 연구는 맥락적 요인을 경제적, 사회적, 정치적 요인으로 나누고, 녹색-디지털 기술을 분석하는 동시에 성공적인 쌍둥이 전환에 필요한 핵심 요소를 확인하였다. 그리고 디지털 기술 전환의 잠재력을 장단기적 관점에서 조망하고, 디지털 기술로 가능해진 기능과 녹색 전환의 관련성을 제안하였다. 또한 디지털 기술과 녹색 기술의 결합을 모색하여 혁신적인 솔루션에 대한 통찰력을 제공할 것으로 기대하였다.

'2050 넷제로(Net Zero) 탄소유럽'의 정치적 약속은 녹색-디지털 기술혁신으로 사회가 이행하는 과정에서 지침이 되었다. 이는 앞으로 2050년까지 창의적으로 진화할 부문별 녹색 기술 로드맵을 설정하고 목표지향적인 방식으로 현재의 이슈를 끌어내는 백캐스팅적 접근방식이라고 할 수 있다. 또한 이 연구는 각 부분에 영향을 끼치는 동인과 메가트렌드에 대한 평가이기도 하다. 이 부문에는 10개의 사례연구가 포함되어 서로 다른 상호작용 유형을 소개하고 다양한 가치를 창출해 내는 국면을 다루면서 정치적 관심이 필요한 사회적·제도적·윤리적 쟁점을 제기하였다. 더불어 실천적으로는 미래 관점으로의 전환 과정에서 나타나는 역동성을 조사하고 환경적·경제적·사회적 지속가능성을 분석하였다. 이 모든 방법론은 녹색-디지털전환 과정에서의 잠재적 도전 상황을 체계적으로 분석하여 녹색-디지털전환을 가능하게 할 활동에 대한 전략적 통찰력을 제공하는 데 목적이 있다.

쌍둥이 전환의 목표

JRC 보고서는 '쌍둥이 전환'이 "녹색 전환과 디지털전환이라는 두 가지 전환이 동시에 발생하는 전환 트렌드를 의미할 뿐 아니라 두 가지 전환을 통합하여 필요한 변화를 가속화하고 요구되는 전환 수준에 더욱 가깝게 다가설 수 있게 한다"고 말한다. 이를 위해 두 가지 전환을 연계할 가능성을 적절히 이해하

면서 가장 긴급히 해야 할 일을 인식해야 한다.

녹색 전환은 다음과 같은 측면에서 고려할 수 있다. 첫째, 기후 위기와 생물다양성은 인간의 활동과 명확히 연결되어 있다. 둘째, 환경적으로 지속 가능한 생활양식과 경제로 신속하고 포용적으로 전환해야 한다. 셋째, EU는 기후와 환경 행동 분야의 리더였다. 넷째, 녹색 전환은 경제적·사회적 편익을 얻을 기회이며, 디지털전환은 사회와 경제의 미래를 형성해 나가는 지속적인 과정이다. 디지털전환에 성공하려면 안전하고 신뢰할 만하며 복원력 있는 디지털 인프라를 구축해야 한다(Joint Research Centre, 2022: 8~9).

이 두 가지 전환은 우리 사회와 경제를 변화시킬 것이다. 그러나 두 전환은 성격과 역동성 면에서 다르다. 녹색 전환을 이루려면 정치적·사회적 압력이 필요하지만, 디지털전환은 민간 부문 중심의 기술 주도적 변화 과정이므로 디지털전환이 공정하고 정의로운 녹색 전환을 달성하기 위한 도구가 되어야 한다. 많은 영역에서 녹색 전환과 디지털전환이 서로를 강화하지만, 항상 그런 것은 아니다. 정보통신기술 기반의 솔루션이 온실가스 배출을 줄이는 데 기여할 수 있지만, 디지털 인프라 구축이 에너지소비와 환경발자국을 만들기 때문이다. 그러므로 통합적인 접근 방법을 통해 두 어젠다를 별도로 추진하는 함정을 회피하는 것이 필수적이다(Joint Research Centre, 2022: 9~10).

쌍둥이 전환을 위한 맥락적 요인

녹색 전환과 디지털전환의 의의는 우리 삶의 방식을 근본적으로 변화시키는 데 있다. 다면적이고 서로 연결된 요인이 여기에 영향을 끼친다. 가령 차량 소유를 공유 차량으로 전환하기 위해서 행동과 사회적 규범의 변화가 필요한 것처럼, 기술이 준비되어 있다 하더라도 광범위한 실행은 맥락적 요인에 의존한다는 것이다. [표 2-2]은 STEEP(Society, Technology, Environment, Economy, Politics) 프레임워크 중 사회·경제·정치 요인을 정리한 것이다.

[표 2-2] **쌍둥이 전환을 위한 사회·경제·정치 요인**

요인	관련 쟁점	내용
사회 요인	사회적 수용성, 행동 변화, 정의롭고 공정한 전환	• 사람들의 용인과 지지: 사회·경제적 수용성, 시장 수용성, 커뮤니티 수용성 • 공정하고 포용적이며 정의로운 전환: 모두의 접근 가능성, 윤리적 고려 • 기술 수용성: 성공적인 녹색-디지털 솔루션의 결정 요인 • 잠재적인 예기치 않은 결과를 고려하는 솔루션과 정책(예: 에너지 비용 감소와 소비 증가) • 지속가능성과 긍정적인 변화 추구(예: 경제성장과 자원 소비와 배출의 디커플링, 쌍둥이 전환이 복지 기능을 약화한다는 오해 극복)
경제 요인	시장, 공급망, 인프라, 금융, 인적자본, 혁신 역량	• 쌍둥이 전환 관련 비용: 장기적 잠재력 연계 • 새로운 경제적 기회로서 기술혁신 • 고용과 숙련의 영향: 새로운 기술의 재교육(reskilling)(예: 디지털, 건물 리노베이션 기량) • 기술적 준비 상태에 맞는 금융투자
정치 요인	정책 결정, 거버넌스 체계, 규제 환경	• 정책과 정치 목표의 강력한 추진자: 정책결정자, 정부, 지역 조직, NGO, 민간 부문 • 글로벌 협력과 지정학적 차원

자료: Joint Research Centre(2022: 12~15)를 정리

쌍둥이 전환의 도전과 핵심 요건

JRC 보고서는 농업, 건물과 건축, 에너지, 에너지 집약적 산업, 교통과 모빌리티 분야의 10개 사례를 분석하여 쌍둥이 전환이 직면한 몇 가지 도전을 제시하고, 성공적인 전환의 기회를 만들 핵심 요건을 제시했다. JRC 보고서는 최적의 정책 옵션에 초점을 맞추기보다 도전 요인을 극복할 잠재적 조력자로서 이해 당사자들과 정책결정자들의 인식을 높이는 데 초점을 둔다.

[표 2-3] **쌍둥이 전환의 도전과 성공적인 전환을 위한 핵심 요건**

구분	도전	핵심 요건	내용
사회(S)	• 에너지 빈곤의 위험 • 녹색 보조금 접근의 불평등 • 쌍둥이 전환의 불평등한 기회 • (사회집단과 지역 간) 디지털 격차	공정한 전환	사회 전체의 편익 보장
	• 단계별 변화가 아닌 미미한 개선 • 녹색 전환을 이행할 절박감 결핍 • 환경 측면은 고려하지 않고 경제에만 초점, 습관 변화에는 주저 • 녹색 생활양식의 지위 상징을 의문시 • 기존 가치에 대한 의문	변화 필요성에 대한 사회적 몰입	공동의 행동과 가치를 변화시킬 인식과 포용적인 사회적 논의
	• 디지털 기술 관련 프라이버시 이슈 • 윤리와 감시 관련 위협 • 신기술에 대한 신뢰 부족	프라이버시와 기술의 윤리적 사용	익명화를 통한 프라이버시 보호, 절대적으로 필요한 데이터 수집 제한, 편익의 원천과 방법에 대한 최종소비자의 이해
기술(T)	• 기술 성숙도 • 불충분한 혁신 역량 • 연구와 혁신 사례 부재 • 빠르게 구식이 되는 신기술과 표준 • 인프라 미작동	혁신 인프라 이행	연구 생태계와 적절한 인프라 구축
	• 기술의 복잡성 증가 • 파편적인 기술 솔루션 • 전체 시스템에 부적합한 고립된 솔루션 • 상호운용성 부족 • 장치에 대한 기술적 신뢰 부족	일관되고 믿을 만한 기술 생태계 구축	기술의 상호운용성과 기술의 신뢰성 보장
	• 데이터 공유 거부 • 불분명한 데이터 소유권 • 관련 데이터에 대한 접근성 부족 • 사이버 보안 위협 • 데이터의 상호운용성과 신뢰성 부족 • 해석이 어려운 데이터	데이터 가용성과 보안	데이터 거버넌스 규제의 투명성 제고

구분	도전	핵심 요건	내용
기술(T)	• 녹색제품으로 수요가 전환되며 환경오염 제품 가격 하락 • 녹색과 고효율 제품이 소비를 부추기는 결과	반발 효과 회피	인식 제고, 적절한 거버넌스 체계, 시장 실패를 회피하는 시장 메커니즘
	• 디지털 기술로 실질적인 자원 생태발자국 증가 • 많은 에너지가 필요한 디지털 기술	환경발자국 감소	녹색-디지털 솔루션의 생애과정 전반에서 자원 소비, 배출, 오염 감소
경제(E)	• 부상하는 녹색-디지털 솔루션 사례 부재 • 녹색-디지털 솔루션 운영 비용 과다 • 쇠락 부문에서 옮겨 가는 기업 • 좌초 자산과 매몰 비용 리스크	시장 창출	제품의 환경 비용 내부화
	• 기존 기술의 이익(잠금효과) • 시장 진입장벽 • 대기업의 지배력 • 소기업들의 신기술 적응 역량 부족 • 소기업들이 관리하기 어려운 기술 역량 증가	시장 주체의 다양성	몇 개의 대규모 주체가 녹색-디지털 솔루션 시장을 지배하지 않는 건강한 생태계 조성
	• 디지털 기술 의존으로 지식 감소 • 디지털 기술 옵션에 대한 지식 부족 • 기량 격차	관련 기량을 가진 노동력	녹색-디지털 솔루션을 다루는 기량의 교육과 훈련
정치(P)	• 신기술 솔루션을 위한 표준 부재 • 구식 표준 • EU 외부에서 설정된 국제표준	적절한 기술 표준화	다른 기술의 상호운용성 확보, 진입 장벽 제거, 생명이 다하기 전에 쓸모없는 기술이 되는 것을 방지

구분	도전	핵심 요건	내용
정치 (P)	• 정부 수준을 넘어서고 회원국이 받아들일 수 있는 정치적 합의 부족 • 레드 테이프(Red Tape) • 혁신과 변화를 촉진하지 않는 규제	정책 일관성	불필요하고 복잡하지 않으면서도 협력과 혁신을 촉진하는 안정적인 틀로써, 정부 수준이나 지역과 관계없이 장기적으로 일관된 규제
	• 높은 투자 요구 • 공공자원을 둘러싼 경쟁	투자 전환	공공과 민간 투자를 촉진하는 규제

자료: Joint Research Centre(2022: 75~76, vii)를 정리

EU는 JRC의 보고서를 바탕으로 2050년까지 녹색 전환과 디지털전환의 상호작용과 관련하여, 기회를 강화하고 잠재적인 위험을 최소화하기 위한 핵심 행동 영역을 열 가지로 제시하였다(European Union, 2022: 27~29).

① 복원력을 강화하고, 전환 관련 주요 부문의 전략적 자율성을 확보한다.
② 전 세계적으로 쌍둥이 전환을 활성화하기 위해 노력한다.
③ 방어 능력을 강화하고 경제의 경쟁력을 유지하면서 쌍둥이 전환을 달성하기 위해 주요 물자의 공급을 전략적으로 관리한다.
④ 전환과 함께 사회적·경제적 결합력을 강화한다.
⑤ 교육과 훈련 시스템을 새로운 사회 경제적 현실에 적응시킨다.
⑥ 쌍둥이 전환을 지원하는 기술과 인프라에 추가 투자를 견인한다.
⑦ 강력하고 신뢰할 만한 모니터링 프레임워크를 구축한다.
⑧ 지속 가능한 사업 모델과 소비 패턴에 도움이 되는 미래 지향적이고 기민한 규제 프레임워크를 만든다.
⑨ 경쟁력 있는 지속가능성의 선도자로서 이익을 확보하기 위한 표준을

설정한다.

⑩ 쌍둥이 전환 기술의 잠재력을 높이기 위해 강력한 사이버 보안과 데이터 공유 프레임워크를 만든다.

◈ — 세계 은행의 '정부의 미래' 연구

개요

세계은행은 현재 세계가 변곡점에 이르렀다고 보고 있다(World Bank, 2022). 글로벌 부채 증가와 경제성장 둔화를 일으킨 코로나19 팬데믹, 대응 또는 무대응의 비용을 증가시키는 기후 변화, 엄청난 고통과 파괴를 가져온 분쟁 증가 등 예기치 못한 삼중 위기가 적절한 정책, 전달 메커니즘, 책무 등 정부의 능력을 시험하고 있다는 것이다. 이러한 상황은 '생계 안정, 번영 공유, 빈곤 감소, 지속 가능한 자연 자원 이용, 지구온난화 완화와 같은 미래'로 가느냐, 아니면 '불확실성, 불평등, 빈곤, 보건 위기, 기후 변화, 분쟁에 의한 고통의 미래'로 가느냐의 선택을 강요하고 있다.

[그림 2-6]은 극단적인 빈곤에 대한 다중 위기의 영향을 도식화한 것이다. 다중적인 위기에도 많은 나라의 정부가 여전히 시민의 기본적인 필요를 충족시키지도 거버넌스 문제를 해결하지도 못하고 있다. 코로나19 팬데믹의 영향, 기후 변화 관리의 실패, 분쟁의 증가는 중앙정부는 물론 지방정부에 이르기까지 효과적인 정부 운영의 필요성을 배가하고 있다. 세계은행은 미래에 어떤 비전이 실현될 것인지는 향후 수개월 또는 수년간 정부가 취하는 행동으로 결정될 것이라고 보고, 미래 정부를 재구성하면서(Re-Imagining) 선을 위한 변화(Change for Good)를 위한 새로운 발전 전략을 세워야 한다고 주장한다. 여기에서는 세계은행 보고서(World Bank, 2022)의 주요 내용을 요약, 정리하기로 한다.

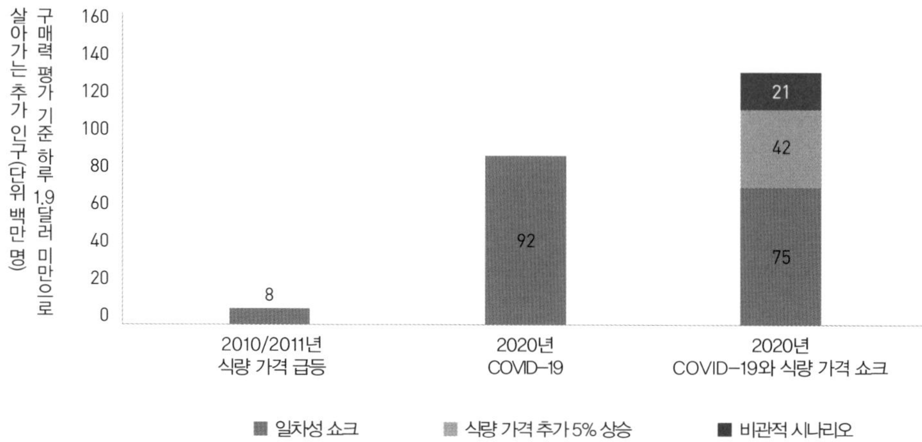

[그림 2-6] **다중 위기의 극단적 빈곤에 대한 장기적인 영향**

자료: World Bank(2022: 11)

정부의 미래 이니셔티브

세계은행의 '정부의 미래 이니셔티브(The Future of Government Initiative)'는 각국 정부가 코로나19 팬데믹, 기후 변화, 분쟁 등의 위기 상황에서 기회를 포착하고, 과거, 현재, 미래의 도전에 맞서며, 더 나은 변화를 꾀하는 것이 중요하다는 문제의식을 갖고 각국 정부가 시민을 위한 더 나은 미래를 만드는 데 도움을 주는 것을 목표를 한다(World Bank, 2022: 14). 이 이니셔티브는 세계은행 거버넌스 글로벌 실행단(Governance Global Practice)이 주도하고 조정하며, 세계은행 전체의 글로벌 실행단에서 구성한 태스크포스의 지원을 받고 있다. 이 이니셔티브는 다음 네 가지 차원의 접근 방법을 취한다.*

첫째, 정부의 미래에 관한 일련의 대화 모임을 진행하여 어떤 정부가 가능

* https://www.worldbank.org/en/programs/futureofgovernment/overview(2022년 8월 6일 검색).

할지 재구성하는 논의를 촉발한다. 2021년 5월부터 11월까지 '파괴적 논쟁(Disruptive Debates)'으로 시작된 이 논의는 다음과 같은 질문을 주제로 삼았다.

- 정부에 대한 요구와 미래 정부의 목적은 무엇인가?
- 정부의 역할은 어떻게 변할 것인가?
- 정부는 공공서비스를 어떻게 전달할 것인가?
- 정부가 어떻게 하면 더 생산적으로 바뀔까?
- 정부에 대한 시민의 신뢰는 어떻게 변화하는가?
- 정부는 미래 위기를 어떻게 준비할 것인가?

둘째, 21세기 들어 팬데믹 이전과 팬데믹 기간 중 정부가 어떻게 변화했고, 정부에 대한 시민의 기대와 요구가 어떻게 진화했는지를 조사하여 정부의 미래에 어떤 영향을 끼칠지 미래를 조망해 본다.

셋째, 정부가 과거 정부에서 미래 정부로 전환하면서 어떻게 재구성할 것인지 세계은행이 축적한 정부 관련 경험과 프레임워크를 통해 도출한다. 이 프레임워크는 다음과 같은 내용을 제안한다.

- 정부가 시민을 위해 무엇을 하고, 시민이 정부를 위해 무엇을 할지 정부가 사회계약을 검토하고 새로운 활력을 준다.
- 정부가 변화의 가능성과 기폭제를 추구하고 창출할 수 있을지를 설정한다.
- 서로 다른 수준의 정부가 서로 다른 공간에서 긴급한 여정에 나선다.

넷째, 이 프레임워크를 적용하여 각국 정부를 재구성하기 위한 과정에 착수하면서 정부가 취할 행동을 촉진하고, 고무시키며, 지원한다. 세계은행은 이 이니셔티브가 각국 정부에 권고안이나 해결책을 제공하기보다 문제를 제기하는 것이며, 나라마다 '해답'은 매우 다르다는 것을 강조한다.

21세기 정부 역사의 함의와 정부 재구성의 틀

세계은행은 21세기 정부의 역사를 간략히 검토한 뒤 지속되는 문제와 최근 몇 가지 좌절에 대해 정리했다. 과거 정부에 대한 검토에는 '거시경제의 안정성, 재정 관리, 보건, 교육, 물과 전력 서비스 제공, 빈곤과 불평등 감소를 위한 부의 재분배' 등 주요 기능에서 정부의 역할, 성취, 도전 등이 포함되었다. 과거 정부는 많은 성취에도 불구하고 효과적이지 못한 정부라는 문제를 계속 경험했고, 몇 가지 위기 요인으로 좌절을 맛보았다. 그리고 정부 역할에 대한 시민들의 기대와 정부의 재정적·인적 대응 역량을 핵심적인 요인으로 제시했다. 21세기 정부의 역사를 검토한 함의는 다음과 같다(World Bank, 2022: 42~43).

첫째, 21세기 정부가 크게 성공적이었고 지역과 글로벌 차원의 도전에 직면하여 공공서비스를 적절히 전달할 수 있다는 것을 보여 왔기에 시민들은 정부가 다시금 변화할 수 있다는 낙관론과 확신을 갖게 되었다. 둘째, 시민들은 미래의 정부가 좀 더 도전적인 목적으로 공공서비스를 전달해야 한다고 요구할 것으로 보인다. 셋째, 좀 더 제한적인 예산 범위에서 좀 더 도전적인 성과를 거두려면 역할, 전달 방법, 생산성 등을 다시 조사할 필요가 있다. 넷째, 정부는 시민에게 정당성과 신뢰를 구축하는 데 초점을 맞춰야 하고, 여기에는 오랜 거버넌스 문제를 다루는 것이 포함된다. 다섯째, 각국 정부가 서로 다른 지점에서 출발해 다른 변화 경로를 경험하기 때문에 공통된 맥락이 중요하다.

'정부의 미래 이니셔티브'는 정부가 어떻게 조직화되는지를 검토한다. 그리고 정부가 시민, 지역사회, 기업과 상호작용하는 것을 정부의 행동을 이해하는 핵심이라고 본다(World Bank, 2022: 45~50). 정부를 재구성하는 과정은 첫째, 시민들의 요구와 기대가 변화하고 증가하는 상황에 직면한 정부가 시민과의 사회계약을 검토하고 갱신하는 것이다. 이 과정은 정부의 역할은 무엇인지, 정부가 공공서비스를 어떻게 전달할 것인지, 어떻게 하면 좀 더 생산적일 수 있을지, 신뢰를 구축하려면 어떻게 해야 하는지 등 네 가지 핵심 질문으로 시작한

[표 2-4] **정부의 재구성 과정에서 과거 정부와 미래 정부 비교**

재구성 과정	질문 또는 요소	과거 정부	미래 정부
사회계약의 갱신	정부의 역할	• 제공에 초점을 맞춰 역할을 극대화 • 목적을 달성하는 데 도움이 될 지역사회와 민간 부문의 역량을 활용하는 데 실패	• 정부 역량과 함께 공공부문, 민간 부문, 지역사회가 정부의 목적을 달성하기 위해 함께 기여할 수 있는 것을 극대화 • 제공, 규제, 리더십, 조정 역할로 재구성
	전달 방식	• 시민의 이익에 주목하지 않고 내부에만 주목 • 서비스 전달과 규제를 개선하기보다 정부를 확대 • 관료제는 팽창했지만 시민의 요구는 놓치고 서비스 질은 정체	• 목적과 시민에 명확한 초점 • 누가 어떻게 전달할지 초점 • 전달 과정에서 협력과 질적 제고를 도모 • 새로운 역량 구축
	생산성 제고	• 비효율성, 낭비, 부패를 용인 • 민간 부문의 효율성에 대한 장벽 유지 • 정부의 잠재력을 마비 • 정부가 일하는 방식을 변화시키거나 그에 대해 문제를 제기하기 어려움	• 왜 비효율성이 존재하는지 확인하고 이해 • 비효율성 원인을 처리 • 적응적이며 신기술을 개척 • 규제, 노동력, 조달, 재정 할당 등 모든 영역에서 공공부문과 민간 부문의 생산성 추동
	신뢰 구축	• 비현실적인 약속 • 엘리트에 의해 포획된 의사결정 • 시민참여의 실패 • 소셜 미디어 시대의 의사소통 실패 • 규제와 서비스 전달의 일관성 부족	• 의사결정과 전달 과정에서 시민에 대한 책무를 다하기 위한 참여 보장과 대응 • 적절한 의사소통 • 기술이 제공하는 기회의 활용 • 약속 성취, 규제와 전달의 일관성 확보
적극적인 변화를 위한 긴급한 여정	변화를 위한 기회와 촉매 창출, 그리고 탐색	• 변화가 발생하기를 기다림 • 도전에 맞서기보다 수용 • 변화에 저항 • 리더십과 혁신을 억누름 • 기관과 개인이 개별 사일로에서 일함 • 상황 변화를 무시	• 변화를 유도할 권한을 가지고 연합함 • 변화를 촉진하기 위해 상황 변화와 위기를 활용 • 도전을 해결하고 극복할 기술의 잠재력 개발 • 변화 기회를 적극적으로 탐색, 창출, 활용

재구성 과정	질문 또는 요소	과거 정부	미래 정부
적극적인 변화를 위한 긴급한 여정	경로 구상	• 시민의 요구를 고려하거나 정부의 맥락, 제약, 도전을 이해하지 않은 채 약속은 과도하고, 성과는 실망스러움 • 유권자들과 상의하지 못함 • 공동 선택을 회피 • 엘리트의 편의 도모 • 부적절한 해결책 도입 • 시민의 요구에 대응하는 성과 달성에 실패	• 정부의 맥락과 역량을 이해 • 증가하는 요구에 대응 • 무엇을 할 수 있고 무엇을 달성할 수 없는지에 대한 숙의적 선택 • 지역 맥락에 맞춰 지역 문제 해결책을 발전시킴 • 중요한 이해관계의 합의 도출
	경로를 바라보며 학습하고 조정하면서 취하는 조치	• 분명한 방향감이 없고, 조정이 이뤄지지 않으며, 사일로에서의 행동으로 상황 대응 • 위험회피 • 내부에만 주목 • 실수에서 배우거나 활동을 바로잡는 데 실패	• 숙의적으로 조정하는 단계를 밟아 관련된 핵심 이해 당사자와 함께 목적지로 나아감 • 위험에 계획적으로 대처 • 진전과 실수로부터 학습 • 유연하게 대처하고 경로를 바로잡음

자료: World Bank(2022) 2장 2~3절 정리

다. 둘째, 긍정적인 변화를 도출하기 위한 다중적이고 긴급한 여정을 착수할 필요가 있다. 여기에는 변화를 위한 촉매와 기회의 창출과 탐색, 합의된 종착점을 향한 경로 구상, 경로를 바라보며 학습하고 조정하면서 취하는 조치 등의 요소가 포함된다.

미래의 정부를 만들어 갈 행동

세계은행은 미래 정부는 변화를 위해 연합하는 데서 시작할 수 있다고 제안한다(World Bank, 2022: 119~120). 정부의 중심이든, 지방정부에서든, 여러 부

문에 걸쳐서든, 정부를 재구성할 진입 지점은 모든 곳에 존재한다는 것이다. 시민의 필요에 좀 더 경청하는 것이 핵심적인 출발점이라 할 수 있는데, 지역사회, 시민사회단체, 전통 그룹, 민간단체가 참여하는 대화에 나서고, 중앙정부나 지방정부, 그리고 정부 기관과 대화를 포함하는 것이다. 현실적이고 달성 가능한 목표를 설정할 때는 재정 현실, 가용한 역량과 맥락을 염두에 두고 우선순위를 정하는 것이 핵심이라 할 수 있다.

◈ UN-Habitat의 '도시의 미래' 연구

개요

UN-Habitat(Human Settlements Programme)는 2020년 코로나19 팬데믹으로 도시의 미래에 대한 확신이 위기에 처했지만, 도시화는 여전히 21세기의 강력한 메가트렌드로 남을 것이고 적절히 계획된 도시가 지속가능한발전의 궤적에서 중심이 될 것으로 보았다. 위기 상황을 이전과는 다르게 더욱 포용적이고 안전한 녹색도시를 재건할 기회로 만들어야 한다는 것이다. 『2022년 세계 도시 보고서(World Cities Report 2022: Envisaging the Future of Cities)』에 '도시의 미래 상상하기'라는 부제가 붙은 것은 지속 가능한 도시의 미래를 준비해야 한다는 점을 강조한 것이라 할 수 있다. 여기에서 이 보고서를 요약, 정리하기로 한다.

『세계 도시 보고서』는 각국 정부가 제공하는 공식 데이터와 Global Urban Observatory Cities가 수집하는 정보를 바탕으로 작성된다. 2022년은 최악(High Damage), 비관(Pessimistic), 낙관(Optimistic) 등 도시 미래에 관한 세 가지 가능한 시나리오를 제시하고, '최악의 시나리오를 회피하며 협력적이고 적절히 조정된 효과적인 다각적 개입'으로 낙관적 시나리오를 만들어 갈 것을 강조

한다. 현재 도시 위기에 적절히 대응한다면, 전 세계가 도시의 우선순위를 다시 세워 번영과 포용을 공유할 수 있다고 한다.

『2022년 세계 도시 보고서』는 UN 지속가능발전목표(Sustainable Development Goals, SDGs) 수립 직후 개최된 2016년 Habitat Ⅲ 총회의 '새로운 도시 의제(New Urban Agenda, NUA)'를 지역화하고 효과적으로 이행한다면, 지속가능한 발전목표와 상호 관련된 요소를 통합할 프레임워크로 작동할 것이라고 주장했다. 그리고 다음과 같은 포용적이고 전환적인 정책이 지속 가능한 도시의 미래를 결정할 것이라고 제시했다. ① 빈곤과 불평등을 근절하기 위한 포용적이고 전환적인 정책, ② 모두를 위한 기회를 제공하는 도시 경제의 생산, ③ 지속 가능한 소비와 생산 양식을 위한 녹색 투자 창출, ④ 대응적인 도시계획 추구, ⑤ 협력적이고 통합적인 거버넌스 이행, ⑥ 공중보건 우선시, ⑦ 포용적인 혁신과 기술 활용, ⑧ 다차원의 복원력 구축 등이 그것이다.

새로운 도시 의제

2016년 9월 에콰도르 키토에서 개최된 Habitat Ⅲ 총회에서는 향후 20년 지속 가능한 도시 발전을 이끌어 갈 가이드라인으로 새로운 도시 의제(NUA)가 채택되었다. 이는 도시가 기후 변화뿐만 아니라 경제, 사회, 환경 문제의 해결책이면서 동시에 새로운 동력임을 천명한 것이라 할 수 있다. NUA는 도시권(Right to the City) 개념을 통해 도시 공동의 비전을 제시했는데, 모두에게 동등한 기회와 권리를 부여하는 것을 골자로 한다. 그뿐만 아니라 구체적인 행동 지침으로 지속 가능한 도시를 위한 전환적 사명, 효과적인 이행, 후속 조치와 검토 등 이행 계획을 제시하였다.

[표 2-5] **새로운 도시 의제(NUA)의 내용 요약**

모두를 위한 지속 가능한 도시와 인간 정주를 위한 키토 선언		
서문	• Habitat Ⅲ에서 NUA 채택과 2050년까지의 도시화 규모 • Habitat 회의의 역사와 도시의 역할, 그리고 NUA의 역할 • 관련 회의와 선언문에 대한 인정과 계승 • 2차 세계지방정부 총회를 통한 지방정부의 기여 인정 • NUA와 SDGs의 연계 강조	1~10쪽
우리 모두의 비전	• 도시권을 보장하는 도시 • 모두에게 적절하고 동등한 기회와 권리를 부여하는 도시 • 우리가 바라는 도시 모습	11~13쪽
우리의 원칙과 사명	• NUA 채택 원칙에 대한 결의(경제, 사회, 환경적 포용성) • NUA를 통한 도시 패러다임 전환 약속(중앙·지방 파트너십, 모든 이해관계자와 소통을 통한 거버넌스, 통합적·장기적 목표 설정, 투명한 재정과 회계	14~15쪽
행동 지침	• 모든 국가와 도시가 채택해야 할 보편적 지침으로서 NUA • 각국 상황, 역량, 관습을 존중하며, 같지만 다른 수준의 책임 원칙 확인 • 개도국과 특별히 어려운 국가, 취약층에 대한 특별한 관심 • 지속 가능한 도시를 위한 공통 비전이자 정치적 약속으로서 모든 수준의 정부와 이해 당사자의 협력 촉구	16~22쪽
새로운 도시 의제를 위한 키토 이행 계획		
A. 지속 가능한 도시 발전을 위한 전환적 사명 공약		
사회	• 사회적 포용과 빈곤퇴치를 위한 지속 가능한 도시 발전 (공공공간, 교통, 문화유산)	25~42쪽
경제	• 모두를 위한 지속 가능하고 포용적인 도시 번영과 기회 (도시와 농촌의 연계)	43~62쪽
환경	• 환경적으로 지속 가능하고 회복력 있는 도시 발전 (취약성, 회복력, 센다이 프레임워크)	63~80쪽

새로운 도시 의제를 위한 키토 이행계획		
B. 효과적인 이행		
거버넌스	• 도시 거버넌스 체계: 지원체계 수립 (중앙, 지방, 이해 당사자)	85~92쪽
도시계획	• 도시 공간개발 계획과 관리 (교통, 재해 예방, 안전, 폐기물, 식량, 문화유산, 도농 연계)	93~125쪽
이행 수단	• NUA 구현을 위한 환경 여건 지원 (재정 체계, 국제 네트워크를 통한 교류와 역량 강화)	126~160쪽
C. 후속 조치와 검토		
보고서	• SDGs 점검 체계와 연계, 지방정부와 이해 당사자의 협력 • 71차 UN 총회에서 UN-Habitat 지위와 역할 확인, 거버넌스 체계 개선 제안 • 2026년 추진 상황 점검과 2036 Habitat Ⅳ 개최 약속	161~175쪽

자료: 이클레이 한국사무소(2016: 1) 수정

코로나19 팬데믹의 교훈

도시가 코로나19 팬데믹을 통해 얻은 교훈은 '도시는 역동적이고 예측 불가능한 미래를 준비해야 한다'는 것이다(UN-Habitat, 2022: 8).

첫째, 팬데믹은 각국의 국경 봉쇄에도 영토의 경계를 넘어섰다. 전염성이 높은 질병은 어떤 곳에서 발생하더라도 모든 곳에 위협이 될 수 있다는 것을 보여 준 것이다. 이에 대한 대응은 연대, 상호 존중, 협력의 정신으로 각국과 지역의 노력을 보완하고 강화하는 다차원적인 협력이라야 글로벌 위협에 효과적으로 대응할 수 있을 것이다.

둘째, 적절히 계획된 도시가 전염 확산을 잘 관리할 수 있었다. 여기에는

주거지 밀도 관리, 접근성 향상, 도시 스프롤 제한, 공공녹지 제공 등이 포함된다. '사람들의 건강과 복지를 위해 사회·공간적인 형평성과 적절히 갖춰진 녹색의 근린 공간을 촉진하는 통합적인 도시계획'이 미래를 위한 적응과 복원력 확보를 위해 중요하다.

셋째, 단일한 정부 수준은 물론, 단일 부처나 부서 또는 기관 차원에서는 단독으로 팬데믹 상황에 대처할 수 없었다. "역동적이고 예측 불가능한 도시 미래에 직면할 때 가장 효과적이고 효율적인 도시 거버넌스의 프레임워크는 미시 수준(근린)에서 중범위 수준(부문)과 거시 수준(권역 또는 글로벌)에 이르는 다수의 이해 당사자가 협력하는 다차원적인 거버넌스"임이 입증되었다.

넷째, 팬데믹에 효과적으로 대응하려면 보건 영역을 넘어 폭넓은 관점으로 팬데믹을 정의해야 한다. '위험과 취약성을 악화시키는 사회 경제적 · 정치적 · 인조 환경의 요인을 인식'해야 한다. 사회·공간적 불평등이 도시 서비스 격차로 이어졌으며, 바이러스 확산을 억제하는 데 약한 고리로 작동했다. 복원력 있는 도시의 미래를 위해서는 이러한 격차를 좁히고, 다차원적인 도시 빈곤, 그리고 '물, 위생, 기초 보건, 적정한 주택, 디지털 도구'에 대한 불평등한 접근성을 다루지 않으면 안 된다.

다섯째, 팬데믹 이후 도시는 우리가 바라던 미래도시의 모습이 아니다. 긴급하게 팬데믹 대응하며 도시의 일상생활이 급격히 변화한 것 같지만, '녹색의 포용적이고 지속 가능한 도시의 미래'를 실현하기 위해서는 '지역의 맥락에 맞고 적절한 자원이 뒷받침되는 장기간에 걸친 전환적 개입'이 요구된다.

이 보고서는 도시의 미래가 다양한 도시 맥락과 불가피하게 연계된다고 주장한다. 여기에는 도시화의 본질과 범위, 인구통계학적인 규모, 사회·공간적 정주 형태, 경제 구성과 세계경제의 연계, 비공식성의 정도, 문화, 지역의 도전, 정치적·제도적 지역 시스템 등이 포함된다(UN-Habitat, 2009). 그리고 이 보고서는 선진국과 개도국으로 구분하여 도시의 미래를 위한 우선순위 문제를 다루고 있다. 선진국의 우선순위는 불평등과 사회적 배제, 기후 변화와 환경문제,

문화 다양성, 노후화된 도시 인프라, 인구 소멸 도시, 고령화, 경제적 재구조화 등이 포함된다. 개도국은 빈곤과 불평등, 인프라, 주택, 슬럼가 문제, 기후 변화, 청년층 팽창, 보조 도시(Secondary Cities) 투자 등이 포함된다.

도시 미래 시나리오와 지속 가능한 도시 미래 경로

이 보고서는 도시 빈곤과 불평등, 도시경제, 도시 거버넌스, 기후 변화(지속 가능한 생산과 소비), 도시계획, 공중보건, 혁신과 기술, 복원력 구축 등 핵심 주제의 주요 트렌드를 분석하여 도시 미래를 '최악의 시나리오(The High Damage Scenario)', '비관적 시나리오(The Pessimistic Scenario)', '낙관적 시나리오(The Optimistic Scenario)'로 구분했다. 최악의 시나리오는 도시 미래에 재앙적인 결과를 초래하는 것으로 코로나19 팬데믹, 글로벌 차원의 경제적 불확실성, 환경 문제, 전쟁과 분쟁 등이 도시에 영향을 끼치는 것이다. 비관적 시나리오는 도시와 도시 정부가 팬데믹 이전의 상황으로 돌아가 기존 접근 방법을 답습하는 것을 상정한다. 낙관적 시나리오는 NUA를 SDGs 달성의 프레임워크로 적극적으로 활용하고 이행하여 협력적인 정책을 추진한다는 비전이다. [표 2-6]은 도시 미래에 대한 세 가지 시나리오를 정리한 것이다.

Leowe et al.(2021: 6)은 사회계약은 정부가 다음과 같은 '3Ps'로 요약될 수 있는 항목을 제공하게 하는 것이라고 주장했다. 첫째, 보호(Protection)는 국가 차원의 집단 안보, 범죄나 정치 공격 같은 물리적 위협으로부터 개인 안보, 특히 인권과 시민권 관련 법과 법 집행과 관련한 법적 보장을 포함한다. 둘째, 기본 서비스의 제공(Provision)은 자원의 접근성, 인프라, 사회서비스, 경제적 기회 등을 포함한다. 셋째, 모든 시민의 참여(Participation)는 다양한 차원의 정치적 의사결정 과정에 참여할 수 있게 하는 것을 말한다.

UN-Habitat는 도시와 팬데믹 상황에서 '보편적 기본소득, 보편적 의료혜택, 보편적 주택과 기본 서비스' 형태로 새로운 사회계약을 주창한다. 도시가

[표 2-6] **도시의 미래 시나리오**

<table>
<tr><th>핵심 주제</th><th>현재 도시 트렌드</th><th>최악의 시나리오</th></tr>
<tr><td>도시 빈곤과 불평등</td><td rowspan="3">• 도시의 주요 특징으로 도시 빈곤과 불평등
• 도시경제는 특히 개도국 도시에서 쇼크와 스트레스에 취약
• 다중의 복잡하고 서로 연결된 도시의 도전을 다루기에 파편적이고 약한 제도적 틀
• 도시 보건 불평등 지속</td><td rowspan="6">• 빈곤 지역의 개발 이익 역전으로 SDGs 목표를 빗나감
• 큰 타격을 받는 수백만의 여성, 아동, 이민자, 난민, 원주민, 기타 사회약자가 극빈 상태에 빠질 우려
• 정치적 격변과 팬데믹이 빈곤과 식량 불안을 극단적으로 증폭
• 빈곤 지역에서 슬럼 같은 상황이 크게 확산되어 수백만이 공중보건 위기에 노출
• 기후 비상 상태가 재앙으로 이어져 도시 위기를 추가로 일으키고, 기후 복원력 구축 실패로 도시경제에 피해</td></tr>
<tr><td>도시경제</td></tr>
<tr><td>기후 변화와 도시</td></tr>
<tr><td>도시계획</td><td rowspan="3">• 개도국에서 도시계획 관리 미흡
• 급속한 도시경제의 ICT 채택으로 디지털화와 디지털 불평등 창출
• 특히 연안 도시와 복원력이 약한 도시에서 기후 위기로 인한 인프라 손상과 생계 문제가 도시경제에 영향
• 슬럼가를 포함해 빈곤 가정과 공동체가 복원력에 악영향을 미치는 다양한 쇼크와 위험에 크게 영향받음</td></tr>
<tr><td>도시 보건</td></tr>
<tr><td>도시 거버넌스</td></tr>
</table>

<table>
<tr><td>혁신과 기술</td><td rowspan="2">〈공통사항〉
• 더 나은 도시 미래를 위한 핵심 행동
• 다중 위기에 대한 빈국들의 도시 복원력 구축을 지원하는 집단적·협력적·다차원적 개입
• 도시 빈곤과 불평등 악화를 다룰 재분배 정책을 이행하기 위한 제도와 거버넌스 개혁
• 기후 복원력 우선시, 복원력 있고 지속 가능한 도시 미래를 위한 녹색화: 복원력 구축이 전향적·다부문적이며 모든 이해 당사자, 특히 빈곤층과 취약층을 포용해야 함</td></tr>
<tr><td>도시 복원력 구축</td></tr>
</table>

비관적 시나리오	낙관적 시나리오
• 비공식 노동자 착취와 끊임없는 배제, 체계적인 차별, 도시개발 의제에서 도시빈민 배제 등으로 특징지을 수 있는 '오래된 나쁜 거래(Bad Old Deal)' • 크게 약화된 도시경제 • 도시가 빈곤, 낮은 생산성, 건강하지 못한 삶의 조건이라는 순환구조에 고착되어 수십 년간 불평등의 함정에 빠질 우려 • 이미 사회약자인 그룹(이민자와 난민, 슬럼 거주자, 홈리스, 여성, 아동, 원주민 등)에게 '새로운' 형태의 도시 취약성이 불균등하게 영향을 줌	• SDGs 목표와 새로운 도시 의제를 달성하려는 공동의 노력과 전환적 행동 • 도시계획과 개발, 도시 거버넌스, 기술 기반 프로젝트, 기후 행동 계획에서 가장 취약하고 약자인 사람들에게 우선순위를 둠 • 도시가 공평하고 포용적이며, 생산적이고, 녹색 공간이 많고, 콤팩트하며, 걷기 좋고, 건강할 것을 장기적으로 기대하는 바람직한 결과, 지속 가능한 도시화에 관련된 국제 개발의제가 요구하는 복원력 있는 도시개발
↑	↑

• 복원력 있는 도시경제와 생산적인 도시 미래를 향한 투자
• 대응적이고 지속 가능한 도시계획 역량 구축
• 특히 슬럼과 비공식 주거지 같은 취약 지구에서 공중보건과 도시 개입을 강력히 연계

자료: UN-Habitat(2022: 18)

팬데믹 영향으로부터 회복하는 것은 이전과는 다른 재건으로서, 지속 가능한 도시의 미래를 위한 제안이라 할 수 있다. 이를 위해 새로운 사회계약은 "모든 사람이 고유한 존엄과 권리를 가진 인간 사회의 공통 의제"를 표현하는 것을 핵심으로 한다(UN-Habitat, 2021; 2022: 22).

21세기 도시화는 단일한 경로가 아니라 다양한 위협을 비롯하여 서로 다른 경로를 통해 성장하고, 여러 미래로 이어지게 된다. UN-Habitat는 빈곤과 불평등 근절을 위한 포용적이고 전환적인 정책, 모두를 위한 기회를 제공하는 도시경제의 생산, 녹색 투자와 지속 가능한 소비와 생산량 창출, 대응적인 도시계획의 프레임워크 설정, 협력적이고 통합적인 도시 거버넌스 체계 이행, 공중보건의 우선순위, 포용적인 혁신과 기술 활용, 복원력 구축 등을 위한 통합적인 틀로서 NUA를 효과적으로 이행하고자 한다(UN-Habitat, 2022: 24).

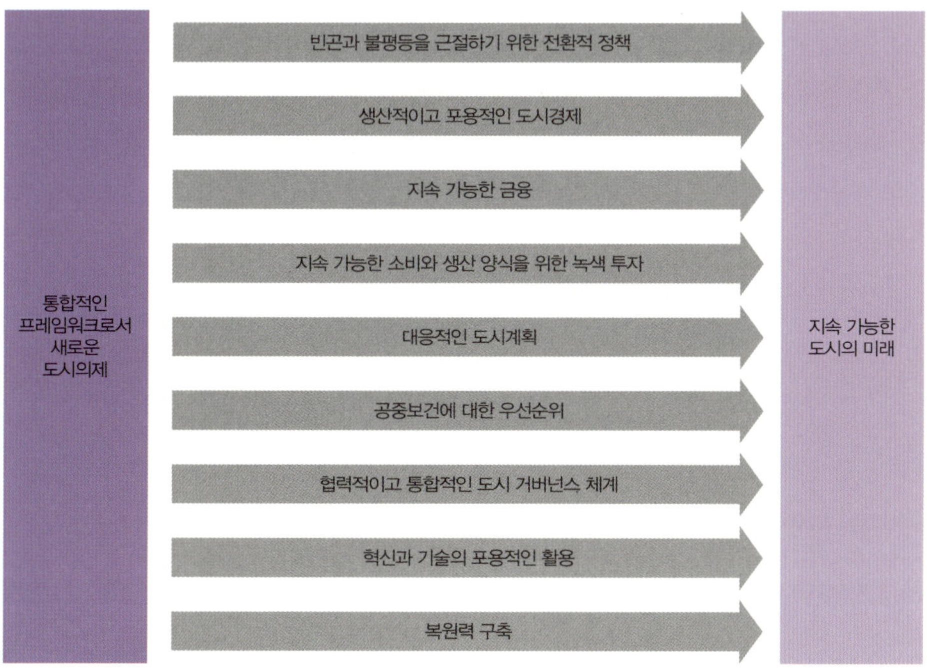

[그림 2-7] **지속 가능한 도시 미래로의 경로**

자료: UN-Habitat(2022: 24)

◈─IFTF의 '초연결 사회' 연구

개요

미래연구소(Institute for the Future, IFTF)는 세계 포사이트 교육과 미래 연구를 선도하는 조직이다. 1968년 RAND연구소에서 분사한 IFTF는 캘리포니아주 팔로알토(Palo Alto)에 있다.* IFTF는 미국국가정보국(The Office of Director of National Intelligence)의 지원을 받아 연구한 『2030~2040 초연결 사회(The Hyperconnected World of 2030~2040)』를 2020년에 발표했다. 여기에서는 이 보고서를 요약, 정리하기로 한다.

IFTF는 최근 5G가 도래하여 새로운 고속 네트워크만 강조될 뿐 5G 이후의 세계는 그다지 연구가 많이 되지 않았다는 데 문제의식을 두었다. IFTF는 초연결 세계(The Hyperconnected World)를 "정상적이고 일상적인 사회 기능이 고도로 신뢰할 만하고 거의 지연되지 않는 연결성을 가진 수십억 개의 디바이스에 의존하여 5G 네트워크가 광범위하고 세계적으로 활용되는 미래"(IFTF, 2020: 1)라고 말한다. 즉 초연결 세계란 '더 많은 데이터, 더 많은 디바이스, 이들 간의 더 많은 상호작용'이 일어나는 세계를 의미한다.

이 보고서는 초연결 세계를 다음 여섯 가지로 예측한다(IFTF, 2020: 1~2).

첫째, 초연결 세계는 사회적·정치적 영향에 의해 정의될 수 있는데, 근간이 되는 기술 이상이기 때문이다. 초연결성(Hyperconnectivity)의 영향은 사이버 보안과 프라이버시에 대한 영향은 물론 글로벌 금융기관과 노동시장의 권력 재편을 초래할 수 있을 만큼 현재의 사회·기술적 도전을 넘어서는 것이므로 더욱

* RAND연구소(American Research and Development Corporation, RAND Corporation)는 미군 연구와 분석을 위해 1948년 더글라스항공사(Douglas Aircraft Company)가 만든 비영리 글로벌 정책 싱크탱크다. 본사는 캘리포니아주 산타모니카(Santa Monica)에 있다. 1968년 분사 당시 IFTF는 코네티컷주 미들타운(Middletown)에 설립되었다.

순조롭게 다룰 수 있게 준비해야 한다.

둘째, 초연결 세계에서 사이버 보안은 대단히 어려운 도전(A Herculean Challenge)이 될 것이다. 연결된 개인, 기관, 국가의 취약성이 증가할 것이기 때문이다.

셋째, 초연결성은 엄청난 의료 발전의 가능성을 제공한다. 웨어러블과 내과용 디바이스를 비롯하여 센서 디바이스 연결이 핵심 요인이 될 것이다.

넷째, 실감형 환경이 인간과 기술의 상호작용에 새로운 인터페이스를 제공한다. XR(Cross Reality, 크로스 확장 현실)과 대화형 컴퓨팅이 더욱 확산되어 디바이스와 UX(User Experience, 사용자 경험)에 엄청난 전환을 가져올 것이다.

다섯째, 미래지향적인 연구가 수월하게 초연결 세계로 전환할 가능성을 열어 준다. 철저한 미래 연구를 통해 초연결 미래에 대한 포사이트를 창출한다는 것이다. 이를 통해 미래를 만들어 갈 기술적·사회적 힘에 대한 통찰력을 얻고, 바람직하고 전 세계에 이익이 되는 초연결 미래를 형성할 행동을 취할 수 있게 한다.

여섯째, 초연결 세계에서 개인, 국가, 민간 기업이 모두 더 많은 힘을 얻게 될 것이지만, 그중 민간 기업들이 가장 많은 힘을 얻게 될 것이다. 민간 기업들이 거버넌스 규범에 도전하고 정부에 데이터를 제공하지 않는 일이 많아지면서 소송도 빈번해질 것이다.

초연결 세계의 핵심 요소

IFTF는 전문가 워크숍과 IFTF의 예측 기법을 활용하여 초연결 세계의 핵심 요소를 대화형 컴퓨팅과 AI 실감형 사용자 경험, 그리고 로봇, 드론, 웨어러블 로봇(Exoskeletons), 자율주행차(Autonomous Vehicles)와 극강의 네트워크 능력(Extreme Network Capabilities) 등 네 가지로 도출하였다.

첫째, 대화형 컴퓨팅은 개인화되고 유비쿼터스 시대를 연다. 각 개인이 주

요 중계자(Proxy)로 작동하는 단일한 대화형 에이전트를 가진 시스템으로 나아가는 것이 하나의 경로이고, 영역별(개인, 가정, 자동차, 직장 등) 다양한 대화형 에이전트를 갖는 시스템이 또 다른 경로가 될 수 있다. 자연어이해(Natural Language Understanding, NLU) 시스템이 인간과 유사해지고, 온 디바이스(On-device) 처리 과정이 대화형 시스템에서 프라이버시를 향상시킬 수 있는 잠재 수단이 된다. 또 대화형 에이전트가 사용자의 생활과 성격에 적응하게 되며, 초연결성이 전문 영역과 교육환경에서 시맨틱웹(Semantic Web)을 가능하게 한다.

둘째, VR(Virtual Reality, 가상현실), MR(Mixed Reality, 혼합현실), AR(Augmented Reality, 증강현실), 홀로그램, 프로젝션 매핑(Projection Mapping) 등 실감형 사용자 경험이 더욱 발전한다. 실감형 XR이 세련된 무선 디바이스에 빠르게 확산되고, 주변 환경에 대한 데이터베이스와 SLAM(Simultaneous Localization and Mapping, 동시 위치 추정과 지도작성)이 급속히 발전한다. 이에 따라 특히 합성 미디어 영역에서 민주적 의사소통 이슈가 등장한다.

셋째, 로봇, 자율주행차, 드론 등이 발전하며 전체 이동 수단이 다양해져 좀 더 민첩한 인간을 만들고, 컴퓨터가 통제하는 패키지 전달 수단을 비롯해 전문화 수준을 높일 것이다. 드론과 로봇이 산업 영역에 확산되면서 로보타리아트(Rob-Tariat) 시대가 열리고, 로봇과 로봇휴먼 하드웨어가 일상생활을 향상시킨다.

넷째, 빠르고 신속하고 적응적이며 다재다능한 네트워크의 발전이다. 도시와 농촌 환경에서 다양한 초연결 경험이 확대될 것이다. 이에 따라 좀 더 크고 밀도 있게 연결된 네트워크의 사이버 보안이 문제가 된다. 그리고 개인 프라이버시 제품군이 성장하면서 개인 데이터 침해도 증가하게 될 것이다.

기술 발전과 도시 변화*

기술 발전은 인류의 삶 전반에 지대한 영향을 미쳐 왔으며, 최근에는 4차 산업혁명, 디지털 대전환 등의 트렌드와 더불어 그 영향이 도시를 구성하는 다양한 부문에서 동시다발적으로 더욱 커지고 있다. 이러한 동인은 수송, 운반 등 교통인프라의 비약적 발전을 촉발해 경제성장과 생산성 향상에 기여하였다. 그리고 5G, 빅데이터, 사물인터넷, 인공지능 등 초연결 기술혁신은 자원 소비의 효율성을 높이고 교통체증 개선, 에너지소비의 효율성을 향상시키는 등 도시화로 발생하는 도시의 고질적인 문제를 해결하고 있다. 반면 이러한 기술 발전은 도시의 비대칭적 성장, 획일화, 기술 접근성 격차로 인한 사회 불평등을 조장하면서 도시의 거대화, 지방 도시의 소멸을 촉진하는 등 다른 부정적 결과도 함께 양산하고 있다. 또한 기술 발전에 의한 도시 변화를 뒷받침할 수 있는 도시의 환경·인프라·법규 등 각종 시스템의 개선 속도가 작금의 비약적 기술 발전 속도를 따라가지 못하면서 이러한 기술 발전이 도시에 미치는 양면성은 더욱 두드

* 기술 발전과 도시 변화는 KAIST 문술미래전략대학원 김승겸 교수의 원고를 받아 작성하였다.

러지고 있다. 이에 기술 발전이 미래도시에 미칠 수 있는 양면성을 도시 형태와 공간, 주거·인프라·교통, 기후 변화·환경정의 측면에서 심층적으로 고찰하여 지속 가능한 미래도시를 위한 정책 의제를 도출하고자 한다.

◈—기술 진보가 가져온 도시 형태와 공간 변화

역사적으로 기술의 진보는 경제 변화로 이어졌고, 그 변화는 사회적, 인구학적 변화를 수반하면서 도시 구조와 형태에 영향을 미쳤다(Shieh, 2012). 18세기 중반에 시작된 1차 산업혁명은 농업 기반 생산 경제를 증기기관을 이용한 공장 체계로 변화시켰다. 당시 농업 생산성 향상으로 농촌의 잉여 노동력이 더 나은 경제적 기회를 위해 공장지대로 대거 이주하면서 산업도시의 건설이 촉발되었다. 그 결과 도시에 대규모 주거 지대가 출현하였고, 주거 지대는 입지 조건에 따라 가치가 달라지면서 토지이용의 변화를 가져왔다. 가정이 작업장 역할을 했던 전 산업도시(Preindustrial City)에서 직업별 클러스터에 의해 거주지의 차별화*가 이루어졌다면, 산업도시에서는 공장의 출현으로 직장과 가정이 공간적으로 분리되면서 노동자가 거주할 수 있는 주거 지대가 형성된 것이다(Knox & Pinch, 2014). 그러나 공장 주변의 주택과 기반 시설 공급량이 도시 인구의 급속한 증가를 따라가지 못했기 때문에, 심각한 주택 부족을 겪어야 했고, 상당수 농촌 이주자는 기술 부족으로 바로 일자리를 얻지 못할 때 재정적인 어려움이 가중되면서, 결국 가난한 이주자들은 토지 가격이 낮은 지역에 밀집하게 되었다. 그러나 교통수단 부족으로 노동자들이 공장 근처에 정착해야 했기

* 전 산업도시에는 장인 길드(Guild)의 경제적·사회적 상호 관계에 의해 유사한 직종의 장인들이 특정 공간에 집적되면서 도시 구조가 형성되었고, 장인 거주지 외곽에 하층계급이 거주하고, 도시 중심부에는 엘리트 계급의 거주지가 형성되는 특징이 있다(Vance, 1971; Knox & Pinch, 2014).

때문에, 공장 주변에 빈민가(Slum)가 형성되었다. 이들의 열악한 거주환경은 전염병, 범죄 등을 일으키면서 여러 도시문제를 발생시켰다.

이후 전기에너지를 산업에 적용한 2차 산업혁명 시대가 도래하면서 공장은 대량생산이 가능해졌고, 이를 기반으로 도시는 농촌에 비해 더 큰 경쟁력을 갖게 되었다. 도시 유입 인구가 계속 증가하면서 도시는 꾸준히 확장되었고 밀도가 높아졌으나, 이를 뒷받침할 만한 도시계획이나 정책이 없어 도시의 과밀화, 슬럼화 현상은 더욱 두드러졌다. 이러한 추세는 기술 분업으로 생산 효율성을 개선하여 대량 생산과 소비를 실현한다는 포드주의(Fordism) 경제 모델과 더불어 20세기 초 절정을 이루면서 대형 공장, 대규모 노동력, 대규모 도시 위주로 도시체계가 개편되기 시작했다(Roost & Jeckel, 2021). 그러나 당시 대량생산과 소비 경제가 더 많은 화석연료를 소모하고, 자원을 고갈시켰으며, 많은 산업폐기물을 발생시키면서 에너지와 생태환경의 위기를 초래했다.

당시 산업화로 생긴 이런 도시문제를 통제하기 위해 근대 건축·도시계획·조경의 거장들은 다양한 미래도시를 구상하였다. 프레드릭 로 옴스테드(Frederic Law Olmsted)는 대도시의 인간성을 회복하고 도시의 난개발을 방지하기 위해 도시공원을 제시하였고, 뉴욕의 센트럴파크를 설계하면서 근대 공원의 기틀을 마련하였다. 같은 맥락에서 테일러(G. R. Taylor)는 대도시 지역의 팽창을 막기 위해 대도시 외곽 소도시로 공업을 분산시키는 위성도시를 제안했다. 비슷한 시기에 프랑스 건축가 르 코르뷔지에(Le Corbusier)는 격자형 대도시 구조에 주거의 고층화, 입체적 교통체계를 적용해 도시의 열린 공간을 확보하는 '빛나는 도시(Ville Radieuse)'를 제시하면서 과밀화된 도시문제를 해결하려 하였다. 초기 산업 자본주의가 잉태한 여러 사회적 왜곡 현상을 해결하고자 제시됐던 이러한 아이디어는 점진적으로 공장을 도시 외곽으로 밀어냈고, 포드주의 시대 공장이 철거된 뒤 남겨진 부지는 다른 용도로 전환되면서 도시재생이 주목받게 되었다. 이 시기 제인 제이콥스(Jane Jacobs)는 도시의 번영은 유기적으로 다양한 요소가 상호작용하는 과정에서 발생한다고 주장하면서, 도시를 활력

있는 창조적 공간으로 만들기 위한 조건으로 용도의 복합, 가로환경과 건물의 다양성, 인구 밀집을 제시하는 등 도시의 다양성과 창조성을 강조하였다(신정엽, 2019). 20세기 이후, 교통인프라와 자동차 산업의 비약적 발전은 이동의 고속화와 광역화를 가능하게 하면서 도시 공간을 수평적으로 확장시켰고, 차량 중심의 미국식 도시계획이 정착된다(정지훈, 2016). 건축 기술의 발달은 고층 빌딩 건설을 가능하게 했고, 그로 인해 도시 밀도가 더욱 증가하면서 빽빽한 빌딩 숲으로 대변되는 현대 도시 경관의 틀을 구축한다. 도시의 입체화와 더불어 도시 환경을 개선하기 위해 도입된 각종 위생과 환경 관련 제도는 상하수도를 비롯한 도시 설비의 발달을 촉진하면서 도시 공간의 확장뿐만 아니라, 도시의 질도 향상시켰다(대한국토·도시계획학회, 2014).

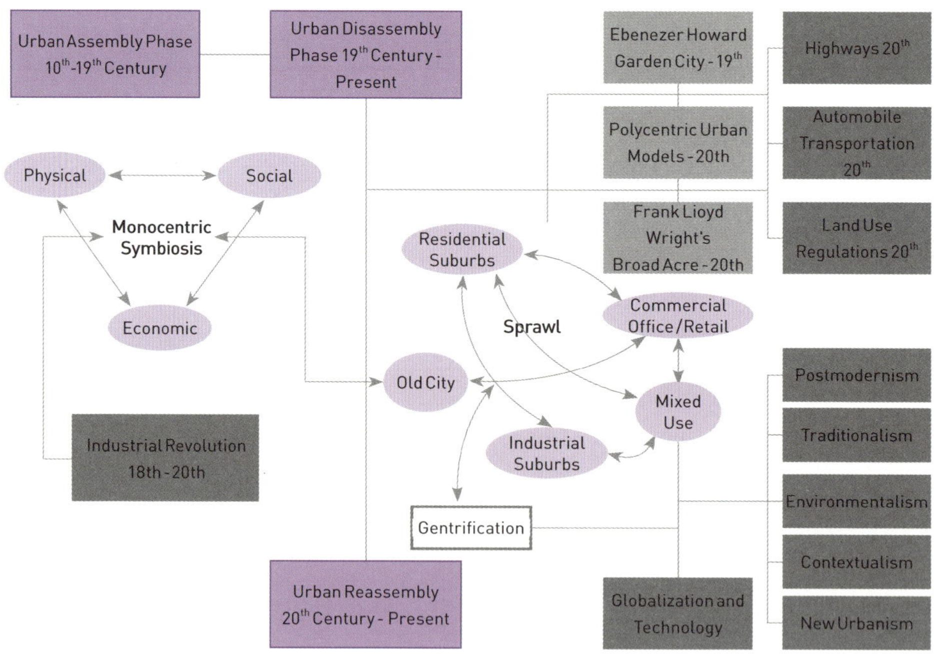

[그림 2-8] 기술 진보와 도시개발 단계

자료: Kashef & El-Shafie(2020)의 [그림 11] "Research framework for urban development stages"을 재구성(https://ars.els-cdn.com/content/image/1-s2.0-S2095263519300986-gr11_lrg.jpg)

20세기 중반 이후, 3차 산업혁명이 도래하면서 도시는 또 한차례 큰 변화를 맞는다. 통신 기술과 컴퓨터가 발전하여 도시 기능이 첨단화·초광역화되면서 거대 도시가 생기기 시작했다. 공간 관점에서 보면, 과거 대면접촉에 의한 정보수집과 경제활동을 쉽게 하기 위해 강화된 단핵 구조 입지 패턴은 정보화 기술의 발전으로 물리적 공간의 벽이 허물어지면서 교외 도시를 발전시켰다. 그러나 도시 내부구조가 다핵화되고 도심과 교외 지역이 기능적 통합을 이루면서 더 큰 경쟁력을 확보하기 위해 도시가 더욱 거대해지게 된 것이다(임석회, 2005).

최근에는 디지털 기술이 혁신적으로 발전하며 4차 산업혁명이 도래했다. 인공지능, 클라우드 컴퓨팅, 사물인터넷 등의 기술로 대표되는 이러한 디지털 기술의 첨단화는 네트워크화된 연결망에서 경제활동에 필요한 시간과 장소의 물리적 경계를 더욱 모호하게 만들면서, 전통적인 토지 용도 구분의 경계를 허물고 있다. 원격근무, 온라인 수업, 전자상거래 등을 가능하게 하는 디지털 인프라가 발전하고 서비스 수요가 증가하면서 업무, 상업 활동, 교육 등을 주거 공간에서 해결할 수 있게 되었다. 이러한 공간의 융복합화는 출퇴근 등 이동시간을 절약하게 해주므로 업무 효율성을 개선하고, 이동하며 발생할 수 있는 배기가스 등을 줄여 인류에게 더 편리하고 쾌적한 환경을 제공할 것이다.

그러나 단순 반복 업무가 인공지능과 로봇으로 대체되고, 비숙련 노동자들의 일자리가 위협받으면서 노동시장의 양극화, 부의 양극화가 심화되고 있다(정창무, 2017). 또한 엄청나게 증가하는 디지털 수요에 상응하기 위해 통신망 증축, 데이터센터 증설 등이 기하급수적으로 이루어지고 있다. 이에 따라 에너지소비량이 현격히 늘어나면서 온실가스 배출 총량이 증가하여, 기후 변화에도 상당한 악영향을 미치고 있다. 다시 말해 과거 1, 2차 산업혁명이 발생시킨 환경, 위생 문제 등과 같이 기술 발전은 또 다른 형태의 도시문제를 양산할 수 있다는 것이다.

이렇듯 기술 진보는 도시 공간의 집중과 분산을 반복하면서 도시의 형태와 구조를 변화시켰다(김정섭, 2020). 기술 발전은 물리적 공간의 제약을 극복하게 하여 주변 도시들을 기능적으로 흡수·통합시키면서 외연을 확장해 나갔다.

그러나 기술 진보가 일으킨 도시의 변화는 인류의 삶의 질에 기여하는 등 우리에게 희망을 주는 동시에 사회·환경적 부작용 등 도전적 과제도 부여했다. 현재 기술 진보의 속도와 영향력을 감안할 때, 기술 진보가 가지는 양면성을 적절히 통제하지 못한다면 과거와 비교할 수 없을 정도로 큰 부작용이 초래될 것이다. 그러므로 우리는 기술 진보에 따른 산업, 경제, 고용구조 등 도시의 물리적·내재적 변화를 포괄적으로 예측·검토하면서 중장기적 도시 관리 비전과 전략을 마련해야 할 것이다.

기술 발전과 주거·인프라·교통 변화

우리는 지금까지 기술 진보가 도시에 미치는 영향을 목격해 왔다. 기계와 전기산업의 발달로 대량생산이 가능해지면서 급증하는 도시의 주택 수요를 위해 대규모 주거단지가 형성되었으며, 교통인프라와 자동차 산업의 발전은 공장과 주거지역을 도시 외곽으로 이주시키면서 도시를 확장했다. 건축 기술의 발달은 고층 빌딩 건설을 가능하게 하면서 도심지 밀도를 증가시켰다. 또한 통신기술과 컴퓨터 기술의 발전으로 사회·기능적 네트워크가 강화되어 전통적인 도시 경계가 허물어지면서 다핵구조 도시가 형성되고 복합 용도 지구가 발달했으며, 첨단과학 기술의 발전은 도시의 사회적, 기능적 경계를 무한히 확장하면서 도시의 초광역화, 글로벌화를 일궈 냈다.

이러한 기술 진보는 도시의 기능적, 사회적 측면 모두를 변화시키며 인류에게 경제적 풍요를 가져왔지만, 동시에 불평등, 환경오염, 기후 변화, 교통체증 등 부정적·만성적 도시문제를 양산했다. 그리고 이 문제들은 현재까지 계속되고 있다. 세계보건기구(World Health Organization)는 2050년까지 세계 도시 인구가 거의 13퍼센트 증가할 것으로 예상하며, 세계 인구의 25퍼센트 이상이 물과 위생 시스템 같은 기본 기반 시설에 접근할 수 있는 적절한 주택이 필요할 것으로 예측

한다(WHO, 2021; WHO, 2022). 이러한 점에서 미루어 볼 때, 급속한 도시화 속에서 주택, 물과 위생 등에 대한 인프라, 교통 문제를 적절히 해결하지 못한다면 도시의 건전한 미래는 장담할 수 없다. 따라서 우리는 기술 발달에 따른 도시의 부정적인 영향을 최소화하면서, 긍정적인 영향을 최대화하는 정책적 대비가 필요하다.

최근 도래한 4차 산업혁명은 산업·경제 간 구조를 더욱 긴밀하고 유기적으로 연결하여 생산성과 효율성을 동시에 향상해 국가 경제에 긍정적인 영향을 미칠 것으로 기대되고 있다. 그러나 5G, 인공지능, 사물인터넷, 빅데이터, 3D 프린팅 등 디지털 기술이 발전하면서, 고급 노동자들의 일자리는 증가하는 반면, 저숙련 노동자의 일자리는 급격히 줄어들 것이다. 이는 고용 불안과 사회 불평등을 심화시킬 수 있는 결과를 초래하면서 도시 공간 구조에 적지 않은 영향을 미칠 것이다(김홍배, 2017). 또한 기술 진보에 대한 수용력은 지역별로 산업 구조와 인적자본 등이 다르므로, 기술이 도시에 미치는 영향도 지역별로 그 정도와 파급력이 다르게 나타날 것이다. 기술 수용력이 높은 도시는 디지털 기술을 바탕으로 한 스타트업이 몰려들며 지역 경제성장에 이바지하고 빠른 도시화를 이룰 것이다. 반면 기술 수용력이 낮은 도시는 인구 유출이 심화되고 저출산·고령화가 가속화되면서 도시의 소멸을 맞게 될 것이다. 이렇듯 기술 수용력에 대한 공간적 불균형은 결과적으로 기술 수용력이 높은 도시의 밀도를 증가시키면서 도시별 주택의 공급과 수요의 불균형을 일으키고 주택시장을 교란할 것이다. 이를 해결하기 위해 중앙정부와 지방정부는 지역의 기술 수용력의 균형을 맞추기 위해 적절한 전략을 수립하고 디지털 산업 유치와 인적자본을 균형 있게 배치하기 위한 체계를 마련해야 한다.

디지털 기술의 진보가 도시 변화에 미친 또 하나의 요소로 교통을 들 수 있다. 기능적으로 컴퓨팅과 통신 플랫폼의 발전은 차량 위치, 전자 요금 결제와 발권, 승객 집계 등 정보를 대규모로 체계화, 유비쿼터스화(Ubiquitization)했으며, 실시간 교통 데이터를 수집·처리·관리하면서 만성 교통 혼잡을 해결하고 있다. 사회적으로 이러한 기술은 교통안전과 효율성을 높일 뿐만 아니라, 사용자 친

화적인 도시교통 정책과 인프라를 통합하는 인포테인먼트(Infotainment)를 제공했다. 이러한 지능형 교통 시스템(Intelligent Transportation System)은 지역 교통관제와 다중 모드(Multimodal) 여행자 정보시스템, 자동차와 선박 내비게이션시스템, 전자 요금과 화물 태그시스템 등의 형태로 세계 여러 도시에서 구현되면서 교통안전, 운송 시스템의 효율성과 경제 생산성을 향상시켰다(Williams, 2015). 또한 대중교통 운행 상황에 대한 실시간 정보는 대중교통 이용 효율성을 높이고, 불법주정차 자동 감지 시스템과 교통 자동제어 카메라 시스템은 교통체증 완화에 기여했다. 빅데이터와 스마트폰의 보급이 확산되어 실시간 승차 공유와 카 셰어링(Car Sharing) 등의 서비스가 가능해지면서 도시인들은 차를 소유하지 않고도 이동할 수 있게 되었으며, 개인에게 더 많은 이동 방법의 선택권을 제공하고 있다. 전기차와 자율주행자동차 기술의 비약적 발전은 장거리 운행을 가능하게 하면서 온실가스 배출량을 줄이는 등 다양한 도시환경 문제를 해결하고 있다.

이러한 기술 발전은 대중교통뿐만 아니라, 운송 산업에서도 비약적인 발전을 일궈 내고 있다. 베이징 국제공항, 런던 히드로공항, 인천 국제공항 등 세계 여러 대형 국제공항에서 인공지능 탑재 X-ray 스캐너, 기타 여러 보안장치를 포함한 자동 수하물처리시스템을 운영하면서, 바코드로 스캔한 코드로 수하물의 크기, 무게, 편명별로 자동 분류될 수 있게 하여 수하물 처리 시간과 노동력을 대폭 절감했다(Duell, 2014).

하지만 빅데이터 수집을 통한 개인정보 유출은 불가피하며, 승객부터 버스 기사까지 누구나 '빅브라더(Big Brother)'*에게 실시간 관찰될 수 있다. 또한 컴퓨터 네트워크가 고장나거나 중대한 기술 오류가 발생하면 우리의 디지털 사회는 상당한 혼란을 겪을 수 있다. 즉 공공의 편익을 도모하기보다 중앙집권화된 빅데이터를 사회통제 수단으로 활용할 수 있다는 것이다. 그러므로 진정한 지

* 조지 오웰의 소설 『1984년』에서 비롯된 용어로, 정보의 독점으로 사회를 감시·통제하는 사회체계 또는 관리 권력을 일컫는 말이다.

능형 교통·수송 시스템을 구현하기 위해서는 정보에만 의존하기보다 시민참여 플랫폼, 이용자 집단 모니터링 시스템, 공해와 소음 감소 프로그램, 보행자 안전 프로젝트 같은 사회적자본과 소프트 인프라 구축을 장려해야 할 것이다.

◈—기술 발전이 기후 변화와 환경에 미치는 영향

산업혁명 이후 지속해서 이루어진 생산량 증가와 도시 확장으로 인한 화석에너지 사용량 증가는 막대한 온실가스를 배출하면서 전 지구의 기후 변화를 초래했다. 1880년 이후 10년마다 약 0.08도씩 상승하던 지구 표면 온도가 1980년 이후부터는 10년마다 0.18도씩 상승하면서 우리는 지구온난화 속도가 과거에 비해 최근 40년간 두 배 이상 빨라지고 있는 것을 목격했다(Lindsey & Dahlman, 2022). 빠른 지구온난화로 폭염, 가뭄, 홍수, 태풍·허리케인 등 이상기후 현상의 빈도와 강도가 증가하면서, 전 세계에서 엄청난 물적·인적 피해가 발생하였다(Kim & Peiser, 2020).

기술의 발전은 기후 적응의 효율성을 개선하고 적응 능력(Adaptive Capacity)을 향상시키면서 기후 변화의 부정적 영향을 줄이는 데 기여했으나, 반대로 온실가스 배출총량을 증가시켜 기후 완화에 부정적인 영향을 미치는 양면성을 지니고 있다. 기후 변화에 있어서 기술 진보의 긍정적인 측면을 예로 들면 위성영상, 기상위성 시스템 기술의 발전을 들 수 있다. 이러한 기술 발전은 기후재난 상황을 실시간으로 모니터링할 수 있게 했고, 태풍·허리케인 등의 경로와 시간을 정확하게 예측할 수 있게 해주었다. 스마트폰과 초고속 통신 기술이 발전하며 시민들이 분석 정보를 실시간으로 전달받아 위험 지역에서 신속히 대피하거나 위험으로부터 대비할 수 있게 해주었다. 빅데이터를 이용한 분석·예측을 통해, 기후 변화 적응(Climate Change Adaptation)이 필요한 지역을 더 정확히 선정할 수 있게 하면서 기후 변화 적응 정책의 효율성을 개선하고 있다. 통신망과

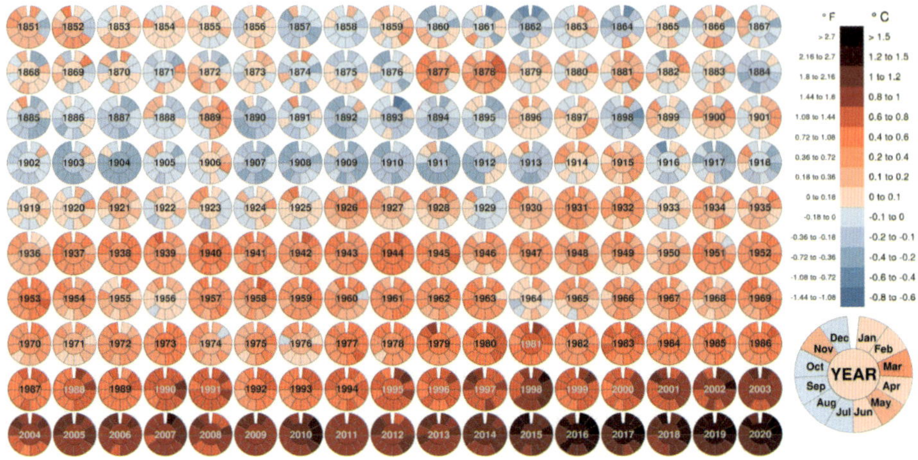

[그림 2-9] **1850~1900년 대비 세계 월평균 표면 온도 변화(1902~2020)**

자료: Ghosh(2021), "Visualized: Historical Trends in Global Monthly Surface Temperatures (1851~2020)"을 재구성(https://www.visualcapitalist.com/global-temperature-graph-1851-2020)

네트워크 애플리케이션의 발달은 이러한 기후 변화 적응 정책과 재해복구 등에 시민들의 참여와 연대를 강화하면서 적응 능력 향상에 기여하였다. 또한 최근 디지털 기술의 혁신적 발전은 운송과 생산에 있어서 최적화된 이동 경로를 제공하고 에너지 효율성을 향상시키는 등 에너지, 모빌리티, 재료 부문의 온실가스 배출량을 효과적으로 감소시켰다(WEF, 2022).

그러나 증가하는 기후 위험과 기후 불확실성으로 도시는 여전히 기후 변화에 대응하기 위해 막대한 예산을 투입하고, 기후 젠트리피케이션(Climate Gentrification)과 같은 현상이 발생하면서 도시 내 기후 불평등(Climate Inequality)이 심화되고 있다(Keenan, Hill, & Gumber, 2018; Kim et al, 2017). 그뿐만 아니라 최근 디지털 기술의 진보로 디지털 서비스 수요가 기하급수적으로 증가하면서 디지털정보를 저장하고 관리할 수 있는 데이터센터와 데이터통신망 증설, ICT 장비와 기기, 부품 등의 주기적 업그레이드를 요구하고 엄청난 양의 전자폐기물이 발생하여 더 많은 에너지소비와 온실가스 배출총량을 증가시키고 있다(Jones,

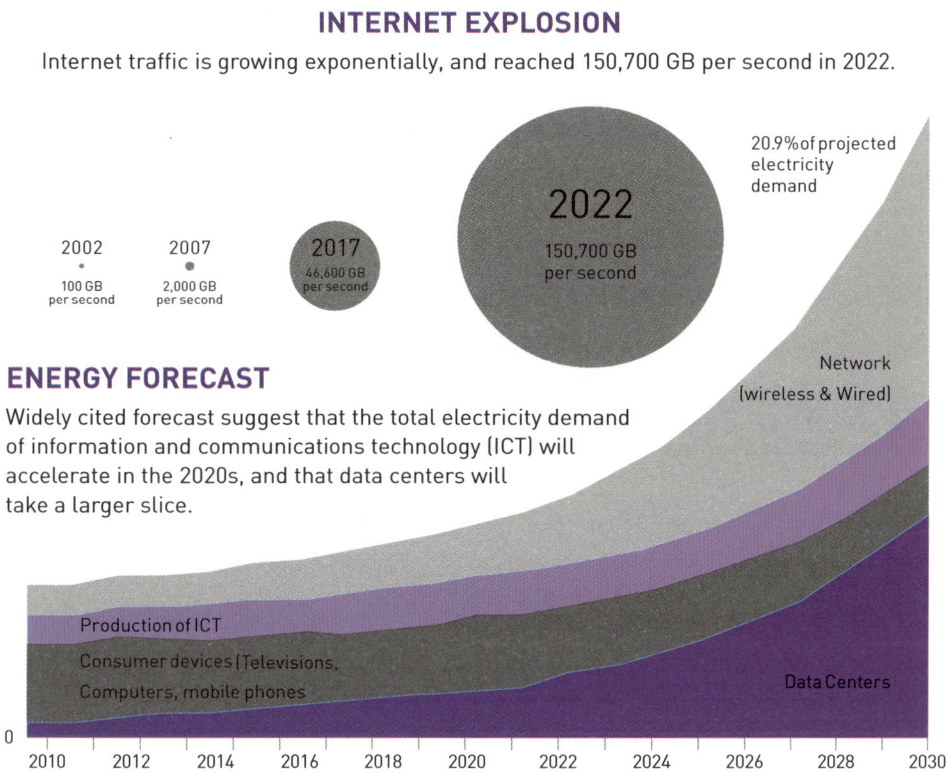

[그림 2-10] 디지털전환에 따른 글로벌 에너지 수요 예측

주: UNCTAD(2019)의 [그림 2] "글로벌 인터넷 트래픽 진화"와 Jones, N(2018)의 "에너지 예측" 그림 자료를 재구성
자료: Jones, N.(2018); UNCTAD(2019)

2018; Thorne, 2021).

과거의 세상이 석유로 운영되던 세상이라 한다면, 현재는 데이터로 운영되는 세상이라고 해도 과언이 아닐 만큼 데이터 생산과 정보 이용량이 엄청나게 증가하고 있다. 2002년 100기가바이트 남짓했던 초당 글로벌 데이터 사용량은 2022년 들어 15만 700기가바이트로 무려 1,500배 이상 성장했다(UNCTAD, 2019).

이러한 수요에 상응하기 위해 기하급수적으로 늘어난 데이터센터에서 소모하는 전기량은 매년 200테라와트시(TWh)를 넘어서면서, 전 세계 전력의 1퍼센트 이상을 소비하고 있고, 이 수치는 2030년까지 8퍼센트로 증가할 것이라는

예측도 나온다(Jones, 2018; Mackilligin, 2022). 이러한 추세는 인공지능, 사물인터넷, 암호화폐, 자율주행차 같은 첨단기술 이용이 증가하면서 더 가속화될 것으로 예상된다.

물론 이러한 기술 진보가 불러온 기후·환경적 악영향을 줄이기 위해, EU는 'Horizon Europe Strategic Plan 2021~2024' 계획을 수립했고, 경제협력개발기구(OECD)는 Going Digital Integrated Policy Framework 전략을 마련하는 등 여러 국제단체와 정부에서 다양한 전략을 수립하면서 분야별로 다양한 대응 방안을 모색하고 있다. 한국에서도 비슷한 맥락에서 친환경·저탄소 성장을 위해 디지털 기술혁신과 그린 기술을 동시에 장려하는 한국판 뉴딜 종합계획을 수립·이행하고 있다.

기술 발전에 대한 탄소중립 또는 저탄소 전략이 도시의 지속가능성에 매우 중요한 비중을 차지하지만 도시 규모에서 기술 진보와 저탄소 정책 간의 인과 관계나 상호 관계에 대한 포괄적 분석은 아직 상당히 부족한 수준이며, 기술 발전에 대한 도시의 사회·환경 측면의 고려가 경제 측면의 고려에 비해 현저히 낮게 인식되고 있다. 이 상황이 적극적으로 개선되지 않는다면 계속되는 지구온난화가 불러온 기후 변화의 영향은 도시의 존폐를 위협하게 될지도 모른다. 더 큰 강도의 허리케인과 태풍이 더 빈번히 해안 도시를 강타하면서 도시가 재해로부터 회복될 수 있는 임계점을 넘어설지도 모른다. 미국 휴스턴에서 500년 빈도로 발생하던 홍수가 지난 3년간 3회 발생했고 뉴올리언스에서는 전례가 없는 강도의 허리케인으로 도시를 둘러싼 제방이 무너져 도시 전체가 물에 잠긴 것을 목격했다(Ingraham, 2017). 이러한 극한의 이상기후 현상이 계속 발생한다면, 도시는 도시의 기능을 상실할 것이고 주거의 공간 패턴과 기업의 입지 공간을 변화시키면서, 우리는 지금까지 겪어 보지 못했던 엄청난 변화에 직면하게 될지도 모른다. 부유한 사람들은 기후 위험으로부터 더 안전한 장소로 이주하게 될 것이고, 저소득 가구는 기후 위험이 도사리는 장소에 거주하는 '기후 슬럼화(Climate Slumization)' 현상이 일어날 수 있다. 이러한 위험에서 도시

는 사회적 다양성과 창의성을 잃어 갈 것이고, 그로부터 발생하게 될 공간적 계층화가 깊어지고 도시는 더 피폐하게 변모할 수 있다는 것이다. 결과적으로 기술 진보로 기후 변화가 가속화된다면, 이는 과거 산업화 시대에 위생과 환경문제 등으로 발생했던 사회 계층별 공간 분리 현상과 그로 인해 파생됐던 고질적인 도시 문제를 또 다른 형태로 양산하는 악순환을 초래할지도 모른다.

이러한 의미에서 기술 진보와 기후 위험은 우리에게 두 가지 시사점을 제공한다. 첫 번째는 기술 진보로 인해 엄청나게 증가한 데이터를 처리하는 정보 인프라를 탈탄소화·저탄소화해야 한다는 것이다. 데이터센터에서 사용하는 전력과 데이터 서버 냉각을 위한 전력을 재생에너지와 청정에너지원으로 사용할 수 있도록 하고, 데이터센터에서 발생하는 열을 주택 난방이나, 수목원, 농업 등의 에너지원으로 재활용한다면 데이터센터가 계속 성장해도 지구온난화에 큰 영향을 미치지 않으면서 지역사회의 에너지, 환경에 기여할 수 있을 것이다(Mackilligin, 2022). 두 번째는 위험 기반 접근(Risk-based Approach)에서 회복력 기반 인프라(Resilience-based Infrastructure)로 패러다임을 전환하는 것이다. 첨단 기후 모델링, 위성영상 모니터링, 빅데이터를 이용한 위험분석 같은 위험 기반 접근 방식이 일반적으로 유용할 수 있지만, 이것만으로는 기후 변화와 복잡한 도시 시스템의 상호 의존성을 설명하지 못하는 경우가 많다(Kim et al, 2017; Park et al, 2011). 산업화 이후 건설·토목 기술의 발전은 기후 적응 방안으로 방파제, 댐과 같은 그레이 인프라(Grey Infrastructure)를 장려해 왔다(Kim et al, 2020). 이는 과거 데이터를 기반으로 시스템에 문제가 발생해도 도시가 안전할 수 있도록 하는 'Fail-Safe'*의 개념으로 설계되지만, 이러한 접근이 기후 변화 시대를 사는 우리에게 더 이상 안전하지 않다는 것을 다음 두 사례로 알게 되었다. 미국 남동부를 강타한 허리케

* 'Fail-Safe'는 재해 또는 사고가 발생했을 때 도시가 안전을 확보할 수 있도록 인프라 또는 장치를 설치한다는 개념으로 도시계획에서는 주로 제방, 수자원, 에너지 시스템 등의 그레이 인프라, 엔지니어링 기법을 사용했다.

인 카트리나(Katrina)로 도시 제방이 붕괴하며 도시 전체가 침수됐던 사례와 일본 도호쿠(Tohoku) 지역에서 해일이 발생하며 일어난 원자력발전소 사고가 도시와 국가 전체에 미치는 엄청난 영향을 목격하면서 도시 관리 정책의 패러다임 전환이 필요하다는 사실을 이미 인지하고 있었던 것이다(Park et al. 2011). 즉 확률적으로는 안전할지 모르나, 기후 변화가 가속화되며 기존 그레이 인프라가 제어할 수 있는 한계를 넘어서는 기후 재난이 발생할 경우, 도시는 시민 안전을 더 이상 보장할 수 없을지도 모른다는 것이다. 이 점을 비추어 볼 때, 미래도시는 아마도 위험에 의해 고장이 발생하더라도 치명적인 결과에 이르지 않도록 방지하는 'Safe-to-Fail'*의 개념으로 도시 인프라를 설계해야 할 것이다. Safe-to-Fail 인프라의 대표적인 예로 그린 인프라(Green Infrastructure)를 들 수 있는데, 이러한 접근 방법은 해안 녹지, 저류지 등을 활용한 기후 적응 방법이 제방이나 방파제 같은 그레이 인프라가 붕괴됐을 때 야기되는 치명적이고 극단적인 영향을 피하게 해준다는 점에서 상당한 이점이 있다(Kim et al. 2017). 또한 그린 인프라가 제공하는 탄소격리 기능과 심미적 기능은 도시의 문화·환경 기능을 개선하면서 기술만능주의가 야기하는 부작용을 상쇄시켜 줄 것이라 기대한다.

기술 진보가 도시에 미치는 긍정적 효과를 극대화하기 위해서는 적어도 기후 변화의 관점에서 기술이 기후 완화(Mitigation)와 적응(Adaptation)에 미치는 영향을 동시에 고려해야만 도시가 기후 변화의 위협에서 보다 안전할 것이다. 또한 기후 젠트리피케이션으로 대변되는 사회·경제 계급의 공간적 분리, 사회 불평등 현상을 완화하면서, 산업화와 기술 진보가 초래한 '위험사회(Risk Society)'의 여러 도시문제로부터 도시는 더 큰 회복력을 얻을 수 있을 것이다.

* 'Safe-to-Fail'은 실패를 예상하고 실패 피해를 최소화하는 전략으로 예측이 불확실한 기후 변화, 도시 구조 변화의 지속가능성에 더 초점을 맞춘 개념이다. 그린 인프라, 인프라의 복합 기능화(Multifunctionalization)를 예로 들 수 있다(Steiner, 2006).

◈ — 미래도시를 위한 정책적 함의

기술 발전은 경제, 사회, 문화 등 인류의 삶 전반에 근본적인 영향을 미치면서 도시의 형태와 구조를 변화시켰다. 과학과 기술의 진보는 생산성을 향상하면서 우리에게 경제적 풍요를 가져왔으며 삶의 질 향상에 기여하고 있다. 동시에 이러한 기술 진보는 도시의 비대칭적 성장, 기술 접근성 격차가 가져온 사회 불평등, 도시의 초광역화로 인한 지방 도시의 소멸을 촉진하는 등 부정적 결과도 함께 초래하고 있다. 또한 기술 진보에 의한 산업화는 화석연료 사용을 폭발적으로 증가시켰고, 그로 인해 발생한 지구온난화는 기후 변화를 초래하면서 인류 생존에 직접적인 위협을 가하고 있다. 최근 팬데믹과 러시아·우크라이나 전쟁 등 불안전한 세계정세에서 도시는 저성장, 저출산, 고령화라는 또 다른 문제에 직면해 있다. 이러한 위기에서 고도의 자동화와 초연결 사회를 구현할 수 있게 하는 4차 산업혁명을 맞이하면서 도시는 다시 한번 큰 변화를 예상한다.

우리는 기술 진보의 단계마다 도시 구조의 변화를 목격해 왔다. 산업화 시대의 도시계획은 대량생산에 중점을 둔 단핵 구조의 계획이었다. 이후 교통과 자동차 산업의 발전으로 도시가 확장되면서 난개발 문제를 겪어야 했고, 대량생산과 산업 경제를 근간으로 번영한 도시에서는 근로자의 노동환경 단순화, 인간성 상실, 도시 기능의 획일화 등의 문제가 대두되었다. 그 결과 포스트포디즘 이후 도시는 다양성을 중시하게 되었고 다핵구조, 복합 용도, 도시재생 전략이 부각되면서 공간의 다원화가 이루어졌다. 그러나 사회·경제적 불평등이 현저하게 증가하면서 도시 양극화(Polarization), 사회적 분리(Segregation) 등 또 다른 도시문제에 봉착한다. 정보통신기술이 발전하며 서비스산업이 확장되고, 건축 기술이 발전하며 고층 빌딩이 경쟁적으로 증가하면서 도시 과밀화 현상이 나타난다. 최근 인공지능, 사물인터넷, 가상현실 등 최첨단 기술이 주도하는 4차 산업혁명은 스마트팜, 스마트공장, 자율주행, 원격근무, 온라인 수업, 전자상

거래 등을 가능하게 했고, 이는 기존에 공간적으로 분리되었던 토지이용의 물리적 경계를 허물면서 초연결 사회를 구축했다.

이러한 기술은 복합용도개발을 장려하면서 도시의 수평적 확장을 억제할 수 있고, 생산과 운송의 효율성을 향상시키면서 온실가스 배출총량을 저감하는 등 도시의 환경문제를 개선할 수 있을 것으로 기대한다. 예를 들어 4차 산업혁명으로 비약적 발전을 이룬 스마트공장과 스마트팜 기술은 공장과 농지 면적을 현저히 축소시켰고 저탄소 공정의 효율성까지 향상된다면, 미래에는 도시 외곽에 입지했던 제조업과 농업이 유통과 물류비용 등을 줄이기 위해 복합토지이용 형태로 도시로 이전될 수도 있다는 것이다(정창무, 2017). 기술 진보가 가져온 산업 트렌드 전환으로 과거 포디즘에서 포스트포디즘 시기와 유사하게 대량생산에서 필요 기반(Need-Based) 생산방식으로 전환되면서 창고 등 물류 저장을 위한 공간이 줄어들 것으로 예상된다. 또한 건설 기술이 발전하면서 도시의 많은 공간을 점유하던 교통인프라(도로, 철도 등)는 지하화되거나, 머지않은 미래에 자동차 기술의 혁신적 진보로 전기 자동차, 수소 자동차를 넘어 드론 자동차와 같은 다른 물리적 공간을 이용하는 제품이 상용화된다면 교통인프라가 크게 변화할 것이다.

그러나 이러한 기술 간 융합과 자동화는 저숙련 노동자의 일자리를 첨단기술로 대체되게 하여 기술로 인한 도시의 슬럼화를 조장할 수 있고, 기술 빈부격차로 사회적 불평등은 더욱 악화될 수 있으며, 기술 젠트리피케이션이라는 도시 현상이 새롭게 대두될 수 있다. 또한 모든 정보가 디지털화되고 통제되면서 개인의 모든 일상이 기록되고 전파될 수 있게 만들어, 개인과 사회를 통제·억압하는 부작용을 야기할 수 있다. 우리는 이러한 기술 진보의 양면성과 역설 속에서 도시 시스템의 역동성과 회복탄력성을 유지해야 한다. 이를 위해서는 신기술의 도래가 미칠 기후 변화, 인구구조 변화, 인간 존중의 문제 등 사회·환경적인 관점도 포괄적이고 입체적으로 고려해야 할 것이다.

전 세계적으로 산업 전 부문에서 저탄소·탈탄소화를 위해 노력하고 있지

만, 현재까지 글로벌 온실가스 배출량은 계속 증가하고 있다. 반면 4차 산업혁명 기술의 비약적 발전과 서비스 수요 증가는 당분간 계속되면서, 이에 상응하기 위한 통신 인프라와 데이터센터 증축, 반도체, 스마트폰 등 정보통신 장비의 생산량이 증가하며 온실가스 배출량과 에너지소비량, 산업폐기물이 증가할 것으로 예상된다. 그로 인해 기후 변화와 해수면상승으로 도시 구조가 변화하는 것이 아닌, 도시 자체가 기후 위험으로부터 안전한 장소로 옮기게 될 수도 있다. 그러므로 우리는 신기술의 저탄소화·탈탄소화를 구현하여 기후 변화를 완화하기 위해 노력함과 동시에, Safe-to-Fail 개념을 통합한 그린 인프라 시스템을 장려하는 방법 등을 통해 기후 변화 적응 방안을 동시에 고려하면서, 도시의 회복탄력성을 향상해야 할 것이다. 또한 친환경 에너지 인프라의 소형화와 개인화를 장려하여 일상에서 저탄소·탈탄소화를 이루어 낸다면, 도시의 온실가스 배출량과 대기오염은 혁신적으로 줄면서 도시의 글로벌 경쟁력이 향상될 것이다.

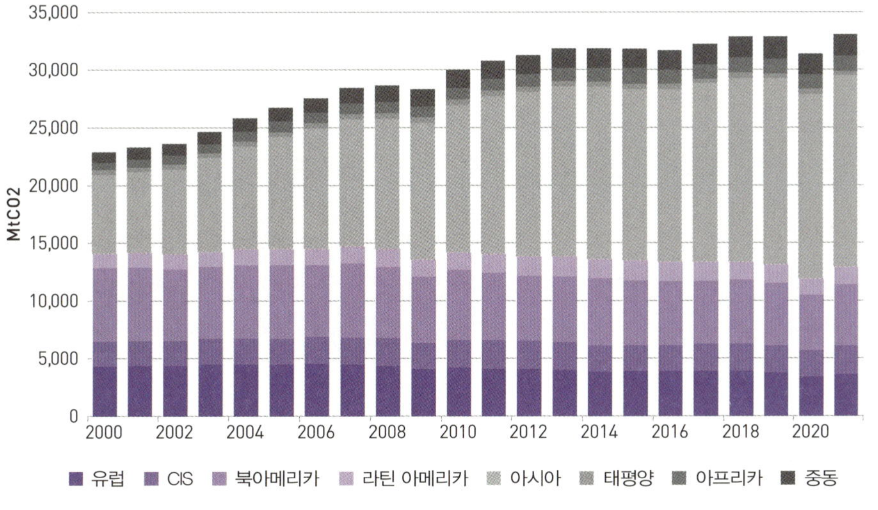

[그림 2-11] 이산화탄소 배출량 추세(2000~2021)

자료: Enerdata(2022), "세계 에너지 및 기후 통계 - 2022년 연감", 2022년 11월 29일 접속(https://yearbook.enerdata.co.kr/co2/emissions-co2-data-from-fuel-combustion.html)

우리는 도시에 거주하는 저숙련 노동자들이 4차 산업혁명으로 변화될 산업구조에 적응할 수 있도록 사회시스템을 마련해야 한다. 인공지능과 자동화로 일자리를 뺏긴다면 사회·경제 계층에 따른 공간 분리 내지는 도시 내 슬럼화 진행이 가속화될 수 있으므로, 도시 양극화는 더욱 심화될 수 있다. 고령화로 인한 기술 학습 요인의 격차는 더욱 심각해질 수 있다. 도시는 더 스마트하게 진화하고 있으나, 이러한 신기술을 따라잡지 못하는 사람이 늘어나 서비스 제공 혜택을 받는 사람과 못 받는 사람 간의 격차가 커질 수 있다는 것이다. 디지털 대전환 시대에 기술 접근의 불평등과 예상되는 일자리 구조 변화로 야기되는 문제를 해소하려면 도시는 다양한 교육 지원과 평생교육 등의 기회를 확대하고, 동시에 스타트업을 육성하면서 일자리 창출을 위해 계속 노력하며, 시장경제를 세계화해야 할 것이다.

미래도시를 보다 도시답게, 지속할 수 있게 만들려면 기술 진보에 따라 도시 시스템이 적응할 수 있도록 정치, 문화, 사회적 고려가 뒷받침되어야 한다. 도시는 기술 그 자체 내지는 기계를 위한 장소가 아니다. 인간이 공동체를 구성하여 소통하고 경제·문화·사회 활동을 하면서 삶을 영위하는 장소이다. 아무도 과학기술이 도시와 사회를 지배하는 미래를 바라지는 않을 것이다. 기술의 진보는 인간이 편리하고 쾌적한 삶을 영위할 수 있는 사람 중심의 도시를 조성하는 수단으로 활용되어야 한다(이우종, 2017). 이러한 제안은 60년 전 제인 제이콥스의 '도시다움'과 그 맥락을 같이한다. 다양한 사람이 다양한 직업을 가지고 다양한 활동을 할 수 있는 도시, 사람들이 유기적으로 소통하고 상생하면서 활력 있는 도시 공간을 만들어 가는 것이 미래도시에서도 유지되어야 할 중요한 요소일 것이다.

최근 스마트도시 정책 등 기술 진보를 포용하는 정책은 기술의 이용과 효율성 향상에 초점을 맞추는 경향이 있다. 그러나 기술이 진보되는 만큼 기후 변화, 저출산·고령화, 산업 경제구조 변화, 디지털 보안, 인간성 상실 문제 또한 가속화되고 있다. 이에 대한 적극적인 정책적 포용이 이행되지 않는다면, 최근

또는 향후 진보될 신기술이 사회에 미치는 파장은 과거에 발생한 어느 도시문제보다 훨씬 클 것이다. 교통인프라 수요와 구조 변화와 더불어 보행자환경을 개선하고 문화, 여가, 소셜 네트워크, 건강 증진이 복합적으로 이루어지고, 유사시 재난에도 대비할 수 있도록 녹지공간을 복합적이고 입체적으로 활용하도록 대책을 마련해야 할 것이다. 이러한 관점에서 미래도시 정책은 기술만능주의를 넘어 수천 년간 인류가 이루어 낸 도시의 역사와 문화를 보존하고, 기술 진보로 소외되거나 혜택을 못 받는 자들을 포용할 수 있는 사회시스템을 구축하여 기술이 발전하는 가운데 다양성과 창조성이 유지되는 도시다운 도시로 발전할 수 있도록 재정립해야 한다.

03

미래 서울의 도시 구조와 도시환경 변화

미래 서울의
인구 사회 구조 변화

◈ — 인구구조 변화

2050년 서울의 인구는 790여만 명으로 2020년에 비해 17.7퍼센트(169

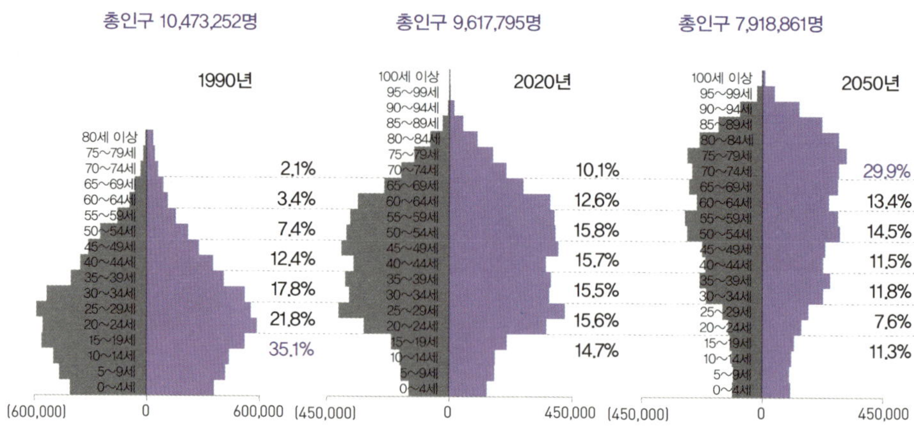

[그림 3-1] **서울의 인구구조 변화(1990~2050)**

자료: 통계청, 「장래인구추계」 시도편, 2022년 기준

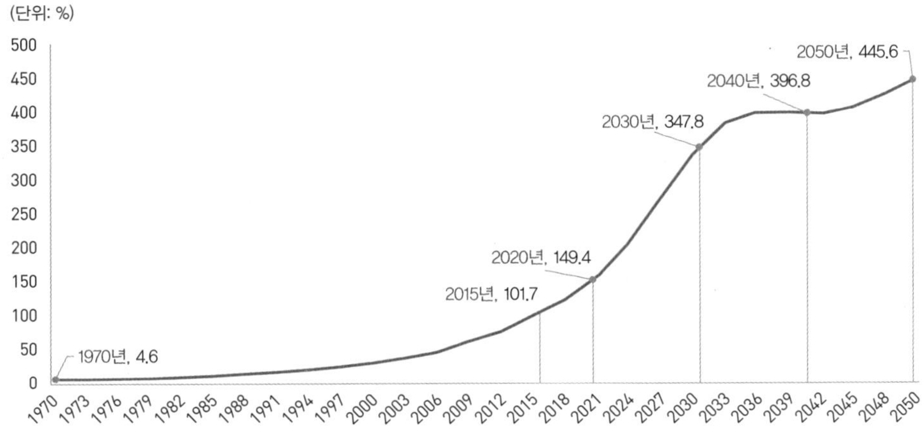

[그림 3-2] 서울의 노령화지수 추이(1970~2050)

자료: 통계청, 노령화지수(시도)

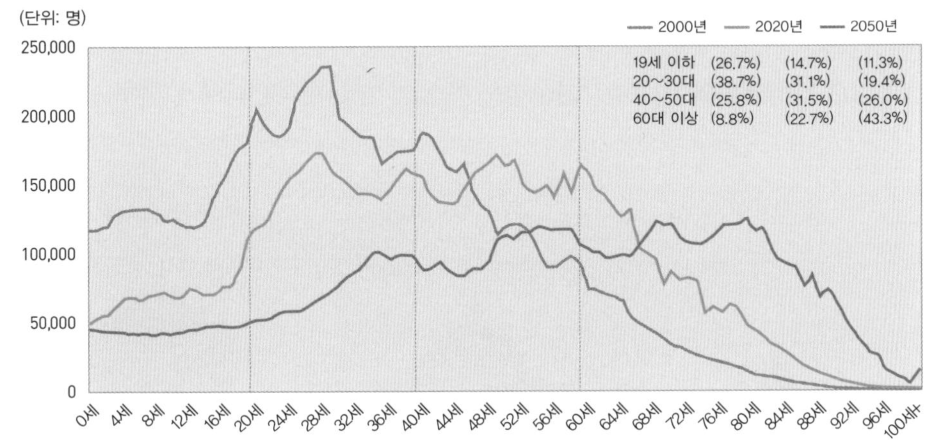

[그림 3-3] 서울의 연도별 연령 1세별 추이(2000, 2020, 2050)

자료: 통계청, 「장래인구추계」 시도편, 2022년 기준

만 8,934명) 감소할 것으로 추계된다. 연령별로는 60세 이상이 20.6퍼센트포인트 증가하는 반면, 20대 이하가 11.3퍼센트포인트 감소할 것으로 예측하는데, 고령화와 저출산율이 미래 서울의 인구구조를 변화시키는 주요 요인으로 꼽힌다.

2050년 서울 인구의 평균 중위연령은 55.4세(전국 57.9세)로 전망되며, 서울 시민의 기대 수명은 90세로 증가하는 등 향후 30년간 서울 인구의 중심이 고령 인구로 옮겨갈 것으로 예측한다. 서울의 노령화지수는 1970년에 4.6퍼센트에 불과하였지만, 50년이 지난 2020년에는 149.4퍼센트로 증가하였으며, 30년 후 2050년에는 445.6퍼센트로 급증할 것으로 전망돼 초고령사회로 변화하고 있음을 확인할 수 있다.

서울의 합계출산율도 계속 감소하고 있어 더 이상 아이를 낳지 않는 사회로 변모하고 있다. 서울의 합계출산율은 1993년에 1.6명이었지만, 2020년에는 0.6명으로 약 2.7배가량 감소하였다.

서울의 인구이동통계와 비교하여 살펴보면, 2050년까지 서울의 순유출

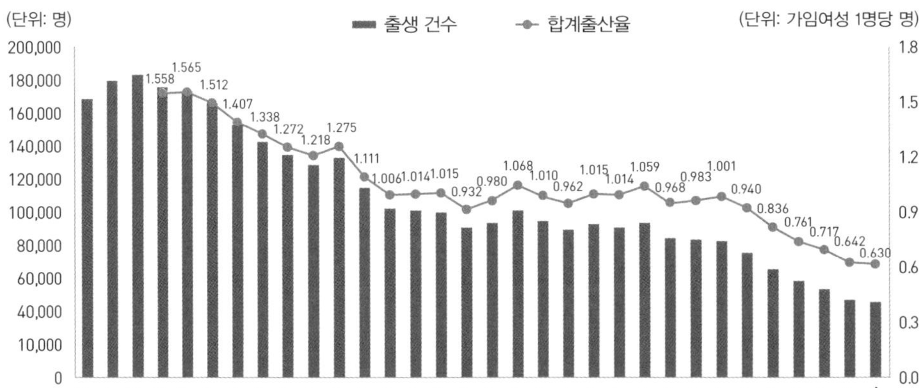

[그림 3-4] **서울의 합계출산율 추이(1990~2021)**

자료: 통계청, 「인구동향조사」

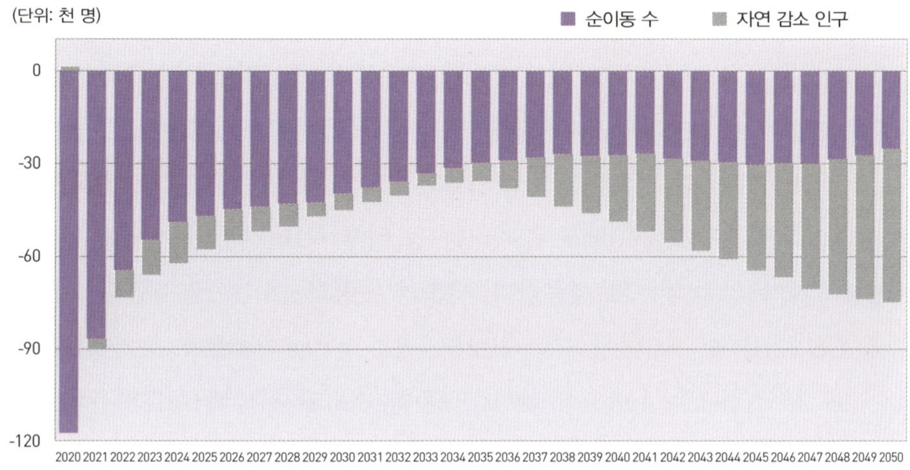

[그림 3-5] 서울의 인구 감소 추이(2020~2050)

자료: 통계청, 「장래인구추계」 시도편, 2022년 기준

인구는 감소하는 반면 자연 감소(출생아 수-사망자 수) 인구는 증가할 것으로 예측되면서, 미래 서울 인구 감소의 주요 요인은 사회적 유출이 아닌 자연 감소가 주요 기제로 작용할 것으로 전망된다.

◈ – 가구 구조의 변화

개인화 기반의 축소 사회

향후 30년 후 서울의 가구는 1·2인 가구가 표준가구로 부상하면서 가족 형태가 변화할 것으로 전망된다. 통계청에 따르면 서울의 1인 가구는 2000년에 16.3퍼센트에 불과하였지만, 2047년에는 37.2퍼센트까지 증가할 것으로 예측된다. 2인 가구 역시 2000년에 17.0퍼센트에서 2047년에 34.9퍼센트까지 증가할 것으로 예측되는 등 1, 2인 가구가 전체 가구의 72.1퍼센트를 차지

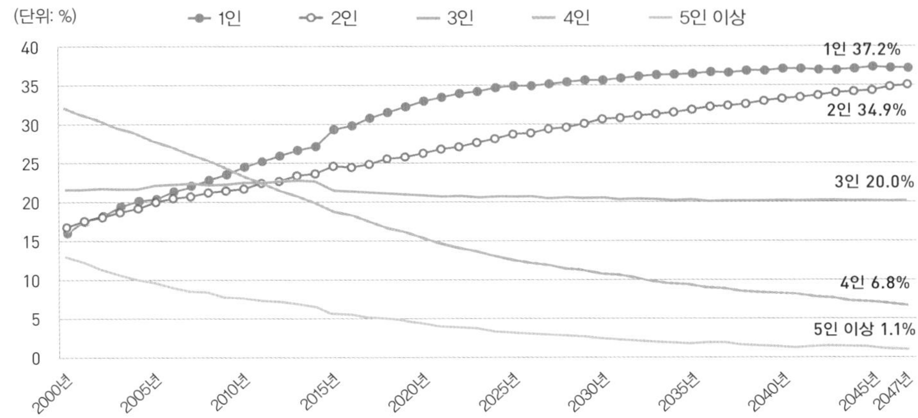

[그림 3-6] **서울의 장래가구 추이(2020~2047)**

자료: 통계청, 「장래가구추계」 시도편, 2017년 기준

할 것으로 전망된다.

가족구성 형태의 다양화

서울의 가족구성 형태도 다양해지고 있다. 부부와 자녀로 구성된 가구는 2000년에 49.8퍼센트로 서울 가구의 절반을 차지하였으나, 2020년에는 28.3퍼센트로 크게 감소(21.5퍼센트포인트)하였다. 부부와 자녀, 그리고 (편)부모로 구성된 3세대 가구 또한 2000년에 4.9퍼센트였던 것이 2020년에는 2.0퍼센트 수준까지 감소하였다. 반면 자녀 없이 부부로만 구성된 가구는 2000년 9.3퍼센트에서 2020년 14.3퍼센트로 증가하였으며, 1인 가구 역시 2000년 16.3퍼센트에서 2020년 34.9퍼센트로 크게 증가(18.6퍼센트포인트)하였다. 또한 비혈연 가구 역시 20년 전에 비해 1.2퍼센트포인트 증가해 부부와 자녀로 구성된 전형적인 가구 형태가 바뀌고 있음을 알 수 있다.

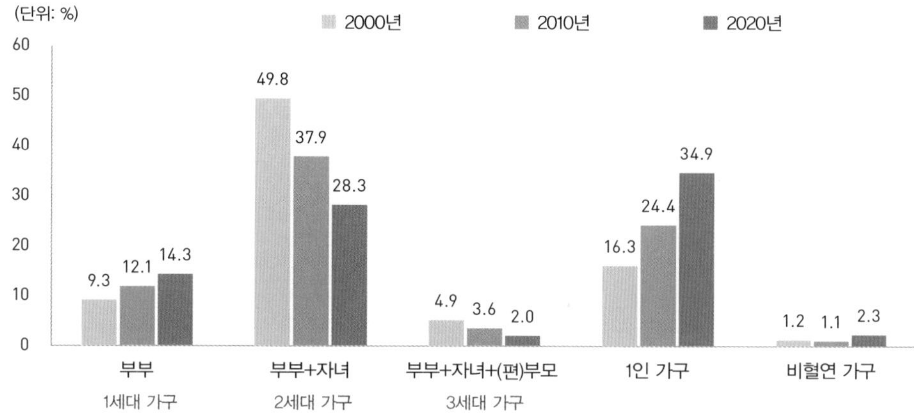

[그림 3-7] **서울 가구의 다양성 변화(2000, 2010, 2020)**

자료: 통계청,「인구총조사」

다인종사회

우리 사회는 점점 글로벌 도시의 전형인 다양성 사회로 변화할 것으로 예측된다. 2020년 170여만 명이었던 전국의 외국인 인구는 2040년에 216만

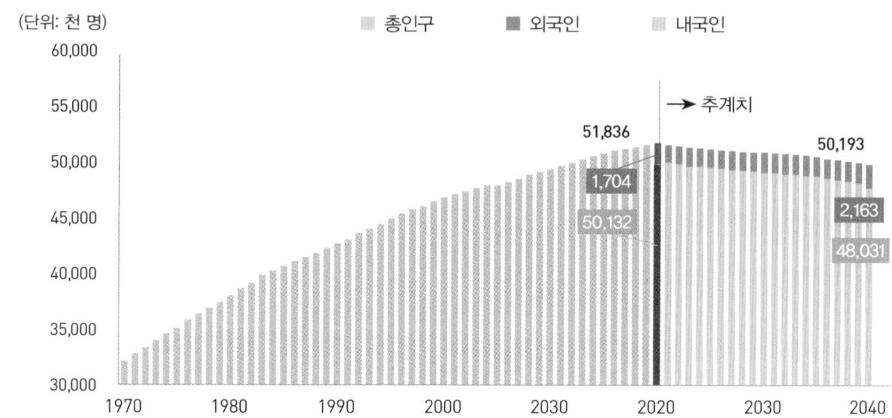

[그림 3-8] **전국 외국인 인구 추이(1970~2040)**

자료: 통계청,「장래인구추계」 전국

명으로 증가할 것으로 예측된다.

또한 내국인과 외국인의 인구구성비를 살펴보면, 내국인은 65세 이상 인구의 비중이 증가해 늙은 내국인과 젊은 외국인이 동거하는 사회가 형성될 것으로 전망된다.

다양성 사회로 변화하는 것은 서울도 마찬가지이다. 서울의 등록 외국인

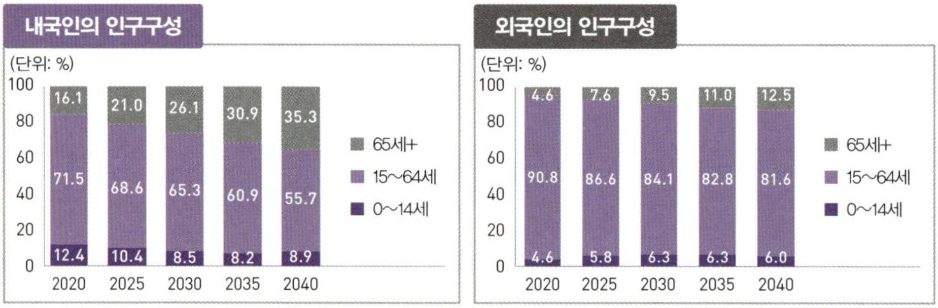

[그림 3-9] **내외국인 인구구성 전망(전국, 2020~2040)**

자료: 통계청, 「장래인구추계」_전국

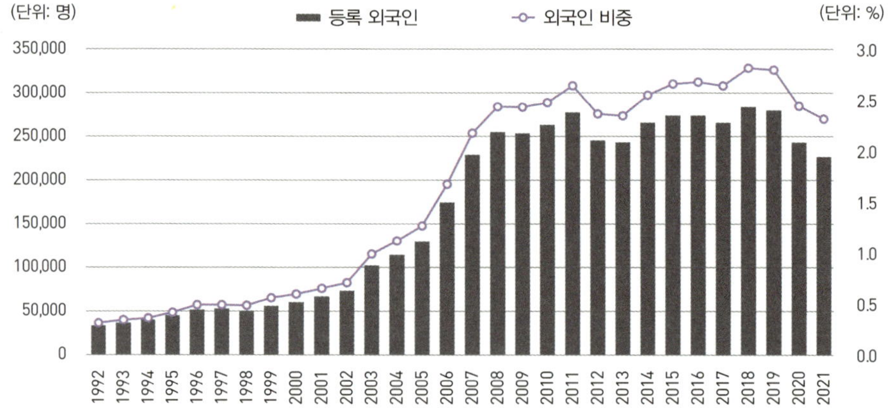

[그림 3-10] **서울 등록 외국인 인구 추이(1992~2021)**

자료: 서울특별시, 서울특별시기본통계, 주민등록인구

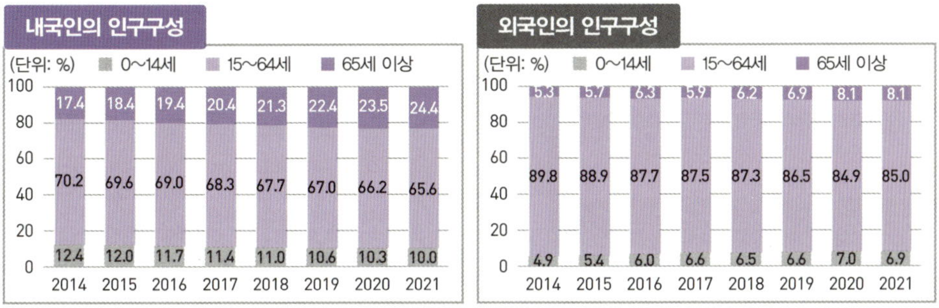

[그림 3-11] **내외국인 인구 구성(2014~2021)**

자료: 서울특별시, 서울특별시기본통계, 주민등록인구

인구는 1992년 3만여 명(0.3퍼센트)에 불과하였지만, 2010년 10만 명(1.0퍼센트)으로 증가하였으며, 2021년에는 23만여 명(2.3퍼센트)으로 증가하였다.

서울의 내국인과 외국인의 인구구성비 역시 내국인은 14세 이하 인구가 감소하고 65세 이상 인구가 증가한 반면, 등록 외국인은 14세 이하 인구 비중이 증가하는 것을 확인할 수 있다.

최근 몇 년간 코로나19 등의 영향으로 서울의 등록 외국인 전체 수는 감소

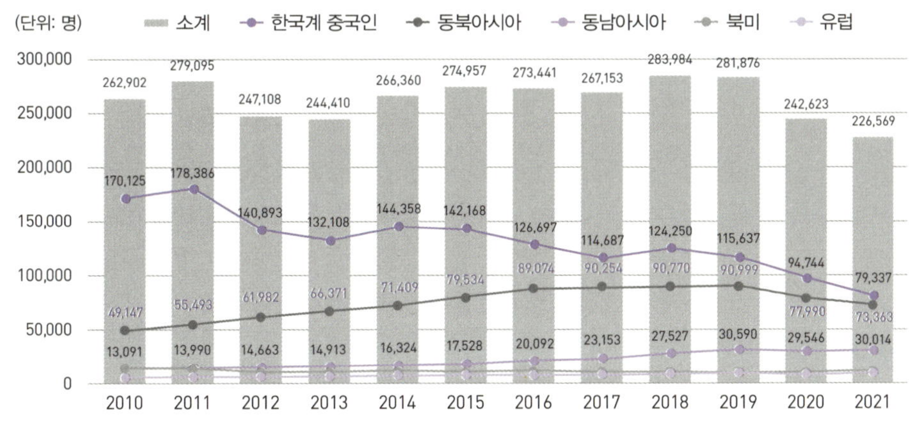

[그림 3-12] **국적별 서울 등록 외국인 수(2010~2021)**

자료: 서울특별시, 서울특별시기본통계, 주민등록인구

하였지만, 등록 외국인의 인종과 국적은 다양해지고 있다. 2010년 대비 한국계 중국인은 9만 명(29.7퍼센트포인트)이 감소하였지만, 동북아시아와 동남아시아 국적 외국인은 각각 2.4만 명(13.7퍼센트포인트), 1.6만 명(8.3퍼센트포인트) 증가하였으며, 유럽 국적 외국인도 4천 명(2.퍼센트포인트) 증가하였다.

또한 2010년에는 한국계 중국인이 64.7퍼센트 중국 국적 외국인이 10.9퍼센트 서울 등록 외국인의 75.6퍼센트 중국계 외국인이었지만, 2021년에는 한국계 중국인이 35.0퍼센트 동북아시아(중국, 일본, 타이완, 몽골, 홍콩) 국적이 32.4퍼센트 동남아시아 국적이 13.2퍼센트로 다양해졌다. 또한 유럽, 서남아시아·태평양, 러시아·중앙아시아, 중동·아프리카·중남미·기타 국적 외국인도 2010년 6.6퍼센트에서 2021년 14.1퍼센트로 7.5퍼센트포인트 증가하였다.

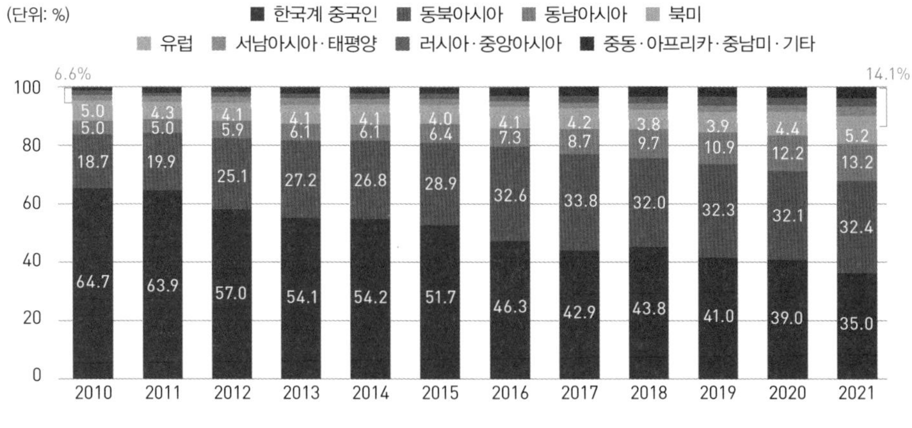

[그림 3-13] **서울 등록 외국인 국적별 비중(2010~2021)**

자료: 서울특별시, 서울특별시기본통계, 주민등록인구

미래 서울의
사회 경제 변화

◈ㅡ인구 감소 시대 작업장의 변화

UN은 최근 세계의 인구 증감 추계인 'World Population Prospects 2022'에서 한국이 1950년부터 시작된 인구 증가 시대를 지나, 향후 2100년까지 인구 감소 시대로 접어들 것으로 전망했다. 국내에서도 이미 30년 전인 1990년대 초에 한국은 2020년을 기점으로 인구 증가-감소 분기점을 통과할 것이라는 전망이 나왔고, 현재까지의 추세를 보면 지난 30년 동안 인구 추세 예측은 큰 틀에서 적중하였다. 인구 변화는 대외적인 충격이 없는 한 급격하게 변하는 사례를 찾기 어려우며, 향후 인구 감소 추세는 현재 우리가 예상할 수 있는 2050년까지의 추세 중 가장 상수에 가까운 대표적인 추세가 될 가능성이 높다.

한국 인구 감소 추세에서 잘 드러나지 않지만 사회 경제적으로 더 우려되는 부분은 전체 인구에서 일할 사람이 더 빠르게 줄어들게 될 것이라는 점이다. 최근 국내 인구 감소는 전형적인 저출산·고령화의 형태를 띠고 있어 인구 중 일할 수 있는 인구인 생산연령인구 비중이 더 빠르게 줄어드는 특징을 보인다. 2022

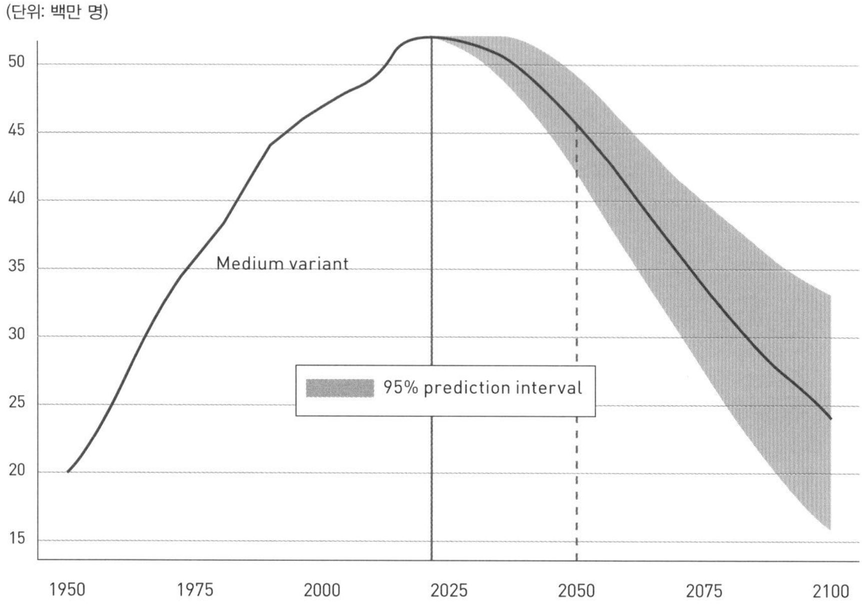

[그림 3-14] **한국 총인구 변화 추이 전망(1950~2100)**

자료: UN World Population Prospects(2022)

년 현재 한국의 생산연령인구 구성비는 71.0퍼센트로 세계 평균인 64.9퍼센트를 넘어서지만, 한국의 구성비가 세계 평균 구성비보다 빠르게 하락하여 2030년대 초반에 교차가 일어나고, 2040년이 되면 세계 평균이 63.9퍼센트로 소폭 하락하는 데 비해 한국의 구성비는 56.8퍼센트로 낙폭이 커질 것으로 전망된다. 한국의 고령 인구구성비는 2000년을 전후하여 이미 세계 평균 구성비를 상회하였고, 2022년 현재 한국은 17.5퍼센트, 세계는 9.8퍼센트로 차이가 난다. 2040년이 되면 한국은 34.4퍼센트, 세계는 14.5퍼센트로 둘 사이 격차는 더욱 벌어질 것으로 예상된다. UN의 추계 결과를 보면 한국의 고령화 속도는 UN이 추계한 국가 중 가장 빠른 축에 속한다.

앞서 살펴본 것처럼 서울의 인구구성 변화는 인구 감소, 저출산·고령화 추세에서 전국 추세를 선행하고 있다. 2020년을 전후해 인구 감소의 분기점을 지난 한국과 달리 서울은 이미 1990년대부터 인구 감소를 경험해 왔다. 향후

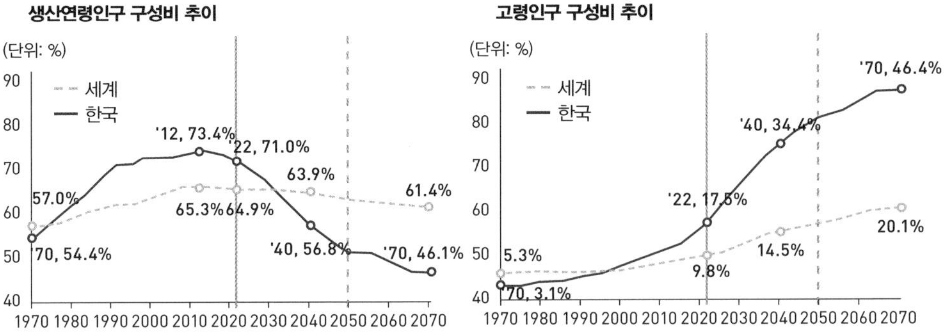

[그림 3-15] **한국과 세계의 생산연령인구와 고령인구 구성비 추이(1970~2070)**

자료: 통계청(2022)

인구 감소의 시대, 일할 사람이 더 빠르게 줄어드는 시대에 서울이 한국 전체보다 먼저 사회 경제적 변화를 경험할 것으로 예상하는 이유가 여기에 있다.

2000년대를 전후하여 전 세계에서 경제활동이 일어나는 공간, 즉 작업장(Workplace)의 변동이 두드러졌다. 이는 기술 발전이라는 추세에 더해 노동자의 이동성이 비약적으로 향상되면서 가능해졌으며, 이전의 공장과 사무실에 맞춰진 일의 방식이 변화하는 사회 경제적 활동을 반영하여 새로운 일과 새로운 일터로 재정립되는 과정으로 주목받았다. 새로운 작업장을 집과 일터 그 외의 공간, 혹은 공장과 사무실 그다음의 작업장을 전망한다는 차원에서 제3의 혹은 세 번째 작업장(Third Workplace)으로 통칭한다. 세 번째 작업장이 처음 등장한 시기는 1990년대라고 하나, 실제 대중적으로 알려지고 이름을 얻은 때는 2010년 전후로 알려져 있다. 현재 세 번째 작업장은 명확하게 정의되기보다 재택이나 카페, 코워킹 스페이스 등과 같은 다양한 사례로 '공간'이나 '행위'를 의미한다.

현재 세 번째 작업장은 기술 발전과 이동성의 향상으로 일할 수 있는 조건을 시공간적으로 구현한 현상에 가까우며, 별도 시설이라기보다 작업장의 확장을 의미한다. 새로운 일의 방식인 하이브리드 근무(Hybrid Work)는 전통적 작업장이 가진 시간과 장소 제한을 약화시키면서 명확하게 분리된 작업장의 경계를 융화시키고 있다. 세 번째 작업장은 사무실에서 카페나 집, 코워킹이나 거점 사무실, 심

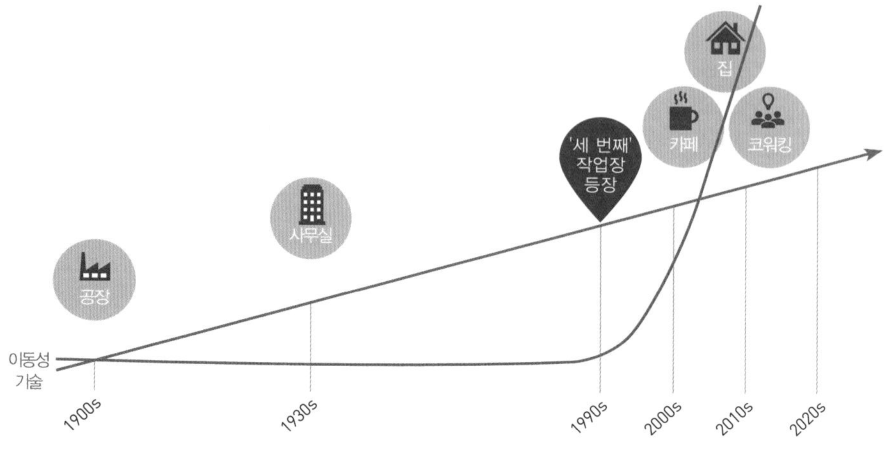

[그림 3-16] **'세 번째 작업장'의 부상**

자료: CONDECO(2022)에서 재정리

지어 택배나 배달 업무를 하는 사람들의 작업 공간이라 할 수 있는 길거리나 야외에 이르기까지 사실상 인간이 사용하는 공간이라면 '어디든' 확장되어 가는 추세다. 그럼에도 불구하고 이런 추세가 어디든 '작업장이다'라는 선언으로 이어지기는 어렵다. 도시는 빈터가 아니라 인프라와 건물로 가득 차 있는 공간이며 하이브리드 근무의 가능성은 실제 장소를 찾아 '어딘가에서는' 이루어져야 하기 때문이다. 서울은 개발 가용지가 희소할 정도로 개발된 성숙한 메가시티이며 미래 경제활동의 장소인 작업장 변화는 이러한 서울의 처지에 따라 달라질 수밖에 없다.

일할 사람이 더 빠르게 줄어드는 인구 감소의 시대로 향하는 서울의 상황에 '어디든' 가능하지만 '어딘가에서는' 현실화되어야 하는 작업장의 확장 추세를 겹쳐 보면 2050년까지 서울이 대비해야 할 사회 경제적 과제를 추려낼 수 있다. 일할 사람이 부족해지는 메가시티 서울에서 향후 30년 동안 '누가' 혹은 '무엇'이 '어디서' 일할 것인가.

생산연령인구 감소로 발생하는 경제활동 부족분을 어떻게 메울 수 있을까에 대해서는 크게 세 가지 시나리오가 존재하며, 각각의 시나리오는 미래도시에 대한 비전과도 느슨하게 연관된다. 우선 최근 4차 산업혁명의 도래와 관련

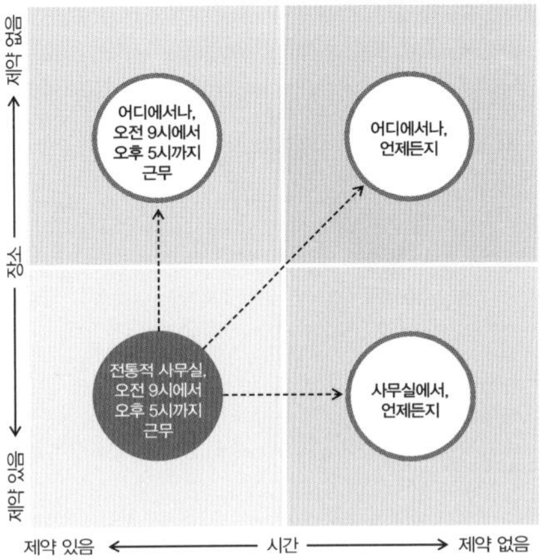

[그림 3-17] **하이브리드 근무와 작업장의 확장**

자료: CONDECO(2022)에서 재정리

하여 인간 대신 AI나 로봇이 인간의 일을 대신하리라는 전망이 있다. 이런 시나리오는 큰 틀에서 도시의 초연결·초지능화를 전제하는 스마트도시에서의 경제 구상과 일치한다.

국내 인구로만 노동 수요를 채울 수 없을 때 전통적으로 제안되던 대안으로 국외에서 노동자를 수입하는 방안과 국내 노동 취약 계층의 노동 참여 기회를 늘리는 방안이 있다. 전자는 서울시에서 지금보다 더 많은 외국인이 일하며 사는 미래를 상상하게 하며, 이는 도시 내 외국인들의 공간이 확장되고 공존하며 연결되는 국제도시의 비전에 부응한다. 후자는 현재 상대적으로 노동시장에서 취약한 위치의 여성이나 고령자를 다시 노동시장으로 불러들여야 하는 시나리오로 불평등·불균형을 해소하는 포용 도시의 비전과 부합하는 면이 있다.

이러한 세 시나리오는 모두 현재 일부 진행 중이지만, 이후 2050년까지 현 추세가 이어진다면 지금보다 훨씬 강력한 흐름이 될 것이며, 그 과정에서 서울 내 작업장의 변화가 현실화될 때 각각 새로운 현상으로 나타날 것으로 예상된다. 현재 상황에서 미래를 온전히 예측하는 것은 불가능에 가깝지만, 각각 시나리오에서 현재 추세를 연장해 공간 변화 양상을 구체화할 수는 있다. 이를 위해서 시나리오별로 현 상황의 작업장 변화 추세를 분석하고, 이에 따른 공간적 방향과 시사점을 찾아보려고 한다.

◈ — AI와 로봇-스마트도시 시나리오

한국은 전 세계에서 드물게 AI와 로봇 수용성이 높은 나라로 평가받는다. 한국은 노동자 만 명당 설치된 산업 로봇 수로 측정하는 산업 로봇 밀도에서 몇 년째 조사 대상 국가 중 1위를 놓치지 않고 있으며, 2021년 기준 만 명당 로봇 수가 932개로 2위인 싱가포르를 큰 폭으로 앞서고 있다. 세계경제포럼에서 실시한 AI 수용성 설문 결과에서도 한국은 'AI가 무엇인지 잘 이해하고 있다'와 'AI 제품과 서비스가 삶을 편안하게 한다'는 항목에서 모두 상위권이었으며, 두 항목에서 모두 그렇다는 응답이 70퍼센트를 넘는 드물게 AI 수용성이 높은 국가다.

서울은 이러한 AI와 로봇의 수용성을 잘 보여 주는 무대이며, 이는 서울이 가지는 스마트도시의 특성에서 가장 잘 드러난다. 서울이 막연하게 미래 과제로

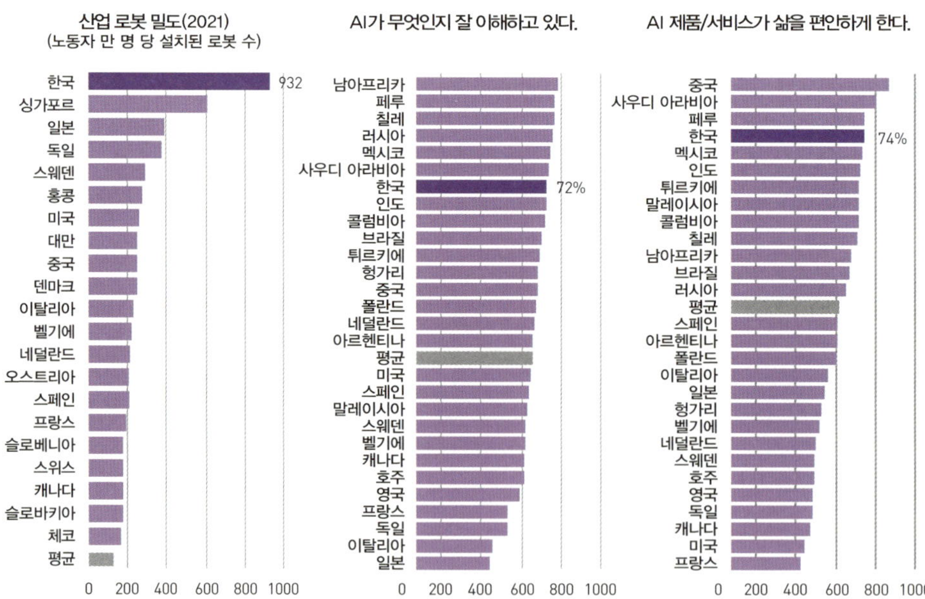

[그림 3-18] 한국의 산업 로봇 밀도와 AI 수용성 설문 결과

자료: International Federation of Robotics(2021), Ipsos and World Economic Forum(2022)

여기는 스마트도시가 이미 상당한 수준으로 구현된 도시라는 사실은 의외로 잘 알려지지 않았다. 지금 서울에서 스마트도시는 보이지 않는 인프라에 기대 솔루션으로 도시의 활동을 제어하고 플랫폼이 이를 중개하는 구조로 작동한다.

모바일 통신을 가능하게 하는 인프라는 땅속에 매설되어 보이지 않는 경우가 대부분이다. 주로 건물 옥상에 있는 모바일 통신 인프라의 말단인 중계기를 볼 수 있을 뿐이다. 반면 예전 스마트도시를 제어하던 제어실의 콘솔들은 이제 스마트폰 앱으로 축소되어 손안에 있다. AI와 로봇은 사람과 직접 경쟁하기보다 앱과 플랫폼을 작동시키고 효율화하는 쪽에서 인력을 대체한다. 그렇게 현재 서울이라는 스마트도시는 조용히 누구나 모바일 인터페이스로 도시의 경제활동을 작동시키는 단계에 접어들었다.

스마트폰이라는 인터페이스는 인간의 감각 범위를 확장시킨다. 스마트폰 '안'에서 다룰 수 있는 범위는 오래전에 인간의 시야를 훨씬 벗어난 지 오래다. 단적인 예를 들면 '중국집은 이제 스마트폰 안에서만 존재한다. 식사 위주로 파는 배달 중국집은 큰 거리에서 볼 수 없다. 월세를 감당하지 못한다. 저 멀리, 뒷골목, 아니면 2층, 아예 지하로 사라져 갔다(박찬일, 2021)'. 우리는 더 이상 이미 아는 가게가 아닌 스마트폰에서 검색 가능한 가게에서 배달을 시킨다. 공간적으로 이러한 스마트도시의 흐름은 예전에 잘 이용되지 못한 공간을 활용할 수 있는 기회를 제공한다. 앱으로 검색할 수 있다면 꼭 시야 범위에 자리 잡을 필요가 없기 때문이다. 작업장은 예전에는 잘 보이지 않아서 활용되지 못하던 공간까지 침투해 들어가고, 덕분에 얼핏 보기에는 서로 충돌하는 기능이 한데 모여 있는 탈맥락적 입지가 점차 늘어난다.

스마트도시에서 시민은 맨눈으로 보는 것보다 인터페이스를 통해 훨씬 '넓고 깊은' 시야를 확보할 수 있으며, 이는 가시권에 유사한 기능이 모여 자리 잡는 공간의 선적인 활용에서 도시를 조망하여 목적지를 찾아가는 면적인 활용으로 이동성의 패러다임이 변화하고 있음을 의미한다. 도시의 공간 활용 차원에서 보면 이는 서로 다른 공간이 같이 입지하는 패턴이 강화되리란 것을 의미

하며, 기존의 활용에 비해 훨씬 더 '복합화'된 공간 이용이 가능해질 것임을 시사한다. 2050년의 서울이 지금과 같은 스마트도시 추세를 유지해 나간다면, 꼭 스마트폰이 아니더라도 스마트도시의 개인화된 인터페이스를 시민들이 계속 쓰게 된다면, 우리는 지금보다 공간을 더 '속속들이' 사용하게 될 것이다.

◈ — 외국인-국제도시 시나리오

글로벌 위상을 획득하는 단계에 다다른 메가시티는 점차 글로벌·로컬 문화가 서로 개입하는 지역을 품게 된다. 이러한 지역들은 공간상 로컬에 있지만 국제 기준과 공존하는 형태로 가시화되며, 글로벌 대도시는 경험적으로 하나가 아닌 여러 개의 국제적인 지역을 보유하는 국제도시가 되는 경우가 적지 않다. 일례로 서울도 국제 기준에 따라 등급을 매기고 중개하는 글로벌 플랫폼에 올라온 호텔과 레스토랑 분포를 보면 이들이 이른바 서울의 3개 도심 인근에 집적되어 있음을 알 수 있다. 이들 도심은 서울이 지닌 국제적인 지역의 좋은 예이다.

경제 측면에서 작업장은 산업 특성에 따라 특유의 입지 패턴을 보인다. 특히 개별 산업은 최종 제품이나 서비스의 주요 시장이 사람인지 기업인지에 따라 주거지나 산업과 고용 중심지에 가깝게 입지하는 추세다. 그 때문에 소매업, 운송업, 음식점과 주점 등은 서울 전체로 보면 분산되어 주거지에 가깝게 자리를 잡는 데 반해 기업과 상호작용이 중요한 정보서비스업, 연구개발업, 금융서비스업 등은 도심에 제조업, 방송업 등은 산업 거점에 입지하는 경향이 있다. 이른바 성장산업은 전형적으로 기업 간 거래를 중시하는 경우가 많아 도심과 거점에 집적하는 패턴을 보인다.

지난 3년은 서울에서 어느 지역이 국제 기준에 부합하는 지역인지를 가늠할 수 있는 실험의 기회였다. 코로나 시기 동안 사회적 거리 두기와 록다운 등으로 통상적인 경제활동이 제한되고 불확실한 경제 상황이 이어지면서 리스크가 높아

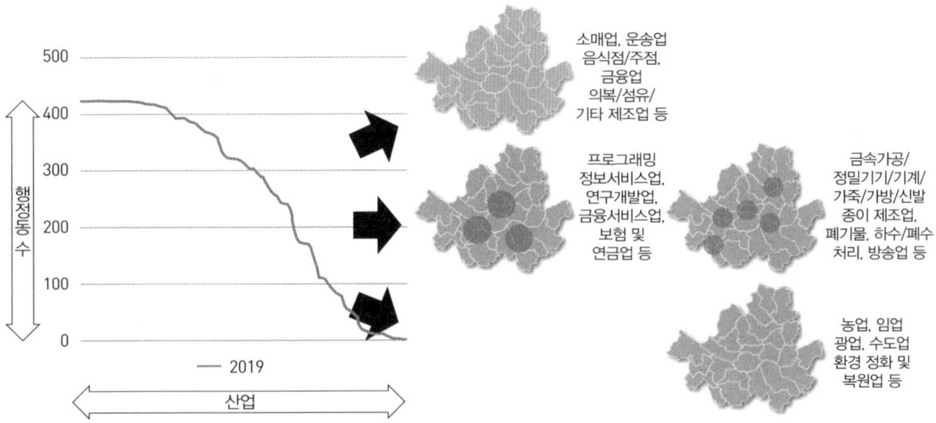

[그림 3-19] **산업 특성에 따른 서울시 내 산업군 입지 패턴(2019)**

자료: 전사업체조사 각 연도에서 정리

져 신규 투자와 창업은 예전과 비교되지 않을 만큼 신중하게 재평가되었다. 역설적이지만 국내외에서 로컬에서의 경제활동 제한은 글로벌 기준에 부합하는 지역의 성장 가능성을 상대적으로 강조하는 결과를 낳았으며, 이는 국제표준화 단계에 접어든 스타트업의 성장과 투자 관행에서 두드러졌다. 코로나 시기 서울시에 새로 생긴 신설법인은 기회를 맞은 업종이나 위기에 처한 업종에 상관없이 서울의 3대 도심과 산업단지로 대표되는 산업 거점에 집중되었다. 이는 이들 도심과 거점이 국제 기준에 부합하는 경제활동의 중심지임을 함축적으로 보여 주는 결과다.

전 세계에서 코로나 초기, 도심의 해체를 우려하는 지적이 다시 주목받았으나, 사회적 록다운이 완화되고 오래 지나지 않아 도심과 거점의 움직임이 되살아나면서 도심 해체는 지나친 걱정이었다는 공감대가 형성되었다. 도시는 매칭, 공유, 학습의 기제를 통해 원격으로 제공할 수 없는 혜택을 제공하기 때문에 대도시 상업 지역이 기능을 재편해야 할지는 몰라도, 여전히 지속 가능하리라는 전망이 확산되었다. '원격으로는 악수를 할 수 없다'는 오래된 경구처럼 중심업무지구는 이후에도 적어도 중심 '연결' 지구(Central 'Connectivity' District)의 역할을 계속 담당하게 될 것이라는 주장이 현재로서는 타당해 보인다.

[그림 3-20] **서울시 내 신설법인 분포 추이(2019~2021)**

자료: 한국기업데이터 각 연도에서 정리

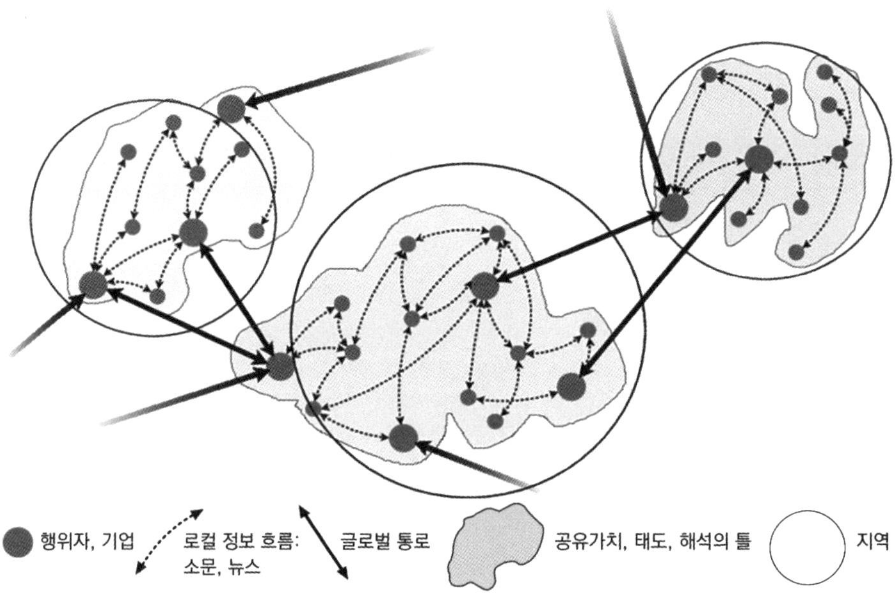

[그림 3-21] **글로벌 통로와 로컬 활력**

자료: School, Garas & Schweitzer(2018)에서 재정리

2050년의 국제도시 서울은 지금과 같이 내부의 국제적인 지역이 늘어나는 과정에서 글로벌 통로를 확보한 지역과 로컬 활력에 기반한 지역이 더 도드라져 보이는 '울퉁불퉁한' 지역의 결합체가 될 것으로 예상된다.

◈ 여성과 고령자-포용 도시 시나리오

2050년 서울의 사회 경제적 전망의 마지막은 포용 도시 시나리오이다. 노동력 부족은 필연적으로 현재 노동시장에서 노동 취약 계층의 포용을 요청하게 된다. 이를 위해서 기계적인 노동시장으로 편입이 아닌 노동 취약 계층의 취약점을 보완할 수 있는 제도 보완이 필요하다. 공간적으로 이런 노동시장의 불평등·불균형 해소라는 방향에서 대표적인 것 중 하나가 도시에서 노동 취약 계층의 이동성 취약점을 보완하는 전략이다. 이는 포용 도시 논의에서 로컬과 동네 일자리를 강조하는 방향과도 일맥상통하는 면이 있다. 잘 알려지지 않은 사실이지만 지난 10년간 서울에서도 동네의 산업기반이 두터워지는 패턴을 관찰할 수 있다.

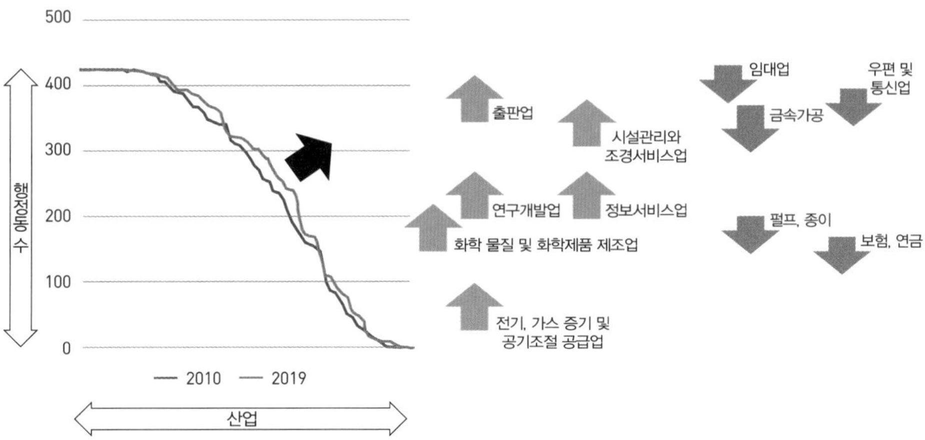

[그림 3-22] 서울시 내 산업군 입지 패턴 변화(2010, 2019)

자료: 전사업체조사 각 연도에서 정리

2010년과 2019년의 행정동별 산업 분포 그래프를 비교해 보면 10여 년 동안 동일한 산업이 더 많은 행정동에서 출현하는 빈도가 늘어난 것으로 나타난다.

산업도 산업별로 발전과 쇠퇴를 경험하기 때문에 확산된 산업만 있는 것은 아니다. 임대업, 우편과 통신업, 금속가공, 펄프·종이, 보험·연금 등의 산업은 2010년에 비해 2019년에 오히려 입지한 행정동이 줄어들었다. 하지만 출판업, 시설관리와 조경서비스업, 연구개발업, 정보서비스업, 화학 물질과 화학제품 제조업, 전기, 가스, 증기와 공기조절 공급업 등은 2010년보다 더 많은 행정동에서 관찰된다. 이 중 상당수를 이른바 성장산업으로 분류할 수 있다는 점은 동네 산업 기반이 강화되고 있다는 가설을 뒷받침한다.

이러한 산업의 동네 침투는 앞에서 살펴본 작업장 확장, 혹은 세 번째 작업장 확산이라는 맥락과 같이 이해할 수 있다. 동네로 작업장이 침투해 들어오는 패턴은 이동성 면에서는 일하는 사람의 이동 거리를 줄여 주는 추세로 드러날 수 있다.

실제로 서울에서 동네에서 통학하거나 통근하는 사람의 비중은 2015년 이후 점차 증가했다. 특히 전체 통학·통근자와 비교했을 때 노동 취약 계층으로 분류할 수 있는 여성, 고령자, 저학력자가 동네로 통학하거나 통근하는 비중이 더 높은 것으로 나타났다. 이는 동네의 산업기반 강화가 노동 취약 계층의 낮은 이동성을 보완하는 순기능으로 작용하고 있음을 시사한다.

이러한 동네 작업장의 변화 추세는 코로나 시대 대세로 떠오른 계획과 사업의 새로운 패러다임에 힘입어 더욱 가속화될 전망이다. 코로나와 기후 위기 시대에 대한 사회 경제적 성찰은 도시계획 쪽에서 15분 도시 전망으로 구체화되었다. 이에 비해 대중적 인지도는 낮지만 같은 시기 플랫폼 기업을 중심으로 15분 배달이 새로운 사업 영역으로 등장하였다. 전자가 집에서 작업장으로 시민의 이동성을 고려한 계획이라면, 후자는 작업장에서 집으로 라이더의 이동성을 고려한 서비스라 할 수 있다.

방향은 다르지만 모두 사람과 물건의 이동 인프라가 동네와 생활권에서 복합적으로 자리 잡는 것을 전제로 하며, 이는 동네에 더 많은 산업과 작업장이

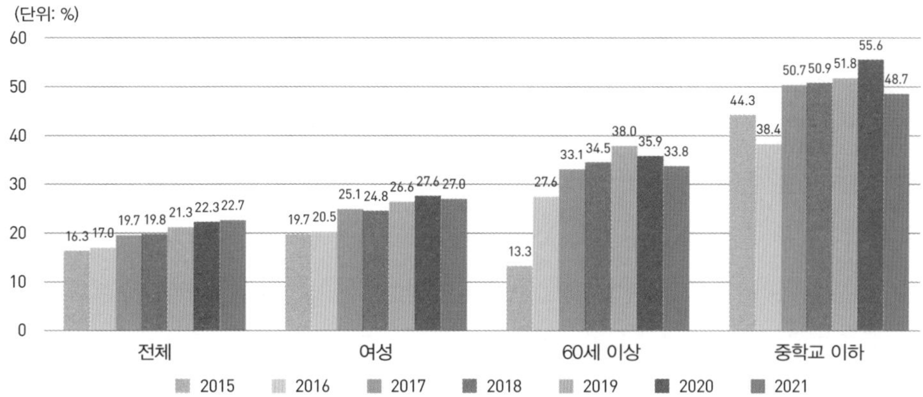

[그림 3-23] **서울시 내 같은 동으로 통학·통근하는 가구원 비중**

자료: 서울시, 도시정책지표조사(서울서베이) 각 연도에서 정리

침투하는 미래를 구현할 가능성이 크다.

그리고 이렇게 작업장의 입지가 동네와 생활권으로 재편되는 과정에서 이동성이 낮은 노동 취약 계층을 로컬에서 포용할 여지가 커질 수 있다. 앞의 두 시나리오보다 가치지향적인 전망이기는 하나 동네의 산업구조 기반이 강화되는 현재 추세가 계속 이어진다면 도심과 거점이라는 머리뿐만 아니라 '긴 꼬리' 구조 속에 지금보다 훨씬 다채로운 동네와 생활권이 가시화되는 2050년의 서울을 기대해 볼 수 있을 것이다. 이러한 포용 도시 비전은 획일화된 평등이나 균형이 아닌 다양한 로컬이 공존하는 형태로 구체화되어야 할 것이다. 이 부분은 산업기반이 '두터운' 생활권이 형성된 대도시로, 포용 도시 관점의 미래 서울을 사회 경제적 차원에서 구현하기 위한 중요한 지점이다.

2050년의 서울은 AI나 로봇, 외국인 혹은 여성이나 고령자가 현재보다 훨씬 넓은 사회 경제 영역에서 활약하게 될 것이며, 이는 현재 작업장의 확장 추세와 더불어 새로운 도시 공간 활용을 현실화하게 만들 것이다. 더 스마트하고 국제적이며 포용적인 2050년의 서울은 그렇게 '더 속속들이 울퉁불퉁하게 두터워지는' 도시로 진화할 전망이다.

빅데이터 분석에 근거한 미래 서울의 사회상

◈—분석 목적과 방법

미래 서울의 인구 감소와 가구 구조 변화, 그리고 사회 경제의 진화와 맞물려 미래도시의 메가트렌드가 서울에서 어떻게 구체적인 사회현상으로 나타날지 판단하기 위해 빅데이터 분석에 근거한 미래 사회 트렌드를 분석하였다. 고령화와 저출산에 따른 인구구조 변화, 개인화 기반의 축소 사회, 가족구성 형태의 다양화, 다인종·다양성 사회로의 변화, 그리고 작업장의 진화 등 변모하는 미래 서울의 사회상을 빅데이터 분석을 통해 살펴보고자 한다. 이를 위해 최근 SF 영화와 애니메이션을 소재로 '환경' '행위' 관점에서 주요 요소를 코딩하여 6개 주요 환경 영역과 16개 행위 행태를 도출하였으며, 16개 행위 행태와 연관된 키워드를 정의한 뒤 최근 10년간 도시(서울) 생활 관련 주요 뉴스를 수집하여 텍스트마이닝 기법으로 분석하였다. 추출된 키워드의 트렌드와 운동성을 빈도수와 가속도 지표 등을 통해 파악하여 서울의 미래 환경과 행위자의 행태에 관한 유의미한 변화상을 도출하였다.

◈ ─ 분석 절차와 대상

2050년 미래도시 사회상을 예측하기 위해 가장 먼저 사이언스 픽션(Science Fiction, SF)을 통한 브레인스토밍 작업을 진행하였다. 브레인스토밍 결과를 바탕으로 미래도시 사회상 프레임을 도출하였으며, 이를 기반으로 신문기사의 키워드 트렌드 분석, 의미 네트워크 도출 등을 통해 핵심 개념을 구체화하여 서울의 미래상을 예측(Forecasting)하였다.

	2010년대 SF 작품 선정	SF 작품 코딩 작업 진행	기사 트렌드 분석을 통한 핵심 동인 도출
분석 개요	최근 주요 SF 영화, 애니메이션, 게임, 소설 리스팅 사전 작업을 통해 SF 작품에서 [환경]-[행위]를 도출하기 위한 코드북 작성	코드북을 바탕으로 코딩 작업 진행 – 미래 지향가치 – 지배적 환경 – 전형적 행위 양태	도출된 주요 콘셉트(키워드) 관련 기사 수집 최근 10년간 주요 키워드 트렌드 분석 잠재적 운동성이 높은 콘셉트 도출
분석 결과	미래 [환경]-[행위] 도출을 위한 코드북	코드북 기반 SF 작품 코딩 데이터 코딩 데이터로 도출된 미래도시 라이프 스타일	미래도시 환경-행태의 변모 동인을 도출하여 미래상을 구체화

[그림 3-24] **빅데이터 분석 절차**

빅데이터 분석을 위해 미래 사회를 다루는 SF 작품(영화, 드라마, 애니메이션, 소설, 게임 콘텐츠)을 코딩하였다. 미래도시 환경에서 인간의 행태가 어떻게 변모할 것인가를 예측하기 위해 SF 작품에 표현된 미래도시의 환경과 인간 행태의 요소를 추출하는 작업을 진행하였는데, SF 작품은 2010~2020년대 영화와 드라마 6편(드라마는 여러 시즌 전체를 1편으로 계산), 애니메이션 6편(여러 시즌 전체를 1편으로 계산), 소설 6권(한 권에 다수의 단편이 수록된 경우도 1권으로 계산), 게임 3편을 시청하거나 읽었다. 4명의 코더(coder)가 개인별로 4개 영역 중 한 영역을 맡아 SF 작품에 표현된 '환경'과 '행위'의 특징을 코드북에 기록하고 분석가들이 교차하

[표 3-1] **빅데이터 요소 도출 작업을 위한 텍스트 분석 리스트**

분야	작품	연도	코딩 단어
드라마와 영화	HER	2013	AI, 인간관계
	Ready Player One	2018	가상 세계, 메타버스
	Philip K. Dick's Electric Dreams	2018	안드로이드, 가상 세계 등 필립 딕 소설의 현대화 버전
	Black Mirror	2015~	안드로이드, AI, 복제 인격, 로봇, 인공 신체, 가상 세계 등
	Big Bug	2022	2045년, 안드로이드, 사회통제, AI 반란
	Severance	2022	기억 분리 시술
애니메이션	길티 크라운	2011	근미래, 유전자 소재, 다크 판타지, 바이러스, 2039년 배경
	낙원추방	2014	나노 해저드 이후 인류, 데이터화된 인류
	디멘션W	2016	2036년 배경, 신에너지, 무한 동력, 안드로이드, 신체 개조
	Love, Death + Robot	2019~2022	로봇, 가상 세계, AI, 신체 개조 등
	Psycho-PASS 1~3기	2012~2018	인간 심리 데이터화, 사회 감시·통제, 기술과 정의·인간성
	Beatless	2018	안드로이드, 고도 지성 AI, 저출산 고령화, 사회와 생활 자동화
소설	숨	2019	근미래, 유전자 소재, 다크 판타지, 바이러스, 2039년 배경
	SFNal 2021	2021	나노 해저드 이후 인류, 데이터화된 인류
	SFNal 2022	2022	2036년 배경, 신에너지, 무한 동력, 안드로이드, 신체 개조
	우리가 빛의 속도로 갈 수 없다면	2021	로봇, 가상 세계, AI, 신체 개조 등
	종이동물원	2011	단편집 일부
	행성	2022	고층 빌딩에 숨어 살게 된 신인류, 디스토피아
게임	Detroit: Become Human	2018	인공지능, 로봇과 인간의 인간성 구현을 위한 유대, AI 소통
	Cyberpunk 2077	2020	신체 개조, 인격 디지털화, 해커, 범죄, 사회 전복, 자본 지배
	Death Stranding	2019	포스트 아포칼립스, 초대용량 무선통신 네트워크

여 해당 내용을 검수하였다. 이러한 코드북 작성을 통해 개별적인 환경 묘사와 인간 행위의 주요 주제 카테고리를 도출했으며, 그 결과 미래도시 환경은 6개, 인간 행태는 16개의 카테고리가 도출되었다. 빅데이터 코딩 대상 리스트는 [표 3-1]과 같다.

◈–SF 코딩을 통한 주요 영역 도출

미래도시 환경 카테고리

SF 작품 분석 코딩 작업을 통해 미래도시 환경과 관련한 주요 영역은 '가상·실제 세계의 혼합 현실화', '시스템 통제 일상화', '다층적 격차 심화', '가족·관계 해체', '환경·보건 위기 심화', '인격·생명성의 확장'의 6개 주제로 도출하였다.

미래 인간 행태 카테고리

다음으로 미래 인간 환경 카테고리와 연결된 16개의 미래 인간 행태 카테고리를 하부 영역으로 도출하여 이들 간의 상호연결 관계를 파악하였다. 미래의 인간 행태는 'HCI(Human Computer Interaction) 관계의 보편화', '단속적(Intermittent) 관계 형성', '성관계 변화', '극단적 개인주의화', '자기통제 강화', '수동적·숙명론적 태도 만연', '자유의 의미 변화', '차별적 행태 만연', '범죄 경각심 증대', '폭력성 증대', '가족 개념과 구성원 변화', '성별 관념 변화', '관계 실패와 갈등 고조,' '고독한 생활 만연', '상시적 건강·안전 불안', '죽음에 대한 관념 변화'가 도출되었다.

[표 3-2] **미래도시 환경(6개) 주요 주제 도출**

주제		내용
가상·실제 세계의 혼합 현실화	◀	신경 접속이나 뇌 활동, 잠재의식 등을 볼 수 있는 바이오·의학 기술, 꿈과 잠재의식 장면을 외부에서 비디오처럼 볼 수 있음, 가상현실 세계와 게임, 상상하는 어떤 세계든 가상현실에서 재현하고 즐기는 것 가능, 가상현실용 헤드기어, 감각 슈트, 게임과 현실 간 연결 구조, 가상 세계에서 쇼핑하여 현실 세계로 배송, 실생활 3D 녹화와 재생, 열람, 인간의 정신을 전자화하여 전뇌 세계 디바이스에서 살도록 함, 전뇌화하여 신체를 버린 인류가 98퍼센트, 소프트웨어가 개체화, 인격화됨.
시스템 통제 일상화	◀	AI가 운영하는 대공장, AI와 안드로이드의 감시 체계, 시스템과 안전에 대한 세뇌, 통제 시스템 역할 강조, 시스템에 의한 정보독점과 정보 조작, 데이터 감시를 통한 안전, 편리성, 보안의 연계, 검문과 감시 일상화, 행동 데이터 추적에 따른 개인화된 서비스 연결, 디바이스와 플랫폼 정보에 의존한 판단과 선택, 다양하게 자동화된 행위 규범의 추종, 사회 감시 드론을 통한 일상 감시, 지상 감시 위성 일반화, 정보 감시가 만연한 사회, 기억 정보를 통한 감시와 통제.
다층적 격차 심화	◀	도시와 비도시 격차, 감각 정보 차단으로 사회적 격리 처분, 상류층과 사회 통제를 위한 인체·회춘 시술, 사회통제 안 상류층과 통제 밖 부랑민·슬럼, 도시 외 지역 인프라 부족, 도시 구역별 문화양식 차이, 계층 · 문화의 신체화, 도시와 비도시 지역 간 이동 통제, 신분 차별, 유전자 계급 발생, 로봇 고용으로 적은 비용의 허드렛일만 하층민에게 배정됨, 유전자 개조 여부에 따른 신분 차별, 경제적 격차 발생, 주거 격차(초고층 주상복합과 낡은 게토) 심화.
가족·관계 해체	◀	다양한 사이버 객체와 인간 사이 애정관계 형성, 인간과 로봇의 소통으로 고유의 유대감 형성, 매끄럽고 단속적이고 처분 가능한 사이버 펫과 유대, 지속적인 동거를 보장하지 않는 대안 가족, 인간이 아닌 파트너와의 가족생활, 단속적 분할 사회, 가난으로 무너진 가정, 사회의 무관심, 가상 세계로 더욱 깊게 빠져드는 구조, 고독한 생활, 감정관리 방법의 발달, 로봇 매개 성관계나 사이버 섹스 보편화, 신체 개조가 가능해지면서 고정적 성별 관념 희미해짐.
환경·보건 위기 심화	◀	환경파괴 후 거대 도시들의 고립 상태, 세균, 테러 등 불안감을 이용한 선동과 마인드 컨트롤, 인공화된 자연환경 구현, 자원 문제와 인구 폭발 문제, 바이러스 팬데믹 발생, 유전자조작, 환경파괴의 불가역적 진행, 환경파괴로 인한 소멸의 확실성 증대, 경제적 이익과 결부된 자연생태계 파괴 인식 민감화, 나노기술을 활용한 범죄 역량, 치명성 증대, 유전자조작 생물체 제작 보편화, 개조된 신체에 작용하는 전자 마약 등장, 도시 간 인프라 구축과 위험 대비 협력체제.
인격·생명성의 확장	◀	안드로이드 인격에 대한 사회적 인정, 생명성 확장, 생전 모습을 재현한 가상 인격, 가상 인격에게 선물하는 등 가상세계 소비활동, 경제구조 형성, AI 소프트웨어가 인격화됨, 가상현실 인격이 실제 현실의 관계 대체, 가상 인격, 가상 관계를 이용한 디지털 서비스, 안드로이드 인격에 대한 사회적 인정, AI와 인간 커플 등장, AI와 인간 커플을 위한 대리 섹스 파트너, 신체 기능 확장 임플란트 기술(언어, 활동 보조, 통신 기술 등), 동물 신체를 기능성 도구로 변형.

[표 3-3] **미래 인간 행태(16개) 주요 주제 도출**

주제	내용	주제	내용
HCI 관계의 보편화	◀ 인간과 AI(로봇)의 디지털 소통이 일상생활에서 자연스럽게 보편화	범죄 경각심 증대	◀ 개인·집단의 테러 치명성이 강화되고 사회 불안이 심화되면서 범죄에 대한 경각심과 불안 증대
단속적 관계 형성	◀ 인간 간에 오래 지속되는 관계를 맺기보다 사안별로 일시적으로 소통하고 단절되는 관계가 일반화	폭력성 증대	◀ 사이버불링, 디지털 매체를 이용한 폭력 등 폭력 수단이 확장되면서 물리적·심리적 폭력성 증대
성관계 변화	◀ 남녀, 인간 간 성관계 전통이 감퇴하고 트랜스젠더, 로봇, 사이버섹스 등 대체 행태가 보편화	가족 개념과 구성원 변화	◀ 이성 부모, 자녀 중심의 가족이 해체되고 비인간을 포함한 다양한 형태의 가족 개념 확장
극단적 개인 주의화	◀ 집단이나 공동체 관념이 부재한 상황에서 개인의 관심과 이해관계만 극단적으로 추구	성별 관념 변화	◀ 남녀의 기대 역할이 변화하고 이성애자 중심의 사회 행위 규범이 보편적인 권위를 잃음
자기통제 강화 (정보, 심리, 감정)	◀ 개인의 일상이 디지털 정보화되고 초연결된 상황에서 자기 정보, 심리, 감정 통제 기제 발달	관계 실패와 갈등 고조	◀ 개인이 안정되고 지속적인 관계 유지에 실패하고 젠더, 연령, 인종 등 다른 집단 사이 갈등이 고조
수동적·숙명론적 태도 만연	◀ AI의 확률론적 결정 알고리즘에 기반한 사고방식이 보편화되면서 수동적, 숙명론적 태도가 만연	고독한 생활 만연	◀ 극단적 개인주의, 가족해체, 관계 실패 등으로 홀로 생활하는 고독한 생이 만연
자유의 의미 변화	◀ 기술 플랫폼에 의한 정보 홍수, 사생활 개입이 일상화되면서 자유가 회피적, 수동적 의미로 변질	상시적 건강·안전 불안	◀ 기대 수명과 건강(美) 관리 가능성이 높아지면서 역설적으로 건강·안전에 대한 불안감은 커짐
차별적 행태 만연	◀ 양극화, 생명공학 발전 등으로 계층이 다층화되면서 미시적인 차별의 표식과 행태가 만연	죽음에 대한 관념 변화	◀ 기대 수명 증가, 정체성 재현 기술 발전에 비해 연장된 삶이 무의미해지면 죽음에 대한 관념 변화

빅데이터 트렌드 분석을 위한 미래 행태와 검색 키워드 도출

코딩 분석을 통해 도출된 6개 주요 도시환경 요소가 16개 주요 미래 인간 행태와 어떻게 연관되는지 매핑하여 관계성을 도출하였다.

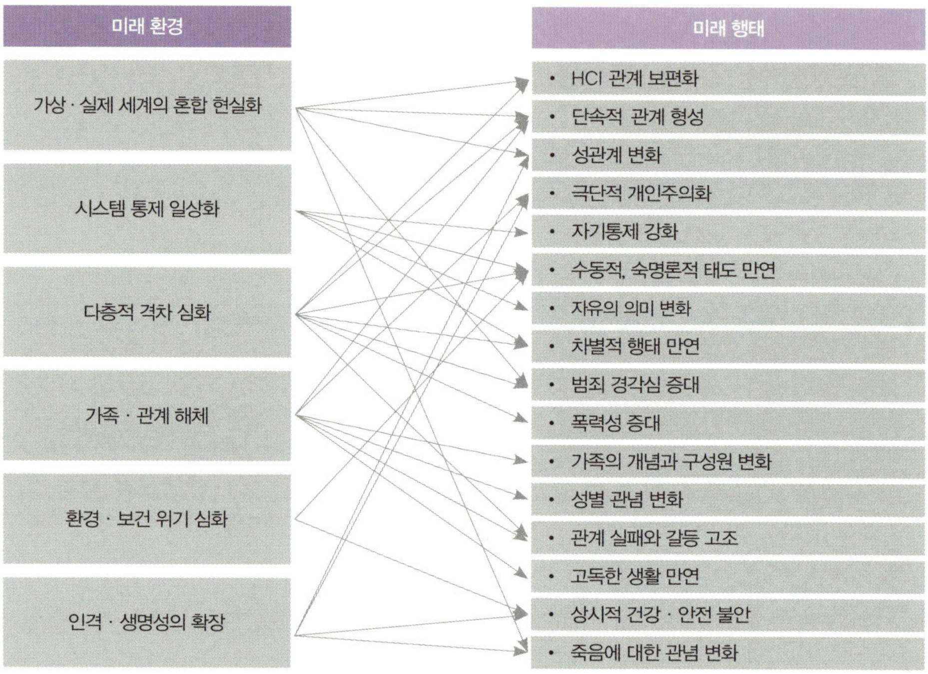

[그림 3-25] **미래 환경(6개)과 미래 행태(16개)의 주요 주제 및 관계성**

◈ー미래 행태 트렌드 분석 결과

16개로 정의된 미래 인간 행태의 잠재적 트렌드를 대변할 수 있는 검색 키워드를 리스트화하였다. 또한 해당 검색 키워드를 최근 10년간(2012~2022년 6월) 수집된 언론 기사에 적용하여 월별 기사 수를 도출하고, 이 월별 기사 수의 증감 패턴을 통해 월별 평균 기사량(x축)과 가속도(y축)를 구하였다.

[표 3-4] **키워드별 트렌드와 미래 운동성 예측**

키워드	10년 평균 기사량(건)	가속도
범죄 경각심 증대	8,661	0.3146
상시적 건강·안전 불안	3,242	0.0961
폭력성 증대	7,709	0.0748
극단적 개인주의화	4,283	0.0164
수동적·숙명론적 태도 만연	792	0.0004
단속적 관계 형성	1,230	−0.0118
고독한 생활 만연	1,958	−0.0182
차별적 행태 만연	6,887	−0.0523
관계 실패와 갈등 고조	9,868	−0.0758
성별 관념 변화	2,097	−0.0773
죽음에 대한 관념 변화	3,934	−0.1957
자기통제 강화	2,371	−0.2073
HCI 관계 보편화	2,901	−0.2505
성관계 변화	2,843	−0.2932
자유의 의미 변화	10,068	−0.3849
가족 개념과 구성원 변화	7,468	−0.5212

다음으로 16개 미래 인간 행태 개념을 데이터셋으로 치환하여 지난 10년간 운동성을 '10년 평균 기사량_빈도(X축)'와 '출현 빈도 변화량_가속도(Y축)'를 이용하여 텍스트마이닝 기법으로 분석하였다. 분석 결과 16개 미래 인간 행태 주제는 상대적인 분포에 따라 4개 분면에 위치하였으며, 매트릭스상에서 각 분면은 '이미 온 미래, 가속화될 미래, 확산될 미래, 불확실한 미래'로 분류되었다. 지난 10년간 월별 평균 기사량이 많으나 가속도가 낮은(낮아진) 주제는 '이

미 온 미래'로, 월별 평균 기사량이 많으면서도 가속도가 높은 주제는 '가속화될 미래'로, 월별 평균 기사량은 상대적으로 적으나 가속도가 높은 주제는 앞으로 '확산될 미래'로, 평균 기사량과 가속도가 모두 낮은 주제는 향후 이동의 방향이 '불확실한 미래'로 분류하였다.

유형 1. 이미 온 미래(Realized Future)

이미 온 미래(R)는 평균 빈도수가 높고 가속도가 낮은 영역으로 이미 사회적으로 이슈화되었고 점차 주목도가 떨어지는 특성이 있다. 여기에는 가족 개념과 구성원 변화(가족해체, 1인 가족화 등), 자유의 의미 변화(방어적, 수동적 행태 강화), 가족 형태 변화, 강요된 개인주의(Forced Individualism) 등이 포함된다.

유형 2. 가속화될 미래(Inflating Future)

가속화될 미래(I)는 평균 빈도수와 가속도가 모두 높은 영역으로 현재 이슈화되는 트렌드가 더욱 강화될 가능성이 크다. 여기에는 범죄 경각심 증대, 폭력성 증대, 차별적 행태 만연, 관계 실패와 갈등 고조, 선택적 차별성, 당겨진 방아쇠 사회(Pulled Trigger Society) 등이 포함된다.

유형 3. 확산될 미래(Spreading Future)

확산될 미래(S)는 상대적으로 평균 빈도수는 낮고 가속도는 높은 영역으로 해당 행태가 근미래에 이슈화될 가능성이 높다. 여기에는 상시적 건강과 안전 불안, 극단적 개인주의화, 숙명론적 태도 만연, 단속적 관계 형성, 고독한 생활 만연, 성별 관념 변화 등이 포함된다.

유형 4. 불확실한 미래(Knocking Future)

불확실한 미래(K)는 평균 빈도수와 가속도가 모두 낮은 영역으로, 해당 행태가 먼 미래에 이슈화되거나 소멸될 수 있다. 여기에는 죽음에 대한 관념 변화, 자기통제 강화, HCI(Human Computer Interaction) 관계 보편화, 성관계 변화 등이 포함된다.

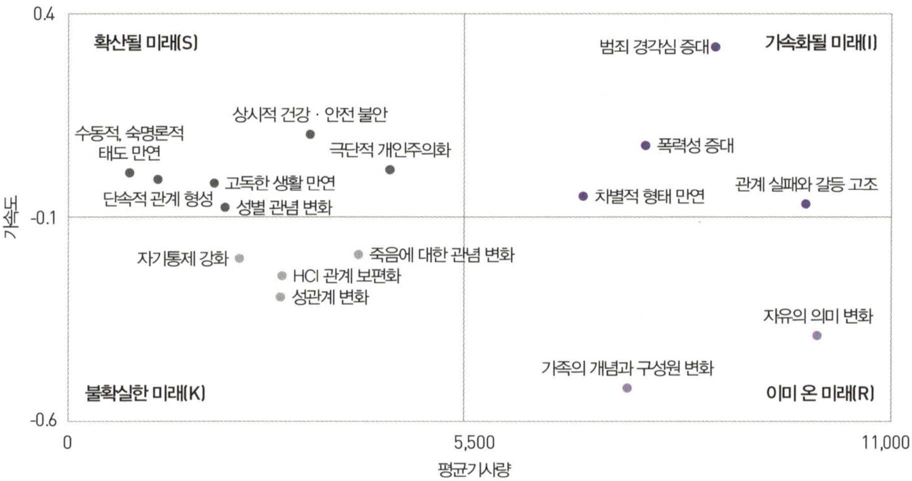

[그림 3-26] **미래 행태 트렌드 빅데이터 분석 결과**

◈ – 의미망 분석 결과

추가적으로 16개 주제별로 수집된 기사 텍스트에 대해 의미망 분석을 수행하였다. 일차적인 의미망 분석을 통해 주제별로 사이중앙성(Betweenness Centrality)이 높은 키워드를 도출하고, 사이중앙성이 높은 상위 10개의 키워드를 각 주제 노드에 연결한 후 네트워크를 통합하였다. 사이중앙성이 높은 키워

드는 각 주제의 담론을 핵심적으로 연결하는 화용론적 역할을 수행하는데, 이러한 콘셉트 노드의 연결 관계를 통합했을 때 16개 주제가 어떠한 이슈 혹은 콘셉트 매개로 서로 연결되며, 각 주제가 서로에게 어떠한 상대적 위치와 연결 관계를 갖는지 파악할 수 있다.

해당 통합 네트워크에는 Girvan-Newman 클러스터링 알고리즘을 적용하여, 서로 연결 패턴이 유사한 주제는 동일한 카테고리 색으로 표시하였다. 분석 결과, 16개 주제에서 파란색 카테고리에 해당하는 '관계 실패와 갈등 고조', '가족 개념과 구성원 변화', '성관계 변화'와 연관된 인간 행태와 이슈가 미래 사회 행태 변화의 가장 중요한 매개 역할을 하고 있음을 발견하였다.

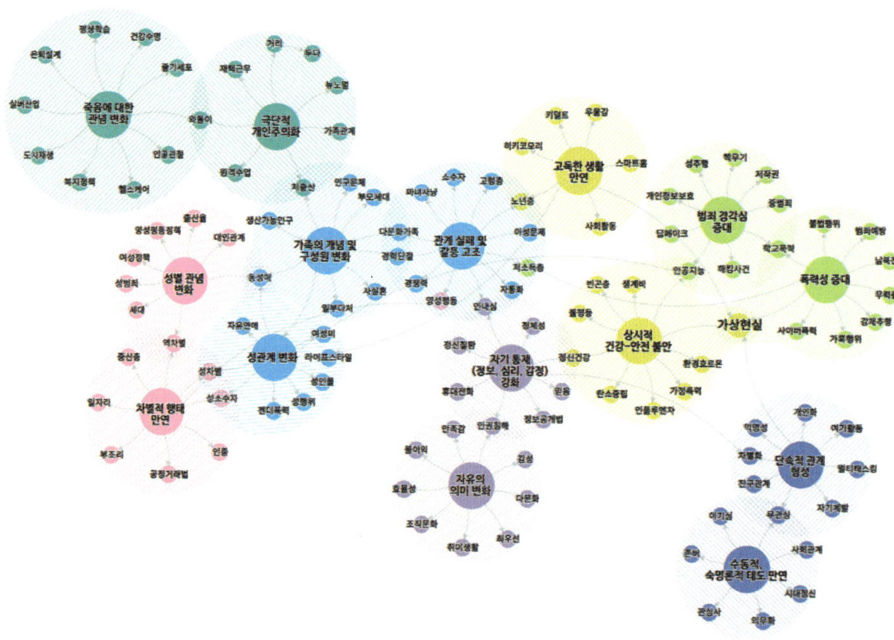

[그림 3-27] **16개 미래 인간 형태 의미망 분석 결과**

소셜 네트워크의 또 다른 지표인 인접중앙성(Closeness Centrality)은 16개 주제 중에 가장 수렴도가 높은 주제를 표상하는데, '수동적·숙명론적 태도 만

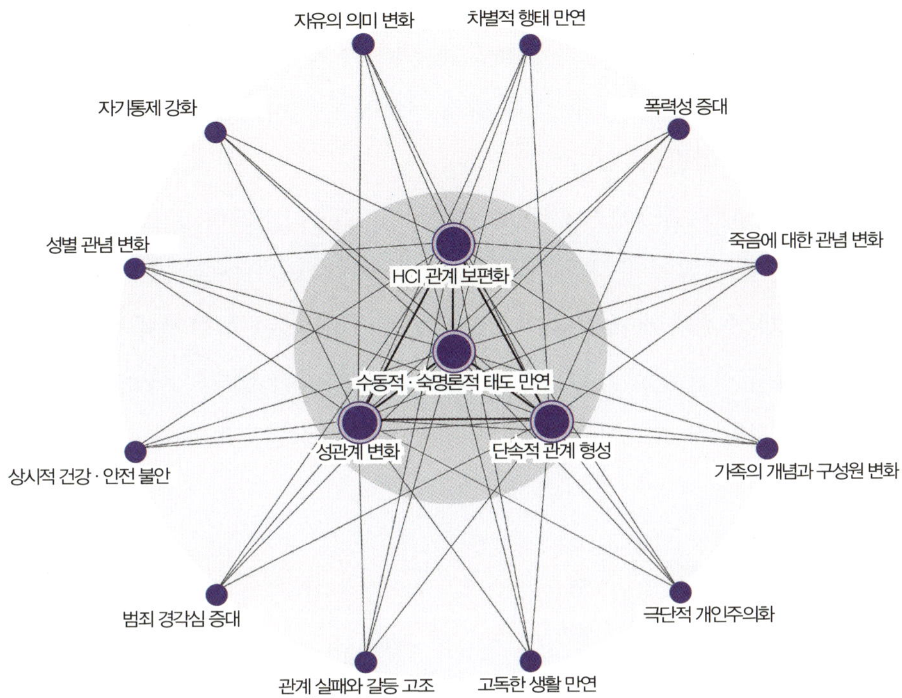

[그림 3-28] **16개 미래 인간 행태 주제 의미망 분석 결과**

연'이 가장 수렴도가 높은 주제로 나타났으며, 'HCI 관계 보편화', '성관계 변화', '단속적 관계 형성'과 같이 관계 변화와 관련된 주제가 수동적이고 숙명론적인 태도 변화와 긴밀하게 연계하고 있음을 확인할 수 있다.

◈ 빅데이터에 기반한 미래 서울 트렌드

미래 연구자와 사회 트렌드 전문가들과 인터뷰한 후, 데이터 분석 결과에서 도출된 전형적 행태가 일으킬 미래, 혹은 데이터 분석 결과를 설명할 수 있

는 미래 사회상의 전형적인 모습을 도출하였다. 인터뷰 대상자는 서용석 카이스트 미래전략대학원 교수(인구문제·미래학 연구자), 김장현 성균관대 AI융합대학원 교수(HCI·미래 UX 연구자), 민경진 PSB 발행인(1인 미디어, 미래 트렌드 저널리스트), 김상윤 감독(영 제너레이션 트렌드 연구·기획자)이다.

4명의 전문가와 개별적인 심층 토론을 통해 SF 코딩과 빅데이터 분석에서 도출된 16개 미래 행태가 이끌 사회상을 도출하였는데, '탈관계화된 축소 사회, 다층적 차별 사회, 방어적 개인주의와 단속 사회' 등이 미래 사회의 주요 트렌드로 전망되었다. 즉 미래 서울은 가족관계, 성역할, 젠더 관념 등의 변화로 비혼 가구와 무자녀 가구가 일반화되는 탈관계화된 축소 사회로 이어질 가능성이 크다. 또한 다양성이 공존하고 '다름'이 구조화되면서 여러 형태의 계층 분리, 차별과 갈등이 심화되는 다층적 차별 사회로 발전할 것으로 예측하였다. 그리고 소극적 자유가 우선시되고 방어적 개인주의가 만연하여 고립되고 소외된 관계, 비연속적 관계가 확대되는 등 공동체성이 위기에 처할 가능성이 클 것으로 전망하였다.

[그림 3-29] **미래 서울의 사회상 예측**

04

미래세대의 일상생활과 가치체계

미래세대 가치 분석을 위한 이론적 논의

◈─미래세대 특성과 연구 필요성

최근 정치·문화·교육 등 다양한 분야에서 미래세대의 주축이 될 MZ세대에 대한 관심이 증가하고 있다. MZ세대는 코호트 개념을 바탕으로 세대를 구분하여 M세대와 Z세대를 통칭하는 용어이다. M세대(Millennials, 밀레니얼세대)는 1981~1996년에 출생하여 자라난 세대로 10대에 인터넷, 스마트폰, 소셜 네트워크서비스(SNS) 등이 보급되면서 새로운 디지털 기술과 온라인 경험을 습득하며 '디지털'과 '아날로그'를 동시에 경험한 세대이다. 이들은 저성장시대에 경제활동을 시작하여 부모 세대인 베이비붐세대보다 소득이 적고, 2008년 글로벌 금융위기 이후 사회에 진출해 고용 감소, 일자리의 질 저하 등을 겪었다. 그로 인해 평균 소득이 낮으며 대학 학자금 부담도 안고 있다. 이러한 경제적 부담 때문에 결혼이나 내 집 마련을 미루는 등 연애, 결혼, 출산, 취업 등 N가지의 것을 포기한다는 'N포세대'로 불리기도 한다.

Z세대(Generation Z)는 1997~2010년에 출생하여 자라난 세대로, 어릴 때

부터 디지털 환경에서 자란 '디지털네이티브(디지털 토착민)' 세대로 불리기도 한다. 이들은 스마트폰이 본격적으로 보급되기 시작한 2010년대에 10대 시절을 보낸 세대로, SNS 등을 이용하여 자신의 개성을 자유롭게 표출하고 관심사를 공유하며, 다른 세대와 달리 문화의 소비자와 생산자 역할을 동시에 수행한다. 또한 1990년대 경제 호황기에서 자라났지만, 부모 세대인 X세대가 2000년대 말 금융위기로 경제적 어려움을 겪는 모습을 보고 자랐기 때문에 안정성과 실용성을 추구하는 세대이기도 하다.

1955 1960 1970 1980 1990 2000 2010

세대 구분	베이비붐 세대	X세대	M세대	Z세대
출생 시기	1955~1963년	1964~1980년	1981~1996년	1997~2010년
연령 (2022년 기준)	59~67세	42~58세	26~41세	12~25세
인구 비중* (2021년 기준)	13.2%	26.8%	25.4%	13.5%
경제사회적 환경	한국전쟁 이후 고도성장 시기 교육을 통한 계층 이동	386세대와 1970년생 이후 세대로 구분 IMF 경험 자본주의 고도화 시기 경쟁사회	글로벌화된 경험 풍요로움의 경험 이후 저성장 경제구도로 전환 디지털세대	디지털네이티브 사이버 세계와 현실 세계의 혼용

[그림 4-1] 세대별 연령 구분

자료: 서울특별시. 서울특별시기본통계. 주민등록인구

서울의 MZ세대는 2021년 기준 370만 명으로, 전체 인구의 38.9퍼센트를 차지한다. M세대(26~41세)는 25.4퍼센트, Z세대(12~25세)는 13.5퍼센트로 서울 시민 2~3명 중 1명은 MZ세대에 해당한다.

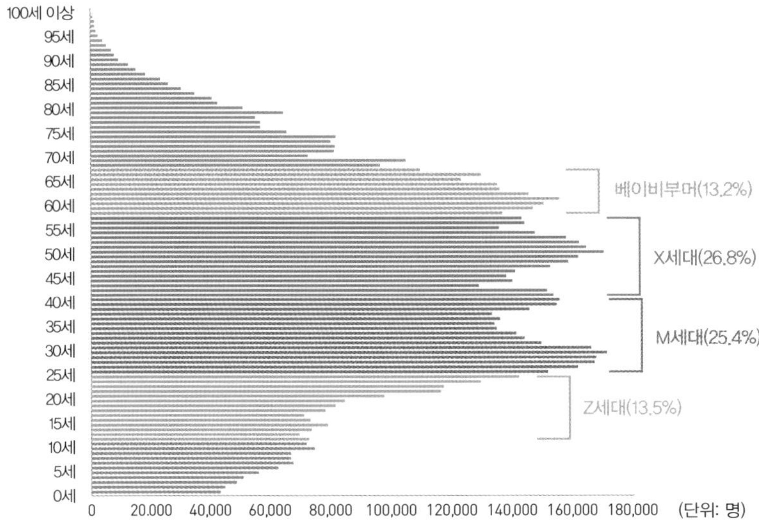

[그림 4-2] 서울의 세대별 인구 분포(2021)

자료: 서울특별시, 서울특별시기본통계, 주민등록인구

서울의 연령별 인구이동통계를 살펴보면, 지난 10년간 서울에서 빠져나간 인구가 유입 인구보다 훨씬 많은 것으로 나타났다. 그러나 MZ세대에 속하는 15~29세 이하 연령집단은 다른 연령대와 달리 유입률이 높고, 2011년보다 2020년에 순유입률이 크게 증가한 것을 확인할 수 있다. 이 중에서도 특히 20~24세는 순유입률이 4.4퍼센트로 가장 높았다.

이처럼 MZ세대는 서울에서 가장 큰 인구 집단을 형성하고 있으며, 순유입 인구가 계속 증가하고 있어 정책적으로 중요한 대상이다. 그러나 이들의 생활 실태와 가치체계에 대한 이해는 여전히 부족하다. 사회 변화에 가장 민감하게 반응하는 집단이자 향후 미래 서울의 주축이 될 집단이라는 점에서 이들의 생활 실태와 사회 일반에 대한 가치관, 이들이 전망하는 서울의 미래 모습을 살펴보는 것은 정책 입안 측면에서 중요한 의미를 가진다. 또한 세대 간 차이 극복과 갈등 해소 등을 위해서라도 미래세대를 이해하려는 노력은 필수적이다. 현

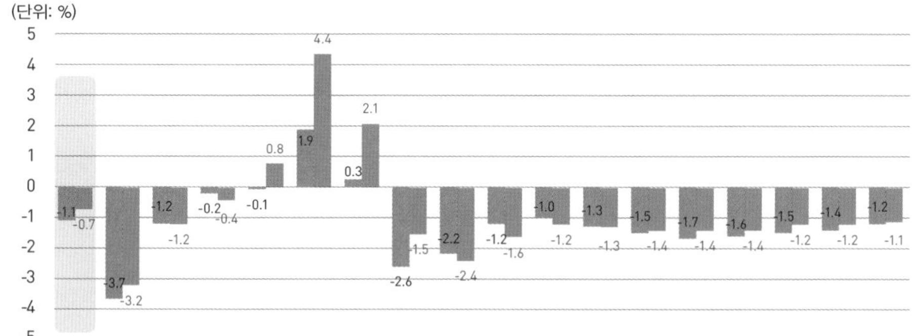

	전체	0~4세	5~9세	10~14세	15~19세	20~24세	25~29세	30~34세	35~39세	40~44세	45~49세	50~54세	55~59세	60~64세	65~69세	70~74세	75~79세	80세 이상
2011년	−1.1	−3.7	−1.2	−0.2	−0.1	1.9	0.3	−2.6	−2.2	−1.2	−1.0	−1.3	−1.5	−1.7	−1.6	−1.5	−1.4	−1.2
2020년	−0.7	−3.2	−1.2	−0.4	0.8	4.4	2.1	−1.5	−2.4	−1.6	−1.2	−1.3	−1.4	−1.4	−1.4	−1.2	−1.2	−1.1

[그림 4-3] **서울의 연령별 순이동률(2011, 2020)**

자료: 통계청, 「국내인구이동통계」

재 서울을 둘러싼 환경은 녹록지 않다. 특히 '늙어 가는 도시'와 '혼자 살아가는 도시'의 문제에 대응하기 위해 서울은 고군분투 중이다. 이 과정에서 앞으로 미래 서울을 이끌어 갈 중심이라고 할 '미래세대'를 심층적으로 이해해야 한다.

◈ㅡ미래세대 서베이 동향과 미래세대 조사를 위한 이론적 틀

서울 미래세대의 생활양식과 가치관 변화를 도출하고, 그에 따른 정책 수요와 정책 방향을 제안하기 위해 미래세대를 대상으로 2022년 6~7월에 걸쳐 2주간 온라인 조사를 실시하였다. 서울시에 거주하는 미래세대 20~30대 1,000명과 비교분석을 위한 40~50대 500명을 대상으로 하였으며, 미래세대의 '인구 코호트적 · 경제사회적 · 문화자본 · 사회자본 · 소비자본 특성'을 조사하였다. 조사 결과를 통해 '미래세대의 유형화, 기성세대와의 동일성과 차별성 분

[표 4-1] **국내외 가치 조사 현황**

구분	조사	조사 내용
1	2019년 한국인의 의식·가치관 조사(7차)	• 주관: 문화체육관광부, 3~5년 주기 • 대상: 17개 광역시 만 19~79세 성인 5,100명 • 목적: 한국인의 의식·가치관을 파악하여 정부 정책 추진과 인문사회과학 연구 기초자료로 활용
2	World Values Survey (WAVE 7, 2017~2020)	• 주관: UN, IGES(지구환경전략 연구소), 5~7년 주기 • 대상: 전 세계 100여 개 국가 대상, 18세 이상 국가별 1,200명 • 목적: 세계 시민의 사회, 정치, 문화, 윤리 가치 등의 변화, 인식과 태도 변화, 집단 문화 차원의 가치 측정
3	Looking ahead to 2050, Americans are pessimistic about many aspects of life in U.S. (2019)	• 주관: Pew Research Center • 대상: 자체 온라인 패널 조사 데이터 활용 (2018.12.11.~12.23.), 응답자 2,524명
4	Society and Lifestyles in 2050: Insights from Global Survey of Experts(2019)	• 주관: UN, IGES • 대상: 연구소와 NGO 전문가 • 목적: 연구자와 실무자를 대상으로 2050년 사회의 잠재적인 변화에 대한 글로벌 예측 조사
5	Social Attitudes of Young People(2014)	• 주관: UK, HM GOVERNMENT • 방법: 기존 설문조사 데이터 활용(BSAS, 유럽 가치 조사, 영국 가구 패널 조사, 지역사회 설문조사 등) • 목적: 영국 청년들의 사회적 태도가 이전 세대와 어떻게 다른지, 미래에 어떻게 진화할 것인지 평가

석, 미래도시 변화와 미래세대 영향력 관계'를 분석하여 미래세대의 가치관과 변화 양상을 고찰하였다.

이 조사에 앞서 국내외 미래 예측 조사와 가치 조사(Value Survey)를 시행한 국내외 선행 연구를 살펴보았다.

국내외 선행 연구를 바탕으로 조사표 구성을 위한 이론적 틀을 살펴본 결과, 선행 조사 대부분 '물질주의와 탈물질주의', '경쟁주의와 평등주의', '집단주의와

[표 4-2] **조사표 구성의 이론적 틀과 측정 단위**

구분	개인·가족 단위	공동체·사회 단위	국가·민족 단위
물질주의 – 탈물질주의	〈항목〉 직업, 경제력 등 • 삶에서 가장 중요한 것 • 배우자 선택 중요 요소 • 가정의 경제 수준 • 직업 선택 중요 요소 • 일과 여가 • 여유시간 활용 계획	〈항목〉 물질주의·탈물질주의 가치 • 경제적 양극화 • 공동체 연대	〈항목〉 경제발전, 국가적 가치 추구 등 • 사회적으로 당면한 심각한 문제 • 앞으로 원하는 미래상
경쟁주의 – 평등주의	〈항목〉 행복, 만족 등 • 행복하다고 느끼는 정도 • 가족, 친구 등 항목별 만족도 • 하는 일의 가치 • 자유로운 선택 등 • 우울, 소외감 등 • 가족 내 의사결정 실태 • 주관적 생활수준	〈항목〉 경쟁·평등 가치 • 가치관 일반 공감 정도 (소득, 복지, 경쟁, 기업 규제, 교육환경) • 우리 사회 신뢰 수준 • 집단별 신뢰 수준 • 공정성	〈항목〉 국가적 이슈 등 • 사회적으로 당면한 심각한 문제 • 미래 비전
집단주의 – 개인주의	〈항목〉 가정생활, 결혼, 부모·자녀 관계 등 • 결혼과 가족구성에 대한 의견 • 낙태, 이혼, 동거, 동성결혼 등에 대한 생각 • 노후생활 부담자, 노후생활 방향	〈항목〉 집단주의와 개인주의 • 사회적지지 • 가치관 일반 공감 정도 (개인 자유 vs. 사회 질서) • 집단별 갈등 정도 • 1인 가구로 인한 변화 • 정치참여 경험 • 한국 문화 관련 생각 • 다문화·외국인에 대한 생각	〈항목〉 한국인 정체성, 통일 등 • 국가 또는 한국인의 정체성에 대한 생각 • 한국인의 장점 • 북한에 대한 생각 • 통일에 대한 생각 • 통일 후 예상 변화 • 통일 후 예상 어려움

자료: 문화체육관광부, 「2019년 한국인의 의식·가치관 조사(7차)」, 6쪽 재구성

개인주의'의 세 가지 틀을 공유하는 것으로 분석되었다. 또한 이를 위한 측정 단위로 '개인과 가족 단위', '공동체와 사회 단위', '국가와 민족 단위'가 활용되었다.

◈ ─ 미래세대 서베이 질문지 구성

선행 연구 검토와 이론적 고찰을 통해 서울 미래세대의 생활양식과 가치관 조사를 위한 조사표는 다음과 같이 구성하였다. 우선 응답자 특성을 기준으로 개인 생활, 경제사회적 특성, 문화자본 측면, 사회자본 측면, 환경과 소비자본 측면, 미래도시 측면 총 7가지 영역으로 구분하여 질문지를 구성하였다. 응답자 특성 영역에서는 응답자의 기본 정보 외에 부모 동거 여부, 10년 후 부모 동거 여부, 10년 후 서울 거주 여부, 10년 후 예상 직업, 주관적 사회 경제적 지위, 이념 성향 등에 대해 질문하였다. 개인 생활 영역에서는 삶의 만족도, 현재와 미래의 행복도, 스트레스와 자살 충동 경험, 미래 결정 요인, 선택의 자율성, 삶에서 가장 중요한 것, 본인이 하는 일의 가치, 사회적 가치, 결혼 가치관, 2050년 결혼·이혼·출산 전망, 남녀 역할과 청년세대에 대한 의견, 세대 간 소통 어려움 정도 등을 질문해 미래세대의 인구 코호트적 특성을 파악하고자 하였다.

경제사회적 특성 영역에서는 개인의 소비생활 만족도, 직업 선택 시 고려 요인, 2050년 고용안정성과 근로자 복지 혜택 전망, 현재와 미래의 직업 가치관, 일과 여가, 노후 불안, 미래 노인의 은퇴 준비도, 고령사회 대비 서울시 관심 정책, 사회보장 정책 방향, 내 생활수준 대비 주위 사람들의 생활수준, 본인과 자녀의 사회 경제적 지위 상승 가능성, 경제적 양극화 심각성 정도 등을 질문하여 미래세대가 생각하는 현재와 미래의 경제사회적 변화 양상을 살펴보았다. 문화자본 측면 영역에서는 서울 시민으로서 자부심, 사회적 약자 포용성, 현재와 미래의 다양성 포용성 정도, 교양 있는 시민이 되기 위한 요소와 중요성 등을 질문하여 미래세대가 생각하는 문화자본 측면의 중요성을 살펴보았다.

[표 4-3] 미래세대 서베이조사 내용

영역	조사 문항	
응답자 특성	• 성별 • 거주지역(구)	• 출생 연도
개인 생활	• 삶에 대한 만족도 • 행복 정도(현재, 2050년) • 행복하기 위해 가장 중요한 것 • 전반적 스트레스 체감도 • 자살 충동 경험과 이유 • 미래 결정 요인 • 선택의 자율성 • 삶에서 가장 중요하게 생각하는 것	• 본인이 하는 일의 가치 정도 • 사회적 가치 • 결혼 가치관 • 2050년 예상 결혼, 이혼, 출산 가능성 • 배우자 선택 시 가장 중요한 것 • 남녀 역할에 대한 태도 • 청년세대에 대한 의견 • 세대 간 소통 어려움 정도
경제 사회적 특성	• 소비생활 만족도 • 직업 선택 시 고려 요인 • 2050년 고용안정성 전망 • 2050년 근로자 복지 혜택 전망 • 직업 가치관(현재, 2050년) • 일과 여가를 대하는 태도 • 노후 불안 정도 • 부모 부양 책임 • 30년 후 노인의 은퇴 준비도	• 고령사회 대비 서울시가 관심을 가져야 하는 정책 • 사회보장 정책 방향성 • 내 생활수준 대비 주위 사람들의 생활수준 • 내 나이 때 부모의 생활수준 대비 내 생활수준 • 본인의 사회 경제적 지위 상승 가능성 • 자녀의 사회 경제적 지위 상승 가능성 • 경제적 양극화 심각성 정도
문화자본 측면	• 한국 사람으로서의 자부심 • 서울 시민으로서의 자부심 • 사회적 약자 포용성	• 다양성 수용성(현재, 2050년) • 교양 있는 시민이 되기 위한 요소와 중요성
사회자본 측면	• 우리 사회에 대한 신뢰 • 일반 신뢰 • 사회적 지원망 • 사회적 교류 정도 • 사회적 불안감 • 사회적 참여 중요성	• 청년세대 의견 과소 대표에 대한 견해 • 공정성(현재, 2050년) • 차별 경험과 종류 • 집단 간 갈등(현재, 2050년)

영역	조사 문항	
환경과 소비자본 측면	• 세계 기후 변화 대처 관심 정도 • 2050년 예상 전반적 환경 상태	• 환경보호 활동 참여 경험 • 소비 가치관
미래도시 측면	• 디지털 기술에 대한 견해 • 메타버스 이용 경험, 목적, 장점	• 서울시 메타버스 공간에서 활용하고 싶은 기능 • 30년 후 미래도시 비전
배경 문항	• 가구원 수 • 부모 동거 여부 • 10년 후 부모 동거 여부 • 10년 후 서울 거주 여부 • 학력 • 졸업 상태 • 직업	• 고용 상태 • 10년 후 예상 직업 • 혼인 상태 • 월평균 가구소득 • 주관적 사회 경제적 지위 • 이념 성향

사회자본 측면 영역에서는 우리 사회의 신뢰도, 사회적 지원망, 사회적 교류 정도, 사회적 불안감, 사회참여 중요성, 청년세대 과소 대표에 대한 견해, 현재와 미래의 공정성 정도, 차별 경험과 종류, 현재와 미래 집단 간 갈등 정도 등을 질문하여 미래세대가 바라보는 우리 사회의 현재와 미래 모습을 살펴보았다.

환경과 소비자본 측면 영역에서는 세계 기후 변화 대처 관심 정도, 2050년의 전반적인 환경 상태, 환경보호 활동 참여 경험, 소비 가치관 등을 조사하여 글로벌 이슈인 기후 변화에 관해 서울의 미래세대가 어떠한 생각을 하고 있는지 살펴보았다. 미래도시 측면 영역에서는 디지털 기술에 대한 견해, 메타버스 이용 경험·목적·장점, 서울시 메타버스 공간에서 활용하고 싶은 기능, 30년 후 미래도시 비전 등을 조사하여 서울시가 직면할 미래도시 모습과 대처 방안 등에 대한 미래세대의 생각을 살펴보았다.

◈ 미래세대 서베이 응답자 특성

표본추출을 위해 지역·성·연령별 인구 비례에 따른 할당 추출법을 활용하였으며, 20~30대와 40~50대 각각의 응답자 특성은 다음과 같다.

[표 4-4] **미래세대 서베이 응답자 특성: 20~30대**

구분		사례 수(명)	비율(%)
전체		1,000	100.0
성별	남성	490	49.0
	여성	510	51.0
연령	20대	498	49.8
	30대	502	50.2
학력	고졸 이하	97	9.7
	대재(전문대/대학교)	127	12.7
	대졸(전문대/대학교 졸업)	677	67.7
	대학원 이상	99	9.9
가구 소득	200만 원 미만	102	10.2
	200만 원 이상~300만 원 미만	148	14.8
	300만 원 이상~500만 원 미만	287	28.7
	500만 원 이상~700만 원 미만	196	19.6
	700만 원 이상	267	26.7
혼인 상태	기혼	220	22.0
	미혼	745	74.5
	동거/사별/이혼/별거	35	3.5
가구원 수	1인	218	21.8
	2인	159	15.9
	3인	290	29.0
	4인 이상	333	33.3

구분		사례 수(명)	비율(%)
이념 성향	진보	231	23.1
	중도	429	42.9
	보수	341	34.1
직업	화이트칼라	644	64.4
	블루칼라	141	14.1
	학생	106	10.6
	주부/무직/기타	109	10.9
고용 형태	상용직 임금근로자	620	62.0
	임시/일용/특수직 근로자	97	12.6
	자영업자/무급가족 종사자	58	7.5
권역	도심권	50	5.0
	동북권	295	29.5
	서북권	123	12.3
	서남권	329	32.9
	동남권	203	20.3
지역	종로구	14	1.4
	중구	12	1.2
	용산구	24	2.4
	성동구	31	3.1
	광진구	42	4.2
	동대문구	37	3.7
	중랑구	39	3.9
	성북구	44	4.4
	강북구	27	2.7
	도봉구	28	2.8
	노원구	47	4.7
	은평구	46	4.6
	서대문구	33	3.3

구분		사례 수(명)	비율(%)
지역	마포구	44	4.4
	양천구	40	4.0
	강서구	64	6.4
	구로구	40	4.0
	금천구	26	2.6
	영등포구	45	4.5
	동작구	45	4.5
	관악구	69	6.9
	서초구	38	3.8
	강남구	51	5.1
	송파구	69	6.9
	강동구	45	4.5

[표 4-5] **미래세대 서베이 응답자 특성: 40~50대**

구분		사례 수(명)	비율(%)
전체		500	100.0
성별	남성	247	49.4
	여성	253	50.6
연령	40대	248	49.6
	50대	252	50.4
학력	고졸 이하	61	12.2
	대재(전문대/대학교)	16	3.2
	대졸(전문대/대학교 졸업)	365	73.0
	대학원 이상	58	11.6
가구 소득	200만 원 미만	45	9.0
	200만 원 이상~300만 원 미만	41	8.2
	300만 원 이상~500만 원 미만	125	25.0
	500만 원 이상~700만 원 미만	129	25.8
	700만 원 이상	160	32.0
혼인 상태	기혼	340	68.0
	미혼	127	25.4
	동거/사별/이혼/별거	33	6.6
가구원 수	1인	64	12.8
	2인	63	13.6
	3인	175	35.0
	4인 이상	193	38.6
이념 성향	진보	126	25.2
	중도	218	43.6
	보수	156	31.2
직업	화이트칼라	328	65.6
	블루칼라	61	12.2
	학생	—	—
	주부/무직/기타	111	22.2

구분		사례 수(명)	비율(%)
고용형태	상용직 임금근로자	314	81.8
	임시/일용/특수직 근로자	39	10.2
	자영업자/무급가족 종사자	31	8.1
권역	도심권	25	5.0
	동북권	155	31.0
	서북권	60	12.0
	서남권	149	29.8
	동남권	111	22.2
지역	종로구	8	1.6
	중구	6	1.2
	용산구	11	2.2
	성동구	15	3.0
	광진구	17	3.4
	동대문구	17	3.4
	중랑구	21	4.2
	성북구	23	4.6
	강북구	16	3.2
	도봉구	17	3.4
	노원구	29	5.8
	은평구	25	5.0
	서대문구	16	3.2
	마포구	19	3.8
	양천구	25	5.0
	강서구	29	5.8
	구로구	21	4.2
	금천구	11	2.2
	영등포구	20	4.0
	동작구	20	4.0

구분		사례 수(명)	비율(%)
지역	관악구	23	4.6
	서초구	23	4.6
	강남구	30	6.0
	송파구	34	6.8
	강동구	24	4.8

미래세대의 인구 코호트적 특성

◈ㅡ미래세대의 행복

미래세대의 현재 삶에 대한 만족도는 10점 만점에 5.95점으로 조사되었으며, 57퍼센트가 현재 삶에 만족한다고 응답하였다. 미래세대와 40~50대의 행복도는 큰 차이를 보이지 않았지만, 전반적으로 미래세대의 현재 삶에 대한 만족도가 조금 더 높은 경향을 보였다.

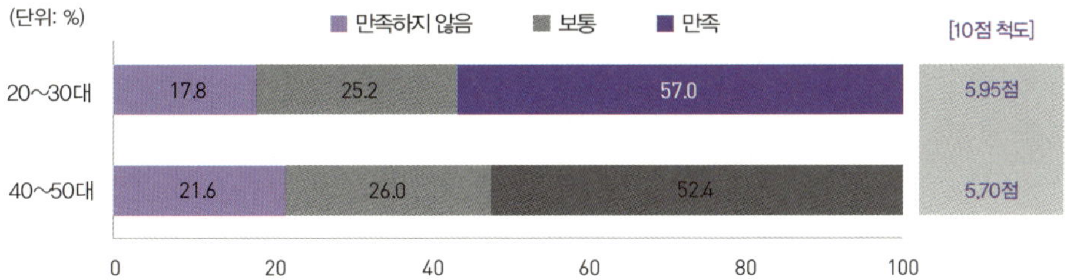

[그림 4-4] **현재 삶에 대한 만족도**

주: 1) 만족하지 않음(0~4점), 보통(5점), 만족(6~10점)
　2) 10점 척도: 전혀 만족하지 않는다(0점), 매우 만족한다(10점)

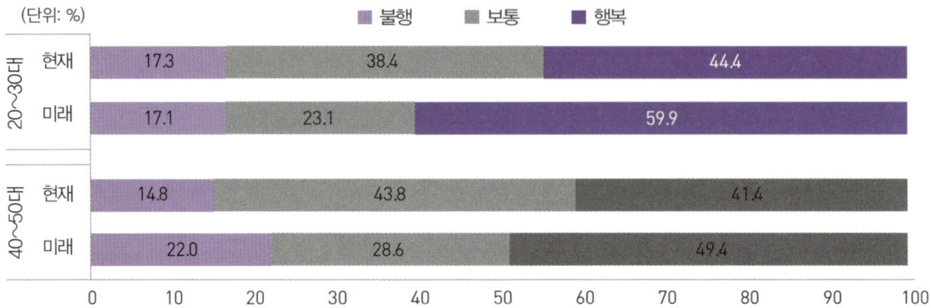

[그림 4-5] **현재와 30년 후의 기대 행복**

주: 불행(1~3점), 보통(4점), 행복(5~7점)

그러나 미래세대의 44.4퍼센트만이 현재 행복하다고 응답해, 삶의 만족도에 비해 '현재 나'의 행복감은 낮은 것으로 조사되었다. 그럼에도 미래세대의 59.9퍼센트가 2050년에 행복할 것이라고 응답해 미래에 대해 다소 낙관적인 견해를 보였다.

미래세대의 현재 행복감을 기준으로 미래에 대한 기대 행복감을 교차 분석하여 살펴본 결과, '현재 행복'하다고 응답한 미래세대의 86.5퍼센트가 '미래에도 행복'할 것이라고 응답하였다. 반면 '현재 불행'하다고 응답한 미래세대의

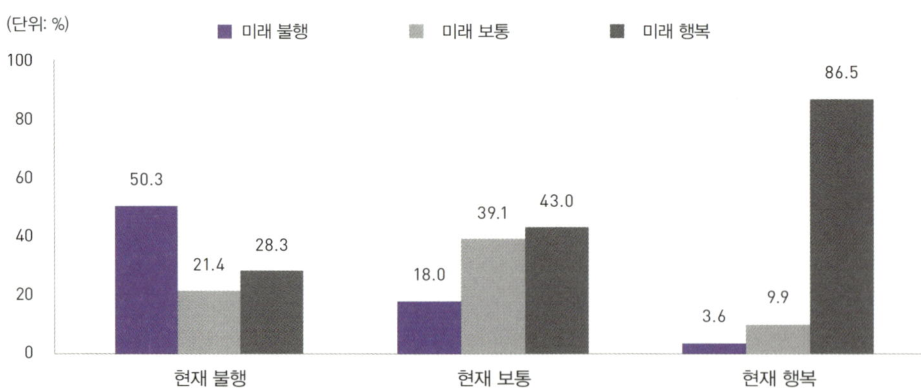

[그림 4-6] **현재 행복감 대비 미래 행복감**

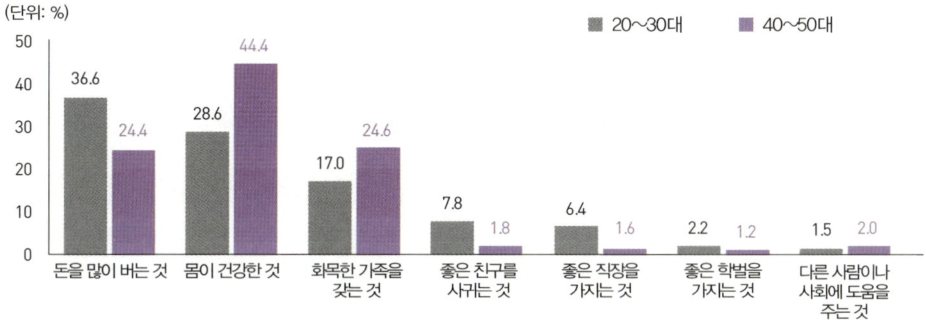

[그림 4-7] **행복하기 위해 가장 중요한 것**

28.3퍼센트만이 '미래에 행복'할 것이라고 응답하였으며, 50.3퍼센트가 '미래에도 여전히 불행'할 것이라고 응답해 집단 내 차이를 보였다.

미래세대의 행복을 결정하는 가장 중요한 요인은 '돈'과 '건강'으로 조사되었다. '자신이 행복하기 위해 가장 중요하게 생각하는 것'이 무엇인지 조사한 결과, 돈을 많이 버는 것(36.6퍼센트), 몸이 건강한 것(28.6퍼센트), 화목한 가족(17.0퍼센트), 좋은 친구를 사귀는 것(7.8퍼센트) 순으로 선택하였다. 이와 달리 40~50대는 몸이 건강한 것(44.4퍼센트), 화목한 가족(24.6퍼센트), 돈을 많이 버는 것(24.4퍼센트) 순으로 조사되어, 미래세대의 물질 중심의 가치 비중이 중년 세대에 비해

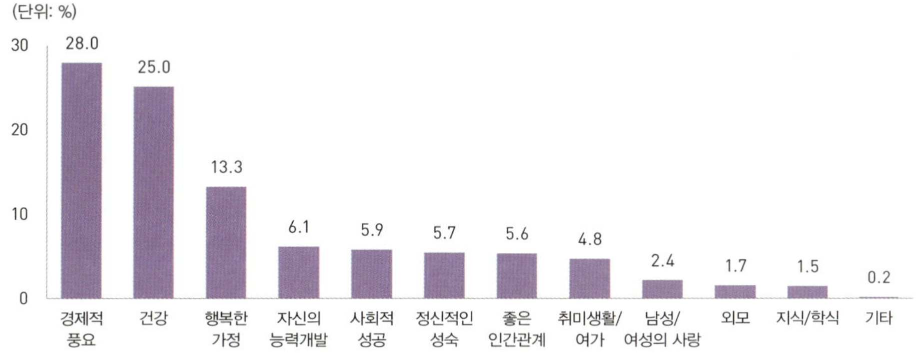

[그림 4-8] **삶에서 가장 중요하게 생각하는 것(1순위)**

높은 것으로 드러났다.

또한 미래세대가 삶에서 가장 중요하게 생각하는 것(1순위) 역시 경제적 풍요(28.0퍼센트)와 건강(25.0퍼센트)인 것으로 나타나, '가족'보다는 '나' 중심의 가치 체계를 보였다.

◈ー미래세대의 가치

미래세대의 62.4퍼센트가 본인이 하는 일이 가치 있다고 생각하는 반면, 13.0퍼센트는 본인의 일에 가치를 느끼지 못하는 것으로 조사되었다. 소득수준이 높을수록 자신이 하는 일에 대한 '자존감'이 높게 나타났으며, 소득수준별로 크게 차이를 보였다. 월평균 가구소득이 700만 원 이상 집단에서는 72.3퍼센트가 '나의 일이 가치 있다'고 인식하는 반면, 200만 원 미만 집단에서는 43.8퍼센트에 그쳤다.

미래세대는 개인 중심의 자유주의적 사회적 가치를 가진 것으로 조사되었

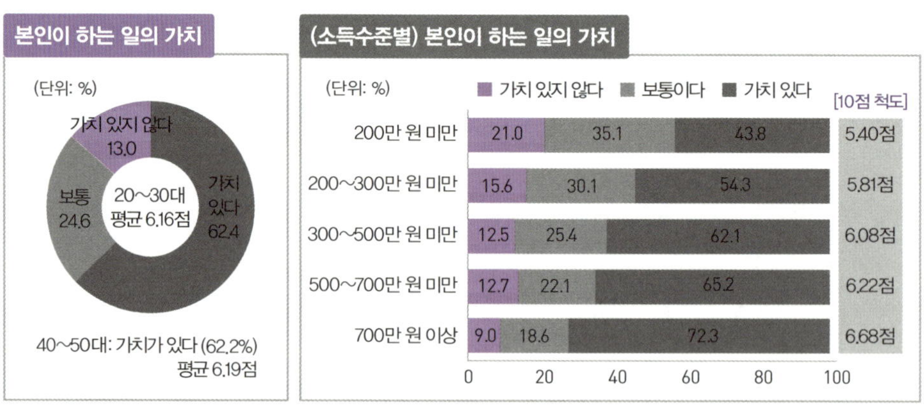

[그림 4-9] 본인이 하는 일의 가치 정도

주: 1) 가치가 없다(0~4점), 보통(5점), 가치 있다(6~10점)
2) 10점 척도: 전혀 가치 있지 않다(0점), 매우 가치 있다(10점)

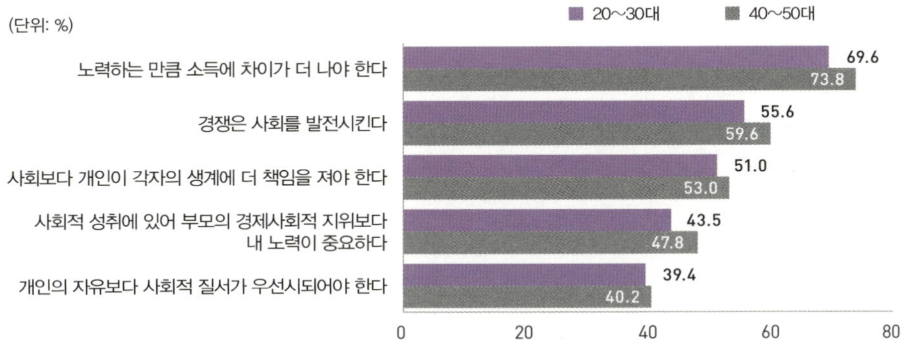

[그림 4-10] **사회적 가치에 대한 의견**

주: 다소 동의한다+매우 동의한다

다. 미래세대는 노력과 경쟁, 개인의 책임성에 대한 가치를 중요하게 생각했는데, 미래세대의 70퍼센트가 '노력하는 만큼 소득 차이가 더 나야 한다'고 생각했으며, 55.6퍼센트가 '경쟁은 사회를 발전시킨다'는 의견에 동의하였다. 그러나 동시에 '사회적 성취에 있어 부모의 경제·사회적 지위가 내 노력보다 중요하다(56.5퍼센트)'는 인식도 높아 우리 사회의 부모 의존도가 여전히 높은 것을 확인할 수 있다.

미래세대는 개인의 노력이나 선택보다 외부환경 변화 영향이 미래를 결정하는 데 더 중요하게 영향을 미친다고 생각했다(7점 만점에 3.99점). 미래세대에게 '나의 미래는 무엇에 의해 결정된다고 생각하는지' 조사한 결과, 40퍼센트가

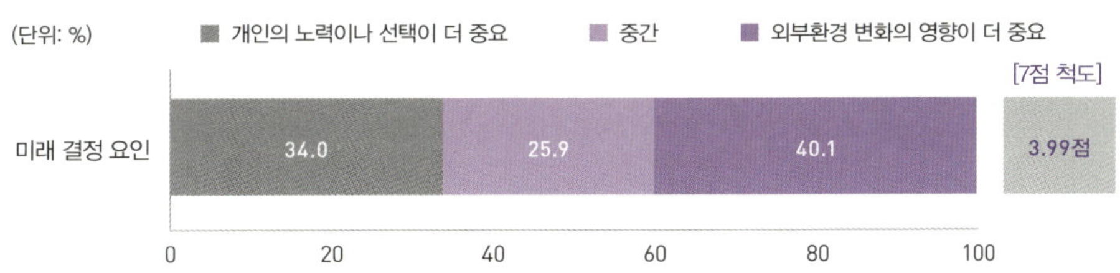

[그림 4-11] **미래 결정 요소**

주: 1) 개인의 노력이나 선택이 더 중요(1~3점), 중간(4점), 외부환경 변화의 영향이 더 중요(5~7점)
2) 7점 척도: 개인의 노력이나 선택이 더 중요(1점), 외부환경 변화의 영향이 더 중요(7점)

외부환경 변화의 영향이 더 중요하다고 응답하였으며, 34퍼센트가 개인의 노력이나 선택이 더 중요하다고 응답하였다.

미래세대의 33~34퍼센트만이 '40~50대와 비교했을 때 청년세대가 사회경제적으로 기회가 더 많고', '청년세대가 우리 사회로부터 충분한 관심과 지원을 받고 있다'고 생각하여 미래세대에 주어진 사회적 기회나 지원에 '불만족'하는 것으로 나타났다. 이와 달리 40~50대는 47~50퍼센트가 우리 사회로부터 청년세대가 충분히 사회 경제적 기회와 관심을 받고 있다고 생각해 세대 간 큰 인식 차이를 보였다.

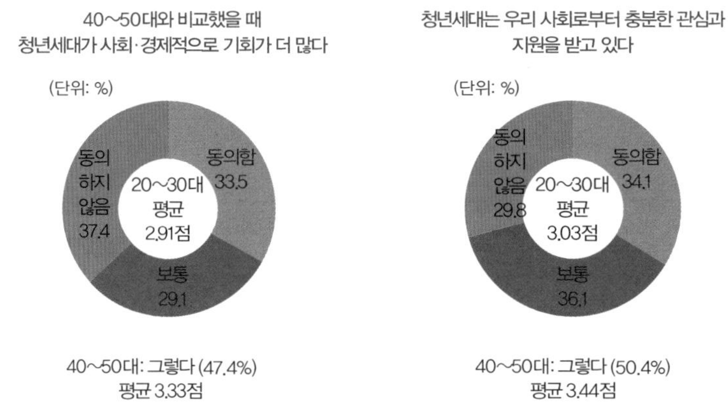

[그림 4-12] **미래세대에 대한 인식**

주: 1) 동의하지 않는다(1~2점), 보통(3점), 동의한다(4~5점)
2) 5점 척도: 전혀 동의하지 않는다(1점), 매우 동의한다(5점)

미래세대는 기성세대와의 대화나 그들의 사고방식을 이해하는 것을 어려워하는 것으로 조사되었다. 미래세대의 59.9퍼센트가 '나보다 나이 든 세대의 생각을 이해'하는 것을 어려워하였으며, 54.7퍼센트가 '나보다 나이 든 세대와의 대화'를 어려워하였다. 40~50대 역시 젊은 세대와의 소통과 그들의 사고방식을 이해하는 것을 어려워하였지만, 미래세대가 40~50대보다 세대 간 소통을 더 어려워하는 것으로 나타났다.

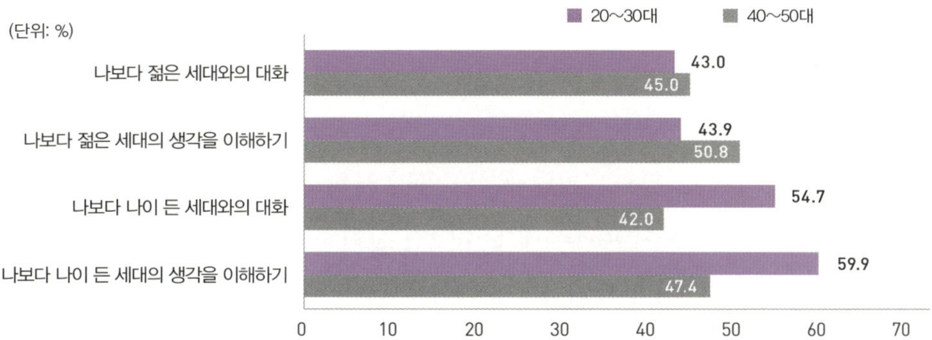

[그림 4-13] **세대 간 소통 어려움**

주: 어려운 편이다+매우 어렵다

미래세대는 남녀 역할에서 '평등성'을 중요시하였다. 미래세대의 74~86퍼센트가 남녀 구분 없이 '가정을 돌보고', '동등하게 취직 기회가 주어지고', '유급 경제활동을 해야 한다'고 생각하였다.

남녀평등을 당연하게 여기는 미래세대는 결혼은 선택적인 것, 이혼은 일상적인 일로 인식했다. '결혼을 반드시 해야 한다'는 의견에는 25.0퍼센트만이 동의할 뿐 나머지 75퍼센트는 보통(24.6퍼센트) 또는 비동의(50.4퍼센트) 의사를 보

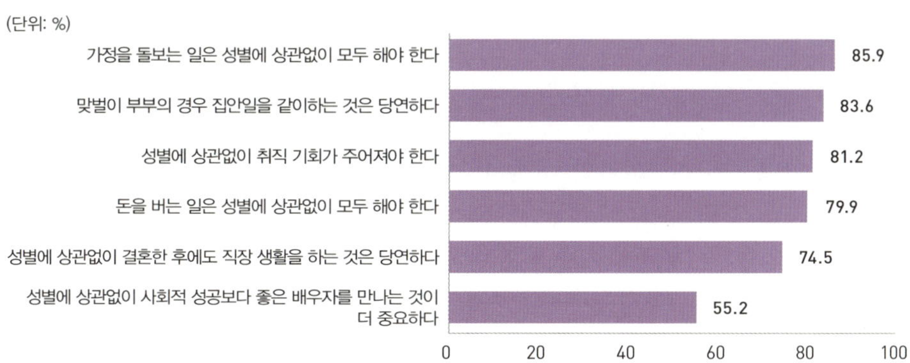

[그림 4-14] **남녀 역할에 대한 태도**

주: 그렇다(5~7점)

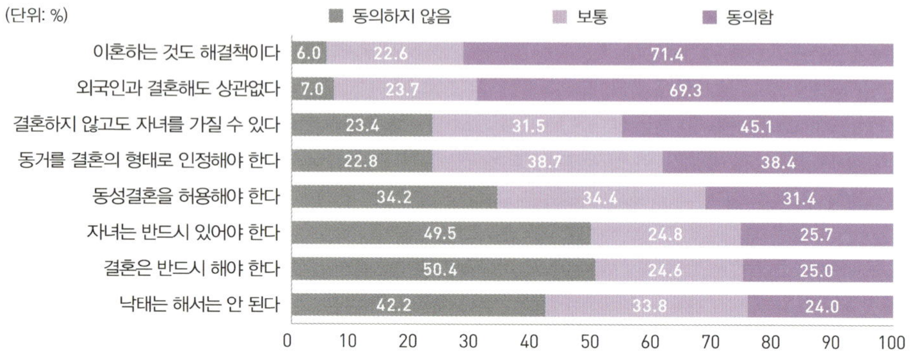

[그림 4-15] 결혼과 자녀에 대한 가치관

주: 동의하지 않음(전혀 동의하지 않는다+별로 동의하지 않는다), 보통, 동의함(다소 동의한다+매우 동의한다)

였으며, '이혼하는 것도 해결책이다'라는 의견에는 71.4퍼센트가 동의해 결혼과 이혼에 대해 자유분방한 특성을 보였다. 이외에도 외국인과의 결혼(69.3퍼센트), 자녀도 선택적(49.5퍼센트), 비혼인 자녀 가능(45.1퍼센트) 등에도 유연한 가치관을 보였다.

미래세대의 50.9퍼센트가 현재 부모와 같이 살고 있으며, 28.8퍼센트가 10년 후 부모와 함께 살기를 희망하는 것으로 나타났다. 현재 부모와 따로 사는 미래세대는 87.2퍼센트가 10년 후에도 계속해서 부모와 따로 살기를 희망하였으며, 현재 부모와 함께 거주하는 미래세대는 절반 이상인 55.8퍼센트가 10년 후 부모에게서 독립하기를 희망하였다.

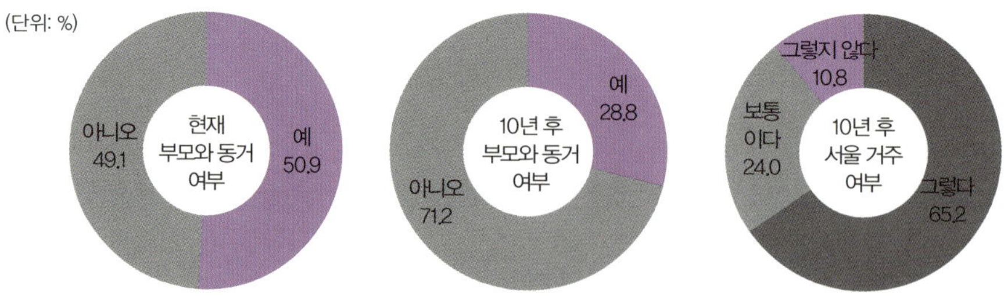

[그림 4-16] 10년 후 '나'의 모습

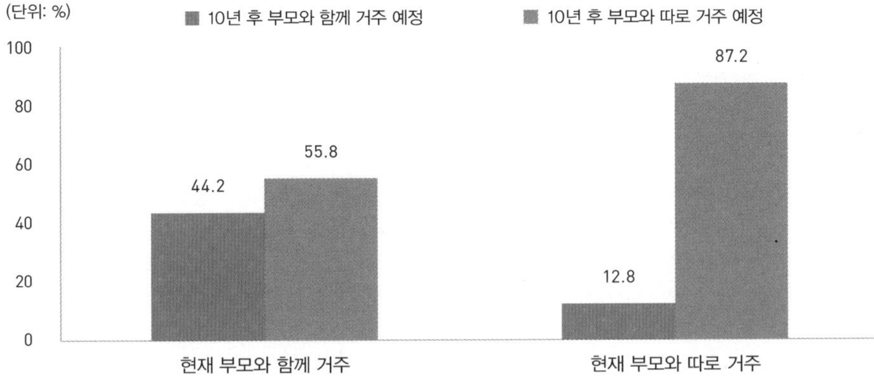

[그림 4-17] **현재 부모와 동거 대비 향후 부모와 동거 여부**

미래세대의 경제사회적 특성

미래세대는 일보다는 여가를 더 선호(42.5퍼센트)하며, 일과 여가의 균형을 추구(39.4퍼센트)하는 경향을 보였다. 40~50대는 일과 여가의 균형 추구가 48.0퍼센트로 가장 높았으며, 여가 선호가 33.8퍼센트로 그다음을 차지하였다.

미래세대는 직업 선택 시 수입(26.4퍼센트)과 근무 환경(23.8퍼센트)을 가장

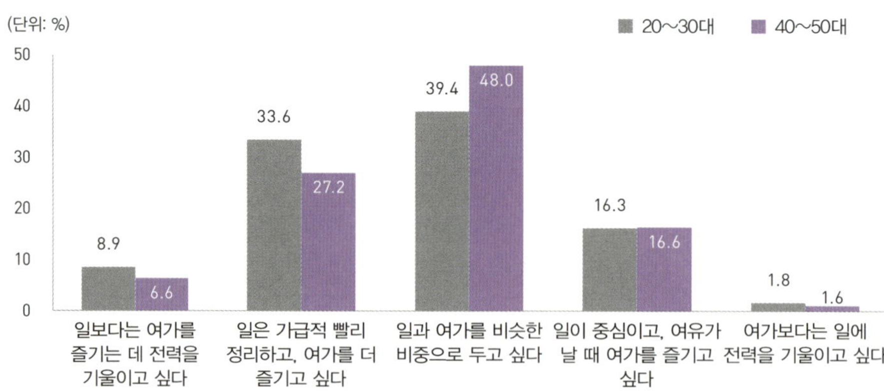

[그림 4-18] **일과 여가에 대한 태도**

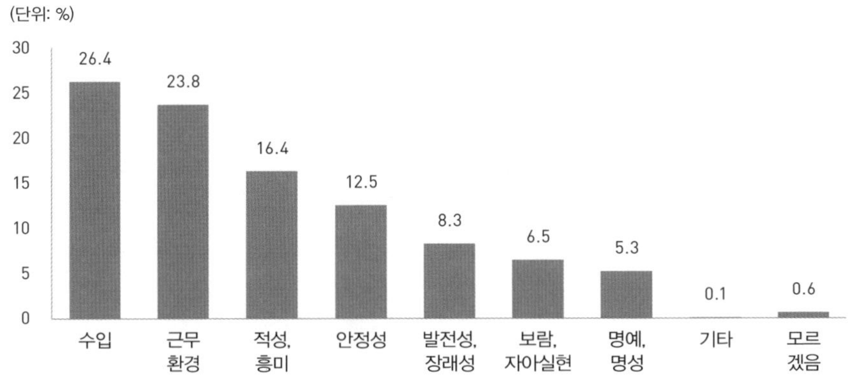

[그림 4-19] **직업 선택 시 가장 중요한 요인(1순위)**

중요하게 생각했으며, 그 외 적성과 흥미(16.4퍼센트), 안정성(12.5퍼센트), 발전성과 장래성(8.3퍼센트) 등을 중요 요인으로 꼽았다.

또한 미래세대는 직장을 선택할 때 '현재 거주지에서 출퇴근하는 것(7점 만점에 5.23점)'을 가장 중요하게 생각했으며, 출퇴근은 하지 않더라도 '직업은 반드시 가져야 한다(5.11점)'고 생각했다. '생계만 해결된다면 아르바이트도 직업(4.78점)'이라는 인식이 높았으며, 1개의 직업만으로는 생계유지가 충분하지 않다고 응답하였다.

미래세대는 2050년 미래에도 '반드시 직업을 가져야 한다'고 생각(4.59점)하는 편이지만 현재보다 필요성이 감소할 것으로 전망했으며, '거주지에서의 출퇴근 중요성(4.54점)' 역시 감소할 것으로 예측하였다. 이와 달리 '아르바이트도 직업(5.16점)'이라는 생각과 '1개 이상의 직업이 필요하다'라는 인식은 앞으로 더욱 증가할 것으로 전망하였으며, 2050년에도 현재와 마찬가지로 '모든 직업이 동등하게 존중받지는 못할 것'이라는 인식이 여전히 팽배할 것으로 전망하였다.

미래세대는 우리 사회의 전반적인 경제 환경에 부정적 인식이 강한 것으로 나타났다. 미래세대의 63.6퍼센트는 노후에 대한 막연한 혹은 실질적인 불안감

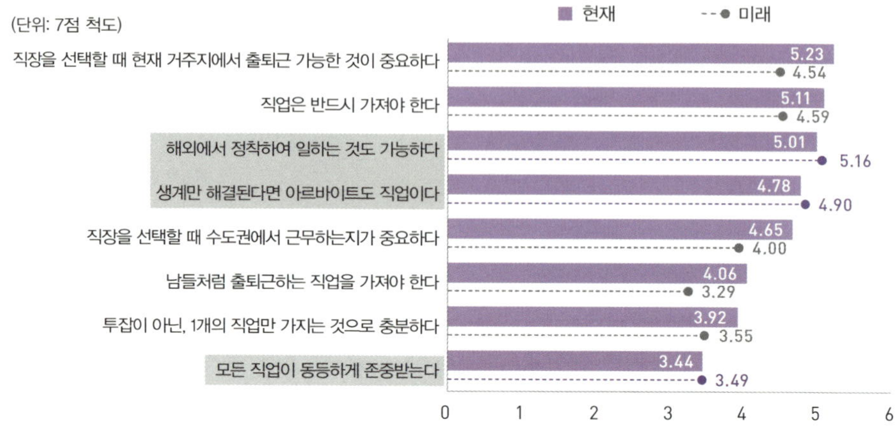

[그림 4-20] 직업 태도를 둘러싼 현재와 미래 비교

주: 7점 척도-전혀 그렇지 않다(1점), 매우 그렇다(7점)

을 느끼고 있었으며, 84.7퍼센트는 2050년의 고용안정성과 근로자 복지 혜택이 지금과 같거나(44.4퍼센트) 더 나빠질 것(40.3퍼센트)으로 전망하였다. 또 미래세대의 72.8퍼센트가 2050년에 근로자의 복지 혜택(건강보험, 유급휴가, 퇴직금 등)이 지금과 거의 같거나(45.7퍼센트) 더 나빠질 것(27.1퍼센트)으로 전망하였다.

미래세대는 30년 후 60세 이상 노인의 은퇴 준비가 지금의 노인보다 더 잘되어 있을 것(58.8퍼센트)으로 전망하였다. 이는 30년 뒤 근로자 복지 혜택을 부정적으로 전망하여, 불안한 고용 환경과 복지 정책에 대비한 개인 차원의 자구책 마련 의지가 반영된 것으로 판단된다.

미래세대의 62.4퍼센트가 지난 2주 동안 일상생활에서 스트레스를 경험한 적이 있으며, 28.3퍼센트가 지난 1년 동안 자살 충동을 경험한 적이 있는 것으로 조사되었다. 미래세대의 자살 충동 이유로는 '경제적 어려움(32.5퍼센트)'과 '실직 또는 미취업 등으로 인한 직장 문제(21.5퍼센트)'가 가장 많은 비중을 차지하였으며, '외로움과 고독(15.1퍼센트)'으로 인한 자살 충동 비율 역시 높게 나타났다. 특히 경제적 어려움으로 인한 자살 충동 경험은 40~50대보다 10퍼센트 포인트가량 높게 나타났는데, 미래세대의 불안정한 경제적 상황이 미래세대의

(단위: %)

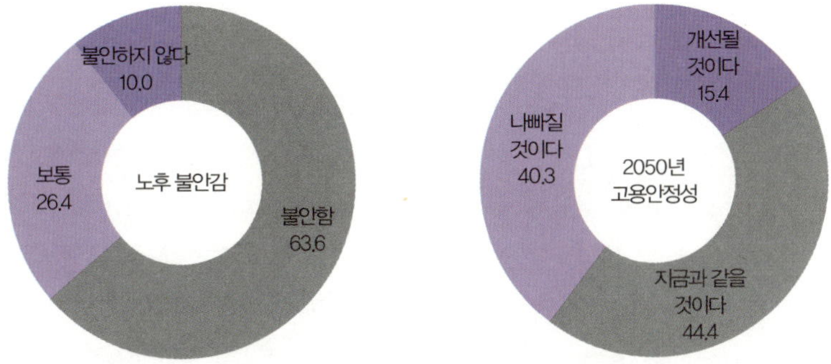

40~50대: 불안함 65.2%

40~50대: 나빠질 것이다 40.4%

[그림 4-21] **노후 불안감과 2050년 고용안정성 전망**

(단위: %)

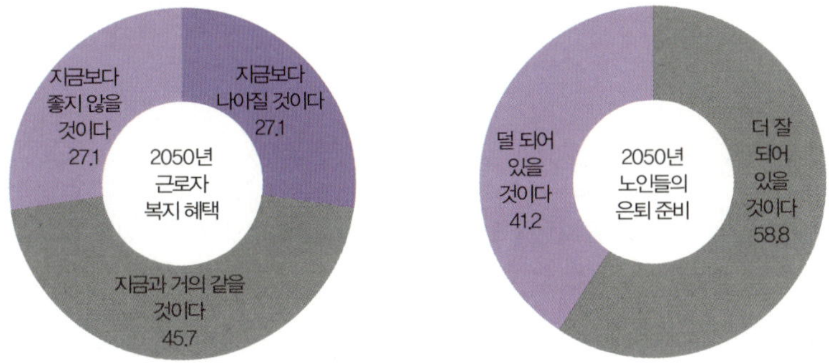

40~50대: 지금보다 나아질 것이다 38.8%

40~50대: 더 잘되어 있을 것이다 52.0%

[그림 4-22] **2050년 근로자 복지 혜택과 노후 준비도 예측**

(단위: %)

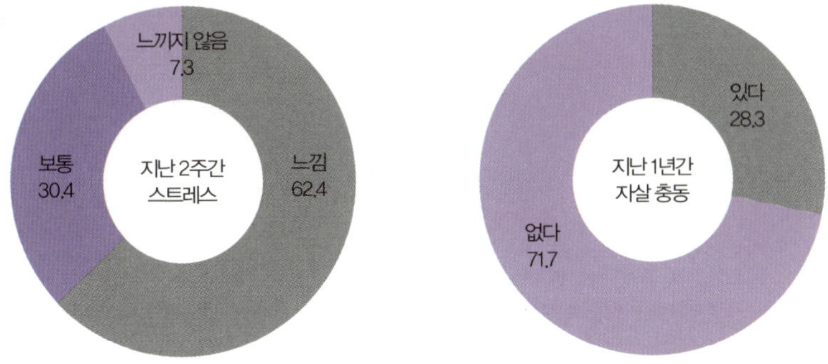

40~50대: 스트레스 느낌 53.8%

40~50대: 자살 충동 경험 17.8%

[그림 4-23] **스트레스와 자살 충동 경험**

주: 느끼지 않음(전혀 느끼지 않았다+느끼지 않은 편이다), 보통, 느낌(느낀 편이다+매우 많이 느꼈다)

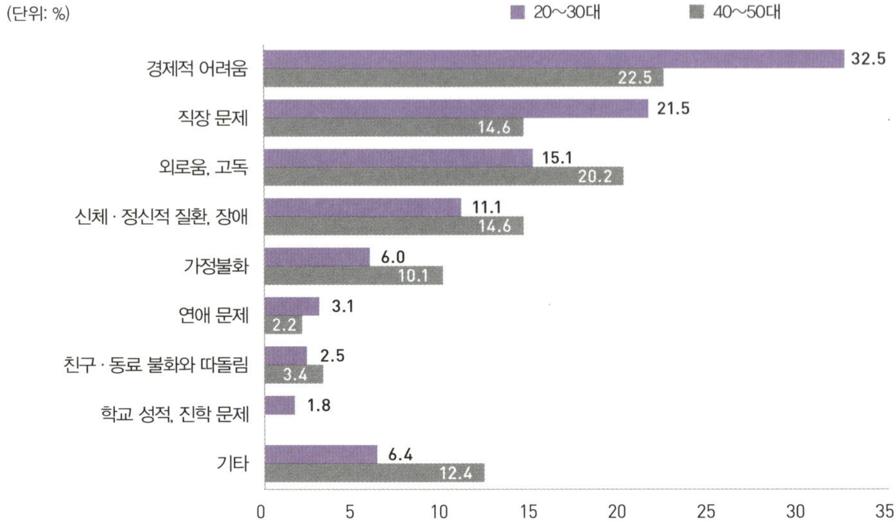

[그림 4-24] **자살 충동 이유**

웰빙과 정신 건강(우울증, 스트레스, 불안 등)에 부정적 영향을 매우 크게 미치고 있음을 확인할 수 있다.

미래세대는 본인과 자녀의 사회 경제적 지위 상승 가능성을 대체로 보통 이하 수준으로 평가했다. 본인의 계층 이동 가능성에 대한 인식은 미래세대보다

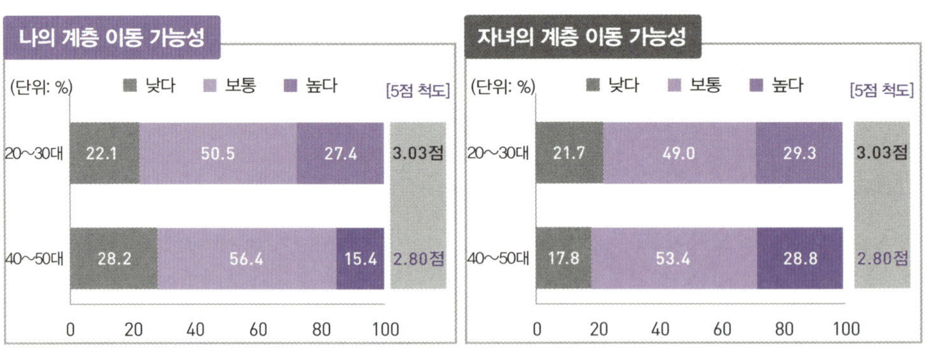

[그림 4-25] **계층이동 가능성**

주: 1) 낮다(매우 낮다+다소 낮다), 보통, 높다(다소 높다+매우 높다).
2) 5점 척도: 매우 낮다(1점), 매우 높다(5점)

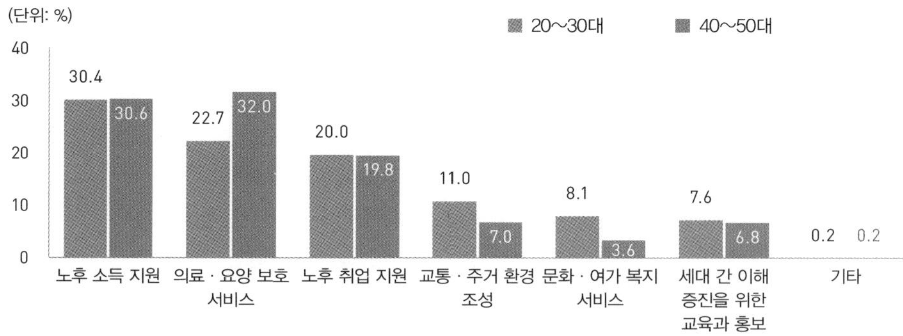

[그림 4-26] **고령사회 대비 서울시 우선 정책 분야**

40~50대가 더 부정적이었는데, 40~50대는 본인의 사회 경제적 지위 상승 가능성(15.4퍼센트)보다 자녀의 지위 상승 가능성을 훨씬 더 크게 인식(28.8퍼센트)했다. 이와 달리 미래세대는 본인과 자녀의 사회 경제적 지위 상승 가능성에 큰 차이를 보이지 않아, 기성세대에 비해 세대 간 이동에 기대가 낮은 경향을 보였다.

경제 환경과 고용 환경의 불안정성 등으로 미래세대는 서울시가 서울 시민의 노후생활을 위하여 주로 관심 두어야 할 정책 영역으로 '노후 소득 지원(30.4퍼센트)'을 1순위로 꼽았다. 그다음 '의료·요양 보호 서비스', '노후 취업 지원(20.0퍼센트)' 등을 선택하였다. 40~50대 역시 '의료·요양 보호 서비스(32.0퍼센트)'와 '노후 소득 지원(30.6퍼센트)'을 가장 관심을 두어야 할 정책으로 선택하였다.

선행 연구*에서는 청년세대가 개인주의 세대로 사회적 분배보다 개인의 자율성과 역량을 통한 해결 방식을 중시하며, 기성세대보다 복지국가를 덜 지지하는 것으로 조사되었다. 그러나 서울의 미래세대는 70퍼센트 가까이 '사회보장 혜택은 어떤 식으로든 축소되어서는 안 된다'고 생각했으며, 56.6퍼센트가 부모 부양의 책임을 '가족, 정부, 사회가 함께' 분담해야 한다고 생각했다.

* UK HM Government Horizon Scanning Programme(2014).

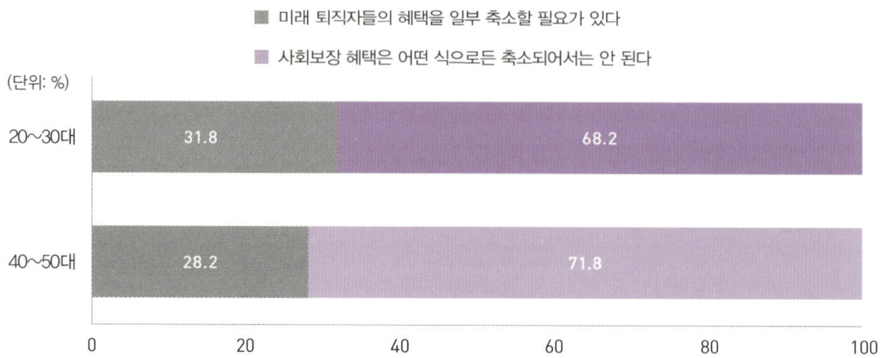

[그림 4-27] **사회보장 정책 방향**

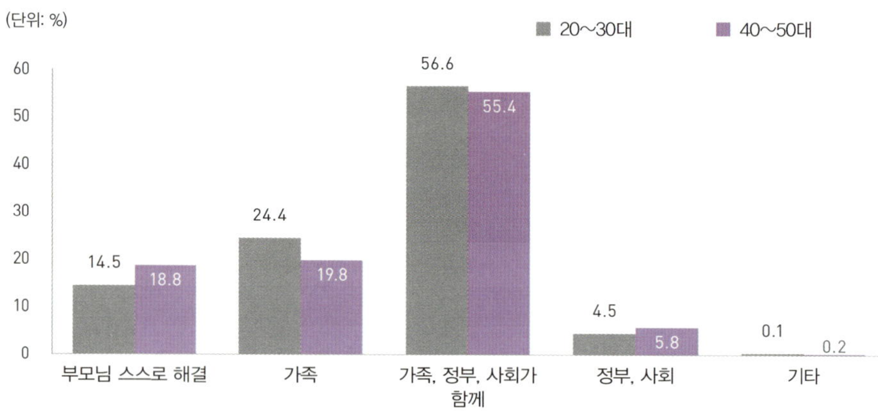

[그림 4-28] **부모 부양 책임**

미래세대의 꿈과 마음

미래세대는 현재 우리 사회가 다양성을 인정하는 사회(7점 만점에 3.94점)이며, 2050년에는 우리 사회의 다양성 수용성이 더욱 나아질 것(4.35점)으로 전망하였다. 또한 오늘날 우리 사회가 가치관이나 신념이 다른 사람을 충분히 이

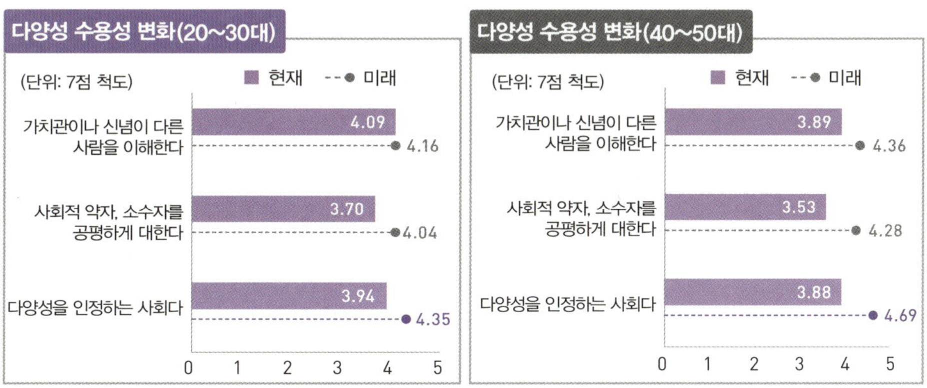

[그림 4-29] **세대별 우리 사회의 다양성 수용성 변화**

주: 7점 척도-전혀 그렇지 않다(1점), 매우 그렇다(7점)

해하고 있으며(4.09점), 사회적 약자와 소수자를 공평하게 대한다(3.70점)고 인식했다. 그리고 이러한 다양성 수용성은 2050년에 더욱 증가할 것으로 기대해, 포용 사회로 변화할 가능성을 긍정적으로 전망하였다.

그러나 미래세대의 개인별 사회적 약자 포용성은 현재 낮은 편이며, 특히 성소수자와 난민이 내 이웃이 되는 데 불편함을 가장 크게 느꼈다. 선행 연구* 에서는 청년세대가 높은 교육 수준과 다문화사회가 성장함에 따라 보다 관대한 사회적 태도를 견지하는 것으로 분석되었으나, 서울의 미래세대는 결혼이주민(74.7퍼센트)과 장애인(73.7퍼센트)에 한해 포용성이 높을 뿐, 이주노동자(59.6퍼센트), 북한이탈주민(57.4퍼센트), 성소수자(56.5퍼센트), 난민(45.5퍼센트)에 대해서는 상대적으로 그리 높지 않은 포용성을 보였다. 더욱이 미래세대는 성소수자를 제외한 전 영역에서 40~50대보다 사회적 약자 포용성이 오히려 낮았다.

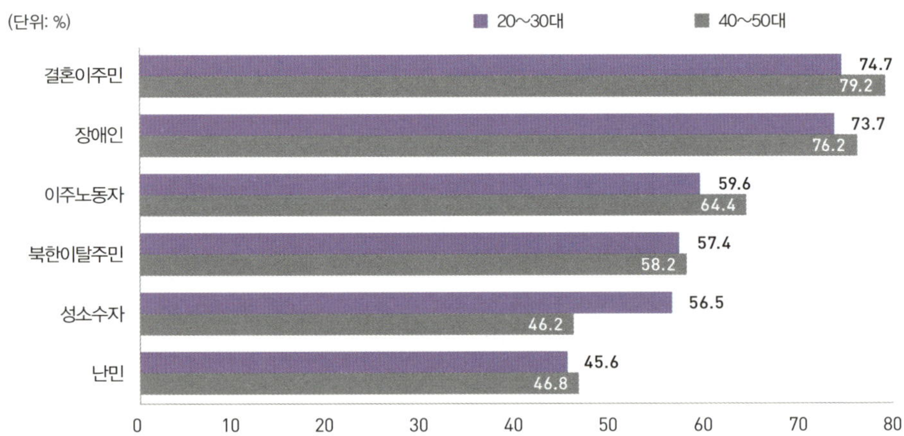

[그림 4-30] 미래세대의 다양성 수용성

주: 사회적 약자 포용성(4점 척도): 별로 불편하지 않다+전혀 불편하지 않다

* UK HM Government Horizon Scanning Programme(2014).

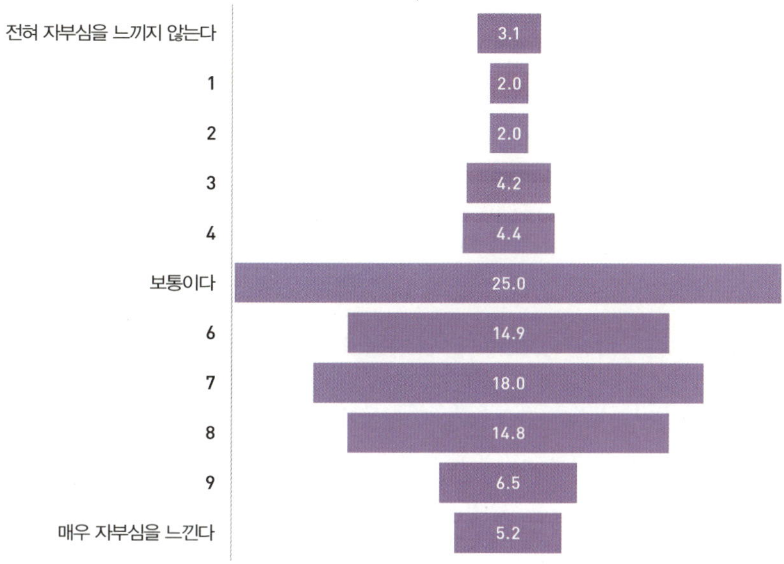

[그림 4-31] **서울 시민으로서의 자부심**

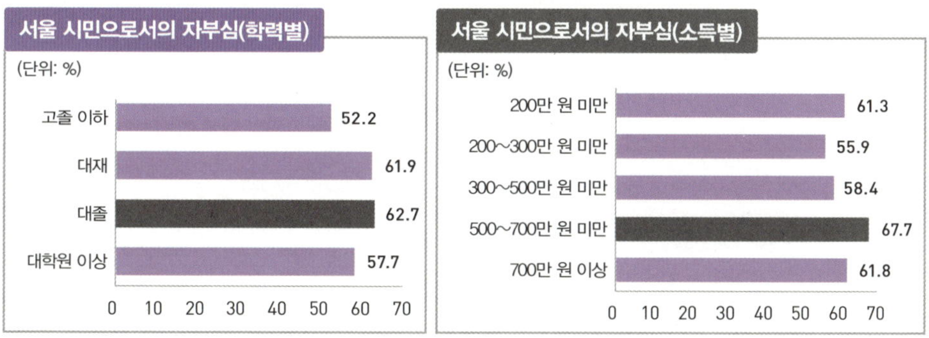

[그림 4-32] **서울 시민으로서의 자부심(학력별, 소득별)**

주: 자부심을 느낀다(6~10점)

미래세대의 서울 시민으로서 자부심은 '보통' 수준으로 조사되었다. 미래세대의 '한국 사람으로서 자부심'은 10점 만점에 6.01점, '서울 시민으로서 자부심'은 6.05점으로 나타났다. 미래세대의 서울 시민으로서 자부심은 학력 수

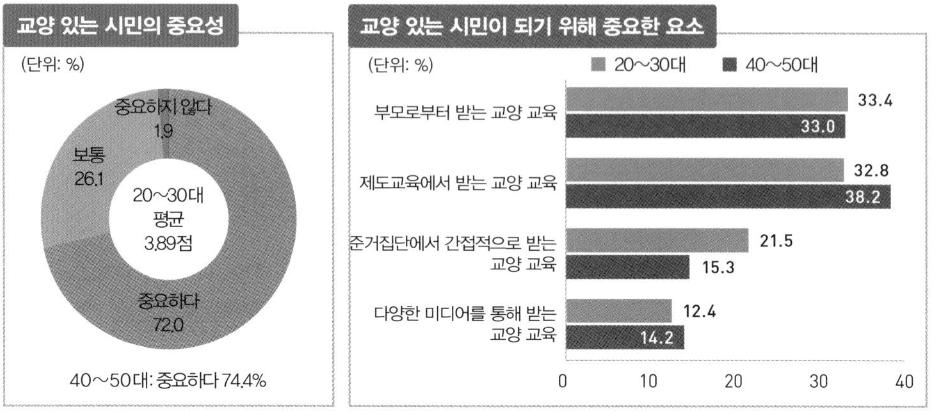

[그림 4-33] **교양 시민의 중요성과 중요 요소**

주: 1) 중요하지 않다(전혀 중요하지 않다+중요하지 않다), 보통, 중요하다(중요하다+매우 중요하다)
2) 5점 척도: 전혀 중요하지 않다(1점), 매우 중요하다(5점)

준과 소득수준별로 차이를 보였는데 학력 인플레이션에 의한 자부심 감소 현상이 나타났으며, 중상층의 자부심이 상대적으로 높은 경향을 보였다.

미래세대의 72퍼센트가 '교양 있는 시민'이 되는 것이 중요하다고 인식했으며, 교양 있는 시민이 되기 위해서 가정교육(33.4퍼센트)과 제도교육(32.8퍼센트)이 중요하다고 응답하였다.

미래세대의 참여와 의식

◈ — 미래세대의 사회참여

미래세대는 사회참여를 중요하게 생각하지만, 낮은 신뢰 수준과 차별이 가져온 불공정 인식 등으로 사회적 응집력이 약화될 우려가 있는 것으로 조사되었다. 미래세대는 '인구구조의 고령화에 따라 청년세대의 의견이 과소 대

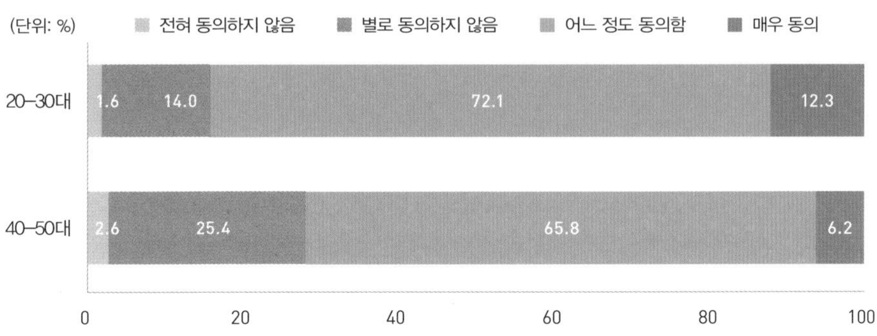

[그림 4-34] **청년세대의 과소 대표 문제**

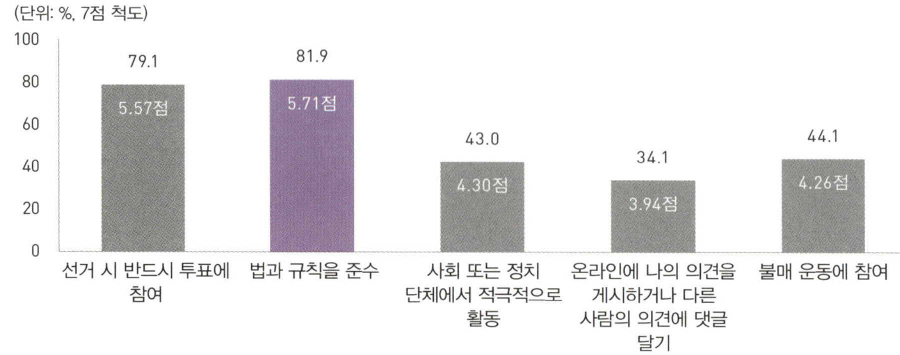

[그림 4-35] **사회적 참여의 중요성**

주: 1) 중요하다(5~7점)
2) 7점 척도: 전혀 중요하지 않다(0점), 매우 중요하다(7점)

표(under-representation)되고 있다(84.4퍼센트)'라고 생각하며, '법·규칙을 준수(81.9퍼센트)'하는 것과 '선거 시 반드시 투표에 참여(79.1퍼센트)'하는 것을 중요하게 생각했다.

◈ 미래세대의 사회자본

미래세대의 59.5퍼센트가 우리 사회를 믿을 수 있는 사회라고 생각했다. 그러나 40.5퍼센트는 우리 사회를 신뢰할 수 없는 사회로 인식하며, 40~50대보다 낮은 신뢰도를 보였다. 미래세대는 '가족(74.1퍼센트)'과 '친구(61.1퍼센트)'에 대한 신뢰는 높은 반면, 공공기관(28.1퍼센트)과 이웃(19.0퍼센트), 국내 거주 외국인(13.1퍼센트), 처음 만난 낯선 사람(12.1퍼센트)에 대한 신뢰는 낮았다. 세대 간 비교에서 특징적인 부분은 미래세대가 40~50대보다 가족, 친구, 이웃, 공공기관을 덜 신뢰하는 반면, 처음 만난 낯선 사람과 국내 거주 외국인에 대해서는 더 신뢰하는 경향을 보였다.

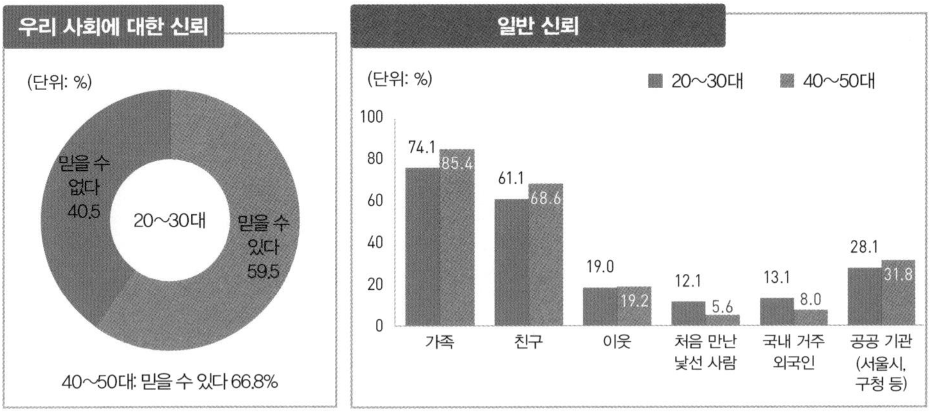

[그림 4-36] **우리 사회 신뢰도**

주: 1) 사회 신뢰(4점 척도): 믿을 수 없다(전혀+별로 믿을 수 없다), 믿을 수 있다(약간+매우 믿을 수 있다)
2) 일반 신뢰(5점 척도): 신뢰함(다소 신뢰한다+매우 신뢰한다)

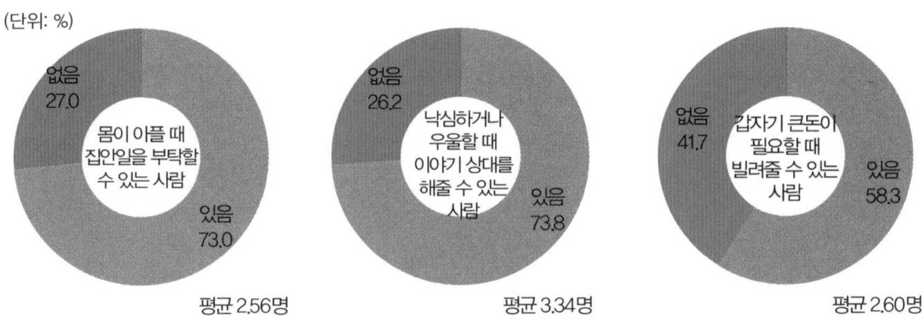

[그림 4-37] **사회적 연결망**

주: 평균(명): 도움을 받을 수 있는 사람이 '있다'는 응답자 대상

미래세대의 낮은 신뢰 수준에도 불구하고, 사회적 연결망은 상대적으로 강하게 작동하는 것으로 조사되었다. 미래세대의 70퍼센트 이상이 '몸이 아플 때 집안일을 부탁할 수 있는 사람'과 '낙심·우울할 때 이야기할 상대'가 평균 2~3명 있는 것으로 조사되었다. 또한 58퍼센트 정도가 '갑자기 큰돈이 필요할 때 빌려줄 수 있는 사람'이 평균 2명 정도 있는 것으로 조사되었다.

미래세대 10명 중 7명 정도가 차별을 경험한 적이 있는 것으로 나타났

다. '학력, 소득, 직업 등에 의한 차별 경험'이 48.7퍼센트로 가장 많았으며, '나이, 외모, 출신 지역 등에 의한 차별 경험(45.1퍼센트)'과 '성별에 따른 차별 경험(36.5퍼센트)'이 높게 나타났다. 그 외 '온라인에서의 따돌림, 비난 경험'과 '인종에 따른 차별 경험' 역시 각각 17~19퍼센트를 차지하였다.

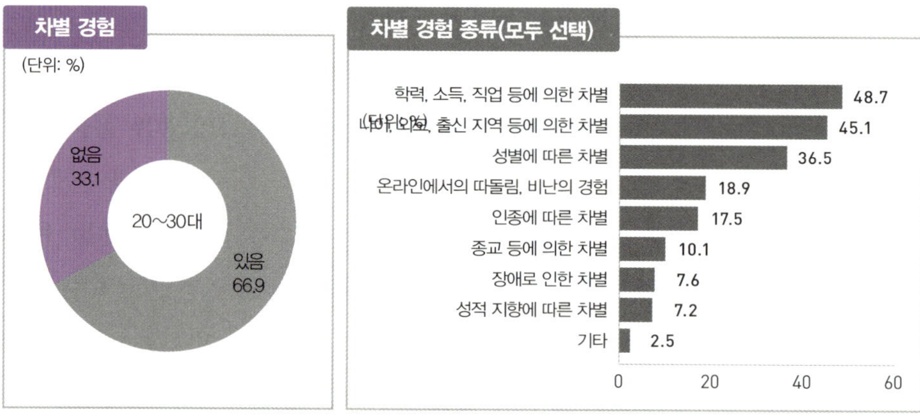

40~50대 차별 경험 있음 61.2%

[그림 4-38] **차별 경험과 종류(중복 응답)**

주: 없음(전혀 없다+별로 없는 편이다), 있음(약간 있는 편이다+아주 많다)

미래세대의 절반 정도(48.3퍼센트, 7점 만점에 3.48점)가 현재 우리 사회가 공정하지 않다고 인식하고 있었다. '경제적 분배의 불공정성(52.3퍼센트)'과 '언론 보도의 불공정성(50.0퍼센트)'에 대한 시각이 상대적으로 높았는데, 각각 3.36점, 3.42점으로 공정성 수준을 낮게 평가하였다. 반면 '성공 기회의 공정한 제공(3.71점)'과 '잘못된 행위에 대한 엄격한 법적 처벌(3.59점)'은 비교적 공정하게 이루어지고 있다고 인식하였다.

미래세대는 2050년에 우리 사회의 공정성이 다소 개선될 것으로 기대하지만, 그리 크게 개선되지는 않을 것으로 전망했다. 미래에 가장 많이 개선될 것으로 전망하는 영역 중 '경제적 부의 분배'와 '언론 보도의 공정성'에 대한 기대는 각각 0.23점과 0.14점에 불과하며, '성공 기회의 공정성'은 오히려 0.09

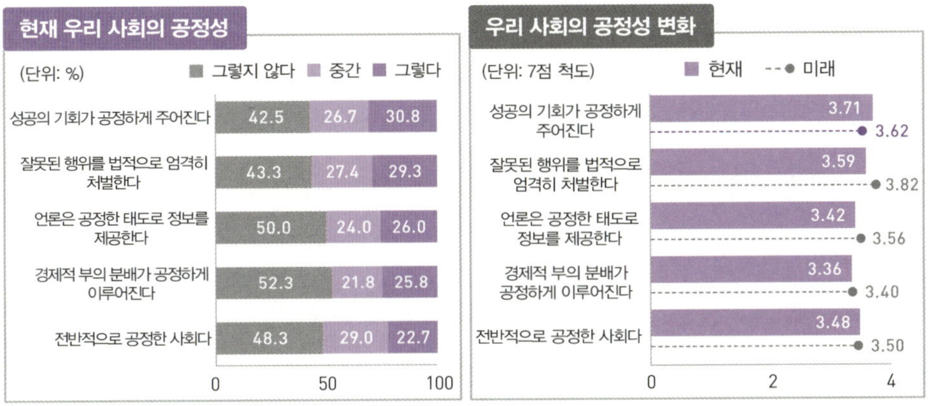

[그림 4-39] **현재 우리 사회의 공정성**

주: 1) 그렇지 않다(1~3점), 중간(4), 그렇다(5~7점)
2) 7점 척도: 전혀 그렇지 않다(0점), 매우 그렇다(7점)

점 감소할 것으로 전망하였다.

미래세대는 현재 우리 사회의 집단 간 갈등은 크며, 2050년에도 여전히 존재할 것으로 전망한다. 미래세대 10명 중 8~9명은 '기성세대와 젊은 세대 간의 갈등'과 '남녀 갈등'이 큰 편이라고 생각하며, 수도권과 지방의 지역갈등

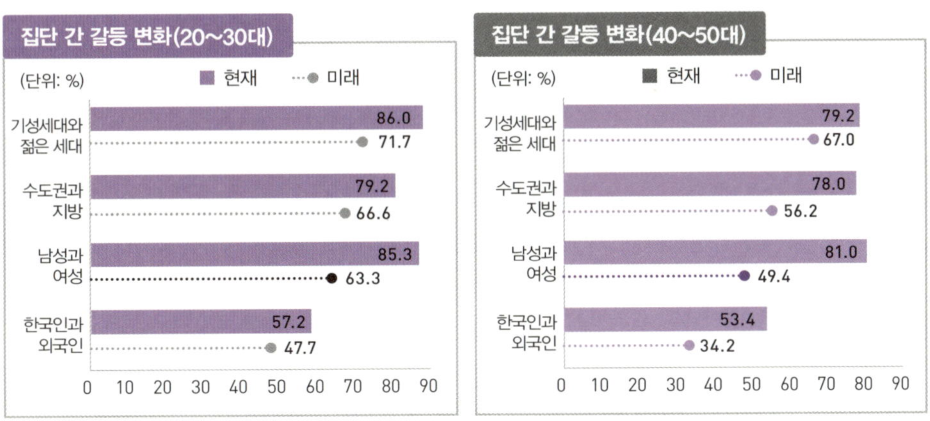

[그림 4-40] **집단 간 갈등에 대한 인식**

주: 1) 현재: 갈등이 크다+갈등이 매우 크다
2) 미래: 갈등이 커질 것이다+갈등이 매우 커질 것이다

도 크다(79.2퍼센트)고 보았다. 미래세대는 30년 후에는 우리 사회의 갈등이 현재보다 다소 줄어들 것으로 기대하고 있으며, 남녀 간 갈등이 가장 크게 감소할 것으로 전망하였다. 그러나 40~50대보다 우리 사회의 집단 간 갈등이 그리 크게 줄지 않을 것으로 보고 있다.

미래세대의 마음과 일상생활

◈ — 미래세대의 소비 가치관

미래세대의 소비 가치관을 살펴본 결과, 공유경제 수용성과 기업의 도덕성

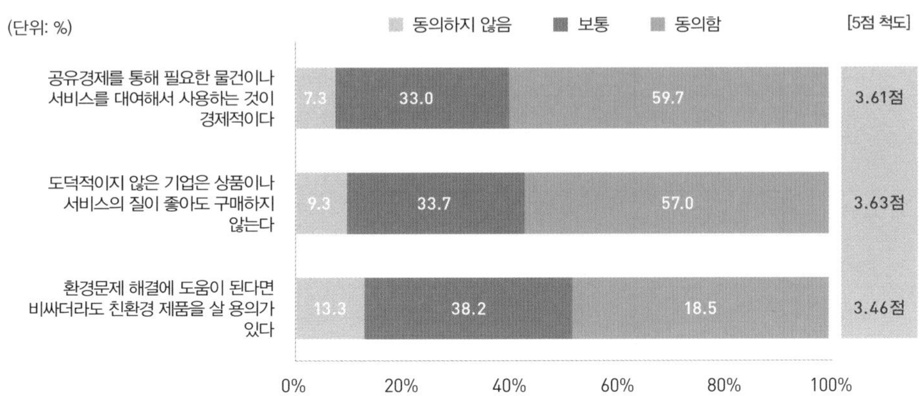

[그림 4-41] **소비 가치관**

주: 1) 동의하지 않음(전혀 동의하지 않는다+별로 동의하지 않는다), 보통, 동의함(다소 동의한다+매우 동의한다)
2) 전혀 동의하지 않는다(0점), 매우 동의한다(5점)

에 대한 잣대는 높은 편으로 조사되었다. 미래세대의 60퍼센트가 '공유경제를 통한 소비를 경제적'이라고 생각하며, 57퍼센트가 '상품의 질보다 기업 윤리성을 더 중요'하게 생각하고 있었다. 또한 '환경문제 해결에 도움이 된다면 비싸더라도 친환경 제품을 살 용의가 있는 것(48.5퍼센트)'으로 나타나 보다 '자신에게 충실한(True to Oneself)' 가치 중심의 소비 형태로 전환되는 경향을 보였다.

◈ ─ 미래세대의 디지털 소비

최근 디지털전환과 관련하여 가상현실 공간의 메타버스가 부상하고 있는데, 미래세대의 28.4퍼센트가 메타버스 이용 경험이 있는 것으로 나타났다. 메타버스의 주된 이용 목적(1순위)은 업무·직장 관련(19.2퍼센트), 취미생활(17.9퍼센트), 게임(16.9퍼센트) 순으로 조사되었다.

미래세대는 '현실에서 불가능한 일의 실현 가능(38.8퍼센트)'과 '가상공간에서의 세계 여행 가능(29.2퍼센트)'을 메타버스의 가장 큰 장점으로 꼽았으며, 그

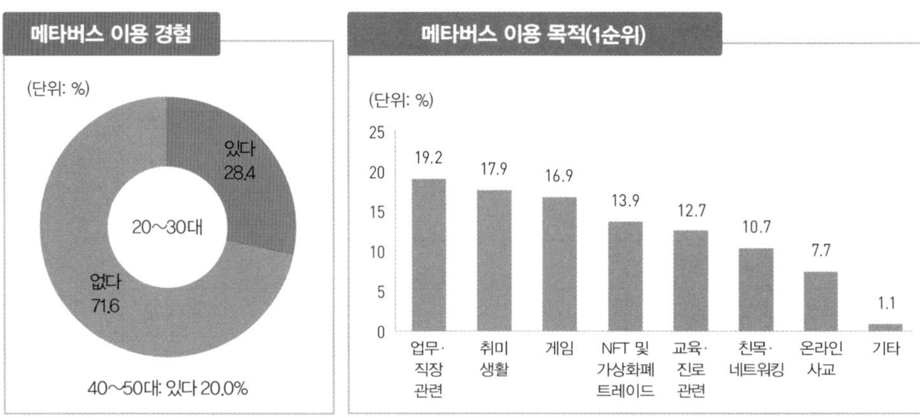

[그림 4-42] **메타버스 이용 경험과 이용 목적**

(단위: %, 1+2순위)

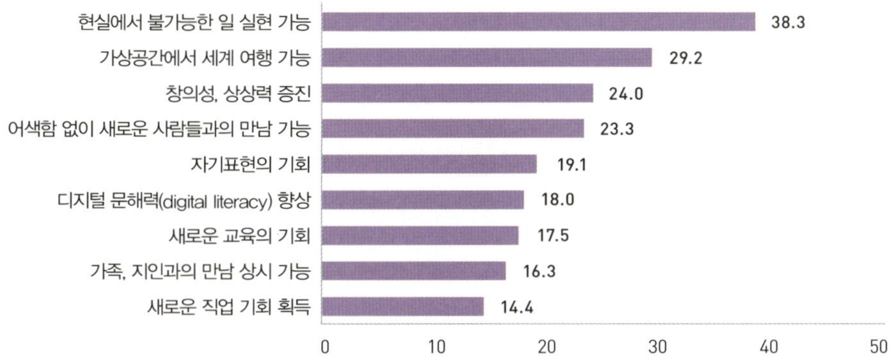

[그림 4-43] **메타버스 이용의 장점(중복 응답)**

외 메타버스를 통해 '창의성과 상상력을 증진(24.0퍼센트)'할 수 있으며, '어색함 없이 새로운 사람들과 만남이 가능(23.3퍼센트)'한 것을 장점으로 꼽았다.

미래세대는 서울시가 메타버스 공간을 만든다면 가장 활용하고 싶은 기능 1순위로 '교육·훈련(의료 시뮬레이션, 게임 기반 교육 등) 기능(20.9퍼센트)'을 꼽았다. 그 외 '체험 콘텐츠'와 '민원 행정', '업무 지원' 등 관련 기능 활용 희망 의사도 18퍼센트로 높았다.

(단위: %, 1순위)

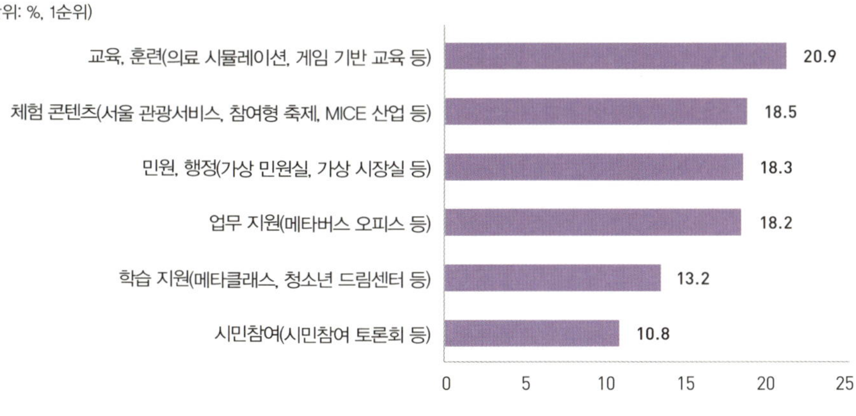

[그림 4-44] **서울시 메타버스 이용 희망 기능(1순위)**

05

미래 서울의 변화상과 정책 방향

미래 서울의 일상생활 양식

◈—미래 서울의 일상생활 변화와 정책 이슈

미래도시는 불확실성과 복잡성이 증가할 것으로 예측된다. 1인 가구가 급증하면서 인구구조가 변화하고 가족관계, 성역할, 젠더 관념 등의 변화로 비혼 가구와 무자녀 가구 등이 일반화되는 탈관계화된 축소 사회로 전환될 것으로 전망된다. 또 단절된 사회관계가 지속되면서 외로움과 고립에 따른 반사회성이 증가하고, '다름의 구조화'가 확산되면서 사회 경제적 · 문화적 차별화로 개인 중심의 다양한 가치가 부각되는 초개인주의화 시대로 변화할 것으로 예측된다. 더욱이 디지털 기술이 확대되며 디지털플랫폼 경제가 출현하는 등 일과 노동의 성격이 변화하고, 생명과학 기술의 발전에 따른 윤리적·사회적·법적·심리적 문제 등이 등장하며 인간 규범과 인프라 영역의 변화가 예상된다.

이러한 불확실성과 복잡성으로 2050년의 일상생활은 개인화되고 연결된 경험과 가치 중심의 사회적 부족(Social Tribe) 사회로 이동할 것으로 전망된다. 서울의 20~30대 미혼율은 과거 35퍼센트에 불과했지만, 2020년에는 66퍼

사회문화 영역의 불확실성

- 인구구조 변화와 축소사회로의 전환
- 초개인주의화와 '개인 중심'의 다양한 가치 부각
- 격차 심화와 기대와 현실 사이의 불평등 증가

경제기술 영역의 복잡성 증가

- 디지털전환으로 경제구조 변화
- 일상생활에 들어오는 기술 확장
- 기술 진전에 따른 인간 규범과 인프라 영역의 변화

[그림 5-1] **불확실성과 복잡성의 증가**

센트로 2배 가까이 증가해 혼자 사는 미혼·비혼 청년 인구가 크게 증가하였다. SNS 이용률은 10년 전과 비교하면 10퍼센트포인트 증가하여 현재 90퍼센트를 넘고 미래에는 SNS를 통한 소통 방식이 일상화될 것으로 예측된다. 또 과거 17퍼센트에 불과하던 전국 20대의 인터넷쇼핑률이 현재 94퍼센트로 급증하였으며, 70퍼센트 가까이가 공유경제를 이용한 경험이 있어 소유보다 경험의 가치가 보편화되는 사회로 전환될 것으로 예견된다. 일과 여가의 균형이 확대될 것으로 전망되며, 가사 분담도 아내가 전적으로 담당하는 비중이 확연히 줄어 남녀 성역할의 변화가 이루어지고 있음을 확인할 수 있다. 그런데 30대의 사회적 약자 포용성은 2005년에 6.0점에서 2020년에 5.6점으로 하락하여 부정적 변화가 예견되기도 한다.

이러한 일상생활의 변화는 서울과 서울 사람, 그리고 서울 공동체를 둘러싼 미래 환경의 변화에 조응한 서울시의 정책 준비도를 제고할 필요성을 제기한다. 이에 따라 1인 가구의 증가, 외로움과 고립으로 인한 반사회성 극복과 공동체 유지를 위한 사회력(Social Literacy) 증진, 경제적 격차와 소득 불균형 완화

[표 5-1] **미래세대의 과거 30년, 앞으로 30년의 라이프 스타일 변화**

	과거 1990년	현재 2020년	미래 2050년	비고
혼자 사는	35% (2011년)	66%	60% 내외 (2047년 추계)	이혼율[1]
연결된	80% (2010년)	92%	100%	이용률[2]
소비의 디지털전환	17% (2000년)	94%	100%	인터넷쇼핑 비율[3]
소유보다 경험	—	69% (2019년)		공유경제 이용 경험률[4]
일과 여가 균형	—	46%	N잡, 다양한 노동 형태, 글로벌 시장	주4일제 도입(카카오) 재택근무, 사무실 출근은 출장 (일본NTT)[5]
성역할	85% (2008년)	51%	성평등 인식 일반화	가사분담 비율 (아내가 주로 담당)
포용성	6.0점 (2005년)	5.6점	부정적 변화?	사회적 약자에 대한 태도

자료: 1) 통계청, 장래인구추계
2) 서울특별시, 도시정책지표조사(서울서베이)
3) 과학기술정보통신부, 인터넷이용실태조사(전국)
4) 한국리서치(2019, 전국)
5) 통계청, 사회조사(전국)

를 위한 약자 지원, 일과 여가의 균형 추구 지원, 생명과학 혁신에 따른 건강한 기대 수명 연장과 평생 활동을 위한 사회적 준비 등 서울 시민의 라이프 스타일과 연계한 정책 이슈가 중요한 의제로 부상하고 있다.

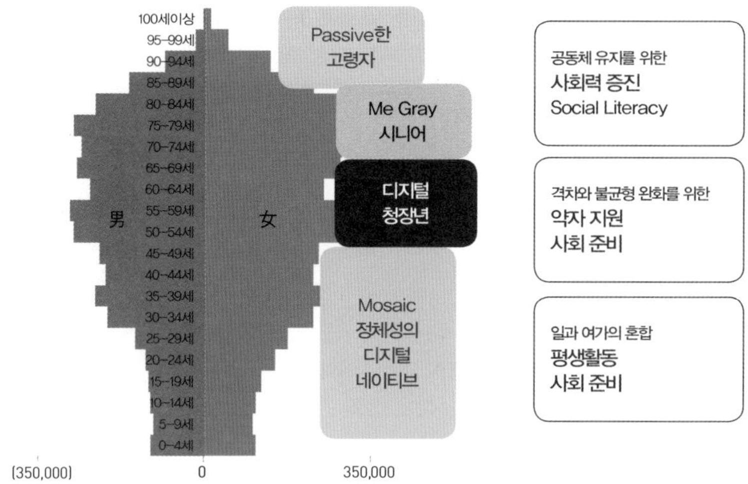

[그림 5-2] **미래 서울의 사람들과 정책 이슈**

◈ー미래 서울 사회상에 조응하는 미래세대의 가치체계

이미 온 미래: 탈관계화된 축소 사회

서울의 미래세대는 남녀 모두 가족 형성에 부정적이며 성역할의 변화, 가족관계의 변화, 젠더 관념 등의 변화로 비혼 가구와 무자녀 가구가 일반화되는 탈관계화된 축소 사회가 이미 도래했음을 보여 주고 있다.

미래세대는 남녀 모두 결혼과 자녀의 필요성 인식이 낮으며, 이혼에 대해 긍정적인 사고를 가진다. 성별에 상관없이 가정을 돌보고, 가사 노동을 공동 부담하는 것에 남녀 모두 긍정적이었으며, 성별에 상관없이 소득 창출 활동을 하는 것과 결혼 후에도 직장 생활을 영위하는 것을 당연시하였다. 그러나 여성은 좋은 배우자를 만나는 것보다 사회적 성공을 더 선호하는 것으로 나타나, 남성보다 '가족 중심' 가치관이 더 낮은 경향을 보였다.

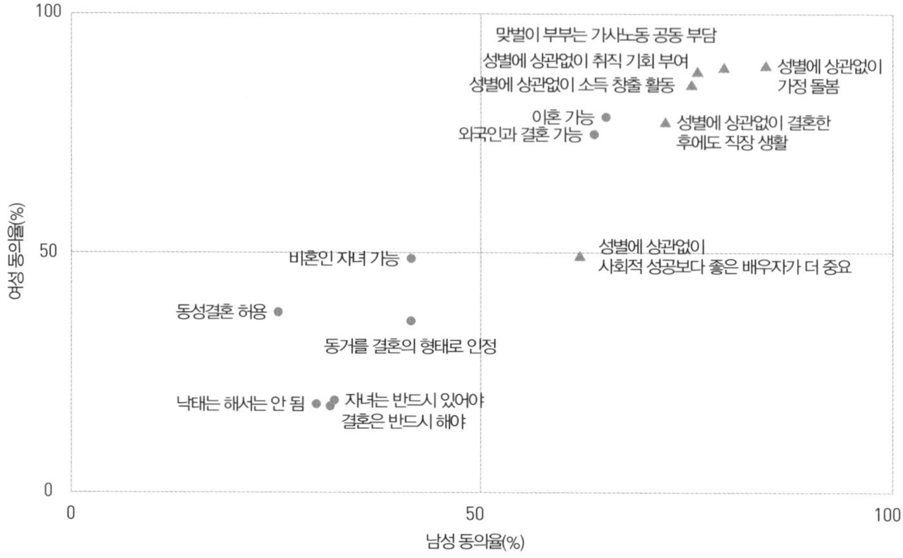

[그림 5-3] **미래세대의 결혼 가치관과 남녀 역할 인식**

주: 1) 결혼 가치관(5점 척도): 동의 비율(다소 동의한다+매우 동의한다)
2) 남녀 역할 인식(7점 척도): 동의 비율(그렇다+그런 편이다+매우 그렇다)

가속화될 미래: 다층적 격차 사회

서울의 미래세대는 우리 사회의 경제적 양극화가 심각하고, 본인과 자녀 세대의 사회 경제적 지위 상승 가능성이 작을 것으로 전망한다. 이것은 계층 분리가 심화되고 차별과 갈등이 증가하는 다층적 차별 사회로 가속화될 가능성이 있음을 시사한다. 또 미래세대는 현재 일자리 상실과 노후 불안감이 크고, 미래에도 근로자 복지 혜택과 고용안정성이 개선되지 않으리라고 전망함으로써, 미래 사회에도 계층 간 격차가 나아지지 않을 것이라는 부정적 시각이 크다([그림 5-4] 참고).

서울의 미래세대는 현재 우리 사회의 집단 간 갈등이 크며, 우리 사회가 공정하지 않다고 인식했다. 미래세대는 2050년에도 여전히 집단 간 갈등이 존재

하며, 우리 사회의 불공정성이 여전히 나아지지 않으리라고 보고 있다. 미래세대는 30년 후에 우리 사회의 갈등이 현재보다 다소 줄고, 지금보다 좀 더 공정하게 변화할 것으로 보지만, 현재 수준과 큰 차이를 보이지 않아 우리 사회가 공정 사회로 변화할 가능성은 상대적으로 낮은 것으로 평가한다. 그러나 한편으로는 다양성 수용성과 사회적 약자와 소수자에 대한 공평 대우가 다소 개선될 것으로 예상하며 포용 사회로 변화할 가능성은 긍정적으로 전망한다([그림 5-6] 참고).

그러나 아직도 서울 미래세대의 개인별 사회적 약자 포용성은 낮은 수준에 머무르는 것으로 나타났다. 결혼이주민과 장애인 포용성은 높은 편이나 이주노동자, 북한이탈주민, 성소수자, 난민 포용성은 낮았다. 특히 미래세대는 성소수자를 제외한 전 영역에서 40~50대보다 낮은 사회적 약자 포용성을 보였다. 또 서울의 미래세대는 가족과 친구에 대한 신뢰는 높으나, 이웃과 낯선 사람에 대한

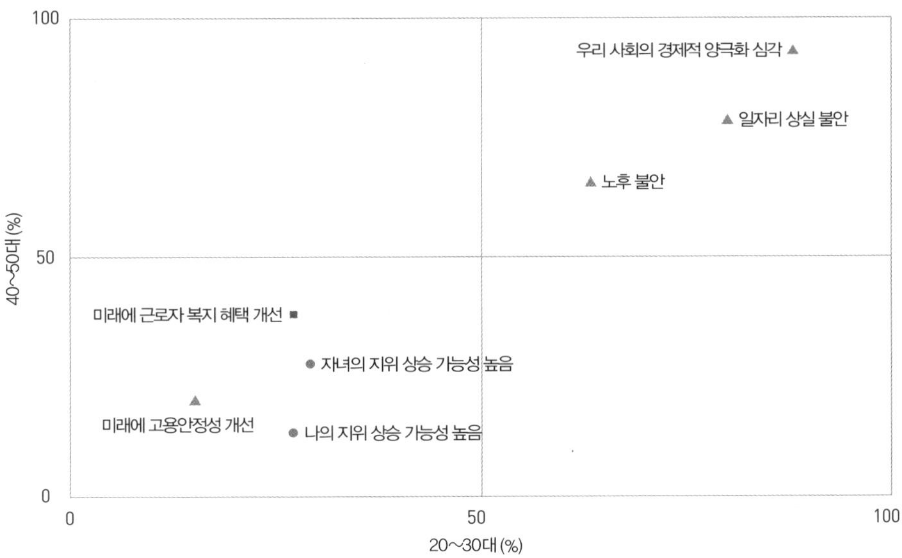

[그림 5-4] **사회경제적 환경에 대한 인식**

주: 1) 노후 불안감(5점 척도): 불안함(약간 불안한 편이다+매우 불안하다)
2) 사회 경제적 지위 이동 가능성(5점 척도): 높음(다소 높다+매우 높다)
3) 경제적 양극화 심각성(4점 척도): 심각함(심각한 편이다+매우 심각하다)
4) 일자리 상실 불안감(4점 척도): 걱정됨(걱정된다+많이 걱정된다)

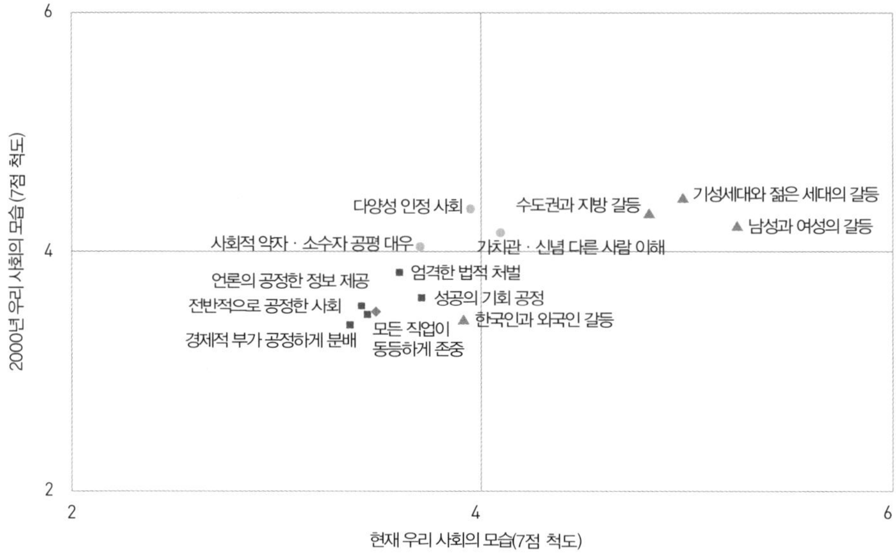

[그림 5-5] **우리 사회의 현재와 미래 전망: 갈등, 포용성, 공정성**

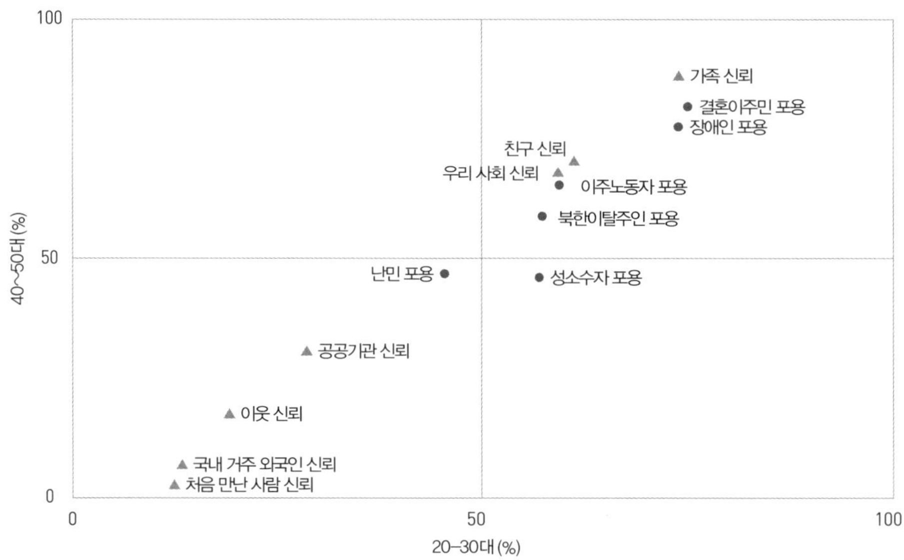

[그림 5-6] **미래세대의 사회 신뢰와 사회적 약자 포용성**

주: 1) 사회적 약자 포용성(4점 척도): 이웃으로 포용함(별로 불편하지 않다+전혀 불편하지 않다)
2) 우리 사회 신뢰(4점 척도): 신뢰함(약간 믿을 수 있다+매우 믿을 수 있다)
3) 일반 신뢰(5점 척도): 신뢰함(다소 신뢰한다+매우 신뢰한다)

신뢰는 낮은 편으로 나타났다. 미래세대의 40.5퍼센트가 우리 사회를 비신뢰 사회로 인식하며, 전반적으로 40~50대보다 낮은 저신뢰 가치체계를 형성했다 ([그림 5-6] 참고).

확산될 미래: 방어적 개인주의와 단속 사회

미래 서울은 1인 가구의 증가와 전통적인 가구 형태가 변화하면서 고립화되고 소외된 비연속적 관계 사회가 확산될 것으로 전망된다. 그런데 이러한 단속 사회가 불러온 만연한 외로움은 신체적·정신적 건강에 위협적이며, 사회적 고립과 불안정한 경제 환경은 미래세대의 웰빙에 부정적인 영향을 미칠 가능성이 높다.

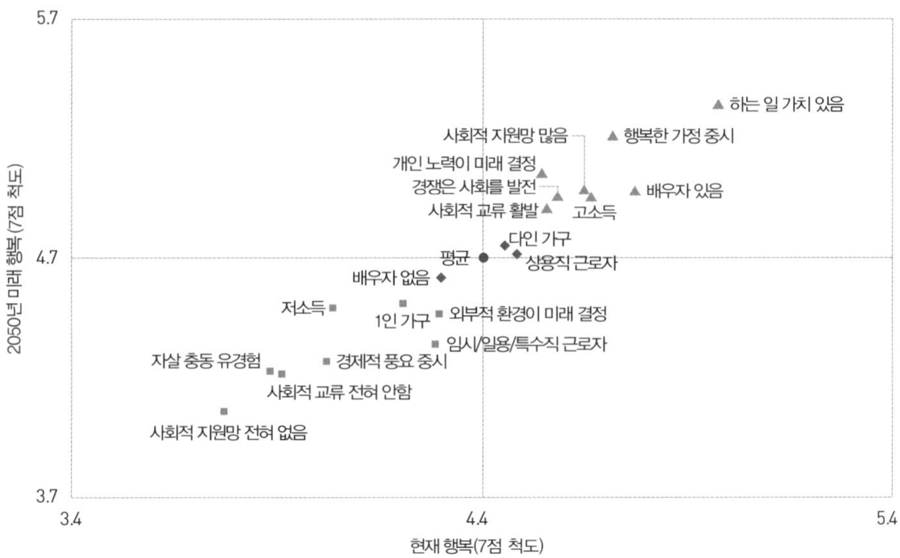

[그림 5-7] **미래세대의 현재 행복과 미래 기대 행복**

주: 1) 배우자 없음(미혼+동거+사별+이혼+별거), 배우자 있음(기혼)
2) 저소득(300만 원 미만), 고소득(700만 원 이상)
3) 사회적 지원망 많음(신체적 지원망+금전적 지원망+정서적 지원망)
4) 사회적 교류 활발: 가족과 친척은 물론 가족 이외의 사람과 모두 교류하는 경우

서울 미래세대의 현재와 미래 기대 행복을 교차 분석한 결과 사회적 지원망이 없고, 사회적 교류를 전혀 하지 않고, 자살 충동 경험이 있는 미래세대는 현재와 미래 행복에 비관적인 것으로 드러났다. 또 '저소득층, 1인 가구, 임시·일용·특수직 종사자'는 '고소득층, 다인 가구, 상용직 근로자'에 비해 현재와 미래 기대 행복을 부정적으로 보는 시각이 높았다.

미래세대 가치체계 조사에서 미래세대의 60퍼센트 이상이 스트레스 경험이 있으며, 30퍼센트 가까이가 자살 충동 경험이 있는 것으로 조사되었다. 자살 충동의 주된 이유는 경제적 어려움(32.5퍼센트)'과 '실직 또는 미취업 등으로 인한 직장 문제(21.5퍼센트)'가 큰 비중을 차지하였으며, '외로움과 고독(15.1퍼센트)'으로 인한 자살 충동 비율 역시 높게 나타났다. 그리고 현재와 미래 행복에 부정적인 미래세대는 행복한 가정보다 경제적 풍요를 중요시하고, 개인의 노력보다 외부환경이 미래를 결정한다고 인지하는 숙명론적 태도를 보이고 있었다. 이렇듯 고립과 소외로 단절된 사회관계와 불안정한 경제 상황의 지속, 그리고 수동적·숙명론적 태도의 만연은 미래세대의 현재와 미래의 웰빙에 부정적인 영향을 미치며 사회 경제 환경의 변화와 맞물려 앞으로 더욱 확산될 것으로 전망된다.

미래 서울의 신인류 부상

◈ー서울 미래세대의 유형화

서울의 미래세대를 대상으로 인구통계학적 특성과 사회적 가치체계를 바탕으로 군집 분석(K-Means Cluster)을 실시한 결과 아래와 같이 3개 집단으로 분류되었다.

'군집 1'은 325명으로 구성되었는데 주로 여성, 미혼, 저소득 가구, 중도 성향, 자살 충동 경험이 있으며, 경제적 풍요를 중시하는 유형의 집단이다. '군집 2'는 382명으로 주로 남성, 기혼, 고소득, 보수 성향, 경쟁주의적 사고관, 본인이 하고 있는 일에 높은 가치를 매기며, 가족을 중시하는 유형의 집단이다. 마지막으로 '군집 3'은 293명으로 주로 여성, 미혼, 중·고소득, 경쟁주의적 사고관, 본인이 하는 일에 높은 가치를 매기며, 탈가족화 경향을 보이는 유형의 집단이다.

미래세대의 유형별 특성을 파악하기 위해 군집별 인구통계학적 특성에 대한 카이제곱 검정을 실시한 결과, 유의확률 0.000($p<0.05$) 수준에서 3개 군집

[표 5-2] **서울 미래세대의 유형화**

(단위: %)

변수	군집 분류			F값	유의확률
	군집 1 (n=325)	군집 2 (n=382)	군집 3 (n=293)		
여성	0.55	0.38	0.63	23.390	.000
배우자 있음	0.13	0.33	0.18	24.009	.000
저소득 가구	0.33	0.19	0.24	9.463	.000
고소득 가구	0.38	0.53	0.47	8.199	.000
화이트칼라	0.58	0.68	0.66	4.755	.009
진보 성향	0.26	0.18	0.27	4.485	.012
보수 성향	0.20	0.47	0.33	29.129	.000
자살 충동 유경험	0.40	0.23	0.22	16.614	.000
삶에서 가장 중요한 것은 경제적 풍요	0.41	0.20	0.23	22.838	.000
경쟁은 사회를 발전시킨다	0.39	0.66	0.61	29.596	.000
내가 하고 있는 일의 가치 정도	4.05	7.06	7.30	626.711	.000
결혼은 반드시 해야 한다	1.99	3.71	1.70	725.840	.000
자녀는 반드시 있어야 한다	2.05	3.69	1.66	619.186	.000
	여성, 미혼, 저소득, 중도 성향, 자살 충동 경험, 경제적 풍요 중시	남성, 기혼, 고소득, 보수 성향, 경쟁주의 사고, 높은 일의 가치, 가족 중시	여성, 미혼, 중·고소득, 경쟁주의 사고, 높은 일의 가치, 탈가족화		

주: 1) 경쟁은 사회를 발전시킨다: 동의함(다소 동의한다+매우 동의한다)
2) 내가 하고 있는 일의 가치 정도(10점 척도)
3) 결혼은 반드시 해야 한다(5점 척도)
4) 자녀는 반드시 있어야 한다(5점 척도)

[표 5-3] 서울 미래세대 유형별 인구 통계적 특성

(단위: %)

		군집 1	군집 2	군집 3	전체	유의확률 Pearson
성별	남성	45.2	61.8	36.5	49.0	.000
	여성	54.8	38.2	63.5	51.0	
학력	고졸 이하	13.2	8.1	7.8	9.7	.007
	대재/대졸	80.6	79.8	80.9	80.4	
	대학원 이상	6.2	12.0	11.3	9.9	
혼인 상태	기혼	12.9	33.0	17.7	22.0	.000
	미혼	34.9	61.8	79.5	74.5	
	동거/사별/이혼/별거	2.2	5.2	2.7	3.5	
가구원 수	1인 가구	27.8	16.5	22.1	21.8	.002
	다인 가구	72.2	83.5	77.9	78.2	
가구 소득	300만 원 미만	33.0	19.1	23.9	25.0	.000
	300~500만 원 미만	29.3	28.0	28.7	28.6	
	500만 원 이상	37.7	52.9	47.4	46.3	
주관적 사회 경제적 지위	상	2.2	7.9	6.1	5.5	.000
	중	57.2	74.9	72.7	68.5	
	하	40.6	17.3	21.2	26.0	
정치 성향	진보	25.6	18.1	27.0	23.1	.000
	중도	54.3	35.3	39.9	42.8	
	보수	20.1	46.6	33.1	34.0	
직업	화이트칼라	57.8	68.3	66.6	64.4	.000
	블루칼라	16.0	15.2	10.6	14.1	
	학생	9.5	9.4	13.3	10.6	
	주부/무직/기타	16.6	7.1	9.6	10.9	
고용 형태	상용직 임금근로자	77.6	80.6	81.3	79.9	.255
	임시/일용/특수직 종사자	16.5	11.1	10.7	12.6	
	자영업자/무급가족 종사자	5.9	8.3	8.0	7.5	

이 성별, 학력, 혼인 상태, 가구원 수, 가구소득, 주관적 사회 경제적 지위, 정치 성향, 직업 간에 분포의 차이가 있는 것으로 나타났다.

3개 집단으로 분류된 서울의 미래세대는 유형별로 다음과 같은 인구통계학적 특성을 보였다. 군집 1은 여성, 고졸 이하의 학력, 미혼, 1인 가구, 월평균 가구소득 300만 원 미만, 주관적 사회 경제적 지위 '하', 중도적 정치 성향, 주부·무직·기타 또는 블루칼라 종사자, 임시·일용·특수직 근로자들의 분포가 상대적으로 높은 특성을 보였다. 군집 2는 남성, 대학원 이상의 고학력, 기혼, 월평균 가구소득 500만 원 이상, 주관적 사회 경제적 지위 '중상', 보수적 정치 성향, 화이트칼라 종사자의 분포가 높았다. 군집 3은 여성, 대학원 이상의 고학력, 미혼, 월평균 가구소득 500만 원 이상, 주관적 사회 경제적 지위 '중', 진보적 정치 성향, 화이트칼라 종사자와 학생의 분포가 상대적으로 높았다.

◈—서울 미래세대 유형별 차별적 취향과 가치체계

서울 미래세대의 가치와 라이프 스타일을 조사한 결과, 서울의 미래세대는 서로 동질적이지만 다른 한편으로 차별적 취향과 가치체계를 지니는 것으로 나타났다. 서울의 미래세대는 세대 갈등과 남녀 갈등 문제를 모두 심각하게 인식하고 있었지만, 가족 가치관과 경쟁주의 가치관에서는 유형별로 서로 엇갈린 가치체계를 보였다.

서울의 미래세대는 인구통계적 특성과 가치체계에 따라 3개 그룹 유형이 공존하는데, 이들 집단이 가진 세부적 특성은 다음과 같다.

유형 1은 '불안정하고 개별화가 강제된 소수 집단(Forced Minority)'으로 현재 삶에 대한 만족도와 미래 기대 행복에 대해 매우 비관적이다. 이들은 특정한 정치적 이념을 표방하지 않는 중도적 정치 성향을 지닌 저소득 계층으로 우리 사회가 가치관이나 신념이 다른 사람을 잘 이해하지 않으며, 다양성을 인정하

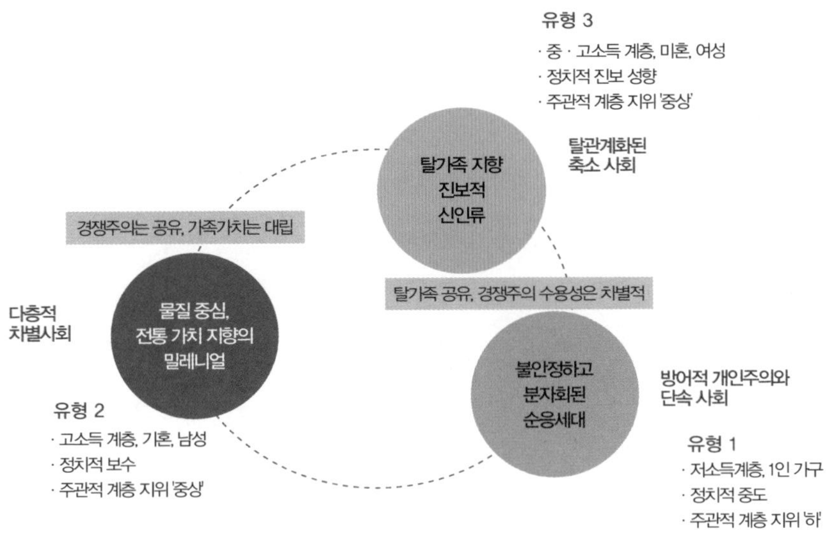

[그림 5-8] **서울 미래세대의 동질성과 차별성**

지 않는다고 생각한다. 따라서 이들은 본인의 의견을 표명하는 것에 소극적이며, 기후 변화는 나와 별 관계가 없다고 여기는 등 '무기력한 비참여 세대'의 특성을 보인다. 그리고 이들은 경제적 문제가 삶의 모든 것을 지배한다고 생각하기 때문에 공유 경제와 친환경 기업 제품을 소비하는 일은 도덕이나 규범이 아닌 경제적 요소에서 결정된다고 생각한다. 따라서 비싼 친환경 제품을 구매할 의사가 별로 없으며, 디지털 기술의 발달에 따른 생활의 편리성과 기회 제공에 대해 부정적이다.

유형 2는 '기존 가치 지향의 밀레니얼 집단(Traditional Millennials)'으로 보수적 정치 성향을 지닌 고소득 계층이며 자녀는 반드시 있어야 한다는 전통적 가족 중심의 사고를 지닌다. 이들은 우리 사회가 전반적으로 공정하고 다양성을 인정하고 있지만, 청년세대의 의견이 언제나 과소 대표된다고 생각하기 때문에 온라인에 적극적으로 참여하여 집단의 이익을 위한 의사 표명을 주저하지 않는다. 또 세계 기후 변화에 관심이 많고, 디지털 기술이 주는 생활의 편리성

과 기회 제공을 긍정적으로 바라본다.

유형 3은 '탈가족 지향의 사회 부족 집단'으로 특징짓는다. 이들은 상대적으로 진보적 성향이 많은 중·고소득 계층으로, 자녀는 없어도 그만이라는 탈가족적 사고가 지배적이다. 우리 사회의 공정성, 다양성, 포용성에 대해 부정적 인식이 높고, 우리 사회의 집단 간 갈등 문제를 가장 심각하게 인식하고 있다. 이들은 교양 시민의 역할을 중요하게 생각하며, 세계 기후 변화에 관심이 높다. 그리고 공유경제와 착한 소비를 즐겨 하며, 디지털 기술의 발달이 가져오는 혜택을 긍정적으로 바라보는 동시에 이로 인한 역기능을 해소하는 데 정부의 역할이 중요하다고 강조한다.

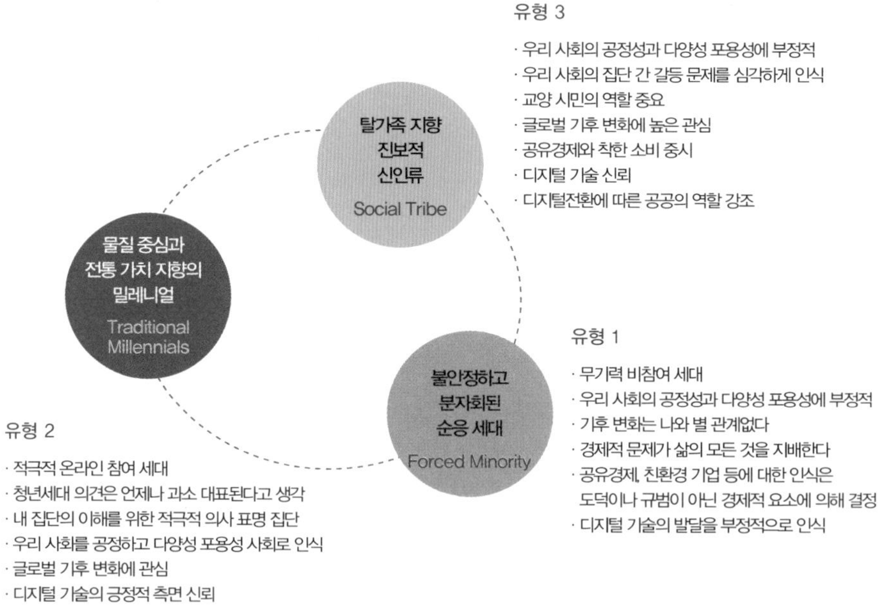

[그림 5-9] **서울 미래세대 유형별 특징**

[표 5-4] 서울 미래세대 유형별 특징

(단위: %)

		유형 1	유형 2	유형 3	전체
현재 행복		15.7	59.9	56.0	44.4
미래 기대 행복		30.2	77.2	70.0	59.8
경쟁은 사회를 발전시킨다		38.8	65.7	60.9	55.5
삶에서 가장 중요한 것은 경제적 풍요		41.4	20.2	23.2	28.0
자녀는 반드시 있어야 한다		7.7	60.2	0.7	25.7
자살 충동 경험		40.0	23.0	22.4	28.4
우리 사회는 전반적으로 공정한 사회다		10.8	37.7	16.3	22.7
기성 세대와 젊은 세대 간 갈등	(현재)	82.2	87.7	88.1	86.0
	(미래)	73.2	70.7	71.3	71.7
남성과 여성 간 갈등	(현재)	87.7	81.2	88.1	85.3
	(미래)	68.6	59.7	62.1	63.3

주: 1) 행복(7점 척도): 행복함(5~7점)
2) 경쟁은 사회를 발전시킨다(5점 척도): 동의함(다소 동의한다+매우 동의한다)
3) 자녀는 반드시 있어야 한다(5점 척도): 동의함(다소 동의한다+매우 동의한다)
4) 우리 사회는 공정한 사회다(7점 척도): 그러함(5~7점)
5) 우리 사회는 갈등이 크다(4점 척도): 그러함(갈등이 큰 편이다+갈등이 매우 크다)

[표 5-5] 서울 미래세대의 행태 트렌드

(단위: %)

		유형 1	유형 2	유형 3	전체
포용성	우리 사회는 가치관이나 신념이 다른 사람을 이해한다	25.8	49.5	33.1	37.0
	우리 사회는 다양성을 인정하는 사회다	20.6	45.8	30.4	33.1
교양 있는 시민	교양 있는 시민이 되는 것의 중요성	63.7	72.0	81.2	72.0
	• 부모로부터 받는 교양 교육이 중요	35.1	27.7	38.8	33.3
	• 제도교육에서 받는 교양 교육이 중요	31.4	36.8	28.9	32.7
	• 준거집단에서 간접적으로 받는 교양 교육이 중요	19.7	25.8	18.0	21.6
	• 다양한 미디어를 통해 받는 교양 교육이 중요	13.8	9.7	14.3	12.4
사회 참여	온라인에서 나의 의견을 게시하거나 다른 사람 의견에 댓글을 단다	20.0	47.4	32.8	34.2
	청년세대 의견 반영이 과소 대표된다	80.3	89.0	82.9	84.4
기후 변화 관심도	세계 기후 변화 관심 정도	68.2	79.5	81.3	76.4
	• 기후 변화 대응을 지지하는 시위나 집회 참석 경험	9.5	25.1	7.2	14.8
	• 기후 변화 해결에 중점을 둔 활동에 자원봉사 참여 경험	10.8	21.8	9.9	14.7
	• 기후 변화 대응 단체 기부 경험	15.4	21.2	20.4	19.1
	• 기후 변화 대응 정책 활동 참여 경험	12.0	24.9	14.0	17.5
소비 가치관	공유경제를 통해 필요한 물건이나 서비스를 대여해서 사용하는 것이 경제적이다	53.5	54.7	72.8	59.6
	도덕적이지 않은 기업의 상품은 상품이나 서비스의 질이 좋아도 구매하지 않는다	53.8	53.9	64.5	57.0
	환경문제 해결에 도움이 된다면 비싸더라도 친환경 제품을 살 용의가 있다	34.5	50.7	61.4	48.5
디지털 기술에 대한 견해	디지털 기술은 인간의 생활을 더욱 안락하고, 편리하게 할 것이다	59.7	66.0	72.0	65.7
	디지털 기술은 다음 세대에 더 많은 기회를 제공할 것이다	49.2	64.6	64.8	59.7
	디지털 기술은 우리의 생활을 너무 빨리 진화시킨다	60.0	63.6	76.8	66.3
	디지털 기술의 혜택은 모든 사람이 공평하게 누릴 수 있어야 한다	66.8	67.3	79.2	70.6
	디지털 기술의 혜택에서 소외되는 계층은 정부 또는 사회가 지원해야 한다	62.5	60.6	77.9	66.3
	로봇이 일상적으로 쓰이면 사람들의 일자리가 줄어들 것이다	57.7	59.4	64.3	60.3

주: 1) 우리 사회의 포용성(7점 척도): 그러함(5~7점)
2) 교양 있는 시민이 되는 것의 중요성(5점 척도): 중요함(중요하다+매우 중요하다)
3) 온라인 사회참여 중요성(7점 척도): 중요함(5~7점)
4) 청년세대 의견의 과소 대표 견해(4점 척도): 동의함(어느 정도 동의하는 편이다+매우 동의한다)
5) 세계 기후 변화 관심 정도(3점 척도): 관심 있음(중요한 관심 중 하나이다+가장 큰 관심사이다)
6) 소비 가치관(5점 척도): 동의함(다소 동의한다+매우 동의한다)
7) 디지털 기술에 대한 견해(5점 척도): 그러함(그런 편이다+매우 그렇다)

미래 서울의 정책 방향

◈ – 미래세대가 바라는 서울의 미래 비전

서울의 미래세대에게 30년 후 서울의 미래가 어떻게 변화할 것으로 생각하는지 조사한 결과, '서울의 미래', '서울의 위상', '다문화 포용력', '아동의 삶의 질', '경제 상황', '의료 서비스 부담'은 긍정적으로 변화할 것으로 기대하지만, '빈부 격차', '정치적 갈등', '종교의 영향력', '65세 이상 인구의 삶의 질'은 부정적으로 변화할 것으로 전망하였다.

미래세대는 40~50대보다 미래 사회 변화에 비관적이었는데, 특히 빈부 격차와 정치적 갈등 문제에 있어서 더 부정적이었다.

앞서 살펴본 바와 같이, 서울의 미래세대는 현재 우리 사회의 집단 간 갈등이 크며, 우리 사회가 공정하지 않다고 인식하고 있다. 미래세대는 30년 후 우리 사회의 갈등이 현재보다 다소 줄고, 지금보다 좀 더 공정하게 변화할 것으로 보고 있지만, 현재 수준과 큰 차이를 보이지 않아 우리 사회가 공정 사회로 변화할 가능성은 상대적으로 낮다고 평가하였다. 또한 2050년에 다양성 수용성

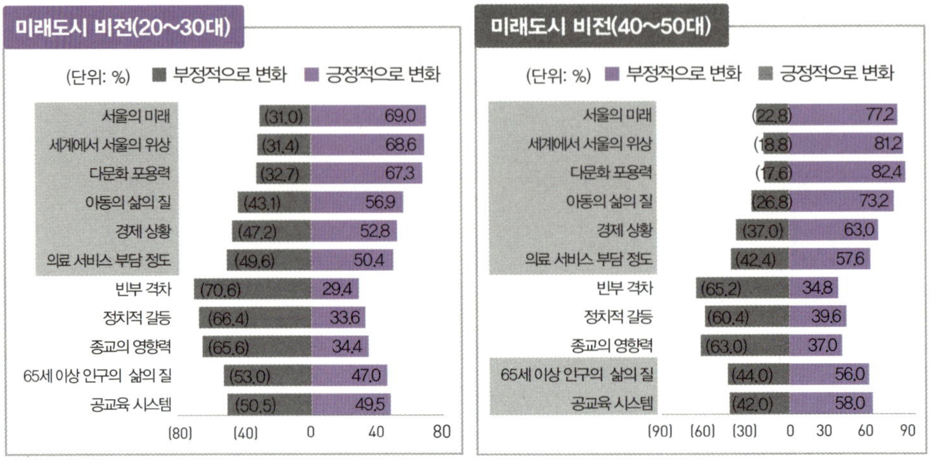

[그림 5-10] **미래도시 비전**

과 사회적 약자와 소수자에 대한 공평 대우가 다소 개선될 것으로 전망하고는 있지만, 현재 미래세대의 개인별 사회적 약자 포용성은 낮은 편이다. 영국의 청년세대가 높은 교육 수준과 다문화사회 성장에 따라 보다 관대한 사회적 태도를 견지한다고 밝힌 선행연구가 있다.* 그러나 서울의 미래세대는 결혼이주민과 장애인에 한해 포용성이 높을 뿐 이주노동자, 북한이탈주민, 성소수자, 난민에 대해서는 포용성이 낮은 편이다. 더욱이 미래세대는 성소수자를 제외한 전 영역에서 40~50대보다 오히려 사회적 약자 포용성이 낮은 경향을 보였다. 서울의 미래세대는 가족과 친구를 신뢰하는 경향은 높은 편이나, 이웃과 낯선 사람을 신뢰하는 경향은 낮은 편으로 나타났다. 미래세대의 40.5퍼센트가 우리 사회를 비신뢰 사회로 인식했으며, 전반적으로 40~50대보다 낮은 저신뢰 가치체계를 형성하고 있었다. 이러한 현상은 향후 서울의 미래세대가 낮은 신뢰 수준과 차별로 인한 불공정 인식 등으로 사회적 응집력이 약화될 우려가 있음

* UK HM Government Horizon Scanning Programme(2014).

을 시사하고 있다.

미래세대의 행복에 영향을 미치는 요인을 회귀분석한 결과, '내가 하는 일의 유의미성, 탈물질주의, 정신 건강, 경쟁주의적 가치관'이 중요한 변수로 선정되었다. 미래세대의 현재 삶의 만족도에 대한 설명력이 가장 높은 변수는 '내가 하는 일의 유의미성'(β=.498, p<0.01)으로 나타났으며, '자살 충동 경험'(β=-.144, p<0.01), '배우자 있음'(β=.098, p<0.01), '경제적 풍요에 대한 중요시'(β=-.077, p<0.01), '보수적 정치적 성향'(β=.065, p<0.05), '경쟁주의적 가치관'(β=.059, p<0.05) 순으로 분석되었다. 즉 본인이 하는 일을 가치 있게 여기고, 함께 생활하는 배우자가 있으며, 보수적인 정치 성향과 경쟁주의적 가치관을 지향할수록 현재 삶의 만족도가 높게 나타났다. 반면에 자살 충동 경험이 있고, 물질적 가치를 중요시하는 저소득 가구는 현재 삶에 부정적인 경향을 보였다.

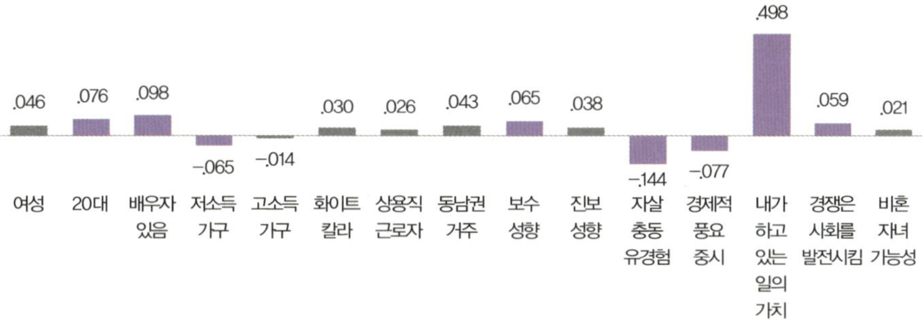

[그림 5-11] 현재 행복 영향 요인

주: 보라색 막대 그래프는 통계적으로 유의미한 변수이며, 수치는 회귀모형에서의 베타값임

미래세대의 미래 기대 행복과 관련해서도 '내가 하는 일의 유의미성'(β=.429, p<0.01) 변수가 가장 설명력이 높게 나타났으며, '경쟁주의적 가치관'(β=.087, p<0.01), '자살 충동 경험'(β=-.085, p<0.01), '경제적 풍요에 대한 중요시'(β

[표 5-6] **미래세대 회귀분석 결과: 현재 삶에 대한 만족도**

회귀모형	비표준화 계수		표준화 계수	t	유의확률	공선성 통계량	
	B	표준오차	베타			공차	VIF
(상수)	1.995	.253		7.893	.000		
여성	.201	.109	.046	1.846	.065	.964	1.037
20대	.335	.117	.076	2.854	.004	.831	1.204
배우자 있음	.521	.142	.098	3.684	.000	.830	1.204
저소득 가구(300만 원 미만)	−.328	.138	−.065	−2.378	.018	.803	1.245
고소득 가구(700만 원 이상)	−.069	.132	−.014	−.526	.599	.844	1.185
직업 유형_화이트 칼라	.139	.154	.030	.904	.366	.529	1.891
상용직 근로자	.118	.153	.026	.771	.441	.522	1.916
거주지_동남권	.237	.136	.043	1.748	.081	.962	1.040
보수 성향	.301	.127	.065	2.364	0.18	.790	1.265
진보 성향	.197	.141	.038	1.398	.162	.812	1.231
자살 충동 유경험	−.701	.123	−.144	−5.718	.000	.936	1.069
삶에서 가장 중요한 것_경제적 풍요	−.378	.123	−.077	−3.072	.002	.940	1.064
내가 하고 있는 일의 가치 정도	.558	.030	.498	18.522	.000	.820	1.220
경쟁은 사회를 발전시킴	.263	.112	.059	2.339	.020	.919	1.089
비혼 자녀 가능	.092	.111	.021	.835	.404	.946	1.057
F	46.750***						
R^2	0.416						
Durbin-Watson	1.977						

주: 1) 배우자 있음: 1=기혼
2) 화이트칼라: 1=관리자+전문가+사무종사자
3) 거주지_동남권: 1=서초구+강남구+송파구+강동구
4) 내가 하고 있는 일의 가치: 10점 척도
5) 경쟁은 사회를 발전시킴: 1=다소 동의함+매우 동의함
6) 비혼 자녀 가능: 1=동의함+매우 동의함

=-.062, $p<0.05$)가 그 뒤를 이었다. 즉 본인이 하는 일을 가치 있게 여기고, 경쟁주의적 가치관을 지향할수록 미래에 대한 기대 행복감이 높게 나타났으며, 정신적으로 약하고, 물질적 가치를 중요하게 여길수록 미래 행복에 비관적이었다.

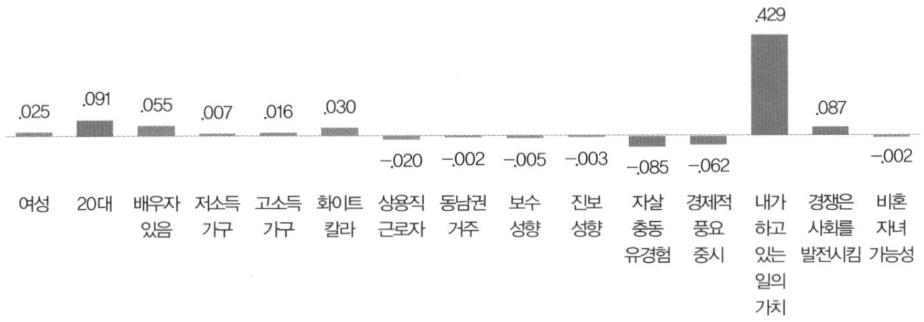

[그림 5-12] **미래 행복 영향 요인**

주: 보라색 막대 그래프는 통계적으로 유의미한 변수이며, 수치는 회귀모형에서의 베타값임

이렇듯 미래세대는 본인이 하는 일에서 보람을 찾고, 함께하는 사람이 있으며, 경쟁에 기반한 사회구조가 안정적으로 운영되고, 물질주의적 가치관에서 벗어나 건강한 웰빙(정신 건강 등)을 추구할 때 행복감을 느끼는 것을 알 수 있다.

불안정한 경제 환경은 미래세대의 웰빙에 부정적인 영향을 미치며, 불안정한 경제적 독립은 세대 간 이동에 의존도를 증가시켜 사회이동(Social Mobility)에 부정적 영향을 초래한다. 미래세대의 높은 스트레스와 '경제적 어려움', '실직 또는 미취업', 그리고 '외로움과 고독'이 일으킨 30퍼센트에 가까운 자살 충동 유경험률을 볼 때, 미래세대의 고용 환경 개선과 소득 안정성 제공, 외로움과 고립에 따른 사회관계성 지원 등 정부 차원의 정책 마련이 필요하다.

서울의 미래세대는 서울시가 서울 시민의 노후생활을 위하여 주로 관심을 두어야 할 정책 영역으로 '노후 소득 지원(30.4퍼센트)'을 1순위로 꼽았으며, 그

[표 5-7] 미래세대 회귀분석 결과: 미래 기대 행복

회귀모형	비표준화 계수		표준화 계수	t	유의확률	공선성 통계량	
	B	표준오차	베타			공차	VIF
(상수)	2.524	.187		13.498	.000		
여성	.072	.081	.025	.889	.374	.964	1.037
20대	.265	.087	.091	3.053	.002	.831	1.204
배우자 있음	.192	.105	.055	1.830	.067	.830	1.204
저소득 가구(300만 원 미만)	.023	.102	.007	.222	.824	.803	1.245
고소득 가구(700만 원 이상)	.051	.097	.016	.528	.597	.844	1.185
직업 유형_화이트 칼라	.090	.114	.030	.788	.431	.529	1.891
상용직 근로자	−.061	.113	−.020	−.538	.591	.522	1.916
거주지_동남권	−.006	.100	−.002	−.059	.953	.962	1.040
보수 성향	−.015	.094	−.005	−.156	.876	.790	1.265
진보 성향	−.009	.104	−.003	−.085	.932	.812	1.231
자살 충동 유경험	−.275	.091	−.085	−3.026	.003	.936	1.069
삶에서 가장 중요한 것_ 경제적 풍요	−.200	.091	−.062	−2.201	.028	.940	1.064
내가 하고 있는 일의 가치 정도	.318	.022	.429	14.249	.000	.820	1.220
경쟁은 사회를 발전시킴	.255	.083	.087	3.073	.002	.919	1.089
비혼 자녀 가능	−.006	.082	−.002	−.077	.938	.946	1.057
F	24.058***						
R^2	0.268						
Durbin-Watson	1.967						

주: 1) 배우자 있음: 1=기혼
2) 화이트칼라: 1=관리자+전문가+사무종사자
3) 거주지_동남권: 1=서초구+강남구+송파구+강동구
4) 내가 하고 있는 일의 가치: 10점 척도
5) 경쟁은 사회를 발전시킴: 1=다소 동의함+매우 동의함
6) 비혼 자녀 가능: 1=동의함+매우 동의함

다음으로 '의료·요양 보호 서비스(22.7퍼센트)', '노후 취업 지원(20.0퍼센트)' 등을 선택하였다. 40~50대 역시 '의료·요양 보호 서비스(32.0퍼센트)' 다음으로 '노후 소득 지원(30.6퍼센트)'을 가장 우선시해야 할 정책 영역으로 선택하였다. 서울의 미래세대는 70퍼센트 가까이 '사회보장 혜택은 어떤 식으로든 축소되면 안 된다'고 생각하고, 57퍼센트가 부모 부양의 책임을 '가족·정부·사회가 함께' 분담해야 한다고 생각하고 있다.

이러한 결과에 근거하면 서울의 도시 미래 정책은 미래세대의 소득 안정성 제고, 고용 환경 개선, 일·가정 균형을 위한 지원, 미래세대 가치관을 반영하는 다양한 활동 지원, 미래세대 중 사회적 약자 지원 프로그램, 사회관계 형성 역량 제고와 사회관계성 활성화를 위한 지원 방안에 무게 중심을 두어야 할 필요가 있다.

◈─미래 서울의 변화에 대응하는 포용 도시 지향

오늘날 서울은 때로는 공통된 생각을 하지만 세상을 살아가는 방식에서는 서로 다른 생각을 하는 미래세대가 함께 살아가고 있다. 도시 공동체는 이러한 다양성이 공존할 수 있는 환경을 만들기 위해 노력해야 한다.

서울시는 이러한 환경을 위해 '포용 도시' 지향 정책을 발굴하려는 노력을 계속하고 있다. 서울시정의 주요 키워드를 분석하면 포용 도시로 나아가기 위한 시정 방향성을 확인할 수 있다([그림 5-13], [그림 5-14] 참고).

서울시는 집단 간, 계층 간 다양한 형태의 격차를 줄이기 위해 약자 지원 정책을 개발하고, 글로벌 도시로 나아가기 위한 매력적인 도시를 만들기 위해 정책 발굴에도 힘쓰고 있다.

서울의 미래세대가 서로의 다름을 인정하고 공존할 수 있는 공동체를 만드는 것이 지금 우리 앞에 주어진 도전이라 하겠다.

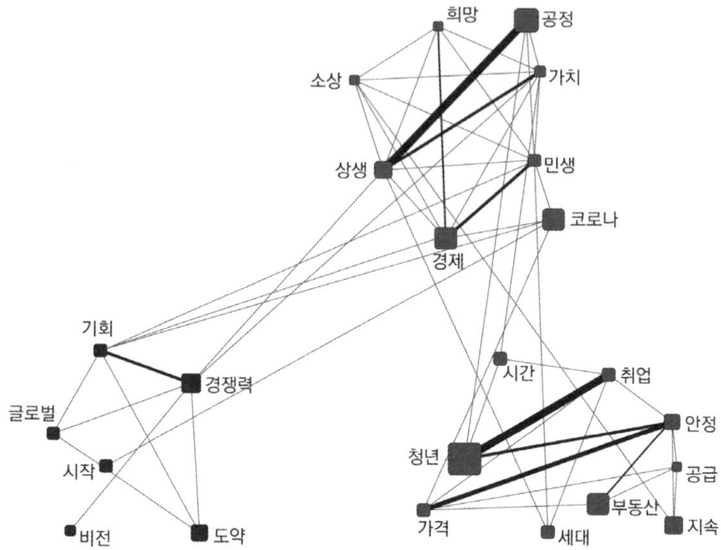

[그림 5-13] **제38대 서울시장 취임사 테스트 분석**(2021)

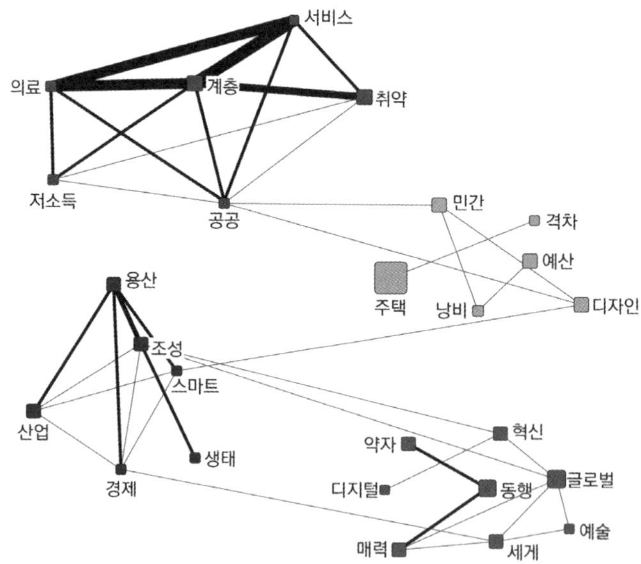

[그림 5-14] **제39대 서울시장 취임사 테스트 분석**(2022)

[표 5-8] **미래 서울의 변화에 대응하는 서울시 포용 정책 지형도**

정책 영역	정책 대상	사업명
소득	아동	• 보호종료아동 자립수당
	청년	• 청년수당
		• 희망 두배 청년통장사업
		• 청년내일저축계좌
		• 서울 영테크(재테크 상담)
		• 청년층 신용회복 지원사업
		• 청년 대중교통 지원사업
		• 등록금 지원 장학사업
		• 학자금 대출이자 지원사업
		• 서울우수인재 장학금
		• 서울희망공익인재 장학금
		• 독립유공자후손 장학금
	전체	• '안심소득'으로 복지사각지대 없는 서울
일자리 인적 역량	청년	• 미래청년 일자리사업
		• 서울시 일자리카페 운영
		• 청년 인생설계학교 운영
		• 청년 취업사관학교 설립 운영
		• 서울형 청년인턴 직무캠프 추진
		• 취업날개서비스(정장 대여)
		• 사회초년생 프로그램 개발 · 운영(직장 및 사회생활 가이드)
		• 청년 창업 꿈터 운영
		• 지역연계형 청년 창업 지원사업
		• 청년 쿡 비즈니스센터
		• 캠퍼스타운 밸리 조성
		• 서울형 강소기업 육성 지원
		• 온라인 콘텐츠 바우처 사업
		• 서울미래인재 육성 및 활동지원

정책 영역	정책 대상	사업명
일자리 인적 역량	전체	• 서울형 뉴딜일자리
		• '서울런 2.0' 추진, 교육사다리 실현
		• 경계선지능인 평생교육 지원사업
		• 소상공인 경영위기 지원금 지급
		• 소상공인 안심금리 이자 지원
		• 소상공인 창업지원으로 골목경제 활성화 발판 마련(로컬브랜드 상권 사업)
주거	청년	• 서울시 청년월세지원사업
		• 청년 전월세보증보험료 지원
		• 청년 이사 지원
		• 신혼부부 청년 임차보증금 지원사업
		• 역세권청년주택 공급활성화
		• 노장청 쉐어하우스
		• 청년 매입임대주택 사업
	전체	• 공공임대주택, 공적임대주택 공급
		• 주거 취약 계층 주거지원
		• 주거안심종합센터 운영
		• 전월세보증금지원센터 운영 등
건강	청년	• 서울청년 함께 RUN(비만 등 건강관리 지원)
		• 청년 마음건강 지원
		• 청년사회서비스사업단 운영(청년 마음건강 지원 사업)
	노인	• 어르신 안심 병원 동행
	전체	• 시립병원 기능강화
		• 서울형 공공병원 건립 등 인프라 확충
		• 서울위기대응의료센터 설립 · 운영
		• 당뇨 지원 등 건강안심 서비스
		• 선제적 치매 예방
돌봄	아동	• 육아종합지원센터 운영
		• 서울형 공유어린이집 확대

정책 영역	정책 대상	사업명
돌봄	아동	• 거점형 야간보육 어린이집 지원
돌봄	아동	• 어린이집 AI로봇 대여사업 추진
돌봄	아동	• 안심하고 맡길 수 있는 공공돌봄 인프라 확대
돌봄	아동	• 공적 초등돌봄 수요 충족을 위한 우리동네키움센터 지속 확충
돌봄	아동	• 이용자 중심의 서울형 아이돌봄서비스 추진
돌봄	아동	• 학교돌봄터(학교-지자체 협력돌봄) 사업 지원
돌봄	아동	• 우리동네 보육반장 사업 추진
돌봄	아동	• 아이 키우기 좋은 도시, 서울「엄마아빠 행복 프로젝트」
돌봄	아동	• 육아조력자 돌봄수당 및 바우처 지급 사업
돌봄	아동	• 민간 아이돌봄 서비스 수행기관 인증지표 개발
돌봄	아동	• 외국인 가사도우미 제도
돌봄	아동	• 서울형 키즈카페(시립형) 설치 운영
공동체 역량	아동	• 아동학대 예방 및 보호, 보호필요아동 지원
공동체 역량	아동	• 아동복지시설 지도 · 감독 및 시설아동 보호지원
공동체 역량	청소년	• 청소년상담복지센터 운영
공동체 역량	청소년	• 청소년 동반자 프로그램 운영
공동체 역량	청소년	• 학교밖청소년 지원 사업
공동체 역량	청소년	• 특별지원대상 청소년 지원
공동체 역량	청소년	• 저소득층 여성청소년 보건위생물품 지원사업
공동체 역량	청소년	• 취약 계층 청소년 문화예술 향유기회 확대
공동체 역량	청년	• 청년 프로젝트 지원 사업(청년의 다양한 사회문제 해결 등 공익활동 프로젝트)
공동체 역량	청년	• 청년활력공간 무중력지대 운영(놀이공간, 휴게공간, 회의실 등 대관)
공동체 역량	청년	• 천호사거리 지하 청년문화공간 조성
공동체 역량	청년	• 서울 전입 청년 1인 가구 웰컴박스 지원
공동체 역량	청년	• 서울시 고립은둔 청년 지원
공동체 역량	미혼모	• 출산 및 양육 지원(병원비, 양육용품 등)
공동체 역량	미혼모	• 임신, 출산 관련 교육 및 체험프로그램 운영 지원
공동체 역량	미혼모	• 자조모임 운영지원, 상담 통한 정서지원 등

정책 영역	정책 대상	사업명
공동체 역량	노인	• 고독사 예방사업
		• 정기적으로 방문해 도와주는 '우리동네돌봄단'
		• 시립 공공실버타운 및 서울형 어르신 놀이터 조성
	장애인	• 장애인 일자리 지원
		• 장애인 및 교통약자 이동권 강화
		• 장애인 버스요금 무료 추진
		• 발달장애인 맞춤형 교정기구 지원
		• 청각장애인 문자통역서비스 지원
		• 중증장애인 수도요금 감면
	저소득층	• 돌봄SOS센터 지역사회 통합돌봄
		• 희망온돌 위기긴급기금 운영
		• 푸드뱅크 마켓 운영 지원
		• 저소득 취약 계층 대상 생필품, 식품꾸러미 지원 '희망마차 운영'

자료: 1) 2022년 여성가족정책실 업무보고, 2022~2023년 양육행복도시연구그룹 주요 업무계획 참고
2) 2025 서울청년 종합계획 보도자료 참고
3) 서울정보소통광장 내 서울시 부서 결재문서 참고

◈─미래 서울의 변화에 대응하는 영역*

새로운 사회 운영 시스템으로 등장할 '인간 대 인공지능'에 관한 연구 필요

미래는 불확실성(Uncertainty)과 복잡성(Complexity)이 증가할 것으로 예상하면서 서울도 이제 본격적인 복잡계가 미래에 이루어질 것으로 예측된다. 이

* 이 내용은 이 책의 연구 결과에 대한 토론회에서 토론자들이 제기한 새로운 대응 영역의 내용을 정리한 것이다.

에 따라 어떤 작은 단위의 '피드백 루프'가 작동하여 어느 순간 전혀 생각하지 못했던 거대한 '상전이(Phase Transition)'가 나타나고, 굉장히 예측 불가능한 거대한 시스템이 등장할 것으로 예측된다. 여기서 '피드백 루프'가 무엇인지 생각할 필요가 있다. 미래로 갈수록 인간 사이에 사회적 관계는 적어지고, 점차 사라질 것으로 예상한다. 또한 테크놀로지의 중요성이 매우 중요해지면서, 복잡한 시스템에서 사회적 관계를 매개하는 허브는 인간이 아닌 '인공지능' 등으로 대체될 것으로 예견된다.

지난 인류의 역사에서 인간 사회의 집단적 문제는 '집단지성', '규범', '연대', '신뢰' 등 대부분 사람 사이의 관계에서 어떤 약속을 맺거나 규칙을 만드는 것으로 해결해 왔다. 그러나 이제 처음으로 인간 대 인간이 아니라, 인간 대 인공지능의 관계를 연구해야 하는 상황이 야기될 수도 있다. 따라서 'New Social Operating System'이라는 개념과 같이 이제는 '사회를 운영하는 사회 운영 시스템'이 굉장히 중요해질 것으로 예측되어 관련 연구의 필요성이 제기된다. 이런 맥락에서 'Social Operating System'을 어떻게 연구하고 교육하며 어떻게 이런 분야의 사람들을 양성할 것인가에 대한 논의가 중요해질 것이다.

테크놀로지의 변화와 맞물린 서울만의 독특한 고령화 형태 분석과 생산 인구 감소, 세금과 지출 감소로 인한 문제도 함께 고려

고령화는 미래 사회의 중요한 이슈지만 앞서 거대한 고령화를 겪은 일본과 차별되는 행태를 보인다. 이는 고령화와 테크놀로지 변화라고 하는 2개의 거대한 파도가 밀려오는 타이밍이 일본하고 다르기 때문으로 분석된다. 또 단순히 인구 감소로 인한 고령화 문제뿐 아니라, 생산 인구가 감소하면서 세금과 지출이 감소하는 데 따른 문제도 소홀히 해서는 안 될 것이다.

한국이 과연 우리가 그동안 알고 있는 전통적인 의미의 복지국가가 될 수 있을 것인가에 대해서는 회의적이다. 전통적인 의미의 복지국가로 발전할 가능성은 현재 빠른 속도로 줄어들고 있다. 인구가 감소하고 있는 상황에서 누가 세금을 내서 복지국가를 실현할 것인지 생각할 필요가 있다. 선진국은 산업화의 맥락에서 경기의 부흥을 타고 복지국가 요건을 만들었다. 하지만 한국은 기술 변화로 인해 탈산업화가 계속 진행되고 있는 상황에서, 일자리 자체가 줄어 전통적 복지국가를 실현하는 데 어려움이 있다. 또 지난 10년간 포퓰리즘 정치가 득세하면서 복지국가에 대한 정치적 수용성도 빠르게 감소하고 있다. 복지국가와 관련하여 재정과 혜택이 중요한 이슈이지만, 기본적으로 정치적인 신뢰와 연대를 기반한 국가가 진정한 의미의 복지국가라 할 수 있다. 한국은 포퓰리즘 정치의 득세와 더불어 신뢰와 연대가 줄고 있기 때문에 정치적으로 복지국가를 수용하기에 굉장히 어려운 상황이다.

그러나 복지국가를 포기하기는 어렵다. 따라서 전통적인 의미의 복지 효과가 아닌, 다른 종류의 복지국가 효과를 추구해야 할 것이다. 새로운 종류의 복지국가는 세금을 내는 납세자 수가 지금보다 훨씬 줄어들 수밖에 없고, 그렇기 때문에 싸고, 효율적이고, 투명하고, 동시에 신뢰나 연대가 필요 없는 복지국가라야 할 것이다. 그것이 지금부터 새롭게 복지국가를 만들 수 있는 유일한 가능성이라 판단된다. 이런 맥락에서 기술이 인간과 인간의 사이를 매개하는 새로운 종류의 사회에서 복지국가를 어떻게 만들 것이며, 이에 대한 정치적 수용성을 어떻게 만들어 나갈지에 대해서도 선도적으로 대응해야 할 것이다.

❖ 참고문헌

- 경향신문, 2022, "지방 청년층 '수도권 이동' 심화...정부, 균형발전 · 공급 확대 '딜레마'", 2022년 11월 29일 접속(2022년 5월 29일 작성), https://m.khan.co.kr/economy/real_estate/article/202205292206005.
- 과학기술정보통신부, 각 연도, 「인터넷이용실태조사」.
- 김홍배, 2017, "제4차 산업혁명과 국토공간구조", 「국토」, 424, pp.6~10.
- 대한국토·도시계획학회, 2014, 「새로운 도시 도시계획의 이해」, 보성각.
- 문화체육관광부, 2019, 「2019년 한국인의 의식 · 가치관 조사」.
- 박성준, 2021, "EU의 통상정책을 읽는 세 가지 키워드", 「나라경제」, 365, pp.58~60.
- 박찬일, 2021, 『짜장면: 곱빼기 있어서 얼마나 다행인가』, 세미콜론.
- 서울특별시, 각 연도, 「도시정책지표조사(서울서베이)」.
- 신정엽, 2019, "Jane Jacobs의 도시 사고를 토대로 한 도시기원 이론의 고찰", 「한국지리학회지」, 8(3), pp.497~516.
- 이우종, 2017, "미래의 도시: 융합과 연결의 의미. 특집 융합과 연결의 도시", 「국토」, 427, pp.2~4.
- 이클레이 한국사무소, 2016, "새로운 도시의제 최종안(요약본)".
- 임석회, 2005, "정보기술에 의한 도시공간의 재구성 - 도시 경제활동의 변화를 중심으로", 「공간과 사회」, 24, pp.50~84

- 정지훈, 2016, "제4차 산업혁명은 도시를 어떻게 변화시킬 것인가", 「세계와 도시」, 14. pp.4~13.
- 정창무, 2017, "제4차 산업혁명 시대의 도시구조 변화전망과 정책과제", 「국토」, 424, pp.11~16.
- 중기벤처부, 2022, "22년 상반기 벤처. 창업초기기업(스타트업) 일자리 동향".
- 통계청, 2022, 「2021년 장래인구추계를 반영한 세계와 한국의 인구 현황 및 전망」.
- 통계청, 각 연도, 「사회조사」.
- 통계청, 각 연도, 「전사업체조사」.
- 한국기업데이터, 각 연도, 「신설법인」.
- 한국리서치, 2019, "[여론 속의 여론] 공유경제 낯설어도 "더 활성화돼야" 68%", 2022년 11월 29일 접속, https://www.hankookilbo.com/News/Read/201902071601714407.
- 한승완, 2021, 「유럽의 '전략적 자율성' 논의와 시사점」, 국가안보전략연구원.

- Abidi, N., Sakha, S., & Herradi, E., 2022, *Digitalization and Resilience: Firm-level Evidence During the COVID-19 Pandemic*.
- Bollier, D., 2016, The City as Platform: How Digital Networks are Changing Unban Life and Governance, The Aspen Institute Communications and Society Program.
- CONDECO, 2022, *What is the third workplace?*, https://www.condecosoftware.com/blog/third-workplace/.
- Duell, M., 2014, "Ever wondered what happens to your bag at an airport: Behind the scenes on the luggage conveyor belts of heathrow terminal 5", Daily Mail, 2022년 11월 29일 접속, Retrieved from http://www.dailymail.co.uk/news/article-2528042/Ever-wondered-happens-bag-airport-Behind-scenes-Heathrow-Terminal-5.html.
- Economist, 2022, "Can Silicon Valley still dominate global innovation?", 2022년 11월 29일 접속, Retrieved from https://www.economist.com/business/can-silicon-valley-still-dominate-global-innovation/21808708.

◇ Enerdata, 2022, "세계 에너지 및 기후 통계-2022년 연감", 2022년 11월 29일 접속, Retrieved from https://yearbook.enerdata.co.kr/co2/emissions-co2-data-from-fuel-combustion.html.

◇ European Commission, 2021, *Shaping and securing the EU's open strategic autonomy by 2040 and beyond*.

◇ European Union, 2022, *2022 Strategic Foresight Report: Twinning the Green and Digital Transitions in the New Geopolitical Context*, Belgium: Publications Office of the European Union.

◇ Fingas, J., 2013, "DPD to let UK shoppers track home deliveries in real time", Engadget, https://www.engadget.com/2013-07-19-dpd-to-let-uk-shoppers-track-deliveries-in-real-time.html?guccounter=1.

◇ GAO, 2022, *Trends affecting government and society*.

◇ Ghosh, 2021, "Visualized: Historical Trends in Global Monthly Surface Temperatures (1851~2020)", Retrieved from https://www.visualcapitalist.com/global-temperature-graph-1851-2020.

◇ IFTF, 2020, *The Hyperconnected World of 2030~2040*, Palo Alto, CA: Institute for the Future.

◇ ILO, 2021, *Digital platforms and the world of work in G20 countries: Status and Policy Action: Paper prepared for the Employment Working Group under Italian G20 Presidency(2021)*.

◇ Ingraham, C., 2017, "Houston is experiencing its third "500-year" flood in 3years. How Is that Possible", Washington Post, Retrieved from https://www.washingtonpost.com/news/wonk/wp/2017/08/29/houston-is-experiencing-its-third-500-year-flood-in-3-years-how-is-that-possible.

◇ International Federation of Robotics, 2021, *World Robotics 2021: Industrial Robots*, https://ifr.org/ifr-press-releases/news/robot-sales-rise-again.

◇ Ipsos, World Economic Forum, 2022, *Global Opinions and Expectations about AI*, https://www.weforum.org/agenda/2022/01/artificial-intelligence-ai-technology-trust-survey/.

- Ivus, M., & Kotak. A., 2021, *Onwards and Upwards - Digital talent outlook for 2025, ICTC.*
- Joint Research Centre, 2022, *Towards a Green & Digital Future: Key Requirements for Successful Twin Transitions in the European Union*, Luxembourg: Publications Office of the European Union.
- Jones, N., 2018, "The information factories", *Nature*, 561(7722), pp.163~166.
- Kashef, M., & El-Shafie, M., 2020, "Multifaceted perspective on North American urban development", *Frontiers of Architectural research*, 9(2), pp.467~483.
- Keenan, J. M., Hill, T., & Gumber, A., 2018, "Climate gentrification: from theory to empiricism in Miami-Dade County, Florida", *Environmental Research Letters*, 13(5), 054001.
- Kim Y., Eisenberg DA, Bondank EN, Chester MV, Mascaro G., & Underwood BS, 2017, "Fail-safe and safe-to-fail adaptation: decision-making for urban flooding under climate change", *Climatic Change*, 145: pp.397~412.
- Kim, S. K., & Peiser, R. B., 2020, "The implication of the increase in storm frequency and intensity to coastal housing markets", *Journal of Flood Risk Management*, 13(3), e12626.
- Knox, P., & Pinch, S., 2014, *Urban social geography: an introduction*, Routledge.
- Lindsey, R., & Dahlman, L., 2022, "Climate Change: Global Temperature, National Oceanic and Atmospheric Administration", Retrieved from https://www.climate.gov/news-features/understanding-climate/climate-change-global-temperature.
- Loewe, Markus, Tina Zintl, & Annabelle Houdret., 2021, "The Social Contract as a Tool of Analysis: Introduction to the Special Issue on "Framing the Evolution of New Social Contracts in Middle Eastern and North African Countries"", *World Development*, 145: pp.1~16.
- Mackilligin, S., 2022, "Decarbonising data centers - The future of infrastructure", *AECOM*, Retrieved from https://infrastructure.aecom.

com/2020/decarbonising-data-centres.

- Park J., Seager TP, & Rao PS, 2011, "Lessons in risk-versus resilience-based design and management", *Integrated Environmental Assessment and Management*, 7: pp.396~399.
- Pew Research Center, 2019, *Looking to the Future, Public Sees an America in Decline on Many Fronts*.
- Roost, F., & Jeckel, E., 2021, "Post-Fordist Production and Urban Industrial Land Use Patterns", *Urban Planning*, 6(3), pp.321~333.
- Tobias School, Antonio Garas, & Frank Schweitzer, 2018, "The spatial component of R&D networks", Journal of Evolutionary Economics, 28(1~2).
- Shieh, A., 2012, "Technology and Urban Form: A Philosophical and Historical Perspective", *International Journal of Architecture and Urban Development*, 1(3), pp.73~80.
- Statista, 2022, "Is Big Tech Growth Losing Steam?", 2022년 11월 29일 접속 (2022년 11월 10일 작성), https://www.statista.com/chart/21584/gafam-revenue-growth/.
- Steiner, F. R., 2006, *Metropolitan resilience: the role of universities in facilitating a sustainable metropolitan future*, Toward a Resilient Metropolis, Metropolitan Institute Press, Alexandria, VA, pp.1~18.
- Swinney, P., 2016, *Building the Northern Powerhouse*, Center for Cities, https://www.centreforcities.org/reader/building-northern-powerhouse-lessons-rhine-ruhr-randstad/introduction/.
- Thorne, M., 2021, "The carbon footprint of your phone - and how you can reduce it", Reboxed, Retrieved from https://reboxed.co/blogs/outsidethebox/the-carbon-footprint-of-your-phone-and-how-you-can-reduce-it.
- UN, 2021, *2017~2021 World Values Survey Wave 7 Master Survey Questionnaire*.
- UK HM Government Horizon Scanning Programme, 2014, *Social Attitudes of Young People*.

- UNCTAD, 2019, "Global efforts needed to spread digital economy benefits, UN report says", 2022년 11월 29일 접속, Retrieved from https://unctad.org/es/node/2238.
- UN-Habitat, 2022, *World Cities Report 2022: Envisaging the Future of Cities*, Nairobi, Kenya: UN-Habitat.
- UN-Habitat, 2021, *Cities and Pandemics: Towards a More Just, Green and Healthy Future*. Nairobi, Kenya: UN-Habitat.
- UN-Habitat, 2009, *Global Report on Human Settlements 2009: Planning Sustainable Cities*, London: Earthscan.
- Vance J, E., 1971, "Land assignment in pre-capitalist, and post-capitalist cities", *Economic Geography*, (47), pp.101~120.
- WEF, 2022, "Digital solutions can reduce global emissions by up to 20%. Here's how", World Economic Forum, Retrieved from https://www.weforum.org/agenda/2022/05/how-digital-solutions-can-reduce-global-emissions.
- WEF, 2014, "The Competitiveness of Cities: A report of the Global Agenda Council on Competitiveness", Retrieved from https://www3.weforum.org/docs/GAC/2014/WEF_GAC_CompetitivenessOfCities_Report_2014.pdf.
- WHO, 2022, "Case studies: cities and urban health. World Health Organization", Retrieved from https://www.who.int/teams/social-determinants-of-health/urban-health/cities-and-urban-health.
- WHO, 2021, "Billions of people will lack access to safe water, sanitation and hygiene in 2030 unless progress quadruples-warn WHO, UNICEF", Retrieved from https://www.who.int/news/item/01-07-2021-billions-of-people-will-lack-access-to-safe-water-sanitation-and-hygiene-in-2030-unless-progress-quadruples-warn-who-unicef.
- Williams, B., 2015, "Intelligent transportation systems. Sustainable Built Environment", Retrieved from http://www.eolss.net/sample-chapters/c15/E1-32-08-05.pdf.
- World Bank, 2022, *The Future of Government: Reimagining Government for Good*,

Washington DC: World Bank.

- 국가통계포털(https://kosis.kr/).
- 국제노동기구(https://www.ilo.org/global/lang-en/index.htm).
- 미쉐린 가이드 서울(https://guide.michelin.com/kr/ko).
- 서울열린데이터광장(https://data.seoul.go.kr/index.do).
- 통계청(https://kostat.go.kr/).
- Booking.com(https://booking.com/).
- The 15-Minute City(https://15minutecity.com/).
- UN World Population Prospects 2022(https://population.un.org/wpp/).

미래도시 보고서 1

변화의 물결 2050 미래도시 서울

연구책임 변미리
연구진 김묵한, 황민섭, 김해란, 박은현
외부연구진 김승겸, 이호영, 오수길

초판 1쇄 인쇄 2024년 10월 28일
초판 1쇄 발행 2024년 11월 7일

펴낸이 오균
펴낸곳 서울연구원
편집 전말숙, 송도숙, 양지선
디자인 박진범
인쇄·제본 민언프린텍

주소 서울시 서초구 남부순환로 340길 57
전화 02-2149-1234
팩스 02-2149-1019
홈페이지 www.si.re.kr

ISBN 979-11-5700-584-0 94300
ISBN 979-11-5700-474-4(세트)

미래도시
보 고 서
1

변화의 물결

2050 미래도시 서울

미래도시
보 고 서
1

변화의 물결

2050 미래도시 서울

변미리 외 지음

서울연구원
The Seoul Institute